Giovanni Boccaccio · Das Dekameron

Bibliothek der Weltliteratur

Giovanni Boccaccio

DAS DEKAMERON

Aufbau-Verlag Berlin und Weimar
1986

Giovanni Boccaccio
IL DECAMERONE

Aus dem Italienischen übersetzt von Ruth Macchi
Nachdichtung der Verse der ersten drei Tage
von August Wilhelm Schlegel,
der Verse der folgenden Tage von Karl Witte

Mit einem Nachwort von V. Macchi

ISBN 3-351-00025-1

5. Auflage 1986
Alle Rechte Aufbau-Verlag Berlin und Weimar (deutsche Übersetzung)
Einbandgestaltung Heinz Hellmis
Offizin Andersen Nexö, Graphischer Großbetrieb, Leipzig III/18/38
Printed in the German Democratic Republic
Lizenznummer 301.120/317/86
Bestellnummer 611 347 3
01500

Es beginnt das Buch Dekameron, auch Principe Galeotto genannt, mit seinen hundert Geschichten, die in zehn Tagen von sieben Damen und drei jungen Männern erzählt werden.

VORREDE

Mitleid zu fühlen mit den Betrübten ist die Pflicht der Menschen, die jedem geziemt, besonders aber von denen erwartet wird, die selber einmal Trost benötigt und ihn bei anderen gefunden haben. War nun je einer unter diesen, der des Trostes bedurft oder ihn gewünscht und mit Freude empfangen hätte, so bin ich es gewesen, denn von frühester Jugend an bis in die heutige Zeit war ich stets von erhabener, edelster Liebe durchglüht, mehr vielleicht, als es – wollte ich davon erzählen – meiner niederen Herkunft angemessen, obwohl verständige Männer, die Kenntnis davon erhielten, mich deswegen lobten und gar höher schätzten. Indes wurde diese Liebe ein Grund zahlloser Leiden für mich. Nicht, weil die geliebte Frau mir mit Kälte begegnet wäre, wohl aber des übermäßigen Feuers wegen, das, von heißem Verlangen in meinem Gemüt entfacht, mir nicht gestattete, in angemessenen Grenzen beglückt zu verweilen, und mir mehr Qualen verursachte, als nötig gewesen wären. In diesem Leide brachten mir die reizvollen Erzählungen und lobenswerten Tröstungen einiger Freunde manche Linderung, ja, ich bin der festen Überzeugung, daß ich es ihnen allein verdanke, noch am Leben zu sein.

Da es aber Ihm, dem Unvergänglichen, der allen weltlichen Dingen das unabänderliche Gesetz der Vergänglichkeit auferlegte, gefiel, so hat auch meine Liebe, die heißer als jede andre glühte und die weder durch eigene gute Vorsätze noch durch fremde Ratschläge, weder durch offensichtliche Schande noch durch die daraus möglicherweise entstehenden Gefahren zu brechen oder zu beugen war, im Laufe der Zeit an Macht verloren, so daß in meinem Gemüte allein jener holde Eindruck haftenblieb, den sie in Menschen zu hinterlassen pflegt, die sich nicht zu weit auf ihr dunkles Meer hinausgewagt haben. Und so qualvoll sie einst für mich war, nahm sie jetzt allen Kummer von mir und ließ nur die reizvollsten Erinnerungen zurück.

Obgleich die Leiden vergangen sind, so sind mit ihnen doch nicht die Erinnerungen an empfangene Wohltaten jener Menschen aus meinem Gedächtnis entschwunden, die aus Liebe zu mir mitleidsvoll meinen Kummer teilten, und sie werden, dessen bin ich sicher, mich vor meinem Tode nicht verlassen. Da Dankbarkeit nach meinem Dafürhalten die löblichste aller Tugenden ist und das Gegenteil zu tadeln, habe ich, der nicht undankbar erscheinen möchte, mir vorgenommen, jetzt, wo ich mein Herz als frei betrachten kann, in jenem geringen Ausmaße, als ich es vermag, alles Empfangene zu vergelten. Wenn auch nicht denen, die einst mir selber halfen – sie bedürfen bei ihrer Klugheit und zu ihrem Glücke dessen nicht –, so möchte ich doch allen, denen es not tut, einige Erleichterung verschaffen. Und so gering auch mein Beistand und Trost, wie wir es nennen wollen, für die Bedürftigen sein kann und mag, so glaube ich doch, daß man beide anbringen sollte, wo die Not am größten ist, weil es dort am meisten von Nutzen und am willkommensten sein wird.

Und wer könnte leugnen, daß des Trostes, wie immer es auch um ihn bestellt sein mag, weit mehr als die Männer die holden Frauen bedürfen? Sie verbergen aus Furcht und Scham in ihrem zarten Busen die Flammen der Liebe. Doch mit welcher Gewalt diese sich vor aller Welt zu äußern begehren, das weiß nur, wer es an sich selber erfahren hat und noch erfährt! Darüber hinaus müssen die Frauen, abhängig von den Wünschen, Geboten und Befehlen ihrer Väter und Mütter, Brüder und Gatten, die meiste Zeit in den engen Grenzen ihrer geschlossenen Häuslichkeit verbringen, wo sie, fast ohne Beschäftigung, gleichzeitig wollend und nicht wollend, sich ihren Gefühlen hingeben, die gewiß nicht immer die fröhlichsten sind. Wenn dann infolge ihres sehnsüchtigen Verlangens Schwermut ihre Herzen überfällt, müssen sie diese in Trübsal erdulden, bis endlich andere Gedanken diese wieder verjagen; ganz zu schweigen davon, daß die Frauen viel weniger zu ertragen vermögen als die Männer.

Den Männern widerfährt, selbst wenn sie verliebt sind, solches nicht, wie wir deutlich erkennen können. Werden sie von Traurigkeit oder trüben Gedanken heimgesucht, so haben sie mancherlei Möglichkeiten, sich aufzuheitern und ihre Betrübnis abzuschütteln. Ihnen ist, wenn sie es wünschen, nicht verwehrt, umherzustreifen, Neuigkeiten zu hören und zu sehen, auf Vogelbeize, Jagd und Fischfang zu gehen, zu reiten, zu spielen oder Handel zu treiben. Ihnen stehen viele Möglichkeiten offen, die den Geist ganz oder teilweise beschäftigen und ihn wenigstens eine Zeitlang von seinen traurigen Gedanken hinwegführen, bis die Seele auf die eine oder andere Weise getröstet wird oder die Leiden verblassen.

So will ich nun meinerseits die Unterlassung des Schicksals ein wenig wiedergutmachen, das – wie wir es an den zarten Frauen sehen – gerade dort mit seiner Hilfe am meisten zu geizen pflegt, wo es auf die geringste Kraft stößt. Als Hilfe und Zuflucht der Liebenden – allen anderen genügen Nadel, Spinnrocken und Webstuhl – will ich hundert Geschichten, Fabeln, Parabeln oder wahre Geschehnisse, wie man sie nennen will, berichten, die in der vergangenen Pestzeit an zehn Tagen von einer, wie man bald mit Bestimmtheit erkennen wird, achtbaren Gesellschaft von sieben Damen und drei jungen Männern erzählt wurden, desgleichen einige Lieder, die ebendiese Damen zu ihrem Vergnügen sangen.

Die Geschichten wissen von süßen und bitteren Liebesabenteuern und vielerlei wunderlichen Begebenheiten aus alter und neuer Zeit. Die reizenden Leserinnen werden sich gleicherweise an den unterhaltsamen Dingen, die hier berichtet werden, ergötzen wie auch guten Rat daraus schöpfen können, sofern sie fähig sind, zu erkennen, was zu vermeiden und was anzustreben ist. Dies wiederum ist meines Erachtens nicht möglich, ohne daß dabei die Langeweile vertrieben wird. Trifft dies nun zu – und Gott gebe, daß es so sei –, mögen sie es Amor danken, der mich von seinen Fesseln befreite und mir erlaubte, auf diese Weise zu ihrer Unterhaltung beizutragen.

Es beginnt der erste Tag des Dekameron, an dem man sich, nachdem der Verfasser berichtet hat, aus welchem Grunde die später auftretenden Personen sich zum Erzählen vereinigten, unter Pampineas Herrschaft von dem unterhält, was einem jeden am meisten zusagt.

Ihr reizenden Frauen, sooft ich darüber nachdenke, wie empfindsam die Natur euch erschuf, erkenne ich auch, daß das vorliegende Werk für euren Geschmack einen recht ernsten und bitteren Anfang haben wird, da es auf seinen ersten Blättern die schmerzliche Erinnerung an die vergangene Pestzeit heraufbeschwört, die für einen jeden, der sie erlebte oder irgendwie kennenlernte, gefahrvoll und traurig war.

Doch soll euch darum das Weiterlesen nicht mit der Besorgnis erfüllen, daß ihr bei der Lektüre nichts anderes vorfinden möchtet als Seufzer und Tränen. Dieser grauenvolle Anfang sei vielmehr für euch nichts anderes als für den Wanderer ein rauher, steiler Berg, hinter dem eine reizvolle, anmutige Ebene sich öffnet, die um so erfreulicher erscheint, je beschwerlicher die Mühe des Auf- und Abstiegs war. Denn wie das Übermaß an Freude sich in Schmerzen verwandeln kann, so wird auch oft der Jammer in unverhofften Freuden enden.

Auf die kurze Qual – ich sage kurz, weil sie nur wenige Seiten füllt – folgen schnell Frohsinn und Freude, die ich euch zuvor versprochen habe, was nach einem solchen Anfang ohne ausdrücklichen Hinweis vielleicht niemand vermuten würde. Wahrlich, hätte ich euch auf eine andere Weise als über einen so rauhen Pfad wie diesen an das erwünschte Ziel führen können, so hätte ich es gerne getan.

Da aber jenes Leid die Veranlassung war für alles, von dem ihr nun lesen werdet, konnte ich ohne diese Rückerinnerung nicht beginnen, sondern war zu ihrer Beschreibung gewissermaßen gezwungen.

Seit der gnadenvollen Menschwerdung des Gottessohnes waren bereits tausenddreihundertachtundvierzig Jahre dahingegangen, als über das ehrwürdige Florenz, die erhabenste aller Städte Italiens, die todbringende Pest hereinbrach. Diese – entweder durch die Einwirkung der Gestirne verursacht oder durch den gerechten Zorn Gottes als eine Züchtigung für unser schändliches Treiben über uns Sterbliche verhängt – war schon einige Jahre früher im Morgenland aufgeflammt, wo sie eine unendliche Anzahl von Opfern dahingerafft hatte, um sich dann, ohne Aufenthalt von einem Ort zum andern eilend, gen Westen auf grauenvolle Weise auszubreiten. Doch ob man auch jeglichen Unrat von eigens dazu bestellten Leuten aus der Stadt entfernen ließ, allen Kranken den Eintritt verwehrte und mancherlei Verordnungen zum Schutze der Gesundheit erließ, vermochten doch weder Vorsicht noch die verschiedenartigsten Vorkehrungen der Seuche Einhalt zu gebieten. Ebenso erfolglos erwiesen sich die demütigen Bitten, die nicht nur einmal, sondern unzählige Male auf feierlichen Prozessionen und bei jeder Gelegenheit von frommen Seelen zum Himmel emporgesandt wurden.

Schon zu Frühlingsanfang des genannten Jahres zeigte die Seuche ihre entsetzlichen Auswirkungen auf sonderbare Weise. Sie begann nicht wie im Orient damit, daß allen Opfern als ein Zeichen des unausbleiblichen Todes das Blut aus der Nase rann, sondern kündigte sich hier bei Männern und Frauen gleicherweise in der Leistengegend oder unter den Achseln mit gewissen Schwellungen an, die – bei einigen mehr, bei anderen weniger – bis zur Größe eines Apfels oder eines Eies anwuchsen und vom Volke „Pestbeulen" genannt wurden. Von diesen beiden Körperteilen aus begannen die todbringenden Pestbeulen in Kürze auf alle anderen überzugreifen und sich auszubreiten. Später zeigte die Krankheit veränderte Anzeichen, es erschienen schwarze und schwarzblaue Flecke, die sich bei vielen Menschen an den Armen, auf den Rippen und an verschiedenen anderen Körperteilen zeigten und bei manchen größer und spärlich, bei anderen dagegen kleiner und zahlreich auftraten. Und wie anfänglich nur die Pestbeule das unfehlbare Anzeichen des sicheren Todes gewesen war und es auch weiterhin blieb, so waren es nunmehr auch die kleinen Flecke für jeden, den sie befielen.

Gegen diese Erkrankung vermochte weder die Kunst der Ärzte noch die Kraft einer Medizin irgend etwas auszurichten oder gar Heilung zu erzielen. Im Gegenteil, sei es, daß die Natur der Krankheit es nicht zuließ oder daß die Unwissenheit der Ärzte – deren Anzahl, neben den studierten, an Weibern wie an Männern, die niemals eine Lehre der Heilkunde durchgemacht hatten, ins Riesenhafte gestiegen war – die Ursache der Krankheit nicht erkannte und demzufolge kein wirksames Gegenmittel anzuwenden vermochte, es genasen nur wenige davon. Die meisten starben innerhalb von drei Tagen nach den ersten Anzeichen, der eine früher, der andere später, und viele sogar ohne jegliches Fieber oder sonstige Krankheitserscheinungen.

Die Auswirkung dieser Seuche war verheerend, da sie schon durch den Umgang mit einem Kranken auf die Gesunden übersprang wie das Feuer auf trockene oder fettige Dinge, die ihm zu nahe gebracht werden. Noch schlimmer war, daß sie sich nicht allein durch Gespräche oder Umgang mit Kranken auf Gesunde übertrug oder die Ursache eines gemeinsamen Todes wurde, sondern daß schon durch die bloße Berührung von Kleidungsstücken und Gebrauchsgegenständen, die ein Kranker benutzt oder angerührt hatte, diese entsetzliche Seuche den Berührenden zu ergreifen schien.

Seltsam klingt, was ich berichten muß, und wenn ich es nicht von vielen Zeugen gehört und mit eigenen Augen gesehen hätte, würde ich es kaum zu glauben und schon gar nicht zu schreiben wagen, möchten noch so vertrauenswürdige Menschen mir davon berichtet haben. Die Ansteckungskraft dieser Seuche war von so bösartiger Wirkung, daß nicht nur ein Mensch den anderen ansteckte, sondern daß die Krankheit sich auch – was noch viel unfaßbarer war, doch oft beobachtet wurde – auf andere Lebewesen als auf menschliche, die mit den Sachen eines Pestkranken oder eines an der Seuche Verstorbenen in Berührung kamen, übertrug und diese in kürzester Frist dahinraffte.

Ein solcher Vorfall spielte sich unter anderem eines Tages vor meinen eigenen Augen ab, als zwei Schweine über die Lumpen eines an der Pest verstorbenen armen Teufels herfielen, die auf die Straße geworfen waren. Die Tiere durchwühlten sie nach ihrer Weise tüchtig mit dem Rüssel, packten sie dann mit den Zähnen und schüttelten sie sich um die Backen. Eine knappe Stunde danach fielen beide Tiere, als hätten sie Gift gefressen, nach wenigen Zuckungen auf den zerrissenen Lumpen tot zur Erde nieder.

Durch solche und andere ähnliche oder schlimmere Vorgänge entstanden Furcht und Schrecken unter den Überlebenden, und fast alle faßten schließlich den grausamen Entschluß, die Kranken und alles, was zu ihnen gehörte, zu verlassen und zu fliehen, um auf solche Weise die eigene Gesundheit zu bewahren.

Einige Menschen waren der Meinung, daß ein mäßiges Leben und die Vermeidung jeglichen Überflusses viel dazu beitragen könne, dieser Krankheit zu widerstehen. Sie lebten daher in kleinen Gesellschaften, getrennt von allen übrigen Menschen, und versammelten sich in abgeschlossenen Häusern, in denen es keine Kranken gab. Hier erfreuten sie sich in mäßigem Genuß an den bekömmlichsten Speisen und den köstlichsten Weinen und vermieden alle Ausschweifungen. Sie ließen sich von niemand sprechen und nahmen von draußen, von Tod und Krankheit, keinerlei Nachrichten entgegen, sondern unterhielten sich mit Musik und ähnlichen Zerstreuungen, die ihnen zu Gebote standen.

Andere waren entgegengesetzter Meinung und versicherten, die beste Medizin gegen dieses Unheil sei: recht viel zu trinken, das Leben zu genießen, mit Gesang umherzuwandern, sich angenehm zu unterhalten, jedes Begehren zu befriedigen, so gut man es vermöchte, und über alles, was geschähe, zu lachen und sich lustig zu machen. Und was sie für richtig befanden, befolgten sie auch nach Kräften. Sie zogen Tag und Nacht von einer Schenke in die andere und tranken ohne Maß und Ziel. Am tollsten jedoch trieben sie es in fremden Häusern, sobald sie hörten, daß dort noch vorhanden war, was ihnen gefiel und Vergnügen versprach. Und dies war ihnen ein leichtes, da fast alle Menschen – als wäre ihnen der Tod gewiß – sich selbst und ihr Hab und Gut aufgegeben hatten, so daß die meisten Häuser nun als Allgemeinbesitz galten und jeder Fremde, der zufällig hereinkam, sie benutzte, wie der Eigentümer selbst es getan hätte. Doch bei all diesem unwürdigen Treiben mied ein jeder die Kranken, soweit es in seiner Macht lag.

Während dieser Zeit des Elends und der Trauer war die ehrwürdige Macht der göttlichen und menschlichen Gesetze in unserer Vaterstadt fast völlig gebrochen und aufgelöst, da ihre Hüter und Vollstrecker gleich den übrigen Menschen entweder tot oder krank oder von ihren Untergebenen im Stich gelassen waren, so daß keiner seinen Dienst mehr versehen konnte und es jedem freistand, zu tun und zu lassen, was ihm gefiel.

Viele Menschen wiederum hielten zwischen den vorgenannten beiden einen Mittelweg inne. Sie zwangen sich nicht zu Enthaltsamkeit im Essen wie die einen, doch gaben sie sich auch nicht dem Trunk und sonstigen Ausschweifungen hin wie die anderen. Sie bedienten sich vielmehr aller Dinge hinlänglich nach ihrem Verlangen, doch sperrten sie sich nicht ein, sondern gingen frei umher. Sie trugen dabei Blumen in den Händen oder duftende Kräuter und Gewürze, die sie oft an die Nase führten, da es ihnen ratsam erschien, das Gehirn mit diesen Düften zu erfrischen, denn die Luft war angefüllt mit dem giftigen Atem der Verwesung, mit Krankenausdünstungen und Arzneigerüchen.

Einige folgten einem noch grausameren Gefühl, welches vielleicht das richtige war: Sie behaupteten, daß es keine bessere und verläßlichere Medizin gegen die Pest gäbe als die Flucht vor ihr. Aus diesem Grunde verließen viele Männer und Frauen, nur auf die eigene Rettung bedacht, ihre Vaterstadt, ihre Häuser und Wohnungen, ihr Hab und Gut und ihre Familie und begaben sich auf einen fremden oder bestenfalls auf den eigenen Landsitz. Als ob der entflammte Zorn Gottes, der beabsichtigte, mit dieser Pest die sündige Menschheit heimzusuchen, ihnen nach jenen Orten ihrer Zuflucht nicht zu folgen vermöchte, sondern nur jene zu vernichten drohe, die innerhalb der Stadtmauern zurückblieben, ja, als habe er gewissermaßen beschlossen, daß dort in der Stadt niemand verschont werden und für jedermann die letzte Stunde schlagen solle.

Wenn nun auch nicht alle diese so verschieden denkenden Menschen starben, so blieben auch nicht alle verschont. Im Gegenteil, es erkrankten allerorts viele Anhänger der verschiedenen Theorien und wurden nach dem Beispiel, das sie selbst, solange sie gesund waren, anderen gegeben hatten, nun von den Gesundgebliebenen verlassen, um elend dahinzusiechen.

Lassen wir es noch hingehen, daß ein Bürger den anderen floh, daß kein Nachbar sich um den Nachbarn kümmerte und Verwandte einander selten, nie oder nur von ferne sahen. Doch der Schrecken dieser Heimsuchung hatte die Herzen der Menschen mit solcher Gewalt verstört, daß auch der Bruder den Bruder verließ, der Onkel den Neffen, die Schwester den Bruder und nicht selten auch die Frau ihren Mann. Das Schrecklichste, ganz und gar Unfaßliche aber war, daß Väter und Mütter sich weigerten, ihre Kinder zu besuchen und zu pflegen, als wären es nicht die eigenen.

So blieb für die unvorstellbare Menge der Männer und Frauen, die von der Krankheit ergriffen wurden, keine andere Hilfe als die Barmherzigkeit der Freunde – und deren gab es wenige – oder die Habsucht der Wärter, die für hohes Entgelt und unangemessenen Lohn die Pflege übernahmen. Doch selbst für schweres Geld waren nicht viele bereit zu kommen, und die meisten dieser Männer und Frauen waren derb und schwerfällig, in keiner Weise für solcherlei Dienste geeignet und zu nichts anderem tauglich, als den Kranken ein paar erbetene Handreichungen zu tun oder zuzuschauen, wenn sie starben. Und selbst diese wenigen Hilfeleistungen brachten jene, die sich dazu bereit fanden, oft um Leben und Entgelt.

Weil nun die Kranken von Nachbarn, Verwandten und Freunden im Stich gelassen wurden und großer Mangel an Pflegern herrschte, bürgerte sich der bis zu dieser Zeit ganz unvorstellbare Brauch ein, daß keine noch so reizvolle, schöne und ehrbare Frau, die von der Krankheit befallen wurde, Bedenken dagegen trug, einen Mann, gleich, ob jung oder alt, in ihre Dienste zu nehmen, um, wenn die Not der Krankheit es mit sich brachte, ohne jede Scham alle Teile ihres Körpers vor ihm zu entblößen wie vor einer weiblichen Pflegerin. Für manche, die genas, mag dies die Veranlassung für weniger strenge Ehrbarkeit in späterer Zeit gewesen sein. Doch fanden auch viele dabei den Tod, die bei richtiger Pflege wohl mit dem Leben davongekommen wären. So stieg teils infolge des Mangels an richtiger Pflege, die keinem Kranken zuteil ward, und teils infolge der Bösartigkeit der

Seuche die Zahl derer, die in der Stadt Tag und Nacht dahingerafft wurden, so ungeheuer, daß es grauenhaft war, davon zu hören, und unerträglich, es zu sehen. Die Überlebenden aber nahmen notgedrungen Sitten an, die früheren bürgerlichen Gewohnheiten völlig widersprachen. So war es bisher Brauch gewesen – wie es noch heute ist –, daß die weiblichen Verwandten und Nachbarinnen sich im Hause eines Toten versammelten, um ihn zusammen mit seiner Familie zu beweinen; die Nachbarn und Mitbürger dagegen pflegten sich vor dem Hause des Verstorbenen zusammenzufinden, wo auch, je nach dem Stande des Toten, die Geistlichkeit erschien. Die Bahre des Verstorbenen wurde dann von Männern seines Standes auf die Schultern gehoben und mit dem feierlichen Pomp von Kerzen und Gesängen nach der Kirche getragen, die er selbst vor seinem Ende auserwählt hatte. Als die Seuche an Gefährlichkeit zunahm, unterblieben alle diese Bräuche ganz oder teilweise, und andere Gepflogenheiten nahmen ihren Platz ein. Es starben nicht nur die meisten Menschen, ohne von vielen Frauen umgeben zu sein, sondern viele schieden sogar ohne einen einzigen Zeugen aus dem Leben, und nur den allerwenigsten wurden die mitleidigen Klagen und bittren Tränen ihrer Angehörigen zuteil. Statt dessen hörte man Gelächter, Gespött und allerlei gesellige Kurzweil, woran teilzunehmen auch die Frauen, die zum großen Teil jegliches weibliche Mitgefühl aus Gesundheitsgründen verleugneten, schnell gelernt hatten.

Nur wenige Leichen wurden noch von zehn oder zwölf Nachbarsleuten zur Kirche begleitet, und ihre Bahren wurden nicht von angesehenen befreundeten Bürgern getragen, sondern gegen Entgelt von einer Art von Totengräbern, die aus den niedersten Schichten des Volkes hervorgegangen waren und sich „becchini", Pestknechte, nannten. Diese schleppten den Verstorbenen mit eiligen Schritten nicht etwa in die von ihm vor seinem Hinscheiden bestimmte Kirche, sondern in die erste beste. Hinterher liefen sechs bis acht Geistliche mit wenigen Kerzen – zuweilen auch gar keiner –, die mit Hilfe der sogenannten „becchini", ohne sich mit einer langen oder feierlichen Amtshandlung aufzuhalten, die Leiche in der ersten besten offenen Grube schnellstens verscharrten.

Um die Armen und wohl auch um einen großen Teil des Mittelstandes war es noch viel schlimmer bestellt. Von Hoffnung und Not in ihren Häusern zurückgehalten, erkrankten diese inmitten ihrer Nachbarschaft täglich zu Tausenden und starben fast alle rettungslos, da ihnen weder Pflege noch irgendwelche Hilfe zuteil ward. Tag und Nacht verendeten Menschen auf offener Straße, und viele, die in ihren Häusern umkamen, taten, wenn nicht anders, erst mit dem Gestank ihrer verwesenden Körper ihren Nachbarn kund, daß sie tot waren. Von solchen und anderen, die überall dahingerafft wurden, war die Stadt mit Leichen übersät. Daher kam es häufig zu einer Art Selbsthilfe unter den Nachbarn, die, ebensosehr aus Angst, an der Verwesung der Toten Schaden zu nehmen, als aus Mitleid mit den Verblichenen, mit Hilfe irgendwelcher Träger – falls solche aufzufinden waren – die Körper der Verstorbenen aus den Häusern schleppten und sie vor den Türen niederlegten, wo hauptsächlich in den Morgenstunden jeder, der vorbeigegangen wäre, die unzähligen Leichen hätte liegen sehen können. Hernach wurden Bahren bestellt, und wenn keine zu haben waren, legte man die Leichen einfach auf irgendwelche Bretter. Und nicht nur einmal trug man auf einer einzigen Bahre gleich zwei oder drei Tote zusammen fort. Unzählige Male sah man Bahren, auf denen Mann und Frau, zwei bis drei Brüder oder Vater und Sohn zusammen fortgeschafft wurden. Und oftmals geschah es, daß sich den Priestern, die mit dem Kreuz irgendeinen Toten zu Grabe trugen, noch drei oder vier von Trägern getragene Bahren anschlossen, so daß die Priester, die einen Toten zu begraben wähnten, deren sechs oder acht und manchmal noch mehr zu bestatten hatten. Diese Toten wurden weder mit Tränen noch mit Kerzen oder anständigem Geleit geehrt; nein, es war vielmehr so weit gekommen, daß man sich um sterbende Menschen nicht mehr bekümmerte als heutigentags um eine verreckte Ziege. Woraus klar ersichtlich wird, daß, während der alltägliche Ablauf der Dinge mit kleinen und seltenen Unglücksfällen den Weisen nicht zu belehren vermag, die Ereignisse mit Geduld hinzunehmen, ein Unheil solchen Ausmaßes selbst die einfältigen Gemüter dahin zu bringen weiß, alles teilnahmslos und gleichgültig zu ertragen.

Bei der Unzahl der Leichen, die Tag für Tag, ja Stunde

für Stunde zu allen Kirchen gebracht wurden, reichte der geweihte Boden nicht aus für die Begräbnisse, und da man nach altem Brauch möglichst jedem einen Platz zugestehen wollte, hob man, als alles belegt war, rings um die Kirchhöfe große Gruben aus, in die man die unverhofft angekommenen Leichen, wie Ware in den Schiffen, Schicht auf Schicht, nur mit wenig Sand bedeckt, zu Hunderten verstaute, bis schließlich die Gruben bis an den Rand gefüllt waren.

Obwohl ich das Elend, das unsere Vaterstadt betroffen hatte, nicht in allen Einzelheiten wieder auffrischen will, muß ich doch erwähnen, daß die furchtbare Zeit, die sie durchzumachen hatte, auch das umliegende Land nicht weniger schrecklich heimsuchte. Wenn wir die Burgflecken beiseite lassen, in denen es im Kleinen ähnlich zuging wie in der Stadt, so starben in den verstreuten Dörfern und auf den Feldern die unglücklichen armen Landarbeiter und ihre Familien ohne jeglichen ärztlichen Beistand und ohne die Hilfe von Wärtern auf den Wegen und Feldern oder in ihren Häusern Tag und Nacht ohne Unterschied, nicht wie Menschen, sondern wie das Vieh. Deshalb verdarben denn auch ihre Sitten wie die der Städter, und sie kümmerten sich nicht mehr um ihre Pflicht und Schuldigkeit, sondern wollten im Gegenteil – als könne jeden Tag der erwartete Tod eintreffen – nichts mehr wissen von der kommenden Ernte, von ihrem Vieh und all ihrer vergangenen Mühsal. Sie versuchten vielmehr, alles zu verzehren, dessen sie habhaft werden konnten, soweit es möglich war. So geschah es, daß die Ochsen, Esel, Schafe, Ziegen, Schweine und Hühner, ja selbst die Hunde, die den Menschen am treuesten anhängen, aus den Häusern verjagt wurden und nach Gefallen durch die Felder strolchten, wo noch das vernachlässigte Getreide stand, das nicht geschnitten, geschweige denn geerntet war. Viele von diesen Tieren waren so vernünftig, daß sie, nachdem sie den ganzen Tag gut gefressen hatten, von selbst, ohne die Führung irgendeines Hirten, wohlgenährt wieder in ihre Ställe zurückkehrten.

Um das Land wieder zu verlassen und noch einmal auf die Stadt zurückzukommen, muß ich noch berichten, daß die Härte des Himmels und die Grausamkeit der Menschen so groß waren, daß vom März bis zum darauffolgenden Juli, teils durch die Bösartigkeit der Pest, teils weil viele Kranke schlecht gepflegt und aus Furcht von den Gesunden in ihrer Not verlassen wurden, schätzungsweise über hunderttausend Menschen in den Mauern der Stadt Florenz ums Leben kamen, deren Einwohnerzahl vor dieser todbringenden Seuche wohl niemand so hoch eingeschätzt hätte.

Ach, wie viele große Paläste, wie viele herrliche Häuser und vornehme Wohnungen, zuvor von zahlreicher Dienerschaft, Herren und Damen bewohnt, wurden jetzt bis auf den letzten Knecht geleert! Wie viele ehrwürdige Geschlechter, wieviel kostbares Gut, welche ungeheuren Reichtümer sah man ohne würdigen Erben bleiben! Wie viele tapfere Männer, wie viele schöne Frauen, wie viele blühende junge Menschen, die sogar Galenus, Hippokrat und Äskulap für kerngesund gehalten hätten, speisten am Morgen mit ihren Eltern, Freunden und Gefährten und tafelten schon am darauffolgenden Abend drüben in der anderen Welt bei ihren Ahnen!

Doch es verdrießt mich, noch länger in diesem Elend zu verharren, und so will ich alles Vermeidliche weglassen und nur noch sagen, daß unsere Vaterstadt zu dieser Zeit von fast allen ihren Einwohnern verlassen war. Da geschah es – wie ich später von einem glaubwürdigen Menschen hörte –, daß sich in der ehrwürdigen Kirche von Santa Maria Novella eines Dienstags früh, als erst wenige Menschen dort anwesend waren, nach der Messe – die sie in tiefer Trauer, wie eine so geartete Zeit es verlangte, gehört hatten – sieben junge Damen trafen. Sie waren untereinander alle durch Freundschaft, Nachbarschaft oder Verwandtschaft verbunden, und keine von ihnen war älter als achtundzwanzig Jahre oder jünger als achtzehn. Alle waren gebildet und von vornehmer Herkunft, schön gewachsen, von besten Sitten und artigem Anstand. Ich würde ihre richtigen Namen nennen, wenn mich nicht ein wichtiger Grund davon abhielte, diese zu verraten. Ich möchte nicht, daß sie in späterer Zeit für die von ihnen erzählten, nachfolgend wiedergegebenen Geschichten oder für das Gehörte erröten müßten, da inzwischen den erlaubten Belustigungen wieder engere Grenzen gezogen sind, als es damals aus den genannten Gründen nicht nur für ihr Alter, sondern auch für viel reifere Menschen der Fall war. Auch möchte ich den Neidischen, die stets bereit sind, jeden achtbaren Charakter zu schmälern, keine Möglichkeit geben, in irgendeiner Weise den guten Ruf dieser ehrenwerten Damen mit schimpflichen Reden zu beschmutzen. Damit jedoch alles, was eine jede erzählt, ohne Verwirrung verstanden werden kann, beabsichtige ich, ihnen Namen zu geben, die den Eigenschaften einer jeden ganz oder teilweise gerecht werden. So wollen wir die erste und älteste von ihnen Pampinea, die zweite Fiammetta nennen; Filomena die dritte und die vierte Emilia; sodann nennen wir die fünfte Lauretta, die sechste Neifile und die letzte, nicht ohne Grund, Elissa.

Diese Damen trafen nicht etwa auf Verabredung, sondern durch Zufall im selben Teil jener Kirche zusammen und ließen, nachdem sie sich im Kreise niedergelassen hatten, bald die Paternoster beiseite und begannen nach vielen Seufzern einander die verschiedensten Dinge zu erzählen. Nach einer Weile, als die anderen schwiegen, begann Pampinea zu sprechen:

„Meine lieben Freundinnen, ihr werdet, ebenso wie ich, oft gehört haben, daß man keinem Menschen Schaden antut, wenn man auf anständige Weise von seinem Recht Gebrauch macht. Und für jeden, der auf Erden lebt, ist es ein Gebot der Natur, sein Leben, soweit es in seinen Kräften steht, zu fristen, zu erhalten und zu verteidigen. Dieses Recht ist so sehr anerkannt, daß schon mancher, der einen Menschen getötet hat, um das eigene Leben zu retten, straflos ausging. Wenn nun die Gesetze, von deren Zuverlässigkeit das Wohl aller Menschen abhängig ist, dies zulassen, wieviel mehr muß es dann uns und anderen anständigen Menschen, die wir niemand damit Schaden zufügen, erlaubt sein, jeden nur möglichen Schritt zur Erhaltung unseres Lebens einzuschlagen!

Denke ich über unser heutiges Verhalten und über unser Leben in der letzten Zeit nach und überlege ich unsere Gespräche, so wird mir klar – und auch ihr werdet es begreifen –, daß jede von uns um ihr Leben bangen muß. Ich wundere mich nicht darüber, doch muß ich mich um so mehr verwundern, wenn ich sehe, daß wir, obwohl alle von weiblicher Furcht erfüllt, keinerlei Anstalten treffen, um dem, was jede von uns berechtigterweise fürchtet, zu entgehen. Wir verweilen hier, meiner Meinung nach, zu keinem anderen Zweck, als mit anzusehen, wie viele Leichen begraben werden, oder um zu hören, ob die Mönche, deren Anzahl freilich auf ein Nichts zusammengeschmolzen ist, hier zur richtigen Stunde ihre Uffizien singen, oder gar um denen, die noch hier sind, durch unsere Kleidung die Art und Größe unseres Kummers aufzuzeigen. Wenn wir jetzt aus der Kirche fortgehen, sehen wir, wie Leichen und Kranke fortgetragen werden, oder stoßen auf Menschen, die ihrer Verbrechen wegen einst vom Gericht in die Verbannung geschickt wurden, jetzt aber, nachdem sie erfuhren, daß die Richter tot oder krank sind, die Stadt wieder frech mit dreistem Gebaren durchstreifen. Oder wir sehen den nach unserem Blute dürstenden Abschaum der Menschheit, die ‚becchini‘, überall umherfahren und -reiten, unser Leid mit schamlosen Spottliedern verhöhnend. Auch hört man nichts anderes als ‚die und die sind tot‘ oder ‚die und die liegen im Sterben‘, und wenn es noch Menschen gäbe, die so etwas täten, würde man überall nur schmerzliches Wehklagen hören.

Kehren wir dann nach Hause zurück – ich weiß nicht, ob es euch ebenso ergeht wie mir –, so finde ich von der zahlreichen Dienerschaft niemand weiter dort vor als ein einziges Mädchen. Dann packt mich das Grauen, ich fühle, wie meine Haare sich sträuben, und es scheint mir, als sähe ich auf Schritt und Tritt die Schatten der Verstorbenen, doch nicht mit ihren bekannten Gesichtern, sondern mit schrecklichen Antlitzen, die ihnen, ich weiß nicht, woher, gekommen sind, um mich zu verstören.

Aus diesem Grund fühle ich mich hier und auch draußen und zu Hause unglücklich. Um so mehr, als ich nicht glauben kann, daß außer uns noch jemand, der bei Kräften ist und einen Zufluchtsort besitzt, wie wir ihn doch haben, hier zurückgeblieben ist. Und sind wirklich noch einige Menschen dageblieben, so habe ich mehr als einmal gehört und gesehen, daß diese, ohne einen Unterschied zwischen anständig und nicht anständig zu machen, allein und in Begleitung, Tag und Nacht nur tun, was ihre Begierde verlangt und was ihnen den höchsten Genuß verspricht. Und nicht nur die in Freiheit lebenden Personen, auch die Klosterinsassen versuchen sich einzureden, daß, was anderen erlaubt, sich auch für sie gezieme. Sie überlassen sich, wenn sie die Regeln des Gehorsams einmal verletzt haben, fleischlichen

Genüssen, sind ausschweifend und schamlos geworden und glauben, auf diese Weise ihr Leben zu erhalten.

Verhält es sich nun so, wie es offenbar der Fall ist, was tun wir dann noch hier? Welchen Erwartungen und Träumen geben wir uns hin? Warum sind wir träger und langsamer als alle übrigen Bürger, wenn es sich um unsere Gesundheit handelt? Sind wir geringer als alle anderen? Oder glauben wir, unser Leben sei mit stärkeren Ketten an unsere Körper geschmiedet als das anderer Menschen? Und wollen wir uns deswegen an nichts kehren, was unser Leben vernichten kann? Wir irren und betrügen uns! Es ist töricht, solchen Gedanken nachzuhängen. Wenn wir überlegen, wie viele gesunde Jünglinge und Frauen von dieser furchtbaren Pest dahingerafft sind, so haben wir den klarsten Beweis dafür. Und damit wir nicht aus Trägheit oder Unvorsichtigkeit jener Krankheit verfallen, der wir, wenn wir ernsthaft wollten, entgehen könnten, glaube ich, es wäre das beste für uns, wenn wir – falls ihr meine Ansicht teilt –, so wie wir sind, von hier fortgingen, wie es so viele andere Menschen schon vor uns getan haben. Dem schamlosen Treiben der übrigen und dem Tode ausweichend, können wir in aller Ehrbarkeit auf unseren Landgütern leben, von denen jede von uns mehrere besitzt, und können uns dort allen möglichen Zerstreuungen, Freuden und Vergnügungen hingeben, ohne die Grenzen des Anstandes zu überschreiten. Dort hören wir die Vögel singen, sehen das Grünen der Hügel und Ebenen und die wie ein Meer wogenden Getreidefelder. Dort gibt es hunderterlei Bäume, und der freie klare Himmel, selbst wenn er voller Zorn ist, verleugnet seine ewige Schönheit niemals, die soviel reizvoller zu schauen ist als die verödeten Mauern unserer Stadt. Auch ist neben allem anderen die Luft dort frischer, alles, was wir in dieser Zeit dringend zum Leben benötigen, ist in reichem Maße vorhanden und die Gefahr bei weitem geringer. Und wenn auch die Landleute ebenso sterben wie die Menschen in den Städten, so ist doch der traurige Eindruck dessen nicht so stark, weil es dort viel weniger Häuser und Menschen gibt als in der Stadt.

Zudem verlassen wir hier, soweit mir bekannt ist, niemand, sondern können weit eher sagen, daß wir selber von allen verlassen wurden, weil unsere Angehörigen entweder tot oder aus Angst geflohen sind und uns, als gehörten wir nicht zu ihnen, allein in diesem Elend zurückgelassen haben. So kann unser Entschluß von keinem Menschen getadelt werden, uns aber können, wenn wir ihn nicht ausführen, Schmerzen und Not, vielleicht sogar der Tod treffen.

Wenn ihr nun einverstanden seid, so halte ich es für geraten, daß wir unsere Dienerinnen und das Notwendigste mitnehmen und heute hier, morgen dort alle Fröhlichkeit und Freuden genießen, welche die Gegenwart uns bieten kann, und daß wir diese Lebensweise so lange beibehalten, bis wir sehen – wenn der Tod uns nicht vorher dahinrafft –, was für ein Ende der Himmel diesen Zuständen bescheiden wird. Bedenkt, daß man uns ein ehrbares Fortgehen nicht so verargen kann wie vielen anderen das schimpfliche Verweilen."

Die übrigen Damen lobten, nachdem sie Pampinea angehört hatten, nicht nur ihren Vorschlag, sondern begannen, in dem Wunsch, ihn schnellstens zu befolgen, sogleich darüber zu beratschlagen, als wolle man sich vom Fleck weg sogleich auf den Weg machen.

Jedoch die umsichtige Filomena wandte ein: „Ihr Mädchen, wenn auch alles, was Pampinea sagte, sehr verständig war, so läßt es sich doch nicht so überstürzt ausführen, wie ihr es anscheinend vorhabt! Denkt daran, daß wir Frauen sind! Keine von uns ist mehr so unerfahren, daß sie nicht wüßte, wie es um eine Gesellschaft von lauter Frauen bestellt ist und wie wenig diese ohne die Umsicht eines männlichen Beschützers ihre Dinge vernünftig zu regeln versteht. Wir Frauen sind launenhaft, zänkisch, argwöhnisch, kleinmütig und ängstlich. Aus diesen Gründen fürchte ich, daß – wenn keine andere Führung als unsere eigene da ist – unsere Gesellschaft sich schneller und weniger ehrenhaft wieder auflösen wird, als wir es wünschen. Darum halte ich es für klüger, vor Beginn alles zu bedenken."

Darauf sagte Elissa: „Wirklich, die Männer sind das Haupt der Weiber, ohne ihre Ratschläge werden unsere Pläne nur selten zu gutem Ende geführt. Doch woher sollen wir solche Männer nehmen? Jede von uns weiß, daß ihre Angehörigen zum größten Teil tot sind. Die Überlebenden aber befinden sich, ohne daß wir ahnten, wo, in verschiedenster Gesellschaft hier oder dort auf der Flucht, um dem zu entgehen, dem auch wir entkommen möchten. Fremde mitzunehmen erscheint mir ebenfalls nicht ratsam. Wenn wir unsere Gesundheit retten wollen, müssen wir es auf eine solche Weise tun, daß dort, wohin wir uns zur Freude und Erholung begeben, Krankheit und Schande uns erspart bleiben."

Während die Frauen solche Erwägungen anstellten, betraten drei junge Männer die Kirche, von denen der jüngste nicht weniger als fünfundzwanzig Jahre zählte. Ihnen hatte die Verrohung der Zeit, der Verlust von Freunden und Verwandten und die Angst um das eigene Leben die Liebe weder abkühlen noch zerstören können. Der älteste von ihnen hieß Panfilo, der zweite Filostrato und der jüngste Dioneo. Alle drei waren von edlem Anstand und guten Sitten. Sie waren unterwegs, um ihren einzigen Trost in dieser schrecklichen Zeit, ihre Geliebten, zu sehen, die sich zufällig alle drei unter den genannten sieben Damen befanden, von denen auch noch einige irgendwie mit diesen jungen Männern verwandt waren.

Sie hatten die Damen noch nicht bemerkt, als diese sie bereits erblickten und Pampinea lächelnd sagte: „Seht nur, das Glück ist unseren Plänen hold und führt uns ein paar verständige, tapfere junge Männer her, die gerne unsere Führer und Betreuer sein werden, wenn wir sie darum bitten."

Neifile aber errötete vor Scham über das ganze Gesicht, weil sie von einem der jungen Männer geliebt wurde, und sagte: „Um Gottes willen, Pampinea, sei vorsichtig! Ich weiß wohl, daß man diesen drei Jünglingen nur Gutes nachsagen kann, und glaube auch, daß sie zu besseren Dingen als zu dieser Aufgabe fähig sind. Und daß ihre anständige gute Gesellschaft nicht nur für uns, sondern auch für schönere und edlere Frauen ausreichen würde, gebe ich zu. Da sie aber offensichtlich in einige von uns verliebt sind, fürchte ich, daß wir uns ohne ihre oder unsere Schuld der Schande und üblen Nachrede aussetzen würden, wenn wir sie mitnähmen."

Darauf entgegnete Filomena: „Das soll mich nicht bekümmern. Wenn ich anständig lebe und keine Schuld mein Gewissen belastet, mögen die Leute reden, was ihnen beliebt. Gott und die Wahrheit werden für mich die Waffen erheben. Wenn die Herren bereit wären, mit uns zu kommen, könnten wir wirklich, wie Pampinea schon sagte, annehmen, daß das Glück unser Fortgehen begünstige."

Als die übrigen diese Worte vernahmen, beruhigten sie sich nicht nur, sondern baten einmütig darum, daß man die Herren rufen und ihnen den Plan vorlegen solle. Und alle bekannten, daß sie sich freuen würden, wenn jene ihnen auf der Reise Gesellschaft leisten wollten. Ohne weitere Worte erhob sich nun Pampinea, die mit einem der drei verwandt war. Sie ging auf die Jünglinge zu, die stehengeblieben waren und zu den Damen hinüberschauten, begrüßte sie mit freundlicher Miene und teilte ihnen den gefaßten Entschluß mit. Dann fragte sie die drei im Namen aller, ob sie sich entschließen könnten, ihnen in reiner, brüderlicher Gesinnung Gesellschaft zu leisten.

Die jungen Männer glaubten anfangs, daß es sich um einen Scherz handle; als sie jedoch bemerkten, daß Pampinea im Ernst sprach, erklärten sie sich fröhlich dazu bereit. Um die Abreise nicht länger zu verzögern, sondern um im Gegenteil schnellstens wegzukommen, verabredeten sie sogleich alles, was bis zu ihrem Fortgang noch zu tun sei.

Am anderen Morgen, einem Mittwoch, als alles ordnungsgemäß veranlaßt und das Nötige an den Ort, wohin man sich begeben wollte, vorausgeschickt war, verließen die Damen mit einigen ihrer Mädchen und die jungen Männer mit drei Dienern schon im ersten Morgengrauen die Stadt und gelangten nach einem Weg von zwei kleinen Meilen an den Landsitz, den sie zunächst für ihren Aufenthalt ausersehen hatten. Er lag auf einer kleinen Anhöhe, allseits ein wenig von den Landstraßen entfernt, und bot inmitten des frischen Grüns der Bäume und Pflanzen einen reizvollen Anblick. Auf dem Gipfel des kleinen Berges stand ein Palast mit einem schönen großen Hof in der Mitte, mit Loggien, Sälen und Zimmern, deren jedes für sich durch heitere, sehenswerte Malereien auf das schönste geschmückt war. Ringsumher befanden sich Wiesen und herrliche Gärten, Springbrunnen mit erfrischendem Wasser und Gewölbe, angefüllt mit köstlichen Weinen, die weit eher für gewitzte Kenner als für enthaltsame tugendhafte Damen geeignet schienen.

Hier fand die Gesellschaft bei ihrer Ankunft zu ihrer großen Freude alles auf das beste vorbereitet und gesäubert vor. In den Zimmern waren die Betten gerichtet, und alle Räume waren mit den Blumen der Jahreszeit überreich geschmückt und sorglich mit Binsen ausgelegt.

Als sie sich zu ihrer ersten Zusammenkunft niedergesetzt hatten, sagte Dioneo, der an lustigen Einfällen und Gewandtheit die andren übertraf: „Meine Damen! Wir haben es mehr eurer Entschlossenheit als unserer eigenen Vorsicht zu verdanken, daß wir hier sind. Was ihr aber hier mit euren Sorgen beginnen wollt, weiß ich nicht. Ich habe die meinen daher innerhalb der Stadtmauern, aus denen ich vor kurzem mit euch entwich, zurückgelassen. Deshalb sollt auch ihr euch nun entschließen, euch entweder mit mir an Scherz, Gesang und Frohsinn zu ergötzen – ich betone: soweit eure Ehrbarkeit dies zuläßt! –, oder aber ihr müßt mir gestatten, zu meinen trüben Gedanken zurückzukehren und auch weiterhin in der heimgesuchten Stadt zu leben."

Darauf entgegnete Pampinea, als hätte sie bereits in ähnlicher Weise ihre Besorgnisse abgeschüttelt, in fröhlichem Ton: „Dioneo, du hast den richtigen Vorschlag gemacht! Wir wollen unser Leben festlich gestalten. Deshalb allein sind wir der Traurigkeit entflohen. Weil aber alles, was maßlos ist, nicht lange währen kann, so bin ich, als Urheberin aller Erwägungen, nach denen hier diese reizende Gesellschaft zusammengetreten ist, der Meinung, daß wir, zumal mit Rücksicht auf die Fortdauer unserer Freude, irgendein Oberhaupt unter uns wählen sollten, das wir anerkennen und dem wir uns als unserem König fügen. Dieses Oberhaupt aber hat die Pflicht, nach Kräften darauf bedacht zu sein, unseren hiesigen Aufenthalt heiter zu gestalten.

Damit nun ein jeder von uns sowohl die Last der Verantwortung als auch das Vergnügen des Vorranges koste, der von einem zum anderen übergehen soll, und folglich niemand übrigbleibt, der, weil er beides nicht erfahren hat, Neid gegen denjenigen empfinden könne, der beides erprobte, schlage ich vor, daß ein jeder von uns Last sowohl wie Ehre für einen Tag auf sich nehmen soll. Wer dabei der erste sei, das möge die Wahl bestimmen. Die Nachfolger aber sollen jeweils um die Abendstunde von demjenigen oder derjenigen erkoren werden, die an dem Tage die Herrschaft gehabt haben. Der Erwählte mag dann nach eigenem Ermessen für die Zeit seiner Würde den Ort unseres Aufenthalts und unsere Lebensgewohnheiten bestimmen und anordnen."

Diese Worte fanden großen Anklang, und Pampinea wurde alsbald einstimmig für den ersten Tag zur Königin gewählt. Filomena eilte zu einem Lorbeerbaum, wohl wissend, in welchen Ehren seine Blätter gehalten werden und wieviel Ehre sie dem bringen, der seiner Verdienste wegen mit ihnen gekrönt wird. Sie pflückte einige Zweige und wand daraus einen ansehnlichen, reizenden Kranz, den sie Pampinea aufs Haupt setzte und der fortan, solange die Gesellschaft zusammenblieb, als das sichtbare Zeichen der königlichen Würde und Herrschaft galt.

Nachdem Pampinea zur Königin erwählt worden war, gebot sie allen zu schweigen, ließ auch die Diener der drei jungen Männer und die Zofen herbeirufen und sprach, während alle in Stillschweigen verharrten: „Damit ich euch allen zu Anfang ein Beispiel gebe, wie unsere Gesellschaft immer besser geordnet wird und, solange wir es wünschen, zu unserem Vergnügen fortbestehen kann, ohne daß unser guter Ruf beeinträchtigt wird, bestelle ich zuerst Parmeno, den Diener Dioneos, zu meinem Seneschall und übertrage ihm die Fürsorge und Obhut über unsere ganze Dienerschaft und alles, was zum Saaldienst gehört. Sirisco, der Diener Panfilos, sei unser Einkäufer und Schatzmeister und führe die Aufträge Parmenos aus. Tindaro aber bleibe zur Bedienung Filostratos und der beiden anderen Herren in ihren Räumen, solange Parmeno und Sirisco durch ihre Aufgaben behindert sind, die Herren zu bedienen. Misia, meine Zofe, und Filomenas Licisca werden ständig in der Küche walten und umsichtig die Speisen zubereiten, die ihnen Parmeno aufgeben wird. Laurettas Chimera und Fiammettas Stratilia bestelle ich zur Bedienung der Damen in die Zimmer und zur Reinigung unserer Wohnräume. Und jedem, dem an unserem Wohlwollen gelegen ist, befehlen wir, uns keine andere Botschaft als frohe von draußen zu überbringen, unbeschadet dessen, wohin er gegangen, woher er gekommen und was er draußen gehört und gesehen haben mag."

Nachdem sie diese Befehle erteilt hatte, die von allen gebilligt wurden, erhob sie sich fröhlich und sagte: „Hier gibt es viele Gärten, kleine Wälder und andere reizvolle Orte, wo jeder sich nun nach eigenem Geschmack vergnügen mag. Sobald aber die Terza eingeläutet wird, kehre ein jeder hierher zurück, damit wir im Kühlen speisen können."

Nachdem die Gesellschaft dieserart von ihrer neuen Königin beurlaubt war, gingen die jungen Männer mit den reizenden Gefährtinnen langsam in heitersten Gesprächen in einen schönen Garten, wanden dort von allerlei Zweigen schöne Kränze, sangen Liebeslieder und verbrachten so die Zeit, die ihnen die Königin gegeben hatte.

Nach Hause zurückgekehrt, stellten sie fest, daß Parmeno seinen Dienst mit großer Umsicht angetreten hatte. In einem zu ebener Erde gelegenen Saal, der mit blühendem Ginster über und über geschmückt war, standen blütenweiß gedeckte Tische bereit, auf denen die Kelche wie Silber schimmerten. Auf Wunsch der Königin wurde Wasser zum Händewaschen herumgereicht; dann nahmen alle ihre Plätze nach der von Parmeno aufgestellten Ordnung ein. Köstlich zubereitete Speisen wurden aufgetragen, herrliche Weine bereitgestellt, und die drei Diener begannen ohne weiteres, auf ruhige, umsichtige Art bei Tisch zu bedienen. Da die Gerichte auserlesen und gar zierlich angerichtet, verging das Mahl in heiterster Laune unter fröhlichen Gesprächen und Scherzen. Und weil alle Herren und Damen sich auf das Reigentanzen verstanden und verschiedene von ihnen gut zu spielen und zu singen wußten, gebot die Königin, nach dem Mahl die Musikinstrumente herbeizuholen. Dioneo ergriff auf ihr Geheiß eine Laute, Fiammetta eine Viola, und beide begannen eine liebliche Tanzweise zu spielen. Die Königin aber tanzte, nachdem die Diener zum Essen geschickt waren, zusammen mit den übrigen Damen und den beiden jungen Männern mit langsamen Schritten den Reigen. Als er beendet war, folgten verschiedene heitere, schöne Lieder, und man vertrieb sich die Zeit, bis es der Königin ratsam schien, zur Ruhe zu gehen, und sie deshalb alle beurlaubte. Die drei jungen Männer suchten ihre Räume auf, die von denen der Damen getrennt waren, und fanden wohlvorbereitete Betten vor. Alles war ebenso reich mit Blumen geschmückt wie im Speisesaal. Ähnlich fanden auch die Damen ihre Zimmer vor, als sie sich entkleideten und niederlegten.

Nicht lange nach der Nona erhob sich die Königin und ließ die übrigen Damen und die jungen Männer wecken mit der Bemerkung, ein gar so langer Schlaf während des

Tages sei der Gesundheit nicht zuträglich. So fanden sich alle auf einem kleinen Rasenplatze ein, der mit hohem grünem Gras bedeckt und von allen Seiten gegen die Strahlen der Sonne geschützt war. Hier, wo ein frisches Lüftchen sich regte, ließ sich die ganze Gesellschaft auf Wunsch der Königin im Kreise auf dem schönen Rasen nieder, und sie begann folgendermaßen:

„Ihr seht, wie hoch die Sonne am Himmel steht und wie drückend die Hitze ist! Kein anderer Laut als der Gesang der Zikaden auf den Oliven ist zu vernehmen, und es wäre zweifellos recht töricht, jetzt an einen anderen Ort weiterzuwandern. Hier ist es frisch und angenehm, und wie ihr seht, stehen Brett- und Schachspiele bereit, so daß jeder sich nach Gefallen vergnügen kann. Wenn ihr aber auf mich hört, so wollen wir nicht spielen, da das Spiel stets einen Partner betrübt, ohne daß der Mitspieler oder die Zuschauer besonderes Vergnügen davon hätten. Wir wollen vielmehr die heißen Stunden des Tages damit verbringen, uns Geschichten zu erzählen. Es wird der ganzen Gesellschaft Spaß machen, anzuhören, was ein jeder zu erzählen weiß. Sicherlich werdet ihr bis zum Sonnenuntergang und dem Nachlassen der Hitze noch nicht alle eure Geschichten zum besten gegeben haben. Später können wir überall, wo es euch gefällt, unseren Vergnügungen nachgehen. Sollte euch mein Vorschlag gefallen – denn nur danach möchte ich mich richten –, so wollen wir es dabei lassen. Findet er aber nicht euren Beifall, so mag ein jeder bis zum Sonnenuntergang das tun, wovon er sich Vergnügen verspricht."

Alle Damen und Herren erklärten sich mit dem Erzählen einverstanden.

„Nun gut", sagte die Königin, „wenn es euch recht ist, so soll es an diesem ersten Tag jedem freistehen, das zu erzählen, was ihm am besten gefällt." Danach bat sie Panfilo, der ihr zur Rechten saß, freundlich, mit einer seiner Geschichten den Anfang zu machen. Und Panfilo begann auf ihre Bitte hin, sofort zu erzählen, während alle ihm zuhörten.

ERSTE GESCHICHTE

Ser Cepparello betrügt einen frommen Mönch mit einer erlogenen Beichte und stirbt; und obwohl er bei Lebzeiten ein ruchloser Bösewicht gewesen ist, wird er nach seinem Tode für einen Heiligen gehalten und Sankt Ciappelletto genannt.

Liebste Freundinnen, es ziemt sich, daß alles, was Menschen beginnen, im hehren und heiligen Namen dessen, der die Welt erschaffen, seinen Anfang nehme. Da ich als erster mit dem Erzählen beginnen soll, gedenke ich euch eine seiner Wundertaten zu berichten, damit, nachdem wir diese vernommen, unser Vertrauen auf ihn, den ewig Unwandelbaren, sich festige und sein Name immerdar von uns gepriesen werde. Es ist offenkundig, daß alle zeitlichen Dinge vergänglich und sterblich sind, innerlich und äußerlich voller Angst und Mühen und unendlichen Gefahren unterworfen, die wir – mitten unter den zeitlichen Dingen als ein Teil ihrer selbst lebend – in keinem Fall bestehen oder überwinden könnten, wenn nicht Gottes Gnade uns Kraft und Widerstand verleihen würde. Daß diese Gnade sich unserer eigenen Verdienste wegen uns zuneige, darf niemand glauben. Sie wird uns aus seiner unendlichen Güte geschenkt und auf die Fürbitten jener, die, einst sterblich wie wir, ihm zum Wohlgefallen lebten und jetzt mit ihm der Ewigkeit und seines Segens teilhaftig sind. Wir pflegen diese, die aus eigener Erfahrung unsere Schwächen kennen, als Fürsprecher anzurufen und unterbreiten ihnen alle jene Dinge, die wir für notwendig erachten, weil wir es nicht wagen, mit unseren Bitten unmittelbar vor Gottes Antlitz zu treten. Da es den Augen der Sterblichen nicht vergönnt ist, die Geheimnisse des göttlichen Willens zu durchschauen, geschieht es zuweilen, daß wir, von Wahn geblendet, auch solche Menschen als Fürsprecher vor der Herrlichkeit Gottes erwählen, die er in ewige Verdammnis verstieß. Um so klarer aber offenbart sich nun die Größe seiner unendlichen Barmherzigkeit, denn er, dem nichts verborgen bleibt, sieht mehr auf die Herzensreinheit der Flehenden als auf ihre Unwissenheit oder auf die Verdammung des Fürbitters und erhört die Gebete, als weile dieser vor seinem göttlichen Antlitz. Dies wird aus der Geschichte, die ich erzählen will, klar ersichtlich. Ich sage: klar ersichtlich, wenn wir uns nach menschlichem Verstande richten, nicht aber nach der Weisheit Gottes.

Es wird erzählt, daß einst ein gewisser Musciatto Franzesi, als er es in Frankreich vom reichen, angesehenen Kaufherrn zum Höfling gebracht hatte, mit dem Bruder des Königs von Frankreich, Herrn Karl-ohne-Land, den der Papst Bonifazius eingeladen und zum Kommen bewogen hatte, in die Toscana ging. Da seine Geschäfte, wie es oftmals bei Kaufherren der Fall ist, manchenorts sehr verwickelt waren und sich weder leicht noch schnell erledigen ließen, entschloß er sich, sie einigen Vertrauensleuten zu überantworten. Er fand auch für alles Rat; doch wußte er nicht, wen er beauftragen sollte, seine Außenstände bei einigen Burgundern einzukassieren. Der Grund dieser Schwierigkeit war, daß er die Burgunder als streitsüchtige, unehrliche Kerle von übler Herkunft kannte und ihm niemand einfiel, der schlau und niederträchtig genug gewesen wäre, um mit einiger Sicherheit den Ränken jener Leute gewachsen zu sein. Nachdem Musciatto über diese schwierige Frage lange nachgegrübelt hatte, verfiel er auf Ser Cepparello aus Prato, der in seinem Pariser Hause ein und aus ging. Dieser, klein von Wuchs, doch groß von Geckenhaftigkeit, wurde von den Franzosen, die mit dem Namen Cepparello nichts anzufangen wußten und meinten, er besage wohl dasselbe wie „capello", was nach ihrer Umgangssprache „Kranz" bedeutet, zwar nicht Ciappello, sondern eben seiner Zierlichkeit wegen Ciappelletto genannt. Als solcher war er überall bekannt, während nur wenige Menschen wußten, daß er Ser Cepparello hieß.

Über das Leben dieses Ciappelletto nun ist folgendes zu berichten. Er war von Beruf Notar, hätte es aber als eine gewaltige Schande betrachtet, wenn unter den wenigen ihm überantworteten Dokumenten andere als falsche gefunden worden wären. Diese freilich fabrizierte er mit Freuden und war erbötig, solche lieber umsonst als irgendein rechtes gegen schwere Bezahlung auszufertigen. Mit besonderer Vorliebe legte er, gebeten und ungebeten, falsches Zeugnis ab, und da in jener Zeit der Eid in Frankreich in hohem Ansehen stand und es ihm nicht darauf ankam, einen falschen zu leisten, gewann er auf so ehrlose Weise alle Prozesse, zu denen er gerufen wurde, um die Wahrheit nach bestem Wissen zu beschwören. Mit größtem Vergnügen und Fleiß war er daneben emsig bemüht, unter Freunden, Verwandten und anderen Personen Zwietracht, Feindschaft und Skandal hervorzurufen. Und je mehr Unheil er anrichtete, desto tiefere Genugtuung empfand er. Wurde er gar zu einem Mord oder einem anderen Verbrechen aufgefordert, lehnte er niemals ab, sondern beteiligte sich gerne daran und war auch bereit, mit eigener Hand Menschen zu verletzen oder umzubringen. Bei dem geringsten Anlaß lästerte er Gott und alle Heiligen und gab sich wilderem Jähzorn hin als jeder andere. Niemals ging er in die Kirche, deren heilige Sakramente er wie unwürdige Dinge mit den gemeinsten Ausdrücken verspottete. Doch trieb er sich mit Vorliebe in Tavernen und gewissen liederlichen Häusern herum. Auf Weiber war er so wenig erpicht wie der Hund auf den Prügel; am gegenteiligen Laster aber ergötzte er sich ergiebiger als jeder andere Schandbube. Er würde mit dem besten Gewissen der Welt jeden Diebstahl und Raub ausgeführt haben. Er fraß und soff, daß es ihn zuweilen selber anwiderte, und war als Falschspieler und Falschwürfler berüchtigt. Doch warum verbreite ich mich über ihn mit so vielen Worten? Er war wohl der schlechteste Mensch, der je das Licht der Welt erblickte. Lange Zeit wurde er von der Macht und dem Reichtum des Messer Musciatto gestützt, um dessentwillen ihm viele Privatpersonen, die er beleidigte, und selbst die Höflinge, mit denen er nicht besser verfuhr, manches nachsahen.

Auf diesen Ser Cepparello, dessen Leben er genau kannte, verfiel nun Messer Musciatto und meinte, in ihm den passenden Mann gefunden zu haben, den er gegen die Verschlagenheit der Burgunder brauchte. Er ließ ihn also rufen und sprach zu ihm:

„Ser Ciappelletto, wie du weißt, muß ich von hier fortgehen. Ich habe unter anderem noch allerlei mit den Burgundern, diesen hinterlistigen Betrügern, abzurechnen und wüßte nicht, wem ich das Geschäft, bei ihnen meine Forderungen einzukassieren, lieber anvertrauen sollte als dir. Da du gerade nichts zu tun hast, will ich dir, wenn du die Sache übernehmen willst, die Empfehlungen des Hofes beschaffen und dir einen angemessenen Teil dessen, was du hereinbringst, überlassen."

Ser Ciappelletto, eben beschäftigungslos und schlecht bei Kasse, sah den Mann abreisen, der so lange sein Stecken und Stab gewesen war, und gab ohne Bedenken, gewissermaßen notgedrungen, seine Einwilligung.

So überreichte ihm Messer Musciatto, nachdem sie sich geeinigt hatten, seine Vollmachten und die Empfehlungsbriefe des Königs und reiste ab. Ciappelletto aber begab sich nach Burgund, wo fast kein Mensch ihn kannte. Hier begann er, seinen sonstigen Gewohnheiten zuwider, mit Geduld und Milde die Forderungen einzutreiben und die Geschäfte abzuwickeln, um derentwillen er hergekommen war, gleichsam als wollte er sich die Streitereien bis zum Schluß aufsparen. Während er nun seinen Obliegenheiten nachging und im Hause zweier florentinischer Brüder, die mit Geld wucherten, aus Rücksicht auf Messer Musciatto ehrenvolle Aufnahme gefunden hatte, erkrankte er. Die Brüder riefen Ärzte und Diener zu seiner Pflege herbei und veranlaßten alles, was zur Wiederherstellung seiner Gesundheit dienlich schien. Doch ihre Mühe war vergebens. Es ging dem schon bejahrten Ehrenmann, der ein zügelloses Leben hinter sich hatte, nach Ansicht der Ärzte Tag für Tag schlechter und schlechter, wie einem, der auf den Tod daniederliegt. Den beiden Brüdern kam nun dies recht ungelegen, und sie begannen eines Tages in der Nähe der Kammer, in der Ciappelletto lag, folgende Unterhaltung: „Was machen wir mit ihm?" sagte der eine zum anderen. „Wir sind übel mit ihm dran. Ihn so schwerkrank aus dem Hause zu weisen wäre eine Schande und gleichzeitig ein Beweis von wenig Überlegung, da die Leute, denen es bekannt ist, daß wir ihn bei uns aufgenommen und mit Sorgfalt gepflegt und verarztet haben, sehen würden, daß wir ihn todkrank plötzlich aus dem Hause jagen, obwohl er nichts getan haben kann, was uns hätte verdrießen können. Andererseits ist er ein so gottloser Mensch, daß er weder beichten will noch irgendein Sakrament der Kirche begehrt. Stirbt er aber ohne Beichte, wird keine Kirche seinen Leichnam aufnehmen; im Gegenteil, er wird wie ein Hund in irgendeiner Grube verscharrt werden. Und selbst wenn er beichten sollte, sind seine Sünden so zahlreich, daß es nichts an der Sache mehr ändert, weil sich kein Mönch und kein Priester finden wird, der ihn lossprechen könnte oder wollte. Ohne Absolution aber wird er irgendwo verscharrt. Kommt es nun soweit, werden die Leute aus der Stadt – die uns schon unseres Gewerbes wegen, das ihnen ehrlos vorkommt, tagein, tagaus Übles nachreden und uns nur zu gerne ausplündern möchten –, wenn sie davon erfahren, sich offen gegen uns auflehnen und schreien: ‚Diese italienischen Hunde, von denen unsere Kirche nichts wissen will, wollen wir hier nicht länger dulden!' – Und sie werden uns die Häuser einrennen und uns am Ende nicht nur berauben, sondern sich auch noch an uns selbst vergreifen. So sind wir auf alle Fälle übel daran, wenn er stirbt."

Ser Ciappelletto, der, wie gesagt, ganz in der Nähe des Ortes lag, an dem die beiden sich berieten, hatte, wie viele Kranke, gar feine Ohren und verstand genau, was sie über ihn sprachen. Er ließ sie hereinrufen und sagte: „Ich möchte nicht, daß ihr irgendwelche Bedenken über mich habt oder fürchtet, meinetwegen in Unannehmlichkeiten zu geraten. Ich habe gehört, was ihr über mich gesprochen habt, und bin sicher, daß alles so käme, wie ihr befürchtet, wenn es mit mir so ein Ende nähme, wie ihr es voraussetzt. Aber es wird anders kommen. Ich habe mein Leben lang dem Herrgott so viele Kränkungen zugefügt, daß es nichts mehr ausmachen wird, wenn eine Stunde vor meinem Tode noch eine weitere dazukommt. Drum versucht, den frömmsten, tüchtigsten Mönch herbeizurufen, den ihr finden könnt, falls ein solcher aufzutreiben ist. Dann aber laßt mich nur machen, ich werde eure und meine Angelegenheit auf das beste zu eurer vollen Zufriedenheit regeln."

Die beiden Brüder, die sich zwar keinen großen Hoffnungen hingaben, gingen gleichwohl in ein Mönchskloster und fragten nach einem frommen, erfahrenen Mann, der einem in ihrem Hause krank daniederliegenden Italiener die Beichte abnehmen könne. Darauf wurde ihnen ein schon bejahrter Mönch mitgegeben, der ein frommes, gottgefälliges

Leben führte, ein großer Kenner der Bibel und ein ehrwürdiger Mann war und bei allen Bürgern der Stadt in besonders hohem Ansehen stand. Diesen Mönch nahmen sie sogleich mit nach Hause.

Als er in die Kammer Ser Ciappellettos eingetreten war und neben ihm Platz genommen hatte, begann er als erstes, ihn liebevoll zu trösten, und fragte ihn dann, wie lange es her sei, daß er seine letzte Beichte abgelegt habe.

Ser Ciappelletto, der niemals zur Beichte gegangen war, antwortete: „Mein Vater, im allgemeinen pflegte ich in jeder Woche wenigstens einmal zu beichten, doch bin ich ganz abgesehen davon in vielen Wochen mehrmals zur Beichte gegangen. Allerdings muß ich gestehen, daß ich seit meiner Erkrankung vor etwa acht Tagen nicht mehr zum Beichten gekommen bin, da ich große Schmerzen hatte."

Der Mönch entgegnete: „Mein Sohn, du hast recht getan und sollst es auch fernerhin so halten. Da du so oft gebeichtet hast, sehe ich, daß ich wenig Mühe haben werde, dich anzuhören und zu befragen."

Ser Ciappelletto fuhr fort: „Ehrwürdiger Vater, sagt das nicht. Ich habe weder so oft noch so viel gebeichtet, daß ich nicht immer wieder eine Generalbeichte aller meiner Sünden ablegen möchte, an die ich mich von meiner Geburt an bis zu dem Tag der Beichte erinnere. Deshalb bitte ich Euch, gütiger Vater, daß Ihr mich so gründlich befragen möchtet, als hätte ich niemals gebeichtet. Und Ihr sollt keine Rücksicht auf meine Krankheit nehmen. Denn ich möchte lieber die Leiden des Fleisches ertragen als diesem zuliebe etwas tun, was zum Verlust meines Seelenheils beitrüge, das mein Heiland mit seinem teuren Blut neu erkauft hat."

Diese Worte gefielen dem frommen Mann sehr und schienen ihm Zeugnis für das demütige Herz des anderen abzulegen. Nachdem er Ser Ciappelletto für diese lobenswerte Gewohnheit sein Wohlgefallen ausgesprochen hatte, begann er ihn zu befragen, ob er je mit einer Frau in Wollust gesündigt habe.

Ser Ciappelletto entgegnete seufzend: „Mein Vater, ich schäme mich, Euch auf diese Frage die Wahrheit zu antworten, weil ich fürchte, mich mit Eigenlob zu versündigen."

Der Mönch ermunterte ihn: „Sprich ruhig! Wer die Wahrheit sagt, versündigt sich weder in der Beichte noch bei anderer Gelegenheit!"

So fuhr Ser Ciappelletto fort: „Wenn Ihr mir das zusichert, will ich es Euch gestehen: Ich bin noch so unberührt, wie ich es am Tage meiner Geburt war."

„Dafür seist du von Gott gesegnet!" rief der Mönch. „Du hast wohlgetan! Und weil es dir freistand, das Gegenteil zu tun, hast du dir ein viel größeres Verdienst erworben als wir und alle anderen, die durch Ordensregeln dazu gezwungen werden."

Dann fragte er ihn, ob er etwa durch Schlemmerei Gottes Mißfallen erregt habe, worauf Ser Ciappelletto mit einem schweren Seufzer gestand, daß er das sehr häufig getan habe. Wenn er seiner Gewohnheit gemäß über die vierzigtägige Fastenzeit hinaus, die von gottesfürchtigen Leuten alljährlich gehalten werde, noch jede Woche mindestens drei Tage bei Wasser und Brot zu fasten pflegte, dann habe er – besonders nach anstrengenden Gebeten und Wallfahrten – mit solchem Genuß und Verlangen das Wasser getrunken wie genießerische Trinker den Wein. Und oft habe er dann ein gieriges Verlangen auf jenen zarten Kräutersalat verspürt, den die Frauen sich zubereiten, wenn sie aufs Land gehen. Auch habe ihm zuweilen nach der Fastenzeit das Essen viel besser geschmeckt, als es einem Menschen schmecken dürfe, der, so wie er, aus Frömmigkeit gefastet habe.

Nun sprach der Mönch: „Mein Sohn! Diese Vergehen sind verständlich und ganz unbedeutend. Ich möchte nicht, daß du dir damit mehr als nötig das Gewissen belastest. Allen Menschen, so fromm sie auch sein mögen, geht es so, daß ihnen nach langer Fastenzeit das Essen gut schmeckt und nach großer Anstrengung das Trinken."

„Oh, mein Vater", fuhr Ser Ciappelletto fort, „sprecht nicht so, nur um mich zu trösten! Bedenkt vielmehr, daß man – wie mir bekannt – alles, was zur Ehre Gottes getan wird, reinen Herzens und unbefleckten Sinnes vollbringen muß. Wer dem zuwiderhandelt, sündigt!"

Auf das höchste befriedigt, entgegnete der Mönch: „Es freut mich, daß es dir so am Herzen liegt und daß dein Gewissen in diesem Punkt so ehrlich und sauber ist. Aber sage mir: Hast du dich wohl aus Geiz versündigt? Hast du mehr begehrt, als dir zukam, oder mehr behalten, als du behalten durftest?"

Ser Ciappelletto antwortete: „Mein Vater, ich möchte

nicht, daß Ihr solches etwa vermutet, weil ich hier im Hause dieser Wucherer liege. Ich habe mit ihnen nichts zu schaffen, sondern bin vielmehr hergekommen, um ihnen ins Gewissen zu reden und sie zu ermahnen, sich von ihrem ehrlosen Gewerbe abzuwenden. Ich glaube auch, daß es mir gelungen wäre, wenn Gott mich nicht mit dieser Krankheit heimgesucht hätte. Auch sollt Ihr erfahren, daß mein Vater mir ein großes Vermögen hinterlassen hat, welches ich nach seinem Tode zum größten Teil den Armen geopfert habe. Um dann weiterhin mein Leben zu fristen und die Bedürftigen in Christo unterstützen zu können, habe ich einen kleinen Handel angefangen, bei dem ich allerdings nach Gewinn trachtete. Doch habe ich stets diesen Gewinn mit den Armen geteilt, so daß ich die eine Hälfte für mich verbrauchte und die andere jenen überließ. Dabei hat mir mein Schöpfer so gnädig beigestanden, daß meine Verhältnisse sich immer besser und besser gestalteten."

„Du hast wohlgetan", sagte der Mönch. „Doch hast du dich wohl zuweilen dem Zorn hingegeben?"

„Ach", rief Ser Ciappelletto, „ich muß gestehen, daß ich das gar oft getan habe. Wer könnte wohl an sich halten, wenn er sieht, wie die Menschen tagaus, tagein üble Dinge treiben, die Gebote des Herrn mißachten und seinen Zorn nicht fürchten! Und mehr als einmal am Tage habe ich gewünscht, lieber tot als lebendig zu sein, wenn ich bemerkte, wie die jungen Menschen der Eitelkeit nachjagten, wie sie Eide und Meineide schworen, in die Tavernen liefen anstatt in die Kirchen und lieber auf den Sündenpfaden der Welt als auf Gottes Wegen wandelten."

Der Mönch sprach: „Mein Sohn, das ist ein lobenswerter Zorn, und ich für mein Teil kann dir dafür keine Strafe auferlegen. Aber hat dich etwa bei irgendeiner Gelegenheit der Zorn hingerissen, einen Totschlag zu begehen oder irgend jemand zu beschimpfen und zu kränken?"

Darauf entgegnete Ser Ciappelletto: „Mein Himmel, Messere, wie könnt Ihr einen solchen Verdacht aussprechen, wo Ihr doch ein Diener Gottes zu sein scheint! Oder glaubt Ihr, daß Gott mich so lange am Leben erhalten hätte, wenn ich je auf den schlechten Gedanken gekommen wäre, auch nur eine der Taten, die Ihr nanntet, zu begehen? Dergleichen mögen Mörder und gottlose Menschen tun, zu denen ich, wenn ich je welche sah, zu sagen pflegte: ‚Geh, daß dich Gott bekehre!'"

Darauf sprach der Mönch: „Jetzt sage mir, mein Sohn, der du von Gott gesegnet seist, hast du niemals ein falsches Zeugnis abgelegt gegen andere Menschen oder Böses von ihnen gesprochen und dir fremdes Gut gegen den Willen seines Eigentümers angeeignet?"

„Ja, ja, Ehrwürden!" antwortete Ser Ciappelletto. „Ich habe schlecht von anderen Menschen gesprochen. Ich hatte einmal einen Nachbarn, der zum größten Mißfallen der Umwelt nichts anderes tat, als sein Weib zu prügeln. Eines Tages habe ich vor den Verwandten der Frau heftig auf ihn gescholten aus Mitleid mit der Unglücklichen, die er jedesmal, wenn er zuviel getrunken hatte, derart zuschanden prügelte, daß es Gott jammerte."

Darauf sprach der Mönch: „Nun gut. – Du sagtest mir, daß du ein Kaufmann seist, hast du niemals andere Menschen betrogen, wie viele Kaufleute es zu tun pflegen?"

„Meiner Treu", entgegnete Ser Ciappelletto, „ja, Messere, doch ich weiß nicht, wer es war. Ich erinnere mich, daß mir einmal jemand Geld brachte, das er mir für Tuch schuldig war, welches ich ihm verkauft hatte. Ich legte es in einen Kasten, ohne es nachzuzählen, und stellte einen Monat später fest, daß es vier Piccioli mehr waren, als es sein sollten. Ich habe das Geld länger als ein Jahr aufgehoben, um es zurückzugeben. Da ich aber jenen Mann nicht wiedersah, habe ich es als Almosen gespendet."

„Das war nur eine Kleinigkeit, und du hast recht getan, das Geld solcherart zu verwenden", sagte der fromme Mann und fragte ihn sodann noch nach mancherlei Dingen, die Ser Ciappelletto alle in ähnlicher Weise beantwortete. Als der Mönch ihn dann lossprechen wollte, bemerkte Ser Ciappelletto: „Messere, ich habe noch eine Sünde begangen, die ich Euch noch nicht bekannt habe."

Der Mönch fragte, was für eine Sünde es denn sei, und Ser Ciappelletto antwortete: „Ich erinnere mich, daß ich meinem Diener eines Samstags nach der Nona noch befahl, das Haus zu kehren, und so dem heiligen Sonntag nicht die schuldige Ehrfurcht erwies."

„Nun, mein Sohn", sagte der Mönch, „das ist eine Sache ohne Bedeutung."

„Nein", entgegnete Ser Ciappelletto, „sagt nicht, es sei ohne Bedeutung! Den Sonntag soll man ehren, weil an einem Sonntag der Heiland vom Tode wiederauferstanden ist zum Leben!"

Der Mönch sprach: „Und hast du noch weitere Sünden begangen?"

„Ja, Messere", antwortete Ser Ciappelletto, „einmal habe ich unbedacht in der Kirche des Herrn ausgespien."

Der Mönch begann zu lächeln und sagte: „Mein lieber Sohn, deshalb brauchst du dich nicht zu betrüben. Wir Mönche spucken den ganzen Tag in der Kirche aus."

Ser Ciappelletto fuhr fort: „Da begeht Ihr ein schlimmes Unrecht, denn nichts sollte reiner gehalten werden als der Tempel, in dem man Gott sein Opfer darbringt."

Und er beichtete im Handumdrehen noch eine ganze Anzahl ähnlicher Vergehen. Schließlich begann er zu stöhnen und dann heftig zu weinen, was er jederzeit, wenn er wollte, vorzüglich zuwege brachte.

„Was ist dir, mein Sohn?" fragte ihn der fromme Mann, und Ser Ciappelletto antwortete: „Ach, Messere, ich habe noch eine Sünde auf dem Herzen, die ich noch niemals gebeichtet habe, so sehr schäme ich mich, darüber zu sprechen. Jedesmal aber, wenn ich mich daran erinnere, weine ich, wie Ihr seht, und ich bin überzeugt, daß Gott mir um dieser Sünde willen niemals vergeben wird."

„Aber, aber, mein Sohn!" beschwichtigte ihn der fromme Bruder. „Von was für einer Sünde sprichst du? Wären alle Sünden, die je Menschen begangen haben und noch begehen werden, solange die Welt besteht, von einem einzigen Menschen verübt und er beklagte sie wie du in Demut und Reue, so wäre doch die Güte des Herrn und sein Erbarmen so groß, daß er gnädig alles verziehe, was ihm gebeichtet wird. Darum kannst du ruhig sprechen."

Noch immer heftig weinend, fuhr Ser Ciappelletto fort: „Ach, mein Vater, zu ungeheuerlich ist meine Sünde! Wenn Ihr mir nicht mit Eurer Fürbitte zur Seite steht, kann ich kaum hoffen, daß Gott sie mir je vergeben wird."

Hierauf sagte der Mönch: „Sprich nur ruhig. Ich gebe dir mein Wort, bei Gott Fürsprache für dich einzulegen."

Doch obwohl der Mönch versuchte, ihn zum Reden zu ermuntern, fuhr Ser Ciappelletto fort zu weinen und schwieg.

Als er den frommen Mann eine ganze Weile mit seinen Tränen hingehalten hatte, stieß er einen tiefen Seufzer aus und sagte: „Mein Vater, da Ihr mir versprochen habt, Gott für mich anzuflehen, will ich es Euch gestehen. So hört denn: Ich habe einmal als kleines Kind meine Mutter verwünscht." Nach diesen Worten begann er wieder heftig zu weinen.

„Mein Sohn", sagte nun der Mönch, „scheint dir das wirklich eine so große Sünde zu sein? Ach, die Menschen fluchen den ganzen Tag dem Herrgott selber, und doch verzeiht er gerne den Reuigen, die ihn gelästert haben. Und du glaubst, daß er dir dies nicht verzeihen wird? Weine nicht und sei getrost. Selbst wenn du einer von jenen wärst, die ihn ans Kreuz geschlagen haben, und wärest so voller Reue, wie ich dich hier vor mir sehe, so würde er dir vergeben."

Ser Ciappelletto sprach: „Ach, mein Vater, was sagt Ihr? Es war doch meine gute Mutter, die mich neun Monate lang Tag und Nacht unter ihrem Herzen trug und mich mehr als hundertmal auf ihren Arm nahm! Sie zu verwünschen war eine ruchlose Tat und eine große Sünde. Wenn Ihr nicht für mich betet, wird Gott mir nie vergeben."

Als der Mönch sah, daß Ser Ciappelletto nichts mehr zu bekennen hatte, sprach er ihn los und gab ihm seinen Segen, da er alle seine Worte für lautere Wahrheit nahm und ihn für einen sehr frommen Mann hielt. Und wer wäre wohl andrer Meinung gewesen, wenn er einen Sterbenden in der Beichte also hätte sprechen hören? Schließlich sagte er: „Ser Ciappelletto, mit Gottes Hilfe werdet Ihr wieder gesund werden. Wenn aber der Herr doch Eure gesegnete und wohlvorbereitete Seele zu sich rufen sollte, würde es Euch dann recht sein, daß Euer Körper in unserer Kirche beerdigt wird?"

Ser Ciappelletto entgegnete: „Es ist mir lieb, Messere. Ich möchte an keinem anderen Ort begraben werden. Ihr habt mir versprochen, bei Gott mein Fürsprecher zu sein. Außerdem habe ich stets besondere Ehrfurcht vor Eurem Orden gehabt. Darum bitte ich Euch, wenn Ihr wieder in Eurem Kloster seid, veranlaßt, daß der heilige Leib Christi, den Ihr am Morgen auf Eurem Altar einsegnet, zu mir gebracht werde. Obwohl ich seiner unwürdig bin, möchte ich ihn mit Eurer Erlaubnis genießen und danach die letzte und heilige Ölung empfangen, damit ich, wenngleich ich schon als Sünder gelebt habe, doch als Christ sterben kann."

Der fromme Mann äußerte sein Wohlgefallen über diese Worte und versprach zu veranlassen, daß sogleich alles hergebracht werde. Und so geschah es.

Die beiden Brüder standen indes voller Besorgnis, daß Ser Ciappelletto sie betrügen möchte, lauschend hinter der Bretterwand, welche die Kammer, in der Ser Ciappelletto lag, von einer anderen trennte. So konnten sie alles, was der Mönch sagte, gut verstehen. Als sie Ser Ciappellettos Beichte vernahmen, wurden sie mehrmals von einer so übermäßigen Lachlust gepackt, daß sie fast zerplatzt wären. Dann aber sagten sie zueinander: „Was ist das für ein Kerl! Weder Alter noch Krankheit noch Furcht vor dem nahen Tode oder vor Gott, vor dessen Richterstuhl er doch in wenigen Stunden stehen wird, sind imstande, ihn von seiner Verworfenheit abzubringen, und können ihn veranlassen, anders zu sterben, als er gelebt hat!" Da sie aber seine Einwilligung zum Begräbnis in der Kirche hörten, kümmerten sie sich um das Weitere nicht mehr.

Bald darauf empfing Ser Ciappelletto das Abendmahl, und, da seine Kräfte zusehends abnahmen, auch die Letzte Ölung und starb um die Vesperstunde desselben Tages, an dem er seine hübsche Beichte abgelegt hatte. Darauf bestellten die Brüder aus seinem Nachlaß ein ehrliches Begräbnis, sandten die Todesnachricht in das Mönchskloster, damit jene kämen, um nach gutem Brauch am Abend die Totenwache zu halten und am Morgen den Leichnam abzuholen, und richteten alles nach besten Kräften aus.

Der fromme Mönch, bei dem Ser Ciappelletto gebeichtet hatte, besprach sich, als er die Todesbotschaft bekam, mit dem Prior seines Klosters und erklärte den Brüdern, nachdem er zum Ordenskapitel hatte läuten lassen, was für ein frommer Mensch Ser Ciappelletto seiner Beichte zufolge gewesen sei. In der Hoffnung, daß der Herrgott durch jenen noch manches Wunder tun würde, überzeugte er die Mönche davon, daß es ratsam sei, die Leiche mit großer Ehrerbietung und Demut aufzunehmen. Der Prior und die Brüder, die seinen Worten glaubten, waren mit allem einverstanden. Sie begaben sich am Abend zu der Leiche Ser Ciappellettos und hielten dort eine feierliche Nachtwache. Am anderen Morgen erschienen sie in Chorhemd und Meßgewand mit Büchern in der Hand und Kreuzen vorweg, um mit Gesang die Leiche einzuholen. Mit Pomp und Feierlichkeit trugen sie diese in ihre Kirche, und fast die ganze Bevölkerung der Stadt, Männer wie Frauen, gab ihnen das Geleit. Dann wurde der Tote in der Kirche niedergesetzt, und der fromme Mönch, der Ser Ciappellettos Beichte entgegengenommen hatte, stieg auf die Kanzel und begann, von dem Leben des Verstorbenen, von seinem freiwilligen Fasten, seiner Keuschheit, Bescheidenheit, Unschuld und Frömmigkeit die wunderbarsten Dinge zu verkünden. Auch berichtete er unter anderem, was Ser Ciappelletto als seine schlimmste Sünde weinend gebeichtet hätte und wie er kaum imstande gewesen sei, ihm klarzumachen, daß Gott ihm alles vergeben werde.

Dann aber nahm er sich seine Zuhörer vor und rief: „Aber ihr Gottverdammten verwünscht um jeden armseligen Strohhalm, der euch unter die Füße kommt, den Herrn, die Mutter Gottes und alle Heiligen des Paradieses!" Und predigte noch mancherlei von der Aufrichtigkeit und Reinheit Ser Ciappellettos und verdrehte in Kürze mit seinen Worten den Leuten des Stadtviertels, die ihm alles glaubten, derart die Köpfe, daß nach Schluß der Feier das Volk sich an die Bahre drängte, um dem Verstorbenen Füße und Hände zu küssen. Und sie rissen ihm die Gewänder herunter, und wer einen Fetzen davon erwischte, hielt sich für gesegnet. Den ganzen Tag über mußte der Tote dort aufgebahrt stehenbleiben, damit alle Menschen ihn sehen und besuchen konnten.

In der folgenden Nacht wurde die Leiche in einem Marmorsarkophag in einer Kapelle ehrenvoll beigesetzt, und schon am nächsten Tage begannen die Menschen herbeizuströmen, Kerzen zu entzünden und den Toten anzubeten. Auch legten sie in der Folge viele Gelübde vor ihm ab und hingen, je nach Art ihrer Versprechungen, Wachsfigürchen auf. Und der Ruf seiner Heiligkeit und Gottgefälligkeit wuchs von Tag zu Tag, so daß fast niemand, der irgendwie in Bedrängnis war, noch einen anderen Heiligen anrief. Und das Volk nannte ihn – und nennt ihn heute noch – den heiligen Ciappelletto und beteuert, daß der Herrgott durch ihn viele Wunder getan habe und noch täglich an jedem tue, der ihn als Fürsprecher erwähle.

So also lebte und starb Ser Cepparello aus Prato, der
– wie ihr gesehen habt – zum Heiligen wurde. Ich will die
Möglichkeit nicht leugnen, daß er in Gottes Reich selig sein
mag. Wenn auch sein Leben ausschweifend und verrucht
war, mag er doch im letzten Augenblick von so tiefer Reue
ergriffen worden sein, daß Gott ihn voller Barmherzigkeit
in sein Reich aufgenommen hat. Da uns jedoch dies alles
verborgen bleibt, möchte ich freilich sagen, daß nach menschlichem
Verstande jener sich weit eher in ewiger Verdammnis
in der Hand des Teufels als im Paradiese befinden dürfte.

Verhält es sich aber so, dann können wir daraus erkennen,
wie gnädig Gottes Güte sich uns erweist, die nicht auf
unsere Irrtümer, sondern auf die Reinheit unseres Glaubens
schaut. Selbst wenn wir einen seiner Feinde für seinen
Freund ansehen und ihn zu unserem Mittler machen, so erhört
uns der Herr doch, als hätten wir einen echten Heiligen
zu unserem Fürsprecher erkoren.

Damit seine Gnade auch uns in der heutigen Zeit gesund
und munter erhalte, lasset uns seinen Namen preisen, in
dem wir unsere Erzählungen begonnen haben. Wir wollen
uns in Ehrfurcht vor ihm neigen und uns in allen Nöten
ihm befehlen; so können wir sicher sein, daß er uns auch
erhören wird. Und damit schwieg Panfilo.

ZWEITE GESCHICHTE

*Auf Anregung von Jeannot de Sevigné begibt sich der Jude
Abraham an den päpstlichen Hof nach Rom. Nachdem er
die Verworfenheit und Sittenlosigkeit der Geistlichen erkannt
hat, kehrt er nach Paris zurück und läßt sich taufen.*

Die Geschichte Panfilos wurde bisweilen belacht und im
großen und ganzen von den Damen recht gelobt. Nachdem
sie, von allen mit Aufmerksamkeit angehört, ihr Ende erreicht
hatte, gebot die Königin Neifile, die neben Panfilo
saß, nun ihrerseits mit einer neuen Erzählung die begonnene
Unterhaltung fortzusetzen. Neifile, nicht weniger durch artiges
Betragen als durch außerordentliche Schönheit ausgezeichnet,
stimmte freundlich zu und begann folgendermaßen:

Panfilo hat uns in seiner Erzählung gezeigt, daß die Güte Gottes nicht auf unsere Irrtümer sieht, wenn diese von Dingen herrühren, die unsere menschlichen Augen nicht zu durchschauen vermögen. Ich möchte in meiner Geschichte davon berichten, wie ebendiese Güte mit Langmut auch die Fehler derjenigen Menschen erträgt, die durch ihr Tun und Lassen Zeugnis für sie ablegen sollten, aber das Gegenteil tun. So offenbart sie sich uns in ihrer ganzen Unfehlbarkeit, auf daß wir unserm Glauben fortan mit noch festerer Überzeugung anhängen.

Meine liebreizenden Freundinnen, ich hörte davon, daß einst in Paris ein tüchtiger Kaufmann namens Jeannot de Sevigné lebte. Er war ein rechtschaffener, ehrlicher, tugendsamer Mensch und betrieb einen umfangreichen Tuchhandel. Sein einziger Freund war der reiche Jude Abraham, der ein ähnliches Geschäft besaß und gleich ihm ein redlicher, anständiger Mensch war. Wenn Jeannot nun bisweilen die Rechtschaffenheit und Ehrlichkeit seines Freundes bedachte, begann er sich sehr darum zu betrüben, daß die Seele eines so wertvollen, klugen Mannes infolge eines falschen Glaubens verlorengehen sollte.

Aus diesem Grunde fing er an, jenen freundschaftlich zu drängen, er möge von dem Irrtum des jüdischen Glaubens ablassen und sich der alleinseligmachenden christlichen Wahrheit zuwenden, die – wie er sich selbst überzeugen könne – sich weiter und weiter ausbreite und vermehre, während der jüdische Glaube sichtlich verfalle und bald vor dem Nichts stehen werde. Der Jude antwortete, daß er keinen anderen Glauben für so heilig und gut halte wie den jüdischen. Er sei in diesem Glauben geboren und gedenke, auch in ihm zu leben und zu sterben, und nichts auf der Welt werde ihn je davon abbringen können. Jeannot aber ließ nicht nach, sondern sprach schon einige Tage später aufs neue mit ihm darüber und suchte ihm nach Kräften zu beweisen – was Kaufleute besonders gut verstehen –, aus welchem Grunde unser Glaube besser ist als der jüdische. Obwohl nun Abraham in den jüdischen Gesetzen recht wohl bewandert war, begann er – entweder aus Freundschaft zu Jeannot oder auf Grund der Worte, die der Heilige Geist in den Mund dieses wackeren Mannes gelegt hatte – großes Gefallen an Jeannots Ausführungen zu finden, wollte sich indes, hartnäckig an seinem Glauben festhaltend, nicht bekehren lassen. Doch so eigensinnig er auch in seiner Verstocktheit verharrte, so unentwegt versuchte Jeannot ihn zu überzeugen, bis schließlich der Jude, von soviel inständiger Ausdauer bezwungen, sprach:

„Nun wohl, Jeannot, du wünschst, daß ich Christ werde, und ich bin geneigt, deinem Wunsche nachzukommen; doch will ich zuvor nach Rom reisen und jenen sehen, von dem du sagst, daß er der Stellvertreter Gottes auf Erden ist. Ich will seinen Lebenswandel und den seiner Kardinäle anschauen. Und wenn sie mir so gefallen, daß ich aus deinen Worten und ihrem Betragen erkenne, daß euer Glaube wirklich besser ist als der meine, wie du mir immer beweisen möchtest, so werde ich tun, was ich versprach. Wenn es aber nicht zutrifft, bleibe ich Jude, wie ich bin."

Als Jeannot diese Worte vernahm, erfüllte eine große Betrübnis sein Herz, und er dachte bei sich: ‚Alle meine Bemühungen, die ich schon mit der Bekehrung dieses Mannes bestens belohnt glaubte, waren umsonst. Wenn er an den römischen Hof geht und das ruchlose, ausschweifende Leben der Geistlichkeit sieht, wird er nie vom Juden zum Christen werden, sondern vielmehr, falls er schon Christ wäre, wieder zum Judentum zurückkehren.' Und zu Abraham gewandt, fuhr er fort: „Ach, mein Freund, warum willst du dir die große Mühe und so hohe Kosten machen, wie eine Reise von hier nach Rom sie mit sich bringt? Ganz abgesehen davon, daß eine solche Reise, ob sie nun zu Wasser oder zu Lande stattfindet, für einen reichen Mann wie dich immer voll Gefahren ist. Glaubst du denn hier niemand zu finden, der dich taufen könnte? Und wenn du am Ende des Glaubens wegen, den ich dir erklärte, noch Zweifel haben solltest..., wo hättest du wohl bessere Lehrer und weisere Schriftgelehrte als hier? Sie können dich über alles, was du begehrst, beraten und deine Fragen klären. Deshalb scheint mir deine Reise nach Rom überflüssig. Überlege, daß die Prälaten dort sich in nichts unterscheiden von denen, die du hier angetroffen hast und antriffst; höchstens sind jene um einiges frömmer, da sie so nahe dem obersten Seelenhirten leben. Wenn du auf mich hören willst, spare dir diese Mühe für ein anderes Mal auf, für eine Wallfahrt etwa, auf der ich dich vielleicht begleiten werde."

Hierauf sprach der Jude: „Ich glaube gern, Jeannot, daß alles so ist, wie du sagst, doch mit einem Wort: Ich bin entschlossen hinzureisen, wenn ich deinem Wunsch willfahren soll, andernfalls werde ich mich niemals taufen lassen."

Als Jeannot seinen festen Entschluß bemerkte, sprach er: „So reise denn mit Gott!" Und er dachte bei sich, daß jener, wenn er den päpstlichen Hof kennengelernt habe, niemals Christ werden würde. Da er selbst aber nichts dabei verlor, gab er sich zufrieden.

Der Jude stieg aufs Pferd und ritt, so schnell er es vermochte, nach Rom, wo er von seinen Glaubensgenossen freundlich aufgenommen wurde. Er blieb in der Stadt, ohne zu erklären, wozu er hergekommen sei, und begann verstohlen den Lebenswandel des Papstes, der Kardinäle und Prälaten sowie der übrigen Höflinge zu beobachten.

Bei diesen Beobachtungen stellte er als erfahrener Mann bald fest, was ihm schon von verschiedenen Seiten zugetragen war, daß hier groß und klein sich auf die niedrigste Weise in Wollüsten versündigte, und nicht nur auf natürliche Art, sondern auf die widernatürlichste Weise, ohne irgendwelche Hemmungen durch Gewissensbisse oder Schamgefühle, so daß man durch den Einfluß feiler Dirnen und Lustknaben ohne Schwierigkeiten die wichtigsten Angelegenheiten durchsetzen konnte. Darüber hinaus erkannte er bald, daß einer wie der andere dem Fressen, Saufen und Schlemmen ergeben und neben der Wollust dem eigenen Bauche schlimmer verfallen war als die niedrigsten Tiere. Auch bemerkte er, als er sich weiter umsah, daß alle geizig und habgierig waren und gleicherweise Menschenblut, sogar christliches, und heilige Dinge – ob sie nun aus Opfergaben oder Kirchenpfründen herrührten – für Geld verschacherten und an sich rafften und einen schwunghaften Handel damit trieben, für den sie mehr Makler besaßen als in Paris die Tuchhändler oder Kaufleute irgendeiner anderen Branche. Unter dem Deckmantel der „Verwaltung" trieben sie offensichtliche Simonie, und der Begriff „Unterhaltungskosten" mußte ihre Begierden decken, als ob der Herrgott – lassen wir die Bedeutung dieser Worte ganz beiseite – die Absicht dieser verworfenen Seelen nicht erkenne und sich nach Menschenart durch die Benennung der Dinge irreführen lasse.

Alles das und noch mancherlei anderes, was besser verschwiegen bleibt, mißfiel dem enthaltsamen, ehrbaren Juden auf das höchste, so daß er bald genug gesehen zu haben glaubte, nach Paris zurückzukehren beschloß und abreiste.

Jeannot, der nichts weniger erwartete, als daß Abraham nun zum Christentum übertreten werde, eilte sogleich zu ihm, als er hörte, daß sein Freund heimgekehrt sei. Sie begrüßten einander mit großer Herzlichkeit, und als Abraham sich ein paar Tage ausgeruht hatte, fragte Jeannot ihn, was er denn von dem Heiligen Vater, den Kardinälen und den übrigen Höflingen halte. Der Jude antwortete unverzüglich: „Ich fand sie ruchlos! Verdammt seien sie alle! Und ich muß dir sagen, daß – soweit ich es beurteilen kann – dort bei keinem einzigen Geistlichen Frömmigkeit, Gottesfurcht, Nächstenliebe, ein vorbildlicher frommer Lebenswandel oder dergleichen zu bemerken war, sondern nur Wollust, Geiz, Geilheit, Betrug, Neid, Stolz und ähnliche oder schlimmere Laster, wenn es solche noch geben kann. Und alles sah ich in solchem Ausmaß, daß mir jene Stadt eher eine Werkstatt des Teufels als die Stätte Gottes zu sein scheint. Und ich glaube, daß der oberste Seelenhirt und mit ihm alle anderen nach besten Kräften auf jede erdenkliche Art und Weise darauf bedacht sind, die christliche Religion zu zerstören und vom Erdboden verschwinden zu lassen, anstatt Fundament und Stütze derselben zu sein.

Weil ich aber sehe, daß nicht geschieht, was sie anstreben, sondern daß eure Religion sich immer mehr ausbreitet und in immer leuchtenderem und klarerem Licht erstrahlet, scheint mir das ein Beweis dafür, daß der Heilige Geist selbst als Fundament und Stütze in ihr ruht und daß sie wahrer und heiliger ist als alle anderen Religionen der Welt. So will ich, obwohl ich deinen Ermahnungen so kalt und ablehnend gegenüberstand und kein Christ werden wollte, dir jetzt offen sagen, daß ich nicht versäumen werde, mich taufen zu lassen. Laß uns zur Kirche gehen, dort will ich mich nach dem üblichen Brauch zu eurem Glauben bekehren."

Jeannot, der einen genau entgegengesetzten Entschluß erwartet hatte, war, als er diese Worte vernahm, überglücklich; er ging mit Abraham in die Kirche Notre-Dame von Paris und rief die dortigen Priester herbei, damit sie ihn

taufen sollten. Als diese hörten, was er begehrte, willfahrten
sie sogleich seinem Wunsch. Jeannot wurde sein Pate und
gab ihm den Namen Jean. Bald danach ließ er ihn von
bedeutenden Männern vollständig in unserem Glauben
unterweisen, Abraham ließ sich gern belehren und führte
fortan als wackrer, ehrbarer Mann ein frommes Leben.

DRITTE GESCHICHTE

*Der Jude Melchisedech wendet mit der Geschichte von den
drei Ringen eine große Gefahr von sich ab, die ihm von
Saladin drohte.*

Nachdem Neifile schwieg und alle ihre Geschichte gelobt
hatten, begann Filomena auf Geheiß der Königin folgendermaßen zu erzählen:

Neifiles Geschichte erinnert mich an ein sonderbares
Abenteuer, das einst einem Juden widerfahren ist. Da von
Gott und unserem heiligen Glauben schon viel Rühmliches
berichtet worden ist, sei es uns fortan nicht verwehrt, auf
die Schicksale und Taten der Menschen zu blicken. Ich
möchte euch eine Begebenheit erzählen, die euch vielleicht
lehren wird, an euch gerichtete Fragen vorsichtig zu beantworten.

Ihr alle, meine lieben Freundinnen, müßt wissen, daß
ebensooft, wie der Törichte sein Glück in Unglück verwandelt, auch der Weise sich durch seinen Verstand aus größter
Gefahr zu retten und in Ruhe und Sicherheit zu versetzen
vermag. Wie wahr es ist, daß Unverstand manchen vom
Glück ins Unglück bringt, sehen wir an vielen Beispielen,
die ich hier nicht aufzählen will, da wir sie täglich unzählige Male vor Augen haben. Daß aber die Klugheit uns
zum Heile gereichen kann, will ich euch, wie versprochen,
kurz in einem Geschichtchen beweisen.

Saladin, dessen Tapferkeit so groß war, daß sie ihn nicht
nur vom einfachen Manne zum Sultan von Babylon erhob,
sondern ihm auch noch viele Siege über die Sarazenen- und
Christenkönige einbrachte, hatte in vielen Kriegen und für
seinen persönlichen Prunk sein ganzes Vermögen vertan.

Als er nun durch einen unglücklichen Zufall unerwartet eine hohe Summe Geldes benötigte und nicht wußte, woher er diese so schnell beschaffen sollte, wie er ihrer bedurfte, fiel ihm ein reicher Jude namens Melchisedech ein, der in Alexandria mit Geld wucherte. Er bedachte, daß dieser Mann ihm zwar helfen könnte, wenn er nur wollte, doch auch als so geizig verschrien war, daß er sich freiwillig niemals dazu bereit finden würde. Gewalt aber wollte Saladin ihm nicht antun.

Da er nun das Geld dringend benötigte, überlegte er lange, auf welche Weise er den Juden dazu bringen könnte, ihm zu dienen, und entschloß sich endlich, jenen unter einem künstlichen Vorwand zu zwingen, ihm zu Willen zu sein. Er ließ ihn deshalb zu sich rufen, empfing ihn huldvoll und bat ihn freundlich, sich an seiner Seite niederzulassen. Dann sagte er zu ihm: „Mein lieber Freund, ich habe von vielen Leuten deine Weisheit und deine Kenntnisse in göttlichen Fragen rühmen hören. So möchte ich dich nun fragen, welche von den drei Lehren du für die wahre hältst: die jüdische, die sarazenische oder die christliche?"

Der Jude, der wirklich ein weiser Mann war, erkannte sogleich, daß Saladin die Absicht hatte, ihn mit seinen Worten zu fangen, um ihn in irgendeinen Streit zu verwickeln, und beschloß, von den drei Bekenntnissen weder das eine noch das andere zu loben, damit Saladin sein Vorhaben nicht ausführen könne. Da er also eine Antwort auf die Frage geben mußte, die ihn nicht in Gefahr brachte, gab sein Scharfsinn ihm auch sogleich ein, was hier zu sagen sei. Er sprach: „Mein Gebieter, die Frage, die Ihr mir vorlegt, ist klug. Um Euch zu antworten, was ich davon halte, muß ich Euch ein Geschichtchen erzählen, das Ihr Euch anhören mögt. Wenn ich mich recht erinnere, so habe ich oftmals gehört, daß vorzeiten einmal ein vornehmer, reicher Mann lebte, der unter vielen anderen Juwelen, die er in seiner Schatztruhe aufhob, auch einen wunderschönen, kostbaren Ring besaß. Wegen seines Wertes und seiner Schönheit wünschte er diesen Ring besonders zu ehren und ihn für immer im Besitz seiner Nachfahren zu erhalten. Er befahl daher, daß derjenige seiner Söhne, dem er den Ring vermachen werde, als sein Erbe zu betrachten und von allen als Oberhaupt der Familie zu ehren und anzuerkennen sei.

Sein Sohn, der den Ring erbte, folgte dem Beispiel des Vaters und vermachte den Ring auf die gleiche Weise seinen Nachkommen. So wanderte der Ring viele Generationen hindurch von einer Hand in die andere und gelangte schließlich in den Besitz eines Mannes, der drei schöne, tugendhafte, gehorsame Söhne sein eigen nannte, die er alle gleichermaßen liebte. Die Jünglinge kannten den Brauch mit dem Ring gar wohl, und da ein jeder von ihnen begehrte, vor seinen Brüdern ausgezeichnet zu werden, bat jeder für sich den Vater, der schon ein alter Mann war, ihm doch den Ring nach seinem Tode zu hinterlassen. Der wackre Mann liebte alle drei gleich innig und war nicht imstande, einen auszuwählen, dem er den Ring vererben sollte. Er beschloß daher, nachdem er jedem seiner Söhne den Ring versprochen hatte, alle drei zufriedenzustellen. Er ließ nun im geheimen von einem geschickten Meister zwei weitere Ringe anfertigen, die dem ersten so voll und ganz glichen, daß selbst er, der beide in Auftrag gegeben hatte, kaum zu erkennen vermochte, welches der echte war, und überreichte, als er seinen Tod herannahen fühlte, heimlich jedem der Söhne einen davon. Nach seinem Tode wollte nun ein jeder der Söhne das Erbe des Vaters und den Vorrang für sich beanspruchen. Und da einer es dem anderen abstritt, zog alsbald jeder von ihnen seinen Ring hervor. Als sich dabei herausstellte, daß die Ringe einander so völlig glichen, daß keiner den echten herauszufinden vermochte, blieb die Frage, wer nun der rechte Erbe des Vaters sei, ungeklärt, und sie ist es noch heute.

Und dasselbe sage ich Euch, mein Gebieter, auch von den drei Glaubenslehren, über die Ihr mich befragt habt. Gott selber hat sie den drei Völkern gegeben, und jedes Volk glaubt, Gottes Erbe, seinen wahren Glauben und seine Gesetze empfangen zu haben. Wer sie aber wirklich besitzt, das ist – wie bei den drei Ringen – bis heute noch ungeklärt."

Saladin erkannte nun, daß der Jude auf die klügste Weise den Schlingen ausgewichen war, die er ihm vor die Füße gelegt hatte. Er entschloß sich deshalb, jenem seine Bedrängnis zu offenbaren, um zu sehen, ob er ihm helfen wolle. Und so tat er und gestand ihm auch, was er im Sinne gehabt, wenn er ihm nicht so weise zu antworten gewußt hätte, wie er es getan habe. Der Jude diente ihm nun bereitwillig mit jeder Summe, die Saladin verlangte. Und dieser erstattete ihm alles getreulich zurück, ja, er bedachte ihn darüber hinaus mit reichen Geschenken und behielt ihn für immer als seinen Freund in Ehren und Ansehen bei sich.

VIERTE GESCHICHTE

Ein Mönch hat für ein Vergehen eine schwere Bestrafung zu erwarten. Da es ihm jedoch gelingt, seinen Abt der gleichen Sünde auf geschickte Weise zu überführen, befreit er sich von der Strafe.

Kaum hatte Filomena ihre Erzählung beendet, so ergriff Dioneo, der ihr zur Seite saß, das Wort, ohne die Aufforderung der Königin abzuwarten. Da er nach den bisher befolgten Regeln wußte, daß er jetzt an der Reihe war weiterzuerzählen, begann er folgendermaßen:

Liebreiche Frauen, wenn ich unser aller Absicht recht verstanden habe, so sind wir hier beisammen, um uns mit Erzählungen zu erfreuen. Solange gegen diese Vereinbarung nicht verstoßen wird, meine ich, soll ein jeder die Freiheit haben – unsere Königin hat es gerade bestätigt –, die Geschichte zu erzählen, von der er sich den größten Erfolg verspricht.

Nachdem wir die weisen Ratschläge des Jeannot de Sevigné, die Abrahams Seelenheil retteten, gehört haben und sahen, wie Melchisedech durch Klugheit seine Reichtümer vor den Nachstellungen Saladins rettete, möchte ich – ohne Vorwürfe von euch dafür zu hören – kurz berichten, durch welche List ein Mönch seinen Körper vor strengster Bestrafung bewahrte.

In Lunigiana, einem Landstrich nicht weit von hier, stand ein Kloster, das einst mehr Frömmigkeit und Mönche in seinen Mauern sah als heutigentags. Hier lebte unter andern ein junger Mönch, dessen Kraft und Frische weder Fasten noch Nachtwachen hatten brechen können. Eines Tages schlenderte er zufällig in der Mittagszeit, als alle anderen Mönche schliefen, allein in der Umgebung seiner Kirche

umher, die sich in einer ziemlich einsamen Gegend befand, und entdeckte plötzlich ein wunderschönes Mädchen, vielleicht die Tochter irgendeines Landarbeiters, die durch die Felder wanderte und Kräuter suchte. Kaum hatte er sie erblickt, so packte ihn mit aller Gewalt die Fleischeslust. Er näherte sich ihr und knüpfte ein Gespräch mit ihr an. Nun gab ein Wort das andere, und gar bald war er mit ihr einig und nahm sie mit in seine Zelle, ohne daß irgend jemand etwas davon bemerkt hätte. Während er dort, von zu heftiger Begierde getrieben, sich wenig vorsichtig mit ihr vergnügte, geschah es, daß der Abt nach vollbrachtem Mittagsschlaf langsam an der Zelle des Mönchs vorüberging und den Lärm hörte, den die zwei miteinander vollführten. Um die Stimmen genau zu erkennen, schlich der Abt sich vorsichtig an die Zellentür und horchte und erkannte deutlich, daß ein Mädchen in der Zelle war. Ein großes Verlangen, sich die Tür öffnen zu lassen, ergriff ihn, doch dann besann er sich eines andern und kehrte in seine Zelle zurück, um zu warten, bis der Mönch herauskäme.
Dieser aber war, obwohl er sich mit größtem Vergnügen und Genuß mit dem jungen Mädchen beschäftigt hatte, doch argwöhnisch geworden. Und als er glaubte, das Scharren von Schritten im Vorzimmer zu hören, hatte er sogleich durch einen kleinen Türspalt gespäht und klar und deutlich den lauschenden Abt erkannt. Sofort begriff er, daß der Abt das junge Mädchen in seiner Zelle gehört hatte, und weil er wußte, daß ihm für ein solches Vergehen eine schwere Bestrafung bevorstand, war seine Bestürzung groß. Ohne das Mädchen von seiner Besorgnis etwas merken zu lassen, überlegte er nun eiligst hin und her, ob ihm nicht ein glücklicher Ausweg einfalle, und verfiel dabei tatsächlich auf eine ganz neue List, mit der er zum Schluß, wie er gehofft, auch Erfolg hatte. Er tat, als sei er nun lange genug mit dem Mädchen zusammen gewesen, und sagte zu ihr: „Ich will gehen und eine Gelegenheit suchen, daß du ungesehen wieder herauskommst. Verhalte dich ruhig, bis ich zurückkomme." Darauf ging er hinaus, verschloß die Zelle und begab sich geradewegs zum Abt, dem er – wie jeder Mönch es tat, wenn er fortging – den Schlüssel überreichte. Dabei sagte er mit harmloser Miene: „Hochwürden, ich habe heute früh nicht alles Holz, das gespalten worden ist, holen las-

sen können. Mit Eurer Erlaubnis möchte ich jetzt in den Wald gehen und den Rest herbringen lassen." Der Abt, der nicht glaubte, daß der Mönch die Beobachtung bemerkt hätte, wünschte sich in aller Ruhe über das Vergehen, das jener begangen, zu informieren. Er war deshalb erfreut über diese Gelegenheit, nahm gerne den Schlüssel an sich und gab ebenso gerne die erbetene Erlaubnis. Sobald er den Mönch fortgehen sah, begann er zu überlegen, was am besten zu tun sei: Sollte er in Gegenwart aller Mönche die Zelle öffnen lassen und allen das Vergehen aufdecken, so daß niemand Grund hätte, gegen den Abt zu murren, wenn er den Mönch bestrafen ließ? Oder sollte er zuvor das Mädchen verhören, wie alles zugegangen sei? Da ihm nun einfiel, daß dieses Mädchen vielleicht die Frau oder Tochter eines Bekannten sein könnte, dem er die Schande nicht zufügen wollte, sie vor allen Mönchen bloßzustellen, entschloß er sich, zuerst nachzusehen, wer es sei, und dann seine Maßregeln zu treffen. Er ging somit leise nach der Zelle, öffnete sie, trat ein und schloß die Tür hinter sich ab.
Als das Mädchen den Abt hereinkommen sah, erschrak es heftig und begann vor Scham und Furcht zu weinen. Der Herr Abt aber blickte auf sie nieder, gewahrte ihre Schönheit und Jugendfrische und fühlte alsbald – so alt er auch war – den Stachel der Fleischeslust nicht minder heftig als zuvor sein junger Mönch. Und er dachte bei sich: ‚Ei! Warum sollte ich mir nicht ein kleines Vergnügen erlauben, wenn sich so eine Gelegenheit bietet! Verdruß und Langeweile habe ich ohnehin mehr als genug. Niemand auf der Welt weiß, daß dies hübsche Mädchen hier ist. Wenn ich sie bewegen kann, mir zu Willen zu sein, wüßte ich wirklich nicht, warum ich mir diesen Spaß nicht gönnen sollte. Wer wird es schon erfahren! Niemand wird je eine Ahnung davon haben, und heimliche Sünde ist halbe Sünde! Eine solche Gelegenheit wird sich wahrlich nie wieder bieten. Das schlaueste ist, sich selber auch ein wenig von dem Glück zu nehmen, das der liebe Gott andern beschert hat.' So dachte er bei sich und hatte nun ganz andere Absichten als jene, mit denen er hereingekommen war. Er näherte sich daher dem Mädchen, begann sie leise zu trösten und bat sie, nicht mehr zu weinen. Wieder gab ein Wort das andere, und schließlich brachte er es fertig, ihr sein Verlangen zu

gestehen. Das Mädchen, weder aus Eisen noch aus Diamant, ließ sich auch leicht bewegen, den Gelüsten des Abtes nachzugeben. So sank dieser, nachdem er sie viele Male umarmt und geküßt hatte, mit ihr auf das schmale Bett des Mönches nieder, wo er, vielleicht in Anbetracht der schweren Last seiner Würde und der zarten Jugend des Mädchens, das er mit einer zu gewichtigen Bürde wohl nicht verstören wollte, sich nicht auf sie legte, sondern sie auf seine eigene Brust bettete und sich so lange Zeit mit ihr vergnügte.

Der Mönch, der nur so getan hatte, als ob er in den Wald ginge, hatte sich inzwischen in das Vorzimmer geschlichen. Als er den Abt allein in seine Zelle gehen sah, vermutete er, etwas beruhigt, daß sein Plan gelingen würde, und als er gar bemerkte, daß jener hinter sich die Tür verschloß, wußte er, daß er das Spiel gewonnen hatte. Er verließ nun seinen Lauscherposten und begab sich an einen Mauerspalt, durch den er alles genau hören und sehen konnte, was der Abt tat und sagte. Und er sah und hörte...

Mittlerweile schien es dem Abt, daß er sich lange genug mit dem Mädchen vergnügt habe. Er schloß sie daher wieder in der Zelle ein und kehrte in sein eigenes Gemach zurück. Nach einiger Zeit hörte er den Mönch und glaubte, daß dieser aus dem Walde zurückgekehrt sei. Er beschloß nun, jenem eine derbe Strafpredigt zu halten und ihn einsperren zu lassen, um so die eroberte Beute fortan allein zu besitzen. Er ließ also den Mönch zu sich rufen, begann, ihm mit finsterer Miene ernste Vorhaltungen zu machen, und kündigte ihm an, daß er in den Kerker geworfen werden solle. Der Mönch aber erwiderte schlagfertig: „Hochwürden, ich bin noch nicht so lange im Orden des heiligen Benedikt, daß ich jede einzelne Vorschrift dieses Ordens genau beherrschen könnte. Ihr hattet mir noch nicht gezeigt, daß die Mönche die Frauen auf sich nehmen müssen wie Fasten und Nachtwachen. Doch jetzt, wo Ihr es mir vorgemacht habt, verspreche ich Euch, wenn Ihr mir dieses eine Mal verzeiht, werde ich nie mehr gegen die Regeln sündigen, sondern es stets so halten, wie ich Euch es habe tun sehen."

Der Abt, der ein gewitzter Mann war, erkannte jetzt, daß jener nicht nur schlauer war als er, sondern daß er auch alles, was geschehen war, gesehen hatte. Da er nun der gleichen Sünde überführt war wie der Mönch, schämte er sich, jenem eine Strafe aufzuerlegen, die er selber verdient hatte. Er verzieh ihm daher und befahl ihm, über alles, was er gesehen hatte, Stillschweigen zu bewahren. Dann brachten sie das Mädchen ungesehen wieder aus dem Kloster fort, doch möchte ich glauben, daß sie es noch manches Mal haben zurückkommen lassen.

FÜNFTE GESCHICHTE

Die Marchesa von Monferrato weist die törichte Verliebtheit des Königs von Frankreich mit einem Hühnerfleisch-Gastmahl und einigen freimütigen Worten zurück.

Die von Dioneo erzählte Geschichte rief anfänglich in den Herzen der Zuhörerinnen ein wenig Scham hervor, was das feine Rot, das ihre Wangen färbte, kundtat; doch als dann die eine die andere anschaute, konnten sie sich des Lachens kaum erwehren und hörten kichernd weiter zu. Als aber Dioneo an das Ende der Geschichte gekommen war, wurde ihm mit zartem Spott angedeutet, daß derartige Histörchen vor Damen nicht erzählt werden dürften. Dann wandte sich die Königin an die neben ihm im Grase sitzende Fiammetta und bat sie fortzufahren. Den Blick auf die Königin gerichtet, begann Fiammetta mit fröhlicher Miene zu erzählen:

Einmal, weil es mir gefällt, daß wir dazu übergegangen sind, in unseren Geschichten die Macht einer klugen, schnellen Antwort zu zeigen, und noch mehr, weil es den Männern gar wohl ansteht, nach der Liebe solcher Frauen zu streben, die von weit höherer Geburt sind als sie selber, während es von der Einsicht der Damen zeugt, sich vor der Liebe zu einem höhergestellten Mann zu hüten, ist es mir in den Sinn gekommen, meine lieben Freundinnen, euch mit der Geschichte, die ich nun erzählen muß, zu zeigen, wie eine vornehme Dame mit Worten und Taten sich selbst bewahrte und auch ihren Anbeter von sich ablenkte.

Der Marchese von Monferrato, ein edler Mann und Bannerherr der Kirche, war mit einem Kreuzzug der Christen übers Meer gefahren. Von seiner großen Tapferkeit wurde auch am Hofe König Philipps des Einäugigen, der im Begriff war, von Frankreich aus zu ebendemselben Kreuzzug aufzubrechen, viel erzählt, und einer der Ritter versicherte, daß es unter der Sonne kein edleres Paar gäbe als den Marchese und seine Gattin. Denn wie der Marchese sich vor allen anderen Rittern an Mut und Kühnheit auszeichne, so sei seine Gattin schöner und tugendsamer als alle anderen Frauen der Welt.

Diese Worte hinterließen im Herzen des Königs von Frankreich einen so tiefen Eindruck, daß er sich, ohne die Dame je gesehen zu haben, glühend in sie verliebte. Er beschloß darum, sich zu dem geplanten Kreuzzug von keiner anderen Stadt als von Genua einzuschiffen, um so auf dem Wege dorthin einen schicklichen Vorwand zu haben, die Marchesa aufzusuchen. Da der Marchese nicht daheim war, hoffte er, es möchte ihm vielleicht gelingen, sein Verlangen zu stillen.

Was er sich vorgenommen, wurde bald in die Tat umgesetzt. Er sandte sein ganzes Gefolge voraus und machte sich dann in Begleitung weniger Ritter auf den Weg. Als er sich den Besitzungen des Marchese näherte, sandte er der Dame einen Tag zuvor die Botschaft, daß sie ihn am kommenden Tage zum Mittagessen erwarten möge.

Die Marchesa, eine kluge, umsichtige Dame, ließ höflich antworten, daß dies eine hohe Ehre für sie bedeute und daß er ihr willkommen sei. Bald danach aber kamen ihr Gedanken, was wohl der Besuch eines so großen Königs in Abwesenheit ihres Mannes bezwecken möge, und sie täuschte sich nicht in der Annahme, daß der Ruf ihrer Schönheit hierzu die Veranlassung gegeben habe. Als verständige Frau bereitete sie sich trotzdem darauf vor, ihn in allen Ehren zu empfangen, ließ einige achtbare Männer, die daheim geblieben waren, zu sich bitten und traf alle nötigen Vorbereitungen nach ihrem Rate. Lediglich das Gastmahl und die Speisen wünschte sie nach eigenem Ermessen anzuordnen. Nachdem sie dazu alle Hennen, die in der Gegend aufzutreiben waren, eiligst hatte zusammenholen lassen, befahl sie ihren Köchen, aus diesen allein verschiedenartige Gerichte für das königliche Gastmahl zuzubereiten.

Am bestimmten Tag traf der König ein und wurde von der Dame mit großem Pomp und festlichem Prunk empfangen.

Als er sie erblickte, erschien sie ihm noch tausendmal schöner, reizender und tugendsamer, als er sie sich nach den Schilderungen seiner Ritter vorgestellt hatte. Voller Bewunderung pries er ihre Schönheit, und sein Begehren flammte um so höher auf, als er seine kühnsten Erwartungen noch übertroffen sah.

Nachdem er in prächtig geschmückten Gemächern, die für diesen königlichen Besuch festlich mit allem Nötigen versehen waren, ein Weilchen ausgeruht hatte und die Stunde des Mahles gekommen war, nahmen die Marchesa und der König an einer gesonderten Tafel Platz, während die übrigen Gäste nach Rang und Würden an anderen Tischen bedient wurden. Da dem König nun nach und nach viele Speisen und die köstlichsten und teuersten Weine vorgesetzt wurden und er ausreichend Gelegenheit hatte, die reizende Marchesa voller Entzücken anzuschauen, fühlte er sich bald außerordentlich wohl. Schließlich aber begann er sich zu wundern, daß ein Gericht nach dem anderen, so auserlesen es auch zubereitet war, aus nichts anderem als aus Hühnerfleisch bestand. Er wußte, daß die Gegend, in der er sich befand, überreich an verschiedenstem Wildbret war, zudem hatte er die Dame von seinem Kommen so rechtzeitig verständigt, daß sie leicht noch hätte jagen lassen können. Doch obwohl seine Verwunderung groß war, beschloß er, diese nicht anders zur Sprache zu bringen als mit einer Bemerkung über ihre Hühner. Er wandte sich mit lächelnder Miene an seine Gastgeberin und sagte: „Meine Gnädigste, gibt es eigentlich in dieser Gegend nur Hennen und keinen einzigen Hahn?"

Die Marchesa verstand den Sinn der Frage genau, und da ihr es schien, daß Gott ihr jetzt die rechte Gelegenheit gäbe, um, wie sie es gewünscht hatte, dem König ihren Entschluß zu verstehen zu geben, wandte sie sich freimütig an den Frager und antwortete: „Das nicht, Majestät, doch sind die Frauen hier, wenn sie sich auch in Kleidung und Sitten ein wenig von anderen unterscheiden, genauso beschaffen wie überall!" Als der König diese Worte vernahm, erkannte er sowohl den Zweck dieses Gastmahls aus Hühnerfleisch als auch die Tugend der Dame, die sich in ihren Worten verbarg, und es wurde ihm klar, daß bei ihr jeglicher Überredungsversuch nutzlos und Gewalt nicht am Platze sei. So löschte er denn das unziemliche Feuer, in dem er so jäh für die Dame entbrannt war, zu seiner eigenen Ehre einsichtsvoll wieder aus. Und da er ihre Antworten fürchtete, fuhr er fort zu speisen, ohne sich weiteren Hoffnungen hinzugeben oder der Dame noch weiter zuzusetzen. Nach dem Mahl aber machte er sich, um mit einer schnellen Weiterreise seinen wenig schicklichen Besuch zu bemänteln, sogleich auf den Weg nach Genua, nachdem er ihr für die genossene Ehre gedankt und sie ihn Gott befohlen hatte.

SECHSTE GESCHICHTE

*Ein wackrer Mann verspottet mit einem trefflichen Witz
die niederträchtige Heuchelei der Mönche.*

Nachdem alle die Tugend der Marchesa und die zarte Abfuhr, die sie dem König von Frankreich erteilte, gelobt hatten, begann auf Wunsch der Königin Emilia, die an Fiammettas Seite saß, in heiterem Tone zu erzählen:
Ich möchte euch nicht verheimlichen, mit welchem prächtigen Einfall, der nicht weniger komisch als lobenswert war, einst ein wackrer Weltbürger einem geizigen Mönch einen Hieb versetzte.
Meine lieben jungen Freundinnen, vor nicht allzu langer Zeit lebte in unserer Vaterstadt ein Minoritenmönch als Inquisitor der ketzerischen Verderbtheit, der sich zwar mit Vorliebe den Anschein gab, ein frommer und ehrlicher Kämpfer für den christlichen Glauben zu sein – wie alle übrigen es auch gerne tun –, jedoch mit nicht weniger Geschick als die glaubensschwachen Menschen auch die gefüllten Geldbeutel aufzuspüren wußte. In seinem emsigen Bemühen war er hierbei von ungefähr auf einen Biedermann gestoßen, der – reicher an Geld als an Verstand – nicht gerade aus Glaubensmangel, sondern unbedacht im Gespräch, vielleicht von Wein oder übermäßiger Fröhlichkeit erhitzt, eines Tages vor seinen Gefährten die Äußerung getan hatte, er besäße einen so guten Wein, daß selbst Jesus Christus ihn nicht verschmähen würde.
Dieser Ausspruch wurde dem Inquisitor hinterbracht, und als er hörte, daß jener Mann große Besitzungen und

einen prallen Geldbeutel sein eigen nannte, hängte er ihm eiligst cum gladiis et fustibus einen schweren Prozeß an; weniger darauf erpicht, dem Angeklagten seinen Unglauben auszutreiben, als darauf, seine Fiorini in die Hände zu bekommen, was ihm auch gelang.

Nachdem er ihn hatte rufen lassen, fragte er ihn, ob es wahr sei, was gegen ihn vorgebracht würde. Der gute Mann bejahte es und berichtete, in welchem Zusammenhang es geschehen sei.

Darauf antwortete der überaus fromme Inquisitor, der ein besonderer Verehrer des heiligen Johann Goldmaul war: „So hast du also Christus zum Trinker und zum Liebhaber ausgesuchter Weine gemacht, als sei er ein Saufbruder oder irgendeiner von euch Trunkenbolden und Tavernenläufern. Jetzt freilich bemühst du dich, die Sache demütig als einen leichten Fall darzustellen. Aber es ist nicht so, wie du meinst. Wollten wir mit dir verfahren, wie wir müßten, wäre der Tod auf dem Scheiterhaufen dir gewiß."

Mit solchen und ähnlichen Drohungen setzte er finsteren Gesichtes dem armen Manne zu, als sei jener ein Epikureer und habe die Unsterblichkeit der Seelen abgeleugnet, und verschüchterte ihn in Kürze dermaßen, daß der Brave ihm, damit er barmherzig mit ihm verfahren möge, durch gewisse Zwischenträger mit einem reichlichen Quantum Fett des heiligen Johann Goldmaul die Hände schmieren ließ, ein Mittel, das gegen die pestilenzartige Habgier der Mönche und vor allem der Minoriten, die kein Geld anrühren dürfen, eine gar heilsame Salbe ist. Zwar spricht Galenus in seiner Heilkunde nirgends von dieser Art Salbung, doch ist sie von erstaunlicher Wirkung. Sie verwandelte auch hier den angedrohten Feuertod aus Gnade in ein Kreuz, das er auf dem Rock tragen mußte, und zwar in ein gelbes auf schwarzem Grunde, als wolle der strenge Inquisitor ihn gewissermaßen mit einem besonders schönen Banner zur Kreuzfahrt übers Meer ausrüsten.

Darüber hinaus behielt er den wackren Mann, nachdem er das Geld gezahlt hatte, noch mehrere Tage bei sich und befahl ihm, als Buße jeden Vormittag eine Messe in Santa Croce zu hören und sich täglich zur Essensstunde bei ihm einzufinden, die übrige Zeit des Tages aber nach Belieben zu verbringen.

Der Biedermann tat gewissenhaft, was ihm befohlen worden war, und so geschah es, daß er eines Tages in der Messe ein Evangelium hörte, in dem folgende Worte gesungen wurden: „Ihr werdet hundert für eins erhalten und das ewige Leben haben." Diese Worte behielt der Brave fest im Gedächtnis.

Als er darauf dem empfangenen Befehl gemäß zur Essensstunde vor dem Inquisitor erschien, traf er ihn gerade bei der Mahlzeit an. Der Inquisitor fragte ihn, ob er an diesem Morgen die Messe gehört habe, und der gute Mann antwortete unverzüglich: „Ja, Herr!" Der Inquisitor fuhr fort: „Und vernahmst du bei der Messe nichts, woran du zweifelst oder worüber du Fragen stellen möchtest?" – „Nein", antwortete jener, „ich zweifle fürwahr an keinem Wort, das ich hörte, sondern bin vielmehr der festen Überzeugung, daß alles reine Wahrheit ist. Doch habe ich dort auch etwas vernommen, um dessentwillen ich Euch und alle anderen Mönche herzlich bedauerte und es noch tue, weil ich mir ausmale, in was für eine unglückliche Lage Ihr im Jenseits geraten werdet."

Darauf fragte der Inquisitor: „Und welches Wort versetzt dich unsertwegen in solche Besorgnis?"

Der wackre Mann entgegnete: „Herr, es war das Wort des Evangeliums, das da lautet: ‚Ihr werdet hundert für eins erhalten.'" Der Inquisitor sprach: „So steht es freilich geschrieben; doch weshalb hat dieses Wort dich so beeindruckt?"

„Herr", sprach jener, „das will ich Euch sagen. Seitdem ich bei Euch aus und ein gehe, habe ich tagtäglich gesehen, daß hier vielen armen Leuten ein oder auch zwei große Kessel mit dünner Suppe herausgereicht werden, die man den Brüdern dieses Klosters und Euch als Überfluß entzieht. Erhaltet Ihr nun im Jenseits für einen jeden dieser Kessel hundert wieder zurück, werdet Ihr so viel Suppe haben, daß Ihr Euch alle darin ersäufen könnt!"

Die Gäste an der Tafel brachen bei diesen Worten in lautes Gelächter aus, der Inquisitor aber fühlte betroffen, daß die Wassersuppenheuchelei der Mönche angeprangert wurde, und geriet in heftigen Zorn. Hätte er sich nicht schon mit dem ersten Prozeß gegen den wackren Mann hinreichend blamiert, so hätte er ihm jetzt einen neuen

angehängt, weil jener mit diesem trefflichen Witz ihm und
den übrigen Faulenzern einen tüchtigen Hieb versetzt hatte.
So aber befahl er ihm böse, zu treiben, was er wolle, und
ihm nicht wieder vor die Augen zu kommen.

SIEBENTE GESCHICHTE

*Mit einer Geschichte von Primasso und dem Abt von Cluny
beschämt Bergamino auf feine Weise Messer Cane della
Scala wegen einer plötzlichen Anwandlung von Geiz.*

Die reizende Art Emilias und ihre Geschichte hatten die
Königin und alle anderen oft zum Lachen gebracht, und
alle lobten den guten Einfall des Kreuzträgers. Als sich das
Gelächter endlich gelegt und alle sich beruhigt hatten, begann Filostrato, der nun an der Reihe war, auf folgende
Weise seine Geschichte:

Meine hochverehrten Damen, es ist gewiß lobenswert,
wenn jemand ein Ziel zu treffen weiß, das unbeweglich ist;
aber noch viel lobenswerter ist es, wenn der Bogenschütze
bei einer plötzlich und unvermutet sich bietenden Gelegenheit ins Schwarze zu treffen vermag.

Die lasterhafte, schmutzige Lebensweise der Priester, die
in vielen Fällen als Urbild der Schlechtigkeit dasteht, gibt
ohne langes Suchen manchen Grund zu Redereien und zu
Spott und Hohn für einen jeden, der Lust dazu verspürt.
Obwohl der wackere Mann zu loben ist, der dem Inquisitor
das heuchlerische Mitleid der Mönche vorwarf, die den
Armen nur das darbieten, was sie selbst den Schweinen
geben oder gar fortwerfen, so halte ich doch jenen Mann,
von dem ich – durch die letzte Geschichte angeregt – nun
sprechen will, für weit rühmenswerter, da er den freigebigen
Messer Cane della Scala für einen unerwarteten Anfall
von Geiz mit einer artigen Geschichte strafte, in der er
unter fremdem Namen darstellte, was ihn selber und jenen
anging. Die Geschichte lautet:

Messer Cane della Scala, dem sich das Glück in vielen
Unternehmungen hold erzeigt hatte, stand weit und breit
in dem Rufe, einer der freigebigsten und geachtetsten Edel-

leute zu sein, die es seit den Zeiten Friedrichs II. in Italien gegeben hat. Einst beschloß er, in Verona ein außerordentlich prächtiges Fest zu geben. Als aber aus allen Himmelsrichtungen bereits Edelleute und Höflinge jeder Art herbeigeströmt waren, entschloß er sich plötzlich aus irgendeinem Grunde, sein Vorhaben aufzugeben, und verabschiedete die meisten der Angekommenen mit reichen Geschenken wieder.

Nur ein einziger Edelmann namens Bergamino, von dessen schlagfertiger, geschickter Beredsamkeit niemand sich einen Begriff machen konnte, der ihn nicht selber gehört hatte, blieb unbeachtet ohne Geschenke oder Beurlaubung zurück; lediglich in der dürftigen Hoffnung, daß dies für seine Zukunft nicht ohne Nutzen sein möchte. Messer Cane war indes der Meinung, daß alle Zuwendungen, die er diesem Manne machen würde, so gut wie ins Feuer geworfen seien, und richtete deshalb weder Wort noch Botschaft an ihn.

Als Bergamino nach einigen Tagen bemerkte, daß er weder gerufen noch mit einem Auftrag beehrt wurde, der seinen Fähigkeiten entsprochen hätte, und er überdies in der Herberge mit seinen Pferden und Dienern sein Geld verbrauchte, begann er recht mißgestimmt zu werden. Trotzdem wartete er, da er es nicht für klug hielt, abzureisen.

Um auf dem Feste standesgemäß auftreten zu können, hatte er drei schöne, kostbare Gewänder, Geschenke anderer Edelleute, mitgebracht, von denen er, als sein Wirt Geld verlangte, erst das eine und, da sein Aufenthalt sich verlängerte, er aber bei dem Wirte wohnen bleiben wollte, bald darauf auch das zweite in Zahlung gegeben hatte. Schließlich begann er auch auf das dritte Gewand zu borgen, entschlossen, auszuhalten und abzuwarten, solange er für dies dritte Kleid noch bleiben konnte, dann aber abzureisen.

Während er dabei war, das dritte Gewand aufzuzehren, begab es sich, daß er eines Tages unvermutet auf Messer Cane traf, der gerade bei Tisch saß. Er blieb mit melancholischem Gesicht vor jenem stehen. Messer Cane aber sprach, als er Bergamino gewahrte, mehr um ihn zu kränken als um ihn reden zu hören: „Bergamino, was ist mit dir geschehen? So melancholisch? Berichte, was gibt es?"

Bergamino begann unverzüglich, ohne einen Augenblick

nachzudenken, eine Geschichte zu erzählen, die in allem, als habe er jedes Wort wohl überlegt, auf seine eigene Lage zugeschnitten schien. „Mein Gebieter, Ihr werdet wissen, daß Primasso ein bedeutender Kenner des Lateinischen war und ein größerer und gewandterer Versemacher als jeder andere. Er war daher bald überall so angesehen und berühmt, daß auch in jenen Teilen des Landes, wo er persönlich nicht bekannt war, fast jeder ihn dem Namen und Rufe nach kannte. Während er sich nun in Paris wieder einmal in recht armseligen Verhältnissen befand – wie so oft in seinem Leben, da sein Talent von jenen, die es gekonnt hätten, recht wenig gefördert wurde –, hörte er von dem Abt von Cluny, der seinem Einkommen nach als der reichste Prälat galt, den die Kirche Gottes nächst dem Papste besaß. Über diesen Abt und seine Hofhaltung hörte er die wunderbarsten und köstlichsten Geschichten und daß keinem Menschen, der sich an dem Aufenthaltsort desselben eingestellt, je Essen und Trinken verweigert worden sei, wenn er nur zuvor den Abt, während dieser bei der Tafel säße, darum gebeten habe.

Als Primasso hiervon Kenntnis bekam, beschloß er hinzugehen, zumal ihm an der Bekanntschaft berühmter Männer und hoher Herren viel gelegen war, um die großartige Hofhaltung des Abtes kennenzulernen. Er erkundigte sich daher, wie weit von Paris entfernt jener wohne, und erfuhr, daß der Abt sich auf einem seiner Güter aufhalte, das etwa sechs Meilen von Paris entfernt sei. Primasso rechnete sich aus, daß er bei frühzeitigem Aufbruch etwa um die Essenszeit dort eintreffen könne, und ließ sich den Weg zeigen. Da er aber niemand fand, der dorthin ging, fürchtete er, den rechten Weg womöglich durch Mißgeschick zu verfehlen und auf solche Weise vielleicht an einen Ort zu kommen, wo er kaum ein Mittagessen vorfinden möchte. Damit er, falls dies wirklich eintreffen sollte, keinen Hunger zu leiden brauche, beschloß er, drei Brote mitzunehmen. Wasser, das ihm sowieso wenig behagte, vermeinte er überall vorzufinden.

Nachdem er die drei Brote zu sich gesteckt hatte, machte er sich auf und traf auch rechtzeitig zur Essensstunde dort ein, wo der Abt sich aufhielt. Er ging ins Schloß, schaute sich überall um, und als er die vielen gedeckten Tische und in den umfangreichen Küchen die gewaltigen Vorbereitungen für die Mahlzeit gewahrte, dachte er bei sich: ‚Wirklich, hier ist alles so großartig, wie die Leute sagen.'

Während er noch dabei war, alles zu betrachten, befahl der Haushofmeister des Abtes, Wasser zum Händewaschen herumzureichen, da die Stunde des Essens gekommen war, und geleitete danach jeden Gast an die Tafel. Primasso aber erhielt durch einen Zufall seinen Platz direkt gegenüber jener Tür, aus welcher der Abt heraustreten mußte, um zu Tisch zu gehen.

Nun war es an diesem Hof Sitte, daß weder Brot noch Wein noch sonst etwas Eßbares oder Trinkbares auf den Tisch kam, ehe der Abt seinen Platz an der Tafel eingenommen hatte. Darum ließ der Haushofmeister, nachdem er alle Tische besetzt hatte, dem Abt melden, daß, wenn es ihm gefiele, das Mahl beginnen könne, worauf der Abt die Tür öffnen ließ, um in den Speisesaal zu gehen. Als er nun beim Eintreten ein wenig umherschaute, fiel sein Blick durch Zufall auf Primasso, der gar armselig gekleidet und dem Abt von Ansehen nicht bekannt war. Ein böser Gedanke, der ihm nie zuvor gekommen war, durchzuckte in diesem Augenblick den Sinn des Prälaten, und er dachte bei sich: ‚Sieh da, was für Leuten ich mein Mahl vorsetze!' Dabei befahl er, sich zurückwendend, die Tür wieder zu schließen. Dann fragte er seine Begleitung, ob jemand den zerlumpten Bettler kenne, der gerade gegenüber der Zimmertür an einem Tische säße. Alle verneinen.

Indessen zog Primasso, der einen tüchtigen Hunger verspürte, wie jeder, der weit gewandert und das Fasten nicht gewöhnt ist, nachdem er eine Weile gewartet hatte und bemerkte, daß der Abt nicht zurückkam, eins von seinen drei mitgebrachten Broten hervor und begann zu essen.

Der Abt ließ ein wenig Zeit verstreichen und trug dann einem Diener auf, nachzusehen, ob Primasso wieder fortgegangen sei. Der Diener antwortete: ‚Nein, Herr, im Gegenteil. Er ißt Brot, welches er sich anscheinend mitgebracht hat.' Drauf sprach der Abt: ‚Gut, mag er sein Brot essen, wenn er welches hat. Von unserem wird er zumindest heute nichts bekommen!' Er hätte es nun gerne gesehen, daß Primasso von sich aus wieder fortgegangen wäre, da es ihm nicht schicklich schien, jenen direkt hinauszuweisen zu lassen. Primasso aber begann, nachdem er sein erstes Brot verzehrt hatte und er den Abt noch immer nicht zurückkehren sah, das zweite Brot zu verspeisen, was ebenfalls dem Abt berichtet wurde, der nochmals hatte nachschauen lassen, ob jener nicht fortgegangen sei.

Schließlich, als der Abt noch immer nicht erschien, begann Primasso, der auch das zweite Brot verzehrt hatte, das dritte zu essen. Als auch dies dem Abt gemeldet wurde, wurde dieser recht nachdenklich, und er sagte zu sich selbst: ‚Was für seltsame Gedanken sind mir heute gekommen? Woher der Geiz und dieser Zorn? Schon seit vielen Jahren habe ich das Meinige für jeden, der darum bat, geopfert, ohne je zu fragen, ob Edelmann oder Bauer, ob arm oder reich, Kaufherr oder Krämer! Mit eigenen Augen habe ich zahllose Schurken mein Hab und Gut vergeuden sehen, doch ist mir niemals ein solcher Gedanke gekommen wie heute beim Anblick dieses Mannes. Um einen Menschen ohne Bedeutung kann mich wahrlich ein solcher Geiz nicht anfallen. Es muß mit jenem, den ich für einen Bettler hielt, eine besondere Bewandtnis haben, da mein Herz so sehr davor zurückschreckt, ihn zu bewirten.'

Nach diesen Überlegungen fragte er nach Namen und Herkunft des Fremden und schämte sich nicht wenig, als er vernahm, es sei Primasso – den er vom Hörensagen seit langem als einen berühmten Mann kannte –, der hergekommen sei, um die vielgepriesene Gastfreiheit des Abtes persönlich kennenzulernen. In dem Bestreben, das Versehen wiedergutzumachen, wünschte der Abt nun, Primasso um so mehr zu ehren, er suchte ihn auf und ließ ihn nach dem Essen so vornehm einkleiden, wie es seinen Verdiensten entsprach. Dann schenkte er ihm Geld und ein edles Pferd und stellte es ihm frei, zurückzukehren oder bei ihm zu bleiben.

Primasso war darüber sehr erfreut, dankte dem Abt auf das herzlichste und kehrte hoch zu Roß nach Paris zurück, von wo er zu Fuß fortgewandert war."

Messer Cane, ein gar kluger Mann, verstand ohne weitere Erklärung genau, was Bergamino mit seiner Geschichte sagen wollte, und sprach lächelnd zu ihm: „Bergamino, du hast deine Notlage und Treue und meinen Geiz vortrefflich dargestellt und ebenso deine Wünsche! Wirklich ist mit

Ausnahme deines eigenen Falles noch niemals der Geiz über mich gekommen. Jetzt aber werde ich ihn mit jenem Knüppel austreiben, den du selbst mir gezeigt hast."

Darauf ließ er den Wirt auszahlen und beschenkte Bergamino, nachdem er ihm seine drei Staatsgewänder hatte zurückgeben lassen, auch noch mit einem seiner eigenen reichen Kleider sowie mit Geld und einem edlen Pferd und stellte es ihm alsdann anheim, nach Gefallen fortzureisen oder bei ihm zu bleiben.

ACHTE GESCHICHTE

Guglielmo Borsiere beschämt mit feinem Spott den Geiz des Messers Ermino de' Grimaldi.

Als Lauretta, die neben Filostrato saß, die Gewandtheit Bergaminos genügend hatte loben hören und bemerkte, daß die Reihe des Erzählens nunmehr an sie gekommen sei, begann sie, ohne erst die Aufforderung der Königin abzuwarten, munter zu sprechen:

Liebe Freundinnen, die letzte Geschichte veranlaßt mich, euch zu erzählen, wie ein kluger Höfling auf ähnliche Weise den Geiz eines schwerreichen Kaufmanns erfolgreich bekämpfte. Auch wenn meine Geschichte der vorigen ähnelt, soll sie euch deswegen nicht weniger gefallen, da sie einen so guten Abschluß findet.

Vor langer Zeit lebte in Genua ein Edelmann, Messer Ermino de' Grimaldi mit Namen, der wegen seiner zahllosen Besitzungen und seines unermeßlichen Vermögens als der reichste Mann Italiens galt. Doch wie er an Reichtum alle anderen Italiener übertraf, so war er auch an Geiz und Habgier jedem anderen Filz und Geizkragen der Welt um ein beträchtliches überlegen. Nicht nur, wenn es galt, anderen eine Ehre zu erweisen, hielt er den Beutel zu; er geizte auch an der eigenen Person, verstieß, um kein Geld zu verschwenden, vornehmlich gegen den allgemeinen Brauch der Genueser, sich vornehm zu kleiden, und knauserte in erbärmlicher Weise auch an Essen und Trinken.

Aus diesem Grunde war verdientermaßen sein Name

Grimaldi ganz in Vergessenheit geraten, und er hieß bei allen Leuten nur Messer Ermino Avarizia, Ermino Geizkragen.

In der Zeit, als dieser Mann durch seinen Geiz sein Vermögen vervielfachte, kam ein gar kluger Hofmann von feiner Sitte und Redeweise nach Genua. Er nannte sich Guglielmo Borsiere und ähnelte in keiner Weise den heutigen Höflingen, die man – nicht ohne Abscheu über die verdorbene und lasterhafte Lebensweise derjenigen, die sich heute Edelleute schimpfen und als Herren betrachtet und geehrt werden wollen – besser Esel nennen sollte, da sie weit eher im Schmutze aller Schlechtigkeiten unter dem Abschaum der Menschheit aufgewachsen zu sein scheinen als bei Hof. Während es in früheren Zeiten ihre Hauptbeschäftigung war, Frieden zu stiften, wo Krieg und Mißtrauen unter den Edelleuten herrschte, Ehen, Verwandtschaften und Freundschaften anzubahnen und mit schönen Reden und angenehmen Zusprüchen niedergeschlagene Seelen zu beleben und den Hof zu erheitern oder aber mit ernsten Worten väterlich die Fehler der Bösewichter anzuprangern – alles für geringen Lohn –, so sieht man sie heutigentags auf nichts anderes bedacht, als Unheil unter den Menschen zu stiften, Zwietracht zu säen, Schlechtigkeiten und Boshaftigkeiten herumzutragen und, was noch schlimmer ist, diese auch vor aller Augen auszuführen, sich gegenseitig wahre und erlogene Freveltaten, Schamlosigkeiten und Gemeinheiten vorzuwerfen und schließlich mit falschen Unterstellungen ehrbare Menschen zu verführen, die Zeit mit niederen, schlechten Handlungen zu vertun. Zu Schimpf und Schande der heutigen Welt und als deutliches Anzeichen dafür, daß die Tugend verschwunden ist und uns Menschen in einem Bodensatz des Lasters zurückgelassen hat, wird von verderbten, gottlosen Fürsten jener am meisten geachtet, geehrt und mit Geschenken überhäuft, der die schändlichsten Reden führt und die schlimmsten Greueltaten nachzuweisen vermag.

Doch ich will zu meiner angefangenen Geschichte zurückkehren, von der mich der Unwille ein wenig weiter entfernt hat, als ich selbst es für möglich gehalten hätte. Ich betone also nochmals, daß der genannte Guglielmo bei allen Edelleuten Genuas hochgeehrt und wohlangesehen war. Als er sich einige Tage in der Stadt aufgehalten hatte und eine Menge über die Knickrigkeit und den Geiz Messer Erminos vernommen hatte, begehrte er, ihn kennenzulernen. Auch Messer Ermino hatte gehört, was für ein vortrefflicher Mann dieser Guglielmo sei, und da er trotz all seines Geizes noch ein Fünkchen guter Erziehung besaß, empfing er ihn mit freundlicher, heiterer Miene, vertiefte sich in lange Gespräche mit ihm und führte ihn während der Unterhaltung, zusammen mit anderen Genuesern, die jenen herbegleitet hatten, in eins seiner neuen Häuser, das er prächtig hatte ausschmücken lassen. Nachdem er alles gezeigt hatte, fragte er: „Nun, Messer Guglielmo, Ihr habt doch manches gesehen und gehört, könnt Ihr mir wohl etwas nie Dagewesenes nennen, was ich noch im Saal meines neuen Hauses könnte malen lassen?"

Auf diese wenig schicklichen Worte entgegnete Messer Guglielmo: „Messer, etwas noch nie Dagewesenes wüßte ich Euch kaum zu nennen, es sei denn das Niesen oder etwas Derartiges. Doch wenn es Euch recht ist, könnte ich Euch wohl etwas nennen, was Ihr, meiner Meinung nach, sicherlich noch nie gesehen habt."

Messer Ermino sprach: „Wohlan, ich bitte Euch, sagt mir, was es ist!" und war durchaus nicht darauf gefaßt, daß jener ihm so antworten würde, wie er es tat. Denn Guglielmo entgegnete unverzüglich: „So laßt die Freigebigkeit malen!"

Als Messer Ermino diese Worte vernahm, überkam ihn eine so tiefe Beschämung, daß diese sein ganzes Wesen fortan zu ändern vermochte und ihn fast zum Gegenstück dessen machte, was er bis zu dieser Stunde gewesen war. So erwiderte er: „Ja, Messer Guglielmo, ich werde sie malen lassen, und zwar so, daß weder Ihr noch sonst jemand mir je wieder vorwerfen könnt, daß ich sie weder gesehen noch gekannt hätte!"

Und das von Guglielmo ausgesprochene Wort hatte eine solche Macht über ihn, daß er von dem Tage an der freigebigste und gefälligste Edelmann wurde, der Fremden und Einheimischen mehr Ehren erwies als irgendein anderer Mann, der zu seiner Zeit in Genua lebte.

NEUNTE GESCHICHTE

Der König von Zypern wird durch das spöttische Wort einer Edeldame aus der Gascogne von einem trägen in einen guten König verwandelt.

Die letzte Aufforderung der Königin war für Elissa geblieben; ohne sie abzuwarten, begann sie munter zu erzählen:

Meine jungen Freundinnen, gar oft haben wir gesehen, daß Vorwürfe und Strafen durchaus nicht immer dieselbe Wirkung erzielten wie ein zufällig und auch ex proposito hingeworfenes Wort. Dies ging aus Laurettas Erzählung deutlich hervor, und ich möchte es euch noch an einem anderen Beispiel beweisen. Da lehrreiche Geschichten uns immer von Nutzen sein können, sollen wir ihnen stets ein williges Ohr leihen, wer sie auch immer erzählen mag.

So will ich euch denn berichten, daß zur Zeit des ersten Königs von Zypern, als Gottfried von Bouillon das Heilige Land erobert hatte, einmal eine Edeldame aus der Gascogne eine Pilgerfahrt zum Heiligen Grabe machte. Als sie von dort zurückkehrte und in Zypern eintraf, wurde ihr von einigen Schurken der gröblichste Schimpf angetan. Da sie diese Beleidigungen nicht hinnehmen wollte, faßte sie den Entschluß, sich beim König zu beschweren. Doch wurde ihr von verschiedenen Seiten gesagt, daß sie sich vergeblichen Hoffnungen hingäbe, da der König ein recht träges Leben führe und gar nicht fähig sei, eine gute Tat zu vollbringen. Er lasse nicht nur anderen zugefügtes Unrecht ohne Bestrafung durchgehen, sondern sogar die ihm selbst angetanen Beschimpfungen ungerächt, so daß jeder, der irgendwelchen Verdruß gehabt habe, seinem Zorn in Beleidigungen und Verhöhnungen gegen den König Luft mache.

Als die Dame dies vernahm, verlor sie die Hoffnung, die ihr angetane Schmach je rächen zu können. Trotzdem beschloß sie, als Rache für die erlittene Kränkung dem besagten König für seine Erbärmlichkeit einen tüchtigen Seitenhieb zu versetzen. Sie ging also zu ihm und sprach weinend:

„Mein Gebieter, ich komme nicht vor dein Angesicht, um Rache zu verlangen für die erlittene Kränkung. Doch bitte ich dich, mir als Ausgleich dafür zu verraten, wie du es fertigbringst, alle jene Kränkungen zu ertragen, die dir, wie ich hörte, angetan werden. Also belehrt, werde ich geduldig auch meine Schmach zu tragen suchen, die ich, wenn ich könnte – Gott ist mein Zeuge –, dir gerne abtreten würde, da du so trefflich alles zu ertragen weißt."

Der träge, faule König kam nach diesen Worten, wie aus tiefem Schlafe erwacht, zu sich und rächte nicht nur die der Dame zugefügten Kränkungen auf das härteste, sondern wurde von Stund an ein strenger Verfolger aller derer, die sich gegen die Ehre seiner Krone vergingen.

ZEHNTE GESCHICHTE

Meister Alberto aus Bologna beschämt auf feine Weise eine Dame, die ihn wegen seiner Liebe zu ihr demütigen wollte.

Als Elissa schwieg, blieb die Mühe des Erzählens nur noch für die Königin, die mit weiblicher Anmut zu sprechen begann:

Edle Freundinnen, wie in leuchtenden, heiteren Nächten Sterne das Firmament und im Frühling Blumen die grünen Wiesen schmücken, so werden lobenswerte Sitten und heitere Erzählungen gekrönt von geistvollen Scherzen. Ihrer Kürze wegen ziemen diese weit besser als den Männern noch uns Frauen, da langes Schwatzen, zumal wenn es überflüssig ist, uns noch mehr verargt wird als den Männern. Doch zu unserer eigenen und aller lebenden Frauen Schande gibt es heute fast kein Weib mehr – oder nur noch einige wenige –, das einen geistvollen Scherz zu verstehen und – wenn dies wirklich zutrifft – ihn auch zu beantworten wüßte. Vielmehr wird diese Tugend, die einst den Geist der Frauen vergangener Zeiten schmückte, von den heutigen durch äußere Zier des Körpers ersetzt. Und jene, deren Gewand am leuchtendsten getupft, gestreift oder mit Garnierungen überladen ist, deucht sich die Vornehmste zu sein und denkt nicht daran, daß ein Esel, wenn man ihn mit Tand behinge oder belüde, weit mehr Putz zu tragen vermöchte als sie und dennoch keinen Deut mehr wert sein würde als jeder andere Esel.

Ich schäme mich freilich, von solchen Dingen zu reden, da auch ich mich nicht frei weiß von diesem Mangel, den ich anderen vorwerfe. Die schön aufgetakelten, bunt bemalten und prächtig gesprenkelten Frauenzimmer stehen dann entweder starr und stumm wie Götzenbilder oder antworten, wenn sie gefragt werden, auf solche Weise, daß sie besser geschwiegen hätten. Auch glauben sie, es zeuge von ihrer Unschuld, wenn sie nicht imstande sind, sich mit Damen und ehrenhaften Männern zu unterhalten, und betiteln ihre Dummheit mit dem Namen „Sittsamkeit", als ob anständige Frauen lediglich mit ihren Dienerinnen, der Wäscherin oder der Bäckersfrau sprechen dürften. Wäre dies der Wille der Natur gewesen, wie jene es gerne glauben machen möchten, so hätte sie ihnen schon auf andere Weise die Zungen gelähmt.

Richtig ist es freilich, wenn man, wie bei allen anderen Dingen, auch bei einem Scherz Ort und Stunde bedenkt und sich die Menschen ansieht, mit denen man plaudern will. Sonst möchte es wohl zuweilen geschehen, daß jemand im Glauben, mit einem Witz andere erröten zu machen, seine eigene Kraft und die des Gegners falsch bemißt und so das Rot, das er in andere Wangen steigen lassen wollte, in seinem eigenen Antlitz spüren muß. Damit ihr einmal dies beachtet und zum anderen auf euch nicht das Sprichwort angewandt werden kann, daß die Frauen stets den kürzeren ziehen, soll die letzte der heutigen Geschichten, die ich noch erzählen muß, euch recht belehren, auf daß ihr, die ihr euch schon an edler Gesinnung von anderen unterscheidet, euch auch durch gefälliges Betragen von ihnen abheben mögt.

Vor noch nicht allzu vielen Jahren lebte und lebt vielleicht noch heute in Bologna ein berühmter Arzt, dessen Ruf fast überall in der Welt bekannt war. Sein Name war Meister Alberto. Er war schon ein alter Mann, nahe an die Siebzig, doch wenn auch das letzte Fünkchen Wärme schon seinen Körper verlassen hatte, war doch sein Geist so jung geblieben, daß er die Flammen der Liebe noch zu spüren vermochte, als er auf einem Fest eine sehr schöne verwitwete Dame kennenlernte, die, wie er hörte, Madonna Malgherida de' Ghisolieri hieß. Sie gefiel ihm so über alle Maßen, daß er sich entflammte, wie es wohl ein Jüngling an dem Körper einer reifen Frau tun mag, und er keine Nacht Ruhe fand, wenn er nicht am Tage das holde, zarte Antlitz der Schönen hatte anschauen dürfen.

Er begann deshalb bald zu Fuß, bald zu Pferd, wie es sich gerade machte, vor dem Hause der Dame auf und ab zu promenieren, so daß sie und viele andere Frauen aus der Nachbarschaft schließlich den Grund dieser Spaziergänge errieten und oft zusammen über die Verliebtheit des alten, an Jahren und Erfahrungen reichen Mannes spotteten, als wären sie überzeugt davon, daß beglückende Leidenschaft nur in den törichten Herzen der Jugend und sonst nirgendwo wohnen und verweilen könne.

Während nun Meister Alberto seine Promenade beibehielt, geschah es an einem Festtag, daß die betreffende Dame mit anderen Frauen vor ihrer Haustür saß und von ferne Meister Alberto auf sich zukommen sah. Sie verabredeten schnell, ihn festlich zu empfangen und ihn dann wegen seiner Verliebtheit zu hänseln. Und so taten sie denn auch. Nachdem alle sich erhoben und ihn eingeladen hatten, hereinzukommen, führten sie ihn auf einen schattigen Hof, ließen köstlichen Wein und Kuchen herausbringen und fragten ihn schließlich mit vielen schönen und anmutigen Worten, wie es nur habe geschehen können, daß er sich in die schöne Frau verliebt habe, die so viele stattliche, kühne, edle und junge Verehrer habe.

Der Meister spürte sehr wohl die feinen Nadelstiche. Er machte jedoch ein freundliches Gesicht und antwortete: „Madonna, daß ich liebe, wird keinen verständigen Menschen verwundern und noch weniger, daß ich Euch liebe, denn Ihr seid es wirklich wert. Wenn nun auch nach den Gesetzen der Natur älteren Männern die Kraft zu den Diensten der Liebe fehlt, so fehlt es ihnen doch nicht an gutem Willen und an der Erkenntnis dessen, was wirklich der Liebe wert ist. Sie sind vielmehr größere Kenner als die Jugend, da sie dieser an Erfahrungen überlegen sind.

Die Hoffnung, die mich veranlaßt, in meinen Jahren Euch, eine von so vielen jungen Männern umworbene Dame, zu lieben, ist diese: Ich habe gar oft gesehen, daß die Damen zum Vesperbrot Lupinen und Lauch aßen. Wenn nun auch der Lauch gerade keine besonders wohlschmeckende Speise ist, so ist doch sein Kopf weniger schlecht und schmackhafter als die Blätter. Die Frauen aber nehmen, von falschen Gelüsten verleitet, den Kopf in die Hand und essen die Blätter, die nicht nur wertlos, sondern auch von üblem Geschmack sind. Sollte es wohl möglich sein, Madonna, daß Ihr auch in der Auswahl Eurer Liebhaber ähnlich verfahrt? Tätet Ihr dies, so würdet Ihr besser daran tun, mich zu erwählen und die anderen fortzuschicken."

Die Dame war, ebenso wie ihre Freundinnen, ein wenig beschämt und antwortete: „Meister, Ihr habt unsere übermütigen Bemerkungen sehr klug und höflich gerügt. Dennoch wird Eure Liebe als die eines weisen, wertvollen Mannes mir stets teuer sein. Ihr mögt, soweit mein guter Ruf es zuläßt, über mich wie über Euer Eigentum verfügen."

Der Meister dankte ihr freundlich und nahm, indem er sich mit seinen Begleitern erhob, lächelnd und wohlgemut von ihr Abschied.

So wurde eine Frau, die nicht bedacht hatte, an wem sie ihren Spott ausließ, selber besiegt. Ihr aber solltet dies, wenn ihr klug sein wollt, stets zu vermeiden wissen.

Als die Erzählungen der jungen Damen und der drei Herren beendet waren, neigte sich die Sonne schon dem Abend zu, und die Glut des Tages hatte merklich nachgelassen. Lächelnd ergriff nun die Königin das Wort.

„Meine lieben Freundinnen, für den heutigen Tag bleibt mir nichts weiter mehr zu tun, als euch eine neue Königin zu geben, die nach ihrem Gefallen ihre und unsere Zeit mit angenehmer Unterhaltung erfüllen möge. Und wenn es auch noch eine Weile dauern mag, bis die Nacht hereinbricht, so glaube ich doch, daß niemand gut für das Kommende sorgen kann, der nicht beizeiten Vorbereitungen trifft. Damit nun alle Beschlüsse der neuen Königin für den morgigen Tag wohl vorbereitet werden können, bestimme ich, daß jeweils um diese Abendstunde der neue Tag beginne. So möge denn zu Ehren dessen, dem alle Dinge untertan, und zu unserer Freude am zweiten Tag die kluge junge Filomena in unserm Reich als Königin herrschen."

Nach diesen Worten stand sie auf, nahm die Lorbeerkrone von ihrem Haupt, überreichte sie ehrerbietig der Gefährtin, die so zuerst von ihr und dann auch von den übrigen Damen und den drei Herren als Königin begrüßt und von allen freudig anerkannt wurde.

Leicht errötend sah Filomena sich zur Königin gekrönt, doch faßte sie sich schnell, Pampineas eben gesprochene Worte beherzigend, und bestätigte, um nicht unbeholfen zu erscheinen, als erstes die von Pampinea erteilten Aufträge, bestimmte die Mahlzeiten für den kommenden Tag und schlug vor, noch länger an diesem Ort zu verbleiben. Dann fuhr sie fort: „Teure Gefährtinnen, wenn auch Pampinea mich allein ihrer großen Güte und nicht meiner Verdienste wegen zu eurer Königin erwählt hat, so bin ich doch nicht gewillt, unsere Lebensweise allein nach meinem Geschmack, sondern vielmehr nach dem euren zu bestimmen. Damit ihr nun meinen Plan sogleich erfahrt und ihn nach eurem Gutdünken erweitern oder abkürzen könnt, will ich euch in wenigen Worten meine Absichten mitteilen. Wenn ich die von Pampinea getroffenen Einrichtungen recht überlege, so scheinen sie mir ebenso lobenswert wie amüsant. Ich beabsichtige daher nicht, sie zu ändern, bevor sie uns nicht durch allzu lange Dauer oder aus irgendeinem anderen Grunde zu langweilen beginnen. Da mithin feststeht, daß wir in der begonnenen Weise fortfahren wollen, werden wir uns erheben und uns irgendwo die Zeit vertreiben, um danach, wenn die Sonne untergegangen ist, in der kühlen Abendluft zu speisen. Nach ein paar Liedern und anderen Zerstreuungen wird es dann an der Zeit sein, zur Ruhe zu gehen.

Morgen wollen wir aufstehen, solange es noch frisch ist, und jeder mag sich, wie heute, auf eigene Weise die Zeit vertreiben. Zu bestimmter Stunde werden wir zum Mittagsmahl zurückkehren und dann nach einem Tänzchen und kurzem Schlaf wie heute uns hier zum Erzählen versammeln. Denn ich glaube, daß dies der beste Zeitvertreib ist, von dem wir dazu auch allerlei Nutzen haben. Doch möchte ich noch ein neues Gesetz einführen, an das freilich Pampinea, die so spät zur Regierung kam, nicht mehr denken konnte: Ich möchte allem, was erzählt wird, bestimmte Grenzen setzen, die ich euch vorher nennen will. So hat ein jeder ausreichend Zeit, eine schöne Erzählung zu dem aufgestellten Thema zu bedenken. Da nun von Anbeginn der Welt die Menschen stets den verschiedenartigsten Launen des Schicksals ausgesetzt waren und es auch bis an ihr Ende bleiben werden, schlage ich vor, euer Einverständnis vorausgesetzt, daß ein jeder von solchen Menschen erzählen möge, die, von mancherlei Ungemach bedroht, entgegen ihrer eigenen Hoffnung doch noch ein fröhliches Ziel erreichten."

Die jungen Frauen und Männer lobten alle diese Anordnung und versprachen, sie gerne zu befolgen. Dioneo aber sagte, nachdem die anderen verstummt waren: „Madonna, wie alle andern bin auch ich über die von Euch erteilte Anordnung erfreut, doch erbitte ich mir als besondere Gnade ein Vorrecht, das mir, solange wir hier versammelt sind, zugesichert sein möchte: das Vorrecht, daß ich durch diese Anordnung nicht gezwungen werde, eine Geschichte nach dem vorgeschlagenen Thema zu erzählen, wenn es mir nicht selber wünschenswert erscheint, sondern vielmehr erzählen darf, was mir gefällt. Damit nun niemand denke, daß ich dieses Vorrecht nur begehre, weil ich nichts zu berichten habe, so will ich's zufrieden sein, immer als letzter mit meiner Geschichte an die Reihe zu kommen."

Die Königin, die Dioneo als einen geistreichen und witzigen jungen Menschen kannte, erriet wohl, daß er diese Gunst nur erbat, um die Gesellschaft mit einem lustigen Geschichtchen wieder zu erheitern, wenn sie etwa von ernsten Erzählungen ermüdet sei. Sie gewährte ihm darum mit allseitiger Zustimmung freundlich seine Bitte. Danach erhoben sich alle und wanderten mit langsamen Schritten auf den Fluß zu, dessen glasklares Wasser vom Berge herabrauschte und sich zwischen nackten Felsen und grünen saftigen Wiesen in ein mit vielen Bäumen bestandenes schattiges Tal ergoß. Hier vergnügten sie sich barfuß und mit nackten Armen im Wasser und unterhielten sich mit allerlei Kurzweil. Zur Stunde der Abendmahlzeit aber kehrten sie in den Palast zurück und speisten in heiterer Stimmung. Nach dem Mahl wurden die Instrumente geholt, und die Königin befahl, unter Laurettas Führung den Tanz zu beginnen, zu dem Emilia, von Dioneo auf der Laute begleitet, eine Kanzone singen solle. Diesem Gebote folgend, begann Lauretta sogleich einen Tanz anzuführen, und Emilia sang mit Gefühl das folgende Lied:

„Ich bin von meiner Schönheit so gefangen,
Daß andre Liebe nimmer
Mich kümmern wird noch regen mein Verlangen.

Ich seh' in ihr, sooft wie ich mich spiegle,
Das Gut, woran genüget dem Verstande.
Kein neuer Vorfall oder alt Geklügle
Raubt mir die Lust an diesem teuren Pfande.
Nach welchem wohlgefäll'gern Gegenstande
Säh' ich wohl nun und nimmer,
Der mir im Herzen weckte neu Verlangen?

Dies Gut flieht nicht, wenn ich es zu betrachten
Mich sehne, mir zu Trost und Linderungen;
Es kommt vielmehr entgegen meinem Schmachten,
So süß zu fühlen, daß es keine Zungen
Aussprechen, keinem Sterblichen gelungen
Es zu begreifen nimmer,
Der nicht gebrannt in solcherlei Verlangen.

Und ich, die ich mich stündlich mehr entzünde,
Je mehr die Augen sich darauf befleißen,
Ganz geb' ich ihm mich hin, ganz mich verbünde,
Schon jenes kostend, was er mir verheißen.
Je näher, wird mehr Wonne hin mich reißen,
So daß hienieden nimmer
Was Ähnliches gestillt hat ein Verlangen."

Als das Tanzliedchen verklungen war, dessen Kehrreim alle fröhlich mitgesungen hatten, obwohl die Worte manchen gar nachdenklich stimmten, und noch ein paar andere Reigen sich angeschlossen hatten, war bereits ein Teil der kurzen Nacht verstrichen, und die Königin fand es an der Zeit, den ersten Tag zu beenden. Sie ließ die Kerzen anzünden und gebot allen, sich bis zum nächsten Morgen zur Ruhe zu begeben, worauf ein jeder in sein Gemach ging und sich niederlegte.

Hier endet der erste Tag des Dekameron.

Es beginnt der zweite Tag des Dekameron, an dem unter Filomenas Herrschaft von Menschen berichtet wird, die, von mancherlei Ungemach bedroht, entgegen ihrer eigenen Hoffnung doch noch ein fröhliches Ziel erreichten.

Schon war der junge Tag mit den Strahlen der Sonne heraufgestiegen, und die Vögel in den grünen Zweigen gaben mit ihren lieblichen Liedern jubelnd den Ohren davon Kunde, als die Damen und die drei jungen Männer, die sich von ihrem Lager erhoben hatten, die Gärten betraten. Mit gemächlichen Schritten wanderten sie über den tauglitzernden Rasen von einem Teil der Gärten in den anderen, wanden frische Kränze und verweilten dort lange Zeit.

Nachdem sie dann wie am Vortage noch in der Kühle des Morgens gespeist hatten, legten sie sich nach ein paar Tänzen zur Ruhe nieder, erhoben sich um die Stunde der Nona und trafen auf Wunsch der Königin wieder auf der schattigen Wiese zusammen, wo sie sich im Kreise um sie niederließen.

Die Königin, von schöner Gestalt und gar reizend anzusehen, mit dem Lorbeerkranze gekrönt, sammelte sich ein wenig, blickte ihre Gesellschaft freundlich an und gebot dann Neifile, mit einer Erzählung den Reigen neuer Geschichten zu eröffnen. Neifile begann ohne Ausflüchte sogleich zu sprechen.

ERSTE GESCHICHTE

Martellino gibt sich als Krüppel aus, stellt sich, als sei er auf dem Leichnam des heiligen Heinrich von seinem Leiden geheilt. Als sein Betrug ans Licht kommt, wird er verprügelt und verhaftet und ist in Gefahr, gehängt zu werden, doch gelingt es ihm, im letzten Augenblick davonzukommen.

Liebste Freundinnen, gar oft geschieht es, daß jemand, der versucht, andere Menschen oder gar jene Dinge, denen mit Ehrfurcht zu begegnen ist, zu verspotten, sich selbst mit seinen Schelmenstücken nicht nur zum Spott macht, sondern auch noch den Schaden davonträgt.

Um dem Gebot unserer Königin zu folgen und mit meiner Geschichte zum vorgeschlagenen Thema zu beginnen, will ich euch von einem unserer Mitbürger erzählen, der einmal in böse Not geriet, dann aber, ganz unerwartet, doch noch glücklich davonkam.

Vor noch nicht langer Zeit lebte in Treviso ein Deutscher namens Heinrich, ein armer Teufel, der sich für Geld jedem, der ihn darum ansprach, als Lastträger verdingte. Da er ein frommes, gottgefälliges Leben führte, wurde er von jedermann geachtet. Als er im Sterben lag, begannen – so berichten die Trevisaner –, es mag nun wahr sein oder nicht, in seiner Todesstunde alle Glocken der Hauptkirche von Treviso zu läuten, ohne daß jemand die Stricke zog. Alle Leute glaubten hierin ein Wunder zu erkennen und sagten, daß Heinrich ein Heiliger gewesen sei. Und das Volk aus der Stadt lief zu dem Hause, in dem der Tote lag, trug ihn wie den Leichnam eines Heiligen in den Dom und führte Lahme, Bucklige, Blinde, Kranke und Verwachsene jeder Art zu ihm, damit alle durch die Berührung seines Körpers genesen möchten.

Bei dem großen Durcheinander und dem Volksauflauf kamen zufällig drei Brüder unserer Vaterstadt in Treviso an. Es waren Leute, die von Hof zu Hof zogen, um in Verkleidung mit neuen Verstellungskünsten andere Menschen nachzuahmen und auf diese Weise ihre Zuschauer zu belustigen. Ihre Namen waren Stecchi, Martellino und Marchese. Alle drei waren noch niemals in Treviso gewesen und wunderten sich sehr, die Einwohner dieser Stadt in solcher Bewegung anzutreffen. Als sie den Grund dafür erfuhren, packte sie die Neugier, und sie beschlossen, selber hinzugehen und alles anzuschauen. Sie legten ihre Sachen in einem Gasthof ab, und Marchese sprach: „Wir wollen uns diesen Heiligen einmal näher ansehen, doch weiß ich nicht, wie wir an ihn herankommen sollen. Ich habe gehört, daß der Platz voll ist von Deutschen und von allerlei Landsknechten, die der Herr dieser Stadt dort aufgestellt hat, damit keine Unruhen entstehen. Außerdem wird gesagt, daß die Kirche so voll ist, daß niemand mehr hinein kann."

Martellino, der ebenfalls alles zu sehen wünschte, sprach: „Ach, das schadet nichts. Ich weiß einen guten Grund, um bis zur Leiche des Heiligen durchzukommen."

„Und was für einen Grund weißt du?" fragte ihn Marchese.

„Das will ich dir sagen", antwortete Martellino. „Ich werde mich verstellen, als sei ich gelähmt. Ihr werdet mich stützen, als ob ich nicht alleine gehen könnte, du auf der einen, Stecchi auf der anderen Seite. Und ihr tut so, als ob ihr mich dorthin führtet, damit der Heilige mich heile. Da wird es keinen Menschen geben, der nicht Platz macht, wenn er uns sieht."

Dieser Vorschlag fand bei Marchese und Stecchi großen Beifall. Sie verließen alle drei sogleich den Gasthof, und nachdem sie einen einsamen Platz gefunden hatten, begann Martellino Hände, Finger, Arme und Beine und dazu auch noch Mund, Augen und das ganze Gesicht derart zu verdrehen, daß er einen erbarmungswürdigen Eindruck machte. Es hätte keinen Menschen gegeben, der bei seinem Anblick nicht geschworen hätte, daß der ganze Mann wirklich völlig verwachsen und verkrüppelt sei.

Den also Verstellten faßten nun Marchese und Stecchi unter und brachten ihn mit scheinheiligen Mienen in die Kirche, wobei sie jeden, der ihnen in den Weg kam, demütig und um Christi willen baten, doch Platz zu machen, was auch alle bereitwilligst taten. So gelangten sie in Kürze, von allen gesehen und von allen mit dem Ruf „Macht Platz! Macht Platz!" begleitet, dort an, wo der Körper des heiligen Heinrich aufgebahrt war. Von mitleidigen Menschen, die um die Leiche herumstanden, wurde Martellino sofort ergriffen und auf den Leichnam gehoben, damit er durch diesen die Gnade der Gesundheit erlange. Martellino, den nun alles Volk neugierig anstarrte, um zu sehen, was mit ihm geschähe, blieb eine Weile bewegungslos liegen. Dann begann er, mit größter Kunstfertigkeit vorsichtig einen Finger auszustrecken, danach die Hand, dann den Arm und schließlich seinen ganzen Körper. Als die Leute das sahen, erhob sich ein so großer Tumult zu Ehren des heiligen Heinrich, daß kein Donnerschlag zu hören gewesen wäre.

Zum Unglück befand sich in der Nähe auch ein Florentiner, der Martellino sehr gut kannte, ihn jedoch, als er so verkrüppelt herbeigeführt wurde, für einen Fremden gehalten hatte. Als er ihn aber aufgerichtet vor sich sah, begann er heftig zu lachen und schrie: „So ein Teufelskerl! Wer hätte, als er kam, nicht geglaubt, daß er wirklich verkrüppelt sei!"

Diese Worte hörten ein paar Trevisaner, die ihn sogleich fragten: „Was? War dieser Mann etwa nicht verkrüppelt?" Der Florentiner entgegnete: „Aber nein, bei Gott nicht! Er ist so gerade gewachsen wie wir. Aber wie ihr eben gesehen habt, versteht er es besser als jeder andere, sich mit allerlei Faxen in jede gewünschte Gestalt zu verwandeln!"

Diese Worte genügten den Trevisanern. Sie bahnten sich mit Gewalt einen Weg nach vorne und schrien: „Haltet den Betrüger, der Gott und die Heiligen verhöhnt! Er war gar nicht verkrüppelt. Nur um unseren Heiligen und uns selbst zu verspotten, hat er hier den Krüppel gespielt!" Mit diesen Worten ergriffen sie ihn und zerrten ihn von dem Platz, auf dem er sich befand, herunter. Sie packten ihn an den Haaren, rissen ihm das Zeug vom Leibe und begannen ihn mit Fäusten und Fußtritten zu bearbeiten. Und keiner schien sich für einen braven Kerl zu halten, wenn er nicht dabei mitgetan hätte. Martellino aber schrie: „Gnade, um Gottes willen!" und wehrte sich, so gut er konnte, doch half ihm das nur wenig, und das Getümmel um ihn wurde immer größer.

Als Stecchi und Marchese sahen, was geschah, erkannten sie bald, daß dies ein böses Ende nehmen würde, und da sie um die eigene Haut bangten, wagten sie nicht, ihm beizuspringen, sondern schrien im Gegenteil mit den anderen, daß er sterben solle, obwohl sie dabei überlegten, wie sie ihn den Händen des Volkes entreißen könnten. Dieses Volk hätte ihn sicherlich totgeschlagen, wenn nicht Marchese auf einen Ausweg verfallen wäre, den er sofort ergriff. Er lief, so schnell er konnte, zu dem Oberhaupt der Stadtwachen, die alle hier draußen vertreten waren, und rief: „Um Himmels willen, dort drüben hat ein niederträchtiger Gauner mir meine Börse mit etwa hundert Fiorini gestohlen. Ich bitte Euch, holt ihn, damit ich mein Geld wiederbekomme!"

Auf diese Worte eilten etwa zwölf Schergen sogleich dorthin, wo dem armen Martellino ohne Kamm die Wolle gekämmt wurde. Sie durchbrachen mit brutaler Gewalt das Gedränge, rissen ihn, der ganz zertreten und zerschunden war, aus den Händen des Volkes und führten ihn ins Stadthaus. Doch viele Leute, die sich von ihm verspottet glaubten, gaben ihm selbst dahin das Geleit, und als sie hörten, daß er als Taschendieb verhaftet sei, meinten sie, es ihm nicht besser heimzuzahlen zu können, als daß sie schrien, er habe auch ihnen die Geldbörse gestohlen.

Als der Richter des Stadtvogtes, ein gar strenger Mann, hörte, was es gab, führte er ihn sofort beiseite und begann ihn zu verhören. Da aber Martellino in spöttischem Tone antwortete, als habe diese Festnahme keinerlei Bedeutung, geriet der Richter bald in heftigen Zorn. Er ließ Martellino auf die Folter spannen und ihm ein paar tüchtige Hiebe versetzen, damit er Lust bekäme, alles zu gestehen, was die Leute ihm vorwarfen, und dann gehängt werden könnte.

Als er wieder auf die Beine gestellt wurde, fragte ihn der Richter, ob es wahr sei, was die Leute gegen ihn vorbrächten, und Martellino, der einsah, daß alles Leugnen zwecklos sei, antwortete: „Herr, ich bin bereit, Euch die Wahrheit zu gestehen, doch laßt Euch von jedem, der mich anklagt, sagen, wann und wo ich ihm die Börse gestohlen habe. Dann werde ich Euch sagen, was ich getan habe und was nicht."

Der Richter sprach: „Das soll mir recht sein!" und ließ einige der Leute hereinrufen und befragen. Der eine sagte, daß Martellino ihn vor acht Tagen bestohlen habe, der andere vor sechs, der dritte: vor vier Tagen, und einige behaupteten auch, es sei am heutigen Tage passiert.

Martellino hörte die Anklagen und sagte: „Herr, alle diese Leute lügen aus vollem Halse! Daß ich die Wahrheit spreche, kann ich Euch beweisen, da ich erst vor wenigen Stunden in dieser Stadt angekommen bin, die ich zuvor nie betreten habe und auch niemals hätte betreten sollen. Zu meinem Unheil lief ich mit, um den heiligen Leichnam anzuschauen. Dabei wurde ich so zugerichtet, wie Ihr mich hier seht. Daß alles, was ich sage, wahr ist, wird Euch der Torschreiber, bei dem ein jeder sich melden muß, mit seinem Buch beweisen und ebenfalls mein Wirt. Und wenn Ihr feststellt, daß ich die Wahrheit sprach, bitte ich Euch, mich nicht foltern und hängen zu lassen, wie es die schlechten Menschen da draußen verlangen."

Während Martellinos Angelegenheit sich dieserart entwickelte, hatten Marchese und Stecchi bereits vernommen, was für Anschuldigungen der Amtsrichter gegen Martellino erhoben hatte und daß er ihn sogar hatte foltern lassen. Sie sagten deswegen in großer Besorgnis zueinander: „Da haben wir etwas Schönes angerichtet! Wir haben ihn vom Regen in die Traufe gebracht!" Sie machten sich nun eiligst auf die Suche nach ihrem Wirt und erzählten ihm, als sie ihn gefunden hatten, alles, was sich zugetragen hatte. Dieser führte sie lachend zu einem gewissen Sandro Agolanti, der in Treviso wohnte und bei dem Herrn der Stadt in hoher Gunst stand, berichtete ihm ordnungsgemäß die ganze Geschichte und bat ihn, zusammen mit den beiden anderen, er möge sich doch Martellinos annehmen. Sandro begab sich mit großem Gelächter auch wirklich zu dem Herrn und brachte es zustande, daß sogleich nach Martellino geschickt wurde.

Die nach ihm Ausgesandten fanden ihn noch im Hemd vor dem Richter, doch war Martellino jetzt arg verstört und voller Angst, weil jener kein Wort zu seiner Entschuldigung annehmen wollte, sondern im Gegenteil – zumal er eine persönliche Abneigung gegen alle Florentiner hatte – fest entschlossen war, ihn hängen zu lassen. Er wollte ihn darum auch nicht an den Herrn ausliefern, wurde aber schließlich durch einen Befehl gegen seinen Willen dazu gezwungen.

Als Martellino dann vor den Herrn gebracht war und ihm alles wahrheitsgetreu berichtet hatte, flehte er ihn an, ihm als höchste Gnade freien Abzug zu gestatten, da er, solange er nicht wieder in Florenz sei, immer noch den Strick um den Hals zu spüren meine.

Der Herr brach über dieses Abenteuer in ein ungeheures Gelächter aus, und nachdem er jedem von ihnen ein neues Gewand zum Geschenk gemacht hatte, konnten die drei, die entgegen aller Annahme einer so ernsten Gefahr glücklich entronnen waren, heil und gesund nach Hause zurückkehren.

ZWEITE GESCHICHTE

Rinaldo aus Asti kommt, nachdem er ausgeraubt worden ist, nach Castell Guglielmo, wo eine verwitwete Dame ihn aufnimmt. Nachdem er den erlittenen Schaden ersetzt bekommen hat, kehrt er heil und gesund nach Hause zurück.

Über die von Neifile berichteten Abenteuer des Martellino lachten die Damen herzlich; von den Herren aber ergötzte sich am meisten Filostrato. Da er neben Neifile saß, gebot die Königin ihm, mit dem Erzählen fortzufahren, und er begann unverzüglich.

Ihr Schönen, es reizt mich, euch eine Geschichte zu erzählen, die aus Frömmigkeit, Unglück und Liebe zusammengesetzt ist. Sie anzuhören wird für einen jeden von Nutzen sein; ganz besonders aber für jene Menschen, die das gefahrenreiche Land der Liebe durchwandern, wo jeder, der nicht das Paternoster des heiligen Julian gebetet hat, oft schlecht beherbergt ist, so gut er auch gebettet scheint.

Zur Zeit des Marchese Azzo di Ferrara war einmal ein Kaufmann aus Asti namens Rinaldo in Geschäften nach Bologna gekommen. Als er diese erledigt hatte und nach Hause zurückkehren wollte, begegneten ihm, nachdem er eben Ferrara verlassen hatte und auf Verona zu ritt, einige Leute, die wie Kaufleute aussahen, in Wirklichkeit aber Straßenräuber und Menschen von übelstem Lebenswandel und niedrigster Herkunft waren. Unvorsichtigerweise ließ er sich mit ihnen in Gespräche ein und schloß sich ihnen an. Jene aber sahen sogleich, daß er ein Kaufmann war, und da sie vermuteten, daß er auch Geld bei sich trage, beschlossen sie, ihn bei der ersten besten Gelegenheit auszurauben. Damit er nun keinen Verdacht schöpfen sollte, unterhielten sie sich mit ihm wie ehrbare Leute aus gutem Hause nur über rechtschaffene und ehrbare Dinge und zeigten sich artig und gesittet gegen ihn, so gut sie es konnten und verstanden. Rinaldo hielt daher das Zusammentreffen mit ihnen für einen besonderen Glücksfall, da er nur mit einem berittenen Diener auf der Reise war.

Während sie so zusammen weiterritten, kamen sie im Gespräch von einem Thema zum anderen und unterhielten sich schließlich auch über Gebete, welche die Menschen an Gott richten. Einer der Wegelagerer, die zu dritt waren, fragte Rinaldo: „Nun, edler Freund, welches Gebet pflegt Ihr zu sprechen, wenn Ihr auf Reisen seid?"

Rinaldo entgegnete: „Um die Wahrheit zu sagen, ich bin ein gewöhnlicher Alltagsmensch und kenne nur wenige Gebete. Ich lebe stets im gleichen Trott dahin und lasse oft fünf gerade sein. Trotzdem habe ich immer, wenn ich unterwegs bin, beim Verlassen meiner Herberge ein Paternoster und ein Ave-Maria gebetet für die Seelen der Eltern des heiligen Julian. Danach pflege ich Gott zu bitten, mir auch für die nächste Nacht eine gute Unterkunft zu bescheren. Und wenn ich auch schon oftmals auf meinen Reisen in großer Gefahr gewesen bin, so konnte ich ihr doch stets glücklich entrinnen und habe auch nachts immer einen sicheren Ort und gute Herberge gefunden. Ich glaube daher fest, daß der heilige Julian, zu dem ich bete, mir diese Gnade von Gott erfleht hat, und würde es nicht für möglich halten, daß es mir auch nur einen einzigen Tag und eine Nacht wohl ergehen könnte, wenn ich am Morgen die Gebete nicht zu ihm gesprochen hätte."

Darauf fuhr der Frager fort: „Und heute morgen? Habt Ihr heute morgen die Gebete auch gesprochen?"

Rinaldo antwortete: „Ja, das habe ich." Der andere aber, der schon wußte, was gespielt werden sollte, dachte bei sich: ‚Du wirst es auch nötig haben! Wenn uns nichts dazwischenkommt, wirst du meiner Meinung nach heute nacht recht schlecht schlafen.' Laut aber fuhr er fort: „Auch ich bin viel unterwegs gewesen, doch habe ich nie gebetet, obwohl es mir viele Leute dringend empfohlen haben. Dennoch habe ich noch niemals abends eine schlechte Herberge angetroffen. Nun, heute könnt Ihr einmal feststellen, wer von uns besser übernachten wird, Ihr, der Ihr die Gebete gesprochen habt, oder ich, der es nicht tat. Doch muß ich gestehen, daß ich statt dessen immer das Dirupisti, das Intemerata oder auch das De profundis spreche, die von besonderer Kraft sind, wie meine Großmutter immer sagte."

So sprachen sie, ihrem Wege folgend, über dies und das, indes die drei nur auf Zeit und Ort für ihr schändliches Vorhaben warteten. Als es bereits spät geworden war und sie jenseits des Castells Guglielmo in später Stunde an einem einsamen abgelegenen Platz einen Fluß überschreiten mußten, fielen die drei über Rinaldo her und raubten ihn aus. Danach ließen sie ihn ohne Pferd im bloßen Hemde zurück und riefen ihm im Fortreiten höhnisch zu: „Nun geh und sieh zu, ob dir dein heiliger Julian heute nacht eine ebenso gute Herberge beschaffen kann, wie unser Heiliger es für uns tun wird!" Damit überquerten sie den Fluß und stoben davon.

Der Diener Rinaldos hatte, als er sah, daß sein Herr überfallen wurde, keine Hand zu seiner Rettung gerührt. Dieser Feigling hatte spornstreichs sein Pferd gewendet und war nach Castell Guglielmo zurückgejagt, wo er, als es bereits dunkelte, ankam, ohne sich um seinen Herrn weiter zu bekümmern.

Rinaldo aber war in der bitteren Kälte bei heftigem Schneetreiben im bloßen Hemde barfuß zurückgeblieben und begann, da er sich keinen Rat wußte und die Nacht bereits heraufstieg, zitternd und zähneklappernd Umschau zu halten, ob sich nicht irgendein Unterschlupf biete, wo er die Nacht, ohne zu erfrieren, verbringen könnte. Es fand sich aber nichts, da in der Gegend noch vor kurzem der Krieg getobt hatte und alles niedergebrannt war. So lief Rinaldo, von der Kälte getrieben, eiligst auf Castell Guglielmo zu, ohne freilich zu wissen, ob sein Diener dorthin oder an einen anderen Ort geflohen sei. Doch hoffte er, daß der Herrgott ihm irgendwie weiterhelfen würde, wenn er nur in den Ort hineinkäme. Die finstere Nacht aber holte ihn bereits ein, als er noch mehr als eine Meile vom Burgflecken entfernt war, und so langte er erst so spät dort an, daß er nicht mehr hineinkonnte, weil die Tore bereits geschlossen und die Brücken hochgezogen waren. Traurig und voller Verzweiflung begann er zu weinen und blickte sich nach einem Platz um, auf dem er wenigstens nicht ganz einschneien würde. Dabei fiel sein Blick wie von ungefähr auf ein Haus, das oberhalb der Burgmauer ein wenig vorgebaut war, und er entschloß sich, unter diesen Vorbau zu gehen und dort den Tagesanbruch zu erwarten.

Als er an jenes Haus kam, entdeckte er unter dem Vorbau eine verschlossene Tür, an deren Schwelle er sich bekümmert auf etwas verrottetem Stroh, das er in der Nähe zusammengescharrt hatte, niederkauerte. Dabei beklagte er sich unzählige Male über den heiligen Julian und meinte, daß er dies für den treuen Glauben, den er ihm entgegenbrächte, nicht verdient habe.

Der heilige Julian hatte ihn jedoch nicht vergessen, sondern bescherte ihm unverzüglich eine gute Herberge. Es wohnte nämlich in diesem Orte eine verwitwete Dame, schön wie keine zweite, die der Marchese Azzo wie sein Leben liebte und auf ihren Wunsch hin hier untergebracht hatte. Diese Dame wohnte in ebendem Hause, unter dessen Erker Rinaldo die Nacht verbringen wollte.

Nun war an diesem Tage zufällig der Marchese gekommen, um eine Nacht bei ihr zu verbringen, und hatte sich in ihrem Hause in aller Stille ein Bad und ein fürstliches Mahl bestellt. Als alles fertig war und die Dame nur noch auf die Ankunft des Marchese wartete, kam ein Diener an das Tor und überbrachte dem Marchese Nachrichten, die diesen zu sofortiger Abreise nötigten. So war er, nachdem er der Dame die Botschaft gesandt hatte, sie möge ihn nicht mehr erwarten, sogleich wieder fortgeritten.

Die Dame war nicht wenig verstimmt darüber, und da sie nicht recht wußte, was sie nun beginnen sollte, entschloß sie sich, selbst in das für den Marchese gerichtete Bad zu steigen, dann zu speisen und zur Ruhe zu gehen; und so begab sie sich in das Bad. Dieses befand sich ganz in der Nähe der Tür, hinter der sich der unglückliche Rinaldo auf dem Boden hingekauert hatte, so daß die Dame, als sie im Bade saß, das Stöhnen und Jammern Rinaldos hörte, der vor Frost wie ein Storch klapperte. Sie rief ihre Dienerin herbei und sagte: „Geh hinauf und schaue über die Mauer, wer unten an der Tür ist und was er dort treibt!" Die Magd ging und sah in der klaren Nachtluft Rinaldo im Hemd und barfuß, vor Frost klappernd, wie schon erwähnt, vor der Tür hocken. Sie fragte ihn nach seinem Namen, und Rinaldo, der vor Kälte so zitterte, daß er kaum ein Wort hervorstoßen konnte, sagte ihr kurz, wer er sei und wie und warum er hergekommen. Dann begann er sie flehentlich zu bitten, ihn doch um Gottes willen hier nicht erfrieren zu lassen.

Das Mädchen kehrte voller Mitleid zu ihrer Dame zurück und berichtete ihr alles genau, worauf diese, ebenfalls von Erbarmen gerührt, sich erinnerte, daß sie zu jener Tür einen Schlüssel besaß, da der Marchese hier manchmal heimlich einzutreten liebte. Sie sprach: „Geh leise hinunter und öffne ihm. Hier steht ohnehin ein Mahl bereit, das niemand essen will, und ein Nachtlager können wir ihm auch geben."

Die Magd pries die Menschenfreundlichkeit ihrer Herrin und ging hinunter, um Rinaldo die Tür zu öffnen. Als er hereingeführt wurde und die Dame sah, daß er ganz erstarrt war, sagte sie: „Schnell, guter Mann, steigt in das Bad, es ist noch warm!"

Diesem Vorschlag folgte Rinaldo unverzüglich mit großer Freude, ohne sich nochmals bitten zu lassen, und in der Wärme des Wassers fühlte er bald, daß er vom Tode zum Leben zurückkehrte.

Die Dame ließ ihm darauf Kleider ihres vor kurzem verstorbenen Mannes reichen, die ihm so gut paßten, als seien sie eigens für ihn gemacht. Während er noch auf die weiteren Befehle der Dame wartete, begann er Gott und den heiligen Julian zu preisen, die ihn vor der schrecklichen Nacht, die er voller Grauen erwartet hatte, behütet und ihn in eine – allem Anschein nach – so gute Herberge geführt hatten.

Bald danach trat die Dame, die ein wenig geruht hatte, in eins ihrer Zimmer, in dem ein großes Feuer brannte, und fragte, was aus dem guten Mann geworden sei. Die Dienerin antwortete: „Oh, Madonna, er hat sich angezogen, und er ist ein schöner Mann und scheint gar artig und von feinen Sitten zu sein." – „So geh", sagte die Dame, „rufe ihn her und sage ihm, daß er ans Feuer kommen und zu Abend essen soll. Ich nehme an, daß er noch nichts gegessen hat."

Als Rinaldo ins Zimmer trat und die Dame erblickte, die ihm von hohem Range schien, grüßte er sie ehrerbietig und dankte ihr nach besten Kräften für alle Wohltaten, die sie ihm erwiesen hatte. Die Dame blickte ihn an, und als sie seine Worte vernommen hatte, erkannte sie bald, daß ihre Magd recht gehabt hatte. Sie empfing ihn daher freundlich und bat ihn, vertraulich neben ihr am Feuer Platz zu nehmen, dann fragte sie ihn nach dem Unglück, das ihn hergebracht hatte. Rinaldo berichtete ihr alles der Reihe nach, und da die Dame schon von der Ankunft seines Dieners gehört hatte, glaubte sie ihm aufs Wort. Sie erzählte ihm, was sie über seinen Diener wußte, und meinte, daß er jenen am nächsten Morgen leicht werde auffinden können.

Als das Mahl gerichtet war und beide sich die Hände gewaschen hatten, setzte Rinaldo sich auf Geheiß der Dame mit ihr zum Essen nieder. Er war von hohem Wuchs und schönem, gefälligem Antlitz, hatte die artigsten und zierlichsten Manieren und befand sich in den besten Jahren, so daß die Dame immer öfter ihre Blicke wohlgefällig auf ihm ruhen ließ und seines Lobes voll war. Und da durch die Aussicht, die Nacht mit dem Marchese zu verbringen, das sinnliche Begehren bereits in ihr geweckt war, beriet sie sich, als das Mahl beendet war und beide sich erhoben hatten, mit ihrer Dienerin, ob es nicht ratsam sei, das Glück, das sich hier biete, beim Schopfe zu ergreifen, zumal der Marchese sie heute so enttäuscht habe. Die Dienerin, die das Verlangen ihrer Herrin schnell durchschaute, riet ihr nach Kräften zu, ihrem Wunsche zu folgen.

So kehrte die Dame an das Feuer zurück, an dem sie Rinaldo allein gelassen hatte, blickte ihn gar liebevoll an und sprach: „Nun, Rinaldo, warum so nachdenklich? Glaubt Ihr, daß ein Pferd und ein paar Kleider, die man Euch geraubt hat, nicht zu ersetzen sind? Tröstet Euch und seid vergnügt! Ihr seid hier in Eurem Hause! Ich muß Euch sogar noch mehr sagen: Wenn ich Euch in diesen Kleidern meines verstorbenen Gatten sehe, scheint Ihr mir fast er selbst zu sein. Und mir ist heute abend wohl an die hundertmal die Lust angekommen, Euch zu umarmen und zu küssen. Hätte ich nicht gefürchtet, Euch zu mißfallen, so hätte ich es bestimmt getan!"

Rinaldo, der nicht schwer von Begriff war, ging der Dame, als er diese Worte hörte und das Glitzern ihrer Augen sah, mit offenen Armen entgegen und sprach: „Madonna! Wenn ich bedenke, daß ich es nur Euch verdanke, noch am Leben zu sein, und mich erinnere, aus welcher Lage Ihr mich befreitet, wäre es wohl recht undankbar von mir, wenn ich nicht alles daransetzen wollte, Euch jeden Wunsch zu erfüllen. Folgt Eurem Wunsche, mich zu umarmen und zu küssen. Ich werde Euch nur zu gerne in die Arme nehmen und wiederküssen!"

Hierauf bedurfte es keiner weiteren Worte mehr. Die Dame, in liebendem Verlangen entbrannt, warf sich unverzüglich in seine Arme, und nachdem sie ihn tausendmal voller Sehnsucht an sich gedrückt und geküßt hatte und von ihm wiedergeküßt worden war, erhoben sie sich und gingen in das Schlafgemach. Dort legten sie sich alsbald nieder und stillten, bevor es Tag wurde, vollkommen und viele Male ihr Verlangen.

Als aber die Morgenröte zu schimmern begann, erhoben sie sich auf Wunsch der Dame. Und damit niemand mutmaßen könne, was geschehen war, gab sie ihm ein paar armselige, schlechte Kleidungsstücke, füllte ihm die Taschen mit Geld und bat ihn, über alles Stillschweigen zu bewahren. Nachdem sie ihm noch gezeigt hatte, auf welchem Wege er in den Ort kommen und seinen Diener wiederfinden könne, ließ sie ihn schließlich aus der gleichen Tür wieder hinaus, durch die er hereingekommen war.

Als es heller Tag geworden war und die Tore geöffnet wurden, betrat Rinaldo, der sich den Anschein gab, erst jetzt von weit her zu kommen, den Burgflecken und traf auch alsbald seinen Diener an. Kaum aber hatte er seine noch im Gepäck befindlichen eigenen Kleider wieder angelegt und wollte sich eben auf das Pferd seines Dieners schwingen, so wurden wie durch ein Wunder Gottes die drei Wegelagerer, die ihn am Vorabend überfallen hatten und anderer Untaten wegen bald danach gefangen worden waren, in den Burgflecken eingebracht. Auf ihr Geständnis hin bekam Rinaldo sein Pferd, seine Kleider und sein Geld zurück, so daß ihm nichts weiter verlorenging als ein

Paar Kniebänder, von denen die Wegelagerer nicht wußten, wo sie geblieben waren.

So bestieg Rinaldo, Gott und dem heiligen Julian dankend, sein Pferd und kehrte heil und gesund nach Hause zurück. Die drei Straßenräuber aber baumelten bereits anderntags am Galgen.

DRITTE GESCHICHTE

Drei junge Männer bringen verschwenderisch ihr Vermögen durch und verarmen; einer ihrer Neffen schließt, als er entmutigt nach Hause zurückkehrt, auf der Reise Freundschaft mit einem Abt, in dem er später die Tochter des Königs von England erkennt. Sie nimmt ihn zum Gatten, ersetzt seinen Verwandten alle Verluste und bringt sie wieder in gute Verhältnisse.

Die Erlebnisse Rinaldos aus Asti wurden von den Damen und Herren mit Aufmerksamkeit verfolgt. Man lobte seine Frömmigkeit und dankte Gott und dem heiligen Julian, die ihm in größter Not beigestanden hatten. Und verstohlen wurde zugegeben, daß auch die Dame keineswegs töricht gehandelt habe, wenn sie das Gute zu genießen wagte, das der Herrgott ihr ins Haus gesandt hatte. Und während man noch lächelnd die genußreiche Nacht besprach, die sie auf diese Weise verbringen konnte, überlegte Pampinea, die neben Filostrato saß, bereits im stillen, was sie erzählen wollte, wenn die Reihe, wie anzunehmen, nun an sie käme. Nach der Aufforderung der Königin begann sie dann frisch und fröhlich zu erzählen:

Ihr lieben Mädchen, je mehr über die Launen des Schicksals gesprochen wird, desto mehr bleibt für den, der aufmerksam seine Erfahrungen bedenkt, darüber zu sagen übrig. Und darüber wird sich niemand verwundern können, der verständnisvoll in Betracht zieht, daß alle Dinge, die wir törichterweise die unsrigen nennen, in den Händen Fortunas liegen, die sie in geheimnisvollem Walten nach unerforschten Regeln von einem Menschen zum andern lenkt. Und obwohl sich dies tagtäglich allerorts getreulich wiederholt und schon in mancher Geschichte von uns dargestellt wurde, möchte ich – da es nun einmal der Wunsch unserer Königin ist, darüber zu sprechen – zu den bereits erzählten Begebenheiten noch eine hinzufügen, die nicht nur von Nutzen für die Zuhörer sein kann, sondern ihnen auch Vergnügen bereiten wird.

In unserer Vaterstadt lebte einst der Edelmann Messer Tebaldo. Manche Leute wollten wissen, daß er aus der Familie der Lamberti stamme, andere dagegen behaupteten, er sei aus dem Hause Agolanti, wofür sie vielleicht keinen anderen Grund hatten als das spätere Gewerbe seiner Söhne, welches freilich die Agolanti immer betrieben haben und noch betreiben. Doch lassen wir es dahingestellt sein, aus welchem der beiden Geschlechter er stammte; er war jedenfalls zu seiner Zeit ein außerordentlich begüterter Edelmann und hatte drei Söhne, Lamberto, Tedaldo und Agolante mit Namen. Obwohl der älteste von ihnen noch keine achtzehn Jahre zählte, waren sie doch bereits schöne, stattliche Jünglinge, als der schwerreiche Messer Tebaldo starb und ihnen als seinen rechtmäßigen Erben sein gesamtes Hab und Gut hinterließ. Die Söhne, die sich überreich an Geld und Besitzungen zurückgelassen sahen, begannen alsbald, nur von ihrem Vergnügen geleitet, hemmungslos und unbedenklich das Geld zu verschwenden, hielten eine große Dienerschaft und viele teure Pferde, Hunde und Falken, sie veranstalteten Feste und Turniere, machten verschwenderische Schenkungen und lebten nicht, wie es Edelleuten geziemt, sondern wie ihr jugendliches Verlangen es ihnen eingab.

Diese Art zu leben konnten sie jedoch nicht lange beibehalten, ohne das von ihrem Vater hinterlassene Vermögen schnell zu verringern. Und weil ihre Einkünfte bald nicht mehr ausreichten, den Aufwand zu decken, begannen sie, ihren Grundbesitz zu verpfänden und zu verkaufen. Da sie jedoch heute die eine und morgen die andere Besitzung veräußerten, bemerkten sie erst, als ihnen die Armut ihre vom Reichtum verblendeten Augen öffnete, daß sie dem Nichts gegenüberstanden. Nun rief Lamberto eines Tages seine beiden Brüder zu sich, führte ihnen vor Augen, in welchem Ansehen der Vater und auch sie selbst bisher gestanden hätten und wie groß ihr Reichtum gewesen sei. Dann hielt er ihnen vor, in welche Armut ihre Verschwendungssucht sie geführt habe, und beschwor sie nach Kräften, bevor noch ihr Elend allen offenbar werde, zusammen mit ihm das wenige, was ihnen geblieben, zu verkaufen und fortzugehen.

Und so geschah es denn auch. Ohne Abschied und ohne jedes Aufsehen verließen sie Florenz und begaben sich geradewegs nach England, kauften in London ein kleines Haus, beschränkten jeglichen Aufwand und begannen, Geld auf schweren Wucher auszuleihen. Und bei diesem Geschäft war ihnen das Glück so hold, daß sie in wenigen Jahren wieder zu großem Reichtum gelangten.

Daher kehrte denn einer nach dem andern als wohlhabender Mann nach Florenz zurück, wo sie große Teile ihrer ehemaligen Besitzungen wieder erwarben, noch eine Anzahl neue dazukauften und schließlich heirateten. Weil sie aber ihre Wuchergeschäfte in England auch weiterhin betreiben wollten, sandten sie einen ihrer Neffen namens Alessandro zur Wahrung ihrer Interessen nach London, sie selber aber blieben in Florenz.

Ohne zu bedenken, in welch elende Lage sie schon einmal durch ihre maßlose Verschwendungssucht geraten waren, verpraßten sie, ohne Rücksicht darauf, daß sie jetzt Familie hatten, in noch übermäßigerer Weise als zuvor das Ihre, zumal sie bei allen Kaufleuten den größten Kredit über jede gewünschte Summe Geld erhielten.

Eine Zeitlang half ihnen zur Bezahlung ihres Aufwandes das von Alessandro gesandte Geld. Dieser lieh in England große Beträge an den Adel aus, der das Geld in seine Schlösser und Liegenschaften steckte und es ihm auf lange Sicht gut verzinste. Nun aber brach, während die drei Brüder alles sinnlos verschwendeten und in fester Hoffnung auf die Eingänge aus England noch Geld dazuliehen, wenn es ihnen ausgegangen war, entgegen jeder Voraussicht in England zwischen dem König und seinem Sohn ein Krieg aus, der die ganze Insel spaltete, da ein Teil der Bevölkerung es mit dem Vater, der andere es mit dem Sohne hielt.

Auf diese Weise verlor Alessandro alle Einkünfte aus den Schlössern des Adels, und keine anderen Eingänge vermochten diesen Verlust auszugleichen. Da man aber von einem Tag zum andern hoffte, daß Vater und Sohn wieder Frieden schließen und Alessandro dann alle Ausfälle an

Zinsen und Kapital zurückerhalten würde, verließ er die Insel nicht. Die drei Brüder aber, die in Florenz ihre ungeheuren Aufwendungen in keiner Weise einschränkten, gerieten von Tag zu Tag tiefer in Schulden. Als endlich nach mehreren Jahren jegliche Hoffnung auf Erfolg erlosch, verloren die drei Brüder nicht nur jeglichen Kredit, sondern wurden, da ihre Besitzungen zur Deckung ihrer Schulden nicht mehr ausreichten, obendrein ins Gefängnis geworfen. Ihre Frauen und kleinen Kinder aber irrten in den erbärmlichsten Lumpen im Lande umher, ohne irgend etwas anderes als ein elendes Leben für die Zukunft zu erhoffen.

Alessandro, der in England mehrere Jahre lang vergeblich gewartet hatte, sah schließlich ein, daß es nicht zum Frieden käme, und da es ihm nicht weniger gefährlich als nutzlos erschien, noch länger auszuhalten, beschloß er, nach Italien zurückzukehren, und er machte sich mutterseelenallein auf die Heimreise. Als er eben die Stadt Brügge hinter sich gelassen hatte, bemerkte er, daß auch ein Abt im weißen Ordensgewand, von vielen Mönchen begleitet, mit zahlreicher Dienerschaft und großem Gepäck aus Brügge fortritt. Die Nachhut des Zuges bildeten zwei ältere Ritter, Verwandte des Königs, die Alessandro als Bekannten freundlich empfingen, als er sich zu ihnen gesellte. Während er nun mit ihnen weiterritt, fragte er sie in bescheidenem Ton, wer die Mönche wären, die ihnen mit soviel Dienerschaft voranritten, und wohin sie des Weges zögen. Einer der Kavaliere antwortete: „Der erste Reiter vorn ist ein junger Verwandter von uns. Er wurde vor kurzem von einem der reichsten englischen Mönchsorden zum Abt erwählt. Da er aber noch zu jung ist und dem Gesetze nach solche Würde noch nicht annehmen darf, ziehen wir mit ihm nach Rom, um vom Heiligen Vater Dispens für seine große Jugend und die Bestätigung seiner Würde einzuholen. Doch sind diese Dinge nicht für jedermanns Ohren bestimmt!"

Unterdessen ritt der junge Abt bald vor und bald neben seiner Dienerschaft, wie wir das bei vornehmen Herren auf Reisen täglich beobachten können. Dabei fiel sein Auge einmal wie von ungefähr auf Alessandro, der, schön von Antlitz und Gestalt, ein junger Mann von feinem Betragen und besten Manieren war und dem Abt auf den ersten Blick besser gefiel als je zuvor ein anderer Mann. Er rief ihn daher zu sich, begann sich freundlich mit ihm zu unterhalten und fragte ihn, wer er sei und nach seinem Woher und Wohin. Alessandro beantwortete ihm mit einer offenen Darlegung seiner Verhältnisse alle Fragen und stellte sich, so gering auch seine Hilfe sein könnte, dem Abt voll und ganz zur Verfügung. Dieser hörte seinen artigen, verständigen Reden zu, beobachtete genau sein Betragen, fand mehr und mehr Gefallen an ihm und dachte bei sich, daß dieser Mann, wenn er auch nur ein untergeordnetes Gewerbe treibe, doch ein Edelmann sein müsse. Da er außerdem wegen der erlittenen Verluste großes Mitleid mit Alessandro hatte, tröstete er ihn freundlich und bat ihn, den Mut nicht zu verlieren. Wenn er ein guter Mensch sei, würde Gott ihn eines Tages wieder auf den Platz zurückführen, von dem das Unglück ihn verjagt habe, ja vielleicht auf einen noch angeseheneren. Danach bat er Alessandro, in seiner Begleitung die Reise fortzusetzen, wenn er ebenfalls in die Toscana wolle, da er selbst dieses Reiseziel habe. Alessandro dankte ihm für den tröstlichen Zuspruch und beteuerte nochmals, daß er bereit sei, jedem seiner Befehle zu gehorchen.

Der Abt, in dessen Seele beim Anblick Alessandros neue Empfindungen erwacht waren, setzte darauf seine Reise fort. Wenig später kam die Gesellschaft in einem Dorf an, das mit Herbergen nicht gerade reich gesegnet war. Der Abt aber wünschte, hier zu übernachten, und so brachte Alessandro ihn im Hause eines Gastwirtes unter, mit dem er bekannt war. Er ließ ihm in jenem Teil des Hauses, den er für den besten hielt, ein Zimmer richten und brachte dann, da er ohnehin schon so etwas wie der Haushofmeister des Abtes geworden war und sich auf alles bestens verstand, auch die gesamte Dienerschaft hier und dort, so gut es eben möglich war, im Dorfe unter.

Als der Abt zu Abend gespeist hatte und es schon recht spät geworden und alles zur Ruhe gegangen war, fragte Alessandro den Wirt, wo er selber denn schlafen könne. Der Wirt erwiderte: „Bei Gott, das weiß ich auch nicht! Du siehst, jeder Platz ist besetzt, ich selbst muß mit meiner Familie schon auf den Bänken schlafen. – Im Zimmer des Abtes stehen allerdings einige Kornkisten... Ich könnte ein paar Matratzen darauflegen und dich dort unterbringen. Wenn du willst, könntest du dort, so gut es geht, die Nacht verbringen."

„Wie könnte ich in das Zimmer des Abtes gehen!" rief Alessandro. „Du weißt doch, es ist so klein, daß der Enge wegen keiner seiner Mönche bei ihm schlafen konnte! – Hätte ich das gewußt, bevor die Vorhänge zugezogen wurden, so hätte ich ein paar von seinen Mönchen auf den Kornladen schlafen lassen, ich selbst aber wäre dahin gegangen, wo jene untergebracht sind." – „Jetzt ist nichts mehr daran zu ändern", sagte der Wirt, „und wenn du willst, kannst du dort besser als auf jedem anderen Platz ruhen. Der Abt schläft, und die Vorhänge sind zugezogen. Ich werde ganz leise eine Matratze für dich hinbringen, und dann schläfst du dort." Als Alessandro sah, daß es sich einrichten ließ, ohne daß der Abt gestört wurde, willigte er ein und legte sich so geräuschlos wie möglich nieder.

Der Abt aber schlief noch nicht, sondern hatte inzwischen ernsthaft über seine neuen Gefühle nachgedacht. Er hatte alles, was der Wirt mit Alessandro besprach, vernommen und hörte auch, wie dieser sich zur Ruhe begab. Mit solchem Gang der Dinge außerordentlich zufrieden, dachte er bei sich: ‚Gott hat mir die Möglichkeit gesandt, mein Verlangen zu stillen. Wenn ich diese Gelegenheit nicht ausnutze, wird sich bestimmt nie eine ähnliche bieten.' Fest entschlossen, sie zu nutzen, rief er, als im Hause alles zu schlafen schien, Alessandro mit verhaltener Stimme und bat ihn, sich bei ihm niederzulegen. Nach allerlei Ausflüchten entkleidete sich dieser und tat, wie ihm geheißen.

Der Abt legte ihm sogleich die Hand auf die Brust und begann ihn so zärtlich zu liebkosen, wie verliebte Mädchen es wohl mit ihren Liebsten tun. Schon begann Alessandro voller Betroffenheit zu argwöhnen, daß der Abt sich am Ende von unerlaubten Gelüsten hinreißen lasse, ihn auf solche Art zu berühren. Der Abt erkannte diesen Verdacht, sei es nun aus eigener Vermutung oder aus irgendeiner Bewegung Alessandros, und ergriff lächelnd, nachdem er sich schnell das Hemd, das er noch trug, abgezogen hatte, die Hand Alessandros, legte sie sich auf die Brust und sagte: „Alessandro, befreie dich von törichtem Argwohn. Wenn du hier ein wenig suchst, wirst du erkennen, was ich versteckt habe." Alessandro verspürte nun auf der Brust des

Abtes zwei runde, feste, zierliche Hügelchen wie von Elfenbein und begann nach dieser Entdeckung, in der jähen Erkenntnis, daß der Abt ein Mädchen war, ohne noch eine weitere Einladung abzuwarten, sie zu umarmen. Als er jedoch Miene machte, sie zu küssen, sagte sie zu ihm: „Bevor du dich mir näherst, höre, was ich dir sagen will. Wie du nun erkannt hast, bin ich ein Mädchen und kein Mann. Ich habe als Jungfrau das Haus meines Vaters verlassen und befinde mich auf dem Wege zum Papst, der mich vermählen soll. Zu deinem Glück und meinem Unstern aber hat Amor, als ich dich vor Tagen zum erstenmal sah, mich so heiß für dich entflammt wie noch nie ein Weib für einen Mann. Darum bin ich fest entschlossen, nur dich und keinen anderen Mann zu heiraten. Willst du mich aber nicht zu deiner Gattin machen, so verlasse mich augenblicklich und kehre auf deinen Schlafplatz zurück." Wenn nun auch Alessandro sie nicht kannte, glaubte er doch mit Rücksicht auf die Reisebegleitung, die sie um sich hatte, annehmen zu können, daß sie vornehm und vermögend sei. Da er zudem noch ihre große Schönheit vor Augen hatte, antwortete er ohne Nachdenken, daß er mit allem, was sie wünsche, von Herzen einverstanden sei. Darauf setzte sie sich im Bette auf, steckte ihm vor einem Bilde des Heilands einen Ring an den Finger und gebot ihm, sich hier mit ihr zu verloben. Dann umarmten sie sich und verbrachten den Rest der Nacht auf die süßeste Weise miteinander.

Als der Tag anbrach und sie die Art und Weise ihres ferneren Verhaltens genau vereinbart hatten, erhob sich Alessandro und verließ das Zimmer, so wie er hereingekommen war, und niemand erfuhr, wo er die Nacht geschlafen hatte. Über alle Maßen beglückt, machte er sich dann mit dem Abt und seiner Begleitung auf die Weiterreise und erreichte nach mehreren Tagen Rom.

Nach einer kurzen Ruhepause begab sich der Abt mit den beiden Edelleuten und Alessandro zum Papst und begann, nachdem er jenem die schuldige Ehrerbietung bezeigt hatte, zu sprechen: „Heiliger Vater, Ihr wißt besser als jeder andere, daß alle Menschen, die gewillt sind, ehrbar und anständig zu leben, alles vermeiden müssen, was sie zu anderem Betragen veranlassen könnte. Damit ich meinen festen Entschluß, in Sittsamkeit und Anstand mein Leben zu verbringen, voll und ganz verwirklichen kann, habe ich mich in dem Gewande, in dem ich vor Euch stehe, auf den Weg gemacht, nachdem ich mit einem großen Teil der Schätze meines Vaters, des Königs von England, geflohen bin. Dieser wollte mich, so jung wie Ihr mich hier seht, dem König von Schottland, einem uralten Manne, zur Frau geben. Ich aber bin gekommen, damit Eure Heiligkeit mir einen Gatten gäbe. Mich hat nicht so sehr das Alter des Königs von Schottland zur Flucht bewogen als vielmehr die Furcht, daß ich als seine Gemahlin, der Schwäche meiner Jugend gehorchend, etwas tun könnte, was gegen die göttlichen Gesetze und gegen die Ehre des königlichen Blutes meines Vaters verstieße. Während ich nun in solchem Entschlusse hierherreiste, führte mir Gott, der am besten weiß, was jedem Menschen frommt, aus Barmherzigkeit den Mann zu, der, wie ich glaube, nach seinem Willen mein Gatte werden soll." Und auf Alessandro zeigend, fügte sie hinzu: „Es ist dieser Jüngling, den Ihr hier an meiner Seite seht. Und wenn auch vielleicht der Adel seines Blutes nicht dem des königlichen ebenbürtig ist, so sind doch sein Anstand und seine Tugenden durchaus einer Dame von hoher Geburt würdig. Ich habe ihn deshalb erkoren und begehre ihn zum Gatten. Einen anderen werde ich niemals nehmen, was auch mein Vater und die übrigen Menschen darüber denken mögen. – Obwohl damit der Hauptgrund, um den ich mich auf den Weg machte, fortfällt, habe ich meine Reise doch zu Ende geführt, um die heiligen, ehrwürdigen Stätten zu besichtigen, an denen Rom so reich ist, und um Eure Heiligkeit zu sehen. Auch möchte ich das Ehebündnis, das Alessandro und ich bisher allein vor Gottes Angesicht geschlossen haben, offen vor Euch und der ganzen Welt bekennen. So bitte ich Euch in Demut, daß auch vor Euren Augen Gnade finden möge, was Gott und mir gefiel, und daß Ihr uns Euren Segen zuteil werden laßt, damit wir der Billigung dessen, den Ihr auf Erden vertretet, um so sicherer sind und zu Seiner und Eurer Ehre miteinander leben und dereinst auch sterben können."

Voller Erstaunen vernahm Alessandro, daß seine Gattin die Tochter des englischen Königs sei, doch erfreute ihn diese Tatsache im geheimen außerordentlich. Die zwei Kavaliere allerdings waren über diese Entwicklung im höchsten Maße verstimmt und erregten sich derart, daß sie sowohl Alessandro als auch der Dame übel mitgespielt haben würden, hätten sie sich nicht gerade vor dem Angesicht des Papstes befunden. Auch der Papst seinerseits war sowohl über die Verkleidung der Dame als auch über ihre Wahl recht verwundert. Da er aber erkannte, daß das Geschehene sich nicht mehr ändern ließ, war er geneigt, ihrer Bitte zu willfahren. Er besänftigte zunächst die beiden Kavaliere, deren Zorn er wohl bemerkt hatte, und versöhnte sie schließlich wieder mit der Dame und Alessandro. Danach traf er für alles, was geschehen sollte, seine Verfügungen.

Als der von ihm bestimmte Tag herangekommen war, stellte er den auf seine Einladung zu einem glanzvollen Fest erschienenen Kardinälen und zahlreichen anderen Großen die königlich geschmückte Prinzessin vor, deren Schönheit und Anmut mit Recht von allen Anwesenden gepriesen wurde. Doch auch der vornehm gekleidete Alessandro hatte in Erscheinung und Betragen nichts mehr von einem Manne an sich, der Geld auf Wucher verliehen hatte, sondern glich vielmehr einem königlichen Prinzen, so daß sogar die beiden Ritter ihm Anerkennung zollten. Der Papst ließ nun die Eheschließung feierlich verkünden und entließ, nachdem die Hochzeit in Glanz und Pracht gefeiert worden war, das Paar mit seinem Segen.

Alessandro und seine Gattin beschlossen, als sie aus Rom abreisten, sich nach Florenz zu begeben, wo die Fama bereits die Geschichte ihrer Vermählung verbreitet hatte. Sie wurden daher von den Einwohnern der Stadt Florenz gar ehrenvoll empfangen. Die Prinzessin ließ, nachdem sie alle Gläubiger befriedigt hatte, die drei Brüder aus dem Gefängnis befreien und setzte diese und ihre Frauen in alle ihre Besitzungen wieder ein. Danach verließen Alessandro und seine Gattin, begleitet von dem Wohlwollen der ganzen Familie, Florenz und nahmen Agolante mit sich. In Paris angekommen, wurden sie vom König prunkvoll empfangen. Von Paris aus kehrten die beiden Ritter nach England zurück und veranlaßten schließlich den König, daß er die Prinzessin wieder in Gnaden aufnahm, und er empfing sie und seinen Schwiegersohn mit großer Freude. Alessandro wurde bald darauf mit allen Ehren zum Ritter geschlagen und erhielt die Grafschaft Cornwall als Geschenk. Nun setzte er alles daran und ruhte nicht eher, bis er den König mit seinem Sohn wieder ausgesöhnt hatte, was sich für die ganze Insel bald als ein großer Segen erwies. So gewann er sich die Liebe und den Dank aller Einwohner des Landes, und Agolante konnte bald danach alles, was die Brüder zu beanspruchen hatten, in Empfang nehmen. Er kehrte überreich nach Florenz zurück, nachdem der Graf Alessandro ihn in den Ritterstand erhoben hatte.

Der Graf lebte fortan mit seiner Gemahlin in hohem Ansehen und eroberte, wie erzählt wird, durch seinen Mut und seinen Verstand mit Hilfe seines Schwiegervaters später Schottland, wo er zum König gekrönt wurde.

VIERTE GESCHICHTE

Der verarmte Landolfo Rufolo wird Seeräuber. Von Genuesern gefangen, erleidet er Schiffbruch, entgeht aber auf einer Kiste, die mit kostbaren Edelsteinen gefüllt ist, dem Tode, wird in Korfu von einer armen Frau aufgenommen und kehrt als reicher Mann nach Hause zurück.

Laurette, die an der Seite Pampineas saß, begann, als sie merkte, daß diese am rühmlichen Ende ihrer Geschichte angelangt war, sogleich auf folgende Weise ihre Erzählung:

Ihr reizenden Mädchen, nach meinem Dafürhalten kann die Gunst Fortunas nirgends deutlicher sichtbar werden, als wenn jemand aus niederer Armut in den Rang eines Königs erhoben wird, wie es in Pampineas Geschichte dem Alessandro geschah. Weil nun ein jeder, was er auch immer über das aufgegebene Thema noch erzählen mag, sich in dessen Grenzen halten muß, will ich mich nicht schämen, eine Geschichte vorzutragen, die zwar von noch größerem Mißgeschick berichtet, aber trotzdem keinen so großartigen Abschluß findet. Ich weiß, daß meine Geschichte, wenn es nur nach dem Ausgang ginge, mit wenig Aufmerksamkeit angehört würde, da ich indes nichts Besseres zu erzählen habe, mag man es mir verzeihen.

Als eine der reizvollsten Gegenden Italiens gilt allgemein jener Küstenstrich zwischen Reggio und Gaeta, der sich in der Nähe Salernos hoch übers Meer erhebt und von den Einwohnern die Küste von Amalfi genannt wird. Sie ist übersät mit kleinen Städten, Gärten und Springbrunnen und dicht besiedelt von geschickten Handelsherren und anderen reichen Leuten. Zu diesen kleinen Städten gehört auch eine mit Namen Ravello, in der einst, wiewohl es auch heute noch reiche Leute dort gibt, ein steinreicher Mann lebte, der Landolfo Rufolo hieß. Da er es sich aber an seinem Reichtum nicht genug sein ließ und er ihn noch zu verdoppeln trachtete, war er eines Tages nicht weit davon entfernt, mit all seinen Schätzen das Leben einzubüßen.

Dieser Mann kaufte, nachdem er – wie Handelsherren es zu tun pflegen – seine Kalkulationen aufgestellt hatte, ein riesiges Schiff, befrachtete es auf eigene Rechnung mit den verschiedensten Waren und fuhr damit nach Zypern. Hier traf er viele andere Schiffe an, die mit denselben Waren herübergekommen waren. So sah er sich nicht nur gezwungen, die hergebrachte Ladung billig abzugeben, sondern mußte sie, wenn er sie überhaupt loswerden wollte, geradezu verschleudern, was ihn an den Rand des Ruins brachte. Die Tatsache, im Handumdrehen vom schwerreichen Manne fast zum Bettler geworden zu sein, bekümmerte ihn sehr. Da er nun keinen Ausweg sah, beschloß er, entweder zu sterben oder durch Raub seine Verluste wieder wettzumachen, denn er war nicht gewillt, als armer Teufel nach Ravello zurückzukehren, von wo er als reicher Mann fortgegangen war.

Nachdem er einen Käufer für sein großes Schiff gefunden hatte, kaufte er sich von diesem Geld und dem Erlös seiner Waren ein kleines, wendiges Kaperschiff, rüstete es mit allen für dieses Gewerbe notwendigen Dingen auf das beste aus und begann dann, sich an fremdem Eigentum, und mit besonderer Vorliebe an türkischem, zu bereichern. Bei diesem Unternehmen war ihm das Glück weit günstiger als bei seinen Handelsgeschäften, und in etwa einem Jahr beraubte und kaperte er so viele Türkenschiffe, daß er nicht nur alles, was er an seinen Waren verloren hatte, wiedergewann, sondern es noch um ein vielfaches vermehren konnte. Genügend gestraft durch den ersten schmerzlichen Verlust, erkannte er nun, daß er ausreichende Beute gemacht hatte, und beschloß, um nicht einen zweiten Reinfall zu erleben, nicht noch mehr zu begehren, sondern sich mit seinen Schätzen zu begnügen und mit ihnen nach Hause zurückzukehren. Da er vor jeglichem Handel große Scheu bekommen hatte, brachte er es nicht über sich, das Geld wieder in irgendwelchen Waren anzulegen. Er ließ sich daher mit dem leichten Schiffchen, mit dem er alles erbeutet hatte, heimwärts rudern. Als Landolfo bereits den Archipel erreicht hatte, erhob sich abends ein ungestümer Schirokko, der nicht nur seiner Fahrtrichtung entgegenstand, sondern das ganze Meer aufwühlte. Da das leichte Boot dem Sturm nicht gewachsen war, zog Landolfo sich in eine kleine Inselbucht zurück, wo er günstigeres Wetter abwarten wollte.

Kurz nach ihm retteten sich zwei große genuesische Handelskoggen, die aus Konstantinopel heimkehrten, mit großer Mühe ebenfalls in diese Bucht, um der Gefahr zu entgehen, vor der auch Landolfo geflohen war. Als die Schiffsbesatzungen, nachdem sie das Kaperschiffchen gesehen und ihm den Weg zur Flucht versperrt hatten, in Erfahrung brachten, daß es einem Manne gehörte, der in dem Ruf unerhörten Reichtums stand, beschlossen sie, blutgierig und räuberisch, wie sie waren, das Schiff zu kapern. Sie setzten daher einen Teil ihrer Mannschaft, mit Armbrüsten ausgerüstet und wohlbewaffnet, ans Land und verteilten die Leute so, daß keine Menschenseele das Schiffchen verlassen konnte, ohne von Pfeilen durchbohrt zu werden. Sie aber ließen sich von kleinen Booten heranziehen und näherten sich, vom Meere hilfreich herangetragen, dem Schiffe Landolfos, das sie nach kurzer Zeit mit allen Galeerensklaven kaperten, ohne den Verlust eines einzigen Mannes, mit geringer Mühe und ohne selber in Gefahr zu kommen. Nachdem sie Landolfo, dem sie nichts als ein armseliges Wams gelassen, auf eine der beiden Koggen geschleppt hatten, raubten sie sein Schiff gänzlich aus und versenkten es.

Am folgenden Tag setzten die Koggen gegen Abend Segel, als der Wind gedreht hatte, und konnten den ganzen Tag über ihre Reise wunschgemäß fortsetzen. Im Laufe der Nacht aber erhob sich ein heftiger Sturm, der das Meer hoch aufpeitschte und die beiden Koggen voneinander trennte.

Das Schiff, auf dem sich der unglückliche Landolfo befand, wurde von der Gewalt des Sturmes oberhalb der Insel Kefalonia mit aller Wucht auf eine Sandbank geworfen, wo es zerbarst und zerschellte wie ein Stück Glas, das gegen eine Mauer geworfen wird. Wie es bei solchen Ereignissen zu geschehen pflegt, war alsbald das Meer ringsum mit schwimmenden Waren, Kisten und Brettern übersät, und obwohl es rabenschwarze Nacht war und das Meer stürmisch und zornig tobte, schwamm, wer schwimmen konnte. Die armen Menschen, die sich an Bord befunden hatten, versuchten sich an alles anzuklammern, was zufällig vor ihnen auftauchte. Unter den Schiffbrüchigen befand sich auch der unglückliche Landolfo; doch obwohl er am Vortage oft seinen Tod herbeigesehnt hatte, weil er lieber sterben als so arm, wie er nun war, nach Hause zurückkehren wollte, wurde er, als er den Tod so nahe vor sich sah, von Angst gepackt und klammerte sich wie alle anderen an ein Brett, das ihm unter die Hände gekommen war. Er hoffte, daß Gott ihm, wenn er sich selbst eine Weile vor dem Ertrinken hütete, seine Hilfe nicht versagen und ihm das Leben schenken würde. Er ritt deshalb, so gut er es vermochte, auf seinem Brett, und obwohl er sich bald hier, bald da von Wind und Wetter verschlungen sah, gelang es ihm, sich oben zu halten, bis es hell wurde.

Als es Tag geworden war und Landolfo sich umschaute, sah er weit und breit nichts anderes als Wolken und Wasser und in seiner Nähe eine Kiste, die ihm zu seinem größten Entsetzen oft gefährlich nahe kam. Da er fürchtete, diese Kiste könne ihm einen Stoß versetzen, der ihm übel bekommen möchte, hielt er sie sich jedesmal, wenn sie herankam, so gut seine geschwächten Kräfte es vermochten, mit der Hand vom Leibe. Dennoch passierte es, daß ein plötzlich durch die Luft brausender, aufs Meer herniederstoßender Wirbelwind der Kiste einen so heftigen Stoß versetzte, daß sie gegen das Brett prallte, auf dem Landolfo hockte, der durch den Anprall heruntergestoßen wurde, es fahrenlassen mußte und in den Fluten versank. Als er schwimmend wieder auftauchte, mehr von Angst als von Kraft emporgetragen, sah er das Brett schon weit entfernt im Wasser schwimmen. Aus Angst, es nicht mehr einzuholen, näherte er sich der Kiste, die sich noch in seiner Nähe befand, schob sich mit dem Bauch auf ihren Deckel und versuchte, soweit er dazu imstande war, sie mit den Armen zu lenken. Auf solche Weise, vom Meer bald hierhin, bald dorthin getrieben, verbrachte er den ganzen Tag und noch die folgende Nacht, ohne einen Bissen zu essen, weil er nichts bei sich hatte, dafür aber mit mehr Getränk, als ihm lieb war. Auch wußte er nicht, wo er sich befand, und sah nichts anderes als Wasser, wohin er auch blickte.

Am nächsten Tage endlich wurde Landolfo, der einem durchweichten Schwamm glich und beide Hände krampfhaft um die Ecken der Kiste gekrallt hatte – wie Ertrinkende es zu tun pflegen, wenn sie sich noch irgendwo anklammern können –, entweder durch Gottes Erbarmen oder durch die Kraft des Windes auf der Insel Korfu an Land getrieben, wo zufällig ein armes Weib sein Küchengeschirr mit Sand und Salzwasser wusch und blankscheuerte. Als diese ihn herantreiben sah, ohne eine menschliche Gestalt in ihm erkennen zu können, lief sie vor Furcht schreiend davon. Er aber war weder imstande, ein Wort hervorzubringen noch die Augen aufzumachen, und gab daher keinen Ton von sich. Schließlich aber, als das Meer ihn näher herantrieb, erkannte die Frau, daß es eine Kiste war, und entdeckte bei genauerem Hinsehen als erstes die um diese Kiste geklammerten Arme und sodann ein menschliches Antlitz und erkannte alsbald, was hier geschehen war.

Vom Mitleid ergriffen, watete sie ein Stück ins Meer hinein, das nun wieder ruhig war, ergriff Landolfo bei den Haaren und zog ihn mit allem Drum und Dran auf den Strand. Dort löste sie mit Mühe die verkrampften Hände von der Kiste, lud diese einer ihrer Töchter, die bei ihr war, aufs Haupt und trug Landolfo wie einen kleinen Buben ins Dorf. Zu Hause setzte sie ihn in ein warmes Bad, rieb und wusch ihn so lange mit heißem Wasser, bis die verlorene Wärme in seinen Körper zurückkehrte und mit ihr auch ein wenig von der verlorenen Kraft.

Als es ihr an der Zeit schien, hob sie ihn aus dem Bade, stärkte ihn mit gutem Wein und Kuchen und pflegte ihn ein paar Tage, so gut es ihr möglich war, bis er schließlich, mit Rückkehr seiner Kräfte, wieder zu klarer Besinnung kam. Die brave Frau hielt es nun für ihre Pflicht, ihm die Kiste, der er sein Leben verdankte, auszuhändigen und ihm den

Rat zu geben, nun sein Glück weiter zu versuchen, was sie auch alsbald tat.

Landolfo erinnerte sich an keine Kiste, nahm sie aber, als die gute Frau sie ihm brachte, in der Hoffnung entgegen, sie möchte vielleicht so viel Wert haben, daß er einige Tage seinen Unterhalt davon bestreiten könnte. Das leichte Gewicht der Kiste verringerte jedoch diese Hoffnung erheblich. Trotzdem brach er sie eines Tages auf, als die gute Frau nicht zu Hause war, um zu sehen, was sie enthielt. Er fand in der Kiste eine Menge kostbarer Edelsteine, gefaßte und ungefaßte, deren hohen Wert er einigermaßen abzuschätzen verstand. Beim Anblick der wertvollen Steine dankte er Gott, daß er ihn doch nicht ganz verlassen hatte, und faßte neuen Mut. Weil ihm jedoch das Schicksal in kurzer Frist zweimal recht übel mitgespielt hatte, fürchtete er sich vor dem dritten Mal und hielt ganz besondere Vorsicht für nötig, um diese Schätze sicher nach Hause zu bringen. Er wickelte sie darum, so gut es gehen wollte, in Lumpen, sagte zu der Frau, daß er die Kiste nicht mehr gebrauchen könne und daß sie ihm, wenn sie wolle, einen Sack dagegen eintauschen möchte; wozu sie sogleich bereit war.

Dann nahm er, nachdem er seiner Retterin für alle erwiesenen Wohltaten herzlich gedankt und sich von ihr verabschiedet hatte, seinen Sack auf den Rücken und bestieg ein Schiff, das ihn nach Brindisi brachte. Von hier wanderte er immer an der Küste entlang nach Trani, wo er auf einige Tuchhändler stieß, die seine Mitbürger waren. Als er ihnen alle seine Abenteuer erzählt, den Inhalt der Kiste aber wohlweislich verschwiegen hatte, kleideten sie ihn aus Barmherzigkeit neu ein, liehen ihm ein Pferd und gaben ihm das Geleit bis nach Ravello, wohin er schnellstens zurückkehren wollte.

Hier endlich glaubte er sich in Sicherheit, dankte dem Herrgott, der ihn hergebracht hatte, und öffnete sein Säckchen, um alles genauer als das erstemal zu untersuchen. Dabei stellte er fest, im Besitze so vieler wertvoller Edelsteine zu sein, daß er – nach einem Verkauf zu angemessenem Preise und selbst nach einem solchen unter Wert – doppelt so reich war wie bei seiner Abreise.

Als er eine Möglichkeit, die Steine zu veräußern, gefunden hatte, sandte er der braven Frau in Korfu, die ihn aus dem Meere gezogen hatte, eine hübsche Summe Geld als Dank für die erwiesenen Wohltaten und ebenso den Kaufleuten in Trani, die ihn neu eingekleidet hatten.

Den Rest aber behielt er für sich und lebte fortan, ohne weiterhin Handel zu treiben, von allen geachtet, rechtschaffen bis an sein Ende.

FÜNFTE GESCHICHTE

Andreuccio aus Perugia, der nach Neapel gekommen ist, um Pferde zu kaufen, wird in einer Nacht von drei schweren Unglücksfällen betroffen. Er entkommt glücklich allen dreien und kehrt mit einem Rubin nach Hause zurück.

Die von Landolfo gefundenen Edelsteine – begann Fiammetta, die jetzt an der Reihe war zu erzählen – haben mich an eine Geschichte erinnert, die nicht geringere Gefahren schildert als Laurettas Erzählung, sich aber dadurch von jener unterscheidet, daß ihre Unglücksfälle nicht, wie dort, im Laufe mehrerer Jahre, sondern alle in einer einzigen Nacht eintreten, wie ihr sogleich hören sollt. – Wie mir erzählt wurde, lebte einmal in Perugia ein junger Pferdehändler mit Namen Andreuccio di Pietro, der auf die Nachricht, daß in Neapel ein guter Pferdemarkt sei, fünfhundert Fiorini in den Beutel steckte und sich, obwohl er noch nie von Hause fort gewesen war, mit andern Kaufleuten nach Neapel aufmachte. Eines Sonntags in später Nachmittagsstunde langte er dort an und ging, von seinem Wirt wohl beraten, am folgenden Morgen auf den Markt, wo er viele Pferde sah, von denen ihm manche gefielen, so daß er um eine ganze Anzahl von ihnen feilschte. Doch konnte er über keins handelseins werden. Um nun zu zeigen, daß er wirklich die Absicht habe zu kaufen, zog er, wenig Erfahrung und Vorsicht bekundend, mehrmals in Gegenwart aller, die da kamen und gingen, seine mit Gold gespickte Börse heraus. Während er eifrig feilschte und wieder einmal seinen Geldbeutel sehen ließ, geschah es, daß eine junge bildhübsche Sizilianerin vorüberging, die für wenig Geld gern jedermann zu Willen war. Sie entdeckte, ohne daß

Andreuccio auf sie aufmerksam wurde, seine wohlgefüllte Börse und dachte im Weitergehen bei sich: ‚Wer wäre glücklicher als ich, wenn all dieses Geld mir gehörte!' In Begleitung dieses Mädchens befand sich eine Alte, die ebenfalls aus Sizilien stammte. Als diese Andreuccio erblickte, ließ sie die andere weitergehen, lief erfreut auf den jungen Mann zu und umarmte ihn. Die Junge aber blieb, als sie dies bemerkte, an einer Ecke stehen, um auf die Alte zu warten.

Andreuccio, der sich indessen nach der Alten umgewandt und sie erkannt hatte, begrüßte sie ebenfalls erfreut. Sie versprach, ihn in seinem Gasthof zu besuchen, und ging dann weiter, ohne sich in lange Erörterungen einzulassen. Andreuccio wandte sich wieder dem Markt zu, kaufte jedoch an diesem Vormittag nichts mehr.

Die junge Person, die Andreuccios Geldbeutel und seine Vertraulichkeit mit ihrer Begleiterin wohl bemerkt hatte und entschlossen war, das Geld auf irgendeine Art, ganz oder teilweise, an sich zu bringen, begann nun schlau, die Alte auszuhorchen, wer jener Mann sei, was er hier treibe und woher sie ihn kenne. Und die Alte erzählte ihr Andreuccios Angelegenheiten so haargenau, wie er selber es nicht besser vermocht hätte, da sie lange Zeit in Sizilien und später in Perugia im Dienste seines Vaters gestanden hatte. Auch berichtete sie dem Mädchen, in welchem Gasthaus er wohne und aus welchem Grunde er nach Neapel gekommen sei.

Die junge Person, die nun voll und ganz über ihn und die Namen seiner gesamten Verwandtschaft im Bilde war, beschloß ihr Vorhaben mit einer spitzfindigen List zu verwirklichen und baute ihren Plan auf die soeben erworbenen Kenntnisse auf. Zu Hause angelangt, gab sie der Alten für den ganzen Tag zu tun, damit sie nicht mehr zu Andreuccio gehen könnte. Dann rief sie ein kleines Mädchen herbei, das sie zu solchen Diensten eigens abgerichtet hatte, und schickte es am späten Nachmittag in Andreuccios Gasthof. Als das Kind dort ankam, wollte es der Zufall, daß es gerade Andreuccio allein an der Tür traf und bei ihm selbst nach ihm fragte. Er erwiderte, daß er der Gefragte sei, worauf sie ihn beiseite zog und sprach: „Messer, eine Edeldame aus dieser Stadt möchte Euch gerne sprechen, wenn es Euch recht ist."

Als Andreuccio das hörte, betrachtete er sich im Geiste von Kopf bis Fuß, und da er meinte, ein sauberer junger Bursche zu sein, nahm er an, daß diese Edeldame wohl in ihn verliebt sein müsse, als ob es außer ihm in Neapel keine ansehnlichen jungen Männer gegeben hätte. Er erwiderte daher sogleich, daß er gerne bereit sei, und fragte das Mädchen, wo und wann die Dame ihn zu sprechen wünsche. Darauf entgegnete das Kind: „Messere, wenn es Euch gefällig wäre zu kommen, so erwartet sie Euch in ihrem Hause."

Ohne eine Nachricht im Gasthof zu hinterlassen, antwortete Andreuccio schnell: „Gut! Geh voran! Ich werde sogleich mitkommen." Darauf führte ihn denn die Kleine nach dem Hause der „Dame", welches in einer Gasse lag, die „das üble Loch" genannt wurde, ein Name, der uns ausreichend offenbart, wie es um die Anständigkeit dieser Gegend bestellt war. Andreuccio freilich ahnte nichts Böses und hegte auch keinerlei Verdacht, sondern glaubte vielmehr, in eine ehrbare Gegend zu einer liebenswerten Dame zu gehen, und betrat unbefangen hinter dem Kinde das Haus. Da das Mädchen bereits ihrer Herrin zugerufen hatte: „Hier kommt Andreuccio!", erwartete diese, als er hinaufstieg, ihn oben an der Treppe. Sie war noch sehr jung, von schlankem Wuchs und außerordentlicher Schönheit und dazu sehr geschmackvoll gekleidet und geschmückt. Während Andreuccio sich ihr näherte, lief sie ihm drei Treppenstufen hinab mit ausgebreiteten Armen entgegen, fiel ihm um den Hals und verharrte so eine Weile, ohne ein Wort zu sprechen, als sei sie von übergroßer Rührung übermannt.

Dann küßte sie ihn unter Tränen auf die Stirn und sagte mit zärtlicher Stimme zu ihm: „Oh, mein Andreuccio, sei willkommen!"

Dieser antwortete überrascht und verwundert über den liebevollen Empfang: „Madonna, ich bin glücklich, Euch zu begegnen!" Sie aber ergriff seine Hand und führte ihn nach oben in ihren Saal und von dort, ohne ein weiteres Wort, in ihr Zimmer, das von Rosen- und Orangenblütenduft und anderen Wohlgerüchen ganz erfüllt war. Hier sah er ein prächtiges Bett mit Vorhängen und viele Gewänder, die nach dem Brauch jener Zeit auf Riegeln hingen, und dazu viele schöne kostbare Geräte, aus denen er in seiner Unerfahrenheit schloß, daß sie eine vornehme Dame sein müsse. Nachdem sie sich auf eine Truhe niedergelassen hatten, die am Fuße ihres Bettes stand, begann sie folgendermaßen zu sprechen: „Andreuccio, ich bin sicher, daß du über die zärtliche Begrüßung und meine Tränen sehr erstaunt bist, weil du mich nicht kennst und wahrscheinlich noch nie etwas von mir gehört hast. Doch wirst du gleich etwas erfahren, worüber du dich sicher noch mehr wundern wirst: nämlich, daß ich deine Schwester bin. Und ich sage dir, daß ich jetzt, wo Gott mir die große Gnade erwiesen hat, daß ich vor meinem Ende wenigstens einen meiner Brüder kennenlernen durfte – wie gerne würde ich euch alle kennen! –, getrost sterben kann, wann immer auch meine Todesstunde schlagen mag. Und wenn du vielleicht in deinem Leben noch nie etwas von mir gehört haben solltest, so will ich dir jetzt alles erzählen:

Wie dir bekannt sein dürfte, lebte Pietro, dein und mein Vater, lange Jahre in Palermo und wurde wegen seiner Güte und Freundlichkeit damals, wie auch heute noch, von allen seinen Bekannten hochgeschätzt. Von allen, die ihn liebten, war meine Mutter, eine Edeldame und damals Witwe, ihm am innigsten zugetan. Sie liebte ihn so sehr, daß sie trotz der Furcht vor Vater, Brüdern und Schande so vertraut mit ihm wurde, daß ich zur Welt kam und heranwuchs, wie du mich hier vor dir siehst. Dann aber bewogen ernste Gründe Pietro, aus Palermo zu scheiden und nach Perugia zurückzukehren. Mich aber ließ er als kleines Mädchen bei meiner Mutter zurück, und ich hörte nie wieder etwas von ihm, da er sich weder an mich noch an meine Mutter je wieder erinnerte. Wäre er nicht mein Vater gewesen, hätte ich ihm deswegen sehr gezürnt, da er damit seine Undankbarkeit gegen die Mutter bewies, die sich und ihr ganzes Vermögen, ohne zu wissen, wer er war, voller Liebe und Vertrauen in seine Hände gab. Ganz zu schweigen davon, daß er auch für mich, seine Tochter, die ihm von keiner Magd und keinem liederlichen Frauenzimmer geboren war, etwas Liebe hätte fühlen müssen. Doch was hilft es! Böse Dinge, die lange vergangen, sind leichter zu tadeln als wiedergutzumachen, und geschehen ist geschehen. Er ließ mich also als kleines Mädchen in Palermo zurück, und als ich erwachsen war, vermählte mich meine Mutter, die sehr vermögend war, mit einem sehr geachteten Edelmann aus Girgenti, der aus Liebe zu meiner Mutter und mir nach Palermo übersiedelte, wo er als echter Guelfe mit unserem König Karl in Verbindung trat. Dies aber wurde bald dem König Friedrich hinterbracht, und wir mußten aus Sizilien fliehen, bevor die Pläne zur Ausführung gelangten, gerade zu einer Zeit, als ich glaubte, die erste Dame der Insel zu werden. So nahmen wir das wenige, was wir mitnehmen konnten – wenig genug war es, wenn ich an alles denke, was wir besaßen –, ließen unsere Besitzungen und Schlösser zurück und gingen nach Neapel. Hier erwies sich König Karl so dankbar gegen uns, daß er uns die erlittenen Verluste teilweise ersetzte. Er schenkte uns Besitzungen und Häuser und gibt meinem Mann, deinem Schwager, ein ansehnliches Einkommen, wie du selber noch sehen wirst. So lebe ich denn hier, wo ich nun dank der Gnade Gottes dich, meinen teuren Bruder, ohne dein Zutun wiederfand." Nach diesen Worten umarmte sie ihn abermals und küßte ihn unter Tränen auf die Stirn.

Als Andreuccio dieses so klar und ehrsam vorgetragene Märchen von dem Mädchen hörte, dem keinen Augenblick die Worte fehlten oder die Rede stockte, erinnerte er sich, daß sein Vater wirklich in Palermo gelebt hatte, und hielt alles, was sie sagte, für lautere Wahrheit, zumal er aus eigener Erfahrung den Hang junger Männer zu allerlei Liebschaften kannte und auch die zärtlichen Tränen des Mädchens, ihre Umarmungen und ehrbaren Küsse ihn überzeugten. So entgegnete er, als sie schwieg: „Madonna, meine Verwunderung darf Euch nicht befremden. Ich hatte sowenig Ahnung von Euch, als ob Ihr gar nicht auf der Welt wäret, weil mein Vater – was ihn auch dazu bewogen haben mag – entweder von Eurer Mutter und Euch nichts erzählt hat oder, wenn er schon davon sprach, ich nichts davon erfuhr. Um so lieber ist es mir jedoch, in Euch eine Schwester gefunden zu haben, da ich hier ganz allein bin und dergleichen niemals erhoffen konnte. Und ich wüßte wahrhaftig keinen Mann von noch so hohem Stande, dem Ihr nicht teuer sein solltet! Wieviel mehr erst mir, einem einfachen Pferdehändler! Doch bitte ich Euch, mir noch eins zu erklären: Woher wußtet Ihr, daß ich hier bin?"

Darauf entgegnete sie: „Heute morgen hörte ich es von

einer armen Frau, die sich oft bei mir aufhält. Sie diente, wie sie sagte, lange Zeit bei unserem Vater in Palermo und in Perugia. Und hätte ich es nicht für schicklicher gehalten, daß du zu mir in mein Haus kämst als ich zu dir zu fremden Leuten, dann wäre ich sogleich zu dir geeilt."

Nach diesen Worten begann sie schüchtern nach allen Verwandten, die sie bei Namen nannte, zu fragen, und Andreuccio antwortete ihr auf alles, hierdurch noch mehr überzeugt von dem, was er zu seinem eigenen Frommen besser nicht hätte glauben sollen.

Als sie lange miteinander geplaudert hatten, ließ sie, da es sehr heiß war, griechischen Wein und Backwerk kommen und schenkte Andreuccio ein. Dieser wollte sich bald danach verabschieden, da die Zeit des Abendessens herannahte. Sie aber war damit durchaus nicht einverstanden, tat sehr gekränkt, umarmte ihn und sprach: „Ach, wehe mir! Ich sehe, daß ich dir gar nichts bedeute! Was soll das heißen! Bist du nicht bei deiner Schwester, die du noch nie zuvor gesehen hast, und in ihrem eigenen Hause, wo du gleich hättest absteigen müssen? Und jetzt willst du fortgehen, um im Gasthof zu Abend zu essen? Nein, du mußt mit mir zusammen essen. Auch wenn mein Mann nicht zu Hause ist, was ich sehr bedaure, werde ich, soweit es mir als Frau möglich ist, dir schon ein wenig Ehre anzutun wissen."

Andreuccio wußte darauf nichts zu erwidern und sagte: „Ihr seid mir so teuer, wie nur eine Schwester es sein kann. Wenn ich aber nicht in den Gasthof zurückkehre, wird man dort den ganzen Abend auf mich warten und mich für sehr unhöflich halten." – „Nun", entgegnete sie, „ich habe ja wohl, gottlob, noch irgendeinen Boten im Hause, den ich hinschicken kann, damit man dich nicht erwartet. Höflicher und ziemlicher freilich wäre es, deine Gefährten zum Abendessen hierher einzuladen. Hinterher könntest du, wenn du wirklich darauf bestehst, mit ihnen zusammen fortgehen." Andreuccio aber sagte, daß er am heutigen Abend kein Verlangen nach seinen Gefährten habe; sie solle jedoch nach Wunsch über ihn verfügen, wenn ihr daran gelegen sei. Sie gab nun vor, einen Boten nach dem Gasthof zu schicken, damit man Andreuccio dort nicht zum Abendessen erwarte, und setzte sich dann nach längerer Unterhaltung mit ihm zu Tisch, wo sie auf das beste mit vielerlei Speisen bewirtet wurden. Das Mädchen aber zog listig das Abendessen in die Länge, bis es finstre Nacht war, und als sie endlich von der Tafel aufstanden und Andreuccio fortgehen wollte, erklärte sie, daß sie ihn jetzt auf keinen Fall fortlassen würde, da Neapel nicht das geeignete Pflaster für nächtliche Spaziergänge sei, besonders nicht für einen Fremden, und daß sie zudem mit dem Abendessen auch sein Nachtlager abbestellt hätte. Er glaubte ihr, freute sich, von falschem Wahn betört, bei ihr zu sein, und blieb. So gab es denn auch nach dem Essen noch lange Gespräche, die nicht ohne bestimmte Hintergedanken endlos ausgedehnt wurden. Als ein gut Teil der Nacht verstrichen war, ließ sie endlich Andreuccio mit einem kleinen Kinde, das ihm zeigen sollte, was er vielleicht benötigte, zum Schlafen in ihrem Zimmer zurück und begab sich mit ihren Mägden in ein anderes Gemach.

Da die Hitze immer noch unerträglich war, half Andreuccio sich, nachdem er alleine war, so gut es ging, zog die Kleider aus und legte sie auf das Kopfende des Bettes, und da er ein natürliches Bedürfnis verspürte, sich der überflüssigen Belastung des Leibes zu entledigen, fragte er das Kind, wo er solches tun könne. Dieses zeigte ihm eine Tür in einer Zimmerecke und sagte: „Geht nur dort hinein!" Nichts Böses ahnend, trat Andreuccio ein und setzte alsbald den Fuß auf ein Brett, welches auf der anderen Seite vom Balken losgegangen war, so daß es hochkippte und dann mit Andreuccio zusammen in die Tiefe stürzte. Gott aber war ihm gnädig, und so kam er bei dem Sturz nicht zu Schaden, obwohl er aus großer Höhe herunterfiel, sondern besudelte sich nur über und über mit dem Kot, der an diesem Ort aufgehäuft war.

Damit ihr das Gesagte und alles, was ich noch hinzufügen werde, richtig versteht, muß ich euch jenen Ort genau beschreiben. Über einem engen Gang, wie man ihn oft zwischen zwei Häusern findet, waren von einem Haus zum andern zwei Balken gelegt, auf denen auf ein paar Brettern eine Sitzgelegenheit angebracht war. Mit einem dieser Bretter war nun Andreuccio hinuntergestürzt. Als er sich nach dem Fall mit schmerzenden Knochen unten im Gang wiederfand, rief er nach dem Kinde. Dieses aber war, als es ihn herabstürzen hörte, zu seiner Herrin gelaufen, um zu berichten, was geschehen war, worauf diese sofort in das Zimmer stürzte und eiligst nachschaute, ob die Kleider Andreuccios dort wären. Als sie diese und in ihnen auch das Geld, das der Mißtrauische stets bei sich trug, gefunden hatte und ihren Wunsch erfüllt sah, um dessentwillen sie, die Palermitanerin, sich zur Schwester eines Perugianers gemacht und ihre Schlingen ausgelegt hatte, bekümmerte sie sich nicht weiter um ihr unglückliches Opfer, sondern versperrte eiligst die Tür, aus der er vor seinem Sturz herausgetreten war.

Andreuccio, der von dem Kind keine Antwort bekam, begann nun lauter zu rufen, doch half ihm auch das nicht. So kletterte er schließlich, bereits argwöhnisch und allmählich Betrug ahnend, über ein Mäuerchen, das den schmalen Gang nach der Straße zu abschloß, und lief vor die Tür des Hauses, die er sogleich wiedererkannte. Hier rief er lange und rüttelte und pochte vergebens an der Tür, bis er endlich klar sein Unglück erkannte und rief: „Ach, ich Unglücklicher! Wie schnell bin ich fünfhundert Fiorini und eine Schwester losgeworden!" Dann begann er, nach vielen weiteren Klagen nochmals an die Haustür zu klopfen und zu rufen, und machte einen solchen Lärm, daß viele der umwohnenden Nachbarn erwachten und aufstanden, weil sie den Krach nicht länger ertragen konnten. Auch eine Magd des Mädchens erschien, anscheinend ganz verschlafen, am Fenster und rief höhnisch: „Wer klopft denn da unten?"

„Ach", antwortete Andreuccio, „kennst du mich etwa nicht? Ich bin Andreuccio, der Bruder der Madonna Fiordaliso." Jene entgegnete: „Mein guter Mann, du hast anscheinend zuviel getrunken. Geh schlafen und komme morgen früh wieder. Ich weiß nichts von Andreuccio und dem ganzen Unsinn, den du da schwatzt. Geh mit Gott und laß uns gefälligst schlafen!" – „Wie", schrie Andreuccio, „du weißt nicht, wovon ich spreche? Du weißt es ganz genau! Aber wenn es so steht, daß die Verwandtschaft aus Sizilien in so kurzer Zeit wieder vergessen wird, so gib mir wenigstens meine Kleider heraus, die ich oben gelassen habe, dann werde ich sogleich verschwinden." Sie aber antwortete fast lachend: „Du träumst anscheinend, mein Guter!" Diese Worte zu rufen, sich umzuwenden und das Fenster zu schließen war eins. Andreuccio, der nun seinen Reinfall klar erkannte, war so schmerzlich davon betroffen, daß sein großer Zorn nunmehr in Wut umschlug. Entschlossen, mit Gewalt zurückzuholen, was er mit Worten nicht zurückgewinnen konnte, ergriff er einen großen Stein und hämmerte mit noch größerer Wucht als vorher gegen die Tür. So meinten viele Nachbarn, die schon vorher erwacht und aufgestanden waren, er sei irgendein Flegel, der diesen Krach nur anstelle, um arme Frauenzimmer zu kränken. Sie traten, von seinem Klopfen belästigt, ans Fenster, und wie alle Hunde einer Gasse gemeinsam einen fremden Köter ankläffen, so schrien sie nun im Chor: „So eine Unverschämtheit! Zu dieser Stunde herzukommen und vor dem Hause einer braven Frau einen solchen Lärm zu machen! He! Geh mit Gott, Freundchen, und laß uns hier in Frieden schlafen! Und wenn du etwas mit ihr abzumachen hast, komme morgen wieder und verschone uns heute nacht mit deinem Spektakel!"

Von diesen Zurufen anscheinend ermutigt, erschien nun ein Kerl, der sich im Hause aufgehalten hatte, am Fenster, anscheinend ein Zuhälter der „braven Frau", den Andreuccio vorher weder gesehen noch gehört hatte, und brüllte mit grober, wilder, schrecklicher Stimme: „Wer ist denn da unten?" Bei diesen Worten hob Andreuccio den Kopf und erblickte ein Individuum mit einem struppigen schwarzen Bart unter der Nase. Soweit er erkennen konnte, mußte jener ein wahrer Riese sein, der sich gähnend die Augen rieb, als käme er geradewegs aus dem Bett oder aus tiefem Schlaf. Andreuccio sagte nicht ohne Angst zu ihm: „Ich bin ein Bruder der Dame dort oben." Jener aber wartete nicht, bis Andreuccio seine Rede beendet hatte, sondern schrie noch barscher: „Ich weiß nicht, was mich abhält, herunterzukommen und dich so lange zu vermöbeln, bis du keinen Finger mehr rühren kannst! Du dämlicher, besoffener Hund, der heute nacht alle Menschen im Schlafe stört!" Darauf zog er sich zurück und knallte das Fenster zu.

Ein paar Nachbarn, die über den Kerl gut Bescheid zu wissen schienen, redeten Andreuccio nun gut zu und sprachen: „Um Gottes willen, lieber Freund, mach dich aus dem Staube, wenn du nicht noch heute nacht von dem da umgebracht werden willst! Geh! Es ist zu deinem eigenen Besten!" So wandte sich Andreuccio, von dem Gebrüll und dem wilden Aussehen des Kerls eingeschüchtert und vom Zureden der Nachbarn bewogen, die es anscheinend gut mit ihm meinten, äußerst betrübt und verzweifelt über den Verlust seines Geldes, nach jener Richtung, aus der er am Tage mit dem kleinen Mädchen hergekommen war, und folgte der Straße, ohne zu wissen, wohin er kommen würde, um in seinen Gasthof zurückzukehren.

Da indes der Gestank, der von ihm ausströmte, ihm selbst zuwider war, wandte er sich, mit dem Verlangen, ans Meer zu gehen und dort zu baden, nach links und lief eine Straße empor, die Ruga Catalana hieß. Während er auf die Stadthöhe zuwanderte, entdeckte er plötzlich zwei Männer vor sich, die ihm mit einer Laterne in der Hand entgegenkamen. Er fürchtete, daß es vielleicht Polizeiwachen sein könnten oder Leute, die Böses im Schilde führten, und schlüpfte, um ihnen auszuweichen, in ein altes verfallenes Gebäude, das in seiner Nähe stand. Jene beiden aber traten, als seien sie just an diesen Ort bestellt, in das gleiche Haus. Der eine von ihnen war mit allerlei Eisenzeug beladen und begann dort zusammen mit seinem Gefährten diese Werkzeuge zu betrachten, wobei beide allerlei Erwägungen anstellten.

Während des Gesprächs sagte der eine: „Was ist denn hier los? Hier ist ja ein so entsetzlicher Gestank, wie ich ihn in meinem Leben noch nicht gerochen habe!" Dabei hob er die Laterne ein wenig, und beide entdeckten den unglücklichen Andreuccio. Überrascht riefen sie: „Wer da?" Andreuccio aber schwieg, worauf sie mit dem Licht näher kamen und ihn fragten, was er, so besudelt, hier mache. Andreuccio erzählte ihnen ausführlich alles, was ihm geschehen war, und die beiden, die sogleich errieten, wo alles sich abgespielt hatte, sagten zueinander: „Das ist sicherlich im Hause des Schurken Buttafuoco geschehen!" Dann wandte sich der eine an Andreuccio: „Mein Lieber, danke Gott, daß du diesen Fall getan hast und nicht in das Haus zurück konntest, selbst wenn du dein Geld los bist. Wärest du nicht heruntergestürzt, hätte man dich todsicher im Schlafe umgebracht, und du hättest mit dem Gelde auch noch das Leben verloren. Was hilft es, jetzt noch darüber zu flennen! Damit wirst du dein Geld sowenig wiedergewinnen wie einen Stern vom Himmel! Wohl aber kannst du totgeschlagen werden, wenn er hört, daß du ein Wort darüber verlauten läßt."

Nach diesen Worten berieten sie sich kurz und sagten dann zu ihm: „Schau, wir haben Mitleid mit dir. Wenn du willst, kannst du mit uns kommen und uns bei einem Unternehmen helfen, das wir gerade vorhaben. Wir sind überzeugt, daß du dabei mehr verdienen wirst, als du verloren hast." Andreuccio, der ganz verzweifelt war, erklärte sich zu allem bereit.

Nun war an diesem Tage der Erzbischof von Neapel, Messer Filippo Minutolo, bestattet worden, mit kostbarstem Schmuck und einem Rubinring am Finger, der allein einen Wert von mehr als fünfhundert Fiorini besaß. Die beiden Gauner planten, seine Leiche auszurauben, was sie Andreuccio alsbald zu verstehen gaben. Mehr aus Habgier als aus Überlegung machte sich dieser mit ihnen auf den Weg. Weil er aber, während sie zum Dom gingen, einen gar so üblen Gestank um sich verbreitete, sagte der eine: „Gibt es denn keine Möglichkeit, daß er sich ein wenig wäscht, damit er nicht so abscheulich stinkt?" Der andre erwiderte: „Aber ja! Wir sind hier dicht bei einem Brunnen, wo gewöhnlich ein großer Eimer an einer Winde hängt. Dahin können wir gehen und ihn abspülen."

Als sie bei dem Brunnen anlangten, stellte sich heraus, daß zwar das Seil vorhanden, der große Eimer jedoch weggenommen war. Sie beschlossen deshalb, Andreuccio an das Seil zu binden und ihn in den Brunnen hinunterzulassen. Unten sollte er sich waschen und, wenn er damit fertig wäre, den Strick rütteln, worauf sie ihn wieder hochziehen wollten. Gesagt, getan! Sie hatten ihn aber kaum in den Brunnen hinuntergelassen, als ein paar von der Hitze oder der Verbrecherjagd durstig gewordene Schergen der Signoria an den Brunnen kamen, um zu trinken. Die beiden Spießgesellen Andreuccios machten sich bei ihrem Anblick schleunigst aus dem Staube, ohne von den Häschern, die ihren Durst löschen wollten, bemerkt zu werden. Inzwischen hatte Andreuccio sich in der Tiefe des Brunnens gewaschen und zerrte an dem Seil. Die ganz ausgedörrten Wächter legten nun ihre Schilde, Waffen und Überröcke ab und begannen das Seil hochzuwinden, in der Meinung, daß der volle Wassereimer daran hinge. Als Andreuccio nahe am Rande des Brunnens angekommen war, ließ er das Seil los und faßte mit den Händen nach dem Brunnenrand. Die Häscher aber wurden bei seinem unerwarteten Auftauchen von solcher Furcht ergriffen, daß sie wortlos das Seil fahrenließen und, so schnell sie konnten, Reißaus nahmen. Andreuccio war darüber nicht wenig erstaunt und wäre, hätte er sich nicht so gut festgehalten, sicherlich in den Brunnen hinabgestürzt, wobei er fraglos zu Schaden oder gar ums Leben gekommen wäre. Als er nun aus dem Brunnen herausgeklettert war und die Waffen erblickte, wurde seine Verwunderung noch größer, da er sich genau erinnerte, daß seine Gesellen keine solchen getragen hatten. Ohne die Sachen anzurühren, beklagte er ratlos und verzweifelt sein Unglück, entschloß sich dann, von hier fortzugehen, und machte sich auf den Weg, ohne zu wissen, wohin. Beim Weitergehen aber traf er bald auf seine beiden Spießgesellen, die zurückkehrten, um ihn aus dem Brunnen zu ziehen, und ihn erstaunt fragten, wer ihn denn heraufgeholt hätte. Andreuccio erwiderte, das wisse er selber nicht, und berichtete ihnen dann, was sich zugetragen und was er am Brunnen vorgefunden hatte. Die beiden errieten schnell, was vor sich gegangen war, und erklärten ihm lachend, warum sie fortgelaufen waren und wer ihn nach oben gezogen hatte. Dann machten sie sich, ohne noch lange zu schwatzen, auf den Weg zum Dom, da es bereits Mitternacht geworden war. Sie gelangten auch ohne Schwierigkeiten in das Innere des Domes und machten sich sogleich an den großen Sarkophag, der ganz aus Marmor bestand. Mit einem ihrer Eisen hoben sie die mächtige Deckplatte so weit an, daß ein Mensch hineinkriechen konnte, und stützten sie hoch. Dann sagte der eine: „Wer kriecht hinein?" Der andre entgegnete: „Ich nicht!" – „Ich auch nicht", sprach der erste, „das wird Andreuccio tun!" – „Ich werde mich hüten!" rief dieser. Nun aber fuhren beide auf ihn los und riefen: „Was? Du willst nicht hineinsteigen? Donner und Doria, wenn du es nicht tust, werden wir dir mit diesem Brecheisen so lange den Schädel massieren, bis du krepierst!" Voller Angst kroch Andreuccio in den Sarkophag und dachte dabei: ‚Die lassen mich hineinkriechen, um mich zu betrügen. Wenn ich ihnen alles herausgegeben habe, werden sie ihrer Wege gehen, während ich mühsam wieder aus dem Sarg herausklettern muß und nur das Nachsehen habe.' Aus diesem Grunde beschloß er, im voraus seinen Anteil beiseite zu schaffen, und da ihm der kostbare Ring einfiel, von dem er sie hatte reden hören, zog er, sowie er drinnen war, den Ring vom Finger des Erzbischofs und steckte ihn zu sich. Danach gab er Bischofsstab, Mütze, Handschuhe und alles Sonstige heraus und entkleidete die Leiche bis aufs Hemd. Als er alles herausgereicht hatte, rief er ihnen zu, daß weiter nichts mehr vorhanden sei. Sie aber versicherten ihm, daß auch der Ring noch dasein müsse, und befahlen ihm, überall danach zu suchen. Er jedoch erwiderte, daß er den Ring nicht finden könne, und ließ sie, während er zu suchen vorgab, eine ganze Weile warten.

Die draußen aber waren genauso verschlagen wie er und sagten, er solle nur recht aufmerksam suchen. Zu gelegener Zeit aber zogen sie den Pflock heraus, der den Deckel des Sarges hochhielt, und liefen davon, während Andreuccio eingeschlossen im Sarkophag zurückblieb.

Wie es ihm zumute war, als er den Deckel fallen hörte, wird sich jeder ausmalen können. Er versuchte ein um das andere Mal, mit Kopf oder Schultern den Deckel hochzustemmen, doch war alle Mühe vergebens, so daß er schließlich, von Entsetzen übermannt, ohnmächtig auf den Körper des toten Bischofs niederfiel. Wer ihn so gesehen hätte, wäre schwerlich imstande gewesen zu entscheiden, wer mehr tot sei, der Erzbischof oder er. Als er schließlich wieder zu sich gekommen war, begann er bitterlich zu weinen, da es außer Zweifel stand, daß er nun auf eine der beiden folgenden Arten den Tod finden werde: Entweder – wenn niemand kam und den Sarg öffnete – würde er vor Hunger und Leichengestank zwischen den Würmern des verwesenden Körpers umkommen oder – wenn wirklich jemand kommen und ihn hier drinnen finden sollte – als Dieb am Galgen enden.

Nachdem er sich geraume Zeit in großer Betrübnis mit solchen Gedanken gequält hatte, vernahm er plötzlich, daß Leute in der Kirche herumliefen und redeten, die – wie er bald gewahr wurde – dasselbe planten, was er mit seinen Kumpanen bereits getan hatte. Seine Besorgnis nahm deshalb noch gewaltig zu. Die Leute aber begannen, als sie den Sarg geöffnet und den Deckel hochgestützt hatten, miteinander zu streiten, wer hineinkriechen sollte. Keiner von ihnen fand sich bereit, bis schließlich nach langen Wortgefechten ein Priester sagte: „Wovor fürchtet ihr euch denn? Glaubt ihr etwa, daß er euch auffressen wird? Die Toten verspeisen keine Lebenden. Ich selbst werde hineinkriechen." Nach diesen Worten stützte er den Körper auf den Rand des Sarkophags und versuchte, den Kopf nach außen, die Beine nach innen, sich hinuntergleiten zu lassen.

Als Andreuccio es bemerkte, richtete er sich auf, packte den Priester an einem Bein und tat, als wolle er ihn hinunterzerren. Der Pfaffe stieß bei der Berührung einen markerschütternden Schrei aus und schwang sich eiligst wieder aus dem Sarkophag heraus. Seine Komplizen waren darüber so sehr erschrocken, daß sie den Sarg offen stehenließen und ausrissen, als wären hunderttausend Teufel hinter ihnen her.

Von Herzen froh, bemerkte Andreuccio, was geschehen war, kletterte eiligst aus dem Sarkophag und verließ den Dom auf demselben Wege, auf dem er hereingekommen war. Während schon der Morgen graute, wanderte er, mit dem Ring am Finger, aufs Geratewohl los, gelangte ans Meer und fand von dort aus wieder nach dem Gasthof zurück, wo er seine Gefährten und den Wirt vorfand, die seinetwegen die Nacht in Besorgnis verbracht hatten. Er erzählte ihnen, was ihm zugestoßen war, und alle pflichteten nun dem Wirt bei, der es für ratsam hielt, daß Andreuccio Neapel unverzüglich verlasse. Er tat es denn auch sogleich und kehrte nach Perugia zurück, nachdem er das Geld, wofür er hatte Pferde kaufen wollen, solchermaßen in einen Ring verwandelt hatte.

SECHSTE GESCHICHTE

Madonna Beritola wird nach dem Verlust ihrer beiden Söhne mit zwei Rehen auf einer Insel aufgefunden und begibt sich nach Lunigiana. Hier tritt einer ihrer Söhne bei ihrem Gönner in Dienst und verführt dessen Tochter, wofür er ins Gefängnis geworfen wird. Nach dem Aufstand Siziliens gegen König Karl heiratet der Sohn, der nun von seiner Mutter wiedererkannt wird, die Tochter seines Gebieters. Nachdem auch der zweite Sohn wieder aufgefunden ist, gewinnen sie ihr hohes Ansehen zurück.

Über die von Fiammetta berichteten Abenteuer Andreuccios lachten Damen und Herren gleich herzlich, und als die Geschichte beendet war, fuhr Emilia auf Geheiß der Königin fort:

Schwer zu ertragen und grausam sind oft die Launen des Geschickes, doch je öfter davon gesprochen wird, desto vorsichtiger wird unser Gemüt sein, das sich so gern von seiner Gunst einlullen läßt. Ich bin deshalb der Meinung, Glückliche wie Unglückliche sollten nie müde werden, solche Erzählungen anzuhören, da die ersteren dadurch gewarnt, die letzteren aber getröstet werden. Obgleich schon vor mir viele erstaunliche Dinge berichtet wurden, möchte auch ich euch nun eine solche Geschichte vortragen, die ebenso wahr wie rührend ist. Doch obwohl sie ein glückliches Ende nahm, erzählt sie von so mannigfaltigen, jahrelangen Leiden, daß ich kaum imstande bin zu glauben, diese seien durch die späteren Freuden je wieder zu versüßen gewesen.

Ihr werdet wissen, liebste Freundinnen, daß bald nach dem Tode Kaiser Friedrichs II. Manfred zum König von Sizilien gekrönt wurde. An seinem Hofe lebte in höchstem Ansehen der neapolitanische Edelmann Arrighetto Capece, der mit der schönen, vornehmen Neapolitanerin Madonna Beritola Caracciola verheiratet war. Während Arrighetto mit der Führung der Regierungsgeschäfte betraut war, erfuhr er, daß Manfred bei Benevento von König Karl besiegt und getötet sei und daß das ganze Reich sich diesem unterwerfe. Da er den Sizilianern wegen ihrer Wankelmütigkeit wenig traute und nicht dem Feinde seines Herrn untertan werden wollte, beschloß er zu fliehen. Die Sizilianer aber kamen hinter seine Pläne, und er wurde zusammen mit vielen Freunden und Anhängern König Manfreds gefangengenommen und an König Karl ausgeliefert, dem nun die ganze Insel übergeben wurde.

In dem allgemeinen Umsturz aller Dinge erfuhr Madonna Beritola nichts über den Verbleib Arrighettos. Da sie schon lange gefürchtet hatte, was nun eingetreten war, ließ sie aus Angst vor Schande und Entehrung ihre Reichtümer im Stich und floh in schwangerem Zustand mit ihrem etwa achtjährigen Sohn Giuffredi in einem Kahn nach Lipari. Hier gebar sie einen zweiten Sohn, den sie Scacciato nannte, nahm eine Amme und bestieg mit ihnen wieder ein kleines Schiff, um sich zu ihren Verwandten nach Neapel zu begeben. Doch es kam anders, als sie es wünschte. Das kleine Schiff, das nach Neapel fahren sollte, wurde unterwegs von der Gewalt eines Sturmes an die Insel Ponza verschlagen, wo die Schiffsbesatzung in einem kleinen Meerbusen besseres Wetter für die Weiterreise abwarten wollte.

Madonna Beritola ging wie alle anderen an Land und fand dort einen abgelegenen einsamen Platz, an den sie sich oft ganz allein begab, um hier den Verlust ihres Arrighetto zu beweinen. Während sie sich nun alle Tage an diesem Orte ihrem Schmerz hingab, geschah es, daß unversehens, bevor einer der Seeleute oder Reisenden es gewahr wurde, eine Seeräubergaleere heranfuhr, deren Besatzung, ohne selbst Gefahr zu laufen, alles überwältigte und wieder in See stach.

Als Madonna Beritola sich ausgeweint hatte und an den Strand zurückkehrte, um nach ihren Kindern zu sehen, wie sie es zu tun gewohnt war, fand sie dort keine Menschenseele mehr vor. Sie war darüber zuerst recht verwundert, bald aber erkannte sie, was sich hier abgespielt hatte, und entdeckte, als sie aufs Meer hinausblickte, in nicht allzu großer Entfernung die Seeräubergaleere, die das kleine Schiff hinter sich herzog. Nun wurde ihr klar, daß sie außer dem Gatten auch ihre Söhne verloren hatte. Mittellos, einsam und verlassen stand sie am Strande, ohne Hoffnung, je einen der Ihren wiederzusehen, und rief voller Verzweiflung so lange nach ihrem Gatten und den Söhnen, bis sie ohnmächtig zusammenbrach. Doch niemand war bei ihr, der versucht hätte, mit kaltem Wasser oder anderen Mitteln ihre entschwundenen Kräfte wieder zu erwecken, so daß ihre Sinne ungehemmt umherirren konnten, solange es ihnen beliebte. Als aber mit Tränen und Wehklagen die verlorenen Kräfte in den armen Körper zurückgekehrt waren, begann sie aufs neue nach ihren Söhnen zu rufen und suchte sie lange Zeit in jeder Höhle der Insel.

Endlich aber sah sie ein, daß alle Mühe vergebens war, und als die Nacht heraufzog, mußte sie, die auch jetzt noch vage Hoffnungen hegte, an sich selber denken. Sie verließ deshalb den Strand und verkroch sich in jenes Versteck, wo sie sich bisher ihrem Kummer hingegeben hatte. Dort verbrachte sie die Nacht in Angst und unvorstellbarem Kummer. Als nun der neue Tag angebrochen und die Stunde der Terza vorüber war, verspürte sie großen Hunger, da sie am Abend vorher nichts gegessen hatte. Sie würgte einige Kräuter hinunter und gab sich, notdürftig gesättigt, weinend den Gedanken über ihr weiteres Leben hin. Plötzlich sah sie in der Nähe ein Reh in einer Höhle verschwinden, das bald wieder herauskam und in den Wald zurücklief. Sie stand nun auf und fand, als sie die Höhle betrat, aus der sie das Reh hatte zurückkommen sehen, zwei kleine Rehkitzlein, die vielleicht am selben Tage erst geboren worden waren und ihr die süßesten Geschöpfchen der Welt zu sein schienen.

Da ihr nun nach der letzten Niederkunft die Milch noch nicht versiegt war, ergriff sie zärtlich die Tierchen und legte sie sich an die Brust. Und die Rehlein sträubten sich nicht, sondern begannen bei ihr zu saugen, wie sie es bei ihrer Mutter getan hätten, und machten auch in der Zukunft keinen Unterschied zwischen beiden. So schien es der edlen Frau, als habe sie an diesem öden Ort gewissermaßen Gesellschaft gefunden. Sie nährte sich von Kräutern, stillte ihren Durst mit Wasser und weinte, sooft sie an ihren Gatten, ihre Söhne und an ihr vergangenes Leben dachte. Schließlich aber, als auch das alte Reh ebenso zutraulich geworden war wie die Kitzlein, entschloß sie sich, auf dieser Insel zu leben und zu sterben.

So war aus der Edeldame schon fast eine Wilde geworden, als ein paar Monate später ein Schiffchen aus Pisa, ebenfalls eines Unwetters wegen, dort hereinfuhr, wo sie damals gelandet war. Auf diesem Schiff, das mehrere Tage hier festlag, befand sich ein Marchese namens Currado, aus dem edlen Hause der Malespini, mit seiner tugendhaften, frommen Gattin. Sie kamen von einer Wallfahrt, auf der sie die heiligen Stätten der Provinz Apulien besucht hatten, und befanden sich nun auf der Heimreise.

Um die Langeweile des Wartens zu vertreiben, begaben sich der Marchese und seine Frau mit einigen Dienern und Hunden eines Tages an Land und wandten sich dem Innern der Insel zu. Ganz in der Nähe Madonna Beritolas begannen die Hunde die beiden Rehkitzlein zu jagen, die inzwischen schon größer geworden waren und draußen ästen. Die gehetzten Rehlein aber suchten sogleich Schutz in der Höhle, in der sich Madonna Beritola aufhielt. Diese stand auf und scheuchte, als sie sah, was geschah, die Hunde mit einem Stock zurück. Voller Verwunderung erblickten Currado und seine Frau, die ihren Hunden nachgegangen und herangekommen waren, die von der Sonne gebräunte, abgemagerte Frau mit dem zerzausten Haar, die über den Anblick der Fremden nicht minder erstaunt war. Currado rief auf ihre Bitte die Hunde zurück, doch erst nach langem Zureden entschloß sie sich, ihm zu sagen, wer sie sei und was sie auf dieser Insel treibe. Sie schilderte ihm nun ehrlich ihre Lage und alles Unglück, das sie betroffen hatte, und eröffnete ihm sodann auch ihren Entschluß, hier zu bleiben. Von Mitleid gerührt, hörte Currado, der Arrighetto gut gekannt hatte, ihr zu und bemühte sich alsbald, sie mit vielen Bitten von ihrem harten Vorsatz abzubringen. Er bot ihr an, sie in ihre Heimat zurückzuführen oder sie wie eine Schwester so lange bei sich aufzunehmen, bis Gott ihr dereinst ein neues Glück beschere. Sie aber wollte auf keinen seiner Vorschläge eingehen. So ließ Currado sie schließlich mit seiner Gattin allein, nachdem er dieser aufgetragen hatte, etwas zu essen herbeischaffen zu lassen. Auch sollte sie die ganz Zerlumpte in eines ihrer eigenen Gewänder kleiden und vor allem versuchen, sie zum Mitkommen zu bewegen.

Nachdem die Edeldame allein bei ihr zurückgeblieben war und eine ganze Weile mit Madonna Beritola über deren Schicksal geweint hatte, ließ sie Kleider und Stärkungen kommen, doch konnte sie die Unglückliche nur mit der allergrößten Mühe veranlassen, die Kleider anzunehmen und etwas zu essen. Schließlich erklärte Madonna Beritola, daß sie niemals wieder in ihre Heimat zurückkehren möchte, fand sich aber endlich bereit, mit nach Lunigiana zu reisen, wenn sie die beiden Rehkitzen und das Muttertier mit sich nehmen könne, das inzwischen zurückgekehrt war und zur nicht geringen Verwunderung der Edeldame Madonna Beritola freudig begrüßt hatte.

Sowie sich das Wetter beruhigte, begab sich Madonna Beritola mit Currado und seiner Gattin auf das Schiff und nahm das Reh und die beiden Kitzlein mit, weshalb sie von allen, die ihren Namen nicht wußten, „Cavriuola", das Reh, genannt wurde.

Ein günstiger Wind brachte sie alsbald in die Mündung der Magra, wo sie das Schiff verließen und sich auf die Schlösser Currados begaben. Hier verbrachte Madonna Beritola fortan in Witwentracht als Gesellschafterin der Gattin Currados ehrbar, freundlich und gehorsam ihre Tage und schenkte ihre ganze Liebe ihren Rehen, die sie sorgsam pflegte.

Die Seeräuber aber, die das Schiff, auf dem Madonna Beritola abgefahren war, bei Ponza kaperten und sie allein zurückließen, weil sie sie zufällig nicht entdeckt hatten, waren indessen mit der ganzen Besatzung nach Genua gefahren. Hier wurde die Beute unter den Besitzern der Galeere verteilt, wobei es sich so traf, daß die Amme der Madonna Beritola mit den beiden Knaben einem Messer Guasparrin d'Oria zufiel, der alle drei in sein Haus brachte, um sie hier als Diener für häusliche Belange zu verwenden.

Die Amme vergoß, tief bekümmert über den Verlust ihrer Herrin und über das elende Los der Kinder, viele Tränen. Schließlich aber sah sie ein, daß alles Klagen nichts helfen konnte und sie mit den Kindern als Dienerin weiterleben mußte. Obwohl sie nur eine einfache Frau war, handelte sie klug und umsichtig, und als sie sich, soweit es ihr möglich war, beruhigt hatte und erfuhr, wohin sie gebracht worden waren, kam sie zu der Überzeugung, daß sie den Kindern nur schaden würde, wenn man hier erführe, wer sie wären. Doch hoffte sie noch immer, daß das Geschick sich wieder wenden möchte und daß die Knaben, wenn sie am Leben blieben, dereinst ihr verlorenes Ansehen wiedererlangen könnten. Sie beschloß, niemandem ihre Herkunft zu verraten, bevor nicht der rechte Moment dazu gekommen sei. So erzählte sie jedem, der danach fragte, daß die beiden ihre eigenen Kinder seien, und nannte den Ältesten fortan nicht mehr Giuffredi, sondern Giannotto aus Procida. Den Jüngeren umzubenennen, hielt sie nicht für notwendig, doch versuchte sie immer wieder mit der größten Eindringlichkeit, Giuffredi vorzustellen, warum sie seinen Namen abgeändert habe und in welche Gefahr er kommen könne, wenn er hier erkannt würde. Und nicht nur einmal, sondern wieder und wieder erinnerte sie ihn daran, und der verständige Knabe befolgte die Lehren seiner klugen Amme auf das gewissenhafteste.

So lebten die beiden Kinder manches Jahr, erbärmlich gekleidet und noch schlechter beschuht, zusammen mit ihrer Amme geduldig im Hause des Messer Guasparrino, wo sie zu allerlei niederen Dienstleistungen herangezogen wurden. Giannotto aber, der inzwischen sechzehn Jahre alt geworden war und mehr Mut und Kühnheit besaß, als es einem Diener geziemte, verachtete bald die Erbärmlichkeit dieser niederen Knechtschaft. Er floh daher aus dem Dienste Messer Guasparrinos und bestieg eine Galeere, die nach Alexandrien fuhr. Von hier aus durchquerte er mehrere fremde Länder, fand aber nirgends ein rechtes Fortkommen. Schließlich, etwa drei oder vier Jahre nach seiner Trennung von Messer Guasparrino, als er schon ein schöner, stattlicher junger Mann geworden war und erfahren hatte, daß sein Vater, den er tot geglaubt, noch am Leben sei und als Gefangener des Königs Karl im Kerker schmachtete, kam er nach vielen Irrfahrten, an seinem Glück bald verzweifelnd, nach Lunigiana, wo der Zufall es so fügte, daß er bei Currado Malespini in Dienst trat, den er treu und zur vollen Zufriedenheit seines Herrn versah. Obwohl er nun hin und wieder seine Mutter sah, die noch immer bei Currados Gattin lebte, erkannten sie einander nicht, so sehr hatten die Jahre sie verändert, seitdem sie sich das letztemal gesehen hatten.

Während nun Giannotto im Dienste Currados stand, kehrte eine Tochter desselben namens Spina, die Witwe des Nicolo da Grignano, in das Haus ihres Vaters zurück. Sie war schön und liebreizend, kaum sechzehn Jahre alt, und fand gar bald ebensoviel Wohlgefallen an Giannotto wie er an ihr, so daß beide sich glühend ineinander verliebten. Ihre Zuneigung blieb nicht lange ohne Erfüllung und wurde mehrere Monate lang von niemand bemerkt. Dadurch aber wähnten beide sich allzu sicher und begannen weniger Vorsicht aufzuwenden, als bei solchen Dingen nötig ist. Eines Tages, als man auf einem Spaziergang durch einen schönen dichten Wald lustwandelte, verließen die junge Frau und Giannotto die übrige Gesellschaft und wanderten zusammen tief in das Gehölz hinein. Als sie meinten, den übrigen weit genug vorausgeeilt zu sein, ließen sie sich auf einem lieblichen Platz nieder, der mit Blumen übersät und von hohen Bäumen eingeschlossen war, und begannen sich hier den Wonnen der Liebe zu überlassen. Da sie so eine lange Zeit verweilten, die ihnen in ihrer Wonne freilich kurz erschien, wurden sie hier erst von der Mutter der jungen Frau und dann von Currado selbst überrascht. Dieser ließ sie, maßlos gekränkt über das Gesehene, von drei Dienern ergreifen und gefesselt auf eines seiner Schlösser bringen, ohne zu erklären, was er mit ihnen vorhabe. Rasend vor Zorn und Kummer, war er entschlossen, sie auf die schimpflichste Weise sterben zu lassen. Auch Spinas Mutter war über den Fehltritt ihrer Tochter erbittert und hielt eine harte Strafe durchaus für angemessen. Doch als sie aus einer Äußerung Currados erkannte, was er mit den beiden Sündern zu tun beabsichtigte, vermochte sie diesen Gedanken nicht zu ertragen. Sie begab sich eiligst zu ihrem erzürnten Gemahl und begann ihn anzuflehen, doch nicht in seinem Alter im Jähzorn zum Mörder seiner Tochter zu werden oder sich die Hände mit dem Blute eines Dieners zu beflecken, sondern zur Befriedigung seines Zornes eine andere Strafe zu ersinnen; etwa die Schuldigen in den Kerker zu werfen und so lange dort gefangenzuhalten, bis sie ihre Sünde hinreichend gebüßt hätten. Mit solchen und ähnlichen Bitten setzte die fromme Frau ihm so lange zu, bis er den Gedanken, beide zu töten, aufgab. Er befahl darauf, daß sie an verschiedenen Orten eingekerkert, scharf bewacht und mit wenig Nahrung und vielen Entbehrungen festgehalten werden sollten, bis er anderes über sie beschließen werde. Und so geschah es. Wohl jeder wird sich ausmalen können, was für ein elendes Leben in Jammer und Tränen und bei härterem Fasten, als ihnen lieb war, die beiden Liebenden hier erwartete.

Nachdem Giannotto und Spina schon länger als ein Jahr dieses elende Dasein geführt hatten, ohne daß Currado sich ihrer erinnert hätte, wiegelte der König Peter von Aragonien unter Beihilfe des Messer Gian di Procida die Insel Sizilien auf und entriß sie dem König Karl, was Currado als Gibellinen mit großer Freude erfüllte.

Auch Giannotto hörte durch seine Wächter von den Ereignissen. Er stieß einen tiefen Seufzer aus und rief: „Ach, ich Unglücklicher! Vierzehn Jahre bin ich umhergeirrt und habe auf nichts anderes gewartet als auf dieses Ereignis! Jetzt, wo es endlich eingetroffen ist, liege ich im Kerker, ohne Aussicht, ihn lebend wieder zu verlassen, und brauche mir keine Hoffnung mehr zu machen!"

„Wie", rief der Wächter, „was kümmern denn dich die Taten der großen Könige? Was hattest du in Sizilien zu suchen?"

Giannotto antwortete: „Es zerreißt mir das Herz, wenn ich daran denke, was einst mein Vater dort galt! Wenn ich auch noch ein kleiner Junge war, als ich aus Sizilien fliehen mußte, so erinnere ich mich doch, daß er zu König Manfreds Zeiten ein angesehener Herr dort war."

Der Gefängniswärter fuhr fort: „Und wer war dein Vater?"

„Jetzt kann ich offen sagen, wer mein Vater war", fuhr Giannotto fort, „denn das Unheil, das ich stets für die Preisgabe seines Namens befürchtete, ist bereits über mich hereingebrochen. Er war – und ist, falls er noch lebt – Arrighetto Capece, und ich heiße nicht Giannotto, sondern Giuffredi. Wenn ich hier herauskäme und nach Sizilien zurückkehren könnte, wäre ich sicher, es dort zu hohem Ansehen zu bringen."

Ohne weiter zu fragen, erzählte der wackre Wächter, sobald er Zeit dazu fand, Currado die ganze Geschichte. Dieser stellte sich zwar dem Wächter gegenüber, als sei er hierüber nicht verwundert, begab sich jedoch sogleich zu Madame Beritola und fragte sie höflich, ob sie und Arrighetto einen Sohn namens Giuffredi gehabt hätten. Die Dame antwortete weinend, daß der älteste ihrer beiden Söhne so geheißen habe, der, falls er noch am Leben sei, jetzt zweiundzwanzig Jahre alt sein müsse.

Jetzt zweifelte Currado nicht mehr daran, daß Giannotto wirklich Giuffredi sei, und kam auf den Gedanken, daß er, wenn sich wirklich alles so verhielt, zu gleicher Zeit ein gutes Werk der Barmherzigkeit tun und seine eigene sowie die Schande seiner Tochter auslöschen könne, wenn er sie jenem zur Frau gäbe.

Er ließ darum in aller Stille Giannotto zu sich rufen und fragte ihn nach allen Einzelheiten seines Lebens. Da er hierbei an vielen Tatsachen erkannte, daß jener wirklich Giuffredi, der Sohn Arrighetto Capeces, war, sagte er zu ihm: „Giannotto, du weißt, welch ungeheures Unrecht du mir und meiner Tochter zugefügt hast. Da ich dich stets so gut und freundlich behandelt habe, wie es einem Diener zukam, mußtest auch du meine Ehre und die der Meinigen achten und bewahren. Hättest du andern zugefügt, was du mir antatest, hätten dich viele auf die schmählichste Weise umbringen lassen. Mein Erbarmen ließ es nicht zu. Wenn sich jedoch alles so verhält, wie du mir sagst, und du der Sohn eines Edelmanns und einer adeligen Dame bist, will ich deinen Leiden ein Ende machen, wenn du es wünschst. Ich will dich aus dem Elend und dem Kerker, in dem du schmachtest, herausholen und in Kürze an passendem Ort deine und meine Ehre wiederherstellen. Du weißt, daß Spina, mit der du dich in einer ihr und dir nicht geziemenden Neigung verbandest, Witwe ist und über eine reiche, ansehnliche Mitgift verfügt. Wie sie erzogen wurde und wer ihre Eltern sind, ist dir ebenfalls bekannt. Über deine augenblickliche Lage will ich kein Wort verlieren. Wenn du es wünschst, bin ich bereit, dir Spina, die in Unehren deine Geliebte war, in Ehren zur Frau zu geben, und du kannst als mein Schwiegersohn mit ihr hier leben, solange es dir gefällt."

Wohl hatte die lange Haft die Kräfte Giannottos geschwächt, nicht aber die großzügige Gesinnung seines adeligen Blutes und ebensowenig die tiefe Liebe, die er zu seiner Dame im Herzen trug. Obwohl er lange heiß ersehnt hatte, was Currado ihm jetzt anbot, und obwohl er sich noch immer in dessen Gewalt befand, hielt er nicht die Worte zurück, die der Adel seiner Seele ihm jetzt zu sprechen gebot. Er antwortete: „Currado, weder Machtgier und Habsucht noch irgendein anderer Grund vermochten mich zu veranlassen, deinem Leben oder Besitz verräterisch nachzustellen. Ich liebte deine Tochter, liebe sie noch und werde sie immer lieben, weil sie der Neigung meines Herzens würdig ist. Wenn ich an ihr, nach Meinung gewöhnlicher Leute, wenig ehrenvoll gehandelt habe, so beging ich einen Fehler, dem die Jugend leicht verfällt und der nicht aus der Welt zu schaffen ist, man schaffe denn die Jugend selber aus der Welt. Wollten die Alten sich erinnern, daß auch sie einst jung waren, und wollten sie die Sünden anderer mit eigenem Maße messen, so würde mein Vergehen, das ich als Freund und nicht als Feind beging, nicht so schwer erscheinen, wie du und viele andre es hinstellen möchten. Was du mir jetzt anbietest, ist immer mein heißester Wunsch gewesen. Wenn ich hätte hoffen können, daß es mir gewährt würde, hätte ich schon lange darum gebeten. Doch soll es mir jetzt, gerade weil meine Hoffnungen so gering waren, desto teurer sein. Hast du jedoch nicht so viel Herz, wie deine Worte glauben lassen, so nähre mich nicht mit falschen Hoffnungen, sondern laß mich in den Kerker zurückkehren und quäle mich dort nach Belieben. Solange ich Spina liebe, so lange werde ich um ihretwillen auch dich lieben. Was du auch immer mit mir beginnen wirst, ich werde dir meine Achtung niemals versagen."

Voller Verwunderung vernahm Currado diese Worte, die Giannottos edle Gesinnung und seine ehrliche Liebe bezeugten. Er schätzte ihn nun noch höher als zuvor und stand auf, um ihn zu umarmen und zu küssen. Dann befahl er, Spina unverzüglich und in aller Stille herbeizuholen. Sie war durch die Haft abgemagert, sah blaß und elend aus und schien ebenso wie Giannotto ein andrer Mensch geworden zu sein. Beide vollzogen nun in Currados Gegenwart nach altem Brauch ihre Verlobung.

Ohne irgend jemand einzuweihen, ließ Currado nun die Verlobten einige Tage lang mit allem versehen, was ihnen not tat und Freude machte. Als es ihm dann an der Zeit schien, auch die Mütter mit den Geschehnissen zu erfreuen, ließ er seine Frau und „Cavriuola" rufen und sprach zu letzterer: „Was würdet Ihr sagen, Madonna, wenn ich Euch Euren ältesten Sohn als Gatten meiner Tochter zurückgäbe?" Cavriuola entgegnete: „Ich könnte Euch darauf nur erwidern: Wenn es überhaupt noch möglich ist, Euch noch tieferen Dank zu schulden, als ich es ohnehin schon tue, so wäre es nur möglich, wenn Ihr mir das zurückgäbt, was mir teurer ist als mein Leben. Geschähe dies noch auf solche

Weise, wie Ihr sagt, so würdet Ihr alle meine begrabenen Hoffnungen zu neuem Leben erwecken." Darauf verstummte sie mit Tränen in den Augen, und Currado wandte sich nun an seine Gemahlin: „Und was würdest du davon halten, Frau, wenn ich dir einen solchen Schwiegersohn zuführte?" Seine Gattin erwiderte: „Nicht nur ein Freier aus Cavriuolas edlem Hause, auch ein Geringerer würde mir willkommen sein, wenn er dir gefiele." – „Nun gut", fuhr Currado fort, „so hoffe ich euch beide in wenigen Tagen zu glücklichen Müttern zu machen."

Als er bemerkte, daß die beiden Liebenden allmählich ihr früheres Aussehen wiedererlangten, ließ er sie in festliche Gewänder kleiden und fragte Giuffredi: „Würde es dir nicht lieb sein, wenn du in all deinem Glück auch noch deine Mutter wiedersehen würdest?" Giuffredi entgegnete: „Ich darf nicht hoffen, daß sie nach soviel Leiden und Unglück noch am Leben ist. Wenn es aber sein sollte, würde es mich unaussprechlich freuen, zumal ich mit ihren Ratschlägen vielleicht auch noch ein gut Teil meines Ansehens in Sizilien zurückgewinnen könnte."

Nun ließ Currado die beiden Frauen herbeirufen, die der jungen Braut mit größter Herzlichkeit entgegentraten, obwohl sie sich nicht erklären konnten, was Currado zu dem Entschluß bewogen haben mochte, die Tochter mit Giannotto zu verloben. Dann aber begann Madonna Beritola, die sich an Currados Worte erinnerte, ihn genauer anzusehen, und auf geheimnisvolle Weise erwachte in ihr die Erinnerung an das kindliche Antlitz ihres Sohnes, den sie sogleich, ohne weitere Beweise abzuwarten, mit offenen Armen umfing. Doch sie war im Übermaße ihrer mütterlichen Liebe und Freude nicht mehr imstande, ein einziges Wort hervorzubringen, und sank, einer Toten gleich, ohnmächtig in die Arme des Sohnes. Betroffen erinnerte sich dieser, sie oftmals hier im Schloß gesehen und doch nicht erkannt zu haben. Nun aber spürte er den mütterlichen Odem, und sich selber tadelnd für seine frühere Unachtsamkeit, schloß er sie weinend in seine Arme und küßte sie innig. Als Madonna Beritola, von der Gattin Currados und Spina mit kaltem Wasser und andern Mitteln liebevoll erfrischt, ihrer entschwundenen Sinne wieder mächtig war, umarmte sie Giannotto unter Tränen und zärtlichen Worten aufs neue und küßte ihn in mütterlicher Liebe wieder und wieder. Er aber blickte sie voller Ehrerbietung an und umfing sie auf das zärtlichste.

Nachdem sich diese freudige Begrüßung unter gerührter Anteilnahme aller Umstehenden drei- bis viermal wiederholt hatte, erzählten Madonna Beritola und Giannotto einander ihre Schicksale. Currado aber, der, zur großen Freude aller, seinen Freunden bereits angedeutet hatte, welche neuen verwandtschaftlichen Beziehungen hier geknüpft werden sollten, befahl, ein großes glänzendes Fest zu richten, und Giuffredi sprach zu ihm: „Currado, Ihr habt mich nun auf mancherlei Weise beglückt und habt meine Mutter lange in Ehren bei Euch aufgenommen. Damit nun wirklich gar nichts mehr übrigbleibt, was Ihr noch für uns tun könntet, bitte ich Euch, daß Ihr meine Mutter und mich an meinem Hochzeitsfest noch ganz besonders glücklich macht durch die Anwesenheit meines Bruders, den Messer Guasparrin d'Oria als Diener in seinem Hause hält, seitdem wir damals, wie ich Euch schon berichtete, durch Seeräuber gefangen wurden. Außerdem bitte ich Euch noch, jemand nach Sizilien zu schicken, der sich genau nach der Lage und dem Stand der Dinge im Lande erkundigen und nachforschen soll, was aus meinem Vater Arrighetto geworden ist, ob er noch lebt oder tot ist und in welcher Lage er sich befindet, wenn er noch am Leben ist. Mit genauen Berichten über alles möge der Bote sodann zu uns zurückkehren." Diese Bitten Giuffredis gefielen Currado, und er sandte unverzüglich zwei für solche Dienste geeignete Männer nach Genua und Sizilien.

Als der nach Genua entsandte Bote Messer Guasparrino antraf, bat er ihn im Namen Currados auf das höflichste, doch Scacciato und dessen Amme sogleich nach Lunigiana zu schicken, und berichtete, was Currado für Giuffredi und seine Mutter getan hatte. Messer Guasparrino war über solche Botschaft sehr erstaunt und sprach: „Für Currado will ich gerne tun, was in meiner Macht steht und ihm gefällt. Der Jüngling, nach dem du fragst, befindet sich wirklich seit mehr als vierzehn Jahren mit einer Frau, die seine Mutter sein will, in meinem Hause. Ich werde sie gerne zu Currado schicken. Bestelle ihm aber, er möge sich in acht nehmen und nicht zu leichtfertig Giannottos Fabeln Glauben schenken, der sich heute Giuffredi nennen läßt, denn dieser Bursche ist durchtriebener, als Currado annimmt." Nach diesen Worten ließ er den treuen Boten auf das beste bewirten und in aller Stille die Amme zu sich kommen, die er vorsichtig nach allem ausfragte. Auch diese hatte inzwischen von dem Aufstand in Sizilien gehört und daß Arrighetto noch am Leben sei. Sie unterdrückte daher die Angst, die sie gepackt hatte, erzählte Messer Guasparrino alles wahrheitsgetreu und nannte ihm auch die Gründe, die sie zu ihrem Tun veranlaßt hatten. Messer Guasparrino erkannte bald, daß die Erzählungen der Amme mit den Worten des Abgesandten Currados übereinstimmten, und begann nun, der Geschichte einigen Glauben beizumessen. Als gewitzter Mann verstand er, noch mancherlei Erkundigungen über die Sache einzuholen, und schämte sich, als er immer überzeugendere Beweise erhielt, bald der niederen Behandlung, die er dem Jüngling hatte angedeihen lassen. Um diese ein wenig wiedergutzumachen, gab er ihm nun seine reizende elfjährige Tochter mit einer reichen Mitgift zur Frau und fuhr nach einem glänzenden Hochzeitsfest mit dem Jüngling, der Tochter, dem Abgesandten Currados und der Amme auf einer wohlbewaffneten Galeere nach Lerici. Hier empfing ihn Currado und führte ihn mit seiner ganzen Begleitung auf eins seiner nahe gelegenen Schlösser, das bereits für ein prunkvolles Fest hergerichtet war.

Ich bin nicht imstande, euch mit meinen Worten oder meiner Feder die unermeßliche Freude der Mutter zu schildern, als sie auch ihren zweiten Sohn wiederfand, noch die Freude der beiden Brüder, das rührende Wiedersehen mit der treuen Amme, die Fröhlichkeit, mit der Messer Guasparrino und seine Tochter von allen empfangen wurden, und die allgemeine frohe Anteilnahme aller Anwesenden am Glück Currados und der Seinen. Ihr, meine lieben Freundinnen, mögt euch alles selber ausmalen.

Zu alledem gefiel es jetzt Gott dem Herrn, der stets, wenn er anfängt, seine Gnade walten zu lassen, der großzügigste aller Geber ist, frohe Botschaft über Leben und Gesundheit Arrighetto Capeces zu senden. Während das Fest in vollem Gange war und die geladenen Gäste, Damen und Herren, noch bei dem ersten Gang an der Tafel saßen, kehrte der nach Sizilien entsandte Bote zurück und berichtete unter anderem, daß Arrighetto von König Karl in Catania gefangengehalten worden sei. Als aber der Aufstand gegen König Karl losbrach, hatte das empörte Volk das Gefängnis gestürmt, die Wachen niedergeschlagen und Arrighetto befreit. Als erbitterter Gegner König Karls war er sodann vom Volk zum Anführer gewählt worden, das unter seinem Befehl die Franzosen niedermachte und aus dem Lande jagte. Durch diese Tat hatte er sich das Wohlwollen König Peters in hohem Maße erworben, der ihm alsbald alle seine früheren Besitzungen zurückgegeben und ihn wieder in seine alten Würden eingesetzt hatte, so daß er aufs neue überall in hohem Ansehen stand. Wie der Bote weiter berichtete, hatte Arrighetto ihn sehr gnädig empfangen und war unbeschreiblich glücklich gewesen, Kunde von seiner Gattin und seinem Sohn zu erhalten, von denen er seit seiner Gefangennahme nichts mehr gehört hatte. Arrighetto hatte sogleich einen Schnellsegler mit einigen Edelleuten auf Fahrt geschickt, die jeden Augenblick eintreffen konnten, um seine Angehörigen heimzuholen.

Mit unbeschreiblichem Jubel wurde der Abgesandte von allen empfangen und angehört, und Currado machte sich mit ein paar Freunden auf, um den Edelleuten entgegenzueilen, die nach Madonna Beritola und Giuffredi gesandt worden waren. Er empfing sie freundlich und führte sie zum Gastmahl, das noch nicht halb vorüber war. Hier wurden sie von der Dame, von Giuffredi und allen übrigen mit einer Freude empfangen, die nicht ihresgleichen hat. Sie überbrachten, bevor sie sich zur Tafel niedersetzten, die Grüße Arrighettos, dankten Currado in seinem Namen für alle Ehre, die er seiner Gattin und seinem Sohn angetan hatte, und versicherten ihn Arrighettos unverbrüchlicher Verbundenheit in jeder Hinsicht. Dann wandten sie sich an Messer Guasparrino, dessen Verdienste Arrighetto noch unbekannt waren, und versicherten, sie seien überzeugt, daß Arrighetto auch ihm ähnliche Grüße und Danksagungen hätte übermitteln lassen, wenn ihm die Scacciato erwiesene Gunst zu Ohren gekommen wäre. Dann erst ließen sie sich fröhlich an der Festtafel der jungen Braut- und Eheleute nieder, um zu speisen.

Dieses Fest, das Currado zu Ehren des Schwiegersohnes seinen Verwandten und Freunden gab, währte viele Tage, und als es schließlich vorüber war und alle sich wieder ein wenig ausgeruht hatten, glaubten Madonna Beritola, Giuffredi und die übrigen, daß nun der Tag der Heimfahrt gekommen sei. Sie bestiegen, nach gerührtem Abschied von Currado und seiner Gattin, mit Spina den Schnellsegler und fuhren ab.

Ein frischer Wind brachte sie bald nach Sizilien, wo Arrighetto seine Gattin und seine Söhne mit ihren Frauen überglücklich in die Arme schloß. Und wie es heißt, haben dort alle in dankbarer Anerkennung der von Gott empfangenen Wohltaten noch lange Zeit in der Gnade des Himmels gelebt.

SIEBENTE GESCHICHTE

Der Sultan von Babylon schickt eine von seinen Töchtern als Braut zu dem König von Algarvien. Infolge verschiedener Unglücksfälle geht die Prinzessin im Laufe von vier Jahren an verschiedenen Orten durch die Hände von neun Männern. Schließlich wird sie ihrem Vater als „Jungfrau" zurückgesandt und begibt sich jetzt, wie schon einmal, als Braut zu dem König von Algarvien.

Wäre Emilias Geschichte noch von längerer Dauer gewesen, so hätte das Mitgefühl mit den Leiden der Madonna Beritola wahrscheinlich die Augen aller Damen mit Tränen gefüllt. Als Emilia ihre Erzählung beendet hatte, gefiel es der Königin, Panfilo mit seiner Erzählung folgen zu lassen, der gehorsam sogleich anhub:

Nur schwer ist zu erkennen, was uns zum Wohle gereicht, ihr reizenden Frauen. Wie wir immer wieder sehen, glauben viele Menschen, daß sie ohne Kummer in Frieden leben könnten, wenn sie reich wären. Sie flehen daher nicht nur mit frommen Gebeten Gott um die Erfüllung dieses Wunsches an, sondern scheuen selber auch keine Mühe noch Gefahr, um Reichtümer zu erwerben. Gelingt ihnen dies nun wirklich, so finden sich oft unter den Menschen, die ihnen in der Armut von Herzen zugetan waren, Leute, die nun aus Gier nach der reichen Erbschaft zum Mörder an ihnen werden. – Andere wieder steigen aus niederem Stande durch tausend gefährliche Schlachten, besudelt mit dem Blut ihrer Brüder und Freunde, auf die Höhen des Thrones, hier das äußerste Maß menschlicher Glückseligkeit erwartend. Sie ahnen nichts von der Angst und dem Grauen, das die Throne umwittert, und erkennen oft erst in der Stunde ihres Todes, daß man an königlichen Tafeln Gift aus goldenen Bechern trinkt. – Viele ersehnen in heißem Verlangen körperliche Kraft und Schönheit oder kostbaren Schmuck und bemerken nicht eher die Hohlheit ihrer Wünsche, bis diese Dinge ihnen den Tod bringen oder Veranlassung werden zu einem Leben voller Leiden.

Um nicht zu lange bei den verschiedenen Wünschen der Menschen zu verweilen, will ich nur noch sagen, daß kein einziger solcher Wunsch von uns Menschen mit ruhigem Gewissen gewählt werden kann, da keiner vor den Schlägen des Schicksals sicher ist. Wollen wir das Rechte tun, so nehmen wir, was der Himmel uns schickt, und lassen uns daran genug sein, da er allein weiß, was uns not tut, und uns ebendies zukommen läßt.

Weil aber, ebenso wie die Männer ihren Wünschen nachgeben, auch ihr, verehrte Damen, euch besonders in einer Hinsicht versündigt, nämlich in eurer Sucht nach Schönheit, die so weit geht, daß ihr euch nicht mit den Reizen zufriedengebt, welche die Natur euch schenkte, sondern stets bemüht seid, diese mit tausend Listen zu erhöhen, wünsche ich euch zu erzählen, wie unheilbringend die Schönheit einst für eine Sarazenin war, die eben ihrer Schönheit wegen gezwungen wurde, sich im Laufe von etwa vier Jahren neun Männern hinzugeben.

Vor langer Zeit lebte in Babylon der Sultan Beminedab, dem in seinem Leben vieles nach Wunsch gelang. Unter seinen zahlreichen Kindern hatte er auch eine Tochter namens Alatiel, die von jedem, der sie kannte, für das schönste Mädchen der Welt erklärt wurde. Diese hatte er dem König von Algarvien zur Gattin versprochen, der ihn um dieses besondere Zeichen des Dankes gebeten hatte, für tapferen Beistand in einem harten Kampf gegen die Araber, die dem Sultan in den Rücken gefallen waren. Er ließ sie deswegen mit einem ehrenvollen Gefolge von Männern und Frauen und mit vielen erlesenen, kostbaren Geräten ein wohlbewaffnetes, gut ausgerüstetes Schiff besteigen, empfahl sie Gottes Schutz und schickte sie auf die Reise zu ihrem Gemahl.

Mit dem ersten günstigen Wind hißten die Schiffer die Segel, verließen den Hafen von Alexandria und machten mehrere Tage lang gute Fahrt. Als sie bereits Sardinien passiert hatten und das Ende der Reise schon nahe schien, kamen eines Tages widrige Winde auf, und da einer immer heftiger war als der andere, wurde das Schiff, auf dem die Prinzessin sich befand, so erbarmungslos hin und her geschleudert, daß selbst die Seeleute es mehrmals für verloren hielten. Da sie jedoch als wackre Männer mit großer Kraft und Geschicklichkeit manövrierten, vermochten sie den Kampf mit dem tobenden Element zwei Tage lang durchzustehen. Als aber der Sturm auch noch die dritte Nacht andauerte und nicht etwa abflaute, sondern im Gegenteil noch zunahm, wußten sie bald nicht mehr, wo sie sich befanden, und konnten es auch nach den Regeln der Schiffahrt oder durch Beobachtungen nicht feststellen, da der Himmel von dunklen Wolken und rabenschwarzer Nacht verfinstert war. Plötzlich, etwa auf der Höhe von Mallorca, spürten sie, daß das Schiff auseinanderzubrechen drohte. Da ihnen keine andre Möglichkeit blieb, das Leben zu retten, und jeder nur an sich selbst und nicht an die übrigen dachte, ließen sie ein Rettungsboot zu Wasser, und die Schiffsführer, die sich lieber diesem als dem lecken Schiff anvertrauen wollten, sprangen als erste hinein. Ihnen nach sprangen, einer nach dem anderen, sämtliche Männer, die auf dem Schiff waren, obwohl die zuerst ins Boot gesprungenen es ihnen mit dem Messer in der Hand zu verwehren suchten. So warfen sie sich dem Tode in die Arme, in der Hoffnung, ihm zu entgehen, denn das Rettungsboot, das bei dem stürmischen Wetter nicht diese Überzahl von Menschen tragen konnte, versank, und alle kamen in den Fluten um.

Das Schiff wurde, obwohl es leck und schon fast ganz voll Wasser gelaufen war, von dem heftigen Sturm weitergetrieben und jagte in heilloser Fahrt bei der Insel Mallorca auf Strand. Der Aufprall war so hart, daß es sich tief in den Sand hineinbohrte und etwa einen Steinwurf vom Ufer entfernt und vom Meere umtost die Nacht über liegenblieb, ohne daß der Sturm es von der Stelle zu bewegen vermochte. An Bord befand sich keine Menschenseele mehr außer der Prinzessin und ihren Frauen, die, von der Gewalt des Unwetters und ihrer eigenen Angst ganz betäubt, wie Tote herumlagen.

Als es endlich Tag geworden war und der Sturm ein wenig nachließ, hob die Prinzessin, mehr tot als lebendig, den Kopf und begann, so schwach sie auch war, bald diesen, bald jenen von ihren Dienern zu rufen. Doch alles Rufen war vergebens, denn jene waren weit. Weil sie weder Antwort noch irgendeinen Menschen zu Gesicht bekam, begann eine schreckliche Angst sich ihrer zu bemächtigen. So gut es ging, richtete sie sich auf und versuchte die Frauen ihres Gefolges, die mit anderen zusammen wie tot neben ihr lagen, eine nach der andern mit Rufen und Rütteln wieder zu sich zu bringen, doch fand sie nur in wenigen noch Leben. Fast alle waren an der Seekrankheit oder vor Angst gestorben, so daß die Furcht der Prinzessin sich noch um ein vielfaches erhöhte. Da sie jedoch weder wußte noch raten konnte, wo sie sich befand, und ganz auf sich allein angewiesen war, schüttelte sie die wenigen Überlebenden so lange, bis sie sie endlich wieder auf die Beine brachte. Doch konnte sie auch von ihnen nichts über den Verbleib der Seeleute erfahren, und als sie entdeckte, daß das Schiff auf Strand gejagt und ganz voll Wasser gelaufen war, begann sie mit den Leidensgefährtinnen bitterlich zu weinen.

So war fast die Zeit der Nona herangekommen, ohne daß sie irgendeinen Menschen am Strande oder sonstwo erblickt hätten, der ihnen mitleidig Beistand und Hilfe geleistet hätte.

Endlich um die Nona kam ein Edelmann namens Pericone da Visalgo, der zu Pferde von seinen Besitzungen heimkehrte, mit mehreren Dienern vorbei. Als er das Wrack sah, begriff er sogleich, was geschehen war, und befahl einem seiner Leute, unverzüglich auf das Schiff zu klettern und ihm zu berichten, wie es an Bord aussähe.

Der Diener erklomm, nicht ohne große Mühe, das Wrack und fand dort die Prinzessin, die sich mit ihrer kleinen Begleitung schüchtern unter den Schiffsschnabel des Vorderschiffes zurückgezogen hatte. Als sie den Mann erblickten, begannen sie ihn unter Tränen inständig um Hilfe anzuflehen, merkten aber bald, daß er sie ebensowenig verstand wie sie ihn, und versuchten deshalb, ihm durch Gesten ihr Unglück begreiflich zu machen. Der Diener besichtigte das Schiff, soweit es noch möglich war, und erzählte dann Pericone, was er auf dem Wrack vorgefunden hatte. Pericone ließ darauf sogleich die Frauen und die kostbarsten Schätze, die noch erreichbar waren, an Land holen und begab sich mit ihnen auf sein Schloß, wo er sie mit Speisen erquickte und ausruhen ließ. An Hand der kostbaren Gerätschaften erkannte er alsbald, daß die Frau, die er gerettet hatte, eine reiche Edeldame sein müsse, was er zudem auch der Ehrerbietung entnehmen konnte, mit der die übrigen Frauen der Prinzessin begegneten.

Obgleich diese selbst nun von all dem Ungemach, das sie auf See ausgestanden hatte, sehr elend und hinfällig war, fand Pericone doch großen Gefallen an ihren Reizen und beschloß sogleich bei sich, sie zu heiraten, wenn sie noch unvermählt sei, oder aber, wenn er sie nicht zur Gattin bekäme, sie zu seiner Geliebten zu machen.

Als nun Pericone, ein kräftiger Mann mit stolzem Antlitz, der Dame einige Tage lang die sorgfältigste Pflege hatte angedeihen lassen und sie wieder voll und ganz zu Kräften gekommen war, bemerkte er, daß ihre Schönheit seine Vermutungen noch weit übertraf, und es schmerzte ihn tief, daß weder er sie noch sie ihn verstand und er daher ihre Herkunft nicht in Erfahrung bringen konnte. Nichtsdestoweniger versuchte er, von ihren Reizen entflammt, sie mit gefälligem, liebevollem Betragen zu umwerben, damit sie sich ihm ohne Widerstand ergäbe.

Doch erreichte er nichts bei ihr. Sie verweigerte ihm jede Vertraulichkeit, wodurch sein Begehren nur desto heißer aufloderte. Als die Prinzessin es gewahrte und nach kurzem Aufenthalt aus den Gebräuchen der Menschen erkannte, daß sie sich unter Christen befand, in einem Lande also, wo es ihr, selbst wenn sie dazu imstande gewesen wäre, wenig geholfen hätte, ihre Herkunft zu entdecken, wurde es ihr sehr bald klar, daß sie in Kürze durch Gewalt oder durch Liebe gezwungen sein würde, den Gefühlen Pericones nachzugeben. Nun aber entschloß sie sich beherzt, der Schmach eines solchen Geschicks entgegenzutreten. Sie befahl ihren Dienerinnen, deren Zahl auf drei zusammengeschmolzen war, daß sie keiner Menschenseele je verraten sollten, wer sie wäre, es sei denn, daß sie dadurch mit Sicherheit auf Hilfe und Befreiung rechnen könnten. Dann riet sie ihnen auf das eindringlichste, ihre Keuschheit zu bewahren, und teilte ihnen mit, daß sie selbst fest entschlossen sei, sich niemals einem anderen Mann als ihrem zukünftigen Gatten hinzugeben. Ihre Frauen lobten ihren Vorsatz und versprachen, nach besten Kräften ihre Wünsche zu befolgen.

Pericone aber entbrannte von Tag zu Tag heißer für sie, zumal er die geliebte Frau so nahe wußte und sie ihm jegliche Gunst entschlossen verweigerte. Als er bemerkte, daß sein Werben ihm nichts half, beschloß er, zu einer List zu greifen, Gewalt dagegen bis zuletzt aufzusparen. Er hatte nun einige Male bemerkt, daß die Dame Geschmack am Weine fand, an den sie infolge eines Verbotes ihrer Religion nicht gewöhnt war. Mit diesem Diener der Venus beschloß er, sie zu fangen. Er stellte sich fortan, als trüge er kein Verlangen mehr nach dem, was sie mit soviel Abscheu erfüllte, und veranstaltete eines Abends ein herrliches Gastmahl, zu dem auch die Dame erschien. Bei diesem Essen, das durch mancherlei Späße sehr fröhlich verlief, befahl er dem Diener, der ihr vorlegte, der Dame verschiedene Weinsorten durcheinander zu kredenzen, was dieser auf die geschickteste Weise bewerkstelligte. Sie ahnte nichts Böses und ließ sich von dem Wohlgeschmack des Getränkes verleiten, mehr zu sich zu nehmen, als es ihrer Ehrbarkeit bekömmlich war. Sie vergaß alles ausgestandene Ungemach und wurde bald so vergnügt, daß sie, nach dem Tanze einiger Mädchen aus Mallorca, auf alexandrinische Weise zu tanzen begann. Als Pericone sie so sah, schien ihm die Erfüllung seiner Wünsche nahe. Er ließ aber weiterhin Speisen und Getränke im Übermaß auftragen und dehnte das Mahl bis in die späte Nacht aus. Schließlich, als alle Gäste fortgegangen waren, folgte er der Prinzessin ins Schlafgemach. Vom Weine erhitzt und von keinerlei Ehrbarkeit mehr gebändigt, entkleidete sie sich in seiner Gegenwart ohne jede Scham, als sei er eins ihrer Mädchen, und stieg ins Bett, worauf Pericone eilends das Licht löschte und sich unverzüglich an ihrer Seite ausstreckte. Dann nahm er sie, ohne den geringsten Widerstand ihrerseits, in die Arme und begann sich mit ihr auf süße Weise zu ergötzen. Sie aber, die nie zuvor gewußt hatte, mit welchem Horn die Männer stoßen, bereute, nachdem sie es erfahren, fast, daß sie nicht schon früher dem Drängen Pericones nachgegeben hatte. Sie wartete fortan nicht mehr seine Einladungen zu einer zärtlichen Nacht ab, sondern lud sich häufig selbst bei ihm zu Gast, und nicht mit Worten, die sie noch nicht gelernt hatte, sondern mit der Tat.

Doch nach den Freuden, die sie und Pericone aneinander fanden, hielt das Schicksal, das sich nicht daran genug sein ließ, aus ihr an Stelle der Gemahlin eines Königs die Geliebte eines Burgherrn gemacht zu haben, ein noch viel grausameres Liebeserlebnis für sie bereit. Es hatte nämlich Pericone einen Bruder namens Marato, der fünfundzwanzig Jahre alt und schön und frisch wie eine Rose war. Dieser hatte Alatiel des öfteren gesehen und sich heftig in sie verliebt. Er glaubte aus ihren Gebärden entnehmen zu können, daß auch er ihr nicht gleichgültig sei, ja, er war sich ihrer Huld so sicher, daß er meinte, lediglich die wachsamen Augen Pericones ständen seinem Glück im Wege. So verfiel er auf einen grausamen Gedanken, zu dessen verbrecherischer Verwirklichung er sogleich die nötigen Vorkehrungen traf. Es lag in jenen Tagen zufällig ein Schiff im Hafen, das zwei jungen Genuesern gehörte. Bereits mit Waren beladen, hatte es schon die Segel gesetzt, um beim ersten günstigen Wind nach Chiarenza in der Romagna zu segeln. Mit diesen beiden Schiffern traf Marato die Verabredung, daß sie in der folgenden Nacht ihn und die Dame an Bord nehmen sollten. Nachdem er die Vereinbarung getroffen hatte und über die Durchführung seines ruchlosen Planes mit sich im reinen war, schlich er sich bei Anbruch der Dunkelheit mit einigen eingeweihten Spießgesellen heimlich zum Hause des ahnungslosen Pericone, wo er sich verabredungsgemäß versteckte.

Als ein Teil der Nacht vorüber war, ließ Marato seine Gesellen ins Haus und zeigte ihnen das Zimmer, in dem Pericone mit der Dame schlief. Nachdem sie die Tür geöffnet hatten, ermordeten sie Pericone im Schlaf, packten die erwachte weinende Frau und bedrohten sie mit dem Tode, falls sie einen Laut von sich gäbe. Dann rafften sie einen großen Teil der kostbarsten Schätze Pericones an sich und eilten schließlich, ohne von jemand gehört zu werden, zum Hafen, wo Marato mit der Prinzessin unverzüglich aufs Schiff ging, während seine Gefährten nach Hause zurückkehrten.

Da eben ein frischer Wind aufkam, spannte die Schiffsbesatzung sogleich die Segel und fuhr ab. Die Prinzessin war über ihre beiden Unglücksfälle zu Tode betrübt, allein Marato begann, sie mit dem heiligen „Cresci-in-man", den Gott uns verlieh, auf so vorzügliche Art zu trösten, daß sie, schnell mit ihm vertraut, Pericone bald vergaß.

Doch während Alatiel noch meinte, glücklich zu sein, bereitete das Schicksal, als wolle es sich an dem vergangenen Leid noch nicht genug sein lassen, bereits neuen Kummer für sie vor. Sie war, wie wir schon des öfteren erwähnten, von hinreißender Schönheit und wußte sich gar artig zu betragen, und so verliebten sich die beiden jungen Besitzer des Schiffes ebenfalls in sie und hatten bald keinen anderen Gedanken mehr, als ihr zu dienen und gefällig zu sein, wobei sie sich freilich stets bemühten, den Argwohn Maratos nicht zu erwecken. Da sie sich indes gegenseitig durchschauten, kamen sie überein, die Beute gemeinsam zu erwerben, als ob Liebe sich auf ähnliche Weise teilen lasse wie Ware und Verdienst. Als sie nun gewahr wurden, daß die Prinzessin von Marato eifersüchtig bewacht wurde und sie daher ihren Plan nicht wie gewünscht durchführen konnten, machten sie sich eines Tages, als das Schiff mit vollen Segeln dahinbrauste, beide an Marato heran, der, nichts Böses ahnend, allein auf dem Vorderschiff stand und aufs Meer schaute. Sie packten ihn jäh hinterrücks und warfen ihn in die Fluten. Bevor aber jemand entdeckte, daß Marato ertrunken war, hatte sich das Schiff schon über eine Meile von dem Tatort entfernt.

Als die Prinzessin vernahm, was geschehen war, und einsah, daß Marato ihr für immer verloren war, begann sie, sich auf dem Schiff ihrem Schmerz hinzugeben. Die zwei Verliebten aber kamen sogleich zu ihr und bemühten sich, sie mit zärtlichen Worten und großen Versprechungen zu trösten, obwohl sie wenig davon verstand und im übrigen weniger den verlorenen Geliebten als das eigene Unglück beweinte. Nachdem die beiden Brüder der Dame ein über das andere Mal nach Kräften zugeredet hatten, schien es ihnen, als ob sie sich halbwegs getröstet habe, und sie begannen nun zu beratschlagen, wer von ihnen als erster bei ihr schlafen sollte. Da aber jeder dieser erste sein wollte und sie sich in keiner Weise darüber einigen konnten, wurden sie von wildem, heißem Zorn gepackt und gerieten sogleich in einen heftigen Wortwechsel, griffen zu den Messern und stürzten wütend aufeinander los, ohne daß die Schiffsbesatzung sie zu trennen vermochte. Sie versetzten sich mit den Messern mehrere Stöße, unter denen der eine auf der Stelle tot zusammenbrach, während der andere, aus vielen schweren Wunden blutend, knapp mit dem Leben davonkam.

Die Prinzessin, die sich nun hilflos und ohne Ratgeber auf dem Schiff sah und voller Sorge befürchtete, Verwandte und Diener der beiden jungen Schiffseigner möchten sich an ihr rächen, war über diesen Vorfall sehr bekümmert. Jedoch die Bitten des Verletzten und die baldige Ankunft in Chiarenza befreiten sie aus Todesgefahr. Die Prinzessin ging mit dem Verletzten an Land und wohnte mit ihm zusammen in einem Gasthof. Das Gerücht ihrer Schönheit durchlief schnell die Stadt und kam schließlich auch dem Prinzen della Morea zu Ohren, der sich gerade in Chiarenza aufhielt. Dieser wünschte nun dringend, sie zu sehen, fand sie, als er mit ihr zusammentraf, noch schöner, als man sich erzählte, und verliebte sich auf der Stelle so glühend in sie, daß er an nichts anderes mehr zu denken vermochte. Nachdem er erfahren hatte, auf welche Weise sie hierhergekommen war, nahm er an, daß er sie erringen könne. Während er noch auf Mittel und Wege sann, schickten bereits die Verwandten des Verletzten, die von dem Wunsch des Fürsten Kenntnis bekommen hatten, die Prinzessin zu ihm. Hierüber war er nicht wenig erfreut, und auch Alatiel war damit zufrieden, da sie glaubte, auf solche Weise einer großen Gefahr zu entrinnen.

Als der Fürst sie, in köstliche Gewänder gekleidet, in ihrer ganzen Schönheit vor sich sah, war er, obwohl er über ihre Herkunft nichts in Erfahrung bringen konnte, überzeugt, daß sie aus edlem Hause sein müsse, wodurch sich seine Zuneigung noch verdoppelte. Er hielt sie daher in hohen Ehren und behandelte sie nicht wie eine Geliebte, sondern wie seine rechtmäßige Gattin. Infolgedessen befand sich die Prinzessin, wenn sie die ausgestandenen Abenteuer erwog, recht wohl, und nachdem sie sich wieder gänzlich beruhigt und ihren früheren Frohsinn wiedergefunden hatte, erblühte ihre Schönheit so hold, daß man in der ganzen Romagna bald von nichts anderem mehr sprach.

Auch der Herzog von Athen, jung, schön und mutig, begehrte aus diesem Grunde, die Dame zu sehen. Als Freund und Verwandter des Fürsten stellte er sich, als käme er zu einem seiner üblichen Besuche, und erschien mit einem glänzenden, ehrenhaften Gefolge in Chiarenza, wo er mit vielen Auszeichnungen freudig empfangen wurde. Nach einigen Tagen, als die Herren untereinander von der Schönheit der Prinzessin sprachen, fragte der Herzog, ob sie denn wirklich so außerordentlich schön sei, wie erzählt würde. „Sie ist noch tausendmal schöner", erwiderte der Fürst, „doch nicht meine Worte, sondern deine eigenen Augen sollen dich davon überzeugen!"

Darauf begaben sie sich auf Zureden des Herzogs zusammen zu der Prinzessin, die schon von ihrem Kommen gehört hatte und sie in schicklicher Anmut auf die freundlichste Weise empfing. Sie mußte zwischen den beiden Fürsten Platz nehmen, doch bereitete ihnen die Unterhaltung mit ihr nur geringes Vergnügen, da sie wenig oder gar nichts von der Sprache des Landes verstand. Beide schauten sie daher nur voller Bewunderung an, und ganz besonders der Herzog, der es einfach nicht fassen konnte, daß sie eine gewöhnliche Sterbliche sein sollte. Während er nun meinte, mit diesem Anschauen sein Begehren zu befriedigen, gewahrte er nicht, daß seine Augen schon das süße Gift der Liebe tranken und er sich in ihren Fesseln verstrickte, so daß er in heißem Verlangen zu der Prinzessin entbrannte. Nachdem er sie zugleich mit dem Fürsten verlassen hatte und Zeit fand, sich auf sich selber zu besinnen, hielt er den Fürsten für den Glücklichsten aller Sterblichen, weil er ein so schönes Geschöpf für seine Lust besaß. Nach reiflicher Überlegung überwog die Glut seiner Sinne seine Rechtlichkeit, und er beschloß, was auch immer daraus entstehen möge, dem Fürsten sein Glück zu rauben und sich selbst daran zu ergötzen. In der Absicht, die Sache beschleunigt durchzuführen, ließ er alle Vernunft und Rücksicht auf andere fallen und richtete sein ganzes Augenmerk auf sein tückisches Vorhaben. Um den schändlichen Anschlag zu verwirklichen, ließ er im Einverständnis mit einem Kammerdiener des Fürsten namens Ciuriaci in aller Heimlichkeit Pferde und Gepäck zur Abreise rüsten und drang in der folgenden Nacht bewaffnet mit einem ebenfalls bewaffneten Freund, von dem besagten Ciuriaci geführt, heimlich in das Schlafgemach des Fürsten ein. Hier gewahrte er, daß dieser sich, der großen Hitze wegen nackt, an einem aufs Meer gerichteten Fenster von dem sanften Seewind, der herüberfächelte, erfrischen ließ, während die Dame bereits schlief. Der Herzog, der seinen Gefährten schon vorher angewiesen hatte, was zu tun sei, schlich sich leise an das Fenster und stieß dem Fürsten ein Messer so heftig von hinten in die Rippen, daß es vorn wieder herauskam, gleichzeitig packte er ihn und stürzte ihn aus dem Fenster in die Tiefe.

Nun war der Palast auf einem Felsen hoch über dem Meere erbaut, und unter dem Fenster, am dem der Fürst gestanden hatte, befanden sich ein paar verfallene, vom Meer zerstörte Hütten, die selten oder nie ein Mensch betrat. So war denn auch, wie der Herzog es vorausgesehen hatte, niemand da, der den Fall des herabstürzenden Fürsten hörte oder hätte hören können. Als der Begleiter des Herzogs sah, daß die Tat vollbracht war, warf er wie im Spiel einen mitgebrachten Strick um den Hals des Kammerdieners und zog ihn so jäh an, daß Ciuriaci keinen Laut von sich geben konnte. Und nachdem der Herzog hinzugekommen war, erdrosselten ihn beide und warfen ihn ebenfalls dort hinab, wohin sie den Fürsten geworfen hatten.

Nach dieser Tat nahm der Herzog, der sicher war, daß weder die Prinzessin noch sonst irgend jemand das Verbrechen bemerkt hatte, ein Licht in die Hand, ging mit diesem an das Bett und deckte behutsam die schlafende Schöne auf. Hatte sie ihm schon angekleidet gefallen, so erschien ihm ihre Schönheit jetzt, wo er sie in ihrer Nacktheit vor sich sah, über jeden Vergleich erhaben. Und sein Begehren entzündete sich so sehr, daß er sich trotz des soeben begangenen Verbrechens mit blutbefleckten Händen an ihre Seite legte und sie umarmte, die verschlafen glaubte, den Fürsten neben sich zu haben. Nachdem er sich eine Weile voller Entzücken mit ihr ergötzt hatte, stand er auf, ließ ein paar Männer seines Gefolges herein, welche die Dame so, daß sie keinen Lärm machen konnte, ergriffen, sie durch die geheime Tür, durch die der Herzog hereingekommen war, hinaustrugen und sie aufs Pferd setzten. Dann machte der Herzog sich so leise wie möglich mit seinem ganzen Gefolge auf den Heimweg nach Athen. Da er dort eine rechtmäßige Gattin besaß, nahm er die Prinzessin nicht mit nach Athen, sondern brachte sie auf eins seiner schönsten Schlösser, das in der Nähe der Stadt am Meere lag. Hier verbarg er Alatiel, die betrübter war als je zuvor, und ließ sie auf das beste mit allem Nötigen bedienen.

Als nun die Höflinge des Fürsten am nächsten Tag bis gegen die Nona auf das Erscheinen ihres Gebieters gewartet hatten und keinen Laut vernahmen, öffneten sie endlich die Türen des Schlafgemachs, die nicht verschlossen waren, fanden dort niemand vor und nahmen deshalb an, daß der Fürst sich heimlich auf eins seiner Schlösser begeben habe, um dort zu seinem Vergnügen ein paar Tage mit seiner schönen Freundin zu verweilen. So machten sie sich keine Sorgen um ihn.

Dann aber geschah es, daß am folgenden Tag ein armer Trottel, der sich in den Ruinen herumgetrieben hatte, in denen die Körper des Fürsten und Ciuriacis lagen, den Leichnam Ciuriacis an dem Strick hervorzog und ihn hinter sich herschleifte.

Erstaunt erkannten die Leute die Leiche und brachten schließlich mit allerlei Versprechungen den Blöden so weit, daß er sie an den Ort führte, wo er sie gefunden hatte. Zum größten Schmerz der ganzen Stadt fand man nun auch den Leichnam des Fürsten, der mit großem Prunk bestattet wurde.

Auf der Fahndung nach den Tätern dieser grausigen Mordtat wurde die Abwesenheit des Herzogs von Athen bemerkt, der bei Nacht und Nebel abgereist war und alsbald in den Verdacht kam, die ruchlose Tat begangen und die Dame entführt zu haben, was ja auch zutraf. Es wurde schnell ein Bruder des verstorbenen Fürsten zu dessen Nachfolger ernannt und von allen inständig zur Rache angespornt. Dieser war nach verschiedenen Anzeichen bald von der Wahrheit des Verdachtes überzeugt und rief deshalb seine Freunde, Verwandten und Untergebenen aus den verschiedensten Orten zusammen, stellte in Eile ein großes, mächtiges Heer auf und erklärte dem Herzog von Athen den Krieg.

Auf diese Kriegserklärung hin zog auch der Herzog seine Streitkräfte zu seiner Verteidigung zusammen, und viele Edelleute eilten zu seiner Unterstützung herbei. Unter diesen befanden sich, vom Kaiser von Konstantinopel entsandt, dessen Sohn Konstantin und sein Neffe Iman mit einem mächtigen, großen Heer. Sie wurden von dem Herzog mit großer Auszeichnung empfangen und noch um vieles freundlicher von der Herzogin, einer Schwester Konstantins.

Während die Lage sich von Tag zu Tag mehr zuspitzte, rief die Herzogin ihre beiden Angehörigen zu sich und berichtete ihnen unter Tränen ausführlich die ganze Geschichte und Veranlassung dieses Krieges und beklagte sich bitter über den Schimpf, den ihr der Herzog mit jenem Frauenzimmer antue, das er glaubte verborgen auszuhalten. Sie beschwerte sich heftig darüber und flehte die beiden an, die Sache zur Ehre des Herzogs und zu ihrer eigenen Genugtuung auf eine ihnen geeignet scheinende Weise aus der Welt zu schaffen.

Die beiden jungen Männer, die bereits um die Geschehnisse wußten, trösteten die Herzogin, so gut sie es vermochten, ohne sie lange zu fragen, baten sie, guten Mutes zu sein, und verabschiedeten sich dann von ihr, nachdem sie ihnen noch verraten hatte, wo jene Frau sich aufhielt. Da diese beiden jungen Männer die Schönheit der Prinzessin schon oft hatten rühmen hören, wünschten sie sehr, sie einmal zu sehen, und baten den Herzog, sie ihnen doch einmal zu zeigen. Ohne daran zu denken, wie es dem Fürsten ergangen war, als er ihm selber die Prinzessin vorführte, versprach der Herzog, ihrem Wunsch zu entsprechen. Er ließ deshalb in einem sehr schönen Garten, der sich am Wohnort Alatiels befand, ein köstliches Mahl richten und begab sich am folgenden Tag mit den beiden jungen Männern und einigen wenigen anderen Gästen zum Essen zu ihr.

Konstantin, der ihr zur Seite saß, betrachtete sie voller Bewunderung und dachte bei sich, daß er noch nie eine so schöne Frau gesehen habe und daß weiß Gott der Herzog und jeder andere Mann zu entschuldigen sei, der, um so ein köstliches Kleinod zu besitzen, zum Verrat oder einer anderen, nicht gerade ehrenhaften Hinterlist gegriffen habe. Während er sie so ein um das andre Mal entzückt anblickte und sie reizender fand als alle andren Frauen, erging es ihm nicht anders, als es dem Herzog ergangen war. Nachdem er, bis über die Ohren verliebt, die Dame verlassen hatte, vergaß er den Krieg voll und ganz und hatte keinen andren Gedanken, als wie er sie dem Herzog entreißen könne. Er verbarg aber seine Verliebtheit auf das sorgsamste vor jedermann.

Während er in diesem Feuer brannte, wurde es Zeit, gegen den Prinzen, der sich schon dem Bereiche des Herzogs näherte, ins Feld zu ziehen. Der Herzog brach mit Konstantin und allen übrigen von Athen auf und zog ihm befehlsgemäß entgegen, um ihn an der gefährdeten Grenze zu treffen und sein weiteres Vordringen zu verhindern.

An der Grenze verweilten sie mehrere Tage. Konstantins Gedanken aber umkreisten noch immer jene Frau, und er hoffte, jetzt, wo der Herzog nicht in ihrer Nähe war, vielleicht sein Verlangen stillen zu können. Um einen Grund zur Rückkehr nach Athen zu haben, stellte er sich leidend, ließ sich vom Herzog beurlauben und übergab seinen Heeresteil Iman. Dann kehrte er nach Athen zu seiner Schwester zurück und begann ein paar Tage später von der Schmach zu sprechen, die ihr von ihrem Gemahl durch sein Verhältnis mit jener Frau zugefügt werde. Dabei versprach er seiner Schwester, wenn sie es wünsche, sei er bereit, ihr zu helfen, indem er jene von ihrem jetzigen Aufenthalt vertriebe und sie fortbrächte. Im Glauben, daß ihr Bruder alles aus Liebe zu ihr und nicht der anderen wegen begänne, gab die Herzogin gern ihre Zustimmung, stellte aber die Bedingung, er müsse alles derart bewerkstelligen, daß der Herzog nie erfahre, sie habe die Hand dabei im Spiele gehabt. Das wurde ihr von Konstantin auf das bestimmteste versprochen, worauf sie ihm erlaubte, sein Vorhaben so auszuführen, wie es ihm am besten dünkte.

Konstantin ließ darauf in aller Stille ein leichtes Schiff bewaffnen und brachte dieses eines Abends in die Nähe des Gartens, in dem die Prinzessin sich aufhielt. Als er seinen Leuten genau aufgetragen hatte, was zu tun sei, betrat er mit einigen Gefährten den Palast der Prinzessin, wo er von ihrer Bedienung höflich empfangen wurde und ebenso von der Dame selbst.

Von ihr und Konstantins Dienerschaft begleitet, erging man sich alsbald auf seinen ausdrücklichen Wunsch im Park.

Als die Dame beginnen wollte, von dem Herzog zu sprechen, trat Konstantin mit ihr allein durch eine Tür, die zum Meer hinausging und von seinen Gefährten geöffnet worden war. Hier ließ er, nachdem er sein Schiff mit einem Zeichen herangewinkt hatte, die Dame schnell ergreifen und an Bord bringen. Ihre Dienerschaft aber herrschte er an: „Wer nicht auf der Stelle sterben will, rühre sich nicht vom Fleck und wage keinen Laut von sich zu geben! Ich habe nicht die Absicht, dem Herzog seine Geliebte zu rauben, sondern will den Schimpf beseitigen, den er meiner Schwester antut!"

Auf diese Worte wagte niemand eine Erwiderung, so daß Konstantin sich in Begleitung der weinenden Frau mit den Seinen aufs Schiff begeben konnte, wo er sogleich befahl, die Ruder ins Wasser zu tauchen und abzufahren. Mehr fliegend als rudernd erreichten sie schon im Morgengrauen des folgenden Tages Ägina, wo sie an Land gingen, um sich ein wenig auszuruhen. Hier stillte Konstantin sein Verlangen in den Armen der Prinzessin, die ihre unheilbringende Schönheit beweinte. Dann begaben sie sich wieder an Bord des Schiffes und erreichten in wenigen Tagen Chios, wo Konstantin aus Angst vor dem Zorn seines Vaters und aus Sorge um den Besitz seiner schönen Geliebten zu bleiben beschloß. Die Prinzessin beweinte hier noch einige Tage lang ihr Unglück. Da aber Konstantin sie weiterhin auf die gleiche Art tröstete, wie er es schon vorher getan hatte, begann sie bald Gefallen zu finden an dem, was das Schicksal ihr nun beschert hatte.

Während die Dinge sich also zutrugen, kam zufällig Osbeck, der Herrscher der Türken, der in beständigem Streit mit dem Kaiser lebte, nach Smyrna und hörte hier von dem ausschweifenden Leben, das Konstantin ungeniert mit einer geraubten Frau in Chios führte. Er machte sich daraufhin eines Nachts mit ein paar leichten Schiffen auf die Reise, drang unerkannt mit seinen Leuten in die Stadt, überwältigte viele seiner Gegner noch auf ihren Lagern, bevor diese den Feind recht erkannten, und tötete alle, die munter wurden und zu den Waffen greifen wollten. Dann brannte er die Stadt nieder, schleppte Beute und Gefangene auf seine Schiffe und kehrte mit ihnen nach Smyrna zurück.

Nach seiner Ankunft entdeckte Osbeck, der noch ein

junger Mann war, bei der Besichtigung der Beute die schöne Frau, die er sogleich als jene wiedererkannte, die an der Seite Konstantins im Schlafe gefangengenommen wurde. Entzückt, sie hier zu finden, machte er sie unverzüglich zu seiner Gemahlin, hielt feierlich Hochzeit mit ihr und genoß alsdann mehrere Monate hindurch fröhlich und in aller Ruhe in Smyrna die Freuden der Liebe.

Schon vor diesen Ereignissen hatte der Kaiser mit Basanus, dem König von Kappadozien, Vereinbarungen getroffen, wonach dieser mit seinen Kriegern Osbeck von der einen Seite angreifen sollte, während der Kaiser selbst mit seinem Heer von der anderen Seite anrücken wollte. Diese Abmachungen waren zu keinem befriedigenden Abschluß gekommen, da der Kaiser sich nicht bereit gefunden hatte, einige Forderungen des Basanus, die ihm zu hart erschienen, anzunehmen. Als er nun vernahm, was seinem Sohn zugestoßen war, erfüllte er in tiefem Gram sogleich alle Wünsche des Königs von Kappadozien und forderte ihn auf, unverzüglich gegen Osbeck ins Feld zu ziehen, während er selber sich aufmachte, um diesem in den Rücken zu fallen.

Aber auch Osbeck sammelte, als er hiervon Kenntnis bekam, sein Heer und zog, ehe er von seinen beiden mächtigen Gegnern eingeschlossen wurde, dem König von Kappadozien entgegen, nachdem er seine schöne Gattin der Obhut eines treuen Dieners und Freundes anvertraut hatte. Schon nach kurzer Frist stieß er auf den König, wurde in hartem Kampf getötet und sein Heer geschlagen und vernichtet. Der siegreiche Basanus aber zog ungehindert nach Smyrna und wurde, wohin er auch kam, von dem Volk als Sieger anerkannt.

Der Vertraute Osbecks, Antiochus mit Namen, in dessen Schutz die Prinzessin zurückgeblieben war, verliebte sich indessen, ungeachtet seines Alters und der Treue, die er seinem Freund und Gebieter schuldig war, heftig in sie, als er ihre große Schönheit gewahrte. Da er ihre Sprache beherrschte – worüber sie sehr glücklich war, nachdem sie jahrelang fast das Leben einer Taubstummen hatte führen müssen, die niemand verstand und von keinem verstanden wurde –, erlaubte er sich, von seiner Liebe angespornt und ohne Rücksicht auf seinen Gebieter, der mit dem Schwerte in der Hand im Kriege war, schon nach wenigen Tagen so viele Vertraulichkeiten, daß aus diesen nicht nur eine Freundschaft, sondern Liebe erwuchs und bald einer dem andern unter den Bettdecken die wonnigsten Freuden bescherte.

Als sie hörten, daß Osbeck besiegt und getötet war und Basanus heranzog, um sich aller Dinge zu bemächtigen, beschlossen sie, gemeinsam zu fliehen und seine Ankunft nicht abzuwarten. Sie nahmen von den Schätzen Osbecks eine Menge der kostbarsten an sich und segelten in aller Heimlichkeit zusammen nach Rhodos, wo schon nach kurzer Zeit Antiochus auf den Tod erkrankte.

In den Tagen dieser Krankheit kehrte zufällig ein Kaufmann aus Zypern zurück, dem Antiochus in großer Liebe und Freundschaft zugetan war. Als er merkte, daß sein Ende nahe sei, beschloß er, diesem Freund sein Vermögen und die teure Frau zu hinterlassen. Er rief daher, als er den Tod herannahen fühlte, beide zu sich und sprach: „Ich fühle, daß meine Kräfte mehr und mehr nachlassen, und bin darüber sehr traurig, denn ich habe niemals größere Freude am Leben gehabt als gerade jetzt. Zwar kann ich zufrieden in den Armen der beiden Menschen sterben, die mir teurer sind als alle anderen auf der Welt – in den deinen, teuerster Freund, und in den Armen dieser Frau, die ich, seitdem ich sie kenne, mehr als mein Leben geliebt habe. Es schmerzt mich heiß, daß sie nach meinem Tode allein und ohne Ratgeber hier in der Fremde zurückbleiben muß, doch wäre es noch weit schlimmer, wenn ich dich nicht hier wüßte. Ich bin überzeugt, daß du aus Liebe zu mir für sie genauso sorgen wirst, wie du es für mich getan hättest. Ich bitte dich von ganzem Herzen, nach meinem Tode mein Vermögen und diese Frau in deine Obhut zu nehmen und mit beidem so zu verfahren, daß es meiner Seele zum Trost gereichen würde. Dich aber, liebste Frau, bitte ich, mich nach meinem Tode nicht zu vergessen, damit ich mich auch im Jenseits noch rühmen kann, von der schönsten Frau der Welt geliebt zu werden. Wenn ihr mir diese beiden Dinge versprechen wollt, will ich getrost von hinnen gehen."

Sein Handelsfreund und die Prinzessin weinten sehr bei seinen Worten, und als er verstummte, versuchten sie ihn zu trösten und versprachen, seine Wünsche nach besten Kräften zu erfüllen, falls er sterben sollte. Und als er bald darauf verschied, bestatteten sie ihn auf das ehrenvollste.

Einige Tage später hatte der Kaufmann aus Zypern seine Angelegenheiten in Rhodos erledigt und wollte auf einer katalanischen Kogge, die gerade im Hafen lag, die Heimreise antreten. Er fragte die schöne Frau nach ihren Plänen und sagte ihr, daß er nach Zypern zurückkehren müsse. Die Prinzessin antwortete, sie würde ihn, wenn er damit einverstanden sei, gern begleiten, da sie hoffe, daß er sie aus Liebe zu Antiochus wie eine Schwester behandeln und achten werde. Der Kaufmann erklärte, daß er mit allem, was ihr Freude mache, einverstanden sei, und gab sie als seine Frau aus, um sie vor Beleidigungen zu schützen, denen sie auf der Überfahrt ausgesetzt sein könnte. Hierauf bestiegen sie das Schiff und bekamen eine kleine Kabine im Achterschiff, wo er, damit die Tatsachen nicht seine Worte Lügen straften, mit ihr zusammen in einem recht engen Bettchen schlafen mußte. So kam es zu Geschehnissen, die bei der Abreise aus Rhodos weder sie noch er beabsichtigt hatten. Von der Dunkelheit, der günstigen Gelegenheit und der Wärme des Bettes, deren Kräfte wahrlich nicht gering sind, verführt, vergaßen sie schnell Freundschaft und Liebe zu dem toten Antiochus und begannen, von gleicher Begierde übermannt, einander zu reizen und anzustacheln, so daß sie Hochzeit machten, noch bevor sie Baffa, die Heimat des Zypresen, erreichten, wo die Prinzessin nach der Ankunft noch längere Zeit bei dem Kaufmann blieb.

Nun traf es sich, daß ein Edelmann namens Antigonus eines Geschäftes wegen zufällig nach Baffa kam, der reich an Jahren und Erfahrung, jedoch nur arm an irdischen Gütern war, da er sich im Dienste des Königs von Zypern in mancherlei Geschäfte eingelassen, sie aber nicht zu glücklichem Ende hatte bringen können. Dieser Edelmann ging eines Tages, als der zyprische Kaufmann gerade in Geschäften nach Armenien war, an dem Hause vorüber, in dem die schöne Alatiel wohnte, und erblickte sie zufällig am Fenster. Da sie von so außergewöhnlicher Schönheit war, schaute er sie aufmerksam an und begann zu überlegen, daß er diese Dame schon früher einmal gesehen haben müsse, vermochte jedoch beim besten Willen sich nicht zu erinnern, wo es gewesen sein könnte. Die Prinzessin aber, die so lange Zeit ein Spielball des Schicksals gewesen war, sich nun aber dem Ende ihrer Irrfahrten näherte, erinnerte sich bei seinem Anblick sogleich, daß sie ihn in Alexandrien im Dienste ihres Vaters gesehen hatte, und nicht etwa auf einem geringen Posten. Sie wurde daher jäh von neuer Hoffnung erfüllt, mit seiner Hilfe vielleicht ihr königliches Ansehen wiederzuerlangen, und ließ ihn, zumal ihr Kaufmann nicht zugegen war, unverzüglich zu sich rufen. Als Antigonus vor ihr stand, fragte sie ihn schüchtern, ob er Antigonus aus Famagusta sei, wie sie glaube. Er bejahte es und sprach: „Madonna, ich glaube Euch zu kennen, doch kann ich mich durchaus nicht erinnern, woher. Darum bitte ich Euch, wenn es Euch nicht unangenehm ist, mir ins Gedächtnis zurückzurufen, wer Ihr seid!"

Als die Prinzessin hörte, daß er wirklich Antigonus war, brach sie in Tränen aus, umschlang mit den Armen seinen Hals und fragte schließlich den ganz Verwunderten, ob er sie denn nie in Alexandria gesehen habe. Diese Frage rief in Antigonus sogleich die Gewißheit wach, daß sie nur Alatiel, die Tochter des Sultans, sein könnte, von der man annahm, daß sie im Meer ertrunken sei. Er wollte ihr darum die schuldigen Reverenzen erweisen, sie aber litt es nicht, sondern bat ihn, sich neben sie zu setzen.

Antigonus nahm an ihrer Seite Platz und fragte sie ehrerbietig, wie, wann und woher sie in diese Stadt gekommen sei, da ganz Ägypten glaube, sie sei schon vor Jahren ertrunken. Die Prinzessin erwiderte: „Ich wollte wirklich, es wäre so gekommen, damit ich nicht dieses Leben hätte führen müssen, zu dem ich gezwungen wurde. Und ich glaube, daß auch mein Vater dasselbe wünschen würde, wenn er je etwas davon erfahren sollte." Nach diesen Worten begann sie bitterlich zu weinen, und Antigonus sprach zu ihr: „Madonna, betrübt Euch nicht früher, als es wirklich nötig ist. Wenn Ihr mögt, erzählt mir Euer Unglück und was für ein Leben Ihr geführt habt. Vielleicht ist alles so verlaufen, daß wir mit Gottes Hilfe einen guten Ausweg finden!" – „Antigonus", antwortete die schöne Frau, „als ich dich sah, glaubte ich meinen Vater vor mir zu sehen, und ich fühlte mich von der Liebe und Zärtlichkeit, die ich ihm schulde, so gerührt, daß ich mich dir zeigte, obwohl ich mich hätte verbergen können. Wahrlich, es gibt nur wenige Menschen, deren Anblick mich so hätte erfreuen können, wie ich mich gefreut habe, als ich dich sah und wiedererkannte! Darum will ich dir wie einem Vater alles anvertrauen, was ich sonst stets allen verheimlicht habe. Siehst du, nachdem du alles erfahren hast, noch eine Möglichkeit, mich in meinen rechtmäßigen Stand zurückzubringen, so bitte ich dich, es zu tun. Wenn aber keine solche Möglichkeit mehr besteht, dann flehe ich dich an, niemals einem Menschen zu erzählen, daß du mich gesehen oder irgend etwas von mir gehört hast."

Nach diesen Worten erzählte sie ihm weinend alles, was ihr vom Tage ihres Schiffbruchs bei Mallorca an bis zum gegenwärtigen Augenblick zugestoßen war, und Antigonus' Augen füllten sich mit Tränen über soviel Leid. Dann aber sagte er nach einigem Nachdenken: „Madonna, da Eure Herkunft in allen Euren Unfällen verborgen geblieben ist, werde ich Euch zu Eurem Vater, dem Ihr ohne Frage jetzt noch teurer sein werdet als ehedem, und bald danach auch zum König von Algarvien als seine Gattin zurückbringen."

Auf ihre Frage, wie er das bewerkstelligen wolle, erklärte er ihr ausführlich, was zu tun sei, und trat dann unverzüglich die Rückreise nach Famagusta an, um neuen Zwischenfällen vorzubeugen. In Famagusta begab er sich zum König und sprach: „Mein Gebieter, wenn es Euch gefiele, könntet Ihr gleichzeitig Euch selbst viel Ehre erwerben und mir, der ich in Eurem Dienst verarmt bin, große Vorteile verschaffen, die Euch wenig kosten." Der König fragte, wie das möglich sein sollte, und Antigonus fuhr fort: „In Baffa ist die schöne junge Tochter des Sultans angekommen, von der es lange Zeit geheißen hat, sie sei ertrunken. Sie hat das größte Ungemach ausstehen müssen, um ihre Tugend zu bewahren. Nun ist sie gänzlich mittellos und wünscht, zu ihrem Vater heimzukehren. Wenn es Euch beliebte, sie unter meiner Obhut nach Hause geleiten zu lassen, würdet Ihr viel Ehre und ich allerlei Nutzen davontragen; auch glaube ich, daß der Sultan einen solchen Dienst nie wieder vergäße."

Von fürstlicher Großmut bewegt, erklärte der König sich sogleich einverstanden, schickte der Prinzessin ein ehrenvolles Geleit und ließ sie nach Famagusta holen, wo sie von ihm und der Königin mit Freude und höchster Auszeichnung empfangen wurde. Auf alle Fragen, die König und Königin nach ihren Schicksalen stellten, erzählte sie alles so, wie Antigonus es ihr eingeschärft hatte. Einige Tage später sandte der König sie auf ihre Bitten hin mit einem schönen, ehrenvollen Geleit unter Antigonus' Obhut dem Sultan wieder zu. Und niemand wird bezweifeln, daß sie mit grenzenloser Freude empfangen wurde. Desgleichen auch Antigonus und das ganze Gefolge.

Nachdem die Prinzessin sich wieder ein wenig erholt hatte, begehrte der Sultan zu hören, wieso sie noch am Leben sei und wo sie sich die ganze Zeit aufgehalten habe, ohne von sich hören zu lassen. Die Prinzessin, die Antigonus' Anweisungen wohl im Gedächtnis behalten hatte, sprach darauf zu ihm: „Mein Vater, es war vielleicht am zwanzigsten Tag nach meiner Abreise von Euch, als unser Schiff von einem heftigen Sturm erfaßt und nachts an eine Küste des Westens geschleudert wurde, ganz in der Nähe des Ortes Aguamorta. Ich weiß nicht, was aus den Männern geworden ist, die sich auf dem Schiff befanden, und habe es auch niemals erfahren. Ich erinnere mich nur, daß ich, als es Tag wurde, gleichsam vom Tode zu neuem Leben erwachte. Das gestrandete Schiff war inzwischen von den Bewohnern jener Gegend entdeckt worden, die nun von allen Seiten herbeieilten, um es auszurauben. Ich wurde mit zwei meiner Frauen an Land getragen, wo wir sogleich von mehreren jungen Männern gepackt und in verschiedenen Richtungen davongeschleppt wurden. Was aus meinen beiden Begleiterinnen geworden ist, weiß ich nicht. Mich aber ergriffen trotz meines Sträubens zwei junge Männer und zerrten mich an den Haaren hinter sich her. Als sie mich Weinende eben eine Straße entlangzogen, die in einen riesigen Wald führte, kamen uns vier Männer zu Pferde entgegen, bei deren Anblick meine Peiniger mich sogleich losließen und sich eilends davonmachten. Die vier Reiter aber, die allem Anschein nach einflußreiche Personen waren, trabten, als sie dies bemerkten, zu mir heran und fragten mich vielerlei. Ich erwiderte ihnen ebensoviel, doch konnten weder sie meine Sprache verstehen noch ich die ihre.

Nach langer Beratung hoben sie mich auf eins ihrer Pferde und brachten mich in ein Frauenkloster ihrer Religion. Was sie hier ausgesagt haben mögen, weiß ich nicht, jedenfalls wurde ich von den Nonnen auf das liebreichste aufgenommen und stets mit Achtung behandelt. Ich habe dann mit viel Demut zusammen mit ihnen dem heiligen Crescentius von Valcava gedient, dem die Frauen jener Gegend sehr ergeben sind.

Als ich schon eine Weile bei den Nonnen war und bereits ein wenig von ihrer Sprache gelernt hatte, fragten sie mich, wer ich sei und woher ich käme. Da ich schon wußte, wo ich mich befand, und fürchtete, wenn ich die Wahrheit spräche, von ihnen als Feindin ihres Glaubens davongejagt zu werden, antwortete ich, daß ich die Tochter eines vornehmen Edelmanns aus Zypern sei, der mich zu meinem Gatten nach Kreta geschickt habe. Zu unserm Unglück aber hätten wir auf der Reise Schiffbruch erlitten und seien hierher verschlagen worden. Auch habe ich aus Furcht vor Schlimmerem oftmals an ihren Bräuchen teilgenommen.

Eines Tages fragte mich die Oberin dieser Frauen, die von ihnen ‚Äbtissin‘ genannt wird, ob ich nach Zypern zurückkehren möchte, und ich erwiderte, daß dies mein größter Wunsch sei. Sie wollte mich aber, um meine Ehre besorgt, niemandem anvertrauen, der nach Zypern fuhr, bis endlich vor etwa zwei Monaten ein paar vertrauenswürdige Männer aus Frankreich mit ihren Frauen, von denen eine mit der Äbtissin verwandt war, ins Kloster kamen. Als die Äbtissin erfuhr, daß sie sich auf der Reise nach Jerusalem befanden, um das Grab zu besuchen, in dem jener, den sie ihren Gott nennen, nach seiner Ermordung durch die Juden begraben wurde, empfahl sie mich ihnen und bat sie, mich zu meinem Vater nach Zypern zurückzubringen.

Wollte ich schildern, wieviel Ehre die Edelleute und ihre Damen mir antaten und wie freundlich sie alle sich meiner annahmen, so würde ich viele Stunden brauchen. Wir bestiegen also ein Schiff und kamen mehrere Tage darauf nach Baffa. Dort angelangt, wo ich keine Menschenseele kannte, wußte ich nicht, was ich meinen Begleitern sagen sollte, die mich im Auftrage der ehrwürdigen Äbtissin zu meinem Vater bringen sollten. Doch Gott, der Erbarmen mit mir hatte, half mir weiter und sandte mir Antigonus, als wir eben in Baffa ausstiegen. Ich rief ihn sogleich heran und bat ihn in unserer Sprache, die weder von den Herren noch von ihren Damen verstanden wurde, mich als seine Tochter zu empfangen. Er verstand sofort, begrüßte mich freudig und erwies den Edelleuten und ihren Damen so viele Aufmerksamkeiten, wie es ihm bei seiner Armut möglich war. Mich aber brachte er zum König von Zypern, der mich mit so unbeschreiblichen Auszeichnungen empfing und zu Euch zurückgeleiten ließ, daß ich nicht imstande bin, alles zu schildern. – Wenn noch etwas zu berichten sein sollte, so mag Antigonus es sagen, der sich schon des öfteren meine Schicksale hat von mir erzählen lassen."

Und Antigonus sprach zum Sultan: „Mein Gebieter, Eure Tochter hat auf das gewissenhafteste alles berichtet, wie ich es des öfteren schon von ihr selber und auch von den Edelleuten hörte, mit denen sie hierhergekommen ist. Eines nur hat sie vergessen zu sagen, und ich nehme an, daß sie es tat, weil es nicht ziemlich ist, selbst davon zu sprechen: nämlich was die Edelleute und ihre Damen, in deren Begleitung sie ankam, von ihrem ehrbaren Leben bei den frommen Frauen erzählt haben und von ihrer Tugend und ihren lobenswerten Sitten. Auch verschwieg sie die Tränen, die jene Damen und Herren vergossen, als sie mir Eure Tochter übergaben und sich von ihr trennen mußten. Wenn ich hierüber alles berichten wollte, was ich von jenen erfuhr, würde der heutige Tag nicht ausreichen und auch nicht die kommende Nacht. Eines nur möchte ich noch sagen: daß Ihr nach den Worten jener Menschen und nach allem, was ich selber feststellen konnte, Euch rühmen dürft, unter allen Herrschern, die heute eine Krone tragen, die schönste, sittsamste und vortrefflichste Tochter zu besitzen."

Der Sultan war über diese Worte unbeschreiblich erfreut und bat Gott vielmals, ihm die Gnade zu erweisen, daß er sich jedem, der seine Tochter geehrt habe, erkenntlich zeigen könne, ganz besonders dem König von Zypern, der sie ihm auf so würdige Weise zurückgesandt hatte.

Einige Tage später, nachdem er Antigonus mit kostbarsten Geschenken überschüttet hatte, erlaubte er ihm, nach Zypern zurückzukehren, und ließ dem König in Briefen und durch besondere Gesandte seinen wärmsten Dank aussprechen für alles, was er für seine Tochter getan hatte.

In dem Wunsche, das einst Begonnene zu gutem Ende zu bringen und die Tochter zur Gattin des Königs von Algarvien zu machen, übersandte der Sultan dem König einen genauen Bericht über alles, was sich ereignet hatte, und schrieb ihm darüber hinaus, wenn er Alatiel noch zur Gattin begehre, möge er sie abholen lassen.

Der König von Algarvien war hierüber sehr glücklich. Er ließ die Prinzessin auf die ehrenvollste Weise zu sich holen und empfing sie überaus herzlich. Sie aber, die mit acht Männern wohl an die zehntausendmal zusammen geschlafen, legte sich nun als „Jungfrau" an seine Seite, machte ihm auch weis, daß sie es wirklich noch sei, und lebte als Königin noch lange Zeit glücklich mit ihm zusammen. Und so sagt man mit Recht:

> Geküßter Mund an Schönheit nichts büßt ein,
> dem Monde gleich wird stets sein Reiz erneuert sein.

ACHTE GESCHICHTE

Der Graf von Antwerpen flieht auf Grund verleumderischer Anschuldigungen ins Ausland und läßt seine beiden Kinder an verschiedenen Orten in England zurück. Als er unerkannt aus Irland zurückkehrt, findet er beide in guten Verhältnissen vor. Er zieht als Troßknecht mit dem Heer des Königs von Frankreich und erlangt schließlich, nachdem seine Unschuld erkannt ist, sein altes Ansehen wieder.

Gar mancher Seufzer entfloh den Damen bei den Abenteuern der schönen Alatiel. Wer aber kann sagen, was eigentlich den Anlaß zu diesen Seufzern gab? Sollten am Ende einige der Damen mehr aus Verlangen nach ebenso vielen Hochzeiten als aus Mitleid mit der Prinzessin geseufzt haben? Doch lassen wir es dahingestellt. Als ihr Lachen über die letzten Worte Panfilos verstummt war und die Königin sah, daß mit dem Sprichwort die Geschichte beendet war, wandte sie sich an Elissa und bat sie, mit einer neuen Erzählung die Reihe fortzusetzen. Elissa folgte fröhlich ihrer Aufforderung und sprach:

Heute haben wir ein gar weites Feld, auf dem wir uns tummeln können, und wohl jeder unter uns vermöchte auf dieser Kampfbahn nicht nur einmal, sondern zehnmal gegen seine Gegner anzurennen, denn unzählige seltsame und harte

Schicksale führt uns Fortuna vor. Aus der unendlichen Menge dieser Geschichten will auch ich eine erzählen.

Als das römische Kaiserreich von den Franzosen auf die Deutschen übergegangen war, entbrannte zwischen beiden Nationen erbitterte Feindschaft und harter, ausdauernder Krieg. Um gegen den Feind ins Feld zu ziehen, stellte deshalb der König von Frankreich mit einem seiner Söhne unter größten Opfern des Reiches und mit Beihilfe von Freunden und Verwandten ein mächtiges Heer auf zur Verteidigung des eigenen Landes und zum Angriff gegen das feindliche Gebiet. Bevor sie aufbrachen, setzten sie, damit ihr Land nicht ohne Regierung zurückbleibe, den Grafen Walter von Antwerpen, der ihnen als ein edler, weiser Freund und treu ergebener Untertan bekannt war, zum Verweser ihres ganzen Königreichs ein, da er ihnen, obwohl er auch in der Kriegskunst nicht unerfahren war, doch geeigneter für die delikate Kunst der Diplomatie erschien als für das rauhe Kriegshandwerk. Der Graf begann alsbald sein neues Amt mit Umsicht und Zuverlässigkeit auszuüben und besprach sich oft mit der Königin und ihrer Schwiegertochter, die er – obwohl auch sie seinem Schutz und seiner Aufsicht unterstellt waren – stets, wo er nur konnte, als seine Gebieterinnen und Vorgesetzten ehrte. Er war ein stattlicher Mann von etwa vierzig Jahren, von so feinen, angenehmen Sitten und edlem Anstand, wie man es nur von einem Edelmann wünschen konnte, und zudem der artigste und feinfühligste Kavalier und eleganteste Mann seiner Zeit.

Während nun der König von Frankreich und sein Sohn sich in dem erwähnten Krieg befanden und Walter, dessen Gattin gestorben war und ihm nur einen Sohn und eine kleine Tochter hinterlassen hatte, oftmals am Hofe der beiden Fürstinnen die Angelegenheiten des Königreiches zu besprechen pflegte, geschah es, daß die Kronprinzessin Gefallen an ihm zu finden begann und mit so viel Wohlgefallen seine Person und seine feinen Manieren zur Kenntnis nahm, daß sie schließlich, in verborgener Leidenschaft glühend, für ihn entbrannte. Da sie sich ihrer Jugend und ihres Liebreizes bewußt war und erfahren hatte, daß er ohne Gattin lebte, hielt sie es für ein leichtes, ihn zur Erfüllung ihrer Wünsche zu bewegen. Sie entschloß sich schließlich, in der Meinung, daß ihr nichts anderes als ihre eigene Scham im

Wege stehe, diese ganz außer acht zu lassen und sich dem Grafen zu offenbaren. So schickte sie eines Tages, als sie allein war und die Gelegenheit ihr günstig schien, nach ihm, als ob sie irgend etwas mit ihm zu besprechen hätte. Der Graf, dessen Gedanken meilenweit von denen der Kronprinzessin entfernt waren, begab sich unverzüglich zu ihr und setzte sich in einem Gemach, in dem beide allein waren, auf ihren Wunsch zu ihr auf einen Diwan. Nachdem er bereits zweimal auf seine Frage, warum sie ihn habe rufen lassen, ohne Antwort geblieben war, begann sie schließlich, von Leidenschaft überwältigt, mit schamroten Wangen und Tränen in den Augen, zitternd zu stammeln: „Liebster, süßester Freund, mein Gebieter! Als erfahrener Mann werdet Ihr wissen, wie groß die Versuchung ist, der Männer und Frauen aus den verschiedensten Gründen mehr oder weniger unterliegen. Ein gerechter Richter wird daher auch niemals die gleiche Sünde bei verschieden gestellten Personen ein und derselben Strafe unterwerfen. Wer wollte etwa behaupten, daß ein armer Mann oder ein armes Weib, die ihren Lebensunterhalt im Schweiße ihres Angesichts verdienen müssen, nicht viel härter zu bestrafen wären, wenn sie den Verlockungen der Liebe folgen und sich ihren Gelüsten hingeben, als eine Dame, die in Reichtum und Muße nicht gewohnt ist, sich ihre Wünsche zu versagen? Ich glaube, niemand. Doch glaube ich, daß solche Gefühle vieles zur Entschuldigung einer Dame, die ihnen verfallen ist, beitragen, wenn sie sich etwa zur Liebe verleiten läßt. Alles übrige hängt von der Wahl eines klugen und edlen Liebhabers ab, wenn die Liebende eine solche zu treffen weiß. Weil nun in meinem Falle, wie ich glaube, beides zutrifft und auch noch andere Gründe mich zur Liebe zwingen, nämlich meine Jugend und die Abwesenheit meines Gatten, so möge dies alles miteinander in Euren Augen zur Entschuldigung meiner heißen Liebe beitragen. Und wenn diese Entschuldigungen bei Euch gelten, wie sie es in den Augen aller vernünftigen Männer täten, so bitte ich Euch, mir Rat und Hilfe zu gewähren in dem, was ich von Euch ersehne. Ich bekenne, daß ich in der Abwesenheit meines Gatten den Verlockungen des Fleisches und der Macht der Liebe nicht widerstehen kann, die so allmächtig sind, daß sie nicht nur zarte Frauen, sondern selbst die stärksten Männer besiegt haben und noch täglich besiegen. Da ich in Überfluß und Müßiggang dahinlebe, wie Ihr wißt, habe ich mich verleiten lassen, den Verlockungen der Sinne nachzugeben und mich zu verlieben. Und obwohl mir bewußt ist, daß solche Liebe, wenn sie je entdeckt würde, mir wenig ziemte, kann ich sie doch nicht als unehrenhaft verurteilen, solange sie verborgen ist und bleibt, zumal mir Amor so hold gewesen, daß er mir bei der Wahl meines Geliebten nicht nur die nötige Überlegung gelassen, sondern mir diese vielmehr in reicherem Maße als gewöhnlich verliehen hat, indem er mir in Euch den Mann zeigte, der würdig ist, von einer Frau, wie ich es bin, geliebt zu werden; denn wenn mein Urteil mich nicht täuscht, seid Ihr der schönste, liebenswürdigste, verführerischste und verständigste Kavalier von ganz Frankreich. Und wie ich jetzt von mir sagen kann, daß ich ohne Mann bin, so seid auch Ihr ohne Gemahlin. Daher bitte ich Euch um der Liebe willen, die ich Euch entgegenbringe, mir auch die Eure nicht zu versagen, sondern Euch meiner Jugend zu erbarmen, die sich nach Euch verzehrt wie Eis am Feuer!"

Diesen Worten folgte eine solche Tränenflut, daß die Fürstin nicht imstande war, weiterzusprechen, obwohl sie noch viele Bitten hinzufügen wollte. So ließ sie denn in Tränen gebadet, mit niedergeschlagenen Blicken und wie überwältigt den Kopf an die Brust des Grafen sinken.

Dieser begann als rechtschaffener Edelmann mit ernsten Vorwürfen eine so unziemliche Liebe zu tadeln, stieß die Kronprinzessin, die ihm schon um den Hals fallen wollte, zurück und beteuerte mit heiligen Eiden und Versicherungen, sich lieber vierteilen zu lassen als einzuwilligen, daß auf solche Weise die Ehre seines Gebieters von ihm selbst oder irgendeinem anderen Mann angetastet würde.

Als die Dame diese Worte hörte, schlug ihre Liebe sogleich in glühenden Haß um, und sie schrie: „Auf solche Weise wollt Ihr ungeschliffener Kavalier also meine Gefühle mißachten? Gott soll mich strafen, wenn ich nicht Euch, der mich töten will, umbringen oder aus der Welt schaffen lasse!" Bei diesen Worten fuhr sie sich mit den Händen ins Haar und zerzauste und zerraufte es, riß sich die Kleider vom Leibe und begann laut zu schreien: „Hilfe! Hilfe! Der Graf von Antwerpen will mir Gewalt antun!"

Der Graf wußte sogleich, als er dies hörte, daß die Mißgunst der Höflinge stärker sein würde als sein gutes Gewissen, und da er fürchtete, daß man den Lügen der Kronprinzessin mehr Glauben schenken würde als seinen Unschuldsbeteuerungen, sprang er auf, verließ, so schnell er konnte, das Gemach und den Palast und eilte nach Hause, wo er, ohne sich mit jemand zu beraten, seine beiden Kinder aufs Pferd hob, sich zu ihnen hinaufschwang und schnell in Richtung Calais davonsprengte.

Auf das Geschrei der Dame waren inzwischen viele Höflinge herbeigeeilt. Als sie die Kronprinzessin erblickten und den Grund ihrer Hilferufe vernahmen, glaubten sie nicht nur sogleich ihren Verleumdungen, sondern fügten hinzu, daß der Graf sein liebenswürdiges, freundliches Wesen seit langem nur zur Schau getragen habe, um dieses Ziel zu erreichen. Voller Wut eilten sie alsdann nach dem Hause des Grafen, um ihn zu verhaften. Da sie seiner nicht mehr habhaft werden konnten, plünderten sie das Haus vollkommen aus und rissen es bis auf die Grundmauern nieder.

Die Geschichte wurde, so entstellt, wie sie von Mund zu Mund lief, auch dem König und seinem Sohn im Feldlager zugetragen, und beide waren darüber so erzürnt, daß sie den Grafen und seine Nachkommen für immer verbannten und die höchste Belohnung aussetzten für den, der sie tot oder lebendig vor ihre Augen brächte.

Der Graf war inzwischen – tief bekümmert, weil er als Unschuldiger durch seine Flucht den Schein der Schuld auf sich geladen hatte –, ohne sich zu verraten oder erkannt zu werden, mit seinen Kindern in Calais angelangt und begab sich auf schnellstem Wege nach England, wo er sich in ärmlichem Gewande auf den Weg nach London machte. Bevor er aber diese Stadt betrat, schärfte er seinen beiden Kleinen mit vielen ernsten Worten zweierlei auf das eindringlichste ein: erstens, daß sie in Geduld die Armut ertragen sollten, die das Schicksal ihnen und ihm ohne Schuld aufgebürdet, und daß sie sich ferner, wenn ihnen das Leben lieb sei, mit größter Sorgfalt davor hüten sollten, je auf irgendeine Weise zu verraten, woher sie gekommen und wessen Kinder sie seien. Sein Sohn Louis war damals vielleicht neun, die kleine Tochter Violante etwa sieben Jahre alt, doch verstanden beide Kinder trotz ihres zarten Alters den Vater recht gut, was sie bald durch ihr Verhalten bewiesen. Damit es noch leichter sei, unerkannt zu bleiben, schien es dem Grafen sogar richtig, den Kindern andere Namen zu geben, und so nannte er den Knaben Pierrot und das Mädchen Jeannette.

Nachdem sie in armseligem Zustand nach London gekommen waren, wanderten sie nach Art französischer Landstreicher bettelnd durch die Stadt. Als sie in dieser Beschäftigung eines Morgens vor einer Kirche standen, verließ eine vornehme Dame, die Gattin eines Marschalls des Königs von England, die Kirche und gewahrte den armen Grafen mit seinen beiden Kindern, die um Almosen baten. Sie fragte ihn, woher er käme und ob das seine Kinder seien, und er erwiderte ihr, daß er aus der Picardie stamme und durch die Missetat eines seiner älteren Söhne mit diesen beiden Kleinen ins Elend gekommen und zur Flucht gezwungen worden sei. Die Dame blickte voller Mitleid auf das kleine Mädchen, das ihr wegen seiner Schönheit, Artigkeit und Anmut ausnehmend gefiel, und sprach: „Guter Mann, wenn du dein Töchterchen in meine Dienste geben willst, werde ich sie mitnehmen, weil sie einen so netten Eindruck macht. Und wenn sie ein ordentliches Mädchen wird, werde ich sie auch zur rechten Zeit so verheiraten, daß es ihr gut gehen wird!" Dem Grafen kam dieses Anerbieten der Dame wie gerufen. Er willigte ein und übergab ihr Jeannette mit Tränen in den Augen und der Bitte, sie in gute Obhut zu nehmen.

Nachdem er auf solche Weise die Tochter untergebracht hatte und in guten Händen wußte, beschloß er, nicht länger in London zu bleiben. Er durchwanderte bettelnd die Insel und kam nach mancherlei Beschwerden, da er an Fußwanderungen nicht gewöhnt war, schließlich mit Pierrot nach Wales. Hier lebte ein anderer Marschall des Königs, der ein großes Haus führte und viele Diener hielt. An den Hof dieses Herrn ging der Graf zuweilen allein, des öfteren aber mit seinem Sohn, um ein Mittagessen zu erbitten. Als sich hier eines Tages ein Sohn des Marschalls mit den Kindern andrer Edelleute auf kindliche Weise im Laufen und Springen übte, mischte sich auch Pierrot unter sie und vollführte alle Übungen, die sie untereinander abhielten, geschickt und besser als die übrigen Kinder.

Der Marschall sah diesen Spielen eine Zeitlang zu und fand dabei an dem Betragen und der Art Pierrots so viel Gefallen, daß er sich erkundigte, wem der Knabe gehöre. Als er erfuhr, daß jener der Sohn eines armen Mannes sei, der manchmal um Almosen vorbeikomme, ließ er den Grafen fragen, ob er ihm nicht den Knaben überlassen wolle. Da der Graf sich nichts anderes von Gott erbeten hatte, gab er gern seine Einwilligung, so schwer ihm auch die Trennung von seinem Sohn fiel.

So hatte er denn Sohn und Tochter gut untergebracht. Er selber aber wollte nicht in England bleiben, sondern so bald wie möglich nach Irland übersiedeln. In Stamford angekommen, verdingte er sich als Diener bei einem Kavalier, der bei einem Grafen auf dem Lande lebte, und verrichtete jahrelang unerkannt in beschwerlichem, anstrengendem Dienst alle Arbeiten, die einem Diener und Knecht obliegen.

Indessen nahm Violante, die jetzt Jeannette hieß, bei der Edeldame in London allmählich an Jahren, Wuchs und Schönheit zu und stand sowohl bei ihrer Gönnerin als auch bei deren Gemahl, den übrigen Hausgenossen und bei allen, die sie sonst kannten, in erstaunlicher Gunst. Jeder, der ihre feinen Sitten und ihr anmutiges Betragen kennenlernte, gab zu, daß sie des höchsten Glückes und der größten Auszeichnung wert sei. Aus diesem Grunde hatte die edle Frau, die Jeannette von ihrem Vater bekommen, aber niemals mehr über deren Herkunft hatte in Erfahrung bringen können als das, was der Graf ihr seinerzeit mitgeteilt hatte, sich vorgenommen, das Mädchen ihrem vermeintlichen Stande gemäß gut zu verheiraten. Aber Gott, der gerechte Richter aller menschlichen Werte, bestimmte in Erwägung dessen, daß sie ein adliges Mädchen war, das ohne eigene Schuld für fremde Sünde büßte, anders über sie; und es ist anzunehmen, daß alles, was sich fortan ereignete, mit seiner gütigen Zustimmung geschah, damit das junge adelige Blut nicht in niedere Hände geriet.

Die Edeldame, bei der Jeannette lebte, hatte von ihrem Gemahl einen einzigen Sohn, den Mutter wie Vater innig liebten, nicht nur, weil er ihr Sohn war, sondern weil er es wegen seiner Tugenden und Begabungen auch verdiente, denn er war überaus wohlgesittet, tapfer und kühn und so schön von Gestalt wie kein anderer. Dieser Jüngling, der wohl sechs Jahre älter sein mochte als Jeannette, verliebte sich so heftig in ihre Schönheit und Liebenswürdigkeit, daß er außer ihr nichts mehr im Sinne hatte. Da er aber annehmen mußte, daß sie von niederer Herkunft sei, wagte er nicht, sie von seinen Eltern als Gattin zu erbitten, sondern versuchte aus Furcht vor Vorwürfen über seine unstandesgemäße Neigung, diese so gut wie möglich zu verheimlichen. Doch gerade deswegen wurde sein Verlangen noch weit mehr angestachelt, als wenn er sich hätte offenbaren können, und es kam so weit, daß er infolge des übermäßigen Kummers ernsthaft erkrankte. Zu seiner Behandlung wurden mehrere Ärzte herbeigerufen, doch als sie alle Anzeichen der Krankheit bei ihm beobachtet hatten und diese doch nicht erkennen konnten, zweifelten alle gemeinsam an seiner Wiederherstellung. Hierüber waren die Eltern des jungen Mannes tief bekümmert, und ihre Betrübnis war so groß, daß sie sie kaum zu ertragen vermochten. Sie fragten ihn unzählige Male mit den liebevollsten Worten nach dem Grund seiner Leiden, er aber antwortete stets nur mit einem Seufzer oder daß er fühle, wie seine Kräfte dahinschwänden.

Eines Tages, als ein noch junger, aber bereits tief in die Wissenschaft eingedrungener Arzt bei dem Kranken saß und seinen Arm an jener Stelle gefaßt hatte, wo man den Puls sucht, trat aus irgendeinem Grund Jeannette in das Zimmer des Kranken, die ihn aus Liebe zu seiner Mutter auf das sorgsamste pflegte. Sobald der Jüngling sie erblickte, fühlte er, ohne sich durch Worte oder Gebärden zu verraten, mit neuer Gewalt die Liebe in seinem Herzen aufflammen, so daß sein Puls sogleich viel heftiger als gewöhnlich zu klopfen begann. Der Arzt stellte dies mit Verwunderung und Erstaunen fest, sagte aber nichts dazu, weil er abwarten wollte, wie lange dieser verstärkte Pulsschlag wohl anhalten werde. Er stockte denn auch sogleich, als Jeannette das Zimmer verließ, und der Arzt glaubte nun, der Krankheit des Jünglings auf die Spur gekommen zu sein. Er ließ darum nach einer Weile Jeannette, angeblich um einige Fragen an sie zu richten, wieder hereinrufen, behielt aber dabei den Arm des Kranken fest in der Hand. Das Mädchen kam auf den Ruf sogleich herbei; und wiederum begann der Puls des jungen Mannes bei ihrem Eintritt in das Zimmer heftig zu pochen, um nach ihrem Fortgang sogleich

165

wieder nachzulassen. Der Arzt glaubte nunmehr seiner Sache völlig sicher zu sein. Er stand daher auf, zog die Eltern des Jünglings beiseite und sagte zu ihnen: „Die Gesundheit Eures Sohnes liegt nicht in den Händen der Ärzte, sondern einzig in denen Jeannettes. Euer Sohn liebt sie glühend, was ich aus einigen Anzeichen sicher erkennen konnte, obwohl sie selber, wie es mir vorkommt, nichts davon ahnt. Ihr wißt nun, was Ihr zu tun habt, wenn Euch sein Leben lieb ist!"

Der Edelmann und seine Gemahlin waren über diese Neuigkeit sehr glücklich, da sie eine Möglichkeit sahen, den Sohn am Leben zu erhalten. Andererseits traf es sie hart, daß es gerade das war, was sie schon befürchtet hatten, nämlich, daß sie ihm Jeannette zur Frau geben sollten. Sie begaben sich, nachdem der Arzt fort war, sogleich zu dem Kranken, und seine Mutter sagte zu ihm: „Mein Sohn, ich hätte nicht geglaubt, daß du dich weigern würdest, mir einen Wunsch anzuvertrauen, und am wenigsten einen solchen Wunsch, dessen Nichterfüllung dich, wie du wohl bemerkt haben wirst, ganz zugrunde richtet. Du durftest und darfst sicher sein, daß es nichts auf der Welt gibt, was ich nicht für dich tun könnte, selbst wenn es etwas sein sollte, was nicht ganz ehrenvoll wäre und was ich für mich selber niemals tun würde! Da du geschwiegen hast, hat unser Herrgott mehr Barmherzigkeit mit dir gefühlt als du selbst und hat uns, damit du an dieser Krankheit nicht sterben mußt, den Grund deines Leidens offenbart, der kein andrer ist als übergroße Liebe zu einem jungen Mädchen, wer auch immer es sein mag. Diese Liebe einzugestehen, brauchtest du dich wahrlich nicht zu schämen. Es entspricht deinem Alter, und wenn du dich nicht verlieben könntest, würdest du mir leid tun. Schäme dich darum nicht vor mir, mein Sohn, sondern vertraue mir ruhig deine Wünsche an und vergiß deinen Kummer und die Traurigkeit, die deine Krankheit hervorgerufen haben. Fasse Mut und sei versichert, es gibt nichts, was ich nicht gern für dich täte, wenn es dich glücklich macht, denn ich liebe dich mehr als mein Leben. Laß darum alle Scham und Furcht beiseite und sage mir, ob ich dir in deiner Liebe behilflich sein kann. Wenn du dann nicht findest, daß ich alles daransetze, um dich zum Ziele zu führen, so darfst du mich für die grausamste Mutter halten, die je einen Sohn gebar!"

Als der Jüngling seine Mutter so sprechen hörte, schämte er sich anfangs sehr, dann aber sah er ein, daß niemand mehr zur Erfüllung seiner Wünsche beitragen könne als sie. Er unterdrückte daher die Scham und sprach: „Madame, mich hat nichts andres bewogen, meine Neigung geheimzuhalten, als die Erfahrung, daß die Menschen, wenn sie älter werden, sich nicht mehr gern daran erinnern, daß auch sie einmal jung waren. Da ich aber sehe, wieviel Verständnis Ihr für mich habt, will ich nicht länger leugnen, daß es so ist, wie Ihr bemerkt habt. Und ich will Euch auch sagen, wen ich liebe, wenn Ihr mir versprecht, Eure Zusage nach besten Kräften zu halten. Auf diese Weise könnt Ihr mir die Gesundheit wiedergeben."

Die Dame – die bereits einen geheimen Plan verfolgte, der ihr nicht gelingen sollte, zumindest nicht in der von ihr gewünschten Form – erwiderte freundlich, daß er ihr unbedenklich alle seine Wünsche mitteilen könne. Sie werde sogleich alles daransetzen, sein Verlangen zu erfüllen. „Madame", fuhr nun der junge Mann fort, „die große Schönheit und der holde Anstand unserer Jeannette, die Unmöglichkeit, bei ihr Gegenliebe oder wenigstens Mitleid zu erwekken, und die Tatsache, daß ich nie die Kraft hatte, mit irgend jemand darüber zu sprechen... alles das hat mich so elend gemacht, wie ich jetzt bin. Gelingt es Euch nicht, Euer Versprechen auf die eine oder andere Weise zu verwirklichen, so könnt Ihr sicher sein, daß ich nicht mehr lange leben werde!" Die Dame hielt es für richtig, ihn jetzt zu ermuntern, anstatt ihm Vorwürfe zu machen, und so sprach sie lächelnd: „Ach, mein Sohn, darüber also bist du so krank geworden! Fasse Mut, ich werde schon alles einzurichten wissen, wenn du nur erst wieder gesund bist."

Nach dieser Unterredung zeigte das Befinden des Jünglings, dem frohe Hoffnung neue Kraft schenkte, schon nach wenigen Tagen eine sichtbare Besserung, worüber die Dame außerordentlich glücklich war. Sie nahm sich darum vor, bald einen Versuch zu machen, um das gegebene Versprechen einzulösen. Sie rief darum eines Tages Jeannette zu sich und fragte sie freundlich, wie im Scherz, ob sie schon einen Liebsten hätte. Jeannette wurde rot und antwortete: „Madame, ein so armes Mädchen wie ich, das aus dem Elternhause verjagt wurde und bei Fremden im Dienste steht, erwartet keine Liebe und tut auch gut daran, dies nicht zu tun." Die Dame fuhr fort: „Nun, wenn Ihr keinen Liebsten habt, so werden wir Euch einen beschaffen, mit dem Ihr vergnügt zusammen leben und Euch erst richtig Eurer Schönheit freuen könnt. Es wäre doch schade, wenn ein so schönes Mädchen, wie Ihr es seid, ohne Liebhaber bliebe." Jeannette aber antwortete: „Madame, Ihr habt mich aus der Armut meines Vaters fortgeholt und wie eine Tochter aufgezogen. Ich müßte deshalb alle Eure Wünsche erfüllen, doch kann ich Euch in diesem einen nicht gehorchen und glaube auch, daß ich hierin richtig handle. Wenn es Euch gefallen sollte, mich zu verheiraten, würde ich versuchen, meinen Mann zu lieben, aber keinen anderen. Denn mir ist von dem Erbe meiner Vorfahren nichts weiter geblieben als meine Ehre, und diese will ich hüten und erhalten, solange ich lebe."

Diese Worte Jeannettes standen freilich sehr im Gegensatz zu dem, was die Dame, ihrer Zusage gemäß, für ihren Sohn zu erreichen hoffte, doch mußte sie als edle Frau im stillen ihre Gesellschafterin darum nur desto mehr achten. „Wie, Jeannette", fuhr sie fort, „wenn Seine Majestät der König, der ein junger Kavalier ist, von dir als einem bildschönen Mädchen eine Gunst deiner Liebe begehrte, würdest du sie ihm verweigern?" Das Mädchen antwortete unverzüglich: „Gewalt könnte mir der König wohl antun, doch würde er mit meinem Einverständnis niemals etwas erreichen, was sich nicht geziemt."

Die Dame sah ein, daß dies Jeannettes fester Entschluß war. Sie sparte sich deshalb alle weiteren Worte und beschloß, das Mädchen auf die Probe zu stellen. Darum sagte sie zu ihrem Sohn, sie wolle, wenn er wieder gesund sei, Jeannette und ihn allein in einem Zimmer lassen. Er solle dann versuchen, ob er sie überreden könne, ihm zu Willen zu sein. Und sie fügte hinzu, daß es ihr recht unschicklich erscheine, selber nach Art der Kupplerinnen für den Sohn zu werben, und noch dazu bei ihrer eigenen Gesellschafterin.

Mit dieser Regelung war nun der Jüngling durchaus nicht einverstanden, und sein Befinden verschlechterte sich sogleich in besorgniserregender Weise. Als die Dame es bemerkte, sprach sie ganz offen mit Jeannette, stieß aber bei dieser auf noch mehr Standhaftigkeit als beim erstenmal.

So berichtete die Dame schließlich alles, was sie getan hatte, ihrem Gatten, und sie beschlossen, so bitter es sie auch ankam, ihrem Sohn Jeannette als Gattin zu geben, da sie ihn lieber mit einer nicht ganz standesgemäßen Gattin am Leben erhalten wollten, als ihn ohne diese verlieren. Und nach mancherlei Überlegungen taten sie es auch wirklich. Jeannette war hierüber sehr glücklich, dankte Gott mit frommem Herzen, daß er sie nicht vergessen hatte, gab sich aber auch jetzt noch immer als die Tochter eines Pikarden aus. Der junge Mann wurde gesund, feierte überglücklich seine Hochzeit und ließ es sich fortan mit seiner jungen Gattin wohl sein.

Pierrot, der bei dem anderen Marschall des Königs von England in Wales geblieben und herangewachsen war, erwarb sich bald auf ähnliche Weise wie seine Schwester die Liebe seines Gönners und wurde schöner und tapferer als alle übrigen Jünglinge der Insel. Auch gab es auf Turnieren, beim Lanzenstechen und allen übrigen Kampfspielen keinen im Lande, der ihn übertroffen hätte, so daß er unter dem Namen Pierrot der Pikarde bald weit und breit bekannt und berühmt wurde.

Und wie der Allmächtige seine Schwester nicht vergessen hatte, so stellte sich bald heraus, daß er auch Pierrots gedachte. Es brach nämlich in jener Gegend eine furchtbare Pestepidemie aus, die fast die Hälfte aller Bewohner hinwegraffte. Da außerdem viele der Überlebenden aus Furcht in andre Gegenden flohen, blieb das Land ganz verödet zurück. Auch der Marschall, Pierrots Gebieter, sowie dessen Gattin und Sohn fielen dieser Seuche zum Opfer und desgleichen viele seiner Brüder, Neffen und Verwandten. Am Leben blieben allein eine bereits heiratsfähige Tochter des Marschalls, Pierrot und einige Gefolgsleute. Als endlich die Pest erlosch, nahm die junge Dame auf Anraten und zur Freude ihrer wenigen noch am Leben gebliebenen Landsleute den tapferen, wackeren Pierrot zum Gatten und machte ihn zum Herrn über alles, was ihr als Erbe zugefallen war. Nicht lange danach erfuhr der König von England, daß sein Marschall tot sei, und bestellte Pierrot den Pikarden, dessen Mut und Tapferkeit ihm lange bekannt waren, zum Nachfolger des Verstorbenen und ernannte ihn zum Marschall.

Das waren in kurzen Worten die Schicksale der beiden

unschuldigen Kinder des Grafen von Antwerpen, die er als verloren hatte hergeben müssen.

So waren achtzehn Jahre ins Land gegangen, seit der Graf aus Paris hatte fliehen müssen. Da erwachte eines Tages, während er noch in Irland ein elendes Leben mit vielerlei Beschwerden führte und sich schon als alter Mann fühlte, der Wunsch in ihm, zu erfahren, was aus seinen Kindern geworden sei. Sein Aussehen hatte sich gegenüber früher völlig verändert, und durch die anhaltende körperliche Arbeit war er weitaus kräftiger geworden, als er es in den Jahren des Müßiganges je gewesen war. Er trennte sich von dem Herrn, bei dem er so lange gelebt hatte, und fuhr, arm und schlecht gekleidet, nach England hinüber, wo er sich nach jenem Ort aufmachte, an dem er Pierrot zurückgelassen hatte. Hier fand er seinen Sohn als königlichen Marschall und großen Herrn und sah, daß er ein gesunder, kräftiger, schöner Mann geworden war. Obwohl er hierüber sehr glücklich war, beschloß er, sich nicht zu erkennen zu geben, bevor er nicht auch Jeannettes Schicksal erfahren hatte. Er machte sich daher erneut auf und gönnte sich keine Ruhe, bis er in London angekommen war. Hier erkundigte er sich vorsichtig nach der Dame, bei der er seine Tochter zurückgelassen hatte, und nach ihren Familienverhältnissen und erfuhr, daß Jeannette die Gattin ihres Sohnes geworden war. Seine Freude hierüber war grenzenlos, und alle überstandene Mühsal seines Lebens erschien ihm nun gering, wo er seine Kinder in so glücklichen Verhältnissen wiederfand. In dem Wunsche, seine Tochter wiederzusehen, begann er als armer, alter Mann in der Nähe ihres Hauses zu betteln, wo ihn eines Tages Jacob Lamiens, der Gemahl Jeannettes, erblickte. Als er den armen Alten sah, rief er mitleidig einen seiner Diener, befahl ihm, den Alten ins Haus zu führen und ihm aus Barmherzigkeit etwas zu essen zu geben, was der Diener bereitwilligst tat.

Jeannette und Jacob hatten schon mehrere Söhne, von denen der älteste etwa acht Jahre alt sein mochte, schöne, reizende Kinder, die nun, als sie den Grafen essen sahen, ihn fröhlich umringten und ihn so zärtlich zu liebkosen begannen, als ob eine geheime Macht ihnen offenbart hätte, daß er ihr Großvater sei. Und der Graf, der bald erkannte, daß dies seine Enkel waren, begann sie zu herzen und zu streicheln, so daß die Kinder sich nicht von ihm losreißen wollten, sooft sie auch von ihrem Erzieher gerufen wurden. Nun trat Jeannette, die das Rufen hörte, aus einem der Zimmer und kam dorthin, wo der Graf saß. Sie drohte den Kindern ernsthaft mit Schlägen, wenn sie nicht sogleich täten, was ihr Erzieher verlange. Die Kinder aber begannen zu weinen und baten, sie doch noch bei dem alten Mann zu lassen, der viel freundlicher zu ihnen sei als der Erzieher. Hierüber mußte Jeannette lachen und desgleichen der Graf, der sich erhoben hatte, um seiner Tochter als einer reichen Dame nicht etwa auf väterliche Weise, sondern als armer Mann die schuldige Ehre zu erweisen; und sein Herz war voller Freude, als er sie so wiedersah. Sie aber erkannte ihn weder jetzt noch späterhin, da er sich gegen früher vollständig verändert hatte, alt und weißhaarig geworden war, einen Bart trug und, mager und vom Wetter gebräunt, wahrlich jedem Fremden mehr glich als dem Grafen von Antwerpen.

Als die Dame sah, daß die Kinder sich gar nicht von ihm trennen konnten, sondern in Tränen ausbrachen, als er sich entfernen wollte, sagte sie zu dem Erzieher, er solle sie noch ein Weilchen bei dem alten Mann lassen. Während die Kinder sich nun noch bei ihm aufhielten, kehrte der Vater Jacobs nach Hause zurück und erfuhr von dem Erzieher, was geschehen war. Da er gegen seine Schwiegertochter sowieso einen Widerwillen hatte, entgegnete er höhnisch: „Laßt sie, zum Teufel, dahin zurückkehren, wo sie hergekommen sind! Was ihre Mutter anbetrifft, sind sie ja Bettlerkinder. Es kann darum niemand verwundern, daß sie gerne zu Bettlern gehen!" Diese Worte hörte auch der Graf, und obwohl sie ihn sehr kränkten, schluckte er die Demütigung mit einem Achselzucken hinunter wie schon so manche andere. Jacob erfuhr ebenfalls, wie herzlich seine Kinder dem alten Mann, also dem Grafen, entgegengekommen waren. Doch obwohl ihm diese Vertraulichkeit mißfiel, liebte er seine Kinder so sehr, daß er, um sie nicht in Tränen zu sehen, befahl, den guten Mann aufzunehmen, falls er Lust habe, in irgendeinem Dienst im Hause zu bleiben. Der Alte erwiderte, daß er gerne bleiben wolle, jedoch nichts anderes verstehe, als Pferde zu pflegen, was er sein ganzes Leben lang getan habe. So wurde ihm ein Pferd übergeben, und wenn er dieses besorgt hatte, beschäftigte er sich damit, den Kindern mit allerlei Kurzweil die Zeit zu vertreiben.

Während das Schicksal das Los des Grafen von Antwerpen und seiner Kinder wie geschildert gestaltete, starb eines Tages der König von Frankreich, nachdem er verschiedentlich Waffenstillstand mit den Deutschen abgeschlossen hatte. An seiner Stelle wurde sein Sohn zum König gekrönt, dessen Gemahlin die Verbannung des Grafen auf dem Gewissen hatte. Als der Waffenstillstand mit den Deutschen abgelaufen war, begann der junge König sofort einen neuen erbitterten Krieg, zu dem sein neuer Vetter, der König von England, ihm ein mächtiges Heer zur Hilfe sandte, das unter dem Befehl seines Marschalls Pierrot sowie unter dem Befehl Jacob Lamiens' stand, dem Sohn seines zweiten Marschalls. Mit Lamiens zog auch dessen wackerer Stallknecht, der Graf, mit in den Krieg und hielt sich, von niemand erkannt, lange Zeit im Feldlager auf, wo er durch Tapferkeit und Scharfsinn mit Rat und Tat weit wertvollere Dienste leistete, als man es erwartete.

Während dieses Krieges erkrankte die Königin von Frankreich auf den Tod und beichtete, als sie ihr Ende herannahen fühlte, demütig und voller Reue ihre Sünden dem Erzbischof von Rouen, der als ein besonders frommer, aufrichtiger Mann überall in hohem Ansehen stand. Unter anderem bekannte sie ihm auch, welch großes Unrecht sie dem Grafen von Antwerpen zugefügt hatte, und gab sich nicht damit zufrieden, es ihm zu beichten, sondern wiederholte alles nochmals in Gegenwart vieler angesehener Männer, die sie bat, zusammen mit dem König nachzuforschen, ob der Graf noch am Leben sei oder ob, falls er gestorben, vielleicht seine Kinder wieder in ihre alten Rechte eingesetzt werden könnten. Nach dieser Beichte lebte die Königin nur noch wenige Tage und wurde, nachdem sie aus diesem Leben geschieden war, in Ehren begraben.

Der König war, als ihm ihr Geständnis berichtet wurde, sehr bekümmert über das Unrecht, das dem tapferen Grafen widerfahren war. Er ließ sogleich alle möglichen Nachforschungen anstellen und darüber hinaus in allen Teilen seines Landes ausrufen, daß jeder, der ihm den Grafen von Antwerpen oder eines seiner beiden Kinder zuführe, eine sehr hohe Belohnung erhalten solle, da der Graf nach dem Geständnis der Königin unschuldig verbannt worden sei und der König ihn nunmehr wieder in seine frühere Stellung oder in eine noch angesehenere einsetzen wolle.

Diesen Ausruf hörte auch der gräfliche Pferdeknecht, und als er erfuhr, daß alles sich wirklich so verhielt, begab er sich unverzüglich zu Jacob und bat ihn, mit ihm zusammen zu Pierrot zu gehen, er wolle ihnen beiden den Mann zeigen, den der König suche.

Als alle drei beisammen waren, sagte der Graf zu Pierrot, der schon im Begriff war, sich dem König zu erkennen zu geben: „Pierrot, Jacob hat deine Schwester ohne jede Mitgift zur Frau bekommen. Damit sie nun nicht ewig ohne Aussteuer bleibt, wünsche ich, daß kein anderer als er die für deine Auffindung versprochene Belohnung des Königs erhält und daß er dich als Sohn des Grafen von Antwerpen dort vorstellt, und ebenso auch Violante, deine Schwester und seine Gattin, und schließlich auch mich, denn ich bin der Graf von Antwerpen, euer Vater!"

Nach diesen Worten blickte Pierrot dem Grafen aufmerksam ins Gesicht und erkannte ihn in diesem Augenblick wieder. Mit Tränen in den Augen sank er vor seinem Vater nieder und rief, ihn umfassend, aus: „Vater, mein Vater! Seid tausendmal willkommen!"

Auch Jacob, der mit Erstaunen die Worte des Grafen vernommen und Pierrots Betragen gesehen hatte, wurde von Verwunderung und herzlicher Freude so überwältigt, daß er kaum wußte, was er tun sollte. Er schenkte aber den Aussagen des Grafen vollen Glauben und schämte sich nun um manches harte Wort, das er zuweilen gegen seinen adeligen Pferdeknecht gebraucht hatte. Er fiel voller Rührung vor dem Grafen auf die Knie und bat ihn inständig für jede angetane Kränkung um Verzeihung, die der Graf ihm, während er ihn vom Boden aufhob, sogleich gewährte. Nachdem sie sich dann ihre verschiedenen Schicksale erzählt und zusammen geweint und gelacht hatten, wünschten Pierrot und Jacob den Grafen sogleich neu einzukleiden. Der Graf aber erklärte sich mit diesem Vorhaben nicht einverstanden, sondern verlangte, daß Jacob sich erst die versprochene Belohnung sichern und ihn darauf in seinem jetzigen Gewande eines Troßknechts zum König führen solle, um jenen um so tiefer zu beschämen.

So begab sich denn Jacob, dem Pierrot und der Graf in geringem Abstand folgten, zum König und teilte ihm mit, daß er, wenn er die im Ausruf versprochene Belohnung bekäme, den Grafen und dessen Kinder herführen wolle. Der König ließ sogleich die in den Augen Jacobs erstaunlich hohen Belohnungen für alle drei herbeischaffen und befahl Jacob, alles an sich zu nehmen, falls er ihm wirklich, wie er versprochen, den Grafen und seine Kinder herbeibringen könne.

Nun wandte Jacob sich um, zog den Grafen, seinen Pferdeknecht, und Pierrot zu sich heran und sprach: „Majestät, hier sind Vater und Sohn. Die Tochter, meine Gattin, ist jetzt nicht anwesend, doch werdet Ihr sie mit Gottes Hilfe bald hier sehen."

Auf diese Worte hin blickte der König den Grafen an und erkannte ihn, obwohl jener so verändert war, nach aufmerksamer Betrachtung wieder. Mit feuchten Augen hob er den vor ihm Niederknienden auf, küßte und umarmte ihn und begrüßte auch Pierrot freundlich. Dann befahl er, den Grafen sogleich mit Kleidung, Dienerschaft, Pferden und allem Nötigen so zu versehen, wie es seinem hohen Stande entsprach. Dies geschah unverzüglich. Darüber hinaus erwies der König auch Jacob manche Ehre und ließ sich auch aus seinem Leben alles genau berichten. Als jener schließlich die reichen Belohnungen, die er für das Herbringen des Grafen und seiner Kinder bekommen hatte, forttragen ließ, sagte der Graf zu ihm: „Nimm diese Geschenke Seiner Majestät des Königs an dich und vergiß nicht, deinem Vater zu bestellen, daß deine Kinder, meine und seine Enkel, mütterlicherseits nicht von Bettlern abstammen!"

Jacob nahm alles an sich und ließ dann seine Gattin und seine Mutter nach Paris kommen, wohin auch Pierrots Gattin geholt wurde. Hier weilten sie lange in großer Freude bei dem Grafen, dem der König alle seine Besitzungen zurückgegeben und einen noch höheren Posten übertragen hatte als zuvor. Dann kehrten alle an ihre Wohnsitze zurück, der Graf aber lebte bis an sein Ende angesehener als je in Paris.

NEUNTE GESCHICHTE

*Bernabò aus Genua verliert, von Ambrogiuolo betrogen,
sein Vermögen und befiehlt, daß seine unschuldige Gattin
getötet werden soll. Diese flieht und tritt in Männerkleidern
in die Dienste des Sultans. Dann entdeckt sie den Betrüger,
ruft Bernabò nach Alexandria, wo der Übeltäter bestraft
wird. Nachdem sie wieder Frauenkleider angelegt hat,
kehrt sie reich mit ihrem Gatten nach Genua zurück.*

Als Elissa mit der rührenden Geschichte des Grafen von Antwerpen ihre Pflicht erfüllt hatte, sammelte die Königin Filomena, die von schönem, schlankem Wuchs war und ein noch reizvolleres, anmutigeres Antlitz besaß als die übrigen, ein wenig ihre Gedanken und sagte: „Wir wollen unsere Abmachung mit Dioneo innehalten, und da niemand weiter geblieben ist als er und ich, werde ich zuerst meine Geschichte vortragen. Er soll, wie er es wünscht, der letzte sein." Nach diesen Worten begann sie:

Im Volke gibt es das Sprichwort vom Betrüger, der zu Füßen des Betrogenen endet. Wenn seine Wahrheit auch nicht sogleich jedem einleuchtet, so wird sie doch durch viele Begebenheiten bewiesen, die sich im Leben abspielen. Unserem Thema folgend, bin ich auf den Einfall gekommen, euch, meine lieben Mädchen, mit einer Geschichte zu beweisen, daß es in Wahrheit so ist, wie man sagt. Laßt es euch nicht verdrießen, mir zuzuhören, ihr könnt dabei lernen, wie man sich vor Betrügern in acht nehmen muß.

In einem Pariser Hotel trafen sich einmal mehrere reiche Kaufleute aus Italien, die aus diesen und jenen Gründen ihrer Gepflogenheit gemäß nach Paris gekommen waren. Nachdem sie wieder einmal eines Abends in fröhlicher Laune zusammen gespeist hatten, begannen sie einander allerlei zu erzählen und kamen, von einem Thema zum andern schweifend, schließlich auf ihre Ehefrauen zu sprechen, die sie zu Hause zurückgelassen hatten. Scherzend begann einer: „Ich weiß nicht, was meine Frau tut; aber ich weiß wohl, daß ich, wenn mir ein hübsches, junges Frauenzimmer über den Weg läuft, das mir gefällt, alle Liebe zu meiner Gattin beiseite schiebe und mir mit der Schönen alles Vergnügen erlaube, das sich mir bietet." Und ein anderer fuhr fort: „Ich halte es so ähnlich. Wenn ich annehme, daß meine Frau sich inzwischen einen Seitensprung erlaubt, so wird sie es wohl auch tun, und wenn ich es nicht glaube, so tut sie es ebenfalls. Darum nehme sich ein jeder, was er bekommen kann! Denn wie der Esel in den Wald hineinschreit, so tönt es auch wieder heraus!" Der dritte fuhr fast in derselben Tonart fort zu sprechen, und alle waren sich darin einig, daß die Frauen, wenn sie von ihren Männern allein gelassen würden, keine Gelegenheit ungenützt verstreichen ließen.

Nur ein einziger namens Bernabò Lomellino aus Genua behauptete das Gegenteil und beteuerte, durch Gottes Güte eine Frau gefunden zu haben, die neben sämtlichen weiblichen Tugenden auch noch in hohem Maß über viele gute Eigenschaften von Kavalieren und Edelknappen verfüge, daß keine zweite in Italien ihr gleichkäme. Sie sei sehr jung, schön, geschmeidig und gesund und verstehe sich besser als jede andere auf allerlei weibliche Künste wie etwa auf Seidenstickereien und ähnliches; und es sei kein Knappe oder Diener, oder wie man ihn auch nennen wolle, zu finden, der besser und aufmerksamer eine herrschaftliche Tafel zu bedienen wisse als sie. Außerdem habe sie den feinsten Anstand und sei klug und bescheiden. Und er lobte ferner ihre Art, zu Pferde zu sitzen und den Falken zu halten, und daß sie besser zu lesen, zu schreiben und Rechnungen aufzustellen wisse als mancher Kaufmann. Und nach vielen weiteren Lobesbezeichnungen kam er auf das Gespräch von vorher zurück und schwur die heiligsten Eide, daß es keine ehrbarere und keuschere Frau gäbe als die seine und daß er fest davon überzeugt sei, sie würde, auch wenn er zehn Jahre lang oder überhaupt nicht wieder nach Hause käme, niemals Geschichten mit anderen Männern machen.

Unter den Kaufleuten, die hier beieinandersaßen, befand sich auch ein junger Mann aus Piacenza, Ambrogiuolo mit Namen. Als dieser Bernabòs Behauptungen über seine Gattin vernahm, brach er in ein lautes Gelächter aus und fragte ihn spöttisch, ob denn der Kaiser vielleicht ihm allein dies ganz besondere Vorrecht vor allen anderen Männern verliehen habe. Bernabò antwortete leicht verstimmt, daß nicht der Kaiser, wohl aber Gott, der doch noch um einiges mächtiger sei als jener, ihm diese Gnade erwiesen habe.

Darauf entgegnete Ambrogiuolo: „Bernabò, ich zweifle nicht, daß du von der Wahrheit deiner Worte überzeugt bist. Doch scheint es mir, daß du wenig auf den Lauf der Welt geachtet hast. Hättest du dies getan, so halte ich dich nicht für so dumm, daß du dabei nicht Erfahrungen gesammelt hättest, die dich über diese Dinge etwas vorsichtiger hätten reden lassen. Und damit du nicht glaubst, daß wir, die wir so frei über unsere Frauen gesprochen haben, der Ansicht sind, die unsrigen wären anderer Art als die deine, sondern siehst, daß wir vielmehr die Sachlage nur nach unserem gesunden Menschenverstand beurteilt haben, will ich mich mit dir noch ein wenig über diese Angelegenheit unterhalten. Ich habe immer gehört, der Mann sei das edelste aller sterblichen Wesen, die Gott geschaffen hat, und erst nach ihm folge das Weib. Der Mann also ist, wie man allgemein annimmt und durch Tatsachen erwiesen sieht, der vollkommenere. Wenn das zutrifft, so besitzt er ohne Frage auch die größere Standhaftigkeit. Die Frauen aber sind durch die Bank wankelmütig und wetterwendisch, was allerlei natürliche Ursachen hat, auf die ich im Augenblick nicht eingehen will. Wenn nun schon der an sich standhaftere Mann nicht umhinkann, eine Frau, die ihm gefällt – von Weibern, die sich anbieten, ganz zu schweigen –, zu begehren, und alles daransetzt, diese Frau zu besitzen, was ihm nicht alle vier Wochen einmal, sondern täglich unzählige Male passiert, wie kannst du dann von einer Frau, die schon ihrer Natur nach unbeständig ist, erwarten, daß sie allen Bitten, Schmeicheleien, Geschenken und tausenderlei Verführungskünsten widerstehen soll, die ein schlauer Mann anwendet, der sie begehrt? Glaubst du wirklich, daß sie allem widerstehen könnte? Ach, du magst noch so oft behaupten, daß du es wirklich glaubst, ich nehme es dir nicht ab! Sagst du nicht selbst, daß deine Gattin ein Weib aus Fleisch und Blut ist wie alle anderen? Nun, so muß auch dasselbe Verlangen in ihr wohnen, und sie wird nicht mehr Kraft haben als andere Frauen, solchen natürlichen Regungen zu widerstehen. Daher bin ich überzeugt, daß sie es – so ehrbar sie auch scheinen mag – genauso treibt wie alle anderen. Was aber möglich ist, sollte man nicht so steif und fest abstreiten, wie du es tust, oder gar das Gegenteil davon beschwören!" Auf diese Rede erwiderte Bernabò: „Ich bin Kaufmann und kein Philosoph. Und als Kaufmann antworte ich dir, daß ich wohl weiß, wie törichte Frauenzimmer, die kein Schamgefühl haben, es treiben. Kluge Frauen aber halten ihre Ehre rein und beweisen darin mehr Stärke als die Männer, die sich um solche Dinge nicht kümmern. Und meine Frau gehört zu diesen." – „Wenn den Weibern für jedes Abenteuer ein Horn auf der Stirn wüchse, das von ihrem Seitensprung Zeugnis ablegte", entgegnete darauf Ambrogiuolo, „dann möchte ich freilich auch glauben, daß nur wenige Frauen es wagen würden. Es wächst ihnen aber nicht nur kein Horn, sondern es bleibt – wenigstens bei klugen Frauen – weder Anzeichen noch Fährte eines Seitensprunges zurück, und Schmach und Schande trifft nur jene Frauen, die sich auf solchen Wegen ertappen lassen. Darum vergnügen sie sich, sowie sich eine geheime Gelegenheit dazu bietet, oder unterlassen es auch, wenn sie töricht sind. Und eins kannst du mir sicher glauben: Keusch ist wahrlich nur die Frau, die nie von einem Mann begehrt wird, oder eine, die selbst jemanden begehrt und auf Ablehnung stößt. Über alles dies, was mir aus natürlichen und zutreffenden Gründen richtig erscheint, würde ich indes nicht so sprechen, wie ich es tue, hätte ich nicht selbst oft und bei vielen Frauen meine Erfahrungen gesammelt. Und ich sage dir, wenn ich einmal mit deiner so überaus tugendsamen Frau zusammen sein könnte, so würde ich in kurzer Zeit auch bei ihr erreichen, was ich bei vielen anderen erreicht habe."

Bernabò entgegnete zornig: „Dieser Streit mit Worten dürfte sich noch lange hinziehen! Du sagt so, und ich sag so, und am Ende ist nichts damit erwiesen. Da du aber behauptest, daß alle Frauen leicht zu betören sind und keine deinen Verführungskünsten widerstehen kann, bin ich, um dich von der Ehrbarkeit meiner Gattin zu überzeugen, bereit, meinen Kopf zu riskieren, wenn du sie je dazu verführen kannst, dir zu Willen zu sein. Gelingt dir dies aber nicht, so sollst du an mich nur eine Buße von tausend Fiorini zahlen!"

Ambrogiuolo, der sich schon für diese Angelegenheit zu erwärmen begann, antwortete: „Bernabò, was sollte ich wohl mit deinem Kopf anfangen, wenn ich etwa gewänne? Wenn du wirklich Lust hast, einen Beweis meiner Behauptungen zu erleben, so setze fünftausend florentinische Goldgulden gegen meine tausend. Sie werden dir nicht so teuer sein wie dein Leben. Und obwohl du mir keine Zeitgrenze gesetzt hast, verpflichte ich mich, nach Genua zu reisen und mir deine Frau binnen drei Monaten nach dem Tage meiner Abreise gefügig zu machen. Als Beweis werde ich dir etwas von ihrem teuersten Besitz mitbringen und dir solche Beobachtungen berichten, daß du an der Wahrheit nicht zweifeln wirst. Doch mußt du mir auf Ehre versprechen, daß du in dieser Zeit nicht nach Genua kommen und ihr kein Wort über diese Angelegenheit schreiben wirst." Bernabò erklärte sich mit dieser Bedingung einverstanden, und obwohl alle Anwesenden versuchten, die Verabredung rückgängig zu machen, da sie sahen, was für Leiden daraus entstehen könnten, hatten die beiden sich derart die Köpfe erhitzt, daß sie gegen alle Einsprüche der Kaufleute in klarer Handschrift ihre Wette gegenseitig bestätigten.

Bernabò blieb auf Grund dieser Abmachung weiterhin in Paris, Ambrogiuolo aber machte sich, sobald es ihm möglich war, auf den Weg nach Genua. Hier erkundigte er sich im Laufe mehrerer Tage mit größter Vorsicht nach der Wohnung und den Gepflogenheiten der Dame. Dabei wurden ihm von allen Seiten Bernabòs Worte bestätigt, und er hörte ihre Tugend so hoch preisen, daß er bald einsah, sich auf eine heikle Wette eingelassen zu haben. Er suchte nun die Freundschaft einer armen Frau zu gewinnen, die im Hause der Dame ein und aus ging und deren ganzes Vertrauen besaß. Und da er sah, daß er nicht anders zum Ziele kommen würde, bestach er die Alte mit Geld und ließ sich von ihr in einem eigens nach seinen Angaben gebauten großen Kasten in das Haus der Dame, und zwar geradewegs in deren Schlafgemach tragen. Die Alte sollte auf Geheiß Ambrogiuolos angeblich verreisen und den Kasten einige Tage lang der ganz besonderen Obhut der Dame anvertrauen.

Als die Nacht hereingebrochen war und der in der Lade versteckte Ambrogiuolo meinte, daß die Dame schlafe, öffnete er gewisse Vorrichtungen im Innern des Kastens und stieg leise ins Zimmer, in dem ein Nachtlicht brannte. Er betrachtete sorgfältig die Einrichtung des Schlafgemachs, die Malereien und alles sonst noch Bemerkenswerte, das sich im Raume befand, und prägte sich alles genau ein. Dann näherte er sich dem Bette, und als er sah, daß die Dame und das bei ihr liegende kleine Töchterchen fest schliefen, deckte er sie vorsichtig auf und sah, daß sie nackt ebenso schön war wie bekleidet. Doch konnte er kein besonderes Merkmal an ihr entdecken, von dem er ihrem Mann hätte berichten können, außer einem kleinen dunklen Mal unter der linken Brust, das von ein paar goldblonden Härchen umgeben war. Nach dieser Feststellung deckte er sie behutsam wieder zu, obwohl ihn, als er sie in ihrer ganzen Schönheit vor sich liegen sah, ein heißes Verlangen überfiel und er sein Leben dafür gelassen hätte, sich an ihre Seite legen zu können. Da er aber wußte, wie hart und unerbittlich sie alle derartigen Dinge ablehnte, wagte er es nicht. Er nahm aber, nachdem er ganz geruhsam den größten Teil der Nacht in ihrem Schlafgemach zugebracht hatte, noch eine Geldtasche und ein Oberkleid aus einer ihrer eisenbeschlagenen Truhen und dazu einen Ring und einen Gürtel. Alles zusammen versteckte er in seinem Kasten, kroch dann selber wieder hinein und verschloß die Lade von innen, wie sie zuvor gewesen war. Auf ähnliche Weise vertrieb er sich auch die zweite Nacht, ohne daß die Dame irgendeinen Verdacht schöpfte. Am dritten Tag holte die arme Frau, wie ihr von Ambrogiuolo befohlen war, den Kasten wieder ab und brachte ihn dahin zurück, wo sie ihn hergeholt hatte. Ambrogiuolo stieg heraus, belohnte sie gemäß seiner Versprechung und kehrte auf schnellstem Wege und noch vor dem vereinbarten Termin mit seiner Beute nach Paris zurück.

Hier rief er alle Kaufleute zusammen, die bei der Unterredung und beim Abschluß der Wette zugegen gewesen waren, und sagte ihnen in Bernabòs Gegenwart, daß er die abgeschlossene Wette gewonnen habe, da er erreicht habe, wessen er sich gerühmt hätte. Als Beweis für die Wahrheit seiner Worte schilderte er zuerst genauestens das Schlafgemach der Dame, die Malereien der Wände und die Schönheit der Dame und zeigte dann die Sachen, die er ihr entwendet hatte, und versicherte, alles von ihr selbst geschenkt bekommen zu haben.

Bernabò mußte zugeben, daß das Schlafzimmer wirklich so beschaffen sei, wie Ambrogiuolo es geschildert habe, und erkannte auch die mitgebrachten Sachen als Eigentum seiner Frau an, doch behauptete er, daß Ambrogiuolo sich sehr wahrscheinlich die Art des Zimmers von einer Dienerin habe schildern lassen und auf ähnliche Weise wohl auch in den Besitz der mitgebrachten Dinge gelangt sein könne. Wenn Ambrogiuolo nichts Besseres vorbringen könne, scheine ihm dieses durchaus noch kein Beweis dafür, daß jener die Wette gewonnen habe. Ambrogiuolo entgegnete: „Eigentlich sollte es dir genügen! Wenn du aber verlangst, daß ich noch mehr sage, so werde ich es tun. Ich sage dir denn, daß Madonna Ginevra, deine Gattin, unter der linken Brust ein dunkles kleines Muttermal hat, das von etwa sechs goldgelben Härchen umstanden ist!" Als Bernabò das hörte, packte ihn ein so heißer Schmerz, als führe ihm ein Messer mitten durchs Herz. Sein verzerrtes Gesicht verriet, selbst wenn er kein Wort herausgebracht hätte, zur Genüge, daß Ambrogiuolos Worte der Wahrheit entsprachen. Einen Augenblick später aber sagte er: „Meine Herren, was Ambrogiuolo sagt, ist wahr. Da er also die Wette gewonnen hat, mag er, wann es ihm beliebt, kommen und sein Geld holen."

Am folgenden Tage wurde das Geld dem Ambrogiuolo voll ausgezahlt, und Bernabò verließ Paris und kehrte mit grausamen Rachegefühlen gegen seine Frau nach Genua zurück. Als er aber in die Nähe der Stadt kam, verspürte er keine Lust, sogleich nach Hause zurückzukehren, sondern blieb auf einem seiner Landgüter, das etwa zwanzig Meilen von Genua entfernt lag. Dann sandte er einen Diener, dem er voll vertraute, mit zwei Pferden und einigen Briefen in die Stadt und schrieb seiner Gattin, daß er zurückgekehrt sei, sie möge in Begleitung des Dieners zu ihm herauskommen. Dem betreffenden Diener aber befahl er, in aller Heimlichkeit die Frau unterwegs bei der ersten besten Gelegenheit erbarmungslos zu töten und darauf allein zurückzukehren.

Der Diener wurde bei seiner Ankunft von der Dame, der er die Briefe überbrachte, mit großer Freude empfangen. Und schon am folgenden Morgen stieg sie aufs Pferd und machte sich mit ihm auf den Weg nach dem Landgut. Als sie nun in froher Unterhaltung so miteinander dahinritten, kamen sie an eine einsame, tiefe Schlucht, die von hohen Felsen und Bäumen fast geschlossen war und die dem Diener der geeignete Ort zu sein schien, um den Befehl seines

Herrn auszuführen. Er zog daher sein Messer heraus, ergriff die Dame am Arm und sagte: „Madonna, empfehlt Eure Seele Gott, denn Ihr werdet sterben, bevor Ihr noch einen Schritt weiterreitet!" Als sie das Messer erblickte und seine Worte hörte, schrie sie entsetzt: „Um Gottes willen! Bevor du mich umbringst, sage mir wenigstens, womit ich dich so beleidigt habe, daß du mich töten willst!" – „Madonna", antwortete der Diener, „mich habt Ihr mit keinem Wort beleidigt. Womit Ihr aber Euren Gatten gekränkt habt, das weiß ich nicht. Jedenfalls hat er mir befohlen, Euch ohne Erbarmen auf diesem Wege zu töten, und hat mir gedroht, mich hängen zu lassen, wenn ich seinem Befehl nicht nachkomme. Ihr wißt selbst, wie sehr ich ihm verpflichtet bin und daß ich gegen seine Befehle nichts ausrichten kann. Gott weiß, wie leid es mir ist um Euch, aber helfen kann ich Euch nicht." Unter Tränen bat ihn die Dame: „Um Christi willen, werde nicht zum Mörder an einer Frau, die dir nie ein Leid antat, nur um deinem Herrn gefällig zu sein! Gott, der alle Geheimnisse kennt, weiß, daß ich nichts beging, um dessentwillen mein Gatte mich so bestrafen könnte. Doch lassen wir das jetzt. Du kannst, wenn du nur willst, gleichzeitig Gott, deinem Herrn und mir gefällig sein: Nimm meine Kleider hier und lasse mir dafür dein Wams und eine alte Kappe. Dann gehe zu deinem und meinem Herrn und sage ihm, daß du mich getötet hättest. Ich aber schwöre dir bei meinem Leben, das du mir geschenkt hast, daß ich sofort von hier verschwinden werde und so weit fortgehen will, daß weder zu ihm noch zu dir noch in diese Gegend je wieder eine Kunde dringt von mir."

Der Diener, der sie nur sehr ungern getötet hätte, wurde von tiefem Mitleid ergriffen. Er nahm daher ihre Kleider, gab ihr sein altes Wams und eine Mütze, ließ ihr das wenige Geld da, das er besaß, und bat sie, aus der Gegend fortzugehen. Dann ließ er sie ohne Pferd in der Schlucht zurück und kehrte heim zu seinem Herrn, dem er sagte, daß er seinen Befehl ausgeführt und auch noch gesehen habe, wie mehrere Wölfe über den Körper der Toten hergefallen seien. Bald darauf kehrte Bernabò nach Genua zurück und wurde, als der Tod seiner Gattin bekannt wurde, von allen hart verurteilt.

Die Dame aber war allein und verzweifelt zurückgeblieben. Bei Einbruch der Nacht machte sie sich so unkenntlich wie möglich und ging in ein nahe gelegenes Dorf. Hier erbat sie sich von einer alten Frau alles Nötige, um das Wams für sich passend zu machen. Dann fertigte sie sich aus ihrem Leinenhemd Männerhosen an, schnitt das Haar kurz und wanderte schließlich, nachdem sie sich so in einen Seemann verwandelt hatte, auf das Meer zu. Hier traf sie zufällig Señor En Cararh, einen Edelmann aus Katalonien, der von seinem Schiff, das irgendwo in der Nähe vor Anker lag, an Land gegangen war, um sich an einer Quelle zu erfrischen. Mit diesem Mann kam sie ins Gespräch, verdingte sich bei ihm als Diener und ging dann unter dem Namen Sicurano aus Finale mit ihm an Bord. Auf dem Schiff wurde Sicurano von seinem neuen Herrn gut eingekleidet und wußte ihn fortan so geschickt und angenehm zu bedienen, daß er sich sogleich die Gunst des Spaniers erwarb.

Bald danach segelte dieser mit einer Ladung Waren nach Alexandria und nahm bei dieser Gelegenheit eine Anzahl kostbare Wanderfalken mit, die er dem Sultan als Geschenk überbrachte, worauf er von diesem mehrmals zum Essen eingeladen wurde. Da er Sicurano jedesmal zur Bedienung mitnahm, bemerkte der Sultan dessen Gewandtheit und fand so großes Gefallen an ihm, daß er ihn sich von dem Katalanen ausbat, der ihn schließlich schweren Herzens hergab. Sicurano aber gewann in kurzer Zeit durch sein geschicktes Benehmen die Gunst des Sultans in demselben Maße, wie er vorher die Zuneigung des Katalanen besessen hatte.

Nicht lange danach war es wieder soweit, daß viele christliche und sarazenische Kaufleute zu dem nach altem Brauch alljährlich in Akkon stattfindenden Markt zusammenkamen, der unter der Schirmherrschaft des Sultans stand. Zur größeren Sicherheit für Händler und Waren pflegte der Sultan außer zahlreichen Wächtern auch stets irgendeinen seiner obersten Beamten mit einer Anzahl Soldaten auf diesen Markt zu senden. Als die Messe begann, beschloß er, diesmal Sicurano zu schicken, der die Landessprache bereits sehr gut verstand. Sicurano, der auf diese Weise zum Stadtkommandanten von Akkon und zum Obersten der Schutztruppe für Händler und Waren avancierte, erwies sich auf diesem Posten als klug und umsichtig und kam seinen Pflichten auf mustergültige Weise nach.

Während er wieder einmal durch die Stände ging und sich umschaute, traf er auf eine Anzahl italienischer Kaufleute, die aus Sizilien, Pisa, Genua, Venedig und anderen Orten hergekommen waren. In Erinnerung an sein Vaterland verharrte er gerne in freundlicher Unterhaltung bei ihnen und entdeckte eines Tages, als er sich wieder einmal auf einem Stand venezianischer Kaufleute aufhielt, unter anderen Kostbarkeiten auch eine Geldbörse und einen Gürtel, die er voller Verwunderung sogleich als sein einstiges Eigentum erkannte. Ohne Aufsehen zu machen, erkundigte er sich höflich, wem die Sachen gehörten und ob sie zum Verkauf ständen. Ambrogiuolo aus Piacenza, der mit vielen Waren auf einem venezianischen Schiff herübergekommen war, hörte den Oberst der Schutzwachen nach diesen Dingen fragen. Er zog ihn deshalb beiseite und antwortete lächelnd: „Messer, die Sachen gehören mir, und sie sind nicht verkäuflich. Wenn sie Euch jedoch so gut gefallen, will ich sie Euch gerne schenken." Sicurano bemerkte das Lachen des andern und glaubte schon, daß jener seine Verkleidung erkannt habe. Er machte daher ein ernstes Gesicht und sagte: „Du lachst wohl, weil ich als Soldat nach solchem Weiberkram frage?" Ambrogiuolo aber entgegnete: „Ach nein, Messer, darüber lache ich nicht. Ich lache nur noch über die Art und Weise, auf welche diese Dinge in meinen Besitz kamen." – „Nun", rief Sicurano, „wenn es nichts Umziemliches ist, erzähle uns doch, wie du sie erhalten hast!" – „Messere", erwiderte Ambrogiuolo, „diese Dinge schenkte mir neben anderen Madonna Ginevra, die Gattin des Bernabò Lomellino, eine Edeldame aus Genua. Nach einer süßen Nacht bat sie mich, sie als Zeichen ihrer Liebe anzunehmen. Ich muß jetzt noch lachen, wenn ich mich an die Torheit Bernabòs erinnere, der so verrückt war, fünftausend Fiorini gegen tausend zu setzen, daß ich es nicht fertigbringen würde, mir seine Gattin zu Willen zu machen. Ich konnte es aber doch und gewann die Wette. Er aber, der sich lieber selber für seine Dummheit hätte bestrafen sollen, da sein Weib nur tat, was alle Frauen tun, hat, wie ich hörte, als er von Paris nach Genua zurückgekehrt war, seine Gattin umbringen lassen."

Als Sicurano diese Worte hörte, verstand er plötzlich, aus welchem Grunde Bernabò damals so zornig auf ihn gewesen war, und sah ein, daß dieser Mensch hier den Anlaß für all seine Leiden gegeben hatte. Er beschloß daher, ihn nicht ungestraft entkommen zu lassen, stellte sich aber, als fände er die Geschichte sehr ergötzlich, und begann auf lustige Weise eine so dicke Freundschaft mit Ambrogiuolo, daß dieser nach Beendigung der Messe Sicurano mit allen Waren nach Alexandria begleitete, wo dieser ihm einen Laden einrichten ließ und ihm eine Menge Geld dazu lieh. Ambrogiuolo versprach sich allerlei Verdienst und willigte daher gerne ein, in Alexandria zu bleiben. Sicurano aber sann auf nichts anderes, als seine Unschuld vor Bernabò klar zu beweisen. Er ruhte darum nicht eher, bis es ihm unter mancherlei Vorwänden und durch die Vermittlung einiger reicher Genueser Kaufherren, die sich in Alexandria aufhielten, gelang, Bernabò dorthin kommen zu lassen. Da sich dieser in recht ärmlicher Lage befand, brachte Sicurano ihn bei einem Freunde unter, bis es ihm an der Zeit schien, sein Vorhaben auszuführen. Inzwischen hatte Ambrogiuolo auf Sicuranos Wunsch auch dem Sultan seine Geschichte erzählt und diesen gut damit unterhalten.

Als Sicurano Bernabò in Alexandrien wußte, hielt er es für ratsam, keine Zeit mehr zu verlieren, und bat bei der ersten Gelegenheit den Sultan, doch Ambrogiuolo und Bernabò kommen zu lassen, damit Ambrogiuolo in Bernabòs Gegenwart mit Strenge gezwungen würde, falls er nicht gutwillig Rede stehen wollte, das Geständnis abzulegen, wie sich in Wahrheit das Abenteuer mit Bernabòs Frau abgespielt habe, dessen er sich rühme.

So erschienen beide Männer vor dem Sultan, der in Gegenwart vieler Höflinge Ambrogiuolo mit strenger Miene gebot, wahrheitsgemäß zu berichten, wie er Bernabò die fünftausend Fiorini abgewonnen habe. Wohl war auch Sicurano zugegen, auf den Ambrogiuolo große Hoffnungen setzte, doch dieser drohte ihm jetzt mit zornigem Gesicht die schärfsten Foltern an, wenn er nicht die reine Wahrheit spräche. Von zwei Seiten eingeschüchtert und bedroht, begann Ambrogiuolo nun vor Bernabò und allen Höflingen klar und deutlich zu berichten, was sich zugetragen hatte, immer noch in der Überzeugung, daß er keine andere Strafe zu erwarten hätte als die Rückzahlung der fünftausend Fiorini und der gestohlenen Sachen.

Nach der Beichte Ambrogiuolos wandte sich Sicurano, als sei er in dieser Angelegenheit der Richter des Sultans, an Bernabò und fragte: „Und was tatest du auf diese Lüge hin mit deiner Frau?" Bernabò antwortete: „Ich war so vom Zorn erfüllt über den Verlust meines Geldes und über den Hohn dieser Schande, den mir meine Gattin allem Anschein nach angetan hatte, daß ich sie von einem Diener töten ließ. Wie mir berichtet wurde, ist ihr Leichnam sogleich von Wölfen zerrissen worden." Alle diese Dinge wurden in Gegenwart des Sultans vorgebracht, der aufmerksam zuhörte und alles gut verstand, sich aber trotzdem nicht erklären konnte, was Sicurano, auf dessen Bitte ja das Verhör stattfand, eigentlich damit bezwecke. Da sprach dieser zu ihm: „Mein Gebieter! Ihr werdet nun klar erkennen, aus welchem Holz der Liebhaber und auch der Gatte jener Frau geschnitzt waren! Der Liebhaber zerstörte mit einer frechen Lüge auf einen Schlag ihre Ehre und ihren guten Ruf und richtete ihren Mann finanziell zugrunde; ihr Gatte aber glaubte eher an die Lügen eines Schurken als an die Wahrheit, die er aus langer Erfahrung hätte erkannt haben müssen, und ließ die Unglückliche töten und ihre Leiche den Wölfen vorwerfen! Abgesehen davon ist die Liebe, die ihr Liebhaber wie Gatte entgegenbringen, so stark, daß hernach beide lange Zeit mit ihr zusammen leben und keiner von beiden sie wiedererkennt! Da Ihr, mein Gebieter, nun genau die Verdienste der beiden Männer kennt, bitte ich Euch um die ganz besondere Gnade, den Betrüger zu bestrafen und dem Betrogenen zu verzeihen, und dann werde ich Euch und allen Anwesenden die Frau vorführen."

Der Sultan, der in dieser Sache Sicurano gerne zufriedenstellen wollte, erklärte, daß es ihn freuen sollte, die Dame hier zu sehen. Bernabò nun, der vom Tode seiner Gattin fest überzeugt war, hörte mit Verwunderung diese Worte, während Ambrogiuolo, der Unheil zu ahnen begann, von Angst erfaßt wurde, daß ihm Schlimmeres widerfahren möchte als die Rückzahlung des Geldes. Er wußte nicht, ob er von dem Erscheinen der Dame Gutes oder Schlechtes zu erwarten hätte, doch sah auch er mit großer Spannung ihrem Eintreffen entgegen.

Als Sicurano die Einwilligung des Sultans erhalten hatte,

warf er sich weinend zu dessen Füßen nieder und legte in dem gleichen Augenblick, in dem er nicht mehr als Mann gelten wollte, seinen männlichen Tonfall ab und sprach: „Mein Gebieter! Ich bin die arme, unglückliche Ginevra, die sechs Jahre als Mann verkleidet leben mußte, weil dieser Schurke sie böswillig und lügnerisch verleugnete und jener andere grausame und ungerechte Mann sie seinem Diener übergab, der sie töten und den Wölfen zum Fraß vorwerfen sollte!" Und sie zerriß das Gewand und entblößte ihren Busen, um so dem Sultan und allen Anwesenden zu beweisen, daß sie eine Frau war. Dann wandte sie sich an Ambrogiuolo und fragte ihn tief gekränkt, wann sie je die Seine gewesen sei, wie er sich immer gerühmt habe. Schamerfüllt erkannte Ambrogiuolo sie wieder und wagte kein Wort zu entgegnen. Der Sultan aber, der sie stets für einen Mann gehalten hatte, war so erstaunt über alles, was er vernahm, daß er bald selbst nicht wußte, ob alles, was er sah und hörte, ein Traum sei oder Wirklichkeit. Nachdem er sich von seinem Erstaunen erholt hatte und die Wahrheit erkannte, wußte er nicht genug des Lobes über das Leben, die Standhaftigkeit, die Sittsamkeit und die Tugenden Ginevras, die so lange Sicurano hieß. Er ließ ihr sogleich kostbare Kleider bringen und Frauen zu ihrer Gesellschaft herbeirufen, worum sie ihn gebeten hatte. Dann schenkte er Bernabò sein verwirktes Leben. Dieser stürzte weinend seiner Gattin zu Füßen, als er sie erkannte, und bat sie um Verzeihung, die sie ihm, obwohl er ihrer kaum wert war, gütig gewährte. Sie hob ihn auf und umarmte ihn zärtlich als ihren Gatten.

Dann befahl der Sultan, daß Ambrogiuolo auf einem erhöhten Platz der Stadt ganz und gar mit Honig bestrichen in der Sonne auf einen Pfahl gebunden werden solle, von dem er nicht wieder heruntergeholt werden dürfe, bevor nicht seine Gebeine von selber herunterstürzten. Das Urteil wurde sogleich vollstreckt. – Weiter befahl der Sultan, daß aller Besitz Ambrogiuolos, der mehr als zehntausend Dublonen betrug, sogleich der Dame auszuhändigen sei. Sodann ließ er ein glänzendes Fest rüsten, auf dem er Bernabò, dem Gatten Madonna Ginevras, und dieser selbst, die er das Vorbild aller edlen Frauen nannte, die höchsten Ehren erwies und ihr Edelsteine, goldenes und silbernes

Tafelgeschirr und Geld schenkte, von mehr als zehntausend Dublonen Wert.

Als das Fest beendet war, lieh er ihnen ein Schiff und gestattete ihnen zu ihrer Freude die Heimfahrt nach Genua. So kehrten sie als reiche Leute glücklich nach Hause zurück, wo sie mit vielen Auszeichnungen empfangen wurden, vor allem Madonna Ginevra, die Totgeglaubte, die zu ihren Lebzeiten stets als Muster höchster und edelster Tugend gegolten hatte.

Ambrogiuolo aber wurde noch am gleichen Tage, mit Honig bestrichen, auf den Pfahl gebunden, wo er unter schrecklichen Qualen nicht nur von den Mücken, Wespen und Bremsen, die es dortzulande in Unmengen gibt, getötet, sondern buchstäblich aufgefressen wurde bis auf die Knochen, die noch lange Zeit als bleiches Gebein, von den Sehnen zusammengehalten, dort hingen und jedem Zeugnis von seiner Ruchlosigkeit ablegten. So endete auch in diesem Falle der Betrüger zu Füßen der Betrogenen.

ZEHNTE GESCHICHTE

Paganino aus Monaco raubt die Gemahlin des Messer Riccardo di Chinzica. Als dieser erfährt, wo sie sich befindet, sucht er die Freundschaft Paganinos und verlangt seine Gattin von ihm zurück. Paganino verspricht, sie zurückzugeben, wenn sie selber es wünscht. Die Dame aber verspürt keine Lust zurückzukehren und wird nach dem Tode Messer Riccardos die Gattin Paganinos.

Die Geschichte der Königin wurde von der ganzen ehrenwerten Gesellschaft als besonders schön gelobt, vor allem von Dioneo, der an diesem Tage als einziger mit seiner Erzählung noch übriggeblieben war. Nach mancherlei Lobreden auf die Geschichte der Königin begann er:

Ihr Schönen, eine Bemerkung aus der Geschichte der Königin bewegt mich, meinen Vorsatz zu ändern und euch nicht die Geschichte zu erzählen, die ich schon im Sinne hatte, sondern eine andere. Es ist die Torheit Bernabòs – wiewohl sie hier ein gutes Ende nahm – und anderer

Männer, die gleich ihm dem Wahn verfallen sind, daß die Frauen daheim die Hände im Schoß falten, während sie selbst draußen in der Welt herumflanieren und bald mit diesem, bald mit jenem Frauenzimmer schöntun. Als ob wir, die wir von Frauen geboren und aufgezogen sind, nicht wüßten, wonach sie verlangen!

Mit meiner Geschichte werde ich euch sogleich beweisen, wie groß die Dummheit solcher Männer ist und wieviel größer noch die Narrheit jener, die sich für mächtiger halten als die Natur und meinen, sie könnten mit lockenden Versprechungen erreichen, was sie auf andere Art nicht zuwege bringen; die wähnen, andere Menschen zu dem machen zu können, was sie selbst sind, ohne dabei zu berücksichtigen, daß die Natur stets ihre Rechte fordern wird.

In Pisa lebte einst der Richter Messer Riccardo di Chinzica, ein Mann, der sich weit mehr durch die Kräfte des Verstandes als durch solche des Körpers auszeichnete. Da er nun glaubte, daß er mit den Fähigkeiten seines Geistes, die ihm in seinem Amt so gute Dienste leisteten, auch eine Ehefrau voll und ganz befriedigen könnte, suchte er, gestützt auf seine beachtlichen Besitztümer, mit großem Eifer nach einer Frau von besonderer Schönheit und frischester Jugend, zwei Eigenschaften, die er besser gemieden hätte, wenn er imstande gewesen wäre, sich selbst so gut zu beraten wie seine Klienten. Indes, seine Träume wurden Wirklichkeit, denn Messer Lotto Gualandi gab ihm seine Tochter Bartolomea zur Frau, eine der schönsten und reizendsten jungen Damen von ganz Pisa, wo fast alle jungen Mädchen schlank und schillernd wie Eidechsen sind.

Nachdem der Richter sie in großem Gepränge heimgeholt und ein glänzendes, kostspieliges Hochzeitsfest gegeben hatte, gelang es ihm in der ersten Nacht mit Ach und Krach, seine junge Frau einmal zu nehmen und die Ehe zu vollziehen, doch fehlte nicht viel, so wäre schon dieses erste Mal eine Niete geworden. Mager, vertrocknet und kurzatmig, wie er war, mußte er sich nach dieser Anstrengung am folgenden Morgen mit Rotwein und Kuchen stärken und mit allerlei Mitteln wieder auf die Beine helfen. Durch diese Erfahrung gewitzt und über seine Kräfte aufgeklärter als vorher, begann nun der Herr Richter seine junge Gattin einen Kalender zu lehren, der sich vortrefflich für Kinder bewährt hätte, die eben das Lesen lernen, und der wohl gar in Ravenna ersonnen war. Nach diesem Kalender gab es fast keinen Tag im Jahr, auf den nicht eine oder gleich mehrere Heiligenfeiern fielen, deren ehrfürchtiges Begehen jegliche Vereinigung zwischen Mann und Frau untersagte. Dazu kamen Fastenzeiten, Vierzigstundengebete, Nachtwachen und tausendunddrei Namenstage, Freitage, Samstage, die Sonntage als die Tage des Herrn, die Osterfastenzeit, gewisse Mondstellungen und was es sonst noch für Ausflüchte gab, um derentwillen er meinte, sich bei der Frau im Bett die gleichen Ferien gönnen zu können wie zuweilen in seiner Amtsstube. Auf diese Weise trieb er es lange Zeit zum nicht geringen Mißvergnügen seiner jungen Gattin, der er sich höchstens einmal im Monat näherte, und das noch kaum. Doch achtete er stets sorgfältig darauf, daß nicht etwa ein anderer ihr ebenso die Werktage beibringe, wie er sie die Feiertage gelehrt hatte.

Einmal, zur Zeit der großen Hitze, geschah es, daß Messer Riccardo dem Wunsche nicht widerstehen konnte, für ein paar Tage auf eine seiner schönen Besitzungen in der Nähe von Montenero zu übersiedeln, um frische Luft zu genießen. Er nahm seine schöne junge Frau mit und fuhr, da er ihr ein wenig Abwechslung bieten wollte, eines Tages mit ihr auf den Fischfang. Zu diesem Zweck stieg er selbst zu einigen Fischern ins Boot, die Dame aber fuhr zusammen mit anderen Frauen in einem zweiten Boot nebenher. Die Freude an diesem Vergnügen führte sie, ohne daß sie es gewahr wurden, viele Meilen aufs Meer hinaus. Während sie noch eifrig dem Fischfang zusahen, tauchte plötzlich eine Galeere des damals berühmten Seeräubers Paganino aus Monaco auf, der die beiden Boote sogleich ansteuerte, als er sie bemerkte. Da sie nicht schnell genug waren, um zu fliehen, erreichte der Seeräuber bald das Boot, auf dem sich die Frauen befanden, und als er die schöne junge Gattin des Richters erblickte, brachte er sie, ohne etwas anderes zu begehren, vor den Augen Messer Riccardos, der eben das Land erreichte, auf seine Galeere und fuhr mit ihr davon.

Niemand wird bezweifeln, daß der Herr Richter, der so eifersüchtig war, daß er selbst die Luft beargwöhnte, über dies Ereignis tief bekümmert war. Doch umsonst beklagte er sich in Pisa und allerorts über die Ruchlosigkeit der Seeräuber, da er weder sagen konnte, wer seine Gattin entführt hatte noch wohin sie gebracht worden war.

Paganino aber war von der Schönheit der Dame hoch entzückt, und da er keine Frau besaß, beschloß er, sie immer bei sich zu behalten, und versuchte sogleich, die Weinende mit zarten Worten zu trösten. Da er jedoch bald den Eindruck hatte, daß seine Worte nur wenig Erfolg hätten, setzte er, dem anscheinend der Kalender aus der Tasche gefallen und jeglicher Fest- oder Feiertag aus dem Gedächtnis entschwunden war, seine Tröstungen mit Taten fort und wußte die Dame so ausgiebig und vollkommen zu beruhigen, daß sie noch vor der Ankunft in Monaco sowohl den Richter als seine sämtlichen Fastengesetze völlig vergessen hatte und ein fröhliches Leben mit Paganino begann, der sie neben allen Tröstungen, die er ihr Tag und Nacht zukommen ließ, wie seine rechtmäßige Gattin ehrte.

Nach einer gewissen Zeit kam Messer Riccardo zu Ohren, wo seine Frau sich aufhielt. In der Überzeugung, daß außer ihm selbst niemand die Angelegenheit richtig anfassen könne, beschloß er, von brennender Eifersucht angestachelt, selbst die Suche nach seiner Frau aufzunehmen und bereitwillig jedes Lösegeld für sie zu zahlen. Er fuhr daher übers Meer nach Monaco, wo er auch bald seine Frau zu Gesicht bekam. Auch sie hatte ihn gesehen, berichtete es noch am selben Abend Paganino und teilte ihm dabei ihren Entschluß mit.

Am folgenden Tage machte Messer Riccardo sich an Paganino heran, sobald er ihn zu Gesicht bekam, und legte in wenigen Stunden eine übergroße Vertraulichkeit und Freundschaft an den Tag. Paganino aber stellte sich, als kenne er ihn nicht, und wartete gespannt, worauf der andere wohl hinauswolle. Messer Riccardo nannte ihm denn auch in einem geeigneten Augenblick auf die höflichste und bescheidenste Weise den Grund seines Kommens, bat ihn, jede beliebige Summe zu verlangen und ihm dafür seine Frau zurückzugeben. Paganino antwortete freundlich: „Seid mir willkommen, Messere, und laßt Euch in aller Kürze folgendes sagen: Es stimmt, daß ich eine junge Dame im Hause habe. Ob sie aber Eure Gattin ist oder die eines anderen Mannes, das weiß ich nicht, da ich Euch nicht kenne und sie erst seit der kurzen Zeit, die sie mit mir zusammen lebt.

Wenn Ihr behauptet, der Gatte der Dame zu sein, so will ich Euch zu ihr bringen, denn Ihr scheint mir ein rechtschaffener Mann zu sein. Sicherlich wird sie Euch sogleich erkennen. Wenn sie die Wahrheit Eurer Worte bestätigt und mit Euch heimfahren will, so werde ich mich aus Dank für Eure Höflichkeit mit dem, was Ihr mir als Lösegeld zahlen wollt, zufriedengeben. Wenn es aber nicht zutrifft, wäre es unrecht von Euch, sie mir fortzunehmen, denn ich bin noch jung an Jahren und kann so gut wie jeder andere eine Frau um mich haben, und mit besonderem Vergnügen diese, die das reizendste Weibchen ist, das ich je gesehen habe." – „Sie ist ganz bestimmt meine Frau", beteuerte Messer Riccardo. „Wenn du mich zu ihr führst, wirst du es sofort erkennen, denn sie wird mir sogleich um den Hals fallen. Ich bin darum mit allem einverstanden, was du eben vorgeschlagen hast." – „Nun denn", sagte Paganino, „so laßt uns gehen!"

In Paganinos Haus angelangt, begaben sie sich in den Saal, und Paganino ließ die Dame rufen. Sie kam sogleich, hübsch gekleidet und geschmückt, aus einem Nebengemach und trat zu Riccardo und Paganino, begrüßte aber den Richter nicht anders als jeden beliebigen Fremden, den Paganino zufällig mit heraufgebracht hätte. Messer Riccardo, der geglaubt hatte, sie werde ihm in überschwenglicher Freude um den Hals fallen, wußte sich vor Enttäuschung kaum zu fassen, dachte aber bei sich: ‚Vielleicht haben Kummer und Schmerz, die ich um ihren Verlust durchgemacht habe, mich so verändert, daß sie mich nicht erkennt!' Er sagte deswegen: „Liebe Frau, der Fischfang mit dir ist mir teuer zu stehen gekommen, und kein Mensch hat je tieferen Gram durchmachen müssen als ich, nachdem ich dich verlor. Du aber scheinst mich gar nicht wiederzuerkennen, so fremd sprichst du mit mir. Siehst du nicht, daß ich dein Messer Riccardo bin? Dein Gatte, der selber hergekommen ist, um diesem Ehrenmann, in dessen Hause wir uns hier befinden, jedes gewünschte Lösegeld für dich zu zahlen, um dich loszukaufen und mit zurückzunehmen? Und er ist auch bereit, dich für das gebotene Lösegeld freizulassen."

Die Dame wandte sich ihm zu und sagte mit dem Anschein eines Lächelns: „Messer, sprecht Ihr mit mir? Schaut doch, ob Ihr mich nicht mit einer anderen Frau verwechselt? Ich habe Euch, soweit ich mich erinnere, noch niemals gesehen." – „Aber überlege, was du sagst", fuhr Messer Riccardo fort, „und sieh mich einmal richtig an! Wenn du nur willst, wirst du wohl erkennen, daß ich dein Riccardo di Chinzica bin." Sie aber sprach: „Verzeiht mir, Messer. Es ist zwar nicht sehr schicklich für mich, Euch so genau zu betrachten, wie Ihr es wünscht, doch habe ich es schon getan und festgestellt, daß ich Euch noch nie gesehen habe." Jetzt nahm Messer Riccardo an, sie stelle sich nur aus Angst vor Paganino so und wolle in dessen Gegenwart nicht zugeben, daß sie ihn kenne. Er bat darum diesen nach einer kleinen Weile um Erlaubnis, allein in einem Nebenzimmer mit der Dame sprechen zu dürfen. Paganino erklärte sich einverstanden, verlangte aber, er dürfe auf keinen Fall versuchen, sie gegen ihren eigenen Willen zu küssen. Dann forderte er die Dame auf, mit Messer Riccardo in ein Nebenzimmer zu gehen, ihn anzuhören und ihm dort frei und offen zu antworten.

Sowie Messer Riccardo mit seiner Frau allein war und beide Platz genommen hatten, begann er sogleich auf sie einzureden: „Ach, mein teuerstes Herz, du meine süße Seele, meine Hoffnung, kennst du auch jetzt deinen Riccardo noch nicht, der dich mehr liebt als sein Leben? Wie konnte das geschehen? Habe ich mich so sehr verändert? Ach, mein schönes Auge, sieh mich doch nur richtig an!" Sie unterbrach ihn lachend: „Ihr wißt wohl recht gut, daß ich nicht so kurz von Gedächtnis bin, Euch nicht als Messer Riccardo, meinen Ehegatten, wiederzuerkennen. Doch Ihr habt, solange ich bei Euch war, wenig Verständnis für mich gezeigt. Da Ihr so klug seid oder wenigstens vorgebt, es zu sein, mußtet Ihr wissen und sehen, daß ich eine frische, gesunde, junge Frau war und auch jenes nötig habe, was alle Frauen neben Kleidung und Nahrung verlangen, obwohl sie es aus Scham nicht zu sagen wagen. Wie Ihr es aber damit gehalten habt, daran werdet Ihr Euch wohl noch erinnern. Wenn Euch das Studium der Gesetze mehr Vergnügen machte als Eure Frau, so hättet Ihr keine nehmen sollen, obwohl ich freilich stets den Eindruck hatte, Ihr wäret weniger ein Richter als ein Verkünder von Kirchenfest- und Feiertagen, von Fastenzeit und Nachtwachen, die Ihr nur zu gut kanntet. Und ich sage Euch, wenn Ihr den

Arbeitern, die Eure Besitzungen bestellen, so viele Feiertage bescheren würdet, wie Ihr sie dem zugestandet, der mein kleines Feld bestellen sollte, so hättet Ihr nie ein einziges Getreidekorn geerntet. Jetzt habe ich mich dem Mann ergeben, den mir der Himmel aus Erbarmen mit meiner Jugend zuführte. Mit diesem lebe ich hier in seinem Hause, in dem man nichts weiß von Feiertagen, ich meine, von jenen Festen, die Ihr so zahlreich gefeiert habt, weil Ihr Gott mit mehr Hingabe dientet als Eurer Frau. Über diese Schwelle hier kommen weder Samstags- noch Feiertagsheiligungen, weder Nachtwachen noch Vierzigstunden noch die langen Fastenzeiten. Hier wird Tag und Nacht gearbeitet und die Wolle gezaust. Und wenn es morgens zur Frühmesse läutet, weiß ich genau, was sich ereignet hat, und nicht nur einmal, sondern mehrmals. Und darum will ich bei diesem Manne bleiben und weiterarbeiten, solange ich noch jung bin. Die Feste, die Bußtage und Fastenzeiten werde ich mir aufheben für mein Alter. Euch gebe ich den guten Rat, so schnell wie möglich nach Hause zu fahren und dort ohne mich so viele Feiertage zu heiligen, wie es Euch beliebt!"

Bei diesen Worten packte Messer Riccardo ein schier unerträglicher Kummer, und als sie schwieg, sprach er: „Ach, meine süße Seele, was sagst du da! Denkst du denn gar nicht an die Ehre deiner Familie und an deine eigene? Willst du lieber hier in Todsünde als das Verhältnis dieses Mannes weiterleben als daheim in Pisa meine Gattin sein? Wenn der hier deiner überdrüssig ist, wird er dich in Schanden davonjagen. Ich aber werde dich immer in Ehren halten, und wenn ich nicht mehr bin, wirst du die Herrin meines Hauses bleiben. Willst du diesem zügellosen und schändlichen Verlangen deine Ehre opfern und mich, der dich mehr liebt als sein Leben? Ach, meine teure Hoffnung, sprich nicht länger solche Worte! Komm mit mir! Ich werde fortan, da ich nun deine Wünsche kenne, mich danach richten. Ändere deinen Entschluß, mein süßer Liebling, und komme mit mir. Ich habe keine gute Stunde mehr gehabt, seitdem du fort warst."

Die Dame entgegnete: „Jetzt, wo es zu spät ist, braucht sich außer mir niemand mehr um meine Ehre zu bekümmern! Meine Eltern hätten daran denken sollen, als sie mich zu Eurer Gattin machten. Sie haben es nicht getan, darum werde auch ich jetzt keine Rücksicht auf sie nehmen. Und wenn ich jetzt in Todsünde lebe, so werde ich, solange es angeht, darin fortfahren. Laßt Euch darüber nicht mehr graue Haare wachsen, als ich es tue! Jedenfalls kann ich Euch versichern, daß ich mich hier als Paganinos Ehefrau fühlen kann, während ich damals in Pisa nur Eure Hure zu sein glaubte; besonders wenn ich an alle Mondphasen und geometrischen Quadrate denke, die stimmen mußten, um eine Begegnung zwischen Eurem und meinem Planeten zustande zu bringen. Hier aber läßt Paganino mich die ganze Nacht nicht aus den Armen, preßt mich an sich und beißt mich! Und wie er mich herannimmt, das mag Euch Gott erklären! Ihr wollt mir weismachen, daß Ihr Euch jetzt mehr anstrengen werdet? Ja, wie denn? Um mit mir Frieden zu machen, wenn Ihr dreimal ins Ziel getroffen habt, oder wollt Ihr ihn mit Stockschlägen wieder emporjagen? Ach, ich kann mir denken, was für ein tüchtiger Liebhaber Ihr während meiner Abwesenheit geworden seid! Geht nur und seht zu, daß Ihr Euer Leben noch ein Weilchen fristen könnt! Ihr scheint mir sowieso nur zur Miete zu leben auf dieser Welt, so hohl und jämmerlich, wie Ihr ausseht! Und noch eins: Selbst wenn Paganino mich fortjagen sollte – woran er, solange ich nur bei ihm bleibe, wohl niemals denken wird – und ich nicht wüßte, wohin, so würde ich auch dann nicht wieder zu Euch zurückkehren, denn aus Euch ist kein Löffelchen Salz mehr herauszuholen, sosehr man Euch auch zusammenpreßte. Einmal bin ich zu eigenem Schaden und Leide bei Euch gewesen, ein zweites Mal würde ich anderswo mein Heil versuchen. Darum versichere ich Euch nochmals, daß ich hier bleibe, wo es keine Feste und Nachtwachen gibt. Kehrt heim, so schnell Ihr könnt! Und geht mit Gott jetzt, wenn Ihr nicht wollt, daß ich anfange zu schreien, Ihr tätet mir Gewalt an!"

Messer Riccardo sah ein, daß alle seine Bemühungen nutzlos waren, und erkannte die Torheit, eine so junge Ehefrau heimgeführt zu haben. Er verließ daher gramerfüllt und betrübt das Zimmer und redete noch lange auf Paganino ein, was ihm aber keinen Deut einbrachte. Schließlich kehrte er, ohne weitere Versuche zu unternehmen, nach Pisa zurück und ließ die Dame, wo sie war. Doch verwirrte der

Schmerz über ihren Verlust seinen Geist derart, daß er auf der Heimfahrt nach Pisa jedem, der ihn begrüßte oder irgendwelche Fragen an ihn stellte, nichts weiter erwiderte als: „Der böse Dieb macht sich nichts aus Feiertagen!" und bald danach starb.

Als Paganino seinen Tod erfuhr, machte er die Dame, deren Liebe er lange erkannt hatte, zu seiner rechtlichen Gattin, und solange ihre Füße sie trugen, arbeiteten sie nach Herzenslust zusammen weiter und ließen es sich wohl sein, ohne sich an Fastenzeiten, Feiertage oder Nachtwachen zu kehren.

Und aus diesem Grunde, meine lieben Mädchen, bin ich der Ansicht, daß Messer Bernabò in seinem Streit mit Ambrogiuolo auf falschem Pferde saß.

Diese Geschichte löste bei der ganzen Gesellschaft so viel Gelächter aus, daß allen die Kinnladen schmerzten, und die Frauen stimmten Dioneo zu, daß Bernabò wirklich ein Narr gewesen sei. Als dann aber die Erzählung beendet und das Lachen verstummt war, stellte die Königin fest, daß es spät geworden war. Da alle ihre Geschichten vorgetragen hatten und somit ihre Regierungszeit ablief, nahm sie nach begonnenem Brauch die Lorbeerkrone von ihrem Haupt und drückte sie mit freundlichem Lächeln Neifile in die Locken. „Du, meine holde Gefährtin, sollst jetzt die Herrin dieses kleinen Völkchens sein!" Damit setzte sie sich nieder.

Neifile errötete leicht über die empfangene Würde. Ihr Antlitz glich in seiner taufrischen Schönheit den jungen Rosenknospen des April oder Mai, und sie schlug ihre schönen Augen nieder, die wie der Morgenstern strahlten. Als aber die Beifallsbezeigungen der Umsitzenden, die fröhlich der Königin ihre Zustimmung bekundeten, verstummten und Neifile sich ein wenig gesammelt hatte, sprach sie von erhöhtem Sitze aus: „Wenn ich denn eure Königin sein soll, so will ich auf dem Wege meiner Vorgänger bleiben, deren Regiment ihr durch Gehorsam anerkannt habt, und euch mit wenigen Worten meine Pläne sagen. Finden diese euren Beifall, so wollen wir sie ausführen. Wie ihr wißt, ist morgen Freitag und am Tage darauf Sonnabend. Es kommen also zwei Tage, die bei manchen Menschen der Speisen wegen, die man an ihnen genießt, wenig beliebt sind. Ganz abgesehen davon, verdient der Freitag, der Tag, an dem unser Heiland für uns in den Tod ging, besondere Würdigung und ist meiner Meinung nach besser mit Gebeten zu Gottes Ehre als mit Erzählen zu verbringen. Am Sonnabend aber ist es bei vielen Frauen Brauch, das Haar zu waschen und den Staub und Schmutz der vergangenen Woche zu entfernen, außerdem zu Ehren der jungfräulichen Mutter des Gottessohnes zu fasten und sich am folgenden Sonntag aller Arbeit zu enthalten. Wir können daher den von uns aufgestellten Regeln an diesen Tagen nicht folgen, und ich halte es daher für richtig, mit dem Erzählen auszusetzen. Da wir außerdem schon vier Tage an diesem Ort verbracht haben und vermeiden möchten, daß andere Menschen uns hier überraschen, so glaube ich, es wäre richtig, sich von hier zu entfernen und anderswohin zu gehen. Auch über das Wohin habe ich nachgedacht und einen Plan ersonnen. Wenn wir dann am Sonntag bald nach der Mittagsruhe dort zusammentreffen, werdet ihr einmal ausreichend Zeit zum Nachdenken gehabt haben und es außerdem als neuen Anreiz ansehen, daß – nachdem wir heute ein so weites Spielfeld für unsere Geschichten hatten – die Grenzen der weiteren Erzählungen ein wenig enger gezogen werden sollen und wir nur über *eine* Art der zahlreichen Schicksalsfügungen sprechen werden. Ich schlage dazu vor, daß nur von solchen Menschen erzählt werden soll, die ein heißersehntes Ziel durch List und Klugheit erreichten oder durch diese Eigenschaften etwas Verlorenes wieder zurückeroberten. Jeder von uns mag sich überlegen, was er hierüber den Gefährten erzählen kann, doch muß es nützlich oder wenigstens amüsant zu hören sein. Das Privileg Dioneos aber soll auch weiterhin gewahrt bleiben."

Die Worte der neuen Königin wurden von allen gelobt und ihr Vorschlag angenommen. Sie ließ darauf den Seneschall rufen, bestimmte, wo am Abend die Tafel zu decken sei, und trug ihm ferner ihre Wünsche für die Zeit ihrer Regentschaft vor. Dann erhob sie sich mit der Gesellschaft und entließ die Gefährten, damit jeder nach eigenem Ermessen seinem Vergnügen nachgehen könne. Die Damen und Herren schlugen den Weg zu einem kleinen Garten ein, wo sie nach kurzen Belustigungen in heiterster Laune zu

Abend speisten. Nach Tisch erhoben sich alle, Emilia führte auf Geheiß der Königin einen Reigen an, zu dem Pampinea das folgende Lied sang, in das die übrigen mit einstimmten:

> „Wann säng ein Weib, wenn ich nicht wollte singen,
> Da alle meine Wünsche mir gelingen?
>
> Komm, Liebe, denn! Mir Grund von jedem Gute,
> Von jeder Hoffnung, jedem frohen Lachen!
> Und singen wir zusammen,
> Von Seufzern nicht noch von gequältem Mute,
> Die süßer jetzt mir deine Freude machen;
> Bloß von den hellen Flammen,
> Die mich in Spiel und Festen stets entflammen,
> Anbetung dir, als meinem Gott, zu bringen.
>
> Du stelltest vor die Augen mir, o Liebe,
> Den ersten Tag, wo ich dein Glühn empfunden,
> Solch eines Jünglings Wesen,
> Daß, wer an Schönheit, Kühnheit, edlem Triebe
> Ihn überträfe, niemals ward gefunden,
> Selbst wer ihm gleich gewesen.
> Für ihn entbrannt ich so, daß, dein erlesen,
> Ich nun mit dir Gesänge laß erklingen.
>
> Und was am meisten Lust mir muß gewähren,
> Er hat an mir wie ich an ihm Gefallen,
> Dank sei es dir, o Liebe!
> So hab in dieser Welt ich mein Begehren,
> Und hoff im Frieden jener einst zu wallen,
> Weil ich ihm eigen bliebe
> Mit höchster Treu. Gott, welcher schaut die Triebe,
> Wird in sein Reich uns gnädig lassen dringen."

Auf diese Kanzone folgten noch viele andre Lieder und Tänze, dann aber meinte die Königin, es sei Zeit, sich zur Ruhe zu begeben, und jeder suchte, von der Fackel geleitet, sein Schlafgemach auf.

Die beiden folgenden Tage wurden verbracht, wie die Königin es vorgeschlagen hatte, und alle sahen erwartungsvoll dem Sonntag entgegen.

Hier endet der zweite Tag des Dekameron.

Es beginnt der dritte Tag des Dekameron, an dem unter der Herrschaft Neifiles von Menschen erzählt wird, die mit List etwas Heißersehntes erreichten oder Verlorenes wiedergewannen.

Das Nahen der Sonne begann bereits Aurorens Röte in Gold zu tauchen, als die Königin sich am Sonntag erhob und ihre Gesellschaft wecken ließ. Der Seneschall hatte schon vor geraumer Weile einige Bediente mit allerlei nützlichen Dingen an den neuerwählten Aufenthaltsort vorausgeschickt und dort alles Nötige vorbereiten lassen. Als er sah, daß die Königin sich auf den Weg machte, ließ er eiligst alles übrige aufladen, brach gewissermaßen die Zelte hier ab und folgte mit dem gesamten Gepäck und der bei den Damen und Herren verbliebenen Dienerschaft der Königin nach dem neuen Ziel.

Die Königin wanderte, umringt von ihren Damen und den drei jungen Herren, mit langsamen Schritten beim Gesange von mehr als zwanzig Nachtigallen und anderen Vögeln einen wenig begangenen Fußpfad entlang, der über und über mit grünen Kräutern und Blumen bedeckt war, welche im Strahl des herabfallenden Sonnenlichtes zu blühen begannen und ihre Kelche öffneten. Dann folgte sie einem nach Westen gerichteten Weg, führte die Gesellschaft unter heiterem Geplauder und Lachen kaum mehr als zweitausend Schritte weiter und erreichte noch vor Ablauf der Terza einen sehr schönen, großartigen Palast, der auf einer kleinen Anhöhe über der Ebene erbaut war. Als die Gesellschaft hier eingetreten und überall umhergegangen war und die weiten Säle und die sauberen, geschmückten Räume, die mit allem, was zur Gemütlichkeit eines Zimmers gehört, ausgestattet waren, gesehen hatte, lobten sie alles sehr und meinten, der Besitzer des Schlosses müßte ein mächtiger, prachtliebender Herr sein. Dann gingen alle nach unten, und als sie den weitläufigen, freundlichen Hof des Palastes, die mit den besten Weinen gefüllten Keller und die frischen Quellen gesehen hatten, die überall hervorsprudelten, priesen sie ihren neuen Aufenthaltsort noch weit mehr. Da alle ein wenig der Ruhe bedurften, ließen sie sich auf einer Terrasse nieder, die den ganzen Hof beherrschte und mit den Blumen der Jahreszeit und viel frischem Grün geschmückt war. Hier erschien sogleich der aufmerksame Seneschall und erquickte die Gesellschaft zum Empfang mit köstlichem Kuchen und auserlesenem Wein.

Danach ließen sie sich einen rings von hoher Mauer umgebenen Park zu seiten des Palastes öffnen und traten ein.

Gleich auf den ersten Blick bot sich dieser in so auserlesener Schönheit ihren Blicken dar, daß sie begannen, seine einzelnen Partien genau zu betrachten. Breite Laubengänge von Wein, die so gerade wie Straßen waren und für das Jahr eine reiche Traubenernte versprachen, führten um ihn herum und quer durch ihn hindurch. Die Reben standen in höchster Blüte und verströmten ihren betäubenden Odem, der sich mit dem Dufte vieler anderer Pflanzen vermischte, über den ganzen Garten, so daß man glaubte, sämtliche Wohlgerüche des Orients einzuatmen. Die Seiten der Wege waren von weißen und roten Rosenstöcken und Jasmin fast geschlossen, und man konnte nicht nur am Vormittag, sondern auch, wenn die Sonne hoch am Himmel stand, in dem duftenden, angenehmen Schatten lustwandeln, ohne von ihren Strahlen getroffen zu werden. Zu lange würde es währen, aufzuzählen, wie viele und welche Gewächse hier standen und wie geschmackvoll alles geordnet war, doch waren wohl alle seltenen Pflanzen, die in unserm Klima gedeihen, hier in reicher Anzahl vertreten.

Bewundernswerter als alles andere war ein Rasenplatz in der Mitte des Gartens. Er war bedeckt mit den feinsten Gräsern, und sein sattes Grün, das fast schwarz erschien, war von tausenderlei Blumen bunt durchwoben. Er war von leuchtend grünen, kräftig treibenden Zitronen- und Orangenbäumen umstanden, die neben alten und jungen Früchten gleichzeitig Blüten trugen und nicht nur den Augen angenehmen Schatten spendeten, sondern auch durch ihren zarten Duft die Sinne entzückten. Inmitten des Rasenplatzes befand sich in einem weißen, intarsiengeschmückten Marmorbecken ein Springbrunnen, welcher – gleichgültig, ob aus natürlicher oder künstlicher Quelle herrührend – aus einer Statue, die auf einer Säule in der Mitte des Beckens stand, so viel Wasser hoch gegen den Himmel warf, daß man mit weit weniger schon eine Mühle hätte antreiben können. Das Wasser plätscherte mit gefälligem Rauschen ins Brunnenbecken zurück, der Überfluß aber, auch das möchte ich noch erwähnen, wurde aus dem vollen Becken des Springbrunnens durch unterirdische Rohrleitungen unter dem Rasenplatz weggeleitet, kam außerhalb desselben wieder ans Licht, umfloß den Platz und bewässerte durch ähnliche Leitungsrohre den ganzen Park, bis er sich schließlich in einer Ecke sammelte, den zauberhaften Platz verließ und sich in klarem Strahl in die Ebene ergoß, nachdem er zuvor noch mit großem Kraftaufwand zum nicht geringen Vorteil des Schloßherrn zwei seiner Mühlen in Bewegung gesetzt hatte. Der Anblick dieses wunderschönen Gartens, seine reizvolle Ordnung, die Pflanzen und der Springbrunnen mit den rings hervorsprudelnden Bächlein entzückten die Damen und Herren so sehr, daß alle versicherten, wenn auf Erden ein Paradies geschaffen werden sollte, so könnten sie sich keine schönere Form dafür vorstellen als die dieses Gartens, denn niemand vermöchte sich auszumalen, welche Schönheit ihm noch hinzugefügt werden könnte.

Während sie nun in heiterster Laune den Garten durchstreiften, sich bunte Girlanden aus den verschiedensten Zweigen wanden und dabei dem vielfältigen Gesang der Vögel lauschten, die anscheinend miteinander wetteiferten, entdeckten sie noch ein reizendes Plätzchen in dem Garten, das sie, von andren Überraschungen gefesselt, bislang übersehen hatten. Es war nämlich der Garten auch mit vielerlei schönem Getier belebt, auf das sie nun einander aufmerksam machten. Da gab es Kaninchen und Hasen, da lagerten Rehe und ästen junge Hirsche, und daneben waren noch mancherlei andre harmlose Tiere vorhanden, die sich „fast zahm" auf ihre Weise umhertummelten. Die schönen Tiere, neben allem übrigen, erhöhten ihre Freude noch beträchtlich.

Nachdem sie alles betrachtet hatten und eine Weile spazierengegangen waren, ließen sie in der Nähe des schönen Springbrunnens die Tische decken und begannen, nachdem sie auf Anregung der Königin sechs Lieder gesungen und einige Reigen getanzt hatten, zu speisen. Bei Tisch wurden sie aufmerksam und ruhig mit köstlichen, ausgesuchten Speisen bedient; danach erhoben sie sich in heiterster Laune, um sich weiterhin mit Musik, Gesang und Tanz zu vergnügen, bis die Königin, mit Rücksicht auf die zunehmende Hitze, jeden beurlaubte, der sich niederzulegen wünschte. Einige folgten diesem Vorschlag, die andern aber blieben, von der Schönheit des Platzes entzückt, im Garten und vergnügten sich hier mit Büchern, Schachspiel und Puffbrett, solange die übrigen schliefen.

Als dann die Nona vorüber war, erhoben sich die Schläfer und versammelten sich auf Wunsch der Königin, nachdem sie das Antlitz mit frischem Wasser erquickt hatten, wieder auf der Wiese in der Nähe des Springbrunnens, wo sie sich in gewohnter Weise niederließen, um abzuwarten, wer über das von der Königin vorgeschlagene Thema zu erzählen beginnen werde. Der erste, der von der Königin dazu aufgefordert wurde, war Filostrato, der alsbald begann.

ERSTE GESCHICHTE

Masetto aus Lamporecchio stellt sich stumm und wird Gärtner in einem Frauenkloster, dessen Nonnen alle um die Wette mit ihm schlafen wollen.

Meine schönen Damen, es gibt, weiß Gott, viele Männer und Frauen, die töricht genug sind zu glauben, daß ein junges Mädchen, wenn man ihr den weißen Schleier vor das Antlitz hängt und sie ins schwarze Nonnenkleid steckt, aufhört, ein Weib zu sein, und keinerlei weibliches Verlangen mehr verspürt, als wäre sie durch den Eintritt ins Kloster sogleich in Stein verwandelt worden. Kommt solchen Leuten dann einmal etwas zu Ohren, was gegen ihre Auffassung spricht, geraten sie darüber aus dem Häuschen, als wäre ein ungeheures und gottloses Verbrechen gegen die Natur begangen worden. Sie bedenken dabei nicht, daß sie selber trotz aller Freiheit in solchen Dingen unersättlich sind, und wollen auch die große Verführungskraft von Müßiggang und Einsamkeit nicht in Betracht ziehen. Auf ähnliche Weise sind viele Menschen zu der Überzeugung gelangt, daß Hacke und Spaten, karge Speisen und körperliche Mühen die Landarbeiter von dem Verlangen nach sinnlichen Genüssen befreien und ihnen dafür einen beschränkten und simplen Verstand bescheren.

Auf Geheiß der Königin möchte ich euch jetzt mit einer kleinen Geschichte, die nicht von dem genannten Thema abweicht, beweisen, wie sehr jene Menschen sich täuschen, die solche Ansichten haben:

In unserer Gegend bestand und besteht noch heute ein ob seiner Heiligkeit berühmtes Frauenkloster, dessen Namen ich nicht erwähnen will, um seinen Ruhm nicht zu schmälern. Vor nicht allzulanger Zeit, als in diesem Kloster nur acht Nonnen mit ihrer Äbtissin lebten, die sämtlich noch jung an Jahren waren, stand dortselbst auch ein Biedermann im Dienst, der als Gärtner den schönen Klostergarten bestellte. Unzufrieden mit dem Lohn, rechnete der gute Mann eines Tages mit dem Klostervogt ab und kehrte in sein Heimatdorf Lamporecchio zurück.

Unter den Leuten, die ihn daheim freundlich empfingen, befand sich auch ein kräftiger junger Arbeiter namens Masetto, für einen Mann vom Lande ein recht hübscher Bursche. Er fragte den Alten, wo er so lange gewesen sei, und der Biedermann, der Nuto hieß, berichtete es ihm. Nun erkundigte Masetto sich, welcher Art Dienste er denn im Kloster habe verrichten müssen, und Nuto antwortete: „Ich arbeitete in dem großen, schönen Klostergarten, ging zuweilen in den Wald, um Holz zu schlagen, schleppte Wasser und verrichtete noch verschiedene andere derartige Dienste. Aber die Nonnen gaben mir so wenig Lohn, daß ich davon nicht einmal den Schuster bezahlen konnte. Außerdem waren sie alle jung und hatten anscheinend den Teufel im Leibe. Man konnte ihnen nichts zu Dank machen, im Gegenteil, wenn ich zuweilen in ihrem Garten arbeitete, sagte die eine: ‚Setze das hierher!' Die andere aber rief: ‚Nein, pflanze es dahin!' Und die dritte riß mir gar die Hacke aus der Hand und schrie: ‚Das taugt nichts!' Und sie machten mir so viele Scherereien, daß ich ihnen den ganzen Kram vor die Füße warf und den Garten verließ. Da ich aus solchen und anderen Gründen keine Lust mehr verspürte, noch länger dort zu bleiben, bin ich zurückgekommen. Beim Fortgehen bat mich der Klostervogt, ihm einen Mann für meinen bisherigen Posten zu schicken, wenn ich einen geeigneten fände. Ich hab's ihm auch versprochen, aber er kann lange warten, bis ich ihm jemand beschaffe und hinschicke."

Als Masetto die Worte des Alten hörte, packte ihn ein so unbändiges Verlangen, zu diesen Nonnen zu gehen, daß er vor Sehnsucht schier verging, denn er hatte aus Nutos Bericht sogleich herausgehört, daß es ihm dort wohl gelingen möge, das zu tun, was er begehrte. Da er aber fürchtete, seine Pläne könnten durchkreuzt werden, wenn er mit Nuto darüber spräche, fuhr er fort: „Ha! Da tatest du ganz recht zurückzukommen! Welcher Mann möchte unter lauter Weibern leben! Da wäre man in der Hölle besser aufgehoben, denn die Frauenzimmer wissen in sieben Fällen sechsmal nicht, was sie eigentlich wollen!" Nach dieser Unterhaltung begann Masetto ernsthaft nachzugrübeln, wie er es anstellen solle, um zu den Nonnen zu gelangen. Da ihm klar war, daß er alle von Nuto genannten Arbeiten sehr gut verrichten konnte, fürchtete er keinen Augenblick, aus diesem Grunde abgewiesen zu werden, er war vielmehr besorgt, daß dies wegen seiner Jugend und seines guten Aussehens geschehen könne. Nach langem Überlegen dachte er schließlich: ‚Der Ort ist so weit von hier entfernt, daß mich dort niemand erkennen wird. Ich werde tun, als ob ich stumm sei, vielleicht werde ich dann den Posten bekommen.' Diesen Entschluß behielt er bei und machte sich – ohne irgend jemand zu sagen, wohin er ging – mit einer Axt auf der Schulter in ärmlicher Kleidung auf den Weg nach dem Kloster. Dort angelangt, betrat er den Hof, wo er zufällig dem Klostervogt in die Quere kam. Mit allerlei Gebärden nach Art der Stummen bat er ihn, man möge ihm doch aus Barmherzigkeit etwas zu essen geben, er wolle gern, falls es gewünscht würde, dafür Holz spalten. Der Vogt ließ ihm freundlich etwas zu essen reichen und legte ihm dann ein paar derbe Baumknorren vor, die Nuto nicht hatte aufspalten können. Der kräftige Masetto zerkleinerte sie im Nu. Darauf nahm der Vogt, der gerade im Walde zu tun hatte, ihn mit und ließ ihn ein paar Bäume fällen. Dann brachte er den Esel zu ihm und gab ihm mit Zeichen zu verstehen, daß er das Holz nach Hause schaffen solle. Masetto erwies sich auch hierbei recht anstellig, so daß der Vogt ihn noch ein paar Tage im Kloster behielt, um verschiedene dringende Arbeiten von ihm erledigen zu lassen.

So kam es, daß die Äbtissin ihn eines Tages erblickte und den Vogt fragte, wer dieser Mann sei. Der Vogt antwortete: „Madonna, das ist ein armer Taubstummer, der in den letzten Tagen hier um Almosen vorsprach, die er auch erhalten hat. Ich habe ihn dann allerlei nötige Arbeiten verrichten lassen. Wenn er sich auf Gartenarbeit verstände und hierbleiben wollte, würde er uns sicherlich von großem Nutzen sein. Wir brauchen einen Knecht, und dieser ist kräftig und könnte alles machen, was wir verlangen, und Ihr hättet nicht nötig, zu befürchten, daß er Euren jungen Nonnen Dummheiten erzählt."

Die Äbtissin erwiderte: „Meiner Treu, da hast du recht!

Stell fest, ob er gärtnern kann, und bemühe dich, ihn hier festzuhalten. Schenk ihm ein Paar Schuhe oder einen alten Mantel; red ihm gut zu, schmeichle ihm tüchtig und gib ihm gut zu essen!"

Der Klostervogt versprach, alles zu versuchen.

Masetto befand sich nicht weit von den beiden entfernt und gab sich den Anschein, als fege er eifrig den Hof. Er verstand aber deutlich jedes Wort und dachte belustigt bei sich: ,Wenn ihr mich nur hereinlaßt, will ich euch den Garten so bearbeiten, wie er noch nie bearbeitet worden ist.'

Als der Vogt festgestellt hatte, daß Masetto sich auf alle Arbeit bestens verstand, fragte er ihn mit Gebärden, ob er hierbleiben wolle. Und Masetto deutete ihm ebenfalls durch Zeichen an, daß er alles tun wolle, was man von ihm wünsche. Der Vogt nahm ihn also auf, bedeutete ihm, daß er den Garten zu bearbeiten habe, und zeigte ihm alles, was zu tun sei. Darauf ging er fort, um andre Angelegenheiten des Klosters zu erledigen, und ließ Masetto allein zurück.

Während nun Masetto einen Tag um den andern im Garten arbeitete, begannen die Nonnen bald, ihn zu hänseln und ihm allerlei Schabernack zu spielen, wie man es oft die Leute mit Taubstummen treiben sieht. Auch sagten sie die boshaftesten Worte der Welt zu ihm, in der Annahme, er verstehe sie nicht. Und die Äbtissin, die anscheinend glaubte, daß es mit seiner Männlichkeit ebenso traurig bestellt sei wie mit seiner Sprache, kümmerte sich wenig oder gar nicht darum. Eines Tages, als er sich nach harter Arbeit ein wenig ausruhte, näherten sich ihm zwei junge Nonnen, die im Garten spazierengingen, und da er sich schlafend stellte, begannen sie ihn zu betrachten. Die Keckste der beiden sprach: „Wenn ich wüßte, daß du schweigen kannst, würde ich dir einen Gedanken verraten, der mir schon oft durch den Sinn gegangen ist und auch dir sicher gefallen würde." Die andre antwortete: „Du kannst es ruhig sagen. Ich werde es bestimmt keinem Menschen erzählen." – „Ich weiß nicht, ob du schon darüber nachgedacht hast", fuhr nun die Kecke fort, „wie streng wir gehalten werden. Kein Mann, außer dem alten Vogt und diesem taubstummen Kerl hier, wagt sich zu uns herein. Ich habe oft von den Frauen, die uns besuchten, gehört, daß alle Freuden der Welt nichts sind gegen die Lust, die Mann und Frau einander schenken.

Darum habe ich mir seit langem vorgenommen, da es mit keinem anderen möglich sein wird, mit diesem Stummen hier zu probieren, ob es wirklich an dem ist. Der hier eignet sich von allen Männern am besten dafür, denn selbst wenn er wollte, könnte und vermöchte er nie darüber zu reden. Schau, er ist ein törichter junger Esel, der länger ist als sein Verstand. Sage mir, was würdest du davon halten?" – „Oje!" rief die zweite. „Was sagst du da? Weißt du nicht mehr, daß wir unsere Jungfräulichkeit dem Herrgott versprochen haben?" – „Ach", fuhr die erste fort, „wie viele Versprechungen werden ihm nicht täglich gemacht, die niemand hält! Wenn wir es ihm auch gelobt haben ... Es wird sich schon eine oder die andre finden, die ihr Versprechen hält." Jetzt aber wandte ihre Begleiterin ein: „Und wenn wir etwa schwanger würden davon? Was dann?" Die andre entgegnete: „Willst du schon vom Unglück reden, bevor es eingetroffen ist? Wenn es wirklich soweit käme, dann würde sich auch Rat finden. Da gibt es tausend Möglichkeiten, daß niemand etwas davon erfährt, wenn wir selber nur schön den Mund halten."

Während die zweite Nonne ihr zuhörte, fühlte sie bereits ein noch weit heftigeres Verlangen als die andere, auszuprobieren, was für eine Art von Tier der Mann sei, und sie sprach: „Also gut! Aber wie wollen wir's machen?" Die Gefährtin antwortete: „Jetzt geht es auf die Nona zu, und ich glaube, daß außer uns alle Schwestern schlafen. Wir wollen nachschauen, ob irgend jemand im Garten ist. Finden wir niemand, so brauchen wir ihn nur an die Hand zu nehmen und ihn in die Hütte dort drüben zu führen, wo man beim Regen untersteht. Eine geht mit ihm dort hinein, und die andre steht so lange vor der Tür Wache. Er ist so einfältig, daß er alles tun wird, was wir wollen."

Masetto, der jedes Wort verstanden hatte, war gern bereit zu gehorchen und wartete auf nichts anderes, als von einer der beiden mitgenommen zu werden. Die Nonnen blickten sich aufmerksam im Garten um, und als sie feststellten, daß man sie von keiner Seite beobachten konnte, kam jene, die gesprochen hatte, zu Masetto und weckte ihn. Er sprang sogleich auf die Füße, sie aber ergriff mit schmeichelnder Gebärde seine Hand und führte den einfältig lachenden Masetto in die Hütte, wo er, ohne sich lange nötigen zu lassen, alles tat, was sie von ihm begehrte. Nachdem er ihre Wünsche erfüllt hatte, überließ sie als großzügige Freundin der anderen ihren Platz, und Masetto tat, immer den Einfältigen spielend, was sie verlangten. Bevor sie fortgingen, gelüstete es beide noch mehrmals, auszuprobieren, wie der Stumme sich auf die Kunst des Reitens verstehe, und sie sagten hinterher oft zueinander, daß dieses Spiel wirklich noch weit süßer sei, als man ihnen erzählt habe. Sie nahmen daher fortan auch jede Gelegenheit wahr, sich mit dem Stummen zu ergötzen.

Dabei geschah es eines Tages, daß eine der anderen Nonnen vom Fenster ihrer Zelle aus ihr Treiben bemerkte und es zwei weiteren Mitschwestern zeigte. Anfangs hatten sie die Absicht, alles der Äbtissin zu melden, änderten aber ihren Entschluß und kamen mit den beiden dahin überein, daß sie ebenfalls Teilhaberinnen von Masettos Besitz wurden. Zu ihnen gesellten sich infolge einiger Zufälle nach und nach auch noch die drei letzten Nonnen. Einmal nun ging die Äbtissin, die bisher nichts von der Sache bemerkt hatte, bei großer Hitze im Garten spazieren und stieß dabei auf Masetto, der, infolge seiner gar zu zahlreichen nächtlichen Reiterkunststückchen von der geringen Tagesarbeit ganz erschöpft, im Schatten eines Mandelbäumchens lang ausgestreckt eingeschlafen war. Dabei hatte ihm der Wind das Hemd vorne auseinandergeweht, so daß er ganz aufgedeckt dalag. Die Äbtissin, die sich ganz allein mit ihm sah, wurde bei diesem Anblick von der gleichen Begierde gepackt, der ihre Nonnen zum Opfer gefallen waren. Sie weckte Masetto, führte ihn in ihr Gemach und hielt ihn dort mehrere Tage fest, obwohl alle Nonnen argen Lärm machten, daß der Gärtner nicht komme, um den Garten zu bearbeiten. Die Äbtissin kostete indes wieder und wieder jene süße Wonne, die sie so lange an anderen verdammt hatte. Schließlich brachte sie ihn aus ihrem Gemach in seine Kammer zurück, doch verspürte sie gar häufig Verlangen nach ihm und forderte weit mehr als ihren Anteil von ihm. So kam es, daß Masetto bald nicht mehr imstande war, alle Nonnen zu befriedigen, und einsah, seine vorgetäuschte Stummheit würde ihm, wenn es so weiterginge, noch teuer zu stehen kommen. Darum löste er, als er wieder eine Nacht bei der Äbtissin zubrachte, sein Zungenbändchen und begann zu sprechen: „Madonna, ich habe gehört, daß wohl ein Hahn für zehn Hennen ausreicht, daß aber zehn Männer nur schlecht und mit Mühe eine Frau befriedigen können. Ich aber muß hier neun Damen befriedigen! So kann es um keinen Preis der Welt weitergehen. Ich bin durch das, was ich bisher geleistet habe, so auf den Hund gekommen, daß ich zu keiner Arbeit mehr tauge. Darum laßt mich in Gottes Namen gehen oder denkt Euch eine andre Regelung aus."

Voller Staunen vernahm die Äbtissin die Worte des vermeintlichen Stummen und sagte: „Was bedeutet das? Ich denke, du bist stumm?" – „Madonna", entgegnete Masetto, „ich war es wirklich, aber nicht von Geburt an, sondern infolge einer Krankheit, die mir die Zunge lähmte. Und erst heute nacht ist mir die Sprache wiedergekommen, wofür ich den Herrn preisen will, sosehr ich es vermag." Die Äbtissin glaubte alles, was er sagte, und fragte ihn sodann, wieso er neun Frauen zu befriedigen habe. Masetto erzählte ihr die ganze Geschichte, und die Äbtissin ersah daraus, daß alle ihre Nonnen neunmal klüger als sie selbst gewesen waren. Als verständige Frau beschloß sie, die Angelegenheit mit den Nonnen zu regeln, ohne Masetto zu entlassen, damit durch ihn nicht etwa der gute Ruf des Klosters gefährdet würde. Da gerade in diesen Tagen der Klostervogt gestorben war, fand sich sogleich eine Gelegenheit, daß alle, von Ergriffenheit bewegt, offen miteinander sprachen über alles, was in letzter Zeit geschehen war. Und sie vereinbarten zur Freude Masettos, die umwohnenden Leute glauben zu machen, daß auf Grund ihrer Gebete und der Fürsprache des Klosterheiligen dem bislang stummen Masetto die Sprache zurückgeschenkt sei. Außerdem machten sie ihn zu ihrem Klostervogt und verteilten seine weiteren Verpflichtungen derart, daß er ihrer Herr werden konnte. Obwohl er fortan viele kleine Mönchlein zeugte, wurde alles so diskret betrieben, daß vor dem Tode der Äbtissin nichts davon lautbar wurde. Zu dieser Zeit aber war Masetto bereits alt geworden und wünschte, mit seinem erworbenen Reichtum nach Hause zurückzukehren, was ihm freundlich zugestanden wurde, als man davon erfuhr. So kehrte der alte Masetto, der es verstanden hatte, seine Jugend weise zu nutzen, als reicher Mann und vielfacher Vater in seine Heimat zurück, ohne je die Sorge kennengelernt zu haben, Kinder zu ernähren und Geld für sie auszugeben. Und er, der mit der Axt auf der Schulter ausgezogen war, pflegte nun den Leuten zu versichern, daß Christus jeden, der ihm Hörner aufsetze, auf solche Weise belohne.

ZWEITE GESCHICHTE

Ein Stallknecht schläft bei der Gemahlin des Königs Agilulf. Der König wird es gewahr, findet den Mann und schneidet ihm die Haare ab. Doch der Geschorene schert darauf auch alle anderen Knechte und entgeht so seinem Verderben.

Als die Geschichte Filostratos, über die einige Damen zwar ein wenig errötet, aber auch ins Kichern gekommen waren, ihr Ende gefunden hatte, wünschte die Königin, daß Pampinea fortfahre, und diese begann lächelnd zu erzählen:

Es gibt Menschen, die so unverständig sind, zu zeigen, daß sie Dinge wissen und erfahren haben, von denen sie besser keine Kenntnis hätten, und die dann die unbekannten Vergehen anderer öffentlich rügen, in der Annahme, dadurch die eigene Schande zu verringern, die doch gerade durch ein solches Verhalten unendlich vermehrt wird. Daß dies wahr ist, beabsichtige ich euch, ihr reizenden Damen, durch das entgegengesetzte Betragen eines klugen Königs zu beweisen, nachdem ich euch zuvor die List eines Burschen aufzeigen will, der vielleicht von weit geringerem Wert war als Masetto.

Agilulf, der König der Langobarden, befestigte den Thron seines Reiches, ähnlich wie seine Vorfahren es einst in Pavia, der Hauptstadt der Lombardei, getan hatten, indem er Theodelinde, die Witwe des Langobardenkönigs Authari, zu seiner Gemahlin machte, eine sehr kluge und ehrbare Dame von großer Schönheit, die einst durch einen Liebhaber in böse Gefahr geriet. Als nämlich durch die Tapferkeit und Klugheit König Agilulfs die Lombardei aufblühte und zur Ruhe kam, geschah es, daß ein Stallknecht der Königin Theodelinde, ein Mann niederster Herkunft, aber höheren Sinnes, als es seinem gemeinen Dienste entsprochen hätte, schön von Gestalt und stattlich wie der König selbst, sich unsterblich in die Königin verliebte. Da ihm nun sein niederer Stand durchaus nicht die Einsicht geraubt hatte, daß seine Liebe unziemlich und gegen jede Vernunft sei, schwieg er besonnen gegen jedermann und verriet sich auch der Königin gegenüber mit keinem Blick. Obwohl er ohne die geringste Hoffnung lebte, je ihre Gunst zu erringen, war er von heimlichem Stolz erfüllt, daß er seine Wünsche zu einer so hehren Dame erhob, und bemühte sich, während das Feuer der Liebe ihn verzehrte, aufmerksamer als alle seine Mitknechte, das zu tun, was nach seiner Auffassung der Königin angenehm sein mußte. So kam es denn, daß die Königin, wenn sie ausritt, das von ihm gewartete Pferd jedem anderen vorzog. Geschah dies, faßte er es als ein besonderes Zeichen ihrer Huld auf, wich nicht von ihrem Steigbügel und pries sich glücklich, wenn er dabei nur den Saum ihres Kleides berühren konnte.

Daß nun oftmals im Leben die Liebe um so heißer aufflammt, je hoffnungsloser sie erscheint, erfuhr der arme Stallknecht, dem das sehnsuchtsvolle Verlangen, das er tief in sich verbarg, bald unerträglich wurde, zumal er sich mit keinerlei Hoffnungen trösten konnte. Unfähig, diese Liebe aus seinem Herzen zu reißen, beschloß er mehr als einmal, zu sterben, und faßte, als er über die Todesart nachdachte, den Entschluß, seinen Tod durch ein Wagnis herbeizuführen, aus dem klar ersichtlich würde, daß er nur der Liebe wegen in den Tod gegangen sei, die er stets für die Königin empfunden hatte und noch empfand. Dieses Wagnis aber sollte darin bestehen, den Versuch zu wagen, ob er nicht sein Begehren ganz oder teilweise stillen könnte. Doch wollte er der Königin weder ein Wort darüber sagen noch ihr in Briefen seine Liebe gestehen, da er sich wohl bewußt war, daß es vollkommen nutzlos sei, zu reden oder zu schreiben.

Dagegen wollte er versuchen, ob er nicht durch eine List mit der Königin schlafen könnte. Es gab jedoch keine andre Möglichkeit dazu, als auf irgendeine Weise und im Gewande des Königs, der, wie er wußte, nicht ständig bei ihr schlief, zu ihr zu gehen und ihr Schlafgemach zu betreten. Um nun zu sehen, auf welche Art und in welchem Kleide der König zu ihr ging, wenn er sie besuchte, versteckte der Stallknecht sich mehrere Nächte hindurch in einem großen Saal des königlichen Schlosses, der sich zwischen den Schlafgemächern des Königs und der Königin befand, und erblickte auch in einer dieser Nächte den König, als er, in einen weiten Mantel gehüllt, aus seinem Zimmer kam. Der König trug eine brennende Kerze in der einen Hand und in der anderen eine Gerte, ging an das Zimmer der Königin und schlug, ohne ein Wort zu sprechen, ein- oder zweimal mit der Gerte an die Tür des Gemachs, worauf diese sogleich aufgetan und das Licht aus seiner Hand genommen wurde.

Als der Stallknecht alles wahrgenommen und den König auch hatte zurückkehren sehen, beschloß er, es genauso zu versuchen. Er beschaffte sich daher einen Mantel, der dem des Königs ähnelte, eine Kerze und ein Stöckchen und verbarg sich dann, nachdem er noch recht ausgiebig gebadet hatte, damit der Stallgeruch die Königin nicht belästige oder sie auf den Betrug aufmerksam mache, mit diesen Dingen wie sonst in dem großen Saal. Als alles schlief und es ihm an der Zeit schien, entweder sein Verlangen zu stillen oder aus so würdigem Anlaß den ersehnten Tod zu erleiden, schlug er mit Stein und Stahl, die er mitgebracht hatte, Feuer, zündete seine Kerze an, hüllte sich ganz und gar in den Mantel und ging an die Tür des Schlafgemaches, die er zweimal leicht mit der Gerte berührte. Das Zimmer wurde ihm sogleich von einer ganz verschlafenen Kammerfrau geöffnet und das Licht aus seiner Hand genommen und gelöscht. Er schritt, ohne ein Wort zu sprechen, durch die Vorhänge, legte den Mantel ab und stieg in das Bett, in dem die Königin schlief. Er zog sie voll Verlangen in seine Arme, stellte sich aber verstimmt, da er wußte, daß der König, wenn er verdrießlich war, nicht reden mochte; und ohne ein Wort von beiden Seiten erkannte er die Königin zu wiederholten Malen. Obwohl es ihm schier unmöglich war, sich von ihr zu trennen, erhob er sich doch endlich, aus Furcht, daß ein zu ausgedehntes Verweilen in dem Gemach ihm das erlebte Entzücken leicht in Kummer verwandeln könnte. So ergriff er Mantel und Kerze und entfernte sich ohne weitere Worte, um sich eiligst in sein eigenes Bett zu begeben. Er mochte aber kaum dort angelangt sein, als der König aufstand und das Schlafgemach der Königin betrat, die darüber nicht wenig in Verwunderung geriet. Nachdem er zu ihr ins Bett gekommen war und sie freundlich begrüßt hatte, unterfing sie sich angesichts seiner guten Laune zu der Frage: „Was bedeutet denn das heute nacht, mein Gebieter? Gerade eben habt Ihr mich verlassen, nachdem Ihr mehr Freude als üblich an mir gefunden habt, und kehrt nun nochmals so eilig zu mir zurück? Achtet nur auf Eure Gesundheit!"

Als der König diese Worte hörte, erkannte er sogleich, daß die Königin auf Grund einer Ähnlichkeit von Gestalt und Kleidung das Opfer eines Betruges geworden sein mußte. Da er nun ihrem Betragen entnahm, daß die Königin den Betrug nicht bemerkt hatte und daß auch kein anderer darum wissen konnte, beschloß er als weiser Mann, es ihr nicht zu verraten. Törichte Menschen hätten das freilich nicht fertiggebracht, sondern hätten im Gegenteil gesagt: „Ich war nicht hier! Wer war also hier? Wie konnte das geschehen? Wie kam er hier herein?" Durch solche Fragen wäre viel Unheil entstanden, und er hätte zu Unrecht die Dame beleidigt oder ihr gar Veranlassung gegeben, noch öfter zu begehren, was sie einmal genossen hatte. Alles, was mit Stillschweigen übergangen ihm keine Schande brachte, wäre, hätte er Worte darüber verloren, zu einer ungeheuren Schmach für ihn geworden. Der König, der innerlich viel erregter war, als er sich in Gesicht oder Worten anmerken ließ, antwortete: „Nun, meine Liebe, scheine ich Euch nicht Manns genug, um noch einmal umzukehren, nachdem ich schon hier war?" Die Dame entgegnete: „Sicherlich, mein Gebieter, doch ich bitte Euch trotzdem, auch an Eure Gesundheit zu denken!" Darauf sagte der König: „So will ich heute auf Euren Rat hören und wieder fortgehen, ohne Euch noch einmal zu plagen!" Und er griff voller Zorn und Unmut über das Geschehene nach seinem Mantel und verließ das Zimmer, fest entschlossen, in aller Stille den zu suchen, der diese Untat begangen hatte. Da er vermutete, daß es jemand aus dem Schlosse sein mußte, der, wer es auch immer sein sollte, das Schloß noch nicht verlassen haben konnte, nahm er eine Laterne mit einem kleinen Lichtlein und begab sich in einen langgestreckten Saal, der sich oberhalb der Pferdeställe in seinem Palast befand. Hier schlief in vielen Betten fast seine ganze Dienerschaft. Der König war fest davon überzeugt, daß der Täter, der das, was die Königin erzählt, begangen hatte, noch keinen ebenmäßigen

Pulsschlag wieder haben, auch sein Herz nach den gehabten Anstrengungen noch nicht wieder zur Ruhe gekommen sein konnte. So begann er vorsichtig, von einem Ende des Raumes zum anderen gehend, jedem die Hand aufs Herz zu legen, um zu fühlen, wie es poche. Es lagen aber dort alle in festem Schlaf bis auf den einen, der bei der Königin gewesen war. Dieser wurde, als er den König kommen sah und den Grund seiner Nachsuche erriet, von heftiger Angst ergriffen, so daß sein Herz, das schon wegen der überstandenen Anstrengung heftig schlug, nun aus Furcht noch viel heftiger zu pochen begann, denn er war sich klar, daß der König ihn bei dem leisesten Verdacht sofort töten würde. Obwohl ihm nun die verschiedensten Dinge durch den Kopf gingen, die er beginnen konnte, entschloß er sich schließlich doch, zumal er den König ohne Waffen sah, Schlaf vorzutäuschen und abzuwarten, was der König beginnen würde. Dieser hatte nun schon viele befühlt, aber keinen gefunden, den er für den Täter hätte halten können. Schließlich trat er auch zu unserem Stallknecht, dessen heftiger Herzschlag ihn sogleich verriet, so daß der König wußte: ‚Der hier ist es!' Da er aber nicht die Absicht hatte, von seinem Vorhaben irgend etwas lautbar werden zu lassen, tat er ihm nichts weiter, als daß er ihm mit einer mitgebrachten Schere auf der einen Seite das Haar abschnitt, das zu jener Zeit lang getragen wurde, um ihn am nächsten Morgen an diesem Zeichen sicher wiederzuerkennen. Als er das getan hatte, entfernte er sich und kehrte in sein Schlafgemach zurück. Der Stallknecht, der wohl gefühlt hatte, was der König mit ihm tat, erkannte als schlauer Kopf auch sogleich, warum der König ihn so gekennzeichnet hatte. Er stand drum eilends auf, holte sich eine der Scheren, die zur Pflege der Pferde immer in den Ställen zu finden sind, schlich sich behutsam an alle Männer, die in dem weiten Raum schliefen, und schnitt allen auf ebendieselbe Weise das Haar über den Ohren ab. Nachdem er dies unbemerkt vollbracht hatte, legte er sich wieder nieder.

Am folgenden Morgen, als der König sich erhoben hatte, befahl er, daß, bevor noch die Tore des Palastes geöffnet würden, alle seine Diener zu ihm kommen sollten, was auch sogleich geschah. Während sie alle barhäuptig vor ihm standen, blickte er sich suchend nach dem Geschorenen um, mußte aber feststellen, daß dem größten Teil der Dienerschaft auf die gleiche Weise das Haar abgeschnitten war, worauf er ganz verwundert dachte: ‚Jener, den ich suche, ist zwar von niederer Herkunft, doch muß er von hohem Verstande sein.' Er sah ein, daß er ohne großes Aufsehen den Gesuchten nicht herausfinden konnte, und beschloß daher, sich um einer kleinlichen Rache willen keiner großen Schande auszusetzen und den Täter nur mit Worten zu verwarnen, um ihm so zu beweisen, daß er alles wisse. So sagte er zu allen: „Wer es getan hat, der tue es nicht wieder. Und nun geht mit Gott!" Ein anderer hätte sie wohl allesamt hängen, martern und peinlich befragen lassen und hätte mit solchem Beginnen das entdeckt, was jeder nach Kräften verhüllen soll, denn einmal offenbart, wäre, selbst nach blutiger Rache, die Schande der Königin nicht ausgelöscht, sondern nur um ein vielfaches vergrößert und ihre Ehre für immer befleckt worden.

Alle, die des Königs Worte vernahmen, verwunderten sich baß darüber und fragten einander noch lange Zeit, was er wohl damit gemeint haben könnte. Und es war keiner unter den Knechten, der den Sinn der Rede verstanden hatte, ausgenommen der eine, den sie anging. Dieser aber war klug genug, zu Lebzeiten des Königs niemandem etwas davon zu offenbaren, und er setzte auch kein zweites Mal sein Leben mit einem solchen Wagnis aufs Spiel.

DRITTE GESCHICHTE

Unter dem Deckmantel der Beichte und großer Gewissenhaftigkeit verleitet eine in einen Jüngling verliebte Dame einen ehrbaren Mönch dazu, daß er, ohne es gewahr zu werden, eine Gelegenheit herbeiführt, die ihren Wünschen zu vollem Erfolg verhilft.

Pampinea schwieg, und die meisten ihrer Zuhörer lobten die Verwegenheit des Stallknechts und die hohe Weisheit des Königs. Danach wandte sich die Königin an Filomena und bat sie fortzufahren. Diese begann sogleich auf reizende Weise zu erzählen:

Ich will euch einen Streich vortragen, den eine schöne Frau einem strengen Pfaffen spielte. Er wird jedes Weltkind um so mehr ergötzen, weil diese Klosterbrüder als törichte Dummköpfe und alberne Verfechter seltsamer Manieren und Bräuche meinen, allen anderen Menschen an Weisheit und Wert überlegen zu sein, während sie in Wirklichkeit weit hinter den meisten zurückbleiben und aus ihrer erbärmlichen Gesinnung heraus kein Verlangen danach haben, wie andere Menschen für ihr eigenes Fortkommen zu sorgen, sondern sich wie die Schweine dort ansammeln, wo es etwas zu fressen gibt. Ich will euch, meine lieben Freundinnen, diese Geschichte aber nicht nur erzählen, um bei der gestellten Aufgabe zu bleiben, sondern auch, um euch den Beweis zu erbringen, daß auch die Pfaffen, denen wir alle in viel zu großer Leichtgläubigkeit vertrauen, nicht nur von den Männern, sondern auch von uns Frauen leicht an der Nase herumgeführt werden können und herumgeführt werden.

In unserer Vaterstadt, die mehr Falschheit in ihren Mauern beherbergt als Liebe und Treue, lebte vor noch nicht langer Zeit eine Edelfrau, die von der Natur mit mehr Schönheit, Tugend, edlerer Gesinnung und feinerem Verstande begabt war als manche andere. Ich verschweige ihren Namen, obwohl er sehr bekannt ist, ebenso wie die Namen aller andren Personen meiner Geschichte, da noch viele dieser Menschen am Leben sind und am Ende über meine Indiskretion unwillig werden möchten, anstatt mit einem Lächeln darüber hinwegzugleiten. Diese Dame, die ungeachtet ihrer vornehmen Herkunft an einen steinreichen Wollweber verheiratet war, vermochte nicht, ihren Verdruß hierüber zu verwinden, da ihrer Meinung nach kein noch so reicher Mann niederen Standes eines adligen Mädchens würdig war. Und da ihr Gatte zudem bei all seinem Reichtum nichts anderes verstand, als Garn aufzuteilen und aufzuspannen oder sich mit den Spinnerinnen über den Faden herumzuzanken, beschloß sie, seine Umarmungen soweit wie möglich abzulehnen und sich selber dafür einen Ersatz zu beschaffen, der ihrer Liebe würdiger sei als der Wollweber.

Sie verliebte sich denn auch so heftig in einen Edelmann mittleren Alters, daß sie, wenn sie ihn tagsüber nicht zu Gesicht bekam, die folgende Nacht vor Kummer nicht schlafen konnte. Der vortreffliche Mann, der nichts von ihrer Liebe ahnte, kümmerte sich natürlich nicht um die Dame, die sehr vorsichtig war und ihm weder durch irgendein Frauenzimmer eine Botschaft senden noch ihn durch Briefe auf ihre Liebe aufmerksam machen wollte, um sich so nicht etwaigen Gefahren für die Zukunft auszusetzen.

Als sie herausgebracht hatte, daß jener Edelmann viel mit einem Mönch verkehrte, der trotz seiner feisten Rundlichkeit auf Grund seines frommen Lebenswandels bei fast allen Leuten im Rufe eines besonders achtbaren Ordensbruders stand, meinte sie, in diesem Pfaffen den besten Unterhändler zwischen sich und dem Geliebten gefunden zu haben. Sie überlegte genau, wie sie es anfangen wollte, und ging dann zu passender Stunde in die Kirche, zu der dieser Mönch gehörte, ließ ihn rufen und bat um seine Einwilligung, bei ihm beichten zu dürfen. Der Klosterbruder, der sogleich sah, daß sie eine Dame von Stand war, willigte ein, und sie sagte nach der Beichte zu ihm: „Mein Vater, ich möchte Euch noch in einer Sache, die Ihr sogleich hören sollt, um Rat und Hilfe bitten. Ihr kennt aus meinen Aussagen meine Eltern und meinen Gatten, der mich mehr liebt als sein Leben und mir als reicher Mann jeden Wunsch, den ich äußere, sogleich erfüllt. Ich liebe ihn deswegen auch mehr als mich selber und verdiente, wenn ich auch nur in Gedanken – von Taten gar nicht zu reden – seine Ehre und Redlichkeit kränkte, mehr als jedes verbrecherische Frauenzimmer den Scheiterhaufen. Jetzt aber ist ein Mann, den ich nicht von Namen kenne, aufgetaucht, der mich regelrecht belagert. Er scheint mir aus edlem Hause zu sein und kommt, wenn ich richtig unterrichtet bin, viel mit Euch zusammen. Er ist groß und stattlich von Statur und geht ehrbar in braunes Tuch gekleidet, doch hat er anscheinend nicht durchschaut, wie ich in gewisser Hinsicht denke. Ich kann mich weder an der Tür noch am Fenster zeigen, noch das Haus verlassen, ohne daß er sogleich zur Stelle ist, und ich wundere mich schon, ihn nicht auch hier jetzt anzutreffen.

Ich bin über sein Verhalten sehr betrübt, weil durch solche Dinge eine ehrbare Frau leicht ohne eigene Schuld ins Gerede kommen kann. Oft hatte ich vor, ihm dies einmal durch meine Brüder sagen zu lassen, dann aber machte ich mir wieder klar, daß die Männer meistens so schlechte Botschafter sind, daß böse Folgen daraus entstehen könnten, denn wenn die Antworten ungeschickt ausfallen, kommt es leicht zu bösen Worten und danach zu Tätlichkeiten. Damit kein Unheil oder Skandal daraus entstehen möge, habe ich ihnen nichts gesagt und mich entschlossen, lieber mit Euch darüber zu reden als mit irgendeinem anderen Menschen. Ihr scheint sein Freund zu sein, und es steht Euch durchaus an, solchen Betragens wegen nicht nur die eigenen Freunde, sondern auch Fremde zu ermahnen. Ich bitte Euch daher um Christi willen, ihn zur Rede zu stellen und ihn aufzufordern, dieses Treiben nicht länger fortzusetzen. Es gibt genug Frauen, die aus Abenteuerlust zu solchen Geschichten bereit sind, Weiber, denen es gefallen würde, von ihm angestarrt und bewundert zu werden. Mir aber ist es unangenehm, denn ich bin eine Frau, die keinesfalls auf solche Dinge eingeht."

Nach diesen Worten senkte sie den Kopf, als ob ihr die Tränen kämen. Der fromme Mann, der sogleich erkannt hatte, daß sie nur von jenem Manne sprechen konnte, den sie tatsächlich meinte, lobte die Dame sehr für ihr ehrenwertes Verhalten. Er glaubte fest, daß alles sich so verhielt, wie sie sagte, und versprach ihr, so geschickt zu verhandeln, daß sie von jenem Mann nicht wieder belästigt werden würde. Und da er sah, daß sie eine wohlhabende Dame war, empfahl er ihr Almosen und die Werke der Barmherzigkeit und trug ihr seine eigenen Bedürfnisse vor. Sie erwiderte ihm: „Ich bitte Euch um Gottes willen, alles daranzusetzen. Und wenn er etwa leugnen sollte, könnt Ihr ihm ruhig sagen, daß ich selbst Euch alles erzählt und mich über ihn beschwert hätte."

Als nun die Beichte beendet war und sie die Buße auf sich genommen hatte, erinnerte sie sich an die Ermahnungen des frommen Bruders, Almosen zu geben, und drückte ihm schweigend ein reiches Geldgeschenk in die Hand, mit der Bitte, er möge für ihre Toten Seelenmessen lesen. Dann kehrte sie nach Hause zurück.

Bald danach stellte sich jener Edelmann seiner Gewohnheit gemäß bei dem frommen Bruder ein, und nachdem man eine Weile über dies und das geplaudert hatte, zog der brave Mann ihn beiseite und machte ihm in höflichster

Weise Vorwürfe über sein Verhalten und über die schönen Augen, die er jener Dame mache, wovon der Mönch nach allem, was sie ihm berichtet hatte, fest überzeugt war. Der Edelmann, der jene Dame noch niemals angeschaut hatte und nur sehr selten an ihrem Hause vorüberging, war über diese Vorwürfe nicht wenig erstaunt und suchte sich nach Kräften zu rechtfertigen. Der Pfaffe aber ließ ihn nicht zu Wort kommen, sondern fuhr fort: „Stelle dich nicht so verwundert und verliere keine unnützen Worte mit Leugnen, denn das kannst du nicht. Ich habe es nicht etwa von irgendwelchen Nachbarn gehört, sondern von der Dame selber, und sie hat sich heftig über dich beklagt. Und wenn dir schon ein derartiges Benehmen an sich nicht eben zur Ehre gereicht, so muß ich dir von dieser Dame sagen, daß sie solche Geschichten vollkommen ablehnt. Ich bitte dich daher, deiner eigenen Ehre und ihrer Ruhe wegen, sieh von solchen Possen ab und lasse sie in Frieden."

Der Edelmann, der mehr Verstand besaß als der ehrwürdige Vater, erriet ohne große Mühe die schlaue List der Dame. Er tat darum recht beschämt und versprach, ihr fortan nicht mehr unter die Augen zu kommen.

Dann verabschiedete er sich von dem frommen Mann und begab sich schnurstracks nach dem Hause der Dame, die schon lange an einem kleinen Fenster wartete, ob er vorbeigehen würde. Als sie ihn kommen sah, grüßte sie ihn so freundlich und reizend, daß er sogleich erkannte, er habe den Worten des Mönchs die Wahrheit entnommen. Von diesem Tage an versäumte er es nicht, täglich zu seiner eignen Freude und zum Entzücken und Trost der Dame durch ihre Straße zu gehen, immer mit Vorsicht darauf bedacht, andere Gründe als Vorwand dafür zu zeigen.

Die Dame, die nun wußte, daß sie ihm ebensogut gefiel wie er ihr, hoffte ihn noch mehr zu entflammen und begehrte, ihm die Liebe, die sie für ihn empfand, zu gestehen. Sie suchte deshalb zu geeigneter Zeit und Stunde wiederum den frommen Bruder auf, fiel ihm in der Kirche zu Füßen und begann heftig zu weinen. Der Mönch fragte voller Teilnahme, was es denn nun wieder gegeben habe. Sie antwortete: „Ach, mein Vater, nichts anderes, als daß jener Unglücksmensch, Euer Freund, über den ich mich erst vor kurzem beschwerte, anscheinend nur auf der Welt ist, um mich zu quälen und zu Dingen zu verführen, die mich zeitlebens ins Unglück stürzen und mir für ewig verbieten würden, zu Euren Füßen niederzuknien." – „Wie", rief der Pfaffe, „hat er etwa das schändliche Treiben fortgesetzt?" – „Ganz gewiß", entgegnete die Dame, „und nicht nur das! Nachdem ich mich bei Euch über ihn beklagt habe, geht er wie aus Trotz nicht nur einmal, sondern mindestens siebenmal täglich bei mir vorbei, als habe er es übelgenommen, daß ich mich bei Euch darüber beschwert habe. Ach, wollte Gott, daß es bei dem Vorübergehen und Anstarren geblieben wäre! Er aber ist so verwegen und unverschämt, daß er mir gestern eine Frauensperson mit Botschaften und allerlei verliebten Faseleien ins Haus schickte und mir eine Börse und einen Gürtel übersandte, als ob ich nicht selber Börsen und Gürtel genug hätte! Darüber habe ich mich so gekränkt und tu es noch, daß ich ihm den Teufel auf den Hals gewünscht hätte, wenn ich nicht die Sünde bedacht und mich an Eure Liebe erinnert hätte. So habe ich mich gemäßigt, da ich nichts unternehmen und sagen wollte, ehe Ihr nicht über alles unterrichtet wäret. Dem Frauenzimmer hatte ich anfangs mit bösen Worten Börse und Gürtel wieder ausgehändigt, damit sie beides zurücktrage. Ich habe sie aber wieder zurückgerufen, und aus Sorge, sie möchte am Ende alles unter dem Vorwand, ich hätte es angenommen, selbst behalten, wozu ja solche Weiber leicht fähig sind, habe ich ihr mit Widerwillen die Sachen aus der Hand gerissen und sie Euch heute mitgebracht. Ihr mögt ihm beides wiedergeben und ihm sagen, daß ich seine Geschenke nicht nötig habe, da ich dank der Gnade Gottes und der Großzügigkeit meines Mannes so viele Börsen und Gürtel besitze, daß ich ihn darunter begraben könnte. Und – Ihr mögt es mir wie ein Vater vergeben – wenn er dies Treiben nicht unterläßt, werde ich es meinem Mann und meinen Brüdern hinterbringen, komme danach, was wolle! Mag lieber er die Unannehmlichkeiten tragen, die daraus erwachsen, als daß ich seinetwegen in Verruf komme. Und nun, lebt wohl!"

Darauf zog sie unter Tränen aus ihrem Oberkleid eine sehr schöne, kostbare Börse und einen zierlichen, teuren Gürtel hervor, die sie dem Pater in den Schoß warf, der jedes Wort der Dame glaubte und voller Zorn ausrief: „Meine Tochter, ich wundere mich nicht, daß solche Dinge dich kränken, und kann dich deswegen nicht schelten. Ich muß es vielmehr loben, daß du meinem Rate gefolgt bist. Ich stellte meinen Freund vor einigen Tagen zur Rede, aber er hat sein mir gegebenes Versprechen schlecht gehalten. Ich will ihm jetzt für sein Betragen von neulich und für diesen neuen Streich derart die Ohren langziehen, daß du keinen Verdruß mehr durch ihn haben wirst. Du aber laß dich mit Gottes Beistand nicht so weit vom Zorn hinreißen, daß du mit einem deiner Verwandten über diese Vorgänge sprichst. Zuviel Unheil würde daraus entstehen. Und fürchte nicht, daß du durch dies ins Gerede kommen könntest, ich werde stets vor Gott und allen Menschen entschieden deine Unschuld bezeugen."

Die Dame schien sich nun ein wenig zu beruhigen und brach das Gespräch ab. Da sie aber die Habgier des Fraters und aller anderen Mönche kannte, sagte sie: „Messere, in den letzten Nächten sind mir meine toten Verwandten erschienen, die anscheinend große Qualen erleiden müssen. Sie flehten um Almosen. Vor allem meine Mutter sah so betrübt und erbarmungswürdig aus, daß ich es kaum ertragen konnte. Ich glaube, daß sie viel Kummer darüber hat, mich von diesem Feind Gottes so bedrängt zu wissen. Ich möchte darum, daß Ihr für die armen Seelen der Meinen die vierzig Messen des heiligen Gregorius lest und für sie betet, daß der Herr sie aus dem ewigen Feuer erlöse." Nach diesen Worten ließ sie einen Fiorino in seine Hand gleiten. Der fromme Mann griff gierig danach, lobte mit reichem Wortschwall und vielen Beispielen ihre Frömmigkeit und entließ sie dann mit seinem Segen.

Als die Dame fortgegangen war, schickte der Mönch, ohne zu ahnen, daß er ihr auf den Leim gegangen war, nach dem Freunde, der sich alsbald bei ihm einstellte und den braven Pater in höchster Entrüstung antraf. Er vermutete sogleich, daß Neuigkeiten von seiner Angebeteten eingelaufen seien, und wartete, was der Mönch ihm sagen würde. Dieser wiederholte ihm nun alles, was er ihm schon einmal gesagt hatte, sprach vorwurfsvoll und zornig auf ihn ein und schalt ihn wegen der Unverschämtheiten, die er nach Aussagen der Dame begangen haben sollte. Der Edelmann, der noch nicht klarsah, worauf der Frater eigentlich hinauswollte, wagte nur schüchtern zu leugnen, daß er Börse und Gürtel geschickt hätte, um jenem den Glauben an diese Geschichte nicht zu zerstören, falls etwa die Dame ihm diese Dinge überreicht haben sollte.

Der fromme Mann aber rief in hellem Zorn: „Wie? Wagst du Nichtswürdiger vielleicht zu leugnen? Hier sind die Dinge, die sie mir weinend hergebracht hat. Siehst du nun, daß du erkannt bist?" Der Edelmann stellte sich recht beschämt und entgegnete: „Natürlich kenne ich die Sachen und gebe zu, daß ich unrecht getan habe. Aber ich schwöre Euch, zumal ich jetzt weiß, wie die Dame darüber denkt, daß Ihr nie wieder etwas Derartiges von mir hören sollt!"

Viele Worte wurden noch gewechselt, schließlich aber reichte Bruder Schafskopf dem Freunde Börse und Gürtel und entließ ihn mit eindringlichen Ermahnungen und Bitten, solchem Treiben Einhalt zu tun, was sein Freund bereitwilligst versprach. Der Edelmann war hochbeglückt, außer dem kostbaren Geschenk nun die Gewißheit erhalten zu haben, daß die Dame ihn liebte, und begab sich, nachdem er den Mönch verlassen hatte, sogleich auf einen Platz, von dem aus er ihr auf diskrete Weise zu verstehen geben konnte, daß er das eine wie das andre bekommen habe. Die Dame war darüber recht erfreut, noch zufriedener jedoch über die Tatsache, daß allem Anschein nach ihr Vorhaben bald von dem gewünschten Erfolg gekrönt sein würde. Sie wartete darum nur noch auf die Gelegenheit, daß ihr Ehemann einmal in eine andre Stadt reiten sollte, um dann die Erfüllung ihres Planes zu bewerkstelligen.

Bald nach diesen Vorgängen war es dann wirklich soweit, daß ihr Mann in Genua zu tun hatte. Und er war kaum in der Frühe aufs Pferd gestiegen und davongeritten, so eilte die Dame schon zu dem frommen Mönch und sagte nach langen Klageliedern zu ihm: „Mein Vater, ich sage es Euch jetzt ehrlich, daß ich es nun nicht länger mehr ertragen kann. Nur weil ich Euch vor einiger Zeit versprach, nichts zu unternehmen, ohne Euch vorher gesprochen zu haben, bin ich nochmals hergekommen, um mich vor Euch zu rechtfertigen. Und damit Ihr seht, daß ich wirklich Grund zum Weinen habe, will ich Euch erzählen, was Euer Freund, diese Ausgeburt der Hölle, mir heute früh im Morgengrauen angetan hat. Ich weiß nicht, welch böser Zufall ihm verraten hat, daß mein Gatte gestern vormittag nach Genua reiten mußte. Jedenfalls drang Euer Freund heute früh um die genannte Stunde in meinen Garten ein und kletterte auf einem Baum bis an das Fenster meines Schlafzimmers, das zum Garten hinaus geht. Er hatte bereits das Fenster geöffnet, um ins Zimmer zu steigen, als ich erwachte und sofort aus dem Bett sprang. Ich wollte schreien und hätte es auch getan, wenn er mich nicht um Gottes willen und Euretwegen um Gnade angefleht und darauf seinen Namen genannt hätte. Als ich sein Bitten hörte, schwieg ich aus Rücksicht auf Euch und warf ihm, splitternackt, wie ich war, das Fenster vor der Nase zu, worauf er sich anscheinend zum Teufel geschert hat, denn ich hörte nichts mehr von ihm. Nun sagt selbst, ob das anständig und zu ertragen ist! Ich jedenfalls bin nicht gesonnen, diese Geschichten noch länger zu dulden. Ich habe aus Ehrfurcht vor Euch, weiß Gott, schon viel zuviel ertragen."

Der Frater wurde, als er dies vernahm, von gewaltigem Zorn gepackt und wußte nicht, was er dazu sagen sollte. Er fragte die Dame nur mehrmals, ob sie den Mann wirklich deutlich erkannt habe und ob es nicht doch am Ende ein anderer gewesen sein könne. Sie aber erwiderte: „Gott sei gelobt! Noch kann ich sehr wohl diesen Kerl von anderen Männern unterscheiden! Ich sage Euch, er war es! Und wenn er es etwa abstreiten sollte, dürft Ihr ihm nicht glauben." – „Meine Tochter", fuhr der Frater fort, „hier gibt es nichts weiter zu sagen, als daß es eine Riesenschande ist und eine ungeheure Dreistigkeit! Und du tatest recht daran, ihn auf solche Art fortzuschicken. Aber ich möchte dich doch bitten, nachdem dich Gott vor solcher Schande bewahrt hat, wie schon in den beiden anderen Fällen auch diesmal auf meinen Rat zu hören und mich handeln zu lassen, ohne dich bei deinen Verwandten zu beklagen. Ich will doch sehen, ob ich diesen schamlosen Teufel, den ich für einen guten Menschen hielt, nicht zu Verstand bringen kann! Wenn ich es vermag, ihn von solchem Treiben abzubringen, so soll es gut sein! Wenn ich es jedoch nicht fertigbringe, werde ich dir meine Einwilligung nicht länger versagen, das zu tun, was deinem Herzen richtig erscheint." – „Nun gut", sagte die Dame, „so will ich Euch diesmal nicht mit Ungehorsam erzürnen. Aber sprecht so nachdrücklich mit ihm, daß er sich hütet, mich noch einmal zu belästigen. Ich schwöre Euch, daß ich in dieser Angelegenheit nicht noch einmal zu Euch kommen werde."

Damit entfernte sie sich anscheinend ganz verstimmt von dem Frater, ohne weitere Worte zu verlieren. Sie hatte aber kaum die Kirche verlassen, als der Edelmann dort eintraf und sogleich von dem Pfaffen herangerufen wurde. Dieser zog ihn beiseite und warf ihm die ungeheuerlichsten Schmähungen an den Kopf, die je ein Mann über sich ergehen lassen mußte, und schimpfte ihn verlogen, meineidig und hinterlistig. Der Edelmann, der schon zweimal erfahren hatte, worauf das Schelten des Mönchs hinauslief, bemühte sich emsig, jenen mit allerlei Redensarten zum Sprechen zu bringen, und sagte als erstes: „Messere, warum so zornig? Habe ich etwa Christus ans Kreuz geschlagen?" Der Frater fuhr auf: „Da sieh einer diesen Schamlosen! Da höre sich einer das hier an! Tut er nicht, als seien inzwischen ein bis zwei Jahre vergangen und als habe er in so langer Zeit seine traurigen Streiche und Unanständigkeiten ganz vergessen? Hast du etwa auch vergessen, auf welche Weise du heute im Morgengrauen andre Leute beleidigt hast? Wo warst du denn überhaupt kurz vor Tagesanbruch?" – „Was weiß ich, wo ich war!" antwortete der Edelmann. „Ihr habt anscheinend sehr früh darüber Nachricht erhalten." – „Das ist wahr", gab der Mönch zu, „ich habe Nachricht bekommen. Und ich muß annehmen, daß du geglaubt hast, die Dame würde dich, weil ihr Mann nicht daheim ist, sogleich mit offenen Armen empfangen. Hihi! Wie reizend! Sieh einer den sauberen Galan! Ein Nachtwandler, ein Garteneinbrecher, ein Baumkletterer ist er geworden! – Glaubst du etwa mit Gewalt die Lauterkeit dieser edlen Frau zu besiegen? Daß du in der Nacht auf die Bäume steigst, um an ihr Fenster zu gelangen? Niemand auf der Welt ist ihr so zuwider wie du, und trotzdem versuchst du es immer wieder. Du hast meine Ermahnungen wahrlich gut befolgt, ganz abgesehen davon, daß auch sie dir ihre Meinung oft genug zu verstehen gegeben hat. Eins aber sage ich dir: Bis jetzt hat sie über deine Schelmenstücke geschwiegen, nicht etwa aus Liebe zu dir, sondern weil ich sie darum gebeten hatte. Jetzt aber wird sie nicht länger den Mund halten, und ich habe ihr erlaubt, das zu tun, was ihr richtig erscheint, wenn du sie noch ein einziges Mal belästigst. Und was willst du wohl beginnen, wenn sie es ihren Brüdern sagt?"

Der Edelmann, der alles, was nötig, nun erfahren hatte, versuchte den braven Frater nach bestem Wissen und Können mit weitläufigen Versprechungen zu beschwichtigen. Dann ging er fort und schlich sich im Morgengrauen der folgenden Nacht in den Garten, kletterte auf den Baum und schwang sich in das Zimmer der Dame, dessen Fenster offenstand. Dort eilte er, so schnell er konnte, in die Arme seiner Schönen, die ihn schon in süßem Verlangen erwartet hatte. Sie empfing ihn mit reizendem Lächeln und sagte: „Herzlichen Dank dem Herrn Frater, der dir so schön den Weg zu mir gezeigt hat!" Und unter den zärtlichsten Liebkosungen schwatzten und spotteten sie lange über die Einfalt des Bruders Schafskopf sowie über Spinnrocken, Wollkämme und Wollkratzer und vertrieben sich die Zeit auf gar angenehme Weise. Dann aber trafen sie ihre Verabredungen, damit es fortan nicht mehr nötig war, auf den Frater zurückzugreifen, und trafen sich noch viele Nächte lang zu süßer Lust, die unser Herrgott in seiner Gnade auch mir und allen anderen Christenmenschen, die danach dürsten, bald gewähren möge.

VIERTE GESCHICHTE

Don Felice belehrt den Bruder Puccio, wie er durch eine Bußübung der ewigen Seligkeit teilhaftig werden könne, und ergötzt sich, indessen Bruder Puccio dieser Übung nachkommt, mit dessen Frau.

Als Filomena ihre Geschichte beendet hatte und schwieg, lobte Dioneo mit anerkennenden Worten den Verstand der Dame und auch das Stoßgebetchen, das Filomena an den Schluß ihrer Geschichte gesetzt hatte. Dann aber blickte die Königin lächelnd Panfilo an und sprach: „Und nun möge Panfilo mit einem hübschen Geschichtchen unser Vergnügen verlängern!"

Panfilo erklärte sich sogleich dazu bereit und begann:

Madonna, es gibt viele Menschen, die, während sie sich bemühen, selbst ins Paradies zu gelangen, anderen dazu verhelfen, ohne dessen gewahr zu werden. Das erfuhr vor gar nicht langer Zeit auch eine unserer Nachbarinnen, wie ihr gleich hören sollt.

Wie berichtet wird, lebte in der Nähe von San Pancrazio ein wackrer, reicher Mann namens Puccio di Rinieri, der später, als er sich ganz und gar der Frömmigkeit ergeben hatte, in den dritten Orden des heiligen Francesco eintrat und Bruder Puccio genannt wurde. Er hielt sich, seinen frommen Gelüsten folgend, viel in der Kirche auf, zumal sein Hauswesen nur aus seiner Ehefrau und einer Magd bestand und er daher nicht gezwungen war, einem Gewerbe nachzugehen. Da er ein Erzdummkopf von grobem Schrot und Korn war, leierte er fleißig seine Paternoster herunter, lief zu den Predigten und Messen und fehlte bei keinem Lobgesang, der von den Laienbrüdern angestimmt wurde. Daneben fastete er und kasteite sich, daß das Gerücht umging, er gehöre zu den Geißelbrüdern.

Seine Gattin, Monna Isabetta, war ein knuspriges Weibchen von etwa achtundzwanzig bis dreißig Jahren, frisch, hübsch und rundlich wie ein Franzäpfelchen, und mußte, der Gesundheit oder vielleicht auch dem Alter ihres Gatten zuliebe, oft länger fasten, als es ihrem Geschmack entsprach. Kam sie die Lust an, zu schlafen oder sich gar ein wenig mit ihm zu ergötzen, so traktierte er sie mit dem Leben Christi, der Predigt des Fraters Nastagio, den Klagen Magdalenas oder ähnlichen Geschichten.

In dieser Zeit kehrte der Mönch Don Felice, ein Konventuale des heiligen Pancrazio, aus Paris zurück. Er war ein hübscher junger Mann von scharfem Verstand und umfangreichem Wissen, und Bruder Puccio befreundete sich bald sehr eng mit ihm. Weil nun Don Felice es bestens verstand, ihm alle seine Zweifel zu klären und sich, nachdem er Puccios Gesinnung erkannt hatte, als ein sehr frommer Mann erwies, begann Bruder Puccio bald, ihn zu sich nach Hause einzuladen und ihm ein Mittag- oder Abendessen aufzutischen, wenn es sich gerade so machte.

Ihrem Mann zuliebe schenkte auch die Frau dem Mönch Vertrauen und tat ihm alle Ehre an. Als ständiger Gast im Hause des Puccio kam nun Don Felice bald dahinter, woran es der frischen, rundlichen Frau am meisten mangelte, und er beschloß sogleich, Bruder Puccio alle Mühen abzunehmen und diesen nach Kräften bei ihr zu vertreten. Er warf ihr deshalb verstohlen viele bedeutsame Blicke zu und ließ nicht eher davon ab, bis auch ihr Herz von dem gleichen Verlangen erfüllt war wie das seine. Sowie er dies erkannte, eröffnete er ihr bei der ersten Gelegenheit seine Wünsche. Doch obwohl sie durchaus bereit war, das begonnene Spiel mit der Erfüllung zu krönen, fand sich keine Gelegenheit dazu. Sie getraute sich nicht, außerhalb des eigenen Hauses mit dem Mönch zusammenzutreffen, hier aber war es unmöglich, da Bruder Puccio nie verreiste.

Don Felice war hierüber recht niedergeschlagen, kam aber nach ausgiebigem Nachdenken auf einen glänzenden Einfall, der ihm, ohne Anstoß zu erregen, das Zusammensein mit der Frau in ihrem eigenen Hause und sogar in Bruder Puccios Anwesenheit ermöglichen sollte. Als Bruder Puccio wieder einmal bei ihm war, sagte der Mönch zu ihm: „Ich habe oft bemerkt, Bruder Puccio, daß es dein größter Wunsch ist, dereinst selig zu werden. Um dies zu erreichen, hast du aber anscheinend einen langen Umweg eingeschlagen, wo es doch einen Weg gibt, der weit kürzer ist. Freilich wünschen der Papst und seine hohen Prälaten, die ihn alle kennen und benutzen, nicht, daß man ihn den Leuten zeigt, weil ja sonst der ganze geistliche Stand, der doch nur von Almosen lebt, völlig aus der Ordnung käme, da ihn kein Weltkind fortan noch mit Almosen oder anderen guten Werken unterstützen würde. Weil du aber mein Freund bist und mir viel Gutes getan hast, würde ich dir diesen Weg zeigen, wenn ich sicher wäre, daß du ihn keinem Menschen je verraten und ihn genau befolgen würdest." Voller Begierde begann Bruder Puccio den Mönch inständig zu bitten, ihm doch diesen Weg zu weisen. Er schwur, ohne Don Felices ganz besondere Erlaubnis keinem Menschen etwas davon zu sagen, und versicherte jenem, diesen Weg sogleich beschreiten zu wollen, wenn er dazu in der Lage sei.

„Wenn du mir das fest versprichst", sagte der Mönch, „werde ich dir alles erklären. Du mußt wissen, daß die heiligen Kirchenväter verlangen, jeder, der selig werden will, müsse sich die Buße auferlegen, die du sogleich vernehmen wirst. Höre gut zu, ich sage nicht, daß du nach dieser Buße etwa kein Sünder mehr wärst wie jetzt; doch folgendes wird geschehen: Die Sünden, die du bis zur Vollendung dieser

Buße getan hast, werden abgewaschen und dir um dieser Buße willen vergeben; jene Sünden aber, die du weiterhin noch begehen wirst, werden dir nicht mehr für die Verdammnis angerechnet, sondern mit Weihwasser abgewaschen, wie sonst die läßlichen Sünden.

Als erstes muß der Mensch mit Fleiß alle seine Sünden beichten, wenn er mit dieser Bußübung beginnen will; darauf muß er fasten und die strengste Enthaltsamkeit üben, die vierzig Tage anhalten soll. Während dieser Zeit aber darfst du nicht einmal deine eigene Ehefrau, geschweige denn ein fremdes Frauenzimmer anrühren. Außerdem mußt du dir im eigenen Hause einen Platz schaffen, von dem du nachts den Himmel sehen kannst. Dorthin begibst du dich zur Stunde des Abendgebetes. An diesem Ort aber soll ein großes Brett so aufgerichtet sein, daß du dich im Stehen mit dem Rücken daran anlehnen kannst. Während du nun die Füße auf der Erde läßt, sollst du die Arme wie ein Gekreuzigter ausstrecken; wenn du sie dabei auf einige Holzpflöcke auflegen willst, so ist dies erlaubt. In dieser Stellung sollst du zum Himmel aufblicken und bewegungslos so verharren bis zur Stunde des Morgengebetes. Wärest du ein gelehrter Mann, müßtest du hierbei besondere Gebete sprechen, die ich dir geben würde; da du es aber nicht bist, genügt es auch, dreihundert Paternoster und dreihundert Ave-Maria zu Ehren der Heiligen Dreieinigkeit zu beten. Dabei aber sollst du ständig gen Himmel blicken und an Gott, den Schöpfer des Himmels und der Erden, und an die Leiden denken, die Christus am Kreuze ausstand in derselben Stellung, die du dort innehast. Wenn es zur Frühmesse läutet, darfst du dich, wenn du willst, so wie du bist, in Kleidern auf dein Bett werfen und schlafen. Am Vormittag mußt du dann in die Kirche gehen und dort wenigstens drei Messen anhören und fünfzig Paternoster sprechen und ebenso viele Ave-Maria. Danach kannst du mit Ehrbarkeit deinen Geschäften nachgehen, wenn du solche zu erledigen hast. Dann sollst du zu Mittag essen und um die Vesperzeit wieder in der Kirche sein. Hier mußt du einige gewisse Gebete sprechen, die ich dir aufschreiben werde, denn ohne diese ist alles ohne Erfolg. Darauf ist es an der Zeit, wieder an die Bußübung zu gehen, die ich dir schon beschrieben habe.

Wenn du alles ausführst, wie auch ich es schon getan habe, denke ich, wirst du noch vor dem Ende deiner Buße ein wunderbares Vorgefühl der ewigen Seligkeit verspüren, sofern du wirklich alles in Demut verrichtet hast." – „Dies ist weder eine zu schwere noch eine zu lange Übung", meinte Bruder Puccio, „man wird sie gut durchstehen können. Darum will ich in Gottes Namen am Sonntag damit beginnen." Darauf verließ er den Mönch und kehrte zu seiner Frau nach Hause zurück, der er mit Don Felices Einwilligung alles haarklein erzählte. Die Frau verstand nur zu gut, was der Mönch mit dem bewegungslosen Stehen bis zum Morgengrauen bezweckte, und da auch ihr dieser Ausweg gefiel, sagte sie, daß sie mit dieser Sache wie mit jeder andren, die er für sein Seelenheil täte, einverstanden sei. Sie erbot sich, damit Gott seiner Buße Erfolg schenke, sogar dazu, mit ihm zu fasten; an den weiteren Übungen wollte sie freilich nicht teilnehmen. Nachdem sie sich auf diese Weise geeinigt hatten, begann Bruder Puccio, als der Sonntag herangekommen war, seine Bußübung. Der Messer Mönch aber, der seine Verabredung mit der Frau indessen getroffen hatte, kam fast jeden Abend, zu einer Stunde, wo er nicht Gefahr lief, gesehen zu werden, um mit dem Weibchen die guten Speisen und Getränke, die er mitbrachte, zu verzehren. Dann ergötzte er sich mit ihr, bis er sich schließlich um die Stunde der Frühmesse erhob und heimging. Wenig später ging Bruder Puccio zu Bett.

Nun aber befand sich der Platz, den Bruder Puccio für seine Buße auserwählt hatte, unmittelbar neben der Kammer seiner Frau und war nur durch eine dünne Wand von dem Schlafgemach getrennt. Als daher der Messer Mönch und die brave Frau einmal gar zu tolle und ausgelassene Possen miteinander trieben, glaubte Bruder Puccio ein Wakkeln der Dielen zu verspüren, worauf er mitten im hundertsten Paternoster innehielt, ohne sich zu rühren, nach seiner Frau rief und fragte, was sie da treibe. Monna Isabetta antwortete in blendender Laune, während sie vielleicht gerade ohne Sattel den Esel des heiligen Benedetto oder richtiger gesagt des heiligen Giovanni Gualberto reiten mochte: „Meiner Treu, lieber Mann, ich bewege mich gerade tüchtig im Bett hin und her!" Bruder Puccio fragte: „Wieso bewegst du dich hin und her? Was soll dieses Hinundherbewegen bedeuten?" Die wackre Frau, die genügend Anlaß zu guter Laune und zum Lachen hatte, rief heiter: „Ihr wißt nicht, was das bedeuten soll? Habe ich Euch nicht tausendmal sagen hören: ‚Wer am Abend geht hungrig zur Ruh, bringt die Nacht voller Unruhe zu'?"

Bruder Puccio glaubte nun, das Fasten sei die Veranlassung für die Schlaflosigkeit seiner Frau, und sagte ganz treuherzig: „Frau, ich habe dir oft genug gesagt: ‚Laß das Fasten', aber du wolltest es nicht anders. Denke jetzt nicht daran! Versuche zu schlafen. Du wälzt dich dort tatsächlich so im Bett herum, daß das ganze Haus zittert." Die Frau erwiderte: „Kümmert Euch nicht darum. Ich weiß schon, was ich tue. Tut Ihr nur das Eure, ich werde, so gut ich kann, das meine besorgen!" So beruhigte Bruder Puccio sich und machte sich wieder an seine Paternoster. Die Frau aber und der Messer Mönch ließen sich von Stund an in einem anderen Teil des Hauses ein Bett aufstellen, in dem sie sich während Bruder Puccios Bußzeit gar köstlich vergnügten. Zur selben Zeit, wenn der Mönch heimging, kehrte auch die Frau ins Schlafgemach zurück, wo bald darauf auch Bruder Puccio nach Beendigung seiner Bußübung anlangte. Während auf solche Weise Bruder Puccio seiner Bußübung, seine Frau und Don Felice aber ihrer Lust nachgingen, sagte diese oftmals scherzend zu dem Mönch: „Du läßt Bruder Puccio die Buße tun, und wir haben dadurch das Paradies gewonnen." Und da sie sich dabei gar wohl befand, gewöhnte sie sich schnell an die Kost, die der Mönch ihr darbot, zumal ihr Gatte sie so lange hatte fasten lassen, und fand auch, als die Buße des Bruders Puccio beendet war, Möglichkeiten, sich anderswo von Don Felice beköstigen zu lassen. Und da sie die nötige Vorsicht nicht außer acht ließen, konnte sie sich noch lange Zeit mit ihm ergötzen.

Und damit die letzten Worte meiner Geschichte nicht im Gegensatz stehen zu den ersten, kam es auch hier so, daß Bruder Puccio, der sich durch seine Bußübung das Paradies verdienen wollte, statt dessen dem Mönch, der ihm den nächsten Weg dahin gewiesen hatte, und seiner Frau das Paradies eröffnete, die so lange Zeit an seiner Seite großen Mangel an dem gelitten hatte, was ihr nun Messer Mönch aus reiner Barmherzigkeit in so reichem Maße darbot.

FÜNFTE GESCHICHTE

Zima schenkt Messer Francesco Vergellesi ein schönes Pferd. Messer Francesco erlaubt ihm dafür, mit seiner Frau zu sprechen. Da sie bei dieser Unterredung schweigt, antwortet Zima sich selber an ihrer Statt und erreicht, seinen Antworten entsprechend, das Ziel seiner Wünsche.

Panfilo hatte unter dem Gelächter der Damen die Geschichte Bruder Puccios beendet, worauf die Königin in anmutiger Weise Elissa fortzufahren gebot, die weniger aus angeborener Bosheit als gewohnheitsgemäß in ironischem Tone zu erzählen anhub:

Es gibt zahllose schlaue Leute, die alle übrigen Menschen für dumm halten und dann oftmals einsehen müssen, daß sie von denen, die sie an der Nase herumzuführen gedachten, selber hineingelegt werden. Ich halte es darum für eine große Torheit, die Stärke eines fremden Verstandes ohne zwingenden Grund auf die Probe zu stellen. Da aber vielleicht nicht jeder so denkt wie ich, möchte ich euch, dem gestellten Thema folgend, erzählen, wie es einem Kavalier aus Pistoia erging.

In Pistoia lebte einst der Kavalier Francesco aus dem Hause de' Vergellesi, ein reicher, kluger und recht erfahrener Mann, der jedoch von unglaublichem Geiz besessen war.

Als er für das Amt des Stadtrichters und Bürgermeisters nach Mailand gerufen wurde, versah er sich mit allem, was zu einem standesgemäßen Auftreten nötig war, doch fehlte ihm ein geeignetes Reitpferd, das von ganz besonderer Schönheit sein sollte. Da er aber nirgends eins finden konnte, das seinen Beifall gefunden hätte, war er darob in nicht geringer Verlegenheit.

Nun lebte zur selben Zeit in Pistoia auch ein Jüngling, Ricciardo mit Namen. Dieser war zwar von minderer Herkunft, verfügte jedoch über große Reichtümer und lief stets so zierlich gekleidet und aufgeputzt herum, daß er von allen Leuten nur „Zima", das heißt der Geputzte, genannt wurde. Dieser Zima, der lange Zeit die sehr schöne, ungewöhnlich tugendhafte Gattin des Messer Francesco geliebt und erfolglos umworben hatte, besaß eins der kostbarsten Reitpferde der Toscana, welches ihm wegen seiner Schönheit sehr ans Herz gewachsen war. Da nun jedermann wußte, daß Zima die Gattin Messer Francescos verehrte, riet irgendein findiger Kopf dem letzteren, doch dieses Pferd von Zima zu erbitten, jener werde es aus Liebe zu der Gattin des Kavaliers sicherlich hergeben.

Vom Geiz getrieben, ließ Messer Francesco auch wirklich Zima zu sich bitten und fragte ihn, in der stillen Hoffnung, das Pferd geschenkt zu bekommen, ob er ihm dieses Tier nicht verkaufen wolle. Zima fühlte sich ob dieser Anfrage recht geschmeichelt und antwortete dem Kavalier: „Messere, und wenn Ihr mir all Euer Hab und Gut gäbet, so könntet Ihr doch auf dem Kaufwege niemals mein Pferd erhalten. Wenn es Euch jedoch so gut gefällt, bin ich bereit, es Euch zu schenken, allerdings unter der einen Bedingung, daß ich, bevor ich es Euch überlasse, mit Eurer Zustimmung und in Eurer Gegenwart ein paar Worte mit Eurer Gemahlin sprechen darf, doch so weit von jedem anderen Menschen entfernt, daß meine Worte von keinem außer ihr verstanden werden können."

Von Habsucht besessen, antwortete der geizige Kavalier, mit dem stillen Vorsatz, Zima zu betrügen, daß ihm dies recht sei, er könne mit seiner Gattin reden, soviel er wolle. Er ließ also Zima in dem großen Saal seines Palastes zurück und begab sich in das Gemach seiner Frau, erklärte ihr, wie leicht dieses Pferd zu erlangen sei, und befahl ihr, mitzukommen und Zima anzuhören. Sie solle sich aber hüten, ihm auf das, was er vorbrächte, zu antworten, weder kurz noch ausführlich. Die Dame war über dieses Ansinnen sehr ungehalten, mußte sich aber trotzdem den Wünschen ihres Mannes fügen und versprach, es zu tun. Darauf betrat sie hinter ihm den Saal, um anzuhören, was Zima ihr zu sagen habe. Nachdem dieser seinen Pakt nochmals mit dem Kavalier durchgesprochen hatte, nahm er mit der Dame in beträchtlicher Entfernung von allen übrigen Anwesenden an einem Ende des Saales Platz und sprach zu ihr: „Edle Frau, ich bin überzeugt, daß Ihr ebenso klug seid wie schön und sicher schon seit langer Zeit bemerkt habt, zu welcher Liebe Eure Schönheit mich entflammt hat, die ohne Zweifel alles, was ich je gesehen, an Reizen übertrifft. Dabei will ich gar nicht reden von Eurem holden Anstand und Euren Tugenden, die so bestrickend sind, daß kein Mann ihrem Zauber widerstehen kann. Und es ist wohl nicht nötig, Euch nochmals mit Worten zu bestätigen, daß meine Liebe zu Euch die größte und innigste ist, die je ein Mann einer Frau entgegenbrachte, und daß sie niemals enden wird, solange mein armseliges Leben noch in meinen Adern pulst, ja noch länger, denn wenn man, so wie hier, auch im Jenseits Liebe empfinden sollte, so werde ich Euch auch in der Ewigkeit noch weiter lieben. Ihr könnt sicher sein, daß es auf der Welt nichts gibt, es sei nun teuer oder gering, das Ihr so sicher als Euer Eigentum betrachten könnt und auf das Ihr mit solchem Vertrauen bauen könnt wie auf mich, was ich auch immer gelten mag, und auf alles, was mir gehört. Um Euch hiervon einen klaren Beweis zu erbringen, erkläre ich, daß ich es für eine größere Gnade ansehen würde, wenn Ihr mich beauftragen wolltet, irgend etwas, woran Ihr Gefallen fändet, für Euch zu tun, als wenn die ganze Welt schnellstens meinen Befehlen gehorchte. Da ich Euch nun so sehr angehöre, wie Ihr eben vernommen habt, darf ich wohl nicht ganz zu Unrecht Eurer Hoheit eine Bitte vortragen, von deren Erfüllung einzig und allein meine Ruhe, mein Glück und mein Wohl abhängig ist. Und so bitte ich Euch als Euer ergebener Diener, o teuerster Schatz und einziger Stern meines Lebens, das sich im Feuer dieser Liebe einzig von Hoffnung nährt, gewährt mir Eure Gunst, mildert die Härte, die Ihr gegen mich, den Euren, bislang bewiesen habt. Von Eurem Mitleid getröstet, erhielte ich so durch die Liebe mein Leben neu geschenkt, das ohne Zweifel dahinsiechen würde, wollte Eure hohe Seele sich meiner Bitte verschließen, nachdem Eure Schönheit mich so sehr entflammte. Dann würde ich schnell des Todes sein, und Ihr könntet mit Recht als meine Mörderin gelten. Und abgesehen davon, daß mein Tod Euch nicht zur Ehre gereichen kann, glaube ich nichtsdestoweniger, daß Euch doch das Gewissen schlagen und es Euch leid tun würde, so gehandelt zu haben, und Ihr würdet zuweilen, in besserer Stimmung, zu Euch selber sagen: ‚Ach, wie unrecht habe ich doch getan, daß ich mit meinem Zima so erbarmungslos verfahren bin!' Doch diese Reue wäre umsonst und würde nur ein Grund des Kummers für Euch werden. Damit es nicht so komme, überlegt es jetzt, wo Ihr mir noch helfen könnt, und laßt Euch, bevor ich sterbe, zum Mitleid bewegen, denn Ihr allein könnt mich zum Glücklichsten oder Unseligsten aller Sterblichen machen. Ich hoffe, daß Eure Gnade es nicht zulassen wird, daß ich für meine aufrichtige Liebe den Tod als Lohn empfange, sondern daß Ihr mit einer freundlichen, huldvollen Antwort meine Lebenskräfte wieder stärken werdet, die vor Eurem Antlitz erbeben." Hierauf schwieg Zima, nach einigen tiefen Seufzern entfielen ein paar Tränen seinen Augen, und er wartete, was die schöne Frau ihm erwidern würde.

Die Dame, die sich durch seine jahrelange Verehrung, durch Waffenspiele, Morgenständchen und ähnliche Dinge, die Zima aus Liebe zu ihr unternommen hatte, nie hatte rühren lassen, wurde durch die leidenschaftlichen Worte ihres feurigen Liebhabers so bewegt, daß sie zu fühlen begann, was sie bislang nicht gefühlt hatte, nämlich Liebe zu ihm. Und obwohl sie dem Befehl ihres Gatten gemäß schwieg, konnten doch ein paar Seufzerchen dem Zima nicht verheimlichen, was sie ihm gerne gesagt hätte.

Nachdem er einen Augenblick gewartet hatte und bemerkte, daß er keine Antwort bekam, verwunderte er sich anfänglich, kam aber dann sogleich dem Kavalier auf die Schliche. Er sah der Dame daher tief in die Augen, und da sie ihm verschiedentlich verstohlen zublinzelte und er auch mehrere Seufzer vernahm, die sie leise ihrer Brust entschlüpfen ließ, schöpfte er neue Hoffnung, faßte, von dieser gestärkt, einen neuen Entschluß und begann an Stelle der Dame, die alles mit anhörte, sich selber auf folgende Weise Antwort zu geben: „Mein Zima, ganz gewiß habe ich schon seit langer Zeit bemerkt, daß deine Liebe zu mir edel und erhaben ist, was ich jetzt aus deinen Worten noch klarer erkenne. Ich bin darüber unbeschreiblich glücklich, und ungeachtet dessen, daß ich dir vielleicht hart und grausam vorgekommen bin, möchte ich doch nicht, daß du glaubst, ich sei auch in meinem Herzen so hart gewesen, wie ich mich äußerlich gezeigt habe. Ich habe dich im Gegenteil immer geliebt, und du warst mir teurer als jeder andre Mann. Ich habe aber so handeln müssen aus Angst vor andren Leuten und um den Ruf meiner Tugend nicht zu gefährden. Jetzt aber soll die Zeit kommen, wo ich dir meine Liebe beweisen will und du den Lohn empfangen sollst für die Zuneigung, die du stets für mich gehabt hast und noch hast. Darum sei getrost und guten Mutes! Du weißt ja, daß Messer Francesco in wenigen Tagen als Stadtrichter nach Mailand gehen wird, denn du hast ihm mir zuliebe dazu ja dein edles Pferd geschenkt. Ich verspreche dir bei meinem Glauben und bei meiner aufrichtigen Liebe zu dir, daß du nach seiner Abreise sogleich zu mir kommen sollst und daß wir dann unsrer Liebe die angenehmste und vollkommenste Erfüllung schenken wollen. Da ich wohl nicht noch einmal Gelegenheit haben werde, mit dir hierüber zu sprechen, warte, bis du eines Tages zwei Handtücher aus dem Fenster meines Zimmers hängen siehst, das nach dem Garten hinaus liegt. Dann komme am Abend dieses Tages durch die Gartentür zu mir, doch achte wohl darauf, daß du von niemand gesehen wirst. Ich werde dich dort erwarten, und wir werden die ganze Nacht zusammen glücklich sein und uns einer am andern erfreuen, wie wir es wünschen."

Nachdem Zima an Stelle der Dame diese Worte gesprochen hatte, begann er wieder, für sich selber zu reden, und fuhr fort: „Liebste aller Frauen, die übermäßige Freude über Eure wohlgeneigte Antwort hat meine Sinne so befangen, daß ich kaum imstande bin, Euch meinen schuldigen Dank auszusprechen. Doch auch wenn ich so reden könnte, wie ich wünschte, wäre dennoch kein Ausdruck ausreichend, um Euch den Dank aussprechen zu können, den ich Euch schulde. Daher soll es Eurem eigenen Ermessen überlassen bleiben, zu fühlen, was ich mit Worten nicht auszudrücken vermag. Ich sage Euch nur noch, daß ich alles, was Ihr mir aufgetragen habt, unverzüglich ausführen werde, außerdem werde ich mich bemühen, ermutigt durch das große Geschenk, das Ihr mir zugestanden habt, Euch den heißesten Dank abzustatten, der mir möglich ist. So bleibt denn für heute nichts weiter zu besprechen, und darum schenke Gott Euch Fröhlichkeit und alles das, liebste Frau, was Ihr am heißesten ersehnt. Und nun, Gott befohlen."

Während der ganzen Zeit sprach die Dame kein einziges Wort. Zima stand nun auf und ging zu dem Kavalier hinüber, der sich erhob, als er ihn kommen sah, und ihm entgegenkam. Dabei sagte er lachend: „Nun, was meinst du, habe ich mein Versprechen nicht brav gehalten?" – „O nein, Messer", erwiderte Zima, „Ihr hattet mir erlaubt, mit Eurer

Gattin zu sprechen, aber Ihr habt mich nur zu einem Marmorbild reden lassen."

Diese Worte gefielen dem Kavalier gewaltig, und sie erhöhten seine ohnehin gute Meinung von seiner Frau noch beträchtlich. Er sprach sodann: „Jetzt gehört also das Pferd, das so lange dein Eigentum war, mir?" Zima entgegnete: „Ja, Messer. Aber wenn ich gewußt hätte, daß ich einen solchen Gewinn daraus ziehen würde, wie ich es getan habe, hätte ich es Euch geschenkt, ohne um diese Gunst zu bitten. Und wollte Gott, ich hätte es getan, denn nun habt Ihr das Pferd, das ich nicht verkaufen wollte, doch gekauft!"

Der Kavalier hörte lachend diese Worte an, und da er nun das richtige Pferd besaß, machte er sich wenige Tage später auf den Weg nach Mailand und trat sein Amt als Stadtrichter an. Die Dame aber blieb unbewacht in ihrem Hause zurück und dachte über die Worte Zimas nach, über die Liebe, die dieser ihr entgegenbrachte, und an das Pferd, das er ihretwegen verschenkt hatte. Und als sie ihn nun oft an ihrem Hause vorbeigehen sah, dachte sie bei sich: ‚Was mache ich? Wozu vergeude ich meine Jugendzeit? Der ist nach Mailand gegangen und wird vor sechs Monaten nicht wieder zurückkommen. Wann kann er mir diese Zeit je ersetzen? Etwa wenn ich alt bin? Und wann finde ich wohl je wieder einen solchen Liebhaber, wie der Zima es ist? Ich bin allein und brauche mich vor keinem Menschen zu fürchten. Ich weiß nicht, warum ich mir diese gute Zeit nicht gönne, solange ich es noch kann. So eine Gelegenheit wie diese wird sich schwerlich noch einmal finden, und niemand wird je etwas davon erfahren! Und wenn es doch jemand erführe, nun, so ist es weiß Gott besser, tun und bereuen als unterlassen und bereuen!' Nachdem sie dies im stillen überlegt hatte, hing sie eines Tages die beiden Handtücher aus dem zum Garten gelegenen Fenster hinaus, wie Zima es gesagt hatte. Und Zima kam, sobald er es voller Freude gewahr wurde, beim Anbruch der Nacht leise und allein an die Gartentür der Dame. Er fand die Tür offen und schlüpfte schnell durch eine zweite ins Haus, wo er sogleich auf die Edeldame traf, die ihn erwartete.

Als sie ihn kommen sah, stand sie auf, eilte ihm entgegen und empfing ihn mit herzlicher Freude. Er aber umarmte und küßte sie hunderttausendmal und folgte ihr dann über die Treppe nach oben. Hier legten sie sich unverzüglich miteinander nieder und erreichten bald das Endziel der Liebe.

Dieses erste Mal war keineswegs gleichzeitig das letzte, vielmehr kam Zima, solange der Kavalier in Mailand weilte und auch nach seiner Rückkehr, zur großen Freude der Dame noch unzählige Male zu ihr.

SECHSTE GESCHICHTE

Ricciardo Minutolo liebt die Gattin des Filippelo Sighinolfo. Da er weiß, daß sie eifersüchtig ist, erreicht er mit der Vorspiegelung, Filippello wolle sich am nächsten Tag mit seiner eigenen Frau in einer Badestube treffen, daß sie dort hinkommt. Als sie glaubt, mit ihrem Gatten zusammen gewesen zu sein, muß sie feststellen, daß sie sich statt dessen mit Ricciardo vergnügt hat.

Als Elissa nichts mehr zu erzählen hatte und die Findigkeit des Zima von allen genügend gelobt worden war, gebot die Königin Fiammetta, mit einer Erzählung fortzufahren. Diese antwortete lächelnd: „Gern, Madonna!" und begann:

Wir wollen nun unsere Vaterstadt, die, wie an so vielen andern Dingen, auch an seltsamen Schicksalen reich ist, eine Zeitlang verlassen und uns wie Elissa mit Begebenheiten beschäftigen, die sich an andren Stellen der Welt zugetragen haben. Laßt uns also nach Neapel schauen, denn ich möchte euch erzählen, wie einst eine von den ganz Spröden, die sich aller Liebe abhold zeigen, durch einen schlauen Liebhaber gezwungen wurde, die Frucht der Liebe zu genießen, noch ehe sie sich an deren Blüten erfreut hatte.

Und vielleicht wird euch dies Geschichtchen bei allen möglichen zukünftigen Vorkommnissen gleichzeitig zur Vorsicht mahnen und euch mit seinen Begebenheiten recht ergötzen.

In der uralten Stadt Neapel, die wohl ebenso schön, wenn nicht gar schöner ist als alle andren Städte Italiens, lebte einst ein junger Edelmann aus erhabenem Geschlecht, der über außerordentliche Reichtümer verfügte. Er hieß Ricciardo Minutolo und verliebte sich, obwohl er eine hübsche, liebreizende junge Gattin besaß, in eine Frau, die nach Meinung der Leute alle übrigen Frauen Neapels an Schönheit weit übertraf. Sie hieß Catella und war die Gattin des adeligen jungen Filippello Sighinolfo, den die tugendsame Catella über alles liebte und schätzte.

Die Gunst dieser Catella versuchte nun Ricciardo Minutolo mit allen jenen Dingen, die einem Mann den Dank und die Liebe einer schönen Frau einbringen können, zu erringen. Trotz aller Mühe aber gelang es ihm nicht, irgendwie seinem Ziele näher zu kommen, so daß er schier verzweifelte und weder zu leben noch zu sterben vermochte, da er sich von dieser Liebe nicht frei machen konnte oder wollte.

Während er sich in dieser traurigen Verfassung befand, ermunterten ihn eines Tages einige Damen seiner Verwandtschaft, diese Liebe aufzugeben, da doch alles vergeblich sei, denn Catella habe nichts anderes im Sinn als ihren Filippello, auf den sie so schrecklich eifersüchtig sei, daß sie fürchte, jeder Vogel, der vorbeiflöge, möchte ihn ihr rauben.

Als Ricciardo von der Eifersucht Catellas hörte, schmiedete er einen neuen Plan, um an das Ziel seiner Wünsche zu gelangen. Er gab sich fortan den Anschein, als habe er der Liebe zu Catella entsagt und seine Neigung einer andren Edeldame geschenkt, der zu Ehren er nun Turniere, Waffenspiele und dergleichen veranstaltete, wie er es sonst für Catella zu tun pflegte. Nach gar nicht langer Zeit wußten es denn alle Leute in Neapel und mit ihnen Catella selbst, daß er nicht mehr sie, sondern jene andre Edeldame glühend liebte. Er trieb es nun lange Zeit so fort, bis jedermann fest davon überzeugt war und Catella selbst ihm gegenüber die Sprödigkeit beiseite ließ, die sie ihm, solange er in Liebe für sie brannte, stets bezeigt hatte, und ihn fortan als ihren Nachbarn ebenso freundschaftlich begrüßte, wenn sie kam oder ging, wie jeden andern.

Während nun in der heißen Sommerszeit viele Gesellschaften von Damen und Edelleuten sich nach altem neapolitanischem Brauch ans Meer begaben, um sich zu belustigen und dort zu Mittag oder zu Abend zu speisen, machte eines Tages auch Ricciardo, der erfahren hatte, daß Catella in Gesellschaft am Strand war, sich ebenfalls in Begleitung dorthin auf. Er wurde von der Damengesellschaft Catellas freundlich eingeladen, bei ihnen zu bleiben, ließ sich jedoch lange bitten, als trüge er kein besonderes Verlangen danach. Bald begannen dann die Damen, und mit ihnen Catella, ihn wegen seiner neuen Liebe zu hänseln. Er aber tat, als sei er wirklich bis über beide Ohren verliebt, und gab ihnen damit Stoff zu weiteren Scherzen. Als sich dann auf einem langen Spaziergang viele Damen nach rechts und links abgesondert hatten, wie das an der See gar leicht geschieht, und schließlich nur noch Catella mit wenigen Freundinnen bei Ricciardo geblieben war, ließ dieser ihr gegenüber eine Äußerung fallen über eine gewisse Liebschaft ihres Gatten Filippello. Catella, in jäher Eifersucht entbrannt, wünschte dringend, genauer zu erfahren, was Ricciardo damit hatte sagen wollen. Nachdem sie sich eine Weile beherrscht hatte, konnte sie es nicht länger mehr ertragen und beschwor ihn schließlich, er möge ihr doch bei seiner Liebe zu der Frau, die ihm am teuersten sei, erklären, was er mit der Äußerung über Filippello gemeint habe. Ricciardo antwortete: „Ihr habt mich im Namen einer so teuren Person beschworen, daß ich nicht wage, Euch diese Bitte abzuschlagen. Ich bin bereit, Euch alles zu erklären, wenn Ihr mir versprechen wollt, daß Ihr kein Sterbenswörtchen darüber reden werdet, weder mit Eurem Gatten noch mit irgendeinem anderen Menschen, bevor Ihr Euch nicht selber von der Wahrheit meiner Worte überzeugt habt. Das aber könnt Ihr, wenn Ihr es wollt, sehr leicht tun, wie ich Euch sogleich verraten will." Catella war mit dieser Bedingung, die ihr die Wahrheit seiner Worte noch zu unterstreichen schien, einverstanden und schwur ihm, nicht darüber zu sprechen. Darauf zog Ricciardo sie beiseite, um von den übrigen nicht gehört zu werden, und sprach zu ihr: „Madonna, wenn ich Euch noch liebte wie früher, würde ich es nicht wagen, Euch etwas zu erzählen, was Euch wahrscheinlich betrüben wird. Da aber meine Liebe vergangen ist, werde ich es leichter fertigbringen, Euch die reine Wahrheit zu offenbaren. Ich weiß nicht, ob Filippello jemals Verdruß empfand über die Liebe, die ich Euch entgegengebracht habe, oder gar geglaubt hat, daß ich irgendwann von Euch wiedergeliebt worden sei. So oder so, mir gegenüber hat er sich nie etwas anmerken lassen. Jetzt aber kommt es mir vor, als ob er mir – wahrscheinlich in der Meinung, daß ich jetzt wenig Verdacht schöpfen werde – Gleiches mit Gleichem vergelten wollte, indem er versucht, meine Gattin seinen Wünschen gefügig zu machen. Wie ich weiß, bestürmt er sie seit einiger Zeit heimlich mit allerlei Botschaften, die sie mir alle wiederholt und so beantwortet hat, wie ich es ihr befohlen habe. Heute früh nun, bevor ich hierherkam, traf ich meine Frau zu Hause in reger Unterhaltung mit einem Weibsbild an, das ich sogleich als Botin Filippellos erkannte, die sie auch war. Ich rief nun meine Frau und fragte sie, was es schon wieder gäbe, und sie antwortete: ‚Ach, es ist wieder diese Landplage von Filippello, den du mir mit deinen hoffnungsverheißenden Antworten auf den Hals gehetzt hast. Er will nun durchaus wissen, was für Pläne ich habe. Wenn ich einverstanden bin, will er es einrichten, daß ich in aller Heimlichkeit in einer Badestube mit ihm zusammentreffen kann, und er bittet mich inständig darum. Wenn du mich nicht veranlaßt hättest – ich weiß nicht, warum! –, auf diesen Handel einzugehen, so hätte ich ihn schon derart abfahren lassen, daß er mich nie wieder angeschaut hätte.' Dies schien mir nun doch ein wenig zu weit zu gehen und war auf keinen Fall zu dulden. Ich beschloß sogleich, Euch alles zu erzählen, damit Ihr endlich einsähet, wie er Euch Eure Treue belohnt, derentwegen ich mir einst bald das Leben genommen hätte. Und damit Ihr nun nicht etwa glaubt, daß ich hier Märchen erzähle, könnt Ihr selber, wenn Ihr wollt, alles nachsehen und überprüfen. Ich befahl nämlich meiner Frau, der wartenden Botin die Antwort zu geben, daß sie bereit sei, am kommenden Vormittag um die Nona, wenn noch alle Leute schlafen, in das betreffende Bad zu kommen, worauf das Weibsbild befriedigt abzog. Ich hoffe aber nicht, daß Ihr jetzt etwa annehmt, ich wollte meine Frau zu ihm schicken. Wäre ich nun an Eurer Stelle, so würde ich es einzurichten wissen, daß er mich vorfindet anstatt der andren Frau, die er dort zu treffen hofft. Und wenn ich eine Zeitlang mit ihm zusammen gewesen wäre, würde ich mich zu erkennen geben und ihm alle Ehre antun, die er verdient. Ich glaube, auf diese Art würdet Ihr ihn so sehr beschämen, daß die Schmach, die er uns beiden antun wollte, auf einen Schlag gerächt wäre."

Als Catella dies hörte, überlegte sie nicht lange, wer ihr solches berichtete und daß sie vielleicht betrogen werden könnte, sondern schenkte nach Art der Eifersüchtigen allen seinen Worten Glauben und war sogleich bereit, gewisse Vorkommnisse der letzten Zeit hiermit in Zusammenhang zu bringen. Und in jähem Zorn antwortete sie, daß sie seinen Rat gewiß befolgen werde, was ohne Schwierigkeit zu machen sei. Wenn nun Filippello käme, wolle sie ihn ganz gewiß so sehr beschämen, daß er jedesmal daran denken würde, wenn er wieder einer andern Frau schöne Augen mache. Ricciardo, der mit diesem Gang der Dinge recht zufrieden war und seinen Plan für gut und erfolgversprechend hielt, setzte ihr noch fleißig mit Worten zu und vertiefte ihren Verdacht immer mehr, bat sie aber nochmals, keinem Menschen zu erzählen, daß sie es von ihm erfahren habe, was sie ihm feierlich zusicherte.

Am folgenden Vormittag begab sich Ricciardo zu einer gewissen Frauensperson, die jenes Bad, welches er Catella genannt hatte, verwaltete. Er erzählte ihr, was er vorhatte, und bat sie, ihn in allem nach besten Kräften zu unterstützen. Die gute Frau, die ihm zu Dank verpflichtet war, versprach ihm gern ihre Beihilfe und verabredete dann mit ihm, was zu tun und zu sagen sei. Sie hatte nun in dem Badehause ein sehr dunkles Zimmer, welches fast einem Raum entsprach, der kein Fenster besaß, um Licht hereinzulassen. Dieses Zimmer richtete die wackre Frau nach Ricciardos Anweisungen her und stellte das beste Bett hinein, das zu beschaffen war.

Hier legte sich Ricciardo nach dem Essen nieder und wartete auf Catella.

Sie, die Ricciardos Worte gar aufmerksam angehört hatte und ihnen mehr Glauben schenkte, als ihr guttat, war am Abend zornerfüllt nach Hause zurückgekehrt. Nun wollte es der Zufall, daß auch Filippello gerade an diesem Abend den Kopf mit anderen Gedanken voll hatte, als er heimkam, und deswegen nicht ganz so aufmerksam zu ihr war wie gewöhnlich. Als Catella das bemerkte, wurde ihr Verdacht noch größer, und sie dachte bei sich: ‚Wahrlich, seine Gedanken sind bei jenem Frauenzimmer, mit dem er sich morgen ergötzen und belustigen will. Das soll ihm aber bestimmt nicht gelingen!' Mit solchen Gedanken und allerlei Erwägungen, was sie ihm sagen sollte, nachdem sie mit ihm zusammen gewesen wäre, brachte sie fast die ganze Nacht zu.

Und wie es dann weiterging? Nun, als die Stunde der Nona gekommen war, nahm Catella eine Begleitung mit und ging, ohne sich noch mit irgend jemandem zu beraten, in jenes Bad, das Ricciardo ihr genannt hatte. Hier traf sie die Badefrau und fragte diese, ob Filippello an diesem Tage schon dagewesen sei. Wie Ricciardo ihr aufgetragen hatte, antwortete die Frau: „Seid Ihr die Dame, die herkommen sollte, um ihn hier zu sprechen?" Catella erwiderte: „Ja, die bin ich." – „Schön", sagte die gute Frau, „so geht zu ihm hinein!" Catella ließ sich auf der Suche nach dem, den sie nie zu finden gewünscht hätte, nach dem Zimmer führen, in dem Ricciardo sich befand, trat tief verschleiert dort ein und schloß die Tür hinter sich ab. Ricciardo sprang fröhlich auf, als sie hereinkam, nahm sie in die Arme und sagte leise zu ihr: „Willkommen, du mein Leben!" Catella gab sich große Mühe, als jene andre Frau zu erscheinen. Sie umarmte und küßte ihn ebenfalls und liebkoste ihn zärtlich, ohne jedoch ein Wort zu sagen, da sie fürchtete, sich durch ihre Stimme zu verraten. Im Zimmer aber war es so dunkel, daß selbst nach längerem Aufenthalt die Augen nichts zu erkennen vermochten, worüber beide sehr zufrieden waren. Ricciardo führte nun Catella zum Bett, wo sie, ohne zu reden, damit ihre Stimmen nicht zu erkennen wären, eine lange Zeit in äußerstem Entzücken und beiderseitigem Vergnügen verbrachten. Schließlich schien es Catella an der Zeit, ihrer Entrüstung Luft zu machen. Aufs neue von heißem Zorn gepackt, begann sie: „Ach, wie jämmerlich ist es doch um das Glück der Frauen bestellt, und wie erbärmlich ist doch die Liebe der meisten Ehemänner! Ach, ich Unglückliche! Acht Jahre lang habe ich dich mehr geliebt als mein Leben, du aber glühst und verzehrst dich für ein fremdes Frauenzimmer, wie ich gehört habe, du schlechter, schändlicher Kerl! Wen glaubst du denn im Arm gehabt zu haben? Das war die Frau, die acht Jahre lang an deiner Seite gelegen hat! Die Frau, die du mit verlogenen Schmeicheleien lange genug betrogen hast, Liebe heuchelnd, während du selber in eine andre vernarrt bist! Ich bin Catella und nicht die Frau Ricciardos, du elender Verräter! Höre her, damit du meine Stimme erkennst! Ja, ich bin es wahrhaftig und kann es gar nicht erwarten, bis wir im Hellen sind und ich dich endlich so beschämen kann, wie du es verdienst, du Hundsfott! Weh mir Armen, wen habe ich jahrelang so treu geliebt? Diesen hinterlistigen Hund, der mir, weil er eine Fremde zu umarmen meinte, in dieser kurzen Zeit hier mehr Zärtlichkeiten und Liebesbeweise schenkte als in der ganzen übrigen Zeit, in der ich die Seine war? Heute bist du wahrlich recht feurig gewesen, du abtrünniger Hund, während du zu Hause immer gleich schlapp und erledigt bist und zu nichts zu gebrauchen! Aber gottlob hast du diesmal auch nur deinen eigenen Acker und kein fremdes Feld bestellt, wie du meintest. Kein Wunder, daß du dich heute nacht nicht bei mir hast blicken lassen. Du hofftest anderswo deine Ladung zu löschen und wolltest als rüstiger Kämpfer in die Schlacht ziehen! Aber gelobt sei Gott und meine weise Vorsicht! Das Wasser ist doch dort hinuntergelaufen, wo es sollte. Warum antwortest du nicht, du schändlicher Kerl? Hast du gar nichts zu erwidern? Hat es dir am Ende die Sprache verschlagen, daß du meine Stimme hörst? Bei Gott, ich weiß nicht, was mich davon abhält, dir mit den Fingern ins Gesicht zu fahren und dir die Augen auszukratzen! Du glaubtest wohl, diese Heldentat in aller Verschwiegenheit ausführen zu können? Aber bei Gott, so schlau wie die einen sind auch die andern. Es ist dir nicht gelungen, denn ich hatte bessere Spürhunde auf deiner Fährte, als du glaubtest!"

Ricciardo, der sich im stillen an ihren Zornausbrüchen ergötzte, umarmte und küßte sie aufs neue, ohne ein Wort zu erwidern, und liebkoste sie noch viel zärtlicher als vorher. Sie aber setzte ihre Rede fort und sagte: „Ach, jetzt glaubst du wohl, mich mit erzwungenen Zärtlichkeiten zu betören und mich auf diese Weise zu besänftigen und beschwichtigen zu können, du unausstehlicher Hund! Da irrst du dich gewaltig! Ich werde mich nicht eher über diese Sache beruhigen, als bis ich dich in Gegenwart aller Verwandten, Freunde und Nachbarn, die wir haben, heruntergeputzt habe. Bin ich vielleicht nicht ebenso schön wie die Frau des Ricciardo Minutolo, du niederträchtiger Kerl? Bin ich vielleicht weniger vornehm als sie? So antworte doch, du feiger Hund! Worin ist sie mir denn überlegen? Geh und rühre mich nicht mehr an, du hast heute schon genug Heldentaten hinter dir. Und ich weiß wohl, daß jetzt, nachdem du mich erkannt hast, du doch nur mit Gewaltanstrengung noch etwas fertigbringen würdest. Aber wenn Gott mir gnädig ist, werde ich dir deine Gelüste schon austreiben! Und ich weiß nicht, was mich eigentlich davon abhält, zu Ricciardo zu schicken. Der hat mich mehr geliebt als sich selbst und kann sich doch nicht rühmen, daß ich ihn auch nur freundlich angeschaut hätte. Ich weiß nicht, ob es so schlecht wäre, wenn ich es täte! Du hast geglaubt, Ricciardos Frau hier zu haben, und was dich anbelangt, ist es ja auch genauso gewesen, als hättest du sie wirklich hier gehabt. Wenn ich mich nun mit ihm einließe, so hättest du bestimmt kein Recht, mich deswegen zu tadeln." Ihre Klagen und Beschwerden flossen ohne Ende dahin, so daß Ricciardo allmählich ein böses Nachspiel befürchten mußte, wenn er sie in dieser Stimmung fortgehen ließe. Er beschloß daher, sich ihr zu offenbaren und sie über den Irrtum aufzuklären, in dem sie sich befand. Er nahm sie daher in die Arme, drückte sie so fest an sich, daß sie ihm nicht entfliehen konnte, und sagte: „Mein süßes Herz, erregt Euch nicht. Was ich durch meine Liebe nicht auf geradem Wege bekommen konnte, das lehrte Amor mich durch List erlangen. Ich bin es, Euer Ricciardo!"

Als Catella diese Worte hörte und nun auch seine Stimme erkannte, wollte sie sofort aus dem Bett springen, was ihr indes nicht gelang. Dann wollte sie schreien, doch Ricciardo verschloß ihr den Mund mit der Hand und sagte: „Madonna, es ist nicht möglich, etwas Geschehenes ungeschehen zu machen, und wenn Ihr Euer ganzes Leben lang schreien wolltet! Wenn Ihr wirklich schreit oder auf andre Weise irgendeinem Menschen davon Kenntnis gebt, so kann nur zweierlei daraus entstehen. Erstens, und das würde Euch gewißlich recht bekümmern, wären Eure Ehre und Euer guter Ruf dahin, denn selbst wenn Ihr behaupten solltet, ich hätte Euch mit Lügen hierhergelockt, so würde ich dies nicht nur abstreiten, sondern noch beschwören, daß Ihr für Geld und Geschenke, die ich Euch versprochen, hergekommen wäret. Und ich würde sagen, nur weil diese nicht so kostbar ausgefallen wären, wie Ihr vielleicht erwartet hättet, wäret Ihr nun so in Zorn gekommen, daß Ihr dies Geschrei und diesen Lärm hier machtet. Daß die Menschen immer eher das Schlechte glauben als das Gute, das wißt Ihr, und so wird man auch hierin Euren Worten weniger Glauben schenken als den meinen. Außerdem würde darauf zwischen

Eurem Gatten und mir eine Todfeindschaft entstehen, und es könnte ebensowohl der Fall sein, daß ich ihn umbrächte wie er mich, worüber Ihr sicherlich weder glücklich noch zufrieden wäret. Darum, Traum meines Lebens, stürzt nicht mit einem Schlage Euch selbst in Unehre und Euren Gatten und mich in Streit. Ihr seid nicht die erste Frau, die überlistet wurde, und werdet auch nicht die letzte bleiben. Und ich habe Euch nicht hintergangen, um Euch zu berauben, sondern aus grenzenloser Liebe zu Euch, die ich im Herzen trage und immer tragen will, wie ich auch stets Euer treuester Diener sein werde. Und wenn auch schon seit langer Zeit ich selber mit allem, was ich gelte und vermag, stets Euer eigen war und Euch zu Diensten stand, so denke ich doch, daß dies von nun an noch viel mehr als bislang der Fall sein soll. Da Ihr in andern Dingen stets als kluge Frau zu handeln wußtet, bin ich sicher, daß Ihr es auch diesmal tun werdet."

Catella weinte heftig während dieser Rede Ricciardos, hatte aber trotz Zorn und Verdruß Einsicht genug, die Wahrheit seiner Worte zu erkennen und zuzugeben, daß leicht alles, was er sagte, eintreten könnte. Sie erwiderte deshalb: „Ricciardo, ich weiß nicht, wie Gott mir helfen soll, diesen Schimpf und diese Schande, die du mir angetan hast, zu ertragen. Ich will hier kein Geschrei machen, da mich meine eigene Dummheit und Eifersucht hierhergeführt haben, aber eines kannst du mir sicher glauben, ich werde nie und nimmer wieder froh werden, wenn ich mich nicht so oder so dafür rächen kann. Laß mich los und halte mich hier nicht mehr länger zurück. Du hast ja alles gehabt, was du begehrtest, und hast mir so übel mitgespielt, wie du es wünschtest. Jetzt ist es Zeit, mich gehen zu lassen. Laß mich los, ich bitte dich!" Ricciardo sah, daß sie noch sehr zornig war, und da er sich fest vorgenommen hatte, sie nicht eher gehen zu lassen, als bis sie sich wieder völlig beruhigt hätte, begann er, sie mit den zärtlichsten Worten zu besänftigen, und bat und flehte so lange, bis sie schließlich gerührt mit ihm Frieden schloß, worauf beide, von gleichem Verlangen beseelt, noch lange Zeit in süßestem Entzücken zusammenblieben.

Als die Dame nun erkannte, daß die Küsse dieses Liebhabers um vieles würziger waren als die ihres Ehemannes, verwandelte ihr Zorn gegen Ricciardo sich bald in Liebe. Sie war ihm von diesem Tage an zärtlich zugetan, und da es beide recht klug einzurichten verstanden, genossen sie ihre Liebe noch lange Zeit. Möge Gott uns auch die unsere genießen lassen.

SIEBENTE GESCHICHTE

Tebaldo verläßt Florenz, da er sich mit seiner Geliebten entzweit hat. Er kehrt nach einiger Zeit als Pilger zurück, spricht mit der Dame und macht ihr ihren Irrtum klar, rettet ihren Gatten, der des Mordes an ihm angeklagt, vor dem Tode und söhnt ihn mit seinen Brüdern aus, während er selber mit viel Vorsicht mit seiner Dame die Freuden der Liebe genießt.

Als Fiammetta ihre von allen gelobte Geschichte beendet hatte, befahl die Königin Emilia, damit keine Zeit verloren würde, sogleich fortzufahren. Und diese begann:

Ich möchte in unsre Vaterstadt zurückkehren, aus der die beiden letzten Erzähler sich entfernt haben, und euch berichten, wie einer unsrer Mitbürger seine verlorene Geliebte zurückgewann.

In Florenz lebte vorzeiten ein junger Ritter mit Namen Tebaldo degli Elisei. Dieser war bis über beide Ohren in Monna Ermellina, die Gattin des Aldobrandino Palermini, verliebt und verdiente durch sein untadeliges Betragen auch durchaus die Erfüllung seines Verlangens. Das neidische Geschick aber, dieser Feind aller Glücklichen, mißgönnte ihm seine Freude, und die Dame, die lange Zeit Tebaldo mit ihrer Gunst beschenkt hatte, zog sich plötzlich ohne ersichtlichen Grund völlig von ihm zurück und wollte fernerhin weder seine Botschaften anhören noch ihn wiedersehen. Hierüber verfiel Tebaldo in tiefe Traurigkeit, die niemand zu deuten wußte, da Tebaldo seine Neigung zu der Dame stets vor aller Augen sorgfältig zu verbergen gewußt hatte. Nachdem er sich auf alle erdenkliche Weise bemüht hatte, die Liebe der Dame zurückzugewinnen, die ihm seiner Ansicht nach ohne eigenes Verschulden entzogen worden war, aber alle Mühe vergeblich blieb, entschloß er sich, auf Nimmerwiedersehen fortzugehen, um jener Frau, die Anlaß seines Unglücks war, nicht noch die Genugtuung zu geben, ihn zugrunde gehen zu sehen. Er versah sich deshalb mit allem Geld, das er flüssig machen konnte, und begab sich, ohne Freunde und Verwandte zu verständigen – einen einzigen Bekannten ausgenommen, der den Grund seines Kummers kannte –, nach Ancona, wo er sich fortan Filippo di San Lodeccio nennen ließ.

Hier in Ancona machte er die Bekanntschaft eines reichen Kaufmanns, trat in dessen Dienste und begleitete ihn auf seinem Schiff nach Zypern. Sein gutes Benehmen und seine angenehmen Manieren gefielen dem Kaufmann so gut, daß er ihm bald nicht nur reichen Lohn auszahlte, sondern ihn vielfach beteiligte und überdies eine Menge seiner Geschäfte ganz in seine Hände legte. Alles, was ihm aufgetragen, erfüllte Tebaldo mit so viel Geschick und Umsicht, daß er in wenigen Jahren selber ein gewandter, reicher und angesehener Kaufmann wurde. Obwohl er sich in dieser Zeit noch oft an die Grausamkeit seiner früheren Geliebten erinnerte und auch jetzt noch sehr unter dem Verlust ihrer Liebe litt und nichts heißer begehrte, als die Dame wiederzusehen, war er doch stark genug, in seinen Geschäften auszuharren und sein Verlangen sieben Jahre lang siegreich zu bekämpfen.

Da aber hörte er eines Tages in Zypern ein Lied, das er einst selbst gedichtet hatte. Es erzählte von der Liebe, die er und jene Dame damals füreinander empfunden, und von dem Glück, das sie zusammen genossen hatten. Und plötzlich schien es ihm unfaßbar, daß sie ihn wirklich ganz vergessen haben sollte, und der Wunsch, sie wiederzusehen, wurde so übermächtig, daß er es nicht mehr ertragen konnte und sich entschloß, nach Florenz zurückzukehren. Er brachte daher seine Geschäfte in Ordnung und begab sich in Begleitung eines einzigen Dieners nach Ancona, sandte von dort aus all seine Habe an einen Freund seines Geschäftspartners und wanderte im Pilgerkleid, als kehre er von einer Wallfahrt zum Heiligen Grabe zurück, mit seinem Diener nach Florenz. Hier angekommen, nahm er Quartier bei zwei Brüdern, die einen kleinen Gasthof ganz in der Nähe des Hauses seiner Geliebten besaßen. Und sein erster Weg führte ihn an keinen anderen Ort als vor ihr Haus, um sie, wenn möglich, zu sehen. Dort aber sah er Fenster und Türen verschlossen, so daß er in große Besorgnis geriet, sie möchte verstorben oder in eine andre Stadt gezogen sein. Bedrückt begab er sich nun nach dem Hause seiner Verwandten und sah vier von seinen Brüdern in tiefe Trauer gekleidet vor der Tür stehen. Er war darüber nicht wenig verwundert. Da er sich in Gewand und Aussehen seit seiner Abreise so sehr verändert hatte, daß er nicht leicht erkannt werden konnte, näherte er sich unbefangen einem Schuster und fragte ihn, warum jene vier Männer Trauerkleider trügen. Der Schuster antwortete: „Sie gehen in Trauer, weil vor etwa vierzehn Tagen ihr Bruder Tebaldo, der schon lange Zeit nicht mehr hier lebte, ermordet worden ist. Wenn ich mich recht erinnere, habe ich gehört, daß einem gewissen Aldobrandino Palermini, der im Gefängnis sitzt, vom Gericht dieser Mord nachgewiesen worden ist, weil Tebaldo in dessen Frau verliebt gewesen und heimlich zurückgekehrt sein soll, um wieder mit ihr zusammenzutreffen."

Tebaldo erkannte voller Staunen, daß ein Fremder ihm so ähnlich gesehen haben mußte, daß er von den Leuten für Tebaldo selbst gehalten worden war, und es tat ihm leid, Aldobrandino so verhängnisvoll in die Sache verwickelt zu sehen. Als er auch noch erfahren hatte, daß seine Angebetete lebe und gesund sei, kehrte er, zumal die Nacht hereinbrach, nachdenklich in seinen Gasthof zurück, aß dort mit seinem Diener zu Abend und wurde dann zum Schlafen in das oberste Stockwerk des Hauses geführt. Doch konnte er seiner quälenden Gedanken wegen oder vielleicht auch infolge des schlechten Bettes und des mageren Abendessens nicht zur Ruhe kommen, obwohl die Hälfte der Nacht bereits verstrichen war. Gegen Mitternacht war er noch wach und glaubte plötzlich zu vernehmen, daß einige Personen vom Dach her ins Haus einstiegen. Gleichzeitig bemerkte er durch die Spalten seiner Kammertür, daß ein Lichtschein die Treppe heraufkam. Er schlich leise an die Türspalte, um zu sehen, was dies wohl bedeuten möge, und erkannte, daß ein hübsches junges Mädchen mit einem Licht in der Hand drei Männern entgegenleuchtete, die über das Dach hereingekommen waren. Nachdem sie sich freudig begrüßt hatten, sagte der eine der Männer: „Jetzt können wir gottlob ruhig sein, denn es steht fest, daß der Tod des Tebaldo Elisei von seinen Brüdern dem Aldobrandino Palermini zur Last gelegt wird. Er selber hat bereits ein Geständnis abgelegt, und das Urteil ist schon geschrieben. Doch heißt es auch weiterhin den Mund halten, denn wenn je herauskäme, daß wir die Täter waren, würden wir in die gleiche Gefahr kommen wie Aldobrandino." Nach diesen Worten, über welche die Frau außerordentlich erleichtert schien, gingen sie die Treppe weiter hinab, um sich zur Ruhe zu begeben.

Tebaldo aber erkannte wieder einmal, nachdem er alles mit angehört hatte, wie viele und welch schwere Irrtümer dem menschlichen Verstand unterlaufen können. Er dachte an seine Brüder, die einen fremden Mann an seiner Statt beweint und begraben hatten, an den Unschuldigen, der auf falschen Verdacht angeklagt, durch falsche Zeugen eines Verbrechens überführt und zum Tode verurteilt war, und an die blinde Strenge der Gesetze und ihrer Hüter, die häufig als eherne Verfechter der Wahrheit grausam das Falsche zu beweisen suchen und sich dabei Hüter des Rechtes und Richter Gottes nennen, wo sie vielmehr die Vollstrecker der Ungerechtigkeit und Richter des Teufels sind. Dann aber wandte er seine Gedanken der Lage Aldobrandinos zu und überlegte, was zu seiner Rettung zu tun sei.

Als er sich am Morgen erhoben hatte, ließ er seinen Diener im Gasthof zurück und ging zu passender Stunde nach dem Hause der Dame, dessen Tür er durch einen Zufall offen fand. Er trat ein und erblickte seine Geliebte in einem zu ebener Erde gelegenen Saal. Sie saß dort ganz verweint und niedergeschlagen auf dem Boden, so daß ihm vor Mitleid fast die Tränen kamen. Er trat zu ihr heran und sprach: „Madonna, ängstigt Euch nicht, bald werdet Ihr Euren Seelenfrieden wiederfinden." Als die Dame seine Stimme vernahm, blickte sie zu ihm auf und sagte weinend: „Ach, guter Mann, du bist gewiß ein fremder Pilger, und was weißt du von meinem Seelenfrieden und Kummer!" Der Pilger erwiderte: „Madonna, ich komme aus Konstantinopel und bin von Gott rechtzeitig hierhergesandt, um Eure Trauer in Freude zu verwandeln und Euren Gatten vom Tode zu erretten." – „Wie!" rief die Dame. „Was kannst du von mir und meinem Mann wissen, wenn du gerade jetzt aus Konstantinopel gekommen bist? Woher kennst du meinen Mann und mich?" Der Pilger erzählte ihr nun von Anfang an die ganze

Geschichte von Aldobrandinos Unglück, sagte ihr, wer sie selber sei, wie lange sie verheiratet wäre, und noch manches andre, was er genau von ihr wußte. Die Dame war darüber auf das höchste verwundert. Sie warf sich, im Glauben, er sei ein Prophet, zu seinen Füßen nieder und flehte ihn bei der Barmherzigkeit Gottes an, wenn er zu Aldobrandinos Rettung gekommen sei, sich ja recht zu beeilen, da die Zeit zur Rettung nur noch kurz sei. Der Pilger, der sich den Anschein eines besonders frommen Mannes gab, fuhr fort: „Madonna, steht auf und weint nicht mehr! Hört nun gut auf alles, was ich Euch sagen werde, und sprecht zu keinem Menschen darüber. Gott hat mich wissen lassen, daß Ihr diese Prüfung, die Ihr jetzt erleidet, als Strafe auferlegt bekamt für eine Sünde, die Ihr einst begangen habt. Der Herr wollte Euch mit diesem Leid heimsuchen, und es ist sein Wille, daß Ihr jene Sünde wiedergutmachen sollt, wenn Euch nicht noch tieferer Kummer widerfahren soll." Darauf entgegnete die Dame: „Messere, ich habe manche Sünde begangen, aber ich weiß nicht, für welche Sünde mich der Herr mehr als für alle andern strafen will. Wenn Ihr es wißt, so sagt es mir. Ich werde alles, was in meiner Macht liegt, tun, um sie wiedergutzumachen." – „Madonna", sagte der Pilger, „ich weiß, welche Sünde es gewesen ist. Ich will Euch keine Fragen stellen, um alles genau zu erfahren, sondern nur darum, daß Ihr, wenn Ihr alles noch einmal bekennen müßt, desto tiefere Reue fühlen möget. Doch kommen wir zur Sache. Sagt mir also, ob Ihr Euch noch daran erinnert, einmal einen Geliebten gehabt zu haben?" Bei dieser Frage stieß die Dame einen tiefen Seufzer aus, war aber auch sehr verwundert, da sie stets geglaubt hatte, kein Mensch wüßte um diese Angelegenheit, obwohl in den Tagen, als der falsche Tebaldo begraben wurde, gewisse Gerüchte umgelaufen waren, die der Freund Tebaldos, der von allem wußte, mit einigen unvorsichtigen Äußerungen hervorgerufen hatte. Dann antwortete sie: „Ich sehe, daß Gott Euch wirklich die Geheimnisse der Menschen offenbart, und bin daher bereit, Euch auch die meinigen zu gestehen. Es ist wahr, ich habe in meiner Jugend den unglücklichen jungen Mann, an dessen Tod mein Mann schuld sein soll, auf das innigste geliebt. Und ich habe den Tod dieses Mannes so heiß beweint, wie er mich geschmerzt hat, denn obwohl ich mich abweisend und kalt gegen ihn gezeigt habe, vermochten weder die lange Trennung noch seine lange Abwesenheit und sein trauriger Tod ihn je aus meinem Herzen zu vertreiben." Der Pilger fuhr fort: „Ihr habt den unglücklichen jungen Menschen, der hier ermordet wurde, nie geliebt, sondern Ihr liebtet Tebaldo Elisei. Doch sagt mir, aus welchem Grund habt Ihr Euch mit ihm entzweit? Hat er Euch je beleidigt?" – „Ganz bestimmt nicht!" erwiderte die Dame. „Er hat mich nie gekränkt. Vielmehr wurden die Worte eines verfluchten Mönches, bei dem ich einst beichtete, der Anlaß aller Betrübnis. Als ich bekannte, welche große Liebe ich für Tebaldo empfand und welcher Art unsre Freundschaft war, schalt und zankte er so sehr mit mir, daß ich noch jetzt vor Entsetzen starr bin. Und er drohte, wenn ich nicht von dieser Liebe ließe, würde ich im Rachen des furchtbarsten Teufels im tiefsten Abgrunde der Hölle enden und dort in ewigem Feuer brennen. Da faßte mich ein solches Grauen, daß ich mich entschloß, alle Vertraulichkeit mit Tebaldo abzubrechen und, um nicht aufs neue dazu verführt zu werden, keine Botschaften oder Briefe mehr von ihm anzunehmen. Ich glaube aber, wenn er nur ein wenig länger ausgeharrt hätte, anstatt, über mein Vorhaben verzweifelt, in die Welt zu ziehen, wäre es mit meiner strengen Ablehnung gar bald vorbei gewesen, zumal ich selber nichts sehnlicher wünschte und ihn voller Gram dahinschwinden sah wie den Schnee an der Sonne." Darauf sagte der Pilger: „Madonna, diese Sünde allein ist der Grund Eurer jetzigen Leiden. Ich weiß genau, daß Tebaldo Euch niemals irgendeinen Zwang angetan hat. Wenn Ihr Euch in ihn verliebtet, so tatet Ihr es aus freiem Entschluß, weil er Euch gefiel und Ihr es so haben wolltet. Er kam zu Euch und suchte Eure Freundschaft, und Ihr zeigtet Euch ihm mit Worten und Taten so geneigt, daß seine Liebe, die Euch schon vorher gehörte, durch Eure Gunst noch tausendmal größer wurde. Doch wenn es so war, wie ich wohl weiß, aus welchem Grunde habt Ihr Euch dann so verändert, daß Ihr Euch ihm so hart verschlosset? So etwas muß man im voraus überlegen. Wenn Ihr glaubtet, Euer Verhalten als Missetat bereuen zu müssen, hättet Ihr Euch niemals ihm zuneigen dürfen. Denn so wie er der Eure war, so wart auch Ihr die Seine. Es hatte ebensowohl in Eurer Macht gestanden, ihn nicht zu Eurem Geliebten zu machen, wie es zu tun. Daß Ihr aber Euch selber ihm wieder entziehen wolltet, nachdem Ihr sein Eigentum geworden wart, war Raub und ein unbilliges Verlangen, da es ohne seine Einwilligung geschah. Ihr seht, ich bin ein Mönch und kenne die Schliche der Pfaffen genau. Wenn ich zu Eurem Nutzen ein wenig zu ausführlich über alles spreche, so mag man es mir nicht so verdenken wie andren Leuten. Ich tue es, damit Ihr alles besser durchschauen möget, als Ihr es früher anscheinend getan habt. Vorzeiten waren die Mönche und Priester fromme und ehrenwerte Männer, die aber, die sich heute Fratres schimpfen und als solche gelten möchten, haben mit den Mönchen von einst nichts andres mehr gemein als die Kutte. Und selbst diese ist kein Mönchsgewand mehr, das laut Vorschrift der Ordensbegründer eng, armselig und von gröbstem Stoff sein soll, gleichsam ein Sinnbild der Seele des Trägers, der allen weltlichen Dingen entsagt hat, wenn er seinen Leib in dieses Bußgewand steckt. Die heutigen Fratres aber tragen weite, warme und leuchtende Gewänder aus feinsten Tuchen, von elegantem, hohepriesterlichem Zuschnitt, und sie schämen sich nicht, damit in den Kirchen und auf den Plätzen zu prunken, wie es die Weltkinder mit ihren Roben tun. Und wie die Fischer versuchen, mit einem Zug in ihren Netzen gar viele Fische aus dem Fluß zu ziehen, so streichen die Mönche mit ihren weiten Schleppgewändern herum und ködern mit ihnen viele alte Betschwestern, Witwen, törichte Mägdlein und sogar Männer, um sie sich hörig zu machen. Und bei diesem Geschäft entwickeln sie mehr Eifer als bei all ihren sonstigen Übungen. Um es ganz deutlich zu sagen: Von dem alten Mönchsgewand ist nichts andres mehr geblieben als die Farbe. Und wenn die einstigen Mönche besorgt waren um das Wohlergehen der Menschen, so begehren die heutigen Pfaffen nichts andres als Weiber und Reichtum. Ihr ganzes Sinnen und Trachten geht nur darauf hinaus, mit Schelten und Schreckensdrohungen das Gemüt des einfachen Menschen zu verängstigen, um ihm dann zu zeigen, wie er sich durch Almosen und Messen loskaufen kann, damit sie selber – die der Welt nicht aus Demut, sondern aus Faulheit entsagten und Mönche wurden, um sich nicht mit Arbeit abzumühen – von dem einen das Brot und von dem andern den Wein erhalten.

während der dritte fleißig Seelenmessen für seine Vorfahren bezahlen kann. Wohl vermögen Almosen und Gebete uns von unsern Sünden zu reinigen. Wenn aber die Leute, die sie geben und bezahlen, sehen würden, wem sie alles zukommen lassen, würden sie lieber alles allein verzehren oder es den Säuen zum Fraß vorwerfen. Und die Mönche, die genau wissen, daß der Anteil des einzelnen an einem großen Reichtum um so größer ist, je weniger Besitzer sich darin teilen, versuchen mit Gezänk und Drohungen, andre dort fortzujagen, wo sie selbst zu bleiben wünschen. Sie schreien drum über die Wollust der Männer, damit die Weiber, wenn die Beschimpften das Feld geräumt haben, den Schreiern als Beute anheimfallen. Sie verdammen Wucher und Unredlichkeit im Handel, damit sie selber sich von den an sie erstatteten Geldern aus solchen Geschäften noch pompösere Kutten machen lassen und Bistümer und reiche Prälaturen erwerben können – von ebendiesem Gelde, das andere, nach ihrem Geschrei, in die ewige Verdammnis bringen würde. Werden sie aber um solches und andres, was sträflich ist, angegriffen, so glauben sie, die Antwort ‚Tut, was wir sagen, und nicht, was wir tun!' befreie sie von allem bösen Verdacht, als ob es den Schafen möglich sei, standhaft und eisern zu sein, wo die Hirten versagen. Auch versteht mancher, dem sie eine solche Antwort geben, diese nicht so, wie sie gemeint ist, was nur zu viele Mönche genau wissen. Die heutigen Pfaffen wollen nichts andres, als daß man tue, was sie verlangen: nämlich ihre Beutel mit Geld anfülle, ihnen die Geheimnisse beichte, Keuschheit übe, Unverschämtheiten verzeihe und sich übler Nachrede enthalte. Alles das sind gar lautre Dinge, gute und fromme Vorschriften! Doch wozu? Damit sie alles das selbst tun können, was ihnen unmöglich wäre, wenn die Kinder der Welt es täten. Weiß nicht ein jeder, daß ohne Geld die Faulheit nicht bestehen kann? Wenn jeder sein Geld für das eigene Vergnügen ausgäbe, könnten die Mönche nicht in den Klöstern herumfaulenzen, und wenn alle Männer ringsum zu den Frauen liefen, fänden die Mönche kein Plätzchen mehr! Wenn niemand Geduld übte oder Kränkungen verziehe, so würde kein Mönch es wagen, über die Schwellen der Häuser zu treten, um Frauen und Töchter zu entehren.

Doch warum zähle ich das alles auf? Sie klagen sich in

den Augen verständiger Menschen selber an, wenn sie solche Entschuldigungen vorbringen. Warum bleiben sie nicht im alltäglichen Leben, wenn sie doch wissen, daß sie hinter Klostermauern kein keusches und frommes Leben führen können? Begehren sie, sich gerade dem Leben im Kloster zu widmen, warum befolgen sie dann nicht das fromme Wort der Evangelisten: ‚Christus ging aus, Gutes zu tun und zu lehren'? Mögen sie zuerst einmal alles selber befolgen und danach beginnen, die übrigen Menschen zu belehren! Ich habe in meinem Leben wohl an die tausend Mönche gesehen, die als Galan und Liebhaber nicht nur weltliche Mädchen besuchten, sondern sogar die Nonnen in den Klöstern. Und gerade solche Mönche machen den meisten Lärm auf der Kanzel. Sollen wir etwa solchen Menschen nacheifern? Wer meint, daß er es müsse, der soll es immer tun, doch Gott allein wird wissen, ob es richtig ist. – Nehmen wir einmal an, daß in Eurem Fall der Pfaffe, der Euch so gescholten hat, recht gehabt hätte, wenn er sagte, daß es eine schwere Sünde sei, die eheliche Treue zu brechen; ist es dann nicht eine ebenso große Sünde, einen Menschen zu berauben? Ist es nicht noch schlimmer, ihn zu töten oder ihn in die Verbannung zu treiben und durch die Welt irren zu lassen? Ein jeder wird das zugeben. Wenn Mann und Frau vertrauten Umgang pflegen, ist es eine natürliche Sünde. Raub, Totschlag und Verbannung aber entstehen aus der Schlechtigkeit des Herzens. Daß Ihr Tebaldo beraubtet, als Ihr Euch ihm entzogt, nachdem Ihr aus freien Stücken sein eigen geworden wart, das habe ich Euch schon vorhin nachgewiesen. Und jetzt behaupte ich sogar, daß Ihr ihn, wenn es nach Euch gegangen wäre, auch noch hättet sterben lassen, denn es lag Euch, als Ihr Euch von Stunde zu Stunde erbarmungsloser gegen ihn zeigtet, nichts daran, ob er selber Hand an sich legte. Das Gesetz aber sagt, daß der, der Böses veranlaßt, ebenso schuldig ist wie der Täter selbst. Nun, Ihr allein wart der Anlaß, daß er in die Verbannung ging und sieben Jahre lang durch die Welt irrte, das kann nicht geleugnet werden. Und so habt Ihr denn in jedem einzelnen dieser drei Fälle mehr gesündigt als mit der Vertraulichkeit, die Ihr ihm gewährt habt. Doch laßt uns weitersehen. Verdiente Tebaldo vielleicht ein solches Betragen? Sicherlich nicht. Ihr selber bekanntet es schon, und auch ohne das weiß ich, daß er Euch mehr liebte als sein Leben. Keine Frau wurde je auf Erden mehr geehrt, mehr gelobt und gepriesen als Ihr von ihm, wenn er sich irgendwo befand, wo er von Euch reden konnte, ohne Verdacht zu erregen. Sein Wohl, seine Ehre, seine Freiheit, alles lag in Euren Händen. Und war er nicht ein edler Jüngling? War er nicht schöner als alle seine Mitbürger? War er nicht tüchtig in allen Tugenden, die sich für junge Leute geziemen? Wurde er nicht von allen geliebt, geachtet und gern gesehen? Auch das könnt Ihr nicht abstreiten! Wie konntet Ihr Euch denn nur von einem dummen, eitlen und neidischen Pfaffen so beschwatzen lassen und Euch so grausam gegen Tebaldo verhalten? Ich weiß nicht, welch ein Irrtum die Frauen oft veranlaßt, verachtungsvoll und geringschätzig von den Männern zu denken. Wenn sie sich selber betrachten würden und überlegten, wieviel mehr Adel als allen anderen Geschöpfen den Männern von Gott geschenkt wurde, so sollten sie sich glücklich preisen, wenn sie von einem Mann geliebt werden. Und sie sollten ihn ehren und sich bemühen, ihm zu gefallen, damit er nie wieder davon abließe, sie zu lieben. Wie Ihr es fertigbrachtet, Euch von dem Geschrei eines Pfaffen, der sicherlich auch nur ein Suppenschlucker und Tortenfresser war, so einschüchtern zu lassen, das mögt Ihr selber wissen. Vielleicht hoffte er gar, selbst den Platz einzunehmen, von dem er Tebaldo vertreiben wollte. Diese Sünde also wollte Gottes Gerechtigkeit, die mit genauer Waage alle Taten der Menschen abwägt, nicht ungestraft lassen. Und wie Ihr Euch ohne Grund bewogen fühltet, Euch Tebaldo zu entziehen, so geriet nun Euer Gatte um Tebaldo in Gefahr und ist es noch, und Ihr selber habt seinetwegen leiden müssen. Wenn Ihr von diesem Kummer erlöst werden wollt, so müßt Ihr dafür das Versprechen abgeben und es auch gewissenhaft halten, Tebaldo, wenn er je von seiner langen Irrfahrt heimkehren sollte, Euren Dank, Eure Liebe und Eure Gunst und Freundschaft wieder zu gewähren und ihm jene Stellung wieder einzuräumen, die er in Eurem Herzen innehatte, bevor Ihr törichterweise glaubtet, was der verrückte Mönch Euch in die Ohren blies."

Der Pilger schwieg, und die Dame, die seinen einleuchtenden Begründungen aufmerksam gefolgt war und sich nun wirklich für die von ihm genannte Sünde bestraft glaubte, sagte: „Freund Gottes, ich sehe ein, daß Ihr in allem, was Ihr sagtet, recht habt, und erkenne auch nach Euren Ausführungen, daß wirklich viele Mönche heute so sind. Auch gebe ich zu, daß mein Verschulden gegen Tebaldo groß ist. Wie gern würde ich alles wiedergutmachen, wie Ihr es verlangt! Doch wie könnte ich es je? Tebaldo kann nimmermehr zurückkehren. Er ist tot. Und da ich deshalb nichts mehr gutmachen kann, sind alle Versprechungen nutzlos."

Der Pilger erwiderte: „Madonna, Tebaldo ist nicht tot. Gott hat es mir offenbart. Er lebt und ist gesund und würde glücklich sein, wenn er Eure Gunst zurückerlangte." – „Ach", fuhr die Dame fort, „überlegt Eure Worte. Ich selber sah ihn erstochen auf meiner Schwelle liegen und hielt ihn in meinen Armen. Meine bittren Tränen sind auf sein starres Antlitz geflossen. Sie waren der Anlaß zu dem Gerede, das die Leute zu meinem Nachteil begannen." Da sprach der Pilger: „Madonna, Ihr mögt sagen, was Ihr wollt. Ich versichere Euch, Tebaldo lebt. Und wenn Ihr Euer Versprechen halten wollt, hoffe ich, daß Ihr ihn bald wiedersehen werdet." – „Das will ich gerne tun", sagte die Dame, „denn es gibt nichts auf der Welt, was mich mehr erfreuen könnte, als meinen Gatten wieder in Freiheit und außer Gefahr zu wissen und Tebaldo wiederzusehen."

Nun hielt Tebaldo es für richtig, sich zu erkennen zu geben und die Dame mit festen Hoffnungen für ihren Mann zu trösten. Er sprach daher: „Madonna, damit Ihr Euch über das Schicksal Eures Gatten beruhigen könnt, will ich Euch ein großes Geheimnis offenbaren, das Ihr aber um Gottes willen keinem Menschen anvertrauen dürft." Sie befanden sich in einem ziemlich abseits gelegenen Raum des Hauses und waren, da die Dame großes Vertrauen in die Frömmigkeit des Pilgers setzte, auch allein geblieben. Tebaldo zog nun einen Ring hervor, den er, als ein Geschenk seiner Dame nach der letzten gemeinsam verbrachten Nacht, stets mit größter Sorgfalt aufbewahrt hatte, und fragte sie: „Madonna, kennt Ihr diesen Ring?" Die Dame erkannte den Ring auf den ersten Blick und sprach: „Ja, Messere, diesen Ring schenkte ich einmal Tebaldo." Darauf stand der Pilger auf, warf mit einem Ruck das Pilgerkleid von sich und zog sich die Kapuze vom Haupt. Dann sprach er in florentinischer Aussprache weiter: „Und mich? Kennt Ihr mich auch?" Als die Dame ihn so vor sich sah, erkannte sie ihn zwar als Tebaldo, doch fürchtete sie sich so entsetzlich vor ihm wie vor einem Leichnam, den man wie einen lebendigen Menschen herumlaufen sieht, so daß sie, anstatt dem lebenden Tebaldo, der ihretwegen aus Zypern zurückgekommen war, entgegenzueilen, vor einem anscheinend aus dem Grabe wieder auferstandenen Tebaldo zu fliehen versuchte. Er aber sprach zu ihr: „Madonna, zweifelt nicht. Ich bin wirklich Euer Tebaldo und bin lebendig und gesund. Ich bin weder gestorben noch ermordet, wie meine Brüder glauben."

Die Dame, die sich ein wenig beruhigt und ihn während seiner Worte genauer betrachtet hatte und nach und nach zu der Erkenntnis kam, daß er wirklich Tebaldo sei, warf sich ihm nun weinend an den Hals, küßte ihn und sagte: „Mein süßer Tebaldo, sei tausendmal willkommen." Auch Tebaldo umarmte und küßte sie nun und sagte dann: „Madonna, noch ist keine Zeit, sich süßen Gefühlen hinzugeben. Zuerst will ich gehen und versuchen, ob ich Aldobrandino retten und gesund zu Euch zurückbringen kann. Ich hoffe, daß Ihr hierüber noch vor morgen abend frohe Botschaft haben sollt. Wenn ich so gute Nachrichten über ihn erhalte, wie ich hoffe, werde ich noch heute nacht zu Euch zurückkehren, um Euch in mehr Ruhe und Bequemlichkeit, als ich es nun könnte, alles zu erzählen."

Darauf legte er aufs neue das Pilgergewand an und zog die Kapuze über, küßte die Dame noch einmal und bat sie, guten Mutes zu sein. Dann verabschiedete er sich von ihr und ging in das Gefängnis, in dem Aldobrandino schmachtete und sich mehr der Furcht vor dem nahen Tode als etwaigen Hoffnungen auf Rettung hingab. Als geistlicher Tröster durfte Tebaldo mit der Zustimmung der Gefängniswärter zu Aldobrandino hineingehen. Er setzte sich zu ihm und sagte: „Aldobrandino, ich bin dein Freund, den Gott zu deiner Rettung hergesandt hat, da er mit dir und deiner Unschuld Mitleid hat. Wenn du aus Ehrfurcht vor Gott einwilligen willst, mir ein kleines Geschenk zu gewähren, um das ich dich bitten werde, so sollst du unverzüglich noch vor dem morgigen Abend, an dem du dein Todesurteil erwartest, deinen Freispruch hören." Aldobrandino entgegnete: „Edler Mann, wenn du so um meine Rettung besorgt bist, mußt du wohl, wie du sagst, mein Freund sein, obwohl ich dich weder kenne noch mich erinnere, dich je gesehen zu haben. Wahrlich, ich habe diesen Mord, dessentwegen ich, wie es heißt, zum Tode verurteilt werden soll, niemals begangen, aber genug andre Sünden, und vielleicht sitze ich ihretwegen heute hier. Doch eins will ich dir im Namen Gottes versprechen: Wenn er wirklich jetzt mit mir Erbarmen haben sollte, so will ich dir nicht nur einen kleinen Wunsch, sondern die größten Forderungen erfüllen und nicht nur versprechen. Sage mir, was du möchtest, ich werde deiner Bitte bestimmt nachkommen, wenn ich am Leben bleibe." Da sprach der Pilger: „Ich bitte dich um nichts andres, als daß du den vier Brüdern Tebaldos verzeihen möchtest, daß sie dich in diese Lage gebracht haben, weil sie dich wirklich für schuldig hielten am Tode ihres Bruders, und daß du sie als Brüder und Freunde aufnehmen möchtest, wenn sie dich morgen dafür um Verzeihung bitten werden." Aldobrandino entgegnete: „Wer noch nicht selber beleidigt wurde, kann nicht ermessen, wie süß die Rache ist und wie glühend man nach ihr verlangt. Doch trotzdem will ich, damit Gott sich meiner erbarmen möge, ihnen gern verzeihen und tue es schon jetzt. Und wenn ich lebendig hier herauskomme und weiterleben darf, will ich tun, was du verlangst."

Der Pilger billigte seine Worte und bat Aldobrandino, ohne sich weiter zu erklären, den Mut nicht sinken zu lassen. Noch vor Abend des nächsten Tages solle er Genaueres über seine Rettung hören. Dann verließ er Aldobrandino und begab sich auf die Signoria, wo er vertraulich mit dem Edelmann sprach, der dort an diesem Tag den Vorsitz hatte: „Mein Herr, alle Menschen sollen sich nach Kräften bemühen, überall die Wahrheit zu erkennen. Ganz besonders aber jene, die einen solchen Platz einnehmen wie Ihr, damit nicht Unschuldige für Verbrechen, die sie nie begingen, bestraft werden, sondern die wahren Verbrecher. Damit dies Euch zur Ehre und zum Schrecken derer, die nichts Besseres verdienen, geschehen möge, bin ich zu Euch gekommen. Wie Ihr wißt, ist man sehr hart mit Aldobrandino Palermini verfahren, und Ihr meint, daß er wirklich der Mörder Tebaldo Eliseis sei, wofür Ihr ihn zum Tode verurteilen wollt. Und doch ist Eure Annahme falsch, was ich Euch noch vor Mitternacht zu beweisen hoffe, indem ich die wahren Mörder jenes jungen Mannes nachweise."

Der Richter, dem Aldobrandino leid tat, lieh den Worten des Pilgers gern sein Ohr, und als dieser ihm alles genau erzählt hatte, ließ er unter seiner Führung die beiden Gastwirtsbrüder und ihren Knecht im ersten Schlaf ohne irgendwelche Schwierigkeiten verhaften. Er wollte sie auch auf die Folter bringen, um alles genauestens zu erfahren, doch ließen sie es gar nicht soweit kommen, sondern legten einzeln und gemeinsam das offene Bekenntnis ab, daß sie die Mörder Tebaldo Eliseis gewesen seien, den sie nicht weiter gekannt hätten. Als man sie nach der Begründung für diese Tat fragte, sagten sie, er sei der Frau des einen Bruders, während sie nicht daheim waren, zu nahe getreten und habe versucht, ihr Gewalt anzutun.

Nachdem der Pilger dies erfahren hatte, ließ er sich von dem Richter beurlauben und ging fort, um sich in aller Heimlichkeit in das Haus Madonna Ermellinas zu begeben. Hier war bereits alles zur Ruhe gegangen. Nur die Dame war von dem zwiefachen Verlangen wach gehalten worden, gute Nachrichten von ihrem Mann zu hören und sich mit ihrem Tebaldo völlig zu versöhnen. Dieser sagte schon bei seiner Ankunft mit fröhlicher Miene zu ihr: „Liebste aller Frauen, freue dich! Sicherlich wird schon morgen dein Gatte Aldobrandino heil und gesund wieder bei dir sein!" Und um sie fest davon zu überzeugen, erzählte er ihr alles, was er getan hatte. Die Dame war über diese beiden so jäh eingetretenen Ereignisse – nämlich Tebaldo lebendig wiederzusehen, den sie schon als Toten beweint hatte, und Aldobrandino außer Gefahr zu wissen, den sie in wenigen Tagen fürchtete als Toten beweinen zu müssen – von Herzen glücklich und umarmte und küßte Tebaldo auf das zärtlichste. Dann legten sie sich zusammen nieder und schlossen, während einer dem andern die innigsten Freuden der Liebe gewährte, auf die reizendste und ergötzlichste Art Frieden miteinander. Als es Tag wurde, erhob sich Tebaldo und bat nochmals Madonna Ermellina, die er in seine Pläne eingeweiht hatte, alles geheimzuhalten. Dann verließ er, immer noch im Pilgergewand, das Haus der Dame, um zur rechten Zeit Aldobrandinos Sache weiterverfolgen zu können.

Die Signoria setzte denn auch, als es Tag geworden war und genügend Informationen über den Mord zusammengetragen waren, Aldobrandino wirklich wieder auf freien

Fuß und ließ die Übeltäter schon wenige Tage später an der gleichen Stelle, wo sie den Mord begangen hatten, enthaupten.

Aldobrandino aber, der zur großen Freude seiner Frau und aller seiner Freunde und Verwandten wieder frei geworden war und gar wohl wußte, daß er dies in der Hauptsache dem Dazwischentreten des Pilgers verdankte, führte nun den Pilger in sein Haus und bat ihn, hier zu verweilen, solange er sich in Florenz aufhalte. Auch konnte er sich gar nicht genug daran tun, ihm alle möglichen Ehren und Aufmerksamkeiten zu erweisen, viel mehr noch seine Gattin, die wohl wußte, wem sie ihren Dank darbrachte.

Wenige Tage darauf hielt Tebaldo es an der Zeit, auch seine Brüder mit Aldobrandino auszusöhnen, da er gehört hatte, daß sie über dessen Freilassung sehr empört seien und sich aus Angst vor ihm sogar bewaffnet hatten. Er erinnerte Aldobrandino an sein Versprechen, und dieser erklärte sich höflich zu allem bereit. Der Pilger ersuchte ihn nun, für einen der nächsten Tage ein festliches Mahl zu richten, und wünschte, Aldobrandino möge außer seinen eigenen Verwandten auf diesem Gastmahl auch seine vier Brüder mit ihren Frauen empfangen. Er fügte hinzu, daß er selber unverzüglich zu ihnen gehen wolle, um sie in Aldobrandinos Namen zu dem Mahl einzuladen und sie zu bitten, Frieden mit ihm zu schließen.

Aldobrandino war mit allen Vorschlägen des Pilgers einverstanden, worauf dieser zu seinen vier Brüdern ging, die er schließlich, nach vielem Hinundherreden, mit überzeugenden Gründen so weit brachte, daß sie einwilligten, Aldobrandino um Verzeihung und um seine Freundschaft zu bitten. Tebaldo lud sie darauf mit ihren Frauen für den folgenden Tag zu Aldobrandinos Gastmahl ein, und sie nahmen im Vertrauen auf ihn die Einladung an.

Am folgenden Tage um die Essensstunde betraten zuerst die vier Brüder Tebaldos, in den gleichen Trauergewändern wie vorher, mit einigen Freunden das Haus Aldobrandinos, der sie bereits erwartete. In Gegenwart der übrigen Gäste, die Aldobrandino ihnen zur Gesellschaft eingeladen hatte, legten sie die Waffen ab und gaben sich damit ganz in die Gewalt ihres Gastgebers, den sie gleichzeitig für alles, was sie gegen ihn unternommen hatten, um Verzeihung baten.

Aldobrandino kam ihnen mit Tränen in den Augen gar freundlich entgegen, küßte jeden von ihnen auf den Mund und verzieh ihnen mit wenigen Worten alle ihm angetanen Kränkungen. Darauf trafen, ebenfalls in Trauergewändern, auch ihre Schwestern und Frauen ein, denen Madonna Ermellina und die übrigen Damen einen freundlichen Empfang bereiteten. Auf dem Gastmahl wurden dann Herren und Damen köstlich bewirtet, und alles nahm einen ganz ausgezeichneten Verlauf, wenn man von einer gewissen Schweigsamkeit absah, die von dem frischen Leid hervorgerufen und von der Trauerkleidung der Verwandten Tebaldos noch unterstrichen wurde. Der Trauer wegen waren auch das Ansinnen und die Einladung des Pilgers von manchen getadelt worden, was er selber sehr wohl wußte.

So erhob er sich, seinem Plane getreu, als es ihm an der Zeit schien, diese Trauer zu vertreiben, und sprach, während die Gäste noch beim Obst waren: „Auf diesem Gastmahl fehlt wirklich nichts weiter als die Anwesenheit Tebaldos, um alle wieder froh zu machen. Und da ihr alle ihn nicht erkannt habt, obwohl er die ganze Zeit über bei euch war, will ich ihn euch jetzt deutlich zeigen!" Damit warf er seinen Mantel und alles, was zu dem Pilgergewand gehörte, von sich und stand nun in einer schönen Jacke aus grünem Zendeltaffet vor ihnen. Voller Staunen sahen alle ihn an und erkannten ihn schließlich, obwohl sie anfangs kaum fassen konnten, daß er es wirklich selber war. Tebaldo bemerkte ihr Zweifeln und erzählte ihnen allerlei aus dem Familienkreise, von Dingen, die sich unter ihnen abgespielt hatten, und von seinen Abenteuern, bis schließlich Brüder und Freunde ihn unter heißen Freudentränen umarmten, desgleichen die anwesenden Damen und selbst jene Menschen, die gar nicht zu seinen Verwandten zählten, mit der einzigen Ausnahme von Monna Ermellina. Aldobrandino bemerkte es und sagte: „Was soll das heißen, Ermellina? Willst du nicht wie alle andern Damen Tebaldo ebenfalls freundlich begrüßen?" Sie entgegnete so laut, daß alle Anwesenden ihre Antwort hören konnten: „Hier ist wohl keine Frau, die ihn mit mehr Freude begrüßt hätte oder begrüßen könnte als ich, die ich ihm mehr Dank schulde als jede andre, denn nur durch sein Eingreifen habe ich dich wieder zurückbekommen. Aber die schändlichen Redereien, die hier in den Tagen umliefen, als wir den vermeintlichen Tebaldo beweinten, haben mich zurückgehalten." Darauf sprach Aldobrandino: „Aber, ich bitte dich! Denkst du etwa, daß ich diese Gerüchte geglaubt habe? Daß alles erlogen war, hat Tebaldo ja durch meine Rettung klar erwiesen. Doch auch ohne diese hätte ich dem Gerede niemals geglaubt. Schnell, steh auf und umarme ihn!" Die Dame, die nichts so heiß ersehnte, säumte nun nicht mehr, ihrem Ehemann schnellstens zu gehorchen. Sie erhob sich und umarmte frohgemut Tebaldo, wie alle anderen Damen es auch getan hatten. Diese Großzügigkeit Aldobrandinos gefiel den Brüdern Tebaldos außerordentlich und ebenso den übrigen hier versammelten Herren und Damen. Und der letzte Argwohn, der vielleicht noch wegen jener Gerüchte im Gedächtnis der Leute hängengeblieben war, wurde hiermit zerstreut.

Nachdem alle Tebaldo freudig begrüßt hatten, bestand er darauf, daß seine Brüder, Schwestern und Schwägerinnen die Trauerkleidung ablegen und sich sogleich festliche Gewänder bringen lassen sollten. Als alle sich umgekleidet hatten, wurde noch lange in froher Stimmung gesungen und getanzt, und das Gastmahl, welches so schweigsam begonnen hatte, fand einen gar heiteren Abschluß. In der fröhlichen Laune, in der sich alle befanden, wanderte die Gesellschaft sodann zum Hause Tebaldos, wo das Abendessen eingenommen und in ähnlicher Weise noch mehrere Tage weitergefeiert wurde.

Die Florentiner freilich hielten Tebaldo noch eine ganze Zeit für einen Mann, der von den Toten wieder auferstanden war, und für ein rechtes Wundertier. Und vielen Menschen, sogar seinen eigenen Brüdern, blieb ein leiser Zweifel im Herzen zurück, ob er es wirklich selber sei oder nicht. Und man hätte es am Ende noch lange nicht geglaubt, wenn nicht ein Ereignis eingetreten wäre, das ihnen über die Person des Ermordeten volle Klarheit brachte. Es zogen nämlich eines Tages Soldaten aus Lunigiana an Tebaldos Haus vorüber, die, als sie ihn erblickten, sogleich auf ihn zukamen und riefen: „Wenn es dir nur gut geht, Faziuolo!" Tebaldo erwiderte ihnen in Gegenwart seiner Brüder: „Aber ihr verwechselt mich!" Und die Soldaten baten ihn, als sie seine Stimme hörten, ganz betreten um Entschuldigung. Dann sagten sie: „Ihr seht ihm wirklich so ähnlich wie ein Ei dem andern. Einer unsrer Gefährten, Faziuolo aus Pontriemoli, ist vor etwa vierzehn Tagen hierhergewandert und hat seitdem nichts wieder von sich hören lassen. Wir waren über Eure Kleidung freilich recht erstaunt, da er ja Soldat war wie wir."

Als der älteste Bruder Tebaldos diese Worte hörte, trat er heran und fragte, wie denn jener Faziuolo gekleidet gewesen sei. Die Soldaten erzählten es ihm, und nun stellte sich heraus, daß die Kleidung des Ermordeten genau der Beschreibung der Soldaten entsprach. Hieraus und auch aus verschiedenen andren Hinweisen wurde festgestellt, daß der Tote wirklich jener Faziuolo gewesen war, womit denn auch der letzte leise Zweifel gegen Tebaldo, den die Brüder und manche andern Leute noch immer hegten, endgültig verstummte.

Tebaldo, der als ein steinreicher Mann heimgekehrt war, blieb seiner Dame treu. Und ohne sich wieder mit ihr zu entzweien, genossen sie in aller Heimlichkeit noch lange ihre Liebe. Möge Gott uns auch die unsre genießen lassen!

ACHTE GESCHICHTE

Ferondo wird als tot begraben, nachdem er ein gewisses Pulver geschluckt hat. Jedoch der Abt, der sich inzwischen mit seiner Gattin ergötzt hat, holt ihn wieder aus dem Grabe heraus und setzt ihn gefangen, wobei er ihm weismacht, er befände sich im Fegefeuer. Nachdem er von den Toten wieder auferweckt worden ist, zieht er einen Sohn, den der Abt mit seiner Frau gezeugt hat, als den seinigen auf.

Als die lange Geschichte Emilias beendet war, die aber trotz ihrer Länge niemand mißfallen hatte, sondern im Gegenteil von der ganzen Gesellschaft für äußerst kurzweilig erklärt wurde, zumal in Hinsicht auf die vielen und mannigfaltigen Begebenheiten, die sich in ihr abspielten, gebot die Königin Lauretta mit einem kleinen Wink, fortzufahren. Sie begann:

Liebste Freundinnen, mir fällt eine Begebenheit ein, die

ich euch erzählen muß. Es ist eine wahre Geschichte, obwohl sie eher eine Lüge als die Wahrheit zu sein scheint. Sie ist mir wieder eingefallen, als ich eben hörte, daß ein Mensch an Stelle eines anderen beweint und begraben wurde. Ich möchte euch erzählen, wie einst ein Lebendiger für tot begraben wurde, wie er später sich selbst nicht mehr für lebendig hielt, sondern mit vielen anderen Leuten der Meinung war, er sei aus dem Grabe wieder auferstanden, und wie schließlich ein Pfaffe, der seiner Sünden wegen die ewige Verdammnis verdiente, als ein Heiliger verehrt wurde.

In der Toscana gab es einst eine Abtei, die noch heute besteht. Sie lag, wie das häufig der Fall ist, an einem von Fremden wenig besuchten Ort. In dieser Abtei nun wurde ein Mönch zum Abt gewählt, der ein gottgefälliges Leben führte, wenn man von allerlei unerlaubten Beziehungen zu den Frauen absah. Diese wußte er freilich so schlau zu bemänteln, daß keine Menschenseele auch nur den leisesten Verdacht hegte, geschweige denn etwas Genaues darüber erfahren hätte und wie er von jedermann als ein frommer und strenger Mönch geachtet wurde.

Einmal geschah es, daß ein steinreicher Bauer namens Ferondo, ein grober, überaus einfältiger Kerl, sich sehr mit dem Abt anbiederte, der diese Annäherung duldete, da er sich oft an der Einfältigkeit der andern erheiterte. Eines Tages erfuhr der Abt, daß dieser Ferondo ein hübsches junges Frauchen besaß, in die der fromme Mann sich unverzüglich bis über die Ohren verliebte, so daß er fortan Tag und Nacht an nichts andres mehr denken konnte. Leider aber vernahm er zu seinem großen Leidwesen auch bald, daß Ferondo, so töricht und einfältig er in jeder andren Angelegenheit sein mochte, sich ganz vorzüglich darauf verstand, seine Frau zu lieben und sie sorgfältig zu bewachen. Trotzdem brachte der schlaue Abt den Bauern so weit, daß er mit seiner Frau zur Erholung hin und wieder in den Klostergarten kam. Bei solcher Gelegenheit pflegte dann der Abt den beiden recht ehrbar von der ewigen Seligkeit und den frommen Werken vieler verstorbener Männer und Frauen zu erzählen, so daß die Frau schließlich Lust bekam, bei ihm zu beichten, wozu sie sich von ihrem Mann die Erlaubnis ausbat, die sie auch erhielt.

Zur großen Genugtuung des Abtes kam sie wirklich zu

ihm in die Beichte. Sie ließ sich zu seinen Füßen nieder und sagte, ohne sich mit Vorreden aufzuhalten: „Messere, wenn der Herrgott mir einen ehrbaren oder gar keinen Ehemann gegeben hätte, würde ich vielleicht imstande sein, unter Eurer Anleitung auch jenen Weg zu gehen, von dem Ihr sagt, daß er viele Menschen in die ewige Seligkeit geführt hat. Freilich kann ich mich, wenn ich an Ferondo und seine Einfältigkeit denke, getrost eine Witwe nennen, die nur insofern verheiratet ist, als sie, solange er lebt, keinen anderen Mann nehmen darf. In seiner Torheit ist er ohne Grund übermäßig eifersüchtig auf mich, so daß ich nicht anders als elend und unglücklich an seiner Seite leben kann. Ich bitte Euch daher, bevor ich zu beichten beginne, so herzlich ich kann, mir in dieser Angelegenheit zu raten, denn wenn ich nicht unter Eurer Leitung den Weg des Heils betreten kann, werden mir alle Beichten und guten Werke nichts helfen können." Gar wohlgefällig vernahm der Abt diese Klage der jungen Frau, denn es schien ihm, als wolle Fortuna selber ihm den Weg zur Erfüllung seines heißen Verlangens ebnen. So sagte er zu der Frau: „Meine Tochter, ich verstehe gut, daß es für eine so schöne und empfindsame Frau, wie Ihr es seid, eine Last sein muß, einen Trottel zum Gatten zu haben. Doch noch viel unerträglicher muß es mit einem Eifersüchtigen sein! Da Ihr nun gar beides in einer Person ertragen müßt, glaube ich Euch alles aufs Wort, was Ihr mir von Euren Leiden erzählt. Ich kann Euch, kurz gesagt, keinen anderen Rat und Ausweg nennen als den, Ferondo von seiner Eifersucht zu heilen. Die Medizin zu solcher Heilung ist mir wohlbekannt, doch müßtet Ihr die Kraft haben, alles, was ich Euch darüber sage, geheimzuhalten."

Die Frau erwiderte: „Mein Vater, daran sollt Ihr nicht zweifeln. Ich würde lieber sterben, als irgend jemand ein Wörtchen zu verraten, wenn Ihr mir befehlt zu schweigen. Wie aber sollte dies zu machen sein?" Der Abt fuhr fort: „Wenn wir ihn heilen wollen, muß er ins Fegefeuer kommen." – „Aber", rief die Frau, „wie wäre es möglich, ihn lebendig dorthin zu bringen?" Der Abt sprach: „Er muß sterben. Dann wird er hinkommen. Und wenn er genug Buße getan hat und von seiner Eifersucht geheilt ist, werden wir Gott mit besonderen Gebeten anflehen, ihn wieder lebendig zu machen, was auch bestimmt geschehen wird." – „So muß ich also Witwe werden?" fragte die Frau. „Ja", antwortete der Abt, „für eine Zeitlang. Doch dürft Ihr Euch indessen nicht wieder verheiraten, denn das würde Gott Euch sehr verargen. Außerdem hättet Ihr, wenn Ferondo wiederkäme, die Pflicht, zu ihm zurückzukehren, und er würde eifersüchtiger sein als je zuvor." Die Frau sagte nun: „Ach, wenn er doch nur von seiner Eifersucht geheilt würde, damit ich nicht wie in einem Gefängnis zu leben brauchte! Ich bin mit allem einverstanden. Tut, was Ihr für richtig haltet." Darauf sagte der Abt: „Gut, ich werde es tun. Doch was gebt Ihr mir für einen solchen Dienst?" – „Ach, mein Vater", erwiderte die Frau, „alles, was Ihr wünscht. Aber womit könnte wohl ein armes Weib, wie ich es bin, einen solchen Mann wie Euch erfreuen?" Der Abt fuhr fort: „Madonna, Ihr könnt ebensoviel für mich tun wie ich für Euch. Ebenso wie ich mich bemühe, das zu tun, was Euch zu Glück und Zufriedenheit verhelfen soll, so könnt auch Ihr etwas tun, was zur Rettung und Fortdauer meines Lebens nötig ist." – „Wenn das möglich ist", sagte die Frau, „so bin ich gern dazu bereit." – „Nun gut", fuhr der Abt fort, „so sollt Ihr mir Eure Liebe schenken und mich mit Eurer Hingabe beglücken, nach der ich glühend verlange und mich verzehre."

Als die Frau diese Worte hörte, erwiderte sie fassungslos: „O Gott, mein Vater, was verlangt Ihr da von mir? Ich habe Euch immer für einen Heiligen gehalten! Gehört es sich etwa, daß Ihr von den Frauen, die sich von Euch Rat holen möchten, solche Dinge verlangt?" Der Abt entgegnete: „Mein schönes Kind, wundert Euch nicht gar so sehr. Aus solchem Grunde wird die Frömmigkeit nicht geringer, denn diese wohnt in der Seele, während das, was ich von Euch erbitte, nur eine Sünde des Fleisches ist. Doch wie es auch sei, Eure Schönheit ist so verführerisch, daß Amor selbst mich zwingt, so zu handeln. Und ich sage Euch, Ihr könnt Euch Eurer Schönheit mehr rühmen als alle andren Frauen, wenn Ihr bedenkt, daß sie sogar den Heiligen gefällt, die gewohnt sind, die Schönheiten des Himmels zu schauen. Nebenbei bin ich, obwohl ich Abt bin, doch auch ein Mann wie alle anderen, und, wie Ihr seht, kein alter. Es sollte Euch daher nicht leid sein, mein Verlangen zu erfüllen. Ihr solltet es vielmehr selber wünschen, da ich Euch dann, solange Ferondo im Fegefeuer Buße tut, nachts Gesellschaft leisten und Euch alle jene Freuden schenken kann, die er Euch schenken sollte. Außerdem wird keine Menschenseele etwas davon erfahren, da alle von mir die gleiche und vielleicht noch höhere Meinung haben, die auch Ihr bis vor wenigen Minuten hattet. Verschmähet nicht diese Gnade des Himmels, die manche Frau sich wünscht und die Ihr nun haben könnt und auch haben werdet, wenn Ihr klug seid und meinen Rat befolgt. Außerdem besitze ich viele schöne, kostbare Schmucksachen, die ich niemand anders als Euch schenken möchte. Und darum, süße Hoffnung meines Herzens, tut auch für mich etwas, ebenso wie ich für Euch etwas tun werde." Die Frau schlug die Augen nieder. Sie wußte nicht, wie sie den Abt abweisen sollte, doch schien es ihr auch nicht in Ordnung, ihn gewähren zu lassen. Der Abt aber bemerkte wohl, daß sie, nachdem sie ihn angehört hatte, mit der Antwort zögerte, und es schien ihm, daß er das Spiel schon halb gewonnen habe. Er fügte daher noch manches wohltönende Wort seiner früheren Rede hinzu und brachte es wirklich fertig, der Frau alles so darzustellen, als ob es ganz in der Ordnung sei, so daß sie endlich schamrot sagte, sie wolle gern seinen Befehlen gehorchen, doch müsse zuvor Ferondo ins Fegefeuer gebracht werden. Darauf versprach ihr der Abt hochbefriedigt: „Wir werden es schon einzurichten wissen, daß er unverzüglich dorthin kommt. Seht nur zu, daß er morgen oder übermorgen zu mir kommt." Damit drückte er ihr verstohlen einen kostbaren Ring in die Hand und ließ sie gehen. Hochbeglückt über das herrliche Geschenk, begab die Frau sich in der Hoffnung, bald noch mehr so schöne Sachen zu erhalten, wieder zu ihren Gefährtinnen, denen sie wahre Wunder über die Frömmigkeit des Abtes erzählte, während sie mit ihnen nach Hause zurückkehrte.

Wenige Tage später ging Ferondo in die Abtei, und der Abt beschloß, ihn unverzüglich ins Fegefeuer zu schicken. Er suchte daher ein Pulver von starker Wunderkraft hervor, das er einst im Orient von einem mächtigen Fürsten bekommen hatte, der ihm weisgemacht hatte, daß selbst der Alte vom Berge sich dieses Pulvers zu bedienen pflege, wenn er irgend jemanden im Schlaf ins Paradies bringen oder wieder daraus vertreiben wollte. Außerdem vermöge das Pulver, ohne zu schaden, je nach der genossenen Menge den, der es nähme, auf kürzere oder längere Zeit in einen so tiefen Schlaf zu versenken, daß während der Dauer der Wirkung niemand den Betreffenden von einem Toten unterscheiden könne.

Der Abt nahm von diesem Pulver so viel, wie für einen dreitägigen Schlaf nötig war, und gab es Ferondo in einem noch nicht ganz klaren jungen Wein in seiner Zelle zu trinken. Dann führte er ihn in den Kreuzgang, wo er sich mit mehreren anderen Mönchen an Ferondos Einfältigkeit erheiterte. Es dauerte nicht lange, so begann das Pulver zu wirken, und der Bauer wurde von einem so jähen, ungeheuren Schlafbedürfnis befallen, daß er noch im Stehen einschlief und schlafend zu Boden stürzte. Der Abt tat, als sei er über diesen Unfall sehr besorgt. Er ließ ihm den Gürtel öffnen und ihm frisches Wasser ins Gesicht spritzen und allerlei Wiederbelebungsversuche anstellen, als sei er der Ansicht, daß Ferondo Blähungen oder ähnliche Beschwerden habe und man ihn auf solche Weise ins Leben und zum Bewußtsein zurückrufen könne. Als der Abt und die Mönche sahen, daß der Bauer trotz aller Mühe nicht wieder zu sich kam, fühlten sie ihm den Puls und fanden kein Leben mehr in ihm, worauf ihn alle für tot hielten. Es wurde nach seiner Frau und den Verwandten geschickt, die alle eiligst herbeiliefen und ihn traurig beweinten. Danach ließ der Abt den Bauern begraben, so gekleidet, wie er war. Die Frau aber kehrte nach Hause zurück und versicherte, sich nie von dem kleinen Sohne Ferondos trennen zu wollen. Sie lebte ganz zurückgezogen in ihrem Hause und begann sich der Erziehung ihres Kindes und der Verwaltung des Vermögens Ferondos anzunehmen.

Der Abt aber stand heimlich in der Nacht auf und holte mit einem Mönch, der gerade an diesem Tage aus Bologna herübergekommen war und der sein ganzes Vertrauen besaß, Ferondo wieder aus dem Grabe und brachte ihn in ein Gewölbe, in das kein Strahl des Tages drang und das als Kerker für straffällige Mönche benutzt wurde. Hier entkleideten sie Ferondo, zogen ihm eine Mönchskutte über und legten ihn dann auf ein Bündel Stroh, wo er liegenbleiben sollte, bis ihm das Bewußtsein zurückkehrte. Der

Mönch aus Bologna, der von dem Abt genaue Anweisung erhielt, was er zu tun habe, begann dann an diesem Orte darauf zu warten, daß Ferondo wieder zu sich käme.

Der Abt dagegen begab sich mit mehreren Mönchen am folgenden Tage wie zu einem Beileidsbesuch zu der Frau, die er in Trauerkleidern recht betrübt antraf. Er tröstete sie ein Weilchen und erinnerte sie dann flüsternd an ihr Versprechen. Die junge Frau, die sich nunmehr frei und ledig wußte, sich weder von Ferondo noch von sonst jemand bedroht sah und auch noch an der Hand des Abtes einen neuen kostbaren Ring entdeckt hatte, erklärte sich sogleich zu allem bereit und verabredete mit ihm, daß er sie in der kommenden Nacht besuchen solle.

So kam der Abt, als es Nacht geworden war, in den Kleidern Ferondos, von einem Mönch geleitet, zu ihr und ergötzte sich bis zum Morgengrauen voller Lust und Entzücken mit ihr. Dann kehrte er in seine Abtei zurück, doch machte er zu gleichem süßem Dienst noch oft denselben Weg. Da er nun beim Kommen und Gehen einige Male gesehen wurde, glaubten die Leute, es sei Ferondos Geist, der als Buße für seine Sünden in dieser Gegend umherirre. Unter den einfältigen Dorfbewohnern entstand darüber allerlei Gerede, das auch der Frau zugetragen wurde, die freilich recht gut wußte, was für eine Bewandtnis es mit der Sache hatte.

Inzwischen ging der Mönch aus Bologna, als er bemerkte, daß Ferondo wieder bei klarem Bewußtsein war, zu ihm hinein, rief ihn mit furchterregender Stimme an, packte ihn und prügelte ihn mit ein paar Ruten, die er in der Hand hatte, windelweich. Ferondo schrie und heulte und rief in einem fort: „Wo bin ich?" Der Mönch erwiderte: „Im Fegefeuer!" – „Wie", schrie Ferondo, „bin ich denn tot?" – „Ja, ganz bestimmt", entgegnete der Mönch. Darauf begann Ferondo sich selbst, seine Frau und sein Söhnchen heftig zu beweinen und gab die törichtesten Reden von sich. Schließlich brachte ihm der Mönch zu essen und zu trinken, und Ferondo rief, als er es bemerkte: „Ach, essen denn die Toten auch?" – „Freilich", antwortete der Mönch, „was ich dir hier gebe, hat deine Frau heute früh in die Kirche geschickt, damit dafür Messen zu deinem Seelenheil gelesen werden. Doch Gott wünscht, daß ich es dir direkt überbringe." –

„Gott segne meine Frau", rief Ferondo. „Ich habe sie sehr liebgehabt vor meinem Tode, so lieb, daß ich sie keine Nacht aus meinen Armen ließ und sie immerfort küßte oder auch etwas andres mit ihr anstellte, wenn ich gerade Lust dazu hatte." Damit begann er mit großem Appetit zu essen und zu trinken; weil ihm aber der Wein nicht gut genug war, begann er zu schelten: „Der Henker soll sie holen! Warum gab sie dem Priester keinen Wein aus dem großen Wandfaß!"

Als er gegessen und getrunken hatte, nahm der Mönch ihn von neuem vor und prügelte ihn mit denselben Ruten noch einmal tüchtig durch. Nach lautem Ach-und-Weh-Geschrei sagte Ferondo zu diesem: „Aber warum tust du mir dies an?" Der Mönch erwiderte: „Weil Gott befohlen hat, daß du jeden Tag zweimal gestraft werden sollst." – „Aber warum nur?" fragte Ferondo, und der Mönch antwortete: „Weil du stets so eifersüchtig gewesen bist, obwohl du das beste Weib der ganzen Gegend zur Frau hattest." – „O weh, da hast du recht!" rief Ferondo. „Und außerdem war sie auch ein ganz süßes Täubchen, süßer als Zuckermandeln! Aber ich wußte nicht, daß es Gott erzürnt, wenn ein Mann eifersüchtig ist. Dann wäre ich es nicht gewesen!" Der Mönch fuhr fort: „Darüber hättest du nachdenken sollen, solange du noch auf der Erde weiltest, und hättest dich danach richten sollen. Wenn es je der Fall sein sollte, daß du noch einmal dorthin zurückkehren darfst, so denke immer daran, wie es dir hier ergangen ist, damit du nie wieder eifersüchtig wirst." Ferondo sprach: „Ja, kehrt denn je ein Toter wieder ins Leben zurück?" – „Wenn es Gott gefällt, ja", antwortete der Mönch. „Oh", rief Ferondo, „wenn ich je zurückkehren dürfte, so würde ich bestimmt der beste Ehemann der Welt sein. Ich würde meine Frau nie wieder schlagen und sie nicht mehr schelten – höchstens noch wegen des Weines, den sie heute morgen hergeschickt hat. Auch hat sie nicht einmal eine Kerze mitgesandt, so daß ich hier in der Finsternis essen mußte!" Darauf sagte der Mönch: „Das hat sie wohl getan, doch die Kerzen brennen in der Kirche." – „Ach so", sagte Ferondo, „da hast du recht. Nun, dann will ich sie bestimmt immer alles machen lassen, was sie will, wenn ich zurückkehre. Sag mir aber eins: Wer bist du, der mich hier so bestraft?" Der Mönch antwortete: „Ich bin auch ein Toter und lebte einst in Sardinien. Und weil ich meinen Herrn wegen seiner Eifersucht stets gelobt habe, wurde mir von Gott die Strafe auferlegt, daß ich dir zu essen und zu trinken verabreichen soll und auch die Schläge, so lange, bis es Gott gefällt, andres über dich und mich zu beschließen." Ferondo fuhr fort: „Ist denn hier weiter niemand als wir beide?" Der Mönch entgegnete: „O ja! Millionen sind hier. Doch du kannst sie weder sehen noch hören, wie auch sie dich nicht wahrnehmen können." Darauf fragte Ferondo weiter: „Und wie weit sind wir hier von unsrem Dorf entfernt?" – „Oha!" rief der Mönch. „Du bist hier schon ein paar tüchtige Meilen hinter Schönkackenhagen!" – „Gottsdonner!" schrie Ferondo. „Das reicht ja! Dann sind wir wohl gar nicht mehr auf der Welt, wenn es so weit ist?"

Unter solchem und ähnlichem Geschwätz wurde Ferondo bei Essen und Prügelstrafe fast zehn Monate festgehalten, indes der Abt unzählige Male mit gutem Glück die schöne junge Frau besuchte und mit ihr die süßesten Spiele der Welt spielte. Doch das Unglück schläft nicht, und so wurde die Frau eines Tages schwanger, was sie sehr schnell gewahr wurde und unverzüglich dem Abt erzählte. Aus diesem Grunde hielten es beide für das beste, daß Ferondo unverzüglich aus dem Fegefeuer zurückgeholt, dem Leben wiedergegeben und zu ihr nach Hause gesandt werde, damit sie sagen könne, daß er der Vater des Kindes sei.

So ließ der Abt schon in der nächsten Nacht mit verstellter Stimme in Ferondos Kerker hineinrufen: „Ferondo, sei getrost! Es ist Gottes Wille, daß du auf die Welt zurückkehren sollst. Dort wird dir nach deiner Heimkehr dein Weib einen Sohn gebären, den du Benedikt nennen sollst, denn nur auf die Fürsprache des heiligen Benedikt und auf die Gebete des frommen Abtes und deines Weibes hin widerfährt dir diese Gnade." Überglücklich vernahm Ferondo diese Botschaft und sagte: „Das gefällt mir! Gott schenke unserem lieben Herrgott, dem Abt und dem heiligen Benedikt ein gutes Jahr und auch meinem käsebestreuten honigsüßen Zuckerfrauchen!" Darauf ließ ihm der Abt im Wein so viel von dem Zauberpulver darreichen, daß er davon in einen etwa vierstündigen Schlaf verfiel, zog ihm in dieser Zeit mit Hilfe seines Mönches in aller Heimlichkeit seine eigenen Kleider wieder an und brachte ihn mit jenem in die Gruft zurück, in der er beigesetzt worden war.

Im Morgengrauen des nächsten Tages kam Ferondo wieder zu sich und sah durch irgendeinen Spalt im Sarge Licht, das er nun bald zehn Monate lang nicht mehr gekannt hatte. Er glaubte daraufhin, wieder lebendig geworden zu sein, und begann laut zu rufen: „Laßt mich heraus! Laßt mich heraus!" Dann stemmte er sich mit dem Kopf so heftig gegen den Sargdeckel, daß er den lose aufliegenden Deckel emporhob und beiseite zu schieben begann. Nun liefen die Mönche, die eben beim Morgengebet waren, herbei, erkannten die Stimme Ferondos und sahen ihn aus dem Sarge steigen. Entsetzt über diesen unerhörten Vorfall, stoben sie davon und liefen zu ihrem Abt. Dieser tat, als erhöbe er sich gerade vom Gebet und sagte: „Meine Lieben, fürchtet Euch nicht! Holt Kreuz und Weihwasser und kommt schnell damit zu mir. Dann wollen wir sehen, was Gottes Allmacht uns hier offenbaren will."

Und so geschah es.

Inzwischen war Ferondo totenbleich, wie jeder, der monatelang das Licht des Tages nicht sah, aus dem Sarge herausgeklettert. Als er den Abt erblickte, warf er sich zu seinen Füßen nieder und rief: „Mein Vater, Eure Gebete haben mich, wie mir offenbart wurde, zusammen mit denen meiner Frau und der Fürsprache des heiligen Benedikt aus den Qualen des Fegefeuers erlöst und dem Leben wiedergegeben. Darum will ich Gott bitten, daß er Euch ein gutes Jahr und viele schöne Tage bescheren möge, jetzt und allezeit!" Der Abt entgegnete: „Gelobt sei Gottes Allmacht! So gehe denn, mein Sohn, nachdem dich der Herr zurückgesandt hat, und tröste deine arme Frau, die seit dem Tage, an dem du aus dem Leben gingst, immer in Tränen war. Und sei fortan ein Freund und Diener deines Gottes!" Ferondo antwortete: „Herr, davon ist mir schon geweissagt worden. Doch laßt mich nur machen! Sowie ich sie wiederhabe, werde ich sie auch wieder küssen. Ich habe sie ja so lieb!"

Der Abt blieb nun mit seinen Mönchen zurück, heuchelte über dieses Ereignis große Verwunderung und ließ ein demutsvolles Miserere singen. Ferondo aber kehrte heim in sein Dorf, wo jeder, der ihn erblickte, vor ihm zurückwich, wie man es vor Gespenstern zu tun pflegt. Er aber rief jeden an und versicherte allen, daß er vom Tode wieder auferstanden sei.

Auch seine Frau fürchtete sich vor ihm genauso wie alle anderen Leute. Nachdem aber die Menschen sich schließlich wieder ein wenig über ihn beruhigt hatten und sahen, daß er aus Fleisch und Blut war, fragten sie ihn gar mancherlei, und Ferondo, der nun fast als ein Weiser galt, beantwortete alle ihre Fragen. Auch erzählte er ihnen mancherlei von den Seelen ihrer Verstorbenen und tischte ihnen die prächtigsten Märchen auf über die Zustände im Fegefeuer. Auch berichtete er vor allen Leuten, welche Offenbarung ihm durch den Mund des Erzengels Michael vor seiner Auferstehung gemacht worden sei. Dieser Offenbarung wegen schwängerte er auch alsbald seine Frau oder glaubte zumindest, es zu tun, nachdem er mit ihr nach Hause zurückgekehrt und seinen Besitz wieder an sich genommen hatte. Zum Glück kam es so hin, daß seine Frau zum richtigen Zeitpunkt – nach Meinung jener einfältigen Köpfe, die glauben, daß alle Frauen genau neun Monate lang ihre Kinder tragen – ein Söhnlein zur Welt brachte, das Benedikt Ferondi genannt wurde.

Die Rückkehr und die Erzählungen Ferondos, den alle Leute für einen vom Tode wieder Auferstandenen hielten, steigerten den Ruf der Frömmigkeit des Abtes ins unermeßliche. Ferondo aber war von seiner Eifersucht, für die er soviel Prügel bekommen hatte, völlig kuriert, wie der Abt es seiner Frau versprochen hatte, und wurde auch fortan nie wieder eifersüchtig. Darüber war die Frau sehr froh, sie lebte nun ehrbar, wie es sich gehörte, mit ihm zusammen weiter, traf sich aber, wenn es gerade so paßte, in aller Ehrbarkeit auch nur zu gerne wieder mit dem frommen Abt, der ihr so gut und so hilfreich in ihren Nöten zur Seite gestanden hatte.

NEUNTE GESCHICHTE

Gillette de Narbonne kuriert den König von Frankreich von einer Fistel. Dafür verlangt sie Bertrand de Roussillon zum Gatten, der sie gegen seinen Willen heiratet, dann aber aus Mißmut darüber nach Florenz geht. Hier verliebt er sich in ein junges Mädchen, doch an Stelle dieses Mädchens schläft Gillette bei ihm und gebiert ihm danach zwei Söhne. Aus diesem Grund gewinnt er sie lieb und erkennt sie als seine Gemahlin an.

Als die Erzählung Laurettas beendet war, blieb, wenn Dioneos Privileg gewahrt werden sollte, nur noch die Königin selber mit dem Erzählen. Deshalb begann sie, ohne auf eine Bitte ihrer Gesellschaft zu warten, mit großer Anmut zu sprechen:

Wer wüßte wohl eine Geschichte vorzutragen, die nach Laurettas Erzählung noch bestehen könnte? Wie gut war es doch, daß sie nicht die erste war, denn nach der ihren hätten uns wohl nur noch wenige von den übrigen gefallen. Ich fürchte, daß es den Geschichten, die heute noch erzählt werden sollen, ähnlich ergehen wird, doch, wie dem auch sei, ich will euch trotzdem berichten, was ich über unser heutiges Thema zu sagen weiß.

Im Königreich Frankreich lebte einst der Edelmann Isnard, Graf de Roussillon, der von schwacher Gesundheit war und deswegen ständig den Arzt, Meister Gérard de Narbonne, um sich hatte. Der Graf besaß einen einzigen Sohn namens Bertrand, der ein besonders schöner und begabter Knabe war und zusammen mit einigen andren Kindern seines Alters erzogen wurde. Unter ihnen befand sich auch Gillette, die Tochter des Arztes, die eine heißere Zuneigung zu Bertrand gefaßt hatte, als es sich für ihr zartes Alter geziemen wollte.

Als Bertrand nach dem Tode des Grafen nach Paris übersiedeln mußte, da sein Vater ihn der Obhut des Königs empfohlen hatte, war das Mädchen schier untröstlich und wäre, als bald darauf auch ihr Vater starb, gern ebenfalls nach Paris gegangen, um Bertrand wiederzusehen, hätte sich ein schicklicher Vorwand dafür finden lassen. Doch wurde sie, die nach dem Tode des Vaters allein in großem Reichtum zurückgeblieben war, von allen Seiten aufmerksam beobachtet und fand keinen annehmbaren Entschuldigungsgrund für eine Übersiedlung nach Paris. Selbst als sie in das heiratsfähige Alter gekommen war, hatte sie Bertrand noch nicht vergessen und wies, ohne den wahren Grund anzugeben, manchen Freier ab, mit dem ihre Verwandten sie zu verheiraten wünschten.

Da kam ihr, während sie sich noch in Liebe zu Bertrand verzehrte, der ein besonders stattlicher junger Ritter geworden sein sollte, zu Ohren, der König von Frankreich habe von einem schlecht kurierten Brustgeschwür eine Fistel zurückbehalten, die ihn außerordentlich quäle und ihm große Sorgen bereite. Obwohl schon viele Versuche zu seiner Heilung unternommen worden seien, habe sich bislang kein Arzt gefunden, der ihn geheilt hätte, vielmehr habe sich das Leiden des Königs ständig verschlimmert, so daß er ganz verzweifelt von keinem ärztlichen Rat oder neuen Heilungsversuch mehr hören wolle.

Das Mädchen war über diese Nachricht recht befriedigt, denn sie dachte, daß hier nicht nur ein achtbarer Grund für sie gefunden wäre, nach Paris zu gehen, sondern daß sie, falls es sich um eine ganz bestimmte Art der Krankheit handle, wie sie vermutete, vielleicht sehr schnell Bertrand zum Gatten gewinnen könnte. Von ihrem Vater in der ärztlichen Kunst unterwiesen, stellte sie nun ein Pulver aus besonderen Kräutern zusammen, das für die vermutliche Krankheit von großer Heilkraft war, bestieg ihr Pferd und ritt nach Paris. Hier war ihre erste Sorge, Bertrand wiederzusehen; dann erst begab sie sich zum König und erbat sich von ihm die Gnade, die kranke Brust ansehen zu dürfen. Der König vermochte, als er sie so jung und schön vor sich sah, ihr die Bitte nicht abzuschlagen und zeigte ihr sein Übel. Sowie sie es erblickt hatte, wußte sie, daß sie fähig sein würde, ihn zu heilen, und sagte: „Monseigneur, wenn es Euch beliebt, hoffe ich zu Gott, Euch ohne Leiden und Schmerzen in etwa acht Tagen von dieser Krankheit heilen zu können."

Der König war innerlich über ihre Worte recht belustigt und sagte: „Wie sollte wohl ein junges Mädchen wissen, was die besten Ärzte der Welt nicht herauszufinden gewußt haben?" Doch dankte er ihr für ihren guten Willen und sagte, daß es sein fester Entschluß sei, auf keinen ärztlichen Rat mehr zu hören. Darauf sprach das Mädchen zu ihm: „Monseigneur, Ihr verachtet mein Können, weil ich jung und ein Mädchen bin. Ich möchte Euch aber bitten zu bedenken, daß ich nicht auf Grund eigener Erfahrungen Ärztin geworden bin, sondern mit Gottes Hilfe und durch die Kunst des Meisters Gérard de Narbonne. Er war mein Vater und zu seinen Lebzeiten ein berühmter Arzt."

Der König dachte: ‚Vielleicht ist dieses Mädchen mir von Gott gesandt. Warum sollte ich ihre Kunst nicht erproben, wo sie mich in so kurzer Zeit schmerzlos heilen will?' Entschlossen, den Versuch zu machen, sprach er darum zu ihr: „Edles Fräulein, und was soll mit Euch geschehen, wenn Ihr uns nicht zu heilen versteht, nachdem Ihr uns bewogen habt, unsern Entschluß zu ändern?" – „Monseigneur", antwortete das Mädchen, „laßt mich bewachen, und wenn ich Euch nicht innerhalb von acht Tagen heile, so laßt mich verbrennen. Was aber bekomme ich von Euch, wenn ich Euch helfe?" Der König lächelte und sprach: „Es hat den Anschein, daß Ihr noch unvermählt seid. Wenn Ihr uns heilt, werden wir Euch gut und vornehm verheiraten." Darauf entgegnete Gillette: „Monseigneur, es freut mich sehr, daß Ihr mich vermählen wollt, doch möchte ich mir einen ganz bestimmten Mann zum Gatten erbitten. Es ist aber weder einer Eurer Söhne noch ein Mitglied des königlichen Hauses." Der König versprach, ihren Wunsch zu erfüllen. Das Mädchen begann ihre Kur und heilte den König wirklich in kürzester Zeit, sogar noch vor dem angegebenen Termin. Als der König erkannte, daß er wirklich gesund war, sagte er zu ihr: „Mein Fräulein, Ihr habt Euch einen Gatten redlich verdient." Sie antwortete: „Wohlan, Monseigneur, so habe ich denn Bertrand de Roussillon verdient, den ich schon in meiner Jugend liebenlernte und immerfort herzlich geliebt habe." Daß er ihr gerade diesen Jüngling geben sollte, kam den König hart an. Da er es aber versprochen hatte und sein Wort nicht brechen wollte, ließ er Bertrand zu sich rufen und sprach zu ihm: „Bertrand, Ihr seid nun erwachsen und in allem ausreichend unterwiesen. Wir wünschen daher, daß Ihr auf Eure Güter zurückkehrt und Euer Land selbst regiert. Und Ihr werdet ein junges Mädchen heimführen, das wir Euch zur Gattin bestimmt haben."

Bertrand fragte: „Und wer ist diese Dame, Monseigneur?"
Der König antwortete: „Es ist das Mädchen, das uns durch ihre Medizin unsere Gesundheit wiedergegeben hat."

Bertrand hatte Gillette schon gesehen und wiedererkannt. Doch wenn er auch nicht unbeeindruckt von ihrer Schönheit geblieben war, wußte er doch, daß sie seiner adeligen Abkunft nicht ebenbürtig war, und rief darum verächtlich: „Monseigneur, wollt Ihr mir etwa eine Quacksalberin zur Frau geben? Gott möge verhüten, daß ich ein solches Weib je heirate!" Der König erwiderte: „So wollt Ihr, daß wir unser Wort brechen, das wir, um unsre Gesundheit zurückzuerhalten, dem Fräulein gaben, als es sich Euch als Belohnung für die Heilung zum Gatten erbat?" – „Monseigneur", rief Bertrand, „Ihr könnt mir alles, was mein ist, fortnehmen und mich als Euren Untertan jedem schenken, dem Ihr wollt. Eins aber versichere ich Euch, mit solcher Kebsehe werde ich mich niemals einverstanden erklären!" – „Doch, das werdet Ihr!" rief der König. „Das Fräulein ist schön und klug und liebt Euch von Herzen. Wir hoffen, daß Ihr ein glücklicheres Leben mit ihr führen werdet, als es vielleicht mit einer Dame höherer Abkunft möglich wäre."

Bertrand erwiderte nichts, und der König ließ alsbald große Vorbereitungen für das Hochzeitsfest treffen. Am festgesetzten Tage heiratete Bertrand gegen seinen Wunsch in Gegenwart des Königs das Fräulein, das ihn mehr liebte als sich selbst. Anschließend erbat er, seinem festen Entschluß folgend, Urlaub vom König, um in seine Grafschaft zurückzukehren und dort die Ehe zu vollziehen. Doch kehrte er, nachdem er sich aufs Pferd geschwungen hatte, nicht auf seine Güter zurück, sondern ritt in die Toscana. Hier erfuhr er, daß die Florentiner mit Siena im Kriege lagen. Er entschloß sich, zugunsten der ersteren am Kampfe teilzunehmen, und wurde von ihnen mit Freuden und Ehren aufgenommen. Sie machten ihn zum Obersten einer Heeresabteilung, und da er einen guten Sold erhielt, blieb er lange Zeit in diesem Dienste.

Die junge Frau aber war mit solchem Gang der Dinge durchaus nicht einverstanden, hoffte aber, wenn sie alles zu seinem Besten verwaltete, ihn wieder auf seine Besitzungen zurückrufen zu können. Sie ging daher nach Roussillon, wo sie von allen als Herrin empfangen wurde, jedoch infolge der langen Abwesenheit des Grafen alles verwahrlost und heruntergewirtschaftet vorfand. Mit Fleiß und Ausdauer machte sie sich daran, alles wieder in die rechte Ordnung zu bringen, und gewann dabei schnell die Liebe ihrer Untertanen, die ihr großes Vertrauen entgegenbrachten, mit ihrem Regiment sehr zufrieden waren und es dem Grafen bald verargten, daß er sich mit dieser Ehe nicht einverstanden erklären wollte.

Nachdem Gillette die Güter des Grafen wieder in guten Stand versetzt hatte, ließ sie ihn durch zwei Edelleute davon benachrichtigen und ihn bitten, ihr mitzuteilen, ob er etwa ihretwegen nicht in seine Grafschaft zurückkehren wolle. Sie würde dann, um seinem Wunsche entgegenzukommen, fortreisen. Er aber entgegnete grausam: „Das kann sie halten, wie sie will. Ich werde nicht nach Hause zurückkehren und dort bleiben, es sei denn, daß ich diesen Ring an ihrem Finger und einen Sohn von mir auf ihrem Arm sehe!" Von dem Ring aber trennte er sich niemals, sondern hütete ihn stets sorgsam, da man ihm erzählt hatte, daß er geheime Kräfte besitze.

Die Edelleute hörten den harten Vorbehalt, der von zwei fast unmöglichen Bedingungen abhing, und sahen ein, daß sie Bertrand mit Worten nicht von seinem Entschluß abbringen konnten. Sie kehrten also zu der Gräfin zurück und überbrachten ihr seine Antwort. Gillette war darüber sehr niedergeschlagen, trotzdem entschloß sie sich nach reiflichen Überlegungen zu versuchen, ob sie nicht jene beiden Bedingungen erfüllen könnte, um so für die Zukunft ihren Gatten zurückzugewinnen. Sobald sie sich klar war, was zu tun sei, rief sie eine Anzahl der verständigsten und besten Männer der Grafschaft zu sich und erzählte ihnen in sittsamer Weise und rührenden Worten, was sie dem Grafen zuliebe getan und welche Belohnung sie dafür erhalten hatte. Sie erklärte ihnen dann, daß es nicht ihre Absicht sei, den Grafen durch ihre Anwesenheit auf seinen Gütern im ständigen Exil zu halten, vielmehr wolle sie den Rest ihres Lebens mit frommen Wallfahrten und barmherzigen Werken zum Heile ihrer Seele ausfüllen. Sie bat die Männer, Schutz und Leitung der Grafschaft zu übernehmen und den Grafen wissen zu lassen, daß sie seine Besitzungen verlassen habe und fortgezogen sei in der Absicht, nie wieder nach Roussillon zurückzukehren. Während sie ihnen ihr Vorhaben auseinandersetzte, vergossen die guten Leute ihretwegen manche Träne und bestürmten sie mit Bitten, doch ihren Entschluß zu ändern und hierzubleiben. Diese Bitten aber blieben erfolglos. Sie empfahl alle Gott und machte sich im Pilgergewand auf den Weg, begleitet von einem ihrer Vettern und einer Kammerfrau, wohlversehen mit reichen Geldmitteln und Schmucksachen. Sie sagte keiner Menschenseele, wohin sie gehen wolle, doch ruhte und rastete sie nicht, bevor sie Florenz erreicht hatte.

Durch Zufall gelangte sie hier in eine kleine Herberge, die einer ehrbaren Witwe gehörte, und blieb als arme Pilgerin bei ihr wohnen, begierig, irgend etwas von ihrem Gebieter zu hören.

Schon am nächsten Tag sah sie Bertrand mit seinen Soldaten an der Herberge vorüberreiten und fragte, obwohl sie ihn sogleich erkannt hatte, ihre gute Wirtin, wer jener Mann sei. Die Wirtin entgegnete: „Das ist ein fremder junger Edelmann, der Graf Bertrand. Er ist freundlich und höflich und ist in der ganzen Stadt gar wohl gelitten. Er hat sich bis über die Ohren in ein armes Edelfräulein hier aus der Nachbarschaft verliebt. Sie ist ein sehr ehrenwertes Mädchen, welches sich nur deshalb noch nicht verheiraten konnte, weil sie arm ist wie eine Kirchenmaus. Sie lebt mit ihrer Mutter, einer sehr achtbaren und guten Dame, zusammen und hätte vielleicht, wenn diese nicht wäre, den Grafen schon lange erhört."

Die Gräfin prägte sich alles, was sie hier vernahm, genau ein, erkundigte sich eingehend nach allerlei Einzelheiten und faßte, als sie über alles gut unterrichtet war, ihre Entschlüsse. Nachdem sie Wohnung und Namen der Dame und des Mädchens, das der Graf liebte, erforscht hatte, ging sie eines Tages in aller Stille in ihrem Pilgerkleid zu ihnen und fand sie in sehr ärmlicher Umgebung vor. Sie begrüßte beide und bat die Dame um eine Unterredung, falls es möglich sei. Die Edelfrau erhob sich bereitwillig, um die Gräfin anzuhören. Beide gingen nun in ein Nebenzimmer und setzten sich dort nieder. Dann sagte die Gräfin: „Madonna, es scheint mir, daß Fortuna Euch ebenso feindlich gesonnen ist wie mir selber. Wenn Ihr aber wolltet, so könntet Ihr leicht Euch und mir helfen."

Die Dame erwiderte, daß sie nichts lieber täte, als sich auf schickliche Weise zu helfen. Darauf fuhr die Gräfin fort: „Ich brauche Eure Hilfe. Wenn ich mich aber auf sie verlasse und Ihr solltet mich im Stiche lassen, so würdet Ihr Euer eigenes und mein Glück zerstören." – „Ihr könnt mir unbesorgt alles anvertrauen, was Ihr wünscht", sagte die Dame, „ich werde Euch nicht verraten."

Die Gräfin begann ihr in rührender Weise zu erzählen, wer sie sei und wie es ihr von der Entstehung ihrer Liebe an bis auf den heutigen Tag ergangen war, so daß die Edeldame, die ihren Worten glaubte und auch schon manches über das Geschick des Grafen gehört hatte, bald großes Mitleid mit ihr empfand. Die Gräfin aber fuhr fort, nachdem sie ihr Schicksal erzählt hatte: „Ihr habt neben all meinem andern Leid auch gehört, welche harten Bedingungen ich erfüllen muß, wenn ich meinen Gatten zurückgewinnen will. Niemand anderes als Ihr könnte mir helfen, sie zu erfüllen, wenn es stimmt, daß der Graf, mein Gatte, Eure Tochter über alles liebt, wie mir erzählt wurde." Die Edeldame entgegnete: „Madonna, ob der Graf meine Tochter wirklich liebt, weiß ich nicht, obwohl er sich den Anschein gibt, als sei es so. Was aber könnte ich nach Eurer Meinung für Euch tun?" – „Madonna", fuhr die Gräfin fort, „ich werde es Euch gleich sagen. Zuvor aber möchte ich Euch mitteilen, was ich für Euch tun werde, wenn Ihr mir beistehen wollt. Ich sehe, daß Eure schöne Tochter im heiratsfähigen Alter ist, doch habe ich gehört und festgestellt, daß Ihr sie noch im Hause habt, weil Euch die Mittel zu einer Mitgift fehlen. Ich beabsichtige, als Belohnung für die Gefälligkeit, die Ihr mir erweisen sollt, ihr von meinem Vermögen eine solche Mitgift zu schenken, wie sie Euch für eine standesgemäße Heirat angemessen erscheint."

Dieses Anerbieten gefiel der Dame, die wirklich in großer Not war, sehr, dennoch veranlaßte ihre vornehme Gesinnung sie zu sagen: „Madonna, sagt mir, was ich für Euch tun kann. Wenn es nichts Unschickliches ist, werde ich gerne dazu bereit sein. Ihr aber mögt hinterher tun, was Euch beliebt." Darauf sprach die Gräfin: „Ihr sollt mir zuliebe durch irgendeine vertrauenswürdige Person dem Grafen, meinem Gatten, bestellen lassen, daß Eure Tochter bereit sei, ihn zu erhören, wenn sie sicher sein könnte, daß er sie so innig liebt, wie er vorgibt, es zu tun. Doch könne sie dies nicht eher glauben, als bis er ihr den Ring, den er stets am Finger trage und der ihm, wie sie gehört habe, sehr teuer sei, gesandt habe. — Diesen Ring sollt Ihr mir geben, wenn er ihn Euch schickt. Danach sollt Ihr ihm ausrichten lassen, daß Eure Tochter bereit sei, alles zu tun, was er begehre. Ihr sollt ihn sodann heimlich hierherkommen lassen und an Stelle Eurer Tochter verstohlen mich zu ihm legen. Vielleicht wird sich Gott erbarmen und mich schwanger werden lassen. Mit seinem Ring am Finger und dem von ihm gezeugten Sohn auf dem Arm werde ich ihn dann zurückgewinnen und als sein Weib mit ihm leben können wie alle Ehefrauen mit ihren Männern. Alles werde ich dann Euch verdanken."

Der Edeldame schien dies nun freilich ein großes Ansinnen, und sie fürchtete sehr, daß davon etwa ein Makel auf den Ruf ihrer Tochter fallen könne. Als sie aber bedachte, daß es doch aller Ehren wert sei, der Gräfin ihren Gatten zurückzugewinnen, und überlegte, was jene ihr im Falle eines guten Ausgangs versprochen hatte, vertraute sie dem guten und reinen Herzen der Gräfin und versprach ihr nicht nur ihren Beistand, sondern ging schon wenige Tage später mit großer Vorsicht, wie ihr jene befohlen hatte, ans Werk, so daß sie sich bald im Besitz des Ringes befand, so hart die Hergabe des Schmuckstückes auch den Grafen angekommen war. Auch brachte sie es mit meisterhafter List fertig, dem Grafen an Stelle ihrer Tochter die Gräfin ins Bett zu legen, die schon nach der ersten von ihm so heiß ersehnten Vereinigung nach Gottes Willen mit zwei Knaben schwanger wurde, wie sich bei der pünktlich eintretenden Entbindung zeigte. Auch gewährte die Edelfrau der Gräfin nicht nur diese eine Umarmung ihres Gatten, sondern noch viele folgende und stellte alles so geschickt und heimlich an, daß kein Mensch etwas davon erfuhr und der Graf stets glaubte, mit dem geliebten Mädchen zusammen zu sein und nicht mit seiner Gattin. Beim Scheiden im Morgengrauen schenkte er ihr viele kostbare Schmucksachen, die die Gräfin alle sorgsam aufbewahrte. Als sie dann fühlte, daß sie schwanger war, wollte sie der Edeldame nicht länger mehr mit diesen Diensten zur Last fallen, sondern sagte zu ihr: „Madonna, dank Gottes Hilfe und der Eurigen habe ich erreicht, was ich wollte. Es ist daher an der Zeit, auch Euch zu geben, was Euch erfreut; dann aber will ich fortgehen."

Die Edeldame versicherte ihr, daß es sie herzlich freue, wenn die Gräfin das ersehnte Ziel erreicht hätte, daß sie ihr aber nicht geholfen habe, um auf eine Belohnung hoffen zu können, sondern weil sie geglaubt habe, damit das Rechte zu tun. Darauf sagte die Gräfin: „Madonna, ich bin sehr froh darüber, und ich will Euch das, was Ihr von mir erhalten sollt, nicht als Lohn geben, sondern weil ich etwas Gutes tun möchte, was man, glaube ich, stets tun sollte." Von der Not gezwungen, bat die Edeldame sie nun in großer Beschämung um einhundert Lire für die Aussteuer ihrer Tochter. Die Gräfin aber gab ihr, da sie ihre Bescheidenheit erkannte, als sie die Bitte vernahm, fünfhundert Lire und dazu eine Menge schöner, kostbarer Schmucksachen, die gut denselben Wert hatten. Überglücklich dankte die Edeldame mit herzlichen Worten der Gräfin, die sich alsbald von ihr verabschiedete und in ihren Gasthof zurückkehrte.

Die Edeldame zog, um Bertrand jede Möglichkeit zu nehmen, weiterhin zu ihr zu schicken oder selber in ihr Haus zu kommen, mit ihrer Tochter zu Verwandten aufs Land, worauf Bertrand, der von seinen Leuten nach Hause gerufen wurde, auf seine Güter zurückkehrte, zumal er gehört hatte, daß die Gräfin fortgezogen sei.

Diese war von Herzen froh, als sie hörte, daß ihr Gemahl aus Florenz abgereist und auf seine Güter zurückgekehrt sei. Sie selber blieb bis zum Tage ihrer Niederkunft in Florenz und gebar dort zwei Söhne, die ihrem Vater außerordentlich ähnlich waren. Sie ließ diese sorgfältig stillen, und als es ihr an der Zeit schien, machte sie sich auf den Weg und kam unerkannt nach Montpellier, wo sie einige Tage ausruhte. Bei ihren Erkundigungen nach dem Grafen erfuhr sie, daß er am Allerheiligentag in Roussillon ein großes Fest geben wollte, zu dem viele Damen und Herren geladen waren. In dem Pilgerkleid, in dem sie zurückgekehrt war, machte sie sich ebenfalls auf den Weg dorthin und kam im Palast des Grafen an, als die Gäste sich anschickten, zur Tafel zu gehen. Ohne das Pilgerkleid abzulegen, stieg sie mit ihren beiden kleinen Söhnen in den Armen die Stufen zum Saal empor, ging, als sie den Grafen unter den Geladenen erblickte, auf ihn zu und warf sich ihm zu Füßen. Dabei sagte sie weinend: „Mein Gebieter, ich bin deine unglückliche Gattin, die, damit du zurückkehren und in deinem Hause leben konntest, lange Zeit durch die Welt geirrt ist. Doch jetzt fordere ich im Namen Gottes, daß du dich an die beiden Bedingungen hältst, die du mir damals durch zwei Edelleute hast ausrichten lassen. Sieh, hier in meinen Armen halte ich nicht nur einen Sohn von dir, sondern deren zwei, und hier an meinem Finger habe ich deinen Ring. So ist die Zeit gekommen, daß ich als deine rechtmäßige Frau von dir anerkannt werde, wie du es versprochen hast."

Als der Graf diese Worte hörte, geriet er völlig außer sich, denn er erkannte sogleich den Ring und auch die Kinder, die ihm sehr ähnlich waren. Doch er sprach: „Wie konnte dies geschehen?" Darauf erzählte die Gräfin zur größten Verwunderung des Grafen und aller Anwesenden der Reihe nach, was sich ereignet hatte. Der Graf sah ein, daß sie die Wahrheit sprach, und ihre Standhaftigkeit und edle Gesinnung und daneben die beiden schönen Söhne bewirkten, daß er seine harte Strenge fallenließ, um sein Versprechen einzulösen. Zur Freude der Herren und Damen, die ihn alle baten, die Gräfin als seine rechtmäßige Gattin anzuerkennen und zu ehren, hob er sie vom Boden auf, schloß sie in seine Arme, küßte sie und erklärte sie für seine rechtmäßige Gattin und die Kinder für seine Söhne.

Dann ließ er ihr standesgemäße Kleider bringen und feierte dann zur großen Freude seiner anwesenden Vasallen und auch der abwesenden, die bald alles erfuhren, ein großes Fest, das nicht nur einen, sondern mehrere Tage andauerte. Die Gräfin aber ehrte er fortan stets als seine rechtmäßige Frau und Ehegattin und hielt sie lieb und wert.

ZEHNTE GESCHICHTE

Alibech wird Einsiedlerin, und der Mönch Rustico bringt ihr bei, wie man den Teufel in die Hölle schickt. Später, als man sie zurückgeholt hat, wird sie die Frau des Neerbal.

Dioneo, der die Geschichte der Königin aufmerksam verfolgt hatte, bemerkte, als sie beendet war, daß ihm allein noch zu erzählen oblag.

Er begann daher, ohne eine Aufforderung abzuwarten, lachend zu sprechen:

Meine anmutigen Schönen, ihr habt sicher noch niemals gehört, wie man den Teufel in die Hölle schicken kann. Ich will es euch darum erzählen, ohne mich damit von dem Thema zu entfernen, von dem ihr alle heute gesprochen habt. Wenn ihr recht achtgebt, könnt auch ihr vielleicht einmal eure Seele auf dieselbe Weise retten.

Auch werdet ihr aus der Erzählung erkennen, daß Amor, wenngleich er lieber in heiteren Palästen und üppigen Zimmern als in dürftigen Hütten wohnt, es deshalb doch nicht ganz verschmäht, zuweilen auch in schattigen Wäldern oder auf hohen Bergen und selbst in einsamen Höhlen seine Kraft zu erproben; woraus wir ersehen, daß alle Dinge ihm untertan sind.

Doch um zur Sache zu kommen, vernehmet, daß in der Stadt Capsa in der Berberei einmal ein sehr reicher Mann lebte, der außer einigen Söhnen auch eine schöne, edle Tochter namens Alibech besaß. Sie war keine Christin, doch hatte sie von den vielen Christen, die in der Stadt lebten, den christlichen Glauben und Gottesdienst überschwenglich preisen hören. Deshalb fragte sie eines Tages einen der Christen, auf welche Weise man denn Gott am besten und ungestörtesten dienen könne. Der Christ antwortete, daß jene Menschen am besten Gott dienen könnten, die allen weltlichen Dingen ganz und gar entsagt hätten, wie zum Beispiel die frommen Männer, die sich in die Einsamkeit der Wüste von Thebaida zurückgezogen hätten.

Das Mädchen, das vielleicht vierzehn Jahre alt und noch ganz unerfahren war, machte sich am folgenden Morgen, mehr von kindlicher Neugier als von frommem Verlangen getrieben, ohne einen Menschen davon zu verständigen, auf den Weg, wanderte ganz allein auf die Wüste von Thebaida zu und langte, da ihr Verlangen anhielt, auch wirklich einige Tage später in der Einöde an. Als sie in der Ferne eine Hütte entdeckte, ging sie darauf zu und traf vor der Tür derselben einen frommen Einsiedler, der sehr verwundert war, sie hier zu sehen, und sie fragte, was sie hier suche.

Das Mädchen antwortete, daß sie, Gottes Ruf folgend, hergekommen sei, um hier Gott zu dienen, und daß sie auch jemand suche, der sie darin unterweisen möchte. Der gute Mann aber fürchtete sogleich, daß er, wenn er sie bei sich behielte, durch ihre Jugend und Schönheit leicht in des Teufels Fänge geraten könnte. Er lobte daher zwar ihr edles Vorhaben und reichte ihr einige Wurzeln, wilde Äpfel und Datteln sowie etwas Wasser, dann aber sagte er zu ihr: „Meine Tochter, nicht weit von hier lebt ein frommer Mann, der dich in allem, was du suchst, weit besser unterweisen kann als ich. Zu diesem Mann gehe hin!", und schickte sie fort.

Sie gelangte auch bald zu dem zweiten Einsiedler, doch hörte sie von ihm dieselben Worte und wanderte darum noch tiefer in die Wüste hinein, bis sie schließlich an die Klause eines jungen Einsiedlers kam, der ein demütiger, guter Mann war und Rustico hieß. Sie stellte ihm die gleichen Fragen wie den beiden anderen Einsiedlern, und da er sich selbst eine Probe seiner Standhaftigkeit erbringen wollte, schickte er sie nicht fort oder weiter, wie die anderen, sondern behielt sie bei sich in seiner Klause. Als es Nacht wurde, bereitete er ihr auf der einen Seite der Zelle ein dürftiges Lager aus Palmwedeln und bat sie, sich darauf zur Ruhe niederzulegen. Aber als dies geschehen war, dauerte es gar nicht lange, so begann die Versuchung einen harten Kampf gegen die Widerstandskraft des Einsiedlers zu führen. Dieser, der sich bald von letzterer im Stich gelassen sah, wandte ihr nach wenigen Angriffen kurzerhand den Rücken und erklärte sich für besiegt. Sodann schob er alle frommen Gedanken, Gebete und Bußübungen beiseite, rief sich dafür die Jugend und Schönheit des Mädchens ins Gedächtnis zurück und überlegte außerdem, auf welchem Wege und mit welchen Mitteln er es bei ihr versuchen sollte, damit sie nicht dahinterkäme, daß er, von sündigem Verlangen getrieben, das forderte, was er begehrte. Er forschte sie darum vorerst mit allerlei Fragen aus und stellte fest, daß sie noch keinen Mann erkannt hatte und so unschuldig war, wie sie aussah. Darauf beschloß er, sie unter dem Vorwand einer Art Gottesdienstes seinen Gelüsten dienstbar zu machen, und setzte ihr zu diesem Zweck als erstes mit vielen Worten auseinander, daß der Teufel der Feind des Herrgotts sei. Dann gab er ihr zu verstehen, daß der Dienst, der Gott am meisten wohlgefiele, kein andrer sei, als den Teufel in die Hölle zu schicken, in die der Herrgott ihn verbannt habe.

Das Mädchen fragte ihn darauf, wie man das mache, und Rustico antwortete: „Das sollst du gleich erfahren. Tue nur alles, was du mich tun siehst!" Damit begann er, seine wenigen Kleidungsstücke abzulegen, bis er nackt vor ihr stand. Das Mädchen tat es ihm nach. Dann kniete er wie zum Gebet nieder und gebot ihr, sich ihm gegenüber ebenfalls niederzuknien. In dieser Stellung wurde Rustico beim Anblick ihrer Schönheit heftiger als je von seiner Begierde gepackt, und die Auferstehung des Fleisches kam sogleich über ihn. Als Alibech das sah, fragte sie neugierig: „Rustico, was für ein Ding sehe ich da bei dir sich vordrängen, das ich nicht besitze?" – „Ach, meine Tochter", entgegnete Rustico, „das ist ja der Teufel, von dem ich dir erzählt habe. Siehst du, gerade jetzt quält und martert er mich so sehr, daß ich es kaum ertragen kann." Da sagte das Mädchen: „Gelobt sei Gott! Ich sehe, daß es mir besser geht als dir, denn ich habe keinen solchen Teufel."

Rustico sprach: „Da hast du wohl recht, doch hast du an Stelle meines Teufels etwas anderes, was ich nicht habe." Alibech fragte: „Und was habe ich?" Und Rustico entgegnete: „Du hast die Hölle, und ich gestehe dir, ich glaube, daß der Herrgott dich zur Rettung meiner Seele hergeschickt hat. Denn wenn du so barmherzig sein willst, zu dulden, daß ich meinen Teufel, immer wenn er mich fortan quält, in die Hölle schicken darf, so würdest du mich damit sehr trösten und dem Herrgott auf eine ihm besonders wohlgefällige Art dienen, wozu du doch hergekommen bist, wie du sagst." Das Mädchen antwortete treuherzig: „Oh, mein Vater, wenn ich wirklich die Hölle habe, so geschehe es, wann immer Ihr es wünscht." – „Gesegnet seist du, meine Tochter!" rief Rustico. „So wollen wir ihn denn hineinschicken, damit er mich in Ruhe lasse!" Nach diesen Worten führte er das Mädchen auf eins der Lager und brachte ihr bei, wie man es anfangen müsse, um jenen Gottverdammten einzukerkern.

Das Mädchen, das noch niemals den Teufel in die Hölle geschickt hatte, fühlte bei dem erstenmal einen kleinen Schmerz und sagte darum zu Rustico: „Mein Vater, dieser Teufel muß wirklich ein böser Kerl und ein wahrer Feind unsres Herrgotts sein, denn er tut sogar, von anderm ganz zu schweigen, der Hölle weh, wenn er hineingeschickt wird." Darauf sagte Rustico: „Das wird nicht immer so bleiben, meine Tochter." Und um zu erreichen, daß es nicht so bliebe, schickten sie auf ihrem Lager den Teufel wohl an die sechsmal und mehr in die Hölle, so daß sie ihm für diesmal seine Hoffart völlig austrieben und er willig Ruhe gab. Zwar zeigte sich diese Hoffart in der nächsten Zeit noch unzählige Male, doch das Mädchen zeigte sich stets bereit, ihm dieselbe auszutreiben. So kam es, daß sie bald großes Vergnügen an diesem Spiel zu finden begann und zu Rustico sagte: „Jetzt sehe ich ein, daß die braven Christen in Capsa die Wahrheit sprachen, wenn sie behaupteten, daß es süß sei, Gott zu dienen. Ich weiß ganz genau, daß ich noch niemals ein größeres Vergnügen gekannt habe, als den Teufel in die Hölle zu schicken. Und ich behaupte darum, daß alle Menschen, die Gott nicht dienen wollen, dumm sind." Fortan kam sie zu diesem Zweck oftmals zu Rustico und sagte:

„Mein Vater, ich bin hergekommen, um Gott zu dienen, und nicht, um hier müßig herumzusitzen. Laßt uns den Teufel in die Hölle schicken!" Und sagte auch zuweilen, wenn sie eben dabei waren, zu ihm: „Rustico, ich weiß nicht, warum der Teufel immer wieder aus der Hölle flieht. Wenn er so gerne darinnen wäre, wie die Hölle ihn empfängt und hält, würde er niemals wieder herausgehen!"

Während das Mädchen nun den jungen Rustico auf solche Weise häufig ermunterte und zum Gottesdienst antrieb, zog sie ihm bald derart das Mark aus den Knochen, daß er zu frieren begann, wo jeder andre in Hitze geraten wäre. Er machte ihr darum schleunigst klar, daß der Teufel nur dann bestraft und in die Hölle gejagt werden müsse, wenn er sein Haupt verwegen erhöbe. „Wir aber haben ihn, Gott sei Dank, so gedemütigt, daß er froh ist, wenn man ihn in Frieden läßt!" Damit brachte er Alibech eine Weile zur

Ruhe. Als sie aber feststellte, daß Rustico sie gar nicht mehr aufforderte, den Teufel in die Hölle zu schicken, sagte sie eines Tages zu ihm: „Rustico, wenn dein Teufel auch gezähmt ist und dich nicht mehr quält, so läßt mich die Hölle deshalb doch nicht in Ruhe. Du tätest gut daran, mir mit deinem Teufel zu Hilfe zu eilen, um den Aufruhr in meiner Hölle niederzuschlagen, ebenso wie auch ich dir mit der Hölle geholfen habe, die Aufsässigkeit deines Teufels zu bekämpfen."

Rustico, der nur von wilden Wurzeln und Wasser lebte, vermochte nur schlecht dieser Aufforderung nachzukommen und antwortete, daß viele Teufel nötig seien, um eine Hölle zu bändigen, doch wolle er alles tun, was in seinen Kräften stehe. Er stellte sie denn auch noch hin und wieder zufrieden, doch geschah es so selten, daß es nicht mehr ausmachte, als ob man eine Bohne in den Rachen eines Löwen würfe, worauf das Mädchen, das nun ihren Gottesdienst nicht so ausüben konnte, wie sie es wünschte, heftig zu murren begann.

Während nun zwischen dem Teufel des Rustico und der Hölle Alibechs des heftigen Verlangens und geringen Könnens wegen der Krieg noch andauerte, brach zu Capsa eine große Feuersbrunst aus, der auch Alibechs Vater mit seinen Söhnen und der ganzen Familie im eigenen Hause zum Opfer fiel, so daß nur Alibech als Erbin seines großen Vermögens übrigblieb. Ein Jüngling namens Neerbal, der seinen Reichtum im Leichtsinn vertan hatte, hörte, daß das Mädchen noch am Leben sei. Er machte sich auf, sie zu suchen, und fand sie auch gerade noch so rechtzeitig, daß die Güter des angeblich ohne Erben verstorbenen Vaters von der Beschlagnahme durch den Hof verschont blieben. Er holte Alibech zur großen Erleichterung Rusticos und gegen ihren eigenen Willen nach Capsa zurück, wo er sie zu seiner Gattin machte und dadurch mit ihr zusammen Erbe des kostbaren Nachlasses wurde.

Als Alibech dort, noch bevor sie mit Neerbal geschlafen hatte, von andren Frauen gefragt wurde, wie man denn in der Wüste Gott dienen könne, antwortete sie, daß sie ihm damit gedient habe, den Teufel in die Hölle zu schicken, und daß Neerbal eine große Sünde auf sich geladen habe, als er sie von diesem Gottesdienst weggeholt habe. Die

Frauen fragten darauf: „Und wie schickt man den Teufel in die Hölle?" Das Mädchen gab ihnen dies teils mit Worten, teils mit Gebärden zu verstehen, worauf die Frauen in ein so tolles Gelächter ausbrachen, daß sie bis heute noch nicht imstande gewesen sind, sich wieder zu beruhigen. „Ach!" schrien sie, „laß es dir nicht leid sein, Kleine! Das kannst du auch hier! Neerbal wird mit dir zusammen dem Herrgott noch manchen Dienst leisten!" Dann aber erzählte eine diesen Spaß der anderen, so daß er bald die ganze Stadt durchlief. Und so wurde es denn zum Sprichwort, der fröhlichste Dienst, den man dem Herrgott erweisen könne, sei, den Teufel in die Hölle zu schicken. Und das Sprichwort überquerte die Meere und wird noch heute gebraucht.

Darum, ihr jungen Frauen, die ihr alle die Gnade Gottes nötig habt, lernt, den Teufel in die Hölle zu schicken! Das ist ein Gott gar wohlgefälliges Werk, an dem alle Beteiligten ihre Freude haben. Manches Gute kann aus ihm entstehen und erwachsen.

Diese Geschichte Dioneos hatte die ehrbaren Damen wohl tausendmal und mehr zum Lachen gebracht, da sie ihnen gar so ergötzlich schien. Dann aber schwieg Dioneo, und die Königin stellte fest, daß mit dem Ende der Geschichte auch das Ende ihrer Herrschaft gekommen war. Sie nahm daher die Lorbeerkrone aus ihren Locken, drückte sie mit anmutiger Gebärde Filostrato aufs Haupt und sprach: „Nun wollen wir sehen, ob der Wolf es verstehen wird, die Schafe besser zu leiten, als diese bisher die Wölfe geführt haben."

Filostrato entgegnete lachend: „Wenn es nach mir gegangen wäre, hätten die Wölfe den Schafen schon beigebracht, wie man den Teufel in die Hölle schickt, und sicher hätten sie es ihnen ebensogut zu zeigen vermocht wie Rustico seiner Alibech. Nennt uns nicht Wölfe, da auch ihr selbst keine Unschuldslämmer gewesen seid. Trotzdem bin ich bereit, das Reich, das mir anvertraut wurde, zu regieren!"

Darauf sprach Neifile: „Höre, Filostrato, wenn ihr uns belehren wolltet, so hättet ihr es so versuchen müssen, wie Masetto aus Lamporecchio es mit den Nonnen machte, und hättet erst dann weiterreden sollen, wenn der Knochen ohne seinen Meister zu pfeifen gelernt hätte!" Filostrato sah ein, daß die Damen ihm auf seine Sticheleien keine Antwort schuldig blieben. Er hörte daher auf zu spotten und begann sich um die Regierung seines Reiches zu kümmern. Nachdem der Seneschall gerufen war, ließ er sich über alle Dinge genau Bericht geben und ordnete darüber hinaus auf gar umsichtige Weise alles Nötige an, was während seiner Regierungszeit zum Wohlbefinden und zur Unterhaltung der Gesellschaft geschehen sollte. Dann sagte er, zu den Damen gewandt: „Ihr holden Frauen, zu meinem Leidwesen bin ich, seitdem ich Gut und Böse zu unterscheiden weiß, wegen der Schönheit der einen oder andren unter euch stets die Beute Amors gewesen. Doch ist mir weder meine Demut noch mein Gehorsam oder das Eingehen auf alle seine Launen, soweit ich sie erkannte, anders gelohnt worden, als daß ich bei der ersten Gelegenheit um eines andren willen verlassen wurde, und es ging mir immer schlechter und schlechter. Und so wird es mir, glaube ich, auch wohl bis zu meinem Tode weiter ergehen. Ich möchte daher, daß morgen von nichts andrem erzählt wird als von Begebenheiten, die meinem Schicksal ähneln, also von solchen Menschen, deren Liebe ein unglückliches Ende nahm; denn nur ein solches wird der meinen einst beschieden sein. Aus keinem andern Grunde wurde mir ja von einem, der wohl wußte, was er sagte, schon der Name gegeben, mit dem ihr mich ruft." Damit erhob er sich und beurlaubte alle bis zur Zeit des Abendessens.

Im Garten aber war es jetzt noch so schön und erquicklich, daß niemand von der Gesellschaft sich entschließen konnte, ihn zu verlassen, um anderswo mehr Vergnügen zu suchen. Einige gingen, als die Sonne sank, den Rehen, Kaninchen und andren Tieren nach, die, solange die Gesellschaft im Kreise zusammengesessen hatte, wohl hundertmal durch ihre Mitte gelaufen waren. Dioneo und Fiammetta begannen das Lied von Messer Guglielmo und der Dame Tugendsam zu singen, Filomena und Panfilo setzten sich zum Schachspiel nieder. So verbrachten sie die Zeit mit dieser oder jener Beschäftigung, bis die Stunde des Abendessens unerwartet schnell herannahte und alle sich an den um den großen Springbrunnen herum aufgestellten Tischen niederließen und in heiterster Laune das Mahl einnahmen.

Filostrato, der nicht von dem abweichen wollte, was die
früheren Königinnen getan hatten, gebot, als die Tafel aufgehoben war, Lauretta, ein Lied zu singen und zu tanzen.
Lauretta aber entgegnete ihm: „Mein Gebieter, ich kenne
keine fremden Lieder und weiß auch von meinen keins aus
dem Kopf, das zu einer so frohen Gesellschaft passen
könnte. Wenn Ihr Euch jedoch mit einem der Lieder, die
mir im Gedächtnis blieben, zufriedengeben wollt, so will
ich gerne singen." Der König antwortete: „Deine Lieder
werden alle schön sein, darum singe, was dir gerade in den
Sinn kommt." Worauf Lauretta mit lieblicher Stimme nach
einer schwermütigen Melodie zu singen begann:

„Kein trostlos Weib verlange
Wie ich, das Recht zu klagen,
Ich Arme, die umsonst in Lieb' erbange.

Der, so den Himmel lenkt und alle Sterne,
Schuf mich nach seinem Sinne
Anmutig, hold und schön, und wollte gerne,
Daß alle Geister 'nieden würden inne
Ein Bild, woran man lerne
Die Schönheit, die er schaut vom Anbeginne.
Doch abhold dem Gewinne
Hat sterbliches Gebrechen
Mich nur verschmäht, statt freundlichem Empfange.

Wohl gab es einen, der mich Zarte, Junge
Sonst wollte teuer achten,
Mich in die Arm' und die Gedanken schlunge;
Dem meine Augen solch ein Feuer fachten,
Daß er, im flücht'gen Schwunge
Der Zeit, nichts andres tat als mich betrachten.
Und meiner würdig machten
Ihn meine Huld und Milde;
Jetzt aber miss' ich, mir zur Qual, ihn lange.

Dann ward mit stolzem Wesen mir entgegen
Ein Jüngling kühn gesendet,
Auf Adel und auf Tapferkeit verwegen.
Der hält gefangen mich und muß, geblendet,

Gar Eifersucht nun hegen,
Daß ich mich zur Verzweiflung fast gewendet,
Da es so mit mir endet,
Daß mich, zur Welt gekommen
Zu vieler Glück, nun einer hält im Zwange.

Ich fluche meinem Unglück, das ich leide,
Weil ich Ja konnte sagen,
Mein Kleid zu tauschen: da im dunklen Kleide
Ich schön und froh war; seit ich dies getragen,
Jedwedes Leben neide,
Weit minder ehrsam als in vor'gen Tagen.
O Fest zu Weh und Klagen!
Wär ich doch eh gestorben,
Als ich dich je erlebt in solchem Drange!

O Liebster, wie ihn keine sonst besessen,
Um mich zum Glück zu führen,
Der jetzt im Himmel ist, im Antlitz dessen,
Der uns erschuf! Laß dich Erbarmen rühren
Für mich, die dich vergessen
Nicht kann um einen andern; laß mich spüren,
Daß Flammen, die ich schüren
Gekonnt, noch nicht erloschen,
Und dort hinauf die Rückkehr mir erlange."

Hiermit beendete Lauretta ihr Lied, das von allen aufmerksam angehört, doch auf verschiedene Weise ausgelegt wurde. Einige waren der Meinung, es besage dasselbe wie das mailändische Sprichwort „Eine fette Sau ist besser als eine schöne Frau", andre aber erblickten darin einen erhabeneren, tieferen und edleren Sinn, auf den wir jedoch hier nicht näher eingehen wollen.

Der König ließ, nachdem er den Rasen und die herrlichen Blumen mit vielen Windlichtern hatte beleuchten lassen, noch viele andre Lieder singen, bis schließlich die aufgegangenen Sterne schon zu erblassen begannen. Dann schien es auch ihm an der Zeit, zur Ruhe zu gehen, und er gebot nach einem „Gute Nacht" allen, die Schlafgemächer aufzusuchen.

Hier endet der dritte Tag des Dekameron.

*Es beginnt der vierte Tag des Dekameron, an dem unter
Filostratos Herrschaft von Menschen erzählt wird, deren
Liebe ein unglückliches Ende nahm.*

Geliebte Damen! Nach den Worten der Weisen, die ich vernahm, und nach vielem, was ich selber sah und las, war ich des Glaubens, daß der ungestüme, sengende Sturm des Neides nur die hohen Türme und höchsten Wipfel der Bäume erschüttere. Doch sehe ich, daß ich mich in dieser Annahme über die Maßen getäuscht habe. So bin ich denn auf der Flucht vor dem heißen Odem dieses wilden Sturmes – dem zu entgehen ich mich immer mühen werde – nicht nur in den Ebenen geblieben, sondern sogar still und heimlich in die Tiefen der Täler hinabgetaucht. Dies wird jedem einleuchten, der die vorliegenden Geschichten betrachtet, die ich nicht nur in Florentiner Mundart in Prosa zusammenhanglos niederschrieb, sondern auch in dem anspruchslosesten Stil und Ton, den man sich denken kann. Doch habe ich dessenungeachtet nicht verhüten können, daß jener Sturm mich wütend packte und fast entwurzelte und die Bisse der Mißgunst mich zerfleischten. So vermag ich denn nun aus eigener Erkenntnis den Weisen zuzustimmen, die da sagen: „Von allen Dingen der Welt bleibt nur das Elend vom Neide verschont!"

Es haben sich nun beim Lesen dieser Geschichten einige gefunden, meine Damen, die behaupteten, daß ihr mir gar zu gut gefielet und daß mein Bestreben, euch zu erheitern und zu trösten, unschicklich sei. Noch schlimmer aber sei es – so meinen andre –, euch in dem Maße zu preisen, wie ich es tue. Wieder andre, die sich noch erhabener zu zeigen wünschten, warfen mir vor, es zieme meinem Alter nicht, noch den Dingen der Liebe nachzugehen, von den Frauen zu erzählen und ihnen gefällig zu sein. Und viele stellten sich besorgt um meinen guten Ruf und rieten mir, lieber bei den Musen des Parnaß zu verweilen als mich mit solchen Plaudereien mitten unter euch zu stellen.

Und schließlich sind noch jene zu nennen, die mehr hämisch als weise sagten, ich täte besser daran, über meinen Broterwerb nachzudenken als bei solcherlei Geschwätz von der Luft zu leben. Zuletzt muß ich auch noch die erwähnen, die mir zum Schaden nachzuweisen sich bemühten, alles habe sich ganz anders zugetragen, als ich es euch berichte.

Von so zahlreichen und verschieden gearteten Stürmen also werde ich heimgesucht, von so scharfen Bissen und giftigen Pfeilen verwundet und ins Mark getroffen, meine Damen, weil ich mich euren Diensten weihe. Doch ich höre und vernehme weiß Gott alles mit unbekümmertem Herzen, und wenn es auch eigentlich eure Aufgabe wäre, mich zu verteidigen, so habe ich deshalb doch nicht die Absicht, meine eigenen Kräfte zu sparen. Im Gegenteil, ich werde mir alle diese Leute, ohne ihnen die Antwort zu geben, die ihnen gebührte, mit einer gewandten Antwort vom Halse schaffen, und zwar unverzüglich. Denn wenn schon jetzt, wo ich noch nicht ein Drittel meines Werkes vollendet habe, ihrer so viele mit solcher Dreistigkeit auftreten, so würden sie – wies' ich sie nicht sogleich in ihre Schranken – sich vor Beendigung des Werkes so vervielfacht haben, daß sie mich mit geringer Anstrengung zur Strecke brächten. Alle eure Bemühungen aber, und seien sie noch so groß, vermöchten nichts dagegen auszurichten.

Bevor ich jedoch darangehe, einem meiner Widersacher entgegenzutreten, möchte ich zu meiner Rechtfertigung eine Erzählung vortragen, keine vollständige, abgeschlossene Geschichte, die den Anschein erwecken könnte, als wolle sie sich unter die Erzählungen der ehrenwerten Gesellschaft mischen, die ich euch vorstellte, nein, nur den Bruchteil einer Geschichte, die sich schon durch ihre Unvollständigkeit als nicht zu jenen gehörig ausweist.

So möchte ich denn meinen Gegnern folgendes berichten: Vor langen Zeiten lebte in unsrer Vaterstadt ein Bürger namens Filippo Balducci, der trotz seiner niederen Herkunft über große Reichtümer verfügte, von erlesenen Sitten und in Anbetracht seines Standes recht weltgewandt war. Er lebte mit seiner Frau, die er ebenso zärtlich liebte wie sie ihn, in Frieden, und beiden lag nichts mehr am Herzen, als sich gegenseitig das Leben so angenehm wie möglich zu machen. Da aber widerfuhr der Frau, was einst uns allen widerfahren wird: Sie starb und ließ Filippo nichts anderes von sich zurück als ihrer beider einzigen Sohn, der damals etwa zwei Jahre alt sein mochte. Filippo war nach ihrem Tode so untröstlich wie kaum ein andrer Mensch, der sein Liebstes verloren hat, und beschloß, als er sich von der Frau, die er über alles geliebt hatte, auf diese Weise verlassen sah, der Welt zu entsagen, sich dem Dienste Gottes zu weihen und auch seinen kleinen Sohn nur dazu aufzuziehen. So verschenkte er alles, was er besaß, an die Armen und zog sich alsdann auf den Berg Senario zurück, wo er sich mit seinem kleinen Sohn in eine enge Klause einschloß und mit ihm unter Fasten und Beten von Almosen lebte. Dabei hütete er sich sorgfältig, in Gegenwart des Sohnes je ein Wort über weltliche Dinge zu verlieren noch ihn etwas Derartiges sehen zu lassen, damit nichts ihn von seinem frommen Lebenswandel abbringe. Statt dessen erzählte er ihm ständig von der ewigen Seligkeit, von Gott und allen Heiligen und unterwies ihn in nichts anderem als in frommen Gebeten. Auf diese Art hielt er ihn viele Jahre lang in seiner Klause fest und verhinderte jedes Zusammentreffen mit andern Menschen. Der brave Filippo selber aber pflegte hin und wieder nach Florenz zu gehen, um sich von frommen Menschen mit dem Notwendigsten versorgen zu lassen, bevor er in seine Klause zurückkehrte.

Nun geschah es, daß der Jüngling in seinem achtzehnten Lebensjahr, als Filippo bereits ein alter Mann war, eines Tages den Vater fragte, wohin er gehe. Auf die Auskunft Filippos sagte der Jüngling: „Mein Vater, Ihr seid schon alt und den Beschwerden nicht mehr gewachsen. Warum nehmt Ihr mich nicht einmal mit nach Florenz und macht mich mit Euren gottesfürchtigen Freunden bekannt? Ich bin jung und könnte die Unannehmlichkeiten besser ertragen, auch könnte ich späterhin, wann immer Ihr es wünscht, um unsern Unterhalt nach Florenz gehen, Ihr aber könntet hierbleiben." In der Annahme, sein fast erwachsener Sohn sei an das gottgefällige Leben so gewöhnt, daß weltliche Dinge ihn schwerlich davon abzubringen vermöchten, dachte der wackre Filippo bei sich: ‚Er hat recht!' Und so nahm er bei der nächsten Gelegenheit den Sohn mit nach Florenz.

Als der Jüngling die Paläste, Häuser und Kirchen erblickte und die zahlreichen übrigen Schönheiten, an denen Florenz reich ist, und sich nicht erinnern konnte, je etwas Ähnliches gesehen zu haben, verwunderte er sich sehr und fragte seinen Vater oft, was dieses oder jenes sei und wie es heiße. Der Vater gab ihm Antwort, und der Jüngling fragte, wenn er hochbefriedigt die Auskunft vernommen hatte, sogleich nach etwas Neuem. Während sie sich so mit Fragen und Antworten unterhielten, trafen sie unverhofft auf eine Schar schöner, festlich geputzter junger Mädchen, die von einer Hochzeit zurückkehrten. Als der Jüngling sie entdeckte, fragte er seinen Vater, was für Geschöpfe dies wohl seien, und Filippo antwortete: „Mein Sohn, schlage die Augen nieder und schau jene nicht an. Es sind arge Nichtsnutze!" Darauf fragte ihn der Sohn: „Aber wie heißen sie denn?" Und der Vater, der kein unkeusches Verlangen in den begehrlichen Trieben des Jünglings erwecken und deshalb ihren rechten Namen „Weiber" nicht aussprechen wollte, erwiderte: „Das sind Gänse!" Seltsam mag es klingen, aber der junge Mann, der noch nie eine Frau gesehen hatte, vergaß im Handumdrehen Paläste, Ochsen, Pferde und Esel, die es hier zu sehen gab, vergaß das Geld und alle sonstigen Dinge und sagte unverzüglich: „Mein Vater, ich bitte Euch, laßt mich eine von diesen Gänsen mitnehmen." – „Wehe dir, mein Sohn!" rief der Vater. „So schweige doch. Es sind Bösewichte!" Der Jüngling aber fuhr fort: „Sehen denn alle Bösewichte so aus?" – „Jawohl!" erwiderte sein Vater. Der Jüngling sprach: „Ich verstehe nicht, daß Ihr so etwas behaupten könnt, und sehe nicht ein, warum sie böse sein sollen! Ich meinerseits habe noch nie etwas Schöneres oder Reizenderes als diese Gänse gesehen. Sie sind tausendmal schöner als die gemalten Engelchen, die Ihr mir so oft gezeigt habt. Ach, wenn Ihr mir etwas zur Liebe tun wollt, so laßt uns wenigstens eine von diesen Gänsen mitnehmen. Ich werde sie schon füttern." Darauf sagte der Vater: „Ich wünsche es nicht, und du weißt auch nicht, was sie für ihren Schnabel verlangen." Doch erkannte er nun, daß die Macht der Natur stärker war als alle Vorsicht, und bereute es sehr, den Sohn nach Florenz mitgenommen zu haben ...

Was ich bis hierher von dieser Geschichte erzählt habe,

mag genügen, und ich will mich nun wieder denen zuwenden, für die ich sie erzählt habe.

Einige meiner Gegner behaupteten also, meine Bemühungen, euch zu gefallen, seien ebenso unschicklich wie die Freude, die ich an euch finde. Nun, daß ihr mir sehr gefallt und ich mir Mühe gebe, auch euch zu gefallen, gebe ich offen zu. Doch möchte ich meine Gegner fragen, ob sie sich darüber so sehr verwundern können, wenn sie – ganz zu schweigen von liebevollen Küssen, wonnigen Umarmungen und süßen Vereinigungen, die sie bei euch, ihr holden Frauen, zuweilen genießen – nur den feinen Anstand, die holde Schönheit und zierliche Grazie neben eurer weiblichen Würde anschauen, die sie ständig vor Augen haben, da doch ein Jüngling, der auf einem einsamen, öden Berg in enger Klause ernährt, erzogen und herangewachsen war und keine andre Gesellschaft als die seines Vaters kannte, sobald er euch erblickte, nach nichts anderm mehr verlangte und nur noch euch allein begehrte? Dürfen sie mich tadeln, verspotten und verhöhnen, weil ich an euch Gefallen finde und euch zu gefallen mir Mühe gebe, wenn ich vom Himmel zu nichts anderem erschaffen wurde, als euch zu lieben, euch, denen ich von Jugend auf meine Seele weihte, nachdem ich die Schönheit eurer strahlenden Augen erkannte, den Wohllaut eurer süßen Worte vernahm und die Flamme verspürte, die sich an zärtlichen Seufzern entzündet? Dürfen sie es, wenn sie bedenken, daß ihr selbst einem Einsiedler, einem Jüngling ohne Gefühl, ja, richtiger gesagt, einem wilden Tier besser als alles andere gefielet? Fürwahr, nur wer die Freuden und die Macht der Liebe nicht kennt und fühlt, wer euch nicht liebt noch wünscht, von euch geliebt zu werden, kann mich tadeln. Und wenig kümmert's mich.

Und jene, die gegen mein Alter eifern, wissen anscheinend schlecht, daß der Stiel des Lauches grün bleibt, wenn auch sein Kopf weiß ist. Ihnen will ich, allen Scherz beiseite lassend, sagen, daß ich es bis ans Ende meines Lebens nicht als Schande erachten werde, jenen gefällig zu sein, denen Guido Cavalcanti und Dante Alighieri noch in reifen Jahren und Herr Cino da Pistoia sogar im hohen Alter Ehre antaten und zu gefallen suchten. Wenn ich mich dadurch nicht zu weit von der bisher gepflogenen Art des Erzählens entfernte, so würde ich die Geschichte heranziehen und an

Hand dieser aufzeigen, daß es unzählige große Männer gegeben hat, die es sich noch im reifsten Alter angelegen sein ließen, den Frauen zu gefallen. Sollten meine Widersacher hierüber etwa nicht im Bilde sein, mögen sie hingehen und sich belehren lassen!

Daß ich bei den Musen des Parnaß verweilen sollte, ist freilich, ich muß es zugeben, ein guter Rat. Doch leider können wir Menschen nicht immerfort mit ihnen zusammen leben und auch sie nicht mit uns. Wenn aber der Mensch von ihnen scheiden muß und sich dann an Wesen zu erfreuen sucht, die ihnen ähnlich sind, so soll ihn niemand tadeln. Die Musen sind Frauen, und wenn nun auch die Frauen nicht von gleich hohem Werte sind, haben sie doch auf den ersten Anblick so viel Ähnlichkeit mit den Musen, daß sie mir – wenn aus keinem andern Grunde – schon deswegen gefallen müßten. Abgesehen davon bewogen die Frauen mich, an die tausend Verse zu dichten, wogegen ich zum Ruhme der Musen noch keinen einzigen zustande brachte. Wohl waren sie mir behilflich, unterwiesen mich in der Dichtung der tausend Verse und sind vielleicht auch jetzt, da ich diese anspruchslosen Geschichten schreibe, gekommen, um in meiner Nähe zu verweilen. Und sie tun es am Ende eben zu Ehren der Ähnlichkeit, welche die Frauen mit ihnen haben, so daß ich mich beim Schreiben dieses Werkes vom Parnaß und seinen Musen nicht gar so weit entfernt habe, wie mancher meiner Widersacher glauben mag.

Was aber werden wir nur denen sagen, die mir aus Mitleid mit meinem Hunger raten, mich um einen Broterwerb zu kümmern? Ich weiß es nicht. Doch höre ich schon ihre Antwort, wollte ich sie etwa in der Not anbetteln: „Geh und verdiene dir dein Brot mit deinen Geschichten!" Und haben nicht manche Poeten es mit ihren Geschichten weiter gebracht als viele Reiche mit ihren Schätzen? Mancher Dichter, der seiner Fabelei nachging, hat sein Zeitalter berühmt gemacht, während andere, die nur darauf aus waren, mehr Brot als nötig zu verdienen, im Elend verkamen. Was wäre wohl weiter noch zu sagen? Sollen sie mich denn abweisen, wenn ich sie je um ihre Hilfe bitte! Vorerst brauche ich, Gott sei gelobt, niemand. Und sollte die Not mich dereinst heimsuchen, so werde ich, wie der Apostel, den Mangel so gut zu ertragen wissen wie den Überfluß. Darum bekümmere sich niemand mehr um meine Angelegenheiten, als ich selbst es tue!

Denen aber, die da behaupten, meine Geschichten entsprächen nicht dem wahren Ablauf der Dinge, wäre ich verbunden, wenn sie mir diesen übermitteln wollten. Sollten die Tatsachen wirklich von meinen Geschichten abweichen, will ich diesen Tadel anerkennen und versuchen, mich zu bessern. Solange ich indessen nichts als Worte höre, mögen sie bei ihrer Meinung bleiben wie ich bei der meinen, denn ich denke von ihnen das gleiche wie sie von mir.

Und hiermit sei es genug der Antworten für heute! Gewappnet mit Gottes Beistand und dem euren, ihr edlen Damen, auf den ich baue, hoffe ich, mein Werk voranzubringen, indem ich, gerüstet mit Geduld, dem Sturm den Rücken kehre und ihn wüten lasse; sehe ich doch, daß mir nichts andres zustoßen kann als dem kleinen Staubkorn, das jener, Wirbel blasend, entweder nicht vom Boden bewegt oder hoch in die Lüfte, auf die Häupter der Menschen, die Kronen der Könige und Herrscher, ja oft auf prächtige Paläste und hohe Türme trägt, und das doch, wenn es von dort niederfällt, nicht tiefer stürzen kann als auf die Erde, von der es emporgewirbelt wurde.

Bemühte ich mich, euch zu gefallen, so bin ich jetzt entschlossener dazu als je, da ich erkannt habe, daß mir niemand mit Recht einen anderen Vorwurf machen kann, als daß ich – wie alle, die euch lieben – dem Willen der Natur gemäß handle. Ihm, dem Willen der Natur, zu trotzen, bedürfte es ungeheurer Anstrengungen, die oft nicht nur vergeblich, sondern noch zum Schaden dessen sind, der sie versucht. Ich aber habe dazu nicht die Kraft und wünsche in diesem Fall auch nicht, sie zu haben. Besäße ich sie wirklich, wäre ich bereit, sie andern zu leihen, da ich sie für mich selbst nicht brauchen wollte.

So mögen denn die giftigen Zungen schweigen! Laßt jene, die nichts mehr zu erwärmen vermag, in der Erstarrung weiterleben und ihren eignen Freuden oder besser ihren verderbten Gelüsten nachgehen! Mir aber sollen sie, in dem kurzen Leben, das uns vergönnt ist, die meinigen lassen!

Und damit, meine reizenden Damen, wollen wir wieder

dahin zurückkehren, von wo wir ausgegangen sind. Gar weit sind wir abgeirrt, jetzt aber ist es Zeit, ordnungsgemäß fortzufahren.

Schon hatte die Sonne die Sterne vom Himmel vertrieben und den feuchten Schatten der Nacht von der Erde genommen, als Filostrato sich erhob und seine Gesellschaft wecken ließ. Alle begaben sich in den schönen Garten, vertrieben sich dort die Zeit und speisten, als die Stunde des Essens gekommen war, am gleichen Platz, an dem am Abend vorher zur Nacht gegessen wurde. Nach dem Mittagsschlaf, währenddessen die Sonne im Zenit stand, ließen sie sich in gewohnter Weise an dem schönen Springbrunnen nieder, und Filostrato befahl Fiammetta, mit dem Erzählen den Anfang zu machen. Diese begann, ohne sich nochmals bitten zu lassen, anmutig ihre Geschichte.

ERSTE GESCHICHTE

Tancredi, der Fürst von Salerno, läßt den Liebhaber seiner Tochter ermorden und schickt ihr in einem goldenen Gefäß sein Herz. Sie gießt vergiftetes Wasser darauf, trinkt es und stirbt.

Ein gar trauriges Thema hat der König uns heute zum Erzählen gegeben! Obwohl wir hierhergekommen sind, um uns zu erheitern, sollen wir heute fremdes Leid schildern, das nicht erzählt werden kann, ohne daß Hörer und Erzähler von Mitleid erfüllt werden. Vielleicht hat er dies Thema erwählt, um die Ausgelassenheit der vergangenen Tage ein wenig abzuschwächen. Was ihn auch dazu veranlaßt haben mag, mir ziemt es nicht, abzuändern, was ihm gefällt. Und so will ich euch denn eine mitleiderregende Begebenheit berichten, die unsrer Tränen würdig ist.

Tancredi, der Fürst von Salerno, wäre ein milder und wohlwollender Fürst gewesen, hätte er nicht noch im hohen Alter seine Hände mit dem Blut zweier Liebender besudelt. Er hatte zeitlebens nur eine einzige Tochter, und besser wäre es gewesen, wenn er auch diese niemals besessen hätte! Tancredi liebte sie mehr, als je eine Tochter von ihrem Vater geliebt wurde, doch ebendieser zärtlichen Liebe wegen konnte er sich nicht entschließen, sie zu verheiraten, obwohl sie das heiratsfähige Alter bereits um ein paar Jahre überschritten hatte. Schließlich gab er sie einem Sohn des Herzogs von Capua zur Frau, mit dem sie jedoch nur wenige Jahre zusammen verbrachte, um dann als Witwe zu ihrem Vater zurückzukehren. Sie war von größerer Schönheit und herrlicherem Wuchs als alle andren Frauen, dazu jung und voller Anmut und klüger, als es wohl einer Frau dienlich sein mag. Während sie nun bei ihrem zärtlichen Vater als große Dame in Luxus und Verwöhnung dahinlebte, bemerkte sie bald, daß ihr Vater sich, aus übergroßer Liebe zu ihr, wenig bemühte, sie wieder zu vermählen. Da es ihr nicht ziemlich schien, dies zu begehren, beschloß sie, wenn möglich, sich in aller Stille einen würdigen Liebhaber zu suchen. Sie musterte alle Männer, adelige und nichtadelige, die am Hofe ihres Vaters verkehrten, wie es üblich ist, und beobachtete die Manieren und den Anstand von vielen. Dabei gefiel ihr vor allen andren ein junger Diener ihres Vaters, der Guiscardo hieß und von bescheidener Herkunft, doch von adligem Wesen und edelstem Anstand war. Als sie ihn des öfteren betrachtet hatte und sein Betragen jedesmal liebenswerter fand, verliebte sie sich in aller Heimlichkeit glühend in ihn. Der junge Mann, der recht verständig war, erkannte bald ihre Zuneigung. Er wandte ihr sein Herz in gleichem Maße zu und dachte an nichts andres mehr als an seine Liebe zu ihr.

Während nun beide sich in aller Stille nacheinander verzehrten, wünschte die Prinzessin nichts sehnlicher, als einmal mit ihm zusammenzutreffen; doch wollte sie niemand in diese Liebe einweihen und erdachte sich deshalb eine ganz neue List, um sich ihrem Geliebten zu offenbaren. Sie schrieb einen Brief, in dem sie ihm mitteilte, wie er es am folgenden Tag anstellen sollte, sie zu treffen. Diesen Brief steckte sie in den hohlen Stengel eines Schilfrohrs und überreichte es Guiscardo mit den Worten: „Mach deiner Magd heute abend ein Blasrohr davon, mit dem sie das Feuer anblasen kann." Guiscardo nahm das Rohr an sich, und da er vermutete, daß die Dame es ihm nicht ohne besonderen Grund mit jenen Worten überreicht habe, nahm er es mit sich nach Hause, betrachtete es genau und stellte fest, daß es gespalten war. Er zerbrach es, fand ihren Brief und wußte, nachdem er ihn gelesen, was er zu tun hatte. Überglücklich machte er sich sogleich ans Werk, um auf dem von ihr beschriebenen Wege zu ihr zu gelangen.

Es war nämlich vor langen, langen Zeiten einmal zu seiten des fürstlichen Palastes eine Grotte in den Berg hineingehauen worden, die durch einen künstlich hergestellten Spalt schräg von oben her ein wenig Licht erhielt. Da die Grotte ganz in Vergessenheit geraten war, hatten Dornen und Gräser, die oben auf ihr wuchsen, den Lichtschacht gänzlich überwuchert. Aus einer Kammer des Erdgeschosses, die der Prinzessin gehörte, konnte man über eine geheime Treppe in diese Grotte gelangen, die freilich mit einer starken Tür versperrt war. Da diese Tür seit undenklichen Zeiten nicht mehr benutzt wurde, war sie allmählich so in Vergessenheit geraten, daß niemand mehr an sie dachte. Amor jedoch, dessen Blicke auch die verborgensten Dinge erspähen, hatte diese Tür in das Gedächtnis der Prinzessin zurückgerufen. Um niemand auf ihr Vorhaben aufmerksam zu machen, hatte sie sich tagelang mit aller Kraft abgemüht, diese Tür zu öffnen, und war, als es ihr endlich gelungen war, allein in die Grotte gegangen, wo sie die Öffnung bemerkt hatte. Darauf hatte sie Guiscardo geschrieben, er möge versuchen, sich durch diese Öffnung zu ihr herunterzulassen, und hatte ihm auch die ungefähre Höhe der Grotte angegeben.

Guiscardo verwandelte eiligst einen Strick mit allerlei Knoten und Schlingen in eine Art Leiter, auf der er hinab- und hinaufsteigen konnte, schlüpfte in ein Lederwams, um nicht von den Dornen zerfetzt zu werden, und begab sich, ohne einer Menschenseele etwas davon zu verraten, in der folgenden Nacht zu jener Öffnung. An einem starken Baumstamm, der in unmittelbarer Nähe stand, befestigte er das eine Ende seiner Strickleiter und ließ sich sodann in die Grotte hinunter, um dort die Dame zu erwarten.

Diese stellte sich am folgenden Tage, als ob sie schlafen wolle, und schickte alle ihre Hofdamen fort. Dann schloß sie sich in ihren Gemächern ein und eilte, nachdem sie die geheime Tür geöffnet hatte, in die Grotte, wo sie Guiscardo vorfand. Beide begrüßten einander mit inniger Freude und kehrten dann in das Schlafgemach der Prinzessin zurück, wo sie sich einen großen Teil des Tages dem Entzücken ihrer Liebe hingaben. Nachdem sie genau besprochen hatten, wie sie ihre Liebe vor allen Menschen geheimhalten könnten, kehrte Guiscardo in die Grotte zurück, während die Dame die Verbindungstür verriegelte und zu ihren Hofdamen hinausging. Mit Hilfe seiner Strickleiter verließ Guiscardo noch während der Nacht die Grotte auf dem gleichen Wege, auf dem er hereingekommen war, und kehrte nach Hause zurück, um in der Folgezeit auf diesem heimlichen Wege noch oft zu der Prinzessin zurückzukehren.

Jedoch Fortuna gewahrte mit Neid die anhaltenden Liebesfreuden der beiden und verwandelte nur zu bald das Entzücken der Liebenden in Trauer und Tränen. Tancredi nämlich hatte die Angewohnheit, zuweilen allein in das Gemach seiner Tochter zu kommen, um dort in angenehmer Unterhaltung ein Weilchen bei ihr zu bleiben und dann wieder fortzugehen. So kam er auch eines Tages nach dem Essen dorthin, während seine Tochter, die Ghismonda hieß, mit ihren Damen im Garten war. Tancredi trat ein, ohne gehört oder gesehen zu werden, und da er ihr Vergnügen nicht stören wollte, setzte er sich, zumal er alle Fenster des Raumes geschlossen und die Bettvorhänge zugezogen vorfand, zu Füßen des Bettes in einem Winkel nieder, lehnte den Kopf an die Bettstelle, zog die Vorhänge des Bettes um sich, als wolle er sich absichtlich verbergen, und schlief ein. Indessen aber ließ Ghismonda, die unglücklicherweise gerade an diesem Tag Guiscardo bestellt hatte, ihre Damen im Garten allein und trat leise in ihr Schlafgemach, das sie hinter sich abschloß, ohne zu bemerken, daß außer ihr noch jemand darin war. Dann öffnete sie dem wartenden Guiscardo die Tür, und beide gingen zusammen zu Bett, wie sie es gewöhnlich taten. Während sie sich hier mit allerlei Freuden ergötzten, erwachte Tancredi, der nun alles, was Guiscardo und seine Tochter trieben, genau mit ansah und anhörte. Voller Empörung wollte er anfangs seinen Zorn sofort an ihnen auslassen, beschloß aber dann, sich verborgen zu halten, damit er desto ungestörter und mit möglichst wenig eigener Schande das mit ihnen beginnen könnte, was er im Grunde seiner Seele bereits beschlossen hatte.

Die beiden Liebenden blieben ihrer Gewohnheit gemäß lange Zeit beieinander, ohne die Anwesenheit Tancredis zu bemerken. Als es ihnen an der Zeit schien, erhoben sie sich, Guiscardo kehrte in die Grotte zurück, und die Prinzessin verließ das Schlafgemach. Ohne von irgend jemand gesehen und gehört zu werden, begab sich darauf auch Tancredi, ungeachtet seines Alters, durch das Fenster nach draußen und kehrte mit tiefem Gram im Herzen durch den Garten in seine Räume zurück.

Auf seinen Befehl wurde Guiscardo in der folgenden Nacht um die Zeit des ersten Schlafes beim Verlassen des Luftschachtes von zwei Wächtern gefangen und so wie er war in seinem Lederwams in aller Stille vor Tancredi gebracht, der, als er seiner ansichtig wurde, fast weinend zu ihm sprach: „Guiscardo, mein Wohlwollen dir gegenüber hat den Verrat und die Schande nicht verdient, die du mir und meiner Tochter angetan hast und die ich heute mit eigenen Augen mit ansehen mußte!" Guiscardo erwiderte schlicht: „Die Liebe war stärker als Ihr und ich." Tancredi befahl, ihn in einem gesonderten Raum des Schlosses zu bewachen, was auch geschah.

Am folgenden Tage, noch bevor Ghismonda irgend etwas von diesen Ereignissen erfahren hatte, begab sich Tancredi, der sich die verschiedensten Dinge hatte durch den Kopf gehen lassen, wieder in das Zimmer seiner Tochter, ließ sie zu sich rufen und begann, nachdem er sich mit ihr eingeschlossen hatte, weinend zu ihr zu sprechen: „Ghismonda, ich wähnte deine Tugend und Sittsamkeit so gut zu kennen, daß ich nie geglaubt hätte – was mir auch zugetragen worden wäre –, daß du dich je einem Manne, der nicht dein Gatte ist, hingeben könntest; doch ich mußte mich mit eigenen Augen davon überzeugen. Ich werde das in der kurzen Frist, die mein Alter meinem Leben noch zugestehen wird, niemals verwinden oder je wieder vergessen können. Hätte Gott mir wenigstens vergönnt, daß, wenn du schon zu so schändlicher Tat bereit warst, du wenigstens einen Mann dazu auserwählt hättest, dessen Stand deiner adeligen Herkunft angemessen gewesen wäre! Doch vor so vielen Edlen, die an meinem Hofe verkehren, erkorst du ausgerechnet Guiscardo, einen Diener niedrigsten Standes, den ich um Gottes Lohn von frühester Jugend an bis heute hier aufgezogen habe. Du hast mich damit in tiefster Seele betrübt, und ich weiß noch nicht, was ich mit dir beginnen werde. Über Guiscardo, den ich heute nacht, als er aus der Grotte heraufstieg, festnehmen und ins Gefängnis werfen ließ, ist das Urteil schon gefällt. Doch weiß ich bei Gott nicht, was ich mit dir anfangen soll. Einerseits bewegt mich die Liebe, die ich wohl inniger als jeder andre Vater zu dir empfand; andrerseits erfüllt mich ein gerechter Zorn über deinen Fehltritt. Jene wünscht, daß ich dir verzeihe, dieser aber fordert, daß ich dich gegen mein eigenes Gefühl auf das härteste bestrafe. Doch bevor ich mich zu einem Entschluß aufraffe, will ich hören, was du selber mir hierüber zu sagen hast." Nach diesen Worten senkte er den Kopf und weinte so bitterlich, wie wohl ein Kind nach einer harten Prügelstrafe weint.

Ghismonda aber wurde, als sie ihren Vater so sprechen hörte und erkannte, daß nicht nur ihr Geheimnis entdeckt, sondern Guiscardo auch gefangengehalten wurde, von heftigster Trauer ergriffen. Sie war nahe daran, sich diesem Schmerz mit Wehklagen und Tränen hinzugeben, wie wohl die meisten Frauen es getan hätten. Doch ihr starker Wille besiegte ihre Schwäche. Sie beherrschte mit bewundernswerter Fassung ihre Gesichtszüge und beschloß sogleich, da sie Guiscardo nicht mehr am Leben glaubte, ohne sich auf irgendwelche Bitten zu verlegen, ebenfalls aus dem Leben zu scheiden. So antwortete sie ihrem Vater nicht als schmerzerfülltes, von seiner Schande niedergedrücktes Weib, sondern mit starrem, tränenlosem, stolzem Blick, der durch nichts getrübt schien: „Tancredi, ich will weder leugnen noch um Vergebung flehen, da mir weder das eine hilft, noch ich wünsche, daß das andre mir helfen möchte. Auch beabsichtige ich nicht, dein Wohlwollen und deine Liebe für mich wieder zu erwecken. Doch will ich die Wahrheit bekennen und mit ehrlichen Worten meinen Ruf verteidigen, dann aber mit großherziger Tat die Stärke meiner Seele beweisen.

Es ist wahr, ich habe Guiscardo geliebt und liebe ihn noch und werde es tun, solange ich lebe, was nicht mehr lange dauern wird. Und wenn man nach dem Tode noch weiterlieben kann, so werde ich auch dann nicht von meiner Liebe zu ihm lassen. Trotzdem hat mich nicht nur meine weibliche Schwäche zu dieser Liebe getrieben, sondern auch dein Zögern, mich zu vermählen, und auch Guiscardos Tugenden. Da du selbst von Fleisch und Blut bist, Tancredi, mußte es dir klar sein, daß auch deine Tochter ähnlich beschaffen und nicht aus Stein oder Eisen ist. Auch wenn du heute alt bist, mußtest du dich doch erinnern, von welcher Art und Kraft die Gesetze der Jugend sind. Verbrachtest du als Mann auch deine besten Jahre in frohen Waffenspielen, so konnte dir doch nicht unbekannt sein, was Müßiggang und Überfluß im Alter und erst recht in der Jugend vermögen. Ich bin als deine rechte Tochter ebenfalls von Fleisch und Blut und habe so wenig erlebt in meiner Jugend, daß ich sowohl aus dem einen als aus dem andern Grunde noch erfüllt bin von den Wünschen des Blutes, die um so heftiger entbrannten, als ich jene Freuden in meiner Ehe bereits kennengelernt hatte und wußte, wie süß es ist, ihrem Genusse nachzugeben.

Ich konnte diesem Verlangen nicht widerstehen und entschloß mich daher, da ich noch jung und eine rechte Frau bin, es zu stillen. So verliebte ich mich. Doch bot ich wahrlich alles auf, was in meiner Macht lag, um weder dir noch mir Schande zu machen, als ich mich diesen natürlichen Trieben hingab. Der mitleidsvolle Gott der Liebe und ein freundliches Geschick haben dafür verborgene Mittel und Wege ausfindig gemacht und mir angezeigt, daß ich meine Wünsche befriedigen könne, ohne irgend jemand davon wissen zu lassen. Ich will nichts abstreiten, und es ist gleichgültig, ob dir jemand alles verraten hat oder du auf andre Weise hinter mein Geheimnis gekommen bist. Auch erwählte ich Guiscardo nicht aufs Geratewohl, wie es vielleicht manche andre Frau getan hätte, sondern nach reiflicher Überlegung vor allen anderen, und zog ihn erst nach langer Prüfung zu mir heran; so habe ich bei verständigem Umgang von beiden Seiten lange Zeit mein sehnsüchtiges Verlangen stillen können. Doch scheint es mir, daß du, ganz abgesehen von meiner Verfehlung aus Liebe, mehr der öffentlichen Meinung als der Tatsache wegen mir mit besonderer Bitterkeit vorhältst, daß ich mich einem Manne von niederer Herkunft hingab, als ob du nicht ebenso erzürnt über meinen Schritt gewesen wärest, wenn ich an Guiscardos Stelle einen Edelmann erwählt hätte. Dabei läßt du aber außer acht, daß du dafür nicht mir, sondern dem Schicksal die Schuld geben solltest, das oft die Niederen erhebt und die Würdigen in die Tiefe stürzt. Doch lassen wir das jetzt und gehen wir zurück auf den Anfang aller Dinge, damit du erkennst, daß alle Menschen von gleichem Holz sind und daß von ein und demselben Schöpfer unsre Seelen mit gleichen Kräften, gleichen Fähigkeiten und denselben Tugenden ausgerüstet wurden. Und erst die Tugend unterschied uns Menschen, die wir alle gleich geboren wurden und noch werden, voneinander. Jene, die sie in hohem Maß besaßen und pflegten, wurden einstmals adlig genannt, die übrigen Menschen nicht. Und obwohl schon bald der Mißbrauch dieses Grundgesetz verwischte, ist es doch niemals ganz aufgehoben worden und verstößt weder gegen die Natur noch gegen die guten Sitten. Von wahrem Adel erweist sich jeder, der tugendhaft lebt, und wer solche Menschen anders als adlig benennt, zieht Makel auf sich selbst, nicht aber auf jenen, den er falsch beurteilt.

Schau dir deine Edelleute und ihren Lebenswandel an, ihre Sitten und Gebräuche! Und dann betrachte Guiscardo. Wenn du ohne Haß zu urteilen vermagst, wirst du zugeben müssen, daß er in Wahrheit adlig ist und daß gegen ihn deine Edelleute nur niedres Volk zu nennen sind. Über Guiscardos Tugenden brauchte mich nichts andres zu belehren als deine Worte und meine eigenen Augen. Wer lobte ihn denn je höher als du selbst, wenn du ihn wegen aller jener Tugenden priesest, die man an edlen Menschen lobt? Und sicher nicht zu Unrecht, denn wenn mich meine Augen nicht betrogen, so wurde ihm kein Lob von dir zuteil, das er nicht durch sein Betragen in noch weit höherem Maß verdient hätte, als du es auszudrücken vermochtest. Hätte ich mich dennoch in ihm getäuscht, so wäre ich von dir selber irregeführt worden. Wirst du auch jetzt noch behaupten, daß ich mich mit einem Unwürdigen eingelassen hätte? Du würdest nicht die Wahrheit sprechen. Solltest du ihn aber seiner Armut wegen schelten wollen, so müßte man dir zu deiner eigenen Schande recht geben, da du es nicht für nötig hieltest, einen so wackren Mann deiner Dienerschaft in bessere Verhältnisse zu bringen! Armut aber nimmt keinem Menschen seinen Adel, wie es der Reichtum oft tut. Viele Könige und reiche Fürsten sind schon zu armen Leuten geworden, während mancher, der den Acker pflügte oder die Schafe hütete, schon zum reichen Manne wurde und es noch heute werden kann.

Doch auch den letzten Zweifel, der dich meinetwegen bewegt, kannst du fahrenlassen. Willst du in deinem Alter darauf bestehen, grausam zu sein, was du in deiner Jugend niemals warst, so begehe diese Grausamkeit an mir. Ich bin nicht willens, deine Gnade anzurufen, und habe ja auch die Veranlassung zu diesem Fehltritt gegeben, wenn überhaupt von einem solchen gesprochen werden kann. Ich schwöre dir, wenn du mir nicht dasselbe Los bereitest, das du Guiscardo bereitet hast oder bereiten willst, so werde ich es mit eigener Hand tun.

Recht so, vergieße deine Tränen wie ein Weib! Und wenn du bei deinem grausamen Entschluß bleiben willst und meinst, daß wir es nicht besser verdient haben, so töte mit einem Schlage ihn und mich!"

Der Fürst erkannte die Seelengröße seiner Tochter, doch glaubte er nicht, daß sie wirklich zum Äußersten entschlossen sei, wie ihre Worte es vorgaben. Er ließ daher, nachdem er sie verlassen hatte, zwar den Plan fallen, sich auch an ihrer Person zu rächen, beschloß aber, nun mit anderen Mitteln ihre Liebe zu vernichten. Er befahl deshalb den beiden Männern, die Guiscardo bewachten, ihn in der folgenden Nacht in aller Stille zu erdrosseln, sein Herz herauszuschneiden und es ihm zu überbringen. Und jene taten alsbald, was ihnen befohlen war.

Am nächsten Tage ließ der Fürst sich einen kostbaren Goldpokal bringen, legte das Herz Guiscardos hinein und sandte den Pokal mit einem verschwiegenen Diener an seine Tochter mit der Botschaft: „Dies schickt dir dein Vater zum Trost für das, was dir das Liebste war, wie auch du ihn getröstet hast für das, was ihm das Liebste war."

Ghismonda hatte jedoch ihren furchtbaren Plan nicht aufgegeben, sondern hatte sich, nachdem ihr Vater sie verlassen, Kräuter und Wurzeln verschafft, aus denen sie einen giftigen Trank kochte, den sie bei der Hand haben wollte, falls ihre Befürchtungen sich bewahrheiten sollten. Als der Diener mit dem Geschenk und der Botschaft des Fürsten zu ihr kam, nahm sie mit gefaßter Miene den Pokal entgegen und erkannte, als sie ihn aufdeckte, das Herz darin erblickte und dazu die Worte des Fürsten vernahm, sogleich, daß dies Guiscardos Herz sei. Sie sah darauf den Diener an und sprach: „Einem so edlen Herzen wie diesem hier geziemte wahrlich kein geringeres Grab als ein goldenes. Hierin hat mein Vater recht getan!" Nach diesen Worten hob sie es an ihren Mund, küßte es und sagte: „Mein Vater hat mir von jeher bis zu diesen letzten Augenblicken meines Lebens stets die zärtlichste Liebe erwiesen und tut es hiermit noch mehr als je zuvor. Darum bestelle ihm meinen letzten Dank, den ich für ein so großes Geschenk noch aussprechen kann!"

Darauf blickte sie nochmals auf den Becher, den sie fest in den Händen hielt, und rief, indem sie das Herz ansah: „Ach, du süßeste Stätte aller meiner Freuden, verdammt sei die Grausamkeit jenes Menschen, der mich zwang, dich mit meinen leiblichen Augen anzuschauen! Genügte es mir doch, dich immerdar mit den Augen meiner Seele zu schauen! Du hast deinen Lauf vollendet und hast vollbracht, was das Geschick dir auferlegte. Du bist an jenem Ende angelangt, dem wir alle entgegengehen, hast die Not dieser Welt und ihre Sorgen verlassen und bekamst von deinem Feinde jenes Grab, das deinem hohen Wert entspricht. Nichts fehlt dir mehr zu deiner Totenfeier als die Tränen der Frau, die du im Leben so innig geliebt hast. Doch damit dir auch diese noch zuteil würden, befahl Gott der Seele meines unmenschlichen Vaters, daß er dich mir sende. Ich werde dir meine Tränen weihen, obwohl ich mir vorgenommen hatte, mit trockenen Augen und gefaßtem Antlitz zu sterben. Und nachdem ich dich beweint habe, werde ich unverzüglich versuchen, mit deiner Hilfe meine Seele mit der deinen zu vereinen, der sie stets so teuer war. Ach, in welcher Begleitung könnte ich wohl glücklicher und geborgener unbekannte Welten durchwandern? Ich weiß, daß deine Seele noch hier in diesen Räumen weilt und den Schauplatz unsres Glückes betrachtet, und ich bin sicher, daß sie mich noch liebt und meine Seele erwartet, von der sie so innig wiedergeliebt wird." Nach diesen Worten begann sie, ohne einen Laut von sich zu geben, über den Pokal geneigt, zu weinen, und eine schier unfaßbare Flut von Tränen entsprang wie ein Quell ihren Augen, während sie das tote Herz unzählige Male küßte.

Ihre Damen, die sie umgaben, begriffen weder, wessen Herz dies sein konnte, noch was das Ganze zu bedeuten habe, doch weinten sie, von Mitleid gerührt, mit ihr, fragten sie voller Erbarmen, aber vergeblich nach der Ursache ihrer Trauer und bemühten sich nach bestem Wissen und Können, sie zu trösten.

Die Prinzessin richtete sich auf, als sie genug geweint zu haben meinte, und sprach: „O heißgeliebtes Herz, so habe ich dir auch den letzten Dienst erwiesen. Es bleibt mir nun nichts mehr zu tun übrig, als mit meiner Seele zu der deinen zu eilen, um bei ihr zu bleiben."

Damit ließ sie sich das Fläschchen mit dem Giftwasser reichen, das sie zubereitet hatte. Sie goß es in den Pokal über das Herz, das von ihren Tränen wie gebadet war, setzte den Pokal furchtlos an die Lippen und trank ihn aus. Dann legte sie sich mit dem Pokal in der Hand aufs Bett nieder, rückte den Körper sittsam zurecht und legte das Herz ihres toten Geliebten auf ihr eigenes Herz. Darauf begann sie, ohne ein weiteres Wort zu sprechen, den Tod zu erwarten.

Ihre Damen hatten alles gehört und gesehen, da sie jedoch nicht wußten, was für ein Wasser Ghismonda getrunken hatte, hinterbrachten sie Tancredi, was geschehen war. Voller Furcht vor dem, was er kommen sah, eilte er in das Gemach seiner Tochter, wo er gerade in dem Augenblick eintraf, als sie sich auf das Bett niederlegte. Zu spät versuchte er nun, sie mit zärtlichen Worten zu trösten, und begann schließlich, als er sah, wie es um sie stand, schmerzlich zu weinen. Sie aber sprach zu ihm: „Tancredi, spare deine Tränen für ein Unglück, welches du weniger ersehnt hast als dieses. Vergieße sie nicht meinetwegen, denn ich bedarf ihrer nicht. Wer sah wohl je einen Mann weinen über etwas, was er selber gewollt hat! Wenn aber doch noch ein Hauch jener Liebe in dir lebendig ist, die du einst für mich empfandest, so erbitte ich als letztes Geschenk von dir, dem es nicht recht war, daß ich heimlich in der Stille mit Guiscardo zusammen lebte, daß meine Leiche nun in aller Öffentlichkeit mit der seinen zusammen ruhe, wohin du auch immer jene hast werfen lassen."

Die Heftigkeit seiner Tränen gestattete es dem Fürsten nicht, eine Antwort zu geben. So preßte die Prinzessin, die ihr Ende herannahen fühlte, das tote Herz an ihre Brust und sprach: „So lebe denn weiter mit Gott, ich sterbe!" Damit verschleierten sich ihre Blicke, sie verlor das Bewußtsein und schied aus diesem leidvollen Leben.

Ein trauriges Ende nahm die Liebe Guiscardos und Ghismondas, wie ihr soeben vernommen habt. Tancredi aber bereute unter vielen Tränen zu spät seine Grausamkeit und ließ die beiden Leichen ehrenvoll in einer gemeinsamen Grabstätte beisetzen, und ganz Salerno trauerte um sie.

ZWEITE GESCHICHTE

Bruder Alberto macht einer Frau weis, der Engel Gabriel sei in sie verliebt, und ergötzt sich an Stelle dessen oftmals mit ihr; dann aber springt er aus Furcht vor ihren Verwandten aus dem Fenster und verbirgt sich im Hause eines armen Mannes, der ihn am folgenden Tag in der Verkleidung eines Wilden auf den Markusplatz führt, wo er erkannt, von seinen Klosterbrüdern ergriffen und eingekerkert wird.

Die Geschichte Fiammettas hatte manche Träne in den Augen der Damen hervorgerufen. Als sie beendet war, rief der König mit unwirschem Gesicht: „Mein Leben sollte mir wenig gelten, wenn ich nur die Hälfte jener Freuden genossen hätte, die Ghismonda und Guiscardo einander schenkten. Niemand von euch soll sich darüber wundern, denn schon bei Lebzeiten erleide ich tausend Tode, ohne daß mir darum je die kleinste Belohnung zuteil würde. Doch lassen wir mein Schicksal beiseite. Ich möchte, daß jetzt Pampinea mit einer dieser traurigen Erzählungen, die meinem Lose ähneln, fortfährt. Wenn es so weitergeht, wie Fiammetta begonnen hat, werde ich in diesen Geschichten zweifellos noch manchen Trost für meine Leiden finden."

Pampinea hatte den an sie gerichteten Befehl wohl verstanden, da sie jedoch meinte, aus ihrer Zuneigung heraus die Wünsche ihrer Freundinnen besser zu kennen als jenen, den der König mit seinen Worten ausgedrückt hatte, war sie eher geneigt, die Damen ein wenig aufzuheitern als den König zu befriedigen. Sie entschloß sich daher, seinen Befehl zu umgehen und eine heitere Geschichte vorzutragen, die sich jedoch an die gestellte Aufgabe hielt. Sie begann:

Im Volksmund geht das Sprichwort um: „Wer sich den rechten Anschein gibt, kann Böses tun, soviel es ihm beliebt!" Dieses Sprichwort bietet mir ausreichend Stoff für das heutige Thema und gibt mir daneben noch gute Gelegenheit, aufzuzeigen, wie frech und ruchlos die Heuchelei der Mönche ist, die in weiten Schleppgewändern einherschreiten, künstlich blaß gehaltene Gesichter zur Schau tragen, in sanftem, demütigem Ton fremdes Eigentum begehren und mit lauter, anmaßender Stimme ihre eigenen Laster an andern tadeln und aufdecken. Sie versuchen, sich selber durch Nehmen, andern aber durch Geben das Seelenheil zu verschaffen, und gebärden sich nicht wie Menschen, die sich, wie wir alle, das Paradies verdienen müssen, sondern spielen sich bereits als Eigentümer und Herren desselben auf: Sie weisen jedem Sterbenden, je nach der Summe des Geldes, das er ihnen vermacht, einen mehr oder weniger günstigen Platz im Jenseits an, womit sie freilich an erster Stelle sich selber betrügen, so sie überhaupt daran glauben, dann aber auch alle jene Menschen, die ihren Worten in diesen Dingen vertrauen.

Wollte ich alles, was ich hierüber weiß, erzählen, so würde wohl manchem braven Manne klarwerden, was sich unter den weiten Kutten verbirgt. Gäbe Gott, daß es allen diesen Lügnern so erginge wie einem Minoritenbruder, der nicht mehr ganz jung war und in Venedig für eine Leuchte der Wissenschaft gehalten wurde. Von ihm will ich euch heute erzählen, um eure Herzen, die noch von Mitleid über den Tod Ghismondas erfüllt sind, mit Scherz und Gelächter wieder zu erheitern.

Es lebte also, meine teuren Gefährtinnen, einmal in Imola ein Mann, der ein gar ruchloses und grundschlechtes Leben führte. Er hieß Berto della Massa, und sein wüstes Treiben war allen Menschen in Imola so wohlbekannt, daß sie ihm nicht nur keine seiner Lügen mehr glaubten, sondern auch dann nichts, wenn er die Wahrheit sprach. Als es ihm klar wurde, daß in Imola mit Betrügereien nichts mehr zu erreichen war, übersiedelte er voller Zorn nach Venedig, diesem Sammelpunkte alles menschlichen Abschaums, und beschloß, hier auf eine ganz neue Art, die er noch nirgends angewandt hatte, sein schlimmes Treiben fortzusetzen.

Er stellte sich, als sei er recht zerknirscht über die von ihm in der Vergangenheit verübten Freveltaten, und zeigte sich von tiefster Demut ergriffen. Er wurde ein gar frommer Katholik, ließ sich als Minorit einkleiden und Bruder Alberto aus Imola nennen. Dann begann er in dem frommen Gewande ein scheinbar gar strenges Leben zu führen, predigte überall Buße und Enthaltsamkeit, aß kein Fleisch und trank keinen Wein – wenn er gerade keinen hatte, der ihm schmeckte. Und keine Menschenseele nahm zur Kenntnis, wie schnell hier ein Dieb, Zuhälter, Fälscher und Mörder in einen wackren Prediger verwandelt wurde, der auch nicht einem einzigen seiner bisherigen Laster entsagte, wenn er ihm heimlich frönen konnte. Daneben aber ließ er sich unverfroren zum Priester weihen, weinte, wenn er am Altar zelebrierte und von recht vielen Menschen gesehen wurde, über die Leiden des Erlösers, da ihm Tränen nichts kosteten, wenn er ihrer bedurfte.

So verstand er es in kurzer Zeit, die Venezianer mit seinen Predigten und Tränen so einzuwickeln, daß er für fast alle Testamente, die gemacht wurden, als Vollstrecker eingesetzt und zum Verwalter manches Vermögens bestellt wurde. Daneben wurde er Beichtvater und Ratgeber fast aller Herren und Damen Venedigs. Auf solche Weise war denn der Wolf zum Hirten geworden, und der Ruf seiner Frömmigkeit war in der Gegend größer, als es der Ruf des heiligen Franziskus je in Assisi gewesen ist. Eines Tages nun kam eine etwas einfältige und törichte junge Frau mit Namen Madonna Lisetta, aus dem Hause Quirino, die Gattin eines reichen Kaufmanns, der mit einer Galeere nach Flandern unterwegs war, mit anderen Frauen zusammen zu diesem heiligen Bruder zur Beichte. Nachdem sie vor ihm niedergekniet war und als echte Venezianerin, die alle ein rechtes Spatzengehirn haben, bereits einen Teil ihrer Geheimnisse vor ihm ausgekramt hatte, wurde sie von Bruder Alberto gefragt, ob sie auch einen Liebhaber hätte. Darauf erwiderte sie mit böser Miene: „Aber, Messere, habt Ihr denn keine Augen im Kopf? Erscheint Euch etwa meine Schönheit wie jede beliebige andre? Wenn ich wollte, könnte ich mehr als genug Liebhaber finden, doch meine Schönheit ist wahrlich nicht dazu da, daß jeder Hinz und Kunz sich ihrer erfreuen dürfte. Wie viele Frauen kennt Ihr denn, die so schön sind wie ich? Ich würde selbst für das Paradies schön genug sein!"

In dieser Tonart fuhr sie fort, ihre Schönheit zu preisen, daß es ein Graus war, ihr zuzuhören. Bruder Alberto aber merkte gar schnell, daß diese Frau nicht eben von hellem Verstand war, und da es ihm so vorkam, als habe er hier den richtigen Acker für seinen Pflug gefunden, fand er schnell Gefallen an ihr. Er sparte sich jedoch Schmeicheleien für passendere Gelegenheiten auf und begann, um sich recht fromm und heilig zu erweisen, sie diesmal heftig zu ermahnen, schalt sie wegen ihrer Eitelkeit und was dergleichen Mätzchen sonst noch waren. Die gute Frau aber nannte ihn einen Esel, weil er nicht zu unterscheiden wüßte, wieviel schöner sie wäre als jede andere. Bruder Alberto, der sie nicht zu sehr erzürnen wollte, ließ sie nun beichten und mit den andren Frauen heimgehen.

Doch schon wenige Tage später begab er sich in Begleitung eines treuen Gefährten in das Haus der Madonna Lisetta, zog sich mit ihr in die Ecke des Saales zurück, wo er von niemand gesehen werden konnte, kniete vor ihr nieder und sprach: „Madonna, ich flehe Euch um Gottes willen an, mir zu verzeihen, daß ich am Sonntag so achtlos zu Euch gesprochen habe, als Ihr mir von Eurer Schönheit erzähltet! Ich bin dafür in der folgenden Nacht so hart gezüchtigt worden, daß ich mich erst heute wieder von meinem Lager erheben konnte." Donna Strohköpfchen fragte ihn: „Aber wer hat Euch denn gezüchtigt?" Und Bruder Alberto fuhr fort: „Ich werde es Euch sagen. Als ich betend die Nacht verbrachte, wie ich es immer zu tun pflege, bemerkte ich plötzlich einen hellen Glanz in meiner Zelle. Bevor ich mich aber umzublicken vermochte, was das bedeute, sah ich über mir einen wunderschönen Jüngling, der einen derben Stock in der Hand hielt. Er packte mich am Gewande, warf mich zu seinen Füßen nieder und verabreichte mir so viele Prügel, daß ich ganz zerschunden war. Als ich ihn dann fragte, warum er dies getan habe, antwortete er: ‚Weil du dich heute unterstanden hast, die himmlische Schönheit der Madonna Lisetta anzuzweifeln, die ich nach Gott am meisten liebe.' Ich fragte ihn darauf: ‚Wer seid Ihr denn?' Und er erwiderte, er sei der Engel Gabriel. ‚O Herr', sprach ich, ‚ich bitte Euch, verzeiht mir!' Und er fuhr fort: ‚Ich will dir diesmal verzeihen, doch nur, wenn du, sobald es dir möglich ist, zu ihr gehst und sie um Vergebung bittest. Verzeiht sie dir aber nicht, werde ich wieder hierher zurückkehren und dich so hart prügeln, daß du dich dein ganzes Leben lang nicht mehr davon erholst.' Und was er mir dann noch auftrug, wage ich Euch nicht zu sagen, bevor Ihr mir nicht verziehen habt."

Donna Einfalt, die wenig Grütze im Kopfe hatte, vernahm recht zufrieden dieses Märchen, das sie für reine

Wahrheit hielt, und sagte nach einem Weilchen: „Ich sagte es Euch ja, Bruder Alberto, daß meine Schönheit paradiesisch ist! Doch Ihr dauert mich, weiß Gott, und damit Ihr nicht noch mehr zu leiden habt, verzeihe ich Euch für diesmal. Doch müßt Ihr mir nun auch erzählen, was der Engel noch weiter zu Euch sagte."

Bruder Alberto antwortete: „Madonna, wenn Ihr mir verziehen habt, will ich es Euch gerne sagen. Doch mache ich Euch darauf aufmerksam, daß Ihr alles, was ich Euch jetzt erzähle, keinem Menschen auf der Welt weitersagen dürft, wenn Ihr Euch nicht selber all Euer Glück zerstören wollt. Denn Ihr seid das glücklichste Weib unter der Sonne! Der Engel Gabriel sagte mir, ich sollte Euch ausrichten, daß er schon manches Mal gerne gekommen wäre, um die Nacht mit Euch zu verbringen, wenn er nicht befürchtet hätte, Euch zu erschrecken. Jetzt schickt er Euch die Botschaft durch mich, daß er eines Nachts zu Euch kommen und bei Euch bleiben wird. Da er aber ein Engel ist und Euch als solcher nicht anrühren könnte, will er Euch zur Lust in Menschengestalt erscheinen und läßt Euch bitten, ihm zu sagen, wann Euch sein Besuch gelegen käme und in welcher Gestalt ihr ihn zu sehen wünscht. Danach wird er sich richten. Und Ihr könnt Euch darum für die glücklichste aller Frauen halten."

Madonna Eitelkeit sagte darauf, daß sie sehr erfreut sei über die Liebe des Engels Gabriel, daß auch sie ihm sehr zugetan sei und es niemals unterlassen habe, eine Dreierkerze zu stiften, wenn sie sein Bild irgendwo entdeckt hätte. Wenn er wirklich zu ihr kommen wolle, so sei er ihr willkommen, sie werde ihn allein in ihrer Schlafkammer erwarten. Doch dürfe er um dieses Paktes willen sie selbst der Jungfrau Maria wegen nicht im Stich lassen. Man habe ihr nämlich erzählt, daß jene ihm über alles teuer sei, was ja wohl stimmen werde, da man ihn überall nur auf den Knien vor der Jungfrau erblicke. Er möge zu ihr kommen, in welcher Gestalt es ihm beliebe, nur dürfe er sie nicht erschrecken.

Darauf sagte Bruder Alberto: „Madonna, Ihr wißt alles gar klug zu regeln. Ich werde dem Engel getreulich ausrichten, was Ihr gesagt habt. Doch könntet Ihr mir eine große Gunst erweisen, die Euch gar nichts kosten würde. Diese Gunst wäre, den Engel zu bitten, in meiner Gestalt zu Euch zu kommen. Ihr sollt sogleich hören, wieso Ihr mir damit eine besondere Gunst erweisen würdet. Er muß nämlich, um in meinen Leib zu fahren, meine Seele daraus fortnehmen und sie ins Paradies schicken. Und so würde meine Seele, solange er bei Euch ist, im Paradiese weilen."

Madonna Wenigschlau antwortete: „Das soll mir recht sein. So erhaltet Ihr gleich eine kleine Entschädigung für die Prügel, die Ihr meinetwegen bekommen habt." Bruder Alberto fuhr fort: „Laßt denn heute nacht die Tür Eures Hauses auf, damit er herein kann. Da er in menschlicher Gestalt erscheinen wird, kann er auch nicht anders als durch die Tür hereinkommen." Die Frau versprach, dafür zu sorgen, worauf Bruder Alberto sich empfahl. Sie blieb zurück und sprang vor Freude deckenhoch, so daß ihr das Hemd nicht mehr den Hintern bedeckte, und es schien ihr noch eine ganze Ewigkeit, bis endlich der Engel Gabriel zu ihr käme.

Bruder Alberto überlegte derweil, daß er in der kommenden Nacht nicht nur einen Engel, sondern auch einen wakkeren Reiter zu spielen habe, und begann sich mit Kuchen und allerlei guten Dingen in Form zu bringen, um nicht gar so schnell von seinem Pferdchen wieder heruntergeworfen zu werden. Dann nahm er Urlaub und ging mit einem seiner Kumpane in das Haus einer Freundin, von wo aus er schon häufig aufgebrochen war, wenn er ins Stutenrennen ging.

Als ihm die rechte Stunde gekommen schien, begab er sich von dort nach dem Haus der Frau, wo er sich mit allerlei mitgebrachtem Tand gar prächtig zum Engel herausstaffierte. Dann stieg er die Treppe hinauf und betrat das Schlafgemach. Als Madonna Lisetta ihn ganz in Weiß gekleidet erblickte, kniete sie fromm vor ihm nieder. Der Engel segnete sie, hob sie auf und bedeutete ihr, sich ins Bett zu legen, was sie, begierig, ihm zu gehorchen, schnellstens tat, worauf der Engel sich unverzüglich neben seiner Verehrerin niederlegte.

Nun war Bruder Alberto ein schöner, kräftiger, wohlgebauter Mann von stattlichem Wuchs und wußte der frischen, sinnlichen Donna Lisetta mit andren Liebeskünsten aufzuwarten, als sie es von ihrem ältlichen Gatten gewohnt war. Auch ohne Flügel wagte er mit ihr in dieser Nacht manchen Flug, so daß sie in helle Begeisterung geriet und willig auch seine mannigfaltigen Erzählungen über himmlische Freuden anhörte. Als dann der Morgen graute und es Zeit zur Heimkehr wurde, stahl er sich mit seinen Siebensachen wieder davon und kehrte zu seinem Kumpan zurück, der inzwischen die mitleidige Gastgeberin von ihrer Angst, allein schlafen zu müssen, erlöst hatte.

Madonna Lisetta aber ging nach dem Frühstück in geziemender Begleitung zu Bruder Alberto und erzählte ihm die Neuigkeiten über den Engel Gabriel, was sie von ihm über die Herrlichkeiten des ewigen Lebens gehört und wie er ausgesehen habe, und erfand bei dieser Gelegenheit noch manche erstaunliche Fabel.

Bruder Alberto sagte zu ihr: „Madonna, ich weiß nicht, was zwischen Euch und ihm passiert ist! Ich weiß nur, daß er gestern abend zu mir kam und meine Seele, nachdem ich ihm Eure Botschaft ausgerichtet hatte, auf einer Wolke von so viel Blumen und Rosen, wie man sie auf Erden niemals sieht, davontrug und an einen der schönsten Plätze brachte, die es je gegeben, wo ich bis zur Zeit des Morgengebetes blieb. Was mit meinem Körper inzwischen geschehen ist, kann ich nicht sagen." – „Aber ich habe es Euch doch schon erzählt!" rief die brave Frau. „Euer Leib lag mit dem Engel Gabriel die ganze Nacht in meinen Armen. Und wenn Ihr mir nicht glaubt, so schaut nur unter Eurer linken Brustwarze nach, dort gab ich dem Engel einen so saugenden Kuß, daß Ihr dort noch tagelang ein Zeichen tragen werdet." Bruder Alberto antwortete: „Nun wohl, so werde ich einmal tun, was ich schon lange nicht mehr getan habe. Ich werde mich entblößen und nachsehen, ob Ihr die Wahrheit gesprochen habt." Nach solchem Geschwätz ging die Gute wieder heim, Bruder Alberto aber suchte sie fortan noch manche Nacht an Stelle des Engels Gabriel auf, ohne je auf irgendein Hindernis zu stoßen.

Eines Tages nun saß Madonna Lisetta mit einer ihrer Gevatterinnen zusammen und schwatzte mit jener wieder einmal über ihre Schönheit, die sie in ihrer Einfältigkeit meinte vor jeder andren rühmen zu müssen. „Wenn Ihr wüßtet, wem sogar meine Schönheit gefällt, so würdet Ihr bestimmt von keiner andren mehr reden!" Die Gevatterin, die sie recht genau kannte, sagte, begierig auf Neuigkeiten: „Madonna, Ihr mögt schon recht haben. Doch solange man nicht weiß, wer es ist, ändert man seine eigene Meinung nicht leicht." Darauf antwortete die Puppe mit dem Spatzengehirn: „Gevatterin, ich sollte es nicht verraten, aber mein Anbeter ist niemand anders als der Engel Gabriel. Er liebt mich mehr als sich selbst und hat gesagt, ich sei die schönste Frau der ganzen Welt." Die Gevatterin, die vor Lachen fast erstickte, riß sich zusammen, um jene zum Weiterreden zu veranlassen, und rief: „Gottsdonner! Wenn der Engel Gabriel Euer Liebster ist und das sagt, wird es schon stimmen! Doch ahne ich nicht, daß selbst die Engel solche Geschichten machen!" Darauf entgegnete Madonna Lisetta: „So habt Ihr Euch eben geirrt, Gevatterin, aber Gott soll mich strafen, er versteht es weit besser als mein Alter! Und er sagte mir, daß man es auch dort oben so hält. Da er mich aber schöner findet als alle Weiber im Himmel, so hat er sich eben in mich verliebt und kommt oft herunter, um mit mir zu schlafen. Versteht Ihr?"

Als die Gevatterin Madonna Lisetta verlassen hatte, konnte sie es gar nicht erwarten, diese Neuigkeiten wieder loszuwerden. Sie lud daher eine Menge ihrer Nachbarinnen zu einem Fest ein und erzählte ihnen haargenau die ganze Angelegenheit. Die Frauen erzählten sie alsbald ihren Ehemännern und allen übrigen Bekannten, die ebenfalls die Mär wieder weitertrugen. So war in weniger als zwei Tagen ganz Venedig voll von der Geschichte. Doch waren unter denen, die davon hörten, auch die Schwäger Madonna Lisettas, die, ohne ihr ein Wörtlein davon zu sagen, beschlossen, sich diesen Engel einmal genauer zu betrachten, um zu erfahren, ob er auch fliegen könne. Sie legten sich dazu mehrere Nächte hindurch auf die Lauer.

Doch auch Bruder Alberto hatte inzwischen etwas läuten hören. Er machte sich deshalb eines Nachts auf, um Madonna Lisetta tüchtig die Leviten zu lesen. Er hatte sich aber kaum bei ihr entkleidet, so waren ihre Schwäger, die ihn hatten kommen sehen, schon an der Kammertür und begehrten Einlaß.

Als Bruder Alberto sie hörte und erfaßte, was das bedeute, sprang er auf und stürzte sich, da ihm kein andrer Ausweg übrigblieb, aus dem Fenster, das zum Canal grande hinausging, ins Wasser. Da es an dieser Stelle tief war und er gut schwimmen konnte, tat er sich dabei keinen Schaden. Er schwamm zur andren Seite des Kanals hinüber, lief schnell in ein Haus, dessen Tür offen war, und bat den Mann, den er drinnen antraf, ihm doch um Gottes willen das Leben zu retten, wobei er ihm ein starkes Märchen auftischte, wieso er um diese Zeit nackt hier ankäme. Mitleidig steckte der Mann, der eines Geschäftes wegen schon vor Tau und Tag aufgestanden war, ihn in sein eigenes Bett und riet ihm, bis zu seiner Rückkehr dort zu bleiben. Dann schloß er ihn im Hause ein und ging fort.

Die Schwäger der Frau aber fanden, nachdem sie in die Schlafkammer eingedrungen waren, daß der Engel Gabriel zwar seine Flügel zurückgelassen hatte, selber aber ausgeflogen war. So standen sie bebend vor Wut mit langer Nase da und beschimpften die Schwägerin auf das gröblichste, verließen aber schließlich die ganz Untröstliche und kehrten mit der Ausrüstung des Engels unter dem Arm in ihre eigene Wohnung zurück.

Darüber war es mittlerweile heller Tag geworden, und der brave Retter Albertos vernahm auf dem Rialto ebenfalls die Mär vom Engel Gabriel, der über Nacht herabgestiegen sei, um bei Madonna Lisetta zu schlafen, aber von ihren Schwägern aufgescheucht und voller Angst in den Kanal gesprungen sei. Und daß bis jetzt niemand wisse, wo er stecke.

Der brave Mann konnte sich nun leicht zusammenreimen, wen er bei sich aufgenommen hatte. Er kehrte alsbald nach Hause zurück, erkannte, daß seine Vermutung stimmte, und preßte Bruder Alberto nach manchem Hin und Her zunächst fünfzig Dukaten ab, wenn er nicht an die Schwäger Madonna Lisettas ausgeliefert werden wollte. Der wackre Mann erhielt das Geld und sagte dann zu Bruder Alberto, der es eilig hatte zu entfliehen: „Es gibt nur eine Möglichkeit, um hier wegzukommen; wir feiern heute ein Fest, zu dem ein jeder entweder einen Mann im Bärenfell, einen Wilden oder einen auf andre Art Verkleideten mitbringen soll. Dann wird auf dem Markusplatz eine Jagd veranstaltet. Mit dem Ende der Jagd ist auch das Fest vorbei, und ein jeder kann mit dem, den er mitgebracht hat, hingehen, wohin es ihm beliebt. Wenn Ihr wollt, daß ich Euch, bevor noch jemand herausspioniert, daß Ihr hier seid, dorthin führe, werde ich Euch hinterher hinbringen, wohin Ihr wünscht. Andrerseits weiß ich nicht, wie Ihr hier wegkommen wollt, ohne daß man Euch erkennt. Die Schwäger der Frau haben, in der Annahme, daß Ihr Euch hier noch irgendwo versteckt haltet, überall Späher aufgestellt, um Euch zu fangen."

Auf solche Weise fortzugehen kam nun freilich den Bruder bitter an, doch willigte er schließlich aus Angst vor den Verwandten der Frau ein und sagte dem Mann, wohin er hinterher gebracht werden wollte und daß ihm jede Verkleidung, in der jener ihn fortführen wolle, recht sei. Darauf beschmierte der Biedermann ihn von oben bis unten mit Honig, bestreute ihn mit Flaumfederchen, legte ihm eine Kette um den Hals und eine Maske vors Gesicht. Dann drückte er ihm einen Stecken in die eine Hand und gab ihm an die andre zwei riesige Hunde, die er von den Fleischbänken ausgeliehen hatte.

Dann sandte er einen Ausrufer auf den Markusplatz, der überall die Nachricht ausrief, wer den Engel Gabriel sehen wolle, solle auf den Platz kommen. – Ja, da seht ihr die echt venezianische Redlichkeit!

Bald nachdem dies geschehen war, führte er Bruder Alberto hinaus, ließ ihn vor sich hergehen und marschierte, die Kette in der Hand haltend, hinterher. Natürlich erregte er überall Aufsehen, und die Menschen schrien: „Wer ist das? – Wer ist das?" Jener leitete seinen Wilden nach dem Markusplatz, wo außer den vielen Leuten, die neben ihm herliefen, schon alle die versammelt waren, die den Ausrufer gehört hatten und vom Rialto herübergekommen waren, so daß sich auf dem Platz eine riesige Menschenmenge ansammelte. Dort angekommen, band er seinen Wilden auf erhöhter Stelle an einer Säule fest und stellte sich, als warte er hier auf den Beginn der Jagd. Den armen Wilden aber plagten derweil die Mücken und Bremsen auf gräßliche Weise, da er von oben bis unten mit Honig gesalbt war.

Sein edler Retter bemerkte nun, daß der Platz bis zum Bersten gefüllt war, und gab sich daher den Anschein, als wolle er seinen Wilden losketten, riß jedoch statt dessen Bruder Alberto die Maske vom Gesicht und schrie: „He, ihr Leute! Die Wildsau läßt sich nicht blicken, und so kann aus der Jagd nichts werden. Doch damit ihr nicht umsonst hergekommen seid, will ich euch den Engel Gabriel zeigen, der nachts vom Himmel auf die Erde herabkommt, um die Weiber Venedigs zu trösten!"

Ohne Maske wurde Bruder Alberto sogleich von allen Anwesenden erkannt. Ein Schrei des Abscheus erhob sich gegen ihn, und die Leute riefen ihm die gröblichsten Schimpfworte und die schlimmsten Beleidigungen zu, die je ein nichtswürdiger Lump einstecken mußte, auch warfen sie ihm von allen Seiten den schmutzigsten Unrat ins Gesicht. Dieser Tumult dauerte eine ganze Weile an, bis schließlich sechs seiner Mitbrüder, denen die Neuigkeit inzwischen zugetragen worden war, herbeieilten, ihm eine Kutte überwarfen und ihn von der Kette losmachten, um ihn schließlich unter dem tobenden Gejohle der Menge nach Hause zu bringen. Hier warfen sie ihn in den Kerker, wo er, wie erzählt wird, nach einem elenden Leben umgekommen sein soll.

So trieb ein Mensch, den alle für gut hielten, ungestraft seine Schändlichkeiten, ohne daß jemand es geahnt hätte, und erdreistete sich sogar, den Engel Gabriel zu spielen; er wurde dann in einen wilden Mann verwandelt und mußte schließlich, wie er es nicht anders verdient hatte, in Schmach und Schande seine Sünden lange Zeit vergeblich beklagen. Oh, daß es dem Herrn gefiele, alle Menschen seines Schlages ebenso zu bestrafen!

DRITTE GESCHICHTE

Drei Jünglinge lieben drei Schwestern und fliehen mit ihnen nach Kreta. Hier tötet die älteste aus Eifersucht ihren Liebsten. Die zweite rettet die älteste Schwester vor dem Tode, indem sie sich dem Herzog von Kreta hingibt. Dafür wird sie selber von ihrem Geliebten umgebracht, der dann mit der ältesten Schwester flieht. Das dritte Liebespaar wird dieses Mordes beschuldigt, gefangengesetzt und unter der Folter zum Geständnis gezwungen. Aus Angst vor dem Tode bestechen sie die Wachen des Kerkers mit ihrem letzten Geld und fliehen arm nach Rhodos, wo sie in Not und Elend sterben.

Als Filostrato das Ende der Geschichte Pampineas gehört hatte, dachte er einen Augenblick nach und sagte dann zu ihr: „Eure Geschichte hatte wenigstens ein Ende nach meinem Geschmack. Der Anfang aber war gar zu heiter. Ich hätte gewünscht, daß er andrer Art gewesen sei." Dann wandte er sich Lauretta zu und sprach: „Macht nun Ihr, meine Teure, mit einer besseren Geschichte die Fortsetzung, wenn es Euch möglich ist!" Lauretta antwortete lachend: „Ihr seid gar zu grausam gegen Liebende, wenn Ihr allen ein unglückliches Ende wünscht. Doch will ich, Euch zu Gefallen, von drei Liebespaaren erzählen, die, nachdem sie ihr Glück nur kurze Zeit genossen hatten, alle ein trauriges Ende nahmen." Nach diesen Worten begann sie:

Meine jungen Freundinnen, wie man immer wieder sieht, kann jedes Laster sich für den, der ihm nachgibt, und oft auch noch für andre Menschen in großes Leid verwandeln. Von allen Lastern nun scheint mir die Eifersucht das schlimmste zu sein, da sie uns mit verhängten Zügeln ins Verderben rennen läßt. Sie ist eine jähe Aufwallung des Gefühls, die, von einem empfangenen Verdruß ausgelöst, alle Vernunft beiseite jagt, die Augen des Geistes mit Nacht umhüllt und die Seele in flammendem Haß auflodern läßt. Zwar überfällt die Leidenschaft meistens die Männer, den einen mehr, den andern weniger, doch hat man sie mit weit gefährlicherer Auswirkung auch bei den Frauen bemerkt, in deren Herzen sie sich gar leicht entzündet und dann mit stärkerer und hemmungsloserer Flamme brennt. Eine Tatsache, die uns nicht gar zu sehr verwundern kann, wenn wir überlegen, daß jede Flamme ihrer Natur nach viel schneller nach leichten und zarten Dingen greift als nach harten, festen. Weicher und zarter als die Männer aber sind wir Frauen nun einmal – sie mögen's uns nicht verargen – und auch um vieles leichter zu entzünden. Wenn wir nun schon von Natur aus leicht Feuer fangen und uns überlegen, daß unsre Freundlichkeit und unser Wohlwollen den Männern, mit denen wir doch einmal zusammen leben, zur Erholung und Freude dienen, wogegen Zorn und Eifersucht für sie nur Ärger und Gefahr heraufbeschwören, sollen wir unsere Herzen vor diesen Lastern ganz besonders hüten. Meine Geschichte wird euch zeigen, wie das Liebesglück dreier Jünglinge und ebenso vieler Mädchen durch die Eifersucht der einen in Unglück und Elend für alle sechs umschlug.

Wie ihr wißt, liegt an der Küste der Provence die alte, reiche Stadt Marseille, die einst von reichen Leuten und wohlhabenden Handelsherren viel dichter bevölkert war als heute. Unter ihnen lebte auch Arnaud Cluard, ein Kaufmann, der zwar von geringem Herkommen war, sich jedoch infolge seiner Redlichkeit des besten Leumunds erfreute und viele Besitzungen und großen Reichtum sein eigen nannte. Seine Frau hatte ihm eine Reihe Kinder geschenkt, von denen die drei ältesten Mädchen waren, die jüngeren Knaben. Zwei der Mädchen waren Zwillinge von fünfzehn Jahren, die dritte Tochter etwa vierzehn Jahre alt, und man erwartete allgemein, daß die Eltern alle drei verheiraten würden, sobald Arnaud, der mit Waren nach Spanien unterwegs war, zurückkehre. Die beiden ältesten Mädchen wurden Ninette und Madeleine gerufen, die jüngste Tochter hieß Berthe.

Ninette aber wurde von einem jungen Edelmann namens Restagnon glühend geliebt, und obwohl er ohne Vermögen war, erwiderte sie seine Neigung von ganzem Herzen. Beide wußten in aller Heimlichkeit ihre Liebe zu genießen, ohne daß jemand dessen gewahr wurde. Als sie schon eine ganze Zeit miteinander vertraut waren, verliebten sich zwei andre junge Edelleute mit Namen Folco und Hugues, deren Väter gestorben waren und ihnen große Reichtümer hinterlassen hatten, in Madeleine und Berthe. Restagnon erfuhr diese Neuigkeit von Ninette und beschloß, den Versuch zu machen, seinem eigenen Vermögensmangel durch den Reichtum dieser beiden Jünglinge abzuhelfen. Er suchte daher ihre Freundschaft zu gewinnen und begleitete bald den einen, bald den andren und zuweilen auch alle beide, um ihre und seine eigene Geliebte zu treffen. Als er glaubte, ihr Vertrauen und ihre Zuneigung zu besitzen, lud er sie eines Tages zu sich ein und sprach: „Liebe Freunde, sicherlich habt ihr bei unserem freundschaftlichen Verkehr schon meine aufrichtige Freundschaft für euch bemerkt und wißt, daß ich für euch dasselbe zu tun bereit bin wie für mich selbst. Weil ich euch herzlich zugetan bin, möchte ich euch von einem Plan erzählen, den ich mir ausgedacht habe, damit wir alle drei ihn zusammen besprechen und dann beraten, was zu tun ist. Wenn eure Worte nicht gelogen haben und ich mich über euer Betragen, das ich Tag und Nacht beobachtet habe, nicht täusche, so seid ihr von ebenso tiefer Liebe zu den beiden jüngeren Schwestern erfüllt wie ich für die dritte. Um unser aller Verlangen zu stillen, ist mein Herz auf einen süßen, verlockenden Ausweg verfallen, der – falls ihr mit ihm einverstanden sein solltet – folgender wäre: Ihr beide seid reich und vermögend, ich aber nicht. Wenn ihr nun eure Reichtümer zusammenlegen und mich als Besitzer eines Drittels anerkennen wolltet, so brauchten wir nur noch zu überlegen, in welchem Teil der Welt wir heiter und unbeschwert davon leben wollen. Ich würde es ohne Zweifel fertigbringen, daß die drei Schwestern mit einem großen Teil der Schätze ihres Vaters uns dorthin begleiten, wohin zu gehen wir uns entschließen werden. Dort könnten wir dann wie drei Brüder jeder mit seiner Geliebten leben und die glücklichsten Menschen auf Erden sein. Es liegt bei euch, zu entscheiden, ob ihr euch mit diesem Vorschlag einverstanden erklären wollt oder nicht." Die beiden Jünglinge, die in heißer Liebe entbrannt waren, hörten nur, daß sie ihre Mädchen haben sollten. Sie quälten sich daher nicht mit langen Überlegungen, sondern sagten, wenn das möglich sei, wären sie zu allem bereit.

Wenige Tage nach der Einwilligung der beiden Jünglinge traf sich Restagnon mit Ninette, zu der er stets nur mit großer Schwierigkeit vordringen konnte. Als er eine Weile mit ihr zusammen gewesen war, erzählte er ihr, was er mit den beiden jungen Leuten abgemacht hatte, und bemühte sich, ihr mit vielen Worten sein Vorhaben schmackhaft zu machen. Er brauchte sich dabei keine allzu große Mühe zu geben, da sie noch heftiger als er danach verlangte, ungestört und ohne Verdacht zu erregen mit ihm zusammen zu sein. Sie antwortete ihm entschlossen, daß ihr sein Vorschlag gut gefalle und daß ihre Schwestern stets, und ganz besonders gerne in diesem Falle, täten, was sie von ihnen verlange. Sie bat ihn, alles zu diesem Schritt Nötige sogleich zu veranlassen.

Restagnon kehrte nun zu den beiden jungen Männern zurück, die schon ungeduldig auf die Verwirklichung seines Versprechens drängten, und teilte ihnen mit, daß mit den drei Damen alles geregelt sei. Die Jünglinge, die sich inzwischen entschlossen hatten, nach Kreta zu gehen, veräußerten alsbald unter dem Vorwand, mit dem Erlös Handel treiben zu wollen, ihre Besitzungen, machten ihr gesamtes Vermögen zu Geld und kauften einen Schnellsegler, den sie in aller Stille aufs beste ausrüsteten. Dann erwarteten sie mit Ungeduld den festgesetzten Tag.

Auf der andren Seite hatte Ninette, die über die Wünsche ihrer Schwestern wohlunterrichtet war, in jenen mit den verlockendsten Versprechungen das Verlangen so geschürt, daß die beiden Mädchen ebenfalls den Tag der Abreise nicht erwarten konnten. Als endlich die Nacht gekommen war, in der sie an Bord gehen sollten, erbrachen sie eine große Lade ihres Vaters und entnahmen ihr eine Menge Geld und Edelsteine, mit denen sie heimlich entwichen, wie ihnen ihre Liebhaber, die sie draußen erwarteten, geraten hatten. Alle begaben sich unverzüglich auf das Schiff, ließen die Ruder eintauchen und fuhren davon. Ohne Unterbrechung der Fahrt erreichten sie am folgenden Abend Genua, wo die glücklich vereinten Paare zum ersten Male die Freuden und Wonnen ihrer jungen Liebe genossen.

Nachdem sie sich genügend erfrischt hatten, ging die Fahrt von Hafen zu Hafen weiter, und bevor noch acht Tage herum waren, trafen sie ohne irgendwelchen Zwischenfall in Kreta ein, erwarben eine Anzahl großer Besitzungen in der Nähe der Stadt Candia und ließen sich dort geschmackvolle Wohnungen einrichten. Dann begannen sie mit ihren Dienern, Hunden, Falken und Pferden herrlich und in Freuden zu leben und ließen es sich mit ihren Damen gar wohl sein.

Da nun jeder Überfluß, auch wenn es sich um Heißbegehrtes handelt, eines Tages in Überdruß umschlägt, wie wir immer wieder sehen, geschah es, während sie so dahinlebten, daß auch Restagnon, der Ninette so heiß geliebt hatte, sein Gefallen an ihr zu verlieren begann, da er sie ohne Gefahr jederzeit in die Arme schließen konnte, so daß seine Liebe zu ihr mehr und mehr erkaltete. Als auf einem Feste ein schönes junges Edelfräulein der Insel sein Wohlgefallen erregte, begann er diese eifrig zu umwerben, und ersann ihr zu Ehren allerlei Aufmerksamkeiten und Überraschungen. Ninette, die es nur zu bald bemerkte, wurde von heftiger Eifersucht gepackt, beobachtete Restagnon fortan auf Schritt und Tritt und quälte ihn und sich selbst mit ständigen Szenen und Vorwürfen.

Wie nun Überfluß schnell Überdruß erzeugt, so wird auch durch fortwährende Behinderung jedes Verlangen nach Liebe nur mächtiger geschürt, so daß Ninettes Eifersucht in Restagnons Herzen die Flamme der neuen Liebe täglich höher anfachte. Ob er im Laufe der Zeit tatsächlich die Gunst des verehrten Mädchens erlangte oder nicht, mag dahingestellt bleiben, Ninette jedenfalls war, zumal man ihr manches zutrug, fest davon überzeugt. Sie war darüber zunächst sehr bekümmert, dann aber überfiel heftige Eifersucht ihr Herz, die sich bis zu blinder Wut steigerte und ihre bisherige Liebe zu Restagnon in glühenden Haß umschlagen ließ, der, von ihrer Wut genährt, nicht davor zurückschreckte, sogar Restagnons Tod zu verlangen, um die Schande, die jener ihr nach ihrer Meinung zugefügt hatte, zu rächen. Sie suchte daher eine alte Griechin auf, eine wahre Meisterin der Giftmischerei, und veranlaßte sie mit Versprechungen und Geschenken, ihr ein todbringendes Wasser zu kochen, das sie, ohne sich mit irgend jemand zu beraten, eines Abends Restagnon, der erhitzt und nichts Böses ahnend hereinkam, zu trinken gab. Die Kraft des Giftes war so stark, daß er starb, bevor noch der Morgen graute.

Als Folco, Hugues und ihre Frauen vom Tode Restagnons hörten, beweinten sie ihn bitterlich zusammen mit Ninette und ließen ihn dann in allen Ehren begraben, ohne zu ahnen, daß er vergiftet worden war. Wenige Tage später aber wurde die Alte, die Ninette das Gift verschafft hatte, wegen andrer Freveltaten verhaftet und gestand auf der Folter neben weiteren Verbrechen auch, daß Ninette sie aufgesucht habe. Darauf ließ der Herzog von Kreta, ohne von diesem Geständnis etwas verlauten zu lassen, eines Nachts Folcos Palast umzingeln und ohne Aufsehen oder Widerstand Ninette ergreifen und abführen, die ihm ohne Folter auch sogleich alles eingestand, was er über den Tod Restagnons zu wissen begehrte.

Folco und Hugues erhielten von dem Herzog eine vertrauliche Mitteilung, warum Ninette verhaftet worden sei, und erzählten es sogleich ihren Frauen, die tiefbekümmert beschlossen, alles daranzusetzen, um Ninette vor dem Feuertode zu bewahren, der ihr nach menschlichem Ermessen verdientermaßen bevorstand. Doch schienen alle Versuche der Schwestern erfolglos zu bleiben, da der Herzog fest und steif darauf bestand, Gerechtigkeit walten zu lassen.

Da faßte Madeleine, die ein besonders reizvolles Mädchen und lange von dem Herzog umworben worden war, ohne ihm je die kleinste Gunst gewährt zu haben, den Entschluß, durch ihre Hingabe ihre Schwester vor dem Scheiterhaufen zu bewahren. Sie ließ dem Herzog deshalb durch einen zuverlässigen Boten ausrichten, daß sie sich allen seinen Wünschen fügen wolle, wenn er ihr zweierlei verspräche: erstens, daß sie die Schwester frei und gesund zurückerhalte, und zweitens, daß diese Abmachung jedermann verborgen bleibe.

Der Herzog hörte erfreut diese Botschaft und überlegte lange, wie er sich nun verhalten solle. Schließlich aber nahm er ihre Bedingungen an und ließ ihr sagen, er sei bereit, ihre Wünsche zu erfüllen. Dann ließ er mit Madeleines Einverständnis eine Nacht lang Folco und Hugues zu einer angeblichen Vernehmung in seinem Palast festhalten und ging indessen heimlich zu der Dame, um die Nacht bei ihr zu verbringen. Vorher aber hätte er den Anschein erweckt, als habe er Ninette in einen Sack stecken lassen, weil sie angeblich im Meer ertränkt werden sollte. Indessen brachte er sie selber zu ihrer Schwester zurück, der er sie als Dank für die Nacht zum Geschenk machte. Als er Madeleine gegen Morgen verließ, bat er sie inständig, diese erste Liebesnacht nicht auch die letzte sein zu lassen, und legte ihr dringend ans Herz, die schuldbeladene Schwester sogleich fortzuschicken, damit er ihretwegen nicht getadelt oder gar gezwungen würde, nochmals streng gegen sie vorzugehen.

Am folgenden Morgen wurden Folco und Hugues wieder entlassen, nachdem man ihnen mitgeteilt hatte, Ninette sei in der Nacht ertränkt worden, woran keiner von ihnen zweifelte. Sie kehrten nach Hause zurück, um ihre Frauen über den Tod der Schwester zu trösten. Obwohl nun Madeleine alles darangesetzt hatte, Ninette gut zu verstecken, bemerkte Folco doch ihre Anwesenheit. Er war darüber nicht wenig verwundert und schöpfte sogleich Argwohn, zumal er wußte, daß der Herzog Madeleine geliebt hatte. Er fragte sie, wie die Anwesenheit Ninettes im Palast zu erklären sei, und Madeleine tischte ihm ein langes Märchen auf, um ihn zu täuschen. Doch glaubte er, da sein Mißtrauen einmal geweckt war, kein Wort davon, sondern zwang sie bald, die Wahrheit zu sagen, die sie ihm nach langem Zögern und Sträuben schließlich eingestand. Von Enttäuschung und Wut überwältigt, zog Folco seinen Degen und tötete Madeleine, die ihn vergebens um Erbarmen anflehte. Dann aber begann er den Zorn und die Gerechtigkeit des Herzogs zu fürchten. Er ließ daher die tote Madeleine in dem Gemach zurück, eilte zu Ninettes Versteck und sagte mit anscheinend heiterer Miene zu ihr: „Komme sogleich mit mir an einen Ort, den deine Schwester bestimmt hat, damit du nicht noch einmal in die Hände des Herzogs fällst." Ninette, die selber voller Angst war und abzureisen begehrte, glaubte ihm jedes Wort und machte sich, ohne von ihrer Schwester Abschied zu nehmen, noch in derselben Nacht mit ihm auf den Weg, nachdem sie das wenige Geld, dessen Folco noch habhaft werden konnte, an sich genommen hatten. Sie eilten zum Hafen hinunter und fuhren mit dem ersten besten Schiff davon, doch hat niemand je gehört, daß sie irgendwo wieder an Land gekommen wären.

Am folgenden Morgen wurde Madeleine ermordet aufgefunden, und ein paar Leute trugen aus Neid und Haß auf Hugues die Nachricht sogleich zum Herzog. Dieser, der Madeleine wirklich geliebt hatte, eilte in brennendem Zorn herbei und zwang Hugues und seine Frau, obwohl sie weder von der Tat noch von der Flucht Folcos mit Ninette etwas wußten, zu dem Geständnis, daß sie zusammen mit Folco am Tode Madeleines schuld seien. Auf dies Geständnis hin fürchteten sie mit gutem Grund für ihr Leben. Sie bestachen darum nach langer Mühe die Wächter, die sie gefangenhielten, indem sie ihnen einen großen Teil jenes Geldes gaben, das sie in ihrem Hause für besondere Zwecke versteckt hatten. Mit den Wächtern zusammen stiegen sie dann unverzüglich, ohne daß sie noch Zeit gefunden hätten, irgend etwas von ihrem Besitz mitzunehmen, in ein Boot und flohen während der Nacht nach Rhodos, wo sie in Armut und Elend noch kurze Zeit ihr Leben fristeten. Zu diesem traurigen Ende brachten Restagnons törichte Verliebtheit und Ninettes Eifersucht sie selbst und ihre Nächsten.

VIERTE GESCHICHTE

Gerbino greift gegen das Versprechen seines Großvaters, des Königs Guglielmo, ein Schiff des Königs von Tunis an, um dessen Tochter zu entführen. Die Prinzessin wird von den Seeleuten getötet, die daraufhin von Gerbino niedergemacht werden. Später wird er selbst wegen dieser Sache enthauptet.

Lauretta war am Ende ihrer Erzählung angelangt und schwieg. Die Gesellschaft äußerte sich teils mitleidig über das Unglück der Liebenden, teils tadelnd über Ninettes eifersüchtiges Vorgehen und unterhielt sich über dieses und jenes, bis der König aufblickte, als kehre er aus tiefem Nachsinnen zurück, und Elissa ein Zeichen gab fortzufahren. Sie begann darauf in bescheidenem Ton:

Meine schönen Freundinnen, viele Menschen glauben, daß Amor seine Pfeile nur von den Augen entflammt abschösse, und sie verspotten jeden, der meint, man könne sich auch aufs reine Hörensagen hin verlieben. Daß diese Leute sich irren, möchte ich euch mit der Geschichte beweisen, die ich euch jetzt erzählen will. Ihr werdet hier erleben, daß die Fama dieses nicht nur zuwege brachte, ohne daß die Liebenden einander gesehen hätten, sondern daß sie allen beiden auch einen bittren Tod bescherte.

König Guglielmo II. von Sizilien hatte, wie die Sizilianer sagen, zwei Kinder, einen Sohn namens Ruggieri und eine

Tochter mit Namen Gostanza. Ruggieri, der noch vor seinem Vater starb, hinterließ einen Sohn, der Gerbino genannt und von seinem Großvater auf das sorgfältigste erzogen wurde. Er wuchs zu einem schönen Jüngling heran und machte sich seiner männlichen Tugenden und seiner Tapferkeit wegen bald nicht nur innerhalb der Grenzen Siziliens einen ruhmvollen Namen, sondern auch in vielen andern Teilen der Welt und ganz besonders in der Berberei, die zu jener Zeit dem König von Sizilien tributpflichtig war.

Unter den vielen, die von Gerbinos Ruhm, seiner Tapferkeit und seinem höfischen Anstand hörten, war auch eine Tochter des Königs von Tunis, die nach Aussagen eines jeden, der sie gesehen hatte, eins der holdesten Geschöpfe war, die je auf Erden gelebt haben, dazu von auserlesener Tugend und vornehmer, edler Gesinnung.

Da die Prinzessin sich gerne von tapferen Männern erzählen ließ, verfolgte sie mit besonderer Aufmerksamkeit auch Gerbinos Ruhmestaten, die der eine oder andre ihr berichtete, und war so überwältigt von ihnen, daß sie sich allein bei der Vorstellung, was für ein Held er sein müsse, glühend in ihn verliebte. Sie sprach daher lieber von ihm als von jedem anderen und ließ sich gerne von seinen Taten erzählen.

Andrerseits war der Ruf ihrer Schönheit und Tugend, wie überallhin, auch nach Sizilien gedrungen und war mit so großem Wohlgefallen von Gerbino vernommen worden, daß er nicht weniger für die Prinzessin entflammt war als sie für ihn. Aus diesem Grunde erwartete er mit Ungeduld eine Gelegenheit, sie kennenzulernen, und suchte nach einem ehrbaren Vorwand, um von seinem Großvater die Erlaubnis zu erbitten, nach Tunis zu fahren. Einstweilen aber trug er jedem Freunde, der nach Tunis fuhr, auf, nach Möglichkeit der Prinzessin seine Wünsche und seine große Liebe zu ihr kundzutun und ihm Nachrichten von ihr mitzubringen. Einer dieser Freunde nun richtete auf listigste Weise seinen Auftrag aus, indem er nach Händlersart Frauenschmuck mitnahm, den er der Prinzessin vorlegte, ihr bei dieser Gelegenheit Gerbinos glühende Liebe offenbarte und ihr den Prinzen mit seinem ganzen Besitz zu Füßen legte. Die Prinzessin empfing den Boten wie die Botschaft mit freundlichem Gesicht und bekannte ihm, daß sie für Gerbino in gleicher Liebe entbrannt sei. Als Beweis für die Wahrheit ihrer Worte sandte sie ihm einen ihrer schönsten Edelsteine. Gerbino nahm diesen so beglückt entgegen, als sei er der kostbarste Stein der Welt. Er sandte ihr darauf mit demselben Freund mehrere Briefe und reiche Geschenke und traf mit ihr die feste Verabredung, sobald das Schicksal es füge, sich mit ihr zu treffen und sie zu umarmen.

Während aber die Dinge sich mehr als nötig in die Länge zogen und die Prinzessin und Gerbino in gleichem Verlangen nacheinander brannten, geschah es, daß der König von Tunis seine Tochter dem König von Granada zur Gattin versprach. Der Kummer der Prinzessin hierüber war unermeßlich, nicht nur, weil sie an die große Entfernung dachte, die sie fortan von ihrem Geliebten trennen würde, sondern weil sie wußte, daß sie ihm durch diese Ehe so gut wie verloren war. Hätte sich nur eine Möglichkeit gefunden, so wäre sie jetzt, um dieser Heirat zu entgehen, aus dem Lande ihres Vaters geflohen und zu Gerbino geeilt. Ebenso bekümmert war auch Gerbino, als er von dieser Heirat hörte, und er überlegte oft bei sich, ob sich nicht eine Möglichkeit biete, die Prinzessin notfalls mit Gewalt zu entführen, wenn sie auf See sei, um zu ihrem Gatten zu fahren.

Der König von Tunis aber hatte von Gerbinos Liebe und seinen Plänen bereits einiges erfahren, und da er seinen Mut und seine Tapferkeit und Verwegenheit fürchtete, sandte er, als seine Tochter ihre Reise übers Meer antreten sollte, eine Botschaft an König Guglielmo und ließ sich von ihm das Versprechen geben, daß weder Gerbino noch sonst irgend jemand seinen Plan durchkreuzen werde. König Guglielmo, der bereits ein alter Herr war und nichts von Gerbinos Liebe wußte, verstand nicht recht, warum man ihm aus solchem Anlaß eine derartige Zusicherung abverlangte, doch gab er freiwillig das erbetene Versprechen und sandte dem König von Tunis seinen Handschuh als Pfand der Treue.

Der König rüstete, sowie er diese Zusage erhalten hatte, im Hafen von Karthago ein stolzes großes Schiff mit allem aus, was Reisende benötigen, ließ es für die Überfahrt seiner Tochter nach Granada aufs schönste schmücken und herrichten und wartete alsdann nur noch auf günstiges Wetter.

Die Prinzessin aber, die alle Vorbereitungen sah und

hörte, sandte in aller Heimlichkeit einen ihrer Diener nach Palermo, trug ihm auf, den schönen Gerbino von ihr zu grüßen und ihm zu bestellen, daß sie in wenigen Tagen nach Granada absegeln müsse. Es scheine ihr daher an der Zeit, daß er zeigen solle, ob er wirklich so tapfer sei, wie man erzähle, und sie so liebe, wie er ihr manches Mal zu verstehen gegeben habe.

Der mit der Botschaft beauftragte Diener richtete alles getreulich aus und kehrte darauf nach Tunis zurück. Gerbino aber blieb, nachdem er die Botschaft vernommen, in schweren Zweifeln zurück, da ihm wohlbekannt war, was sein Großvater dem König von Tunis versprochen hatte. Trotzdem eilte er, als er die Nachricht von der Prinzessin erhalten hatte, von Liebe getrieben und um in ihren Augen nicht als Feigling zu gelten, nach Messina, ließ hier in großer Eile zwei leichte Galeeren bewaffnen, bemannte sie mit tapferen Männern und fuhr mit ihnen auf Sardinien zu, da er wußte, daß das Schiff mit der Prinzessin dort vorbeikommen müsse. Seine Vermutung bestätigte sich in Kürze, denn schon wenige Tage später erschien das Schiff bei flauem Winde in der Nähe der Stelle, wo Gerbino sich zu seinem Empfang verankert hatte. Als dieser das Schiff erblickte, sprach er zu seinen Gefährten: „Meine Getreuen, wenn ihr echte Kerle seid, wie ich hoffe, so wird auch keiner unter euch sein, der nicht schon einmal die Liebe verspürt hätte oder sie noch verspürt. Ohne die Liebe, das weiß ich von mir selber, vermag kein Sterblicher Tugend oder andre gute Eigenschaften in seinem Herzen zu bewahren. Wenn ihr also je verliebt wart oder es seid, so werdet ihr auch leicht Verständnis für mein Verlangen haben. Ich liebe! Und Amor zwingt mich, euch jetzt diese Mühen aufzuladen. Die Frau, die ich liebe, befindet sich auf dem Schiff, das dort vor uns sichtbar ist. Es birgt außer der Frau, die ich begehre, eine Menge der köstlichsten Reichtümer. Wenn ihr tapfere Männer seid, so werdet ihr mit geringen Anstrengungen das Schiff zu kapern wissen. Ich begehre nichts von der ganzen Beute als diese eine Frau, der zuliebe ich jetzt die Waffen ergreife. Alles andre sei euer alleiniges Eigentum. Laßt uns eilen und schnell und unversehens jenes Schiff ersteigen! Gott, der unserm Vorhaben gnädig ist, hält es ohne Wind hier fest."

Diese Ansprache hätte der schöne Gerbino kaum an seine Leute aus Messina zu richten brauchen, denn alle waren bereits von der Gier zu rauben gepackt und waren in Gedanken schon dabei, das zu tun, was Gerbino ihnen mit seinen Worten schmackhaft zu machen suchte. So erhoben sie ein lautes Beifallsgeschrei, als er seine Rede beendet hatte, und griffen dann unter Trompetenklängen zu den Waffen, ließen die Ruder ins Wasser tauchen und erreichten in kurzer Frist das fremde Schiff.

Die Mannschaft desselben hatte die Galeeren schon von weitem erblickt und rüstete sich, da das Segelschiff nicht mehr entkommen konnte, zur Verteidigung. Der schöne Gerbino befahl, als er bei dem Schiff angelangt war, die Herren desselben sogleich auf seine Galeere zu bringen, wenn eine Schlacht vermieden werden sollte.

Nun erkannten die Sarazenen ihren Gegner und hörten, was er verlangte. Sie schrien, daß dies gegen die Vereinbarung sei, die sie mit dem König von Sizilien getroffen hätten, und zeigten als Pfand den Handschuh des Königs Guglielmo vor. Im übrigen erklärten sie, daß sie sich weder ergeben noch irgend jemand, der an Bord sei, ausliefern wollten, bevor sie nicht in der Schlacht besiegt seien. Gerbino hatte indessen auf dem Achterschiff die Prinzessin erblickt, die weit schöner war, als er sie sich vorgestellt hatte, so daß seine Liebe für sie noch viel heftiger aufflammte. Als der Handschuh ihm gezeigt wurde, entgegnete er, daß hier keine Falken vorhanden seien und kein Handschuh benötigt werde. Und wenn sie ihm die Prinzessin nicht ausliefern wollten, sollten sie sich zur Schlacht bereit halten. Darauf wurden unverzüglich von beiden Seiten Pfeile abgeschossen und Steine geworfen, und es wurde eine lange Zeit zu großem beiderseitigem Nachteil gekämpft. Schließlich sah Gerbino ein, daß dieser Kampf ihm wenig Nutzen bringen würde. Er ließ daher ein Schifflein, das seine Leute aus Sardinien mitgenommen hatten, anzünden und drückte es mit den Galeeren an die Längsseite des Segelschiffes.

Als die Sarazenen es bemerkten und erkannten, daß sie verbrennen oder sterben mußten, ließen sie die Tochter des Königs, die in ihrer Kabine geweint hatte, an Deck holen, führten sie an die Spitze des Schiffes und töteten sie, nachdem sie Gerbino herbeigerufen hatten, vor seinen Augen, sosehr sie auch um Erbarmen bat und flehte. Dann warfen sie sie ins Meer und riefen Gerbino zu: „Da! Hole sie dir! Wir geben sie dir so, wie wir durften und wie deine Treulosigkeit sie verdient hat!"

Angesichts dieser Grausamkeit stürzte Gerbino sich tollkühn, unbekümmert um Pfeile und Steine, auf das Schiff und war trotz des heftigen Widerstandes unversehens mit seinen Leuten auf dem feindlichen Deck. Und wie ein raubgieriger Löwe in eine Herde Jungvieh eindringt, jetzt dieses, dann jenes Tier mit Zähnen und Pranken vernichtet und zuerst seine Wut, dann seinen Hunger stillt – so tötete Gerbino nun mit dem Schwert in der Faust einen Sarazenen nach dem andern auf grausamste Weise. Dann gestattete er, während das Feuer im Schiff schon heftig um sich griff, zur Belohnung seinen Leuten, zu rauben und zu plündern, was sie erreichen konnten, und verließ schließlich das Schiff, wenig erfreut über den Sieg, den er über seine Gegner davongetragen hatte. Er ließ die Leiche der schönen Prinzessin aus dem Meere fischen, beweinte sie lange mit heißen Tränen und kehrte dann nach Sizilien zurück. Auf der kleinen Insel Ustica, gegenüber Trapani, bestattete er sie in allen Ehren und fuhr tief bekümmert nach Hause.

Der König von Tunis aber schickte, als er diese Vorgänge erfuhr, Gesandte in schwarzen Trauergewändern zu König Guglielmo und beklagte sich bitter, daß jener sein gegebenes Wort nicht gehalten habe, und ließ ihm alles genau berichten. Darüber ergrimmte König Guglielmo so heftig, daß er, zumal er keine Möglichkeit sah, ihnen die Genugtuung zu verweigern, Gerbino gefangennehmen ließ und verurteilte. Und da keiner seiner Höflinge für Gerbino um Gnade bat, ließ er ihn vor seinen Augen enthaupten, da er lieber ohne Enkel weiterleben denn als König des Treubruchs bezichtigt werden wollte.

So starben, wie ihr gehört habt, in wenigen Tagen zwei Liebende, die niemals die Frucht ihrer Liebe genossen hatten, auf die traurigste Weise.

FÜNFTE GESCHICHTE

Lisabettas Brüder töten ihren Liebhaber, der ihr im Traum erscheint und ihr zeigt, wo er verscharrt wurde. Darauf gräbt sie heimlich seinen Kopf wieder aus und begräbt ihn in einem Basilikumtopf, über dem sie jeden Tag lange weint. Als die Brüder ihr den Topf fortnehmen, stirbt sie vor Gram.

Nachdem Elissas Geschichte beendet und vom König recht gelobt worden war, gebot er Filomena weiterzuerzählen. Noch ganz erfüllt von Mitleid mit Gerbino und seiner Dame, begann sie nach einem wehmütigen Seufzer:

Meine Geschichte, ihr reizenden Mädchen, handelt freilich nicht von so hochgeborenen Leuten, wie es Elissas Erzählung tat, doch wird sie darum gewiß nicht weniger Mitgefühl in euch erwecken. Die Stadt Messina, die eben genannt wurde, rief sie mir ins Gedächtnis zurück, weil die traurige Begebenheit sich dort abgespielt hat.

In Messina lebten einmal drei Brüder, junge Kaufleute, die nach dem Tode ihres aus San Gimignano stammenden Vaters als reiche Leute zurückblieben. Sie hatten eine einzige, sehr schöne, tugendhafte Schwester, Lisabetta mit Namen, an deren Verheiratung indes aus unbekannten Gründen keiner von ihnen dachte. Nun beschäftigten die Brüder in einem ihrer Läden einen jungen Pisaner, Lorenzo genannt, der alle ihre Angelegenheiten mit Umsicht und Geschick besorgte und ein schöner, angenehmer junger Mann war. Als Lisabetta ihn einige Male gesehen hatte, begann sie Gefallen an ihm zu finden. Lorenzo bemerkte aus verschiedenen Anzeichen ihr Interesse, er gab daher seine bisherigen Liebschaften auf und begann, sich ihr allein zu widmen. So kam es, daß sie einander bald auf gleiche Weise zugetan waren. Nachdem sie sich ihre Liebe gestanden hatten, gingen sie alsbald daran, das zu tun, was jeder Liebende begehrt. Während sie in aller Stille ihr Verhältnis fortsetzten und einander viele schöne Stunden und manche Freude schenkten, gingen sie doch nicht vorsichtig genug ans Werk, so daß eines Abends Lisabetta, ohne daß sie selbst es bemerkte, von ihrem ältesten Bruder beobachtet wurde, als sie verstohlen in Lorenzos Schlafkammer schlich. Der

Bruder war ein kluger, besonnener Mann, faßte den Entschluß, obwohl diese Entdeckung ihn sehr bekümmerte, einstweilen zu schweigen, und wartete unter vielen ernsthaften Überlegungen über diesen Fall den nächsten Morgen ab. Als es Tag geworden war, erzählte er seinen beiden Brüdern, was er in der letzten Nacht über Lisabetta und Lorenzo in Erfahrung gebracht hatte. Damit nun weder ihnen selbst noch ihrer Schwester hieraus eine Schande erwüchse, kamen sie nach langer Beratung zu dem Entschluß, über den Vorfall einstweilen Stillschweigen zu bewahren, als hätten sie nichts gesehen und bemerkt, wohl aber eine günstige Gelegenheit abzuwarten, um sich ohne Gefahr und Aufsehen diese Schande vom Halse zu schaffen, ehe noch weiteres Unheil daraus entstehe. Diesem Entschluß gemäß plauderten und lachten sie weiterhin in gewohnter Weise mit Lorenzo und nahmen ihn eines Tages, unter dem Vorwand, außerhalb der Stadt ein wenig spazierenzugehen, mit sich. An einer abgelegenen Stelle, die ihrem Vorhaben günstig schien, brachten sie den jungen Mann um, der sich dessen nicht versah, und verscharrten ihn an Ort und Stelle, so daß niemand etwas von der Sache gewahr wurde. Nach Messina zurückgekehrt, gaben sie an, daß sie ihn mit einem Auftrag auf Reisen gesandt hätten, was ihnen jedermann gerne glaubte, da sie ihn häufig in Geschäften fortzuschicken pflegten.

Als nun Lorenzo gar nicht wieder zurückkehrte und Lisabetta, die über seine lange Abwesenheit sehr betrübt war, ihre Brüder immer öfter und eindringlicher nach ihm fragte, antwortete ihr einer derselben eines Morgens, als sie wieder angelegentlich nach jenem fragte: „Was soll dein Fragen heißen? Was geht dich Lorenzo an, daß du so oft nach ihm fragst? Wenn du nicht mit dieser Fragerei aufhörst, werden wir dir die Antwort geben, die dir gebührt."

Das Mädchen begann nun voller Kummer und Besorgnis allerlei unbestimmte Befürchtungen zu hegen, wagte aber fortan keine Frage mehr zu tun. Doch rief sie manche Nacht weinend nach Lorenzo, flehte ihn an heimzukehren, und verbrachte freudlos ihre Tage mit Tränen und Wehklagen über sein Fernbleiben und in beständiger Erwartung seiner Rückkehr.

Als sie wieder einmal in der Nacht lange geweint hatte,

weil Lorenzo nicht zurückkehrte, und schließlich unter Tränen einschlief, erschien ihr Lorenzo im Traum. Totenblaß, mit verwirrtem Haar und schmutzigen, zerfetzten Kleidern, glaubte sie ihn sprechen zu hören: „O Lisabetta, was rufst du mich unaufhörlich! Was bekümmerst du dich über mein langes Ausbleiben und klagst mich mit deinen Tränen an? Wisse denn, ich kann nie mehr zu dir zurückkehren, denn deine Brüder haben mich an dem Tag, an dem wir uns zum letztenmal sahen, erschlagen!" Und er bezeichnete ihr den Ort, wo man ihn verscharrt hatte, bat sie, ihn nicht mehr zu rufen und zu erwarten, und verschwand. Das Mädchen erwachte und brach in bitterliches Weinen aus, da sie keinen Augenblick an der Wahrheit ihres Traumes zweifelte. Als es Tag geworden war, wagte sie nicht, ihren Brüdern etwas davon zu sagen, nahm sich aber vor, den bezeichneten Ort aufzusuchen und sich selber davon zu überzeugen, ob es stimme, was der Traum ihr offenbart hatte. Sie holte sich von den Brüdern die Erlaubnis, zur Erholung ein wenig durch die Felder zu gehen, und machte sich in Begleitung eines Mädchens, das früher einmal in ihren Diensten gestanden hatte und um ihre Liebe wußte, auf den Weg und eilte, so schnell sie konnte, an den bezeichneten Ort. Dort räumte sie das trockene Laub, das herumlag, beiseite und hob, wo ihr der Boden weniger fest erschien, die Erde aus. Sie hatte noch nicht tief gegraben, als sie bereits die Leiche ihres unglücklichen Liebhabers fand, die noch gut erhalten und nicht verwest war, so daß sie nun den Beweis für die Wahrheit ihres Traumes klar vor Augen hatte. Obwohl sie von dem grausigen Fund ins Innerste getroffen war, fühlte sie, daß hier nicht der Ort sei, Lorenzo zu beweinen. Sie hätte, wäre es ihr möglich gewesen, gerne seinen Leichnam mitgenommen, um ihm ein würdigeres Grab zu geben; da sie aber einsah, daß sie dies nicht konnte, trennte sie, so gut sie es vermochte, mit einem Messer den Kopf des Toten vom Rumpfe ab und bedeckte den Körper wieder mit Erde, nachdem sie den Kopf in ein Handtuch gewickelt und ihrem Mädchen zu tragen gegeben hatte.

Darauf verließen sie ungesehen den Ort und kehrten nach Hause zurück.

Hier schloß sie sich mit dem Kopf in ihr Schlafgemach ein und weinte lange und bitterlich über ihm, so daß sie ihn in ihren Tränen förmlich badete, und bedeckte ihn über und über mit Küssen. Dann griff sie zu einem jener schönen großen Blumentöpfe, in die man Majoran oder Basilikum pflanzt, und legte den Kopf hinein, den sie mit einem seidenen Tuch umwunden hatte, tat Erde darauf und bepflanzte sie mit schönem salernitanischem Basilikum, das sie nur mit Rosen- oder Orangenwasser und mit ihren Tränen begoß. Sie gewöhnte sich daran, immer in der Nähe des Topfes zu sitzen und diesen, der ihren Lorenzo umfing, sehnsuchtsvoll anzublicken. Und stets, wenn sie ihn längere Zeit verlangend angesehen hatte, trat sie an ihn heran, um über ihn gebeugt zu weinen, bis sie das ganze Basilikum getränkt hatte. Die Pflanzen aber wuchsen, sowohl der ausdauernden und fortwährenden Pflege wegen als auch infolge der Fruchtbarkeit der Erde, die der darin verwesende Kopf hervorrief, in ungewöhnlicher Schönheit heran und dufteten gar köstlich.

Während Lisabetta auf solche Weise ständig den Topf hegte, wurde sie von ihren Nachbarn oftmals dabei beobachtet, und diese sagten schließlich zu den Brüdern, die sich über die schnell dahinwelkende Schönheit Lisabettas, deren Augen allen Glanz eingebüßt hatten, nicht genug verwunderten: „Wir haben gesehen, daß sie es jeden Tag so macht!" Als die Brüder das vernahmen und das Mädchen auch selber beobachteten, schalten sie mehrmals mit ihr und ließen ihr endlich, da alle Ermahnungen erfolglos blieben, heimlich den Topf wegnehmen. Als das Mädchen ihn nicht wiederfand, verlangte sie mit großer Beharrlichkeit immer wieder danach. Da er ihr nicht zurückgegeben wurde, sie aber nicht nachließ zu weinen und zu klagen, erkrankte sie schließlich, verlangte aber auch während ihrer Krankheit nichts anderes als ihren Topf.

Die jungen Männer waren über diese Beharrlichkeit so erstaunt, daß sie beschlossen festzustellen, was es mit dem Topf auf sich habe. Sie schütteten daher die Erde aus, fanden das Tuch und in ihm den Kopf, der noch nicht so stark verwest war, daß sie ihn an dem gelockten Haar nicht als das Haupt Lorenzos wiedererkannt hätten. Nun waren sie recht bestürzt und fürchteten sehr, daß hierdurch noch alles ans Licht kommen könnte. Sie begruben den Kopf nochmals und verließen, nachdem sie eiligst ihre Geschäfte geordnet hatten, in aller Heimlichkeit Messina und übersiedelten nach Neapel.

Das Mädchen aber hörte nicht auf zu weinen und nach ihrem Topf zu jammern und härmte sich in kurzer Zeit zu Tode, so daß endlich auch diese unglückliche Liebe ihr Ende fand. Doch wurde nach einer gewissen Zeit die Sache bekannt, und bald dichtete einer die Kanzone, die heute noch gesungen wird:

>Welch böser Mann
>stahl meinen Blumentopf.

SECHSTE GESCHICHTE

Andreuola liebt Gabriotto. Sie erzählt ihm einen Traum, den sie gehabt hat, und er ihr ebenfalls, dann stirbt er unversehens in ihren Armen. Während sie mit ihrem Mädchen die Leiche in Gabriottos Haus bringen will, werden beide von der Stadtwache ergriffen, und sie erzählt, was geschehen ist. Der Stadtrichter versucht, ihr Gewalt anzutun, sie läßt es aber nicht zu. Ihr Vater, der an ihre Unschuld glaubt, befreit sie, doch will sie fortan nicht mehr in der Welt weiterleben und wird Nonne.

Die Erzählung Filomenas gefiel den Damen sehr, zumal alle jenes Lied oft gehört, aber nie in Erfahrung gebracht hatten, aus welchem Anlaß es entstanden war. Der König aber hatte kaum den Ausgang der Geschichte vernommen, so bedeutete er Panfilo, ordnungsgemäß weiterzuerzählen, worauf dieser begann:

Der Traum, den unsre letzte Geschichte enthielt, bringt mich auf den Gedanken, euch eine Novelle zu erzählen, in der sogar von zwei Träumen die Rede ist. Während aber der Traum in Filomenas Geschichte vergangenes Geschehen aufdeckte, sagen die meinen zukünftige Ereignisse voraus. Denn kaum waren beide Träume von den Personen, die sie hatten, berichtet, so trat auch schon die Erfüllung ein.

Ihr, meine liebreizenden Freundinnen, werdet wissen, daß fast alle Menschen die Angewohnheit haben, die verschiedensten Traumgesichte, die im Schlafe allen wahr erscheinen, nach dem Erwachen nur noch zum Teil für wahr, zum Teil für wenig wahrscheinlich und teilweise sogar für völlig unwahr zu halten, obwohl viele dieser Träume sich erfüllen. Wohl glauben manche Menschen ebenso fest an ihre Träume als an die Dinge, die sie im wachen Zustand wahrnehmen, und betrüben oder erheitern sich an ihren Traumgesichten, je nach dem Maße, mit dem diese sie mit Furcht oder Hoffnung erfüllen. Doch gibt es im Gegensatz zu ihnen auch Menschen, die nicht eher einen Traum für wahr halten, als bis sie in der Gefahr, vor der jener sie warnte, umkommen. Ich kann weder die einen noch die andren loben, da eben nicht alle Träume wahr, aber auch nicht alle Träume Schäume sind. Daß sie nicht alle auf Wahrheit beruhen, wird jeder von uns schon selber festgestellt haben; daß sie aber auch nicht alle bedeutungslos sind, bewies schon der Traum aus Filomenas Geschichte, und ich möchte euch, wie ich schon sagte, in meiner Erzählung von einem ähnlichen Fall berichten. – Ich bin der Ansicht, daß man keinen bösen Traum zu fürchten braucht, solange man ein ehrliches, anständiges Leben führt, und daß man eines solchen Traumes wegen auch einen löblichen Vorsatz nicht aufgeben sollte. Wer sich jedoch einem schlechten, unredlichen Treiben hingibt, sollte sich nicht von seinen Träumen täuschen lassen, die vielleicht seinem Tun ein günstiges Ende voraussagen und ihn mit allerlei Vorspiegelungen zu verführen suchen, sondern lieber das Gegenteil für wahr halten! Doch hören wir jetzt die Geschichte:

In Brescia lebte einst der Edelmann Messer Negro da Pontecarraro, der neben mehreren Söhnen auch eine junge, sehr schöne, noch unverheiratete Tochter hatte, Andreuola mit Namen. Der Zufall wollte es, daß diese sich in einen ihrer Nachbarn verliebte. Er hieß Gabriotto und war, obschon von niederem Stande, ein schöner, angenehmer Mann mit den artigsten Manieren. Mit Unterstützung und Hilfe eines Mädchens, das im Hause diente, brachte Andreuola es so weit, daß Gabriotto nicht nur von ihrer Liebe zu ihm erfuhr, sondern daß sie ihn auch zu ihrer beiderseitigen Freude gar oft zu sich in den schönen Garten ihres Vaters holen konnte. Und damit nur der Tod ihre heiße Liebe trennen könnte, wurden sie in aller Heimlichkeit Mann und Frau.

Während sie nun ihren zärtlichen Ehebund im verborgenen fortsetzten, geschah es, daß Andreuola sich eines Nachts im Traum mit Gabriotto im Garten erblickte, wo sie ihn zu beider Entzücken umarmte. Während sie noch solcherart zusammen waren, war ihr, als sähe sie aus seinem Körper etwas Dunkles, Schreckliches entweichen, das sie in der Form nicht zu erkennen vermochte. Und ihr schien, daß dieses Dunkle Gabriotto ergriffe und ihn trotz ihres heftigen Widerstandes aus ihren Armen riß, um mit ihm in die Erde zu fahren; worauf sie weder den einen noch das andre wieder zu Gesicht bekam. Ihr Kummer darüber war so unerträglich, daß sie alsbald erwachte. Obwohl sie zu ihrer großen Erleichterung gewahr wurde, daß sie alles nur geträumt hatte, vermochte sie doch ein gewisses Grauen über diesen Traum nicht abzuschütteln und versuchte dieses Traumes wegen alles, was in ihren Kräften stand, um Gabriotto, der sie in der folgenden Nacht besuchen wollte, von seinem Vorhaben abzubringen. Als sie aber sein heißes Verlangen erkannte, empfing sie ihn, da sie keinen bösen Verdacht in ihm erwecken wollte, schließlich doch in der folgenden Nacht in ihrem Garten. Da es gerade die Zeit der Rosen war, pflückten sie zusammen eine Menge weiße und rote Rosen und ließen sich dann am Rande eines herrlichen klaren Springbrunnens nieder, der sich im Garten befand. Nachdem sie sich lange auf zärtliche Weise ergötzt hatten, fragte Gabriotto sie, aus welchem Grunde sie ihm heute abend das Kommen hätte verweigern wollen. Andreuola erzählte ihm nun den Traum, den sie in der letzten Nacht gehabt hatte, und wieviel Angst und Bedrückung danach in ihr zurückgeblieben sei.

Als Gabriotto das hörte, begann er zu lachen und meinte, es sei eine große Torheit, an Träume zu glauben, da sie entweder auf eine zu üppige Nahrung oder auf das Fehlen derselben zurückzuführen seien und man täglich immer wieder erkenne, daß alle Träume nur Schäume sind. Und er fuhr fort: „Wenn ich an Träume glauben wollte, wäre ich niemals heute hierhergekommen. Nicht so sehr deines Traumes wegen als um einen anderen, den ich selbst in der letzten Nacht hatte. Mir träumte, ich wäre in einem schönen, freundlichen Wald auf der Jagd und hätte das reizendste, anmutigste Reh gefangen, das je ein Mensch erblickt hat. Es deuchte mir weißer zu sein als der Schnee und wurde in Kürze so vertraut mit mir, daß es sich nie wieder von mir trennte. Auch ich hatte es so lieb, daß ich ihm, damit es mir nicht fortliefe, ein goldenes Halsband umlegte und es mit der Hand an einer goldenen Kette führte. Als nun einmal das Reh mit dem Kopf an meiner Brust bei mir ruhte, sah ich von irgendwoher eine kohlschwarze Hündin von wildem, schreckenerregendem Aussehen auf uns zuspringen, die mich, da ich anscheinend keinerlei Widerstand leistete, auf der linken Seite an der Brust packte und so zerfleischte, daß sie mir die Zähne ins Herz schlug. Und es schien, daß sie es mir herausriß und damit fortlief. Ich aber fühlte dabei so unerträgliche Schmerzen, daß mein Traum abriß und ich nach dem Erwachen sogleich mit der Hand an meine linke Brust fuhr, um zu sehen, ob sie am Ende verletzt sei. Als ich mich unversehrt fand, lachte ich mich selber aus, weil ich nachgefühlt hatte. Doch was bedeutet das schon? Solche Träume, und noch viel schrecklichere, habe ich schon oft gehabt, und mir ist deshalb weder etwas Böses noch etwas weniger Böses zugestoßen. Laß darum die Träume Träume bleiben; wir aber wollen an unser Glück denken!"

Andreuola, die noch unter der Beklemmung des eigenen Traumes litt, erschrak nun noch viel mehr. Da sie aber Gabriotto nicht erzürnen wollte, verbarg sie ihre Angst, soweit sie dazu imstande war. Obwohl sie ihn umarmte und in seinen Umarmungen und Küssen ein wenig Trost fand, blickte sie ihn, ohne selbst zu wissen, was sie befürchtete, immer wieder an und schaute sich auch von Zeit zu Zeit im Garten um, ob sie etwa von irgendwoher etwas Dunkles auf sich zukommen sähe.

Während sie noch so beieinander waren, stieß Gabriotto plötzlich einen tiefen Seufzer aus, umklammerte Andreuola und rief: „O Gott, Geliebte, hilf mir! Ich sterbe!" Mit diesen Worten stürzte er auf das Gras der Wiese nieder. Andreuola zog ihn sogleich auf ihren Schoß und rief fast weinend: „Ach, mein süßer Freund, was ist dir, um Gottes willen?" Gabriotto antwortete nicht. Er stöhnte tief, der Schweiß trat ihm auf die Stirn, und wenige Augenblicke später verschied er.

Wie furchtbar und schmerzlich sein Tod für Andreuola war, die ihn über alles liebte, wird jeder verstehen. Sie weinte lange und rief ihren Gabriotto unzählige Male bei Namen. Als sie aber klar erkannte, daß er wirklich tot war und der Körper schon zu erkalten begann, wußte sie sich keinen Rat. Schließlich rief sie weinend und angsterfüllt jene Dienerin, die von ihrer Liebe wußte, und offenbarte ihr das Unglück und ihren heißen Schmerz. Nachdem beide noch eine Weile über dem toten Antlitz Gabriottos geweint hatten, sagte Andreuola zu dem Mädchen: „Da Gott mir diesen Mann auf solche Weise genommen hat, will ich auch nicht länger mehr leben. Doch bevor ich sterbe, wollen wir das Nötige tun, damit meine Ehre und das Geheimnis meiner Liebe gewahrt bleiben. Dieser Körper, dessen teure Seele entflohen ist, muß begraben werden." – „Ach, mein Töchterchen", rief die Dienerin, „sprich nicht davon, daß du dich töten willst, denn wenn du dich umbrächtest, würdest du den, den du hier auf dieser Welt verloren hast, auch im Jenseits verlieren. Dann würdest du in die Hölle kommen, wohin seine Seele sicher nicht gekommen ist, dessen bin ich gewiß, denn er war ein guter Mensch. Richtiger wäre es, sich mit dem Gedanken zu trösten, durch Gebete und Almosen seiner Seele zu helfen, falls sie vielleicht irgendeines Vergehens wegen dessen bedarf. Und das beste wäre, ihn hier im Garten zu begraben, da dann kein Mensch etwas erfahren würde, weil ja niemand weiß, daß er je hierherkam. Wenn du dies aber nicht wünschst, wollen wir ihn aus dem Garten heraustragen und draußen niederlegen. Dann wird er morgen früh gefunden, nach Hause getragen und von seinen Eltern begraben werden."

Obwohl Andreuola in ihrer Verzweiflung noch ununterbrochen weinte, hörte sie doch auf die Worte ihrer Dienerin und antwortete, da ihr der erste Vorschlag nicht gefiel, auf den zweiten: „Gottbehüte! Ich werde niemals erlauben, daß der teure, geliebte Mann, der mein Gatte war, wie ein Hund verscharrt oder auf die Straße geworfen wird! Meine Tränen sind ihm zuteil geworden; soweit ich dazu beitragen kann, soll ihn auch seine Familie beweinen. Mir ist schon eingefallen, was hier zu tun ist." Darauf sandte sie das Mädchen eilends fort, um ein Stück Seidenstoff zu holen, das sie als Vorrat in einer eisenbeschlagenen Truhe liegen hatte. Als sie es erhielt, breitete sie es auf dem Boden aus, legte die Leiche Gabriottos darauf, den Kopf auf ein kleines Kissen bettend, und drückte ihm unter heißen Tränen die Augen und den Mund zu. Dann wand sie eine Girlande aus Rosen, bedeckte ihn über und über mit den Rosen, die sie noch zusammen gepflückt hatten, und sprach zu dem Mädchen: „Es ist nur ein kurzer Weg von hier bis zur Tür seines Hauses. Darum wollen wir beide ihn, so geschmückt, wie er ist, von hier forttragen und dort hinbringen. Bald wird der Morgen grauen; dann wird er gefunden werden. Und wenn dies alles auch für die Seinen kein Trost sein wird, so ist es doch für mich einer, in deren Armen er gestorben ist." Darauf warf sie sich nochmals mit einem Strom von Tränen über das Antlitz des Toten und weinte lange und erhob sich erst auf das Drängen ihrer Dienerin, als es bereits anfing, hell zu werden. Und sie zog sich den Ring vom Finger, mit dem Gabriotto sich mit ihr vermählt hatte, und rief schluchzend: „Mein teurer Gemahl, wenn deine Seele jetzt meine Tränen sieht oder noch Bewußtsein oder Gefühl in deinem Körper ist, nachdem die Seele ihn verlassen hat, so nimm in Gnaden das letzte Geschenk von deiner Frau an, die du im Leben so sehr geliebt hast." Dabei sank sie ohnmächtig an der Leiche nieder. Nach einiger Zeit, als sie sich ein wenig erholt hatte, erhob sie sich und ergriff zusammen mit ihrer Dienerin das Tuch, auf dem der Tote lag. Dann verließen sie den Garten und machten sich auf den Weg nach seinem Hause.

Auf dem Wege dahin aber stießen sie zufällig auf eine Schar von Stadtwächtern, die aus irgendeinem Grunde um diese Stunde durch die Straßen streiften. Sie wurden von den Wächtern gesehen und der Leiche wegen angehalten. Andreuola, die dem Tode näher war als dem Leben, erkannte die Polizeidiener und sagte mutig: „Ich weiß, wer ihr seid, und weiß auch, daß ein Fluchtversuch zwecklos wäre, darum bin ich bereit, mit euch auf die Signoria zu kommen und alles zu erzählen, was geschehen ist. Doch keiner von euch soll sich unterstehen, mich anzurühren, solange ich freiwillig mit euch gehe. Und niemand soll es wagen, diesen Leichnam zu berauben, wenn er nicht von mir angeklagt werden will!" So gelangte sie, ohne von den Wächtern angerührt zu werden, mit der unversehrten Leiche Gabriottos auf das Stadthaus.

Als der Stadtrichter vernahm, was vorgefallen sei, erhob

er sich und informierte sich, während er Andreuola bei sich im Amtszimmer hatte, über alles, was geschehen war. Er ließ den Leichnam von einigen Ärzten untersuchen, ob der Jüngling etwa durch Gift oder andre Gewaltmittel umgebracht sei. Alle versicherten jedoch, daß dies nicht zuträfe, Gabriotto sei vielmehr erstickt, da ein Lungengeschwür in der Nähe seines Herzens aufgebrochen wäre. Als der Stadtrichter das hörte und erkannte, daß Andreuola auch nicht des kleinsten Vergehens schuldig war, bemühte er sich nach Kräften, so zu tun, als ob er ihr schenke, was er ihr nicht hätte verkaufen können, und sagte, wenn sie ihm zu Willen sei, wolle er sie sogleich freilassen. Da er mit solchen Worten nun nichts bei ihr ausrichten konnte, versuchte er, entgegen jeder Schicklichkeit, ihr Gewalt anzutun. Andreuola aber, deren Kräfte durch flammenden Zorn verdoppelt waren, verteidigte sich hartnäckig und schleuderte ihm mit Würde die verächtlichsten Schimpfworte entgegen.

Inzwischen war es heller Tag geworden, und auch Messer Negro hatte erfahren, was geschehen war. Tief bekümmert kam er mit zahlreichen Freunden aufs Stadthaus und verlangte, nachdem der Stadtrichter ihm den Fall dargelegt hatte, empört die Freilassung seiner Tochter. Der Stadtrichter, der es nun für ratsamer hielt, sich selber wegen des Ansinnens anzuklagen, das er an Andreuola gestellt hatte, als später von ihr deswegen verklagt zu werden, lobte nun die Dame und ihre Standhaftigkeit über alles und sagte, daß er jenes Ansinnen nur an sie gestellt habe, um ihre Tugend zu erproben. Doch sei er, nachdem er sie so tugendsam gefunden habe, von tiefer Liebe zu ihr erfaßt worden, und wenn es ihm, als ihrem Vater, und auch ihr selber angenehm sei, wolle er sie gerne als seine Gattin heimführen, obwohl ihr erster Mann von so geringem Stande gewesen sei.

Während beide noch miteinander redeten, trat Andreuola ein, stürzte weinend ihrem Vater entgegen und sagte: „Mein Vater, ich glaube nicht, daß es noch nötig ist, Euch die Geschichte meiner Liebe und meines Unglücks zu erzählen, denn ich bin sicher, daß Ihr bereits alles gehört und erfahren habt. Ich bitte Euch daher demütig, sosehr ich nur kann, um Verzeihung für das Vergehen, daß ich ohne Euer Wissen den Mann, der mir am besten gefiel, geheiratet habe. Doch bitte ich nicht um Eure Verzeihung, damit mein Leben gerettet werde, sondern weil ich als Eure Tochter und nicht als Eure Feindin sterben möchte." Mit diesen Worten fiel sie weinend zu seinen Füßen nieder.

Messer Negro, der schon alt und von Natur ein wohlwollender, liebevoller Mensch war, begann, als er ihre Worte hörte, ebenfalls zu weinen. Er hob seine Tochter mit tränenden Augen zärtlich vom Boden auf und sprach: „Meine Tochter, es wäre mir freilich lieb gewesen, wenn du einen Gatten gehabt hättest, der auch meiner Ansicht nach deiner würdig gewesen wäre. Doch selbst wenn du einen nach deinem eigenen Gefallen auserwählt hättest, so wäre meine Zustimmung dir sicher gewesen. Daß du ihn mir verheimlichtest, weil du kein Vertrauen zu mir hattest, tut mir weh. Und noch mehr schmerzt es mich, daß du ihn schon wieder verloren hast, bevor ich von ihm wußte. Da es nun aber so gekommen ist, will ich das, was ich, um dich glücklich zu machen, dem Lebenden gerne erwiesen hätte, wenigstens dem Toten antun, nämlich ihn als meinen Schwiegersohn ehren." Und zu seinen Söhnen und Angehörigen gewandt, befahl er, alles zu einer würdigen und ehrenvollen Bestattung Gabriottos vorzubereiten.

Unterdessen waren auch die Eltern und Verwandten des jungen Mannes herbeigelaufen, die ebenfalls von den Geschehnissen Nachricht bekommen hatten, und mit ihnen fast alle Frauen und Männer der Stadt. So wurde die Leiche Gabriottos inmitten der Rosen auf dem Seidentuch Andreuolas auf dem Hofe aufgebahrt und hier nicht nur von den Verwandten beweint, sondern öffentlich von fast allen Frauen und vielen Männern der Stadt; und er wurde nicht wie ein einfacher Mann, sondern wie ein Edelmann auf den Schultern der vornehmsten Bürger mit allen Ehren aus dem Hofe des Stadthauses zu Grabe getragen.

Einige Tage später wiederholte der Stadtrichter nochmals seinen Antrag, und Messer Negro sprach mit seiner Tochter darüber, die freilich nichts von der Sache hören wollte. Und da ihr Vater ihr freie Hand ließ, trat sie zusammen mit ihrer Dienerin in ein wegen seiner Heiligkeit berühmtes Kloster ein, und beide lebten dort noch viele Jahre ehrbar und tugendhaft.

SIEBENTE GESCHICHTE

*Simona liebt Pasquino. Beide gehen zusammen in einen
Garten, wo Pasquino, nachdem er sich mit einem Salbeiblatt die Zähne gerieben hat, stirbt. Simona wird verhaftet.
Als sie dem Richter zeigen will, wie Pasquino gestorben ist,
und sich auf die gleiche Weise mit einem jener Salbeiblätter die Zähne reibt, stirbt sie ebenfalls.*

Als Panfilo mit seiner Geschichte seiner Verpflichtung
nachgekommen war, zeigte der König keinerlei Mitleid mit
Andreuola, sondern bedeutete Emilia, daß es ihm lieb sei,
wenn sie sich mit einer Erzählung ihren Vorgängern anschließen wolle. Emilia begann unverzüglich:
Teure Gefährtinnen, Panfilos Geschichte reizt mich, euch
eine ähnliche Begebenheit zu berichten. Die Frau, von der
ich sprechen will, verlor wie Andreuola ihren Geliebten in
einem Garten. Auch sie wurde wie jene verhaftet und aus
den Händen des Richters befreit, freilich nicht durch eigene
Kraft und Entschlossenheit, sondern nur durch ihren unerwarteten Tod.

Wie schon oft in unsern Erzählungen bewiesen wurde,
verschmäht Amor, obwohl er mit Vorliebe in den Palästen
des Adels wohnt, es durchaus nicht, seine Herrschaft auch
über die Hütten der Armen auszudehnen. Ja, er beweist
oft gerade hier seine Allgewalt mit eben der gleichen
Stärke, mit der er, als der mächtigste aller Herrscher, auch
die Reichsten erbeben macht. Dies wird, wenn auch nicht
überall, so doch aus vielen Teilen meiner Erzählung klar
ersichtlich, die uns zu meiner Freude wieder in unsere Vaterstadt zurückführt, aus der wir uns heute, während wir in
aller Welt den verschiedensten Schicksalen nachgingen, so
weit entfernt haben.

In Florenz also lebte vor gar nicht langer Zeit ein schönes,
für ihren Stand ungewöhnlich anmutiges Mädchen mit Namen Simona. Sie war die Tochter eines armen Mannes, und
obwohl sie sich mit eigener Hand ihren Lebensunterhalt
verdienen mußte und sich vom Wollespinnen ernährte, war
sie deswegen doch nicht so abgestumpften Sinnes, daß sie
es nicht gewagt hätte, Amor in ihr Herz einziehen zu lassen,
der sich seit einer guten Weile darum bemühte, dieses

durch die Haltung und die freundlichen Worte eines Jünglings zu erobern. Dieser junge Mann, aus gleichen ärmlichen Verhältnissen wie Simona, brachte ihr des öfteren für seinen Herrn, einen Wollweber, Wolle zum Spinnen. Nachdem das Mädchen Amor in der hübschen Larve dieses Jünglings, der Pasquino hieß und ihr herzlich zugetan war, Einlaß gewährt hatte, wurde sie von mancherlei Wünschen heimgesucht. Sie hatte aber nicht den Mut, einen weiteren Schritt zu wagen, sondern stieß nur beim Spinnen und Garnaufwickeln unzählige Seufzer aus, die wie Feuer brannten, wenn sie an den dachte, der ihr die Wolle zum Spinnen gebracht hatte.

Dieser seinerseits schien äußerst besorgt, daß die Wolle für seinen Meister nur ja recht fein gesponnen wurde, denn er trieb Simona mehr als alle anderen Spinnerinnen zur Arbeit an, als ob allein aus ihrer Wolle und aus keiner andren das Tuch gewoben werden sollte. Während nun der eine heftig antrieb und die andre über sein Antreiben rechte Freude verspürte, kam es bald dahin, daß Pasquino kühner wurde als bisher und auch sie die übliche Furcht und Scham immer mehr beiseite drängte, bis sich beide zur gegenseitigen Beglückung alles gewährten. Die Freuden ihrer Liebe aber erfüllten beide mit solcher Wonne, daß keiner imstande war, eine Aufforderung dazu erst abzuwarten, sondern einer dem andern mit Einladungen entgegenkam.

So dauerte ihre Verliebtheit denn von Tag zu Tag fort und entflammte sie mehr und mehr, je länger sie zusammen waren. Da sagte Pasquino eines Tages zu Simona, er wünsche sich nichts sehnlicher, als daß sie es möglich mache, ihn einmal in einen schönen Garten zu begleiten, in den er sie zu führen wünsche, um dort in aller Ruhe ohne jede Sorge mit ihr zusammen zu sein. Simona gab zu, daß ihr dieser Plan gefalle, und machte eines Sonntags ihrem Vater weis, sie wolle nach dem Essen um Ablaß nach San Gallo gehen. Statt dessen aber begab sie sich mit ihrer Freundin Lagina in den von Pasquino genannten Garten, wo sie mit ihm und seinem Freunde Puccino, der gewöhnlich Stramba genannt wurde, zusammentraf. Da sich zwischen Stramba und Lagina bald auch eine Liebschaft anzubahnen schien, ließen sie die beiden allein und gingen in einen anderen

Teil des Gartens, um sich dort ihren süßen Freuden hinzugeben.

Nun befand sich in ebendem Teil des Gartens, in den Pasquino und Simona geraten waren, ein üppiges, schönes Salbeigebüsch, vor dem sie sich niederließen und eine gute Weile miteinander vergnügten. Während sie noch ausführlich über das Vesperbrot schwatzten, das sie in aller Ruhe hier im Garten verzehren wollten, wandte Pasquino sich nach dem Gebüsch um, rupfte ein Blatt ab und begann, sich damit die Zähne und das Zahnfleisch abzureiben, mit der Behauptung, Salbeiblätter reinigten die Zähne am besten von allem, was vielleicht vom Essen an ihnen hängengeblieben sei. Nachdem er ein wenig gerieben hatte, kam er nochmals auf das Vesperbrot zurück, von dem er zuvor gesprochen hatte. Er hatte aber kaum ein paar Worte hervorgebracht, als er plötzlich alle Farbe aus dem Gesicht verlor und fast gleichzeitig auch das Augenlicht und die Sprache. Wenige Sekunden später war er tot.

Simona sah es voller Entsetzen und begann zu weinen und zu schreien und rief laut nach Stramba und Lagina. Beide eilten sogleich herbei, und als Stramba Pasquino nicht nur tot, sondern ganz aufgedunsen, mit schwarzen Flecken im Gesicht und am Körper vorfand, schrie er Simona an: „Du ruchloses Weib hast ihn vergiftet!" Und er begann einen solchen Lärm zu machen, daß die Leute, die in der Nähe des Gartens wohnten, ihn hörten. Von dem Geschrei angelockt, kamen viele herbei, und als sie den toten, aufgeschwollenen Pasquino fanden und Strambas Wehklagen hörten und seine Beschuldigung, Simona habe den Freund vergiftet, glaubten alle, daß es so sei, wie er behauptete, zumal das Mädchen vor Schmerz über den plötzlichen Verlust ihres Geliebten fast von Sinnen und zu keiner Verteidigung fähig war. Aus diesem Grunde packten sie Simona und schleppten sie trotz ihrer heißen Tränen nach dem Palaste des Stadtrichters, wo Stramba, Atticciato und Malagevole, Freunde Pasquinos, die herbeigeeilt waren, den Richter derart aufhetzten, daß er sich unverzüglich daranmachte, den Fall zu untersuchen. Da er nun Simona einer solchen Untat nicht für schuldig befinden konnte, begehrte er, in ihrem Beisein die Leiche am Unfallsort zu besichtigen, da er sich von der ihm berichteten Todesart nach ihren Worten kein rechtes Bild machen konnte. Er ließ sie darum unauffällig an den Platz führen, wo Pasquinos Leiche noch lag, die nun wie ein Faß aufgeschwollen war. Nachdem auch der Richter dort angelangt war, verwunderte er sich sehr über das Aussehen des Toten und fragte sie nochmals, wie es gewesen sei. Simona schilderte alles, was vorangegangen war, genauestens, kauerte sich dann vor dem Salbeigebüsch nieder und rieb sich, um dem Richter den Vorgang recht verständlich zu machen, die Zähne mit einem Salbeiblatt ab, ebenso wie Pasquino es vorher getan hatte.

Stramba, Atticciato und die übrigen Freunde und Gesellen Pasquinos aber verhöhnten trotz des Richters Gegenwart alle ihre Aussagen und verlangten, daß eine solche Freveltat mit dem Scheiterhaufen gebüßt werden solle.

Das arme Mädchen, das vor Schmerz über den verlorenen Geliebten und aus Angst vor der von Stramba und den übrigen geforderten Bestrafung völlig durcheinander war, brach plötzlich, bald nachdem sie sich mit dem Salbeiblatt die Zähne abgerieben hatte, zur Bestürzung aller Anwesenden mit den gleichen Anzeichen tot zusammen wie kurze Zeit vorher Pasquino.

O glückliche Seelen, denen es vergönnt war, an einem Tage ihre große Liebe und das irdische Leben zu beenden! Wie seid ihr doppelt glücklich zu preisen, weil ihr nun Seite an Seite in fremden Gefilden wandern könnt! Und überglücklich gar, wenn man auch in jener Welt noch liebt und ihr dort fortfahren könnt, euch so innig zu lieben, wie ihr es hier auf Erden tatet! Am glücklichsten aber ist, soweit wir Überlebenden es beurteilen können, Simonas Seele zu preisen, da Fortuna es nicht zuließ, daß ihre Unschuld den Anschuldigungen Strambas, Atticciatos und Malagevoles erlag, die vielleicht Wollkratzer oder noch geringere Leute gewesen sein mögen, sondern einen ehrenvollen Ausweg für sie fand, indem sie ihr das gleiche Los beschied wie ihrem Geliebten und sie von allen Beschuldigungen reinigte, damit sie der Seele ihres Pasquino folgen konnte.

Der Richter, der ebenso wie die übrigen Anwesenden über diesen Ausgang sehr bestürzt war, fand keine Erklärung für dies Geschehen. Er überlegte daher lange und sagte, nachdem er wieder einen klaren Gedanken fassen konnte: „Das bedeutet also, daß diese Salbeiblätter giftig sind, was im allgemeinen nicht der Fall zu sein pflegt. Damit sie nicht noch mehr Menschen schaden können, soll der Strauch bis auf die Wurzeln abgeschnitten und verbrannt werden!"

Dieser Anordnung wurde noch im Beisein des Richters von dem Wärter des Gartens Folge geleistet. Kaum aber hatte man den großen Strauch abgeschlagen, als schon die Todesursache der beiden Liebenden an den Tag kam. Unter dem Salbeistrauch hockte eine Kröte von gewaltiger Größe, deren Giftodem nach Meinung aller den Salbei vergiftet haben mußte. Da aber niemand Lust verspürte, sich dieser Kröte zu nähern, schichtete man um sie herum eine hohe Reisighecke auf und verbrannte sie hier zusammen mit dem Salbeistrauch. – Damit war das Verhör des Herrn Richters über den Tod des unglücklichen Pasquino beendet. Dieser aber wurde zusammen mit seiner Simona, so geschwollen, wie sie waren, von Stramba, Atticciato, Guccio Imbrata und Malagevole in der Kirche San Paolo beerdigt, deren Pfarrkinder beide gewesen waren.

ACHTE GESCHICHTE

Girolamo liebt Salvestra, doch wird er von den Bitten seiner Mutter bewogen, nach Paris zu gehen. Als er zurückkehrt, findet er Salvestra verheiratet vor. Er dringt heimlich in ihr Haus ein und stirbt ihr zur Seite. Nachdem seine Leiche in eine Kirche gebracht worden ist, bricht Salvestra tot an seiner Seite zusammen.

Als die Geschichte Emilias zu Ende war, begann auf Geheiß des Königs Neifile folgendes zu erzählen:

Nach meiner Ansicht, ihr lieben Mädchen, gibt es viele Menschen, die sich einbilden, weiser zu sein als andere Leute, obwohl sie oft einen weit geringeren Verstand besitzen. Sie suchen daher nicht nur den Ratschlägen ihrer Mitmenschen, sondern sogar dem natürlichen Ablauf der Dinge ihren Willen entgegenzusetzen, woraus schon manches schlimme Unheil, niemals aber etwas Gutes entstanden ist. Weil nun von allen Dingen der Natur die Liebe am wenigsten Rat oder Widerspruch erträgt, da sie sich ihrer Eigenart nach lieber in Sehnsucht verzehrt als durch List ausrotten läßt, ist mir die Geschichte einer Frau eingefallen, die versuchte, weiser zu sein, als sie war und es sich für sie geziemte, ja weiser, als jene Angelegenheit, der sie ihren Willen aufzwingen wollte, es zu ertragen vermochte. Im Glauben, aus einem verliebten Herzen die Liebe austreiben zu können, die vielleicht von den Sternen dort wachgerufen worden war, erreichte sie nichts andres, als daß sie mit seiner Liebe zugleich auch das Leben ihres Sohnes auslöschte.

Wie die Alten berichten, lebte einst in unserer Vaterstadt ein angesehener, reicher Kaufmann namens Leonardo Sighieri, der, bald nachdem ihm seine Frau einen Sohn – Girolamo genannt – geschenkt hatte, seine Geschäfte ins reine brachte und aus diesem Leben verschied.

Die Vormunde des Kindes verwalteten nun zusammen mit seiner Mutter treu und ehrlich sein Vermögen. Der Knabe wuchs zusammen mit den Kindern seiner Nachbarn auf, doch befreundete er sich mit keinem anderen so sehr wie mit der gleichaltrigen Tochter eines Schneiders. Im Laufe der Zeit wurde nun aus dieser Freundschaft eine so große Liebe, daß Girolamo sich nur dann glücklich fühlte, wenn er das Mädchen vor Augen hatte. Und auch sie liebte ihn nicht weniger, als sie von ihm geliebt ward.

Sobald die Mutter des Knaben diese Zuneigung bemerkte, sagte sie ihm deswegen viele böse Worte und strafte ihn hart und beklagte sich schließlich, als sie Girolamo durch nichts von dieser Liebe abzubringen vermochte, bei seinen Vormunden. Und da sie meinte, sie könnte wegen des großen Reichtums ihres Sohnes aus dem Dornbusch einen Apfelsinenbaum machen, sagte sie: „Unser Junge, der noch keine vierzehn Jahre alt ist, hat sich so heftig in die Schneiderstochter Salvestra aus der Nachbarschaft verliebt, daß er sie, wenn wir nichts dagegen tun, eines Tages ohne unser Wissen zu seiner Frau machen wird, worüber ich nie wieder froh werden könnte. Oder aber er verzehrt sich in Sehnsucht nach ihr, wenn er sieht, daß sie an einen andern Mann verheiratet wird. Um dies zu verhindern, halte ich es für das beste, wenn ihr ihn in irgendwelchen Geschäften recht weit von hier fortschicken wolltet. Wenn er sie nicht mehr vor Augen hat, wird er sie vergessen, und man könnte ihm dann ein junges Mädchen aus gutem Hause zur Frau geben."

Die Vormunde hielten den Vorschlag der Dame für ausgezeichnet und versicherten ihr, daß sie alles nach besten Kräften regeln würden. Sie ließen also den Jüngling zu sich in die Verkaufshalle holen, und einer von ihnen sagte liebevoll zu ihm: „Mein Sohn, du bist jetzt mittlerweile erwachsen, und es wäre richtig, wenn du allmählich anfingst, dich selbst um deine Geschäfte zu bekümmern. Es wäre uns lieb, wenn du nach Paris gingest und dich dort eine Weile aufhieltest, wo ein großer Teil deines Reichtums umgesetzt wird. Ganz abgesehen davon, kannst du dort bessere und edlere Sitten und ein gewandteres Auftreten lernen als hier, da du die großen Herren, die Barone und Edelleute, dort beobachten und dir ihre Manieren aneignen kannst. – Später wirst du dann wieder hierher zurückkehren."

Der Jüngling hörte höflich zu und antwortete dann kurz, daß er keinerlei Lust zu solcher Reise verspüre und der Meinung sei, daß er, so gut wie jeder andere, in Florenz bleiben könne.

Als die wackren Leute seine Antwort vernahmen, versuchten sie mit langen Reden nochmals ihr Heil, doch erhielten sie auch jetzt keine andere Antwort und teilten diese schließlich seiner Mutter mit. Die Dame war darüber recht aufgebracht und sagte ihm, weniger weil er sich weigerte, nach Paris zu gehen, als seiner Liebschaft wegen, viele böse Worte. Dann aber versuchte sie, ihn mit zärtlichen Bitten zu bändigen, begann ihm zu schmeicheln und bat ihn inständig, er möge doch die Wünsche seiner Vormunde erfüllen. Sie wußte ihm derart zuzusetzen, daß er schließlich einwilligte, auf ein Jahr, doch keinen Tag länger, nach Paris zu gehen.

Und so geschah es. Als aber Girolamo, nach wie vor heiß verliebt, einmal in Paris war, wurde er dort, von einem Tag zum andern, zwei volle Jahre festgehalten. Dann aber kehrte er, entflammter denn je, zurück und fand seine Salvestra an einen tüchtigen jungen Zeltmacher verheiratet.

Sein Kummer darüber war grenzenlos; da er aber einsah, daß ihm nichts andres übrigblieb, versuchte er, sich abzufinden. Er kundschaftete die Wohnung Salvestras aus und begann nach Art verliebter junger Burschen häufig an ihrem

Hause vorüberzugehen, da er glaubte, sie könne ihn ebensowenig vergessen haben wie er sie. Seine Annahme erwies sich jedoch als falsch. Salvestra erinnerte sich so wenig an ihn, als ob sie ihn niemals gekannt hätte, und wenn sie wirklich einmal an ihn dachte, so bemühte sie sich stets, es nicht zu zeigen. Das wurde in kurzer Frist dem jungen Mann klar, und obwohl er schmerzlich davon betroffen wurde, versuchte er nun alles mögliche, um sich wieder bei ihr in Erinnerung zu bringen, und beschloß endlich, da er keinen Erfolg sah, mit ihr selbst zu sprechen, sollte es auch sein Leben kosten.

Er ließ sich von einem Nachbarn genau das Innere ihres Hauses beschreiben und schlich sich, als sie mit ihrem Mann einen Abendbesuch in der Nachbarschaft machte, heimlich in ihre Wohnung, wo er sich in ihrem Schlafzimmer hinter aufgehängten Zeltbahnen versteckte. Dann wartete er, bis die beiden heimgekehrt und ins Bett gegangen waren. Als er hörte, daß der Ehemann eingeschlafen war, schlich er auf jene Seite des Bettes, wo er Salvestra sich hatte niederlegen sehen. Er legte ihr die Hand auf die Brust und sagte leise zu ihr: „Ach, mein Herz, schläfst du schon?" Die junge Frau, die noch wach war, wollte schreien, doch Girolamo sagte schnell zu ihr: „Um Gottes willen, schrei nicht! Ich bin es, dein Girolamo!"

Bei diesen Worten entgegnete sie zitternd: „Um Gottes willen, Girolamo, geh fort! Die Kinderzeit ist vorüber, die uns erlaubte, verliebt zu sein. Jetzt aber bin ich verheiratet, wie du siehst. Es schickt sich nicht mehr für mich, einen anderen Mann als meinen eigenen anzuschauen. Ich flehe dich an, geh um Gottes willen fort! Wenn mein Mann dich hörte, würde ich, selbst wenn nichts Schlimmeres daraus entstehen sollte, nie mehr in Ruhe und Frieden mit ihm leben können, während ich jetzt, weil er mich liebhat, glücklich und zufrieden mit ihm meine Tage verbringe." Ihre Worte schmerzten den Jüngling unerträglich. Er erinnerte sie an die Vergangenheit und an seine Liebe, die durch die Trennung nicht geringer geworden sei. Doch obwohl er viele Bitten an sie richtete und ihr alles mögliche versprach, erreichte er nichts bei ihr. So faßte er denn den festen Entschluß zu sterben und bat, sie möge ihm zum Lohn für seine Liebe wenigstens gestatten, daß er sich so lange neben ihr niederlege, bis er sich etwas erwärmt habe. Er sei, während er auf sie gewartet habe, ganz erstarrt. Und er versprach ihr, währenddessen weder ein Wort mit ihr zu sprechen noch sie anzurühren und sogleich wieder fortzugehen, wenn er sich ein wenig erwärmt hätte.

Salvestra, die doch ein wenig Mitleid mit ihm fühlte, gewährte ihm seine Bitte unter den erwähnten Bedingungen. So legte sich der Jüngling, ohne sie anzurühren, an ihrer Seite nieder und dachte noch einmal an seine immerwährende Liebe zu ihr, an ihre Kälte und Ablehnung und an seine verlorenen Hoffnungen und beschloß, seinem Leben ein Ende zu machen. Er hielt daher mit aller Kraft seinen Atem zurück, preßte die Fäuste zusammen und starb, ohne ein Wort von sich zu geben.

Die junge Frau begann sich nach einer Weile über seine Zurückhaltung zu verwundern. Da sie fürchtete, ihr Mann möchte erwachen, sagte sie: „Nun, Girolamo, willst du noch nicht gehen?" Als sie keine Antwort bekam, nahm sie an, er sei eingeschlafen. Sie streckte daher die Hand zu ihm hinüber und begann ihn zu rütteln, damit er aufwachen sollte. Indem sie ihn aber berührte, bemerkte sie, daß er eiskalt war, verwunderte sich sehr und erkannte dann, als er sich auch auf nochmaliges Schütteln nicht rührte, daß er tot war. Vor Entsetzen verharrte sie lange Zeit regungslos, da sie nicht wußte, was sie beginnen sollte. Endlich entschloß sie sich, den Rat ihres Mannes zu solchem Fall dergestalt einzuholen, daß sie ihm ihre eigene Geschichte unter fremdem Namen erzählte. Sie weckte ihn deshalb und berichtete ihm ganz genau, was sich zugetragen hatte, doch so, als ob alles einer fremden Frau zugestoßen sei, und fragte ihn schließlich, welchen Rat er gegeben hätte, wenn ihr solches geschehen wäre. Der brave Mann sagte, ihm scheine es das beste in solchem Fall, den Toten in aller Stille in sein eigenes Haus zu bringen und ihn dort niederzulegen. Der Frau jedoch, die sich seines Erachtens keines Fehltritts schuldig gemacht habe, dürfe man den Vorgang nicht zur Last legen. Darauf sagte Salvestra: „Wohlan, so wollen wir es denn auch so machen." Damit ergriff sie seine Hand und ließ ihn den toten Jüngling anrühren. Erschrocken erhob sich der Mann, zündete ein Licht an, bekleidete, ohne sich mit seiner Frau in weitere Gespräche einzulassen, den

Toten mit dessen eigenen Kleidern und nahm ihn, gestärkt durch das Bewußtsein seiner eigenen Schuldlosigkeit, auf die Schultern. Dann trug er Girolamo vor die Tür seines Elternhauses, wo er ihn liegenließ.

Als es Tag wurde und Girolamos Leute den Toten vor ihrer Tür fanden, wurde er von allen laut beweint, besonders schmerzlich aber von seiner Mutter. – Da die Ärzte trotz genauer Untersuchung weder eine Wunde noch das Anzeichen eines Schlages an Girolamos Körper entdeckten, sagten sie schließlich, der junge Mann müsse vor Gram gestorben sein, womit sie den Nagel auf den Kopf trafen. Girolamos Leiche wurde nun in eine Kirche gebracht, und die tiefbekümmerte Mutter begab sich mit den Frauen der Verwandtschaft und Nachbarschaft zusammen dorthin, um der Sitte gemäß gemeinsam mit ihnen seinen Tod mit vielen Tränen zu beweinen.

Während eine lange Totenklage abgehalten wurde, sagte der wackre Zeltmacher, in dessen Hause Girolamo gestorben war, zu Salvestra: „Nimm einen Umhang und gehe in die Kirche, in der Girolamo aufgebahrt ist. Mische dich dort unter die Frauen und höre zu, was über die Sache erzählt wird. Ich werde bei den Männern dasselbe tun, damit wir wissen, ob irgend etwas über uns geredet wird." Die junge Frau, deren Herz so spät von Mitleid gerührt worden war, erklärte sich einverstanden, da sie selbst den Toten zu sehen wünschte, den sie zu seinen Lebzeiten mit keinem einzigen Kuß hatte trösten wollen. Sie machte sich daher sogleich auf den Weg.

Ja, seltsam und schwer zu erforschen sind die Wege der Liebe! Das Herz Salvestras, das sich Girolamo in glücklichen Tagen nicht zu öffnen vermocht hatte, neigte sich im Unglück ihm zu! Die verschüttete Flamme der alten Liebe verwandelte sich jäh in heißes Erbarmen, als Salvestra das tote Antlitz Girolamos vor sich sah. Unter einem dichten Schleier verborgen, mischte sie sich unter die klagenden Frauen und ließ nicht nach, sich vorzudrängen, bis sie unmittelbar vor der Leiche stand. Hier warf sie sich mit einem schrillen Schrei auf das Antlitz des Toten nieder, doch konnte sie es nicht mehr mit ihren Tränen benetzen, da, wie zuvor Girolamo, nun auch ihr das Herz vor Gram gebrochen war.

Die übrigen Frauen, die sie nicht erkannt hatten, versuchten sie zu trösten und aufzurichten, sie aber blieb unbeweglich auf dem Toten liegen. Da zogen jene sie schließlich mit Gewalt empor und entdeckten gleichzeitig, daß sie Salvestra war und daß sie kein Leben mehr in sich hatte. Darüber wurden alle von doppelter Trauer erfüllt und begannen noch einmal, lauter als vorher, zu jammern und zu klagen. Als die traurige Nachricht außerhalb der Kirche unter den Männern bekannt wurde und Salvestras Mann zu Ohren kam, der sich unter ihnen befand, weinte er heftig, ohne auf Trost oder Beileid zu hören. Dann aber erzählte er vielen Anwesenden, was sich in der letzten Nacht zwischen dem Jüngling und seiner Frau abgespielt hatte, woraus alle die Todesursache der beiden klar erkannten und alle Herzen von Mitleid erfüllt wurden.

Die tote Salvestra wurde aufgehoben und festlich geschmückt, wie es einer Toten zukommt. Danach legte man sie zu seiten des jungen Mannes auf dieselbe Bahre und beweinte sie lange. Endlich wurden beide in einem gemeinsamen Grabe beigesetzt. So vereinte denn der Tod auf immer zwei Menschen, die Amor im Leben nicht hatte vereinen können.

NEUNTE GESCHICHTE

Herr Guilhem de Roussillon gibt seiner Gattin das Herz des von ihm erschlagenen Herrn Guilhem de Cabestanh zu essen, den sie liebte. Als sie es erfährt, stürzt sie sich aus einem hoch gelegenen Fenster und stirbt, worauf sie mit ihrem Geliebten zusammen begraben wird.

Als Neifile ihre Geschichte unter großer Anteilnahme aller Damen beendet hatte, begann der König, der Dioneos Privileg nicht antasten wollte und allein noch übriggeblieben war, also zu erzählen:

Auch mir, ihr weichherzigen Damen, ist eine Geschichte eingefallen, die eure Herzen, welche soviel Mitleid mit unglücklicher Liebe fühlen, nicht weniger rühren wird als die vorige, zumal die Personen, denen geschah, was ich berichten will, edlerer Herkunft und ihre Schicksale weit grausamer waren als jene der letzten Erzählung.

So vernehmet denn, daß nach alten provenzalischen Überlieferungen einmal in der Provence zwei edle Ritter lebten, die beide über stolze Schlösser und viele Vasallen verfügten. Es waren Herr Guilhem de Roussillon und Herr Guilhem de Cabestanh, zwei Ritter von hervorragender Tapferkeit, die große Stücke aufeinander hielten und sich daran gewöhnt hatten, stets in gleicher Rüstung bei Turnieren, Lanzenstechen und ähnlichen Waffenspielen zu erscheinen. Obgleich ein jeder auf seinem Schlosse lebte, das gute zehn Meilen vom Schlosse des anderen entfernt lag, kam es doch so weit, daß Herr Guilhem de Cabestanh sich trotz aller Freundschaft und Vertraulichkeit, die zwischen den beiden Rittern bestand, heftig und maßlos in die schöne, reizende Gemahlin des Herrn Guilhem de Roussillon verliebte und bald mit diesem, bald mit jenem die Aufmerksamkeit der Dame auf sich zu lenken wußte.

Da sie ihn als einen besonders kühnen Helden kannte, gefiel ihr seine Verehrung, und sie begann, ihm ihre Gunst zuzuwenden. Bald schien ihr nichts außer ihm mehr liebens- und begehrenswert, und sie hatte keinen andren Wunsch, als auch von ihm begehrt zu werden. Dies geschah denn auch wenig später, und fortan trafen sie sich wieder und wieder und liebten sich von Herzen. Da sie aber mit wenig Vorsicht ihren Verkehr fortsetzten, bemerkte ihr Ehemann bald, was geschah, und war darüber so heftig erzürnt, daß alle Freundschaft zu Cabestanh sich sogleich in tödlichen Haß verwandelte. Diesen wußte er freilich besser zu verbergen als die beiden andern ihre Liebe, doch war er fest entschlossen, den Rivalen zu töten.

Während Roussillon sich mit seinen Mordgedanken abgab, wurde in Frankreich ein großes Turnier angesetzt, wovon er alsbald Cabestanh benachrichtigte. Gleichzeitig ließ er ihn durch den Boten zu einer Besprechung einladen, um zu verabreden, ob man an diesem Turnier teilnehmen wolle und auf welche Art. Cabestanh ließ ihm fröhlich ausrichten, daß er auf alle Fälle am kommenden Tag zum Abendessen vorbeikommen wolle. Nun meinte Roussillon die rechte Gelegenheit gefunden zu haben, um den Nebenbuhler aus dem Wege zu räumen. Er bewaffnete sich daher am folgenden Tage und ritt mit einigen Dienern wohl eine gute Meile von seinem Schloß fort. Dann legte er sich in einem Wald, durch den Cabestanh kommen mußte, in den Hinterhalt. Als er eine Zeitlang gewartet hatte, sah er jenen ohne Waffen arglos mit zwei ebenfalls unbewaffneten Knechten heranreiten. Er ließ ihn so weit herankommen, wie es ihm richtig schien, und durchbohrte ihn dann grausam und tückisch von hinterrücks mit einer Lanze, die er in der Hand hatte, und schrie: „Verräter, du bist des Todes!" Schrei und Lanzenstich waren eins, und Cabestanh stürzte, ohne sich verteidigen oder noch ein Wort hervorbringen zu können, von der Lanze durchbohrt vom Pferd und starb wenige Augenblicke später. Seine Knechte aber wandten sogleich die Pferde, ohne den Täter erkannt zu haben, und nahmen, so schnell sie konnten, in Richtung auf das Schloß ihres Herrn Reißaus.

Roussillon stieg vom Pferd, öffnete mit einem Messer die Brust Cabestanhs und riß ihm mit eigener Hand das Herz aus dem Leibe. Dann ließ er es in ein Lanzenfähnchen wickeln und befahl einem der Diener, es ihm nachzutragen. Nachdem er seiner Begleitung eingeschärft hatte, niemand solle sich unterstehen, über diesen Vorfall ein Sterbenswörtchen zu sagen, stieg er wieder auf sein Pferd und ritt, als es bereits dunkelte, nach Hause zurück.

Die Dame, die gehört hatte, daß Cabestanh zum Abendessen kommen wollte, erwartete ihn mit Sehnsucht und verwunderte sich sehr, daß er nicht erschien. Schließlich sagte sie zu ihrem Gemahl: „Was mag das bedeuten, Herr, daß Cabestanh nicht gekommen ist?" Ihr Mann antwortete: „Frau, ich habe Nachricht von ihm bekommen, daß er vor morgen nicht hiersein kann." Trotzdem vermochte die Dame eine leichte Besorgnis nicht zu überwinden.

Roussillon aber hatte, gleich als er vom Pferde gestiegen war, den Koch rufen lassen und ihm gesagt: „Nimm dieses Eberherz und gib dir Mühe, daraus das köstlichste und schmackhafteste Gericht zuzubereiten, das dir bekannt ist. Wenn ich bei Tisch sitze, schicke es in einer Silberschüssel herein!" Der Koch hatte es genommen und seine ganze Kunst und Geschicklichkeit auf die Zubereitung verwandt. Zerhackt und mit wohlschmeckenden Gewürzen zubereitet, war ein gar schmackhafter Leckerbissen daraus entstanden.

Zur rechten Zeit setzte Herr Guilhem Roussillon sich mit seiner Gemahlin zu Tisch, und die Speisen wurden aufgetragen. Er selber aß nur wenig, da er seine Gedanken noch nicht von der soeben begangenen Untat lösen konnte. Schließlich schickte der Koch den Leckerbissen herein, und der Ritter ließ die Schale vor seiner Gattin niedersetzen. Er selber stellte sich, als ob er diesen Abend keinen Appetit habe, empfahl ihr aber diese Speise besonders. Die Dame, die nicht ohne Appetit war, begann zu essen, ließ es sich gut schmecken und verzehrte fast das ganze Gericht allein. Als der Ritter sah, daß sie fast alles aufgegessen hatte, fragte er sie: „Nun, Frau, wie hat dir denn dieses Gericht geschmeckt?" Die Dame entgegnete: „Herr, es hat mir, weiß Gott, herrlich geschmeckt!" – „Gott steh mir bei, das will ich Euch glauben!" sagte der Ritter. „Es wundert mich nicht, daß Euch auch tot gefällt, was Euch lebend mehr als alles andere gefiel." Die Dame verharrte eine Weile in Schweigen und fragte dann: „Wie? Was habt Ihr mich denn essen lassen?" Der Ritter antwortete: „Das, was Ihr soeben verspeist habt, war das Herz des Herrn Guilhem Cabestanh, den Ihr ehrloses Frauenzimmer so heiß geliebt habt! Daß es wirklich sein Herz war, könnt Ihr mir glauben, denn ich selbst habe es ihm mit diesen Händen kurz vor meiner Rückkehr aus dem Leibe gerissen!"

Es steht wohl außer Frage, daß eine solche Nachricht über den Mann, den sie mehr als alles auf der Welt geliebt hatte, die Dame zutiefst bekümmerte. Nach einer Weile sagte sie: „Ihr handeltet wie ein ehrloser und nichtswürdiger Mensch. Da ich ohne Zwang seinerseits Cabestanh zum König meines Herzens machte und dadurch Eurer Ehre zu nahe trat, hätte nur mich, nicht aber ihn die Strafe dafür treffen dürfen. Gott aber verhüte, daß ich, nachdem ich das Herz eines so tapferen, liebenswürdigen Edelmannes, wie Herr Guilhem Cabestanh es war, gegessen habe, je wieder eine andre Speise zu mir nehme!" Damit sprang sie auf und stürzte sich, ohne einen Augenblick zu zögern, rücklings aus dem Fenster, das sich hinter ihr befand. Dieses aber lag so hoch über dem Erdboden, daß sie durch den Sturz nicht nur auf der Stelle tot war, sondern auch völlig zerschmettert wurde. Herr Guilhem war von diesem Anblick tief erschüttert, und es schien ihm selber, daß er übel getan habe. Da er seine Landleute und den Grafen der Provence fürchtete, ließ er unverzüglich die Pferde satteln und floh außer Landes.

Am nächsten Morgen erfuhr die ganze Gegend, was geschen war. Die Leute aus dem Schlosse des Herrn Guilhem Cabestanh und auch jene aus dem Schloß der Dame holten unter Tränen und Wehklagen die beiden Leichen herein, die zusammen in der Kapelle der Dame in einem gemeinsamen Grabe beigesetzt wurden. Auf ihre Grabtafel schrieb man in Versen, wer hier begraben lag und auf welche Weise und warum beide ums Leben gekommen waren.

ZEHNTE GESCHICHTE

Die Frau eines Arztes legt ihren von einem Schlaftrunk betäubten Geliebten, den sie für tot hält, in eine Lade. Zwei Wucherer schleppen diese mitsamt dem betäubten Mann in ihr Haus, wo der Scheintote wieder zu sich kommt und als Dieb gefangen wird. Die Magd der Dame sagt daraufhin vor Gericht aus, daß sie den Mann in der Lade versteckt habe, die von den beiden Wucherern gestohlen worden sei. So entkommt der junge Mann dem Galgen, die Wucherer jedoch werden wegen ihres Diebstahls zu einer Geldstrafe von zehn Unzen verurteilt.

Als der König seine Geschichte beendet hatte, oblag die Aufgabe des Erzählens nur noch Dioneo, der sich dessen wohl bewußt war und auf einen Wink des Königs sogleich begann:

Die traurigen Schicksale unglücklicher Liebender, die uns dargestellt wurden, haben nicht nur euch Frauen, sondern auch mir Herz und Gemüt betrübt. Ich habe deshalb nichts sehnlicher gewünscht, als daß damit ein Ende gemacht werde.

Jetzt ist es, gottlob, soweit, wenn nicht ich selber etwa diesen unerfreulichen Berichten noch einen solchen hinzufüge. Davor aber soll mich Gott behüten! Ich werde nicht mehr länger diesen traurigen Ereignissen nachgehen, sondern andere, fröhlichere zu erzählen beginnen und damit vielleicht einen frohen Auftakt geben für das, was morgen zur Sprache kommen soll.

So hört denn, meine reizenden Schönen, daß vor nicht gar so langer Zeit in Salerno der berühmte Wundarzt Meister Mazzeo della Montagna lebte, der noch im hohen Greisenalter ein schönes junges Edelfräulein seiner Stadt als Gattin heimführte. Er beschenkte sie so überreich mit wunderschönen, kostbaren Gewändern, mit Schmuck und allem anderen, was ein Frauenherz erfreuen kann, daß es keine andre Dame der Stadt mit ihr aufnehmen konnte. Doch muß gesagt werden, daß die junge Frau die meiste Zeit des Jahres recht verschnupft war, da sie des Nachts im Bett von ihrem Herrn und Meister nur mangelhaft warm gehalten wurde. Denn wie Messer Riccardo di Chinzica, von dem bereits die Rede war, seine Gattin in der Innehaltung aller Festtage und Fastenzeiten unterwies, so machte dieser seiner jungen Frau weis, daß jeder Mann, der bei seiner Frau geschlafen habe, viele Tage nötig habe, um wieder zu Kräften zu kommen, und was dergleichen Faxen mehr waren, die sie recht wenig erbauten.

Da sie indes ein schlaues, unternehmungslustiges Frauchen war, beschloß sie, sich auf den Straßen umzuschauen und bei andern das zu suchen, was sie zu Hause entbehren mußte. Nachdem sie alle möglichen jungen Männer gemustert hatte, fand sie endlich einen, der ihren Wünschen entsprach, und setzte auf ihn nun alle ihre Hoffnungen und ihr zukünftiges Wohl und Wehe. Als der erwählte junge Mann ihre Neigung bemerkte, wandte auch er ihr, da sie ihm sehr gefiel, sein ganzes Herz zu. Er hieß Ruggeri d'Aieroli und war zwar aus gutem Hause, doch von recht betrüblichem Lebenswandel und befand sich in so schlechten Verhältnissen, daß er keinen Verwandten und Freund mehr besaß, der ihm wohlgesinnt gewesen wäre oder ihn zu sehen begehrt hätte. Dagegen war er in ganz Salerno wegen seiner Diebstähle und Untaten übel berüchtigt. Die Dame aber fragte hiernach nicht, da er ihr aus ganz anderen Gründen wohlgefiel. Mit Hilfe ihrer Magd wußte sie es bald so weit zu bringen, daß sie mit dem jungen Mann zusammentraf, doch begann sie, nachdem sie sich eine Weile miteinander vergnügt hatten, seinen bisherigen Lebenswandel zu tadeln. Sie bat ihn, doch aus Liebe zu ihr solchem Treiben zu entsagen, und unterstützte ihn auch mit Geld, um ihm behilflich zu sein.

Während sie nun mit aller Vorsicht dieserart ihre Zusammenkünfte fortsetzten, geschah es, daß der Wundarzt einen Kranken in die Hände bekam, der ein schweres Fußleiden hatte. Als der Medikus ihn untersucht hatte, sagte er zu den Verwandten des Kranken, daß man, um den Mann zu retten, den angefressenen Knochen aus dem Fuß herausnehmen müsse, da er sonst das ganze Bein verlieren oder gar sterben würde. Nach der Fortnahme des kranken Knochens aber könne er gesunden. Freilich könne er jenen nur als einen völlig Aufgegebenen in Behandlung nehmen.

Die Verwandten waren mit allen Vorschlägen des Arztes einverstanden und überantworteten ihm den Kranken, wie er es wünschte.

Da nun der Doktor voraussah, daß der Kranke ohne einen Schlaftrunk weder die Schmerzen überstehen noch sich überhaupt behandeln lassen würde, beschloß er, die Operation in den Abendstunden vorzunehmen. Er ließ am Vormittag nach einem seiner Rezepte ein Wasser destillieren, nach dessen Genuß der Kranke für die voraussichtliche Dauer der Operation einschlafen mußte. Dieses Wasser ließ er in seine Wohnung bringen und in ein kleines Fenster seines Schlafzimmers stellen, ohne jemand zu sagen, was für eine Bewandtnis es damit habe.

Jedoch um die Vesperstunde, als der Arzt eben zu dem Kranken gehen wollte, bekam er von einflußreichen Freunden aus Amalfi die Nachricht, um jeden Preis sofort zu ihnen nach Amalfi zu kommen. Dort habe eine große Schlägerei stattgefunden, bei welcher einige der Ihren verletzt worden seien. Der Arzt verschob daher die Operation des kranken Fußes auf den nächsten Vormittag, stieg in ein Boot und segelte nach Amalfi. Die Dame, die genau wußte, daß ihr Mann die Nacht über nicht nach Hause zurückkehren konnte, ließ darauf, wie sie es gewohnt war, heimlich Ruggeri zu sich kommen und schloß ihn einstweilen in ihrem Schlafzimmer ein, bis alles im Hause zur Ruhe gegangen wäre.

Während nun Ruggeri in dem Schlafgemach auf seine Geliebte wartete, verspürte er, entweder nach den Anstrengungen des Tages oder infolge zu stark gesalzener Speisen oder auch nur, weil er gewohnheitsmäßig ein starker Trinker war, einen Riesendurst, erblickte im Fenster die Karaffe mit dem Wasser, das der Arzt für den Kranken hatte zubereiten lassen, setzte sie, in der Annahme, es sei Trinkwasser, an den Mund und trank sie aus. Kurze Zeit danach sank er, von großer Müdigkeit überwältigt, in einen tiefen Schlaf.

Die Dame erschien, sobald es ihr möglich war, in ihrem Zimmer und versuchte, als sie Ruggeri schlafend vorfand, ihn mit halblauter Stimme zu wecken, damit er aufstehe. Es gelang ihr jedoch nicht, ihn zu ermuntern. Er gab weder Antwort, noch rührte er sich. Unwillig rüttelte sie ihn schließlich derber und rief: „He! Schlafmütze, steh auf! Wenn du schlafen willst, hättest du nach Hause gehen und nicht hierherkommen sollen!"

Ruggeri sackte durch das Rütteln von der Truhe, auf der er gesessen hatte, zu Boden und gab nicht mehr Lebenszeichen von sich, als ein Toter es getan hätte. Bestürzt versuchte die Dame, ihn aufzuheben, schüttelte ihn noch heftiger, packte ihn an der Nase und zog ihn am Bart, doch es half alles nicht, der Schlaf, in den jener gesunken, war gar zu tief.

Jetzt begann die Dame allmählich zu fürchten, daß er tot sein könne. Trotzdem versuchte sie nochmals, ihn tüchtig ins Fleisch zu zwicken, und versengte ihn mit einer brennenden Kerze. Aber alle Versuche blieben ergebnislos, so daß sie, die zwar einen guten Medikus zum Gatten hatte, selber jedoch nichts von Medizin verstand, ihren Geliebten nun wirklich für tot hielt. Daß sie hiervon schmerzlich betroffen wurde, zumal sie ihn innig liebte, steht außer Zweifel. Weil sie es nicht wagen konnte, laut zu wehklagen, begann sie, über ihn gebeugt, still zu weinen und leise ihr großes Unglück zu bejammern. Dann aber bedachte sie, daß zu ihrem Verlust nicht auch noch die Schande hinzukommen dürfe. Sie hielt es daher für das richtigste, schnell einen Weg zu suchen, wie sie den Toten unverzüglich aus dem Hause schaffen könne.

Selber nicht dazu imstande, rief sie heimlich eine Magd zu sich, teilte ihr das Vorgefallene mit und bat sie um Hilfe. Bestürzt stellte auch diese fest, nachdem sie wie ihre Gebieterin den Toten vergeblich gerüttelt und gekniffen hatte, daß Ruggeri wirklich tot zu sein scheine, und riet, ihn sogleich aus dem Hause zu schaffen. Die Dame fragte: „Aber wohin sollen wir ihn bringen? Wenn er morgen gefunden wird, darf niemand auf den Verdacht kommen, daß er von hier aus fortgetragen wurde!" Darauf erwiderte das Mädchen: „Madonna, ich sah gestern abend spät gegenüber, vor dem Laden unsres Nachbarn, des Tischlers, eine große, sehr schöne Truhe. Wenn der Meister sie nicht wieder in sein Haus geholt hat, würde diese Truhe für unsern Zweck gerade recht sein. Wir könnten den Toten hineinlegen, ihm zwei, drei Messerstiche versetzen und stehenlassen. Warum sollte wohl der, welcher ihn findet, gerade auf den Gedanken kommen, er sei von hier aus und nicht von woandersher dorthin gebracht worden? Im Gegenteil, da er ein so schlechtes Leben geführt hat, wird jeder glauben, er sei bei irgendeinem bösen Streich von einem seiner Spießgesellen umgebracht und in den Kasten gesteckt worden."

Mit Ausnahme der Messerstiche fand der Plan des Mädchens den Beifall der Dame, doch wollte sie um keinen Preis der Welt zugeben, daß irgend jemand den Toten verletze. Sie schickte also das Mädchen fort, um nachzusehen, ob die Lade noch da sei, was ihr, als das Mädchen gleich darauf zurückkehrte, bestätigt wurde. Die junge robuste Magd hob darauf mit Hilfe der Dame Ruggeri auf die Schulter, schleppte ihn, während die Dame vorausging und achtgab, ob niemand käme, zu dem Kasten und legte ihn hinein. Dann schlossen sie ihn ab und ließen ihn stehen.

Nun hatten sich in diesen Tagen ein paar Häuser weiter zwei junge Leute, die Geld auf Wucher verliehen, niedergelassen, mit der Absicht, möglichst viel Geld zu verdienen, aber keins auszugeben. Da sie allerlei Hausgerät benötigten, hatten sie am Tage bereits ein Auge auf jene Lade geworfen und waren übereingekommen, sie, wenn sie die Nacht über draußen stehenbliebe, in ihr Haus zu holen. Sie gingen daher gegen Mitternacht fort, fanden den Kasten und trugen ihn, obwohl er ihnen ziemlich schwer vorkam, in ihr Haus, ohne ihn erst genauer zu untersuchen. Dort stellten sie ihn neben einer Kammer nieder, in der ihre Frauen schliefen. Sie hielten es jedoch nicht mehr der Mühe wert, die Lade ordnungsgemäß aufzustellen, sondern ließen sie stehen, wie es eben kam, und begaben sich zur Ruhe.

Als Ruggeri nach langem Schlaf endlich das Getränk verdaut hatte und dessen Wirkungskraft nachließ, kam er schließlich gegen Morgen wieder zu sich. Doch obwohl die Kraft des Schlaftrunks gebrochen war und seine Sinne allmählich ihre Klarheit zurückgewannen, blieb ihm doch eine Benommenheit im Gehirn hängen, die nicht nur diese Nacht, sondern noch mehrere Tage andauern sollte und ihn ganz verwirrt machte. Als er die Augen öffnete, sah er nichts und stellte nach einigem Umhertasten mit den Händen schließlich fest, daß er in einem Kasten eingeschlossen war. Er begann daher nachzugrübeln und dachte bei sich: ‚Was mag das bedeuten? Wo bin ich? Schlafe oder wache ich? Ich weiß doch, daß ich heute abend im Zimmer meiner Geliebten war, jetzt aber scheine ich mich in einem Kasten zu befinden. Was soll das heißen? Sollte etwa der Arzt nach Hause gekommen oder sonst etwas passiert sein, daß die Dame mich deswegen, während ich schlief, hier versteckt hat? Ja, ich glaube wohl, daß es so sein wird.‘ Er verhielt sich daher still und horchte nur, ob jemand käme. Nachdem er aber lange Zeit in einer Lage, die, weiß Gott, alles andre als bequem war, ausgehalten hatte und die Seite, auf der er lag, ihm in dem engen Kasten heftig zu schmerzen begann, versuchte er, sich auf die andere Seite zu drehen, stellte dies jedoch so ungeschickt an, daß er mit der Hüfte an die eine Wand des Kastens stieß. Da dieser nicht auf ebener Erde stand, kam er ins Schwanken und stürzte schließlich mit lautem Gepolter um. Über den Lärm fuhren im Nebenraum die Frauen aus dem Schlaf und erschraken sehr, verhielten sich aber vor Angst mucksmäuschenstill. Auch Ruggeri bekam bei dem Sturz des Kastens einen heftigen Schreck. Als er aber gewahr wurde, daß dieser durch den Fall aufgesprungen war, nahm er sich vor, auf jeden Fall lieber herauszukriechen als noch länger darin auszuhalten. Während er noch überlegte, wo er sich wohl befinden könnte, und über dies und jenes nachgrübelte, begann er suchend im Hause herumzutappen, um womöglich auf eine Tür oder Treppe zu stoßen, die ihm zu fliehen erlaubt hätte. Dieses Umhertappen nun vernahmen die Frauen, die in der Kammer waren, und riefen: „Wer ist da?" Ruggeri, der die Stimmen nicht kannte, gab keine Antwort, worauf die Frauen laut nach ihren Männern riefen, die, weil sie so lange wach gewesen waren, jetzt in tiefem Schlaf lagen und von der ganzen Geschichte nichts gehört hatten. Voller Angst standen die Frauen auf, eilten ans Fenster und schrien: „Haltet den Dieb! Haltet den Dieb!" Auf diesen Ruf hin liefen von allen Seiten, ja sogar übers Dach, die Nachbarn herbei und drangen in das Haus ein, und auch die beiden Männer erwachten endlich durch den Lärm und standen auf. Als Ruggeri erkannte, wo er sich befand, verlor er vor Bestürzung jegliche Geistesgegenwart und wurde, da er keinen Weg mehr sah, auf dem er hätte entkommen können, alsbald gefangen und den Wächtern des Stadtrichters von Salerno übergeben, die auf das Geschrei ebenfalls herbeigeeilt waren. Sie führten ihn vor den Stadtrichter, und da ihn jedermann als einen schlimmen Übeltäter kannte, wurde er sogleich auf die Folter gespannt, wo er gestand, daß er sich in das Haus der Wucherer geschlichen habe, um einen Diebstahl zu verüben. Der Stadtrichter beschloß darauf, ihn unverzüglich an den Galgen zu bringen.

Die Nachricht, daß Ruggeri bei einem Einbruch im Hause der Wucherer gefaßt sei, durcheilte am nächsten Morgen Salerno und kam auch der Frau des Arztes und ihrer Magd zu Ohren. Sie waren über diese Neuigkeiten freilich recht verwundert und nahe daran, sich einzubilden, daß sie alles, was sie in der letzten Nacht getan hatten, gar nicht getan, sondern nur geträumt hätten. Daneben aber war die Dame so sehr besorgt über die Gefahr, in der Ruggeri sich befand, daß sie fast den Verstand verlor.

Nicht lange nach der ersten Hälfte der Terza kehrte der Arzt aus Amalfi zurück und befahl, da er jetzt den Kranken operieren wollte, das Wasser herbeizuholen. Als er die leere Karaffe fand, begann er einen großen Lärm zu machen und schalt, daß in seinem Hause nichts in Ruhe gelassen würde. Die Dame, die ihren Kopf mit andren Sorgen voll hatte, antwortete spitz: „Was würdet Ihr wohl um eine wichtigere Sache für einen Krach machen, Meister, wenn Ihr Euch schon um eine Karaffe Wasser, die vergossen wurde, so aufregt? Gibt es etwa kein Wasser mehr auf der Welt?" Der Meister antwortete: „Frau, denkst du am Ende, jenes Wasser sei gewöhnliches Trinkwasser gewesen? Das stimmt nicht. Es war ein extra zubereiteter Schlaftrunk." Und er setzte ihr auseinander, aus welchem Grunde er jenes Wasser hergestellt habe.

Kaum hatte die Dame seine Erklärung gehört, so war ihr

klar, daß Ruggeri jenes Wasser getrunken habe und ihnen deshalb wie ein Toter vorgekommen war. Sie sagte jedoch: „Meister, das haben wir nicht gewußt. Bereitet Euch nur ein andres", worauf der Arzt, dem nichts weiter übrigblieb, einen neuen Schlaftrunk destillieren ließ.

Wenig später kehrte die Magd, die von der Dame ausgeschickt war, um Erkundigungen über Ruggeri einzuziehen, aus der Stadt zurück und berichtete: „Madonna, alle Leute sprechen schlecht über Ruggeri. Soweit ich gehört habe, hat er keinen Freund noch Verwandten, der sich seiner angenommen hätte oder es noch zu tun beabsichtigte. Alle Leute glauben, daß der Strafrichter ihn morgen hängen lassen wird. – Außerdem kann ich Euch aber noch eine Neuigkeit berichten: Ich glaube, ich habe heraus, auf welche Weise Ruggeri in der letzten Nacht in das Haus der Wucherer gekommen ist! Ihr sollt es sogleich erfahren. Ihr wißt doch, daß der Kasten, in den wir Ruggeri gelegt haben, dem Tischler gegenüber gehört. Dieser hatte soeben einen lauten Streit mit einem Mann, dem wohl der Kasten gehört hat, denn er verlangte das Geld für seinen Kasten. Der Meister aber antwortete, daß er den Kasten nicht verkauft habe, sondern daß ihm dieser in der letzten Nacht gestohlen worden sei. Darauf sagte der andere: ‚Das ist nicht wahr! Ihr habt ihn den beiden jungen Wucherern verkauft. Sie haben es mir in der Nacht selber erzählt, als ich in ihrem Hause war bei der Verhaftung Ruggeris.' Darauf entgegnete der Tischler: ‚Sie haben gelogen. Ich habe ihnen den Kasten niemals verkauft, sondern sie haben ihn mir in der Nacht gestohlen. Laßt uns zu ihnen gehen!' Darauf sind sie zusammen in das Haus der Wucherer gegangen, ich aber bin zurückgekommen. – Seht, so habe ich mir zusammengereimt, auf welche Weise Ruggeri dorthin gelangt ist, wo er verhaftet wurde. Wie er aber wieder aus der Patsche herauskommen soll, das weiß ich nicht."

Die Dame sah nun ganz klar, wie alles sich abgespielt hatte. Sie erzählte der Magd, was sie von dem Arzt erfahren hatte, und bat sie inständig, zu Ruggeris Rettung mit beizutragen. Sie könne, wenn sie wolle, mit einem Schlage Ruggeri helfen und die Ehre ihrer Dame retten. Darauf sagte die Magd: „Madonna, so sagt mir, was ich tun soll. Ich will gerne alles versuchen." Die Dame, die wohl wußte, daß keine Zeit zu verlieren war, hatte blitzschnell herausgefunden, was geschehen mußte, und setzte ihrer Magd alles haarklein auseinander. Diese lief darauf zuerst zu dem Arzt und sagte weinend zu ihm: „Ach, Herr, ich muß Euch um Verzeihung bitten für ein Vergehen, das ich mir Euch gegenüber zuschulden kommen ließ!" Der Arzt fragte: „Und wofür denn?" Darauf entgegnete die Magd, ohne mit dem Weinen innezuhalten: „Herr, Ihr wißt, was für ein Kerl der junge Ruggeri d'Aieroli ist. Er hat ein Auge auf mich geworfen, und so bin ich, wohl oder übel, seine Geliebte geworden. Er hat es verstanden, mich gestern, als Ihr nicht daheim wart, so zu beschwatzen, daß ich ihn schließlich mit in Euer Haus und in meine Kammer nahm, um mit ihm zu schlafen. Als er nun Durst bekam und ich nicht wußte, woher ich Wasser oder Wein holen sollte, da Eure Gattin sich im Saal aufhielt, erinnerte ich mich daran, in Eurem Schlafgemach eine Karaffe mit Wasser gesehen zu haben. So lief ich hin und gab Ruggeri das Wasser zu trinken. Die Flasche aber stellte ich wieder dahin, wo ich sie hergeholt hatte. Nun habe ich gehört, daß Ihr deswegen sehr gescholten habt, und sehe auch ein, daß es sicherlich nicht recht von mir war. Doch jeder Mensch macht einmal einen dummen Streich. Ich habe es bitter bereut, nicht gar so sehr Euretwegen als vielmehr der Folgen wegen, denn die Sache wird Ruggeri den Hals kosten. Ich bitte Euch, sosehr ich kann, verzeiht mir und erlaubt, daß ich hingehe, um Ruggeri, so gut ich es vermag, zu helfen."

Als er diese Geschichte vernommen hatte, antwortete der Arzt trotz seines Ärgers lachend: „Na, da hast du dir ja gleich selber deine Strafe auferlegt: Anstatt die Nacht mit einem jungen Mann zu verbringen, der dir recht kräftig das Pelzchen geschüttelt hätte, fandest du eine Schlafmütze. Darum lauf und rette deinem Liebsten das Leben. Aber hüte dich, ihn noch einmal in mein Haus zu bringen, sonst werde ich dich gleich für beide Male bezahlen!" Der Magd schien der erste Streich recht gut gelungen. Sie eilte nun, so schnell sie konnte, nach dem Gefängnis, in dem sich Ruggeri befand, und umschmeichelte hier den Wächter so lange, bis er sie mit Ruggeri sprechen ließ. Nachdem sie diesen über alles informiert hatte, was er dem Strafrichter antworten solle, wenn ihm sein Leben lieb sei, ließ sie nicht eher nach, als bis sie zu dem Strafrichter selber vorgelassen wurde. Dieser aber begehrte, da sie ein frisches und strammes Mädchen war, bevor er noch ihr Anliegen anhöre, erst einmal seinen Haken bei ihr einzuschlagen, wozu das Mädchen sich denn auch, um nachher desto williger angehört zu werden, ohne viele Umstände bereit fand. Als sie sich nach dieser aufreibenden Arbeit erhob, sagte sie zu ihm: „Herr, Ihr habt Ruggeri d'Aieroli als Dieb gefangengesetzt, doch Ihr tut ihm unrecht!" Und sie begann, dem Richter die ganze Geschichte von Anfang bis Ende zu erzählen, wie sie, seine Liebste, ihn ins Haus des Arztes geholt habe und ihm dort den Schlaftrunk, den sie nicht als solchen erkannt, verabreicht habe; wie sie ihn danach als Totgeglaubten in den Kasten getan habe. Dann erzählte sie, welches Gespräch sie zwischen dem Tischlermeister und dem Eigentümer des Kastens belauscht hätte, und wies ihm so nach, auf welche Weise Ruggeri in das Haus der Wucherer gelangt war.

Der Strafrichter sah sogleich, daß es in diesem Fall ein leichtes sein würde, die Wahrheit zu ergründen. Er fragte zunächst bei dem Arzt an, ob es mit dem Schlaftrunk wirklich so gewesen sei, was jener sogleich bestätigte. Darauf ließ der Richter den Tischler, den Eigentümer des Kastens und die beiden Wucherer holen, und nach mancherlei Hin und Her ergab sich, daß die beiden Wucherer tatsächlich in der letzten Nacht den Kasten gestohlen und nach Hause geschleppt hatten.

Schließlich schickte der Richter auch nach Ruggeri und fragte ihn, wo er die letzte Nacht geschlafen habe. Dieser antwortete, daß er sich nicht erinnern könne, wie er die letzte Nacht zugebracht habe, er wisse zwar, daß er abends zu der Magd des Meisters Mazzeo gegangen sei, um bei ihr zu bleiben, und daß er in ihrer Kammer seines heftigen Durstes wegen Wasser getrunken habe. Was danach mit ihm geschehen sei, wisse er nicht. Schließlich sei er im Hause der Wucherer in einem Kasten wieder zu sich gekommen.

Der Strafrichter hörte diese Begebenheiten mit großer Erheiterung an und ließ sich von Ruggeri, dem Tischler, den Wucherern und der Magd noch zu wiederholten Malen alles genauestens berichten. Schließlich verurteilte er, Ruggeris Unschuld erkennend, die beiden Wucherer wegen

Diebstahls zu einer Geldstrafe von zehn Unzen und setzte Ruggeri auf freien Fuß. Daß dieser von Herzen froh war darüber, wird niemand bezweifeln. Doch auch seine Dame war grenzenlos glücklich über seine Rettung. Beide lachten und scherzten später noch oft mit der treuen Magd, die ihm die Messerstiche zugedacht hatte, und genossen fortan ihre Liebe und ihr Vergnügen von Tag zu Tag mehr und mehr. – Auch ich wünschte, daß es mir so erginge, doch möchte ich deswegen nicht erst in eine Lade gesperrt werden.

Wenn die ersten Geschichten die Herzen der Damen mit Mitleid erfüllt hatten, so wurden sie von Dioneos letzter Erzählung zu herzlichem Lachen angeregt – vor allem über den Herrn Stadtrichter, der als erstes seinen Haken einzuschlagen begehrte –, so daß es allen gelang, sich nach der Betrübnis über die vorangegangenen Geschichten wieder zu erheitern. Dann aber bemerkte der König, daß die Sonne sich bereits golden zu färben begann und das Ende seiner Herrschaft nahe war. Er entschuldigte sich höflich bei den Damen für seinen Wunsch, über das ernste Thema unglücklicher Liebe zu sprechen. Dann nahm er sich die Lorbeerkrone vom Haupt, drückte sie, während alle Damen erwartungsvoll aufmerkten, wem er sie reichen würde, liebevoll in Fiammettas blonde Locken und sprach: „Ich überreiche die Krone dir, da du es am besten verstehen wirst, unsre Gefährtinnen für den bittren Tag, den sie heute erleben mußten, morgen mit einem desto schöneren zu trösten!"

Fiammetta, deren lange goldene Locken auf blendendweiße, zarte Schultern niederfielen, hatte ein sanft gerundetes Antlitz, in dem sich das Weiß der Lilien mit dem Rot der Rosen mischte, dazu Augen, so klar wie die Augen der Wanderfalken, und einen reizenden kleinen Mund, dessen Lippen wie Rubine schimmerten. Sie antwortete lachend: „Filostrato, ich nehme die Krone gern an. Und damit du dein heutiges Vergehen noch besser erkennen magst, möchte ich vorschlagen und befehlen, daß jeder sich darauf vorbereite, morgen von solchen Liebesleuten zu erzählen, die nach mancherlei ernsten und bösen Zwischenfällen schließlich doch zu einem glücklichen Ende kamen."

Dieser Vorschlag fand überall Beifall. Die Königin ließ

nun den Seneschall kommen, und nachdem alles Nötige mit ihm vereinbart war, erhob die ganze Gesellschaft sich und wurde bis zur Stunde des Abendessens beurlaubt. Ein Teil der Freunde ging in den Garten, an dessen Schönheit niemand sich satt sehen konnte, andere wanderten zu den Mühlen, die sich außerhalb des Gartens drehten, kurz, ein jeder ging hier oder dort bis zur Abendmahlzeit seinem Vergnügen nach.

Als die Stunde des Mahls gekommen war, versammelten sich alle wie üblich in der Nähe des schönen Springbrunnens und speisten dort, aufmerksam bedient, in heiterer Laune. Nach aufgehobener Tafel erfreuten sie sich wie sonst mit Tänzen und Liedern, und die Königin sagte: „Filostrato, ich möchte nicht von der Regel meiner Vorgänger abweichen, sondern würde jetzt gerne, wie alle es taten, ein Lied singen lassen. Da ich annehme, daß deine Lieder gleichen Inhalts sein werden wie deine Geschichten, so wünsche ich, daß du, um nicht noch andre Tage als den heutigen mit traurigen Mären zu verdunkeln, heute das Lied, welches dir am liebsten ist, vorsingst."

Filostrato erklärte sich dazu gerne bereit und begann alsbald zu singen:

„Warum mein Herz so klage,
 Daß es Verrat in Amors Dienst gewann,
 Künd ich mit tausend Tränen jedermann.

Als Amor in mein Herz zuerst getragen
 Das Bild der Ursach meiner jetz'gen Schmerzen,
 Für die ich Trost nicht ahne,
 Erschien sie mir in liebevollem Wahne,
 So voller Huld, daß ich für sie im Herzen
 Gern jede Qual getragen;
 Doch nun fühl ich nur Plagen,
 Und welch ein Truggebild ich mir ersann,
 Erkenn ich jetzt mit bittren Schmerzen an.

Daß ich von ihr, in deren schönen Armen
 Ich alles Glück mir träumte, ward verlassen,
 Ließ meinen Wahn verdunsten;
 Denn als ich schon von ihrer Huld und Gunsten

Das letzte Ziel bald hoffte zu erfassen,
Sah ich, wie, ohn' Erbarmen
Mit mir auf ewig Armem,
In ihrer Brust sich neue Lieb' entspann
Und über mich verhängte herben Bann.

Als ich mich so vertrieben nun erkannte,
Beklagte sich mein Herz ob seiner Qualen,
Und noch brennt seine Wunde.
Oft auch verwünsch ich Tag sowohl als Stunde,
Wo ich zuerst ihr Antlitz sah, das Strahlen
Von Schönheit ringsum sandte
Und *hold in* Glut entbrannte.
Ob Glauben, Lieb' und Hoffnung fluchet dann
Die Seele, die zu sterben schon begann.

Wie leer an Trost die Schmerzen, die ich leide,
Weißt du, o Herr, an meiner Stimme Klange,
Mit der ich oft dich rufe.
So sag ich denn, ich steh auf solcher Stufe,
Daß ich zur Linderung den Tod verlange.
Drum komm, o Tod, zerschneide
Mein Leben voller Leide
Durch deinen Schlag. Wo immer hin ich dann
Auch gehe, glücklich, wenn ich hier entrann.

Nichts kann mir mehr in meinem Leide frommen
Als nur der Tod, nur er kann Hilfe geben;
Drum send ihn mir, o sende
Ihn, Amor, schnell, als meines Jammers Ende,
Befrei das Herz von so betrübtem Leben.
Es ist mir ja willkommen,
Denn Glück ist mir benommen.
Erfreu *sie* denn durch meinen Tod, Tyrann,
Wie neue Liebe sie durch dich gewann.

Mein Lied, laß es geschehn, wenn, weil du kläglich,
Dich niemand lernen mag; es kann ja keiner
Dich so wie ich betonen.
Drum sollst du mir nur in dem einen fronen:
Geh hin zu Amor und, sobald allein er,

374

Sag ihm, wie unerträglich
Mir dieses Leben täglich.
Dann rufe flehentlich um Hilf' ihn an,
Der in der Ruhe Port uns führen kann."

Die Worte dieses Liedes verrieten nun freilich klar die Gefühle Filostratos und deren Veranlassung. Noch deutlicher aber hätte vielleicht das Antlitz einer gewissen Dame, die sich im Reigen drehte, manches verraten, wenn nicht die Dämmerung des heraufsteigenden Abends die Röte ihrer Wangen verhüllt hätte.

Als Filostrato sein Lied beendet hatte, wurden noch viele andre gesungen, bis schließlich die Zeit des Schlafens da war und auf Geheiß der Königin jeder sein Zimmer aufsuchte.

Hier endet der vierte Tag des Dekameron.

Es beginnt der fünfte Tag des Dekameron, an dem unter der Herrschaft Fiammettas von den Liebenden erzählt wird, die nach bösen und gefahrvollen Zwischenfällen doch zu einem glücklichen Ende kommen.

Vom Osten stieg bereits das Licht des Tages herauf, und die hervorbrechenden Strahlen der Sonne hatten unsre Hemisphäre schon in ihren Glanz getaucht, als Fiammetta von den süßen Liedern der Vögel erwachte, die in schmetternden Tönen auf den Bäumen die erste Stunde des Tages verkündeten. Sie erhob sich, ließ ihre Gefährtinnen und die drei jungen Männer wecken und schritt in ihrer Gesellschaft gemächlich durch die Felder hinab. In heiteren Gesprächen lustwandelte sie mit ihnen über die taufrischen Gräser der weiten Ebene, bis die Sonne hoch am Himmel stand.

Als aber deren Strahlen mit sengender Glut herabfielen, lenkte die Königin ihre Schritte nach dem Schlosse zurück, wo bei köstlichem Weine und Gebäck die geringe Ermüdung des Weges bald vertrieben wurde. Anschließend suchte jeder in dem schönen Garten Erholung und Zerstreuung, bis die Stunde des Essens herankam, das von dem Seneschall mit Sorgfalt vorbereitet war.

Nachdem die Gesellschaft sich mit Gesang und Musik angenehm unterhalten hatte, nahmen auf Geheiß der Königin alle in froher Laune ihre Plätze an der Tafel ein. Das Mahl verlief in Ruhe und Heiterkeit, und man vergaß, der bisherigen Regel getreu, auch nicht, anschließend wiederum einige Tänzchen zu machen, die auf der Laute oder mit Gesang begleitet wurden.

Danach beurlaubte die Königin alle zur Mittagsruhe, und während ein Teil der Gefährten sich zum Schlafen zurückzog, blieben die übrigen zu ihrer Erholung im Garten.

Bald nach der Nona aber trafen auf Wunsch der Königin alle sich wieder an dem schönen Springbrunnen, um wie üblich mit dem Erzählen fortzufahren. Die Königin nahm ihren Platz pro tribunali ein, wandte sich lächelnd an Panfilo und beauftragte ihn, mit den glücklich endenden Novellen den Anfang zu machen. Dieser war gerne dazu bereit und begann.

ERSTE GESCHICHTE

*Kimon, durch Liebe zur Vernunft gekommen, entführt seine
Geliebte Iphigenia übers Meer. Er wird in Rhodos ins Gefängnis geworfen, jedoch von Lysimachos wieder befreit.
Beide entführen nun gemeinsam Iphigenia und Kassandra
von der Hochzeitsfeier und fliehen mit ihnen nach Kreta.
Nachdem die Frauen ihre rechtmäßigen Gattinnen geworden sind, werden alle zusammen nach Hause zurückgerufen.*

Um einen so fröhlichen Tag zu beginnen, wie der heutige es zu werden verspricht, sind mir unzählige Geschichten eingefallen, die ich euch, meine reizenden Schönen, erzählen könnte. Eine aber gefällt mir besser noch als alle übrigen, da ihr von dieser nicht nur den glücklichen Ausgang behalten werdet, der für heute vorgeschrieben ist, sondern auch erkennen könnt, wie heilig, mächtig und wundersam die Kräfte der Liebe sind, die viele Menschen, ohne zu wissen, was sie reden, mit Unrecht verdammen und verspotten. Ihr jedoch werdet sie sicher froh begrüßen, da ihr alle verliebt seid, wenn ich nicht irre.

Wie man in den alten Chroniken von Zypern lesen kann, lebte einst auf dieser Insel ein vornehmer Edelmann mit Namen Aristipp, der mit irdischen Gütern reicher gesegnet war als alle seine Mitbürger. Hätte ihm nicht das Schicksal ein ganz besonderes Herzeleid auferlegt, wäre er vor allen andern glücklich zu preisen gewesen. Er besaß nämlich unter seinen Söhnen einen, der zwar an Wuchs und Schönheit des Körpers seine Geschwister weit übertraf, doch fast beschränkt zu nennen war und zu keinerlei Hoffnungen berechtigte. Er hieß Galesus, da er aber weder durch die Bemühungen seiner Lehrer noch durch Liebe oder Prügel seines Vaters oder auf das Zureden andrer Leute hin sich das geringste Wissen aneignete oder sich eines gesitteten Betragens befleißigt hätte, sondern ganz im Gegenteil mit grober, entstellter Stimme auf fast tierische Art zu schreien pflegte, wurde er von jedermann mit dem Spottnamen Kimon gerufen, was nach der dortigen Sprache etwa soviel wie Tölpel bedeutet.

Sein unnützes Dasein erfüllte seinen Vater mit heftigem Kummer, und da er jegliche Hoffnung auf diesen Sohn aufgegeben hatte, befahl er Kimon, aufs Land zu gehen und bei den Bauern zu leben, um ihn nicht ständig vor Augen zu haben. Dieser Befehl war Kimon hochwillkommen, denn die Sitten und Gebräuche der einfachen Leute sagten ihm weit mehr zu als das Leben der Städter. So ging er aufs Land und beschäftigte sich mit allen vorkommenden Arbeiten.

Eines Tages wanderte er, als die Mittagsstunde schon vorüber war, mit dem Stock auf der Schulter von einem der Güter zum anderen. Dabei durchquerte er ein Wäldchen von besonderer Schönheit, welches nun im Mai ein dichtes Laubdach gebildet hatte. Während er so dahinwanderte, führte ihn sein Glück an eine kleine Wiese, die von hohen Bäumen umstanden war. An der einen Seite dieser Wiese sprudelte ein hübsches frisches Bächlein dahin, neben dem er auf dem grünen Rasen ein reizendes Mädchen im Schlafe gewahrte. Ein zartes, duftiges Gewand verhüllte nur notdürftig ihre schimmernden Glieder, und vom Gürtel abwärts hüllte eine leichte schneeweiße Decke sie ein. Ihr zu Füßen schliefen zwei Frauen und ein Mann, anscheinend ihre Diener.

Als Kimon das Mädchen erblickte, stützte er sich auf seinen Stock und begann, als hätte er noch nie ein weibliches Wesen gesehen, die Schöne voller Entzücken aufmerksam zu betrachten, ohne einen Laut von sich zu geben. Da fühlte er, wie in seinem verstörten Gemüt, dem tausendfache Belehrung nicht hatte den leisesten Stempel städtischer Bildung aufdrücken können, die Erkenntnis erwachte, der er sich trotz aller Beschränktheit und Schwerfälligkeit nicht zu verschließen vermochte: daß dieses Mädchen das herrlichste Wesen sei, welches je ein Mensch gesehen. Er begann entzückt, die einzelnen Teile ihres Körpers anzuschauen, bewunderte ihr schönes Haar, das in goldenem Glanze schimmerte, ihre Stirn, die Nase, den Hals und die Arme, und vor allem ihren Busen, der sich eben zu wölben begann. Vom Bauern jäh zum Schönheitsrichter geworden, begehrte er nichts sehnlicher, als nun auch ihre Augen zu sehen, die sie, von tiefem Schlaf umfangen, geschlossen hatte. Um endlich ihre Augen zu sehen, kam ihn mehr als einmal das Verlangen an, sie zu wecken. Da sie ihm aber schöner erschien als alle Frauen, die er je gesehen, hielt er es für möglich, daß sie eine Göttin sei, und besaß trotz aller Beschränktheit Verstand genug, um zu wissen, daß göttlichen Dingen mit mehr Ehrfurcht zu begegnen ist als irdischen. Er bezwang daher sein Verlangen und wartete, daß sie von selber erwachen sollte. Obwohl ihm dieses Warten unendlich lang wurde, brachte er, von bislang ungekannten Gefühlen bewegt, es nicht fertig, sich von ihrem Anblick loszureißen.

Schließlich, nach geraumer Zeit, erwachte das Mädchen, Iphigenia mit Namen, noch bevor jemand von ihrer Begleitung munter wurde. Sie hob den Kopf, schlug die Augen auf und erblickte sogleich Kimon, der, auf seinen Stock gestützt, vor ihr stand. Erstaunt fragte sie ihn, der sowohl der Schönheit seiner Gestalt und seiner Beschränktheit wegen als auch um den Adel und Reichtum seines Vaters jedem in der Gegend bekannt war: „Kimon, was treibst du um diese Zeit hier im Walde?" Er antwortete nicht auf ihre Frage, doch schaute er ihr unverwandt in die Augen, die er nun offen vor sich sah, und es schien ihm, daß aus diesen Augen eine Süße auf ihn überströme, die ihn mit nie gekanntem Glück erfüllte.

Als das Mädchen sein Starren bemerkte, begann sie zu fürchten, er könne in seiner Ungeschliffenheit am Ende auf einen unziemlichen Einfall kommen, der ihre Scham verletze. Sie rief daher ihre Dienerinnen und stand mit den Worten auf: „Gott sei mit dir, Kimon!" Dieser aber erwiderte: „Ich werde mit dir gehen." Und obgleich das Mädchen, das ihn immer noch fürchtete, sein Anerbieten ablehnte, gelang es ihr doch nicht, ihn loszuwerden, sondern sie mußte seine Begleitung bis nach Hause dulden.

Von dort aus begab Kimon sich schnurstracks zu seinem Vater und erklärte ihm, daß er keinesfalls wieder aufs Land zurückzukehren gedächte. Dieser Entschluß entzückte nun freilich weder den Vater noch die übrige Familie sonderlich, doch behielten sie Kimon bei sich, voller Erwartung, den Grund seiner Sinnesänderung zu erkennen.

Da nun sein Herz, das sich keiner Belehrung aufgetan hatte, infolge Iphigenias Schönheit von dem Pfeile Amors getroffen war, setzte Kimon, der in kürzester Zeit Fortschritt über Fortschritt machte, nicht nur seinen Vater und seine Familie, sondern jeden, der ihn kannte, in Erstaunen. Als erstes hatte er seinen Vater gebeten, ihn ebenso reich und kostbar mit Kleidung und allem Sonstigen auszustatten wie seine Brüder, und der Vater hatte ihm diese Bitte gerne gewährt. Sodann begann Kimon mit tapferen jungen Edelleuten Umgang zu pflegen, von denen er schnell lernte, was jungen Männern, und ganz besonders den verliebten, geziemt. Auch erwarb er sich zu jedermanns Erstaunen nicht nur die Anfangsgründe der Wissenschaft, sondern eignete sich beachtliche Kenntnisse der Philosophie an. Ja, er änderte, Iphigenia zuliebe, nicht nur seine rohe, bäurische Redeweise in eine schickliche, städtische Sprache um, sondern brachte es in Gesang und Lautenspiel zu wahrer Meisterschaft. Daneben wurde er ein vorzüglicher Reiter und ein in allen Kriegskünsten, zu Wasser wie zu Lande, gleich tapferer, kühner Held. Kurz und gut, er brachte es – um nicht alle seine Tugenden einzeln aufzuzählen – nach dem Erwachen seiner Liebe in nicht ganz vier Jahren so weit, daß er der untadeligste, artigste und tapferste Jüngling der ganzen Insel wurde.

Wie aber, meine geliebten Freundinnen, können wir diese Verwandlung Kimons recht verstehen? Sicherlich nicht anders, als daß die edlen Veranlagungen, die der Himmel in ihn gelegt hatte, von der neidischen Fortuna mit starken Banden gefesselt in einem Winkel seines Geistes ohnmächtig daniedergelegen hatten und erst Amor, dessen Macht Fortunas Neid besiegte, jene Bande zu sprengen und zu zerbrechen wußte. Amor allein war der Erwecker der schlafenden Tugenden, die er durch seine Allmacht aus tiefer Dunkelheit ans helle Licht brachte und damit wiederum bewies, aus welchen Verstecken er jene aufzuspüren und mit seinen Kräften zu beleben vermag.

Obwohl Kimon in seiner Liebe zu Iphigenia nach Art verliebter Jünglinge manches übertrieb, unterstützte ihn doch sein Vater Aristipp – stets dessen eingedenk, daß sein Sohn erst durch diese Liebe vom Tölpel zum Menschen geworden war – nicht nur geduldig, sondern bestärkte ihn noch darin, ganz seinen Wünschen gemäß zu verfahren. Kimon, der nun nicht mehr Galesus genannt werden wollte, da Iphigenia ihn mit dem Spottnamen angeredet hatte, begehrte alsbald, sein Verlangen auf ehrbare Weise zu stillen, und hielt mehrmals bei Cypseos, dem Vater Iphigenias, um ihre Hand an. Da Cypseos seine Tochter jedoch dem vornehmen jungen Rhodesier Pasimundas versprochen hatte und sein Wort halten wollte, wurde Kimons Werbung wiederholt abgelehnt. Als die für Iphigenias Hochzeit festgesetzte Zeit herankam und der Bräutigam bereits seine Abgesandten zu ihrem Geleit geschickt hatte, dachte Kimon bei sich: ‚Jetzt ist es Zeit, meine Iphigenia, dir zu zeigen, wie groß meine Liebe zu dir ist! Ich bin durch dich zum Menschen geworden und zweifle nicht, daß dein Besitz mich zum Gotte erheben würde. Und darum, beim Himmel, muß ich dich erringen oder sterben!'

Er warb nun in aller Stille junge Edelleute aus seiner Freundschaft an, ließ heimlich ein Schiff mit allen für ein Gefecht nötigen Waffen ausrüsten und stach damit in See, um das Schiff zu erwarten, das Iphigenia zu ihrem Bräutigam nach Rhodos bringen sollte. Dieses war, nachdem Iphigenias Vater den Abgesandten des Bräutigams alle erdenklichen Ehren erwiesen hatte, ebenfalls in See gegangen und hatte Kurs auf Rhodos genommen. Kimon aber schlief nicht. Schon andern Tages holte er es ein und rief den fremden Seeleuten vom Bug seines Schiffes aus mit lauter Stimme zu: „Haltet an und zieht die Segel ein! Oder ihr werdet besiegt und alle im Meere ertränkt!"

Doch seine Gegner holten die Waffen an Deck und rüsteten alles zur Verteidigung, worauf Kimon, sobald er seine Aufforderung ausgesprochen hatte, einen schweren Enterhaken auf den Bug des Rhodesierschiffs warf, das schnell davonzusegeln versuchte. Er zog es mit aller Kraft an sein eigenes Schiff heran und sprang mit wahrem Löwenmut, ohne abzuwarten, ob die Seinen ihm folgten, auf das Schiff der Rhodesier, als erachte er sie alle für nichts. Und da die Liebe ihm übermenschliche Kräfte verlieh, warf er sich mit einem Messer auf seine Gegner, die er einen nach dem andern niederstach und wie Lämmer abschlachtete. Als die Rhodesier dies gewahrten, warfen sie die Waffen von sich und ergaben sich. Kimon aber sprach zu ihnen: „Ihr jungen Männer, weder Beutelust noch Haß veranlaßte mich, von

Zypern her gegen euch auszuziehen und euch mitten auf offenem Meere mit der Waffe in der Hand entgegenzutreten. Etwas anderes hat mich dazu bewogen, und seine Eroberung ist das höchste Glück für mich. Ihr aber könnt es mir leicht im guten überlassen. Es ist Iphigenia, die ich mehr liebe als alles auf der Welt. Als Freund und auf friedliche Weise konnte ich sie nicht von ihrem Vater bekommen, so verlange ich sie nun als Feind mit Waffengewalt, denn die Liebe zwingt mich dazu. Ich wünsche für sie zu werden, was euer Pasimundas werden sollte. Darum gebt sie mir und fahrt dann in Gottes Namen weiter!"

Die Rhodesier lieferten ihm daraufhin, mehr gezwungen als freiwillig, die weinende Iphigenia aus. Kimon aber sagte, als er ihre Tränen gewahrte: „Edle Dame, betrübe dich nicht. Sieh, ich bin doch dein Kimon, der dich durch seine treue Liebe mehr verdient hat als Pasimundas durch die Versprechung." Darauf kehrte er, nachdem Iphigenia auf sein eigenes Schiff getragen worden war, ohne das Eigentum der Rhodesier auch nur anzurühren, zu seinen Gefährten zurück und ließ jene abfahren. Beglückt über seine teure Beute, versäumte er keinen Augenblick, die weinende Dame zu trösten, und beschloß zusammen mit seinen Gefährten, nicht sogleich nach Zypern zurückzukehren. Mit Zustimmung aller segelte das Schiff in Richtung auf die Insel Kreta weiter, wo fast jeder der jungen Leute und auch Kimon selbst mit Iphigenia sich im Kreise älterer und jüngerer Verwandtschaft und zahlreicher Freunde in Sicherheit wähnte.

Jedoch das Glück, das Kimon bei der Erbeutung Iphigenias so freundlich beigestanden hatte, war wenig beständig und verwandelte nur allzu schnell die Freude des verliebten jungen Mannes in Traurigkeit und bittres Herzeleid. Es waren nämlich noch keine vier Stunden vergangen, seitdem Kimon die Rhodesier hatte abfahren lassen, als die Nacht, von der er sich das höchste Glück und nie gekannte Wonnen versprochen hatte, mit einem entsetzlichen Unwetter heraufzog, das den Himmel mit schwarzen Wolken verhüllte und das Meer mit verderbenbringenden Stürmen aufwühlte. Es war so finster, daß niemand imstande war zu erkennen, was zu tun sei oder in welcher Richtung das Schiff weiterfahren sollte, denn niemand vermochte sich an Deck zu halten oder irgendwie das Schiff zu manövrieren.

Den Kummer Kimons über diesen Zwischenfall brauche ich euch nicht zu schildern! Es schien ihm, als hätten ihn die Götter nur deshalb an das Ziel seiner Wünsche geführt, damit ihm der Tod, der ihn vorher nie geschreckt hatte, desto schmerzlicher sein möge. Auch seine Gefährten waren voller Besorgnis, und am meisten jammerte Iphigenia, die heftig weinte, durch jeden neuen Anprall der Wogen in die größte Angst versetzt wurde und unter Tränen mit bösen Worten Kimons Liebe und seinen verwegenen Überfall verwünschte. Dieser Sturm sei nur heraufgezogen, so versicherte sie ihm, weil die Götter es nicht zulassen wollten, daß er, der sie gegen ihren eigenen Willen zur Gattin begehrte, auch noch die Früchte seines anmaßenden Verlangens genösse, vielmehr solle sie vor seinen Augen sterben und hernach auch er selbst elendiglich umkommen. Während sie diese und noch härtere Anklagen hervorbrachte, nahm der tobende Sturm immer mehr an Heftigkeit zu und trieb das Schiff, dessen ratlose Besatzung sich weder zu helfen vermochte noch wußte, wohin sie verschlagen wurde, in die Nähe der Insel Rhodos. Ohne die Insel zu erkennen, versuchten alle mit letzter Kraft, das Land zu gewinnen und so das Leben zu retten. Und Fortuna reichte ihnen bei ihren Anstrengungen hilfreich die Hand und führte sie in eine kleine Bucht, in welcher kurz zuvor ebenjene Rhodesier gelandet waren, denen Kimon freie Weiterfahrt gewährt hatte. Er und die Seinen aber erkannten nicht eher, daß sie sich auf der Insel Rhodos befanden, als bis sie mit den hervorbrechenden Strahlen der Morgenröte, die den Himmel erhellten, jenes Schiff, das sie am Vortage freigelassen hatten, etwa einen Bogenschuß von sich entfernt liegen sahen. Kimon geriet darüber in nicht geringe Besorgnis, da er Ereignisse befürchtete, die später wirklich eintrafen. Er befahl sogleich, alles daranzusetzen, wieder von hier fortzukommen, und sich lieber auf freier See treiben zu lassen, wie es dem Schicksal gefalle, da sie es nirgends schlimmer antreffen könnten als eben hier.

Seine Seeleute boten alles auf, um wieder aus der Bucht herauszukommen, doch waren ihre Anstrengungen vergebens. Sie vermochten, da ihnen ein heftiger Sturm entgegenstand, nicht die Bucht zu verlassen, sondern wurden, ob sie wollten oder nicht, an Land getrieben. Hier wurden sie sogleich von den Rhodesiern, die eben ihr Schiff verließen, wiedererkannt. Einer von ihnen lief unverzüglich auf einen nahe gelegenen Landsitz, wohin die Edelleute aus Rhodos sich einstweilen begeben hatten, und berichtete ihnen, daß Kimon und Iphigenia mit ihrem Schiff in ebenderselben Bucht gelandet seien wie sie selbst. Voller Freude über eine solche Nachricht eilten die Edelleute, die in aller Eile die Arbeiter des Gutes zusammengerufen hatten, an den Strand, wo Kimon mit den Seinen ausgestiegen war, in der Hoffnung, in einen nahe gelegenen Wald entfliehen zu können. Doch wurden zusammen mit Iphigenia alle gefangengenommen und auf den Landsitz gebracht.

Inzwischen beklagte sich Pasimundas, sowie er von den Vorgängen Kenntnis erhielt, bei dem Senat von Rhodos und setzte es durch, daß Kimon und die Seinen von Lysimachos, der in jenem Jahr die höchste Gewalt auf Rhodos ausübte, mit einer großen Anzahl Bewaffneter von dem Landsitz abgeholt und ins Gefängnis gebracht wurden.

So verlor der arme Kimon seine Iphigenia aufs neue, nachdem er sie eben gewonnen hatte, ohne mehr als einen Kuß von ihr erlangt zu haben. Iphigenia aber wurde von den Edeldamen der Insel freundlich aufgenommen und über das Leid der Gefangenschaft und die auf dem stürmischen Meer ausgestandenen Ängste liebevoll getröstet; so blieb sie bis zu ihrer Hochzeit bei den Damen.

Kimon und seine Gefährten erhielten, trotz aller Versuche Pasimundas', ihren Tod zu erwirken, auf Grund der Großmut, die Kimon am Vortage gegen die Rhodesier bezeigt hatte, zwar das Leben geschenkt, doch wurden alle miteinander zu lebenslänglichem Kerker verurteilt. Wie elend es ihnen dort, ohne die leiseste Hoffnung auf Freiheit, erging, wird jeder sich leicht vorstellen können!

Doch während Pasimundas die Vorbereitungen zu seiner baldigen Hochzeit nach Kräften beschleunigte, schien das Glück die Ungerechtigkeit, die es soeben Kimon angetan hatte, schon wieder zu bereuen, da es ein neues Ereignis zu seiner Rettung heraufbeschwor. Pasimundas hatte nämlich einen Bruder, der ihm zwar an Jahren, jedoch nicht an Tugenden unterlegen war. Er hieß Hormisdas und bemühte sich seit langer Zeit darum, eine schöne junge Edeldame namens Kassandra als seine Gattin heimzuführen. Aus verschiedenerlei Anlässen war aber die Verlobung mit dieser Dame, in die auch Lysimachos heftig verliebt war, bisher nicht zustande gekommen. Als nun Pasimundas sich gezwungen sah, zur Feier seiner eigenen Hochzeit ein glänzendes Fest zu richten, hielt er es für das beste, um doppelte Unkosten und Festlichkeiten zu sparen, daß gleichzeitig auch Hormisdas seine Hochzeit feiere. Er nahm daher die Verhandlungen mit Kassandras Eltern wieder auf, brachte sie zu gutem Ende und beschloß mit ihnen und dem Bruder, daß am Tage der Hochzeit von Pasimundas und Iphigenia auch Hormisdas Kassandra heimführen solle.

Diese Neuigkeiten fanden indes bei Lysimachos wenig Beifall, da er auf diese Weise die letzte Hoffnung schwinden sah, die er noch immer im Herzen getragen hatte, nämlich, daß er selber, wenn Hormisdas sie nicht nähme, Kassandra noch bekommen würde. Als kluger Mann verbarg er seinen Mißmut und überlegte lange, auf welche Weise er verhindern könne, daß jene Hochzeit wirklich stattfände. Hierzu sah er keine andre Möglichkeit, als Kassandra zu entführen, was ihm auf Grund seiner Stellung freilich leicht möglich gewesen wäre, doch seiner Auffassung nach gerade in Anbetracht seines Amtes wenig ziemlich war. Um es kurz zu machen, nach langen Überlegungen mußte die Ehre der Liebe weichen, und Lysimachos entschloß sich, Kassandra zu rauben, was auch daraus entstehen mochte. Während er nun überlegte, wen er als Begleitung erwählen sollte und wie sein Plan vorzubereiten und durchzuführen sei, erinnerte er sich an Kimon, der mit seinen Gefährten im Kerker schmachtete, und es deuchte ihm, daß er sich für sein Vorhaben keinen besseren und treueren Helfer suchen könne als eben jenen. Er ließ daher Kimon in der nächsten Nacht heimlich zu sich bringen und sprach zu ihm: „Kimon, wie die Götter ihre Gaben freigebig an die Menschen verteilen, so wissen sie auch die Tugend der Menschen auf weiseste Art zu erproben und jene, die sie in allen Vorkommnissen als beständig, unwandelbar und mutig erkennen, mit ihrer Gnade zu belohnen. Sie begehrten auch von dir einen deutlicheren Beweis deiner Standhaftigkeit, als du ihn in der Begrenzung deines Vaterhauses erbringen konntest, das, wie ich weiß, mit Reichtümern gesegnet ist. Die Götter haben dich, wie mir berichtet wurde, daher zuerst durch die anspornende Kraft der Liebe von einem gefühllosen Tier zum Menschen gemacht und dich dann nach harten Schicksalsschlägen in diesen schrecklichen Kerker geführt, um zu sehen, ob dein Mut der gleiche bliebe wie in der kurzen Zeit, da du dich deiner Beute erfreutest. Bist du wirklich noch derselbe, der du damals warst, so haben sie dir nie eine günstigere Gelegenheit gegeben, es zu beweisen, als sie es jetzt im Begriffe sind zu tun. Diese Gelegenheit will ich dir nennen, damit du deine früheren Kräfte wiederfindest und neue Hoffnung schöpfst.

Pasimundas, der über dein Unglück hochbefriedigt ist und sich ständig bemüht, dir den Tod zu bereiten, beschleunigt nach Kräften die Vorbereitungen zu seiner Hochzeit mit deiner Iphigenia, um nun seinerseits die Beute zu genießen, die zuvor ein freundliches Geschick dir zugedacht und dann in jähem Zorn wieder entrissen hat. Wie sehr dich dies Ereignis schmerzen muß, wenn du so innig liebst, wie ich annehme, weiß ich aus eigener Erfahrung, da Pasimundas' Bruder Hormisdas mir mit Kassandra, die ich über alles liebe, am gleichen Tage dieselbe Kränkung zufügen wird. Um dieser Kränkung zu entgehen, sehe ich nur einen Ausweg, der vom Schicksal offengelassen wurde. Unser Mut und die Kraft unserer bewaffneten Arme sollen ihn uns erzwingen und dir zum zweiten und mir zum ersten Male die geliebte Frau zuführen. Wenn du also deine Dame – Freiheit will ich nicht sagen, denn was gilt diese schon ohne die Geliebte! – zurückerobern willst, so legen dir die Götter jetzt eine Möglichkeit dazu in die Hände, falls du dich meinem Vorhaben anschließen willst." Diese Worte riefen den verlorenen Mut in Kimons Herzen sogleich wieder wach, und er antwortete, ohne zu zögern: „Lysimachos, wenn ich mir dadurch das erringen kann, was du versprachst, so kannst du sicher sein, daß es für dein Vorhaben keinen mutigeren und treueren Gefährten gibt als mich. Sage mir, was ich nach deinem Ermessen zu tun habe. Du wirst sehen, daß ich es mit übermenschlicher Kraft vollbringen werde." Darauf fuhr Lysimachos fort: „Heute in drei Tagen sollen die beiden Bräute zum ersten Male das Haus ihrer zukünftigen Gatten betreten. Wir werden an diesem Tage gegen Abend dort eindringen, du mit deinen Gefährten und ich mit einigen meiner besten Männer, und werden die beiden Damen mitten aus der Festgesellschaft heraus entführen und sogleich auf ein Schiff bringen, das ich in aller Stille habe vorbereiten lassen. Jeder, der es wagen sollte, uns entgegenzutreten, wird getötet!" Dieser Plan fand Kimons vollen Beifall, und er kehrte, um den festgesetzten Termin abzuwarten, ruhig in seinen Kerker zurück.

Als der Tag der Doppelhochzeit gekommen war, wurde er mit ungeheurem Pomp und Prunk gefeiert, und die Häuser der beiden Brüder waren erfüllt von fröhlichem Festgetriebe. Lysimachos aber hatte in aller Stille seine Vorbereitungen getroffen und sowohl Kimon und seine Gefährten als auch seine eigenen Begleiter mit guten Waffen versorgt, die ein jeder unter seinen Kleidern verbarg. Als der richtige Augenblick gekommen schien, teilte Lysimachos seine Männer, die er vorher mit vielen Worten für seinen Plan entflammt hatte, in drei Haufen, von denen der erste im Hafen verblieb, damit er nötigenfalls den Weg aufs Schiff offenhalten könnte. Mit den beiden anderen eilte er zu Pasimundas' Haus, wo er den einen am Tor zurückließ, damit niemand sie einschließen und ihnen den Rückweg versperren könnte. Mit dem Rest der Leute aber stieg er in Kimons Begleitung die Treppe empor und drang in den Saal ein, wo die beiden Bräute sich eben im Kreise der Damen in gar artiger Haltung an der Tafel niedergelassen hatten, um zu speisen. Die Männer eilten auf sie zu, und jeder ergriff, während die Festtafel umgestürzt wurde, seine Geliebte, um sie sogleich einem der Gefährten anzuvertrauen, mit dem Befehl, sie aufs Schiff zu bringen. Die beiden Bräute begannen zu weinen und, unterstützt von allen anwesenden Frauen und der ganzen Dienerschaft, laut um Hilfe zu schreien, so daß im Umsehen das ganze Haus mit Lärm und Wehklagen erfüllt war. Kimon, Lysimachos und ihre Begleiter aber zogen die Schwerter und gelangten ohne jegliche Gegenwehr ungehindert an die Treppe. Als sie diese hinabeilten, stürzte ihnen Pasimundas entgegen, der auf den Lärm hin mit einem großen Knüppel in der Hand herbeilief. Kimon spaltete ihm mit einem einzigen wütenden Hieb den Schädel und streckte ihn tot zu Boden. Auch der unglückliche Hormisdas, der seinem Bruder zu Hilfe eilen wollte, wurde durch einen ähnlichen Hieb Kimons getötet, während ihre Gefährten einige Männer, die sich ihnen zu nähern wagten, verwundeten und zurücktrieben. Dann eilten sie ungehindert fort, ließen das Haus in Blut, Tränen, Trauer und Tumult zurück und gelangten alle zusammen mit ihrer Beute glücklich auf das Schiff.

Als die Damen sich an Bord befanden und die Männer mit ihren Gefährten ebenfalls das Schiff bestiegen hatten, ließen sie – zumal der Strand sich schon mit Bewaffneten zu füllen begann, die den Damen zu Hilfe kommen wollten – schnell die Ruder eintauchen und fuhren frohen Herzens ihrem Glück entgegen. In Kreta angekommen, wurden sie von Freunden und Verwandten freundlich empfangen, feierten auf einem prunkvollen Fest mit ihren beiden Geliebten Hochzeit und genossen voller Freude ihre süße Beute.

In Zypern und Rhodos waren allerdings der Skandal und die Entrüstung über ihre Tat ungeheuer und währte lange Zeit. Schließlich aber legten sich hier wie dort die Freunde und Verwandten ins Mittel und brachten es dahin, daß Kimon und Iphigenia nach längerem Exil wohlgemut wieder nach Zypern, Lysimachos und Kassandra dagegen nach Rhodos zurückkehren konnten. Und jeder lebte mit seiner Gattin noch lange Zeit glücklich in seinem Vaterlande.

ZWEITE GESCHICHTE

Gostanza liebt Martuccio Gomito. Als sie hört, er sei tot, besteigt sie in der Verzweiflung allein ein Boot, das vom Winde nach Susa getrieben wird. Sie trifft Martuccio lebend in Tunis an und gibt sich ihm zu erkennen, der inzwischen durch manchen klugen Rat die Gunst des Königs gewonnen hat. Martuccio heiratet seine Geliebte und kehrt schließlich als reicher Mann mit ihr nach Lipari zurück.

Als Panfilos Geschichte beendet war, lobte die Königin sie sehr und bedeutete dann Emilia, fortzufahren und ebenfalls eine Erzählung zum besten zu geben.

Emilia begann folgendermaßen:

Jeder sollte sich nach Gebühr freuen, wenn er sieht, daß eine Tat so belohnt wird, wie sie es verdient. Und weil auf die Dauer die Liebe mehr Glück verdient als Unglück, so gehorche ich, indem ich über das heutige Thema spreche, der Königin mit viel mehr Freude als gestern dem König.

Ihr müßt also wissen, meine zarten Freundinnen, daß in der Nähe Siziliens das kleine Inselchen Lipari liegt, auf dem vor noch nicht langer Zeit ein schönes junges Mädchen mit Namen Gostanza lebte. Sie stammte aus einer ehrbaren Familie der Insel und wurde von dem jungen Martuccio Gomito geliebt, der ein hübscher, artiger Bursche war und sich auf sein Handwerk bestens verstand. Auch sie wurde bald von einer so innigen Liebe zu ihm erfüllt, daß sie nur dann glücklich war, wenn sie ihn sehen konnte. Da nun Martuccio Gostanza gerne zu seiner Ehefrau gemacht hätte, hielt er bei ihrem Vater um ihre Hand an. Dieser aber ließ ihm sagen, einem so armen Mann wie ihm würde er seine Tochter niemals zur Frau geben.

Martuccio, den es nicht wenig kränkte, wegen seiner Armut zurückgewiesen zu werden, rüstete nun mit ein paar zuverlässigen Freunden und Verwandten ein Schifflein aus und schwur, nicht anders denn als reicher Mann nach Lipari zurückzukehren. Dann stach er in See und begann als Seeräuber die Küsten der Berberei unsicher zu machen, alles ausplündernd, was ihm unterlegen war. In diesem Gewerbe wäre ihm das Glück recht hold gewesen, wenn er es verstanden hätte, seinen Hunger nach Reichtum zu mäßigen. Da es aber weder ihm noch seinen Gefährten genügte, in kürzester Frist zu reichen Leuten geworden zu sein, geschah es, daß sie – in ihrer Versessenheit, übermäßige Reichtümer an sich zu raffen – von ein paar Sarazenenschiffen nach langer Gegenwehr überwältigt und ausgeraubt wurden. Bei dieser Gelegenheit wurden die meisten seiner Leute von den Sarazenen erschlagen und das Schiff ins Meer versenkt. Er selber wurde nach Tunis gebracht und in den Kerker geworfen, wo er in großem Elend lange Zeit gefangengehalten wurde.

Die Nachricht, daß Martuccios Boot mit Mann und Maus versenkt sei, wurde nicht nur einmal, sondern oft und von den verschiedensten Leuten nach Lipari gebracht, und Gostanza, die sich über die Abreise Martuccios sehr gegrämt hatte, beweinte ihn lange, als sie hörte, daß er und alle seine Gefährten tot seien. Sie beschloß, ihrem Leben ebenfalls ein Ende zu machen. Da sie nun nicht herzhaft genug war, sich selbst gewaltsam umzubringen, erdachte sie sich eine ganz neue Todesart. Sie schlich eines Nachts heimlich aus ihrem Vaterhause fort und eilte zum Hafen hinunter, wo sie zufällig, ein wenig abseits von den übrigen Schiffen, ein kleines Fischerboot entdeckte. Es lag, da seine Besitzer es erst soeben verlassen hatten, noch mit Mast, Segel und Riemen voll ausgerüstet im Wasser. Gostanza stieg unverzüglich ein und ruderte ein Stückchen aufs Meer hinaus, da sie sich, wie fast alle Frauen der Insel, recht gut auf die Seefahrt verstand. Dann setzte sie das Segel, schleuderte Riemen und Steuerruder ins Meer und überantwortete sich dem Winde, fest überzeugt, dieser würde entweder das unbeladene Boot ohne Steuermann umwerfen oder es an einer Klippe zerschellen lassen, wobei sie selbst mit einem Versuch, sich zu retten, nichts ausrichten könnte, sondern mit Sicherheit ertrinken müsse. Sie umhüllte darum ihr Haupt mit einem Umhang und kauerte sich weinend auf dem Boden des Bootes nieder.

Es kam jedoch anders, als sie gedacht hatte; denn da der Wind, der sie hinaustrieb, ein sanfter Nordwind und die See fast ruhig war und ihr Boot gute Fahrtrichtung hielt, landete sie einen Tag nach ihrer Abfahrt gegen Abend etwa hundert Meilen oberhalb von Tunis in der Nähe einer Stadt mit Namen Susa. Gostanza freilich wußte nicht, ob sie an Land oder noch auf freiem Meere sei, da sie nicht ein einziges Mal das Haupt erhoben hatte und es auch nicht mehr zu tun beabsichtigte.

Als das Boot auf Strand lief, befand sich in der Nähe ein armes Weib, das die zum Trocknen in der Sonne ausgebreiteten Netze der Fischer zusammenlegte. Als die Frau das Boot gewahrte, wunderte sie sich sehr, daß man es mit gesetztem Segel hatte ans Ufer laufen lassen. Und da sie glaubte, daß die Fischer wohl in ihrem Boot eingeschlafen seien, eilte sie hinzu und bemerkte nun, daß außer dem Mädchen niemand an Bord war. Sie rief das Mädchen, das in festem Schlaf lag, mehrmals an, und es gelang ihr schließlich auch, Gostanza zu wecken, die sie an ihren Kleidern sogleich als Christin erkannt hatte. Sie fragte Gostanza daher auf italienisch, wieso sie allein in diesem Boot hier ankomme. Als das Mädchen die italienischen Worte vernahm, deutete sie sich dies nicht anders, als daß der Wind umgeschlagen sei und sie wieder nach Lipari zurückgebracht habe. Sie stand deshalb sofort auf und sah sich um. Als sie sich in unbekannter Gegend an Land fand, fragte sie die gute Frau, wo sie sich befände. Jene antwortete: „Meine Tochter, du bist in der Nähe der Stadt Susa in der Berberei."

Über diese Auskunft war das Mädchen sehr betroffen, und es schmerzte sie tief, daß Gott ihr Opfer nicht angenommen hatte. Schlimmes befürchtend und gänzlich ratlos, sank sie weinend neben dem Boot nieder, und die gute Frau redete ihr voller Mitleid so lange zu, bis Gostanza sich willig in ihre armselige Hütte führen ließ. Auf inständiges Bitten der Frau erzählte sie ihr dann auch, auf welche Weise sie hierher verschlagen war. Und die gute Alte, die daraus ersah, daß Gostanza noch nichts gegessen haben konnte, bereitete ihr alsbald eine Mahlzeit aus ihrem eigenen harten Brot und einigen Fischen und nötigte sie so lange, bis sie eine Kleinigkeit aß.

Gostanza erkundigte sich darauf bei der Frau, wer sie sei, weil sie so gut italienisch spräche, und jene erzählte ihr, daß sie aus Trapani sei, Carapresa heiße und hier bei ein paar christlichen Fischern im Dienste stehe. Als das Mädchen den Namen Carapresa, das ist „teures Pfand", hörte, nahm sie ihn, obwohl sie noch sehr betrübt war und selber nicht wußte, was sie dazu trieb, als ein gutes Omen, faßte neuen Mut und schob ihre Todesgedanken beiseite. Ohne zu verraten, wer sie war und woher sie gekommen, bat sie die gute Frau inständig, doch um Gottes willen Mitleid mit ihrer Jugend zu haben und ihr einen Rat zu geben, wie sie von hier fortkommen könne, ohne daß ihr ein Leid geschähe.

Carapresa, die ein gutherziges Weib war, hörte ihre Bitten und ließ sie einstweilen in der Hütte, während sie selbst eilig die Netze einholte und dann zu Gostanza zurückkehrte. Dann hüllte sie das Mädchen dicht in ihren eigenen Mantel ein und wanderte mit ihr nach Susa. Dort angekommen, sagte sie zu ihr: „Gostanza, ich werde dich zu einer freundlichen Sarazenendame bringen, der ich öfter Dienste leiste, wenn sie meiner bedarf. Sie ist eine alte, mitleidige Frau, und ich werde dich ihr nach besten Kräften empfehlen. Ich glaube sicher, daß sie dich aufnehmen und wie ihre Tochter halten wird. Du mußt dich jedoch eifrig bemühen, ihr gefällig zu sein, solange du bei ihr bist, um dir ihre Zuneigung zu gewinnen, bis Gott dir weiterhilft."

Gesagt, getan. Die schon recht bejahrte Dame hörte Carapresa freundlich an, blickte auf Gostanza und begann zu weinen. Dann ergriff sie ihre Hände, küßte sie auf die Stirn und führte sie selbst in ihr Haus, in dem sie ohne Mann in Gesellschaft mehrerer Frauen lebte und die verschiedensten Handarbeiten aus Seide, Palmblättern und Leder anfertigte. Das Mädchen lernte in wenigen Tagen, es den Frauen gleichzutun, und begann alsbald mit ihnen zusammen zu arbeiten. Dabei erwarb sie sich bald in erstaunlicher Weise das Vertrauen und die Liebe der Dame und aller ihrer Frauen. Auch lernte sie in kurzer Zeit deren Sprache, in der alle sie unterwiesen.

Während Gostanza auf solche Weise in Susa lebte und man sie daheim bereits beweint hatte und für verloren oder tot hielt, geschah es, daß zu Zeiten der Regierung des Königs Mariabdela von Tunis ein Jüngling aus Granada, der einem mächtigen Hause entstammte und große Gewalt besaß, das Königreich Tunis für sich verlangte und mit einem starken Heer heranrückte, um den König von Tunis vom Thron zu verjagen.

Diese Nachricht kam auch Martuccio Gomito im Gefängnis zu Ohren, da er die Sprache der Berber gut verstand. Als er vernahm, was für große Anstrengungen der König von Tunis zu seiner Verteidigung traf, sagte er zu einem der Männer, die ihn und seine Gefährten bewachten: „Wenn ich mit dem König sprechen könnte und er mich gnädig anhören wollte, vermöchte ich ihm einen Rat zu geben, wie er den Krieg gewinnen kann."

Der Wächter hinterbrachte diese Rede sogleich seinem Anführer, der sie unverzüglich dem König meldete. Dieser befahl, daß Martuccio ihm vorgeführt werde, und fragte ihn alsbald, was für ein Rat es sei, den er zu erteilen habe. Martuccio antwortete: „Mein Gebieter, wenn ich in früheren Zeiten, als ich durch Euer Land zog, Eure Art der Kriegführung recht begriffen habe, so besteht sie, wie ich mich erinnere, vor allem darin, daß Ihr Bogenschützen einsetzt. Fände man eine Möglichkeit, daß Euren Widersachern bald die Pfeile für ihre Bogen fehlten, die Eure Krieger im Überfluß besitzen müssen, so bin ich sicher, daß Ihr den Krieg gewinnen würdet." Darauf entgegnete der König: „Ganz gewiß! Wenn man das zuwege brächte, wäre ich auch überzeugt, den Sieg davonzutragen." Martuccio fuhr fort: „Mein Gebieter, wenn Ihr wolltet, wäre das leicht zu bewerkstelligen. Hört, auf welche Weise: Es wäre Eure Aufgabe, an die Bogen Eurer Schützen weit dünnere Sehnen anbringen zu lassen, als dies gewöhnlich geschieht. Desgleichen müßten Pfeile hergestellt werden, deren Kerben allein für diese dünnen Sehnen und für keine andren verwendbar sind. Doch müßte alles in größter Heimlichkeit vorbereitet werden, damit Eure Widersacher nichts davon in Erfahrung bringen und keine Gegenmaßnahmen treffen können. Der Grund, aus dem ich Euch solches rate, ist folgender: Ihr wißt, daß, nachdem die Schützen beider Seiten ihre Pfeile verschossen haben, im Laufe des Kampfes jeder die Pfeile des Gegners aufsammelt. Jetzt aber werden der engen Kerben wegen Eure Gegner die Pfeile Eurer Schützen nicht verwenden können, da sie nicht auf die derben Sehnen ihrer Bogen passen, während unsere Schützen hingegen die Pfeile des Gegners sehr gut verwenden können, da auch auf einer feinen Sehne ein Pfeil mit breiter Kerbe brauchbar ist. Auf diese Weise werden unsere Krieger ausreichend mit Pfeilen versehen sein, während die Gegenseite bald darum in Verlegenheit kommen muß!" Dem König, der ein verständiger Mann war, gefiel Martuccios Rat, und da er ihn voll und ganz befolgte, trug er auch wirklich den Sieg in diesem Kriege davon. Martuccio erfreute sich daher fortan seiner ganz besonderen Gunst und gelangte bald zu hohem Ansehen und großem Reichtum.

Das Gerücht von dieser Begebenheit durchlief das ganze Land, und so kam es Gostanza zu Ohren, daß ihr totgeglaubter Martuccio noch am Leben war. Da entzündete sich die Liebe, die in ihrem erkalteten Herzen bereits abgekühlt war, aufs neue mit jäher Gewalt und loderte, erstorbene Hoffnungen neu belebend, in hellen Flammen auf. Sie erzählte nun der Dame, bei der sie lebte, ihr Schicksal und gestand ihr, daß sie nach Tunis zu fahren wünsche, um ihre Augen an dem Anblick dessen zu sättigen, auf den ihre Ohren durch die empfangenen Nachrichten ihr Herz begierig gemacht hätten.

Die Dame lobte ihr Vorhaben und stieg, als sei sie Gostanzas eigene Mutter, mit dieser in ein Boot, das beide nach Tunis brachte, wo Gostanza im Hause eines Verwandten freundlich aufgenommen wurde. Sie sandte Carapresa aus, die mitgekommen war, um über Martuccio Erkundigungen einzuziehen. Die Alte traf ihn bald gesund und in besten Verhältnissen an und berichtete alles der Sarazenin, die nun den Entschluß faßte, Martuccio selbst zu benachrichtigen, daß Gostanza zu ihm nach Tunis gekommen sei. Sie begab sich deshalb eines Tages an den Ort, wo Martuccio sich aufhielt, und sprach zu ihm: „Martuccio, in meinem Hause befindet sich einer deiner Diener aus Lipari, der dich gerne heimlich sprechen möchte. Da ich diese Botschaft niemand anvertrauen wollte, bin ich, wie es auch sein Wunsch war, selber hergekommen, um es dir zu sagen." Martuccio dankte ihr für die Nachricht und folgte ihr sogleich in ihre Wohnung. Als Gostanza ihn erblickte, war sie vor Entzücken außer sich. Sie vermochte nicht, sich zu beherrschen, sondern fiel ihm mit offenen Armen um den Hals und umschlang ihn. Dann aber kamen ihr in Erinnerung an das überstandene Leid und angesichts des großen gegenwärtigen Glückes die Tränen, und sie konnte keine Silbe von sich geben. Martuccio war, als er das Mädchen erblickte, vor Verwunderung ebenfalls sprachlos und sagte erst nach einer Weile seufzend: „Oh, meine Gostanza, du bist noch am Leben? Vor langer Zeit hörte ich, daß du verschwunden seist und daß in unserem Vaterland niemand wisse, wo du geblieben seist." Nach diesen Worten umarmte und küßte er sie, Tränen des Glücks in den Augen. Gostanza erzählte ihm ihre Erlebnisse und berichtete, wie freundlich und ehrenvoll sie von der Dame, bei der sie nun lebe, aufgenommen worden sei.

Martuccio begab sich, als er nach langen Gesprächen von dem Mädchen Abschied genommen hatte, zu seinem König und Herrn, berichtete ihm alles, was Gostanza und er ausgestanden hatten und daß es sein Wunsch sei, das Mädchen mit Erlaubnis des Königs nach christlichem Brauch zu heiraten. Der König war über diese Geschichte recht verwundert. Er ließ Gostanza zu sich rufen und vernahm nun auch aus ihrem Munde, daß Martuccio die Wahrheit gesprochen hatte. So sagte er schließlich zu ihr: „Nun, so hast du ihn dir redlich zum Gatten verdient." Darauf ließ er kostbare Geschenke kommen, die er ihr und Martuccio überreichte, und gab ihnen die Erlaubnis, alles nach ihren Wünschen zu regeln.

Martuccio dankte der edlen Sarazenin, die Gostanza so freundlich aufgenommen hatte, herzlich für alles, was sie für das Mädchen getan habe, überreichte ihr angemessene Geschenke und empfahl sie sodann Gottes Obhut, worauf man sich, nicht ohne heiße Tränen Gostanzas, trennte.

Martuccio und Gostanza bestiegen sodann mit Zustimmung des Königs ein leichtes Schiff und kehrten in Begleitung Carapresas mit frischer Brise nach Lipari zurück, wo sie mit großer Freude empfangen wurden. Martuccio vermählte sich bald darauf mit Gostanza, und das Fest ihrer Hochzeit wurde mit Glanz und Pracht gefeiert. Dann genossen beide noch lange Jahre in Ruhe und Frieden ihr Glück.

DRITTE GESCHICHTE

Pietro Boccamazzo flieht mit Agnolella und wird von Räubern überfallen. Das Mädchen kann in einen Wald entkommen und wird auf ein Schloß gebracht, Pietro aber wird von den Räubern gefangen. Es gelingt ihm jedoch, ihnen wieder zu entkommen, und nach verschiedenen Zwischenfällen langt er ebenfalls in dem Schloß an, in dem sich Agnolella aufhält. Er heiratet sie und kehrt mit ihr nach Rom zurück.

Niemand von der Gesellschaft hatte Emilias Geschichte ohne Lob angehört. Als die Königin sah, daß sie zu Ende war, wandte sie sich an Elissa und gebot ihr fortzufahren. Diese gehorchte gerne und begann:

Meine schönen Freundinnen, ich muß an eine schreckliche Nacht denken, die einst ein junges Paar infolge eigener Unvorsicht durchmachen mußte. Da jedoch dieser Nacht viele fröhliche Tage folgten, möchte ich die Geschichte, die unserer Aufgabe entspricht, erzählen.

In der Stadt Rom, die heute das Ende der Welt ist, obwohl sie einst deren Haupt war, lebte vor wenigen Jahren Pietro Boccamazzo, der Sohn einer angesehenen römischen Familie. Dieser junge Mann verliebte sich eines Tages in die reizende junge Agnolella, die schöne Tochter des Gigliuozzo Saullo, der zwar ein Mann niedrer Herkunft war, aber bei allen Römern in gutem Ansehen stand. In seiner Verliebtheit ließ Pietro nicht ab, die reizende Agnolella so lange zu umwerben, bis schließlich auch sie ihm nicht weniger zugetan war als er ihr. Von seinem Verlangen getrieben, hielt Pietro, der meinte, die bittre Qual seiner Sehnsucht nach Agnolella nicht länger ertragen zu können, um ihre Hand an. Wenig erbaut von seinem Vorhaben aber waren seine Verwandten, die, als sie davon Kenntnis bekamen, mit heftigem Tadel über ihn herfielen und außerdem auch Gigliuozzo Saullo sagen ließen, er solle auf keinen Fall der Werbung Pietros Gehör schenken, da ihn sonst niemand von ihnen mehr als Freund und Verwandten betrachten werde. Solcherart verhindert, das Ziel seiner Wünsche zu erreichen, glaubte Pietro vor Herzeleid sterben zu müssen. Wäre Gigliuozzo einverstanden gewesen, hätte er das Mädchen auch gegen den Willen seiner gesamten Verwandtschaft geheiratet. Er hatte sich in den Kopf gesetzt, trotz aller Widerstände sein Ziel zu erreichen, wenn das Mädchen einverstanden sei. Als er durch eine Mittelsperson erfuhr, daß Agnolella bereit sei, kam er mit ihr überein, aus Rom zu fliehen. Nachdem alle Vorbereitungen getroffen waren, stiegen Pietro und Agnolella eines Tages im Morgengrauen aufs Pferd und ritten zusammen in Richtung auf Anagni davon, wo Pietro einige Freunde besaß, denen er glaubte vertrauen zu können. Da die beiden Liebenden sich aus Angst vor Verfolgung unterwegs nicht die Zeit nahmen, ihre Ehe zu vollziehen, konnten sie nur in langen Gesprächen und unzähligen Küssen ihrer Liebe Ausdruck geben. Dabei geschah es, daß sie, zumal Pietro des Weges nicht recht kundig war, etwa acht Meilen von Rom entfernt nach links abbogen, obwohl sie dem Weg zur Rechten hätten folgen müssen.

Sie waren denn auch noch keine zwei Meilen geritten, als ein kleines Kastell vor ihnen auftauchte, aus dem, sobald man sie von dort entdeckt hatte, sogleich etwa ein Dutzend Reisige herauskamen. Das Mädchen erblickte sie, als jene bereits nahe herangekommen waren, und rief: „Pietro, wir müssen fliehen! Wir werden überfallen!" Dabei warf sie ihren Klepper herum und preschte, sich am Sattelknauf haltend, so schnell sie konnte, einem großen Walde zu, in dem der Gaul unter dem ständigen Druck ihrer Sporen eiligst mit ihr verschwand. Pietro, der mehr auf ihr Antlitz als auf den Weg geachtet und die nahenden Knechte nicht so früh bemerkt hatte, wurde, während er sich noch nach ihnen umsah, bereits von ihnen umzingelt, gefangengenommen und gezwungen, vom Pferd herunterzusteigen. Nachdem sie ihn ausgefragt und seinen Namen erfahren hatten, begannen sie untereinander zu beratschlagen: „Der da ist einer aus der Sippschaft der Feinde unsrer Herren. Wir können nichts Besseres tun, als ihm seine Kleider und seinen Gaul zu rauben und ihn dann zur Freude der Orsini am nächsten Eichbaum aufzuknüpfen!" Nachdem sie sich einmütig zu dieser Tat entschlossen hatten, befahlen sie Pietro, sich zu entkleiden. Von schlimmen Ahnungen befallen, zog Pietro sich aus, als plötzlich eine Schar von etwa fünfundzwanzig Bewaffneten aus dem Hinterhalt hervorbrach und mit dem lauten Ruf: „Schlagt sie tot! Schlagt sie tot!" über die anderen herfiel.

Jene ließen in jähem Schreck von ihrem Opfer ab und suchten sich zu verteidigen. Doch sahen sie bald, daß sie den Angreifern gegenüber in der Minderheit waren, und ergriffen, von den übrigen verfolgt, die Flucht. Pietro raffte bei dieser Wendung der Dinge eiligst seine Sachen zusammen, stieg auf seinen Gaul und jagte, so schnell es ihm möglich war, in der Richtung davon, in der das Mädchen verschwunden war. Da er aber im Walde weder Weg noch Steg noch die Spuren von Pferdehufen entdecken konnte, begann er, als er sich sowohl vor denen, die ihn gefangengenommen hatten, als auch vor ihren Angreifern in Sicherheit wähnte und alles Suchen nach dem Mädchen erfolglos blieb, voller Kummer zu weinen und irrte, laut ihren Namen rufend, ziellos durch den Wald. Doch niemand antwortete ihm. Er aber getraute sich weder zurück noch vorwärts zu reiten, da er nicht wußte, wohin er geraten würde. Außerdem war er auch der wilden Tiere wegen, die in den Wäldern hausen, voller Besorgnis, nicht nur seiner selbst, sondern vor allem des Mädchens wegen, das er jeden Augenblick von einem Bären oder einem Wolf angefallen sah. So irrte der unselige Pietro den ganzen Tag rufend und wehklagend im Walde umher, oftmals rückwärts reitend, wenn er meinte, sich vorwärts zu bewegen. Das Rufen und Weinen, die Furcht und das lange Fasten entkräfteten ihn derart, daß er schließlich nicht mehr weiterkonnte. So stieg er, als der Abend hereinbrach und er keinen Ausweg sah, neben einer großen Eiche vom Pferd, band es am Baum fest und schwang sich selber in die Äste, um in der Nacht nicht von wilden Tieren zerrissen zu werden. Bald danach stieg in der schönen klaren Nacht der Mond am Himmel empor. Pietro getraute sich nicht zu schlafen, um nicht im Schlafe vom Baume herabzustürzen; doch hätte ihn auch in bequemer Lage die Sorge und der Kummer um Agnolella keine Ruhe finden lassen. So brachte er die Nacht damit zu, seufzend und klagend sein Unglück zu verfluchen.

Das Mädchen war, wie wir schon berichteten, davongejagt, ohne zu wissen, wohin, und ließ ihren Gaul laufen, wie er Lust hatte. So gelangte sie immer tiefer in den Wald hinein und vermochte nicht die Stelle, an der sie den Forst betreten hatten, wiederzufinden. Ihr erging es nicht viel anders als Pietro, denn auch sie verbrachte den ganzen Tag damit, verweilend und fortreitend, weinend und rufend, ihr Unglück beklagend, den wilden Wald zu durchstreifen. Als sie aber einsah, daß Pietro nicht kam, und sie um die Vesperzeit endlich einen schmalen Pfad entdeckte, ließ sie ihr Pferd auf diesem weitergehen. Nach einem Ritt von mehr als zwei Meilen erblickte sie in der Ferne eine Hütte, auf die sie eilends zuritt. Die Hütte wurde von einem wackren alten Mann und seiner ebenfalls hochbetagten Ehefrau bewohnt.

Als die beiden das Mädchen allein herankommen sahen, riefen sie: „O Tochter, was machst du um diese Zeit noch ganz allein hier in dieser wüsten Gegend?" Das Mädchen entgegnete weinend, daß es seinen Begleiter im Walde verloren habe, und fragte dann, wie weit es noch bis Anagni sei.

Der gute Alte antwortete: „Mein Kind, auf diesem Weg kommst du nicht nach Anagni. Bis dahin ist es noch mehr als zwölf Meilen Weges!" Darauf sagte Agnolella: „Und gibt es hier in der Nähe wohl eine Herberge, in der ich übernachten könnte?" Der alte Mann entgegnete: „Hier in der Gegend gibt es keine Herberge, die du noch bei Tageslicht erreichen könntest." – „Würdet denn Ihr wohl so barmherzig sein, mich für diese Nacht aufzunehmen", fragte das Mädchen, „da ich doch nicht mehr weiterkann?"

Der freundliche Alte sprach: „Wenn du hierbleiben willst,

mein Kind, soll es uns recht sein. Doch wir müssen dich darauf aufmerksam machen, daß sich hier in der Gegend Tag und Nacht allerlei Gesindel, Freund wie Feind, herumtreibt, das uns schon manches Mal großen Verdruß und Schaden zugefügt hat. Wenn zufällig, während du hier bist, irgend jemand hereinkäme und dich, so schön und jung, wie du bist, hier entdeckte, würde nur Böses und Schmachvolles für dich dabei herauskommen. Wir aber könnten dich nicht davor behüten. Das müssen wir dir vorher sagen, damit du dich nicht hinterher beklagst, wenn wirklich etwas Derartiges eintreffen sollte." Agnolella war über diese Worte des alten Mannes recht betroffen, doch antwortete sie in Anbetracht der späten Stunde: „Wenn es Gott gefällt, wird er Euch und mich vor diesem Leid beschützen. Und wenn es wirklich so kommen sollte, ist es immer noch besser, von Menschen mißhandelt als von wilden Tieren im Walde zerrissen zu werden." Mit diesen Worten stieg sie vom Pferd und trat in die Hütte des armen Mannes. Hier aß sie mit den alten Leuten deren bescheidenes Abendbrot und legte sich danach völlig angekleidet mit ihnen zusammen auf ein Lager nieder. Sie konnte aber die ganze Nacht hindurch nicht aufhören zu weinen und zu seufzen und beklagte ihr und Pietros Unglück, von tiefer Sorge für ihn erfüllt.

Als es mittlerweile Morgen werden wollte, hörte sie ein anhaltendes Stampfen sich nähern. Sie erhob sich und lief auf den großen Hof, der sich hinter der Hütte befand. Hier sah sie in einer Ecke einen mächtigen Heuhaufen, in den sie sich eiligst verkroch, um nicht sogleich entdeckt zu werden, wenn Fremde hereinkommen sollten. Sie hatte sich auch kaum verborgen, als eine ganze Räuberbande bereits an der Tür der Hütte war und Einlaß begehrte. Als die Kerle im Hofe das gesattelte Pferd des Mädchens erblickten, fragten sie sogleich, wer hier sei. Der Alte, der das Mädchen nirgends mehr entdeckt hatte, antwortete: „Hier ist niemand weiter als wir beide. Dieses Pferd ist wohl irgendwo entlaufen. Es kam gestern abend hier an. Wir haben es hereingeholt, damit die Wölfe es nicht zerreißen." – „Nun", rief der Anführer der Bande, „wenn es keinem gehört, soll es uns zugute kommen." Die Horde verteilte sich darauf in der Hütte und im Hofe und legte Lanzen und Schilde ab. Dabei schleuderte einer von ihnen, ohne zu wissen, warum, seine Lanze in den Heuhaufen, wobei das Mädchen um ein Haar den Tod gefunden hätte, denn die Lanze fuhr so nahe an ihrer linken Brust vorbei, daß Agnolella in ihrer Angst, getroffen zu werden, sich fast mit einem lauten Schrei verraten hätte, da die Lanze ihr mit der Eisenspitze noch das Kleid zerriß. Das Mädchen aber erinnerte sich rechtzeitig an ihre gefährliche Lage und gab, vor Angst bebend, keinen Laut von sich.

Die Räuber brieten nun, einer hier, einer da, ihre jungen Zicklein und allerlei anderes Fleisch, das sie bei sich trugen, und machten sich dann, als alle gegessen und getrunken hatten, mit dem Pferde des Mädchens zu neuen Schandtaten wieder davon.

Als sie ein tüchtiges Ende von der Hütte entfernt waren, fragte der alte Mann seine Frau: „Wo ist denn das Mädchen geblieben, das gestern abend zu uns kam? Ich habe es, nachdem wir aufgestanden sind, nicht mehr gesehen." Die Frau antwortete, daß sie es nicht wisse, und schickte sich an, nach ihr zu suchen. Agnolella merkte nun, daß die Räuber fort waren, und kroch aus dem Heu heraus. Voller Freude, daß sie nicht in die Hände der Bande gefallen war, sagte der alte Mann, zumal bereits der Morgen graute, zu ihr: „Da es schon hell wird, werden wir dich, wenn es dir recht ist, auf ein Schloß bringen, das etwa fünf Meilen von hier liegt. Dort wirst du in Sicherheit sein. Jedoch mußt du den Weg zu Fuß zurücklegen, denn das Gesindel, das eben hier war, hat dein Pferd mitgenommen." Über diesen Verlust tröstete Agnolella sich schnell und bat den Alten, sie um Gottes willen recht bald auf jenes Schloß zu bringen. So machten denn alle drei sich auf den Weg und waren schon bald nach der ersten Hälfte der Terza am Ziel.

Jenes Schloß aber gehörte Liello di Campo di Fiore aus dem Hause Orsini, dessen edle, fromme Gemahlin sich just dort aufhielt. Als sie Agnolella erblickte, erkannte sie das Mädchen sogleich, empfing sie mit großer Herzlichkeit und begehrte dann zu wissen, was sie hergeführt habe. Agnolella gestand ihr alles, und die Dame, die auch Pietro als einen Freund ihres Mannes kannte, war über den Vorfall recht betrübt und zweifelte, als sie hörte, wo der Überfall stattgefunden hatte, kaum noch am Tode des Jünglings. Sie sagte darum zu dem Mädchen: „Da du nichts von Pietro weißt, wird es am besten sein, wenn du so lange bei mir bleibst, bis sich eine Gelegenheit findet, dich sicher nach Rom zu bringen." –

Pietro hockte indessen tief betrübt auf seiner Eiche und sah gegen Mitternacht wohl an die zwanzig Wölfe herantraben, die sein Pferd aufgespürt hatten und es sogleich umringten. Als das Tier die Wölfe witterte, warf es den Kopf zurück und zerriß die Zügel, um zu entfliehen, was ihm aber nicht gelang, da es von den Wölfen eingekreist war. Es verteidigte sich noch eine Zeitlang mit Bissen und Hufschlägen, wurde aber schließlich von den Bestien zu Boden geworfen, gewürgt und in Stücke gerissen. Dann stürzten die Wölfe darüber her, verschlangen es bis auf die Knochen und trabten schließlich davon. Pietro, der in dem Pferd gewissermaßen einen Gefährten und Helfer in der Not gesehen hatte, war über dies Geschehnis grenzenlos entsetzt und verlor nun alle Hoffnung, aus diesem Walde je wieder herauszufinden. Als aber der Morgen zu grauen begann und er auf seiner Eiche vor Kälte fast erstarrt war, entdeckte er, während er wieder einmal nach allen Seiten Ausschau hielt, etwa eine Meile entfernt ein großes Feuer, stieg, nachdem es hell geworden war, nicht ohne Besorgnis vom Baum herunter und wanderte geradewegs so lange auf das Feuer zu, bis er es erreicht hatte. Um das Feuer gelagert fand er eine Anzahl Hirten, die eben ihr Frühstück verzehrten und es sich in der Wärme wohl sein ließen. Mitleidig forderten sie ihn auf, näher zu treten. Nachdem er mit ihnen gegessen und sich wieder erwärmt hatte, erzählte er ihnen sein schreckliches Abenteuer und warum er ohne Begleitung zu ihnen gekommen sei. Dann fragte er sie, ob es hier in der Nähe vielleicht einen Landsitz oder ein Schloß gebe, wohin er sich wenden könne. Die Hirten berichteten, daß etwa drei Meilen entfernt ein Schloß des Herrn Liello di Campo di Fiore läge, der zur Zeit gerade mit seiner Gemahlin auf Besuch dort sei. Pietro war über diese Auskunft sehr erfreut und fragte, ob wohl einer der Männer ihn auf das Schloß begleiten würde, wozu sich sogleich zwei bereit fanden.

Als Pietro auf dem Schloß angekommen war und dort einige Bekannte angetroffen hatte, wurde er, gerade als er darum bitten wollte, Agnolella im Walde suchen zu lassen, zu der Schloßherrin gerufen. Zu seiner unermeßlichen Freude fand er, als er ihrer Bitte nachkam, Agnolella in ihrer Gesellschaft vor. Er verging fast vor Verlangen, das Mädchen zu umarmen, sah aber aus Rücksicht auf die Edeldame davon ab. War nun auch sein Glück schier unermeßlich, so freute auch Agnolella sich nicht weniger, als sie ihn wiedersah.

Die Dame empfing ihn freundlich, machte ihm aber, als sie alles, was geschehen war, erfahren hatte, viele Vorwürfe, daß er gegen den Wunsch seiner Verwandten handeln wolle. Als sie jedoch einsah, daß er immer noch an seinem Entschluß festhielt und daß auch Agnolella darauf bestand, dachte sie bei sich: ‚Weshalb ereifere ich mich? Die beiden lieben sich, sie kennen sich, und beide gehören gleicherweise zu meines Gatten Freundschaft. Ihr Vorhaben ist durchaus ehrenhaft, und es scheint, daß es Gottes Wille ist, da er den einen vor dem Galgen, die andre vor der Lanze und alle beide vor den wilden Tieren bewahrt hat. So sei es denn!' Und zu den beiden gewandt, fuhr sie fort: „Wenn es denn wirklich euer fester Entschluß ist, Mann und Frau zu werden, so soll es auch der meine sein, und wir wollen hier auf Liellos Kosten eure Hochzeit feiern. Hinterher werde ich euch schon wieder mit eurer Verwandtschaft aussöhnen wissen."

So heirateten denn die beiden hochbeglückt, und die Dame richtete ihre Hochzeitsfeier so festlich aus, wie es in den Bergen möglich ist. Danach genossen Pietro und Agnolella mit Entzücken die ersten Früchte ihrer jungen Liebe. Einige Tage später stieg die Schloßherrin mit den beiden aufs Pferd und brachte sie in sicherem Geleit nach Rom zurück, wo sie allerdings die Verwandtschaft Pietros heftig erzürnt über dessen Tat vorfand, aber schließlich den Frieden zwischen allen wiederherstellen konnte. Pietro aber lebte mit seiner Agnolella in Frieden und Freude bis in das hohe Alter.

VIERTE GESCHICHTE

Ricciardo Manardi wird von Messer Lizio di Valbona bei dessen Tochter angetroffen. Er heiratet das Mädchen und lebt fortan mit ihrem Vater in gutem Einvernehmen.

Als Elissa schwieg und das Lob der Gefährtinnen über ihre Erzählung entgegengenommen hatte, gebot die Königin Filostrato, jetzt seine Geschichte zum besten zu geben. Lachend begann dieser:

Viele von euch haben mich arg getadelt, weil ich euch ein so bittres Thema für die Erzählungen auferlegte, die euch vielfach zu Tränen rührten. So scheint es mir denn, daß ich, um eure Traurigkeit zu vertreiben, gewissermaßen gezwungen bin, euch ein Begebnis zu berichten, das euch wieder mit Heiterkeit erfüllt. Darum will ich euch das kurze Geschichtchen einer Liebschaft erzählen, die nach keinem andren Leid als einer kurzen Zeit der Angst, mit ein paar Seufzern und ein wenig Scham zu einem glücklichen Ende gelangte.

Es ist noch nicht lange her, verehrte Damen, da lebte in der Romagna ein edler, feingesitteter Kavalier mit Namen Messer Lizio di Valbona, dem im hohen Alter seine Ehefrau, Madonna Giacomina, noch ein Töchterlein schenkte. Dieses wuchs heran und übertraf an Schönheit und Liebreiz bald alle übrigen Mädchen des Landes. Als einziges Kind der Eltern war sie diesen über die Maßen lieb und teuer und wurde von ihnen mit besonderer Sorgfalt behütet, weil sie hofften, sie dereinst an einen Mann aus den höchsten Kreisen verheiraten zu können.

Nun verkehrte im Hause Messer Lizios der schöne junge Ricciardo aus dem Geschlechte der Manardi da Brettinoro, der mit dem Kavalier so vertraut geworden war, daß seinetwegen Messer Lizio und dessen Gemahlin nicht mehr Wachsamkeit für nötig hielten als etwa einem eigenen Sohn gegenüber. Jedoch verliebte sich dieser Jüngling, als das Mädchen ins heiratsfähige Alter kam und er sie von Mal zu Mal schöner, reizvoller und wohlgesitteter werden sah, mit aller Heftigkeit in sie. Er verstand jedoch seine Neigung so sorgfältig zu verbergen, daß allein das Mädchen sie gewahrte, welches sie keineswegs geringschätzte, sondern sie zärtlich zu erwidern begann, so daß Ricciardos Glück grenzenlos war. Schon oft hatte er die Absicht gehabt, ihr ein Wörtlein zu sagen, doch hatten seine Zweifel ihn immer wieder davon abgehalten. Endlich nahm er eine günstige Gelegenheit wahr und sagte voller Verlangen zu ihr: „Ich bitte dich, Catarina, laß mich nicht vor Liebe sterben!" Das Mädchen antwortete unverzüglich: „Wollte Gott, daß du nicht eher mich sterben ließest!" Erfreut über diese Worte, wuchs sogleich Ricciardos Kühnheit, und er fügte hinzu: „An mir soll es gewiß nicht liegen, dir alles zu Gefallen zu tun! Doch liegt es an dir, ein Mittel ausfindig zu machen, welches uns beide am Leben erhält!" Darauf erwiderte das Mädchen: „Ricciardo, du siehst, wie ich bewacht werde! Ich wüßte nicht, auf welche Weise du zu mir kommen könntest. Wenn du einen Rat weißt, den ich, ohne meinem Ruf zu schaden, befolgen kann, so sage ihn mir. Ich werde ihn beherzigen." Ricciardo, der schon lange über diesen Punkt nachgedacht hatte, sagte unverzüglich: „Süße Catarina, auch ich weiß keinen andern Ausweg, als daß du entweder auf dem Altan schläfst, der auf deines Vaters Garten hinausgeht, oder dort hinkommst. Wenn ich wüßte, daß du nachts dort wärest, würde ich es schon fertigbringen, hinaufzukommen, so hoch der Altan auch sein mag." Darauf sagte Catarina: „Wenn du den Mut hast, dort hinzukommen, so werde ich es auch fertigbringen, dort zu schlafen." Ricciardo versicherte ihr dies nochmals, dann küßten sie sich flüchtig und gingen auseinander.

Da es Ende Mai war, beklagte das Mädchen sich am folgenden Tage bei der Mutter, daß es in der letzten Nacht der übermäßigen Hitze wegen nicht habe schlafen können. Die Mutter erwiderte: „Aber Tochter, wie kannst du von Hitze sprechen? Es ist doch noch gar nicht richtig warm." Catarina entgegnete: „Liebste Mutter, Ihr solltet sagen, ‚meiner Meinung nach', dann würdet Ihr vielleicht das Rechte treffen. Ihr müßt bedenken, daß junge Mädchen heißeres Blut haben als ältere Damen." – „Da magst du recht haben, mein Kind", fuhr die Edelfrau fort, „ich kann aber leider nicht nach meinem Ermessen Hitze und Kälte bestellen, wie du es wünschst. Wir müssen uns mit dem Wetter abfinden, das die Jahreszeiten mit sich bringen. Vielleicht wird es heute nacht frischer sein, und du wirst besser schlafen." –

„Gott gebe es", seufzte Catarina, „obwohl die Nächte auf den Sommer zu bekanntlich nicht eben kühler werden." – „Aber", sagte die Dame, „was soll ich denn dabei machen?" Catarina sprach: „Wenn es Euch und dem Vater recht wäre, würde ich mir gerne ein Lager auf dem Altan aufstellen lassen, der neben seinem Zimmer auf den Garten hinausgeht, und dort schlafen. Dort könnte ich dem Gesang der Nachtigall lauschen und befände mich an einem kühlen Ort, wo ich besser schlafen würde als in Eurem Schlafgemach." Darauf erwiderte die Mutter: „Mein liebes Kind, tröste dich. Ich will es deinem Vater gerne sagen. Was er dann beschließt, das werden wir tun."

Jedoch Messer Lizio, der infolge seines Alters schon ein wenig sauertöpfisch war, entgegnete, als er den Wunsch seiner Tochter von seiner Frau erfuhr: „Was für eine Nachtigall ist denn das, bei der sie schlafen will? Ich werde sie lehren, beim Zirpen der Grillen einzuschlafen!" – Catarina schlief daraufhin mehr aus Ärger als aus Hitze auch in der folgenden Nacht nicht und ließ ihre Mutter ebenfalls nicht zur Ruhe kommen, sondern jammerte und stöhnte ununterbrochen über die große Hitze. Die Mutter hörte ihre Klagen mit an und ging am nächsten Morgen nochmals zu Messer Lizio und sagte zu ihm: „Messer, Ihr müßt Eure Tochter nur wenig lieben! Was kann es Euch schon ausmachen, wenn sie auf dem Altan schläft? Sie hat vor Hitze wieder die ganze Nacht hindurch keinen Schlaf gefunden. Doch kommt es Euch, ganz abgesehen davon, wirklich so verwunderlich vor, daß ein junges Ding einmal Verlangen danach verspürt, auf die Lieder der Nachtigall zu lauschen? Die Jugend hat nun einmal Sehnsucht nach solchen Sachen, die zu ihr passen." Auf diese Worte hin rief Messer Lizio: „Nun gut, so laßt ihr meinetwegen ein Lager herrichten, so gut es dort möglich ist! Laßt es aber dicht mit Vorhängen umspannen. Dann mag sie dort schlafen und, solange sie Lust hat, auf die Nachtigall hören!"

Als das Mädchen die Erlaubnis bekam, ließ es sogleich ein Bett auf dem Altan aufschlagen, und da sie schon in der folgenden Nacht dort schlafen wollte, wartete sie mit Ungeduld auf Ricciardos Kommen. Dann gab sie ihm das verabredete Zeichen, aus dem er sogleich verstand, was er zu tun habe.

Nachdem Messer Lizio seine Tochter im Bett wußte, verschloß er die Tür, die von seinem Zimmer auf den Altan führte, und begab sich ebenfalls zur Ruhe. Ricciardo aber kletterte, als es im Hause still geworden war, mit Hilfe einer Leiter auf eine Mauer und erklomm dann, sich an einzelne Vorsprünge der zweiten Mauer anklammernd, unter ständiger Absturzgefahr den Altan, wo er in aller Stille von seinem Mädchen gar zärtlich empfangen wurde. Nach unzähligen Küssen legten sie sich miteinander nieder und ergötzten sich fast die ganze Nacht hindurch auf die süßeste Weise miteinander, wobei sie mehr als einmal die Nachtigall schlagen ließen. Obwohl die Freuden der Liebe recht anhaltend gewesen waren und die Nächte in dieser Jahreszeit nur kurz sind, glaubten sie doch nicht, daß der Tag schon nahe sei, und schliefen, von der Wärme der Mainacht und ihrem jungen Blut erhitzt, völlig unbedeckt nebeneinander ein. Dabei hatte Catarina den rechten Arm um Ricciardos Hals geschlungen und mit der linken Hand jenes Ding umfaßt, das mit Namen zu nennen ihr euch stets vor den Männern scheut. So schliefen sie, ohne zu erwachen, bis der helle Morgen heraufstieg.

Messer Lizio dagegen erwachte, und als ihm einfiel, daß seine Tochter auf dem Altan schlief, öffnete er behutsam die Tür und dachte: ‚Laßt doch einmal sehen, ob die Nachtigall heute nacht Catarina in den Schlaf gesungen hat!' Damit schlich er leise an die Vorhänge, die das Bett umgaben, hob sie ein wenig auseinander und sah Ricciardo und seine Tochter nackt und unbedeckt in tiefem Schlaf liegen, in jener innigen Umarmung, die ich beschrieben. Nachdem er Ricciardo deutlich erkannt hatte, eilte er in das Schlafgemach seiner Frau, weckte sie und sprach: „Steh auf, Frau! Komme mit und schau dir an, wie groß das Verlangen deiner Tochter nach der Nachtigall war! Sie hat sie sogar gefangen und hält sie in der Hand." Die Dame antwortete: „Was soll das bedeuten?" Messer Lizio fuhr fort: „Du wirst es schon selber sehen, komme nur schnell!" Die Dame warf eiligst ihre Kleider über und folgte geräuschlos Messer Lizio, der sie an das Bett führte und die Vorhänge beiseite schob, worauf Madonna Giacomina mit eigenen Augen erblickte, daß die Tochter jene Nachtigall, nach deren Lied ihr Verlangen so groß gewesen war, gefangen hatte und noch in der Hand hielt. Empört, daß Ricciardo sie so böse hintergangen hatte, wollte Madonna Giacomina sogleich mit harten Worten ihn zu schelten beginnen, doch Messer Lizio sagte: „Frau, hüte dich! Wenn dir meine Liebe noch teuer ist, so halte den Mund! Da unsre Tochter nun einmal diese Nachtigall gefangen hat, soll sie sie auch behalten. Ricciardo ist ein reicher Jüngling aus edlem Geschlecht und wird uns nur ehrenwerte Verwandte ins Haus bringen. Wenn er in gutem Einvernehmen von mir scheiden will, wird er Catarina heiraten müssen, so daß er die Nachtigall in seinen eigenen Käfig und nicht in einen fremden gesteckt hat." Etwas getröstet bemerkte die Dame, daß ihr Gatte nicht allzu ungehalten über die Angelegenheit war, und als sie bedachte, daß ihre Tochter bestimmt eine ergötzliche Nacht und einen süßen Schlummer hinter sich und dabei noch die Nachtigall gefangen habe, schwieg sie.

Nicht lange nach diesem Gespräch erwachte Ricciardo und erschrak gewaltig, als er sah, daß es bereits heller Tag war. Er weckte Catarina und rief: „Um Himmels willen, mein Herz, was sollen wir nun beginnen? Es ist schon Tag, und ich bin noch hier!" Bei diesen Worten trat Messer Lizio hinzu, schob die Vorhänge auseinander und erwiderte: „Das werden wir schon in Ordnung bringen." Bei seinem Anblick glaubte Ricciardo, das Herz solle ihm stehenbleiben. Er setzte sich im Bette auf und rief: „Gnade, Herr! Ich weiß, daß ich als unredlicher, böser Mensch den Tod verdient habe. Macht mit mir, was Ihr wollt, doch schont, wenn es möglich ist, mein Leben. Ich bitte Euch!" Messer Lizio entgegnete: „Ricciardo, einen solchen Verrat haben fürwahr die Liebe und das Vertrauen, das ich dir schenkte, nicht verdient. Da es aber soweit gekommen ist und deine Jugend dich zu diesem Schritt verleitet hat, wirst du, um dich vor dem Tode und mich vor der Schande zu bewahren, dich auf der Stelle mit Catarina als deiner rechtmäßigen Gattin verloben. Sie wird für das ganze Leben dein sein, wie sie es in der heutigen Nacht gewesen ist. Allein auf diese Weise kannst du mich befriedigen und dich selber retten. Solltest du hierzu nicht bereit sein, so befiehl deine Seele Gott!"

Catarina hatte während seiner Rede die Nachtigall fahrenlassen, sich zugedeckt und heftig zu weinen begonnen. Dann flehte sie Vater und Mutter an, Ricciardo zu verzeihen, und beschwor diesen, Messer Lizios Verlangen zu erfüllen, damit sie in Ruhe und Frieden immerdar so glücklich beieinander sein könnten wie in der letzten Nacht. Hierzu bedurfte es keinerlei Bitten, da Ricciardo einerseits aus Scham über den begangenen Fehltritt, den er eiligst wiedergutzumachen wünschte, andrerseits aus Angst vor dem Tode und aus Verlangen weiterzuleben, und nicht zuletzt aus herzlicher Liebe und dem Wunsch, die heißgeliebte Catarina zu besitzen, aus freien Stücken bereit war, alles zu tun, was Messer Lizio begehrte. Dieser lieh sich von Donna Giacomina einen Ring, mit dem Ricciardo sich in Gegenwart der Eltern ohne Widerstreben mit Catarina verlobte. Nachdem dies geschehen, ließen Messer Lizio und seine Gattin das Paar mit den Worten allein: „So ruht denn noch ein wenig aus. Es wird euch jetzt besser bekommen, als aufzustehen."

Kaum hatten die Eltern sie verlassen, so sanken sich die beiden Verliebten aufs neue in die Arme, und da sie in der Nacht nicht mehr als sechs Meilen zusammen zurückgelegt hatten, fügten sie, bevor sie sich erhoben, schnell noch zwei weitere hinzu, womit sie es für das erstemal genug sein ließen. – Als sie sich erhoben hatten, traf Ricciardo genaue Vereinbarungen mit Messer Lizio und verlobte sich dann in Gegenwart von Freunden und Verwandten nochmals mit dem Mädchen, wie es die gute Sitte verlangte. Nach einem prunkvollen, großartigen Hochzeitsfest führte er Catarina als seine Gemahlin heim und ging fortan noch lange Zeit, Tag und Nacht, sooft es ihm behagte, mit ihr auf den Nachtigallenfang.

FÜNFTE GESCHICHTE

Guidotto aus Cremona hinterläßt bei seinem Tode dem Giacomino aus Pavia eine Tochter. In Faenza verlieben Giannole di Severino und Minghino di Mingole sich in das Mädchen und geraten ihretwegen aneinander. Als sich herausstellt, daß sie die Schwester Giannoles ist, erhält Minghino sie zur Frau.

Bei der Geschichte von der Nachtigall hatten die Damen sich so erheitert, daß sie sogar, als Filostrato die Erzählung beendet hatte, noch nicht aufhören konnten zu kichern. Nachdem das Gelächter noch ein Weilchen angedauert hatte, sagte die Königin: „Wirklich, wenn du uns gestern betrübtest, so hast du uns heute so erheitert, daß niemand mehr ein Recht hat, sich über dich zu beklagen." Dann richtete sie das Wort an Neifile und bat sie, weiterzuerzählen. Diese begann in lustigem Ton:

Filostrato hat uns mit seiner Geschichte in die Romagna geführt, und auch ich beabsichtige, mich mit der meinen ein Weilchen dort aufzuhalten.

Es lebten einmal in der Stadt Fano zwei Lombarden mit Namen Guidotto aus Cremona und Giacomino aus Pavia. Beide waren bereits gesetzten Alters und hatten gemeinsam ihre Jugend mit Waffenspielen und Kriegshandwerk verbracht. Als Guidotto seinen Tod herannahen fühlte und keinen Sohn, Freund oder Verwandten besaß, dem er mehr als Giacomino hätte vertrauen können, klärte er diesen über seine Vermögensverhältnisse auf, hinterließ ihm zusammen mit seinen irdischen Gütern sein Töchterlein von bald zehn Jahren und gab alsdann seinen Geist auf.

Eben um diese Zeit besserten sich nach langen schlechten Kriegsjahren und Zeiten der Not in der Stadt Faenza die Lebensverhältnisse wieder so weit, daß jeder Auswanderer, der zurückzukehren wünschte, dies nach Gefallen tun konnte. Auch Giacomino, der lange Zeit in Faenza gelebt und an seinem dortigen Aufenthalt viel Gefallen gefunden hatte, kehrte mit Hab und Gut dorthin zurück, und da das Kind, welches ihm Guidotto hinterlassen hatte, ihm bald wie eine eigene Tochter ans Herz gewachsen war, nahm er es mit sich. Das Mädchen wuchs heran und übertraf an

Schönheit bald alle übrigen Mädchen der Stadt, daneben war sie wohlerzogen und tugendsam. Sie wurde denn auch bald von vielen jungen Männern umschwärmt. Vor allen übrigen aber entbrannten zwei wackre, wohlerzogene Jünglinge in gleich heftiger Liebe für sie. Es waren Giannole di Severino und Minghino di Mingole, in denen die Eifersucht aufeinander bald einen wütenden Haß zu nähren begann. Keiner von ihnen hätte gezögert, das Mädchen als seine Ehefrau heimzuführen, hätte nicht die Verwandtschaft eines jeden Einwände dagegen erhoben. Da sie einsahen, daß man ihnen die Heirat aus schwerwiegenden Gründen verweigerte, bemühte sich alsbald ein jeder nach besten Kräften, in den Besitz des Mädchens zu gelangen.

Nun hatte Giacomino neben einer alten Magd auch einen Diener im Hause, der Crivello hieß und ein behender, anstelliger Bursche war. Mit diesem Crivello biederte Giannole sich an, entdeckte ihm bei passender Gelegenheit seine Liebe zu dem Mädchen und versprach ihm eine hohe Belohnung, falls er ihm helfen wolle, an das Ziel seiner Wünsche zu gelangen. Crivello entgegnete: „Weißt du, da könnte ich dir nicht anders helfen, als daß ich dich einmal, wenn Giacomino zum Abendessen fortgegangen ist, in ihr Zimmer bringe, denn wenn ich versuchen wollte, ihr von dir zu erzählen, würde sie mich nicht einmal anhören. Bist du mit diesem Vorschlag einverstanden, so will ich es dir gerne versprechen und werde es auch bewerkstelligen. Nachher mußt du dann selber sehen, wie du fertigbringst, was du für richtig hältst." Giannole sagte, daß er nichts weiter verlange, und so blieb es bei dieser Vereinbarung.

Minghino dagegen hatte es verstanden, das Vertrauen der alten Dienerin zu gewinnen, die nach allerlei Verhandlungen dem Mädchen schon einige Botschaften von ihm überbracht hatte, so daß es um seiner Liebe willen sich bereits für ihn zu erwärmen begann. Außerdem hatte sie ihm versprochen, ein Zusammentreffen mit dem Mädchen zu ermöglichen, sobald Giacomino aus irgendeinem Grunde wieder einen Abend außer Haus verbrächte.

Nun geschah es, daß nicht lange nach diesen Vereinbarungen Giacomino, auf Crivellos Anregung hin, mit einem Freunde auswärts zu Abend speiste. Diese Gelegenheit gab Crivello unverzüglich Giannole bekannt und kam mit ihm überein, daß jener auf ein gewisses Zeichen hin kommen und die Haustür offen vorfinden solle. Die Magd, die nichts von Crivellos Plänen ahnte, hatte ihrerseits Minghino wissen lassen, daß Giacomino nicht zu Hause speisen werde, und hatte ihm geraten, sich in der Nähe des Hauses aufzuhalten, damit er auf ein Zeichen von ihr heraufkommen könne.

Als es Abend wurde, machten sich die beiden Liebhaber, die zwar nichts von ihrem gegenseitigen Vorhaben wußten, jedoch beide den Nebenbuhler verdächtigten, mit einigen bewaffneten Begleitern auf, um den Besitz des teuren Mädchens zu erkämpfen. Minghino wartete mit den Seinen in dem benachbarten Hause eines Freundes auf sein Zeichen, Giannole dagegen verbarg sich mit seinen Gefährten in der Nähe des Hauses. Indessen versuchten Crivello und die alte Magd, nach dem Fortgange Giacominos einander so bald wie möglich loszuwerden. Crivello sagte darum zu ihr: "Gehst du denn heute abend gar nicht ins Bett? Was trödelst du nur noch im Hause herum?" Sie entgegnete: "Und du? Warum machst du nicht, daß du fortkommst und holst deinen Herrn ab? Was lungerst du hier herum, nachdem du gegessen hast?" Doch vermochte keiner den andern vom Platze zu treiben. Schließlich, als die mit Giannole vereinbarte Stunde heranrückte, dachte Crivello bei sich: ‚Was schert mich das Weibsbild? Wenn sie das Maul nicht hält, soll sie etwas erleben!' – Er gab daher das verabredete Zeichen und schloß die Haustür auf, worauf Giannole mit zwei Freunden herbeieilte und ins Haus eindrang. Sie fanden das Mädchen im Saal, ergriffen es und versuchten, mit ihr zu entfliehen. Das Mädchen aber setzte sich kräftig zur Wehr und begann aus Leibeskräften um Hilfe zu schreien, desgleichen die alte Magd. Sogleich eilte Minghino, der den Lärm hörte, mit seinen Gefährten herbei, und da man das Mädchen eben aus der Haustür zerren wollte, zogen sie ihre Schwerter mit dem Ruf: "Ha, Verräter! Ihr seid des Todes! Das soll euch nicht gelingen! Was für eine Unverschämtheit ist das!" Dann stürzten sie sich auf ihre Gegner und hieben auf sie ein. Indessen eilten nun auf den Lärm hin von allen Seiten auch die Nachbarn mit Licht und Waffen herbei, tadelten heftig diesen Überfall und begannen Minghino zu unterstützen, so daß schließlich nach stürmischem Streit dieser dem Giannole das Mädchen entriß und es in Giacominos Haus zurückführte. Das Getümmel auf der Straße aber endete erst, als die Wachen des Stadtkommandanten auf dem Platz erschienen und einen Teil der Kampfhähne – unter ihnen auch Minghino, Giannole und Crivello – verhafteten und ins Gefängnis abführten. So wurde die Ruhe wiederhergestellt, doch Giacomino erfuhr bei seiner Rückkehr betrübt, was sich ereignet hatte. Er beruhigte sich zwar ein wenig, als er bei seinen Nachforschungen feststellte, daß das Mädchen keinerlei Schuld an dem Vorfall trug, doch beschloß er, um ähnlichen Vorkommnissen vorzubeugen, es so bald wie möglich zu verheiraten.

Am nächsten Vormittag vernahmen auch die Familien der beiden Jünglinge wahrheitsgetreu, was vorgefallen war, und da sie erkannten, daß den Gefangenen viel Unheil entstehen könnte, wenn Giacomino Klage gegen sie erhöbe, wozu er wohl berechtigt war, eilten sie zu ihm, suchten ihn mit schönen Reden zu besänftigen und baten ihn, doch die Freveltat der jugendlichen Unvernunft der Jünglinge zugute zu halten und sie nicht zu scharf zu ahnden. Vielmehr möge er daneben auch der Freundschaft gedenken, die er ihres Wissens für sie selber, die ihn nun um Verzeihung bäten, empfände. Auch wären sie selber und die jungen Leute bereit, das Vergehen auf jede von Giacomino gewünschte Weise zu sühnen.

Giacomino, der in seinem Leben mancherlei Erfahrungen gesammelt hatte und außerdem ein wohlwollender Mann war, antwortete kurz: „Meine Herren, selbst wenn ich in meinem eigenen Vaterland und nicht in dem euren lebte, so würde ich doch aus Freundschaft zu euch weder in dieser noch in irgendeiner andern Angelegenheit Schritte unternehmen, die ihr nicht wünscht. Doch ganz abgesehen davon muß ich mich in unserem Fall um so mehr nach eurem Begehr richten, als ihr mit diesem Schritt nur eurer eigenen Ehre zu nahe getreten seid; denn das Mädchen ist weder aus Cremona noch aus Pavia, wie alle Leute annehmen, sondern hier aus Faenza, wenn auch weder ich noch sie selber noch der Mann, der sie mir hinterließ, je erfahren konnte, wessen Tochter sie ist. Ich werde darum in allem, was ihr wünscht, ganz nach eurem Ermessen verfahren."

Voller Staunen vernahmen die Edelleute, daß das Mädchen aus Faenza sei. Sie dankten Giacomino für seine hochherzige Antwort und baten ihn dann, ihnen doch, falls es ihm behage, zu berichten, wie das Mädchen in seine Hände gekommen sei und woher er wisse, daß sie aus Faenza stamme.

So erzählte ihnen Giacomino folgendes:

„Guidotto aus Cremona war mein Freund und Waffengefährte. Als er starb, erzählte er mir, daß er damals, als die Stadt Faenza vom Kaiser Friedrich erobert wurde und ein jeder auf Beute ausging, mit seinen Gefährten ein Haus betreten habe, welches noch vollständig eingerichtet, jedoch von seinen Bewohnern verlassen vorgefunden worden sei. Einzig und allein dieses Mädchen, das damals etwa zwei Jahre alt gewesen sein konnte, sei ihnen die Treppe herab entgegengelaufen und habe ihn ‚Vater‘ gerufen. Dies Wort hätte ihn mit unsäglichem Mitleid erfüllt, so daß er das Kind zusammen mit allerlei Schätzen aus ihrem Vaterhause mit nach Fano genommen habe. Hier starb er und hinterließ sie mir mit der Bitte, sie zu gegebener Zeit zu verheiraten und ihr alles, was einst ihr gehört hätte, als Aussteuer mitzugeben. Jetzt ist sie in heiratsfähigem Alter, doch hatte ich noch keine Gelegenheit, sie einem Mann, der mir gefiel, zu geben. Ich würde es aber gerne tun, damit sich ähnliche Vorfälle wie der gestrige nicht wiederholen."

Unter den Herren befand sich nun auch ein gewisser Guiglielmo da Medicina, der seinerzeit mit Guidotto zusammen gewesen war und sich noch genau erinnerte, in welchem Hause jener geplündert hatte. Da er den Besitzer dieses Hauses ebenfalls hier anwesend sah, ging er zu ihm und sagte: „Bernabuccio, hast du gehört, was Giacomino erzählt hat?" Bernabuccio erwiderte: „Jawohl. Und ich habe eben daran gedacht, daß in dem Durcheinander jener Tage ein Töchterchen von mir verlorenging, welches genau in dem von Giacomino genannten Alter war." Guiglielmo fuhr fort: „Sicher ist das Mädchen deine Tochter. Auch ich selber war schon dort gewesen, wo Guidotto nach seinen Aussagen zu plündern gedachte, und hatte gleich erkannt, daß es sich um dein Haus handeln müsse. Denke doch einmal nach, ob du nicht an irgendeinem Zeichen das Mädchen wiedererkennen könntest, und lasse danach suchen. Sicher wird sich herausstellen, daß sie deine Tochter ist."

415

Bernabuccio erinnerte sich nach kurzer Überlegung, daß das Kind eine kreuzförmige Narbe oberhalb des linken Ohrs gehabt hatte, die von einem Geschwür nachgeblieben war, welches man ihm kurz vor dem Krieg herausgeschnitten hatte. Und die Sache unverzüglich zu klären, näherte er sich Giacomino, der noch anwesend war, und bat ihn, mitkommen zu dürfen, damit er feststellen könne, ob das Mädchen seine Tochter sei. Giacomino nahm ihn gerne mit und ließ das Mädchen rufen. Als Bernabuccio sie erblickte, meinte er, das Antlitz ihrer Mutter, die noch jetzt eine schöne Frau war, vor sich zu haben, bat aber dessenungeachtet Giacomino um die Erlaubnis, das Haar des Mädchens über dem linken Ohr ein wenig zurückschieben zu dürfen, womit dieser einverstanden war. Bernabuccio näherte sich dem Mädchen, das schüchtern dastand, und erblickte, als er mit der Rechten das Haar ein wenig emporhob, sogleich die kreuzförmige Narbe. Da er hieran mit aller Sicherheit das Mädchen als seine Tochter wiedererkannte, kamen ihm vor Freude die Tränen, und er umarmte sie herzlich, sosehr sie sich auch sträubte. Dann wandte er sich an Giacomino und sagte: „Bruder, dies ist meine Tochter! Es war wirklich mein Haus, das Guidotto damals geplündert hat, und dieses Kind war in dem überstürzten Aufbruch von meiner Frau, ihrer Mutter, dort im Hause zurückgelassen worden. Wir haben stets geglaubt, daß sie in meinem Haus, das noch am gleichen Tag in Flammen aufging, verbrannt sei."

Als das Mädchen diese Worte hörte und den schon bejahrten Mann vor sich sah, dessen Schilderung sie vollen Glauben schenkte, fühlte sie sich von einer unerklärlichen Zärtlichkeit für ihn ergriffen, duldete gerne seine Umarmungen und begann gerührt ebenfalls zu weinen. Bernabuccio aber schickte sogleich nach seiner Frau, nach den Verwandten und den Schwestern und Brüdern des Mädchens und erzählte allen, was geschehen war. Nach zahllosen Umarmungen und freudigem Willkommen nahm er sodann die Tochter mit froher Zustimmung Giacominos mit nach Hause.

Als der Stadtkommandant, ein wackrer Mann, hörte, was sich zugetragen hatte, und erkannte, daß der noch in Haft befindliche Giannole als Sohn Bernabuccios demnach der leibliche Bruder des Mädchens war, beschloß er, die von

Giannole begangene Freveltat milde zu verzeihen. Er sprach deshalb mit Bernabuccio und Giacomino über den Vorgang und bewirkte, daß den beiden jungen Männern ihre Tat verziehen wurde und darüber hinaus zur großen Freude der ganzen Verwandtschaft das Mädchen, welches Agnesa hieß, dem Minghino als Braut versprochen wurde. Gleichzeitig wurden auch Crivello und alle anderen Gefangenen, die in den Vorfall verwickelt waren, wieder auf freien Fuß gesetzt. Minghino feierte bald darauf wohlgemut in Glanz und Pracht seine Hochzeit mit Agnesa, führte sie als seine Gattin heim und lebte noch viele Jahre in Frieden und Freuden mit ihr.

SECHSTE GESCHICHTE

Gianni aus Procida wird bei dem geliebten Mädchen, das dem König Friedrich geschenkt wurde, überrascht. Er wird daraufhin mit ihr zusammen an einen Pfahl gebunden, um verbrannt zu werden. Da erkennt ihn Ruggeri dell'Oria, der ihn rettet und zum Ehemann des Mädchens macht.

Als Neifiles Geschichte, die besonders bei den Damen großen Anklang gefunden hatte, beendet war, bat die Königin Pampinea, sich auf das Erzählen vorzubereiten. Pampinea hob das klare Antlitz und begann sogleich:

Ihr reizenden Freundinnen, daß die Kräfte Amors grenzenlos sind und Liebende zu ungeheuren Anstrengungen und zu außerordentlichen, unglaublichen Taten veranlassen, haben wir heute und an früheren Tagen aus mancher Erzählung bereits erfahren. Dennoch reizt es mich, euch dies an der kühnen Verwegenheit eines verliebten jungen Mannes nochmals darzustellen.

Auf der Insel Ischia in der Nähe Neapels lebte unter anderen einst die schöne, fröhliche Restituta, die Tochter eines Edelmanns der Insel namens Marin Bolgaro. Dieses Mädchen wurde von einem Jüngling mit Namen Gianni, der auf der benachbarten Insel Procida wohnte, über alles geliebt und war auch ihm herzlich zugetan. Dieser Jüngling pflegte nicht nur tagsüber nach Ischia zu kommen, um sie zu sehen, sondern war sogar häufig auch nachts, wenn er gerade kein Boot zur Verfügung hatte, von Procida herübergeschwommen, um, wenn nicht mehr, wenigstens die Mauer ihres Hauses betrachten zu können.

Während diese große Liebe andauerte, geschah es, daß das Mädchen eines Tages, als sie mit einem Messer Seemuscheln von den Steinen sammelte, ganz allein am Strande von einer Klippe zur andren vordrang. Dabei gelangte sie schließlich in eine kleine Bucht, in der sich eben an einer frischen Quelle im Schatten der Felsen eine Anzahl sizilianischer Seeleute niedergelassen hatte, die mit einem Ruderboot von Neapel herübergekommen waren. Als diese das schöne Mädchen ganz allein kommen sahen, welches sie noch nicht entdeckt hatte, beschlossen sie, es zu rauben und mitzunehmen, und machten sich sogleich daran, diesen Entschluß zu verwirklichen. Trotz ihres Geschreis packten sie Restituta, schleppten sie in das Boot und fuhren mit ihr davon. In Calabrien angelangt, beratschlagten die Männer, wer von ihnen das Mädchen bekommen solle. Da aber ein jeder sie für sich beanspruchte, konnten sie zu keiner Einigung kommen und beschlossen schließlich, um sich nicht ihretwegen zu entzweien und so ihre weiteren gemeinsamen Unternehmungen zu gefährden, das Mädchen dem König Friedrich von Sizilien zum Geschenk zu machen, der noch jung an Jahren und ein großer Freund schöner Frauen war. Sie begaben sich deshalb nach Palermo und verwirklichten, als sie dort anlangten, unverzüglich ihr Vorhaben. Als der König das schöne Mädchen erblickte, gefiel sie ihm sogleich. Da er aber zu dieser Zeit gerade ein wenig unpäßlich war, befahl er, sie bis zu dem Zeitpunkt seiner völligen Wiederherstellung in einem schönen Hause, das man „die Cuba" nannte und das mitten in einem der königlichen Gärten lag, unterzubringen und sie dort bestens zu bedienen, was alsbald geschah.

Indessen war in Ischia die Entrüstung über den Mädchenraub groß. Was jedoch den Leuten am schwersten auf der Seele lag, war, daß niemand ahnte, wer die frechen Räuber gewesen waren.

Gianni, der mehr als alle anderen unter dem Verlust des Mädchens litt, brachte es nicht über sich, darauf zu warten, daß der Zufall eine Kunde über ihren Verbleib nach Ischia brächte. Er rüstete, nachdem er erfahren hatte, in welcher

Richtung jenes Boot davongefahren war, ein Boot aus und fuhr mit diesem, so schnell er konnte, die ganze Küste vom Minerva-Gebirge bis nach Calabrien ab und forschte überall nach dem Verbleib des Mädchens. In Scalea endlich wurde ihm erzählt, daß sie von sizilianischen Seeleuten nach Palermo gebracht worden sei. Schnellstens ließ Gianni sich nun in seinem Boot nach Palermo bringen, wo er nach vielen Rückfragen schließlich herausbrachte, daß Restituta dem König als Geschenk übergeben worden sei und für diesen in der Villa Cuba gefangengehalten werde. Diese Nachricht erfüllte ihn mit großer Trauer, und er gab fast jede Hoffnung auf, sie je zu besitzen oder sie auch nur wiederzusehen. Seine große Liebe veranlaßte ihn aber trotzdem, in Palermo zu bleiben. Er schickte sein Boot nach Hause und ging, zumal ihn in der fremden Stadt niemand kannte, täglich oftmals an der Villa vorüber. Dabei entdeckte er eines Tages zufällig das Mädchen am Fenster und wurde auch von Restituta sogleich erkannt. Beide waren über dieses Wiedersehen von Herzen erfreut, und da Gianni sah, daß die Gegend ganz menschenleer war, ging er so nahe wie möglich heran und sprach mit Restituta. Sie unterwies ihn, wie er es anstellen müsse, um aus nächster Nähe mit ihr sprechen zu können. Nachdem er sich die Lage des von ihr genannten Platzes genau eingeprägt hatte, trennten sie sich schnell.

Als die Nacht heraufgekommen und schon zum großen Teil verstrichen war, kehrte Gianni zur Villa zurück und kletterte auf halsbrecherischem Wege, auf dem kaum ein Specht hätte Fuß fassen können, in den Garten. Hier fand er eine Stange, die er an das von dem Mädchen bezeichnete Fenster lehnte, und klomm nun leicht zu ihr hinauf. Restituta, die ihre Ehre, derentwegen sie in der Vergangenheit Gianni gegenüber so unerbittlich gewesen war, ohnehin für verloren hielt, meinte nun, daß niemand mehr verdiente, sie zu besitzen, als ihr Geliebter, und da sie überdies noch hoffte, durch seine Beihilfe wieder von diesem Orte wegzukommen, hatte sie sich vorgenommen, alle seine Wünsche zu befriedigen. So hatte sie das Fenster offengelassen, damit er schnell hineinschlüpfen könne. Gianni stieg, als er das Fenster offen vorfand, leise zu ihr hinein und legte sich neben dem Mädchen, das noch wach war, nieder. Bevor sie ihm aber ihre Gunst gewährte, eröffnete sie ihm ihre Pläne und bat ihn inständig, sie von hier fortzubringen. Gianni versicherte ihr, daß er nichts auf der Welt inniger wünsche und nach seinem Fortgehen unverzüglich alles so weit in die Wege leiten wolle, daß er sie bereits das nächste Mal, wenn er zu ihr zurückkäme, mit sich nehmen könne. Nach diesem Versprechen umarmten sie einander voller Entzücken und genossen jene Freuden, die auch Amor nicht mehr zu überbieten vermag, und schlummerten schließlich, ohne sich dessen recht bewußt zu werden, nach mehrmals wiederholtem Genuß in inniger Umarmung ein.

Doch auch der König, dem Restituta auf den ersten Blick gefallen hatte, erinnerte sich an diesem Abend ihrer, und da er sich wieder ganz bei Kräften fühlte, beschloß er, noch vor Tagesanbruch zu ihr zu gehen und ein wenig bei ihr zu verweilen. Er begab sich deshalb mit ein paar Dienern in aller Stille nach der Villa Cuba und ließ sich, nachdem er das Haus betreten hatte, leise das Zimmer öffnen, welches ihm als der Schlafraum des Mädchens bekannt war. Mit einer hell brennenden Wachsfackel trat er dort ein und erblickte sogleich das Mädchen und Gianni, die in inniger Umarmung nackt nebeneinander im Bett schliefen. Hierüber geriet der König in einen unbändigen Zorn und in eine solche Wut, daß er die beiden am liebsten hier an Ort und Stelle eigenhändig mit seinem Dolch getötet hätte. Dann aber schien ihm solch ein feiger Überfall auf zwei schlafende Menschen eines Mannes und zumal eines Königs unwürdig. Er sah deshalb davon ab, beschloß aber, die beiden öffentlich auf dem Scheiterhaufen verbrennen zu lassen. Er wandte sich zu dem einzigen Begleiter, der bei ihm war, und sprach: „Was hältst du von diesem liederlichen Frauenzimmer, auf das ich selber meine Hoffnungen gesetzt hatte?" Dann fragte er jenen, ob er den Jüngling kenne, der soviel Verwegenheit besessen hätte, in das Haus des Königs einzudringen und ihm Schmach und Schande anzutun. Der Befragte antwortete, daß er sich nicht entsinnen könnte, den Jüngling je gesehen zu haben. Voller Zorn verließ der König das Schlafgemach und befahl, daß die beiden Liebenden, so nackt, wie sie wären, gefangengenommen und gebunden werden sollten. Sowie es heller Tag würde, seien sie nach Palermo zu bringen und auf dem Marktplatz Rücken an Rücken, an einen Pfahl gefesselt, vor aller Augen bis zur

Terza zur Schau zu stellen. Darauf sollten sie verbrannt werden, wie sie es verdient hätten. Nachdem er diese Befehle gegeben hatte, kehrte er erzürnt auf sein Schloß in Palermo zurück.

Unmittelbar nach dem Fortgang des Königs stürzte sich eine Meute Bedienter auf die Liebenden, die sie nicht nur roh aus dem Schlafe rissen, sondern auch erbarmungslos packten und banden. Das Entsetzen der beiden, ihre Tränen und Klagen und die Angst, die sie um ihr Leben ausstanden, wird jeder sich vorstellen können. Doch wurden sie dessenungeachtet dem königlichen Befehl gemäß nach Palermo gebracht und auf dem Marktplatz an einen Pfahl gefesselt. Dann schichtete man vor ihren Augen Reisig auf und traf alle Vorbereitungen, damit ihre Verbrennung zu der vom König festgesetzten Stunde stattfinden könnte. Indessen strömte die Bevölkerung Palermos, Männer wie Weiber, herbei, um die beiden Unglücklichen zu sehen. Die Männer ergötzten sich an dem Anblick des Mädchens, doch im gleichen Maße, wie sie die vollkommene, gleichmäßige Schönheit ihres ganzen Körpers lobten, priesen die herbeigeeilten Weiber den Jüngling, der von Kopf bis Fuß schön und wohlgestalt war. Die unseligen Liebenden aber senkten voller Scham die Häupter, beweinten heiß ihr Mißgeschick und warteten Stunde um Stunde auf ihren grausigen Tod.

Indem sie so bis zur festgesetzten Zeit zur Schau standen und ganz Palermo nur von ihrem Vergehen sprach, kam die Kunde von diesem Vorfall auch Ruggeri dell'Oria zu Ohren, einem ausgezeichneten Manne von großer Tapferkeit, der damals Admiral des Königs war. Auch er begab sich auf den Marktplatz, wo die beiden gefesselt standen, und betrachtete, dort angekommen, zuerst das Mädchen, über dessen Schönheit er des Lobes voll war. Als er dann auch den Jüngling ansah, erkannte er ihn, ohne lange nachzudenken. Er trat nahe an ihn heran und fragte ihn, ob er nicht Gianni aus Procida sei. Gianni blickte auf, erkannte den Admiral und antwortete: „Mein Herr, wohl war ich jener, nach dem Ihr fragt, doch werde ich es binnen kurzem nicht mehr sein!" Der Admiral erkundigte sich nun, was ihn denn in diese furchtbare Lage gebracht habe, und Gianni entgegnete: „Die Liebe und der Zorn des Königs!" Der Admiral ließ sich den Vorfall berichten, und als er alles vernommen hatte, wandte er sich zum Gehen. Gianni aber rief ihn zurück und sprach: „Herr, wenn möglich, erwirkt mir eine Gnade von dem, um dessentwillen ich hier stehen muß." Ruggeri fragte, was er denn wünsche, und Gianni antwortete: „Ich weiß, daß ich bald sterben muß, und möchte darum um die Gnade bitten, daß ich nicht Rücken an Rükken mit dem Mädchen, das ich mehr geliebt habe als mein Leben, sterben muß, sondern Auge in Auge mit ihr in den Tod gehen kann. Wenn ich im Sterben wenigstens ihr Antlitz schauen darf, so werde ich getrost dahingehen." Ruggeri erwiderte lachend: „Ich werde dafür sorgen, daß du sie noch so lange anschauen kannst, bis du ihrer überdrüssig bist!" Damit ging er fort und befahl den Leuten, die mit der Hinrichtung beauftragt waren, vor einem neuen Befehl des Königs nichts zu unternehmen. Er selber aber ging unverzüglich zum König, dem er, obwohl jener noch tief verstimmt war, freimütig sagte: „Mein König, womit haben die beiden jungen Leute, die auf deinen Befehl auf dem Marktplatz verbrannt werden sollen, dich eigentlich beleidigt?" Der König berichtete, was vorgefallen war, und Ruggeri fuhr fort: „Ihre Tat verdient freilich bestraft zu werden, doch nicht von dir! Denn ebenso wie Verfehlungen Strafe verdienen, so verdient auch treue Hilfeleistung nicht nur Dank oder Erbarmen, sondern Belohnung. Weißt du nicht, wer die beiden sind, die du hier verbrennen lassen willst?" Der König verneinte es, und Ruggeri setzte hinzu: „So will ich es dir sagen, damit du einsiehst, zu welcher Verfehlung dein Zornesausbruch dich fast hingerissen hätte: der Jüngling ist der Sohn Landolfos aus Procida, der ein leiblicher Bruder ist von Messer Gianni aus Procida, durch dessen Hilfe du der König dieser Insel geworden bist. Das Mädchen aber ist eine Tochter des Marin Bolgaro, dessen Macht allein du es verdankst, daß deine Herrschaft über Ischia noch besteht. Außerdem lieben die beiden jungen Leute sich schon seit langer Zeit. Sie wurden von der Macht der Liebe zu diesem Vergehen getrieben, wenn man das, was junge Menschen aus Liebe tun, überhaupt ein Vergehen nennen darf. Keinesfalls taten sie es, um deine königliche Würde zu beleidigen. Warum also willst du sie hinrichten lassen? Du solltest sie vielmehr mit Gunsterweisungen und Geschenken auszeichnen."

Als der König die Worte des Admirals vernahm und einsah, daß er die Wahrheit sprach, widerrief er nicht nur das harte Urteil, sondern bereute auch sein Vorgehen. Er befahl, das Paar unverzüglich vom Pfahl loszubinden und zu ihm zu bringen, was sogleich geschah. Und da er nun ihre ganze Geschichte kannte, suchte er mit vielen Ehrenbezeigungen und Geschenken das erlittene Unrecht wiedergutzumachen. Er ließ ihnen unverzüglich prächtige Gewänder reichen, und als er hörte, daß beide von demselben Wunsch beseelt seien, verlobte er Gianni sogleich mit dem Mädchen, überreichte beiden kostbare Geschenke und entließ dann die Hochbeglückten in ihre Heimat. Hier wurden sie in überströmender Freude empfangen und lebten noch lange in Glück und Freude miteinander.

SIEBENTE GESCHICHTE

Teodoro liebt Violante, die Tochter Messer Amerigos, seines Herrn. Sie wird schwanger, und man verurteilt ihn dafür zum Tode. Während man ihn mit Ruten zum Galgen peitscht, wird er von seinem Vater erkannt und befreit und mit Violante vermählt.

Die Damen, die voller Grauen schon befürchtet hatten, daß die Verbrennung der beiden Liebenden ihnen bestätigt werden würde, waren alle von Herzen froh und dankten Gott, daß jene mit dem Leben davonkamen. Die Königin aber gab, als sie sah, daß die Geschichte beendet war, Lauretta den Befehl fortzufahren, die fröhlich zu erzählen begann:

Meine Schönen, zur Zeit, als noch der gute König Wilhelm über Sizilien herrschte, lebte auf der Insel ein Edelmann mit Namen Messer Amerigo Abate da Trapani, der neben vielen irdischen Gütern auch mit Kindern reich gesegnet war. Da er aus diesem Grunde eine große Dienerschaft benötigte, kaufte er, als einmal Korsaren aus Genua mit ihrer Galeere von der Levante einliefen, die an der Küste Armeniens gekreuzt und von dort eine Menge Kinder entführt hatten, einige dieser Kinder, die er für Türken hielt. Fast alle schienen die Kinder einfacher Hirten zu sein, jedoch befand sich unter ihnen auch ein Knabe namens Teodoro, der einen weit edleren, besseren Eindruck als alle übrigen machte. Dieser wuchs nun, obwohl er als Sklave galt, zusammen mit den Kindern Messer Amerigos auf und wurde, seiner edlen Veranlagung und nicht seiner derzeitigen Stellung gemäß, ein gar wohlerzogener Jüngling von feinem Betragen. Er wußte Messer Amerigos Wohlgefallen in so hohem Maße zu gewinnen, daß dieser ihm die Freiheit schenkte. Da er ihn immer noch für einen Türken hielt, ließ er ihn auch taufen, gab ihm den Namen Pietro und machte ihn schließlich in uneingeschränktem Vertrauen zum Verwalter seines ganzen Besitzes.

Mit den übrigen Kindern Messer Amerigos wuchs auch seine Tochter Violante, ein schönes, reizvolles Mädchen, heran und verliebte sich, zumal ihr Vater ihre Verheiratung eine Weile verzögerte, unversehens in Pietro. Doch obwohl sie ihm herzlich zugetan und von seinem edlen Anstand und seiner Tüchtigkeit hochentzückt war, scheute sie sich, ihm ihre Liebe zu offenbaren. Dieser Mühe entsetzte indes Amor sie bald, denn nachdem Pietro sie oftmals verstohlen bewundert hatte, erglühte auch er so heftig für sie, daß er glaubte, ohne ihren Anblick nicht mehr leben zu können. Aber auch er hütete sich sehr, seine Neigung zu verraten, da er selber sie für unerlaubt hielt. Trotzdem bemerkte das Mädchen, das ihn gerne hatte, bald seine Liebe und zeigte sich, um ihn zu ermutigen, sehr beglückt darüber, was sie ja in Wirklichkeit auch war.

So lebten sie nebeneinander dahin und wagten doch nicht, sich ihre Liebe gegenseitig zu gestehen, obwohl beide nichts sehnlicher wünschten. Während sie nun in gleichem Verlangen glühten, erfand das Glück, als hätte es sich eigens dazu entschlossen, einen Ausweg, um ihre ängstliche Scheu, die sie immer wieder zurückhielt, zu verjagen.

Messer Amerigo hatte, etwa eine Meile von Trapani entfernt, eine sehr schöne Besitzung, die seine Gattin oft in Gesellschaft ihrer Tochter und andrer Damen zur Erholung aufzusuchen pflegte. Als sie wieder einmal der großen Hitze wegen dorthin gegangen und auch Pietro mit hinausgekommen war, geschah es, daß der Himmel sich urplötzlich mit schwarzen Wolken überzog, wie man es zuweilen im Sommer beobachten kann. Damit das Unwetter sie nicht draußen überrasche, machte die Dame sich unverzüglich mit ihrer Gesellschaft auf den Rückweg nach Trapani und eilte, so schnell sie konnte, heimwärts. Pietro und das Mädchen waren infolge ihrer Jugend der Mutter und ihrer Begleitung bald weit voraus, vielleicht von ihrer Liebe nicht minder angetrieben als von der Furcht vor dem Unwetter. Als sie sich von den übrigen so weit entfernt hatten, daß sie diese kaum noch erkennen konnten, brach nach mehreren heftigen Donnerschlägen ein so starker Hagelschauer hernieder, daß die Dame mit ihren Freundinnen vor dem Unwetter in einem Bauernhaus Schutz suchte.

Pietro und das Mädchen aber traten, da sie keine andre Unterkunft entdecken konnten, eiligst in eine alte, fast ganz verfallene kleine Kapelle, in der sich kein Mensch befand. Unter dem kläglichen Rest des noch vorhandenen Daches standen beide ganz nahe beieinander und kamen so, von der Enge des kleinen trocknen Plätzchens gezwungen, in körperliche Berührung. Diese Berührung war die Veranlassung für beide, endlich Mut zu fassen und sich ihr zärtliches Verlangen zu gestehen. Als erster ergriff Pietro das Wort: „Ach, wollte doch Gott, daß dieser Hagel nie ein Ende nähme und ich ewig so stehenbleiben könnte, wie ich jetzt stehe!" Das Mädchen fuhr fort: „Auch ich könnte mir nichts Schöneres denken!" Nach diesen Worten reichten sie einander mit zärtlichem Druck die Hände und begannen dann, sich zu umarmen und zu küssen, während es draußen mit unverminderter Heftigkeit weiterhagelte. Um nun nicht alle Einzelheiten zu erzählen, möchte ich nur noch hinzufügen, daß das Unwetter sich nicht eher legte, bis sich beide auch den letzten Beweis der Liebe gewährt und noch miteinander vereinbart hatten, auch fernerhin in aller Heimlichkeit die Freuden der Liebe zusammen zu genießen.

Als das Gewitter vorüber war, erwarteten sie am Eingang der nicht mehr weit entfernten Stadt das Eintreffen der Dame und kehrten dann mit ihr zusammen nach Hause zurück. Hier trafen sie sich des öfteren in aller Stille und Heimlichkeit zu süßen Tröstungen, bis sich eines Tages herausstellte, daß das Mädchen schwanger war. Hierüber waren nun sowohl Pietro als auch Violante sehr unglücklich, und obgleich das Mädchen alles mögliche versuchte, dem Ablauf der Natur entgegen die Schwangerschaft zu unterbrechen, gelang es ihr nicht, dies Ziel zu erreichen. Aus diesem Grunde beschloß Pietro, der um sein Leben zu fürchten begann, zu fliehen und teilte ihr seinen Entschluß mit. Sie aber rief, als sie sein Vorhaben erfuhr: „Wenn du fortgehst, werde ich mich umbringen!" Pietro, der sie von Herzen liebte, sagte: „Liebste, wie kannst du nur wünschen, daß ich hierbleibe? Deine Schwangerschaft wird unser Vergehen ans Licht bringen. Dir wird leichter verziehen werden, ich Unseliger aber werde für die Sünde büßen müssen." Darauf sprach das Mädchen: „Pietro, meine Schuld wird bald offenbar werden. Du kannst aber sicher sein, daß die deine nie jemand erfahren wird, wenn du selber nur den Mund hältst." – „Nun gut", sagte Pietro, „wenn du mir das versprichst, werde ich hierbleiben. Vergiß aber nicht, dein Wort zu halten!"

Das Mädchen, das so lange wie möglich ihren Zustand verborgen gehalten hatte, nun aber einsah, daß der zunehmende Umfang ihres Leibes dies nicht mehr gestattete, bekannte schließlich unter heißen Tränen alles ihrer Mutter und bat sie um Hilfe. Gekränkt und entrüstet sagte diese ihr viele harte Worte und verlangte zu wissen, was sich zugetragen habe. Das Mädchen tischte ihr, um Pietro vor Strafe zu schützen, ein langes Märchen auf und verdrehte die Wahrheit auf die erdenklichste Weise. Die Dame aber glaubte ihr und schickte sie auf eins ihrer Landhäuser, um die Schande der Tochter zu verbergen.

Als die Zeit der Niederkunft herangekommen war und das Mädchen sich in den ärgsten Wehen eben durch lautes Schreien Luft machte, wie Frauen es bei solcher Gelegenheit zu tun pflegen, ging Messer Amerigo – obwohl die Mutter niemals vermutet hätte, daß ihr Mann dieses Landhaus, das er im allgemeinen nicht aufsuchte, betreten würde –, von der Vogelbeize kommend, an dem Zimmer vorüber, in dem seine Tochter laut jammerte. Voller Erstaunen trat er ein und fragte, was das zu bedeuten habe. Die Dame erhob sich betrübt, als sie ihn über dies Ereignis hinzukommen sah, und erzählte ihm, was seiner Tochter zugestoßen sei. Messer Amerigo aber war durchaus nicht von derselben Leichtgläubigkeit wie seine Frau, sondern behauptete, es scheine ihm wenig wahrscheinlich, daß Violante nicht wisse, von wem sie schwanger sei. Er verlangte sogleich, die volle Wahrheit zu erfahren, denn nur unter dieser Bedingung könnte sie seine Verzeihung erlangen. Wenn sie es jedoch vorzöge, weiterhin zu schweigen, solle sie damit rechnen, ohne Erbarmen getötet zu werden. Die Mutter bemühte sich, ihren Gatten mit aller Überredungskraft an das Märchen glauben zu machen, das die Tochter ihr erzählt hatte, aber es war erfolglos. Er sprang vielmehr von heißem Zorn gepackt auf, stürzte sich mit dem blanken Schwert auf die Tochter, die, während ihre Mutter versucht hatte, den Gatten mit Worten hinzuhalten, einem Knaben das Leben geschenkt hatte, und schrie: „Gestehe, wer der Vater des Kindes ist, oder du stirbst auf der Stelle!" In der Todesangst brach Violante das Pietro gegebene Versprechen und gestand alles, was zwischen ihnen vorgefallen war. Jetzt bemächtigte sich eine so ungeheure Wut des Ritters, daß er sich nur mit knapper Not enthalten konnte, sie nicht auf der Stelle umzubringen. Nach den heftigsten Zornesausbrüchen gegen die Tochter schwang er sich aufs Pferd und preschte nach Trapani zurück. Hier begab er sich sogleich zu Messer Currado, dem Statthalter des Königs, berichtete ihm, welche Schande Pietro ihm bereitet habe, und ließ diesen, der sich dessen keineswegs versah, auf der Stelle verhaften. Auf die Folter gespannt, bekannte Pietro alles und wurde einige Tage später von dem Statthalter verurteilt, mit Ruten durch die Stadt gepeitscht und erhängt zu werden.

Damit beide Liebende mitsamt ihrem Söhnlein zur gleichen Stunde von der Erde vertilgt würden, tat Messer Amerigo, dessen Zorn mit der Verurteilung Pietros keineswegs verraucht war, Gift in einen mit Wein gefüllten Becher und übergab einem seiner Diener das Gefäß und einen nackten Dolch. Dabei sagte er zu ihm: „Überbringe diese beiden Dinge meiner Tochter Violante in meinem Namen. Sie soll eine dieser beiden Todesarten wählen, das Gift oder den Dolch, und zwar unverzüglich! Anderenfalls werde ich sie angesichts aller Einwohner dieser Stadt auf dem Scheiterhaufen verbrennen lassen, wie sie es verdient! Wenn dies erledigt ist, nimm das Kind, das sie vor einigen Tagen geboren hat, schmettere es mit dem Kopf an eine Mauer und wirf es den Hunden zum Fraß vor!" Mit diesem grausamen Befehl des erzürnten Vaters über Tochter und Enkel machte sich der Diener, mehr zum Bösen als zum Mitleid bereit, auf den Weg.

Der verurteilte Pietro wurde indessen von den Henkersknechten mit Ruten durch die Stadt gepeitscht und kam auf diesem Wege zum Galgen, weil es dem Anführer der Rotte gerade so gefiel, an einem Gasthof vorüber, in dem sich drei armenische Edelleute aufhielten, die als Gesandte des Königs von Armenien nach Rom unterwegs waren, um mit dem Papst wichtige Einzelheiten für einen neuen Kreuzzug zu besprechen. Sie hatten die Absicht, sich hier ein wenig zu erfrischen und ein paar Tage auszuruhen, und waren von den Edelleuten Trapanis, vor allem von Messer Amerigo, mit vielen Ehrenbezeigungen empfangen worden. Als die Armenier den Trupp, der Pietro zum Tode führte, herankommen hörten, traten sie an ein Fenster, um zuzusehen. Da Pietro bis zum Gürtel entblößt, mit auf dem Rücken gefesselten Händen vorbeigetrieben wurde, konnte der eine der drei Gesandten, ein älterer, ehrwürdiger Mann namens Phineus, als er ihn betrachtete, auf seiner Brust deutlich einen großen roten Fleck erkennen, der nicht irgendwie gefärbt war, sondern sich von Natur in der Haut befand und im Aussehen etwa jener Krankheit glich, die von den Frauenzimmern „Rose" genannt wird. Als der alte Mann das Muttermal gewahrte, wurde er auf der Stelle an einen seiner Söhne erinnert, der ihm vor rund fünfzehn Jahren am Strande von Lajazzo von Korsaren geraubt worden war und von dem er nie wieder irgend etwas hatte in Erfahrung bringen können. Während er darüber nachdachte, wie alt wohl der Unglückliche, der draußen vorbeigepeitscht wurde, sein möchte, überfiel ihn die Erkenntnis, daß sein Sohn, falls er noch am Leben sei, ebendasselbe Alter haben mußte, das der Verurteilte zu haben schien. Des Muttermales wegen verstärkte sich alsbald sein Verdacht, daß jener sein Sohn sein könne, und da er glaubte, daß er, wenn er es wirklich sein sollte, sich wahrscheinlich seines eigenen sowie des Namens seines Vaters und auch der armenischen Sprache erinnern müsse, rief er ihn an, als der Zug herankam: „He, Teodoro!" Pietro hob, als er den Ruf vernahm, sogleich den Kopf, und Phineus fragte ihn auf armenisch: „Woher bist du und wessen Sohn?" Die Schergen, die Pietro führten, hielten aus Ehrfurcht vor dem bekannten Gesandten einen

Augenblick inne, so daß Pietro antworten konnte: „Ich stamme aus Armenien und bin der Sohn eines gewissen Phineus. Als kleines Kind wurde ich von unbekannten Menschen hierher verschleppt."

Als Phineus diese Worte hörte, wurde es ihm zur Gewißheit, daß Pietro sein verlorener Sohn sei. Er kam daher weinend in Begleitung der anderen Armenier auf die Straße und umarmte seinen Sohn mitten unter den Henkersknechten. Dann legte er ihm den Mantel des kostbaren Gewandes, das er selber trug, um und bat den Henker, der Pietro zum Galgen führen sollte, so lange hier auf dem Platze zu verweilen, bis er den Befehl bekäme, ihn zurückzuführen. Der Mann erklärte sich dazu gerne bereit. Aus dem Gerücht über Pietros Verurteilung, das die ganze Stadt durchlaufen hatte, wußte Phineus bereits, aus welchem Grunde Pietro zum Tode verurteilt war. Er begab sich daher eiligst mit seinen Gefährten und Dienern zu Messer Currado und sprach zu ihm: „Messer, der Jüngling, den Ihr als einen Sklaven zum Tode verurteilt habt, ist ein freier Mann und mein Sohn. Er ist bereit, jenes Mädchen zu heiraten, dem er, wie es heißt, die Jungfräulichkeit geraubt hat. Ich bitte Euch darum, die Hinrichtung so lange aufzuschieben, bis man in Erfahrung gebracht hat, ob sie ihn zum Gatten haben will, damit Ihr nicht gegen die Gesetze verstoßt, wenn sie sich etwa dazu bereit erklären sollte."

Daß Pietro der Sohn Phineus' sein sollte, versetzte Messer Currado in nicht geringes Erstaunen, und er schämte sich ein wenig, daß das Schicksal ihm diesen Streich gespielt hatte. Er gab zu, daß Phineus mit dem, was er sagte, im Recht sei, und schickte ihn schnell wieder fort. Darauf ließ er unverzüglich Messer Amerigo zu sich bitten und berichtete ihm, was sich ereignet hatte. Messer Amerigo, der annehmen mußte, daß inzwischen auch seine Tochter und sein Enkel aus dem Leben geschieden seien, bereute nun bitterlich, was er getan hatte, zumal er sah, daß alles noch ein gutes Ende hätte nehmen können, wären beide am Leben geblieben. Er befahl einem Diener, so schnell wie möglich nach dem Aufenthaltsort seiner Tochter zu laufen, damit sein Befehl noch rückgängig gemacht würde, wenn es dazu nicht schon zu spät sei. Der Bote traf den Diener, den Messer Amerigo zuvor hinausgeschickt hatte, bei dem Versuche an, Violante, vor der er Dolch und Gift niedergelegt hatte, die sich aber noch für keins von beiden hatte entscheiden können, mit harten Worten zu einer Entscheidung zu zwingen. Als er den neuen Befehl seines Herrn hörte, ließ er von dem Mädchen ab und kehrte zu seinem Gebieter zurück, um ihm genauen Bericht zu erstatten.

Messer Amerigo machte sich nun hochbefriedigt auf den Weg zu Phineus, entschuldigte sich fast weinend, so gut es ging, für das Vorgefallene und beteuerte, daß er sich glücklich preisen würde, wenn Teodoro seine Tochter zur Gattin verlange. Phineus nahm seine Entschuldigungen an und sagte: „Ich wünsche, daß mein Sohn Eure Tochter heiratet. Sollte er sich etwa weigern, so mag das gefällte Urteil vollstreckt werden." Nach diesen Vereinbarungen begaben sich Phineus und Messer Amerigo zu Teodoro, der noch immer zwischen Todesangst und der Freude über das Wiedersehen mit seinem Vater hin und her gerissen wurde, und fragten ihn, was er in dieser Angelegenheit zu tun beabsichtige. Der junge Mann vernahm, daß er Violante zur Frau haben sollte, wenn er es wünsche, und es schien ihm, als sei er mit einem einzigen Sprung aus der Hölle ins Paradies gelangt. Er sagte, daß dies die höchste Auszeichnung für ihn sei, wenn sie beide damit einverstanden wären.

Nun wurde auch zu Violante geschickt, um sie ebenfalls nach ihren Wünschen zu fragen. Als diese, die in grenzenlosem Jammer nur noch ihren Tod erwartete, hörte, was mit Teodoro geschehen war und was sich noch ereignen sollte, vermochte sie erst nach geraumer Zeit diesen Worten Glauben zu schenken. Endlich faßte sie sich ein wenig und antwortete, wenn es nach ihren Wünschen ginge, so könnte es allerdings kein größeres Glück für sie geben, als Teodoros Gattin zu werden. Sie wäre aber bereit, alles zu tun, was ihr Vater verlange.

So wurde denn mit allseitigem Einverständnis das Mädchen verlobt und die Verlobung zur Freude aller Einwohner Trapanis mit einem glänzenden Fest gefeiert. Violante, die sich bald erholte und ihren kleinen Sohn von einer Amme stillen ließ, wurde nach kurzer Zeit schöner als je zuvor und begrüßte, als sie sich aus dem Wochenbett erhob, voll kindlicher Ehrfurcht den inzwischen aus Rom zurückgekehrten Phineus als ihren Vater. Er aber ließ vor Freude über seine schöne Schwiegertochter das Hochzeitsfest in Glanz und Pracht feiern und schenkte ihr von Stund an für alle Zeit wie einer eigenen Tochter seine ganze Liebe. Einige Tage später nahm er Teodoro, Violante und seinen kleinen Enkel auf einer Galeere mit nach Lajazzo, wo die beiden Liebenden in Frieden und Freude die Zeit ihres Lebens verbrachten.

ACHTE GESCHICHTE

Nastagio degli Onesti liebt ein Edelfräulein und vergeudet sein Vermögen für sie, ohne Gegenliebe zu finden. Auf Wunsch seiner Familie geht er nach Chiassi. Hier sieht er einen Ritter, der ein Mädchen jagt, es tötet und seinen Hunden zum Fraß vorwirft. Er lädt nun seine Verwandten und die geliebte Frau zu einem Frühstück ein. Als die Dame sieht, wie dasselbe Mädchen wiederum zerfleischt wird, willigt sie aus Furcht vor einem ähnlichen Schicksal ein, Nastagios Gattin zu werden.

Als Lauretta schwieg, begann auf Geheiß der Königin Filomena zu erzählen:

Ihr liebenswerten Mädchen, wie unser Mitleid belohnt wird, so wird auch jede Grausamkeit von der göttlichen Gerechtigkeit mit Strenge bestraft. Um euch hiervon einen Beweis zu erbringen und euch zu veranlassen, alle Grausamkeit gänzlich aus euren Herzen zu verbannen, möchte ich euch eine Geschichte erzählen, die ihr nicht weniger rührend als ergötzlich finden werdet.

In Ravenna, einer uralten Stadt der Romagna, lebten vorzeiten viele vornehme, reiche Leute. Unter ihnen auch der Jüngling Nastagio degli Onesti, der nach dem Tode seines Vaters und eines Onkels der Besitzer ungeheurer Reichtümer geworden war. Wie es jungen, noch unverheirateten Leuten zu geschehen pflegt, verliebte er sich in eine Tochter des Messer Paolo Traversaro, eine junge Dame aus weit edlerem Geschlecht als er selber. Trotzdem gab er sich der Hoffnung hin, auch ihre Neigung durch allerlei Bemühungen zu erringen. Diese aber brachten ihn – so großartig, schön und lobenswert sie auch waren – keineswegs dem ersehnten Ziele näher, vielmehr schienen alle seine Anstrengungen ihn in den Augen des Mädchens nur herabzusetzen, denn die Geliebte, die entweder ihrer einzigartigen Schönheit oder ihres hohen Adels wegen verächtlich auf jedermann herabsah, zeigte sich ihm gegenüber grausam, hart und abweisend, und weder er selbst noch irgendeine seiner Taten konnte ihren Beifall erringen. Diese Behandlung war für Nastagio so unerträglich, daß er mehrmals, wenn sie ihn gekränkt hatte, in heißem Schmerz seinem Leben ein Ende zu machen wünschte. Er sah zwar von der Ausführung dieses Vorhabens ab und nahm sich hundertmal vor, sich nicht weiter um die Dame zu bekümmern oder, besser noch, sie ebenso zu hassen, wie sie ihn anscheinend haßte, doch waren alle diese guten Vorsätze vergeblich, ja, es schien fast, als ob seine Liebe im gleichen Maße zunähme, wie seine Hoffnung sich verringerte. So fuhr er denn fort, sie zu lieben und seinen Reichtum in maßloser Weise zu verschwenden, und bald schien es Freunden und Verwandten, daß er dabei sowohl sich selbst als auch sein Vermögen restlos verzehren würde. Sie baten ihn deswegen mehrmals, doch aus Ravenna fortzugehen und eine Zeitlang an einem anderen Ort zu leben, da nur so seine Liebe und seine Ausgaben sich verringern möchten. Nastagio aber schlug ihre Ratschläge in den Wind. Da er jedoch immer aufs neue von ihnen ermahnt wurde, konnte er schließlich nicht mehr bei seiner Ablehnung bleiben, sondern versprach, ihrem Wunsche nachzukommen. Er ließ großartige Reisevorbereitungen treffen, als ob er zumindest nach Frankreich, Spanien oder in irgendein anderes fernes Land ziehen wollte. Dann stieg er aufs Pferd, verließ, von vielen Freunden begleitet, Ravenna und ritt auf seine Besitzung Chiassi, die höchstens drei Meilen von der Stadt entfernt war. Nachdem er dort Pavillons und Zelte hatte aufschlagen lassen, erklärte er seinen Begleitern, daß er hier zu bleiben gedenke, und empfahl ihnen, nach Ravenna zurückzukehren. Dann aber begann er, in diesem Zeltlager ein noch viel glänzenderes und teureres Leben zu führen als je zuvor und lud bald diese, bald jene seiner Bekannten zum Abendessen oder Frühstück zu sich ein, wie er es von jeher gewohnt war. Als um Anfang Mai herum das herrliche Frühlingswetter einsetzte und Nastagio wieder einmal in Gedanken bei seiner grausamen Geliebten verweilte, befahl er seiner Dienerschaft, ihn allein zu lassen, um ungestört seinen Träumen nachhängen zu können. Dabei wanderte er gemächlich Schritt für Schritt auf einen großen Pinienwald zu.

Als bereits die fünfte Tagesstunde vergangen und Nastagio, ohne an Essen, Trinken oder sonstige Dinge zu denken, wohl gut eine halbe Meile weit in den Wald hineingewandert war, glaubte er plötzlich ein heftiges Weinen und die lauten Hilferufe einer weiblichen Stimme zu vernehmen. Aus seinen süßen Gedanken aufgescheucht, hob er den Kopf, um zu sehen, was das bedeute. Erstaunt stellte er jetzt fest, daß er sich tief im Walde befand, und sah plötzlich aus einem dichten Dorngestrüpp ein völlig nacktes Mädchen mit fliegenden Haaren herausstürzen, das auf ihn zulief. Von Gestrüpp und Dornen ganz zerkratzt, schrie sie weinend um Erbarmen. Ihr zur Seite jagten zwei große wilde Jagdhunde heran, die sie im Laufe grausam zerfleischten, wo immer sie sie packen konnten. Hinter ihr aber sah Nastagio einen Ritter in dunkler Rüstung auf einem edlen schwarzen Schlachtroß heranpreschen, der mit zornigem Antlitz, einen Degen in der Faust, ihr mit grausamen Schmähreden den Tod androhte.

Von Verwunderung und Entsetzen ergriffen, entstand in Nastagio das Verlangen, dem unglücklichen Mädchen beizustehen und es, wenn möglich, aus Angst und Todesgefahr zu befreien. Da er unbewaffnet war, griff er nach einem Baumast, mit dem er, an Stelle eines Stockes, den Hunden und dem Ritter entgegeneilte. Der Ritter aber rief, als er sein Vorhaben erkannte: „Nastagio, mische dich nicht in diese Angelegenheit ein, sondern überlasse es meinen Hunden und mir, mit diesem ruchlosen Weibe so zu verfahren, wie sie es verdient hat." Bei diesen Worten hatten sich die Hunde in den Flanken des Mädchens festgebissen und es angehalten, und der herangekommene Ritter sprang vom Pferd. Nastagio wandte sich an ihn: „Ich weiß nicht, wer du bist, obwohl du mich gut zu kennen scheinst. Ich muß dir aber sagen, daß ich es für feige und schändlich halte, wenn ein bewaffneter Ritter ein nacktes Mädchen töten will, nachdem er sie mit seinen Hunden gehetzt hat, als sei sie ein wildes Tier! Ich werde sie verteidigen, so gut ich es vermag." Der Ritter entgegnete: „Nastagio, auch ich lebte einst in deiner Vaterstadt. Als du noch ein kleiner Knabe warst, liebte ich, der Messer Guido degli Anastagi, dieses Mädchen noch viel heißer als du jetzt die Traversari. Sie aber stürzte mich durch ihren Hochmut und ihre Kälte in solches Elend, daß ich mich eines Tages mit diesem Degen, den du in meiner Hand siehst, voller Verzweiflung tötete, wofür ich zu ewiger Verdammnis verurteilt wurde. Nicht lange danach starb auch sie, die all mein Unglück verschuldet hatte. Für die Sünde ihrer Grausamkeit und für die boshafte Freude, die sie über meine Verzweiflung empfunden und niemals bereut hatte, da sie nicht unrecht, sondern richtig gehandelt zu haben glaubte, wurde auch sie zu den Qualen der Hölle verdammt. Als sie dort eintraf, wurde uns beiden die Strafe auferlegt, daß sie ewig vor mir fliehen, ich aber die einst Geliebte wie ein Todfeind verfolgen muß. Und sooft ich sie einhole, muß ich sie mit demselben Degen, mit dem ich mich einst tötete, durchbohren, muß ihr die Brust öffnen und ihr das grausame Herz, das niemals Liebe und Mitleid kannte, mit allen anderen Eingeweiden zusammen herausreißen und es den Hunden zum Fraß vorwerfen, wie du es gleich erleben wirst. Doch schon einen kurzen Augenblick später ersteht sie nach Gottes Ratschluß und Willen zu neuem Leben, als sei sie niemals getötet worden. Dann beginnt die entsetzliche Jagd aufs neue, und ich muß sie wiederum mit den Hunden hetzen. An jedem Freitag um dieselbe Zeit hole ich sie an dieser Stelle ein und töte sie hier, wie du es jetzt sehen wirst. Doch darfst du nicht glauben, daß wir an den anderen Tagen Ruhe hätten. Dann erreiche ich sie an andren Plätzen, an denen sie einst grausam über mich dachte oder schlecht an mir handelte. So müssen wir, die einst Liebende waren, als erbitterte Feinde uns ebenso viele Jahre jagen, wie sie einst Monate grausam gegen mich war. Darum lasse mich tun, was ich nach Gottes Willen tun muß, und lehne dich nicht auf gegen etwas, das du nicht verhindern kannst." Als Nastagio diese Worte hörte, zog er sich eingeschüchtert zurück, doch sträubte sich sein Haar vor Entsetzen. Er starrte das unglückliche Mädchen an, voller Furcht vor dem, was der Ritter jetzt mit ihr beginnen würde. Dieser stürzte sich, als er seine Rede beendet hatte, wie ein wütender Hund mit dem Degen auf das von den Rüden niedergehaltene Mädchen, das laut um Erbarmen schrie, und durchbohrte ihr mit solcher Gewalt die Brust, daß der Degen auf dem Rücken wieder zum Vorschein kam. Das Mädchen aber brach, nachdem es den Stoß empfangen hatte, schreiend und weinend zusammen. Der Ritter zog darauf ein Messer heraus, öffnete ihre Brust und riß ihr das Herz mit allem, was damit verbunden war, aus dem Leibe, um es den Hunden vorzuwerfen, die es gierig verschlangen.

Es dauerte aber gar nicht lange, so erhob sich das Mädchen, als ob nichts gewesen wäre, und begann in Richtung auf das Meer davonzustürzen, die Hunde jagten, sie ständig zerfleischend, hinterher, und der Ritter, der wieder aufs Pferd gestiegen war und seinen Degen wieder ergriffen hatte, machte sich aufs neue zu ihrer Verfolgung auf. In wenigen Minuten waren sie Nastagios Blicken entschwunden.

Dieser vermochte sich nach dem schrecklichen Ereignis noch lange Zeit von Mitleid und Entsetzen nicht zu befreien, dann aber kam er auf den Gedanken, daß dieses grausame Schauspiel, das sich jeden Freitag hier abspielte, ihm von großem Nutzen sein könne. Er merkte sich darum genau den Platz, bevor er zu seinen Dienern zurückkehrte. Zu gegebener Zeit ließ er mehrere seiner Verwandten und Freunde zu sich bitten und sprach zu ihnen: „Ihr habt mir lange Zeit zugesetzt, daß ich der Liebe zu meiner Feindin ein Ende machen sollte und ebenfalls meiner Verschwendungssucht. Ich bin bereit dazu, wenn ihr mir zuvor einen Gefallen erweisen wollt. Und zwar sollt ihr am kommenden Freitag Messer Paolo Traversaro mit Gattin und Tochter und allen Damen ihrer Verwandtschaft, zusammen mit andren Gästen, die ihr nach eigenem Ermessen aussuchen könnt, hierher zum Frühstück einladen. Warum ich dies verlange, werdet ihr alsdann erfahren." Die Verwandten versprachen es ihm gerne, da es ihnen ein leichtes schien, ihm diesen Wunsch zu erfüllen. Sie luden daher, nach Ravenna zurückgekehrt, bei passender Gelegenheit alle Gäste ein, die Nastagio genannt hatte. Und wenn es auch nicht gerade einfach war, Nastagios Geliebte zum Kommen zu bewegen, so erschien sie doch mit den übrigen Geladenen. Nastagio hatte ein köstliches Mahl richten und die Tafel unter den Bäumen jenes Pinienwaldes aufstellen lassen, gerade an jener Stelle, wo er das Ende des hartherzigen Mädchens mit angesehen hatte. Als den Herren und Damen ihre Plätze an der Tafel angewiesen wurden, befahl er, daß seine Geliebte unmittelbar jener Stelle gegenüber sitzen solle, wo der Tod des Mädchens zu erwarten war.

Eben beim letzten Gang des Mahles, vernahmen die Gäste denn auch das verzweifelte Schreien des gehetzten Mädchens. Bestürzt sprangen alle auf und fragten, was das sein könnte, doch wußte niemand eine Erklärung. Während sich alle nach dem Hilferufen umsahen, erblickten sie das unglückliche Mädchen, den Ritter und die Hunde. Und es dauerte gar nicht lange, so waren sie unmittelbar vor den entsetzten Gästen angelangt. Viele von diesen liefen dem Mädchen entgegen, um ihr zu helfen, und warfen sich mit lautem Schelten den Hunden und dem Ritter entgegen. Dieser aber sprach alsbald ebenso zu ihnen, wie er zu Nastagio gesprochen hatte, und gebot ihnen, sich zurückzuziehen. Voller Grauen und Bestürzung sahen sie, daß er, trotz der Gegenwart so vieler Damen, auf dieselbe Weise mit dem Mädchen verfuhr, wie er es auch das andre Mal getan hatte. Es waren aber sowohl von dem unglücklichen Mädchen als auch von dem Ritter verschiedene Verwandte anwesend, die sich noch genau an seine unglückliche Liebe und an sein schreckliches Ende erinnerten. Sie alle begannen über sein trauriges Los so bitterlich zu weinen, als sei ihnen selbst das alles widerfahren.

Als das grausige Schauspiel zu Ende war und das Mädchen und der Ritter verschwunden waren, begannen alle, die es mit angesehen hatten, sich über die Sache lange und ausführlich zu unterhalten. Am meisten entsetzt aber war von allen Gästen die hartherzige Geliebte Nastagios, die alles aus nächster Nähe gesehen und gehört hatte und wohl erkannte, daß dies sie mehr anging als alle übrigen Gäste, da sie sich durchaus bewußt war, wie grausam sie sich stets gegen Nastagio gezeigt hatte. Ja, es schien ihr bald, als sei sie selber bereits vor ihm auf der Flucht, die Hunde auf den Fersen.

Die Furcht, die dieses Erlebnis in ihr erweckt hatte, war so groß, daß sie – damit es ihr nicht einmal ähnlich ergehe – kaum die Gelegenheit, die sich ihr noch am selben Abend bot, abwarten konnte, um ihre Härte in Liebe zu verwandeln. Sie sandte eine ihrer vertrauten Kammerfrauen heimlich zu Nastagio und ließ ihn zu sich bitten, mit der Zusicherung, sie sei bereit, alles zu tun, was ihm Freude mache.

Nastagio ließ ihr durch die Kammerfrau antworten, daß er sehr glücklich über diese Nachricht sei, doch wünsche er mit ihrem Einverständnis ihre Liebe in allen Ehren zu genießen und begehre, sie zu seiner Gattin zu machen. Das Mädchen, welches wohl wußte, daß es an nichts anderem als an ihr lag, wenn sie noch nicht die Gattin Nastagios war, ließ ihm nun ihre Zusage überbringen. Dann ging sie selbst als Überbringerin der Nachricht zu ihren Eltern und erklärte sich bereit, Nastagio zu heiraten. Diese waren darüber sehr erfreut, und schon einen Sonntag später heiratete Nastagio seine Geliebte und lebte, nachdem die Hochzeit gefeiert war, noch lange Zeit glücklich mit ihr. – Doch nicht nur diese eine gute Folge hatte jenes grausame Schauspiel, es waren vielmehr alle Mädchen Ravennas so eingeschüchtert davon, daß sie von Stund an viel bereitwilliger auf die Wünsche der Männer eingingen als je zuvor.

NEUNTE GESCHICHTE

Federigo degli Alberighi liebt und findet keine Gegenliebe. Zu Ehren seiner Dame verschwendet er alle seine Reichtümer und richtet sich zugrunde. Es bleibt ihm nur sein Falke, den er – da er nichts anderes mehr besitzt – der geliebten Frau bei einem unerwarteten Besuch zu Tisch vorsetzt. Als die Dame dies erfährt, ändern sich ihre Gefühle, sie nimmt Federigo zum Gatten und macht ihn wieder zum reichen Mann.

Als Filomena schwieg, sagte die Königin, die gesehen hatte, daß nur Dioneo seines Privilegs wegen noch übriggeblieben war, mit heiterer Miene:

So ist die Reihe jetzt an mir, meine lieben Freundinnen, und ich möchte euch gerne eine Geschichte erzählen, die in manchen Zügen der vorangegangenen ähnelt. Nicht nur, damit ihr daraus erfahren sollt, was die Macht eurer Anmut über ein edles Herz vermag, sondern damit ihr auch daraus lernt, selbst, wo es sich schickt, eure Gunst zu verschenken und nicht immer dem Glück die Lenkung zu überlassen. Denn das Glück verteilt nicht klug und umsichtig, sondern, wie man weiß, launisch und mutwillig seine Gaben.

So hört denn: Als ein vornehmer und hochgeschätzter Mann lebte einst Coppo di Borghese Domenichi in unserer Stadt und lebt vielleicht noch heute dort. Mehr noch seines Anstands und seiner Tugend als seiner vornehmen Herkunft wegen war er überall wohlgeachtet und verdient ein stetes Gedenken. Noch in hohem Alter fand er häufig Vergnügen daran, sich mit Nachbarn und Freunden über vergangene Geschehnisse zu unterhalten, und verstand es besser als jeder andere, solche Begebenheiten getreulich zu berichten, wobei ihm sein ausgezeichnetes Gedächtnis und seine hinreißende Vortragsweise gar wohl zustatten kamen.

Neben anderen schönen Geschichten pflegte er zu erzählen, daß einmal in Florenz ein Sohn des Messer Filippo Alberighi namens Federigo lebte, dessen Tapferkeit und adelige Sitten höher gerühmt wurden als die aller übrigen jungen Edelleute der Toscana. Wie es oftmals der Jugend geschieht, verliebte sich dieser Federigo in eine vornehme, edle Dame, Monna Giovanna, die zu ihrer Zeit als die schönste und anmutigste Frau von Florenz galt. Um ihre Liebe zu gewinnen, fehlte Federigo auf keinem Turnier und nahm an allen Waffenspielen teil, gab glänzende Feste und freigebige Geschenke und vergeudete in maßloser Weise sein großes Vermögen. Sie aber war ebenso tugendsam wie schön und kümmerte sich weder um die Dinge, die ihretwegen geschahen, noch um den, der sie veranlaßte.

Während Federigo auf solche Art gewissenlos sein Vermögen verschwendete und doch nichts dafür gewann, kam es gar bald, wie es kommen mußte: Die Reichtümer schwanden dahin, und er wurde ein armer Mann. Von seinem großen Vermögen verblieb ihm nichts als ein kleines Gütchen, von dessen schmalen Erträgen er kümmerlich leben konnte, und sein Falke, der als einer der besten Falken der Welt galt. Obwohl seine Liebe heißer denn je glühte, sah Federigo bald ein, daß er nicht länger in der Stadt leben konnte, wie er es gewünscht hätte. Er zog sich daher nach Campi auf seinen kleinen Besitz zurück, ging dort, sooft es möglich war, auf die Vogelbeize und ertrug seine Armut, ohne irgendeinen Menschen um Beistand zu bitten.

Als Federigo bis aufs letzte heruntergekommen war, erkrankte eines Tages der Gatte Monna Giovannas und machte, da er seinen Tod herannahen fühlte, sein Testament. Er setzte seinen schon ziemlich herangewachsenen Sohn zum Erben seiner unermeßlichen Reichtümer ein, doch sollte, falls dieser ohne rechtmäßige Nachkommen stürbe, alles an Monna Giovanna fallen, die er innig liebte. Darauf starb er und ließ Monna Giovanna als Witwe zurück. Diese ging nun, wie es bei unsern Edeldamen üblich ist, mit ihrem Sohn den Sommer über auf eine ihrer Besitzungen, die ganz in der Nähe von Federigos Gütchen lag. So kam es, daß der heranwachsende Knabe sich mit Federigo anfreundete und sich mit ihm auf Vogelbeize und Jagd vergnügte. Dabei hatte er oft Gelegenheit, Federigos Falken stoßen zu sehen, der ihm so über die Maßen gefiel, daß er nichts heißer begehrte, als ihn zu besitzen. Doch wagte er nicht, Federigo um ihn zu bitten, weil er sah, wie teuer jenem sein Falke war.

Bald darauf erkrankte der Jüngling zur großen Betrübnis seiner Mutter, deren ein und alles er war und die ihn so zärtlich liebte, wie nur eine Mutter lieben kann. Während sie die Tage mit seiner Pflege ausfüllte, versuchte sie ihn aufzuheitern und fragte ihn oft, ob es irgend etwas gäbe, was er sich wünsche. Wenn es irgendwie möglich sei, werde sie es zu beschaffen trachten. Der Jüngling, der diese Versprechungen immer wieder hörte, sagte schließlich: „Ach, Mutter, wenn Ihr es fertigbrächtet, daß ich den Falken Federigos bekäme... ich glaube, dann würde ich gleich gesund."

Als die Dame diese Worte hörte, schwieg sie verwirrt und überlegte lange, was sie nun beginnen solle. Sie wußte wohl, daß Federigo sie lange Jahre geliebt, von ihr aber niemals auch nur die geringste Gunst erlangt hatte, und dachte deshalb bei sich: ‚Wie könnte ich zu ihm schicken oder gehen und ihn um den Vogel bitten, der – nach allem, was ich gehört habe – der beste Falke der Welt ist und ihm außerdem hilft, seinen Lebensunterhalt zu erwerben? Wie könnte ich so taktlos sein, einem Edelmann, dem nichts anderes mehr geblieben ist, diese letzte Freude zu rauben?' Von solchen Gedanken gequält, gab sie ihrem Sohn keine Antwort, sondern schwieg, obwohl sie überzeugt war, daß sie den Falken bekäme, sobald sie um ihn bäte. Schließlich aber siegte die Liebe zu ihrem Sohn, und um ihn zu beruhigen, entschloß sie sich, niemand anders zu schicken, sondern, was auch geschehen möge, selber zu gehen, Federigo zu bitten und dann ihrem Sohn den Falken zu bringen. Sie sagte daher: „Sei ruhig, mein Junge, und setze alles daran, wieder gesund zu werden. Ich verspreche dir, morgen früh soll es mein erstes sein, nach dem Falken zu gehen, und sicher werde ich ihn für dich erbitten." Darüber freute sich der Knabe so sehr, daß sein Befinden tatsächlich noch am gleichen Tage eine Besserung zeigte.

Am folgenden Morgen nahm Monna Giovanna eine andre Dame als Begleitung mit und ging, als sei sie auf einem Spaziergang, nach dem kleinen Anwesen Federigos, wo sie nach ihm fragen ließ. Federigo befand sich, da es weder Wetter noch Zeit für die Vogelbeize war, in seinem Garten, wo er allerlei kleine Arbeiten ausführen ließ. Als er hörte, daß Monna Giovanna an der Tür nach ihm gefragt habe, verwunderte er sich sehr und lief ihr freudig überrascht entgegen. Sie sah ihn kommen, schritt mit fraulicher Anmut auf ihn zu und sagte, nachdem Federigo sie ehrerbietig begrüßt hatte: „Guten Morgen, Federigo! Ich bin hergekommen, um dich für jene Leiden zu entschädigen, die du meinetwegen ausgestanden hast, weil du mich mehr liebtest, als es dir gut war. Ich möchte sie dir damit vergelten, daß ich mich mit meiner Begleiterin heute mittag bei dir zu Gast lade." Bescheiden erwiderte Federigo: „Madonna, ich erinnere mich nicht, daß mir je ein Leid durch Euch widerfahren wäre, wohl aber so viel Gutes, daß, wenn je etwas Rechtes an mir war, ich es nur Eurer Tugend und der Liebe, die ich für Euch empfand, verdanke. Und ganz sicherlich ist mir Euer hochherziger Besuch viel teurer, als wenn ich wieder in die Lage zurückversetzt worden wäre, ebensoviel Geld zu verschwenden, wie ich es schon einmal tat. Doch arm ist der Wirt, zu dem Ihr gekommen seid."

Nachdem er diese Worte gesprochen hatte, geleitete er sie schüchtern in sein Haus und führte sie von dort in den Garten. Da er sonst niemand hatte, der ihr Gesellschaft hätte leisten können, sprach er zu ihr: „Madonna, es ist niemand weiter hier als diese brave Frau, das Weib meines Arbeiters, sie wird Euch daher ein wenig Gesellschaft leisten, während ich hineingehe und das Essen richten lasse."

So groß seine Armut auch war, hatte er es bis zur Stunde durchaus nicht bitter empfunden, daß er nicht mehr in der Lage war, Reichtümer zu verschwenden; an diesem Vormittag jedoch fühlte er heiße Reue, weil er gar nichts fand, womit er die Dame hätte ehren können, um derentwillen er einst unzähligen Menschen Ehren erwiesen hatte. Verzweifelt, sich und sein Schicksal verwünschend, lief er umher, als habe er den Verstand verloren, doch fand er weder Geld noch irgend etwas Versetzbares. Darüber war es schon spät geworden, aber wenn er auch die Dame herzlich gerne mit irgendeiner Gabe bewirtet hätte, brachte er es nicht über sich, Fremde oder seinen eigenen Arbeiter um Hilfe zu bitten.

Da fiel sein Auge auf seinen guten Falken, der in dem kleinen Zimmer auf der Stange saß, und weil ihm keine Zeit mehr verblieb, weiterzusuchen, ergriff er den Vogel, fand ihn wohlgenährt und hielt ihn für würdig, der Dame als Leckerbissen vorgesetzt zu werden. Ohne lange nachzudenken, drehte er ihm den Hals um, ließ ihn schnell von einer Magd rupfen, zurechtmachen und am Spieße sorglich braten. Dann breitete er schneeweißes Linnen, von dem er noch einiges besaß, über den Tisch und eilte mit heiterer Miene zu seiner Dame in den Garten, um ihr zu melden, daß das Essen, so gut es in seiner Macht stehe, angerichtet sei. Darauf erhoben sich die Dame und ihre Begleiterin und setzten sich zu Tisch, und ohne zu wissen, was sie aßen, verspeisten sie zusammen mit Federigo, der sie aufmerksam bediente, den kostbaren Falken.

Als sie von der Tafel aufgestanden und in reizvollem Gespräch noch eine Weile zusammen gewesen waren, schien es der Dame an der Zeit, zu sagen, warum sie hergekommen war. Liebenswürdig wandte sie sich an Federigo und sprach: „Federigo, wenn du dich an dein früheres Leben und an meine Standhaftigkeit erinnerst, die du vielleicht irrtümlich für Härte und Grausamkeit gehalten hast, so zweifle ich nicht, daß du über meine Anmaßung sehr verwundert sein wirst, wenn du den Grund meines Besuches erfährst. Wenn du aber Kinder besäßest oder gehabt hättest und wüßtest, wie stark und groß die Kraft der Liebe ist, die man für sie empfindet, so wäre ich sicher, daß du mich wenigstens zum Teil entschuldigen würdest. Doch wenn du auch keine Kinder hast, so habe doch ich einen Sohn und kann mich daher dem Gebote der Mutterliebe nicht entziehen. Und diese zwingt mich, gegen meinen Wunsch und gegen Sitte und Anstand von dir ein Geschenk zu erbitten, von dem ich weiß, daß es dir über alles teuer ist. Und das mit gutem Grunde, weil dir keine andere Freude, kein anderes Vergnügen und kein anderer Trost in deiner Armut verblieben sind. Dieses Geschenk ist dein Falke, nach dem mein Sohn ein so heißes Verlangen trägt, daß ich fürchten muß, wenn ich ihm den Falken nicht bringe, wird sich die Krankheit, an der er leidet, so verschlimmern, daß ich ihn verliere. Und darum bitte ich dich, nicht bei deiner Liebe zu mir, die dir keine Verpflichtung auferlegen kann, sondern bei deiner Großmut, die du in ritterlichem Anstand freigebiger als jeder andere bewiesen hast, daß du so gütig sein möchtest, mir den Falken zu schenken, damit ich später sagen kann, daß du meinem Sohn das Leben gerettet und ihn dir für immer verpflichtet hast."

Als Federigo hörte, worum die Dame ihn bat, und erkannte, daß er ihrem Wunsch nicht willfahren konnte, weil er ihr den Falken zu Tisch vorgesetzt hatte, stürzten ihm in ihrer Gegenwart die Tränen aus den Augen, bevor er noch ein Wort hervorbringen konnte. Als sie seine Tränen sah, glaubte sie, daß er vor Schmerz weine, weil er seinen geliebten Falken hergeben sollte, und wollte schon hinzufügen, daß sie das Tier nicht nehmen möchte. Sie hielt sich jedoch zurück, damit Federigo, nachdem seine Tränen versiegt seien, ihr antworten könne. Schließlich sagte er: „Madonna, seitdem es Gott gefiel, daß meine Liebe Euch gehört, hat mir das Schicksal manchen bösen Streich gespielt, der mich geschmerzt hat. Doch alles ist nichts gewesen gegenüber dem Schlag, den es mir heute versetzt und den ich ihm nie mehr vergeben werde. Wenn ich bedenke, daß Ihr in mein armseliges Haus gekommen seid – welcher Gnade Ihr mich, als ich reich war, nie für würdig erachtet habt –, um von mir ein kleines Geschenk zu erbitten, so hat mein Unglück es gewollt, daß ich Euch diese Gabe nicht mehr reichen kann. Warum ich es nicht kann, sollt Ihr sogleich erfahren. Als ich hörte, daß Ihr in Eurer Güte bei mir speisen wolltet, gedachte ich Eures Adels und Eurer Trefflichkeit und hielt es für angebracht, Euch – so gut es mir möglich war – mit einer köstlicheren Speise zu ehren, als man sie gewöhnlich anderen Personen vorsetzt. So habe ich den Falken, um den Ihr mich bittet, für angemessen erachtet, daß er Euch zum Mahle gereicht werde. Ihr habt ihn heute gebraten verzehrt, und ich glaubte, ihn auf die beste Art verwendet zu haben. Nun aber sehe ich, daß Ihr ihn auf andere Weise gewünscht hättet. Daß ich Eurer Bitte nicht willfahren kann, schmerzt mich heftig; ich glaube nicht, mich jemals darüber trösten zu können." Nachdem er diese Worte gesprochen hatte, ließ er ihr zum Beweis die Federn, die Fänge und den Schnabel des Falken vorlegen. Als die Dame das sah und hörte, tadelte sie ihn zuerst, daß er, um einem Frauenzimmer ein Mahl vorzusetzen, einen so kostbaren Falken getötet hatte. Dann aber lobte sie bei sich seine Großzügigkeit, die durch seine Armut weder verringert war noch jemals verringert werden würde. Da ihr jedoch keine Hoffnung mehr verblieb, den Falken zu bekommen, und sie daher die Genesung ihres Sohnes zu bezweifeln begann, dankte sie Federigo für seine Bewirtung und seinen guten Willen und entfernte sich niedergeschlagen, um zu ihrem Sohn zurückzukehren, der wenige Tage später – sei es aus Trauer, weil er den Falken nicht bekommen konnte, oder sei es, weil seine Krankheit ohnehin zu diesem Ende geführt hätte – zum größten Schmerz seiner Mutter aus dem Leben schied.

Nachdem sie einige Zeit in Tränen und Verbitterung verbracht hatte, wurde sie, reich und jung, wie sie war, häufig von ihren Brüdern aufgefordert, sich wieder zu vermählen. Obwohl sie selber dies eigentlich nicht wünschte, erinnerte sie sich, wieder und wieder gedrängt, Federigos und seiner letzten großherzigen Tat, daß er ihr zu Ehren seinen kostbaren Falken geopfert hatte. Sie sprach daher zu ihren Brüdern: „Ich möchte, wenn es euch recht wäre, am liebsten nicht wieder heiraten. Wenn ihr jedoch darauf besteht, daß ich mich wieder vermähle, so werde ich sicherlich keinen andern Mann nehmen als Federigo degli Alberighi." Spöttisch erwiderten die Brüder: „Närrin, was sagst du da? Warum willst du gerade ihn haben, der nichts auf der Welt mehr sein eigen nennt?" Sie antwortete: „Meine Brüder, ich weiß wohl, daß es so ist, wie ihr sagt, und so ziehe ich denn einen Mann ohne Reichtum dem Reichtum ohne Mann vor!"

Als die Brüder, die Federigo als einen vortrefflichen Mann kannten, ihren festen Entschluß vernahmen, gaben sie ihm, so arm er auch war, die Schwester mit all ihren Reichtümern zur Frau, wie sie es gewünscht hatte. Und Federigo, der diese vortreffliche, heißgeliebte Frau, die noch dazu überaus reich war, zur Gattin bekam, hielt fortan seinen Besitz in sorgsamer Verwaltung und beschloß in Freude und Fröhlichkeit mit Giovanna seine Tage.

ZEHNTE GESCHICHTE

Pietro di Vinciolo geht zum Abendessen aus; seine Frau läßt deshalb einen Liebhaber zu sich kommen, den sie, als Pietro unvermutet heimkehrt, unter einem Hühnerkorb versteckt. Pietro erzählt, daß im Hause Ercolanos, mit dem er speisen wollte, ein Jüngling gefunden worden sei, den Ercolanos Gattin versteckt hätte, worauf sich Pietros Frau über die Gattin Ercolanos sehr entrüstet. Indessen tritt ein Esel unglücklicherweise mit seinem Huf auf die Finger des unter dem Hühnerkorb versteckten Liebhabers, der laut aufschreit. Pietro eilt hinzu, findet den Burschen und erkennt die Falschheit seiner Frau, mit der er aber, seiner eigenen Verderbtheit wegen, zu guter Letzt doch in Eintracht beisammenbleibt.

Die Erzählung der Königin war beendet, und als alle Gottes Güte gepriesen hatten, die Federigo würdigen Lohn bescherte, begann Dioneo, der niemals die Aufforderung abwartete, zu erzählen:

Ich weiß nicht, ob ich es eine häßliche Unart nennen soll, die durch die Verderbtheit der Sitten im Menschen die Überhand gewonnen hat, oder ob es ein Charakterfehler ist, der von Natur dem Menschen eigen, daß wir lieber über böse Streiche lachen als an guten Werken uns erfreuen, zumal dann, wenn wir selber von diesen bösen Streichen nicht betroffen werden. Weil nun alle Mühe, die ich mir bisher gemacht habe und mir aufs neue auferlegen will, keinen andren Zweck haben soll, als eure Traurigkeit zu vertreiben und euch zu Lachen und Heiterkeit anzuregen, so will ich euch verliebten Mädchen das folgende Geschichtchen erzählen, dessen Inhalt zwar teilweise nicht eben ehrbar, aber desto ergötzlicher ist. Und während ihr mir zuhört, mögt ihr es halten wie beim Spaziergang durch einen schönen Garten, wo ihr mit ausgestreckten Händen nach den Rosen greift, die Dornen aber stehenlaßt. Lasset denn auch hier den nichtswürdigen Ehemann in seiner Verderbtheit beiseite, belächelt heiter die verliebten Betrügereien seiner Frau und empfindet Mitleid mit fremden Nöten, wo es am Platze ist.

Vor nicht allzu langer Zeit lebte in Perugia ein reicher Mann mit Namen Pietro di Vinciolo, der – mehr, um die Leute irrezuführen und die schlechte Meinung, die alle Perugianer von ihm hatten, zu verbessern, als aus innerem Verlangen – ein Weib nahm. Dabei wollte es das Geschick, daß er, entgegen seinem eigenen Geschmack, an ein stämmiges junges Frauenzimmer mit fuchsigem Schopf und hitzigem Blut geriet, welches lieber zwei Ehemänner als einen hätte haben mögen, während es ihr nun geschah, daß sie einen erwischte, den es nach allem andern mehr gelüstete als danach, eine Frau zu umarmen.

Als sie ihm im Laufe der Zeit auf die Schliche kam, begann sie anfangs heftig zu murren, zumal sie sich frisch, rosig und voller Saft und Kraft wußte, und es gab manchen häßlichen Auftritt und ständigen Zank und Streit zwischen den Eheleuten. Bald aber sah die Frau ein, daß sie sich bei einem solchen Leben viel eher selber aufreiben als ihren Mann von seinen Lastern abbringen würde. Sie dachte daher bei sich: ‚Dieser elende Kerl läßt mich im Stich, um in Holzpantoffeln durchs Trockne zu stapfen! Nun, so werde ich eben versuchen, einen andren zu Schiff durchs Nasse zu bringen! Ich habe ihn zum Ehemann genommen und ihm eine reiche, große Mitgift ins Haus gebracht, weil ich dachte, daß er ein echter Mann sei und Verlangen nach dem hätte, was alle Männer begehren und auch begehren sollen. Hätte ich gewußt, daß er kein richtiger Mann ist, hätte ich ihn nie genommen. Warum hat er mich zu seiner Frau gemacht, wenn er mit den Weibern nichts im Sinn hat? Er wußte doch, daß ich eine gesunde Frau bin. Dieses Leben ist nicht zu ertragen! Hätte ich keine Lust mehr gehabt, in dieser Welt zu leben, so wäre ich ins Kloster gegangen. Ich aber wollte auf dieser Welt weiterleben, wie ich es tue, doch könnte ich wohl – in der Hoffnung, durch ihn Vergnügen und Lust zu finden – weiß Gott versauern und mich im Alter voller Reue vergebens beklagen, daß ich meine Jugend vergeudet habe. Ist er nicht selber der beste Lehrmeister, wie man es machen muß? Zeigt er mir nicht stets, daß ich mich auf gleiche Weise zerstreuen kann, wie er selber es tut? Doch wird das Vergnügen, das ich mir suche, ein lobenswertes sein, während das seine ein gar schändliches ist; denn ich werde nur den menschlichen Gesetzen zuwiderhandeln, während er sich gegen die Gesetze der Natur versündigt.'

Nachdem die junge Frau sich mehr als einmal mit derartigen Gedanken beschäftigt hatte, befreundete sie sich, um ihr Vorhaben insgeheim in die Tat umzusetzen, mit einem alten Weibe, das an Frömmigkeit der heiligen Verdiana, welche die Schlangen fütterte, nicht nachzustehen schien, stets mit dem Rosenkranz in der Hand zu jedem Ablaß lief und von nichts anderem sprach als vom Leben der heiligen Kirchenväter und von den Wundmalen des heiligen Franziskus und darum von allen Leuten als eine wahre Heilige angesehen wurde.

Bei passender Gelegenheit eröffnete die Junge dieser Alten rückhaltlos ihr Vorhaben, und diese entgegnete ihr: „Mein Töchterchen, Gott, der Allwissende, wird erkennen, daß du recht tust daran. Und wenn du es aus keinem andern Grunde tätest, so solltest du es, ebenso wie alle anderen jungen Frauen, schon deshalb tun, damit die Zeit der Jugend nicht ungenützt vorübergeht. Keine Reue ist bittrer als die Erkenntnis, daß man die Jugendzeit nutzlos vergeudet hat! Wozu, diavolo, sind wir denn noch gut, wenn wir einmal alt sind? Höchstens um die Asche im Herdloch zu hüten! Wenn jemand darüber Bescheid weiß und davon mitreden kann, so bin ich es, denn jetzt im Alter sehe ich, nicht ohne heiße, bittre, aber vergebliche Reue, wie ich meine Jugend ungenutzt habe verstreichen lassen. Und wenn ich sie auch nicht gänzlich verschwendet habe – für eine so dumme Gans wirst du mich hoffentlich nicht halten! –, so habe ich sie doch nicht in dem Maße ausgenützt, wie ich es hätte tun sollen. Wenn ich mich daran erinnere und mich betrachte, wie ich jetzt aussehe, so weiß ich, daß sich niemand mehr finden wird, der mir die Lumpen zum Brennen bringt, und nur Gott allein weiß, wie tief mich das schmerzt.

Den Männern freilich passiert das nicht. Sie sind zu tausenderlei Dingen geboren und nicht nur zu diesem einen. Und die meisten von ihnen sind im Alter mehr wert als in der Jugend. Wir Frauen aber sind nur zu diesem Zweck auf der Welt und um Kinder zu gebären, und nur deshalb sind wir den Männern teuer. Wenn du hierüber etwa noch nicht im Bilde gewesen sein solltest, müßte es dir schon daraus klarwerden, daß wir Frauen stets zu dieser Sache bereit sind, was man von den Männern nicht eben sagen kann. Abgesehen davon kann eine Frau gut zehn Männer von den Beinen bringen, während ebenso viele Männer eine Frau keineswegs ermüden. So sind wir sichtlich dazu geboren, und ich sage dir darum noch einmal, daß du völlig im Recht bist, wenn du deinem Mann das empfangene Unrecht heimzahlst. Dann wirst du dir später im Alter keine Gewissensbisse zu machen brauchen. Auf dieser Welt erhält jeder das, was er sich nimmt. Besonders die Frauen sollten ihre Zeit, wenn sie da ist, viel mehr ausnützen als die Männer. Du weißt ja selber, daß uns, wenn wir erst alt sind, weder unsre eigenen noch fremde Männer mehr anschauen; im Gegenteil, dann jagen sie uns in die Küche, wo wir den Katzen Geschichten erzählen und die Kochtöpfe und Bratpfannen zählen können. Ja noch schlimmer, sie dichten sogar noch Spottverse auf uns und sagen: ‚Die Jungen soll man mit Kuchen entzücken, die Alten mit derben Brocken ersticken!', und was dergleichen nette Sprüchlein mehr sind.

Doch will ich dich nicht länger mit Worten hinhalten. Eins kann ich dir sagen, du hättest niemand auf der Welt finden können, der dir für dein Vorhaben von größerem Nutzen hätte sein können als ich. Denn kein Mann auf der Welt ist so geschniegelt, daß ich es nicht wagen würde, ihm das Nötige zu sagen, und keiner ist so einfältig oder ungeschliffen, daß ich ihn nicht zurechtstauchen und dahin bringen könnte, wo ich ihn haben will. Zeige mir den Mann, der dir gefällt, und dann laß mich nur machen. Eins aber möchte ich dir noch ans Herz legen, mein Töchterchen, vergiß nicht, daß ich eine arme Frau bin. Ich werde dich dafür an jedem Ablaß, den ich fortan erhalte, teilhaben lassen und viele Paternoster für dich beten, damit der Herrgott sie den Seelen deiner Verstorbenen als Kerzen und Lichter anrechne."

Damit schloß die Alte ihre Rede, und die Junge traf mit ihr die Vereinbarung, daß jene das ihrige tun solle, sowie sie einen gewissen Jüngling zu Gesicht bekäme, der oft durch jene Straße zu spazieren pflegte und den die junge Frau ihr nun bis aufs kleinste beschrieb. Dann schenkte die Junge ihr ein Stück Pökelfleisch und entließ sie mit vielen Segenswünschen.

Wenige Tage später brachte ihr die Alte bereits den bezeichneten jungen Mann in aller Heimlichkeit ins Haus und bald darauf einen zweiten, wie es der jungen Frau gerade einfiel, die fortan, wenn auch in beständiger Furcht vor ihrem Mann, keine Gelegenheit, die sich ihr bot, mehr ungenutzt verstreichen ließ.

Nun geschah es, daß die junge Frau, als ihr Mann eines Abends mit seinem Freunde Ercolano zum Abendessen verabredet war, die Alte beauftragte, ihr einen der hübschesten und verführerischsten Burschen von ganz Perugia herbeizuholen, was jene sogleich tat. Als nun die Junge sich eben mit ihm zum Abendessen niedergelassen hatte, hörte sie plötzlich ihren Mann an der Haustür rufen, daß man ihm öffnen solle. Mehr tot als lebendig vor Schreck, erkannte die Frau seine Stimme. Da sie den Burschen nach Möglichkeit verstecken wollte, doch nicht mehr die Geistesgegenwart besaß, ihn fortzuschicken oder an anderem Orte zu verbergen, ließ sie ihn auf einer Art Galerie, die sich hinter dem Zimmer befand, in dem sie aßen, unter einen Hühnerkorb kriechen und warf den Bezug eines Strohsacks darüber, den sie gerade an diesem Tage hatte ausleeren lassen. Danach ließ sie ihrem Mann die Haustür aufschließen und sagte, als er eintrat: „Nun, heute habt ihr euer Abendessen ja recht eilig heruntergeschluckt!" Pietro antwortete: „Wir haben es überhaupt nicht angerührt." – „Aber wie ist denn das gekommen?" fragte ihn die Frau, und er fuhr fort: „Das will ich dir sagen. Als wir, Ercolano, seine Frau und ich, uns eben zu Tisch gesetzt hatten, hörten wir plötzlich ein Niesen. Das erste und zweite Mal ließen wir uns dadurch nicht stören, als aber die Nieserei noch ein drittes, viertes und fünftes Mal weiterging, waren wir doch recht erstaunt, und Ercolano, der sowieso böse auf seine Frau war, die uns lange vor der Haustür hatte warten lassen, ehe sie uns öffnete, rief nun wütend: ‚Was soll das heißen?

Wer niest hier andauernd?' Damit stand er vom Tisch auf und lief zur Treppe, die sich neben dem Zimmer befindet. Am Fuße dieser Treppe ist ein kleiner Bretterverschlag für allerlei Gerümpel eingebaut, wie man es in vielen Häusern zur Bequemlichkeit der Einwohner findet. Da Ercolano glaubte, daß das Niesen von hier gekommen sei, öffnete er ein kleines Türchen des Verschlags. Er hatte dies kaum getan, so drang ein fürchterlicher Schwefelgestank heraus. Wir hatten uns auch schon vorher über einen häßlichen Schwefelgeruch beklagt, doch hatte Ercolanos Frau daraufhin gesagt: ‚Das kommt davon, daß ich heute meine Schleier mit Schwefel gebleicht und dann die Pfanne, auf der ich den Schwefel zum Dämpfen ausgebreitet hatte, dort unter der Treppe abgestellt habe, woher es noch ein wenig riecht.' Als aber die Tür geöffnet und der Gestank ein wenig abgezogen war, erblickte Ercolano auch den Nieser, der noch jetzt immer weiter nieste und, halb erstickt von den starken Schwefeldämpfen, drinnen auf dem Boden lag. Obwohl er nieste, hatte der Schwefelgestank ihn schon fast bewußtlos gemacht, und es hätte wohl nicht mehr viel daran gefehlt, so hätte er weder weiterniesen noch sonst je wieder etwas tun können. Als Ercolano ihn sah, schrie er: ‚Jetzt sehe ich, Weib, warum du uns bei unserer Ankunft so lange hast vor der Tür stehen lassen, ohne zu öffnen! Aber ich will kein Vergnügen mehr kennen, wenn ich dir dies nicht heimzahle!' Kaum hatte die Frau seine Drohung gehört und erkannt, daß ihr Vergehen entdeckt war, so sprang sie ohne Entschuldigung vom Tische auf und lief fort, ich weiß nicht, wohin. Ercolano, der das Fortlaufen seiner Frau überhaupt nicht bemerkt hatte, forderte den Niesenden mehrmals auf herauszukommen. Dieser aber war unfähig, sich zu rühren, und bewegte sich nicht, soviel Ercolano auch redete. Schließlich ergriff dieser den andern bei den Beinen und zog ihn aus dem Verschlag. Dann lief er nach einem Messer, um ihn umzubringen. Da ich nun fürchtete, selbst in dieser Sache vors Gericht zu kommen, sprang ich dazwischen und gab nicht zu, daß er den jungen Mann tötete oder ihm ein Leid antat, sondern verteidigte jenen laut schimpfend und brachte es damit so weit, daß die Nachbarn herbeiliefen, die den Besinnungslosen aus dem Hause schleppten, Gott weiß wohin. Aus diesem Grunde war also unser Abendessen gestört, und ich habe es weder heruntergeschlungen noch überhaupt gekostet, wie ich dir schon sagte."

Diese Geschichte zeigte der jungen Frau, daß es noch mehr Frauen gab, die ebenso schlau waren wie sie selber, daß aber solche Dinge auch zuweilen einmal böse ausgehen können. Nur zu gerne hätte sie die Frau Ercolanos verteidigt, da sie aber glaubte, mit einem Tadel über den Fehltritt der anderen den Verdacht von ihrem eigenen besser ablenken zu können, sagte sie: „Na, das ist ja allerlei! Das muß ja eine brave, fromme Frau sein! Und mir ist sie so ehrbar und heilig vorgekommen, daß ich am liebsten zu ihr in die Beichte gegangen wäre! Schlimm genug, daß sie in ihrem Alter den Jungen ein so böses Beispiel gibt! Verdammt sei die Stunde, in der sie zur Welt kam, und verdammt sei sie selbst, daß sie immer noch lebt, dies verfluchte, schlechte Weibsbild, das alle Frauen der ganzen Stadt in Schmach und Schande bringt! Dieses Frauenzimmer, das sich wegwirft, dem Ehemann die Treue bricht und die Ehre vor aller Welt mit Füßen tritt! Er ist ein so ordentlicher, angesehener Mann, der seine Frau anständig behandelt! Sie aber schämt sich nicht, sich mit irgendeinem hergelaufenen Kerl einzulassen und ihrem Mann und sich selber Schande zu machen. Gott soll mich behüten, je mit einem solchen Weibe Mitleid zu haben! Umbringen sollte man sie und lebendigen Leibes auf dem Scheiterhaufen zu Asche verbrennen!" Indessen fiel ihr ihr eigener Liebhaber, der nebenan noch immer unter seinem Hühnerkorb steckte, wieder ein. Sie begann deswegen ihrem Manne zuzureden, sich zur Ruhe zu begeben, zumal es schon spät sei. Pietro aber verspürte weit größere Lust zu essen als zu schlafen und fragte deshalb, ob nicht vom Abendessen noch etwas übriggeblieben sei. Die Frau erwiderte: „Abendessen? Was heißt hier Abendessen? Wir sind nicht gewohnt, zu Abend zu essen, wenn du nicht daheim bist! Ja, wenn ich so ein Weibsbild wäre wie Ercolanos Frau! Aber warum gehst du nicht schlafen heute abend? Das wäre das beste!"

Nun waren an diesem Abend verschiedene Arbeiter Pietros mit allerlei Sachen vom Lande hereingekommen und hatten ihre Esel in einem Ställchen neben der Galerie untergebracht, ohne ihnen Wasser vorzusetzen. Eins dieser Tiere hatte, von Durst geplagt, seinen Kopf aus dem Halfter gezerrt und war aus dem Ställchen herausgekommen. Während es überall nach Wasser herumschnoberte, kam es auch in die Galerie und näherte sich dem Korbe, unter dem der Jüngling auf allen vieren kauerte, wobei seine Finger ein wenig unter dem Korb hervorlugten. Zu seinem Glück oder Pech, wie man es nennen will, stellte der Esel den Fuß gerade auf seine Finger, worauf der arme Junge vor Schmerzen laut zu schreien begann.

Pietro hörte ihn schreien und verwunderte sich nicht wenig, da er wohl bemerkte, daß dies Geschrei aus seinem Hause kam. Er verließ deshalb das Zimmer und hörte jenen jammern, da der Esel noch immer auf seiner Hand stand und sie tüchtig quetschte. Pietro rief daher: „Wer ist da?" Dann lief er auf den Korb zu, hob ihn auf und erblickte den jungen Mann, der, abgesehen von den Schmerzen in der Hand, nun noch vor Angst schlotterte, daß Pietro ihm etwas antun könne. Dieser aber erkannte in ihm einen Jungen, dem er in seiner Lasterhaftigkeit lange Zeit vergebens nachgestiegen war. Er fragte ihn deshalb nur: „Was machst du hier?" Da jener keine Antwort gab, sondern ihn nur anflehte, ihm doch um Gottes willen nichts Böses zu tun, sagte er zu ihm: „Steh auf und habe keine Angst, daß ich dir etwas antue. Sage mir lieber, wieso und warum du hier bist."
Darauf sagte der Jüngling ihm alles. Pietro, der ebenso vergnügt war, den Jungen hier angetroffen zu haben, als seine Frau darüber bekümmert war, ergriff ihn nun bei der Hand und nahm ihn mit in das Zimmer, wo die Frau voller Angst auf ihn wartete. Pietro setzte sich ihr gegenüber und sagte: „Eben schimpftest du noch auf Ercolanos Frau und sagtest, man solle sie verbrennen, da sie ein Schandfleck für euch alle sei! Warum sagtest du dasselbe nicht auch gleich von dir? Und wenn du es schon von dir selber nicht sagen wolltest, wie konntest du dann so dreist sein, sie derart zu schmähen, wohl wissend, daß du dasselbe tatest? Ach, alle Weiber sind von gleichem Holze, und nichts andres hat dich bewogen als die Hoffnung, mit dem Vergehen einer anderen Frau die eigenen zu vertuschen! Wollte Gott, daß ein Feuer vom Himmel fiele und euch Weiber alle samt und sonders verzehre! Nichtswürdiges Pack, das ihr seid!"

Die Frau, die bereits bemerkt hatte, daß er auf den ersten Anhieb ihr mit nichts anderem als mit einer Flut von

Schimpfworten entgegentrat, und zu erkennen glaubte, daß er schier verrückt war vor Freude, einen so schmucken Jungen in der Hand zu haben, faßte sich ein Herz und sagte: „Ich glaube dir gerne, daß du froh wärst, wenn ein Feuer vom Himmel fiele und uns Frauen alle verzehrte, denn du hast auf uns keine größeren Gelüste als der Hund auf den Knüppel. Aber beim Kreuze Christi, so gut soll es dir nicht gehen! Ich würde gerne ein wenig mit dir abrechnen, um zu erfahren, worüber du dich zu beklagen hast. Willst du mich etwa mit der Frau Ercolanos vergleichen? Dabei könnte ich nur gut wegkommen, denn das ist eine verlogene, scheinheilige alte Betschwester, die von ihrem Manne alles kriegt, was sie begehrt. Er behandelt sie, wie eine Frau von ihrem Ehemann behandelt werden möchte, was man von dir, weiß Gott, nicht behaupten kann. Wenn ich auch zugebe, daß du mir hübsche Kleider und Schuhe schenkst, so weißt du doch genau, wie es mit anderen Dingen bei dir bestellt ist und wie lange du schon nicht mehr bei mir gelegen hast! Wenn du mich nur im Bette gut behandeln wolltest, so möchte ich lieber barfuß in Lumpen gehen als alle jene Dinge besitzen und dazu so behandelt werden, wie es der Fall ist! Drum höre gut zu, Pietro: Ich bin ein Weib wie alle anderen und habe dasselbe Verlangen wie alle Frauen. Wenn ich mich nun bemühe, dieses Verlangen, das du nicht stillen willst, in aller Heimlichkeit zu sättigen, so kann mir niemand darum Böses nachsagen, zumal ich stets so viel Rücksicht auf dich genommen habe, daß ich mich weder mit Stallknechten noch mit Lumpen eingelassen habe." Pietro sah, daß ihr Redestrom in dieser Nacht von selber nicht mehr versiegen würde, und da er sich ihretwegen keineswegs erregte, sagte er: „Höre auf, Weib! Ich werde diese Sache schon zu deiner Zufriedenheit regeln. Nun sorge dafür, daß wir etwas zu essen bekommen, denn mir scheint, dieser Bursche hier hat ebensowenig wie ich zu Abend gespeist." – „Daß er noch nichts gegessen hat, stimmt freilich", erwiderte die Frau, „denn wir wollten uns gerade zu Tisch setzen, als du zu so ungelegener Stunde heimkamst." – „So beeile dich", rief Pietro, „und bringe ein Abendessen auf den Tisch! Nachher werde ich schon alles so einzurichten wissen, daß du keinen Grund zur Klage haben sollst." Da ihr Mann sich so friedlich gesonnen zeigte, stand die Frau auf, ließ den Tisch neu decken und das Mahl auftragen, das sie vorbereitet hatte, und speiste dann in fröhlicher Laune mit ihrem lasterhaften Mann und ihrem Liebhaber zu Abend.

Wie Pietro es nach dem Essen zuwege brachte, daß alle drei zufriedengestellt wurden, ist mir leider entfallen. Doch erinnere ich mich, daß der Jüngling, als er endlich gegen Morgen wieder auf dem Marktplatz stand, nicht mit Sicherheit sagen konnte, wer in dieser Nacht mehr Vergnügen an seiner Gesellschaft gehabt hatte, die Frau oder ihr Ehemann.

Und darum, meine Vielgeliebten, rate ich euch eins: Was man euch tut, das tut den andern wieder. Und wer es nicht gleich kann, der behalte es so lange im Sinn, bis sich eine Möglichkeit findet. Denn wie man in den Wald hineinruft, so schallt es wieder heraus!

Dioneos Geschichte war beendet und wurde von den Damen aus Schamhaftigkeit nicht so sehr belacht, obwohl alle ihren Spaß daran gehabt hatten. Die Königin aber sah das Ende ihrer Regentschaft herannahen. Sie erhob sich daher, nahm die Lorbeerkrone aus ihren Locken und drückte sie lächelnd Elissa ins Haar mit den Worten: „An Euch, Madonna, sei es nun, zu regieren!"

Dieserart geehrt, tat Elissa dasselbe, was vor ihr auch die übrigen getan hatten, und gab als erstes dem Seneschall ihre Wünsche bekannt für das, was in der Zeit ihrer Regentschaft zu geschehen hätte. Dann sagte sie zur Zufriedenheit ihrer ganzen Gesellschaft: „Wir haben oft gehört, daß mit einem klugen Wort, einer schlagfertigen Antwort oder einem geistesgegenwärtigen Entschluß mancher es fertiggebracht hat, bissige Bemerkungen seiner Gegner mit gebührender Schärfe zu bändigen und drohende Gefahren zu verscheuchen. Da dies ein gutes Thema ist und allen von Nutzen sein kann, so möchte ich, daß morgen mit Gottes Hilfe von solchen Menschen erzählt wird, die sich auf den Angriff eines Gegners mit einem geistreichen Einfall revanchierten oder durch prompte Erwiderung und schnellen Entschluß einem Verlust, einer Gefahr oder der Schande entgingen."

Alle lobten diesen Vorschlag, worauf die Königin sich erhob und die Gefährten bis zur Stunde des Abendessens beurlaubte. Als die ehrenwerte Gesellschaft die Königin aufstehen sah, erhoben sich auch alle übrigen, und jeder ging, wie üblich, seinem Vergnügen nach. Als dann das Lied der Zikaden verstummt war, wurden alle zusammengerufen und begaben sich zum Abendessen, das in heiterster Stimmung eingenommen wurde, worauf man sich mit Gesang und Saitenspiel ergötzte. Elissa begann auf Geheiß der Königin einen Reigen anzuführen, und Dioneo wurde beauftragt, ein Lied zu singen. Er begann auch sogleich und stimmte die Kanzone an: „Monna Aldruda, hebt auf Eure Schleppe, ich bringe Euch fröhliche Botschaft..." Die Damen lachten hellauf, und auch die Königin stimmte ausgelassen in das Gelächter ein, befahl ihm aber dann, dieses Lied abzubrechen und ein andres zu singen, und Dioneo entgegnete: „Madonna, hätte ich eine Zimbel hier, so würde ich singen: ‚Hebt auf die Röcke, Monna Lapa' oder: ‚Unter den Olivenbäumen auf dem Rasen...' oder, falls Ihr es lieber hören möchtet: ‚Die Wellen des Meeres machen mich krank.' Doch leider habe ich keine Zimbel, und so müßt Ihr Euch schon für eins der folgenden Lieder entscheiden, vielleicht: ‚Komm heraus, ich lege dich um wie den Apfelbaum im Garten.'" – „Nein! Nein!" rief die Königin. „Wähle ein andres Lied!", und Dioneo fuhr fort: „Schön, dann will ich singen: ‚Monna Simona, schenkt ein, schenkt ein, obwohl der Oktober noch fern ist!'" Lachend unterbrach ihn die Königin: „Zum Teufel, Dioneo! Singe uns ein schönes Lied, wenn du es kannst. Solche Lieder wollen wir nicht hören!" Dioneo entgegnete: „Nichts für ungut, Madonna. Seid nicht böse und sagt mir, welches Lied Euch am besten gefällt. Ich kenne mehr als tausend. Wollt Ihr vielleicht hören: ‚Schneckchen klein will gestreichelt sein' oder: ‚Vorsicht, Vorsicht, lieber Mann' oder: ‚Ich kauf mir einen Hahn für hundert Lire'?" Jetzt aber wurde die Königin wirklich ärgerlich und rief, obwohl die übrigen alle lachten: „Dioneo, laß den Unsinn und singe ein schönes Lied! Wenn du jetzt nicht hörst, werde ich wirklich böse."

Auf diese Mahnung hin beendete Dioneo seine Flausen und begann sogleich zu singen:

> „Amor, das holde Licht,
> Das mir aus ihrem schönen Auge lacht,
> Hat mich zum Knecht von dir und ihr gemacht!
>
> Aus ihrem Auge leuchtete der Strahl,
> Der deine Flamm' zuerst in mir entzündet,
> Als ihn die meinen sahn.
> Wie du so reich an Preisen ohne Zahl,
> Ihr holdes Angesicht hat mir's verkündet.
> Wohl ist's um mich getan;
> Denn ihr nur untertan
> Ist jede Kraft, wenn ich an *sie* gedacht,
> Die neue Seufzer in mir angefacht.
>
> So bin ich denn von deiner Macht gefangen,
> O teurer Herr, erwarte nur von dir,
> Daß Lohn mich einst erfreue.
> Ist aber wohl mein glühendes Verlangen,
> Das du entzündet hast, gekannt von ihr,
> Und jene feste Treue,
> Die einzig ich ihr weihe?
> Verschmäh ich doch, weil ganz in ihrer Macht,
> Sogar den Frieden, den nicht *sie* gebracht.
>
> Kennt sie es nicht, o süßer Herr, so bitt ich,
> Daß du's ihr schilderst und ein Fünkchen Glut
> Ihr leihst, mit mir im Bunde.
> Du weißt es ja, mich selbst verzehrend litt ich
> Schon lange herbe Qual; es rinnt mein Blut
> Aus immer offner Wunde.
> Und dann zu guter Stunde
> Sei ihr mich zu empfehlen du bedacht!
> Wie gern hätt ich den Weg mit dir gemacht!"

Als Dioneo verstummte und damit das Ende seines Liedes anzeigte, lobte die Königin es sehr und ließ anschließend noch manches andre Liedchen singen. Dabei verstrich ein guter Teil des Abends, und als die Königin fand, daß die Frische der Nacht allmählich des Tages Hitze überwand, befahl sie, daß jeder nach Gefallen bis zum nächsten Morgen ausruhen solle.

Hier endet der fünfte Tag des Dekameron.

*Es beginnt der sechste Tag des Dekameron, an dem unter
der Herrschaft Elissas von solchen Menschen erzählt
wird, die mit einem geistreichen Einfall eine Herausforderung zurückzugeben wußten oder durch prompte Erwiderung und kluge Vorsicht einem Verlust, einer Gefahr oder
der Schande entgingen.*

Der Mond, der in der Mitte des Himmels stand, hatte seinen Glanz verloren und das Licht des heraufsteigenden Tages schon alle Teile unsrer Erde erhellt, als die Königin
aufstand, ihre Gefährten rufen ließ und sich mit ihnen, über
taufrisches Gras gemächlich dahinwandelnd, in angeregten
Gesprächen ein wenig von dem stolzen Palast entfernte. In
heiteren Gesprächen über den größeren oder geringeren
Wert der einzelnen vorgetragenen Geschichten belachten
sie nochmals manche Begebenheit, die sie gehört hatten.

Als aber die Sonne allmählich höher stieg und die Hitze
zunahm, schien es allen ratsam, zurückzukehren. Sie wandten daher ihre Schritte heimwärts und langten bald wieder
an ihrem Aufenthaltsort an.

Hier waren bereits die Tische gedeckt und der Boden
ringsum mit duftenden Kräutern und schönen Blumen be-
streut worden. Auf Geheiß der Königin setzte die Gesellschaft sich sogleich, bevor noch die Hitze überhandnahm,
zum Essen nieder und nahm das Mahl in heiterer Stimmung ein. Nachdem anschließend einige hübsche, fröhliche
Lieder gesungen waren, begaben einige Damen und Herren
sich zur Ruhe, während der Rest die Zeit mit Schach- und
Brettspiel verkürzte. Dioneo und Lauretta aber sangen zusammen die Weise von Troilos und Chryseis.

Als die Stunde der Versammlung herannahte, ließ die
Königin die Gefährten zusammenrufen, und man setzte
sich, wie üblich, rings um den schönen Springbrunnen nieder.

Schon wollte die Königin den Befehl geben, mit der ersten Erzählung zu beginnen, als sich etwas ereignete, was bisher noch nicht vorgekommen war: Ein großes Geschrei, von Mägden und Dienern in der Küche vollführt, wurde laut. Der herbeigerufene Seneschall antwortete auf die Frage, was dieser Lärm wohl zu bedeuten habe, daß Licisca und Tindaro in heftigem Streit aneinandergeraten seien, doch wußte er die Ursache des Zankes nicht anzugeben, da er eben erst in dem Augenblick, als er gerufen wurde, hinzugeeilt sei, um Ruhe zu stiften.

Die Königin ließ nun Licisca und Tindaro herbeiholen und fragte sie, als sie vor ihr standen, nach dem Grunde des lauten Zankes. Tindaro schickte sich an, ihre Frage zu beantworten, jedoch die schon ein wenig angejahrte und recht hochfahrende Licisca wandte sich, vom Streit erhitzt, mit bösen Blicken nach ihm um und rief: „Sieh einer diesen ungeschliffenen Kerl an! Er wagt es wohl gar, in meiner Gegenwart vor mir das Wort zu ergreifen! Laß mich gefälligst reden!"

Dann wandte sie sich der Königin zu und sagte: „Madonna, dieser hier will mich lehren, die Frau des Sicofante zu kennen! Als hätte ich nie mit ihr verkehrt, will er mir weismachen, daß in der ersten Nacht, als sie mit Sicofante zusammen war, der Ritter Stoßdegen mit Gewalt und Blutvergießen in Schwarzenberge eingedrungen sei. Ich aber behaupte, daß das nicht wahr ist, sondern daß sein Einzug im Gegenteil in Ruhe und Frieden zur nicht geringen Freude aller, die drinnen waren, stattgefunden hat. Tindaro ist wahrlich ein rechter Esel, wenn er glaubt, die Mädchen seien so töricht, ihre schönste Zeit mit Warten zu vergeuden, bis es ihren Vätern oder Brüdern einfällt, sie zu verheiraten, was sechsmal in sieben Fällen gut drei bis vier Jahre zu spät geschieht. Mein teurer Tindaro, sie wären schön dumm, wollten sie so lange zögern! Beim Kreuze Christi, ich weiß, was ich sage, wenn ich behaupte, daß in meiner ganzen Bekanntschaft ringsum keine einzige als Jungfrau ins Ehebett gestiegen ist! Und auch Ehefrauen kenne ich mehr als genug, die ihren Ehemännern muntre Schnippchen schlagen, und was für welche! Und dieser Schafskopf hier will mich lehren, die Weiber zu kennen, als sei ich von gestern!"

Während dieser Tirade Liciscas hatten die Damen ein solches Gelächter angestimmt, daß man ihnen mühelos alle Zähne hätte ziehen können. Die Königin gebot der Licisca wohl an die sechsmal, zu schweigen, doch es war umsonst. Jene hörte nicht auf, bis alles, was sie auf dem Herzen hatte, gesagt worden war.

Als sie endlich den Mund hielt, wandte die Königin sich lachend an Dioneo und sprach: „Dioneo, dies ist ein Fall für dich! Doch erst, wenn unsere Geschichten beendet sind, sollst du das Schlußurteil über diesen Streit abgeben!"

Dioneo erwiderte prompt: „Madonna, das Urteil liegt auf der Hand, ich brauche nichts weiter über die Sache zu hören. Meiner Meinung nach hat Licisca recht, und ich glaube wohl, es stimmt, was sie sagt: Tindaro ist wirklich ein Esel!"

Als Licisca diese Worte hörte, lachte sie laut und sagte zu Tindaro: „Nun bitte! Was habe ich dir gesagt? Zieh ab! Willst wohl am Ende klüger sein als ich und bist noch nicht trocken hinter den Ohren! Nein, nein, ich habe, Gott sei Dank, nicht umsonst gelebt!"

Hätte die Königin ihr jetzt nicht mit bösem Gesicht geboten, den Mund zu halten, und ihr nicht unter Androhung einer Züchtigung jedes weitere Wort und alle Streitereien untersagt, so hätte die Gesellschaft wohl den ganzen Tag lang Liciscas Gezänke anhören müssen. Die Königin schickte sie indes mit Tindaro zusammen in die Küche zurück und gebot Filomena, als beide gegangen waren, mit dem Erzählen zu beginnen. Diese hub mit fröhlicher Miene zu sprechen an.

ERSTE GESCHICHTE

Ein Kavalier verspricht Madonna Oretta, ihr mit einer Erzählung die Zeit so zu verkürzen, als säße sie zu Pferde; da er aber schlecht erzählt, bittet sie ihn bald, sie wieder auf die eigenen Füße zu stellen.

Meine jungen Freundinnen, wie Sterne in leuchtenden, klaren Nächten den Himmel schmücken, wie Blumen im Frühling die grünen Wiesen und frisch betaute Büsche die Berge zieren, so gereicht auch ein geistreicher Witz lobenswerten Sitten und klugen Gesprächen zur Ehre. Und weil ein solcher immer nur kurz ist, sollten sich viel mehr noch die Damen als die Herren seiner bedienen, da langes Reden sich für die Frauen weit weniger ziemt als für die Männer.

Doch zu unser aller Schande muß ich sagen, daß es heute – sei es wegen der Stumpfheit unsres Verstandes oder infolge besonderer Feindschaft der Gestirne gegen unser Zeitalter – gar keine oder nur noch wenige Frauen gibt, die imstande wären, zur rechten Zeit einen geistreichen Witz zu machen oder einen solchen, wenn er fällt, zu würdigen. Da Pampinea über diese Tatsache früher schon mancherlei gesagt hat, will ich mich nicht länger dazu äußern. Um euch indes zu beweisen, wie reizend ein guter Einfall im rechten Augenblick sein kann, möchte ich euch von einer Edeldame erzählen, die einst mit einem geschickten Wort einen Kavalier zum Schweigen brachte.

Viele von euch werden aus eigener Erinnerung oder vom Hörensagen wissen, daß vor nicht allzu langer Zeit in unsrer Vaterstadt eine Edelfrau von erlesenstem Anstand lebte, der die Worte gar artig zu Gebot standen. Ihre guten Eigenschaften verdienen, daß ihr Name nicht verschwiegen werde; es war Madonna Oretta, die Gemahlin des Messer Geri Spina.

Diese Dame befand sich einmal, ebenso wie wir jetzt, auf dem Lande. Als sie dort eines Tages in Gesellschaft mehrerer Damen und Kavaliere, die bei ihr gefrühstückt hatten, von einem Ort zum andern lustwandelte, erwies sich die Entfernung vom Ausgangspunkt bis zu dem gewünschten Ziel, das man zu Fuß erreichen wollte, als recht weit. Da sprach denn einer der Herren ihrer Begleitung zu ihr: „Madonna Oretta, wenn Ihr es wünscht, werde ich Euch die lange Strecke Weges, die wir noch vor uns haben, mit einer der unterhaltsamsten Geschichten der Welt so verkürzen, daß Ihr meint, zu Pferde zu sitzen!" Die Edeldame entgegnete: „Messer, ich bitte Euch sogar herzlich, es zu tun. Es soll mir hochwillkommen sein." Der Herr Kavalier, der den Degen an seiner Seite im Kampfe vielleicht auch nicht besser zu führen wußte als seine Zunge beim Erzählen, begann auf diese Ermunterung hin eine Geschichte zum besten zu geben, die an sich recht ergötzlich war. Da er aber ein und dasselbe Wort nicht nur drei- oder viermal, sondern mindestens sechsmal gebrauchte, sich ewig wiederholte – wobei er alle Augenblicke ausrief: „Ach, das habe ich nicht richtig erzählt!" –, sich dazu in den Namen irrte und einen für den andern einsetzte, verdarb er die Geschichte nach allen Regeln der Kunst, ohne die Eigenschaften der Personen oder die vorkommenden Begebenheiten richtig darzustellen.

Der armen Madonna Oretta brach beim Zuhören der Angstschweiß aus, ja, sie fühlte sich bald so elend, als sei sie krank und kurz davor, ihren Geist aufzugeben. Als sie es nicht mehr länger ertragen konnte und einsah, daß der Kavalier sich mit seiner Geschichte rettungslos festgefahren hatte und nicht mehr weiterkonnte, sagte sie freundlich: „Messer, Euer Pferd hat einen zu harten Trab, darum bitte ich Euch, hebt mich wieder herunter."

Der Kavalier, der gottlob gewitzter im Verstehen als im Erzählen war, begriff sogleich den Wink und nahm ihn als einen Scherz entgegen. Er ließ die mißlungene Erzählung unbeendet und begann von etwas anderem zu sprechen.

ZWEITE GESCHICHTE

Der Bäcker Cisti bringt Messer Geri Spina mit einem einzigen Wort dazu, eine anmaßende Forderung zu bereuen.

Alle Damen und Herren lobten den geistreichen Scherz Madonna Orettas sehr, dann aber gebot die Königin Pampinea fortzufahren, und sie begann folgendermaßen zu erzählen:

Meine schönen Freundinnen, ich weiß nicht zu sagen, wer sich der größeren Verfehlung schuldig macht, die Natur, wenn sie eine feine Seele in einen mißgestalten Körper bannt, oder das Schicksal, wenn es einen Menschen, der eine edle Seele sein eigen nennt, in ein niederes Gewerbe zwängt, wie wir es zum Beispiel an unserem Mitbürger Cisti und an vielen andren Menschen wahrnehmen können. Diesen Cisti machte das Schicksal, obwohl er eine adlige feine Seele besaß, zum Bäcker. Wüßte ich nicht, daß die Natur in allen Dingen weise handelt und daß das Glück tausend Augen hat, obwohl viele Narren es als blind bezeichnen, würde ich Natur und Schicksal gleicherweise schmähen. So aber möchte ich annehmen, daß beide mit äußerster Umsicht zu Werke gehen und ebendas tun, was auch die Menschen häufig machen, wenn sie aus Sorge für mögliche Gefahren ihre teuersten Schätze in den schlechtesten Winkeln ihrer Häuser verbergen, wo sie am wenigsten vermutet werden, um sie notfalls aus diesen Verstecken, an denen sie sicherer aufgehoben waren als in den prächtigsten Zimmern, wieder ans Licht zu holen. Auf dieselbe Art nun verbergen die beiden Verweser der Welt ihre teuersten Kleinode im Schatten eines wenig geachteten Gewerbes, damit sie, im Bedarfsfalle hervorgeholt, ihren Glanz desto strahlender entfalten.

Wie nun bei einem geringfügigen Anlaß Cisti, der Bäcker, es fertigbrachte, Messer Geri Spina, den wir bereits als Gatten Madonna Orettas kennenlernten, zur Einsicht zu bringen, ist mir eben wieder eingefallen, und ich will es euch in einem kurzen Bericht erzählen. Hört also zu:

Als der Papst Bonifazius, bei dem Messer Geri Spina in hohem Ansehen stand, einige adelige Gesandte in wichtigen Angelegenheiten nach Florenz geschickt hatte, waren diese im Hause des Messer Geri Spina abgestiegen. Während er mit ihnen die Geschäfte des Papstes besprach, geschah es, ich weiß nicht mehr, aus welchem Grunde, daß Messer Geri Spina fast jeden Morgen mit den päpstlichen Gesandten zu Fuß an der Kirche Santa Maria Ughi vorüberkam, in deren Nähe die Backstube des Bäckers Cisti lag, der dort in eigener Person seinem Gewerbe nachging. Obwohl das Schicksal dem Cisti nur ein niederes Handwerk beschieden hatte, war es ihm doch so gewogen gewesen, daß er durch dieses ein steinreicher Mann geworden war und durchaus nicht den Wunsch hegte, es mit einem anderen zu vertauschen, sondern vielmehr in vollem Überfluß lebte und sich neben allerlei andren Annehmlichkeiten auch die besten Weiß- und Rotweine gönnen konnte, die in Florenz und Umgebung aufzutreiben waren.

Als Cisti nun alle Tage Messer Geri Spina und die Gesandten des Papstes an seiner Tür vorbeigehen sah, deuchte ihm, daß es wohl bei der großen Hitze nicht mehr als höflich wäre, ihnen ein Glas von seinem guten Weißwein als Erfrischung anzubieten. In Anbetracht des beträchtlichen Standesunterschiedes, der ihn von Messer Geri Spina trennte, erschien es diesem braven Bäcker jedoch nicht schicklich und auch recht anmaßend, jenen direkt einzuladen. Er suchte daher nach einer Möglichkeit, die Messer Geri veranlassen sollte, sich selber bei ihm zu Gast zu laden. Aus diesem Grunde ließ er jeden Morgen um die Zeit, wenn Messer Geri mit den Gesandten vorbeizukommen pflegte, ein nagelneues Zinneimerchen mit frischem Wasser und ein gleichfalls neues, mit seinem besten Weißwein gefülltes Krüglein vor die Tür seines Hauses bringen, dazu ein paar blankgeputzte Becher, die wie Silber glänzten. Dann setzte er sich mit blitzsauberer weißer Jacke und frisch gewaschener Schürze, mehr einem Müller als einem Bäcker gleichend, dort nieder, wenn die Herren herankamen, und begann nach mehrmaligem Ausspeien seinen Wein mit solchem Behagen zu trinken, daß selbst einem Toten dabei das Wasser im Munde zusammengelaufen wäre.

Nachdem Messer Geri es einige Tage mit angesehen hatte, sagte er beim drittenmal: „Nun, Cisti, wie ist er? Taugt er etwas?" Cisti stand eilends auf und erwiderte: „O ja, Messere. Doch wie gut er ist, kann ich Euch nicht erklären, wenn Ihr ihn nicht selber kostet!" Messer Geri, der entweder infolge des Wetters oder durch mehr Anstrengungen als gewöhnlich oder auch nur durch den Anblick des so genießerisch trinkenden Cisti Durst bekommen hatte, wandte sich lächelnd an die Gesandten und sagte: „Meine Herren, ich glaube, es wäre nicht verkehrt, den Wein dieses wackren Mannes einmal zu probieren. Vielleicht ist er so gut, daß es uns nicht gereuen wird." Damit kam er mit seinen Begleitern zu Cisti heran. Dieser ließ sogleich eine bequeme Bank aus der Backstube herausholen und bat die Herren, Platz zu nehmen. Zu ihren Dienern aber, die bereits beginnen wollten, die Becher zu spülen, sagte er: „Laßt gut sein, meine Lieben. Ich werde das selber tun, denn ich verstehe mich ebensogut darauf, Wein einzuschenken als Brote zu backen. Aber macht euch keine Hoffnungen, auch nur einen Tropfen von meinem Wein zu kosten!" Darauf spülte er vier schöne neue Becher aus, ließ einen kleinen Krug seines guten Weines kommen und schenkte Messer Geri und seinen Begleitern fleißig ein. Den Herren dünkte der Wein der beste zu sein, den sie seit langem getrunken hatten. Sie lobten ihn sehr, und Messer Geri kam, solange die Gesandten sich in der Stadt aufhielten, fast jeden Morgen mit ihnen vorbei, um den köstlichen Wein des Bäckers zu trinken. Als sie endlich ihre Geschäfte beendet hatten und heimkehren wollten, ließ Messer Geri ein festliches Abschiedsmahl richten, zu dem er eine Gesellschaft der angesehensten Bürger einlud. Auch Cisti erhielt eine Einladung, doch war er um keinen Preis zu bewegen, ihr zu folgen.

Messer Geri beauftragte darum einen seiner Diener, von Cisti eine Flasche des köstlichen Weines zu erbitten, von dem er jedem seiner Gäste einen halben Becher zum ersten Gericht reichen lassen wollte. Der Diener machte sich, wahrscheinlich recht mißmutig, weil es ihm nie gelungen war, jenen Wein zu kosten, mit der größten Flasche, die er auffinden konnte, auf den Weg. Cisti aber sagte, als er die Flasche erblickte: „Mein Sohn, Messer Geri hat dich bestimmt nicht hergeschickt." Und blieb auch bei dieser Antwort, obwohl der Diener mehrmals beteuerte, daß Messer Geri ihn wirklich hergesandt habe. Da er Cisti zu keiner andren Antwort bewegen konnte, kehrte er schließlich zu seinem Herrn zurück, dem er Cistis Worte wiederholte. Messer Geri befahl darauf dem Diener: „Gehe nochmals hin und sage ihm, daß ich dich wirklich schicke. Bekommst du wieder dieselbe Antwort, so frage ihn, zu wem ich dich denn schicken möchte." Zu Cisti zurückgekehrt, sagte der Diener: „Cisti, Messer Geri schickt mich ganz gewiß." Cisti aber antwortete: „Nein, mein Sohn, das tut er wahrlich nicht!" Darauf fragte ihn der Diener: „Und wohin soll er mich denn schicken?" Cisti erwiderte: „Zum Arno!" Als der Diener Messer Geri diese Antwort überbrachte, ging ihm sogleich ein Lichtlein auf, und er sagte zu dem Bedienten: „Zeige mir die Flasche, die du hingetragen hast!" Als er diese erblickte, fuhr er fort: „Cisti hat recht!" Dann befahl er dem Diener mit zornigen Worten, eine angemessene Flasche zu holen. Beim Anblick dieser Flasche sagte Cisti: „Jetzt sehe ich, daß Messer Geri dich gesandt hat", und füllte sie ihm freundlich. Dann sandte er noch am gleichen Tage in aller Stille ein ganzes Faß jenes köstlichen Weins in das Haus des Messer Geri, ging bald danach selber zu ihm und sagte, als er ihn antraf: „Messere, Ihr sollt nicht glauben, daß die große Flasche heute morgen mich erschreckt hätte. Doch schien es mir, als ob Ihr vergessen hättet, was ich Euch in diesen Tagen mit meinem kleinen Krüglein zeigen wollte, nämlich, daß dies kein Allerweltswein ist. Daran wollte ich Euch heute morgen erinnern. Jetzt aber möchte ich nicht länger der Hüter dieses Weines sein und habe Euch darum alles, was ich noch davon besaß, hergeschickt. Haltet es nun damit, wie es Euch gefällt!" – Messer Geri hielt das Geschenk Cistis in Ehren und dankte ihm so herzlich dafür, wie er es nach seiner Meinung für eine solche Gabe verdiente, und achtete ihn fortan stets als einen Ehrenmann und guten Freund.

DRITTE GESCHICHTE

Monna Nonna de' Pulci weist mit einer schlagfertigen Antwort die wenig ehrbaren Anspielungen des Bischofs von Florenz ab und bringt ihn zum Schweigen.

Als Pampinea ihre Geschichte beendet hatte und Cisti wegen seiner klugen Antwort und seiner Großzügigkeit von allen gebührend gelobt worden war, gefiel es der Königin, Lauretta zum Weitererzählen aufzufordern. Diese begann sogleich in fröhlichem Ton:

Ihr reizenden Mädchen, wie früher Pampinea, so hat auch jetzt Filomena nur zu wahr gesprochen, wenn sie unsere geringe Schlagfertigkeit und den Wert eines geistreichen Einfalls hervorhob. Ich brauche nicht noch einmal auf diese Tatsache zurückzukommen, doch möchte ich euch zu allem, was schon über Witzworte gesagt wurde, auf eines hinweisen: nämlich daß diese Witze für den Hörer zwar beißend sein sollen, doch nicht mehr, als bisse ein Lamm, niemals aber ein Hund. Wären die Witze so bissig wie Hunde, so wären sie keine Witze mehr, sondern Unverschämtheiten. Dies zeigten uns die Worte Madonna Orettas und die Antworten Cistis in ausreichender Weise. Wird freilich ein bissiger Witz als Antwort auf eine Herausforderung gegeben, so ist der Antwortende nicht zu tadeln, wenn er selber auf bissige Weise angegriffen wurde. Doch ist seine Antwort zu rügen, wenn kein solcher Angriff vorangegangen ist. Darum achte ein jeder genau darauf, wie, wann, mit wem und auch wo er sich in einen Wortstreit einläßt. Diese Umstände ließ einst einer unserer Prälaten außer acht, und so mußte er einen ebenso scharfen Hieb, wie er ihn ausgeteilt hatte, als Antwort einstecken. Ich will euch davon ein kleines Geschichtchen erzählen:

Als Messer Antonio d' Orso, ein würdiger, weiser Prälat, Bischof von Florenz war, kam einst ein katalonischer Edelmann namens Don Diego de la Rata, ein Marschall des Königs Robert, in diese Stadt. Dieser war ein recht gut aussehender Mann und dazu ein großer Frauenfreund und fand vor allen anderen florentinischen Damen bald besonderes Gefallen an einer sehr schönen Frau, welche die Enkelin eines Bruders des genannten Bischofs war. Als er hörte, daß ihr Gatte zwar aus gutem Hause, aber ein Geizhals übelster Sorte war, traf er mit diesem die Verabredung, daß er ihm fünfhundert Fiorini geben wollte, wofür jener ihn eine Nacht bei seiner Frau schlafen lassen sollte. Er verbrachte auch tatsächlich eine Nacht mit der Dame, wenn auch gegen ihren Willen, und zahlte darauf ihrem Mann fünfhundert der damals im Umlauf befindlichen Silberpopolini aus, die er zuvor hatte vergolden lassen. Von diesem Streich erfuhr bald alle Welt, und der geizige Ehemann hatte außer dem Schaden auch noch den Spott zu erdulden. Der Bischof aber stellte sich wohlweislich, als wüßte er nichts von der ganzen Geschichte.

Da nun der Bischof und der Marschall viel miteinander verkehrten, geschah es, daß sie einmal am Johannistag auf einem Spazierritt über die Rennbahn den Frauen nachschauten. Dabei fiel der Blick des Bischofs auf eine junge Dame, die jetzt als junge Ehefrau von der Pest dahingerafft worden ist. Es war Monna Nonna de' Pulci, die Base des Messer Alesso Rinucci, die ihr alle gekannt haben werdet. Sie war damals ein frisches, schönes junges Weibchen, das den Mund und das Herz auf dem rechten Fleck hatte und erst vor kurzem in der Kirche Porta San Piero verheiratet worden war. Der Bischof zeigte sie dem Marschall, und als beide dicht zu ihr herangeritten waren, legte er die Hand auf ihre Schulter und sagte: „Nun, Nonna, was hältst du von diesem Manne hier? Glaubst du, daß du ihn unterkriegen könntest?"

Nonna war der Ansicht, daß diese Anspielung ihrer Ehre recht empfindlich zu nahe träte und sie in den Augen der vielen Zuhörer rundherum arg herabsetze. Da sie keineswegs gewillt war, diesen Schimpf auf sich sitzenzulassen, sondern Hieb mit Hieb vergelten wollte, entgegnete sie prompt: „Messere, vielleicht würde *er* mich nicht unterkriegen; außerdem täte ich es nur für *echtes* Gold!"

Von diesen Worten fühlten sich der Marschall und der Bischof gleicherweise getroffen, der erste wegen seines schimpflichen Handels mit der Enkelin eines Bruders des Bischofs, der andere, weil er sich in der Person einer leiblichen Verwandten beschimpft fühlte. So ritten sie, ohne sich gegenseitig anzublicken, schweigend und beschämt von dannen und richteten an diesem Tage kein weiteres Wort an

Nonna. Dieser aber wurde es von niemand verargt, daß sie sich mit beißendem Spott verteidigt hatte, da sie auf häßliche Weise angegriffen worden war.

VIERTE GESCHICHTE

Chichibio, der Koch des Currado Gianfigliazzi, verwandelt zu seinem Glück den Zorn seines Herrn mit einer witzigen Antwort in Lachen und rettet sich damit vor der ihm von Currado angedrohten Strafe.

Lauretta schwieg, und nachdem Nonna von allen sehr gelobt worden war, gebot die Königin Neifile fortzufahren, die folgendermaßen begann:

Ihr liebenswerten Mädchen, ein gewitzter Verstand legt seinem Besitzer bei jeder Gelegenheit eine schnelle, nützliche und kluge Antwort auf die Zunge. Manchmal aber läßt das Glück, das zeitweilig die Beschützerin der Furchtsamen ist, auch diese in der Angst eine Antwort finden, die ihnen in ruhigen Stunden niemals in den Sinn gekommen wäre. Meine Geschichte soll euch hiervon ein Beispiel bringen:

Currado Gianfigliazzi war, wie ihr alle gesehen und erfahren haben werdet, einer der angesehensten, der freigebigsten und prachtliebendsten Bürger unsrer Vaterstadt, der ein gar ritterliches Leben führte und sich – seine bedeutenden Verdienste wollen wir im Augenblick außer acht lassen – ständig mit seinen Hunden und Falken vergnügte.

Eines Tages hatte er mit Hilfe eines Falken in der Nähe Peretolas einen Kranich erbeutet, und da dieser ein junges, fettes Tier war, übersandte er ihn seinem ausgezeichneten venezianischen Koch Chichibio und ließ ihm sagen, er solle den Kranich zum Abendessen braten und lecker zubereiten. Chichibio, der genauso ein Windhund war, wie er aussah, machte den Kranich zurecht, brachte ihn zu Feuer und begann ihn sorgfältig zu braten.

Als der Vogel fast fertig war und schon einen köstlichen Duft verbreitete, betrat ein Mägdlein aus der Nachbarschaft namens Brunetta, in die Chichibio ganz vernarrt war, die Küche. Sie roch sogleich den herrlichen Bratenduft und bat Chichibio, als sie den Kranich entdeckte, in den zärtlichsten Tönen, ihr doch eine Keule des Vogels zu schenken. Chichibio aber sang ihr in die Ohren: „Von mir kriegt Ihr sie nicht! Von mir kriegt Ihr sie nicht, Donna Brunetta!" Darüber erboste nun Donna Brunetta sich nicht wenig und entgegnete: „Nun gut, mein Lieber, wenn du sie mir nicht gibst, so sollst du bei Gott auch von mir nie etwas bekommen, was dir Spaß macht!" Das gab im Handumdrehen einen langen Wortwechsel, an dessen Ende Chichibio seiner Liebsten, mit der er es nicht verderben wollte, wirklich eine Keule abtrennte und sie ihr überreichte.

Bald darauf wurde der Kranich mit nur einer Keule Currado und einigen Gästen vorgesetzt. Verwundert ließ Currado seinen Koch hereinrufen und fragte ihn, wo die zweite Keule geblieben sei. Der Strolch aus Venedig antwortete prompt: „Herr, die Kraniche haben nur eine Keule und auch nur ein Bein." Verblüfft rief Currado: „Was, diavolo, sie hätten nur eine Keule und ein Bein? Meinst du etwa, daß ich außer diesem hier noch keinen Kranich gesehen habe?" Chichibio fuhr fort: „Herr, es ist, wie ich Euch sage! Wenn Ihr es nicht glauben wollt, will ich es Euch an einem lebenden Vogel zeigen." In Anbetracht der fremden Gäste hatte Currado wenig Lust, den Streit fortzusetzen, er sagte deswegen: „Wenn du mir versprichst, mir an lebenden Kranichen zu zeigen, was ich bisher wede gesehen noch gehört habe, so will ich mir morgen früh die Sache ansehen und mich, wenn es stimmt, zufriedengeben. Ich schwöre dir aber beim Kreuze Christi, wenn deine Behauptung nicht zutrifft, wirst du in meinem Auftrag einen solchen Denkzettel erhalten, daß du dich zu deinem eigenen Schaden zeitlebens daran erinnern wirst." Damit war die Angelegenheit für diesen Abend beendet.

Am folgenden Morgen, als es eben hell wurde, erhob sich Currado, der seinen Ärger keineswegs verschlafen hatte, mit einem rechten Zorn im Leibe und befahl, die Pferde vorzuführen. Nachdem er auch Chichibio auf einen Klepper hatte steigen lassen, ritt er mit ihm auf einen großen Fluß zu, an dessen Ufern man fast täglich im Morgengrauen Kraniche anzutreffen pflegte, und sprach: „Jetzt wird sich gleich herausstellen, wer gestern gelogen hat, du oder ich!" Chichibio, der wohl bemerkte, daß der Zorn Currados noch nicht verraucht war und daß er hier seine Lüge zu beweisen haben würde, wußte sich keinen Rat. In der größten Furcht der Welt ritt er neben Currado dahin und hätte sich, wenn nur eine Gelegenheit dazu gewesen wäre, gerne davongemacht. Da dies aber nicht möglich war, blickte er vorwärts, rückwärts und nach allen Seiten, und bald war es ihm, als sähe er überall nichts anderes als Kraniche, die auf zwei Beinen standen.

Als sie in der Nähe des Flusses angelangt waren, entdeckte er als erster am Flußufer wohl gut ein Dutzend Kraniche, die alle auf einem Bein standen, wie sie es im Schlafe gern zu tun pflegen. Chichibio zeigte sie sogleich Currado und sagte: „Herr, wenn Ihr die Vögel anschaut, die dort stehen, könnt Ihr klar erkennen, daß ich gestern abend die Wahrheit gesprochen habe. Die Kraniche haben wirklich nur einen Schenkel und ein Bein!" Currado blickte auf die Kraniche und sprach: „Warte, ich will dir zeigen, daß sie zwei haben!" Damit ritt er ein wenig näher an die Tiere heran und schrie: „Ho! Ho!" Aufgescheucht machten die Kraniche, nachdem sie den zweiten Fuß niedergestellt hatten, einige Schritte und flogen davon. Currado wandte sich zu Chichibio um und rief: „Nun? Was sagst du nun, du Freßsack? Siehst du nun, daß sie zwei Beine haben?" Chichibio aber antwortete voller Bestürzung, ohne selber zu wissen, wie er darauf kam: „Ja, Herr, es stimmt! Aber den von gestern abend habt Ihr nicht mit ‚Ho! Ho!' angeschrien. Hättet Ihr das getan, so hätte jener Kranich bestimmt ebenso wie diese hier den andern Schenkel und das andre Bein herausgestreckt!"

Diese Antwort belustigte Currado so sehr, daß sein Zorn sich in Gelächter und gute Laune verwandelte, und er rief: „Chichibio, du hast recht! Das hätte ich freilich tun sollen!" – So rettete Chichibio sich mit einer witzigen Antwort vor harter Strafe und besänftigte den Zorn seines Herrn.

FÜNFTE GESCHICHTE

*Messer Forese da Rabatta und Meister Giotto, der Maler,
kehren aus Mugello zurück und greifen einander wegen
ihres unansehnlichen Aussehens mit spöttischen Witzen an.*

Als Neifile verstummt war und die Damen sich über die drollige Antwort Chichibios genügend belustigt hatten, begann auf einen Wink der Königin Panfilo zu erzählen:

Meine teuren Damen, ebensooft wie das Schicksal edle, tugendhafte Charaktere an ein niederes Gewerbe kettet, wie uns vorhin Pampinea gezeigt hat, werden von der Natur auch die bewundernswertesten Geistesgaben an mißgestalte Körper gebunden. Dies ist klar ersichtlich an zwei von unsren Mitbürgern, von denen ich ein kurzes Geschichtchen erzählen will.

Messer Forese da Rabatta, der eine von ihnen, war ein verwachsenes kleines Männchen mit einem so eingefallenen, stumpfnasigen Gesicht, daß er selbst dem verkrüppeltsten Baronci noch als Ausbund der Häßlichkeit erschienen wäre. Dafür aber war er in der Rechtslehre eine solche Leuchte, daß er von vielen weisen Männern als eine wahre Fundgrube der Rechtsgelehrsamkeit geehrt wurde.

Der andere, Giotto genannt, besaß die hervorragende Gabe, mit Griffel, Feder oder Pinsel alle Werke der Mutter Natur, die den ständigen Wechsel der Gestirne veranlaßt, so getreulich darzustellen, daß seine Wiedergabe nicht nur der Natur ähnelte, sondern selber Natur zu sein schien, so daß bei vielen seiner Darstellungen das Auge des Betrachters irregeführt ward und für echt ansah, was nur gemalt war. Da er auf diese Weise der Kunst ihren alten Glanz wiedergab, der jahrhundertelang durch die Irrtümer einiger Menschen, welche lieber die Augen der Unwissenden entzückten als die der Kenner befriedigten, begraben gewesen war, wurde er nicht zu Unrecht ein Stern am Florentiner Kunsthimmel genannt, zumal er sich diesen Ruhm mit der größten Bescheidenheit erwarb und, obwohl er der Meister aller Maler war, es stets ablehnte, „Meister" genannt zu werden. Doch schmückte ihn dieser Titel um so mehr, als alle anderen diesen mit großem Verlangen zu erwerben suchten, die weit weniger leisteten als er oder gar aus seiner

Lehre hervorgegangen waren. So groß und edel seine Kunst auch war, er selbst übertraf an Wuchs oder Schönheit Messer Forese keineswegs. Um nun endlich auf meine Geschichte zu kommen, berichte ich euch folgendes:

Messer Forese und Giotto hatten beide in Mugello ihre Besitzungen. Als nun eines Tages während der Gerichtsferien Messer Forese hinausgeritten war, um nach dem Rechten zu sehen, und sich mit seinem unansehnlichen gemieteten Gaul bereits auf dem Heimweg befand, traf er den besagten Giotto, der ebenfalls sein Gütchen besucht hatte und sich gleich ihm auf dem Heimweg nach Florenz befand. Giotto nun wirkte, weder was das Pferd noch was die allgemeine Aufmachung anbetraf, keinen Deut vornehmer als er selbst, und so ritten sie denn als bejahrte Männer in gemächlichem Zuckeltrab zusammen weiter. Da überraschte sie, wie es im Sommer zuweilen geschieht, ein plötzlicher Regen, vor dem sie in der Hütte eines Landarbeiters Schutz suchten, der ihnen beiden bekannt war. Als nach einer ganzen Weile der Regen immer noch nicht aufhören wollte, jedoch alle beide noch bei Tage Florenz zu erreichen wünschten, liehen sie sich von dem Landarbeiter zwei alte schlechte Mäntel aus derber, ungefärbter Wolle und zwei Hüte, die vor Alter mehr als schäbig waren, und machten sich, da nichts Besseres aufzutreiben war, in dieser Ausrüstung auf den Heimweg.

Nachdem sie eine Weile ihren Weg fortgesetzt hatten, waren sie nicht nur naß bis auf die Haut, sondern von dem Stapfen der Pferdehufe auch noch über und über mit Dreck besudelt, was nicht eben dazu beitrug, ihren Aufzug anständiger erscheinen zu lassen. Schließlich klärte sich das Wetter ein wenig auf, und sie begannen, nachdem sie lange Zeit schweigend nebeneinanderher geritten waren, wieder, sich zu unterhalten. Dabei hörte Messer Forese im Weiterreiten den Erzählungen Giottos zu, dem die Worte gar wohl zu Gebote standen, und betrachtete währenddessen den Maler von Kopf bis Fuß. Da er ihn nun von oben bis unten gar so schäbig und häßlich fand, begann er, ohne an seinen eigenen Aufputz zu denken, laut zu lachen und sagte: „Giotto, wenn uns jetzt ein Fremder entgegenkäme, der dich noch nie gesehen hätte... Glaubst du, daß er in dir den größten Maler der Welt vermuten würde, der du doch bist?" Giotto entgegnete prompt: „Nun, Messere, wenn er bei Eurem Anblick es für möglich halten kann, daß Ihr das Abc kennt, glaube ich schon, daß er es täte." – Bei dieser Antwort sah Messer Forese seine Anmaßung ein und fühlte, daß Giotto ihm seinen Spott in gleicher Münze heimgezahlt hatte.

SECHSTE GESCHICHTE

Michele Scalza beweist einigen jungen Leuten, daß die Baronci das edelste Geschlecht der ganzen Welt und der Maremmen sind, und gewinnt dadurch eine Abendmahlzeit.

Die Damen lachten noch über die vortreffliche Antwort Giottos, als die Königin Fiammetta bat fortzufahren. Diese begann folgendermaßen:

Meine jungen Freundinnen, als Panfilo die Baronci erwähnte, die ihr vielleicht nicht so gut kennt wie er, ist mir ein kleines Geschichtchen wieder eingefallen, das den Adel dieses Geschlechtes betrifft. Da es sich nicht von unserm heutigen Thema entfernt, will ich es euch erzählen:

Es ist noch nicht lange her, da lebte in unsrer Vaterstadt ein Jüngling mit Namen Michele Scalza. Einen keckeren und lustigeren Burschen gab es kaum auf der Welt, und die neuesten Schwänke standen ihm stets zu Gebot. Aus diesem Grunde liebten die jungen Florentiner es sehr, ihn in ihrer Mitte zu sehen, wenn sie sich gesellig zusammenfanden.

Als er eines schönen Tages mit einigen jungen Burschen in Montughi beisammen war, kam man darauf zu sprechen, welches Adelsgeschlecht wohl das edelste und älteste in Florenz sei. Einer nannte die Uberti, ein andrer die Lamberti, ein dritter diese und ein vierter jene alte Familie, wie es den jungen Leuten gerade so einfiel. Scalza aber grinste verschlagen, als er diese Namen hörte, und rief: „Hört auf! Hört auf, ihr Tröpfe! Ihr wißt ja nicht, was ihr schwatzt! Das edelste und älteste Geschlecht nicht nur von Florenz, sondern der ganzen Welt und der Maremmen sind die Baronci! Darüber sind die Gelehrten sich einig und alle Leute, welche die Baronci so gut kennen wie ich. Und damit ihr mich nicht falsch versteht, sage ich euch, daß ich eure Nachbarn meine, die Baronci auf Santa Maria Maggiore."

Als die Burschen, die eine ganz andre Antwort von Scalza erwartet hatten, diese Worte vernahmen, hatten sie ihn alle zum besten und riefen: „Du willst uns wohl verspotten! Als ob wir die Baronci nicht ebensogut kennten wie du selbst!" Scalza aber fuhrt fort: „Beim Evangelium, ich will euch nicht foppen! Im Gegenteil, ich spreche die Wahrheit. Und wenn einer von euch Lust hat, um ein Abendessen für sechs beliebige Personen zu wetten, so setze ich dagegen. Ja, ich will noch mehr tun: Ich werde den Urteilsspruch eines jeden anerkennen, den ihr bestimmt." Darauf sagte Neri Vannini, einer der jungen Leute: „Wohlan, ich hätte Lust, dieses Abendessen zu gewinnen!" Sie vereinbarten nun, daß Piero di Fiorentino, in dessen Haus sie sich gerade befanden, Schiedsrichter sein solle, und begaben sich sogleich zu ihm. Alle übrigen liefen mit, um Scalzas Reinfall zu erleben und ihn dann tüchtig zu hänseln. Sie berichteten Piero von der Wette, und da er ein gewitzter Junge war, hörte er zuerst Neri an und sagte dann zu Scalza: „Na, und wie willst du beweisen, was du eben behauptet hast?" Scalza antwortete: „Wie ich das beweisen will? Ich will es dir so gut begründen, daß nicht nur du, sondern auch jener, der gewettet hat, zugeben wird, daß ich recht habe! Nun, ihr wißt wohl alle, je älter ein Geschlecht ist, desto vornehmer ist es; ihr habt es eben selber noch behauptet. Da nun die Baronci älter sind als alle anderen Geschlechter, müssen sie demnach auch adeliger sein als die übrigen. Wenn ich euch also beweise, daß sie das älteste Geschlecht sind, so habe ich meine Wette gewonnen.

Nun, so müßt ihr wissen, daß unser Herrgott die Baronci schon damals geschaffen hat, als er erst anfing, das Zeichnen zu erlernen. Alle übrigen Menschen dagegen wurden geschaffen, als er die Kunst des Zeichnens bereits beherrschte. Damit ihr nun erkennt, daß ich recht habe, schaut euch die Baronci und danach die übrigen Menschen an! Während ihr bei den letzteren schöne, wohlgeformte Gesichter und ausgeglichene Glieder seht, findet ihr unter den Baronci den einen mit langem, spitzem Antlitz, den andern mit feistem Mondgesicht, manche mit riesigen Hakennasen, andre mit winzigen Stupsnasen, hier einen mit spitz in die Luft stechendem Kinn, dort einen mit Kinnladen wie ein Esel. Bei einigen ist ein Auge größer als das andre, bei manchen sitzt ein Auge höher als das andre; kurz, sie haben Fratzen, wie Kinder sie malen, bevor sie angefangen haben, das Zeichnen zu lernen. So ist es denn deutlich ersichtlich, daß unser Herrgott sie, wie ich schon sagte, bereits geschaffen hat, als er noch dabei war, das Zeichnen zu erlernen. Darum sind denn die Baronci älter als alle übrigen Geschlechter und damit auch adeliger als jene."

Sowohl Piero, der Schiedsrichter, als auch Neri, der um das Abendessen gewettet hatte, und die übrigen erinnerten sich der angeführten Tatsachen genau. Als sie die köstliche Beweisführung Scalzas gehört hatten, erhob sich daher ein gewaltiges Gelächter, und alle gaben zu, daß Scalza recht und somit das Abendessen gewonnen habe, da ohne Frage die Baronci das edelste und älteste Adelsgeschlecht seien, nicht nur von Florenz, sondern in der ganzen Welt und den Maremmen. – Panfilo hat darum, als er vorhin die Häßlichkeit des Messer Forese schildern wollte, mit Recht gesagt, daß sein Gesicht an Häßlichkeit selbst die Baronci noch übertraf.

SIEBENTE GESCHICHTE

Madonna Filippa wird von ihrem Gatten mit einem Liebhaber angetroffen und vor Gericht gefordert. Durch eine freimütige, kluge Antwort befreit sie sich und erwirkt sogar eine Änderung des Gesetzes.

Fiammetta schwieg, und während alle noch über die witzige Beweisführung lachten, die Scalza angeführt hatte, um die Baronci solcherart zu adeln, forderte die Königin Filostrato auf zu erzählen. Er begann:

Meine edlen Gefährtinnen, es ist stets eine gute Sache, wenn man geschickt zu reden versteht. Am besten aber bewährt sich diese Gabe, wenn man sie in der Bedrängnis zu nutzen weiß. Dieses verstand gar meisterhaft eine Edeldame, von der ich euch nun erzählen will. Sie wußte nicht nur ihre Zuhörer zu Heiterkeit und Gelächter hinzureißen, sondern befreite sich selber mit einer klugen Rede aus den Schlingen eines schmachvollen Todes, wie ihr sogleich erfahren sollt.

In der Stadt Prato bestand einst ein Gesetz, das nicht minder tadelnswert als hart war. Nach ihm war ohne Unterschied jede Ehefrau, die von ihrem Gatten mit irgendeinem Liebhaber beim Ehebruch ertappt wurde, und jede Dirne, die sich für Geld den Männern hingab, zum Tode auf dem Scheiterhaufen zu verurteilen. Während dieses Gesetz noch in Kraft war, traf es sich, daß eine schöne Edeldame mit Namen Madonna Filippa, die verliebter war als jede andre Frau, eines Nachts in ihrem Schlafgemach von ihrem Gatten Rinaldo de' Pugliesi in den Armen des Lazzarino de' Guazzagliotri, eines edlen schönen Jünglings aus unsrer Vaterstadt, überrascht wurde, den sie mehr als ihr Leben liebte, wie auch er sie.

Bei dieser Entdeckung wurde Rinaldo von solch heftigem Zorn gepackt, daß er es kaum über sich brachte, nicht sogleich über die beiden herzufallen und sie zu töten. Sicherlich wäre er dem Impulse seines Zornes gefolgt, hätte er nicht Ursache gehabt, um sein eigenes Leben besorgt zu sein. So enthielt er sich zwar eines sofortigen Racheaktes, war aber keineswegs gewillt, auf jene Genugtuung zu verzichten, die ihm nach den Gesetzen Pratos zustand, nämlich auf den Tod seiner Frau, den er allerdings nicht selber herbeiführen durfte. Nachdem er sich von ihrem Vergehen genügend Beweise verschafft hatte, verklagte er seine Gattin und ließ sie, sowie es Tag wurde, ohne andern Rat einzuholen, vor Gericht fordern.

Die Dame, die, wie die meisten Verliebten, ein unerschrockenes Herz besaß, beschloß, entgegen den Ratschlägen ihrer Freunde und Verwandten, vor Gericht zu erscheinen und lieber die Wahrheit zu gestehen und furchtlos den Tod zu erleiden als feige die Flucht zu ergreifen, verbannt im Exil zu leben und sich damit ihres edlen Liebhabers unwürdig zu erweisen, ebenjenes Mannes, in dessen Armen sie die Nacht zugebracht hatte.

Ehrenvoll geleitet von Damen und Herren, die ihr ohne Ausnahme zurieten zu leugnen, erschien sie vor dem Richter und fragte ihn mit furchtloser Miene und klarer Stimme, was er von ihr zu wissen begehre. Als der Richter sie so schön und anmutig vor sich stehen sah und aus ihren Worten ihre hochherzige Gesinnung erkannte, fühlte er sich von Mitleid mit ihr erfüllt und begann zu befürchten, daß sie etwa Dinge bekennen möchte, derentwegen er sie zur Rettung seines eigenen Ansehens verurteilen müßte. Da er nun nicht umhinkonnte, sie um das, was ihr zum Vorwurf gemacht wurde, zu befragen, sagte er: „Madonna, wie Ihr seht, steht hier Rinaldo, Euer Gatte. Er klagt Euch des Ehebruches mit einem anderen Manne an und verlangt, daß ich Euch, einem hier bestehenden Gesetze nach, dafür mit dem Tode bestrafe. Ich kann dies aber nicht, bevor Ihr nicht selbst den Ehebruch eingestanden habt. Achtet darum sorgsam auf Eure Antwort und sagt mir, ob es wahr ist, wessen Ihr von Eurem Gatten angeklagt werdet!"

Ohne jede Verlegenheit entgegnete die Dame in freundlichem Ton: „Messere, es ist wahr, daß Rinaldo mein Gatte ist und mich heute nacht in den Armen Lazzarinos überrascht hat, in denen ich, erfüllt von grenzenloser, ehrlicher Liebe, oftmals gelegen habe, was ich niemals leugnen werde. Die Gesetze sollen – ich bin sicher, daß Ihr Euch dessen bewußt seid – für alle gleich sein und besonders mit Zustimmung jener Menschen abgefaßt werden, die sie angehen. Das trifft bei diesem Gesetz indes nicht zu, da es allein den armen Weibern zur Last fällt, die weit besser als die Männer mehreren genügen könnten. Auch wurde, ganz abgesehen davon, bei der Gesetzgebung keine Frau zu Rate gezogen, so daß man dies Gesetz schon aus dem Grunde mit vollem Recht unbillig nennen muß. Wenn Ihr jedoch entschlossen seid, zum Schaden meines Leibes und Eurer Seele diesem Gesetz zu folgen, so steht Euch dieses frei. Bevor Ihr aber Euer Urteil sprecht, erbitte ich von Euch die kleine Gnade, meinen Gatten zu fragen, ob ich nicht jedesmal, sooft es ihm gefiel, ihm voll und ganz zu Willen gewesen bin, ohne je nein zu sagen." Ohne eine Frage des Richters abzuwarten, gab Rinaldo zu, daß seine Frau ihm allerdings auf jedes Begehren sein volles Vergnügen zugestanden habe. „Nun", fuhr die Dame fort, „wenn er stets alles, was ihm not tat und Vergnügen bereitete, von mir erhalten hat, so frage ich Euch, Herr Richter, was ich mit dem Überschuß beginnen sollte und soll, den er zurückließ. Sollte ich ihn den Hunden vorwerfen? Ist es nicht weit besser, mit diesem Überfluß, ehe ich ihn verlorengehen oder umkommen lasse, einen edlen Mann zu beglücken, der mich mehr liebt als sein Leben?"

Zu dieser gerichtlichen Befragung einer so bekannten und

berühmten Frau waren fast alle Leute aus Prato herbeigeströmt, die, als sie diese ergötzliche Frage hörten, nach endlosem Gelächter fast einstimmig riefen, daß die Dame im Recht sei und sehr verständig gesprochen habe. So wurde, noch bevor die Leute wieder auseinandergingen, auf Anraten des Richters jenes grausame Gesetz dahin abgeändert, daß es fortan nur noch für jene Frauenzimmer Gültigkeit behielt, die für Geld ihrem Ehemann die Treue brachen. Rinaldo verließ voller Beschämung über seine unüberlegte Handlung den Gerichtshof, während seine Gattin fröhlich und frei, als sei sie vom Feuertode neu erstanden, im Triumph in ihr Haus zurückkehrte.

ACHTE GESCHICHTE

Fresco ermahnt seine Nichte, niemals in den Spiegel zu schauen, wenn ihr, wie sie behauptet, der Anblick widerwärtiger Menschen unangenehm sei.

Filostratos Geschichte weckte anfangs in den Herzen der Damen ein leises Schamgefühl, was sich durch die ehrbare Röte ihrer Wangen verriet. Dann aber blinzelte die eine der andern zu, und da sie sich des Lachens kaum noch erwehren konnten, hörten sie kichernd die Geschichte mit an. Als Filostrato diese beendet hatte, wandte sich die Königin an Emilia und gebot ihr fortzufahren. Emilia seufzte tief, als komme sie eben aus dem Schlaf, und begann alsdann:

Ihr reizenden Mädchen, weil meine Gedanken mich eine lange Zeit weit von hier entfernt gehalten haben, werde ich, um unsrer Königin zu gehorchen, vielleicht mit einer viel kürzeren Geschichte aufwarten, als ich es getan hätte, wenn meine Gedanken hiergeblieben wären. Ich will euch von der törichten Einbildung eines jungen Mädchens berichten, das durch eine scherzhafte Ermahnung ihres Onkels hätte gebessert werden können, wenn sie klug genug gewesen wäre, diese zu beherzigen.

Ein gewisser Fresco aus Celatico hatte eine Nichte, die mit dem Kosenamen Cesca gerufen wurde. Recht hübsch von Angesicht und Wuchs, war sie jedoch keinesfalls von jener engelgleichen Schönheit, die man zuweilen zu Gesicht bekommt. Trotzdem hielt das Mädchen selber sich für etwas ganz Besonderes und hatte sich angewöhnt, Männer und Frauen und überhaupt alles, was sie sah, zu tadeln, ohne zu bedenken, wieviel unangenehmer, langweiliger und rechthaberischer als jeder andere sie selber war und wie niemand ihr je etwas recht zu machen wußte. Daneben war sie von einem solchen Hochmut, wie selbst eine Prinzessin aus dem Hause des Königs von Frankreich ihn sich nicht hätte leisten können. Ging sie nur über die Straße, war ihr alles so sehr gegen den Strich, daß sie ununterbrochen die Nase rümpfte, als käme ihr mit jedem, den sie sah oder traf, ein widerlicher Gestank entgegen.

Eines Tages – wir wollen uns bei ihren zahlreichen weiteren Unarten und üblen Angewohnheiten nicht länger aufhalten – fand sie bei ihrer Rückkehr ihren Onkel Fresco im Hause vor. Sie ließ sich geziert an seiner Seite nieder und seufzte ein um das andre Mal, so daß er sie schließlich fragte: „Cesca, was soll es heißen, daß du an einem Festtag wie heute so früh nach Hause kommst?" Sie erwiderte geziert: „Es stimmt, daß ich früh nach Hause gekommen bin. Ich habe nämlich nicht geglaubt, daß man in dieser Stadt so viele unausstehliche, gräßliche Menschen antreffen könnte, wie sie heute unterwegs sind. Kein einziger ist mir über den Weg gelaufen, der mir nicht widerlicher gewesen wäre als die Pest. Ach, es gibt gewiß auf der ganzen Welt keine Frau, die mehr Abscheu als ich vor widerwärtigen Menschen hat! Um diese Leute nicht länger ertragen zu müssen, bin ich schnell nach Hause zurückgekehrt."

Fresco, der über das alberne Betragen seiner Nichte recht böse war, sagte darauf zu ihr: „Mein Kind, wenn wirklich unausstehliche Menschen dir so zuwider sind, wie du behauptest, so möchte ich dir raten, um deiner eigenen Ruhe willen niemals in den Spiegel zu schauen!" In ihrer Eitelkeit, die ihr vorgaukelte, an Weisheit Salomo nicht nachzustehen, erfaßte sie die Wahrheit in den Worten ihres Onkels nicht besser als ein Bählämmchen, sondern versicherte ihm im Gegenteil, daß sie sich ebensogut im Spiegel beschauen werde wie alle anderen Mädchen. Und so verharrte sie weiterhin in ihrer Dummheit und tut es noch heute.

NEUNTE GESCHICHTE

Guido Cavalcanti sagt einigen Florentinern, die ihn überrumpeln, mit feinem Spott die Wahrheit.

Als die Königin bemerkte, daß Emilia sich ihrer Pflicht zu erzählen entledigt hatte und außer jenem, der das Vorrecht genoß, seine Geschichte bis zuletzt aufzusparen, nur noch sie selber geblieben war, begann sie:

Obwohl mir heute von euch, meine reizenden Gefährtinnen, schon mehr als zwei Geschichten, die ich selbst zu erzählen gedachte, vorweggenommen wurden, ist doch noch eine geblieben, die ich vortragen kann. Sie enthält an ihrem Ende einen so treffenden Ausspruch, wie wir wohl noch keinen gehört haben.

Ihr müßt denn wissen, daß in alten Zeiten in unsrer Vaterstadt allerlei schöne, lobenswerte Bräuche herrschten, von denen freilich heute kein einziger mehr erhalten geblieben ist, weil der Geiz in dieser Stadt in gleicher Weise zunahm wie der Reichtum und einen nach dem andern ausgemerzt hat. Einem dieser Bräuche zufolge versammelten sich an verschiedenen Orten in Florenz die Edelleute einzelner Stadtviertel und bildeten geschlossene Gesellschaften von beschränkter Mitgliederzahl. Dabei sahen sie sorgsam darauf, in diese Gesellschaften nur solche Herren aufzunehmen, die mit Leichtigkeit den entstehenden Aufwand zu bestreiten vermochten. Nach bestimmter Reihenfolge lud an einem festgelegten Tag heute dieser, morgen jener die ganze Gesellschaft zur Tafel, zu der häufig auch noch vornehme Fremde, die sich eben in der Stadt aufhielten, oder auch Florentiner Bürger gebeten wurden.

Auch pflegten diese Gesellschaften wenigstens einmal im Jahr an besonderen Feiertagen einheitlich gekleidet durch die Stadt zu reiten und nach dem Eintreffen einer frohen Siegesbotschaft oder bei sonstigen großen Ereignissen, vor allem auch an hohen Festtagen, Turniere und Waffenspiele in der Stadt zu veranstalten.

Unter diesen Gesellschaften befand sich auch die des Messer Betto Brunelleschi, der sich zusammen mit seinen Gefährten schon seit langer Zeit bemühte, Guido, den Sohn des Messer Cavalcante de' Cavalcanti, in seinen Kreis zu ziehen, und das nicht ohne Grund; denn ganz abgesehen davon, daß Guido zu den besten Logikern gehörte, die die Welt zu seiner Zeit besaß, und ein bedeutender Naturphilosoph war – was diese Gesellschaft allerdings wenig kümmerte –, war er der angenehmste Gesellschafter von erlesenen Manieren und ein hinreißender Redner. Auch verstand er es besser als andere, allem, was er wollte und was sich für einen Edelmann geziemte, zum Erfolg zu verhelfen. Daneben verfügte er über ungeheure Reichtümer und war, soweit man es übersehen konnte, durchaus imstande, jeden zu ehren, den er dessen wert befände. Bisher hatte Messer Betto es indessen nicht fertiggebracht, Guido in seinen Kreis zu ziehen. Er und seine Gefährten schoben dies der Tatsache zu, daß Guido, ganz in seine Studien vertieft, allen Menschen auswich. Da er außerdem ein wenig der Auffassung der Epikureer zuneigte, sagten die einfachen Leute von ihm, sein ganzes Sinnen und Trachten ginge nur darauf aus, die Existenz Gottes abzuleugnen.

Eines Tages ereignete es sich, daß Guido, vom Garten San Michele heimkehrend, den Corso degli Adimari entlang auf San Giovanni zu ging, einen Weg, den er oft zurückzulegen pflegte. Als er sich gerade bei den Porphyrsäulen und den großen Marmorsarkophagen – die heute teilweise in Santa Reparata aufgestellt sind, aber auch noch in großer Anzahl um San Giovanni stehen – vor dem verschlossenen Tor von San Giovanni befand, preschte Messer Betto mit seiner Gesellschaft zu Pferd über den Platz von Santa Reparata heran und rief, als er Guido zwischen den Sarkophagen entdeckte: „Wir wollen ihm einen Schreck einjagen!" Sie versetzten ihren Pferden die Sporen und umringten Guido in scherzhaftem Überfall unversehens, bevor dieser sie überhaupt bemerkt hatte. „Guido", riefen sie ihm zu, „du weigerst dich, an unsren Gesellschaften teilzunehmen! Nun gut! Sage uns aber, was wirst du davon haben, wenn du es wirklich herausbringen solltest, ob Gott existiert oder nicht?" Guido, der sich eng von ihnen eingeschlossen sah, antwortete unverzüglich: „Meine Herren, in eurem Hause könnt ihr mir freilich sagen, was euch beliebt!" Damit legte er die Hand auf einen der hohen Sarkophage und setzte, behende, wie er war, mit einem Sprung auf die andre Seite. So ihrer Umzingelung entschlüpft, eilte er schnell von dannen.

Die Herren sahen einander recht verblüfft an und meinten, er müsse doch recht einfältig sein, da seine Worte ja völlig sinnlos gewesen wären. Hier, wo sie sich gerade jetzt aufhielten, hätten sie nicht mehr zu suchen als jeder andere Einwohner der Stadt und nicht weniger als Guido selbst. Messer Betto aber sprach: „Einfältig seid ihr selber. Ihr habt ihn nicht verstanden. Er hat uns auf die feinste, einfachste Weise die größte Beleidigung der Welt gesagt. Seht euch nur um: Diese Särge sind gewissermaßen die Häuser der Toten, weil sie in ihnen niedergelegt werden und verbleiben. Guido nannte die Särge unser Haus und wollte uns damit zu verstehen geben, daß wir und die übrigen einfachen, der Weisheit unkundigen Menschen im Vergleich zu ihm und andren Gelehrten nicht mehr zählen als die Toten, und da wir uns eben hier befinden, sind wir in unserem eigenen Hause." – Nun erkannten auch die übrigen, was Guido mit seinen Worten hatte sagen wollen, und ließen ihn beschämt in Ruhe. Messer Betto aber galt fortan in den Augen seiner Gefährten als ein scharfsinniger, kluger Kopf.

ZEHNTE GESCHICHTE

Bruder Cipolla verspricht einigen Landleuten, ihnen eine Feder des Erzengels Gabriel zu zeigen. Als er an Stelle der Feder Kohlen vorfindet, macht er den Leuten weis, diese Kohlen seien von jenen, auf welchen der heilige Laurentius gebraten worden sei.

Da ein jeder von der Gesellschaft seine Geschichte zum besten gegeben hatte, sah Dioneo, daß nunmehr er selbst mit dem Erzählen an der Reihe war. Ohne eine freundliche Aufforderung abzuwarten, begann er, nachdem jenen, die noch Guidos kluge Worte lobten, Stillschweigen geboten war:

Ihr reizvollen Damen, wenn ich auch das Vorrecht genieße, eine Geschichte nach eigenem Ermessen zu erzählen, beabsichtige ich, mich heute nicht von dem gestellten Thema zu entfernen, von dem ihr alle so trefflich erzählt habt. Ich möchte vielmehr, euren Spuren folgend, berichten, wie ein listiger Mönch des heiligen Antonius sich durch eine gewitzte Ausrede dem Spott entzog, den zwei junge Burschen ihm zugedacht hatten. Es darf euch aber nicht verdrießen, zumal die Sonne noch hoch am Himmel steht, daß ich meine Rede etwas in die Länge ziehen werde, um die Geschichte recht anschaulich darzustellen.

Wie ihr vielleicht gehört habt, liegt ganz in unsrer Nähe im Elsa-Tale der kleine Burgflecken Certaldo. Obwohl es nur ein winziges Städtchen ist, wurde es einst von vornehmen, begüterten Leuten bewohnt.

In diesem Städtchen Certaldo nun, das er als eine ganz vorzügliche Weide bereits erkannt hatte, pflegte lange Zeit hindurch alljährlich ein Mönch des heiligen Antonius zu erscheinen, um von törichten Leuten Almosen einzuholen. Der Name dieses Bettelmönches war Bruder Cipolla, und vielleicht wurde er gerade seines Namens wegen dort ebenso gerne gesehen als in Anbetracht seiner Frömmigkeit, da auf diesem Fleckchen Erde die besten, in der ganzen Toscana berühmten Zwiebeln gezogen werden.

Dieser Bruder Cipolla, ein kleiner Kerl mit einem fuchsroten Schopf und Biedermannsgesicht, war indes ein durchtriebener Schelm. Von keinerlei Wissen beschwert, besaß er die Gabe einer gelenkigen, schlagfertigen Zunge, so daß jeder, der ihn nicht genau kannte, ihn nicht nur für einen großartigen Redner, sondern mindestens für einen zweiten Cicero oder Quintilian gehalten hätte. Außerdem war er fast in jeder Familie als Gevatter, Freund oder Gönner verankert.

Eines Tages im August erschien er, seiner Gewohnheit treu, wieder einmal in Certaldo und trat am Sonntagvormittag, als alle frommen Männer und Frauen des Fleckens und der umliegenden Ortschaften zur Messe in der Pfarrkirche versammelt waren, in einem passenden Augenblick vor die Gemeinde und sprach: „Ihr Männer und Frauen! Wie ihr alle wißt, ist es Brauch geworden, den armen Dienern des hochadeligen Barons, des heiligen Messer Antonius, von eurem Getreide und Futter zu spenden. Der eine gibt wenig, der andere viel, ein jeder nach seinem Können und seiner Frömmigkeit, damit der gebenedeite heilige Antonius eure Ochsen und Esel, Schweine und Schafe gedeihen lasse. Daneben pflegt ihr und ganz besonders alle, die in unsern Orden eingeschrieben sind, alljährlich einen kleinen Geldbetrag zu spenden. Um diese Gaben einzusammeln, wurde ich von meinem Vorgesetzten, dem Herrn Abt, zu euch gesandt. Kommt darum mit Gottes Segen heute nach der Nona, wenn ihr die Glocken läuten hört, vor die Kirche. Dort werde ich euch nach altem Brauch eine Predigt halten und das Kreuz zum Kusse reichen. Und da ich euch alle als treue Anhänger des hochadeligen heiligen Barons Antonius kenne, werde ich euch als besondere Gnade eine sehr heilige, ehrwürdige Reliquie zeigen, die ich selbst aus dem Heiligen Lande von jenseits des Meeres mitgebracht habe. Es ist eine Feder des Erzengels Gabriel. Er verlor sie in der Kammer der Jungfrau Maria, als er ihr zu Nazareth die Verkündigung überbrachte."

Nach diesen Worten schwieg er, und die Messe nahm ihren Fortgang.

Nun befanden sich, als Bruder Cipolla seine Ankündigung machte, unter dem Volk in der Kirche auch zwei recht durchtriebene junge Galgenstricke, Giovanni del Bragoniera und Biagio Pizzini mit Namen. Obwohl sie gut Freund mit dem Mönch und Anhänger seines Ordens waren, beschlossen sie, nachdem sie sich von dem Gelächter über die Reliquie des Bruders wieder erholt hatten, ihn mit dieser heiligen Feder gewaltig hereinzulegen. Sie hatten erfahren, daß der Mönch an diesem Morgen bei einem Freunde im Schloß frühstückte, und liefen daher, sobald sie hörten, er sei zum Essen fortgegangen, in das Wirtshaus, in dem er abgestiegen war. Biagio sollte hier den Knecht des Mönches mit allerlei Reden festhalten, während Giovanni unter den Siebensachen des Bruders die Feder suchen, die er – ganz gleich, wie sie auch beschaffen sein mochte – mitbringen sollte. Später wollten sie dann sehen, wie sich Bruder Cipolla aus einer solchen Klemme heraushelfen und was er seinen Gläubigen weismachen würde.

Bruder Cipollas Knecht, der von den Leuten niemals anders als Guccio Grobsack, Guccio Dreckfink oder Guccio Ferkel genannt wurde, war ein so wüster Bursche, daß selbst Lippo Topo niemals einen ekelhafteren Kerl auf die Leinwand geschmiert hat. Bruder Cipolla pflegte sich in Gesellschaft seiner Bekannten oft spottend über ihn auszulassen und behauptete: „Mein Knecht hat neun so hervorragende Eigenschaften, daß schon eine einzige dieser Eigenschaften, wären Salomo, Aristoteles oder Seneca damit behaftet gewesen, ausgereicht hätte, ihre Tugend, Weisheit und Frömmigkeit zuschanden zu machen. Stellt euch vor, was für ein Kerl er also sein muß, wenn er, ohne Tugend, Weisheit und Frömmigkeit zu besitzen, gleich neun derartige Eigenschaften in sich vereint!" Wurde er dann zuweilen gefragt, welche neun Eigenschaften denn jener besäße, so pflegte er diese, in Versform gebracht, herzuzählen:

"Ungehorsam, schmutzig, verlogen,
Hat er voll Tücke stets jeden betrogen.
Ein Grobian, der nichts als Verleumdung spricht,
Stets auf Bosheit und Faulheit erpicht!

Daneben hat er noch einige kräftige Charakterfehler, die besser verschwiegen werden. Das Lächerlichste an ihm aber ist sein Trachten, in jedem Dorfe ein Weib zu nehmen und ein Haus zu mieten. Trotz seines riesigen, struppigen schwarzen Bartes bildet er sich allen Ernstes ein, so schön und anziehend zu sein, daß keine Frau, die ihn erblickt, ihm widerstehen könnte. Wenn man ihn gewähren ließe, würde er allen Weibern nachlaufen und Kopf und Kragen dabei riskieren. – Unbezahlbar ist freilich die Hilfe, die ich an ihm habe, denn sooft mich jemand noch so geheim zu sprechen wünscht, hat er doch stets seine Nase in der Sache. Werde ich zuweilen um irgend etwas gefragt, antwortet er, voller Sorge, daß ich nicht die rechte Antwort fände, schnell ja oder nein, wie es nach seiner Meinung richtig ist."

Diesen Diener also hatte Bruder Cipolla im Wirtshaus zurückgelassen mit dem strikten Befehl, genau Obacht zu geben, daß niemand seine Sachen anrühre und auf gar keinen Fall den Doppelsack, in dem die heiligen Reliquien aufbewahrt wurden. Jedoch Guccio Dreckfink fühlte sich in der Küche wohler als die Nachtigall auf grünem Zweige, ganz besonders dann, wenn er wußte, daß dort ein weibliches Wesen zu finden sei. Ein solches hatte er nun in der Küche seines Gasthofes entdeckt, und obwohl es ein fettes, speckiges Weibsbild war von gedrungenem, unförmigem Wuchs, mit ein Paar Brüsten wie zwei Dungkörbe und einer Fratze wie ein Baronci, dazu von oben bis unten drekkig, verschwitzt und eingeräuchert, stürzte er sich auf sie wie ein Geier auf das Aas und ließ ihretwegen die Kammer des Bruders Cipolla und seine sämtlichen Habseligkeiten unverschlossen und unbewacht zurück. Obwohl es August war, setzte er sich an das Feuer und begann mit Nuta, so war ihr Name, zu schwatzen. Er versuchte ihr weiszumachen, daß er ein Edelmann mit Brief und Siegel sei und Fiorini wie Heu besäße, ganz abgesehen von all dem Geld, das er zur Zeit noch andern schulde. Dieser Haufen sei eher noch größer als kleiner. Und daß er ebensoviel verstehe und ausrichten könne wie der heilige Gottseibeiuns. Und ohne Rücksicht auf seine Kapuze, die vor Fett starrte und ausgereicht hätte, den großen Suppenkessel von Altopascio zu fetten, auf sein zerrissenes, geflicktes Wams, das um den Hals und unter den Armen völlig durchgeschwitzt und mit Flecken in allen Farben reicher übersät war als alle tartarischen oder indianischen Muster der Welt, und auf seine zerfetzten Schuhe und durchlöcherten Strümpfe sagte er ihr, als wäre er der Gebieter von Castiglione, daß er sie neu einkleiden, neu ausstatten und sie aus der schmählichen Knechtschaft bei fremden Leuten erlösen wolle, damit sie, auch wenn sie keinerlei Reichtum besäße, doch Hoffnung auf eine bessere Zukunft hegen könne, und was dergleichen Dummheiten mehr waren. Doch obwohl in den zärtlichsten Tönen geflötet, verhallten seine Reden leer im Winde, und sein Versuch verlief, wie alle früheren, im Sande.

Die beiden Jünglinge trafen demnach zu ihrer nicht geringen Befriedigung Guccio Ferkel eifrig beschäftigt mit Nuta an, so daß sie die Hälfte ihres Planes mühelos verwirklicht sahen. Ohne angehalten zu werden, drangen sie nun in die unverschlossene Kammer des Bruders Cipolla ein. Das erste, was ihnen auf ihrer Nachsuche in die Hände geriet, war der Doppelsack, in dem sie die Feder fanden. Als sie ihn öffneten, stießen sie auf ein sorgsam in Zindeltaffet eingewickeltes Päckchen, in dem sich ein unverschlossenes kleines Kästchen befand. In ihm lag eine Feder, die wohl aus dem Schwanze eines Papageis herrühren mochte. Die beiden Burschen erkannten in ihr sogleich die Feder, die Bruder Cipolla den Einwohnern Certaldos zu zeigen versprochen hatte. Solchen Firlefanz dem einfachen Volke weiszumachen war in jenen Zeiten noch ein leichtes, da die zierlichen Tändeleien aus Ägypten, die später in so übermäßiger Anzahl ganz Italien zu seinem Schaden überschwemmten, erst in geringem Umfange nach der Toscana herübergebracht wurden. Da sie damals noch nicht sehr bekannt waren, wußten die biederen Einwohner von Certaldo und Umgebung überhaupt nichts von ihnen, denn hier bei unsern Vorfahren herrschte noch die blanke Redlichkeit. Sie hatten nicht nur niemals einen Papagei gesehen, sondern größtenteils von diesen Vögeln noch nie ein Wort gehört.

Hochbeglückt über ihren Fund, nahmen die Burschen die Feder an sich und füllten das Kästchen, um es nicht leer stehenzulassen, mit Kohlen an, die sie zufällig in einem Winkel der Kammer liegen sahen. Dann schlossen sie es, legten alles genauso zurück, wie sie es vorgefunden hatten, und machten sich ungesehen mit der Feder aus dem Staube, um voller Spannung abzuwarten, wie Bruder Cipolla sich herausreden würde, wenn er an Stelle der Feder Kohlen in dem Kästchen vorfände.

Nachdem die einfachen Männer und Frauen, die in der Kirche waren, vernommen hatten, daß sie nach der Nona eine Feder des Erzengels Gabriel sehen sollten, kehrten sie nach Schluß der Messe in ihre Häuser zurück. Ein Nachbar sagte es dem andern, eine Gevatterin der anderen, so daß nach dem Mittagessen, in der Erwartung, die Feder zu sehen, so viele Menschen sich vor der Kirche einfanden, daß kaum alle dort Platz hatten.

Bruder Cipolla hatte indessen gut gefrühstückt und danach ein Weilchen geruht. Er erhob sich kurz nach der Nona, und als er hörte, daß eine ungeheure Menge von Landleuten gekommen sei, um die Feder zu sehen, ließ er Guccio Dreckfink sagen, er möchte mit Glöckchen und Doppelsack hinkommen. Dieser langte, nachdem er sich schweren Herzens von der Küche und Nuta losgerissen hatte, mürrisch, keuchend und in Schweiß gebadet, da ihm das viele Wassertrinken den Leib aufgeschwemmt hatte, in gemächlichem Schritte mit den begehrten Gegenständen auf dem Platze an, stellte sich auf Befehl des Bruders Cipolla vor die Kirchentür und begann emsig das Glöckchen zu läuten.

Als alle Menschen herbeigeströmt waren, begann Bruder Cipolla, ohne sich vorher zu überzeugen, ob jemand seine Dinge angerührt habe, seine Predigt und sagte gar viele

Worte, die seinen Zwecken dienlich schienen. Als es endlich soweit war, daß er die Feder des Erzengels Gabriel vorzeigen wollte, sprach er zuvor mit großem Pathos die Beichte, ließ sodann zwei Kerzen anzünden und begann vorsichtig den Taft abzuwickeln. Schließlich, nachdem er zuvor noch die Kapuze zurückgestreift hatte, zog er das Kästchen heraus. Nach ein paar Worten zum Lob und Preis des Erzengels und seiner heiligen Reliquie öffnete er endlich das Kästchen. Als er es mit Kohlen angefüllt sah, fiel sein Verdacht keineswegs auf Guccio Grobsack, da er wohl wußte, daß dieser gar nicht Witz genug besäße, ihm einen solchen Streich zu spielen. Er fluchte auch nicht, daß jener das Kästchen nicht besser in acht genommen hatte, sondern verwünschte im stillen sich selber, daß er seinem Diener, den er weidlich als nachlässig, ungehorsam, faul und einfältig kennengelernt hatte, seine Sachen in Obhut gegeben hatte. Ohne indes die Farbe zu wechseln, schaute er gen Himmel, erhob die Hände und rief so laut, daß es von allen Leuten verstanden wurde: „Herrgott, gelobt sei immerdar deine Allmacht!" Dann schloß er das Kästchen wieder zu und sagte zu den Leuten: „Männer und Frauen! Als ich noch sehr jung war, sandte mich mein Vorgesetzter einmal in jenen Teil der Welt, wo die Sonne aufgeht. Dabei wurde mir auferlegt, mit besonderer Aufmerksamkeit den Freibriefen des Porcellana nachzuspüren, die – wenn auch die Stempelkosten nicht hoch sind – doch anderen Leuten mehr Nutzen einbringen als uns. Zu diesem Zwecke machte ich mich denn von Venedig aus auf den Weg über die Griechen-Vorstadt, über das Königreich Algarvien und Bagdad nach Parione und langte nach einiger Zeit mit einem Riesendurst in Sardellenland an. Doch wozu soll ich euch jedes Land, das ich durchquerte, einzeln aufzählen? Genug, nachdem ich über den Ärmel des heiligen Georg gesetzt war, gelangte ich in die dichtbevölkerten Länder Truffien und Buffien und weiter nach Lügeland, wo ich eine Unmenge von eigenen und fremden Ordensbrüdern antraf, die alle zur Ehre Gottes der Unbill des Lebens entsagt hatten. Sie bekümmerten sich wenig um andrer Menschen Not, solange sie selber Vorteil dabei herausschlugen, wofür sie in keinem dieser Länder mit andren Münzen zu zahlen brauchten als mit ungeprägten. Von dort aus wanderte ich ins Land der Abruzzen, wo Männer und Frauen in Holzpantoffeln über die Berge wandern und die Schweine in ihre eigenen Därme stopfen. Bald danach gelangte ich in eine Gegend, wo die Leute ihr Brot auf Stöcken und den Wein in Säcken tragen, und kam schließlich in die Basken-Berge, wo das Wasser überall talwärts fließt. Und im Handumdrehen war ich in Pastinakisch-Indien, wo ich – ich schwör's euch bei dem Kleid, das ich trage! – das Federvieh in der Luft herumfliegen sah, eine unglaubliche Geschichte für jeden, der es nicht selber gesehen! Daß ich nicht lüge, kann euch mein Freund Maso del Saggio bezeugen. Er ist ein mächtiger Kaufmann, den ich dort kennenlernte, als er gerade Nüsse knackte und die Schalen stückweise verkaufte. Da ich indes nirgends fand, was ich suchen sollte, und man von Indien aus nicht anders als zu Wasser weiterreisen kann, trat ich die Heimfahrt an und kam in jenes heilige Land, wo kaltes Brot im Sommer vier Taler kostet, das heiße dagegen für nichts zu haben ist. Hier traf ich den ehrwürdigen Pater Tadeltmichnicht Wennseuchbeliebt an, den hehren Patriarchen von Jerusalem. Aus Ehrerbietung vor dem Kleide des heiligen Barons Messer Antonius, das ich stets trug, erbot er sich, mir alle heiligen Reliquien, die er besaß, zu zeigen. Es waren aber ihrer so viele, daß eine meilenlange Beschreibung nicht ausreichen würde, wollte ich sie alle einzeln aufzählen. Um euch jedoch nicht zu sehr zu enttäuschen, will ich einige von ihnen nennen. Er zeigte mir als erstes den Zeigefinger des Heiligen Geistes, heil und ganz wie eh und je; ferner eine Locke des Seraphs, der einst dem heiligen Franziskus erschien; einen Fingernagel des Cherubs und eine Rippe des heiligen Hokuspokus; einige Gewänder des heiligen katholischen Glaubens; ein Stückchen von dem Stern, der einst den drei Weisen aus dem Morgenlande erstrahlte; ein Fläschchen mit dem Schweiß, den der heilige Michael im Kampf mit dem Teufel vergoß; eine Kinnlade des Todes, den der heilige Lazarus erlitt, und noch viele andre Heiligtümer. Und da ich ihm großzügig einen Abhang des Monte Morello abschrieb und einige Kapitel des Caprezio, nach denen er schon lange gefahndet hatte, ins Italienische übersetzte, ließ er mich teilhaben an seinen heiligen Reliquien und schenkte mir einen Zahn des heiligen Kreuzes, eine Ampulle voll Glockengeläut vom Tempel

Salomos, eine Feder des Erzengels Gabriel, von der ich euch ja schon gesprochen habe, einen Holzpantoffel des heiligen Gherardo da Villamagna. Diesen, der von höchster Rarität ist, überließ ich Gherardo de' Bonsi in Florenz, der ihn in tiefer Ehrfurcht bewahrt. Schließlich erhielt ich noch einige von den Kohlen, auf denen der gebenedeite Märtyrer, der heilige Laurentius, geröstet wurde. Alle diese Dinge brachte ich mit Ehrfurcht heim und besitze sie noch. Doch hat mein Vorgesetzter mir nicht erlaubt, sie zu zeigen, bevor er sich nicht von ihrer Echtheit überzeugt hätte. Jetzt aber, wo sie bereits mehrere Wunder bewirkt haben und durch ein Schreiben des Patriarchen als echt bestätigt sind, habe ich die Erlaubnis erhalten, sie zu zeigen. Da ich nicht wage, sie irgend jemand anzuvertrauen, führe ich sie stets bei mir. Die Feder des Erzengels Gabriel halte ich stets in einem kleinen Kästchen, damit sie nicht beschädigt wird. In einem zweiten Kästchen bewahre ich die Kohlen auf, auf denen der heilige Laurentius geröstet ward. Beide Kästchen gleichen einander aufs Haar, so daß ich schon öfter das eine an Stelle des andern ergriff, wie es mir auch heute geschah. Denn obwohl ich der Meinung war, daß ich das Kästchen, in dem die Feder liegt, mitgenommen hätte, habe ich doch das andre, in dem ich die Kohlen aufbewahre, ergriffen. Dennoch bin ich der Überzeugung, daß es sich bei dieser Verwechslung heute nicht um einen gewöhnlichen Irrtum handelt. Vielmehr scheint es mir, als ob Gottes Wille mir das Kästchen mit den Kohlen in die Hand gab, denn eben jetzt erinnere ich mich daran, daß in zwei Tagen das Fest des heiligen Laurentius ist. Es war der Wille des Himmels, daß ich euch heute die Kohlen zeige, auf denen dieser Heilige gebraten wurde. Damit in euren Herzen aufs neue die Ehrfurcht erweckt werde, die ihr ihm schuldet, ließ er mich nicht die Feder herbringen, wie es mein Wille war, sondern die heiligen Kohlen, die durch die Säfte des gebenedeiten Körpers ausgelöscht worden sind.

Darum, meine Kinder im Herrn, zieht eure Kappen und tretet in Ehrfurcht heran, diese heiligen Kohlen zu betrachten! Zuvor mögt ihr noch wissen, daß jeder, der mit dieser Kohle im Zeichen des Kreuzes berührt wird, das ganze Jahr hindurch sicher sein kann, daß kein Feuer ihn brennen wird, welches er nicht verspürte." Nachdem er so gesprochen hatte, öffnete er mit einem Lobgesang auf den heiligen Laurentius das Kästchen und zeigte die Kohlen. Die einfältige Menge starrte diese eine Zeitlang voller Bewunderung an, dann aber umringten alle den Bruder Cipolla und spendeten reichere Gaben als gewöhnlich, damit er sie dafür mit der heiligen Kohle berühre. So machte sich Bruder Cipolla mit der Kohle in der Hand über die weißen Hemden, über die Jacken und die Schleier der Frauen her und begann so große Kreuze zu machen, als nur irgend darauf anzubringen waren, wobei er den Leuten vorschwätzte, daß die abgenutzte Kohle, so viele Kreuze er auch ziehe, in dem Kästchen ständig wieder nachwüchse; er habe es unzählige Male erprobt.

Indem er auf solche Weise, nicht ohne beachtlichen Nutzen für sich selbst, die Gläubigen Certaldos mit Kreuzen verzierte, setzte er mit diesem geschickten Schachzug die beiden Burschen matt, die ihn durch den Diebstahl der Feder in Verlegenheit hatten bringen wollen. Sie waren bei seiner Predigt anwesend. Als sie seine Ausflüchte vernahmen, für die er mit verblüffendem Redeschwall gar weit ausholte, wurden sie von einem so ungeheuren Lachzwang gepackt, daß sie meinten, sich die Kinnladen ausrenken zu müssen. Nachdem alles Volk sich verlaufen hatte, gingen sie zu ihm hin, entdeckten ihm mit endlosem Gelächter, was sie getan hatten, und gaben ihm seine heilige Feder zurück, die ihm im folgenden Jahr eine nicht weniger reiche Beute einbrachte, als es diesmal die Kohlen getan hatten.

Diese Geschichte wurde von der ganzen Gesellschaft mit Freude und Erheiterung aufgenommen. Man lachte weidlich über Bruder Cipolla, vor allem über seine ergötzliche Pilgerfahrt und die seltsamen Reliquien, die er gesehen und mitgebracht hatte. Als dann die Königin wahrnahm, daß mit dem Ende der Geschichte auch das Ende ihrer Regentschaft gekommen war, erhob sie sich, nahm die Krone aus ihren Locken und drückte sie lächelnd Dioneo aufs Haupt mit den Worten: „Dioneo, es ist an der Zeit, daß du einmal kennenlernst, was es heißt, Frauen zu regieren und zu leiten! Sei denn du unser König und regiere uns so, daß wir alle dich am Ende deiner Regentschaft loben können!"

Lachend nahm Dioneo die Krone entgegen und erwiderte: „Ihr werdet schon viele Könige gesehen haben, die weiser sind als ich, denkt nur an die Schachkönige. Wolltet ihr mir wirklich gehorchen, wie man einem echten König gehorchen muß, so wollte ich euch schon lehren, jene Freuden zu genießen, ohne die fürwahr kein Fest vollständig befriedigend ist. Doch schweigen wir von ihnen! Ich werde regieren, so gut ich es verstehe."

Darauf ließ er wie üblich den Seneschall kommen und übergab ihm seine Befehle für die Dauer seiner Regierung. Dann sprach er: „Meine edlen Damen, es ist nun schon auf vielerlei verschiedene Weise vom menschlichen Tun und Treiben gesprochen worden, daß ich sicherlich erst nach vieler Mühe ein Thema für unsere morgigen Geschichten gefunden hätte, wenn nicht Frau Licisca vor kurzem hier erschienen wäre und mit ihren Reden ein Thema aufgeworfen hätte, über das wir morgen erzählen wollen. Wie ihr alle vernommen habt, behauptete sie, keine einzige ihrer Nachbarinnen sei als Jungfrau in die Ehe getreten, und fügte dann noch hinzu, daß sie auch wisse, wie manchen argen Streich auch Ehefrauen ihren Männern spielten. Lassen wir den ersten Teil ihrer Behauptung einmal beiseite, der von Jugendstreichen spricht, so scheint es mir doch reizvoll, bei dem zweiten zu verweilen. Da also Frau Licisca einmal dessen Erwähnung tat, soll morgen von Streichen und Possen erzählt werden, welche die Weiber aus Liebe oder zu eigener Rettung ihren Ehemännern gespielt haben, ungeachtet dessen, ob diese hinter ihre Schliche kamen oder nicht."

Erzählungen über einen solchen Stoff schienen nun einigen Damen nicht eben schicklich. Sie baten darum Dioneo, er möge seinen eben geäußerten Vorschlag zurücknehmen. Der König aber entgegnete ihnen: „Meine Damen, ich weiß so gut wie ihr, was ich mit einem solchen Thema heraufbeschwöre, doch können eure Bedenken mich nicht bewegen, von meinem Vorhaben abzugehen. Ich bin der Meinung, daß es uns in einer so beschaffenen Zeit wie der jetzigen freisteht, über jedes Thema zu reden, solange sich alle, Männer wie Frauen, wohl in acht nehmen, anders als ehrbar zu handeln. Wißt ihr etwa nicht, daß infolge des Grauens, das die Gegenwart regiert, die Richter ihre Richtstätten verlassen haben? Daß menschliche und göttliche Gesetze verstummt sind und einem jeden zur Rettung seines Lebens weitläufigste Freiheit anheimgegeben ist? Wenn nun beim Erzählen die engen Grenzen der Ehrbarkeit ein wenig gelockert werden, so soll das mitnichten unziemlichen Taten den Weg bahnen. Vielmehr sollen diese Geschichten lediglich euch und uns zur Erheiterung dienen. Ich glaube nicht, daß sich in der Zukunft daraus irgend jemand das Recht ableiten dürfte, euch zu tadeln. Unsre Gesellschaft hat sich vom ersten Tage an bis zur gegenwärtigen Stunde größter Ehrbarkeit befleißigt, und ich habe nicht den Eindruck, daß diese Ehrbarkeit – worüber auch immer gesprochen sein mag – in irgendeiner Form angetastet worden ist, was mit Gottes Hilfe auch in Zukunft nicht der Fall sein wird. Wer kennte eure Sittsamkeit nicht zur Genüge? Weder unsere Geschichten noch die Schrecken des Todes könnten sie, meines Erachtens, je untergraben. Um die Wahrheit zu gestehen, würde ich eher denken, daß mancher, der eure Weigerung hörte, auch einmal von solchen Dingen zu reden, leicht auf den Verdacht kommen könnte, ihr hättet in diesem Punkt kein reines Gewissen und scheutet euch deshalb, darüber zu sprechen. Darüber hinaus tätet ihr mir, der ich allen gehorsam war, eine recht zweifelhafte Ehre an, wenn ihr jetzt, nachdem ihr mich zum König erwählt habt, dem das Recht zusteht, Gesetze zu geben, nicht über das von mir erwählte Thema erzählen wolltet. Laßt daher kleinliche Bedenken beiseite, die schmutzigen Seelen besser anstehen als uns. Nehme sich lieber ein jeder vor, seine Erzählung recht ergötzlich zu gestalten."

Als die Damen diese Rede vernommen hatten, erklärten sie sich einverstanden, daß es bei dem Thema bleibe. Der König beurlaubte alsdann alle, damit bis zur Stunde des Abendessens ein jeder seinem Vergnügen nachgehen könne. Da nun an diesem Tage fast alle Erzählungen kurz ausgefallen waren, stand die Sonne noch hoch am Himmel, und als Dioneo sich mit den beiden andren Jünglingen zum Schachspiel niedergesetzt hatte, rief Elissa die Damen beiseite und sprach: „Seitdem wir hier sind, habe ich schon oft gewünscht, euch zu einem in der Nähe befindlichen Plätzchen zu führen, wo sicherlich noch niemand von euch gewesen ist, und zwar in das Frauental. Ich hatte bis jetzt noch keine Gelegenheit dazu, doch heute steht die Sonne noch hoch. Wenn ihr Lust habt mitzukommen, zweifle ich nicht daran, daß ihr es nicht bedauern werdet, dort gewesen zu sein."

Die Damen erklärten sich gerne bereit mitzugehen. Ohne den jungen Männern ein Wort zu sagen, riefen sie eine Dienerin und machten sich auf den Weg. Nachdem sie kaum mehr als eine Meile gewandert waren, langten sie im Frauental an, in welches sich ein enger Fußweg hineinschlängelte, an dessen Seite ein kristallklarer Bach dahinplätscherte. Der Anblick des Tales aber war um diese Stunde des Tages, wo die Hitze noch groß war, ganz besonders schön und anziehend. Wie mir später eine der Damen berichtete, war die Sohle des Tales so rund, als wäre sie mit dem Zirkel abgemessen, wenngleich sofort ersichtlich war, daß hier ein Meisterwerk der Natur und keins von Menschenhand vorlag. Das Tal hatte eine Ausdehnung von etwa einer Meile und war von sechs kleinen Bergen von geringer Höhe umschlossen, auf deren Gipfel sich Landhäuser erhoben, die fast wie kleine Burgen anmuteten. Die Abhänge der Berge fielen in Terrassen zum Tal hernieder, wie man wohl in Amphitheatern die Sitze von der höchsten bis zur tiefsten Reihe wohlgeordnet sich senken sieht, ihren Ring immer mehr und mehr verengend. Die Abhänge, die nach Süden zu herabfielen, waren von Weinstöcken, Oliven- und Mandelbäumchen, Kirschen, Feigen und vielen anderen Obstbäumen so eng bestanden, daß kein Fleckchen Boden ungenutzt geblieben war. Jene Abhänge aber, die auf den Wagen des Nordens blickten, waren dicht mit kleinen Eichenwäldern und Eschenhainen und mit vielen leuchtendgrünen hohen Bäumen bedeckt. Das Tal selber, das nur den einen Eingang besaß, durch den die Damen gekommen waren, war mit Tannen, Zypressen, Lorbeerbäumen und Pinien so reizvoll bewachsen, daß es den Eindruck machte, als habe der größte Gartenkünstler hier bedachtsam die Bäume gepflanzt. Selbst wenn die Sonne hoch am Himmel stand, vermochten nur wenige oder gar keine ihrer Strahlen das Grün zu durchdringen und den Boden zu erreichen, den eine einzige Wiese von zartestem Gras überspannte, auf der purpurrote und andre vielfarbige Blumen leuchteten.

Nicht weniger Entzücken als alles dies erregte ein kleiner Fluß, der aus einem Seitental, welches zwei Berge voneinander trennte, über nackte Felsenvorsprünge herunterstürzte und im Fallen ein angenehmes Rauschen hervorrief. Er sprühte herab, daß man von ferne glaubte, Quecksilber unter Druck in tausend Perlen herabfallen zu sehen. In der kleinen Talebene angelangt, sammelte das Wasser sich in einem schmalen Kanal und floß bis etwa zur Mitte des Tales eiligst dahin. Hier bildete es einen kleinen See, nicht größer als die Weiher, die zuweilen die Städter in ihren Gärten anlegen, wenn sich Gelegenheit dazu bietet. Dieser kleine See war nur so tief, daß er einem Manne etwa bis an die Brust reichte. Da das Wasser ohne jede Trübung war, vermochte man den feinen Kiesgrund deutlich zu erkennen und hätte bei ausreichender Muße wohl gar die einzelnen Steinchen zählen können. Doch sah man in diesem See nicht nur den Grund, sondern auch viele Fische munter darin hin und her schwimmen, so daß man aus dem Entzücken und Staunen nicht herauskam. Ringsherum war der See von keinem anderen Ufer als von der schönen Wiese eingefaßt, die um so leuchtender prangte, je mehr sie sich der Feuchtigkeit des Sees näherte. Das Wasser, welches der See nicht fassen konnte, wurde von einem zweiten Kanal aufgenommen, der aus dem Tal hinaus in die Ebene floß.

In dieses anmutige Tal also waren die Damen gekommen. Nachdem sie sich nach allen Seiten umgeschaut und die Schönheit des Ortes bewundert hatten, beschlossen sie beim Anblick des kleinen Sees zu baden, da die Hitze unerträglich geworden war und niemand sie hier belauschen konnte. Sie befahlen ihrem Mädchen, auf dem Wege zu bleiben, der in das Tal hineinführte, und sie zu warnen, wenn irgend jemand sich nähern sollte. Dann legten alle sieben ihre Gewänder ab und stiegen ins Wasser, das ihre schimmernden Körper nicht mehr verbarg als ein zartes Glas eine rote Rose. Das Wasser wurde, auch als die Damen darin herumplätscherten, nicht im geringsten getrübt, und sie begannen voller Vergnügen den Fischen, die sich nur schlecht vor ihnen verbergen konnten, nachzujagen und versuchten, sie mit den Händen zu greifen. Nachdem sie sich solcherart eine Weile ergötzt und auch wirklich einige Fische gefangen hatten, stiegen sie wieder aus dem Wasser und kleideten sich an. Den Ort noch mehr zu loben, als sie es bereits getan hatten, vermochte jedoch keine von ihnen mehr.

Da es ihnen mittlerweile an der Zeit schien, nach Hause zurückzukehren, machten sie sich mit gemächlichen Schritten auf den Heimweg und sprachen noch lange von der Schönheit des Tales. Noch zu guter Stunde trafen sie wieder im Palaste ein und fanden die Herren auf derselben Stelle noch beim Schachspiel an. Lachend rief Pampinea ihnen zu: „Heute haben wir euch doch hintergangen!" – „Und wieso?" fragte Dioneo. „Beginnt ihr, bevor wir noch davon erzählen, schon mit der Tat?" Pampinea fuhr lächelnd fort: „So ist es, mein Gebieter." Dann berichtete sie ausführlich, woher sie kämen, wie entzückend das Frauental sei, wie lange man bis dahin gehe und womit sie sich dort die Zeit vertrieben hätten.

Als der König vernahm, wie schön jenes Tal sei, wünschte er, es ebenfalls kennenzulernen. Er befahl deshalb, das Abendessen früher als sonst aufzutragen. Nachdem es in fröhlicher Laune eingenommen war, verließen die drei Herren in Begleitung ihrer Diener die Damen und wanderten nach dem schönen Tal, das ihnen noch unbekannt war. Als sie alles aufmerksam betrachtet hatten, gaben sie zu, daß dieses Tal eins der schönsten der Welt sei. Dann badeten sie, kleideten sich aber, da es schon spät geworden war, schnell wieder an, um heimzukehren.

Zu Hause trafen sie die Damen dabei, zu Fiammettas Versen einen Reigen zu tanzen. Nach Beendigung des Tanzes aber wurden die Schönheiten des Frauentals noch lange besprochen. Alle waren des Lobes voll und wußten nicht genug Schönes von dem Ort zu berichten. Aus diesem Grund ließ der König den Seneschall rufen und befahl ihm, am nächsten Morgen alles, was für den Tag vorbereitet sei, im Frauental aufzutragen und auch einige Ruhebetten aufzustellen, falls jemand den Wunsch hätte, in den Mittagsstunden dort zu schlafen oder sich niederzulegen. Dann bestellte er die Windlichter und ließ Wein und Konfekt auftragen, damit ein jeder sich stärken möge, da alle zum Tanzen antreten sollten. Als Panfilo auf seinen Wunsch den Reigen begonnen hatte, sagte der König freundlich zu Elissa: „Schönstes Kind, du ehrtest mich heute mit der Übergabe der Krone; dafür möchte ich dich jetzt mit der Bitte ehren, ein Lied zu singen. Trage uns dein Lieblingslied vor!"

Elissa erklärte sich lächelnd bereit und begann mit süßer Stimme die folgende Weise:

„Kann deiner Klau ich, Amor, mich entwinden,
So hoff ich sicherlich,
Kein andrer Namen soll mich fürder binden.

Als Kind schon ward ich dein mit Leib und Blut,
Den Frieden, dacht ich, solltest du mir spenden,
Und wie bei völligstem Vertraun man tut,
Warf alle Waffen selbst ich aus den Händen.
Doch, du Tyrann, wie eiltest du, zu wenden
Die Waffen gegen mich,
Und mich mit schwerer Kette zu umwinden!

Kaum aber, daß sie mich gefesselt hat,
Gibst du mich auch, an Tränen fast erstickend,
Dem Mann, der mir zum Tod ins Leben trat
Und der mir noch gebeut, den Sinn berückend.
So schwer ist seine Tyrannei, so drückend,
Daß sie kein Haar breit wich
Den Seufzern, die mein Leid, verzehrend, künden.

Mein Flehen all, die Winde streun's umher;
Er hört's nicht; horcht ihm nicht, wenn sie's ihm böten.
Drum wächst mein Leiden auch je mehr und mehr;
Das Leben haß ich, weiß mich nicht zu töten.
Erbarm dich meiner, Herr, in diesen Nöten;
Du kannst es ja, nicht ich.
Laß ihn, von dir für mich besiegt, mich finden.

Verweigerst du mir dies, so wolle nun
Das Band, das Hoffnung einst geknüpft, zerhauen.
Inständig bitt ich, Herr, dich, das zu tun!
Tust du's, so heg ich sicheres Vertrauen,
So schön mich wieder, wie ich war, zu schauen,
Und froh zu sehn, wie sich
Die Rosen meiner Wangen neu entzünden."

Mit einem schmerzlichen Seufzer beendete Elissa ihr Lied, dessen Worte alle voller Verwunderung gehört hatten. Was sie jedoch zu diesem Gesang veranlaßt hatte, vermochte niemand von der Gesellschaft zu erraten. – Der

König aber ließ in bester Stimmung Tindaro rufen und befahl ihm, seinen Dudelsack zu holen, bei dessen Tönen noch viele Reigen getanzt wurden. Schließlich, als schon ein beträchtlicher Teil der Nacht vergangen war, gebot der König allen, sich zur Ruhe zu begeben.

Hier endet der sechste Tag des Dekameron.

Es beginnt der siebente Tag des Dekameron, an dem unter der Regierung Dioneos von manchem Schabernack erzählt wird, den die Frauen – entweder aus Liebe oder zu eigener Rettung – ihren Ehemännern zugefügt haben, gleichviel, ob diese dahinterkamen oder nicht.

Die Sterne waren schon vom östlichen Firmament verschwunden, allein jener, den wir die Venus nennen, strahlte noch im immer heller schimmernden Glanze Aurorens, als der Seneschall sich mit seinem Troß ins Frauental aufmachte, um dort alles nach Befehl und Anordnung seines Herrn vorzubereiten. Bald nach seinem Fortgang zögerte der König, von dem Getöse der Träger und Packtiere geweckt, nicht länger. Er erhob sich und veranlaßte auch die Damen und die jungen Männer aufzustehen. So waren bei den Strahlen der aufgehenden Sonne schon alle auf dem Wege, und nie zuvor war ihnen der Gesang der Nachtigallen und der übrigen Vögel heiterer erschienen als an diesem Morgen. Von Vogelliedern begleitet, erreichten sie das Frauental, wo noch weit mehr Vögel ihrer warteten, so daß es den Anschein hatte, als freuten sich alle über ihr Kommen.

Die Gesellschaft durchwanderte das Tal und betrachtete alles aufs neue, und in der Schönheit der Morgenstunde, die der Schönheit des Ortes ebenbürtig war, erschien ihnen das liebliche Tal noch weit schöner als am Tage zuvor.

Nachdem mit gutem Wein und Kuchen die Nüchternheit verjagt war, begannen sie, um den Vögeln nicht nachzustehen, zu singen, und mit ihnen sang das Tal, das alle ihre Lieder zurückgab. Auch die Vögel, als wollten sie sich nicht besiegt erklären, stimmten in süßen neuen Tönen mit ein. Zur Essensstunde wurden die Tische unter den alten Lorbeerbäumen und den anderen schönen Bäumen in der Nähe des hübschen kleinen Sees aufgestellt, wie der König es gewünscht hatte, und alle setzten sich nieder. Während des Essens sahen sie die Fische in großen Schwärmen durch den See schwimmen, was sie immer wieder zum Hinschauen und zu mancher fröhlichen Bemerkung verführte.

Als dann nach beendetem Mahl Speisen und Tische weggeräumt waren, setzten sie fröhlicher als zuvor ihren Gesang fort und erfreuten sich danach mit Musik und Reigentänzen. Dann wurden an vielen Stellen des Tales Ruhebetten aufgeschlagen, die von dem diskreten Haushofmeister mit französischem Tuch und Bettvorhängen umwunden und abgeschlossen wurden, und jeder, der Gefallen daran hatte, konnte sich mit Erlaubnis des Königs niederlegen. Wer nicht schlafen wollte, ging nach eigenem Ermessen den gewohnten Zerstreuungen nach. Als sie sich wieder erhoben hatten und es Zeit war, zum Erzählen zusammenzutreffen, wurden auf Befehl des Königs nicht weit von dem Platz des Mittagsmahles Teppiche auf dem Rasen ausgebreitet, und nachdem die Gesellschaft sich nahe am Wasser niedergelassen hatte, befahl der König Emilia zu beginnen, die mit heiterem Gesicht lächelnd zu erzählen anhub.

ERSTE GESCHICHTE

Gianni Lotteringhi hört, daß in der Nacht an seine Haustür geklopft wird. Er weckt seine Frau, die ihm weismacht, es müsse ein Gespenst sein. Als sie sich daranmachen, das Gespenst mit einem Spruch zu beschwören, unterbleibt das Klopfen.

Mein Gebieter, es wäre mir sehr lieb gewesen, wenn es Euch gefallen hätte, jemand anders als mich zu beauftragen, mit der Behandlung eines so schönen Themas, wie das heutige es ist, den Anfang zu machen. Da Ihr indes wünscht, daß ich den andern den Mut stärke, will ich es gerne tun.

Ich werde mich herzlich bemühen, liebste Freundinnen, etwas zu sagen, was euch für die Zukunft von Nutzen sein kann. Wer ebenso Furcht hat wie ich, besonders vor Gespenstern – obgleich ich, weiß Gott, nicht ahne, was ein Gespenst ist, und auch noch keinen Menschen getroffen habe, der es gewußt hätte, obwohl wir alle uns gleichermaßen davor fürchten –, wird, wenn er aufmerksam meiner Erzählung folgt, daraus ein heiliges und wirksames Gebet lernen können, um Gespenster zu verscheuchen, wenn sich wirklich einmal eins zeigen sollte, und daneben noch allerlei anderes, was in solchem Fall von Nutzen sein kann.

In der Straße San Brancazio zu Florenz wohnte vorzeiten ein Wollhändler, Gianni Lotteringhi mit Namen, ein Mann, der mehr Tüchtigkeit in seinem Handwerk als Verstand in anderen Dingen bewies. Da er ein recht naives Gemüt besaß, wurde er mehrmals zum Chorführer der Laudisten in Santa Maria Novella gewählt, mußte ihre Schule verwalten und dergleichen kleine Ämtchen mehr versehen, worauf er nicht wenig stolz war. In der Hauptsache freilich war dies alles darauf zurückzuführen, daß er als wohlhabender Mann den Klosterbrüdern häufig gut auftischen ließ. Diese brachten ihm, da alle Augenblicke der eine Schuhe, der andere eine Kutte, der dritte ein Skapulier benötigte, allerlei fromme Gebete bei, lehrten ihn das Vaterunser auf italienisch, den Gesang des heiligen Alexius, das Klagelied des heiligen Bernhard, die Lobhymne der Jungfrau Mathilde und noch mehr solcher Mätzchen. Er legte großen Wert auf alle diese Dinge und lernte sie getreulich seinem Seelenheil zuliebe.

Nun hatte dieser Mann eine bildhübsche, reizende Ehefrau, Monna Tessa mit Namen. Sie war die Tochter des Mannuccio dalla Cuculia und war ein gar listiges, umsichtiges Weibchen. Gar bald erkannte sie die Einfältigkeit ihres Ehemanns, und da sie in den hübschen, frischen jungen Federigo di Neri Pegolotti bald ebenso heiß verliebt war wie er in sie, ließ sie ihm durch eine Magd bestellen, Federigo möchte doch, um mit ihr zu sprechen, auf eine schöne Besitzung kommen, die besagter Gianni in der Camerata gekauft hatte. Hier verbrachte sie fast den ganzen Sommer, Gianni aber kam nur zuweilen abends zum Essen oder Schlafen heraus, um schon am nächsten Morgen in sein Geschäft oder auch zu seinen Laudisten zurückzukehren. Federigo, der eine solche Aufforderung lange ersehnt hatte, ließ, wie ihm befohlen worden war, einen Tag verstreichen und ging dann um die Vesperstunde hinaus. Da Gianni an diesem Abend nicht zu erwarten war, speiste Federigo voller Behagen und hochentzückt mit Monna Tessa zu Abend und verbrachte die Nacht bei seiner Geliebten, die ihm, während sie in seinen Armen lag, mindestens sechs von den Lobgesängen ihres Gatten beibrachte. Da sie indes ebensowenig wie Federigo wünschte, daß dieses erste Mal auch das letzte sein sollte, einigten sie sich, um nicht immer die Magd schicken zu müssen, dahin, daß Federigo jeden Tag, wenn er zu einer seiner Besitzungen ging, die etwas höher in den Bergen lag, oder von daher zurückkehrte, auf einen Weinberg, der sich neben dem Hause Monna Tessas befand, achten solle. Dort würde er auf einem Pfahl des Weinbergs einen Eselskopf entdecken; weise dieser mit dem Maul in Richtung auf Florenz, solle Federigo ruhig und unbesorgt am Abend und über Nacht zu ihr kommen und, falls er die Haustür nicht offen fände, leise dreimal klopfen, damit sie ihm öffne. Sei jedoch das Maul des Esels gen

Fiesole gerichtet, dürfe er nicht kommen, weil dann Gianni anwesend sei.

Auf diese Weise verständigt, trafen sie sich nun viele Male. Einmal jedoch, als Federigo mit Monna Tessa zu Abend essen sollte und sie dafür schon zwei fette Kapaune hatte braten lassen, geschah es, daß Gianni, der nicht erwartet wurde, doch noch spät herauskam. Die Frau war darüber nicht wenig verstimmt, und beide verspeisten zum Nachtmahl nur ein wenig gesalzenes Fleisch, das sie noch nebenbei hatte zubereiten lassen. Die gesottenen Kapaune aber ließ sie zusammen mit einer Anzahl frischer Eier und einer guten Flasche Wein in ein weißes Tafeltuch einschlagen und von ihrer Magd in einen Garten bringen, in dem sie gewöhnlich mit Federigo zu speisen pflegte, da man diesen Platz erreichen konnte, ohne das Haus zu betreten. Sie befahl der Magd, diese Dinge unter einem Pfirsichbaum, der an einer kleinen Wiese stand, niederzulegen. Der Zorn, der sie gepackt hatte, war aber so heftig, daß sie vergaß, der Magd aufzutragen, sie solle warten, bis Federigo käme, und ihm bestellen, daß Gianni gekommen sei und daß er daher diese Gaben aus dem Garten mitnehmen möchte. Infolgedessen dauerte es, nachdem sie, Gianni und die Magd zur Ruhe gegangen waren, gar nicht lange, so kam Federigo und klopfte leise einmal an die Haustür, die sich unmittelbar neben der Schlafkammer befand, so daß Gianni und seine Frau es augenblicklich hörten. Damit ihr Mann keinen Verdacht schöpfen sollte, stellte Monna Tessa sich, als ob sie schliefe. Über ein Weilchen klopfte Federigo zum zweitenmal. Gianni stieß verwundert seine Frau an und rief: „Tessa, hörst du es nicht? Es scheint, daß jemand an unsre Haustür gefaßt hat."

Die Frau, die es deutlicher noch als er gehört hatte, tat, als wache sie eben auf, und fragte: „Was ist los? Wie?"

„Ich sage", antwortete Gianni, „es hat den Anschein, daß jemand an unsre Tür geklopft hat."

Die Frau erwiderte: „Geklopft? Großer Gott! Oh, Gianni, weißt du nicht, was das ist? Das ist das Gespenst, vor dem ich schon nächtelang die größte Angst gehabt habe, die es gibt. Immer wenn ich es hörte, habe ich den Kopf unter die Decke gesteckt und nie gewagt, ihn wieder herauszuziehen, bevor es nicht heller Tag war."

Darauf meinte Gianni: „Ach, Frau, habe keine Furcht, wenn es wirklich so ist. Ich habe das ‚Te lucis', das ‚Intemerata' und noch viele andere wirksame Gebete gesprochen, als wir schlafen gingen. Auch habe ich das Bett von allen Seiten im Namen des Vaters, des Sohnes und des Heiligen Geistes gesegnet, so daß wir keinen Grund haben, uns zu fürchten. Das Gespenst kann uns nichts anhaben, so groß auch seine Macht sein mag."

Damit nun Federigo nicht etwa falschen Verdacht schöpfen und sich über sie erzürnen möchte, entschloß sich die Frau schließlich, aufzustehen und ihm zu verstehen zu geben, daß Gianni da sei. Sie sagte daher zu ihrem Mann: „Das ist alles gut und schön, sag du nur deine Gebete her! Ich aber werde mich niemals gerettet und sicher fühlen, wenn wir nicht jetzt, wo du hier bist, das Gespenst beschwören." Gianni erwiderte: „Gut! Und wie macht man das?" Die Frau fuhr fort: „Ich weiß genau, wie man es besprechen kann. Vorgestern, als ich voller Angst zur Beichte nach Fiesole ging, lehrte mich eine Einsiedlerin, die mich des Weges kommen sah, ein heiliges und wirksames Gebet – ja, mein lieber Gianni, das sind die frömmsten Frauen, der Herrgott mag es bezeugen –, und sie sagte, daß sie es früher oft erprobt hätte, als sie noch keine Einsiedlerin gewesen sei. Es habe ihr stets geholfen. Gott weiß, daß ich allein niemals den Mut gehabt hätte, es auszuprobieren; jetzt aber, wo du hier bist, möchte ich, daß wir hingehen und das Gespenst beschwören."

Gianni sagte, das wolle er von Herzen gerne tun. So standen sie denn auf und gingen leise miteinander zur Haustür, hinter der Federigo, schön Verdacht im Herzen, noch immer wartete. Dort angelangt, sagte die Frau zu Gianni: „Jetzt mußt du ausspucken, wenn ich es dir sage."

„Gut", antwortete Gianni.

Und die Frau begann ihr Gebet und sprach:

„Gespenst, Gespenst, ich seh dich stehn!
Mit steifem Schweif kamst du und mußt wieder gehn!
Kehr ein im Garten, am Pfirsichbaum
Findest du einen fetten Traum
Mit hundert Köteln vom schwarzen Huhn!
Der Wein möge dir Gutes tun!

> Verschwinde und lasse mich in Ruh
> Und meinen guten Gianni dazu!"

Nachdem sie diese Worte gesprochen hatte, sagte sie zu ihrem Mann: „Spuck aus, Gianni!" Und Gianni spuckte aus. Federigo, der draußen stand, alles mit anhörte und seine Eifersucht bereits überwunden hatte, wurde trotz seines Mißmutes von solcher Lachlust gepackt, daß er fast zerbarst, und als Gianni ausspie, sagte er leise: „Die Zähne auch!"

Nachdem Monna Tessa solcherart dreimal das Gespenst beschworen hatte, kehrte sie mit ihrem Mann wieder ins Bett zurück. Federigo, der, in der Hoffnung, mit ihr zu Abend zu speisen, noch nichts gegessen, aber die Worte der Beschwörung wohl verstanden hatte, begab sich in den Garten und nahm, als er unter dem großen Pfirsichbaum die beiden Kapaune, die Eier und den Wein gefunden hatte, alles mit nach Hause, wo er in aller Gemütsruhe speiste. Und noch an manchem späteren Abend, wenn er wieder mit seiner Geliebten zusammen war, lachte er mit ihr über diese Geisterbeschwörung.

Übrigens wird auch erzählt, die Frau habe den Eselskopf richtig gen Fiesole gestellt gehabt, doch habe ein Arbeiter, der durch den Weinberg ging, mit dem Stock dagegengeschlagen, so daß der Kopf sich mehrmals um und um gedreht habe und schließlich mit der Nase in Richtung Florenz stehengeblieben sei. Federigo wäre alsbald, in der Meinung, er sei bestellt, gekommen, und die Frau habe ihn auf folgende Weise beschworen:

> „Gespenst, Gespenst, geh, eh es zu spät,
> Ich habe den Eselskopf nicht gedreht!
> Das tat ein anderer, Gott mög' ihn strafen!
> Laß mich mit meinem Gianni schlafen!"

Worauf Federigo ohne Abendessen und ohne Nachtquartier geblieben sei. Eine meiner Nachbarinnen aber, eine uralte Frau, wollte wissen, daß alles beides wahr sei. Sie habe es in ihrer Jugend mit erlebt. Doch sei das letztere nicht dem Gianni Lotteringhi passiert, sondern einem Mann namens Gianni di Nello, der in Porta San Piero gewohnt habe und ein ebensolcher Einfaltspinsel gewesen sei wie Gianni Lotteringhi.

Ihr, meine lieben Freundinnen, habt daher die Wahl, euch auszusuchen, was euch von beiden am besten gefällt, oder auch, wenn ihr wollt, beides zu lernen. Beides kann bei solchen Ereignissen von größtem Nutzen sein, wie ihr nun aus Erfahrung wißt. Lernt drum die Sprüchlein, vielleicht könnt ihr Gebrauch davon machen!

ZWEITE GESCHICHTE

Peronella versteckt, als ihr Mann nach Hause kommt, ihren Liebhaber in einem Faß, das ihr Mann verkauft hat. Sie sagt, daß auch sie es an jemand verkauft habe, der gerade hineingestiegen sei, um seine Haltbarkeit zu prüfen. Nachdem der Liebhaber wieder herausgestiegen ist, läßt er es von dem Ehemann säubern und zu sich nach Hause tragen.

Mit großem Gelächter war Emilias Geschichte angehört und das Beschwörungsgebet von allen für wirksam und fromm erklärt worden. Da die Novelle jedoch zu Ende war, befahl der König Filostrato fortzufahren.

Dieser begann:

Liebste Freundinnen, die Männer und vor allem die Ehemänner spielen euch so viele Possen, daß ihr, wenn eine Frau ihrem Ehemann einen Schabernack antut, nicht nur befriedigt sein solltet, daß es geschehen ist oder ihr es erfahren habt. Ihr solltet es selbst überall weitererzählen, damit die Männer einsehen, daß, wenn sie auch noch so schlau zu Werke gehen, die Frauen ihnen an Listigkeit nicht nachstehen. Es würde für euch von nicht geringem Nutzen sein. Jeder Mann, der weiß, daß auch die Gegenseite sich zu wehren vermag, wird kaum noch einen Betrug wagen. Wer möchte bezweifeln, daß die Männer, bekämen sie von den Erzählungen über unser heutiges Thema Kunde, sich hüten würden, euch weiterhin zu hintergehen, nachdem sie zu der Erkenntnis gelangten, daß ihr, wenn ihr nur wollt, durchaus imstande seid, auch sie gleicherweise hereinzulegen? Ich habe die Absicht, euch nun zu berichten, was eine junge Frau einfachster Herkunft blitzschnell ihrem Mann weiszumachen wußte, um sich zu retten.

Vor einiger Zeit nahm in Neapel ein armer Mann ein hübsches, keckes junges Ding, Peronella genannt, zur Frau und suchte mit dem kargen Verdienst, den er durch sein Maurerhandwerk und sie durch fleißiges Spinnen hereinbrachte, das Leben, so gut es anging, zu fristen.

Nun geschah es, daß ein junger hübscher Fant eines Tages Peronella zu Gesicht bekam, die ihm so sehr gefiel, daß er sich schnurstracks in sie verliebte. Er umwarb sie deshalb so lange auf alle erdenkliche Weise, bis er schließlich ihr Vertrauen gewann. Um ungestört zusammen sein zu können, verabredeten beide, daß der Jüngling zur Stelle sein solle, wenn ihr Mann – wie er es alle Tage tat – früh zur Arbeit oder auf Suche nach Arbeit fortgehe. Sowie er fort sei, könne der Jüngling ungesehen zu ihr hereinkommen, zumal die Avoriostraße, wo sie wohnte, sehr einsam war. Und so geschah es viele Male.

Einmal aber ereignete es sich, daß, nachdem der brave Ehemann früh fortgegangen und Giannello Strignario – so war der Name des jungen Burschen – ins Haus gekommen und mit Peronella beisammen war, der Mann nach kurzer Zeit heimkehrte, obwohl er im allgemeinen den ganzen Tag über nicht zurückzukommen pflegte. Da er die Haustür fest verschlossen vorfand, klopfte er und sprach zu sich selbst: „Herrgott, du seist gelobt auf immerdar! Obwohl du mich als armen Teufel leben läßt, hast du mir zum Trost doch eine gute, anständige Ehefrau beschert. Sieh nur einer an, wie sie sogleich die Tür von innen verschlossen hat, nachdem ich fortgegangen bin, damit niemand hier hereinkommen und sie belästigen kann!"

Peronella, die ihren Mann an der Art des Klopfens erkannt hatte, rief: „Um Gottes willen, Giannel, ich bin verloren! Mein Mann ist da. Der Henker mög ihn holen, daß er jetzt kommt! Ich weiß nicht, was das bedeuten soll. Noch niemals ist er um diese Zeit zurückgekommen. Ob er dich gesehen hat, als du hereinkamst? Doch wie dem auch sein mag, verstecke dich um Gottes willen in dem Faß, das du hier siehst. Ich gehe und mache ihm auf. Wir werden ja sehen, was das heißen soll, daß er heute so früh nach Hause kommt." Giannello kletterte eiligst in das Faß, und Peronella ging an die Haustür, öffnete ihrem Mann und sagte mit finsterer Miene: „Was ist denn das für eine neue Mode, daß du heute so früh nach Hause kommst? Es sieht ja aus, als ob du heute nicht arbeiten wolltest, weil du mit allem Werkzeug heimkehrst. Wovon sollen wir leben, wenn du so anfängst? Denkst du etwa, ich werde erlauben, daß du mir noch mein billiges Fähnchen und meine paar Lumpen verpfändest, wo ich Tag und Nacht nichts weiter tue als spinnen, bis mir das Blut aus den Nägeln quillt, um wenigstens so viel Öl kaufen zu können, daß unsre Lampe brennt? Mann, Mann, alle Nachbarinnen wundern sich darüber und haben mich zum besten, daß ich mich so abrackere. Und du kommst mir jetzt mit herunterhängenden Armen heim, anstatt zu arbeiten!"

Nach dieser Rede begann sie zu weinen und fing nochmals von vorne an: „Ach, ich Unglückliche! Ich Unselige! In welcher Unglücksstunde bin ich geboren! In welch eine Lage bin ich gekommen! Einen so guten jungen Mann hätte ich kriegen können und wollte ihn nicht, um an diesen hier zu geraten, der nicht einmal darüber nachdenkt, wen er sich ins Haus geholt hat! Andere Frauen lassen es sich wohl sein mit ihren Liebhabern. Keine einzige gibt es, die nicht zwei oder drei hätte! Die genießen ihr Leben und malen ihren Ehemännern ein X für ein U. Und ich, ich Unglückliche? Weil ich anständig bin und keine Lust zu solchen Geschichten habe, geht es mir schlecht, und ich muß ein erbärmliches Leben führen. Ich weiß selbst nicht, warum ich mir nicht auch einen Liebhaber anschaffe wie die anderen. Eins aber kannst du dir merken, mein Lieber: Wenn ich schlecht sein wollte, würde ich auch jemand finden. Es gibt feine Kavaliere genug, die mich lieben und mir wohlgesonnen sind. Sie haben schon zu mir geschickt und mir Geld anbieten lassen oder auch Kleider und Schmuck, wenn es mir lieber wäre. Doch mein Herz hat von diesen Sachen nie etwas wissen wollen. Ich bin nicht die Tochter eines solchen Weibes! Du aber kommst nach Hause, anstatt zur Arbeit zu gehen!"

Der Mann entgegnete: „Ach Frau, setz dir um Gottes willen nichts in den Kopf. Du kannst mir glauben, ich weiß, was ich an dir habe, gerade heute morgen ist es mir wieder klargeworden. Freilich bin ich fortgegangen, um zu arbeiten. Ich sehe aber jetzt, daß du ebensowenig weißt, wie ich es wußte, daß heute der Festtag des heiligen Galeone ist. Da wird nicht gearbeitet. Deswegen bin ich so früh heimgekommen. Aber trotzdem habe ich für uns gesorgt und etwas herausgefunden, was uns für länger als einen Monat mit Brot eindecken wird. – Ich habe dem guten Mann, den du hier neben mir stehen siehst, das Faß verkauft. Du weißt schon, welches, es stört uns schon lange im Haus. Er will mir fünf Fiorini dafür geben."

Darauf erwiderte Peronella: "Das ist ja mein Kummer! Du als Mann, der überall herumkommt, weißt nicht, was los ist auf der Welt, und verkaufst für fünf Fiorini ein Faß, welches ich dummes Frauenzimmer, das nie aus der Tür kommt, bereits für sieben veräußert habe. Weil ich sah, daß es uns nur im Wege stand, habe ich es einem wackren Manne verkauft. Gerade als du kamst, ist er hineingestiegen, um nachzuprüfen, ob es dicht ist."

Hochbefriedigt über diese Nachricht, sagte der Mann zu seinem Begleiter: "So geh mit Gott, mein Lieber. Du hörst ja, daß meine Frau das Faß für sieben verkauft hat, während du nicht mehr als fünf bezahlen wolltest." – "In Gottes Namen denn", sagte der gute Mann und entfernte sich. Peronella aber sprach zu ihrem Mann: "So komm jetzt, wo du hier bist, und mache mit dem da unsre Sache in Ordnung."

Giannello, der mit gespitzten Ohren gelauscht hatte, ob er etwas zu befürchten habe und auf der Hut sein müsse, hörte Peronellas Worte und sprang aus dem Faß heraus. Als ob er nichts von der Rückkehr des Mannes gehört hätte, rief er: "Wo seid Ihr, gute Frau?" Der Ehemann lief herbei und erwiderte: "Da bin ich. Was wünschst du?" Giannello entgegnete: "Wer bist denn du? Ich such die Frau, mit der ich wegen des Fasses verhandelt habe." Der brave Kerl erwiderte: "Ihr könnt alles mit mir abmachen; ich bin ihr Mann." – "Das Faß scheint dicht zu sein", fuhr Giannello fort, "doch glaube ich, daß sich allerlei Weinstein drinnen angesetzt hat. Es ist ganz bedeckt mit irgendeinem trocknen Zeug, das sich mit den Nägeln nicht loskratzen läßt. Ich werde es nicht nehmen, wenn ich es nicht vorher in sauberem Zustand ansehen kann." Darauf sagte Peronella: "Nun, deswegen kann der Handel doch stattfinden. Mein Mann wird es sogleich sauber machen." Und ihr Mann fügte hinzu: "Natürlich." Dann legte er sein Werkzeug nieder, zog sich bis aufs Hemd aus, ließ sich ein Licht anzünden, einen Trogkratzer reichen und kletterte in das Faß, das er sogleich auszuschaben begann. Peronella steckte, als wolle sie zuschauen, was er mache, den Kopf, einen Arm und eine Schulter in den Hals des Fasses, der nicht eben weit war, und rief ihrem Manne zu: „Kratz mal hier... und hier... und dort... Siehst du nicht, daß hier noch etwas hängengeblieben ist?"

Während sie so verharrte und ihren Mann anleitete und aufmerksam machte, versuchte Giannello – der an diesem Morgen, als der Mann heimkam, kaum sein Verlangen gestillt hatte und nun einsah, daß er nicht konnte, was er gerne wollte – sich zu befriedigen, so gut es eben ging. Über Peronella gebeugt, die den Hals des Fasses ganz geschlossen hielt, stillte er auf dieselbe Weise sein jugendliches Begehren wie in den weiten Steppen die wilden, von Liebe tollen Hengste die Stuten Parthiens bespringen, und in ebendemselben Augenblick gelangte er ans Ende, als das Faß sauber gekratzt war, worauf er beiseite trat, Peronella den Kopf aus dem Faß zog und der Ehemann herauskletterte. Peronella sagte darauf zu Giannello: „Nehmt das Licht, guter Mann, und schaut selber nach, ob es so sauber ist, wie Ihr es wünscht." Giannello blickte hinein, sagte, daß alles in Ordnung und er zufrieden sei. Dann ließ er, nachdem er sieben Fiorini bezahlt hatte, das Faß in seine Wohnung bringen.

DRITTE GESCHICHTE

Bruder Rinaldo schläft mit der Gevatterin. Als ihr Mann ihn bei ihr in der Schlafkammer antrifft, machen sie ihm weis, daß der Bruder die Würmer des kleinen Sohnes bespreche.

So unklar hatte Filostrato nun nicht von den parthischen Stuten gesprochen, daß die listigen Frauen ihn nicht verstanden und nicht ein wenig darüber gekichert hätten, obwohl sie sich den Anschein gaben, als lachten sie über andere Dinge. Als der König bemerkte, daß die Geschichte beendet war, gebot er Elissa weiterzuerzählen, die, bereit zu gehorchen, also begann:

Reizende Freundinnen, Emilias Geschichte von der Gespensterbeschwörung hat mir die Begebenheit einer andern

Beschwörung ins Gedächtnis zurückgerufen. Ich will sie euch erzählen, obwohl sie nicht so schön ist wie jene, doch will mir zu unserm Thema nichts Passenderes einfallen.

In Siena lebte einst ein hübscher Jüngling aus gutem Hause. Er hieß Rinaldo und war in heißer Liebe zu einer seiner Nachbarinnen entbrannt. Diese, eine Dame von erlesener Schönheit, war mit einem reichen Manne verheiratet, doch hoffte Rinaldo alles, was er wünschte, bei ihr zu erreichen, wenn sich nur eine Gelegenheit fände, ungestört mit ihr zu sprechen. Da eine solche Gelegenheit sich indes nicht bot und die Dame außerdem in andren Umständen war, beschloß er, ihr Gevatter zu werden. Er befreundete sich deshalb mit ihrem Ehemann, trug diesem seinen Wunsch auf die höflichste Weise vor und wurde gerne angenommen.

Nachdem er einmal der Gevatter Madonna Agnesas geworden war und sich so einen Grund verschafft hatte, nach Belieben mit ihr zu sprechen, eröffnete er ihr mit klaren Worten sein Begehren, das sie schon lange aus seinen Augen gelesen hatte. Obwohl nun der Dame keinesfalls zu mißfallen schien, was sie vernommen, nützte es doch Rinaldo nur wenig.

Nicht lange danach wurde Rinaldo, gleichviel aus welchem Grunde, Mönch und blieb es auch, wie auch immer diese Weide ihm munden mochte. Wohl hatte er in dem Augenblick, als er in die Bruderschaft eintrat, die Liebe zu seiner Gevatterin und seine sonstigen Eitelkeiten ein wenig beiseite gesetzt, doch kam er im Laufe der Zeit, ohne das Ordenskleid abzulegen, wieder auf sie zurück. Er begann sich wieder zu zeigen, kleidete sich in feines Tuch und trat gar sorgsam und gepflegt auf. Er verfaßte Lieder, Sonette und Balladen, begann zu singen und war von solchen und ähnlichen Dingen bald ganz erfüllt.

Doch was rede ich von unserm Bruder Rinaldo? Wo sind Mönche, die es anders treiben? Ach, diese Schande allüberall! Sie schämen sich nicht, vollgefressen und mit roten, gedunsenen Köpfen herumzulaufen, wollüstig in der Kleidung und in ihrem ganzen Gehabe! Nicht wie die Tauben, sondern wie aufgeblasene Hähne mit geschwollenem Kamm stolzieren sie eitel einher. Was aber das schlimmste ist – mögen sie schon ihre Zellen vollgestopft haben mit Latwergenfläschchen und Salbentöpfen, mit gefüllten Konfekt-

511

schachteln, Ampullen und Gläsern voller duftender Wässer und Öle, mit gefüllten Krügen von griechischem Malvasier und anderen köstlichen Weinen, daß diese Zellen dem Betrachter nicht wie die Behausungen von Mönchen, sondern weit eher wie die Läden von Apothekern oder Salbenhändlern erscheinen –, sie schämen sich nicht, die Leute wissen zu lassen, wie gichtbrüchig sie sind. Sie glauben, niemand wüßte oder ahnte, daß das Fasten, derbe und kärgliche Kost und enthaltsames Leben die Menschen mager und dürr macht und gesund erhält und daß, wenn schon einer erkrankt, er wenigstens nicht an Podagra leiden sollte, gegen das man Enthaltsamkeit und ebenjene Dinge verordnet, die eigentlich das Leben eines anständigen Mönches erfüllen sollten. Sie glauben, niemand wüßte, daß außer dem dürftigen Leben auch lange Nachtwachen, Beten und Geißeln die Menschen blaß und kraftlos machen und daß weder der heilige Domenikus noch der heilige Franziskus vier Kutten anstatt einer besaß und beide sich weder in feine Wolle noch in schönes Tuch hüllten, sondern derbes, ungefärbtes Leinen trugen, um die Kälte zu verjagen, nicht aber, um Staat zu machen. Möge Gott mit diesen Pfaffen verfahren, wie es den Seelen der Toren, die sie ernähren, frommt!

Nachdem also Bruder Rinaldo zu seinen früheren Begierden zurückgekehrt war, begann er seine Gevatterin häufig zu besuchen, und da seine Dreistigkeit zunahm, fing er an, ihr dringender als vorher mit seinen Forderungen zuzusetzen. Die Dame, die sich solcherart bedrängt sah, aber vielleicht Bruder Rinaldo jetzt für begehrenswerter hielt als vorher, antwortete, als er ihr wieder einmal hart zugesetzt hatte, mit einer jener Erwiderungen, die Frauen geben, wenn sie Lust verspüren zu gewähren, was von ihnen verlangt wird. Sie sagte: »Wie, Bruder Rinaldo, treiben denn auch die Mönche solche Dinge?« Bruder Rinaldo entgegnete: »Madonna, wenn ich die Kutte ablege, was mir ein leichtes ist, werde ich wie jeder andere Mann und nicht wie ein Mönch vor Euch stehen.« Die Frau verzog den Mund zum Lachen und sagte: »Es geht trotzdem nicht. Ihr seid ja mein Gevatter. Was soll man da machen? Es würde ein zu großes Unrecht sein. Ich habe oft gehört, es wäre eine schlimme Sünde. Wenn das nicht wäre, täte ich gerne, was Ihr verlangt.« Darauf sprach Bruder Rinaldo: »Ihr wäret eine Törin, wolltet ihr es deswegen unterlassen. Ich will nicht sagen, daß es keine große Sünde ist, doch der Herrgott verzeiht auch die größte, wenn man sie bereut. – Sagt mir aber, wer ist mehr verwandt mit Eurem Söhnchen, ich, der es über die Taufe hielt, oder Euer Mann, der sein Vater ist?" Die Dame antwortete: „Mein Mann ist der nähere Verwandte." – „Ihr habt recht", sagte der Mönch, „doch schläft Euer Mann etwa nicht bei Euch?" – „Aber ja", entgegnete Madonna Agnesa. „Also", fuhr der Mönch fort, „da ich weniger nahe mit Eurem Sohn verwandt bin als Euer Mann, kann ich ebensogut mit Euch schlafen wie er."

Die Dame, die von Logik nichts verstand und nur noch einen kleinen Anstoß nötig hatte, glaubte oder stellte sich, als glaube sie, daß der Mönch recht habe, und erwiderte: „Wer vermöchte wohl Eure klugen Worte zu widerlegen!" Dann gab sie sich, unbeschadet der Gevatterschaft, seinen Wünschen hin. Sie ließen es aber nicht mit diesem einen Male bewenden, sondern fanden sich wieder und wieder zusammen, da es ihnen unter dem Deckmantel der Gevatterschaft ein leichtes war und keinen Verdacht erregte.

Einmal nun geschah es, daß Bruder Rinaldo wieder in das Haus der Dame kam und hier außer ihr selber nur noch eine appetitliche junge Magd antraf, die er kurzerhand mit seinem Begleiter auf den Taubenschlag schickte, damit jener ihr dort das Vaterunser beibringen möge. Er selber aber ging mit der Frau, die ihr kleines Söhnchen an der Hand hatte, in die Schlafkammer. Dort schlossen sie sich ein und begannen auf einem Ruhebett, das dort stand, ihre Scherze miteinander zu treiben. Während sie noch dabei waren, sich zu ergötzen, kehrte unvermutet der Gevatter zurück. Ohne daß jemand ihn kommen gehört hätte, stand er plötzlich vor der Kammertür, klopfte und rief nach seiner Frau. Als Madonna Agnesa seine Stimme vernahm, sagte sie: „Ich bin des Todes, mein Mann ist da! Er wird jetzt merken, was es mit unsrer Freundschaft auf sich hat." Bruder Rinaldo, der seine Kleider, das heißt Kutte und Skapulier, abgelegt hatte und im Untergewand der Mönche dastand, sagte, als er ihre Worte hörte, betrübt: „Ihr habt recht. Wenn ich wenigstens angezogen wäre, könnte man schon einen Grund finden! Doch wenn Ihr die Tür aufmacht und er mich so sieht, gibt es keine Entschuldigung."

Von einer plötzlichen Eingebung erleuchtet, sagte nun Madonna Agnesa: „Zieht Euch an, und wenn Ihr fertig seid, nehmt Euer kleines Patenkind auf den Arm. Und hört indessen genau zu, was ich meinem Mann erzählen werde, damit Eure Worte zu den meinigen passen. Alles andre überlaßt nur mir." Und noch bevor der brave Ehemann vor der Tür zum zweiten Male geklopft hatte, antwortete seine Frau bereits: „Ich komme!" Dann stand sie auf, ging mit freundlichem Gesicht zur Kammertür, öffnete und sagte: „Höre, lieber Mann, Bruder Rinaldo ist hier. Der Herrgott selbst muß ihn uns gesandt haben, denn ganz bestimmt hätten wir heute unser Söhnchen verloren, wäre er nicht gekommen."

Als der einfältige Kerl diese Worte hörte, geriet er fast von Sinnen und rief: „Was ist los?" – „Ach, lieber Mann", antwortete die Dame, „ganz plötzlich fiel unser Söhnchen besinnungslos zu Boden. Ich glaubte schon, es sei tot, und wußte vor Angst nicht aus noch ein, als gerade unser Gevatter in die Tür kam. Er nahm ihn auf seinen Arm und sagte: ‚Gevatterin, er hat Würmer. Die kriechen bis ans Herz und können ihn töten. Doch habt keine Angst, ich werde sie besprechen und alle sterben lassen. Und bevor ich wieder fortgehe, werdet Ihr Euer Kind gesünder vor Euch sehen als je zuvor.' – Weil du zu diesem Zweck gewisse Gebete sprechen solltest, die Magd dich aber nirgends finden konnte, ließ der Gevatter diese Gebete an der höchsten Stelle unsres Hauses von einem seiner Mitbrüder sprechen. Er und ich aber gingen zusammen hierher, und weil niemand anders als die Mutter des Kindes bei solcher Besprechung zugegen sein darf, schlossen wir uns hier ein, damit uns niemand dabei stören könnte. Er hat den Kleinen noch in den Armen. Ich glaube, er wartet wohl, daß sein Gefährte die Gebete beenden soll, was jener wahrscheinlich bereits getan haben wird, da das Kind schon wieder bei voller Besinnung ist." Der Einfaltspinsel von Ehemann glaubte ihr ohne weiteres dieses Märchen, denn sein Herz war von Liebe zu seinem Söhnchen so erfüllt, daß er gar nicht auf den Gedanken kam, seine Frau könnte ihn betrügen. Er stieß einen tiefen Seufzer aus und sagte: „Laß mich zu ihm." Die Frau entgegnete: „Komme noch nicht herein, du könntest alles verderben. Warte einen Augenblick, ich will erst einmal sehen, ob du hereinkommen darfst. Dann werde ich dich rufen."

Bruder Rinaldo, der jedes Wort gehört und sich dabei in aller Ruhe angekleidet und das Kind auf den Arm genommen hatte, rief, nachdem er zuvor noch alles nach seinen Wünschen zurechtgelegt hatte: „Gevatterin! Höre ich nicht den Gevatter draußen?" Der törichte Mann antwortete: „Ja, Messere." – „Nun", fuhr Bruder Rinaldo fort, „so kommt herein!" Der Dummkopf trat ein, und Bruder Rinaldo sagte zu ihm: „Nehmt Euren Sohn! Durch Gottes Güte werdet Ihr ihn behalten, obwohl ich vor einer Stunde nicht glaubte, daß Ihr ihn gegen Abend noch lebendig wiedersehen würdet. Zum Lobe Gottes werdet Ihr dafür ein Wachsbild in Größe des Kindes anfertigen und es vor dem Bilde des heiligen Messer Ambrosius aufstellen lassen, um dessen Verdienste willen Gott Euch diese Gnade erwiesen hat." Als das Kind seinen Vater erblickte, lief es ihm entgegen und liebkoste ihn, wie kleine Kinder es tun. Der Vater nahm es weinend in die Arme, begann es zu küssen, als hätte er es eben aus dem Grabe gezogen, und dankte seinem Gevatter, der es wieder gesund gemacht hatte.

Inzwischen hatte der Gefährte des Bruders Rinaldo der jungen Magd nicht nur ein Vaterunser, sondern mindestens deren vier beigebracht und ihr ein Beutelchen aus weißem Zwirn geschenkt, das er selbst einmal von einem seiner Beichtkinder, einer Nonne, geschenkt bekommen hatte. Als er den Einfaltspinsel an der Kammertür nach seiner Frau rufen hörte, schlich er leise hinzu, daß er genau hören und sehen konnte, was vorging. Da er nun gewahr ward, daß alles zu gutem Ende kam, lief er herbei und sagte, nachdem er ebenfalls in die Kammer gekommen war: „Bruder Rinaldo, die vier Gebete, die ich sprechen sollte, sind beendet." Bruder Rinaldo antwortete: „Mein Bruder, du hast einen kräftigen Atem und hast deine Sache gut gemacht. Ich meinerseits hatte, als der Gevatter kam, noch nicht mehr als zwei beendet. Doch der liebe Gott hat uns für unsere Mühe die Gnade erwiesen, das Kind wieder gesund zu machen."

Der Dummkopf ließ nun seinem Gevatter und dessen Gefährten zu Ehren guten Wein und Kuchen auffahren, was beiden, weiß Gott, mehr not tat als alles andere. Dann trat er mit ihnen vors Haus, empfahl sie Gott und ließ unverzüglich das gewünschte Wachsbild anfertigen, das er mit andern zusammen am Altar des heiligen Ambrosius aufstellen ließ, jedoch nicht vor jenem aus Mailand.

VIERTE GESCHICHTE

Tofano sperrt eines Nachts seine Frau aus. Da er sie trotz ihrer Bitten nicht hereinläßt, tut sie, als stürze sie sich in einen Brunnen, in den sie einen großen Stein hineinwirft. Tofano kommt heraus und läuft zum Brunnen, indes sie schnell ins Haus schlüpft, ihm die Tür vor der Nase zuschließt und ihn mit Scheltworten heruntermacht.

Als der König hörte, daß Elissas Geschichte beendet war, wandte er sich unverzüglich an Lauretta, um ihr seinen Wunsch zu verstehen zu geben, daß sie weitererzählen möge. Ohne zu zaudern, begann sie:

O Amor, wie groß und unermeßlich ist deine Macht! Wieviel Klugheit und Vorsicht nennst du dein eigen! Welcher Weise, welcher Künstler hätte je so feine Listen erdacht, soviel Scharfsinn bewiesen, so viele klare, stichhaltige Beweise bei der Hand, wie du sie blitzschnell jenen eingibst, die auf deinen Pfaden wandeln! Fürwahr, die Lehre jedes andern ist schwerfällig gegen die deine! Das haben die eben berichteten Fälle uns deutlich bewiesen. Zu diesen, meine schönen Gefährtinnen, möchte ich noch berichten, auf welchen Einfall eine einfältige kleine Seele einst verfiel. Er war solcherart, daß meiner Ansicht nach niemand anders als Amor selber ihn ihr eingegeben haben kann.

Also es lebte einmal in Arezzo ein reicher Mann, Tofano genannt, der die bildschöne Monna Ghita zur Gattin bekam und ohne Grund bald recht eifersüchtig auf sie wurde. Die Frau, die ihn schnell durchschaute, war nicht wenig ungehalten darüber. Nachdem sie ihn oftmals nach den Gründen seiner Eifersucht befragt hatte, er jedoch nicht imstande war, auch nur einen einzigen zu nennen, sondern nur unklare, dumme Verdächtigungen vorbrachte, faßte sie den Entschluß, ihn an dem Übel, vor dem er ohne Veranlassung zitterte, sterben zu lassen.

Da sie nun bemerkt hatte, daß ein nach ihrer Meinung reizender junger Mann sie mit sehnsüchtigen Blicken ansah, begann sie sich heimlich mit diesem zu verständigen. Als die Dinge zwischen beiden so weit gediehen waren, daß nichts mehr fehlte, als die Worte durch Taten zu bestätigen, versuchte die Frau, auch hierfür eine Möglichkeit ausfindig zu machen. Sie hatte bereits erkannt, daß ihr Mann neben anderen schlechten Angewohnheiten auch dem Trunk zugetan war. Sie begann darum, ihm nicht nur das Trinken zu empfehlen, sondern stachelte ihn in listiger Weise oftmals dazu an. Dies machte sie sich alsbald derart zur Gewohnheit, daß sie fast jedesmal, wenn ihr daran gelegen war, ihn so weit brachte, daß er sich bis zur völligen Betrunkenheit vollfüllte. Sah sie ihn dann restlos betrunken vor sich, packte sie ihn ins Bett. Auf solche Weise traf sie sich erstmalig mit ihrem Geliebten und tat es auch weiterhin unzählige Male in aller Sorglosigkeit. Ja, sie vertraute so sehr auf die Trunkenheit ihres Mannes, daß sie nicht nur die Kühnheit besaß, ihren Geliebten zu sich ins Haus zu holen, sondern auch selber oft des Nachts für viele Stunden fortging, um im Hause ihres Geliebten zu bleiben, das von dem ihrigen nicht weit entfernt lag.

So trieb das verliebte Frauchen es schon lange Zeit, als es eines Tages dem unglückseligen Ehemann auffiel, daß sie, während sie ihn zum Trinken ermunterte, selber keinen Tropfen zu sich nahm. Schon packte ihn der Argwohn, daß am Ende nicht alles so sei, wie es scheine, und daß die Frau ihn betrunken mache, um, wenn er seinen Rausch ausschlief, ihrem Vergnügen nachzugehen. Ob das wirklich der Fall sei, beschloß er alsbald zu erproben. So kehrte er eines Abends, nachdem er den Tag über keinen Tropfen getrunken hatte, nach Hause zurück und stellte sich in Sprache und Betragen trunkener denn je. Die Frau nahm an, daß bei solcher Trunkenheit weiteres Nötigen zum Trinken nicht mehr vonnöten sei, und brachte ihn deshalb eiligst zur süßen Ruhe ins Bett. Dann verließ sie, wie sie es sich seit einiger Zeit angewöhnt hatte, das Haus und eilte in die Wohnung ihres Geliebten, um dort bis gegen Mitternacht zu verweilen. Tofano aber erhob sich, sowie er bemerkte, daß seine Frau fortgegangen war. Er lief an die Haustür, schloß sie von innen ab und legte sich alsdann ins Fenster, um die Heimkehr seiner Frau abzuwarten und ihr kundzutun, daß er ihr auf die Schliche gekommen sei, und hielt dort auch wirklich so lange aus, bis sie zurückkam.

Als die Frau schließlich nach Hause kam und sich ausgesperrt sah, war sie recht betroffen und versuchte, ob die Haustür sich nicht mit Gewalt öffnen lasse. Tofano, der ihrem Treiben ein Weilchen zugesehen hatte, sagte endlich: „Meine Teure, du quälst dich umsonst. Hier hast du nichts mehr zu suchen! Gehe nur wieder dorthin zurück, wo du so lange gewesen bist. Du kannst mir glauben, ich lasse dich nicht wieder herein, ehe ich dir nicht in Gegenwart aller deiner Verwandten und Nachbarn so gründlich die Wahrheit gesagt habe, wie es dir gebührt." Die Frau verlegte sich aufs Bitten, er möchte ihr doch um Himmels willen die Tür aufschließen, zumal sie nicht dort herkäme, woher er vermute. Sie sei vielmehr mit einer Nachbarin zusammen aufgeblieben, da jetzt die Nächte so lang seien und sie diese weder durchschlafen noch allein durchwachen könne. Jedoch alles Bitten war vergebens. Der Dickkopf war fest entschlossen, allen Leuten aus Arezzo ihre Schande zu beweisen, von der bis zur Stunde noch niemand etwas ahnte.

Als die Frau einsah, daß keine Bitte half, begann sie ihm zu drohen und rief: „Wenn du mir nicht öffnest, werde ich dich zum unglücklichsten Menschen der Welt machen." Tofano erwiderte: „Was kannst du mir schon anhaben?" Der Frau aber schärfte Amor nun mit einem Ratschlag den Verstand. Sie antwortete: „Bevor ich die Schande ertrage, die du mir zu Unrecht antun willst, springe ich in diesen Brunnen hier. Und wenn man mich tot wieder herausfischt, wird keiner daran zweifeln, daß ich mich deiner Säuferei wegen ertränkt habe. Dann wirst du nach dem Verlust aller deiner Habe entweder fliehen und in der Verbannung leben müssen, oder aber man macht dich als meinen Mörder, der du ja auch wirklich gewesen bist, einen Kopf kürzer."

Tofano aber ließ sich auch mit dieser Drohung nicht von seinem albernen Entschluß abbringen. So rief die Frau: „Gut denn, ich kann dein unausstehliches Betragen nicht mehr länger aushalten. Gott möge dir verzeihen! Laß den Spinnrocken hereinholen, ich lege ihn hierher." Nach diesen Worten lief die Frau in der Dunkelheit, in der man auf der

Straße kaum die Hand vor Augen erkennen konnte, an den Brunnen, nahm einen riesigen Stein auf, der neben der Umfassungsmauer lag, schrie laut: „Herrgott, verzeihe mir!" und ließ den Stein in den Brunnen fallen. Der Stein plumpste so laut in das Wasser, daß Tofano, als er es hörte, fest davon überzeugt war, seine Frau habe sich in den Brunnen gestürzt. Er packte daher eiligst Eimer und Strick, stürzte damit aus dem Hause und lief zum Brunnen, um seiner Frau zu helfen.

Die Frau aber hatte sich indessen in der Nähe der Haustür verborgen, schlüpfte, als sie ihn zum Brunnen eilen sah, geschwind ins Haus, schloß von drinnen zu und lief ans Fenster. Dann rief sie: „Wasser muß man zugießen, solange die andern trinken, aber nicht nach Mitternacht!" Tofano merkte, daß sie ihn gefoppt hatte, und kehrte an die Tür zurück. Weil er aber nicht hinein konnte, bat nun er, sie möge ihm doch öffnen. Sie aber hörte nun auf, leise zu sprechen, was sie bisher getan hatte, und rief fast schreiend: „Beim Kreuze Christi, du elender Trunkenbold, heute nacht kommst du mir hier nicht ins Haus! Ich kann dieses Laster nicht mehr ertragen! Der ganzen Welt werde ich zeigen, was für ein Kerl du bist und zu welcher Nachtzeit du heimkommst!" Tofano, der seinerseits nun auch in Harnisch geriet, schrie ihr ebenfalls Grobheiten ins Gesicht, so daß die Nachbarn schließlich den Lärm hörten und aufstanden. Männer und Frauen traten an die Fenster und fragten, was es gäbe. Weinend entgegnete die Frau: „Ach, dieser elende Kerl kommt jeden Abend betrunken nach Hause. Oder er schläft gar im Kruge ein und kommt zu solcher Stunde heim. Ich habe es lange genug ertragen und ihm die schlimmsten Vorwürfe gemacht; aber es hat mir nichts geholfen. Weil ich es nicht mehr länger ertragen konnte, habe ich ihm die Schande angetan, ihn heute auszusperren; ich will sehen, ob er sich nicht bessert!"

Der dumme Tofano tischte nun auch auf, was sich zugetragen hatte, und drohte ihr mit böser Miene. Die Frau aber sagte zu den Nachbarn: „Jetzt seht ihr, was für ein gemeiner Kerl das ist! Was würdet ihr sagen, wenn ich dort draußen stände wie er und er an meiner Stelle hier im Hause säße? Gottsdonner, ich zweifle nicht daran, daß ihr am Ende noch für möglich hieltet, was er da redet! Da könnt ihr nun seine saubre Gesinnung erkennen. Er behauptet nämlich von mir gerade das, was ich von ihm selber glaube. Um mir einen Schreck einzujagen, hat er auch ich weiß nicht was in den Brunnen geworfen. Wollte Gott, er hätte sich statt dessen selbst hineingestürzt und wäre ertrunken! Dann hätte wenigstens der Wein, von dem er mehr als genug getrunken hat, sich ausreichend mit Wasser verdünnt!"

Die Nachbarn, Männer wie Frauen, begannen nun auf Tofano zu schelten, gaben ihm die Schuld und beschimpften ihn laut wegen allem, was er gegen seine Frau vorbrachte. Die Nachricht von dem Krach wurde mit Windeseile von Haus zu Haus getragen, so daß sie bald auch den Verwandten der Frau zu Ohren kam. Diese eilten herbei, nahmen sich, nachdem sie die Sache von diesem und jenem Nachbarn gehört hatten, Tofano vor und prügelten ihn windelweich. Dann drangen sie ins Haus, rafften die Sachen der Frau zusammen und kehrten mit ihr in die eigene Wohnung zurück, Tofano auf das schlimmste bedrohend.

Dieser fand sich übel zugerichtet wieder und sah bald ein, daß seine Eifersucht ihm einen schlechten Streich gespielt hatte. Da er seine Frau außerdem von Herzen liebhatte, schickte er einige Freunde als Vermittler zu ihr und hatte schließlich auch den Erfolg, daß sie friedfertig in sein Haus zurückkehrte. Er versprach ihr, nie wieder eifersüchtig zu sein, und gab ihr darüber hinaus sogar die Erlaubnis, ihren Vergnügungen nachzugehen, jedoch so vorsichtig, daß er nichts wieder davon bemerke. So schloß er nach närrischer Tölpel Art Frieden, nachdem er genarrt. Es lebe Amor! Nieder mit dem Krieg und allen seinen Anhängern!

FÜNFTE GESCHICHTE

Ein Eifersüchtiger nimmt, als Priester verkleidet, seiner Frau die Beichte ab, in der sie bekennt, daß sie einen Priester liebe, der jede Nacht zu ihr käme. Während nun der Eifersüchtige von einem Versteck aus das Haus bewacht, läßt die Frau ihren Geliebten über das Dach zu sich kommen und vertreibt sich mit ihm die Zeit.

Lauretta hatte ihre Geschichte beendet, und alle Zuhörer lobten die Frau, daß sie recht getan und dem Schurken gegeben habe, was ihm gebühre. Der König aber wandte sich, um keine Zeit zu verlieren, an Fiammetta und bedeutete ihr freundlich, fortzufahren, worauf sie begann:

Edle Damen, die voraufgegangene Erzählung verlockt mich, eine ähnliche von einem eifersüchtigen Ehemann vorzutragen, zumal ich der Meinung bin, daß grundlos eifersüchtigen Ehemännern jeder Possen, den ihnen ihre Frauen spielen, nur zu Recht geschieht. Wenn die Gesetzgeber alles wohl bedacht hätten, so meine ich, hätten sie den Frauen dafür keine schärfere Strafe auferlegen dürfen als jedem andern Menschen, der sich verteidigt, wenn er seine Ehre angegriffen sieht. Eifersüchtige Ehemänner stellen hinterlistig dem Leben der jungen Frauen nach und suchen auf ränkevolle Weise ihren Tod herbeizuführen. Lange Wochen hindurch sehen die Frauen sich eingeschlossen und an familiäre und häusliche Sorgen gebunden und möchten sich darum, wie alle andern Menschen, wenigstens an den Festtagen eine kleine Abwechslung, ein wenig Ruhe oder vielleicht ein kleines Vergnügen gönnen wie jeder Arbeiter auf dem Lande, jeder Handwerker in der Stadt, die Herrscher an den Höfen, ja wie Gott selbst es tat, als er am siebenten Tag von der Arbeit ausruhte. Sehen doch auch die kirchlichen und bürgerlichen Gesetze es vor, daß zur Ehre Gottes und zum Wohle aller die Werktage von den Tagen der Ruhe unterbrochen werden. Die eifersüchtigen Ehemänner aber scheren sich keinen Pfifferling darum. Sie sperren im Gegenteil an diesen Tagen, die alle Menschen froh stimmen, ihre Frauen noch erbarmungsloser ein als sonst, so daß die Feiertage sie noch trauriger und elender machen. Was diese armen Geschöpfe auszustehen haben, können nur die ermessen, die es selber erfahren haben. So behaupte ich abschließend, man sollte eine Frau um das, was sie ihrem grundlos eifersüchtigen Ehemann antut, nicht verdammen, sondern eher loben.

Nun gut, einmal lebte in Rimini ein reicher Kaufmann, der eine Menge Besitzungen und noch viel mehr Geld sein eigen nannte. Daneben hatte er eine bildschöne Ehefrau, auf die er über alle Maßen eifersüchtig war. Hierzu hatte er allerdings keinen Grund; er war aber der Ansicht, daß seine Frau, die er sehr liebte und für außergewöhnlich schön hielt und deren Gedanken, wie er wußte, auf nichts andres gerichtet waren, als ihm zu gefallen, gleicherweise auch allen übrigen Männern liebens- und begehrenswert erscheinen müsse und daß sie es wohl auch darauf anlege, diesen ebenso wie ihm zu gefallen – eine Folgerung, die nur ein Mensch von niederer Gesinnung und wenig Bildung ziehen konnte. In seiner Eifersucht bewachte er daher seine Frau auf Schritt und Tritt und hielt sie so streng, daß selbst Verbrecher, die zum Tode verurteilt sind, von ihren Kerkermeistern nicht strenger bewacht werden können. Ganz abgesehen davon, daß sie zu keiner Hochzeit, zu keinem Feste und in keine Kirche gehen oder aus sonst irgendeinem Grunde den Fuß vor die Tür setzen durfte, wagte die Frau nicht einmal, ans Fenster zu treten oder ohne besonderen Grund aus dem Hause zu schauen. Sie führte fürwahr ein elendes Leben und ertrug alles um so ungeduldiger, als sie sich ohne jede Schuld wußte.

Da diese schmähliche Behandlung durch ihren Mann andauerte, beschloß sie endlich, sich selbst zum Troste, einen Ausweg zu suchen – wenn sich ein solcher fände – und wirklich zu tun, was ihr zum Vorwurf gemacht wurde. Da sie sich am Fenster nicht sehen lassen durfte und darum keine Gelegenheit hatte, sich der Liebe eines Vorübergehenden geneigt zu zeigen, erinnerte sie sich, daß im Nachbarhause ein artiger, liebenswürdiger Jüngling wohnte. Sie beschloß, falls sich irgendwo in der Mauer, die ihr Haus von jenem trennte, ein kleiner Spalt fände, so oft durch diesen Spalt hindurchzuschauen, bis sich einmal die Gelegenheit böte, den jungen Mann zu sprechen. Dann wollte sie ihm ihre Liebe schenken, falls er sie erwidern könnte, und hätte man erst eine Gelegenheit gefunden, sich zu sehen, so würde man wohl auch eine solche finden, sich zu treffen. Auf diese

Weise gedachte sie sich so lange über ihr elendes Leben hinwegzutrösten, bis eines Tages der Eifersuchtsteufel aus dem Schädel ihres Mannes herausführe.

In der Folgezeit untersuchte sie, sooft ihr Mann nicht daheim war, bald diesen, bald jenen Teil der Hausmauer und entdeckte auch wirklich, daß in einer verborgenen Ecke die Mauer einen kleinen Spalt hatte. Als sie durch diesen hindurchsah, konnte sie zwar von der andern Seite wenig erkennen, doch konnte sie immerhin feststellen, daß sich jenseits des Spaltes eine Schlafkammer befand! ‚Wenn es doch die Kammer Filippos‘ (ihres jungen Nachbarn) ‚wäre!‘ dachte sie bei sich. ‚Dann wäre mein Vorhaben schon zur Hälfte geglückt.‘ Sie ließ nun eine Magd, die Mitleid mit ihr hatte, vorsichtig ein wenig spionieren, und bald stellte sich heraus, daß tatsächlich der junge Mann allein in jener Kammer schlief. Sie schaute nun oft durch den Spalt, und wenn sie hörte, daß der Jüngling dort war, ließ sie so lange kleine Steinchen und Mauerbröckchen herunterfallen, bis er einmal herankam, um zu sehen, was das bedeute. Sie rief ihn leise an, und als er ihre Stimme erkannte, antwortete er ihr. Sie schüttete ihm nun, da die Gelegenheit günstig war, ihr Herz aus, worauf der junge Mann überglücklich seinerseits den Spalt vergrößerte, doch so vorsichtig, daß niemand etwas bemerkte. Auf diese Weise konnten sie oft miteinander sprechen und sich auch die Hände reichen. Weiter aber kamen sie infolge der ständigen Bewachung durch den eifersüchtigen Ehemann nicht.

Als Weihnachten herannahte, sagte die Frau zu ihrem Mann, wenn es ihm recht sei, möchte sie am Weihnachtsmorgen zur Beichte in die Kirche gehen nach gutem Christenbrauch. Der Eifersüchtige antwortete ihr: „Was für Sünden hast du denn begangen, die du beichten müßtest?" Die Frau erwiderte: „Ja, denkst du vielleicht, ich bin eine Heilige? Obwohl du mich immer eingesperrt hältst, weißt du doch ganz gut, daß ich ebensogut sündige wie jeder andere Sterbliche. Dir aber will ich nichts davon sagen, denn du bist kein Priester."

Auf diese Worte hin packte den Eifersüchtigen aufs neue der Argwohn, und er beschloß in Erfahrung zu bringen, was für Sünden seine Frau begangen habe. Er überlegte, auf welche Weise ihm das wohl gelingen könnte, und antwortete dann, er sei einverstanden, doch wünsche er, daß sie in keine andere Kirche gehe als in ihre Kapelle und auch dorthin ganz in der Frühe und daß sie entweder bei ihrem Kaplan beichten solle oder bei einem Priester, den dieser ihr nennen würde. Bei niemandem sonst. Auch solle sie zeitig zurückkommen. Die Frau glaubte, ihn halb und halb durchschaut zu haben, und sagte ohne weitere Einwendungen, daß sie alles nach seinen Wünschen halten wolle.

Am Weihnachtstage stand sie schon im Morgengrauen auf, schmückte sich und ging in die Kirche, die ihr Mann ihr vorgeschrieben hatte. Aber auch der Eifersüchtige hatte sich bereits erhoben und eilte nach derselben Kirche, wo er noch vor seiner Frau anlangte. Da er mit dem dortigen Priester bereits vereinbart hatte, was geschehen sollte, warf er geschwind einen Rock des Geistlichen über und zog sich eine von den tief herunterreichenden Kapuzen, die wir häufig bei den Mönchen sehen, über die Ohren. Nachdem er sie extra tief ins Gesicht gezogen hatte, setzte er sich in den Chor.

Bald darauf betrat die Frau die Kirche und fragte nach dem Priester. Dieser erschien, sagte aber, als er hörte, daß sie beichten wollte, er selber könne ihr die Beichte nicht abnehmen, er werde aber einen seiner Kollegen rufen. Darauf ging er fort und schickte den eifersüchtigen Ehemann in sein Verderben. Dieser schritt gar würdevoll heran, doch obwohl es noch nicht richtig Tag war und er sich die Kapuze so weit über die Augen gezogen hatte, war er doch nicht so gut vermummt, daß seine Frau ihn nicht auf der Stelle erkannt hätte. Als sie ihn sah, dachte sie: ‚Gott sei gelobt, dieser eifersüchtige Teufel ist unter die Priester gegangen! Nur immer zu! Ich werde ihm schon erzählen, was er hören will!'

Sie stellte sich, als ob sie ihn nicht kenne, und ließ sich zu seinen Füßen nieder. Herr Eifersüchtig aber hatte, damit seine Frau ihn an der Stimme nicht erkenne, einige kleine Steinchen in den Mund genommen, die ihn am Sprechen ein wenig behindern sollten, und glaubte im übrigen, seine Verkleidung sei so hervorragend, daß niemand ihn erkennen könnte. Als es nun zur Beichte kam, sagte die Frau, nachdem sie ihm schon vorher erzählt hatte, daß sie verheiratet sei, sie habe sich in einen Priester verliebt, der jede Nacht bei ihr schlafe. Als der Eifersüchtige das vernahm, meinte er, ein Messer führe ihm ins Herz, und hätte nicht der Wille, mehr zu hören, ihn gestützt, so hätte er am liebsten die ganze Beichte im Stich gelassen und wäre davongelaufen. Er verhielt sich also still und fragte die Frau: „Wie? Schläft denn Euer Mann nicht bei Euch?" Die Frau erwiderte: „O ja, Hochwürden." – „Aber", fragte der Eifersüchtige, „wie kann denn auch noch der Priester zu Euch kommen?" – „Hochwürden", entgegnete die Frau, „ich weiß selber nicht, mit welchen Zauberkünsten er es zuwege bringt. Doch im ganzen Hause gibt es keine noch so fest verschlossene Tür, die sich nicht öffnete, wenn der Priester sie anrührt. Er sagte mir, er spräche stets, wenn er vor meiner Kammer stehe, gewisse Worte; woraufhin mein Mann unverzüglich einschläft. Wenn er dann hört, daß mein Mann schläft, öffnet er die Tür, kommt herein und bleibt bei mir. Er versäumt es nie." – „Madonna", rief nun der Eifersüchtige, „Ihr begeht eine schwere Sünde, die Ihr auf jeden Fall unterlassen müßt." Die Frau erwiderte: „Hochwürden, ich glaube nicht, daß ich das je fertigbekäme. Ich liebe ihn zu sehr." – „In dem Fall", fuhr der Eifersüchtige fort, „kann ich Euch keine Absolution erteilen." Hierauf entgegnete die Frau: „Das bekümmert mich sehr, aber ich bin nicht hergekommen, um Euch Lügen vorzusetzen. Wenn ich glaubte, daß ich es fertigbrächte, würde ich es versprechen."

Nun sagte der Eifersüchtige: „Wahrlich, Madonna, es tut mir leid um Euch. Ich sehe, daß Ihr auf solche Weise das Heil Eurer Seele verlieren werdet. In heißer Sorge um Euch werde ich nicht nachlassen, Gott in Eurem Namen um Gnade anzuflehen. Vielleicht werden meine Gebete Euch helfen. Und ich werde Euch zuweilen einen jungen Priester schicken, dem Ihr berichten sollt, ob meine Gebete geholfen haben oder nicht. Wenn sie es taten, werden wir es auch weiterhin so beibehalten." Jetzt sagte die Frau: „Ach, Hochwürden, es ist besser, daß Ihr mir niemanden ins Haus schickt, denn wenn mein Mann, der sehr eifersüchtig ist, es bemerken sollte, würde kein Mensch auf Gottes Erde imstande sein, ihm den Gedanken wieder aus dem Sinn zu bringen, daß jener aus andern als aus bösen Gründen zu mir käme. Und ich würde lange Zeit viel auszustehen haben." Daraufhin sagte der Eifersüchtige: „Darum sorgt Euch nicht, Madonna. Ich werde es so einzurichten wissen, daß Ihr deswegen kein böses Wort von ihm hören werdet." Die Frau entgegnete: „Wenn Ihr meint, daß es so richtig ist, bin ich's zufrieden."

Als die Beichte beendet war und die Frau ihre Buße auf sich genommen und sich erhoben hatte, ging sie hinüber, die Messe zu hören. Der Eifersüchtige aber seufzte vor Kummer, zog das Priesterkleid aus und ging heim. Er hatte nun keinen anderen Gedanken, als auf irgendeine Weise den Priester und seine Frau zu überraschen und beiden übel mitzuspielen.

Aus der Kirche zurückgekehrt, sah die Frau sofort an der Miene ihres Mannes, daß sie ihm ein schlimmes Weihnachtsfest bereitet hatte. Freilich versuchte er, soweit er konnte, zu verheimlichen, was er getan hatte und was er nun zu wissen vermeinte. Er nahm sich aber vor, in der kommenden Nacht nahe bei der Haustür dem Priester aufzulauern, und sagte deshalb zu der Frau: „Ich muß heute auswärts essen und übernachten. Schließe die Haustür gut zu, desgleichen die Tür auf der halben Treppe und die Schlafkammertür und geh ins Bett, wenn es an der Zeit ist." Die Frau erwiderte: „In Gottes Namen" und lief, sobald sie Gelegenheit dazu fand, an den Mauerspalt, wo Filippo auf ein verabredetes Zeichen erschien. Sie berichtete ihm, was sich am frühen Morgen zugetragen und was ihr Mann beim Essen gesagt hatte, und fügte hinzu: „Sicherlich wird er das Haus gar nicht verlassen, sondern die Eingangstür bewachen. Sieh also zu, daß du heute nacht irgendwie übers Dach zu mir kommen kannst, damit wir zusammenbleiben können." Der Jüngling vernahm hochbeglückt diese Worte und antwortete: „Madonna, das laßt nur meine Sorge sein."

Bei Anbruch der Nacht versteckte sich der eifersüchtige Ehemann mit einer Waffe heimlich in einer zu ebener Erde gelegenen Kammer. Die Frau aber ließ, als es ihr an der Zeit schien, alle Türen abschließen, ganz besonders sorgfältig aber jene auf halber Treppe, damit der Eifersüchtige nicht zu ihr heraufkommen könnte. Dann kletterte der junge Mann mit Vorsicht von seinem Hause aus zu ihr herüber. Beide gingen miteinander schlafen und hatten das größte Wohlgefallen aneinander, bis der Tag graute und der junge Mann in seine Wohnung zurückkehrte. Der Eifersüchtige aber stand betrübt, hungrig und halb erfroren fast die ganze Nacht mit gezückter Waffe an der Haustür auf der Lauer, ob der Priester käme, und schlief schließlich gegen Morgen, als er nicht mehr imstande war, noch länger wach zu bleiben, in der Kammer ein. Als er sich endlich um die Terza erhob, fand er die Haustür bereits offen. Er stellte sich, als kehre er von anderswoher zurück, und ging nach oben, um zu essen. Bald darauf schickte er einen Jüngling, der – als sei er ein Abgesandter des Priesters, bei dem sie gebeichtet hatte – nachfragte, ob jener, den sie wohl kenne, noch gekommen wäre. Die Frau, die sogleich erkannte, wer diesen Boten geschickt hatte, antwortete, daß jener diese Nacht nicht gekommen sei und daß, wenn es so weiterginge, er ihr leicht ganz aus dem Sinn kommen könnte, obwohl sie ja eigentlich gar nicht wünsche, daß dies geschähe.

Nun, was soll ich euch noch erzählen! Der Eifersüchtige wachte noch manche Nacht, um den Priester einmal beim Kommen abzufangen, und die Frau konnte sich auf diese Weise ungestört mit ihrem Geliebten treffen. Am Ende seiner Kraft angelangt, fragte der Eifersüchtige in hellem Zorn schließlich seine Frau, was sie dem Priester an jenem Morgen, als sie zur Beichte ging, gesagt habe. Die Frau antwortete, das könne sie ihm nicht gestehen, da es weder eine anständige noch eine ehrenhafte Angelegenheit gewesen sei. „Du liederliches Frauenzimmer", rief nun der Eifersüchtige, „trotzdem weiß ich, was du gesagt hast, und jetzt will ich auf der Stelle wissen, wer jener Priester ist, in den du so verliebt bist und der durch seine Zauberkünste jede Nacht bei dir liegt, oder ich schneide dir die Pulsadern auf!" Die Frau behauptete nun, es sei nicht wahr, daß sie sich in einen Priester verliebt habe. „Was?" schrie der Eifersüchtige. „Hast du es nicht dem Priester, der dir die Beichte abnahm, gesagt?" Die Frau entgegnete: „Der brauchte es dir nicht erst zu erzählen, da du es so genau weißt, als seist du selber dabeigewesen. Also ja, ich habe es ihm gesagt." – „Nun", befahl der Eifersüchtige, „so sage mir, wer der Priester ist, und zwar sofort!"

Die Frau begann zu lachen und sagte: „Es freut mich herzlich, daß ein so neunmalkluger Mann sich von einer einfältigen Frau hat an der Nase herumführen lassen wie ein Hammel zur Schlachtbank. Du bist, weiß Gott, nicht weise und warst es schon seit jenem Tage nicht mehr, an dem du dem Teufel der Eifersucht dein Herz öffnetest, ohne zu wissen, warum. Doch je törichter und dümmer du dich erweisest, desto geringer wird mein Ruhm.

Glaubst du wirklich, mein Teurer, daß meine leiblichen Augen so blind sind wie die deines Geistes? Ach nein! Als ich den Priester sah, erkannte ich den Mann, der mir die Beichte abnahm, und wußte, daß du es warst. Da beschloß ich, dir genau das zu erzählen, was du hören wolltest, und so geschah es auch. Wärest du aber wirklich so gescheit gewesen, wie du zu sein glaubst, hättest du sicherlich nicht versucht, auf solche Weise hinter die Geheimnisse deiner braven Frau zu kommen. Ohne falschem Verdacht nachzuhängen, hättest du außerdem auch erkannt, daß alles, was sie dir gebeichtet hat, der Wahrheit entspricht, ohne daß sie sich gegen dich je vergangen hätte. Ich sagte zu dir, daß ich einen Priester liebe: Hattest nicht du, den ich unbilligerweise noch immer liebe, dich in einen Priester verwandelt? Ich sagte zu dir, daß ich keine Tür meines Hauses vor ihm verschlossen halten könne, wenn er begehre, bei mir zu schlafen: Welche Tür hätte ich denn je vor dir verschließen können, wenn du zu mir kommen wolltest? Ich sagte zu dir, daß der Priester jede Nacht bei mir schliefe: Wann etwa hättest du das nicht getan? Und sooft du einen Boten zu mir sandtest, so oft bist du, wie du ja selber weißt, nicht bei mir gewesen, und stets habe ich dir sagen lassen, daß der Priester nicht gekommen sei. Welcher Dummkopf außer dir, der du dich in deine Eifersucht verrannt hast, hätte diese Aussagen nicht verstanden! Du hast dich im Hause versteckt, um die Haustür zu bewachen, und glaubtest, mir weisgemacht zu haben, du habest woanders gegessen und übernachtet. Besinne dich doch endlich und werde wieder der Mann, der du früher warst. Mache dich nicht zum Gespött der Leute, die dich ebensogut durchschauen, wie ich es getan habe. Laß diese dumme Überwachung, die du treibst. Denn ich schwöre es dir bei Gott, wenn es mich gelüstete, dir Hörner aufzusetzen, so würde ich fähig sein, mein Verlangen zu stillen, ohne daß du es gewahr würdest, und wenn du hundert Augen hättest statt ihrer zwei."

Nach diesen Worten erkannte der eifersüchtige Bösewicht, der auf so schlaue Weise die Geheimnisse seiner Frau glaubte ergründet zu haben, daß er selber genasführt worden war. Ohne weitere Gegenrede hielt er fortan seine Frau für ein zuverlässiges, kluges Weibchen, und wie er einst grundlos den Mantel der Eifersucht umgehängt hatte, so entledigte er sich dessen just in dem Augenblick, als er ihn mit gutem Grund hätte tragen können. Die kluge Frau aber besaß fortan gewissermaßen einen Freibrief für ihre Vergnügungen und ließ ihren Liebhaber nicht mehr wie einen Kater übers Dach steigen, sondern durch die Haustür herein. Und da sie mit Vorsicht zu Werke gingen, konnte sie sich mit ihm noch viele zärtliche Stunden und ein fröhliches Leben gönnen.

SECHSTE GESCHICHTE

Madonna Isabella wird von Messer Lambertuccio geliebt und bekommt unvermutet seinen Besuch, während sie Leonetto bei sich hat. Als nun auch ihr Gatte zurückkehrt, schickt sie Messer Lambertuccio mit dem Degen in der Hand aus dem Hause, ihr Gatte aber geleitet Leonetto vorsorglich heim.

Fiammettas Geschichte hatte allen ausgezeichnet gefallen. Jeder versicherte, daß die Frau dem unvernünftigen Ehemann mit Recht gegeben hätte, was ihm gebührte. Da die Erzählung aber beendet war, bedeutete der König Pampinea, sie möge fortfahren. Diese begann alsbald zu erzählen:

Es gibt viele Menschen, die unbefangen behaupten, die Liebe trübe den Verstand und mache die Liebenden zu Toren. Ich halte dies für ungerechtfertigt, und alle bereits erzählten Geschichten haben meine Auffassung bekräftigt; trotzdem will ich es jetzt nochmals tun.

In unsrer Vaterstadt, die mit Gütern reich gesegnet ist, lebte einst eine bildschöne, anmutige junge Frau als Gattin eines ehrenwerten und anständigen Ehemannes. Wie nun häufig dem Menschen ein und dieselbe Nahrung nicht auf lange Zeit mundet, sondern zuweilen ein Verlangen nach anderen Genüssen sich einstellt, so verliebte sich diese Dame, der ihr Mann nicht genügte, in einen schönen, wohlgesitteten

Jüngling namens Leonetto, der freilich nicht von edler Herkunft war, doch ihre Liebe glühend erwiderte. Da nun, wie ihr wohl wißt, selten unerfüllt bleibt, was von zwei Seiten begehrt wird, dauerte es denn auch nicht lange, bis ihre Liebe Erfüllung fand.

Indessen geschah es, daß auch ein Edelmann mit Namen Messer Lambertuccio sich heftig in die schöne, anmutige Dame verliebte, die, wenig erbaut von dem aufdringlichen, langweiligen Kavalier, nicht um die Welt bereit gewesen wäre, ihn wiederzulieben. Nachdem er ihr mit zahlreichen Botschaften erfolglos zugesetzt hatte, ließ er sie wissen, daß er sie kraft seines großen Einflusses in Schimpf und Schande bringen würde, wenn sie ihm nicht zu Willen sei, so daß die Dame, die erkannt hatte, aus was für Holz dieser Herr geschnitzt war, sich voller Furcht endlich bereit erklärt hatte, seinem Verlangen zu willfahren.

Wie es bei uns Brauch ist, verbrachte die Dame, deren Name Madonna Isabella war, den Sommer auf einem ihrer schönen Güter. Als ihr Mann eines Morgens über Land geritten war und etliche Tage fortbleiben wollte, sandte sie Leonetto eine Botschaft, daß er kommen und bei ihr bleiben solle, worauf er beglückt sogleich zu ihr eilte. Doch auch Messer Lambertuccio hatte erfahren, daß der Gatte der Dame abwesend war. Er schwang sich auf sein edles Reitpferd, ritt ohne jegliche Begleitung zu ihr und pochte an das Tor. Die Zofe der Dame sah ihn kommen, lief unverzüglich zu ihrer Herrin, die mit Leonetto im Schlafgemach weilte, rief sie heraus und sagte: „Herrin, Messer Lambertuccio ist ganz allein unten am Tor." Als die Dame das hörte, war sie über die Maßen bestürzt. In ihrer Angst flehte sie Leonetto an, er möge sich hinter dem Bettvorhang so lange verstecken, bis Messer Lambertuccio wieder fortgegangen sei. Leonetto, nicht weniger erschrocken als sie, verbarg sich, und die Dame befahl dem Mädchen, Messer Lambertuccio zu öffnen. Nachdem sie ihm das Tor geöffnet hatte, sprang er vom Pferd, band es an einem Pfosten fest und stieg zu Madonna Isabella hinauf. Diese machte ein heiteres Gesicht, ging ihm bis zur Treppe entgegen, empfing ihn so freundlich, wie es ihr möglich war, und fragte ihn, was ihn herführe. Der Kavalier umarmte und küßte sie und sagte: „Liebste, ich hörte, daß Euer Gemahl nicht daheim sei. Deshalb bin ich hergekommen, um ein Weilchen mit Euch zusammen zu sein." Nach diesen Worten traten sie ins Schlafzimmer, schlossen die Tür hinter sich zu, und Messer Lambertuccio begann, sich mit ihr zu vergnügen. Doch während er sich noch mit ihr ergötzte, kehrte – entgegen jeder Vermutung der Dame – deren Ehemann zurück. Als er bereits in der Nähe des Schlosses war, entdeckte ihn das Kammermädchen. Es lief spornstreichs zum Gemache ihrer Herrin und rief: „Madonna, der Herr kommt nach Hause! Ich glaube, er wird bereits unten im Hofe sein."

Als die Dame das hörte und ihr bewußt wurde, daß sie zwei fremde Männer im Hause hatte, von denen der Kavalier sich nicht einmal verstecken konnte, da sein Pferd im Hofe stand, blieb ihr vor Schreck fast das Herz stehen. Nichtsdestoweniger sprang sie sofort vom Bett hoch, faßte blitzschnell einen Entschluß und sprach zu Messer Lambertuccio: „Messer, wenn Ihr mir nur ein Fünkchen Liebe entgegenbringt und mich vor dem Tode retten wollt, so tut, was ich Euch nun sage. Nehmt Euren blanken Degen in die Hand und lauft mit finsterer Miene recht erregt die Treppen hinunter und schreit: ‚Tod und Teufel! Dann werde ich ihn anderswo erwischen!' Und wenn mein Mann Euch aufhalten will oder etwas fragen sollte, so sagt nichts weiter als das, was ich Euch eben vorgesprochen habe. Sitzt Ihr erst einmal auf Eurem Pferde, so laßt Euch durch nichts zurückhalten."

Messer Lambertuccio war zu allem bereit. Er zog nun seinen Degen und tat mit rotem Kopfe – teils wegen der überstandenen Anstrengung und teils aus Verdruß über die Rückkehr des Gatten –, was die Dame befohlen hatte. Unten im Hofe war indessen der Ehemann vom Pferd gestiegen. Verwundert über das fremde Reitpferd, wollte er gerade nach oben gehen, als er Messer Lambertuccio herunterstürzen sah. Voller Staunen über die Worte und die Miene des anderen rief er: „Was bedeutet das hier, Messere?" Messer Lambertuccio aber setzte bereits den Fuß in den Steigbügel, schwang sich aufs Pferd und antwortete nichts anderes als: „Bei Gott, dann werde ich ihn anderswo erwischen!" und sprengte davon.

Der Edelmann aber fand, als er nach oben kam, seine Frau ganz aufgeregt und zitternd an der Treppe und sagte zu ihr: „Was ist hier geschehen? Wem drohte Messer Lambertuccio so erregt?" Die Dame zog ihn in die Nähe der Schlafkammer, damit Leonetto ihre Worte verstehen könne, und antwortete: „Herr, ich habe noch niemals soviel Angst ausgestanden wie eben jetzt. Ein junger Mann, den ich nicht kenne, wurde von Messer Lambertuccio mit blankem Degen verfolgt. Er ist auf der Flucht vor jenem hier heraufgekommen. Durch Zufall stand meine Tür offen, und er bat mich voller Angst: ‚Madonna, um Gottes willen, helft mir, damit ich nicht in Euren Armen sterben muß.' Ich erhob mich, und als ich ihn fragen wollte, wer er sei und was es gäbe, stürzte Messer Lambertuccio herauf und schrie: ‚Wo bist du, Verräter?' Ich stellte mich vor die Tür der Kammer und hielt ihn zurück, als er herein wollte. Als er bemerkte, daß mir sein Eintritt nicht erwünscht wäre, war er so höflich, keine Gewalt anzuwenden. Er redete eine Weile auf mich ein und stürzte dann die Treppe wieder hinunter, wie Ihr gesehen habt."

Darauf antwortete der Ehemann: „Das hast du richtig gemacht, Frau. Es wäre ein großes Unglück gewesen, wenn hier in unserem Hause jemand ermordet worden wäre. Messer Lambertuccio beging ein großes Unrecht, jemand bis hierher zu verfolgen." Dann fragte er, wo denn der junge Mann geblieben sei. Die Frau entgegnete: „Herr, ich weiß nicht, wo er sich versteckt haben mag." Der Edelmann rief: „Wo bist du? Komm getrost hervor!" Und Leonetto, der jedes Wort vernommen hatte, kam nun furchtsam, da er wahrlich genug Angst ausgestanden hatte, aus seinem Versteck. Der Edelmann fragte ihn: „Was hast du mit Messer Lambertuccio gehabt?" Der Jüngling erwiderte: „Messer, nichts auf der Welt. Ich glaube, daß er nicht recht bei Verstand war oder mich mit jemand verwechselt hat, denn als er mich auf der Straße traf, fuhr er mit der Hand an den Degen und schrie: ‚Verräter! Du bist des Todes!' Ich konnte nicht lange fragen, warum. So schnell es mir möglich war, entfloh ich und kam hierher, wo ich ihm mit Gottes und dieser freundlichen Dame Hilfe entwischen konnte."

Darauf sprach der Edelmann: „Jetzt ist alles gut, habe keine Angst mehr. Ich werde dich heil und gesund in deinem Hause abliefern. Dort magst du dann überlegen, was du mit Messer Lambertuccio machen wirst."

Nachdem sie zusammen gespeist hatten, ließ er ihn aufs Pferd steigen und brachte ihn selbst nach Florenz in seine Wohnung. Der Jüngling aber sprach – getreu der Anweisung, die er von der Dame erhalten hatte – noch am gleichen Abend vertraulich mit Messer Lambertuccio und verabredete alles so mit ihm, daß trotz der vielen Worte, die hinterher noch darob gewechselt wurden, der Edelmann nie etwas von dem Streich erfuhr, den seine Frau ihm gespielt hatte.

SIEBENTE GESCHICHTE

Lodovico gesteht Madonna Beatrice die Liebe, die er für sie empfindet. Sie schickt ihren Ehemann Egano, in ihre Gewänder verkleidet, in den Garten und gibt sich Lodovico hin, der – nachdem er sich wieder erhoben hat – Egano im Garten verprügelt.

Madonna Isabellas Geistesgegenwart, von der Pampinea berichtet hatte, wurde von allen Zuhörern bewundernswert gefunden; jedoch Filomena, vom König aufgefordert fortzufahren, sprach:

Liebste Gespielinnen, wenn ich mich nicht täusche, glaube ich, euch sogleich eine nicht weniger amüsante Geschichte erzählen zu können.

Ihr müßt wissen, daß einst in Paris ein Florentiner Edelmann lebte, der seiner Armut wegen Kaufmann geworden war. Er hatte sich jedoch so gut mit dem Handel abgefunden, daß er durch ihn bald wieder zu großem Reichtum gelangt war. Seine Frau hatte ihm einen einzigen Sohn geschenkt, dem er den Namen Lodovico gegeben hatte. Da er nun wünschte, daß sein Sohn gemäß seinem adeligen Herkommen, nicht aber den Geschäften seines Vaters gemäß, erzogen werden sollte, hatte er ihn nicht in irgendein Handelshaus gegeben, sondern zusammen mit andren jungen Edelleuten an den Hof des Königs von Frankreich gebracht, wo der Jüngling die besten Sitten und viele schöne Dinge erlernt hatte. Während Lodovico bei Hofe lebte, geschah es, daß einige Ritter, die von einer Wallfahrt zum Heiligen Grabe zurückgekehrt waren, zu einem Gespräch von jungen Kavalieren, zu denen auch Lodovico gehörte, hinzukamen und diese untereinander über die schönen Frauen in Frankreich, England und anderen Teilen der Welt sprechen hörten. Darauf behauptete einer der Ritter, daß – so weit er auch in der Welt herumgekommen sei und so viele Frauen er auch gesehen habe – keine auch nur annähernd so schön sei wie Madonna Beatrice, die Gattin des Egano de' Galluzzi in Bologna. Und alle seine Begleiter, die mit ihm zusammen in Bologna gewesen waren, pflichteten ihm bei.

Als Lodovico, der sich noch nie in eine Frau verliebt hatte, diese Worte hörte, entbrannte in ihm ein heißes Verlangen, sie kennenzulernen, so daß er fortan an nichts anderes mehr denken konnte. Fest entschlossen, nach Bologna zu gehen und sie zu sehen und, falls sie ihm gefiele, auch dort zu verweilen, ließ er bei seinem Vater den Wunsch durchblicken, zum Heiligen Grabe zu pilgern, wozu er nach vielen Schwierigkeiten schließlich dessen Einwilligung erhielt.

Unter dem Namen Anichino kam er nach Bologna und hatte das Glück, bereits am folgenden Tage die Dame auf einem Fest zu sehen. Sie war noch tausendmal schöner, als er sie sich vorgestellt hatte; er verliebte sich sogleich glühend in sie und faßte den festen Entschluß, Bologna nicht zu verlassen, bevor er nicht das Ziel seiner Wünsche erreicht hätte. Er überlegte nun bei sich, auf welchem Wege er wohl zum Ziele kommen könnte, und hielt es schließlich, alles andere außer acht lassend, für das beste, in die Dienste ihres Mannes zu treten, der stets eine zahlreiche Gefolgschaft um sich hatte, um so vielleicht durch einen glücklichen Zufall zu erlangen, was er ersehnte.

Er verkaufte seine Pferde und brachte seine Leute gut unter, nachdem er ihnen befohlen hatte, sich zu stellen, als kennten sie ihn nicht. Nachdem er dann mit dem Wirt abgerechnet hatte, bekannte er ihm, daß er sehr gerne in den Dienst eines edlen Herrn treten möchte, wenn er einen solchen fände. Darauf entgegnete der Wirt: „Du wärst genau der richtige Mann, um Egano, einem unsrer hiesigen Edelleute, zu gefallen. Dieser hält eine große Gefolgschaft, und alle müssen so stattlich von Erscheinung sein wie du. Ich werde mit ihm über dich sprechen."

Gesagt, getan. Noch bevor der Wirt von Egano zurückkehrte, hatte er Anichino zu dessen unaussprechlicher Freude bereits bei dem Ritter untergebracht. Während er nun bei Egano lebte und häufig Gelegenheit hatte, dessen Gattin zu sehen, begann er, Egano so vorzüglich und aufmerksam zu bedienen, daß dieser ihm bald sein Vertrauen schenkte und in kurzer Zeit ohne Anichino nichts mehr anzufangen wußte. Und nicht nur über seine persönlichen Belange, sondern auch über sein großes Vermögen übertrug er ihm bald die Oberaufsicht.

Eines Tages, als Egano auf der Vogelbeize und Anichino im Hause zurückgeblieben war, geschah es, daß Madonna Beatrice, die noch nichts von seiner Liebe wußte, aber des öfteren verstohlen sein Betragen beobachtet und sich wohlwollend über ihn geäußert hatte, sich zum Schachspiel mit ihm niedersetzte. Anichino, von keinem andern Gedanken erfüllt als dem, ihr zu gefallen, wußte es dabei geschickt so einzurichten, daß sie ihn besiegte, worüber die Dame große Freude zeigte. Als alle ihre Frauen, die anfangs dem Spiele zugesehen, sich entfernt und sie allein gelassen hatten, stieß Anichino einen tiefen Seufzer aus. Die Dame sah ihn an und fragte: „Was hast du, Anichino? Schmerzt es dich so sehr, von mir besiegt zu werden?" – „Madonna", erwiderte Anichino, „ein viel wichtigerer Anlaß ließ mich seufzen." – „Nun", fuhr die Dame fort, „so sage mir den Grund, wenn du mich liebhast."

Anichino, durch die Worte „wenn du mich liebhast" aus dem Munde der Frau, die er mehr als alles auf der Welt liebte, ermutigt, stieß jetzt einen noch viel tieferen Seufzer aus. Die Dame sagte darauf zum zweiten Male, sie wünsche, daß er ihr den Grund seines Kummers nenne. Jetzt sagte Anichino: „Madonna, ich fürchte, daß es Euch nicht lieb sein möchte, wenn ich es gestehe, und fürchte auch, daß Ihr es jemand anders weitersagen könntet." Die Dame erwiderte: „Es wird mich sicher nicht kränken, und du kannst ruhig sein, ich werde von dem, was immer du mir auch sagen wirst, ohne deine Zustimmung keinem Menschen etwas erzählen." Darauf fuhr Anichino fort: „Da Ihr mir das versprecht, will ich es Euch denn sagen." Und beinahe mit Tränen in den Augen gestand er ihr, wer er war, was und wo er von ihr gehört, wie er dabei sein Herz an sie verloren hatte und warum er hergekommen und in die Dienste ihres

Gatten getreten war. Und er bat sie voller Demut, sie möge doch Mitleid mit ihm haben und seinen geheimsten, sehnlichsten Wunsch erfüllen, wenn es ihr möglich sei, zum mindesten aber, wenn sie es nicht könne, ihm erlauben, sie auch fernerhin in der bisherigen Form zu verehren.

O einzig süßes Bologneser Blut! Wie bist du doch in solchen Fällen stets zu rühmen gewesen! Nie warst du begierig nach Seufzern und Tränen, sondern neigtest dich gnädig dem Flehen und Wünschen der Liebe. Fände ich Worte, die deines Lobes würdig erschienen, würde meine Zunge nicht müde werden, dich zu preisen!

Die edle Frau schaute Anichino, während er sprach, unverwandt an, und da sie seinen Worten Glauben schenkte, erwachte bei seinem Flehen auch in ihrem Herzen mit solcher Allgewalt die Liebe, daß nun sie zu seufzen anhub und nach einigen Seufzern zu ihm sprach: „Mein süßer Anichino, sei guten Mutes! Weder Geschenke noch Versprechungen oder Schmeicheleien der Ritter und Herren oder irgendwelcher anderer Männer – und ich wurde und werde noch immer von vielen umschmeichelt – vermochten mein Herz so zu rühren, daß ich einen von ihnen geliebt hätte. Du aber hast in diesen wenigen Augenblicken, in denen du zu mir sprachst, mich mehr dir zu eigen gemacht, als ich je mir selbst gehörte. Ich sehe ein, daß du meine Liebe wirklich verdienst, und ich will sie dir schenken. Noch bevor die kommende Nacht vergangen ist, sollst du sie genießen, das verspreche ich dir. Und damit es wirklich geschehen kann, halte dich danach, daß du gegen Mitternacht in mein Schlafgemach kommen kannst. Ich werde die Tür offenlassen. Du weißt, auf welcher Seite des Bettes ich schlafe. Komme dorthin und rüttle mich, wenn ich schlafen sollte, so lange, bis ich aufwache. Dann werde ich dich trösten für die Schmerzen, die du so lange um mich hast leiden müssen. Und damit du mir wirklich glaubst, nimm diesen Kuß als Pfand." Damit schlang sie die Arme um seinen Hals und küßte ihn zärtlich, und Anichino erwiderte ihren Kuß. Nachdem sie alles besprochen hatten, verließ Anichino die Dame, erledigte einige seiner Obliegenheiten und wartete in unsagbarer Freude, daß die Nacht heraufzöge.

Indessen kehrte Egano von der Vogelbeize zurück, und da er sehr müde war, ging er gleich nach dem Abendessen mit seiner Frau zur Ruhe. Diese ließ, wie sie es versprochen hatte, die Tür des Schlafgemaches offen. Um die angegebene Stunde erschien Anichino, trat leise in das Zimmer und schloß es von innen ab. Dann trat er von jener Seite an das Bett, wo die Dame schlief. Als er ihr leise die Hand auf den Busen legte, merkte er, daß sie noch wach war. Sie ergriff, sowie sie Anichinos Anwesenheit bemerkte, mit beiden Händen die seine und hielt sie fest. Dabei wälzte sie sich so heftig auf dem Lager hin und her, daß Egano, der schon schlief, erwachte. Darauf sprach sie zu ihm: „Ich wollte dir gestern abend nichts sagen, weil du so müde warst. Sage mir aber um Gottes willen, Egano, wen hältst du für deinen besten und treuesten Diener und welcher von allen, die du um dich hast, ist dir der liebste?" Egano antwortete: „Was soll das heißen, Frau? Was fragst du mich da? Weißt du es etwa nicht? Ich habe keinen und habe auch niemals einen gehabt, dem ich mehr vertraut und den ich mehr geliebt hätte als Anichino. Doch warum fragst du danach?" Als Anichino bemerkte, daß Egano erwacht war und gar von ihm sprach, versuchte er mehrmals, seine Hand zu befreien, um fortzugehen, weil er fürchtete, daß die Dame ihn verraten könnte. Sie aber hatte seine Hand fest gepackt und ließ nicht los, so daß er sich nicht frei machen konnte. Die Dame erwiderte indessen auf Eganos Frage: „Das will ich dir sagen. Auch ich glaubte, daß er so sei, wie du meinst, und daß er dir mehr Treue entgegenbrächte als jeder andere. Doch hat er selbst mich heute von diesem Wahn befreit. Als du auf der Vogelbeize warst, blieb er hier zurück und schämte sich nicht, mich in einem günstigen Augenblick aufzufordern, ihm zu Willen zu sein. Damit ich dir für diese Tatsache nicht erst eine Reihe von Beweisen zu erbringen brauchte, sondern du selber alles hören und sehen könntest, antwortete ich ihm, daß ich heute nach Mitternacht in den Garten kommen und ihn am Fuße der großen Pinie erwarten wolle. Ich beabsichtige freilich nicht, dort hinzugehen; wenn du aber die Treue deines Vertrauten erproben willst, so kannst du es leicht tun. Nimm eins meiner weiten Oberkleider um, einen Schleier um den Kopf und gehe hinunter, um abzuwarten, ob er kommt, wovon ich fest überzeugt bin." Als Egano das hörte, sagte er: „Davon werde ich mich wahrlich überzeugen." Dann stand er auf, zog sich, so gut es im Dunkeln möglich war, eins der weiten Oberkleider seiner Frau an, nahm einen Schleier um den Kopf und begab sich in den Garten, um am Fuße der großen Pinie auf Anichino zu warten.

Die Dame aber sprang auf, kaum daß ihr Mann die Kammer verlassen hatte, und verschloß die Tür des Gemachs von innen. Anichino, der die ärgste Furcht seines Lebens ausgestanden und sich nach Kräften bemüht hatte, den Händen der Dame zu entschlüpfen – hunderttausendmal sie, seine Liebe und sich selbst ob seiner Vertrauensseligkeit verfluchend –, wurde mit einem Schlage zum Glücklichsten der Sterblichen, als er bemerkte, was sie nun tat. Nachdem die Dame ins Bett zurückgekehrt war, entkleidete er sich, da sie es wünschte, wie sie, und beide schenkten einander lange Zeit Freude und Genuß. Als die Dame schließlich glaubte, daß Anichino nicht länger mehr bei ihr bleiben könnte, bat sie ihn, sich zu erheben und anzukleiden, und sagte zu ihm: „Geliebtester Mund du, jetzt nimm einen derben Stock und geh in den Garten. Tue so, als hättest du mich dort hingebeten, um mich auf die Probe zu stellen. Und, als hieltest du ihn für mich, sage Egano ein paar harte Schimpfworte und verbleue ihn kräftig mit dem Stock. Daraus wird uns allerlei Nutzen und Spaß entstehen."

Anichino stand auf und ging, einen derben Weidenknüppel in der Hand, in den Garten. Als er am Fuße der großen Pinie anlangte, sah er Egano, der aufstand und so tat, als ob er ihn mit großer Freude empfangen und ihm entgegenlaufen wollte. Anichino aber rief ihm zu: „Ha! Ehrloses Weib! Bist du wirklich gekommen? Und hast geglaubt, ich könnte meinem Gebieter diese Schmach antun? So sei denn herzlich und tausendmal willkommen!" Damit erhob er den Stock und begann Egano zu verprügeln.

Als Egano diese Worte hörte und den Stock erblickte, versuchte er, ohne weitere Erwiderungen zu entfliehen, Anichino aber folgte ihm auf dem Fuße und rief: „Hinweg mit dir! Der Teufel soll dich strafen, du schändliches Weib! Ich aber werde ganz bestimmt Egano morgen alles erzählen." Egano, der ein paar tüchtige Hiebe aufgeladen hatte, lief, so schnell er konnte, ins Schlafgemach zurück, wo die Dame ihn fragte, ob Anichino in den Garten gekommen sei. Egano erwiderte: „Ich wollte, er wäre nicht gekommen.

Da er mich für dich hielt, hat er mich mit einem Stock ganz zuschanden geschlagen und mir die gräßlichsten Beschimpfungen entgegengeschleudert, die je zu einem liederlichen Frauenzimmer gesagt wurden. Allerdings hätte es mich wirklich sehr verwundert, wenn er dir solche Worte gesagt haben sollte, in der Absicht, mir einen Schimpf anzutun. Vielleicht wollte er dich auf die Probe stellen, weil er dich stets so sorglos und heiter sah." – „Nun", sagte die Dame, „so will ich Gott danken, daß er mich nur mit Worten, dich aber mit Taten erprobt hat. Ich glaube, er wird zugeben müssen, daß ich seine Worte geduldiger ertrug als du seine Taten. Doch muß man ihm gut sein und ihn ehren, weil er dir so treu ergeben ist." Egano entgegnete: „Sicherlich, du hast recht." Und da ihm dies alles Beweis genug deuchte, war er fortan davon überzeugt, die rechtschaffenste Frau und den treuesten Diener zu besitzen, die je ein Edelmann sein eigen genannt hatte.

Noch oft lachte er später mit Anichino und auch mit seiner Frau über diesen Vorfall. Anichino und die Dame aber konnten nun, solange jener noch bei Egano in Bologna blieb, weit leichter das erlangen, was ihnen Freude und Genuß gewährte, als es sonst der Fall gewesen wäre.

ACHTE GESCHICHTE

Ein Mann ist eifersüchtig auf seine Frau und stellt fest, daß sie sich nachts einen Faden um die Zehe wickelt, um zu bemerken, wenn ihr Liebhaber sie besuchen will. Während der Mann diesen verfolgt, steckt die Frau für sich selbst eine ihrer Mägde ins Bett, wo der Mann sie verprügelt und ihr die Flechten abschneidet. Dann holt er die Brüder der Frau, die feststellen, daß alles nicht wahr ist, und nun den Mann heftig schelten.

Recht befremdlich erschien allen die Skrupellosigkeit, mit der Madonna Beatrice ihren Mann betrog, und jeder versicherte, Anichinos Erschrecken müsse unbeschreiblich gewesen sein, als er, von der Dame festgehalten, sie sagen hörte, daß er sie um ihre Gunst gebeten hätte. Der König aber sah, daß Filomena geendet hatte, er wandte sich darum an Neifile und sprach: „Erzähl Ihr jetzt!"

Diese lächelte zuerst ein wenig und begann dann:

Schöne Freundinnen, es wird nicht leicht sein für mich, euch mit einer ebenso schönen Geschichte zu erfreuen, wie die schon erzählten es waren. Mit Gottes Hilfe aber hoffe ich, mich dieser schweren Aufgabe gut zu entledigen.

Wisset denn, daß in unsrer Vaterstadt einst ein überaus reicher Kaufmann namens Arriguccio Berlinghieri lebte, der dummerweise dachte – wie es noch heutzutage manche Krämerseele tut –, er könne durch seine Ehefrau zum vornehmen Mann werden. Er hatte daher ein junges adeliges Mädchen mit Namen Monna Sismonda zur Frau genommen, obwohl sie gar nicht zu ihm paßte. Weil er nun nach Art der Kaufleute viel unterwegs war und wenig Zeit für sie hatte, schenkte sie ihre Gunst dem jungen Ruberto, der sie schon lange Zeit umworben hatte. Als sie mit ihm bereits vertrauten Umgang aufgenommen und aus übergroßer Freude daran wohl ein wenig zu unbedacht zu Werke ging, geschah es, daß Arriguccio, sei es, daß er etwas von der Geschichte gehört oder wer weiß was sonst für einen Anlaß dazu haben mochte, plötzlich der eifersüchtigste Ehemann der Welt wurde. Ganz abgesehen davon, daß er sogleich seine ständigen Reisen und das Geschäftemachen aufgab, verwandte er fortan seinen ganzen Eifer nur darauf, seine Frau zu bewachen, und schlief jetzt nicht mehr ein, bevor er sie nicht sicher im Bette wußte. Hierüber war die Dame recht betrübt, da sie auf diese Weise keine Gelegenheit mehr hatte, mit ihrem Ruberto zusammen zu sein.

Nachdem sie lange über eine Möglichkeit nachgedacht hatte, ihn zu treffen, wozu sie auch von ihm ständig aufgefordert wurde, kam sie auf den Gedanken, es auf folgende Weise zu versuchen: Da ihre Schlafkammer nach der Straße zu lag und sie schon häufig festgestellt hatte, daß Arriguccio zwar sehr schlecht einschlief, danach aber einen guten Schlaf hatte, beschloß sie, Ruberto gegen Mitternacht an die Haustür kommen zu lassen, ihm zu öffnen und ein wenig mit ihm zusammen zu sein, indessen ihr Ehemann in tiefem Schlafe läge. Damit sie Ruberto nun höre, wenn er gekommen sei, ohne daß sonst jemand etwas davon merke, beschloß sie, einen Faden aus dem Kammerfenster zu hängen, dessen eines Ende draußen auf der Erde läge, während der übrige Faden über den Fußboden bis an ihr Bett geleitet und dort unter den Decken versteckt werden sollte. Wenn sie dann im Bett läge, wollte sie sich den Faden um die große Zehe binden.

Sie weihte Ruberto in ihren Plan ein und trug ihm auf, er solle, wenn er zu ihr käme, an diesem Faden ziehen. Sie wolle, wenn ihr Mann schliefe, den Faden loslassen und ihm öffnen. Sollte jedoch ihr Mann nicht schlafen, wolle sie den Faden festhalten und an sich ziehen, damit Ruberto nicht umsonst warte.

Der Vorschlag gefiel dem jungen Mann, und er ging nun häufig zu ihr, wobei es ihm zuweilen glückte, sie zu treffen, zuweilen auch nicht. Endlich aber, nachdem die beiden es schon eine ganze Weile so getrieben hatten, steckte Arriguccio eines Nachts den Fuß im Bette weit aus und entdeckte den Faden. Er holte ihn heran und stellte fest, daß er um die Zehe seiner Frau gebunden war. Sogleich vermutete er, daß irgendein Betrug dahinterstecke, und als er gar feststellte, daß der Faden aus dem Fenster heraushing, war er felsenfest von dieser Annahme überzeugt. Er knüpfte nun den Faden behutsam vom Fuße seiner Frau los, band ihn sich an die eigene Zehe und lauerte, was dies wohl bedeuten möge. Nicht lange danach erschien Ruberto und zog wie üblich an dem Faden. Arriguccio verspürte es sofort; da er aber den Faden nicht stark befestigt und Ruberto tüchtig angezogen hatte, hielt dieser den Faden sogleich in der Hand und verstand daraus, daß er warten solle, was er auch tat. Arriguccio sprang auf, griff zu seinen Waffen und lief zur Haustür, um zu sehen, wer draußen sei, entschlossen, jenem tüchtig eins auszuwischen. Nun war Arriguccio, obwohl er dem Kaufmannsstande angehörte, ein rüstiger, wehrhafter Mann. Als er daher an die Haustür kam und diese nicht so sachte öffnete, wie die Dame es zu tun pflegte, wußte Ruberto, der draußen wartete, sogleich, was los war, nämlich, daß jener, der die Tür aufriß, niemand anders als Arriguccio war. Er machte sich deshalb eiligst aus dem Staube, doch Arriguccio setzte ihm nach. Schließlich, als Ruberto schon eine ganze Strecke geflohen war, der andere jedoch nicht aufhörte, ihn zu verfolgen, zog auch Ruberto, der ebenfalls bewaffnet war, seinen Degen und wandte sich um. Alsbald begann der eine anzugreifen und der andere sich zu verteidigen.

Die Dame war, als Arriguccio die Tür des Schlafgemachs aufriß, hochgeschreckt und wußte, als sie den Faden von ihrer Zehe losgeknüpft sah, daß ihr Betrug entdeckt war. Sie hörte, daß ihr Mann Ruberto verfolgte, und stand eiligst auf. Da sie sich ausmalte, was für Folgen diese Sache haben könnte, rief sie eins ihrer Mädchen herbei, das von allem wußte, und beschwor diese so lange, bis jene sich schließlich an ihrer Statt ins Bett legte. Sie flehte das Mädchen an, die Püffe, die Arriguccio ihr versetzen würde, hinzunehmen, ohne sich zu verraten, und versprach ihr, sie dafür so reich zu entschädigen, daß sie keinen Grund zur Klage haben sollte. Dann löschte sie das Licht, das im Schlafgemach brannte, und ging fort, um an einer andern Stelle des Hauses abzuwarten, wie die Dinge sich entwickeln würden.

Als das Geraufe zwischen Arriguccio und Ruberto in vollem Gange war, hörten die Nachbarn im Dorfe den Lärm, standen auf und begannen die beiden Kampfhähne auszuschelten. Schließlich ließ Arriguccio, dem es darum zu tun war, nicht erkannt zu werden, ohne seinen Rivalen verletzt oder erkannt zu haben, zornig und Rache brütend von ihm ab und kehrte nach Hause zurück. In die Schlafkammer eintretend, schrie er: „Wo bist du, ehrloses Weib? Du hast wohl das Licht ausgeblasen, damit ich dich nicht finden soll, aber da irrst du dich!" Dann trat er ans Bett und nahm sich, im Glauben, seine Frau ergriffen zu haben, das Mädchen vor und überschüttete sie mit Püffen und Fußtritten, solange er die Hände und Füße rühren konnte, wobei er ihr das ganze Gesicht verwüstete. Schließlich schnitt er ihr, während er sie fortgesetzt mit den häßlichsten Schimpfworten bedachte, die je einem liederlichen Weib gesagt wurden, auch noch die Flechten ab. Das Mädchen weinte laut, wie es nicht anders zu erwarten war, und obwohl sie ein paarmal rief: „Au! Um Gottes willen! Oh! Oh! Nicht mehr!", war doch ihre Stimme so vom Weinen erstickt und Arriguccio so sehr im Zorn, daß er gar nicht bemerkte, eine andere Frau als seine Ehefrau vor sich zu haben.

Nachdem er sie nach allen Regeln der Kunst verprügelt und ihr das Haar abgeschnitten hatte, wie wir schon hörten, sprach er: „Du elendes Weibsstück, länger werde ich mich nicht an dir vergreifen, aber zu deinen Brüdern werde ich gehen und ihnen deine Heldentaten erzählen. Dann mögen sie herkommen und mit dir machen, was sie ihrer Ehre schuldig zu sein glauben. In meinem Hause hast du fortan nichts mehr zu suchen!" Nach diesen Worten verließ er die Kammer, schloß von draußen ab und ging allein fort.

Sobald Monna Sismonda, die alles mit angehört hatte, bemerkte, daß ihr Gatte fortgegangen war, öffnete sie die Schlafkammer und zündete das Licht wieder an. Sie fand das laut weinende Mädchen ganz zerschunden vor und tröstete sie, soweit sie es vermochte. Dann brachte sie jene in die eigene Kammer zurück, ließ sie dort insgeheim bedienen und pflegen und zahlte ihr von Arriguccios Geld einen so hohen Betrag aus, daß jene zufrieden war.

Nachdem sie das Mädchen in ihre Kammer zurückgebracht hatte, richtete sie eiligst ihr eigenes Bett und das Schlafzimmer so her, als ob in dieser Nacht noch niemand dort geschlafen habe, zündete die Lampe an und kleidete sich selbst wieder vollständig an, als ob sie noch gar nicht im Bett gewesen wäre. Dann setzte sie sich mit ihrer Näharbeit oben an die Treppe, begann zu nähen und wartete, wie diese Sache wohl enden werde.

Arriguccio war, nachdem er sein Haus verlassen hatte, so schnell er konnte zum Hause seiner Schwäger gelaufen, hatte dort geklopft, bis man ihn gehört und ihm geöffnet hatte. Als die drei Brüder seiner Frau und ihre Mutter hörten, daß Arriguccio draußen stand, erhoben sich alle, ließen Licht bringen und fragten, was ihn zu dieser Stunde allein hierherführe. Arriguccio berichtete ihnen jetzt getreulich alles, was sich zugetragen hatte, angefangen von dem Faden um Monna Sismondas Zehe bis zum Schluß, und steckte ihnen als sicheren Beweis für die Wahrheit seiner Worte die Haare, die er seiner Frau abgeschnitten zu haben glaubte, in die Hand. Dann sagte er, sie sollten mitkommen und mit ihr machen, was sie wollten und was sie ihrer Meinung nach ihrer Ehre schuldig zu sein glaubten, da er die Frau unter keinen Umständen in seinem Hause behalten wollte.

Voller Zorn über das Gehörte und fest von der Wahrheit der Geschichte überzeugt, gerieten die Brüder in helle Wut, ließen Fackeln anzünden und machten sich, in der Absicht, die Schwester gehörig zu bestrafen, mit Arriguccio auf den Weg nach seinem Hause. Ihre Mutter sah es, folgte ihnen weinend und bat einmal diesen, einmal jenen, doch nicht gleich alles zu glauben, ohne es nachzuprüfen und zu ergründen. Der Ehemann könne sich auch aus anderen Gründen mit ihr erzürnt und ihr unrecht getan haben und ihr jetzt nur zu seiner eigenen Rechtfertigung das alles anhängen. Auch könne sie nicht glauben, daß so etwas wirklich geschehen sein sollte, sie kenne ihre Tochter genau, da sie Sismonda von Jugend an erzogen habe, und was dergleichen Reden sonst noch waren.

Als sie an Arriguccios Haus angekommen und eingetreten waren, stiegen alle sofort nach oben. Monna Sismonda rief, als sie sie hörte: „Wer ist da?" Worauf ihr einer ihrer Brüder antwortete: „Du wirst wohl selber wissen, wer es ist, du schamloses Weib!" Monna Sismonda entgegnete: „Ei, was soll denn das bedeuten? Gott steh mir bei!" Dann stand sie auf und fuhr fort: „Ach, meine Brüder! Seid willkommen! Aber was sucht ihr alle drei hier in meinem Hause zu dieser Stunde?"

Als die Brüder sie so friedlich dasitzen und nähen sahen, ohne das kleinste Anzeichen im Gesicht, daß sie geprügelt worden wäre, obgleich Arriguccio erzählt hatte, er habe ihr das ganze Antlitz zerschlagen, verwunderten sie sich anfangs sehr und hielten ihren Zorn noch etwas zurück, fragten sie aber dann, was geschehen sei, daß Arriguccio sich so über sie beklagt hätte, und drohten ihr böse Dinge an, wenn sie nicht alles genau berichte.

Die Dame entgegnete: „Ich weiß nicht, was ich euch erzählen sollte oder was ich Arriguccio angetan hätte." Arriguccio starrte sie bestürzt an. Er wußte genau, daß er ihr tausend Püffe ins Gesicht verabreicht, sie ganz zerkratzt und ihr alles erdenkliche Böse zugefügt hatte; jetzt aber sah er sie vor sich, als sei nichts geschehen.

Die Brüder erzählten ihr kurz, was Arriguccio ihnen von dem Faden, von den Prügeln und allem andern mitgeteilt habe. Die Frau wandte sich zu Arriguccio um und sprach: „Mein Gott, Mann, was höre ich da? Warum bringst du mich zu deiner eigenen Schande in den Ruf, ein liederliches Frauenzimmer zu sein, was ich gar nicht bin? Und dich in den Ruf eines Wüterichs, der du doch auch nicht bist? Und wann wärest du denn heute nacht in diesem Hause gewesen oder gar bei mir? Und wann willst du mich geschlagen haben? Ich meinerseits weiß nichts davon." – "Was, du schlechtes Weib?" schrie Arriguccio, "gingen wir etwa nicht gestern abend zusammen ins Bett? Und kam ich etwa nicht zu dir zurück, nachdem ich deinen Liebhaber verfolgt hatte? Habe ich dich etwa nicht verprügelt und dir das Haar abgeschnitten?" Die Frau antwortete: "In meinem Hause hast du dich gestern abend nicht schlafen gelegt. Doch lassen wir das beiseite, ich kann es nicht anders als mit meinen Worten beweisen. Schauen wir aber, was du sonst noch behauptest: nämlich daß du mich geschlagen und mir gar das Haar abgeschnitten hättest! Mich hast du wahrlich noch niemals geschlagen. Ihr alle, auch du selbst, mögt nachsehen, ob ich irgendwo am Körper Zeichen von Schlägen habe. Ich möchte es dir auch nicht raten, Hand an mich zu legen, und wärst du noch so sehr im Zorn! Beim Kreuze Jesu, ich würde dir die Augen auskratzen. Ich weiß auch nichts davon, daß du mir das Haar abgeschnitten hättest. Aber vielleicht hast du es so vorsichtig getan, daß ich gar nichts davon gemerkt habe. Wir wollen gleich nachsehen, ob es abgeschnitten ist oder nicht!"

Damit nahm sie ihre Schleier vom Kopf und zeigte allen, daß ihr Haar nicht abgeschnitten, sondern unversehrt war. Als die Brüder und ihre Mutter dies alles hörten und sahen, begannen sie Arriguccio herunterzumachen. "Was soll das heißen, Arriguccio? Das stimmt doch nicht mit dem zusammen, was du uns vorhin erzählt hast. Wir können uns nicht denken, wie du uns den Rest noch beweisen willst."

Arriguccio stand wie im Traume da. Er wollte noch etwas hinzufügen, da er jedoch einsah, daß er nichts von dem, was er für wahr hielt, beweisen konnte, wagte er nicht weiterzusprechen. Die Dame aber sagte zu ihren Brüdern: "Liebe Brüder, mir scheint, er wünscht, daß ich tue, was ich niemals wollte, nämlich, daß ich mich über seine Bosheiten und Niederträchtigkeiten bei euch beklage. Das will ich denn tun. Ich glaube schon, daß alles, was er euch erzählt hat, passiert ist und daß er wirklich alles getan hat, aber hört nur, wie. Dieses Prachtexemplar, dem ihr mich zu meinem Jammer zum Weibe gegeben habt, der sich Kaufmann schimpft und Kredit bei den Leuten haben möchte, der tugendhafter sein sollte als ein Priester und gesitteter als eine Jungfrau, läßt selten einen Abend vergehen, ohne sich in irgendwelcher Schenke zu betrinken. Dort läßt er sich dann mit allerlei liederlichen Weibern ein, ich aber kann hier bis Mitternacht, ja manchmal bis zum hellen Morgen auf ihn warten, wie ihr mich jetzt gefunden habt.

Ich bin überzeugt, daß er, vollständig betrunken, mit irgendeiner seiner traurigen Liebschaften ins Bett gestiegen ist; daß er neben ihr erwachte, den Faden an ihrem Fuß gefunden und dann den ganzen Tanz, von dem er berichtet, mit ihr vollführt hat. Schließlich ist er wohl noch zu ihr zurückgelaufen, hat sie verprügelt und ihr die Haare abgeschnitten. Und da er noch immer nicht wieder ganz klar im Kopfe ist, glaubte er und glaubt es am Ende wohl jetzt noch, daß er mir das Ganze angetan hätte. Seht ihn euch doch genau an! Ist er nicht noch halb betrunken! Was er aber auch immer von mir erzählt haben mag, so möchte ich doch nicht, daß ihr ihn anders behandelt als einen Betrunkenen. Und da ich ihm verzeihe, sollt auch ihr ihm verzeihen."

Die Mutter aber begann, als sie alles mit angehört hatte, Lärm zu schlagen und schrie: „Gottsdonner, Töchterchen, das sollte man nicht tun! Im Gegenteil, man sollte diesen undankbaren krummen Hund totschlagen! Er verdient kein Mädchen wie dich zur Frau. Warte, du Lumpenhund! Als ob er dich aus der Gosse aufgelesen hätte! Der Schlag soll ihn treffen, wenn du noch weiterhin hierbleibst nach den schmutzigen Verleumdungen dieses elenden Pfennigfuchsers aus Eselsdreck, der vom Dorfe hergelaufen ist aus irgendeinem Schweinestall; der sich wie ein Bauer kleidet und mit schlotternden Hosen und der Schreibfeder am Arsch herumläuft. Wenn solche Krämer drei lumpige Soldi besitzen, strecken sie die Hände aus nach den Töchtern von Edelleuten und anständigen Frauen und brüsten sich dann und schreien: ‚Ich bin einer aus dem Hause...!' und: ‚So machen es alle aus unserer Familie!' – Ach, hätten meine Söhne auf meinen Rat gehört! Sie konnten dich in allen Ehren für ein Butterbrot an die Grafen Guidi verheiraten, aber sie zogen es vor, dich diesem Prachtkerl zu geben, dich, das beste und anständigste Mädchen von ganz Florenz! Er aber entblödet sich nicht, dich um Mitternacht eine Hure

546

zu schelten, daß selbst wir bald an dir irre wurden. Als ob wir dich nicht besser kennten. Donner und Doria, wenn es nach mir ginge, sollte er eine solche Tracht Prügel bekommen, daß er sich vor Angst in die Hosen machte."

Und zu ihren Söhnen gewandt, fuhr sie fort: „Kinder, ich sagte euch gleich, daß das nicht stimmen könnte. Ihr habt nun gehört, wie euer teurer Schwager eure Schwester behandelt, dieser Tütendreher. Wäre ich an eurer Stelle, gäbe ich, wenn ich gehört hätte, was er von ihr behauptete, und gesehen hätte, was er getan hat, nicht eher Ruhe und Frieden, bevor ich ihn nicht vom Erdboden beseitigt hätte. Wäre ich ein Mann und keine Frau, würde ich nicht zulassen, daß irgendein andrer als ich selbst sich damit befaßte. Der Teufel soll diesen verkommenen, schamlosen Säufer holen!"

Die jungen Männer wandten sich, nachdem sie alles gehört und gesehen hatten, ebenfalls mit den wüstesten Beschimpfungen, die je ein verkommener Kerl einstecken mußte, gegen Arriguccio und riefen schließlich: „Dieses Mal wollen wir dir noch verzeihen! Hüte dich aber, wenn dir dein Leben lieb ist, daß in Zukunft solche Geschichten nicht wieder vorkommen! Eins ist sicher, wenn uns noch einmal etwas Derartiges zu Ohren kommt, werden wir es dir Soldo auf Soldo heimzahlen."

Nach diesen Worten gingen sie fort. Arriguccio aber blieb wie ein Geistesgestörter zurück. Er wußte nun selbst nicht mehr, ob das, was er getan hatte, wirklich geschehen war oder ob er alles nur geträumt hatte. Ohne noch ein Wort darüber zu verlieren, ließ er fortan seine Frau in Frieden, die durch ihre List nicht nur ihren unbequemen Gefängniswärter los wurde, sondern auch einen Ausweg gefunden hatte, in der Zukunft ihren Vergnügungen nachzugehen, ohne noch länger Angst vor ihrem Ehemann zu haben.

NEUNTE GESCHICHTE

Lydia, die Frau des Nicostratus, liebt Pyrrhus, der – bevor er ihrer Liebe Glauben schenken will – drei Beweise von ihr verlangt, die sie alle drei erbringt; darüber hinaus vergnügt sie sich sogar in Nicostratus' Gegenwart mit Pyrrhus und macht ihrem Mann weis, daß das, was er gesehen hat, gar nicht geschehen ist.

Die Geschichte Neifiles hatte solchen Anklang gefunden, daß die Damen nicht genug darüber lachen und reden konnten, obwohl der König ihnen mehrmals Stillschweigen gebot und Panfilo schon aufgefordert worden war, seine Geschichte zum besten zu geben.

Als sie endlich schwiegen, begann Panfilo:

Verehrte Damen, ich glaube nicht, daß es irgend etwas auf der Welt gibt, und sei es noch so schwer und zweifelhaft, was von einem liebenden Herzen nicht gewagt würde. Wenngleich uns dies schon in vielen Geschichten bewiesen wurde, glaube ich doch, es mit einem Begebnis, das ich euch erzählen möchte, noch bekräftigen zu können. Ihr sollt hier von einer Frau hören, die in ihren Unternehmungen mehr vom Glück begünstigt als von klugem Verstande geleitet wurde. Ich möchte darum niemand raten, in ihre Fußtapfen zu treten. Denn nicht immer ist das Glück so wohl gelaunt, und nicht alle Männer der Welt lassen sich gleicherweise hinters Licht führen.

In Argos, der uralten Stadt Griechenlands, die mehr Ruhm durch ihre ehemaligen Könige als durch ihre Größe erlangte, lebte einst ein Edelmann, Nicostratus gerufen. Als er sich bereits dem Alter näherte, schenkte ihm das Glück eine edle Frau zur Gemahlin, die Lydia hieß und ebenso temperamentvoll wie schön war. Als reicher Mann hielt er eine zahlreiche Dienerschaft und, da er seine größte Freude an der Jagd hatte, viele Hunde und Falken.

Unter seinen Dienern befand sich ein artiger, hübscher Bursche von schlankem Wuchs, der in allen seinen Unternehmungen viel Geschick bewies. Er hieß Pyrrhus, und Nicostratus war ihm mehr als allen andern zugetan und vertraute ihm voll und ganz. In diesen Jüngling verliebte sich nun Lydia so über die Maßen, daß sie bald Tag und

Nacht ihre Gedanken auf nichts anderes mehr richten konnte als auf ihn. Pyrrhus jedoch merkte anscheinend nichts von dieser Liebe oder wollte es nicht merken, denn nichts in seinem Benehmen deutete darauf hin, daß er sich etwas daraus mache. Das verdroß die Dame tief. Fest entschlossen, ihn über ihre Liebe nicht im unklaren zu lassen, rief sie eins ihrer Kammermädchen namens Lusca, das ihr Vertrauen besaß, und sagte zu ihr: „Lusca, die Wohltaten, die du von mir empfangen hast, müssen dich gehorsam und treu machen. Hüte dich also, von dem, was ich dir jetzt auftragen werde, irgendeinem andern Menschen als einzig dem, für den es bestimmt ist, ein Sterbenswörtchen zu sagen. Du siehst, Lusca, daß ich ein gesundes junges Weib bin, gut und überreich ausgestattet mit allem, was eine Frau sich wünschen kann. Ich habe auch keinen anderen Grund, mich zu beklagen, als den einen, daß die Jahre meines Gatten, an den meinen gemessen, zu zahlreich sind. Aus diesem Grunde kann er mir in dem, was jungen Frauen zum größten Vergnügen gereicht, keine Befriedigung schenken. Da ich aber, wie alle anderen, gerade nach diesem großes Verlangen trage, habe ich seit geraumer Zeit bei mir beschlossen, wenn schon Fortuna mir so wenig hold war, daß sie mir den alten Ehemann bescherte, nicht noch dergestalt meine eigene Feindin zu sein, daß ich nicht fähig wäre, einen andern Weg zu meinem Vergnügen und zu meiner Rettung ausfindig zu machen. Um neben allem andren auch dies ausgiebig genießen zu können, habe ich nach reiflicher Überlegung beschlossen, daß unser Pyrrhus, der hierzu würdiger erscheint als jeder andere, es mir mit seiner Liebe geben soll. Ich selbst denke mit so viel Zärtlichkeit an ihn, daß ich unglücklich bin, wenn ich ihn nicht sehen kann. Ich weiß, daß ich sterben werde, wenn ich nicht unverzüglich die Seine werde. Wenn dir also mein Leben lieb ist, so weise ihn so, wie es dir am besten erscheint, auf meine Liebe hin und bitte ihn in meinem Namen herzlich, daß er zu mir kommen möge, wenn du ihn benachrichtigen wirst."

Das Kammermädchen erklärte sich gern bereit, und sowie Zeit und Gelegenheit günstig waren, zog sie Pyrrhus beiseite und überbrachte ihm, so gut sie es verstand, die Botschaft ihrer Herrin. Pyrrhus verwunderte sich sehr über ihre

Worte, da er noch nichts von Lydias Neigung bemerkt hatte. Da er annahm, die Dame lasse ihm alles nur bestellen, um ihn zu prüfen, antwortete er schnell und abweisend: „Lusca, ich kann nicht glauben, daß die Herrin mir das wirklich bestellen läßt. Hüte deine Zunge! Sollte diese Botschaft wirklich von ihr kommen, so glaube ich doch nicht, daß sie es im Ernst gemeint hat. Aber auch wenn es ihr Ernst sein sollte, werde ich mein Lebtag meinem Gebieter, der mich freundlicher behandelt, als ich es verdiene, keinen solchen Schimpf antun. Hüte dich, noch einmal zu mir von solchen Dingen zu sprechen." Lusca aber ließ sich durch seine harten Worte nicht aus der Fassung bringen, sondern sagte zu ihm: „Pyrrhus, dies und anderes, was die Herrin mir befiehlt, werde ich dir so oft ausrichten, wie es mir aufgetragen wird, ganz gleich, ob es dir paßt oder nicht. Du bist ein rechter Schafskopf."

Dann kehrte sie ein wenig bedrückt mit Pyrrhus' Antwort zu ihrer Herrin zurück, die sich über die Botschaft fast zu Tode grämen wollte. Nach einigen Tagen aber rief die Dame nochmals das Kammermädchen zu sich und sagte: „Lusca, keine Eiche fällt auf den ersten Streich. Ich halte es darum für richtig, daß du noch einmal zu jenem Manne gehst, der zu meinem Schaden neuerdings so rechtschaffen bleiben will. Überzeuge ihn zu gelegener Zeit von meinem heißen Verlangen und bemühe dich, alles so einzurichten, daß du Erfolg hast. Wenn alles unterbliebe, würde ich sterben, und er würde sich genarrt fühlen, so daß in seinem Herzen nur Haß erwüchse statt der Liebe, die ich suche."

Das Kammermädchen tröstete die Herrin und fand, als sie Pyrrhus zum zweiten Male aufsuchte, diesen freundlich und gut gelaunt vor. Sie sprach zu ihm: „Pyrrhus, vor einigen Tagen erzählte ich dir, in welchem Feuer unsre Herrin brennt und wie groß ihre Liebe zu dir ist. Heute versichere ich dir noch einmal, daß sie, solltest du so unerbittlich bleiben wie vorgestern, das Leben nicht mehr lange ertragen wird. Ich bitte dich darum, stille ihr Verlangen. Ich müßte dich, den ich immer für klug gehalten habe, für einen Erzdummkopf halten, wenn du noch länger bei deiner Weigerung verbleiben solltest. Was könnte dir mehr zum Ruhme gereichen, als daß dich eine solche Frau, die so schön, so reizend und so wohlhabend ist, über alles liebt?

Mußt du dich nicht dem Glück verpflichtet fühlen, wenn du überlegst, daß es dir hier ein Kleinod darbietet, das nicht nur den Freuden deiner Jugend angemessen ist, sondern auch eine stete Zuflucht für dein Verlangen sein wird? Wer von deinen Gefährten fände schönere Erfüllung für sein Begehren als du, wenn du klug bist? Wer würde es an Waffen, Pferden, Kleidern und Geld mit dir aufnehmen können, wenn du diese Liebe erwidertest? Öffne dein Herz meinen Worten und sei vernünftig! Denke daran, daß das Glück dem Menschen nur ein einziges Mal ein freundliches Lächeln und eine offene Hand zu zeigen pflegt. Wer nicht zugreift, wird arm als ein Bettler durchs Leben gehen und muß daran sich selbst und nicht dem Glück die Schuld beimessen. Und was schließlich die Treue anbelangt, so pflegt diese zwischen Dienern und Herren nicht dieselbe zu sein wie zwischen Freunden und Verwandten. Im Gegenteil, die Diener sollten, soweit es in ihrer Macht steht, ihre Herren behandeln, wie sie selber von ihnen behandelt werden. Glaubst du etwa, daß Nicostratus, wenn du eine schöne Frau, Mutter, Tochter oder Schwester hättest, die ihm gefiele, sich auf die Treue besänne, die du ihm in Hinsicht auf seine Frau jetzt halten willst? Ein Dummkopf bist du fürwahr, wenn du das glaubst. Sei ganz sicher, wenn Schmeicheleien und Bitten nicht ausreichen, würde er sie mit Gewalt nehmen, was du auch davon halten möchtest. Laß uns drum die Herren und die Ihrigen genauso behandeln, wie sie es mit uns und den Unsrigen tun. Ergreife das Geschenk des Glücks und stoße es nicht von dir. Gehe ihm entgegen und empfange es würdig, wenn es sich dir darbietet. Denn eins ist sicher: Wenn du es nicht tust, wirst du – ganz abgesehen vom Tode der Herrin, der ohne Zweifel erfolgen wird – es eines Tages so heiß bereuen, daß du selber nichts anderes als deinen Tod herbeiwünschst."

Pyrrhus hatte über Luscas erste Botschaft lange nachgedacht und den Entschluß gefaßt, ihr, wenn sie noch einmal zu ihm käme, eine andere Antwort zu geben und sich den Wünschen der Herrin zu fügen, sobald er sich davon überzeugt hätte, daß er nicht betrogen würde. Er erwiderte daher: „Schau, Lusca, ich glaube alles, was du mir sagst, aber da mein Herr sehr weise und klug ist und mir alle seine Angelegenheiten überläßt, fürchte ich sehr, daß Lydia dies auf seinen Befehl tut, um mich auf die Probe zu stellen. Wenn sie jedoch drei Bedingungen, die ich stelle, als Beweis ihrer ehrlichen Absichten erfüllen will, so werde ich alles, was sie von mir verlangt, schnellstens erledigen. Die drei Bedingungen, die ich stelle, sind: erstens, daß sie in Nicostratus' Gegenwart seinen besten Sperber tötet, sodann, daß sie mir ein Haarbüschel aus Nicostratus' Bart sendet und schließlich einen gesunden Zahn von ihm."

Diese Wünsche schienen Lusca schwer erfüllbar und ihrer Herrin fast unmöglich, doch Amor, der beste Tröster und Ratgeber, riet ihr, es zu versuchen. So ließ sie dem Pyrrhus durch das Kammermädchen ausrichten, daß sie alles, um was er sie gebeten habe, tun wolle, und zwar bald. Darüber hinaus ließ sie ihm bestellen, daß sie in Gegenwart Nicostratus', den er für so klug halte, sich mit ihm, Pyrrhus, vergnügen und dann Nicostratus weismachen wolle, daß nichts geschehen sei. So wartete Pyrrhus denn, was die Herrin beginnen werde.

Bald danach gab Nicostratus einer Reihe von Edelleuten ein großes Essen, wie er es oft zu tun pflegte. Als die Tafel schon aufgehoben war, trat Lydia, in ein grünes, gesticktes Gewand gekleidet, in den Saal, in dem die Gesellschaft sich befand. Als sie Pyrrhus unter den anderen Dienern gewahrte, ging sie auf eine Stange zu, auf der Nicostratus' bester Sperber hockte, nahm ihn auf die Hand, als wolle sie ihn aufheben, packte ihn aber dabei unversehens an der Fußschelle und tötete ihn, indem sie ihn gegen die Wand warf. Nicostratus rief: „Mein Gott, Frau, was tust du da?" Sie antwortete ihm nicht, sondern wandte sich an die Edelleute, die mit ihm gegessen hatten, und sprach: „Ihr Herren, an einem König, der mich beleidigt hätte, könnte ich mich schlecht rächen, wohl aber an einem Sperber. Ihr müßt wissen, daß dieser Vogel mir seit langem alle Zeit abspenstig gemacht hat, die die Männer sonst dem Vergnügen ihrer Frauen zu schenken pflegen. Sowie der Morgen graute, erhob sich Nicostratus, stieg aufs Pferd und ritt mit diesem Vogel auf der Hand ins Land hinaus, um seinem Fluge zuzuschauen. Mich aber, so wie ihr mich hier seht, ließ er einsam und unbefriedigt im Bette zurück. Darum habe ich schon oft das Verlangen gehabt zu tun, was ich soeben tat. Und kein andrer Grund hat mich bisher davon abgehalten als der, daß ich es in Gegenwart von Männern tun wollte, die gerechte Richter über meine Klagen sein sollten; was ihr, wie ich hoffe, sein werdet."

Als die Edelleute sie so sprechen hörten, meinten sie, daß nichts anderes als ihre Zuneigung zu Nicostratus ihr diese Worte in den Mund gelegt hätte. Sie begannen daher zu lachen, wandten sich zu dem zornigen Nicostratus um und sprachen: „Seht, wie klug die Frau ihr Leid mit dem Tode des Sperbers gerächt hat!" Und mit allerlei heiteren Reden über diesen Fall verwandelten sie, nachdem die Dame längst in ihr Gemach zurückgekehrt war, den Zorn Nicostratus' in Lachen.

Als Pyrrhus das gesehen hatte, sprach er bei sich: ‚Einen herrlichen Anfang für eine glückliche Liebe hat die Herrin gemacht. Gebe Gott, daß sie so fortfährt!' Nachdem der Sperber auf diese Weise von Lydia getötet war, vergingen nur wenige Tage, und es ereignete sich, daß sie mit Nicostratus in ihrem Gemach zusammen war. Sie umschmeichelte ihn zärtlich, begann mit ihm zu schäkern, und als er sie zum Spaß ein wenig an den Haaren zog, nahm sie dies als Gelegenheit, die zweite Forderung Pyrrhus' zu erfüllen. Sie ergriff blitzschnell ein kleines Büschel seiner Barthaare und zog so lange daran, bis sie es ihm von der Wange losgerissen hatte. Als Nicostratus sich darüber beklagte, rief sie: „Was hast du? Machst du ein Gesicht, weil ich dir etwa sechs Haare aus dem Bart gezogen habe? Du hast nicht soviel ausgehalten wie ich, als du mich eben an den Haaren rissest." Darauf fuhren sie fort, sich mit einem Wortgeplänkel zu vergnügen, wobei aber die Dame sorgsam das Haarbüschelchen hütete, das sie ihrem Gatten geraubt hatte, und es noch am gleichen Tage ihrem Geliebten zusandte.

Über die dritte Forderung mußte die Dame sich lange den Kopf zerbrechen. Da sie indes eine gute Portion Schlauheit besaß und die Liebe sie noch gewitzter machte, war sie fest entschlossen, eine Möglichkeit zu finden, auch diesen Wunsch des Pyrrhus zu erfüllen. Nun hatte Nicostratus zwei Edelknaben aus vornehmer Familie um sich, die deren Eltern ihm geschickt hatten, damit sie in seinem Hause gute Sitten lernen möchten. Nicostratus ließ sich, wenn er aß, von dem einen die Speisen vorlegen, während der andre ihm den Wein kredenzen mußte. Diese beiden ließ nun Lydia zu sich rufen und sagte ihnen, sie röchen alle beide gar unangenehm aus dem Halse und sollten daher stets den Kopf, so weit es ihnen möglich sei, zurückbeugen, wenn sie Nicostratus bedienten, hierüber aber zu keinem Menschen sprechen.

Die jungen Leute glaubten ihr und begannen, den Kopf auf dieselbe Weise zurückzubiegen, wie die Herrin es ihnen vorgemacht hatte. Bald darauf fragte Lydia ihren Mann: „Hast du nicht bemerkt, wie die beiden Knaben sich anstellen, wenn sie dich bedienen?" Nicostratus entgegnete: „Aber ja. Ich wollte sie schon fragen, warum sie das tun." Hierauf entgegnete ihm Lydia: „Das brauchst du nicht, denn ich kann es dir sagen. Ich habe eine ganze Zeit geschwiegen, um dich nicht zu erzürnen. Wenn ich jetzt aber sehe, daß auch andre es bemerken, kann ich es dir nicht länger mehr verschweigen. Es geschieht, weil du ganz fürchterlich aus dem Munde stinkst. Ich weiß nicht, woher es kommt, und es war sonst auch nicht der Fall. Es ist aber recht unangenehm, und da du oft mit Edelleuten zu tun hast, muß man es irgendwie abändern."

Nicostratus fragte: „Woher mag das nur kommen? Sollte ich etwa schlechte Zähne haben?" – „Das könnte sein", erwiderte Lydia und führte ihn an ein Fenster, ließ ihn den Mund öffnen und sagte, nachdem sie diesen von einem Ende bis zum anderen beschaut hatte: „Aber Nicostratus, wie kannst du das nur so lange ertragen haben? Auf dieser Seite hast du einen Zahn, der – soweit ich sehe – nicht nur hohl, sondern ganz verfault ist. Wenn du ihn noch länger im Munde behältst, wird er bestimmt auch die neben ihm stehenden Zähne anstecken. Ich rate dir daher, ihn herausziehen zu lassen, bevor er Schaden anrichtet." Darauf sagte Nicostratus: „Wenn du es für richtig hältst, bin ich damit einverstanden. Schicke sofort zu einem Doktor, der ihn herausziehen kann." Die Dame widersprach: „Gott verhüte, daß dafür ein Doktor herkäme! Ich glaube, der Zahn ist so krank, daß selbst ich ihn ohne Arzt leicht herausziehen könnte. Andrerseits sind die Ärzte bei solchen Sachen so roh, daß mein Herz es nicht ertragen könnte, dich in den Händen eines solchen Mannes zu sehen oder zu wissen. Darum will ich selbst es tun. Zum mindesten werde ich, wenn es dich zu heftig schmerzt, sofort loslassen, was kein Arzt täte."

Sie ließ nun von einem Diener die für solche Zwecke nötigen Zangen holen. Dann schickte sie alle Leute aus dem Zimmer und behielt nur Lusca bei sich. Nachdem sie sich eingeschlossen hatten, mußte sich Nicostratus auf einen Tisch legen, und Lydia steckte ihm die Zange in den Mund und packte einen seiner Zähne. Und obwohl er vor Schmerz laut jammerte, mußte er sich gefallen lassen, daß ihm Lydia, während er von Lusca kräftig niedergehalten wurde, mit Gewalt den Zahn ausriß, den sie schnell zu sich steckte und ihm dafür einen anderen, völlig zerstörten Zahn vorwies, den sie schon bereitgehalten hatte. Dabei sagte sie: „Siehst du, das ist der Zahn, den du im Munde hattest!"

Nicostratus glaubte ihr und hielt sich – so heftige Schmerzen er auch ausgehalten und sosehr er auch gejammert hatte – jetzt, da der Zahn heraus war, für geheilt. Gestärkt mit diesem und jenem, verließ er, nachdem der Schmerz etwas abgeklungen war, das Zimmer. – Die Dame aber nahm den Zahn und sandte ihn sogleich an ihren Geliebten, der sich nun, von ihrer Zuneigung völlig überzeugt, zu jedem gewünschten Vergnügen bereit erklärte.

Die Dame aber wünschte – begierig, ihn noch sicherer zu machen – alles, was sie ihm versprochen hatte, zu erfüllen. Sie stellte sich daher krank und bat Nicostratus, als dieser sie eines Tages nach dem Essen in ihrem Zimmer besuchte und außer Pyrrhus niemand bei ihm war, sie möchten ihr bei der Vertreibung ihrer Langweile behilflich sein und ein wenig mit ihr in den Garten gehen. Darauf faßte Nicostratus sie auf der einen, Pyrrhus auf der andern Seite unter, brachten sie in den Garten und setzten sie am Fuße eines schönen Birnbaums auf einer kleinen Wiese nieder. Nach einem Weilchen sagte die Dame, die Pyrrhus schon über alles, was er zu tun habe, unterrichtet hatte: „Pyrrhus, ich habe großes Verlangen nach einer von diesen schönen Birnen. Steige doch auf den Baum und hole mir einige herunter."

Pyrrhus kletterte nach oben und begann, einige Birnen herunterzuwerfen. Während er dabei war, begann er jedoch zu rufen: „He, Messere, was treibt Ihr da! Und Ihr, Madonna, schämt Euch nicht, das in meiner Gegenwart zu dulden? Glaubt Ihr etwa, ich sei blind? Ihr wart doch eben noch so krank, wie könnt Ihr so schnell genesen sein, daß

Ihr solche Sachen macht? Und wenn Ihr schon so etwas tun wollt, so habt Ihr doch genug schöne Zimmer. Warum geht Ihr nicht dorthin, um so etwas zu tun? Es wäre bestimmt viel anständiger, als es in meiner Gegenwart zu tun!" Die Dame wandte sich zu ihrem Mann und fragte: „Was faselt Pyrrhus da? Ist er verrückt geworden?" – „Ich bin nicht verrückt geworden, Madonna", rief Pyrrhus, „aber Ihr scheint zu glauben, daß ich blind bin!" Nicostratus rief ganz verwundert: „Pyrrhus, ich glaube wirklich, du träumst." Pyrrhus aber erwiderte: „Mein Gebieter, ich träume so wenig, wie Ihr es tut; denn Ihr habt Euch jetzt so heftig hin und her bewegt, daß keine einzige Birne hier oben geblieben wäre, wenn dieser Baum es Euch gleichgetan hätte."

Nun fragte die Dame: „Was kann das bedeuten? Glaubt er am Ende wirklich, was er da sagt? Gott steh mir bei! Wenn ich so gesund wäre wie sonst, würde ich hinaufsteigen, um zu sehen, was das für Wunder sind, die der da zu sehen behauptet." Pyrrhus aber fuhr fort, von oben herunter solche Geschichten zu behaupten. Schließlich rief Nicostratus: „Komm herunter!" Und als jener unten war, sprach er zu ihm: „Was also hast du gesehen?" Pyrrhus antwortete: „Mir scheint, Ihr haltet mich für dumm oder schamlos... Ich sah Euch auf Eurer Gattin, wenn es sich schickt, so etwas auszusprechen. Und als ich herabstieg, sah ich, daß Ihr aufstandet und Euch wieder dorthin setztet, wo Ihr jetzt seid." – „Ganz bestimmt bist du verrückt", sagte Nicostratus. „Wir haben uns, seitdem du auf den Birnbaum gestiegen bist, nicht vom Fleck gerührt, wie du jetzt wohl einsiehst." – „Was sollen wir uns darüber streiten", sagte Pyrrhus. „Ich habe Euch gesehen, doch wenn ich Euch auch gesehen habe, so sah ich Euch ja auf Eurem Eigentum."

Nicostratus' Verwunderung wurde immer größer, und schließlich sagte er: „Ich möchte zu gern einmal sehen, ob dieser Birnbaum am Ende verhext ist und was für Wunder der zu sehen bekommt, der oben ist." Damit stieg er auf den Baum. Als er oben war, begannen die Dame und Pyrrhus ein munteres Liebesspiel, so daß Nicostratus, der es von oben sah, herunterschrie: „Ha, du schändliches Weib, was treibst du da? Und du, Pyrrhus, dem ich stets vertraute?" Mit diesen Worten begann er, wieder vom Birnbaum herunterzuklettern. Die Dame und Pyrrhus aber riefen: „Wir sitzen hier!" Und setzten sich, als sie ihn herunterkommen sahen, wieder so hin, wie er sie verlassen hatte.

Unten angelangt, fand Nicostratus die beiden in derselben Stellung vor, in der er sie verlassen hatte. Trotzdem begann er, sie zu beschimpfen. Pyrrhus aber sagte: „Nicostratus, ich sehe jetzt ein, daß ich – wie Ihr vorhin behauptet habt – falsch gesehen habe, als ich auf dem Baum saß. Und an nichts anderem habe ich es erkannt als daran, daß ich sehe und genau weiß, daß auch Ihr soeben falsch gesehen habt. Daß ich die Wahrheit sage, wird Euch nichts anderes beweisen als die Rücksicht und der Gedanke an Eure Gattin. Sie ist tugendhaft und viel klüger als alle anderen Frauen. Wenn sie Euch überhaupt eine derartige Schmach antun wollte, so würde sie sich bestimmt hüten, dies gerade vor Euren Augen zu tun. Von mir will ich gar nicht reden. Ich würde mich eher vierteilen lassen, als solches auch nur in Gedanken, geschweige denn gar in Eurer Gegenwart zu tun. Daher glaube ich bestimmt, daß dies Unheil des Falschsehens von dem Birnbaum herrührt. Die ganze Welt hätte mir nicht weismachen können, daß Ihr Euch nicht mit Eurer Gattin vereint hättet, hätte ich nicht jetzt Euch sagen hören, daß es Euch so vorgekommen ist, als ob auch ich es getan hätte, obwohl ich mit Bestimmtheit sagen kann, daß ich niemals daran gedacht habe, es je zu tun." Anscheinend tief erzürnt, sprang nun die Dame auf und rief: „Der Schlag soll dich rühren, wenn du mich für so beschränkt halten kannst, daß ich – wenn ich schon derartig schlechte Scherze treiben wollte, wie du sie gesehen haben willst – sie ausgerechnet vor deinen Augen vollführen sollte! Glaube mir, wenn je ein derartiges Gelüst mich überkäme, würde ich dazu nicht erst in den Garten laufen, sondern im Gegenteil in einem unsrer Zimmer bleiben und es auf so verstohlene Art und Weise bewerkstelligen, daß es mich höchlichst wundern sollte, wenn du je etwas davon erführst."

Nicostratus, dem die Behauptungen der beiden, daß sie sich hier vor seinen Augen zu einer solchen Handlung niemals würden hinreißen lassen, wahr erschienen, hörte auf, noch weitere Worte oder Vorwürfe an die Angelegenheit zu verschwenden. Er begann vielmehr, von der Einzigartigkeit dieses Vorkommnisses und der sonderbaren Verblendung eines jeden zu reden, der den Birnbaum besteige und ein falsches Bild erblicke. Die Dame aber stellte sich weiterhin tief verstimmt über die Meinung, die Nicostratus von ihr gehabt zu haben schien, und sagte: „Wahrlich, dieser Birnbaum wird nie mehr, weder von mir noch von irgendeiner anderen Frau, so schamlose Bilder zeigen, soweit ich dazu beitragen kann. Lauf, Pyrrhus, und hole eine Axt. In einer Stunde wirst du ihn umgehauen und dich und mich gerächt haben, obwohl es noch richtiger wäre, Nicostratus eins auf den Kopf zu geben, der ohne Bedenken sich sogleich die Augen seines klaren Verstandes blenden ließ. Wenn es auch deinen eigenen Augen so vorkam, wie du sagtest, so durfte dein Verstand auf gar keinen Fall annehmen und glauben, daß es in Wirklichkeit so sei."

Pyrrhus lief nach einer Axt und hieb den Birnbaum um, und die Dame sagte, als sie ihn fallen sah, zu Nicostratus: „Nachdem ich den Schänder meiner Ehre umgelegt sehe, ist mein Zorn wieder verflogen." Darauf verzieh sie liebevoll ihrem Nicostratus, der sie herzlich darum gebeten, und befahl ihm, sich nicht einfallen zu lassen, noch einmal derartige Dinge von ihr, die ihn mehr als sich selber liebe, für möglich zu halten.

Dann kehrte der beklagenswerte Ehemann mit ihr und ihrem Geliebten zusammen in den Palast zurück, wo Pyrrhus und Lydia noch oftmals einander Entzücken und Lust schenkten. Gott schenke sie auch uns.

ZEHNTE GESCHICHTE

Zwei Sieneser lieben eine Frau, die Gevatterin des einen ist. Der Gevatter stirbt und erscheint, getreu seinem Versprechen, seinem Gefährten und erzählt ihm, wie es im Jenseits zugeht.

Allein der König hatte nun noch seine Geschichte zu erzählen. Als er bemerkte, daß die Damen sich langsam über das Schicksal des unschuldig gefällten Birnbaums, um den es allen leid war, beruhigten, begann er:

Es ist selbstverständlich, daß ein gerechter König der erste sein muß, der die von ihm erlassenen Gesetze befolgt.

Hält er es anders, wird man ihn nicht als König ehren, sondern als einen Strafe verdienenden Schurken betrachten. Nun sehe ich als König mich fast gezwungen, solcher Strafe und eurem Tadel anheimzufallen. Zwar habe ich gestern das Thema für unsre Erzählungen mit der Absicht gegeben, am heutigen Tage von meinem Vorrecht keinen Gebrauch zu machen, sondern mich – ebenso wie ihr – unsrer Aufgabe zu unterwerfen und von jenen Dingen zu erzählen, von denen ihr alle gesprochen habt; doch ist nicht nur schon alles erzählt, was ich selber zu berichten beabsichtigte, es sind darüber hinaus viele andre, weit schönere Geschichten vorgetragen worden, daß ich – soviel ich auch in meinen Erinnerungen gekramt habe – mich nicht entsinnen kann, noch irgend etwas zu diesem Thema zu wissen, was den bereits vorgetragenen Erzählungen gleichkäme. So muß ich gegen das von mir selbst erlassene Gesetz verstoßen. Da ich damit der Strafe verfallen bin, erkläre ich mich bereit, jede mir auferlegte Buße anzuerkennen, und greife auf mein Vorrecht zurück.

Ich gestehe, liebste Freundinnen, daß die von Elissa erzählte Begebenheit über den Gevatter und seine Gevatterin sowie jene andre über die Torheit der Sieneser mich sehr beeindruckt haben. Es reizt mich indes, die Schelmenstückchen, die vertrottelten Ehemännern von ihren listigen Weibchen gespielt werden, beiseite zu lassen und euch ein kleines Geschichtchen zu erzählen, das – wenn es auch mancherlei enthält, was man nicht glauben darf – doch teilweise recht ergötzlich anzuhören sein dürfte.

Es lebten also einmal in Siena zwei junge Burschen, von denen der eine Tingoccio Mini, der andere Meuccio di Tura hieß. Sie wohnten am Salaia-Tor, verkehrten nur miteinander und waren sich, wie es schien, gegenseitig sehr zugetan. Sie gingen, wie ordentliche Leute es zu tun pflegen, fleißig in Kirchen und Predigten und hörten dort oft von der Glückseligkeit oder dem Elend, welche den Seelen der Toten, gemäß ihren Verdiensten, im Jenseits zuteil werden. Da sie über alle diese Dinge gar zu gern eine sichere Auskunft eingeholt hätten, diese aber von niemand erlangen konnten, versprachen sie einander, daß der, welcher von ihnen als erster stürbe, dem Überlebenden, wenn möglich, erscheinen und ihm berichten sollte, was dieser zu wissen begehrte. Dieses Versprechen bekräftigten beide einander mit einem feierlichen Eide.

Nachdem sie sich diese Zusicherung gegeben hatten und ihren Umgang, wie schon berichtet, fortsetzten, geschah es, daß Tingoccio der Gevatter eines gewissen Ambruogio Anselmini wurde, der in Camporeggi lebte und von seiner Frau, Monna Mita, einen Sohn bekommen hatte. Während nun Tingoccio zusammen mit Meuccio zuweilen seine neue Gevatterin besuchte, die ein hübsches, schelmisches Weibchen war, verliebte er sich trotz seiner Gevatterschaft heftig in sie, desgleichen Meuccio, der sie ebenfalls außerordentlich reizend fand und sie von Tingoccio oft rühmen hörte.

Diese Liebe aber verschwieg einer dem anderen, wenn auch aus sehr verschiedenen Gründen. Tingoccio vermied es, Meuccio davon zu erzählen, da er selber es für eine große Sünde hielt, seine Gevatterin zu lieben, und er sich schämte, zu irgend jemand darüber zu sprechen. Meuccio tat es nicht aus diesem Grunde, wohl aber, weil er bemerkt hatte, daß Tingoccio an dem Weibchen Gefallen fand. Er dachte bei sich: ‚Wenn ich es ihm erzähle, wird er eifersüchtig auf mich werden, und da er als ihr Gevatter sie immer, wenn es ihm gefällt, besuchen kann, wird er mich nach Kräften bei ihr anschwärzen, so daß ich das, was ich möchte, niemals erreichen werde.' Nachdem sich also beide gleicherweise in die schöne Gevatterin verliebt hatten, gelang es Tingoccio, der es soviel leichter hatte, ihr sein Verlangen zu gestehen, sie mit vielen Aufmerksamkeiten und Schmeicheleien seinen Wünschen gefügig zu machen. Meuccio bemerkte es wohl, doch wenn es ihm auch höchlichst mißfiel, stellte er sich doch – vielleicht in der Hoffnung, eines Tages selbst an das Ziel seiner Wünsche zu kommen –, als habe er keine Ahnung von der Sache, damit Tingoccio weder Veranlassung noch Grund habe, seine Pläne zu durchkreuzen oder zunichte zu machen.

Während nun beide, der eine mit mehr Glück als der andre, in Liebe brannten, ereignete es sich, daß Tingoccio, der in den Besitztümern der Gevatterin einen gar zu verlockenden Acker gefunden hatte, diesen so heftig und ausdauernd umgrub und bearbeitete, daß er davon krank wurde. Und seine Krankheit verschlimmerte sich in wenigen Tagen so sehr, daß er nicht imstande war, sie zu überwinden, sondern sich aus dieser Welt davonmachte.

Am dritten Tage nach seinem Tode – früher hatte er es anscheinend nicht möglich machen können – erschien er, getreu seinem Eide, nachts in der Kammer Meuccios und weckte den fest Schlafenden. Meuccio richtete sich auf und sagte: „Wer bist du?" Jener erwiderte: „Ich bin Tingoccio und bin gekommen, weil ich es dir geschworen habe, um dir zu erzählen, wie es im Jenseits zugeht." Meuccio erschrak ein wenig, als er ihn erkannte, doch dann beruhigte er sich und sprach: „So sei willkommen, Bruder!" Und fragte ihn dann, ob er verloren sei. Tingoccio erwiderte: „Verloren ist, was sich nirgends wiederfindet. Wie könnte ich wohl hier sein, wenn ich verloren wäre?" – „Ach", entgegnete Meuccio, „so meinte ich es nicht. Ich wollte dich fragen, ob du zu den Seelen gehörst, die zu höllischem Feuer verdammt sind." Tingoccio sprach: „Das gerade nicht, doch habe ich zum Lohn für meine Sünden gerade genug schlimme Strafen und Ängste auszustehen."

Meuccio fragte ihn nun eindringlich, welche Strafen im Jenseits für jede einzelne Sünde auferlegt würden, und Tingoccio zählte ihm alle auf. Dann fragte Meuccio ihn, ob er wohl hier auf Erden noch etwas für ihn tun könne. Tingoccio antwortete: ja, er könne Messen und Gebete für ihn lesen lassen und Almosen geben. Solche Dinge würden im Jenseits hoch bewertet. Meuccio erklärte, das wolle er gerne für ihn tun. Als Tingoccio bereits von ihm scheiden wollte, erinnerte sich Meuccio noch der Gevatterin. Er reckte seinen Kopf in die Höhe und rief: „Gut, daß ich daran denke, Tingoccio, welche Strafe hast du denn bekommen, weil du hier unten auf Erden so oft mit deiner Gevatterin geschlafen hast?" Tingoccio erwiderte: „Mein guter Bruder, als ich drüben anlangte, empfing mich jemand, der anscheinend über alle meine Sünden genau Bescheid wußte. Er schickte mich an einen Ort, wo ich meine Sünden in Qualen beweinte und viele Leidensgefährten vorfand, denen die gleiche Strafe auferlegt war wie mir. Während ich mitten unter ihnen stand und mich daran erinnerte, wie ich es mit der Gevatterin getrieben hatte, und dafür eine noch härtere Strafe erwartete als die mir bereits auferlegte, begann ich vor Furcht am ganzen Leibe zu zittern, obwohl ich in einem riesigen, hellodernden Feuer stand. Mein Nachbar fühlte mein Zittern und fragte: ‚Hast du denn so viel mehr als alle andern hier gesündigt, daß du selbst mitten im Feuer noch zitterst?' – ‚Oh', rief ich, ‚guter Freund, ich habe so große Furcht vor dem Urteil, das mich für eine schreckliche Sünde, die ich einst beging, noch erwartet.' Er fragte, was für eine Sünde es denn gewesen sei, und ich sprach zu ihm: ‚Die Sünde war, daß ich bei meiner Gevatterin geschlafen habe, und zwar so oft, daß es mich das Leben gekostet hat.' Darauf begann er mich auszulachen und rief: ‚Ach, du Dummkopf! Fürchte dich nicht! Hier braucht man keine Rechenschaft abzulegen über Gevatterinnen!' Als ich das vernahm, gelang es mir langsam, mich zu beruhigen." Nach diesen Worten sprach er, da es bereits zu tagen begann: „Meuccio, Gott segne dich! Ich kann nicht länger mehr hier verweilen!" und verschwand eiligst.

Als Meuccio auf diese Weise vernommen hatte, daß niemand im Jenseits Rechenschaft über den Verkehr mit Gevatterinnen abzulegen braucht, begann er sich selbst für seine Torheit zu verspotten, daß er an mancher schönen Gevatterin vorbeigegangen war. Er ließ von Stund an diese Torheit fallen und wurde für die Zukunft gewitzter. Hätte auch Bruder Rinaldo es erfahren, hätte er es nicht nötig gehabt, so viele Begründungen vorzubringen, um sich die brave Gevatterin zu Willen zu machen.

Da nun die Sonne sich bereits dem Untergang zuneigte und Zephir schon erwacht war, nahm der König, nachdem seine Geschichte beendet und niemand mehr zum Erzählen übrig war, die Krone von seinem Haupte und drückte sie Lauretta auf die Locken mit den Worten: „Madonna, so kröne ich Euch mit Euch selber, nämlich mit dem Lorbeer, der Euren Namen trägt, zur Königin unsres Kreises. Befehlt nun Ihr als unsre Gebieterin, was uns allen zu Freude und Gefallen gereiche." Nach diesen Worten setzte er sich, und Lauretta, die nun Königin geworden war, ließ den Seneschall zu sich rufen und ordnete an, daß zu früherer Stunde als üblich in dem reizvollen kleinen Tal zu Tisch gegangen werden sollte, damit man zeitig in den Palast zurückkehren könne. Daneben trug sie ihm auf, was er sonst noch während ihrer Regierung zu tun habe. Dann wandte sie sich an die Gesellschaft und sprach: „Gestern wünschte Dioneo, daß heute von den Streichen erzählt würde, die Frauen ihren Gatten spielen. Wünschte ich nicht zu beweisen, daß ich nicht zu jener Sorte von Kläffern gehöre, die sogleich um sich beißen, würde ich anregen, morgen von den Streichen zu erzählen, die Ehemänner ihren Frauen spielen. Doch wir wollen dieses Thema beiseite lassen, und ich schlage vor, daß ein jeder darüber nachdenken möge, eine Geschichte zu erzählen von solchen Streichen, die alle Tage eine Frau ihrem Mann oder ein Mann seiner Frau oder irgendein Mensch dem andern spielt. Ich glaube, es wird nicht weniger ergötzlich sein, hierüber zu berichten, als über jene Taten, die wir heute hörten."

Nach diesen Worten stand sie auf und entließ die Gesellschaft bis zur Stunde des Abendessens. Die Damen und die jungen Männer erhoben sich daher ebenfalls. Einige von ihnen begannen barfuß durch das klare Wasser zu waten, die übrigen streiften auf dem schönen grünen Rasen unter den großen alten Bäumen umher. Dioneo und Fiammetta sangen eine ganze Weile von Archytas und Palämon, und alle verbrachten, verschiedenen Vergnügungen nachgehend, in heiterster Zerstreuung die Zeit bis zum Abendessen. Als die Stunde des Mahls gekommen war, saßen sie lange an der Tafel neben dem kleinen künstlichen See und aßen beim tausendstimmigen Gesang der Vögel, erfrischt von einem angenehmen Lüftchen, das von den nahen Hügeln herüberwehte, und von keiner Mücke belästigt.

Als das Mahl beendet war, verweilte die Gesellschaft noch ein wenig in dem reizvollen Tal und kehrte dann, als die Sonne in der frühen Abendstunde noch hoch am Himmel stand, gemächlich heim, wie es der Königin Wunsch war. Scherzend langten sie bei dem Geplauder über tausenderlei Dinge und über die Geschichten dieses Tages bei Anbruch der Nacht wieder in dem schönen Palast an, wo frischer Wein und Konfekt ihnen gar bald die Ermüdung des Spazierganges verjagte. Um den schönen Springbrunnen versammelt, begannen sie alsbald nach den Klängen von Tindaros Dudelsack und nach gesungenen Weisen zu tanzen. Schließlich aber gebot die Königin Filomena, ein Lied zu singen, und diese begann:

„Wird seliges Gelingen
Zum Ort der Freude nie ein zweites Mal,
Von dem ich weinend schied, zurück mich bringen?

Ich weiß den Weg nicht, so bin ich befangen
Vom Sehnen meiner Brust,
Dorthin, wo ich geweilt in schönen Tagen.
Mein süßes Glück, du Ziel für mein Verlangen,
Des Herzens einz'ge Lust,
Sei du mir Führer! – Wen sollt ich sonst fragen?
Und wie könnt ich's nur wagen?
Gib, mein Geliebter, mir der Hoffnung Strahl,
Leih dem erstorb'nen Mute neue Schwingen!

Wie glichen Worte wohl dem süßen Glücke,
An dem ich so entbrannt,
Daß Tag und Nacht mein Herz nicht Ruhe findet.
Es haben so Gefühl als Ohr und Blicke
Mit Kräften, nie gekannt,
Ein jedes neue Glut in mir entzündet,
Daß alle Kraft mir schwindet.
Nur *du* hast Trost für mich und meine Qual
Und kannst mit neuer Kraft mein Herz durchdringen.

Sag an, ob jemals ich und wann aufs neue
Dich treff an jenem Ort,
Wo ich geküßt den Quell der Liebespfeile?
Sag, Trauter, mir's zum Lohn für meine Treue,
Wann bist du wieder dort?
Und – mich zu trösten – sag es mir in Eile.
Kurz sei bis dann die Weile
Und reich der Stunden deines Bleibens Zahl,
In dem mir Jahre Tagen gleich vergingen.

Ich bin, sollt ich dich jemals wieder fassen,
 So töricht nicht jetzund,
Wie ich gewesen, als ich dich ließ ziehen.
Was auch erfolgt, ich will dich nicht mehr lassen,
An deinem süßen Mund
Die Flammen kühlen, die mich jetzt durchglühen,

Dir keine Gunst entziehen.
Komm bald, mich zu umarmen, mein Gemahl!
Denk ich nur dran, so muß ich jubelnd singen."

Aus diesem Liede schloß die ganze Gesellschaft, daß eine junge, beglückende Liebe Filomena gefangenhalte, und da die Worte des Liedes zu verraten schienen, daß sie schon früher mehr als den bloßen Anblick der Liebe genossen hatte, schätzten alle sie glücklich und beneideten sie. Als ihr Lied verklungen war, erinnerte sich die Königin daran, daß der kommende Tag ein Freitag sei, und sprach freundlich zu allen:

„Ihr edlen Frauen und Jünglinge wißt alle, daß morgen der Tag der Leiden unsres Herrn ist, ein Tag, den wir, wie ihr wißt, während der Regierung Neifiles in Andacht verbracht haben. Wir ließen die reizvollen Geschichten schweigen und hielten es auch am drauffolgenden Samstag ähnlich. Diesem guten Beispiel Neifiles wollen wir jetzt folgen. Ich halte es für angebracht, morgen und übermorgen, wie in vergangenen Wochen, unsre Erzählungen zu unterbrechen und uns ins Gedächtnis zurückzurufen, was an solchen Tagen dem Heil unsrer Seelen frommen wird."

Dieser Vorschlag der Königin gefiel allen. Danach begab sich die ganze Gesellschaft, von der Königin entlassen, zur Ruhe, da schon ein guter Teil der Nacht verstrichen war.

Hier endet der siebende Tag des Dekameron.

Es beginnt der achte Tag des Dekameron, an dem unter Laurettas Regierung von jenen Streichen erzählt wird, die täglich entweder die Frauen den Männern oder die Männer den Frauen spielen oder überhaupt ein Mensch dem andern.

Am Sonntagmorgen erschienen auf den Gipfeln der höchsten Berge bereits die Strahlen der aufgehenden Sonne, die Schatten verblichen, und alle Dinge tauchten aus dem Dunkel wieder auf, als die Königin sich erhob und mit ihrer Gesellschaft ein wenig über den taufrischen Rasen wandelte. Dann gingen sie um die Terza hinauf zu der kleinen Kapelle, wo sie das heilige Hochamt hörten und dann nach Hause zurückkehrten. Nachdem fröhlich und festlich gespeist worden war, sang und tanzte man ein Weilchen, um dann, von der Königin beurlaubt, nach Wunsch sich niederzulegen. Als aber die Sonne den Mittagskreis überschritten hatte, setzten sich auf Wunsch der Königin alle um den schönen Springbrunnen zum Erzählen nieder, und Neifile begann auf einen Wink der Königin zu erzählen.

ERSTE GESCHICHTE

Wolfhart leiht sich von Guasparruolo Geld und vereinbart mit dessen Frau, daß er für diese Summe bei ihr schlafen darf. Er gibt ihr das Geld und erklärt in ihrer Gegenwart Guasparruolo, daß er ihr alles ausgehändigt habe, und sie gibt zu, daß es wahr ist.

Da es Gottes Wille zu sein scheint, daß ich heute mit meiner Erzählung den Anfang mache, soll es mir recht sein.

Weil nun, meine lieben Mädchen, schon so vielerlei von den Possen, die Frauen den Männern spielen, erzählt worden ist, will ich davon berichten, wie ein Mann eine Frau überlistete. Nicht etwa, weil ich das, was der Mann getan hat, tadeln will oder behaupten möchte, daß der Frau Unrecht geschah, sondern um im Gegenteil den Mann zu loben und die Frau zu tadeln. Ich werde euch zeigen, daß auch die Männer manchen, der ihnen Glauben schenkt, zu täuschen verstehen, so wie sie selbst überlistet werden, wenn sie den Worten der Frauen trauen.

Wollte man das Kind beim rechten Namen nennen, müßte man das, was ich berichten will, eigentlich nicht eine Posse nennen, sondern eine wohlverdiente Vergeltung, weil gerade in diesen Dingen jede Frau vor allem ehrbar sein und ihre Reinheit wie ihr Leben hüten sollte, um durch nichts ihre Ehre zu beflecken. Da indes unsrer Schwachheit wegen dies nicht immer so leicht ist, wie man denken sollte, behaupte ich, daß zum mindesten jene Frauen, die sich eines Vorteils wegen verführen lassen, das ewige Feuer verdienen. Jene Frauen dagegen, die aus Liebe fehlen, deren ungeheurer Allgewalt sie erlegen sind, mögen von einem nicht zu strengen Richter Verzeihung erlangen, wie jene Madonna Filippa aus Prato, von der Filostrato vor wenigen Tagen berichtete.

In Mailand lebte einmal ein deutscher Landsknecht namens Wolfhart. Er war ein tapferer, kühner Mann und den Herren, in deren Diensten er stand, treu ergeben, was bei den Deutschen nicht immer der Fall sein soll. Da er jedes ihm gegebene Darlehen gewissenhaft zurückzahlte, hätte er mehr als einen Kaufmann gefunden, der ihm für einen kleinen Zins jede beliebige Menge Geld geliehen hätte.

Während er in Mailand wohnte, verliebte er sich in eine sehr schöne Frau, Madonna Ambruogia, die Gattin des reichen Kaufmanns Guasparruolo Cagastraccio, der sein guter Freund und Bekannter war. Während er sie in aller Heimlichkeit liebte, so daß weder ihr Mann noch sonst irgend jemand eine Ahnung hatte, sandte er eines Tages zu ihr und bat sie, doch seine Liebe in Gnaden anzunehmen; er seinerseits sei bereit, alles zu tun, was sie wünsche.

Nach manchem Hin und Her faßte die Dame den Entschluß, sich Wolfharts Wünschen zu fügen, wenn er ihr zweierlei versprechen wollte: Erstens dürfe er keiner Menschenseele je ein Wort davon verraten, und zweitens solle er als reicher Mann, der er wäre, ihr dafür zweihundert Fiorini schenken, die sie für einen bestimmten Zweck benötige. Anschließend wolle sie seine Wünsche gern erfüllen.

Als Wolfhart die Habsucht und Erbärmlichkeit seiner Angebeteten erkannte, die er stets für eine ehrbare Frau gehalten hatte, konnte er sie nur noch verachten, und seine Liebe schlug beinahe in Haß um. Er beschloß nun, sie zu überlisten, und ließ ihr sagen, daß er ihre beiden Wünsche und auch alle weiteren gerne erfüllen wolle, soweit es in seiner Macht stehe. Sie möge ihn daher, wenn sie seinen Besuch wünsche, benachrichtigen lassen, er werde ihr alsbald das Geld bringen, und kein Mensch solle je etwas davon erfahren, außer seinem besten Freunde, der sein ganzes Vertrauen besäße und ihn stets auf allen Wegen begleite. Die Dame, richtiger gesagt: das nichtswürdige Frauenzimmer, war über diese Botschaft hochbefriedigt und ließ ihm sagen, daß Guasparruolo, ihr Gatte, sich demnächst auf einige Zeit nach Genua begeben werde. Sie werde dann sogleich nach ihm schicken und es ihn wissen lassen.

Zu einer passenden Stunde ging nun Wolfhart zu Guasparruolo und sagte zu ihm: „Ich plane ein Geschäft, zu dem ich zweihundert Fiorini benötige. Ich möchte sie von dir leihen zu dem gleichen Zinssatz, zu dem du mir schon früher Geld geliehen hast." Guasparruolo war einverstanden und händigte ihm sogleich das Geld aus. Wenige Tage danach reiste er nach Genua, wie seine Frau gesagt hatte. Diese ließ alsbald Wolfhart ausrichten, daß er kommen und die zweihundert Fiorini mitbringen möchte. Wolfhart rief seinen Gefährten und begab sich mit ihm zusammen in das Haus der Dame. Sie erwartete ihn bereits, und er händigte ihr als erstes vor den Augen seines Freundes das Geld, ebenjene zweihundert Fiorini, aus und sprach zu ihr: „Madonna, nehmt dieses Geld und übergebt es Eurem Gatten, wenn er zurückkommt." Die Dame nahm das Geld, ohne recht auf seine Worte zu achten. In der Meinung, er spräche nur so, damit sein Freund nicht auf den Verdacht käme, daß er es ihr als Kaufpreis überreiche, antwortete sie: „Das will ich gerne tun, ich möchte aber nachzählen, ob es auch stimmt." Dann legte sie das Geld auf einen Tisch und schloß es weg, nachdem sie sich befriedigt überzeugt hatte, daß es wirklich zweihundert Fiorini waren. Sie kehrte nun zu Wolfhart zurück, führte ihn in ihr Schlafgemach und belohnte ihn mit den Reizen ihrer Schönheit, und nicht nur dieses eine Mal, sondern noch viele weitere Nächte hindurch, bis schließlich ihr Gatte aus Genua zurückkehrte.

Nach Guasparruolos Heimkehr ging Wolfhart, der es so einzurichten wußte, daß er ihn in Gegenwart seiner Frau antraf, zu ihm und sagte: „Guasparruolo, das Geld, das du mir vor kurzem geliehen hast, habe ich nicht benötigt, da ich das Geschäft, zu dem ich es brauchen wollte, nicht abschließen konnte. Deshalb habe ich es sogleich zurückgebracht und es deiner Frau gegeben. Du mußt also meine Schuld streichen." Guasparruolo wandte sich an seine Frau und fragte, ob sie es bekommen habe. Diese wagte nicht, es zu leugnen, da sie Wolfharts Zeugen neben ihm sah. Sie entgegnete daher: „Jawohl, ich habe es bekommen. Ich habe vergessen, es dir zu sagen." Guasparruolo fuhr fort: „Nun, dann ist alles in Ordnung, Wolfhart. Geh mit Gott, ich werde deine Schuld löschen."

Dieser entfernte sich. Die gefoppte Frau aber mußte ihrem Gatten den Preis ihrer Schande aushändigen, so daß der listige Liebhaber ohne Spesen die Reize der habsüchtigen Dame genossen hatte.

ZWEITE GESCHICHTE

Der Pfarrer von Varlungo schläft mit Monna Belcolore. Als Pfand läßt er seinen Überrock bei ihr zurück. Nachdem er sich von ihr einen Mörser geliehen hat, schickt er diesen zurück und läßt um seinen Überrock bitten, den er als Pfand für den Mörser bei ihr gelassen habe. Die Frau schickt ihm mit einer boshaften Bemerkung den Rock zurück.

Die Herren wie die Damen lobten, was Wolfhart der habsüchtigen Mailänderin angetan hatte. Dann wandte die Königin sich lächelnd zu Panfilo und bedeutete ihm, er möge fortfahren. So begann denn Panfilo:

Ihr schönen Frauen, ich will euch ein kleines Geschichtchen erzählen, das sich gegen jene richtet, die uns unaufhörlich beleidigen, ohne daß uns eine Möglichkeit offensteht, ihnen mit gleicher Münze die Kränkungen heimzuzahlen, das heißt gegen die Pfaffen, welche gegen unsere Ehefrauen heftig zu Felde ziehen, in der Meinung, sie verdienten mit der Unterwerfung eines armen Weibes nicht weniger Ablaß und Sündenvergebung, als wenn sie den Sultan gefesselt von Alexandria nach Avignon schleppten. Die Weltkinder, diese armen Schelme, können ihnen das nicht vergelten, wenn sie sich auch an den Müttern, Schwestern, Freundinnen und Töchtern der Pfarrer mit dem gleichen Eifer zu rächen suchen, mit dem diese über ihre Ehefrauen herfallen.

Aus diesem Grunde möchte ich euch die Geschichte eines ländlichen Liebesabenteuers erzählen, die zwar nicht lang ist, jedoch einen Abschluß fand, der euch zum Lachen bringen wird. Auch könnt ihr wieder einmal daraus erkennen, daß man den Priestern niemals glauben soll.

Also in Varlungo, einem Dorf hier in der Nähe, das jeder von euch kennt oder schon hat nennen hören, lebte einmal ein rüstiger, im Dienste der Weiber recht gewitzter Priester. Obwohl er kaum lesen konnte, wußte er mit vielen guten und frommen Redensarten sonntags seine Pfarrkinder am Fuße der großen Ulme zu erbauen und besuchte, wenn die Männer abwesend waren, fleißig die Frauen, denen er weit ausgiebiger als irgendein andrer Priester je zuvor kleine Heiligenbildchen, Weihwasser oder ein Kerzenstümpfchen ins Haus brachte, um ihnen dabei gleich seinen Segen zu erteilen.

Nun geschah es, daß er neben allen übrigen Weibern, auf die er bislang sein Augenmerk gerichtet hatte, besonders an einer Gefallen fand, die Monna Belcolore hieß und die Frau eines Arbeiters namens Bentivegna del Mazzo war. Sie war in der Tat ein knuspriges, frisches Ding vom Lande, von bräunlicher Hautfarbe und kräftigem Wuchs und zur Liebe anscheinend besser geeignet als jede andere. Darüber hinaus verstand sie am besten, die Zimbel zu spielen und das Liedlein zu singen: „Das Wasser fließt ins Zwiebelfeld..." Auch wußte sie, wenn es darauf ankam, ein hübsches Tüchlein zierlich in der Hand, den Reigen und den Ländler besser anzuführen als jede ihrer Nachbarinnen. Aus allen diesen Gründen hatte der Herr Pfarrer sich so wild in sie verliebt, daß er ganz toll nach ihr war und den lieben langen Tag müßig herumlauerte, um sie zu treffen. Wenn er sie am Sonntag in der Kirche erblickte, schmetterte er sein Kyrie und Sanctus so heraus, daß man trotz seiner Anstrengungen, sich als Meister des Gesanges zu erweisen, das Geschrei eines Waldesels zu hören glaubte, während er sonst, wenn sie nicht anwesend war, flüchtig darüber hinwegging. Doch verstand er sich so gut zu beherrschen, daß weder Bentivegna del Mazzo noch irgendeine der Nachbarinnen etwas von seiner Verliebtheit bemerkte.

Um das Vertrauen Monna Belcolores zu gewinnen, beschenkte er sie von Zeit zu Zeit, sandte ihr einmal ein Bund seines eigenhändig gezüchteten Knoblauchs, der weit und breit nicht schöner wuchs als in seinem Garten, oder auch einen Korb Bohnen oder ein Bund frische Zwiebeln oder Schalotten. Wenn er einen geeigneten Moment erwischte, blickte er sie mit grimmiger Miene an und zankte sie wohlwollend aus. Sie aber, die Listige, tat, als merke sie nichts von alledem und hielt sich betont tugendsam zurück, so daß der Herr Pfarrer ihr nicht beikommen konnte.

Eines Tages nun, als der Priester um die heißeste Mittagsstunde bald hier, bald dort müßig auf der Straße herumlungerte, traf er Bentivegna del Mazzo mit einem hochbepackten Esel. Er sprach ihn an und fragte ihn, wohin des Weges er denn gehe, und Bentivegna antwortete: „Meiner Treu, Herr, ich muß wegen einer bestimmten Angelegenheit in die Stadt. Diese Sachen hier will ich dem Herrn Bonaccorri da Ginestreto bringen, weil er mir helfen soll; denn mich hat, ich weiß nicht, warum, der verhexte Richter durch seinen Perikulator aufs Parentorio laden lassen." Freudig überrascht sagte der Pfaffe: „Das ist recht, mein Sohn. Nimm meinen Segen mit und komme bald wieder. Und wenn du etwa Lapuccio oder Naldino treffen solltest, vergiß nicht, ihnen zu bestellen, daß sie mir wieder die Riemen für meinen Dreschflegel mitbringen."

Bentivegna versprach, es auszurichten. Nachdem er in Richtung auf Florenz weitergezogen war, dachte der Priester, daß es nun an der Zeit sei, bei Belcolore sein Glück zu versuchen. Er nahm also die Beine in die Hand und gönnte sich keine Atempause, bis er an ihrem Hause anlangte. Er trat ein und sprach: „Gott zum Gruße! Ist jemand daheim?" Belcolore, die gerade auf dem Boden war, hörte ihn und rief: „Oh, der Herr Pfarrer! Willkommen! Aber was lauft Ihr bei solcher Hitze draußen herum?" Der Priester erwiderte: „Wenn ich die Wahrheit gestehen soll, bin ich gekommen, um ein Weilchen bei dir zu bleiben, denn ich traf eben deinen Mann auf dem Wege zur Stadt."

Belcolore kam herunter, setzte sich nieder und beschäftigte sich damit, Kohlsamen auszulesen, den ihr Mann vor kurzem gedroschen hatte. Der Priester begann ihr zuzusetzen: „Nun, Belcolore, sag mir, wie lange willst du mich noch auf diese Weise quälen?" Belcolore lachte. „Aber, was tue ich Euch denn?" – „Du tust mir nichts", sagte der Priester, „aber du läßt mich auch nicht tun, was ich gerne mit dir tun möchte und was Gottes Wille ist." Belcolore entgegnete: „Aber, aber! Geht doch! Treiben am Ende auch die Priester solche Sachen?" – „Besser als die übrigen Männer verstehen wir es!" rief der Pfaffe. „Und warum auch nicht? Ich behaupte sogar, daß wir weit bessere Arbeit leisten. Und weißt du, weshalb? Weil wir mit gesammeltem Wasser mahlen! Es ist also zu deinem eigenen Besten, wenn du stillhältst und mich machen läßt." Darauf sagte Belcolore: „Oh, wie könnte das wohl zu meinem Besten sein? Ihr seid doch alle miteinander knauseriger als der Teufel." Der Priester fuhr fort: „Das weiß ich nicht. Wünsche dir etwas. Möchtest du ein Paar Schuhchen oder ein Stirnband oder ein schönes Stück Stoff? Oder was möchtest du haben?" Belcolore antwortete: „Ach, du lieber Gott! Von diesen Dingen habe ich wahrlich genug. Wenn Ihr mir aber wirklich so wohlwollt, nun, so tut mir einen Gefallen. Dann würde auch ich tun, was Ihr begehrt." – „So sag, was du möchtest", fuhr der Priester fort, „ich werde es gerne tun." Belcolore sprach: „Ich muß am Samstag nach Florenz gehen, um Wolle abzuliefern, die ich gesponnen habe, und um mein Spinnrad reparieren zu lassen. Wenn Ihr mir fünf Lire leihen wolltet, die Ihr sicher habt, könnte ich meinen dunklen Rock vom Wucherer einlösen und auch meinen breiten ledernen Festtagsgürtel, den ich meinem Mann mit in die Ehe gebracht habe. Denn seht, ich kann mich weder in der Kirche noch sonstwo sehen lassen, weil ich diese Dinge nicht habe. Nachher will ich bestimmt tun, was Ihr begehrt."

„Verdammt!" rief der Pfaffe. „Ich habe keinen Soldo in der Tasche! Aber ich werde dir das Geld zum Samstag gerne beschaffen." – „Ach nein", fuhr Belcolore fort, „ihr seid allesamt gar wackre Versprecher, aber hinterher steht ihr nicht zu eurem Wort! Ihr denkt wohl, Ihr könnt es mit mir ebenso machen wie mit der Biliuzza, die mit leeren Händen das Nachsehen hatte? Bei Gott, das soll Euch nicht gelingen, denn sie ist nur hierdurch zur Straßendirne geworden. Wenn Ihr das Geld nicht hier habt, so geht und holt es." – „Ach", sagte der Priester, „laß mich doch nicht erst nach Hause laufen. Sieh, gerade jetzt steht alles so günstig, und niemand ist hier. Bis ich zurückkomme, mag wer weiß wer gekommen sein und unser Vorhaben hindern. Auch bin ich nicht sicher, ob es mir dann so glücken würde wie eben jetzt." Sie aber sprach: „Wie's Euch beliebt! Wenn Ihr gehen wollt, so geht, wenn nicht, so bleibt hier."

Der Pfaffe, der einsah, daß sie ohne das salvum me fac nicht geneigt war, ihm zu Willen zu sein, sagte schließlich, da er sein Verlangen doch gar zu gerne sine custodia stillen wollte: „Schön, du willst also nicht glauben, daß ich dir das Geld bringe. Damit du es doch glaubst, werde ich dir meinen dunkelblauen Mantel zum Pfand hierlassen." Belcolore blickte auf und sprach: „Gut, wieviel ist dieser Mantel wert?" – „Was", rief der Priester, „wieviel er wert ist? Nun merke dir, er ist aus feinem niederländischem Tuch, beinahe aus mittelländischem, und die Leute hier bei uns glauben sogar, daß er aus oberländischem Tuch sei. Vor noch nicht vierzehn Tagen habe ich beim Trödler Lollo gute sieben Lire dafür gegeben und habe noch mindestens fünf Soldi dabei verdient, wie mir Buglietto dall'Erta versicherte; du weißt, der versteht sich gut auf feine Stoffe."

„Wirklich?" fragte Belcolore. „Gott steh mir bei, das hätte ich nie geglaubt! So gebt ihn mir her." Der Herr Pfarrer, der die Armbrust gespannt hatte, zog den Mantel aus und reichte ihn Frau Belcolore, die ihn beiseite legte und dann den Priester aufforderte: „Nun, Herr, so laßt uns nach drüben in die Scheune gehen, dorthin kommt keine Menschenseele."

Das geschah, und der Priester ergötzte sich, nachdem er ihr die süßesten Zuckerschmätze der Welt aufgedrückt und sie zur Verwandten des lieben Herrgotts gemacht hatte, eine lange Zeit mit ihr, dann aber verließ er sie ohne Mantel, so daß er überall den Anschein erweckte, als käme er just von einer Trauung, und kehrte zu seiner Kirche zurück.

Hier kam er schnell dahinter, daß, selbst wenn er im Laufe des Jahres eine besonders stattliche Anzahl von Opferkerzen zusammenbrächte, diese doch nicht einmal die Hälfte von fünf Lire wert sein würden. Es schien ihm daher, daß er sich auf einen schlechten Handel eingelassen hätte, und er bereute, den Mantel zurückgelassen zu haben. Lange grübelte er darüber nach, wie er ihn ohne Unkosten zurückbekommen könne, und da er voller Bosheit war, fand er auch bald heraus, auf welche Weise er ihn zurückholen konnte, was ihm auch wirklich gelang.

Am kommenden Tage, einem Festtag, sandte er den Sohn eines Nachbarn in das Haus der Monna Belcolore und ließ sie bitten, ihm doch ihren Steinmörser zu leihen, da er Binguccio dal Poggio und Nuto Buglietti an diesem Morgen zum Essen erwarte und er ihnen eine Brühe vorsetzen wolle.

Belcolore übersandte ihm den Mörser. Als dann die Stunde des Essens gekommen war und der Priester herausgebracht hatte, daß Bentivegna und Belcolore gerade bei Tisch saßen, rief er seinen Küster und sagte zu ihm: „Nimm diesen Mörser, bringe ihn Belcolore zurück und bestelle ihr: ‚Der Herr läßt Euch vielmals danken, und Ihr möchtet ihm doch den Mantel zurücksenden, den der Knabe als Pfand dort gelassen hat.'"

Der Küster ging mit dem Mörser zu Belcolores Haus und

fand sie mit Bentivegna zusammen am Mittagstisch. Er stellte den Mörser vor ihr nieder und überbrachte ihr die Botschaft des Priesters. Als Belcolore vernahm, daß er den Mantel zurückverlangte, wollte sie auffahren, doch Bentivegna sagte mit böser Miene: „Was? Du nimmst ein Pfand vom Herrn Pfarrer? Bei Gott, ich hätte Lust, dir eine saftige Ohrfeige zu geben. Los! Gib sofort den Mantel zurück! Der Teufel soll dich holen! Hüte dich, ihm jemals etwas zu verweigern, das rate ich dir! Was er auch immer begehren mag, und wenn es unser Esel wäre, ganz zu schweigen von allem andren!"

Belcolore stand brummend auf, holte den Mantel aus dem Bettkasten, überreichte ihn dem Küster und sprach: „So bestellt dem Herrn von mir: ‚Belcolore läßt Euch sagen, sie schwöre bei Gott, daß Ihr niemals wieder in ihrem Mörser Brühe stoßen sollt, denn Ihr habt ihr damit wenig Ehre erwiesen.'"

Der Küster ging mit dem Mantel fort und richtete seinem Herrn die Botschaft aus, worauf der Priester lachend ausrief: „Wenn du sie siehst, kannst du ihr sagen, wenn sie ihren Mörser nicht mehr herleihen will, werde ich ihr auch meinen Stößel nicht mehr borgen. Eins gilt soviel wie das andere."

Bentivegna aber glaubte, seine Frau hätte diese Worte nur gesagt, weil er sie ausgezankt hatte. Er kümmerte sich deshalb nicht weiter darum. Die geprellte Belcolore aber hatte eine Riesenwut auf den Herrn Pfarrer und sprach bis zur Weinlese kein Wort mit ihm. Als er sie aber bedrohte, er werde sie dem obersten Höllenfürsten selbst in den Rachen spielen, schloß sie schließlich etwa ums Laubhüttenfest, zur Zeit der Weinlese und der heißen Kastanien, wieder Frieden mit ihm, und sie feierten zusammen noch manchen üppigen Schmaus. An Stelle der fünf Lire ließ der Priester ihre Zimbel neu beziehen und ein Glockenspiel daran aufhängen, womit sie sich zufriedengab.

DRITTE GESCHICHTE

Calandrino, Bruno und Buffalmacco suchen im Mugnone den Zauberstein Heliotrop. Calandrino glaubt ihn gefunden zu haben und kehrt mit Steinen beladen nach Hause zurück. Seine Frau verhöhnt ihn. Zornig verprügelt er sie und erzählt dann seinen Kumpanen, was sie viel besser wissen als er.

Als Panfilo seine Erzählung beendet hatte, über welche die Damen so herzlich gelacht hatten, daß sie gar nicht wieder aufhören konnten, beauftragte die Königin Elissa fortzufahren.

Noch lächelnd, begann sie:

Ich weiß nicht, ihr lieben Mädchen, ob es mir gelingen wird, euch mit meiner drolligen, aber wahren Geschichte so zum Lachen zu bringen, wie Panfilo es mit der seinen vermochte. Ich werde mir alle Mühe geben.

In unserer Vaterstadt, der es an eigenartigen Bräuchen und sonderbaren Käuzen niemals mangelte, lebte vor nicht langer Zeit ein Maler namens Calandrino, ein einfältiger Kerl mit wunderlichen Angewohnheiten. Er verbrachte die meiste Zeit mit zwei anderen Malern, die sich Bruno und Buffalmacco nannten und zwei lustige, aber auch schlaue und durchtriebene Burschen waren. Sie verkehrten mit Calandrino vor allem deswegen, weil sie sich an seinen schnurrigen Angewohnheiten und seiner Naivität häufig höchlichst ergötzten.

Zur selben Zeit lebte in Florenz auch der junge Maso del Saggio, ein muntrer Spaßvogel, gewitzt und gewandt in allen seinen Unternehmungen. Er hatte schon allerlei von Calandrinos Einfältigkeit gehört und den Entschluß gefaßt, sich auf seine Kosten einmal recht von Herzen zu amüsieren, indem er ihm einen Possen spielte oder ihm irgendein Märchen aufbände. Als er ihn eines Tages zufällig in der Kirche San Giovanni traf, wo Calandrino aufmerksam die Malereien und das Schnitzwerk des Tabernakels betrachtete, das erst vor kurzem auf dem Altar der genannten Kirche aufgestellt worden war, dachte Maso bei sich, daß jetzt Zeit und Ort für sein Vorhaben günstig seien.

Nachdem er einen Bekannten von seinem Vorhaben unterrichtet hatte, blieben beide in der Nähe des Platzes stehen, an dem Calandrino saß, taten, als sähen sie ihn nicht, und begannen von den Zauberkräften verschiedener Steine zu reden, von denen Maso so überzeugend zu erzählen wußte, als sei er ein gelehrter Kenner der Steine und ihrer magischen Kräfte.

Calandrino spitzte die Ohren bei diesen Erzählungen und stand auf. Und als er bemerkte, daß jene kein Geheimnis aus ihrem Gespräch machten, trat er zu Masos großer Freude zu ihnen heran. Bald wurde Maso, der seine Rede unbekümmert fortsetzte, denn auch von Calandrino befragt, wo solche wundertätigen Steine zu finden seien. Maso antwortete, die meisten von ihnen seien in Berlinzona, auf baskischem Boden, zu finden, in einer Gegend, die sich „Fettleben" nenne. Dort bänden die Leute ihre Weinstöcke mit Würsten zusammen, man könne eine Bratgans für einen Denaio kaufen und bekäme noch eine junge dazugeschenkt. Auch gäbe es dort ein Gebirge, ganz und gar aus geriebenem Parmesankäse, auf dem viele Leute ständen, die nichts weiter zu tun hätten, als Makkaroni und Ravioli zu bereiten, welche sogleich in Kapaunenbrühe gekocht und dann bergab geworfen würden. Wer die meisten davon ergattere, nun, der könne eben die meisten verspeisen. Ganz in der Nähe fließe auch ein Flüßchen mit purem Vernaccia, dem besten Wein, den je ein Mensch getrunken habe, mit keinem einzigen Tropfen Wasser vermanscht.

„Oh", rief Calandrino begeistert, „ist das ein herrliches Land! Aber sag mir, was geschieht denn mit den Kapaunen, die sie da kochen?" – „Die Kapaune?" entgegnete Maso. „Ja, die Kapaune, die essen die Basken eben selber auf." – „Und warst du schon einmal dort?" fragte ihn Calandrino. Maso antwortete: „Du fragst, ob ich schon einmal dort war? Ja, einmal oder tausendmal! Wie du willst!" – „Und wieviel Meilen sind es bis dahin?" rief Calandrino. Maso antwortete: „Hundert Meilen mußt du durcheilen!" – „So ist es wohl noch weiter entfernt als die Abruzzen", meinte Calandrino. „Das schon", sagte Maso, „aber sehr viel weiter ist es auch nicht."

Als der einfältige Calandrino sah, daß Maso alle diese Dinge mit ernsthaftem Gesicht erzählte, ohne auch nur einmal dabei zu lachen, schenkte er seinen Worten Glauben und hielt sie für reine Wahrheit und bare Münze. Er fuhr deshalb fort: „Für mich ist es leider zu weit bis dahin. Ach ja, wenn es näher wäre, würde ich schon einmal mit dir hingehen. Allein schon, um zu sehen, wie die Makkaroni den Berg herunterrutschen, und um mir dabei gleich tüchtig den Wanst vollzuschlagen. Aber sei doch so freundlich und erkläre mir noch folgendes: Gibt es auch hierzulande solche wundertätigen Steine?"

Maso entgegnete: „Hier gibt es zweierlei Steinsorten von großem Wert. Das eine sind die Steine vom Settignano und Montisci, die – in Mühlsteine umgewandelt – mit ihrer Zauberkraft das Mehl bereiten. Darum gibt es dort in der Gegend ja auch ein Sprichwort, das besagt: Die Gnade kommt von Gott und die Mühlsteine vom Montisci. Bei uns gibt es freilich diese Mühlsteine haufenweise, und sie werden darum hier ebensowenig geachtet wie dortzulande die Smaragde, von denen es in jenen Gegenden ganze Berge gibt, die noch höher sind als der Monte Morello. Ach, die leuchten um Mitternacht, Gott steh mir bei! Du mußt übrigens wissen, daß jeder, der einen Mühlstein abschleifen und in einen Ring fassen läßt, bevor noch das Loch hindurchgebohrt ist, und ihn dann dem Sultan bringt, von ihm wer weiß was für eine großartige Belohnung bekommt! Der zweite Stein gehört zu der Sorte, die wir Kenner Heliotrop nennen. Er besitzt eine gewaltige Zauberkraft. Jeder Mensch, der ihn bei sich trägt, wird – solange er ihn hat – von niemand dort gesehen, wo er nicht ist." – „Das ist fürwahr ein besonderer Zauber", rief Calandrino. „Wo aber findet man diesen zweiten Stein?" Maso entgegnete, daß dieser oft im Mugnone gefunden worden sei. – „Und wie groß ist so ein Stein", fragte Calandrino, „und wie sieht er aus?" Maso antwortete: „Die Steine sind von verschiedenem Umfang, mal größer, mal kleiner, aber alle sind beinahe schwarz."

Calandrino, der sich jedes Wort genau gemerkt hatte, stellte sich nun, als habe er anderes zu besorgen, und verabschiedete sich von Maso mit dem festen Vorsatz, diesen Stein zu suchen. Doch entschloß er sich, nicht ohne Bruno und Buffalmacco zu gehen, die er beide sehr hochschätzte. Er machte sich daher auf den Weg zu ihnen, damit unverzüglich die Suche nach den Steinen vor sich gehen könne, bevor noch jemand anders ihnen zuvorkäme. Nachdem er den restlichen Vormittag damit zugebracht hatte, die beiden Maler aufzufinden, erinnerte er sich schließlich, als schon die Nona vorbei war, daß die beiden im Kloster der Nonnen von Faenza arbeiteten. Obwohl die Hitze unerträglich war, ließ er alles stehen und liegen und eilte im Geschwindschritt zu ihnen. Er rief sie herbei und sagte zu ihnen: „Freunde, glaubt mir, wir können die reichsten Leute von Florenz werden! Ich habe soeben von einem vertrauenswürdigen Manne gehört, daß es im Mugnone einen Stein gibt, der jeden Menschen, der ihn in der Tasche hat, für andere Leute unsichtbar macht. Deshalb meine ich, wir sollten uns unverzüglich, bevor uns jemand anders zuvorkommt, dahin auf den Weg machen und diesen Zauberstein suchen. Sicher werden wir ihn finden. Ich werde ihn erkennen. Haben wir ihn erst gefunden, brauchen wir nichts weiter mehr zu tun, als ihn in den Beutel zu stecken und an die Wechselbänke zu gehen. Ihr wißt, daß sie immer mit Silbermünzen und Fiorini schwer beladen sind. Wir können uns dann davon so viel Geld nehmen, wie wir wollen, denn niemand wird uns sehen. So werden wir schnell zu großem Reichtum gelangen und es nicht mehr nötig haben, den ganzen Tag im Schneckentempo Wände zu beklecksen!"

Als Bruno und Buffalmacco diese Worte vernahmen, grinsten sie verstohlen und zwinkerten einander zu, taten aber, als seien sie äußerst erstaunt, und lobten Calandrinos Vorhaben. Buffalmacco fragte schließlich, wie denn dieser Wunderstein heiße. Calandrino, der ein ziemlich begriffsstutziger Kerl war, hatte den Namen des Steines schon wieder vergessen, er antwortete deshalb: „Was brauchen wir den Namen, wenn wir seine Zauberkraft kennen! Ich finde, wir sollten uns lieber unverzüglich aufmachen und ihn suchen." – „Gut", antwortete Bruno, „aber wie sieht er denn aus?" Calandrino erwiderte: „Er ist nicht immer von gleicher Größe und Gestalt, doch sind fast alle Steine beinahe schwarz. Darum schlage ich vor, alle schwarzen Steine, die wir finden, so lange zu sammeln, bis wir den rechten erwischen. Laßt uns keine Zeit mehr verlieren, sondern aufbrechen!"

„Warte", rief Bruno und fügte, zu Buffalmacco gewandt, hinzu: „Ich glaube schon, daß Calandrino recht hat, doch scheint es mir, daß jetzt nicht die geeignete Zeit dazu ist, weil die Sonne schon hoch steht und senkrecht in den Mugnone hineinscheinen wird. So werden alle Steine, die dort liegen, getrocknet sein und weiß erscheinen, selbst wenn sie morgens, bevor die Sonne sie trocknet, schwarz aussehen. Auch sind heute am Arbeitstag aus verschiedenen Gründen viele Leute am Mugnone. Wenn sie uns sehen, könnten sie vielleicht erraten, was wir dort treiben, und es uns am Ende gleichtun. Leicht könnte da der Stein in ihre Hände fallen, und wir würden den Schatz um der Eile willen aufs Spiel setzen. Wenn ihr derselben Meinung seid, halte ich es für besser, daß wir uns am frühen Morgen auf die Suche machen, wenn die schwarzen Steine besser von den weißen zu unterscheiden sind, und möglichst an einem Festtag, wenn niemand dort ist, der uns beobachten könnte."

Buffalmacco lobte Brunos Rat, und auch Calandrino mußte ihm recht geben. So vereinbarten sie, am kommenden Sonntagvormittag alle zusammen den Zauberstein zu suchen, und Calandrino beschwor die beiden anderen, vor allen Dingen keiner Menschenseele etwas von dieser Sache zu verraten, da auch ihm alles im Vertrauen erzählt worden sei. Dann berichtete er ihnen noch die Neuigkeiten über das Dorf Fettleben und behauptete steif und fest, daß sich dort wirklich abspiele, was er gehört hatte. Dann ging er fort, und die beiden Maler verabredeten genau, wie sie sich bei diesem Spaß verhalten wollten.

Mit Ungeduld erwartete Calandrino den Sonntagvormittag, und als er endlich gekommen war, erhob der einfältige Kerl sich schon im ersten Morgengrauen und rief seine Gefährten herbei. Zu dritt spazierten sie durch das San-Gallo-Tor, kletterten zum Mugnone hinunter und begannen dann, eifrig nach dem Stein Ausschau haltend, den Fluß entlangzuwandern. Calandrino als der Eifrigste lief voraus, sprang hastig hierhin und dorthin, stürzte sich auf alle schwarzen Steine, die er erspähte, raffte jeden an sich und stopfte sich das Wams damit voll.

Seine Gefährten folgten ihm und nahmen ebenfalls hier und da einen Stein auf. Calandrino war noch keine sehr große Strecke gegangen, als er sein Wams bereits mit Steinen vollgepfropft hatte. Er nahm nun die Schöße seines Rockes zusammen, der nicht nach Hennegauer Vorbild gearbeitet war, und machte sich davon eine Art Beutel, indem er die Enden der Schöße rundherum in seinen Ledergurt stopfte. Nach kurzer Zeit hatte er auch diesen Beutel mit Steinen angefüllt, so daß er schließlich auch noch aus seinem Mantel eine Tasche machen mußte, die ebenfalls mit Steinen gefüllt wurde.

Als Buffalmacco und Bruno sahen, wie schwer Calandrino mit Steinen beladen war, sagte – getreu ihren heimlich getroffenen Verabredungen – um die Essenszeit Bruno zu Buffalmacco: „Wo steckt denn Calandrino?" Buffalmacco, der jenen dicht neben sich stehen sah, wandte sich nach allen Seiten um und antwortete: „Ich weiß es nicht. Eben war er doch noch hier neben uns?" Bruno erwiderte: „Ja, vor kurzem war er noch hier! Doch jetzt ist er sicher zum Essen heimgelaufen und hat uns hier zurückgelassen, damit wir diesen Blödsinn, den Mugnone nach schwarzen Steinen abzusuchen, noch fortsetzen." – „Er hat uns schön an der Nase herumgeführt!" rief Buffalmacco. „Und dann läßt er uns hier stehen! Warum waren wir auch so dumm, ihm Vertrauen zu schenken! Wer anders als wir wäre so einfältig gewesen, zu glauben, daß es im Mugnone Zaubersteine gibt!"

Als Calandrino ihre Worte hörte, war er fest überzeugt, der Zauberstein sei in seine Hände geraten und daß seine Gefährten ihn durch die Wirkung des Steines nicht mehr sehen könnten, obwohl er neben ihnen stand. Maßlos erfreut über dieses Ereignis, gab er keinen Mucks von sich, sondern beschloß heimzukehren und lenkte darum seine Schritte verstohlen nach rückwärts, um nach Hause zu gehen.

Buffalmacco, der Calandrinos Rückzug bemerkte, sprach zu Bruno: „Und was machen wir nun? Warum gehen wir nicht auch nach Hause?" Bruno erwiderte: „Laß uns gehen! Aber ich schwöre dir bei Gott, so etwas lasse ich mir von Calandrino nicht noch einmal bieten! Hätte ich ihn jetzt so nahe bei mir wie den ganzen Vormittag über, würde ich ihm mit diesem Stein tüchtig eins auf die Hacken pfeffern, daß er mindestens noch einen Monat an diesen Streich denken sollte!"

Diese Worte, ein Ausholen des Armes und ein Steinwurf auf die Fersen Calandrinos waren eins. Calandrino verspürte den Schmerz, zog den Fuß hoch und begann zu stöhnen, dann aber schwieg er und ging weiter. Nun nahm auch Buffalmacco einen der aufgelesenen Kiesel und sprach zu Bruno: „Hach! Sieh nur diesen schönen Stein hier! Könnte ich ihn doch dem Calandrino ins Kreuz werfen!" Damit warf er ihn hoch und traf Calandrino damit empfindlich in den Rücken.

Kurz und gut, den ganzen Mugnone entlang bis oben zum San-Gallo-Tor verfolgten die beiden den armen Calandrino mit Steinwürfen. Dann trödelten sie, nachdem sie alle gesammelten Steine weggeworfen hatten, bei den Zollwächtern herum, die – vorher von ihnen unterrichtet – taten, als bemerkten sie Calandrino nicht, und ihn unter brüllendem Gelächter passieren ließen.

Calandrino lief schnurstracks nach seinem Hause, das in der Nähe des Mühlenwinkels lag. Und selbst das Glück schien dem Spaße hold zu sein, denn während des ganzen Weges, den Calandrino vom Fluß herauf durch die Stadt zurücklegte, wurde er von keiner Menschenseele angesprochen, zumal nur wenig Leute ihm begegneten, da fast jeder beim Essen war. Schwer beladen betrat Calandrino sein Haus. Seine Frau, Monna Tessa, ein hübsches, braves Weib, stand zufällig oben an der Treppe, und da sie sowieso über sein langes Ausbleiben erzürnt war, begann sie sogleich zu schelten, als sie ihn erblickte: „Bringt der Teufel dich, Bruder Liederlich, doch noch nach Hause? Alle Leute sind schon mit dem Essen fertig, wenn du endlich zum Mittag heimkommst!"

Calandrino hörte aus ihren Worten, daß er gesehen wurde, und begann vor Zorn und Schmerz zu toben: „Verdammt, du elendes Weibsstück! Was stehst du dort oben herum? Du hast mich ruiniert! Aber bei Gott, das werde ich dir heimzahlen!" Und nachdem er oben in ein kleines Zimmer gelaufen war und sich von den vielen mitgebrachten Steinen befreit hatte, stürzte er sich voller Wut auf seine Frau, ergriff sie bei den Flechten und warf sie vor sich zu Boden. Dann versetzte er ihr, solange er imstande war, Arme und Beine zu rühren, am ganzen Körper Hiebe und Fußtritte, bis ihr jedes Haar auf dem Kopf und jeder Knochen im Leibe weh tat, und es half ihr nichts, daß sie ihn mit gefalteten Händen um Gnade anflehte.

Indessen hatten Buffalmacco und Bruno noch eine Zeitlang mit den Zollwächtern gelacht und waren dann Calandrino in einiger Entfernung mit gemächlichen Schritten gefolgt. Als sie vor seiner Haustür anlangten, hörten sie bereits die harten Schläge, die er seiner Frau versetzte. Sie taten, als kämen sie just von ihrem Spaziergang zurück, und riefen laut nach Calandrino. Dieser erschien mit rotem Kopf, verschwitzt und atemlos am Fenster und bat sie heraufzukommen. Sie stellten sich etwas ärgerlich, gingen aber dann nach oben, wo sie das ganze Zimmer mit Steinen besät fanden. In einem Winkel des Raumes hockte Monna Tessa, zerrauft, zerfetzt, mit rotem, blutunterlaufenem Gesicht, und weinte jämmerlich; auf der andern Seite saß Calandrino, ohne Gürtel, keuchend und völlig erschöpft.

Nachdem die beiden Freunde dies ein Weilchen mit angesehen hatten, sprachen sie: „Was soll das bedeuten, Calandrino? Willst du mauern, daß hier so viele Steine herumliegen?" Und sie fuhren fort: „Und was ist mit Monna Tessa geschehen? Es sieht aus, als ob du sie geschlagen hättest. Was sind das für Geschichten?"

Calandrino, der von der Last der Steine, von der Wut, mit der er seine Frau geschlagen hatte, sowie vor Trauer über das Glück, das er verloren zu haben glaubte, völlig am Ende seiner Kraft war, konnte vor Atemnot keine vernünftige Antwort geben. Da er zauderte, begann Buffalmacco von neuem: „Calandrino, wenn du irgendwelchen Ärger gehabt hast, so hättest du uns doch nicht so zum besten halten dürfen, wie du es getan hast. Erst führst du uns weit fort, damit wir mit dir zusammen Zaubersteine suchen sollen, und dann läßt du uns, ohne ‚Gott befohlen' oder ‚Hol euch der Teufel' zu sagen, wie zwei Schafsköpfe am Mugnone stehen und gehst nach Hause! Das haben wir sehr übel vermerkt. Es war bestimmt der letzte Streich, den du uns gespielt hast!" Auf diese Vorwürfe hin riß Calandrino sich zusammen und sagte: „Freunde, seid nicht böse! Ihr könnt euch nicht vorstellen, wie sich die Sache verhielt. Ich Unglücklicher hatte den Zauberstein gefunden. Wollt ihr die Wahrheit von mir hören? Als ihr euch gegenseitig nach mir fragtet, war ich keine zehn Schritte von euch entfernt. Als ich bemerkte, daß ihr auf mich zukamt und mich doch nicht saht, ging ich nach Hause. Ich bin, immer wenige Schritte vor euch hergehend, soeben hier angekommen."

Darauf begann er ihnen von Anfang bis Ende alles zu berichten, was sie getan und gesagt hatten, und zeigte ihnen an Rücken und Fersen die Stellen, wo ihre Steinwürfe ihn verletzt hatten. Dann fuhr er fort: „Und das sage ich euch: Als ich mit all den Steinen, die hier herumliegen, im Wams durch das Stadttor ging, wurde kein Wort zu mir gesagt. Ihr wißt doch selbst, wie zudringlich und neugierig die Zollwächter sonst immer alles durchwühlen. Außerdem habe ich unterwegs mehrere meiner Bekannten und Freunde getroffen, die mich immer ansprechen und zum Trinken einladen. Nicht einer von ihnen hat mir heute auch nur ein Wörtlein gesagt, weil sie mich eben nicht sahen. Als ich schließlich hier zu Hause anlange, kommt mir dieses verdammte Teufelsweib entgegen und sieht mich! Ihr wißt ja, daß die Weibsbilder die Zauberkraft aller Dinge zerstören, und so bin ich, der glücklichste Mensch von ganz Florenz, durch sie zum allerunglücklichsten geworden. Darum habe ich sie, solange ich die Hand rühren konnte, verprügelt. Noch weiß ich nicht, warum ich ihr nicht noch die Adern aufschneide, denn ich verfluche die Stunde, wo ich sie zum erstenmal sah und sie zu mir ins Haus holte." Dabei flammte seine Wut von neuem auf, und er machte Miene, seine Frau noch einmal zu verprügeln.

Buffalmacco und Bruno stellten sich sehr erstaunt über seine Worte, doch während sie das von Calandrino Gesagte oft bestätigten, überkam sie eine so heftige Lust zu lachen, daß sie fast zerbarsten. Als sie bemerkten, daß er erbost aufsprang, um sich nochmals auf seine Frau zu stürzen, traten sie dazwischen, hielten ihn zurück und behaupteten, daß seine Frau an alledem keine Schuld habe, sondern er ganz allein. Er habe ja selbst gewußt, daß die Weiber allen Dingen die Zauberkräfte nähmen, hätte ihr aber nicht befohlen, daß sie sich hüten solle, ihm an diesem Tag in den Weg zu laufen. Diese Vorsichtsmaßnahme habe Gott verhindert, entweder weil ihm dieses Glück nicht bestimmt sei oder auch weil er die Absicht gehabt habe, seine Gefährten zu betrügen, denen er hätte sagen müssen, daß er den Zauberstein gefunden hatte.

Nach langem Gerede und mancherlei Bemühungen versöhnten sie schließlich die unglückliche Frau wieder mit Calandrino, den sie dann trübselig bei den vielen Steinen in seinem Hause zurückließen.

VIERTE GESCHICHTE

Der Propst von Fiesole liebt eine verwitwete Edelfrau, wird jedoch von ihr nicht wiedergeliebt. Während er glaubt, eine Liebesnacht mit ihr zu verbringen, liegt er in den Armen ihrer Magd, und die Brüder der Dame lassen ihn dabei von seinem Bischof überraschen.

Als Elissa ihre Erzählung unter dem größten Beifall der ganzen Gesellschaft beendet hatte, wandte die Königin sich an Emilia und bat sie, nach Elissa nun auch ihre Geschichte zu erzählen. Emilia begann unverzüglich auf folgende Weise:

Meine teuren Freundinnen, wie sehr die Priester, Mönche und überhaupt alle Geistlichen unsere Tugend bestürmen, ist, wie ich mich wohl erinnere, schon in mancher von unseren Erzählungen nachgewiesen worden. Da man jedoch niemals so viel darüber berichten kann, daß nichts mehr zu sagen übrigbliebe, will ich jenen Erzählungen noch die Geschichte eines Propstes hinzufügen, der allem Widerstand zum Trotz durchsetzen wollte, daß eine Edeldame ihm zu Willen wäre, gleichgültig, ob sie es wünschte oder nicht. Die Dame, die eine kluge, umsichtige Frau war, behandelte ihn, wie es ihm gebührte.

Wie ihr alle wißt, ist Fiesole, dessen Berg wir sogar von hier sehen können, eine uralte große Stadt und noch heute, obwohl sie ganz zerstört wurde, der Sitz eines Bischofs wie von eh und je. In dieser Stadt besaß in unmittelbarer Nähe des Domes eine Edeldame mit Namen Monna Piccarda ein Grundstück mit einem nicht übermäßig großen Hause. Da sie nicht eben zu den Reichsten gehörte, verbrachte sie hier den größten Teil des Jahres gemeinsam mit ihren beiden Brüdern, die wackere, wohlerzogene junge Männer waren.

Nun geschah es, daß sich der Propst des Domes so übermäßig in die Dame verliebte, die noch jung und dazu schön und tugendsam war und häufig in den Dom kam, daß er bald nicht mehr aus noch ein wußte. Und schon wenig später besaß er die Dreistigkeit, ihr sein Verlangen zu offenbaren, und er beschwor sie, sich doch seine Liebe gefallen zu lassen und ihn ebenso zu lieben wie er sie.

Dieser Propst war jedoch, wenn auch noch jugendlich in seinen Gefühlen, bereits ein Mann von reifen Jahren, voller Dünkelhaftigkeit, Anmaßung und Überheblichkeit, ein affektierter, unangenehmer Mensch und so fade und widerwärtig, daß niemand ihn leiden konnte. Sollte es wirklich noch einen Menschen gegeben haben, der ihm ein wenig Wohlwollen bewahrt hatte, so war es ganz gewiß nicht unsere Edeldame, die ihn nicht ausstehen konnte und ihn noch mehr verwünschte als ihre Kopfschmerzen. Da sie aber eine kluge Frau war, antwortete sie ihm: „Daß Ihr mich liebt, Hochwürden, kann mich nur ehren, auch ich muß und will Euch gerne lieben. Doch darf auf Eure und meine Liebe niemals auch nur der leiseste Schein von Unehrbarkeit fallen. Ihr seid mein geistlicher Vater, seid Priester und nähert Euch bereits dem Alter. Das alles sollte Euch ehrbar und enthaltsam machen. Andrerseits bin auch ich kein solches Kind mehr, daß derartige Liebeleien sich noch für mich geziemten. Dazu bin ich Witwe, und Ihr wißt wohl, wieviel Zurückhaltung gerade von verwitweten Frauen verlangt wird. Aus diesen Gründen müßt Ihr mir verzeihen, daß ich auf die von Euch begehrte Art Euch weder lieben kann noch geliebt zu werden wünsche."

Der Propst, der für diesmal nichts bei ihr erreichen konnte, fühlte sich nach dieser ersten Niederlage keineswegs geschlagen oder abgeschreckt, sondern setzte im Gegenteil seine unverschämten Annäherungen fort, bestürmte die Dame mit Briefen und Botschaften und behelligte sie auch persönlich, sowie er sie in den Dom kommen sah.

Als diese fortgesetzten Belästigungen der Dame schließlich gar zu arg und unerträglich wurden, beschloß sie, sich davon zu befreien, und – da sie sich anders nicht zu helfen wußte – auf eine solche Weise, wie der Propst sie verdiente. Sie war jedoch entschlossen, ohne Wissen und Einwilligung ihrer Brüder nichts zu unternehmen, und erzählte ihnen daher, wie der Propst sich gegen sie betrage und was sie zu tun gedenke. Nachdem ihre Brüder ihr völlige Handlungsfreiheit zugebilligt hatten, ging sie einige Tage später wie üblich in den Dom. Sowie der Propst sie erblickte, kam er ihr entgegen und begann, wie er es zu tun sich angewöhnt hatte, ein Gespräch mit ihr. Die Dame machte, als sie ihn kommen sah, ein freundliches Gesicht, und nachdem er sie beiseite geführt und ihr wie gewöhnlich mit vielen Worten zugesetzt hatte, erwiderte sie: „Hochwürden, ich habe schon oft gehört, daß keine Festung stark genug ist, einem täglichen Ansturm auf die Dauer zu widerstehen. Dies hat sich, wie ich jetzt klar erkenne, auch bei mir bewahrheitet. Ihr habt mir jetzt so lange mit zärtlichen Bitten und mit dieser und jener Huldigung zugesetzt, daß Ihr mich bewogen habt, von meinem festen Vorsatz abzugehen. Und da ich Euch sehr gefalle, bin ich bereit, die Eure zu werden."

Hochentzückt erwiderte der Propst: „Ich danke Euch, Madonna! Wenn ich ehrlich sein soll, muß ich zugeben, daß ich mit Verwunderung gesehen habe, wie lange Ihr mir widerstanden habt. Das ist mir noch bei keiner anderen Frau passiert. Im Gegenteil, ich habe schon zuweilen gesagt, wenn die Weiber aus Silber wären, würden sie doch nicht zum Gelde taugen, da keine Frau dem Hammer standhalten würde. Doch lassen wir das jetzt. Wann und wo können wir also zusammen sein?" Die Dame entgegnete: „Mein süßer Freund, das ‚Wann' kann sein, sowie es Euch beliebt, denn ich habe keinen Gatten, dem ich über meine Nächte Rechenschaft ablegen müßte. Die Frage des ‚Wo' aber weiß ich nicht zu lösen." – „Wieso nicht?" fragte der Propst. „Natürlich in Eurem Hause!" – „Hochwürdiger Herr", sprach nun die Dame, „Ihr wißt doch, daß ich zwei junge Brüder habe, die Tag und Nacht mit ihren Freunden in mein Haus kommen. Auch ist mein Haus nicht groß, darum könnte sich dort niemand sicher fühlen, es sei denn, man entschlösse sich, wie die Stummen, ohne ein Wort, ja ohne einen Laut von sich zu geben, zusammenzukommen und dazu, wie die Blinden, im Finstern zu bleiben. Wenn wir das wollen, ließe es sich wohl einrichten, denn in mein Schlafgemach kommt niemand. Die Schlafkammer meiner Brüder aber liegt der meinen so nahe, daß man bei mir kein Sterbenswörtchen von sich geben kann, ohne daß es dort gehört wird." – „Madonna", rief der Propst, „deswegen wollen wir nicht noch eine oder gar zwei Nächte warten. Ich werde darüber nachdenken, wo man sich später ungestört treffen könnte." Die Dame fuhr fort: „Hochwürden, alles hängt von Euch ab. Doch bitte ich Euch, daß es geheim bleibt und niemand je ein Wort davon erfährt." – „Daran braucht Ihr nicht zu zweifeln, Madonna", versicherte der Propst. „Und wenn es möglich ist, laßt uns schon heute abend beisammen sein." – „Mir ist es recht", sagte die Dame. Dann erklärte sie ihm genau, wie und wann er zu ihr kommen sollte, verabschiedete sich von ihm und kehrte nach Hause zurück.

Nun hatte die Edeldame eine Magd, die nicht mehr jung war und das häßlichste und abstoßendste Gesicht hatte, das man sich denken konnte. Außer einer aufgestülpten Nase hatte sie einen schiefen Mund, dicke, wulstige Lippen und schiefe, riesige Pferdezähne. Dazu schielte sie, hatte ewig entzündete Augen und eine Haut von grüngelber Farbe, als hätte sie den Sommer nicht in Fiesole, sondern in Sinigaglia verbracht. Zu allem andern lahmte sie etwas und war auf der rechten Seite ein wenig schief. Sie hieß Ciuta, wurde aber ihres leichenfarbigen Gesichtes wegen allgemein nur Ciutazza gerufen. Neben all ihren äußeren Gebrechen besaß sie jedoch eine gute Portion listiger Schalkhaftigkeit. Diese Magd also rief die Dame zu sich und sagte zu ihr: „Ciutazza, wenn du mir heute nacht einen Gefallen erweisen willst, werde ich dir ein schönes neues Hemd dafür schenken." Kaum hatte Ciutazza etwas von einem neuen Hemd gehört, so antwortete sie bereits: „Madonna, wenn Ihr mir ein neues Hemd schenkt, werde ich für Euch durchs Feuer gehen oder wohin Ihr immer wünscht." – „Nun gut", sagte die Dame. „Ich möchte, daß du heute nacht mit einem Mann hier in meinem Bett schläfst und ihm Zärtlichkeiten erweisest. Hüte dich aber, das leiseste Wörtchen von dir zu geben, damit meine Brüder dich nicht hören. Du weißt, daß sie nebenan schlafen. Hinterher werde ich dir das Hemd schenken."

„Für ein neues Hemd würde ich mit sechsen schlafen", rief Ciutazza, „wenn es nötig wäre, und nicht nur mit diesem einen!"

Als nun der Abend gekommen war, erschien der Herr Propst genau nach erhaltener Weisung. Die zwei jungen Männer hielten sich bereits, wie die Dame es angeordnet hatte, in ihrer Schlafkammer auf und ließen ihre Anwesenheit hören. Der Propst schlich sich daher, nachdem er lautlos in das dunkle Gemach der Dame eingetreten war, wie sie ihm aufgetragen hatte, an das Bett, an das von der andren Seite Ciutazza herantrat, die von ihrer Herrin über alles, was sie zu tun hatte, genauestens unterrichtet worden war. So sank der Herr Propst, im Glauben, die angebetete Dame neben sich zu haben, in die Arme Ciutazzas und fing an, sie, ohne ein Wort zu verlieren, mit Küssen zu überschütten, ebenso wie sie ihn. Dann begann er sich mit der Magd zu ergötzen und ergriff Besitz von den so heiß begehrten Herrlichkeiten.

Als die Dame das Spiel im Laufen wußte, befahl sie ihren Brüdern, nun auch den Rest ihres Planes zu verwirklichen. Sie verließen daher ungehört ihre Kammer und begaben sich auf den Markt, wo ihnen das Glück schon zu ihrem Vorhaben die Hand zu reichen schien. Da nämlich die Hitze recht beträchtlich war, hatte der Bischof eben nach den beiden jungen Leuten gefragt, um sie zu besuchen und sich mit ihnen bei einem erquickenden Trunk zu unterhalten. Als er sie kommen sah, teilte er ihnen seine Absicht mit und machte sich sogleich mit ihnen auf den Weg zu ihrem Hause. Sie führten ihn in einen kühlen Hof, wo verschiedene Fakkeln angezündet waren, und der Bischof trank mit viel Vergnügen von ihrem guten Wein. Nachdem er sich gelabt hatte, sagten die beiden Jünglinge zu ihm: „Messere, nachdem Ihr uns die Ehre angetan habt, unser bescheidenes Haus Eures hohen Besuches für würdig zu halten, wozu wir Euch eben einladen wollten, möchten wir Euch bitten, noch eine Kleinigkeit in Augenschein zu nehmen, die wir Euch zeigen möchten." Der Bischof war dazu gerne bereit, und so nahm der eine der Brüder eine brennende Fackel in die Hand und ging voran, während der Bischof und die übrigen ihm nach der Kammer folgten, in der unser Herr Propst bei Ciutazza lag. Dieser hatte, um schnell ans Ziel zu gelangen, einen scharfen Trab geritten und schon, bevor jene eintraten, mehr als drei Meilen hinter sich gebracht. Ermattet von dieser Kavalkade, doch trotz der Hitze Ciutazza fest im Arm, war er eben ein wenig eingeschlummert. Als der Jüngling mit der Fackel in der Hand in die Kammer trat und nach ihm die übrigen mit dem Bischof, sah dieser mit eigenen Augen seinen Propst mit Ciutazza im Arm vor sich liegen. Im gleichen Augenblick fuhr der Propst aus dem Schlummer, sah das Licht und die Umstehenden und versteckte schamerfüllt und voller Furcht den Kopf unter der Bettdecke. Der Bischof sagte ihm viele harte Worte, befahl ihm, den Kopf hervorzuziehen und sich zu überzeugen, mit wem er geschlafen habe. Jetzt wurde der Propst den Betrug der Edeldame gewahr, und sowohl diesetwegen als auch um die Schmach, die er hieraus für sich entstehen sah, wurde er im Handumdrehen zum betrübtesten Menschen der Welt. Nachdem er sich auf Befehl des Bischofs angekleidet hatte, ließ dieser ihn unter Bewachung zur Absolvierung einer harten Strafe für dies Vergehen abführen. Dann aber begehrte der Bischof zu wissen, wie es habe kommen können, daß der Propst hier bei Ciutazza gelegen habe. Die jungen Leute berichteten ihm darauf ordnungsgemäß den ganzen Vorgang, und der Bischof lobte die Dame für ihr Verhalten und ebensosehr ihre Brüder, daß sie, ohne sich die Hände mit Priesterblut zu beflecken, jenem das zugeteilt hätten, was er verdient habe.

Dann ließ der Bischof den Propst länger als vierzig Tage lang sein Vergehen bitter bereuen. Abgesehen davon konnte er sich auch später nicht mehr auf den Straßen sehen lassen, ohne daß dort die Gassenbuben mit dem Finger auf ihn zeigten und hinter ihm herriefen: „Seht, da ist er, der bei Ciutazza geschlafen hat!" – Dies erfüllte den Propst mit solchem Verdruß, daß er nahe daran war, den Verstand zu verlieren.

Die Edeldame aber hatte sich auf diese Weise für immer des widerlichen Anbeters entledigt, und Ciutazza war dabei zu einem neuen Hemd gekommen.

FÜNFTE GESCHICHTE

Drei junge Burschen ziehen einem Richter aus den Grenzlanden, während er in Florenz auf der Gerichtsbühne sitzt und Recht spricht, die Hosen herunter.

Als Emilia ihre Geschichte beendet hatte und die edle Witwe von allen gebührend gelobt worden war, blickte die Königin Filostrato an und sprach: „Jetzt ist die Reihe zu erzählen an dir!" Er erklärte sich unverzüglich dazu bereit und begann:

Ihr reizenden Damen, der Name Maso del Saggio, den Elissa vor kurzem erwähnte, veranlaßt mich, die Geschichte, die ich ursprünglich zu erzählen beabsichtigte, beiseite zu lassen und euch dafür einen Streich von ihm und seinen Gefährten zu berichten, der, wenn er auch keineswegs unziemlich ist, doch einige Worte aufweist, die zu gebrauchen ihr euch schämt. Da das Geschichtchen jedoch allerlei Anlaß zum Lachen geben wird, will ich es euch erzählen.

Wie ihr alle schon gehört haben werdet, kommen in unsre Vaterstadt gar häufig Beamte aus den Grenzlanden, die meistens von so engherziger Sinnesart und kleinlich elender Lebensweise sind, daß alles, was sie beginnen, nichts andres zu sein scheint als eine einzige endlose Knauserei. Aus diesem ihrem angeborenen Geiz heraus und ihrer Filzigkeit wegen bringen sie oftmals ihre eigenen Richter und Notare mit, die allesamt eher den Eindruck machen, als wären sie hinter dem Pflug oder aus der Schusterwerkstatt weggeholt und nicht aus den Hohen Schulen des Rechts.

Als nun wieder einmal ein solcher Herr als Stadtvogt hier anlangte, brachte er unter anderen Richtern, die er mit sich führte, auch einen Kerl mit, der sich Messer Niccola aus San Lepidio nennen ließ und fürwahr mehr einem Schlossergesellen als einem Richter glich. Trotzdem wurde er mit einigen andren Richtern dazu ausersehen, Kriminalklagen entgegenzunehmen.

Wie es nun manchmal geschieht, daß auch Bürger, die an und für sich nichts am Gerichtshof zu tun haben, doch zuweilen dort hingehen, so geriet auch einmal Maso del Saggio auf der Suche nach einem Freunde aufs Gericht. Bei dieser Gelegenheit fiel sein Blick zufällig auf den Platz, wo der besagte Messer Niccola sich niedergelassen hatte. Da dieser ihm ein gar zu sonderbarer Vogel zu sein schien, betrachtete Maso ihn ungeniert von Kopf bis Fuß. Wenn er nun auch an jenem ein übel verschmiertes, verräuchertes Pelzbarett entdeckte, ein Schreibzeug an seinem Gürtel baumeln und die Weste lang hinter dem Rock hervorhängen sah und was der Absonderlichkeiten noch mehr waren, die sich für einen achtbaren, anständigen Mann wenig geziemten, so war doch, seiner Meinung nach, bemerkenswerter als alles andere die Hose jenes Richters, die, während jener saß und die Oberkleider ihrer Enge wegen vorne weit auseinandersprangen, erkennen ließ, daß der Hosenboden fast bis zur halben

Wade des Trägers herunterhing. Ohne lange bei diesem Anblick zu verweilen, gab Maso die Suche nach seinem Freunde auf und machte sich statt dessen auf die Jagd nach zwei andren Gefährten, die er auch alsbald antraf. Es waren Ribi und Mateuzzo, zwei Spaßvögel vom gleichen Schlage wie Maso selbst, der sogleich zu ihnen sagte: „He! Wenn ihr auf mich hören wollt, so kommt mit zum Gerichtshof. Dort werde ich euch den prächtigsten Fant zeigen, den ihr je gesehen habt!" Dann ging er mit ihnen aufs Gericht und zeigte ihnen den Richter und seine Hosen. Schon von ferne begannen die beiden über dessen Erscheinung zu lachen. Als sie sich jedoch der Gerichtsbühne genähert hatten, bemerkten sie, daß man sehr leicht darunterkriechen konnte. Auch stellten sie fest, daß gerade die Planke, auf die unser Richter seine Füße gestellt hatte, zerbrochen war, so daß man mit Leichtigkeit die Hand und den Arm dort durchstecken konnte. Nun sagte Maso zu seinen Freunden: „Wollen wir ihm nicht die Hosen herunterziehen? Es wird ein leichtes sein!" Jeder von ihnen hatte bereits gesehen, daß dies zu machen sei. So verabredeten sie nur noch, was sie beginnen und sagen wollten, und kehrten dann am nächsten Vormittag zurück.

Obwohl der Gerichtshof von Menschen voll war, kroch Mateuzzo, ohne von irgend jemand bemerkt zu werden, unter die Richterbühne bis an die Stelle, wo der Richter seine Füße hatte. Maso aber trat von einer Seite zu dem Herrn Richter heran und packte ihn am Rockzipfel, während Ribi sich von der andren Seite auf jenen stürzte und desgleichen tat. Dann begann Maso: „Messere! Oh, Messere! Ich flehe Euch an, bei Gott, beschafft mir von jenem Spitzbuben, der dort an Eurer andren Seite steht, ehe er entkommt, meine Stiefel wieder, die er mir gestohlen hat, obwohl er es immer abstreitet. Ich habe selbst gesehen, daß er sie vor noch nicht einem Monat hat besohlen lassen!"

Von der andren Seite schrie ihm indes Ribi zu: „Messere! Glaubt ihm nicht! Er ist ein Spitzbube! Und weil er weiß, daß ich hergekommen bin, um mein Felleisen zurückzuverlangen, das er mir gestohlen hat, ist er nun selbst gekommen und tischt hier die Geschichte von den Stiefeln auf, die ich schon eine halbe Ewigkeit in meinem Hause gehabt habe. Wenn Ihr mir nicht glauben wollt, so kann ich als Zeugin dafür die Hökerfrau von nebenan, die Kaldaunenhändlerin Grassa und den Straßenfeger von Santa Maria a Verzaia herbeiholen. Der letztere hat ihn gesehen, als er vom Dorfe zurückgekommen ist!"

Maso, auf der andren Seite, ließ Ribi nicht ausreden, sondern schrie laut dazwischen, worauf Ribi wiederum versuchte, Maso zu überschreien. Während nun der Richter, um ihre Worte besser zu verstehen, aufgestanden und nahe an sie herangetreten war, ergriff Mateuzzo die Gelegenheit, steckte seine Hand durch das Loch der Fußbretter, packte den Hosenboden des Richters und riß ihn mit einem Ruck nach unten. Die Hosen fielen auf Anhieb herunter, da der Richter hundsmager und ohne Hüften war. Ohne recht zu begreifen, wie es geschehen war, merkte dieser doch, was los war, versuchte, um sich zu bedecken, seine Oberkleider vorne zusammenzuhalten und sich zu setzen. Jedoch Maso von rechts und Ribi von links hielten ihn eisern gepackt und schrien um die Wette: „Messere! Ihr versündigt Euch, wenn Ihr uns nicht recht geben wollt! Wenn Ihr mich nicht anhören wollt! Wenn Ihr anderswo hingehen wollt!" Und sie hielten ihn während ihres Geschreies so lange an seinem Zeug fest, bis jeder, der auf dem Gericht anwesend war, bemerkt hatte, daß der Richter ohne Hosen dastand. Nachdem Mateuzzo diese noch eine Weile festgehalten hatte, ließ er sie wieder los, kroch unter der Bühne hervor und ging, ohne gesehen zu werden, davon. Ribi, der nun ebenfalls meinte, genug getan zu haben, sagte: „Zum Henker! Ich schwör's Euch, ich werde mir beim Syndikat Gerechtigkeit verschaffen!" Auch Maso ließ nun von der andren Seite den Rockschoß fahren und rief: „Und ich werde so lange wieder herkommen, bis ich Euch einmal weniger beschäftigt antreffe, als Ihr es heute anscheinend seid!" Darauf eilte der eine nach rechts, der andre nach links davon.

Der Herr Richter zog vor aller Augen seine Hose wieder an, als stände er gerade aus dem Bette auf, und da es ihm allmählich dämmerte, was geschehen war, fragte er, wo denn die beiden, die sich um Stiefel und Felleisen gestritten hatten, abgeblieben wären. Da sie aber nirgends mehr aufzufinden waren, schwor er es bei den Eingeweiden des himmlischen Vaters, daß er unbedingt herausbringen und wissen müsse, ob es in Florenz Brauch sei, dem Richter, während er auf der Bühne säße, um Recht zu sprechen, die Hosen herunterzuziehen.

Der Stadtvogt wollte, als ihm die Geschichte zu Ohren kam, eine große Sache daraus machen, da aber seine Freunde ihn darauf aufmerksam machten, daß dies nur geschehen wäre, um ihm kundzutun, daß die Florentiner wohl durchschauten, was für eine Sorte von Richtern er ihnen hergebracht habe, und daß er, um billig davonzukommen, sich mit lauter Schafsköpfen begnüge, hielt er es für geraten, die Sache mit Stillschweigen zu übergehen. Und so hatte denn für diesmal der Streich keine bösen Folgen.

SECHSTE GESCHICHTE

Bruno und Buffalmacco stehlen Calandrino ein Schwein. Dann veranlassen sie ihn, mit Ingwerfrüchten und Vernaccia den Versuch zu machen, es wieder herbeizuschaffen. Ihm selber geben sie nacheinander zwei in Aloe-Extrakt getauchte Früchte des Hundsingwers, so daß er in den Verdacht gerät, selbst das Schwein gestohlen zu haben. Schließlich muß er sich noch bei ihnen loskaufen, um zu verhindern, daß sie alles seiner Frau verraten.

Kaum hatte Filostrato seine Geschichte, über die alle herzlich lachten, beendet, so gebot die Königin schon Filomena, mit dem Erzählen fortzufahren. Diese begann:

Ihr anmutigen Mädchen, ebenso wie Filostrato durch die Erwähnung des Namens Maso del Saggio zum Erzählen der Novelle angeregt wurde, die ihr soeben von ihm hörtet, veranlaßt die Erwähnung Calandrinos und seiner Gefährten nun mich, euch von diesen noch einen Streich zu erzählen, der euch, wie ich denke, belustigen wird.

Wer Calandrino, Bruno und Buffalmacco waren, brauche ich nicht mehr zu erklären, da ihr in einer früheren Geschichte schon von ihnen gehört habt. So gehe ich denn weiter und möchte euch berichten, daß Calandrino nicht weit von Florenz entfernt ein Gütchen besaß, das seine Frau als Mitgift mit in die Ehe gebracht hatte. Auf diesem Gütchen zog er unter allerhand anderm Getier auch jährlich ein Schwein auf, und es war bei ihm so Brauch geworden, daß er jeweils im Dezember mit seiner Frau hinausging, um es zu schlachten und an Ort und Stelle einsalzen zu lassen.

Einmal nun geschah es, daß Calandrino, da seine Frau nicht recht auf dem Posten war, allein hinausging, um das Schwein zu schlachten. Bruno und Buffalmacco, die von dieser Sache gehört hatten und wohl wußten, daß Calandrinos Frau nicht mitgehen konnte, machten sich alsbald ebenfalls auf, um einen Priester, der eng mit ihnen befreundet und ein Nachbar Calandrinos war, auf einige Tage zu besuchen.

Nun hatte Calandrino eben an dem Tage, als die beiden draußen anlangten, sein Schwein geschlachtet. Als er sie mit dem Priester des Weges kommen sah, rief er ihnen entgegen: „Herzlich willkommen! Da seht, was für ein guter Landwirt ich bin!" Damit holte er sie herein und zeigte ihnen sein Schwein. Als sie gewahr wurden, daß es wirklich ein besonders fettes Schwein war, und hörten, daß Calandrino es für den Hausgebrauch einsalzen wollte, sagte Bruno zu ihm: „Ha, da bist du schön dumm! Verkaufe es lieber und laß uns das Geld verjubeln! Deiner Teuren kannst du ja immer noch erzählen, es sei dir gestohlen worden." Calandrino entgegnete: „Nein! Das würde sie niemals glauben. Sie würde mich davonjagen. Gebt euch keine Mühe, das tue ich nie und nimmer!" Noch viele Worte gingen hin und her, aber alles Reden blieb nutzlos. Schließlich lud Calandrino die Freunde so wenig freundlich zum Abendessen ein, daß sie es vorzogen, nicht bei ihm zu speisen, und ihn allein ließen. Bruno aber sprach unterwegs zu Buffalmacco: „Wollen wir ihm nicht über Nacht sein Schwein wegholen?" – „Oh, wie sollten wir das wohl fertigbringen?" fragte dieser. „Das ‚Wie' habe ich mir schon überlegt", fuhr Bruno fort, „wenn er es nicht von dem Platz wegnimmt, an dem es jetzt hängt." – „Dann nur zu!" rief Buffalmacco. „Laß es uns versuchen. Warum nicht? Nachher können wir es hier gleich zusammen mit unserm teuren Gottesmann verzehren." Der Priester erklärte, daß es ihm lieb sein sollte, und Bruno fügte hinzu: „Man muß aber listig ans Werk gehen. Du weißt ja, Buffalmacco, wie geizig der Calandrino ist, wie gerne er aber auch tüchtig trinkt, wenn ein andrer die Zeche bezahlt. Kommt, wir wollen ihn einladen, mit in die Schenke zu kommen. Der Priester wird so tun, als wolle er uns zu Ehren alles bezahlen, und wird nicht dulden, daß er selbst bezahlt. Da wird er sich leicht verführen lassen, und dann wird für uns alles sehr einfach sein, da er allein im Hause ist."

Wie Bruno vorgeschlagen, geschah es. Und als Calandrino bemerkte, daß der Priester es nicht zuließ, daß er selbst bezahlte, begann er tüchtig zu trinken und pumpte sich eine tüchtige Ladung ein, obwohl er nicht viel vertragen konnte. Da es, als sie endlich die Schenke verließen, bereits tiefe Nacht war, hatte er keine Lust mehr, noch ein Nachtmahl einzunehmen, sondern trollte sich nach Hause, vergaß die Tür abzuschließen und kroch schließlich, in der Meinung, alles besorgt zu haben, ins Bett.

Indessen waren Bruno und Buffalmacco mit dem Priester gegangen, um zur Nacht zu essen. Als sie damit fertig waren, machten sie sich mit allerlei Geräten, die ihnen die Tür zu Calandrinos Haus öffnen sollten, auf den Weg. Dort aber fanden sie die Tür unverschlossen, schlichen leise herein, hoben das Schwein vom Haken und schleppten es in das Haus des Priesters, wo sie es gut versteckten und schlafen gingen.

Am nächsten Morgen, als der Wein sich langsam aus seinem Kopf verflüchtigte, stand Calandrino auf und ging die Treppe hinab. Unten fand er die Haustür offen, von seinem Schwein aber keine Spur. Nachdem er all und jeden gefragt hatte, ob nicht jemand wüßte, wo sein Schwein abgeblieben sei, er es aber trotz allen Suchens nicht wiederfand, begann er einen Riesenlärm zu schlagen. Wehe, ach wehe, ausgerechnet ihm Unseligen habe man sein Schwein gestohlen!

Als Bruno und Buffalmacco sich erhoben hatten, machten sie einen Spaziergang in Richtung auf Calandrinos Anwesen, um zu hören, was er zu dem Verlust seines Schweines sage. Calandrino lief ihnen, sowie er sie kommen sah, fast weinend entgegen und rief: „Oh, meine Freunde! Mir ist mein Schwein gestohlen worden!" Bruno trat dicht an ihn heran und sagte leise zu ihm: „Ein Wunder, daß du endlich klug geworden bist!" – „Ach, weh mir", rief Calandrino, „ich sage die Wahrheit!" – „Ja, ja! Sag sie nur immer!" fuhr Bruno fort. „Schreie sie laut heraus! Dann hat es wenigstens den Anschein, als sei es wirklich so!" Calandrino begann noch lauter zu jammern und schrie: „Beim Kreuze Christi! Ich sage die Wahrheit. Das Schwein ist gestohlen!" – „Recht so, recht so!" rief Bruno. „So muß man es machen! Schreie tüchtig! Daß jeder den Lärm hört! Dann glauben alle, es sei wahr!" Calandrino rief: „Aber du bringst mich zur Verzweiflung! Ich sage die Wahrheit, und du glaubst mir nicht. Bei Gott, aufgehängt will ich werden, wenn es mir nicht gestohlen ist." – „Oh", rief nun Bruno, „wie könnte das möglich sein? Ich sah es doch gestern noch. Glaubst du etwa, mir weismachen zu können, daß es gestohlen sei?" Calandrino erwiderte: „Es ist so, wie ich dir sage." – „Wie", rief Bruno, „kann das angehen?" – „Ganz bestimmt", entgegnete Calandrino, „ich sage die Wahrheit. Ich bin ganz außer mir und weiß nicht, wie ich nach Hause zurückkehren soll. Meine Frau wird mir kein Wort glauben. Und wenn sie mir glauben sollte, wird sie mir das ganze Jahr keine Ruhe lassen." – „Gott steh mir bei!" rief nun Bruno. „Das ist wirklich übel, wenn es wahr ist. Aber du erinnerst dich, Calandrino, daß ich dir gerade gestern riet, so zu sagen. Ich wollte nicht, daß du gleichzeitig mit deiner Teuren auch uns zum besten hieltest." Calandrino begann aufs neue zu toben: „Ha! Warum wollt ihr mich zur Verzweiflung bringen und Gott und alle Heiligen und alles, was auf Erden ist, verfluchen lassen? Ich sage dir ja, das Schwein ist mir heute nacht gestohlen worden!"

Buffalmacco meinte nun: „Wenn es wirklich wahr ist, müßte man überlegen, wie man es, wenn möglich, wieder herbeischaffen könnte." – „Was soll ich beginnen?" fragte Calandrino. Buffalmacco fuhr fort: „Ganz bestimmt ist der Schweinedieb nicht aus Indien hierhergekommen. Es wird irgendeiner von deinen Nachbarn gewesen sein. Wenn du sie alle zusammenbringen könntest, so wüßte ich eine Probe mit Brot und Käse zu machen, bei der sogleich herauskäme, wer es gestohlen hat." – „Geh mir mit Brot und Käse", rief Bruno, „da kämst du nicht weit bei dem Volk, das hier in der Nähe wohnt, obwohl auch ich davon überzeugt bin, daß einer von ihnen das Schwein hat. Sie würden es sogleich merken und sich hüten herzukommen." – „Was wäre dann zu machen?" fragte Buffalmacco. „Man müßte es mit Ingwerfrüchten und Vernacciawein versuchen und alle zum Trinken einladen. Dabei würden sie sich nichts denken und kommen. Dann müßte man die Ingwerfrüchte besprechen wie Brot und Käse." – „Du hast recht!" rief Buffalmacco. „Was meinst du dazu, Calandrino? Wollen wir das versuchen?" Calandrino sagte: „Ich flehe euch an, bei allen Heiligen. Wenn ich erst wüßte, wer das Schwein hat, wäre ich schon halb beruhigt." – „Also ans Werk!" rief Bruno. „Ich bin bereit, dir zuliebe nach Florenz zu laufen, wenn du mir das nötige Geld gibst."

Calandrino händigte ihm die vierzig Soldi aus, die er bei sich hatte, und Bruno ging sogleich nach Florenz, wo er bei einem befreundeten Apotheker ein Pfund gute Ingwerfrüchte kaufte und außerdem zwei Früchte des gemeinen Hundsingwers in Aloe-Extrakt tauchen und dann auf die gleiche Weise mit Zucker glasieren ließ wie die übrigen. Um sie nicht zu vertauschen oder zu verwechseln, zeichnete er sie so deutlich, daß er sie jederzeit gut wiedererkennen konnte. Dann erstand er eine Flasche guten Vernaccia und machte sich auf den Rückweg nach Calandrinos Gütchen. Dort sprach er zu ihm: „Nun lade zu morgen früh alle Nachbarn, die dir verdächtig erscheinen, ein. Da gerade Festtag ist, wird jeder gerne kommen. Ich werde heute nacht zusammen mit Buffalmacco die Ingwerfrüchte besprechen und sie dir morgen herbringen. Dir zuliebe werde ich selbst sie den Leuten geben und alles tun und sagen, was dabei zu tun und zu sagen ist."

Calandrino tat, wie ihm geheißen. Er lud eine ganze Anzahl von jungen Florentinern, die sich im Dorfe aufhielten, und einige Landleute ein, und als diese sich am nächsten Morgen an der großen Ulme vor der Kirche einfanden, erschienen Bruno und Buffalmacco mit einer Schachtel Ingwerfrüchte und der Flasche Wein und ließen alle im Kreise um sich herum Aufstellung nehmen. Dann sagte Bruno: „Meine Herrschaften! Ich muß euch zunächst den Grund nennen, warum ihr hergebeten worden seid. Damit, falls etwas eintreten sollte, was euch nicht gefällt, ihr euch nicht über mich beklagen könnt. Dem Calandrino, der hier neben euch steht, wurde gestern nacht sein schönes Schwein gestohlen. Er weiß nicht, wie er den Täter ausfindig machen soll. Da jedoch niemand anders als einer der hier Anwesenden es gestohlen haben kann, werde ich, um zu ermitteln, wer es hat, jedem von euch eine von diesen Früchten geben und auch einen Schluck Wein dazu. Ihr sollt aber schon jetzt im voraus wissen, daß der, der das Schwein gestohlen hat, nicht imstande sein wird, die Frucht hinunterzuschlucken. Sie wird ihm im Gegenteil so gallenbitter vorkommen wie Gift, und er wird sie wieder ausspucken. Darum wäre es vielleicht besser, daß jener, der das Tier gestohlen hat, bevor ihn solche Schande vor aller Augen trifft, es in der Beichte dem hochwürdigen Herrn hier bekennt. Dann würde ich natürlich nicht auf dieser Probe bestehen!"

Indes erklärten alle Anwesenden sich bereit, den Ingwer zu essen, so daß Bruno, nachdem er noch Calandrino selbst mit in den Kreis gestellt hatte, damit anfing, jedem eine Frucht zu geben. Als er Calandrino gegenüberstand, nahm er eine von den Hundsfrüchten und drückte sie ihm in die Hand. Calandrino steckte sie unverzüglich in den Mund und begann zu kauen, doch sowie er sie auf der Zunge hatte, spürte er den herben Aloegeschmack, und da er die Bitterkeit nicht zu ertragen vermochte, spuckte er sie sogleich wieder aus. Nun starrte aber, um zu sehen, wer wohl die Frucht ausspucke, einer den andern an, und während Bruno noch mit dem Austeilen der Früchte beschäftigt war, hörte er hinter sich bereits das Geschrei: „Ha! Calandrino! Was soll das heißen?" Er wandte sich deshalb um, und als er sah, daß Calandrino seine Frucht ausgespien hatte, sagte er: „Wartet, vielleicht hat er aus irgendeinem andren Grund ausgespuckt. – Da, nimm eine andre!" Und er ergriff die zweite Hundsfrucht und steckte sie Calandrino in den Mund. Dann fuhr er fort, die restlichen Früchte, die noch vorhanden waren, auszuteilen.

War nun schon die erste Frucht dem wackren Calandrino bitter erschienen, so deuchte ihm diese bitterer als Galle zu sein. Da er sich aber schämte, sie auszuspucken, versuchte er, sie im Munde zu behalten und zu kauen, doch liefen ihm, während er sich damit abquälte, Tränen, so dick wie Haselnüsse, die Backen herunter. Schließlich konnte er die Bitterkeit nicht länger ertragen und spuckte auch die zweite Frucht aus, wie er die erste ausgespuckt hatte. Inzwischen hatte Buffalmacco der ganzen Gesellschaft und auch Bruno zu trinken gegeben, und alle zusammen behaupteten nun, als sie Calandrinos seltsames Verhalten sahen, daß todsicher er selber das Schwein fortgebracht habe. Und einige der Männer begannen sogleich, ihm heftige Vorwürfe zu machen.

Als endlich alle fortgegangen waren, blieben allein Bruno und Buffalmacco bei Calandrino zurück, und Buffalmacco sagte zu ihm: „Ich war von vornherein davon überzeugt, daß du selbst das Schwein beiseite gebracht hattest und uns nur weismachen wolltest, es sei gestohlen, damit du uns nicht für das Geld, das du bekommen hast, zum Trinken einzuladen brauchst." Calandrino, der noch immer nicht den bittren Geschmack der Aloe ganz losgeworden war, begann nun tausend Eide zu schwören, daß er das Schwein nicht fortgebracht habe. Buffalmacco aber sagte: „Was hast du dafür bekommen, alter Freund? Kruzitürken, hast du am Ende ganze sechs dafür bekommen?"

Calandrino verlor bei diesen Worten fast den Verstand, Bruno aber sagte zu ihm: „Höre einmal zu, Calandrino, in der Gesellschaft, die hier gegessen und getrunken hat, war auch einer, der mir erzählte, daß du, ich weiß nicht, wo, hier etwas höher hinauf, ein junges Mädchen sitzen hast, welches du zu deinem Vergnügen aushältst und der du alles hinschleppst, was du erübrigen kannst. Er war fest davon überzeugt, daß du das Schwein zu diesem Mädchen geschafft hast. Du hast alles nur so hingestellt, weil du uns einen Possen spielen wolltest. Schon einmal hast du uns an den Mugnone gelockt, um schwarze Zaubersteine zu suchen. Und als du uns ohne Proviant auf Fahrt geschickt hattest, machtest du dich dünn und wolltest uns hinterher noch glauben machen, daß du den Zauberstein gefunden hättest. Jetzt willst du uns auf ähnliche Art mit deinen Schwüren weismachen, daß dein Schwein dir gestohlen sei, welches du verschenkt oder verkauft hast. Wir sind aber schon an deine Streiche gewöhnt und kennen sie nun. Ein zweites Mal wirst du uns nicht hereinlegen. Und weil wir, um die Wahrheit zu sagen, uns heute wirklich angestrengt haben, die Früchte zu besprechen, erwarten wir von dir, daß du uns sogleich zwei Paar Kapaune gibst. Weigerst du dich, werden wir deiner Frau alles verraten."

Calandrino, der nur zu gut sah, daß die beiden ihm nicht glaubten, und der Meinung war, er habe genug Ärger gehabt, weshalb er keinesfalls noch den Zorn seiner Frau heraufbeschwören wollte, rückte schweren Herzens die zwei

Paar Kapaune heraus. Die beiden Freunde aber salzten ihr Schwein, brachten es nach Florenz und ließen Calandrino mit Schaden und Spott zurück.

SIEBENTE GESCHICHTE

Ein Student liebt eine junge Witwe, die in einen andern verliebt ist und ihn eine lange Winternacht hindurch wartend im Schnee stehen läßt. Dafür gibt er ihr später einen Rat, dem zufolge sie in der Mitte des Juli einen ganzen Tag auf einem Turme nackt den Fliegen, Wespen und der Sonne ausgesetzt bleibt.

Über den Einfaltspinsel von Calandrino stimmten die Damen ein großes Gelächter an und hätten wohl noch mehr gelacht, wenn es ihnen am Ende nicht leid getan hätte, zu hören, daß die beiden Kumpane, die ihm schon das Schwein entwendet hatten, ihm nun auch noch die Kapaune abnahmen. Da die Erzählung beendet war, ermunterte die Königin Pampinea, nun die ihre zu erzählen, und Pampinea begann folgendermaßen:

Meine teuren Mädchen, wie oft wird List von List geschlagen! Ich halte es daher für mehr als unverständig, sein Vergnügen darin zu suchen, andere Menschen zu verhöhnen. Wir haben über manchen Streich in den erzählten Novellen herzlich gelacht, doch wurde uns nie berichtet, daß auch einer von diesen Streichen gerächt worden sei. Ich beabsichtige nun, bei euch ein wenig Mitleid für eine gerechte Lektion zu erwecken, die eine unsrer Mitbürgerinnen erteilt bekam, der ihr Übermut so grausam vergolten wurde, daß sie dem Tode nahe war, als die Rache sie ereilte. Diese Geschichte anzuhören wird für euch nicht ohne Nutzen sein, da ihr euch hinterher noch mehr in acht nehmen werdet, andere Menschen zu verspotten; und daran werdet ihr gut tun.

Es sind noch nicht sehr viele Jahre vergangen, als in Florenz eine junge Frau lebte, die gar schön von Gestalt, stolz von Gemüt, aus edlem Geschlecht und mit allen Gütern des Lebens reich gesegnet war. Sie hieß Helena und hatte,

als sie nach dem Tode ihres Mannes Witwe wurde, den
Entschluß gefaßt, keine zweite Ehe einzugehen, da sie sich
in einen schönen, liebenswürdigen Mann, der ganz nach
ihrem Geschmack war, verliebt hatte. Von keinerlei Rücksichtnahme gehindert, machte sie sich mit ihm unter Beihilfe
eines Kammermädchens, das ihr volles Vertrauen besaß,
viele reizvolle Stunden und schöne Tage.

In dieser Zeit geschah es, daß der junge Rinieri, ein Edelmann aus unserer Vaterstadt, der lange in Paris studiert
hatte – nicht, um des Verdienstes wegen einen Beruf zu ergreifen, wie viele es tun, sondern um den Ursprung aller
Dinge und ihre Begründung zu erforschen, wie es einem
Edelmann geziemt –, aus Paris nach Florenz zurückkehrte
und hier, ob seines Adels und seines Wissens von jedermann geachtet, ein bürgerliches Leben zu führen begann.

Oftmals sehen wir, daß gerade Menschen, die große
Kenntnisse in den Dingen der Wissenschaft besitzen, sich
leicht von den Fallstricken der Liebe umgarnen lassen. Dies
traf auch bei Rinieri zu, als er einst zu seiner Zerstreuung
an einem Feste teilnahm und dort zufällig die schöne Edeldame Helena zu Gesicht bekam. Sie war, wie es bei unseren Witwen Brauch ist, in ein schwarzes Gewand gekleidet
und erschien dem Studenten schöner und reizvoller als jede
andre Frau, und er dachte bei sich, daß jener Mann, dem
Gott die Gnade erweise, diese Frau nackt in die Arme
nehmen zu dürfen, sich wahrlich selig preisen müsse. Nachdem er sie verstohlen wieder und wieder angeblickt hatte,
beschloß er – wohl erwägend, daß alles Große und Köstliche nie mühelos zu erringen ist –, sich jeder erdenklichen
Mühe und Anstrengung zu unterziehen, um ihre Gunst zu
erringen, damit er so ihre Liebe und schließlich sie selbst
erringen möchte.

Die junge Witwe, die ihre Augen keineswegs ständig zur
Hölle niedergeschlagen hielt, sondern von ihrem eigenen
Wert mehr als nötig überzeugt war, deshalb ihre Blicke
geschickt umherschweifen ließ und überall herausfand, wer
sie voller Bewunderung ansah, bemerkte Rinieri bald und
dachte lächelnd bei sich: ‚Heute bin ich nicht umsonst hier
erschienen. Wenn ich mich nicht irre, habe ich wieder einen
Zeisig im Garne.' Sie sah aus den Augenwinkeln noch mehrmals zu ihm hinüber und bemühte sich, ihm, soweit es an-

gängig war, zu verstehen zu geben, daß auch ihr an ihm gelegen sei, da sie meinte, je mehr Anbetung und Verehrung ihr zuteil würde, desto höher steige der Wert ihrer Schönheit, vor allem in den Augen jenes Mannes, dem sie zusammen mit dieser Schönheit auch ihre Liebe geschenkt hatte.

Der gescheite Student ließ alle seine philosophischen Erkenntnisse links liegen und wandte sein ganzes Sinnen und Trachten der schönen Frau zu. Und da er glaubte, ihr zu gefallen, begann er, nachdem er ihre Wohnung ausgekundschaftet hatte, häufig an ihrem Hause vorüberzugehen, diese Spaziergänge vor sich selbst mit den verschiedensten Entschuldigungen bemäntelnd. Die Dame, die sich aus dem erwähnten Grunde recht geschmeichelt fühlte, stellte sich, als sähe sie ihn gerne, so daß unser Student sich bei der ersten Gelegenheit ihrem Mädchen näherte, ihr seine Liebe zu ihrer Herrin offenbarte und sie bat, doch jene zu bewegen, ihm ihre Gunst zuzuwenden. Das Mädchen machte ihm die größten Versprechungen und berichtete sogleich alles ihrer Dame, die sich die Geschichte lachend anhörte und dann erwiderte: „Hast du gesehen, daß er den Verstand, den er in Paris erwarb, bereits verloren hat? Nun gut, er soll haben, was er sucht. Sage ihm, wenn er dich wieder anspricht, daß ich ihm viel mehr noch zugetan bin als er mir, daß ich aber meines guten Rufes wegen sehr auf mich halten muß, damit ich anderen Frauen erhobenen Hauptes entgegentreten kann. Wenn er wirklich so klug ist, wie die Leute sagen, wird er mich darum desto höher schätzen." – Ach, die Arme, die Arme! Sie wußte nicht, meine teuren Freundinnen, was es heißt, sich mit einem Studenten einzulassen!

Als das Mädchen Rinieri wieder traf, richtete sie ihm getreulich aus, was die Dame ihr aufgetragen hatte. Der Student war darob hocherfreut und verstärkte nun seine Bemühungen um jene Dame mit heißeren Bitten und begann, ihr Briefe und Geschenke zu übersenden. Es wurde auch alles angenommen, jedoch erhielt er keine oder nur ganz allgemeine Antworten.

Auf diese Weise hielt die Schöne den wackren Studenten lange Zeit hin.

Schließlich, als sie einmal ihrem Liebhaber alles erzählt und dieser ihr deswegen verschiedene zornige Eifersuchtsszenen gemacht hatte, schickte sie, um ihrem Geliebten die Ungerechtigkeit seiner Vorwürfe zu beweisen, ihr Mädchen zu dem Studenten, der ihr fortgesetzt Erklärungen seiner Liebe übermittelte, und ließ ihm sagen, daß sie bisher keine Gelegenheit gehabt habe zu tun, was er begehre, daß sie jedoch nun von seiner Liebe überzeugt sei und hoffe, während des bevorstehenden Weihnachtsfestes endlich mit ihm zusammen sein zu können. Er möge darum, wenn es ihm recht sei, am Abend nach dem Fest in ihren Hof kommen. So schnell es ihr möglich sei, werde sie zu ihm eilen.

Der Student, der sich für den glücklichsten Menschen unter der Sonne hielt, begab sich zu der genannten Zeit zum Hause der Dame, wurde von dem Mädchen in den Hof geführt und dort eingeschlossen und begann nun, die Dame zu erwarten. Diese aber hatte am gleichen Abend ihren Geliebten zu sich eingeladen, und nachdem sie in heiterster Laune mit ihm gespeist hatte, erzählte sie ihm, was sie für heute nacht vorhabe, und setzte hinzu: „So wirst du endlich sehen, wie groß und welcher Art meine Liebe zu jenem Mann war und ist, auf den du so töricht eifersüchtig bist." Er vernahm mit Genugtuung ihre Rede und begehrte dann mit eigenen Augen zu sehen, was die Dame ihm mit Worten berichtet hatte.

Nun hatte es zufällig am Vortage heftig geschneit, und alles war von Schnee bedeckt. Aus diesem Grunde hatte der Student schon nach kurzem Verweilen auf dem Hofe mehr, als ihm lieb war, zu frieren begonnen. Da er jedoch hoffte, sich bald erholen zu können, harrte er geduldig aus. Bald danach sagte die Dame zu ihrem Freund: „Komm, laß uns ins Schlafzimmer gehen und aus dem kleinen Fenster sehen, wie es jenem geht, auf den du so eifersüchtig bist. Laß uns hören, was er dem Mädchen antworten wird, das ich beauftragt habe, mit ihm zu reden."

Beide begaben sich an das kleine Fenster und blickten hinaus, ohne selber gesehen zu werden, und hörten, wie das Mädchen aus einem andren Fenster zu dem Studenten sprach: „Rinieri, die Herrin ist so unglücklich wie noch nie. Heute abend ist einer ihrer Brüder gekommen. Er unterhielt sich endlos mit ihr und verlangte dann, auch mit ihr zu Abend zu essen. Bis jetzt ist er noch nicht fortgegangen. Doch ich glaube, daß er es bald tun wird. Aus diesem

Grunde hat sie bisher noch nicht zu dir kommen können, nun wird sie gewiß bald kommen. Sie bittet dich, du möchtest es dir nicht leid werden lassen zu warten." Der Student glaubte ihr aufs Wort und erwiderte: „Sage nur meiner verehrten Dame, sie solle sich meinetwegen keine Gedanken machen, bis sie in aller Bequemlichkeit zu mir kommen kann. Doch möchte sie es so bald wie möglich tun." Das Mädchen zog den Kopf ins Fenster zurück und ging zur Ruhe. Die Dame aber sagte zu ihrem Geliebten: „Nun, zufrieden? Was sagst du? Glaubst du etwa, daß ich jenen leiden und dort unten zu Eis erstarren ließe, wenn ich ihm so wohlgeneigt wäre, wie du befürchtetest?" Darauf ging sie mit ihm, der schon fast beruhigt war, ins Bett, wo sie sich lange Zeit sehr zärtlich miteinander ergötzten und über den unglücklichen Studenten lachten und spotteten.

Der Student versuchte sich indes durch eifriges Hinundherlaufen auf dem Hofe etwas zu erwärmen, da es dort weder einen Platz gab, wo er sich hätte niederlassen, noch einen Winkel, wo er der kalten Nachtluft hätte entfliehen können. Er verwünschte das lange Verweilen des Bruders bei der Dame und dachte bei jedem Geräusch, das er wahrnahm, es sei die Haustür, welche die Dame für ihn öffne. Doch all sein Hoffen war vergeblich.

Die Dame ergötzte sich bis gegen Mitternacht mit ihrem Geliebten und fragte diesen dann: „Was meinst du, mein Herz, was sollen wir mit dem Studenten machen? Was scheint dir nun größer zu sein, sein Verstand oder die Liebe, die ich ihm entgegenbringe? Wird die Kälte, die ich ihn erdulden lasse, dir die Eifersucht, die meine Scherzworte dort erweckt haben, wieder aus dem Herzen jagen?" Der Liebhaber erwiderte: „Du mein geliebtes Herz, ja! Jetzt ist mir klargeworden, daß du mein höchstes Gut bist, meine Ruhe, mein Entzücken und all meine Hoffnung, genau wie ich die deine bin." – „Wohlan", sagte die Dame, „so küsse mich mindestens tausendmal, damit ich sehe, ob du die Wahrheit sprichst!" Ihr Liebhaber zog sie in seine Arme und küßte sie nicht tausendmal, sondern hunderttausendmal, und nachdem sie in ähnlichen Gesprächen noch eine geraume Zeit beieinander gewesen waren, sagte die Schöne: „Laß uns jetzt ein wenig aufstehen und sehen, ob das Feuer erloschen ist, in dem mein neuer Verehrer seinen Briefen nach lichterloh brannte." So standen sie auf und begaben sich an das nämliche Fenster. Als sie in den Hof hinabblickten, sahen sie den Studenten nach dem Rhythmus seiner von der schier unerträglichen Kälte klappernden Zähne in so tollen, schnellen Hopsern auf dem Schnee hin und her springen, wie sie es noch nie gesehen hatten. „Was sagst du nun, teurer Schatz? Siehst du jetzt ein, daß ich es verstehe, die Männer auch ohne Trompete und Dudelsack zum Tanzen zu bringen?" Lachend erwiderte ihr Liebhaber: „Jawohl, Allersüßeste!" – „So wollen wir an die Haustür hinuntergehen", schlug die Dame vor. „Du wirst dich dort ganz ruhig verhalten. Ich aber will mit ihm sprechen und hören, was er sagt. Vielleicht werden wir daran nicht weniger Spaß haben als an seinem Anblick." Damit öffnete sie leise das Schlafgemach, und beide stiegen zur Haustür hinab. Ohne die Tür zu öffnen, rief die Dame durch einen Türspalt mit leiser Stimme nach dem Studenten. Als dieser ihren Ruf vernahm, lobte er Gott und hoffte nun, allzu leichtfertig, eingelassen zu werden. Er trat an die Tür heran und rief: „Hier bin ich, Madonna! Öffnet, um Gottes willen, sonst erfriere ich." Sie aber erwiderte: „Ach, ich weiß schon, daß du ganz erstarrt sein mußt. Die Kälte ist so groß, und es ist auch noch Schnee gefallen. Doch ich weiß auch, daß es in Paris noch weit schlimmer ist. Ich kann dir nicht öffnen, weil mein verwünschter Bruder immer noch nicht fortgegangen ist, der gestern abend kam, um bei mir zu essen. Nun wird er aber bald gehen, und dann werde ich sofort kommen und dir öffnen. Ich bin mit vieler Mühe jetzt einen Augenblick entwischt, um herzukommen und dich ein wenig zu trösten, damit dir das Warten nicht allzu schwerfällt." Der Student erwiderte: „Erbarmen, Madonna, öffnet mir um Gottes willen, damit ich wenigstens drinnen unter Dach stehen kann. Seit einiger Zeit ist das fürchterlichste Schneegestöber der Welt im Gange, es schneit ununterbrochen. Ich will gerne so lange warten, bis es Euch paßt." Die Dame erwiderte: „Ach, mein teurer Freund, das kann ich wirklich nicht, denn diese Tür macht großen Lärm, wenn man sie öffnet. Mein Bruder könnte es sehr leicht hören, wenn ich sie aufmache. Doch ich will gehen und ihn nach Hause schicken, damit ich dir öffnen kann." – „So geht schnell!" rief der Student. „Ich flehe Euch an, laßt ein tüchtiges Feuer anmachen, damit ich mich gleich erwärmen kann, wenn ich hereinkomme. Ich bin so kalt geworden, daß ich keinerlei Gefühl mehr habe." Die Dame sagte: „Nanu, das kann doch eigentlich nicht möglich sein, wenn es wahr wäre, was du mir immer geschrieben hast, nämlich, daß du vor Liebe zu mir ganz in Flammen stehst. Ich glaube, du willst einen Scherz machen. Jetzt gehe ich. Warte und sei guten Mutes!"

Ihr Geliebter, der zu seiner größten Befriedigung diese Unterhaltung mit angehört hatte, kehrte nun mit ihr ins Bett zurück, doch fanden beide in dieser Nacht wenig Schlaf, sondern verbrachten die ganze Zeit mit süßen Zärtlichkeiten und Spötteleien über den unglücklichen Studenten.

Dieser sah, nachdem er fast zum Storch geworden war, so laut klapperte er mit den Zähnen, nun ein, daß er genarrt wurde. Er versuchte mehrmals, die Tür zu öffnen, und ließ die Blicke nach allen Seiten wandern, ob sich nicht eine Gelegenheit böte, herauszukommen. Da sich jedoch kein Ausweg fand, mußte er sich damit begnügen, wie ein Löwe im Käfig auf und ab zu laufen, wobei er alles verfluchte, das elende Wetter, die Bösartigkeit der Dame, die Länge der Nacht und nicht zum mindesten seine eigene Torheit. In tiefem Zorn auf die Dame verwandelte sich seine lange glühende Liebe mit einem Schlage in grausamen, wilden Haß. Er schmiedete die größten und verschiedenartigsten Rachepläne, da er jetzt die Rache noch viel heißer ersehnte als vorher das Zusammensein mit der Dame.

Nach schier endloser Dauer neigte sich die Nacht endlich ihrem Ende zu, und der Morgen begann langsam zu grauen. Aus diesem Grunde kam das Mädchen, das von der Dame genaue Anweisungen erhalten hatte, herunter, öffnete die Hoftür und sagte scheinbar voller Mitleid zu dem Studenten: „Der Schlag soll jenen treffen, der gestern zu uns kam. Uns hat er die ganze Nacht hindurch belästigt und dich ganz zu Eis erstarren lassen. Doch weißt du was? Ertrage es in Geduld. Was heute nacht nicht geschehen konnte, wird ein andermal geschehen. Ich weiß genau, daß meiner Herrin nichts Unangenehmeres hätte passieren können."

Der erzürnte Student wußte nun als kluger Mann sehr wohl, daß Drohungen nichts anderes sind als die Waffe des Bedrohten; er hielt darum mit Gewalt zurück, was seine grenzenlose Erbitterung gerne hinausgeschleudert hätte, und entgegnete leise, ohne einen Funken Erregtheit zu zeigen: „Wahrhaftig, ich habe die böseste Nacht meines Lebens hinter mir, doch habe ich klar erkannt, daß die Dame hieran keinerlei Schuld trägt, da sie selbst sogar aus Mitleid mit mir noch heruntergekommen ist, um sich zu entschuldigen und mich zu trösten. Und wie du sagst, wird ein andermal geschehen, was heute nacht nicht geschehen konnte. Darum empfehle mich ihr und geh mit Gott." Dann stapfte er, von der Kälte übel zugerichtet, so gut er konnte, nach Hause und warf sich todmüde und erschöpft aufs Bett. Doch wachte er bald darauf mit gänzlich abgestorbenen Armen und Beinen wieder auf, so daß er nach einem Arzt senden ließ, der die nötigen Schritte zu seiner Wiederherstellung veranlaßte, nachdem der Student ihm erzählt hatte, welcher Kälte er ausgesetzt gewesen sei. Mit allerlei kräftigenden, schnell angewandten Medikamenten gelang es denn auch mit einiger Mühe dem Arzte, seine Nerven zu kurieren, so daß sie wieder imstande waren, sich auszudehnen. Hätten jedoch nicht auch seine Jugend und die eintretende warme Jahreszeit das Ihre dazu beigetragen, hätte er noch große Schmerzen auszuhalten gehabt. So aber war er bald wieder im vollen Besitz seiner Gesundheit und Frische und zeigte sich, allen Haß sorgfältig verbergend, verliebter denn je in seine junge Witwe.

Nach einer gewissen Zeit bot Fortuna dem Studenten eine Gelegenheit, seine Rache zu befriedigen. Der junge Mann, der von der Witwe so sehr geliebt wurde, verliebte sich nämlich, ohne Rücksicht auf ihre Neigung zu ihm, in eine andere Dame, und da er aus diesem Grunde weder sagen noch tun wollte, was ihr gefiel, begann sie, sich in Tränen und Bitternis zu verzehren. Da kam ihr Mädchen, das großes Mitleid mit ihr empfand und keinen andern Rat wußte, die Herrin aus ihrer Trauer um den verlorenen Liebhaber herauszureißen, auf den närrischen Gedanken, daß man versuchen solle, den Geliebten der Dame durch irgendeinen Zauber wieder dahin zu bringen, sie wie bisher zu lieben. Da sie nun den Studenten nach altgewohnter Weise immer noch auf der Straße vorübergehen sah, meinte sie, daß dieser wohl auch in solchen Dingen ein großer Meister sein müsse, und teilte dies sogleich ihrer Herrin mit.

Törichterweise und ohne zu überlegen, daß der Student, hätte er sich auf derartige Zaubereien verstanden, diese wohl in erster Linie für sich selber angewandt hätte, fand die Dame Gefallen an den Worten ihrer Kammerzofe und trug ihr auf, in Erfahrung zu bringen, ob der Student hierzu bereit sei. Sie verspreche ihm zum Dank dafür, mit Bestimmtheit alles zu tun, was ihm gefalle. Die Zofe richtete die Botschaft schlau und gewissenhaft aus, und als der Student sie vernahm, dachte er hocherfreut bei sich: ‚Herrgott, du seist gepriesen! Die Zeit ist gekommen, wo ich mit deiner Hilfe diesem erbärmlichen Weib die Schmach heimzahlen kann, die sie mir als Lohn für meine heiße Liebe angetan hat.' Er antwortete dem Mädchen: „Sage meiner verehrten Dame, daß sie sich hierüber keine Sorge zu machen braucht. Selbst wenn ihr Geliebter in Indien wäre, würde ich ihn sogleich herbeischaffen und veranlassen, sie um Verzeihung zu bitten für alles, was er ihr angetan hat. Jedoch kann ich das Mittel, das sie anwenden muß, um dies zu erreichen, nur ihr selber sagen, wann und wo es ihr beliebt. Das bestelle ihr und tröste sie in meinem Auftrage." Das Mädchen überbrachte diese Antwort ihrer Herrin, die nun bestimmte, daß man in Santa Lucia del Prato zusammenkommen wolle.

Als die Dame und der Student einander an diesem Orte trafen und allein miteinander sprachen, erinnerte sie sich mit keinem Gedanken mehr daran, daß sie ihn einst beinahe an den Rand des Grabes geführt hatte, sondern eröffnete ihm arglos ihre Lage und ihre Wünsche und bat ihn, ihr doch um Himmels willen zu helfen. Darauf sagte der Student zu ihr: „Madonna, es stimmt schon, daß ich unter anderm in Paris auch die Schwarze Kunst erlernte, von der ich alles, was sie zu bieten hat, mir aneignete. Da sie indes Gott nicht wohlgefällt, habe ich den Schwur getan, sie niemals weder für mich noch für jemand anders anzuwenden. Die Liebe aber, die ich Euch entgegenbringe, ist in der Tat so unermeßlich, daß ich nicht weiß, wie ich Euch etwas abschlagen soll, das Ihr von mir erbittet. Und so bin ich denn, selbst wenn ich für dieses eine Mal die Beute des Teufels werden sollte, bereit, es zu tun, weil Ihr es verlangt. Doch muß ich Euch daran erinnern, daß alles viel beschwerlicher sein wird, als Ihr wahrscheinlich annehmt, ganz be-

sonders dann, wenn eine Frau einen Mann zurückerobern will oder ein Mann eine Frau. Dies kann durch nichts anderes geschehen als durch die eigene Person dessen, der es wünscht, und um es zu vollbringen, muß dieser tapferen Sinnes sein, denn alles muß in der Nacht geschehen und an einem einsamen Ort, ohne irgendwelche Begleitung. Ob Ihr imstande seid, das alles zu vollbringen, weiß ich nicht."
Die Dame, deren Verliebtheit größer war als ihr Verstand, entgegnete: „Meine Liebe spornt mich so übermächtig an, daß es nichts gibt, was ich nicht täte, um jenen Mann zurückzugewinnen, der mich zu Unrecht verlassen hat. Auf alle Fälle sage mir, wenn es dir gefällt, inwiefern ich tapferen Sinnes sein muß." Der Student, ein wahrer Wolf im Schafspelz, fuhr fort: „Madonna, als erstes muß ich ein Bild aus Zinn von demjenigen anfertigen, den Ihr wiederzugewinnen begehrt. Wenn ich Euch dieses Bildnis übersandt habe, müßt Ihr kurz vor dem Neumond ganz allein zur Zeit des ersten Schlafes nackt mit diesem Bilde siebenmal in einem fließenden Wasser baden. Danach müßt Ihr, so nackt, wie Ihr seid, auf einen Baum oder auf irgendein unbewohntes Haus hinaufsteigen und, nach Norden gewandt, das Bild in den Händen, siebenmal bestimmte Worte sprechen, die ich Euch aufschreiben werde. Sowie Ihr diese gesprochen habt, werden zwei Jungfrauen zu Euch treten, schöner, als Ihr je welche gesehen habt. Sie werden Euch grüßen und Euch freundlich nach Eurem Begehr fragen. Ihr müßt ihnen dann ausführlich und genau Eure Wünsche kundtun. Doch hütet Euch, dabei einen falschen Namen auszusprechen. Nachdem Ihr ihnen alles gesagt habt, werden sie fortgehen, und Ihr könnt sodann herabsteigen und an den Ort gehen, wo Ihr Eure Kleider abgelegt habt, Euch anziehen und heimgehen. – Ihr könnt sicher sein, daß Euer Liebhaber noch vor Ablauf der folgenden Nacht weinend zu Euch kommen und Euch um Gnade und Erbarmen anflehen wird. Und Ihr könnt mir glauben, daß er Euch von Stund an niemals wieder um einer andren willen verlassen wird."
Als die Dame diese Worte hörte, denen sie voll vertraute, glaubte sie, ihren Geliebten bereits wieder in den Armen zu halten. Halb getröstet sagte sie: „Habt keine Sorge. Ich werde alles getreulich ausführen. Ich habe die beste Gelegenheit der Welt dazu, denn ich habe im oberen Arnotal

eine Besitzung in der Nähe des Flußufers. Da wir gerade im Juli sind, wird es herrlich sein, dort zu baden. Auch erinnere ich mich, daß nicht weit vom Fluß entfernt ein alter unbewohnter Turm steht. Nur hin und wieder steigen über die alten Leitern aus Kastanienholz Hirten auf den Söller, der sich oben befindet, um von dort aus Ausschau zu halten nach verirrten Tieren. Es ist ein einsamer, abgelegener Ort. Ich werde daher auf diesen Turm steigen, da ich hier am besten das hoffe ausführen zu können, was du mir auftragen wirst."

Der Student, der über den Besitz der Dame und den kleinen Turm genau im Bilde war, sagte nun, sehr zufrieden über die Zusicherung ihres Einverständnisses: „Madonna, ich war noch nie in jener Gegend und kenne daher weder Eure Besitzung noch den kleinen Turm. Wenn sich alles so verhält, wie Ihr sagt, kann es auf der Welt keinen geeigneteren Platz geben. Ich werde Euch also, sowie es an der Zeit ist, das Bild und die Beschwörungsformel schicken. Ich bitte Euch aber inständig, daß Ihr Euch, wenn Euer Verlangen erfüllt ist und Ihr seht, daß ich Euch gute Dienste leistete, meiner erinnert und Euer Versprechen halten werdet!" Die Dame versprach ihm, dies auf jeden Fall zu tun, verabschiedete sich sodann von ihm und kehrte nach Hause zurück.

Der Student aber machte, hochbefriedigt, daß allem Anschein nach sein Vorhaben von Erfolg gekrönt sein würde, ein Bildnis mit allerlei Zauberzeichen und schrieb dazu eine erfundene Beschwörungsformel, schickte beides, als es ihm an der Zeit schien, zu der Dame und ließ ihr ausrichten, daß sie gleich in der kommenden Nacht alles tun müsse, was er ihr gesagt habe. Dann machte er sich mit einem Bedienten in aller Heimlichkeit auf den Weg zu einem Freunde, der in der Nähe jenes Turmes wohnte, um nun sein Vorhaben in die Tat umzusetzen. Die Dame ihrerseits machte sich mit ihrem Mädchen ebenfalls auf und begab sich auf ihre Besitzung. Als die Nacht heraufzog, tat sie, als wolle sie zur Ruhe gehen, und schickte auch das Mädchen ins Bett, sie aber verließ um die Stunde des ersten Schlafes in aller Heimlichkeit das Haus und ging an das Ufer des Arno in die Nähe des kleinen Turmes. Nachdem sie sich lange nach allen Seiten umgesehen, aber keine Menschenseele erblickte oder hörte, legte sie ihre Kleider ab und verbarg sie unter einem Busch, dann badete sie siebenmal mit dem Bilde und ging schließlich, nackt, das Bild in der Hand, auf den Turm zu. Der Student, der sich mit seinem Diener schon bei Einbruch der Nacht unter den Weiden und andren Büschen in der Nähe des Turmes versteckt und alles, was sie tat, mit angesehen hatte, fühlte, als sie nackt dicht neben ihm vorbeiging und der zarte Schimmer ihres Körpers die Dunkelheit der Nacht besiegte und er auch ihren schönen Busen und die übrigen Körperteile betrachten konnte, die von wunderbarem Ebenmaß waren, fast so etwas wie Mitleid, wenn er sich vorstellte, wie alles nach wenigen Stunden aussehen würde. Andrerseits überfiel ihn bei ihrem Anblick die Lust des Fleisches so jäh, daß jener, der da schlief, sich aufrichtete und ihn anstachelte, aus seinem Versteck hervorzubrechen und sie in seine Arme zu reißen, um sein Begehren zu stillen. Und er war nahe daran, sich von dem einen oder anderen besiegen zu lassen. Als es ihm jedoch wieder bewußt wurde, wer er war, welche Schmach er empfangen und warum und von wem, flammte sein Zorn von neuem auf, so daß er alles Mitleid und alles sinnliche Verlangen überwand und, fest in seinem Vorhaben verharrend, die Dame vorübergehen ließ.

Die Schöne wandte sich, als sie den kleinen Turm erstiegen hatte, gen Norden und begann die Worte herzusagen, die der Student ihr aufgeschrieben hatte. Dieser aber hatte sich gleich nach der Dame in den kleinen Turm geschlichen und die Leiter, die zu dem kleinen Söller hinaufführte, auf dem die Dame sich befand, behutsam nach und nach fortgezogen und wartete nun ab, was sie sagen oder tun würde.

Diese hatte indes ihre Beschwörungen siebenmal hergesagt und wartete nun darauf, daß die beiden Jungfrauen kämen. Sie mußte aber auf diese so lange warten, daß sie, abgesehen von der Kühle der Nacht, die ihr unangenehmer war, als sie gewünscht hätte, schließlich die Morgenröte erscheinen sah. Betrübt, daß nicht eingetroffen war, was der Student ihr versprochen hatte, sagte sie zu sich selber: ‚Ich fürchte, jener hat mir eine ähnliche Nacht bereiten wollen wie ich ihm. Jedoch wenn das seine Absicht gewesen ist, hat er sich nur schlecht zu rächen gewußt. Denn diese Nacht ist nicht den dritten Teil so lang gewesen als die seine, ganz abgesehen davon, daß die Kälte damals von ganz andrer Art war.' Damit der Tag sie hier oben nicht überrasche, beschloß sie nun, den Turm zu verlassen, fand aber nirgends die Leiter. Als wäre die Welt unter ihren Füßen nicht mehr vorhanden, verlor sie plötzlich allen Mut und sank ohnmächtig auf den Söller des Turmes nieder. Als die Besinnung ihr wiederkehrte, begann sie verzweifelt zu weinen und zu jammern und in der Erkenntnis, daß dies das Werk des Studenten sei, laut zu bedauern, daß sie jenen beleidigt, danach aber auch, daß sie ihm wieder vertraut habe, den sie berechtigterweise als ihren Feind hätte ansehen sollen. Mit solchen Klagen brachte sie eine geraume Zeit zu und begann sodann, sich umzublicken, ob es nicht eine Möglichkeit gäbe, vom Turm herabzusteigen. Da nun eine solche nicht bestand, fing sie aufs neue an zu weinen und sprach, während bittere Gedanken sie heimsuchten, zu sich selbst: ‚O du Unselige! Was werden deine Brüder, deine Verwandten und Nachbarn sagen und ganz Florenz, wenn man erfährt, daß du hier nackt gefunden worden bist! Dein guter Ruf, der so erhaben war, wird als falsch erkannt werden. Und wenn du auch für diese Dinge lügnerische Entschuldigungen erfändest, wie es am Ende noch möglich wäre, so würde der verwünschte Student, der nun alles von dir weiß, deine Lügen nicht durchgehen lassen. Ach, du Unglückliche, mit einem Schlage hast du deinen bösen jungen Geliebten und deine Ehre verloren!' – Danach überfiel sie ein so tiefer Kummer, daß sie drauf und dran war, sich von dem Turm auf die Erde herabzustürzen.

Da inzwischen die Sonne aufgegangen war, geschah es – während die Witwe sich eben auf der einen Seite ein wenig mehr der Umwehrung des Turmes genähert hatte, um zu sehen, ob nicht irgendein Knabe mit seinen Tieren in die Nähe käme, den sie zu ihrem Mädchen schicken könne –, daß der Student, der unter dem Busch ein wenig geschlafen hatte, erwachte und die Dame erblickte, ebenso wie sie ihn. „Guten Tag, Madonna", rief er zu ihr hinauf, „nun, sind die Jungfrauen dagewesen?" Als die Dame ihn erkannte und seine Worte vernahm, begann sie wieder heftig zu weinen und flehte ihn an, in den Turm zu kommen, damit sie mit ihm sprechen könne. Diesen Wunsch erfüllte er ihr sogleich auf das höflichste. Die Dame legte sich nun bäuchlings auf die Plattform, steckte nur den Kopf durch die Luke des Söllers und sagte weinend: „Rinieri, wenn ich dir eine böse Nacht bereitet habe, so hast du dich ganz bestimmt gut an mir gerächt, denn wenn es auch Juli ist, so habe ich doch, nackt hier oben auf dem Turm, zu erstarren gemeint. Ganz abgesehen davon, daß ich so viel geweint habe, sowohl über den Betrug, den ich an dir verübte, als auch über meine Leichtgläubigkeit, die dir alles abnahm, daß es schier ein Wunder ist, wenn ich mir nicht die Augen aus dem Kopfe geweint habe. Ich bitte dich darum, nicht um meinetwillen, denn du wirst für mich keine Liebe mehr empfinden, jedoch um deiner selbst und deines Adels willen, laß es genug sein mit dem, was du bisher aus Rache für die Schmach, die ich dir antat, vollbrachtest. Laß mir meine Kleider bringen, damit ich herunterkommen kann von hier, und raube mir nicht, was du mir nicht mehr zurückgeben könntest, selbst wenn du es später wünschtest: meine Ehre. Denn machte ich es dir auch in jener Nacht unmöglich, mit mir zusammen zu sein, so kann ich dich doch, wenn es dir beliebt, noch hundertmal dafür entschädigen. Laß es dir hiermit genug sein und begnüge dich als Edelmann mit dem Bewußtsein, daß du dich rächen konntest und mir dies bewiesen hast. Nutze deine Macht nicht aus gegen ein Weib! Es gereicht keinem Adler zum Ruhm, eine Taube besiegt zu haben. Erbarme dich meiner um Gottes und deiner eigenen Ehre willen."

Der Student, der mit erbitterter Seele die erlittene Schmach bedachte und nun die Dame weinen und flehen hörte, fühlte zur gleichen Zeit Genugtuung und Mitleid im Herzen, Genugtuung über seine Rache, die er heißer als alles andre herbeigesehnt hatte, und Mitleid, weil ihn sein menschliches Gefühl zu Erbarmen mit der Unglücklichen bewegte. Sein Mitgefühl vermochte aber nicht, seine Rachegelüste zu ersticken, und er erwiderte: „Madonna Helena, wenn meine Bitten – die ich allerdings nicht so gut in Tränen zu baden noch so honigsüß hervorzubringen wußte wie du jetzt die deinen – nur durchgesetzt hätten, daß ich in jener Nacht, als ich auf deinem Hofe vor Kälte fast den Tod fand, durch dich irgendwo hätte unter ein Dach treten können, wäre es mir jetzt ein leichtes gewesen, die deinen zu erhören. Wenn es dir jetzt mehr als damals um deine Ehre zu tun ist und es dir hart ankommt, dort oben nackt zu verweilen, so richte deine Bitten an jenen, in dessen Armen nackt zu liegen dir nichts ausmachte in jener Nacht, deren du selber dich wohl erinnerst, während du mich unten auf dem Hofe wußtest, wo ich mit klappernden Zähnen den Schnee zerstampfte. Lasse dir von ihm helfen und dir von ihm die Kleider bringen! Lasse dir von ihm die Leiter herbeiholen, auf der du herabsteigen kannst. Bei ihm bemühe dich, Rücksicht auf deine Ehre zu erwecken; denn du hast dir jetzt und tausendmal vorher keine Sorge darum gemacht, sie seinetwegen in Gefahr zu bringen. Warum rufst du ihn nicht, daß er dir zu Hilfe eile? Wen ginge es wohl mehr an als ihn? Du gehörst ihm; wen soll er beschützen, wem helfen, wenn nicht dir? Rufe ihn herbei, du Närrin, und versuche, ob die Liebe, die du ihm entgegenbringst, und deine und seine Klugheit dich vor meiner Torheit bewahren können. Du fragtest ihn doch damals, als du dich mit ihm vergnügtest, was ihm größer erschiene, meine Torheit oder die Liebe, die du für ihn fühltest. Sei jetzt nicht großzügig gegen mich mit jenem, was ich nicht mehr begehre, was du mir jedoch nicht verwehren könntest, wenn ich es verlangte. Spare deine Nächte für deinen Liebhaber auf, wenn es der Fall sein sollte, daß du lebend von hier fortkommst. Sie seien dein und sein. Ich habe von der einen mehr als genug. Es genügt mir, einmal verspottet worden zu sein. Noch jetzt bemühst du dich, die übliche List in deiner Rede verwendend, durch Lob mein Wohlwollen wiederzugewinnen, nennst mich einen Edelmann und achtbar und hoffst dabei im geheimen, daß ich aus Edelmut darauf verzichte, deine Bosheit zu strafen. Jedoch deine Schmeicheleien sollen mir nicht noch einmal die Augen verblenden, wie es damals deine unredlichen Versprechungen taten. Ich kenne mich recht gut, doch habe ich während der ganzen Zeit, die ich in Paris verbrachte, mich nicht so gut kennengelernt wie dich durch deine Bosheiten in einer einzigen Nacht. Doch selbst für den Fall, daß ich großzügig sein wollte, bist du nicht die Frau, der gegenüber Großmut am Platze wäre. Das Ende der Strafe und Rache für solche grausamen Bestien, wie du es bist, darf nur der Tod sein, während den Menschen gegenüber wohl genügen dürfte, was du sagtest. Wenn ich auch kein Adler bin, so habe ich doch erkannt, daß du durchaus keine

Taube, wohl aber eine Giftschlange bist, die ich als meinen Erbfeind mit meinem ganzen Haß und aller Kraft zu verfolgen gedenke, obwohl alles, was ich dir antue, nicht eigentlich Rache, sondern eher Züchtigung genannt werden kann, da die Rache jeweils die Kränkung übertreffen sollte, diese Züchtigung aber wird ihr nicht einmal gleichwertig sein. Wollte ich mich rächen, so würde – erinnerte ich mich daran, in welche Gefahr du mein Leben brachtest – es mir nicht genügen, dir und hundert andern deinesgleichen das Leben zu rauben, weil ich damit nur ein boshaftes, schlechtes und nichtswürdiges Frauenzimmer tötete. Wollte man dir dein hübsches Lärvchen fortnehmen, das in wenigen Jahren von Runzeln entstellt sein wird, was, zum Henker, wärst du dann mehr als jede andere jämmerliche Dienstmagd? Dir kam es nicht darauf an, einen Edelmann, wie du mich noch soeben nanntest, zu Tode zu quälen, dessen Leben an einem einzigen Tage der Welt mehr Nutzen bringen wird als das Leben von hunderttausend deinesgleichen, solange die Welt besteht. Ich werde dir mit dieser Strafe, die du jetzt erleidest, zeigen, was es heißt, Männer zu verhöhnen, die Gefühl haben, und was es heißt, Studenten zu verhöhnen! Ich werde dir Grund geben, nie wieder in diesen Fehler zu verfallen, wenn du mit dem Leben davonkommst. Wenn du jedoch so große Lust hast herabzukommen, warum stürzt du dich nicht auf die Erde hernieder? Dabei würdest du dir mit Gottes Hilfe den Hals brechen und wärest aus aller Not, in der du dich jetzt zu befinden glaubst. Mich aber machtest du damit zum glücklichsten Menschen der Welt. Doch will ich jetzt nicht länger mit dir reden. Ich wußte es zu bewerkstelligen, daß du dort heraufstiegst, finde du die Möglichkeit, wieder herunterzukommen. Du warst erfinderisch genug, als du mich verspottetest."

Während der Student diese Worte sprach, hatte die unglückliche Frau ohne Unterlaß geweint, dabei war die Zeit verstrichen und die Sonne immer höher gestiegen. Als die Dame bemerkte, daß der Student schwieg, sagte sie: „Grausamer Mann, wenn jene verwünschte Nacht so schwer für dich zu ertragen war und dir meine Schuld so ungeheuer erscheint, daß weder die Schönheit meiner Jugend noch meine bittren Tränen dein Mitleid erregen, so laß dich wenigstens dadurch ein wenig rühren, daß ich dir aufs neue mein Vertrauen schenkte und dir meine Geheimnisse offenbarte. Ich gab dir damit die ersehnte Gelegenheit, mir mein Unrecht zu Bewußtsein zu bringen. Ohne mein Vertrauen hättest du niemals die Möglichkeit gefunden, dich an mir zu rächen, was du allem Anschein nach so heiß ersehntest. Ach, lasse ab von deinem Zorn und verzeihe mir jetzt. Wenn du mir vergibst und mich heruntersteigen läßt, bin ich bereit, den treulosen Jüngling gänzlich aufzugeben und dich allein als meinen Liebhaber und Gebieter anzunehmen, wenn du auch meine Schönheit schmähtest und sie schnell vergänglich und wertlos schaltest. Doch wie es auch um meine und um die Schönheit aller andern Frauen beschaffen sein mag, ich weiß, daß sie, wenn auch um weiter nichts anderes, so doch aus dem Grunde zu schätzen ist, weil sie alle noch jungen Männer mit Verlangen, Entzücken und Vergnügen erfüllt, und du bist noch nicht alt. Und so grausam du mich auch behandeln magst, kann ich doch nicht glauben, daß du mir einen so schmählichen Tod wünschen könntest, als der es wäre, wenn ich mich wie eine Verzweifelte hier hinunterstürzte vor deinen Augen, denen ich doch einst gefiel – wenn du nicht immer ein Lügner warst, wie du es nun geworden bist. Ach, habe um Gottes willen Mitleid und Erbarmen mit mir! Die Sonne beginnt zu brennen, und wie mich heute nacht große Kälte gequält hat, beginnt jetzt die Hitze mir beschwerlich zu werden."

Der Student, der sich damit ergötzte, sie mit Worten hinzuhalten, fuhr fort: „Dein Vertrauen, Madonna, spielte dich mir nicht aus Liebe, die du etwa für mich hegtest, in die Hände, sondern nur, weil du jenen wiederzugewinnen hofftest, den du verloren hast. Und dafür verdienst du nichts anderes als nur eine um so härtere Strafe. Törichterweise scheinst du zu glauben – wenn du es überhaupt tust –, dies sei der einzige Weg von allen gewesen, der sich meiner heiß herbeigesehnten Rache geboten hätte. Ich hatte jedoch tausend andere Möglichkeiten und hatte dir schon viele Schlingen gelegt, indem ich dir vorspielte, dich weiterhin zu lieben. Es wäre nicht allzuviel Zeit vergangen, so wärest du notwendigerweise wenn nicht in die eine, so in die andere Falle geraten. Und jede, in die du geraten wärest, hätte dir noch weit mehr Schmerz und Schande gebracht als diese. Ich wählte diese, nicht um dir dein Los zu erleichtern, sondern um desto schneller befriedigt zu sein. Und selbst wenn alle meine Pläne fehlgeschlagen wären, wäre mir stets noch meine Feder geblieben, mit der ich so viel schreckliche Dinge über dich in einer solchen Art und Weise hätte schreiben können, daß, wenn du von ihnen Kenntnis bekommen hättest, du täglich von früh bis spät gewünscht haben würdest, nie geboren zu sein. Die Gewalt der Feder ist viel mächtiger, als jene es für möglich halten, die sie niemals kennenlernten. Ich schwöre es dir bei Gott – der mich dieser Rache, die ich an dir jetzt nehme, bis zum Schluß so froh machen möge, wie er es am Anfang tut –, daß ich über dich Dinge geschrieben hätte, um derentwillen du dich nicht nur vor andren Menschen, sondern vor dir selber so sehr geschämt hättest, daß du, um dich nie mehr zu schauen, dir selbst die Augen ausgerissen hättest. Wirf darum dem Meere nicht vor, ein kleines Bächlein habe es noch höher steigen lassen. Deine Liebe und ob du mein wirst, kümmert mich, wie ich dir schon versicherte, nicht mehr. Bleibe du dessen Eigentum, dessen du immer gewesen bist, wenn du es kannst. Wenn ich jenen einst haßte, so liebe ich ihn jetzt, wenn ich bedenke, wie er sich gegen dich betragen hat. Ihr Weiber verliebt euch und begehrt die Liebe der jungen Männer, weil ihr wißt, daß sie frischeres Fleisch und dunklere Bärte ihr eigen nennen, stolz einherschreiten und sich aufs Tanzen und Fechten verstehen. Jedoch alle diese Dinge besaßen einst auch die, die nun bereits bejahrter sind und schon wissen, was jene erst erlernen müssen. Ihr haltet die Jünglinge für die kühneren Ritter, weil sie am Tage nach eurer Meinung mehr Meilen zurücklegen als die reiferen Männer. Und ich will auch gewißlich nicht bestreiten, daß sie euch die Pelzchen mit heftigeren Stößen durchzuschütteln wissen, dafür aber kennen die Älteren aus ihrer Erfahrung weit besser die Stellen, wo ihr kitzlig seid. Und auf die Dauer ist ein wenig vom Schmackhaften bestimmt vielem Faden vorzuziehen. Scharfer Trab schwächt und ermüdet den Reiter, und sei er noch so jung, während ein gemächliches Tempo, wenn auch ein wenig später, jeden sicher und wohlausgeruht in die Herberge bringt. Ihr Tierchen ohne Verstand seht nicht, wieviel Arges unter einer schönen Maske verborgen ist. Die Jünglinge lassen sich nicht an einer Frau genügen: Je mehr sie sehen, desto mehr begehren sie, und vieler Frauen glauben sie würdig zu sein. Darum kann denn ihre Liebe auch niemals von Dauer sein; dafür hast du jetzt den besten Beweis. Sie fühlen sich wert, von ihren Damen geehrt und geliebkost zu werden, und kennen keinen größeren Ruhm, als sich eitel mit denen zu brüsten, die sie besessen haben. Solche Fälle haben schon viele Frauen den Mönchen in die Arme getrieben, da diese wenigstens nichts verraten.

Wenn du behauptest, niemand außer mir und deinem Mädchen wüßte um deine Liebe, so bist du schlecht unterrichtet und glaubst etwas Falsches, wenn du es für wahr hältst. Seine ganze Gegend und die deine dazu spricht von nichts anderem, jedoch erfahren meistens gerade die Leute, die es in erster Linie angeht, zuletzt von dem Gerede. Schließlich kommt noch hinzu, daß die Jungen euch ausplündern, während die Älteren euch beschenken. Du, die du so schlecht gewählt hast, bleibe getrost das Eigentum dessen, dem du dich zu eigen gabst; mich, den du verhöhnt hast, überlasse anderen Frauen. Ich habe eine gefunden, die unendlich viel besser ist als du und mich besser erkannt hat, als du es tatest. Damit du über meine wahren Absichten eine größere Gewißheit, als du diese anscheinend meinen Worten entnommen hast, mit ins Jenseits hinübernehmen kannst, stürze dich nur hurtig von dort herab, daß deine Seele, die, wie ich hoffe, sogleich von den Armen des Teufels aufgefangen wird, noch erkennen kann, ob meine Augen sich entsetzen oder nicht, wenn sie dich im Sturze umkommen sehen. Da ich indes befürchten muß, daß du mir eine so große Freude nicht bereiten wirst, lege ich dir ans Herz, wenn die Sonne anfängt zu brennen, an die Kälte zu denken, die du mich erdulden ließest. Vermischest du diese Kälte mit der Sonnenhitze, wird letztere dir sicherlich gemäßigt erscheinen."

Die untröstliche Frau sah nun ein, daß alle Worte des Studenten nur ein und dasselbe grausame Ziel verfolgten. Sie begann daher wieder zu weinen und sagte: „Nun gut, wenn ich nicht imstande bin, dich zum Mitleid zu bewegen, so lasse dich von der Liebe rühren, die du für jene Dame empfindest, welche nach deinen Worten dir mit mehr Verständnis entgegenkam als ich und von der du dich geliebt glaubst. Aus Liebe zu ihr verzeihe mir. Gib mir meine Kleider, damit ich mich wieder anziehen kann, und lasse mich heruntersteigen." Der Student begann zu lachen und erwiderte, als er bemerkte, daß bereits die Terza weit überschritten war: „Wahrlich, jetzt kann ich nicht nein sagen, wenn du mich bei einer solchen Dame beschwörst. So sage mir denn, wo sie sind. Ich werde sie holen und dich von dort oben heruntersteigen lassen."

Da die Dame ihm glaubte, beruhigte sie sich ein wenig und gab ihm die Stelle an, wo sie ihre Kleider versteckt hatte. Der Student verließ darauf den Turm, befahl seinem Diener, sich nicht von der Stelle zu rühren, sondern ständig in der Nähe zu bleiben und nach Kräften dafür zu sorgen, daß niemand den Turm betrete, bevor er selbst nicht zurückgekommen sei. Nach diesem Befehl begab er sich in das Haus seines Freundes, speiste hier in aller Ruhe und legte sich, als es ihm an der Zeit schien, zur Ruhe nieder.

Die Dame, die todunglücklich auf dem Turm zurückgeblieben war, richtete sich, von einer törichten Hoffnung ein wenig getröstet, wieder auf und kauerte sich auf jener Seite gegen die Mauer, die noch ein wenig Schatten gab. Hier begann sie, von bittersten Gedanken heimgesucht, zu warten. Bald nachdenklich, bald in Tränen, bald voller Hoffnung, dann wieder voller Zweifel, ob der Student mit ihren Kleidern zurückkehren werde, gingen ihr die Gedanken sprunghaft durch den Kopf, und endlich schlief sie, da sie die ganze Nacht keine Ruhe gefunden hatte, vom Schmerz überwältigt ein.

Die Sonne, die mit aller Glut herniederbrannte, war indessen auf die Mittagshöhe emporgestiegen und prallte mit solcher Gewalt senkrecht auf den unverhüllten, zarten, empfindlichen Körper und den unbedeckten Kopf der Dame hernieder, daß nicht nur alles Fleisch, das von den Strahlen getroffen wurde, verbrannte, sondern die Haut nach und nach auch aufsprang. Der Sonnenbrand war so heftig, daß die Dame, die in einen tiefen Schlaf gesunken war, von den Schmerzen erwachte. Als sie merkte, wie verbrannt sie war, und sich vorsichtig bewegte, schien es ihr, als ob dabei die verbrannte Haut auseinanderrisse und in Stücke zerfiele, wie wir das manchmal bei verbranntem Pergament sehen können, wenn man daran zieht. Dazu schmerzte ihr der Kopf so unerträglich, daß sie meinte, er würde zerbersten, was wirklich nicht verwunderlich war. Auch war der Estrich des kleinen Turmes so glühend heiß, daß sie weder mit den Füßen noch sonst irgendwie darauf ein Plätzchen finden konnte, und sich darum weinend hin und her bewegte, ohne einen Augenblick stillzustehen. Hinzu kam, daß, da sich kein Windhauch rührte, eine Unmenge von Fliegen und Wespen sich einfanden, die sich auf die offenen Wunden setzten und sie so entsetzlich zerstachen, daß jeder einzelne Stich ihr wie ein Lanzenstich vorkam. Sie unterließ es nicht, mit den Händen um sich zu schlagen, und verwünschte dabei ununterbrochen sich selbst, ihren Geliebten und den Studenten.

Dann wieder sprang sie auf, von der unerträglichen Hitze, der Sonne, den Fliegen und Wespen, noch mehr vom Hunger, jedoch am allermeisten vom Durst gequält, und begann, als Zugabe noch von tausend trüben Gedanken verängstigt, gepeinigt und aufgewühlt, Umschau zu halten, ob nicht irgend jemand in der Nähe sich sehen oder hören ließe, bereit, was auch immer darauf folgen möchte, zu rufen und um Hilfe zu bitten. Jedoch auch diese Hilfe versagte ihr das feindliche Geschick. Die Landarbeiter waren der Hitze wegen alle von den Feldern verschwunden. Niemand war an diesem Tage hier bei der Arbeit, da alle in der Nähe ihrer Häuser Getreide droschen. So hörte sie keinen andern Laut als den Gesang der Zikaden und sah den Arno, der ihr Verlangen nach seinem Wasser heftig steigerte und ihren Durst nicht löschte, sondern nur vermehrte. In weiterer Entfernung gewahrte sie Wälder, Schatten und Häuser, die alle nur ihre Sehnsucht qualvoll vergrößerten. Doch was sollen wir noch mehr von der unglücklichen jungen Witwe sagen? Die Sonne von oben, die Glut des Estrichs von unten und dazu die Stiche der Fliegen und Wespen von allen Seiten hatten sie so übel zugerichtet, daß sie, die das Dunkel der letzten Nacht mit dem Schimmer ihres weißen Körpers besiegt hatte, jetzt rot war wie ein Krebs, mit Blut besudelt dastand und jedem, der sie so gesehen hätte, als das häßlichste Wesen der Welt erschienen wäre. So verbrachte sie die Zeit ratlos und hoffnungslos, mehr den Tod als alles andere herbeiwünschend, als schließlich – die Nona war bereits vorüber – der Student aus seinem Schlafe erwachte und sich an die Dame erinnerte. Um zu sehen, wie es ihr ergangen sei, ging er wieder zum Turm und schickte seinen Diener, der noch ganz nüchtern war, zum Essen nach Hause. Als die Dame ihn hörte, kam sie, entkräftet und mutlos von der erlittenen Qual, an die Luke des Turmes, setzte sich dort nieder und sagte, in Tränen aufgelöst: „Rinieri, du hast dich jetzt wahrlich über die Maßen gerächt. Wenn ich dich damals auf meinem Hofe zu Eis erstarren ließ, so hast du mich heute auf diesem Turm regelrecht braten, richtiger gesagt verbrennen und dazu fast verhungern und verdursten lassen. Ich flehe dich daher an bei dem alleinigen Gott, steige herauf, und wenn ich nicht Mut genug habe, mich umzubringen, so tue du es. Ich wünsche nichts anderes mehr, zu groß und unerträglich sind die Qualen, die ich leide. Wenn du mir diesen Dienst nicht erweisen willst, so lasse mir wenigstens ein Glas Wasser holen, daß ich einmal den Mund ausspülen kann. Meine Tränen reichen bei der Trockenheit und dem Brand, den ich in mir fühle, nicht mehr dazu aus."

Der Student erkannte am Klang ihrer Stimme sogleich ihre Schwäche und sah auch einen Teil ihres von der Sonne verbrannten Körpers. Aus diesem Grunde und wegen ihrer demütigen Bitte erwachte in ihm ein wenig Mitleid mit ihr, trotzdem aber erwiderte er: „Nichtswürdiges Weib, von meiner Hand sollst du nicht sterben. Stirb, wenn es dich danach verlangt, von eigener Hand. Und ich werde dir ebensoviel Wasser zur Linderung deiner Hitze reichen, wie du mir Feuer gabst zur Linderung meines Frostes. Eines nur bedaure ich auf das heftigste, während ich die Krankheit meiner Erstarrung mit der Hitze stinkenden Schlammes kurieren mußte, werden deine Verbrennungen mit duftendem Rosenwasser geheilt werden. Wo ich drauf und dran war, Nerven und Leben zu verlieren, wirst du, wenn du dieser Hitze entkommst, nicht anders als eine Schlange die alte Haut von dir streifen." – „Ach, ich Unglückliche!" rief die Dame. „Schönheit, die auf solche Weise erworben werden muß, wolle Gott jenen Personen bescheren, die mir feindlich gesinnt sind! Du aber, der du grausamer als jedes wilde Tier bist, wie kannst du es ertragen, mich dieserart zu martern? Was hätte ich von dir oder einem andern Manne Schlimmeres erwarten können, wenn ich dich und deine ganze Sippschaft unter grausamen Qualen umgebracht hätte? Ich weiß wahrlich nicht, welch härtere Folter man gegen einen Verräter, der eine ganze Stadt ins Verderben gestürzt hat, noch hätte anwenden können als diese, die du über mich gebracht hast, indem du mich von der Sonne versengen und von den Fliegen auffressen ließest. Dessenungeachtet versagst du mir nun sogar ein Glas Wasser, während man den mit Recht zum Tode Verurteilten, wenn sie den letzten Gang antreten, häufig sogar Wein reicht, wenn sie darum bitten. Nun gut, da ich erkenne, daß du an deiner harten Grausamkeit festhalten willst und meine Leiden dich nicht zu rühren vermögen, so werde ich mich darauf einrichten, geduldig den Tod zu erwarten, damit Gott Erbarmen haben möge mit meiner Seele. Ich werde ihn anflehen, mit Gerechtigkeit dieses dein Werk zu richten." Nach diesen Worten zog sie sich unter heftigen Schmerzen auf die Mitte der Plattform zurück, alle Hoffnung fahrenlassend, dieser Hitze noch lebend zu entkommen. Nicht nur einmal, nein, tausendmal glaubte sie, neben all ihren übrigen Qualen vor Durst den Verstand zu verlieren, und ließ nicht nach, weinend ihr Unheil zu beklagen.

Indessen war die Vesperzeit herangekommen, und dem Studenten schien es nun, als hätte er seiner Rache genügt. Er ließ daher von seinem Bedienten ihre Kleider holen, die er in den Mantel des Dieners einschlug. Dann begab er sich zu dem Hause der unglücklichen Dame, wo er ihr Mädchen ratlos und bekümmert vor der Tür sitzen sah. Er sagte zu ihr: „Nun, mein Kind, wie geht es deiner Herrin?" Das Mädchen erwiderte: „Messere, ich weiß es nicht. Ich glaubte sie heute morgen in ihrem Bette zu finden, in das sie sich nach meinem Dafürhalten gestern abend gelegt hatte. Doch fand ich sie weder im Bett noch anderswo. Ich weiß auch nicht, was geschehen ist, und bin darüber voller Kummer. Doch Ihr, Messere, könnt Ihr mir vielleicht etwas von ihr sagen?" Der Student antwortete: „Hätte ich dich nur zusammen mit ihr dort gehabt, wo ich sie hatte, so hätte ich dir deine Schuld ebenso heimzahlen können wie ihr die ihre! Aber ganz bestimmt sollst auch du mir nicht entwischen, bevor ich dich nicht für deine Taten so bestraft habe, daß du niemals wieder einem achtbaren Mann eine Schmach antust, ohne dabei an mich zu denken." Nach diesen Worten sagte er zu seinem Diener: „Gib ihr die Klei-

der und sage ihr, daß sie zu jener gehen kann, wenn sie will."
Der Diener tat, wie ihm geheißen. Das Mädchen ergriff die
Kleider, und als sie diese erkannte und hörte, was der Diener sagte, fürchtete sie heftig, daß man ihre Herrin getötet
hätte. Mit Mühe hielt sie an sich, nicht laut aufzuschreien.
Sie begann jedoch zu weinen und eilte, sowie der Student
sie verlassen hatte, mit den Kleidern zu dem kleinen Turm.

Nun hatten sich an jenem Tage zufälligerweise zwei
Schweine, die einem Landarbeiter der Dame gehörten, verlaufen. Während dieser auf der Suche nach den Tieren
unterwegs war, kam er, als der Student eben von dem Turm
fortgegangen war, dorthin und blickte sich nach allen Seiten
um, ob er nicht seine Schweine entdecken könnte. Dabei
vernahm er das trostlose Weinen der unglücklichen Dame.
Er kletterte, so weit er konnte, auf den Turm und rief hinauf: „Wer weint dort oben?" Die Dame erkannte die
Stimme ihres Arbeiters, rief ihn mit Namen und sagte:
„Ach, gehe zu meinem Mädchen und veranlasse, daß sie
zu mir heraufkommt." Der Arbeiter sagte, indem er sie erkannte: „O Himmel, Madonna, wer hat Euch dort hinaufgeschleppt? Euer Mädchen hat Euch heute den ganzen Tag
überall gesucht. Wer hätte je gedacht, daß Ihr hier zu finden
wäret?" Damit ergriff er die Stangen der Leiter, richtete
diese so auf, wie sie stehen mußten, und begann mit Weidenbast die einzelnen Querhölzer festzubinden. In diesem
Augenblicke langte das Mädchen der Dame bei dem Turme
an. Sie konnte, als sie in den Turm trat, ihre Stimme nicht
mehr zurückhalten, sondern begann händeringend zu rufen:
„Um Gottes willen, meine süße Herrin, wo seid Ihr?" Als
die Dame ihre Stimme hörte, rief sie, so laut es ihr noch
möglich war: „Oh, Schwester, ich bin hier oben. Weine
nicht, aber bringe mir meine Kleider herauf."

Sowie das Mädchen sie sprechen hörte, kletterte es, halb
getröstet, die Leiter hinauf, die der Arbeiter schon beinahe
wieder in Ordnung gebracht hatte, und gelangte mit dessen
Hilfe auf die Plattform. Als es jedoch seine Herrin dort
erblickte, die keinem menschlichen Körper mehr ähnelte,
sondern weit mehr einem verkohlten Holzklotz, und völlig
erschöpft und nackt auf dem Boden lag, schlug das Mädchen
sich verzweifelt mit den Händen gegen die Stirn und begann, über sie gebeugt, zu weinen, als sei sie wirklich ge-

storben. Die Dame aber beschwor sie bei Gott, zu schweigen und ihr beim Ankleiden zu helfen. Als sie vernahm, daß niemand wußte, wo sie gewesen sei, außer den beiden, die ihre Kleider gebracht hatten, und dem Arbeiter, der unten stand, bat sie ihn inständig, doch schon ein wenig getröstet, niemals irgend jemandem etwas von dieser Sache zu verraten.

Nach vielem Hin und Her lud der Arbeiter die Dame auf seinen Rücken, da sie nicht imstande war zu gehen, und brachte sie behutsam aus dem Turm heraus. Das unglückliche Mädchen aber, das oben zurückgeblieben war, kletterte wenig vorsichtig hinterher, glitt mit dem Fuß ab und fiel von der Leiter herab, wobei sie sich den Schenkel brach und vor Schmerzen wie ein Löwe zu schreien begann. Der Arbeiter setzte die Dame vorsichtig auf einen kleinen Grasfleck nieder und kehrte zurück, um nachzusehen, was geschehen sei. Als er sie mit gebrochenem Bein antraf, schleppte er sie ebenfalls herbei und legte sie neben ihrer Herrin auf dem Gras nieder. Die Dame betrübte sich über die Maßen, daß dieses neue Unglück noch zu ihren eigenen Leiden hinzukam und daß gerade die, von der sie sich die meiste Hilfe versprochen, sich nun den Schenkel gebrochen hatte. Sie begann daher so bekümmert zu weinen, daß dem Arbeiter, der unfähig war, sie zu trösten, aus Mitleid ebenfalls die Tränen kamen.

Da nun die Sonne sich bereits dem Untergang zuneigte, ging er auf Wunsch der Dame nach Hause und rief, damit nicht die Nacht jene noch draußen überrasche, zwei von seinen Brüdern und seine Frau herbei. Dann hob er Mädchen und Herrin auf ein mitgebrachtes Brett und trug sie mit Hilfe der drei andern in das Haus der Dame. Nachdem man diese mit frischem Wasser und vielen guten Worten ein wenig gestärkt hatte, nahm er sie auf den Arm und brachte sie in ihr Schlafgemach, wo seine Frau ihr eingeweichtes Brot zu essen gab, sie entkleidete und ins Bett brachte. Danach leiteten die Leute alles in die Wege, daß die Dame mitsamt ihrem Mädchen noch in der Nacht nach Florenz geholt werden sollte, was auch geschah.

Hier erfand die listenreiche Witwe über das eigene Unglück und das ihres Mädchens alsbald eine erstaunliche Mär, die den Tatsachen wenig entsprach, und machte ihren

Brüdern, Schwestern und allen Bekannten weis, daß ihnen solches allein durch teuflische Zauberkünste zugestoßen sei. Die Ärzte standen auch sogleich zur Verfügung und heilten die Dame, deren Haut mehr als einmal an den Bettüchern hängenblieb, nach allerlei Leiden und Qualen von einem heftigen Fieber und verschiedenem anderem Ungemach und desgleichen den gebrochenen Schenkel ihres Mädchens.

Nach diesen Erfahrungen hütete sie sich fortan inständig, nachdem sie ihren Geliebten vergessen hatte, nochmals einen Mann zu verhöhnen oder zu lieben. Der Student aber meinte hinreichend gerächt zu sein, als er von dem gebrochenen Schenkel des Mädchens hörte, und ließ befriedigt, ohne weiter darüber zu sprechen, die Angelegenheit ruhen.

So also erging es einer stolzen jungen Frau, als sie einen Studenten ebenso verhöhnen zu können glaubte wie jeden andern Jüngling und nicht beachtete, daß die Studenten – ich sage, nicht alle, wohl aber der größte Teil von ihnen – wissen, wo der Teufel den Schwanz hat.

Darum hütet euch, ihr Mädchen, die Männer zu verhöhnen – und besonders die Studenten.

ACHTE GESCHICHTE

Zwei Freunde verkehren zusammen. Der eine schläft mit der Frau des andern. Als dieser es bemerkt, veranlaßt er seine Frau, jenen in eine große Truhe zu sperren, auf der er sich, sobald jener darinnen ist, mit dessen Frau ergötzt.

Die Leiden Helenas waren für alle Damen hart und betrüblich anzuhören gewesen, da jedoch ein Teil derselben als eine gerechte Strafe angesehen werden mußte, hatten sie schließlich mit gemäßigtem Mitleid zugehört, obwohl ihnen das Betragen des Studenten hart und böse, ja grausam erschien. Da indes Pampinea zu Ende gekommen war, befahl die Königin Fiammetta fortzufahren, welche, bereit zu gehorchen, begann:

Ihr reizenden Mädchen, weil ich annehme, daß die Härte des Studenten euch alle ein wenig mitgenommen hat, glaube ich, daß es jetzt angebracht wäre, die bekümmerten Herzen mit einer amüsanten Begebenheit wieder ein wenig aufzuheitern. Ich will euch deswegen ein Geschichtchen berichten von einem jungen Mann, der eine Kränkung weit gelassener hinnahm und sich auch auf gemäßigtere Weise für diese rächte. Ihr mögt dieser Geschichte die Weisheit entnehmen, daß es jedem genügen sollte, einem Esel, der gegen die Wand ausschlägt, Gleiches mit Gleichem zu vergelten, und daß niemand darauf bestehen sollte, eine empfangene Beleidigung über Gebühr zu rächen und den Gegner auch noch zu kränken.

Wie ich gehört habe, lebten einst in Siena zwei wohlhabende junge Männer von gutem bürgerlichem Herkommen mit Namen Spinelloccio di Tavena und Zeppa di Mino. Beide wohnten nebeneinander im Stadtviertel Camollia. Diese beiden jungen Leute verkehrten ständig miteinander und liebten sich dem Anschein nach wie zwei Brüder oder gar noch mehr. Jeder von ihnen hatte eine hübsche Ehefrau.

Nun geschah es, daß Spinelloccio, der in Zeppas Hause, gleichgültig, ob dieser anwesend war oder nicht, fast täglich aus und ein ging, mit der Frau des Zeppa in ein so vertrautes Verhältnis kam, daß er begann, mit ihr zu schlafen. Eine geraume Weile fuhren sie damit fort, ohne daß irgend jemand es bemerkt hätte. Im Laufe der Zeit aber hielt Zeppa sich eines Tages im Hause auf, ohne daß seine Frau es wußte. Als nun Spinelloccio kam und nach ihm fragte, erklärte die Frau, daß ihr Mann nicht zu Hause sei, worauf Spinelloccio sofort heraufkam, die Frau allein im Saal antraf und, da sonst niemand zu sehen war, sie sogleich zu umarmen und zu küssen begann, ebenso wie sie ihn.

Zeppa, der alles wohl bemerkte, gab keinen Laut von sich, sondern hielt sich weiterhin verborgen, um zu sehen, wie dieses Spiel enden möchte. Er sah denn auch bald darauf Spinelloccio und seine Frau eng umarmt in die Schlafkammer gehen, wo sie sich einschlossen. Über diese Entdeckung nicht wenig erzürnt, sah er doch ein, daß durch Lärm oder dergleichen seine Schmach nicht geringer, sondern im Gegenteil nur noch größer würde. So beschloß er, diese Beleidigung auf eine solche Art zu rächen, daß seine Rache ihn, ohne daß die ganze Umgebung davon erführe, voll und ganz befriedige. Nach langer Überlegung schien es ihm, als habe er das Rechte gefunden. Er blieb weiter versteckt, solange Spinelloccio bei seiner Frau war, betrat aber, nachdem jener fortgegangen war, sogleich die Schlafkammer, wo er seine Frau noch dabei antraf, das Kopftuch wieder umzubinden, das Spinelloccio ihr im Übermut abgenommen hatte. „Was machst du denn, Frau?" fragte Zeppa. Die Frau entgegnete: „Siehst du es nicht?" – „Freilich sehe ich es", fuhr Zeppa fort, „ebenso wie ich allerlei andres gesehen habe, was ich gar nicht sehen wollte!" Und er begann über das Vorgefallene viele Worte zu machen. Nach langen Ausflüchten bat seine Frau, nachdem sie ihm ihre Vertraulichkeit mit Spinelloccio, die sie nicht mehr leugnen konnte, eingestanden hatte, ihn voller Furcht weinend um Verzeihung. Zeppa sagte zu ihr: „Sieh, Frau, du hast ein Unrecht begangen. Wenn du willst, daß ich dir verzeihe, bemühe dich, ganz genau zu befolgen, was ich dir jetzt auftragen werde: Ich wünsche, daß du Spinelloccio veranlaßt, morgen früh um die Terza irgendeinen Grund zu finden, mich zu verlassen und hierher zu dir zu kommen. Wenn er hier ist, werde ich nach Hause zurückkehren, du aber bittest ihn, sowie du mich hörst, in diese Truhe zu kriechen, die du sofort zuschließen wirst. Wenn du dies getan hast, werde ich dir den Rest, der dir noch zu tun übrigbleibt, sagen. Du brauchst dabei keine Angst zu haben, denn ich verspreche dir, daß ich ihm nichts Böses antun werde." Um ihren Mann zufriedenzustellen, versprach die Frau, alles zu tun, und tat es auch.

Als Zeppa am folgenden Tage wieder mit Spinelloccio zusammen war, sagte dieser um die Terza, da er der Frau versprochen hatte, zu dieser Stunde zu ihr zu kommen: „Ich muß heute mit einem Bekannten essen, den ich nicht warten lassen möchte. Darum gehab dich wohl!"

Zeppa erwiderte: „Aber jetzt ist doch noch keine Essenszeit." Spinelloccio entgegnete: „Das macht nichts. Ich habe auch noch allerlei über ein Geschäft mit ihm zu besprechen, so daß es besser ist, frühzeitig dort zu sein."

Nachdem Spinelloccio sich auf diese Weise von Zeppa verabschiedet hatte, ging er auf einem kleinen Umweg zu dessen Frau. Sie waren jedoch kaum in die Schlafkammer gegangen, so kehrte auch schon Zeppa nach Hause zurück. Als die Frau ihn hörte, stellte sie sich recht erschrocken und ließ Spinelloccio in die große Truhe kriechen, wie ihr

Mann es ihr befohlen hatte. Dann schloß sie die Truhe ab und verließ die Schlafkammer. Zeppa kam indes herauf und sagte: „Frau, ist es nicht Essenszeit?" Die Frau erwiderte: „Ja, es ist soweit." Darauf sprach Zeppa: „Spinelloccio ist heute morgen fortgegangen, um mit einem Freunde zu essen. Er hat seine Frau allein zu Hause gelassen. Geh ans Fenster und ruf sie herüber, sie soll kommen und mit uns essen." Seine Frau, die noch für sich selbst Böses befürchtete und darum ganz folgsam geworden war, tat alles, was ihr Mann ihr befahl.

Spinelloccios Frau kam denn auch schließlich, nachdem sie sich eine ganze Weile von der Frau des Zeppa hatte bitten lassen, herüber, als sie hörte, daß ihr Mann nicht zum Essen heimkäme. Als sie angelangt war, begrüßte Zeppa sie auf das herzlichste, ergriff vertraulich ihre Hand und führte sie, nachdem er seiner Frau leise befohlen hatte, in die Küche zu gehen, in die Schlafkammer, die er, sowie sie eingetreten war, hinter sich abschloß. Als die Frau bemerkte, daß er die Tür von innen abschloß, rief sie: „Um Gottes willen, Zeppa, was soll das heißen? Ist das etwa die Liebe, die Ihr für Spinelloccio hegt, und Eure ehrliche Freundschaft zu ihm?" Zeppa, der sie gut festhielt und sich mit ihr der Truhe näherte, in die ihr Mann eingesperrt war, sagte: „Frau, bevor du dich beklagst, höre zu, was ich dir sagen möchte. Ich habe Spinelloccio immer geliebt und liebe ihn noch heute wie einen Bruder. Gestern aber habe ich, ohne daß er es weiß, festgestellt, daß mein Vertrauen zu ihm schlecht gelohnt hat und sich mit meiner Frau ebenso ergötzt, wie er es mit dir tut. Gerade weil ich ihn liebe, will ich nun keine andre Rache an ihm nehmen, als eben dasselbe tun, womit er mich beleidigt hat. Er hat meine Frau besessen, und so will ich nun dich besitzen. Wenn du es nicht zugibst, nun, so werde ich ihn sicherlich auch auf andre Weise zu fassen wissen. Und ich werde, weil ich nicht gewillt bin, diese Schmach auf mir sitzen zu lassen, einen Tanz mit ihm machen, den weder du noch er je wieder vergessen soll."

Als die Frau dies hörte und es nach vielen Beteuerungen Zeppas schließlich auch glaubte, sagte sie: „Mein Zeppa, wenn diese Rache wirklich über mich kommen soll, will ich mich damit einverstanden erklären. Doch richte es so ein, daß ich wegen dieser Sache, die wir vorhaben, nicht mit deiner Frau in Unfrieden gerate, da auch ich, trotz allem, was sie mir angetan hat, beabsichtige, in Frieden mit ihr weiterzuleben." Zeppa erwiderte: „Dafür werde ich bestimmt sorgen. Außerdem aber will ich dir ein so teures und schönes Kleinod schenken, wie du kein zweites besitzt." Nach diesen Worten begann er sie zu umarmen und zu küssen und zog sie schließlich auf die Truhe nieder, in der ihr Mann eingeschlossen war. Hier ergötzte er sich mit ihr, solange es ihm gefiel, und sie mit ihm.

Spinelloccio in der Truhe hatte jedes Wort Zeppas vernommen und auch die Entgegnungen seiner Frau, desgleichen vernahm er deutlich, welch ein Trevisaner Tanz über seinem Haupte vollführt wurde. Er wurde deswegen lange Zeit von solchem heftigen Schmerz gepeinigt, daß er meinte, sterben zu müssen. Hätte er sich nicht vor Zeppa gefürchtet, hätte er wohl, eingeschlossen, wie er war, seiner Frau die gröblichsten Beschimpfungen zugeschrien. Schließlich aber bedachte er, daß die Kränkung ja von ihm ausgegangen war und daß Zeppa Grund genug hatte, zu tun, was er jetzt tat, und sich durchaus menschlich wie ein guter Freund betragen habe. So beschloß er denn bei sich, fortan dem Zeppa ein besserer Freund zu werden, wenn jenem noch daran liegen sollte.

Zeppa, der sich, solange es ihn gelüstete, mit der Frau vergnügt hatte, stand schließlich von der Truhe auf, und als die Frau nach dem versprochenen Kleinod fragte, öffnete er die Kammertür und ließ seine Frau kommen, die nichts weiter sagte als: „Madonna, Ihr habt mir Gleiches mit Gleichem vergolten!" und dabei lachte. Zeppa sagte nun zu seiner Frau: „Öffne diese Truhe!" Sie tat es, und Zeppa zeigte der anderen, daß ihr Spinelloccio darinnen lag.

Es wäre nun schwer zu sagen, wer von beiden sich mehr schämte, Spinelloccio, als er Zeppa erblickte, der alles, was er getan hatte, wußte, oder die Frau, als sie ihren Mann sah und erkannte, daß er alles, was sie über seinem Kopf gesagt und getan, mit angehört hatte. Zeppa aber sprach zu ihr: „Hier ist das Kleinod, das ich dir schenken will." Spinelloccio stieg aus der Truhe und sagte, ohne lange Geschichten zu machen: „Zeppa, nun sind wir quitt. Darum wird es das beste sein, wenn wir, wie du vorhin zu meiner Frau gesagt hast, Freunde bleiben, wie wir es immer gewesen sind. Und da bisher nichts andres uns trennte als unsere Frauen, so wollen wir fortan auch diese miteinander teilen."

Zeppa war mit diesem Vorschlag einverstanden, und alle vier aßen nun in bester Eintracht und Stimmung zusammen zu Mittag. Und fortan hatte jede der beiden Frauen zwei Ehemänner und jeder der Männer zwei Ehefrauen, ohne daß je deswegen unter ihnen ein Streit oder Hader entstand.

NEUNTE GESCHICHTE

Meister Simon, der Arzt, wird von Bruno und Buffalmacco, um einer Gesellschaft, die „kapern" geht, eingegliedert zu werden, nachts an einen finstren Ort geführt, dort von Buffalmacco in einen Unratgraben geworfen und im Stich gelassen.

Nachdem die Damen noch eine Zeitlang über die von den beiden Sienesern eingeführte gemeinsame Nutznießung ihrer Ehefrauen geschwatzt hatten, begann die Königin, die allein noch mit ihrer Erzählung nachgeblieben war und Dioneos Vorrecht nicht schmälern wollte, also zu sprechen:

Ihr lieben Mädchen, Spinelloccio verdiente wirklich den Streich, den Zeppa ihm spielte. Mir scheint auch nicht, daß – wie vorhin Pampinea uns klarzumachen suchte – sehr zu tadeln ist, wer andern, die es verdienen oder sich selber zuziehen, einen Possen spielt. Spinelloccio hatte es sich selber zuzuschreiben. Ich beabsichtige, euch nun von einem Manne zu berichten, der sich freiwillig einem solchen Streich aussetzte und am Ende noch meinte, daß jene, die ihn verübten, nicht zu tadeln, sondern zu loben seien. Der, dem dies geschah, war ein Arzt, der als ein ausgemachter Schafskopf von Bologna nach Florenz zurückgekehrt war, obgleich ein pelzverbrämter Doktorhut ihn schmückte.

Wir sehen täglich Kinder unserer Vaterstadt als Richter, Ärzte oder Notare mit langen faltigen Talaren, verbrämt mit Scharlach und Pelz und allerlei andrem großartigen Putz, aus Bologna heimkehren, doch sehen wir auch alle Tage, wie es bei allem großartigen Auftreten um die Tüchtigkeit dieser Männer bestellt ist. Unter ihnen kehrte vor einiger Zeit auch Meister Simon aus Villa, ein Mann, weit reicher an väterlichem Erbe als an Wissen, im Scharlachmantel mit weitem Kragen zu uns zurück. Er nannte sich Doktor der Medizin und nahm in jener Straße, die wir heute die Via del Cocomero nennen, Wohnung.

Dieser Meister Simon, der, wie gesagt, eben erst zurückgekehrt war, hatte neben allerlei andren seltsamen Allüren auch die Angewohnheit, Leute, die sich in seiner Gesellschaft befanden, nach jedem Vorübergehenden auszufragen, wobei er, geradeso als müsse er nach dem Verhalten der Menschen die Medikamente für seine Kranken zusammensetzen, auf jeden einzelnen achtgab und sich alles genau merkte. Unter den vielen, auf die er mit großer Aufmerksamkeit sein Augenmerk richtete, waren auch die beiden Maler, von denen heute schon zweimal bei uns die Rede war, Bruno und Buffalmacco, die immer noch dicke Freunde waren. Beide waren seine Nachbarn. Da es ihm nun so vorkam, als ob diese beiden sich weniger Sorgen machten und fröhlicher lebten als alle andren Menschen, was wohl auch der Fall war, erkundigte er sich bei mehreren Leuten nach ihren Verhältnissen. Von allen Seiten vernahm er, daß jene arme Teufel und Maler seien, und so kam es ihm in den Sinn, sie könnten bei ihrer Armut unmöglich so heiter dahinleben, sondern müßten irgendwelche, den Menschen nicht bekannte große Einnahmequellen haben, zumal sie, wie er immer wieder hörte, beide gar schlaue Füchse seien. Aus diesem Grunde wünschte er, falls möglich, mit beiden oder wenigstens mit einem von ihnen nähere Bekanntschaft zu schließen. Es gelang ihm denn auch in der Tat, mit Bruno eine Art Freundschaft anzubahnen.

Bruno, der nach wenigen Zusammenkünften bereits herausgefunden hatte, daß dieser Arzt ein ausgemachter Dummkopf war, begann sich alsbald mit ihm auf immer neue Weise den größten Spaß der Welt zu machen, und der Arzt fand an dem Verkehr mit Bruno viel Gefallen. Nachdem er ihn einige Male zu sich zum Essen eingeladen hatte und aus diesem Grunde offen mit ihm reden zu können glaubte, erzählte er ihm, wie sehr er sich über ihn und Buffalmacco wundere, da sie doch beide arme Leute seien und trotzdem ein so heiteres, fröhliches Leben führten. Und er bat ihn, ihm doch zu verraten, wie sie solches anstellten. Bruno hörte die Frage des Doktors und fand sie genauso albern und geschmacklos wie alle vorhergehenden. Er begann zu lachen und beschloß, diesem Medikus so zu antworten, wie es seiner Dummheit zukäme. Er sagte daher: „Meister, vielen Leuten würde ich nicht verraten, wie wir es machen. Euch aber als meinem Freunde kann ich es ruhig gestehen, da Ihr, wie ich weiß, es keinem weitersagen werdet. Es stimmt schon, daß mein Freund und ich ein so fröhliches, angenehmes Leben führen, wie Ihr glaubt, ja ein noch viel schöneres sogar! Freilich könnten wir aus den Erträgen unserer Kunst oder von den Früchten unserer wenigen Besitzungen nicht einmal das Wasser bezahlen, das wir verbrauchen. Doch sollt Ihr darum nicht gleich annehmen, daß wir uns etwa auf unredliche Weise ernähren. Nein, wir gehen ‚kapern' und erwerben uns auf diese Weise alles, was uns Vergnügen macht und uns not tut, ohne dabei anderen Menschen zu schaden. Daher das lustige Leben, das Ihr uns führen seht."

Der Doktor wunderte sich sehr, als er diese Erklärung hörte, glaubte seine Worte, ohne sie recht verstanden zu haben, und fühlte plötzlich das heiße Verlangen in sich, zu ergründen, was es mit der Kaperei auf sich habe. Er bat darum Bruno mit großer Beharrlichkeit, ihm doch alles zu erklären, und versicherte ihm dabei hoch und heilig, daß er es gewiß keiner Menschenseele verraten werde. „Du lieber Himmel!" rief Bruno. „Was verlangt Ihr von mir, Meister! Es ist ein großes Geheimnis, was Ihr zu wissen begehrt. Wenn jemand es erführe, wäre es mein Verderben, ja mein Tod. Ich würde in Teufels Küche kommen. Jedoch meine Zuneigung zu Eurer qualitativen Holzendorfer Torfköpfigkeit ist so groß, mein Vertrauen in Euch so unermeßlich, daß ich Euch nichts abschlagen kann, worum Ihr mich bittet. Darum will ich es Euch denn verraten, unter der Bedingung, daß Ihr mir beim Kreuz von Montesone schwört, es, wie versprochen, keinem Menschen zu verraten." Der Doktor schwor hoch und heilig, es niemals zu tun, und so sprach denn Bruno zu ihm: „Ihr müßt wissen, mein teurer Meister, daß vor gar nicht langer Zeit hier in der Stadt ein erfahrener Schwarzkünstler lebte. Er hieß Michele Scotto, weil er ein Schotte war, und wurde von vielen Edelleuten, von denen jetzt nur noch wenige leben, sehr geschätzt. Als er fortzog, ließ er auf die inständigen Bitten dieser Herren zwei seiner klügsten Schüler hier zurück, denen er auftrug, zu jedem erdenklichen Vergnügen dieser Herren, die ihm soviel Ehre angetan hatten, jederzeit zur Verfügung zu stehen. Die beiden dienten nun den erwähnten Edelleuten in vielen kleinen Liebeshändeln und anderen Angelegenheiten. Und da ihnen die Stadt und die Sitten ihrer Einwohner gefielen, entschlossen sie sich, für immer hierzubleiben. Sie freundeten sich nun bald mit verschiedenen Leuten an, ohne darauf zu achten, ob jene Edelleute waren oder nicht, ob sie arm waren oder reich; es mußten lediglich Menschen sein, die zu ihren Lebensgewohnheiten paßten.

Um ihren verschieden gearteten Freunden ein Vergnügen zu bereiten, gründeten die beiden Zauberer eine Gesellschaft von etwa fünfundzwanzig Männern, die etwa zweimal monatlich an bestimmten Orten zusammentreffen. Wenn dort alle versammelt sind, äußert ein jeder einen Wunsch, der sogleich von den Zauberern für eine Nacht erfüllt wird. Mit diesen beiden Männern sind nun Buffalmacco und ich eng befreundet und sehr vertraut. Wir wurden von ihnen in jene Gesellschaft aufgenommen und sind noch heute Mitglieder derselben. Ich sage Euch, jedesmal wenn wir uns versammeln, ist schon allein die Wandverkleidung des Saales, in dem wir speisen, eine Sehenswürdigkeit! Und erst die königlich gedeckten Tafeln, die Unmenge der artigen, schönen männlichen und weiblichen Bedienung, die zum Vergnügen eines jeden aus der Gesellschaft zur Verfügung steht, die goldenen und silbernen herrlichen Tischgeräte, Becken, Weinkrüge, Flaschen und Becher, aus denen wir essen und trinken! Und dazu die verschiedenartigsten Speisen, die jedem von uns nach Wunsch zur richtigen Zeit aufgetragen werden. Ich kann Euch nicht beschreiben, wie vielfältig und wohlklingend die süßen Töne zahlreicher Instrumente und wie schön und melodienreich die Lieder sind, die dort erklingen. Ebensowenig wie ich Euch sagen kann, wie viele Kerzen bei diesen Nachtmahlen brennen noch welche Mengen Kuchen hier verzehrt werden! Und wie köstlich sind die Weine, die wir dort trinken!

Ich möchte nun aber nicht, mein grünes Melönchen, daß Ihr annehmt, wir erschienen dort in diesen Kleidern oder in den Gewändern, die Ihr alle Tage an uns seht. Keiner von der Gesellschaft ist schlecht gekleidet. Jeder erscheint dort so reich gekleidet und geschmückt, daß er es wohl mit einem Kaiser aufnehmen könnte.

Doch das Herrlichste, was es dort gibt, ist die Lust an den reizenden Frauen, die, sowie nur jemand den Wunsch äußert, aus aller Welt herbeigeschafft werden. Dort könntet Ihr die Herrin der Bartknicker, die Königin der Basken, die Gemahlin des Sultans, die Kaiserin von Ostturkistan, die Oberschwatzmeisterin aus Narragonien, die Semistante von Berlinzone und die Scalpedra aus Narsia erblicken, doch wozu soll ich sie Euch alle einzeln aufzählen? Alle Königinnen der Welt sind dort anwesend, selbst die Schinchimurra des Eiligen Johannes. Das überlegt einmal! Wenn wir uns dann dort genügend mit Wein und Kuchen gestärkt und einen oder zwei Tänze gemacht haben, geht jeder mit der Frau, die auf seinen Wunsch herbeigeholt wurde, in ein besonderes Zimmer. Doch müßt Ihr wissen, daß diese Zimmer von paradiesischer Schönheit sind! Sie duften nicht weniger als die Spezereibüchsen in Eurer Apotheke, wenn Ihr gerade Kümmel zerstoßt. Und die Betten, die dort stehen, würden Euch köstlicher erscheinen als das Bett des Dogen von Venedig. Wir aber legen uns ungeniert dort nieder. Wie dann die flinken Weberinnen auf den Zettel treten und den Einschlag an sich ziehen, um das Tuch recht dicht zu machen, das auszudenken überlasse ich Euch allein! Zu denen, die am besten dran sind, gehören nun meiner Meinung nach Buffalmacco und ich, denn Buffalmacco läßt gewöhnlich für sich die Königin von Frankreich erscheinen, ich dagegen nehme die Königin von England. Es sind die beiden schönsten Weiber der ganzen Welt. Und wir haben es auch fertiggebracht, daß sie für niemand anders als für uns Augen im Kopf haben. Ihr könnt nun wohl selber begreifen, daß wir fröhlicher sind und sein müssen als alle übrigen Menschen, wenn wir daran denken, daß wir die Liebe zweier so edler Königinnen unser eigen nennen, ganz zu schweigen davon, daß wir, wenn wir einmal tausend oder zweitausend Fiorini von ihnen verlangen, diese so schnell nicht bekommen. Alles dies nennen wir ‚kapern' gehen, da wir es treiben wie die Korsaren, die sich alles aneignen; lediglich mit dem Unterschied, daß jene niemals etwas zurückgeben, wir aber alles, nachdem wir es gebraucht haben.

Nun habt Ihr, mein neunmalkluger Meister, genau gehört, was wir ‚kapern' gehen nennen. Wie nötig es ist, daß alles dies geheim bleibt, seht Ihr wohl selber ein. Ich sage Euch darum nichts mehr darüber und bitte Euch nicht noch einmal um Stillschweigen."

Der Medikus, dessen Weisheit vielleicht eben dazu reichen mochte, die Kinder vom Grind zu kurieren, schenkte Brunos Räubergeschichten so vollen Glauben, wie es nur der reinsten Wahrheit gebührt hätte, die je aus Menschenmund gekommen, und das Verlangen, in diese Gesellschaft aufgenommen zu werden, stieg so heiß in ihm auf, wie dies nach anderen wünschenswerten Dingen noch nie geschehen war. Daher antwortete er Bruno, dann sei es in der Tat nicht verwunderlich, daß sie immer so heiter und guten Mutes wären. Mit Mühe brachte er es fertig, die Bitte, ihn dort einzuführen, noch hinauszuschieben, um zuvor Bruno mit allerlei Ehren aufzuwarten und ihm danach sein Anliegen um so zuversichtlicher anzuvertrauen. Nachdem er sich dieserart bezwungen hatte, setzte er den Verkehr mit Bruno eifrig fort und lud ihn abends und morgens zu sich zum Essen ein, wobei er ihn mit Gunstbezeigungen überschüttete. Bald war ihr Verkehr so eng und anhaltend, daß es schien, als ob der Doktor ohne Bruno nicht mehr leben könne. Bruno, der sich dabei ganz wohl fühlte, hatte ihm, um sich solcher Auszeichnung nicht unwürdig zu erweisen, für seinen Saal „die Fasten", ein „Agnus Dei" für sein Schlafgemach und über seine Haustür ein Uringlas gemalt, damit jene, die seiner ärztlichen Beratung bedurften, ihn sogleich unter den Nachbarn herauszufinden wüßten. Außerdem malte er ihm in einer Loggia den Krieg der Mäuse gegen die Katzen, ein Gemälde, das dem Medikus über die Maßen gefiel. Nebenbei sagte er dann hin und wieder zu dem Meister, wenn er gerade mit diesem zu Abend gespeist hatte: „Heute nacht war ich in unserer Gesellschaft, und da mir die Königin von England schon ein wenig langweilig wird, ließ ich mir heute die Gumedra des Groß-Khans von Altarisi kommen." – „Was bedeutet Gumedra?" fragte der Arzt, und Bruno erwiderte: „Oh, Meister, Eure Frage verwundert mich gar nicht. Ich habe wohl gehört, daß Porcograsso und Vannaccena darüber nichts sagen." – „Du meinst wohl Hippokrates und Avicenna?" sagte der

637

Doktor. „Meiner Treu", rief Bruno, „das kann stimmen! Ich verstehe mich auf Eure Namen ebenso schlecht wie Ihr Euch auf die meinen. Jedoch Gumedra heißt in der Sprache der Leute des Groß-Khans soviel wie ‚Kaiserin' in der unsrigen. Ach, das Weib hätte Euch auch gefallen! Ich kann Euch versichern, die hätte Euch sämtliche Medikamente, Krankengeschichten und Pflaster aus dem Kopf vertrieben."

Nachdem er hin und wieder solche Reden eingeflochten hatte, um jenen noch versessener auf sein Vorhaben zu machen, geschah es schließlich, daß der Herr Doktor eines Abends, als sie lange aufblieben und er Bruno das Licht hielt, während dieser am Katz-und-Maus-Krieg malte, meinte, er habe Bruno nun ausreichend mit allerlei Ehren ausgezeichnet. Er entschloß sich daher, ihm seine Wünsche zu offenbaren. Da sie gerade allein waren, sagte er zu Bruno: „Bruno, Gott ist mein Zeuge, es gibt keinen Menschen, für den ich soviel tun könnte wie für dich! Ich glaube, es fehlt nicht viel, und ich würde, wenn du mich darum bätest, von hier nach Peretola zu laufen, dies auch tun. Darum sollst du dich nun auch nicht wundern, wenn ich dich in aller Freundschaft und im Vertrauen um etwas bitte. Du erinnerst dich wohl, daß du mir vor gar nicht langer Zeit von den Bräuchen eurer lustigen Gesellschaft erzählt hast. Daraufhin ist in mir ein so großes Verlangen erwacht, auch dazuzugehören, wie ich es noch nach keiner anderen Sache kennengelernt habe. Und nicht ohne Grund ist dies der Fall, wie du bald merken solltest, wenn es je so weit käme, daß ich in die Gesellschaft aufgenommen würde. Schon jetzt räume ich dir das Recht ein, dich über mich lustig zu machen, falls ich es nicht fertigbringe, das schönste Mädchen, das du seit langem gesehen, dorthin zu rufen. Ich sah diese Kleine im vorigen Jahr in Kackenwinkel und bin ganz närrisch nach ihr. Beim Leibe Christi, ich wollte ihr damals zehn Bolognini geben, wenn sie mir zu Willen gewesen wäre, aber sie wollte es nicht. Ich flehe dich deshalb an, sage mir, was ich tun muß, um dort aufgenommen zu werden. Steh mir bei und tue alles, daß es geschieht. Ihr sollt wahrlich an mir einen guten, treuen und ehrenwerten Gefährten haben. Du siehst ja wohl hier vor dir, daß ich ein ganz hübscher Kerl bin, gerade Beine am Leibe und ein Gesicht wie eine Rose habe. Außerdem bin ich Doktor der

Medizin und glaube nicht, daß ihr schon einen solchen unter euren Mitgliedern habt. Auch weiß ich viele schöne Geschichten und köstliche Lieder, du sollst sogleich eins hören." Und schon legte er los.

Bruno überkam eine solche Riesenlust zu lachen, daß er sich fast nicht zu halten wußte. Jedoch er beherrschte sich. Als das Lied zu Ende war, fragte ihn der Doktor: „Nun, was hältst du davon?" Bruno erwiderte: „Gegen Euch würden alle Zithern verzagen, so vorzüglich habt Ihr gegrölt." – „Ich wette", rief der Meister, „du hättest es nie geglaubt, wenn du mich nicht gehört hättest." – „Da habt Ihr recht", gab Bruno zu, und der Doktor fuhr fort: „Ich kenne noch eine Menge solcher Liedchen. Doch lassen wir das heute. Wie du mich hier siehst, war mein Vater ein Edelmann, obwohl er auf dem Dorfe wohnte. Mütterlicherseits stamme ich aus dem Geschlechte derer von Vallecchio. Wie du schon hast feststellen können, besitze ich die teuersten Bücher und die kostbarsten Kleider von allen Ärzten in Florenz. Gottsdonner, ich habe schon seit mehr als zehn Jahren Gewänder, die, alles in allem, mir annähernd hundert Bagattini kosteten. Ich bitte dich darum inständig, versuche, daß ich aufgenommen werde. Bei Gott, wenn du das zuwege bringst, kannst du krank sein, sooft du willst, ich werde dir niemals für meine ärztlichen Bemühungen Geld abnehmen."

Bruno vernahm sein Geschwätz und kam wieder einmal, wie schon so oft, zu der Überzeugung, daß der Doktor ein rechter Esel sei. Er sagte zu ihm: „Meister, kommt mit dem Licht ein wenig mehr hier herüber und werdet nicht ungeduldig, bis ich den Mäusen ihren Schwanz angesetzt habe. Danach werde ich Euch antworten."

Als die Schwänze fertig waren, sagte Bruno mit einem Gesicht, als habe diese Bitte ihn sehr in Verlegenheit gebracht: „Mein teurer Meister, ich weiß, daß Ihr für mich sehr viel zu tun bereit wäret, jedoch das, was Ihr von mir begehrt, ist, so klein es auch gegen die Größe Eures Gehirns erscheinen mag, ebenfalls eine große Sache für mich. Ich wüßte keinen Menschen auf der Welt, für den ich, selbst wenn ich es könnte, solches täte, wenn nicht für Euch, weil ich Euch nach Gebühr verehre, schon Eurer Worte wegen, die so voller Weisheit sind, daß sie alle Betschwestern aus den Latschen holen könnten und mich mit Leichtigkeit von meinem Vorsatz abbringen. Je länger ich mit Euch verkehre, desto weiser erscheint Ihr mir. Und ich will Euch noch etwas sagen: Wenn ich Euch aus keinem andren Grunde lieben müßte, so schon, weil ich sehe, daß Ihr in die reizende Schöne verliebt seid, die Ihr eben nanntet. Doch muß ich Euch gestehen, ich kann in jener Angelegenheit nicht so viel ausrichten, wie Ihr glaubt, und nicht so viel für Euch tun, wie nötig ist. Wenn Ihr mir jedoch bei Eurer berühmten und berüchtigten Ehre versprecht, es geheimzuhalten, werde ich Euch eine Möglichkeit dazu zeigen, die Ihr ergreifen müßt. Es scheint mir sicher, zumal Ihr so schöne Bücher und andere Dinge besitzt, wie Ihr mir eben gesagt habt, daß Euer Vorhaben Euch dann gelingen wird."

Nun ermunterte der Medikus Bruno: „Sag es ruhig. Ich sehe schon, daß du mich noch nicht richtig erkannt hast und noch nicht weißt, wie gut ich Geheimnisse für mich behalten kann. Es gab nur wenige Angelegenheiten, die Messer Guasparruolo da Saliceto, als er noch Richter in der Podestà von Forlimpopoli war, mir nicht anvertraute, nachdem er meine Verschwiegenheit erkannt hatte. Willst du sehen, ob ich die Wahrheit sage? Ich war der erste, dem er erzählte, daß er die Bergamina heiraten wollte. Was sagst du nun?"

„Dann ist es gut", sagte Bruno, „wenn der Euch vertraute, kann ich es wohl auch. Also was Ihr zu tun habt, ist folgendes: Wir haben in unserer Gesellschaft immer einen Kapitän und zwei Räte, die alle sechs Monate wechseln. Ohne Frage wird am Ersten des Monats Buffalmacco Kapitän werden und ich Rat, das ist bereits abgemacht. Wer Kapitän ist, hat allerlei Möglichkeiten, einen, der ihm gefällt, in die Gesellschaft hineinzubringen und durchzusetzen, daß er aufgenommen wird. Darum halte ich es für das beste, daß Ihr Euch, soweit es möglich ist, mit Buffalmacco vertraut macht und ihm einige Ehren antut. Er ist so geartet, daß er Euch sogleich lieben wird, wenn er Eure Weisheit erkennt. Wenn Ihr ihn mit Eurem Verstand und den vielen guten Dingen, die Ihr besitzt, gewonnen habt, könnt Ihr ihm Eure Bitte vortragen. Er wird Euch nicht nein sagen können. Ich habe ihm schon von Euch erzählt, und er ist Euch schon jetzt wohl geneigt. Habt Ihr das zuwege gebracht, werde ich schon alles Weitere mit ihm regeln." – „Deine Worte", fuhr der Doktor fort, „machen mich über die Maßen glücklich. Wenn er an weisen Männern Gefallen findet und sich nur ein wenig mit mir unterhält, werde ich es so einzurichten wissen, daß er immer wieder zu mir kommt. Ich habe so viel Verstand, daß ich der ganzen Stadt damit aushelfen könnte und doch immer der Klügste bliebe."

Nachdem diese Vereinbarungen getroffen waren, erzählte Bruno seinem Freunde Buffalmacco alles haargenau wieder, und Buffalmacco konnte kaum die Zeit erwarten, dem Doktor Honigschlecker aufzutischen, was er begehrte. Dieser wünschte nichts sehnlicher, als „kapern" zu gehen, und ruhte nicht eher, bis er Buffalmaccos Freund wurde, was ihm mühelos gelang. Er begann nun auch, diesem, zusammen mit Bruno, die köstlichsten Nachtmahle und die schmackhaftesten Mittagessen der Welt vorzusetzen, und die Maler schmeichelten ihm wie Leute, die köstliche Weine, fette Kapaune und andere Leckerbissen wittern, und saßen ihm stets auf den Fersen. Ohne viel eingeladen zu werden, hielten sie sich ständig bei ihm auf, mit den immer erneuerten Beteuerungen, daß sie für keinen anderen Menschen auf der Welt so etwas tun würden.

Als es schließlich dem Doktor an der Zeit schien, eröffnete er Buffalmacco, wie Bruno ihm geraten hatte, seinen Wunsch. Buffalmacco zeigte sich darüber jedoch sehr erzürnt und begann Bruno tüchtig den Kopf zu waschen mit den Worten: „Beim erhabenen Gott von Passignano, ich kann mich kaum beherrschen, dir nicht derart eins auf den Schädel zu geben, daß dir die Nase in die Hacken rutscht, du elender Verräter! Niemand anders als du hat dem Meister alles berichtet!" Der Meister aber entschuldigte Bruno mit aller Macht und legte tausend Versicherungen und Eide ab, daß er anderswo diese Dinge erfahren habe, und beschwichtigte denn Buffalmacco schließlich mit vielen weisen Reden. Buffalmacco wandte sich nun an ihn und sagte: „Mein teurer Meister, man sieht sogleich, daß Ihr in Bologna gewesen seid und die Verschwiegenheit bis hierher mitgebracht habt. Ja, ich sage noch mehr, Ihr habt das Abc nicht an den Äpfeln gelernt, wie die meisten Dummköpfe es versuchen, sondern an Kürbissen, weil es so lang ist. Und wenn ich mich nicht täusche, so seid Ihr sogar am Sonntag getauft. Obwohl Bruno mir gesagt hat, daß Ihr dort in Bologna

Medizin studiert habt, scheint es mir vielmehr, als hättet Ihr dort studiert, wie Menschen zu gewinnen sind, was Ihr wirklich besser als jeder andre, den ich je kennenlernte, versteht mit Eurer Weisheit und Euren klugen Worten." Der Doktor schnitt ihm das Wort im Munde ab und sagte zu Bruno: „Wie schön ist es doch, mit klugen Leuten zu reden und zu verkehren! Wer hätte wohl besser als dieser prächtige Mensch jeden Zug meines Verstandes erkannt? Auch du hast meinen wahren Wert nicht so schnell herausgefunden wie er. Doch nun sage auch, was ich gesagt habe, als du mir sagtest, daß Buffalmacco Gefallen an dem Umgang mit weisen Männern fände. Scheint es dir nun, daß ich es getan habe?" – „Und ob!" erwiderte Bruno.

Nun sagte der Doktor zu Buffalmacco: „Du würdest noch ganz was andres sagen, wenn du mich in Bologna gesehen hättest. Dort waren sie mir alle wohlgewogen, die Großen wie die Kleinen, die Doktoren und die Studenten, so sehr wußte ich sie alle durch meine Unterhaltung und meinen außerordentlichen Verstand zu befriedigen. Ja, ich kann dir verraten: Jedes Wort, das ich von mir gab, brachte sie zum Lachen, so sehr gefiel es ihnen. Und als ich abreiste, weinten viele vor Trauer, und alle baten mich zu bleiben. Ich war auch drauf und dran, es zu tun, da sie es mir allein gestatten wollten, den dortigen Studenten medizinische Vorlesungen zu halten. Dann aber hatte ich doch keine Lust, sondern entschloß mich hierherzukommen, zu den ererbten Reichtümern, die ich hier besitze, die schon immer meiner Familie zu eigen waren. Und so bin ich hergekommen."

Nun sprach Bruno zu Buffalmacco: „Was sagst du nun? Du wolltest mir ja nicht glauben, als ich es dir erzählte. Beim Evangelium! In dieser Stadt gibt's nicht noch einen Doktor, der sich so auf Eselsurin versteht wie dieser. Von hier bis Paris wirst du nicht noch einen solchen finden! Versuche du jetzt, ob du es fertigbringst, nicht das zu tun, was er will!"

„Bruno hat recht", sagte der Medikus, „trotzdem werde ich hier nicht richtig erkannt. Ihr gehört ja mehr zu den einfältigen Leuten, ich möchte aber, daß ihr einmal sehen könntet, welchen Platz ich unter den Gelehrten einnehme!" Buffalmacco erwiderte: „Wirklich, Meister, Ihr seid gescheiter, als ich es je geglaubt hätte, darum sage ich Euch konfuserweise, wie man es einem so klugen Mann wie Euch schuldig ist, daß ich ganz bestimmt dafür sorgen werde, daß Ihr in unsere Gesellschaft aufgenommen werdet."

Daraufhin vervielfachten sich die Ehrenbezeigungen, die der Doktor den beiden Spaßvögeln erwies, noch beträchtlich. Diese nahmen ihren Vorteil wahr und ließen ihn dabei die tollsten Bocksprünge des Übermutes machen, versprachen ihm die Komteß von Kloakien zur Frau, welche die reizendste Schöne von ganz Popolonien wäre. Wer denn diese Komteß sei, erkundigte sich der Medikus, und Buffalmacco erklärte ihm folgendes: „Teure Samengurke, das ist eine große Dame. Es gibt nur wenige Häuser auf der ganzen Welt, wo sie keine Rechte hat. Von allen andern ganz zu schweigen, zahlen ihr selbst die Minoritenbrüder bei Pauken und Trompeten ihren Tribut. Ich kann Euch sagen, wenn sie sich irgendwo sehen läßt, verrät sie sich gleich an ihrem Duft, wie verschlossen sie auch immer sein mag. Es ist noch nicht allzulange her, da ging sie eines Nachts an meiner Tür vorbei, um sich die Füße im Arno zu baden und frische Luft zu schöpfen. Meistens wohnt sie jedoch in Laterina. Häufig streifen ihre Schergen durch die Gegend, und alle tragen als Erkennungszeichen ihrer Oberherrschaft Rute und Bleischnur. Von ihren Untertanen sieht man überall mehr als genug, wie zum Beispiel Herrn Haufen vorm Tor, Don Fladen, Baron Besenstiel, den Marchese von Kackalien und andere, die wohl ebenfalls zu Euren alten Bekannten gehören, wenn Ihr Euch auch im Augenblick nicht an sie erinnert. Einer so großen Dame – von der Kleinen aus dem Kackenwinkel nicht zu reden – beabsichtigen wir Euch in die zärtlichen Arme zu führen, wenn unser Vorhaben glückt." Der Doktor, der in Bologna geboren und herangewachsen war, kannte alle diese Ausdrücke nicht und erklärte sich daher mit der Dame einverstanden.

Nicht lange nach dieser Unterhaltung hinterbrachten ihm die beiden Maler, daß er in die Gesellschaft aufgenommen werden solle. Als der Tag herangekommen war, an dem man sich abends treffen wollte, lud der Doktor alle beide zu sich zum Abendessen ein und fragte sie dann, als das Mahl vorüber war, was er nun zu tun habe, um zu der Gesellschaft zu gelangen. Darauf sagte Buffalmacco zu ihm:

„Seht, Meister, Ihr müßt vor allem sehr beherzt sein. Wenn Ihr das nicht fertigbringt, könnte leicht alles verdorben werden und uns großen Schaden einbringen. Inwiefern Ihr sehr beherzt sein müßt, sollt Ihr sogleich hören. Ihr müßt Euch um die Stunde des ersten Schlafes auf einem jener aufrecht stehenden Grabsteine, die vor kurzer Zeit außerhalb von Santa Maria Novella errichtet wurden, einfinden, bekleidet mit einem Eurer kostbarsten Kleider, damit Ihr das erstemal in Ehren vor der Gesellschaft bestehen könnt, und auch aus dem Grunde, weil nach allem, was wir erfahren haben – wir waren selber nicht dabei –, die Komteß die Absicht hat, Euch als Edelmann auf ihre Kosten zum Gebadeten Kavalier zu machen. Auf jenem Grabstein müßt Ihr so lange warten, bis der Betreffende, den wir nach Euch aussenden werden, zu Euch kommt. Damit Ihr über alles im Bilde seid: es wird ein schwarzes, nicht zu großes, gehörntes Ungeheuer zu Euch kommen und vor Euch mit viel Geschnaufe hin und her springen, um Euch zu erschrecken. Wenn es jedoch sieht, daß Ihr Euch nicht erschrecken laßt, wird es langsam zu Euch herankriechen. Wenn es bei Euch ist, steigt ohne Sorge von dem Grabstein herunter und setzt Euch, jedoch ohne Gott und die Heiligen anzurufen, auf das Tier. Wenn Ihr es Euch auf seinem Rücken bequem gemacht habt, so nehmt eine ritterliche Stellung ein und kreuzt schön die Arme über der Brust, ohne das Tier anzurühren. Es wird sich dann gemächlich in Bewegung setzen und Euch zu uns bringen. Solltet Ihr jedoch dabei Gott oder die Heiligen anrufen oder Furcht zeigen, so sage ich Euch schon jetzt, daß es Euch leicht abwerfen könnte oder Euch irgendwo fallen lassen wird, wo es Euch übel zustinken möchte. Wenn Ihr Euch also nicht zutraut, beherzt zu sein, so kommt lieber nicht dorthin, denn Ihr würdet Euch selber nur schaden, ohne uns irgendwie zu nutzen." – „Ihr kennt mich noch nicht zur Genüge", rief der Medikus. „Ihr habt vielleicht gesehen, daß ich Handschuhe und lange Röcke trage. Doch wenn Ihr wüßtet, was ich allein in Bologna alles angestellt habe, wenn ich zuweilen nachts mit meinen Freunden zu den Weibern lief, dann würdet Ihr Euch wundern. Alle Teufel, einmal in einer solchen Nacht, als irgendein kümmerliches Weibsbild, das keine Spanne hoch war, nicht mitkommen wollte, verabfolgte ich ihr als erstes eine Tracht Prügel, dann hob ich sie hoch in die Luft und schleppte sie gut Bogenschußweite fort und zwang sie, mit uns zu kommen. Ein anderes Mal, erinnere ich mich, ging ich nur in Begleitung eines Dieners kurz nach dem Ave-Maria am Minoriten-Kirchhof vorbei. Dort war an diesem Tage gerade eine Frau begraben worden, doch hatte ich keine Furcht. Ihr braucht meinetwegen wirklich keine Sorge zu haben, Mut und Kühnheit habe ich mehr als genug. Ich will Euch gleich verraten, daß ich, um recht prächtig auszusehen, meinen Scharlachtalar mit dem Pelzbarett anlegen werde, in dem ich meine Doktorwürde erlangte. Dann werdet ihr ja sehen, ob die Gesellschaft erfreut ist, wenn sie mich erblickt, und ob sie mich nicht bald zum Kapitän macht. Ihr werdet schon sehen, wie die Sache weitergeht, wenn ich nur erst einmal aufgenommen bin, wo jene Komtesse, ohne mich überhaupt gesehen zu haben, sich schon so heftig in mich verliebt hat, daß sie mich zum Gebadeten Kavalier machen will. Wer weiß, ob mir die Kavalierehre so schlecht anstehen wird? Ob ich sie schlecht oder gut zu vertreten weiß, das laßt meine eigene Sorge sein!" Buffalmacco sagte: „Da habt Ihr nur zu recht! Doch hütet Euch, uns einen Possen zu spielen und nicht zu erscheinen oder nicht auffindbar zu sein, wenn wir nach Euch schicken. Ich sage dies, weil es kalt ist und weil Ihr Herren Ärzte Euch immer sehr vor der Kälte in acht nehmt." – „Gottbehüte!" rief der Doktor. „Ich gehöre nicht zu den Frostigen und kümmere mich nicht um die Kälte. Selten, wenn ich einmal des Nachts aufstehe aus körperlicher Notdurft, wie es jedem Menschen mal geschieht, nehme ich mehr als meinen Pelz über das Wams. Darum werde ich bestimmt an Ort und Stelle sein."

Nachdem die beiden fortgegangen waren, erfand der Doktor, als es Nacht wurde, zu Hause allerlei Entschuldigungen für seine Frau, zog verstohlen sein Prachtgewand hervor und legte es an, als es ihm an der Zeit schien, dann stieg er auf einen der genannten Grabsteine. Da große Kälte herrschte, kauerte er sich auf dem Marmor zusammen und begann das Ungeheuer zu erwarten.

Buffalmacco, der groß und robust war, hatte sich indessen eine jener Masken besorgt, die man zu besonderen Spielen, die heute nicht mehr üblich sind, zu gebrauchen pflegte, und sich einen schwarzen Pelz übergeworfen, die Fellseite nach außen, so daß er einem Bären geglichen hätte, wären nicht die Teufelsmaske und die Hörner gewesen. In dieser Aufmachung begab er sich, gefolgt von Bruno, der sehen wollte, wie die Sache vor sich gehen würde, nach dem neuen Platz von Santa Maria Novella. Sowie er bemerkte, daß der Herr Doktor schon dort war, begann er mit den tollsten Sprüngen einen gewaltigen Wutausbruch auf dem Platze zu inszenieren und fing an zu prusten, zu heulen und zu kreischen, als habe er den Satan im Leibe.

Als unser Doktor ihn sah und hörte, standen ihm die Haare zu Berge, er begann wie ein altes Weib am ganzen Leibe zu zittern und wünschte nichts sehnlicher, als jetzt in seinem eigenen Hause zu sein und nicht hier. Da er jedoch einmal hergekommen war, riß er sich schließlich zusammen und versuchte, sich zu beruhigen, da sein Verlangen, jene Wunder zu erleben, von denen man ihm erzählt hatte, gar so groß war.

Nachdem Buffalmacco eine Zeitlang, wie beschrieben, herumgetobt war, stellte er sich, als beruhige er sich langsam, näherte sich dem Grabdenkmal, auf dem der Doktor hockte, und blieb davor stehen. Der Doktor, der vor Furcht bibberte, wußte nicht, was er nun beginnen sollte: aufsteigen oder bleiben, wo er war. Schließlich jagte er, aus Angst, es könne ihm schlecht bekommen, nicht herabzusteigen, mit einer noch größeren Furcht die erste zum Teufel, kletterte mit dem Stoßgebet „Gott steh mir bei!" von dem Grabstein herunter und setzte sich auf das Ungeheuer, so gut es ging. Noch am ganzen Leibe zitternd, legte er die Arme über der Brust zusammen, wie ihm aufgetragen war. Buffalmacco aber begann sich langsam auf Santa Maria della Scala zu in Bewegung zu setzen und trug ihn, auf allen vieren kriechend, bis in die Nähe der Nonnen von Ripole. Nun waren hier in der Gegend gerade Gräben gezogen, durch welche die Arbeiter die „Komteß von Kloakien" auslaufen ließen, um die Felder zu düngen. Als Buffalmacco in die Nähe dieser Gräben gekommen war, trat er dicht an den Rand eines solchen heran, blieb einen Augenblick stehen, legte dann eine Hand unter einen Fuß des Doktors, riß ihn von seinem Rücken und schleuderte ihn kopfüber in den Graben, wobei er aufs neue laut zu knurren, zu springen und zu wüten begann und schließlich an Maria della Scala entlang auf den Allerheiligenpark zurannte, wo er auf Bruno stieß, der, weil er sich vor Lachen nicht mehr zu halten gewußt hatte, fortgelaufen war. Alle beide wollten sich nun vor Vergnügen ausschütten, stellten sich aber dann von ferne auf die Lauer, um zu beobachten, was der besudelte Doktor begänne.

Der Medikus, der sich an einen so abscheuerregenden Ort versetzt sah, machte die größten Anstrengungen, aufzustehen, um sich aus dem Graben herauszuhelfen, jedoch rutschte er bald hier, bald dort aus und kroch schließlich, von Kopf bis Fuß besudelt, jammernd und wütend, nachdem er verschiedene Quanten Unrat verschluckt hatte, unter Zurücklassung seines Doktorhutes wieder aus dem Dreck. Er versuchte, so gut es ging, den Kot mit den Händen zu entfernen, und kehrte dann, da er sich keinen andern Rat wußte, nach Hause zurück, wo er so lange an die Tür klopfte, bis ihm aufgemacht wurde. Die Haustür aber war noch nicht hinter dem grauenhaft Stinkenden verschlossen, so waren auch Bruno und Buffalmacco bereits angelangt, um zu hören, wie der Meister von seiner Frau empfangen würde. Sie vernahmen denn auch mit gespitzten Ohren, wie die Frau ihrem Mann die gröbsten Schimpfreden, die je ein Schuft einstecken mußte, an den Kopf warf: „He! Das schadet dir gar nichts! Du bist wohl gestern zu irgendeinem Weibsbild gegangen und wolltest in deiner Scharlachrobe recht stattlich aussehen? Genüge ich dir vielleicht jetzt nicht mehr, Freundchen? Ich wäre fähig, einem ganzen Volke zu genügen, geschweige denn dir! Ha! Hätten sie dich doch gleich darin ersäuft, wenn sie dich schon dort hineinwarfen, wohin du gehörst! Fürwahr, ein ehrenwerter Doktor! Hat eine Ehefrau und treibt sich nachts bei andern Weibern herum!" Mit solchen und ähnlichen Reden beschimpfte die Frau den Doktor, der sich von Kopf bis Fuß waschen mußte, bis weit nach Mitternacht.

Am nächsten Morgen erschienen Bruno und Buffalmacco – die sich den Körper unter den Kleidern überall so bemalt hatten, als seien sie voller blutunterlaufener Striemen, die von Schlägen herzurühren schienen – im Hause des Doktors, der bereits aufgestanden war. Bei ihrem Eintritt stieg ihnen noch aus allen möglichen Dingen ein scheußlicher Gestank entgegen, da noch nicht alles so gründlich hatte gereinigt werden können, daß der üble Geruch ganz verschwunden war. Als der Doktor hörte, daß sie da seien, ging er ihnen entgegen und wünschte ihnen einen guten Tag. Bruno und Buffalmacco erwiderten mit zorniger Miene, wie sie es unter sich verabredet hatten: „Wir können Euch nicht so begrüßen. Im Gegenteil, wir flehen Gott an, daß er Euch so viel Übles auf den Hals schicke, daß Ihr daran elendiglich krepiert, weil Ihr der ehrloseste und gemeinste Verräter unter der Sonne seid. An Euch hat es wahrlich nicht gelegen, daß wir heute nacht nicht wie tolle Hunde totgeschlagen wurden, während wir uns bemühten, Euch Ehre und Vergnügen zu verschaffen. Eures Verrates wegen haben wir so viel Schläge hinnehmen müssen, daß ein Esel mit wenigeren von hier nach Rom zu treiben gewesen wäre. Ganz abgesehen davon, daß wir Gefahr liefen, aus der Gesellschaft ausgestoßen zu werden, in welche wir Euch aufnehmen lassen wollten. Wenn Ihr uns etwa nicht glauben solltet, so überzeugt Euch nur, in welchem Zustand wir uns befinden." Dabei öffneten sie im Zwielicht ihre Kleider und führten dem Doktor ihre bemalten Oberkörper vor, die sie jedoch gleich wieder verhüllten. Der Medikus versuchte, sich zu entschuldigen, wollte ihnen sein Abenteuer berichten und wie und wo er hineingeworfen worden sei. Buffalmacco aber sagte: „Ich wollte, jenes Tier hätte Euch von der Brücke in den Arno geworfen! Warum mußtet Ihr Gott oder die Heiligen anrufen? Wart Ihr etwa nicht vorher gewarnt worden?" Der Doktor erwiderte, daß er sich bei Gott nicht daran erinnere. „Wie", schrie Buffalmacco, „Ihr erinnert Euch nicht daran? Ihr erinnert Euch sehr gut! Unser Bote hat uns erzählt, daß Ihr gezittert habt wie Espenlaub und vor Angst nicht wußtet, was Ihr tun solltet. Oh, Ihr habt uns gut hereingelegt! Doch das soll uns nicht noch einmal passieren! Euch werden wir schon noch die Ehre antun, die Euch gebührt!"

Der Doktor begann nun, sie um Verzeihung zu bitten und sie zu beschwören, ihn doch um Gottes willen nicht in Schande zu bringen, und suchte sie mit seinen schönsten Redensarten zu beschwichtigen. Hatte er sie bis zu diesem Tage schon mit allerlei Aufmerksamkeiten geehrt, so begann er nun, aus Furcht, sie möchten seinen Reinfall ans Tageslicht bringen, sie für alle Zeiten mit Gastmahlen und Geschenken zu verwöhnen. – Auf diese Weise macht man, ihr habt es nun gehört, Leute klug, die in Bologna nichts gelernt haben.

ZEHNTE GESCHICHTE

Eine Sizilianerin nimmt auf geschickte Weise einem Kaufmann alles ab, was er nach Palermo gebracht hat. Er stellt sich darauf, als sei er mit noch mehr Waren als beim erstenmal nach dort zurückgekehrt, borgt sich eine große Summe Geldes von ihr und läßt ihr dafür nichts anderes als Wasser und Werg zurück.

Wie herzlich über manche Stelle in dieser Geschichte der Königin von den Damen gelacht wurde, ist kaum zu schildern. Allen waren vor übermäßigem Gelächter wohl ein dutzendmal die Tränen in die Augen gestiegen. Als aber die Königin geendet hatte, begann Dioneo, wohl wissend, daß die Reihe nun an ihm sei, zu erzählen:

Meine schönen Damen, es ist ganz offensichtlich, daß gerade jene Einfälle, die einen besonders durchtriebenen Angreifer zu Fall bringen, unsern größten Beifall finden. Darum beabsichtige ich, so schöne Sachen ihr auch schon erzählt habt, noch eine Geschichte zum besten zu geben, die euch eigentlich mehr als die bereits gehörten erfreuen müßte, da hier die Gefoppte eine weit gerissenere Meisterin in der Kunst war, andere Menschen zu betrügen, als irgendeiner von den Überlisteten, von denen bisher gesprochen wurde.

Es pflegte in allen Seestädten, die einen Hafen haben, Sitte zu sein – und ist es vielleicht noch heute –, daß die Kaufleute, die hier ihre Waren entladen, diese sämtlich in einen Speicher bringen, der in vielen Städten Dogana heißt und von der Gemeinde oder dem Landesherrn unterhalten wird. Nachdem den dazu bestellten Beamten schriftlich die Waren und ihre Preise gemeldet sind, erhält der Kaufmann von ihnen ein Magazin zugewiesen, wo er seine Waren abstellen und einschließen kann. Die sogenannten Doganieri schreiben sodann in das Buch der Dogana auf Rechnung des

Kaufmanns seine Waren ein und lassen sich für die gesamten oder für einen Teil dieser Waren, je nachdem der Kaufmann sie aus der Dogana zu entnehmen wünscht, ihre Gebühren bezahlen. Aus diesem Buche informieren sich alsdann die Händler und Makler über Qualität und Quantität der Waren, die vorliegen, und desgleichen darüber, welche Kaufleute ihre Waren anbieten, um mit ihnen, wie es sich gerade ergibt, über Tausch-, Wechsel- und Verkaufsgeschäfte oder über andre Umsatzmöglichkeiten zu unterhandeln.

Wie an vielen andren Orten war dies auch in Palermo auf Sizilien Sitte. In dieser Stadt befanden sich und befinden sich noch heute auch viele zwar schöne, jedoch wenig tugendhafte Weiber, die von manchem, der sie nicht kennt, wohl gar für vornehme Damen gehalten werden. Sie aber gehen auf nichts anderes aus, als die Männer nicht nur über den Löffel zu barbieren, sondern ihnen das Fell gänzlich über die Ohren zu ziehen. Sowie sie einen fremden Kaufmann gewahren, unterrichten sie sich sogleich aus dem Buche der Dogana oder bei den Maklern über alles, was jener besitzt, und über wieviel er verfügen kann, und legen es dann darauf an, mit reizendem, liebevollem Benehmen und honigsüßen Worten diese Kaufleute an sich zu locken und sie in ein Liebesverhältnis zu verwickeln. Schon so manchen haben sie in derartige Netze verstrickt und ihnen dabei ein gut Teil ihrer Waren aus den Händen entwunden, ja diesem und jenem Unglücksraben sogar die gesamte Ware. Es soll Kaufleute gegeben haben, die Ware, Schiff, Blut und Knochen dabei verloren haben, so lind hat die Bartschaberin das Messer zu führen gewußt.

Nun geschah es vor nicht langer Zeit, daß, von seinem Brotherrn gesandt, ein junger Florentiner mit Namen Niccolo aus Cignano, jedoch überall Salabaetto genannt, in Palermo mit einer Menge Wollsachen eintraf, die auf der Messe in Salerno übriggeblieben waren und etwa fünfhundert Fiorini wert sein mochten. Nachdem er seine Waren auf der Dogana verzollt hatte, stellte er sie in einem Magazin ab und ging, ohne große Eile für ihren Umsatz zu bezeigen, oftmals zu seinem Vergnügen in der Stadt spazieren. Weiß, blond, hübsch und gut gewachsen, wie er war, machte eines Tages eine jener Bartrupferinnen, die sich Madonna Jancofiore nennen ließ und schon einige Erkundigungen über ihn eingezogen hatte, ihm schöne Augen. Als er dies bemerkte, hielt er sie für eine große Dame und schmeichelte sich, ihr seiner Schönheit wegen zu gefallen. Er beschloß, diese Liebe auf vorsichtigste Art und Weise voranzutreiben, und begann alsbald, ohne irgend jemand ein Wort davon zu sagen, vor ihrem Hause auf und ab zu spazieren. Sie bemerkte es wohl, und nachdem sie ihm ein paar Tage lang mit süßen Blicken eingeheizt und getan hatte, als verzehre auch sie sich vor Verlangen nach ihm, sandte sie in aller Heimlichkeit ein Weib zu ihm, welches die Kunst der Kuppelei auf treffliche Weise beherrschte. Diese machte ihm mit Tränen in den Augen nach allerlei Geschwätz weis, daß er mit seiner Schönheit und Anmut ihre Herrin so sehr bezaubert habe, daß diese Tag und Nacht keine Ruhe mehr fände. Die Herrin wünsche daher nichts sehnlicher, als sich mit ihm, wenn es ihm recht sei, heimlich in einem Bade zu treffen. Damit zog sie einen Ring aus ihrer Tasche, den sie ihm im Auftrage ihrer Gebieterin aushändigte. Diese Nachricht machte Salabaetto zum Glücklichsten aller Sterblichen. Er nahm den Ring an sich, führte ihn an seine Augen und küßte ihn. Dann steckte er ihn an seinen Finger und antwortete der wackren Frau, daß er, wenn Madonna Jancofiore ihn liebe, es ihr reichlich vergelten werde, da auch er sie mehr als sein Leben liebe. Er sei bereit, jederzeit und wo immer sie es wünsche mit ihr zusammenzutreffen. Darauf kehrte die Zwischenträgerin mit seiner Antwort zu ihrer Herrin zurück, und Salabaetto wurde bald darauf benachrichtigt, in welchem Bade er am folgenden Tage um die Vesperstunde die Dame erwarten solle. Er machte sich, ohne auch nur einen einzigen Menschen zu benachrichtigen, zu angegebener Stunde pünktlich auf den Weg und fand das Bad bereits von der Dame bestellt. Kaum war er dort angelangt, so erschienen zwei schwerbeladene Sklavinnen. Eine von ihnen trug eine schöne große Baumwollmatratze auf dem Kopf, die andre einen vollgepackten Korb. Sie breiteten in einer Kammer des Bades die Matratze auf einem Bett aus, legten einige feine, mit Seide besetzte Bettücher darüber und schließlich eine schneeweiße Decke von zyprischem Leinen und zwei schöne gestickte Kopfkissen. Darauf zogen sie sich aus, stiegen in das Bad und wuschen und putzten dies auf das sorgfältigste. Nicht lange danach erschien die Dame, von zwei weiteren Sklavinnen gefolgt, im Badehaus. Sie begrüßte Salabaetto auf das freundlichste und sagte mit vielen Seufzern, nachdem sie ihn unzählige Male umarmt und geküßt hatte: „Ich weiß nicht, wer außer dir mich wohl je hätte hierherführen dürfen. Du hast mir Feuer in die Adern gejagt, du gerissener Hund von einem Toscaner!" Dann stiegen beide, wie sie es wünschte, nackt ins Bad und zwei der Sklavinnen mit ihnen. Hier wusch die Schöne eigenhändig, ohne daß jemand ihn berühren durfte, mit Moschus- und Nelkenseife gar liebevoll und zart ihren Salabaetto und ließ sich dann von den Sklavinnen ebenfalls waschen und abreiben. Darauf holten diese zwei feine weiße Tücher herbei, die so stark nach Rosen dufteten, daß alles von Rosen erfüllt schien, und hüllten Salabaetto in eines derselben und die Dame in das zweite. Schließlich hoben sie beide auf und trugen sie ins Bett. Nachdem die Hitze des Bades von ihnen gewichen war, wurden die Tücher von den Sklavinnen wieder fortgenommen, so daß sie nackt nebeneinander auf dem Lager ruhten. Dann entnahmen die Sklavinnen dem Korbe schöne silberne Fläschchen mit Rosen-, Orangenblüten-, Jasmin- und Lavendelwasser und besprengten beide mit diesen Duftwässern, worauf Konfektschachteln und köstlicher Wein vorgesetzt wurden und beide sich ein wenig stärkten.

Salabaetto glaubte, im Paradiese zu sein. Er schaute tausendmal auf die Dame, die wirklich von bezaubernder Schönheit war, und konnte den Augenblick nicht erwarten, daß endlich die Sklavinnen verschwanden und er in ihre Arme sinken könne. Schließlich, nachdem sie noch eine Fackel entzündet hatten, verließen die Mädchen die Kammer, und die Dame begann Salabaetto zu umarmen und er sie. Zur größten Wonne Salabaettos, der meinte, auch jene vergehe vor Liebe nach ihm, blieben sie lange beieinander. Dann aber, als es der Schönen an der Zeit schien, aufzustehen, rief sie die Sklavinnen wieder herein, und beide kleideten sich mit ihrer Hilfe wieder an, stärkten sich nochmals mit Wein und Konfekt und wollten eben fortgehen, nachdem sie Gesicht und Hände wiederum mit Duftwässern erfrischt hatten, als die Dame zu Salabaetto sagte: „Wenn es dir recht ist, würde es mir eine große Freude sein, dich heute abend zum Essen und zum Übernachten bei mir zu haben." Salabaetto, bereits von ihrer Schönheit und ihren Liebeskünsten besiegt, erwiderte, in der festen Überzeugung, daß sie ihn liebe wie ihr eigenes Herz: „Madonna, alles, was Ihr nur wünschen mögt, ist mir angenehm. Darum werde ich heute abend und immer tun, was Euch gefällt und was Ihr mir befehlen werdet."

So richtete Jancofiore, nach Hause zurückgekehrt, ihr Zimmer mit allerlei Sachen und Gerätschaften auf das beste her, bestellte ein köstliches Nachtmahl und erwartete dann Salabaetto, der, sowie es anfing dunkel zu werden, zu ihr ging und nach zärtlichem Empfang in heiterster Laune und aufmerksam bedient mit ihr zusammen speiste. Darauf betrat er mit ihr das herrlich nach Aloeholz duftende Schlafgemach, wo er ein reiches, mit zyprianischen Vögeln geziertes Bett und viele schöne Gewänder auf der Stange erblickte. Alles zusammen und jedes Ding für sich erweckte in ihm den Glauben, sie müsse eine reiche Dame von Rang sein. Obwohl ihm allerlei Nachteiliges über ihr Leben und ihre Gepflogenheiten zugeraunt worden war, konnte er sich nicht entschließen, diese Gerüchte für wahr zu halten, und wenn er schließlich auch gelten ließ, daß sie wohl diesen und jenen schon an der Nase herumgeführt habe, so wollte er doch um die Welt nicht glauben, daß auch ihm solches von ihr widerfahren könne. Er verbrachte die Nacht in höchster Wonne in ihren Armen und verliebte sich von Stunde zu Stunde mehr in sie. Als es Morgen wurde, schmückte sie ihn mit einem schönen, zierlichen Gürtel von Silber, an dem eine kostbare Geldbörse hing, und sagte: „Mein süßer Salabaetto, ich empfehle mich dir. Und so wie ich selbst dir stets zur Verfügung stehe, so kannst du auch über alles, was du hier siehst und was in meiner Macht liegt, verfügen."

Nach vielen Umarmungen und Küssen verließ Salabaetto frohgestimmt ihr Haus und kehrte wieder dorthin zurück, wo die Kaufleute sich aufhielten. Während er nun ein um das andre Mal mit seiner Schönen zusammenkam, ohne die geringsten Kosten davon zu haben, und sich immer mehr an sie verlor, geschah es, daß er seine Wollsachen mit gutem Verdienst bar verkaufte, was der Dame sogleich – nicht von ihm selbst, sondern von andrer Seite – berichtet wurde. Als Salabaetto wieder einen Abend bei ihr verbrachte, begann sie mit ihm zu schäkern und allerlei Unsinn zu treiben, wobei sie ihn küßte und umarmte und sich so heftig verliebt in ihn zeigte, daß er meinte, sie werde in seinen Armen vor Liebe vergehen. Dazu wollte sie ihm zwei kostbare Silberbecher schenken, die sie besaß. Salabaetto aber mochte diese nicht von ihr annehmen, da er von ihr nach und nach schon Geschenke im Werte von gut dreißig Fiorini erhalten hatte, ohne es durchgesetzt zu haben, daß sie auch nur die geringfügigste Gabe von ihm angenommen hätte. Schließlich, als sie ihn mit ihren vielen Liebes- und Gunstbezeigungen auf das höchste erregt hatte, rief eine ihrer Sklavinnen sie, wie ihr vorher befohlen war, heraus. Jancofiore verließ das Schlafgemach und kam nach einer kleinen Weile weinend zurück, warf sich auf das Bett und begann so jämmerlich und herzzerreißend zu schluchzen wie noch kein Weib vor ihr. Salabaetto nahm sie bestürzt in die Arme, begann mit ihr zu weinen und fragte: „Aber, mein süßes Herz, was habt Ihr plötzlich? Was für einen Grund hat Euer Jammer? Sagt es mir, meine Seele!" Sie ließ sich lange bitten und erwiderte schließlich: „Ach, mein süßer Gebieter, ich weiß nicht, was ich tun oder sagen soll! Ich habe soeben aus Messina böse Nachricht bekommen. Mein Bruder schreibt mir, ich solle sogleich alles, was ich hier besitze, verkaufen oder verpfänden, damit ich ihm auf jeden Fall innerhalb von acht Tagen tausend Fiorini schikken könne, wenn ich nicht wolle, daß ihm der Kopf abgeschlagen würde. Ich weiß nicht, was ich beginnen soll, um diese Summe so schnell zu beschaffen. Hätte ich nur vierzehn Tage Zeit, würde ich schon eine Möglichkeit finden, sie herbeizubringen, indem ich sie von einem Ort, wo ich noch viel mehr zu bekommen habe, holen ließe oder eine unsrer Besitzungen verkaufte. Da ich es jedoch nicht schaffen werde, wollte ich, ich wäre gestorben, ehe diese Nachricht mich erreicht hätte." Nach diesen Worten begann sie aufs neue untröstlich zu weinen. Salabaetto, dem die Flammen der Liebe bereits einen guten Teil seines klaren Verstandes verzehrt hatten, hielt ihre Tränen für echt und jedes Wort für reine Wahrheit. Er sagte: „Madonna, ich kann Euch zwar nicht mit tausend dienen, aber bestimmt mit fünfhundert, wenn Ihr sicher seid, sie mir in vierzehn Tagen zurückgeben zu können. Zu Eurem Glück habe ich gestern meine

Wollsachen verkauft. Wäre das nicht der Fall, hätte ich Euch nicht einen Soldo leihen können." – „O weh", rief die Dame. „Hast du etwa Geldsorgen gehabt? Aber warum hast du dir nichts von mir geben lassen? Ich hätte dir, wenn ich auch keine tausend Fiorini besitze, doch sicherlich einhundert oder zweihundert leihen können. Damit hast du mir allen Mut genommen, die Hilfe, die du mir anbietest, anzunehmen." Salabaetto beteuerte mehrmals, von ihren Worten besiegt: „Madonna, aus diesem Grunde sollt Ihr es nicht unterlassen. Wenn es mir so dringend gewesen wäre wie Euch jetzt, hätte ich Euch schon darum gebeten." – „Ach, mein Salabaetto!" rief die Dame. „Jetzt erkenne ich, daß deine Liebe zu mir echt und wahr ist, weil du, ohne meine Bitte abzuwarten, mit einer so großen Summe Geldes mir in dieser Notlage freiwillig beistehen willst. Ich war, weiß Gott, schon ohnedies ganz dein eigen, doch nun werde ich es noch weit mehr sein. Ich werde nie vergessen, daß ich dir das Leben meines Bruders verdanke! Der Himmel weiß, daß ich sehr ungern das Geld annehme, weil ich wohl bedenke, daß du Kaufmann bist und daß die Kaufleute alle ihre Geschäfte nur mit Geld erledigen können. Da jedoch die Not mich zwingt und ich die feste Hoffnung habe, es dir bald zurückgeben zu können, werde ich es nehmen. Für den Restbetrag werde ich, wenn ich nicht schnell einen andern Ausweg finde, meine Sachen verpfänden." Nach diesen Worten sank sie weinend in seine Arme. Salabaetto versuchte sie zu trösten, blieb die Nacht mit ihr zusammen und brachte ihr, um sich als wahrer Diener zu erzeigen, ohne noch eine weitere Bitte abzuwarten, fünfhundert blanke Fiorini, die sie mit Tränen in den Augen und Frohlocken im Herzen annahm und auf ihr bloßes Versprechen hin erhielt.

Sobald jedoch die Dame das Geld in den Händen hatte, begann die Atmosphäre sich merkwürdig zu verändern. Wenn Salabaetto sonst jederzeit, wenn er es wünschte, freien Zutritt zu ihr gehabt hatte, stellten sich diesem jetzt allerlei Schwierigkeiten in den Weg, so daß er von sieben Malen höchstens einmal vorgelassen und dann auch durchaus nicht mit dem gleichen Gesicht und den gleichen Zärtlichkeiten aufgenommen wurde wie vorher. Als er, da der Termin, an dem er sein Geld zurückerhalten sollte, nicht nur um einen, sondern bereits um mehr als zwei Monate überschritten war, schließlich den Betrag anforderte, erhielt er keine andre Bezahlung als leere Versprechungen. So erkannte Salabaetto schließlich die Ränke des hinterlistigen Weibes und seine eigene Dummheit. Da er jedoch weder Unterschrift noch Zeugen besaß und gegen die Schöne nichts andres als ihr Genehmes hätte vorbringen können und er außerdem nicht wagte, sich bei irgend jemand zu beklagen, da jeder ihn im voraus gewarnt hatte und ihn mit Recht ob seines Reinfalls hänseln würde, beweinte er tiefbetrübt im stillen seine Torheit. Inzwischen langten von seinen Brotherren mehrere Briefe an, mit dem Auftrag, das Geld zu wechseln und ihnen zu übermitteln. Damit nun sein Vergehen nicht bekannt würde, wenn er ihrer Forderung nicht nachkam, entschloß er sich, Palermo zu verlassen, bestieg das nächste Schiff und segelte nicht nach Pisa, wie es seine Pflicht gewesen wäre, sondern nach Neapel.

In Neapel hielt sich zu jener Zeit gerade unser Landsmann Pietro del Canigiano auf, der Schatzmeister der Kaiserin von Konstantinopel, ein Mann von großer Erfahrung und scharfem Verstand, der mit Salabaetto und den Seinen befreundet war. Bei diesem, den er als einen zuverlässigen, umsichtigen Mann kannte, beklagte Salabaetto sich wenige Tage später über seinen Reinfall und bat ihn um Rat, auf welche Weise er wohl in Neapel seinen Lebensunterhalt verdienen könnte, wobei er den festen Entschluß, nie wieder nach Florenz zurückzukehren, äußerte. Sehr betrübt über diese Angelegenheit, erwiderte Canigiano: „Du hast unrecht getan und dich sehr schlecht betragen, hast deinen Herren einen üblen Dienst erwiesen und zuviel Geld auf einmal für dein Vergnügen verschwendet. Doch geschehen ist geschehen, wir müssen jetzt anderweitig Rat schaffen." Als besonnener Mann fiel ihm denn auch schnell ein, was hier zu tun sei. Er teilte es Salabaetto mit, der von seinem Vorschlag sehr entzückt war und sich sogleich an dessen Ausführung machte. Da er noch über einiges Geld verfügte und Canigiano ihm etwas dazulieh, ließ er gleich eine Menge Ballen packen und verschnüren, schaffte wohl an die zwanzig Ölfässer an, ließ sie füllen und kehrte dann, nachdem er alles verladen hatte, nach Palermo zurück. Als er das Verzeichnis der Ballen und den Wert der Fässer den Doganieri angegeben und alles auf seine Rechnung hatte notieren lassen, stellte er die Waren in einem Magazin ab, mit dem Bemerken, daß er bis zum Eintreffen weiterer Waren, die er noch erwarte, nichts anrühren wolle.

Jancofiore, die sogleich Nachricht hiervon erhielt und auch hörte, daß die gelagerten Ballen den Wert von gut zweitausend Fiorini hätten, wenn nicht mehr – ohne das, was er noch erwarte, welches mehr als dreitausend wert sein sollte –, dachte nun, daß sie ihm doch viel zuwenig abgenommen habe, und beschloß, ihm vorerst seine fünfhundert Fiorini wieder zurückzugeben, um danach den größten Teil der fünftausend an sich zu raffen. Sie schickte daher zu ihm, und Salabaetto, schlau geworden, begab sich alsbald zu ihr. Sie stellte sich, als erinnere sie sich an nichts, was vorgefallen sei, empfing ihn mit übergroßer Freude und sagte: „Bist du etwa böse auf mich, weil ich dir dein Geld nicht termingemäß zurückgegeben habe?" Salabaetto begann zu lachen und sagte: „Wenn ich ehrlich sein soll, Madonna, so hat es mich etwas verstimmt, denn ich selbst hätte mir das Herz aus dem Leibe gerissen, um es Euch zu geben, wenn ich wüßte, daß Ihr daran Gefallen fändet. Doch Ihr sollt gleich hören, wie böse ich auf Euch bin. Ich liebe Euch so sehr und so innig, daß ich den größten Teil meiner Besitzungen verkaufen ließ und jetzt Waren im Werte von über zweitausend Fiorini hergebracht habe. Außerdem erwarte ich noch Waren aus dem Westen, die mehr als dreitausend Fiorini wert sein werden. Ich beabsichtige, ein Warenlager einzurichten und mich hier niederzulassen, um stets in Eurer Nähe zu bleiben, da ich über Eure Liebe beglückter bin, als je ein andrer Verliebter über die seine gewesen ist." Darauf sagte die Schöne zu ihm: „Salabaetto, alles, was du vorhast, freut mich von Herzen, denn du bist der Mann, den ich mehr als mein Leben liebe. Es freut mich unendlich, daß du mit dem Entschluß, hierzubleiben, zurückgekehrt bist, denn ich hoffe, noch eine sehr schöne Zeit mit dir zu verleben. Doch ich möchte mich ein wenig bei dir entschuldigen, daß damals, als du fortgingst, einige Male, wenn du mich besuchen wolltest, sich dies nicht so gut einrichten ließ wie vorher, und auch noch dafür, daß ich dir dein Geld nicht zu dem versprochenen Termin zurückgegeben habe. Du mußt wissen, daß ich damals schrecklichen Kummer hatte und das größte Leid durchmachte. Wer aber kann in einer solchen Situation, auch wenn er den andern sehr liebhat, immer ein freundliches Gesicht machen und den andern immer so empfangen, wie er wohl selber es gerne möchte? Außerdem mußt du bedenken, daß es für eine Frau äußerst schwierig ist, tausend Fiorini aufzutreiben. Überall werden uns nur Lügen aufgetischt und keine Versprechungen eingehalten. So sind wir Frauen oft gezwungen, auch unsrerseits andern Leuten Lügen vorzusetzen. Allein aus diesem und keinem andern Grunde konnte ich dir dein Geld nicht zurückgeben. Doch bald nach deiner Abreise habe ich es erhalten. Hätte ich gewußt, wohin, hätte ich es dir mit Sicherheit nachgesandt. Da ich dies jedoch nicht wußte, habe ich es hier für dich aufgehoben." Dann ließ sie eine Geldbörse hereinbringen, in der dieselben Goldstücke lagen, die er ihr gebracht hatte, drückte sie ihm in die Hand und sprach: „Zähle nach, ob es fünfhundert sind."

Salabaetto war niemals zufriedener gewesen als jetzt. Er zählte nach, fand, daß es genau fünfhundert waren, steckte sie zu sich und sprach: „Madonna, ich sehe, daß Ihr die Wahrheit sprecht, doch nun laßt es genug sein. Ich versichere Euch, daß Ihr deswegen und weil ich Euch so sehr liebe, mich – zu welchem Zweck Ihr es auch immer benötigen mögt – um jede Summe Geldes bitten könnt. Ich werde Euch gerne damit dienen, wenn ich imstande bin, sie zu beschaffen. Wie gerne ich dazu bereit bin, mögt Ihr selber ausprobieren." Nachdem er auf diese Weise seine Liebe zu ihr mit Worten erneuert hatte, nahm er auch den alten zärtlichen Umgang mit ihr wieder auf. Sie bot ihm die süßeste Lust, überhäufte ihn mit den größten Zärtlichkeiten der Welt und bezeigte ihm schier endlose Liebe. Salabaetto aber war entschlossen, Betrug mit Betrug zu bestrafen. Er ging daher, als sie ihn wieder einmal zum Abendessen und Übernachten hatte zu sich bitten lassen, so niedergeschlagen und traurig zu ihr, daß es fast den Anschein hatte, als wolle er sterben. Jancofiore umarmte und küßte ihn und begann zu fragen, weshalb er so bekümmert sei. Er ließ sich eine Weile bitten und sagte dann: „Ich bin ruiniert! Das Schiff, auf dem die von mir erwartete Ware sich befand, ist von Korsaren aus Monaco gekapert worden. Diese verlangen als Lösegeld zehntausend Fiorini, von denen ich tausend zahlen soll. Ich aber besitze keinen Picciuolo, denn die fünfhundert Fiorini, die Ihr mir zurückgabt, habe ich nach Neapel gesandt und dafür Leinwand gekauft und ebenfalls hierherbestellt. Würde ich die Waren, die hier lagern, jetzt verkaufen, müßte ich alles zu halbem Preis abgeben, da es jetzt keine Zeit dafür ist. Andrerseits bin ich hier noch nicht so bekannt, daß ich jemand fände, der mir helfen würde. Darum weiß ich nicht aus noch ein. Sende ich das Geld nicht schnell dorthin, so wird die Ware nach Monaco abgeschleppt, und ich sehe nichts davon wieder."

Die Schöne, die recht verstimmt über diese Nachricht war, da sie alles zu verlieren glaubte, überlegte, ob sich nicht ein Ausweg fände, daß die Waren nicht nach Monaco gingen, und sagte darum: „Gott weiß, daß mich dies deinetwegen sehr verdrießt. Doch was hilft es, sich deswegen zu betrüben? Wenn ich das Geld hätte, würde ich es dir, weiß Gott, gerne leihen. Ich habe es aber nicht. Zwar gibt es jemand, der mir die fünfhundert, die mir fehlten, lieh, doch er verlangt sehr hohe Zinsen und tut es nicht unter dreißig Prozent. Wenn du das Geld von diesem Manne leihen willst, so müßte man ihn mit einem guten Pfand beruhigen. Um dir zu helfen, wäre ich bereit, mich selbst und alle meine Sachen zu verpfänden für jede Summe, die er darauf leihen will. Jedoch wie willst du ihn für den restlichen Betrag zufriedenstellen?"

Salabaetto, der nur zu gut wußte, aus welchem Grunde sie zu diesem Dienst für ihn bereit war, kam bald dahinter, daß sie selbst es war, die ihm das Geld leihen wollte. Zufrieden dankte er ihr und sagte dann, daß der hohe Zinssatz ihn nicht abschrecken solle, da die Not ihn zwinge.

Dann schlug er vor, jenem Mann die Waren, die in der Dogana lägen, zu verpfänden und diese auf ihn überschreiben zu lassen; doch wollte er den Schlüssel zum Magazin selber in Obhut behalten, damit er einmal seine Waren, wenn Nachfrage sei, vorzeigen und andrerseits sicher sein könne, daß nichts angerührt, vertauscht oder verwechselt würde.

Die Schöne hielt das für einen guten Vorschlag und für eine gute Sicherheit. Sie sandte daher an dem betreffenden Tage zu einem Makler, der ihr Vertrauen besaß, besprach mit ihm das Geschäft und gab ihm sodann tausend Fiorini.

Der Makler lieh diese dem Salabaetto. Dafür wurde auf der Dogana alles, was Salabaetto dort lagern hatte, als Sicherheit auf seinen Namen umgeschrieben. Nachdem sie solcherart ihren Vertrag nieder- und gegengeschrieben und sich geeinigt hatten, ging ein jeder an seine Geschäfte.

Salabaetto aber bestieg, so schnell er konnte, ein Schiff und kehrte mit tausendfünfhundert Fiorini in der Tasche zu Pietro del Canigiano nach Neapel zurück. Von hier aus sandte er den Herren, die ihn mit den Wollsachen auf die Reise geschickt hatten, eine vollständige Abrechnung, bezahlte Pietro und allen übrigen Gläubigern seine Schulden und machte sich dann mit Canigiano auf Kosten der Sizilianerin vergnügte Tage. Da er indes alle Freude am Kaufmannsstand verloren hatte, reiste er bald nach Ferrara ab.

Jancofiore aber begann sich zu wundern und schöpfte langsam Verdacht, als sie Salabaetto in Palermo nirgends mehr antraf. Nachdem sie mehr als zwei Monate auf ihn gewartet hatte und einsah, daß er nicht mehr kommen würde, ließ sie den Makler das Magazin aufbrechen. Als erstes ergab sich, daß die Fässer, die man voll Öl glaubte, mit reinem Meerwasser gefüllt waren und jedes nur obenauf, direkt am Spundloch, etwa sechzehn Kilogramm Öl enthielt. Dann, als man die Ballen aufband, stellte sich heraus, daß mit Ausnahme von zweien, die Tuch enthielten, alle Ballen mit nichts anderem als Werg gefüllt waren.

Kurz und gut, alles, was dort lagerte, hatte zusammen keinen größeren Wert als etwa zweihundert Fiorini. Jancofiore sah ein, daß diesmal sie aufs Glatteis geführt worden war, beweinte lange die fünfhundert zurückgegebenen und die tausend geliehenen Fiorini und sagte noch oft: „Wer mit Toscanern zu tun hat, muß ihnen scharf auf die Finger sehen!" So blieb ihr zu dem Schaden auch noch der Spott, und sie mußte erkennen, daß andre ebenso schlau waren wie sie selbst.

Als Dioneo seine Geschichte beendet hatte, sah die Königin das Ende ihrer Herrschaft gekommen. Sie lobte den klugen Rat des Pietro Canigiano, dessen Wert durch sein Gelingen erwiesen war, und die Listigkeit des Salabaetto, der nicht das wenigste dazu beitrug, ihn zur Ausführung zu bringen.

Dann nahm sie die Lorbeerkrone vom Kopf und drückte sie Emilia in die Locken, während sie mit fraulicher Anmut sprach: „Madonna, ich weiß nicht, ob wir in Euch eine nachsichtige Regentin finden werden, eine schöne jedoch auf jeden Fall. Mögen Eure Taten dem hohen Range Eurer Schönheit entsprechen." Mit diesen Worten nahm sie ihren Platz wieder ein.

Das Antlitz Emilias, die nicht so sehr über ihre Wahl zur Königin als vielmehr über das öffentlich erteilte Lob für die von allen Frauen am meisten begehrte Eigenschaft beschämt war, erglühte wie eine Rosenknospe in der Morgenröte. Sie schlug einen Augenblick die Blicke nieder, bis die Röte verging, und begann, nachdem sie mit dem Seneschall alles für die Gesellschaft Nötige vereinbart hatte, also zu sprechen:

„Ihr schönen Mädchen, wir sehen mit eigenen Augen, daß man die Stiere, wenn ihnen nach des Tages mühevoller Arbeit das enge Joch abgenommen wird, frei und ledig in den Wäldern weiden läßt, wo es ihnen beliebt. Auch sehen wir, daß die Gärten im Schmucke ihrer tausend Pflanzen nicht weniger, sondern im Gegenteil viel schöner noch sind als die Wälder, in denen nur die Eichen grünen. Aus diesem Grunde glaube ich, daß wir mit Rücksicht darauf, daß wir schon mehrere Tage lang unsere Geschichten gewissen Gesetzen unterworfen haben, alle danach verlangen, einmal eine Zeitlang frei umherzustreifen, um dabei neue Kräfte zu sammeln und dann unter das alte Joch zurückzukehren. Darum beabsichtige ich, das, was morgen in unterhaltsamen Erzählungen gesagt werden soll, nicht unter ein besonderes Thema zu stellen. Ich wünsche vielmehr, daß jeder nach eigenem Geschmack erzählen möge, weil ich der festen Überzeugung bin, daß die verschiedenen Dinge, die so zur Sprache kommen werden, nicht weniger ergötzlich anzuhören sein dürften als das Sprechen über ein festgelegtes Thema. Haben wir es so gehalten, mag, wer nach mir die Regentschaft antritt, uns, die wir neue Kraft gewannen, mit um so größerer Sicherheit wieder den üblichen Gesetzen unterstellen."

Nach dieser Ansprache entließ die Königin alle bis zur Essensstunde. Die Gesellschaft lobte die klugen Ansichten der Königin, dann erhob man sich, und jeder ging seinem

Vergnügen nach. Die Damen wanden Kränze und scherzten miteinander, die Jünglinge spielten oder sangen. So verbrachten sie die Zeit bis zur Essensstunde und speisten dann, als diese gekommen war, neben dem schönen Springbrunnen heiter und vergnügt. Danach erfreuten sie sich in gewohnter Weise lange Zeit mit Gesang und Tanz. Um ebenfalls der Sitte ihrer Vorgänger zu folgen, gebot die Königin Panfilo, obwohl mancher noch gerne freiwillig eins seiner Lieder vorgetragen hätte, ein Lied zum besten zu geben. Dieser begann in ungezwungenem Tone:

„Weil, Amor, ich dein eigen,
Schenkst du an Freud und Lust und allem Guten
So viel, daß ich frohlock in Feuersgluten.

Das Übermaß des Glückes und der Lust,
Die jetzt zuteil mir werden
Allein durch Amors Macht,
Es findet keinen Raum in meiner Brust:
Es redet in Gebärden,
Im Mund, der freudig lacht
Und, obwohl schweigend, sagt,
Daß, wer sich Liebe ließ so hoch gemuten,
Sich selig preist, ob Flammen ihn umfluten.

Nicht können diese Fülle meiner Lust
Aussprechen meine Lieder,
Nicht grüb in Erz sie Stahl;
Könnt ich's, müßt ich sie bergen in der Brust.
Erführ es jemand wieder,
So würde Lust zur Qual.
Mein Glück ist solcher Zahl,
Daß hundert Zungen, wenn sie nimmer ruhten,
Die Wonnen nicht erzählten dieser Gluten.

Wer glaubte wohl, daß ich mit diesem Arm
Die an mein Herz gezogen,
Die glühend ich gefaßt;
Daß Wang an Wange, Lipp an Lippe warm
Sich küssend festgesogen
Zu süßer Liebesrast.

Und weil's denn niemand faßt,
Will ich mich freun der seligen Minuten,
Verschließend in die Brust des Glückes Fluten."

Das Lied Panfilos war beendet, doch wenn auch alle den Endreim mitgesungen hatten, war doch nicht ein einziger unter ihnen, der nicht mit mehr Neugier, als eigentlich statthaft war, die Worte des Liedes verfolgt und zu enträtseln gesucht hätte, was Panfilo, seinem Liede nach, geheimzuhalten habe. Obgleich mancher etwas ahnen wollte, kam doch keiner der Wirklichkeit nahe. Schließlich, als das Lied beendet war und die Königin bemerkte, daß Damen wie Herren sich nach Ruhe sehnten, gebot sie allen, schlafen zu gehen.

Hier endet der achte Tag des Dekameron.

Es beginnt der neunte Tag des Dekameron, an dem unter Emilias Regierung jeder erzählt, was ihm gefällt und am meisten zusagt.

Das Tageslicht, dessen Glanz die Nacht erliegt, hatte schon zum achten Male die fahle Helle des Himmels in strahlendes Blau verwandelt, und die Blumen auf den Wiesen begannen sich emporzurichten, als Emilia aufstand und ihre Gefährtinnen und die jungen Männer wecken ließ. Sobald alle anwesend waren, wanderten sie, den gemächlichen Schritten der Königin folgend, zu einem nicht weit vom Schloß entfernten Wäldchen. Hier sahen sie viele Rehe, Hirsche und anderes Getier, das infolge der gefährlichen Pest vor Jägern sicher war und ihnen daher vertraulich entgegentrat, als sei es gänzlich ohne Furcht und zahm geworden. Man näherte sich bald diesem, bald jenem Tier, als wollte man es anrühren, und ergötzte sich eine Weile damit, die Tiere zum Laufen und Springen zu veranlassen. Die Sonne aber stieg schnell höher und ließ es jedem ratsam erscheinen, zurückzukehren. Alle trugen, mit Eichenlaub bekränzt, duftende Kräuter und Blumen in den Händen, so daß jeder, der sie gesehen, nichts andres hätte sagen können als: ‚Entweder wird es dem Tode nicht gelingen, diese da zu überwältigen, oder aber sie werden in Heiterkeit seine Beute sein.' – So erreichten sie Schritt für Schritt, singend, schwatzend und scherzend wieder den Palast, wo sie alles wohl geordnet und die Dienerschaft fröhlich und festlich gestimmt vorfanden. Jedoch ging man nach einer kleinen Ruhepause nicht eher zu Tisch, als bis sechs Lieder, eins schöner als das andre, von den jungen Männern und den Damen gesungen worden waren. Danach wurde das Wasser für die Hände gereicht, der Seneschall führte nach Anordnung der Königin alle auf ihre Plätze. Als die Speisen aufgetragen waren, wurde das Mahl in heiterer Laune eingenommen. Hinterher erhoben sich alle und vergnügten sich abermals eine Zeitlang mit Tanz und Musik, bis schließlich auf Anregung der Königin jeder, der danach verlangte, sich zur Ruhe niederlegen konnte. – Zur üblichen Stunde erschien die Gesellschaft zum Erzählen auf gewohntem Platze. Die Königin sah Filomena an und bat sie, mit den Geschichten des heutigen Tages den Anfang zu machen, und lächelnd begann Filomena.

ERSTE GESCHICHTE

Madonna Francesca wird von Rinuccio und Alessandro geliebt, ohne einen der beiden wiederzulieben. Indem sie dem einen aufträgt, sich als Toter in ein Grab zu begeben, und dem andern befiehlt, jenen angeblich Toten dort wieder herauszuholen, schafft sie sich listig beide vom Halse, da beide ihren Auftrag nicht auszuführen vermögen.

Madonna, es ist mir sehr lieb, daß ich, weil dies Euer Wunsch ist, auf dem offenen, weiten Feld, das Eure Großmut unseren heutigen Erzählungen eingeräumt hat, den Wettstreit eröffnen darf. Wenn es mir gelingt, meine Aufgabe gut zu lösen, bin ich sicher, daß auch alle, die nach mir kommen, die ihrige ebensogut und noch besser lösen werden.

Oftmals schon, ihr reizenden Gefährtinnen, ist in unsren Geschichten bewiesen worden, wie groß und vielseitig die Macht Amors ist. Trotzdem glaube ich nicht, daß hierüber schon alles gesagt ist, noch daß dies je der Fall sein könnte, selbst wenn wir von heute an ein Jahr lang von nichts andrem sprächen. Weil nun die Gewalt der Liebe nicht nur die Liebenden tausendfältig in Todesgefahr bringt, sondern sie sogar veranlassen kann, sich als Tote in den Ruhestätten der Toten niederzulegen, macht es mir Freude, euch zu den bereits erzählten Geschichten noch eine weitere vorzutragen, aus der ihr nicht nur die Kraft Amors erkennen könnt, sondern auch erfahren werdet, welche List eine achtbare Dame anwandte, um sich zwei lästige Anbeter vom Halse zu schaffen, die sie gegen ihren Willen liebten.

Nun gut, in der Stadt Pistoia lebte einst eine Witwe von außerordentlicher Schönheit, die von zweien unsrer Mitbürger, welche – aus Florenz verbannt – sich in Pistoia niedergelassen hatten, glühend verehrt wurde. Der eine der beiden hieß Rinuccio Palermini, der andere Alessandro

Chiarmontesi. Ohne voneinander zu wissen, hatten zufällig beide sich von der Schönheit der Dame bezaubern lassen, und jeder setzte alles daran, ihre Gunst zu gewinnen. So wurde denn die Dame, deren Name Madonna Francesca de' Lazzari war, sehr oft mit allerlei Botschaften und Anträgen von ihren beiden Verehrern belästigt. Nachdem sie ihnen unvorsichtigerweise einige Male Gehör geschenkt hatte, war es ihr unmöglich, sich wieder zurückzuziehen, wie sie es gewünscht hätte. Um sich endlich von den lästigen Verehrern zu befreien, kam sie schließlich auf den guten Einfall, jeden um einen Dienst zu bitten. Da ihrer Ansicht nach keiner von beiden bereit sein würde, diesen immerhin möglichen Auftrag auszuführen, glaubte sie, wenn jene es nicht täten, einen zwar künstlich herbeigeführten, aber anständigen Grund zu haben, sich weiterhin jegliche Anträge und Botschaften der beiden zu verbitten. Und dieses nun war ihr Einfall: An dem Tage, an dem sie auf diesen Gedanken kam, war in Pistoia ein Mann gestorben, der trotz seiner adeligen Vorfahren von allen als der schlechteste Mensch nicht nur von Pistoia, sondern von der ganzen Welt angesehen wurde. Außerdem war er bei seinen Lebzeiten so mißgestalt und von so abschreckender Häßlichkeit gewesen, daß jeder, der ihn nicht gekannt, sich beim ersten Anblick vor ihm gefürchtet hätte. Dieser Mann war in einer Grabstätte vor einer Minoritenkirche beigesetzt worden, eine Tatsache, die dem Plan der Edeldame von großem Nutzen war. Sie sagte daher zu einer ihrer Mägde: „Du weißt, wie lästig und widerwärtig mir die Botschaften sind, mit denen die beiden Florentiner, Rinuccio und Alessandro, mich täglich überschütten. Ich bin durchaus nicht bereit, ihnen meine Gunst zu schenken, sondern habe mir vorgenommen, sie mir vom Halse zu schaffen. Da sie mir täglich die größten Versprechungen machen, will ich sie auf die Probe stellen. Ich bin überzeugt, daß sie meinen Auftrag nicht auf sich nehmen werden, und so kann ich mich endlich von dieser langweiligen Belästigung befreien. Höre, was ich vorhabe. Du weißt, daß heute morgen auf dem Minoritenfriedhof dieser Scannadio – so hieß jener schlechte Mensch, den ich vorher erwähnte – beigesetzt wurde, der schon, als er noch am Leben war, die tapfersten Männer dieser Stadt in Schrecken versetzte, wenn sie ihn nur erblickten, und um so mehr jetzt, da er tot ist. Du wirst nun heimlich zuerst zu Alessandro gehen und ihm folgendes ausrichten: ‚Madonna Francesca schickt mich zu dir und läßt dir sagen, daß jetzt die Zeit gekommen ist, da du ihre Liebe erringen kannst, die du so sehr begehrt hast. Wenn du willst, kannst du mit ihr auf folgende Weise zusammenkommen. Aus einem Grunde, den du später erfahren sollst, wird von einem ihrer Verwandten diese Nacht der Leichnam des Scannadio, der heute früh beigesetzt wurde, in ihr Haus gebracht werden. Da sie jedoch vor jenem, tot, wie er ist, die größte Angst hat, möchte sie ihn nicht bei sich aufnehmen. Sie bittet dich deshalb um den großen Dienst, du möchtest heute abend zur Stunde des ersten Schlafes in die Grabstätte Scannadios gehen, dich in seinen Kleidern dort niederlegen und dich so verhalten, als seist du selber der Tote, bis jemand kommt, um dich zu holen. Dann sollst du dich, ohne ein Wort zu sagen oder einen Laut von dir zu geben, aus dem Grabe holen und in ihr Haus bringen lassen, wo sie dich empfangen wird. Du kannst dann eine Zeitlang bei ihr bleiben und schließlich nach Hause zurückkehren, die Sorge für alles übrige aber sollst du ihr allein überlassen.' Wenn er darauf sagt, daß er alles tun will, ist es gut; sagt er jedoch, daß er nicht gewillt ist, es zu tun, so bestelle ihm von mir, er solle sich nie wieder bei mir sehen lassen und sich, wenn ihm sein Leben lieb sei, hüten, mir je wieder einen Boten oder eine Nachricht zu schicken. – Darauf wirst du zu Rinuccio Palermini gehen und ihm sagen: ‚Madonna Francesca läßt dir ausrichten, daß sie bereit ist, alles zu tun, was dir beliebt, wenn du ihr heute nacht einen großen Dienst erweisest. Und zwar sollst du heute um Mitternacht zu der Grabstätte gehen, in der heute früh Scannadio beigesetzt worden ist. Dort sollst du ihn, was du auch immer hören oder sehen magst, ohne ein Wort zu sprechen, vorsichtig aus dem Grabe ziehen und ihn ihr ins Haus bringen. Dort wirst du schon sehen, warum sie dies verlangt, und wirst dann von ihr die begehrte Belohnung erhalten. Solltest du jedoch nicht bereit sein, ihren Wunsch zu erfüllen, verbietet sie dir von Stund an, je wieder einen Boten oder eine Nachricht zu schicken.'"

Die Magd suchte beide auf und richtete jedem getreulich aus, was ihr aufgetragen war. Von beiden erhielt sie die

Antwort, daß sie nicht nur bereit seien, für die Dame in eine Grabstätte hinabzusteigen, sondern in die Hölle selbst. Diese Worte übermittelte die Magd alsbald ihrer Herrin, die nun voller Spannung wartete, ob die beiden Männer wirklich töricht genug seien, ihren Auftrag auszuführen.

Als die Nacht heraufgezogen und die Stunde des ersten Schlafes da war, verließ Alessandro Chiarmontesi im bloßen Wams sein Haus, um sich an Stelle Scannadios in die Grabstätte zu legen. Unterwegs aber packte ihn eine schreckliche Angst, und er dachte bei sich: ‚O Gott, was für ein Esel bin ich! Was mache ich nur? Wer weiß, ob nicht ihre Verwandten meine Liebe zu ihr entdeckt haben und etwas glauben, was gar nicht wahr ist? Vielleicht haben sie ihr diesen Auftrag gegeben, um mich in jener Grabstätte umzubringen! Wenn das einträfe, würde es einzig mir zum Verderben gereichen, und keine Seele würde je etwas erfahren, was jenen Leuten schaden könnte. Und wer weiß, ob mir nicht irgendeiner meiner Feinde dies eingebrockt hat, dem sie hiermit einen Gefallen tun möchte, weil sie ihn liebt?' Und weiter dachte er bei sich: ‚Doch selbst wenn nichts von alledem zuträfe und ihre Verwandten mich wirklich zu ihr ins Haus tragen sollten, so kann ich doch nicht glauben, daß sie die Leiche Scannadios nur begehren, um sie zu umarmen oder ihr in die Arme zu legen. Viel eher ist anzunehmen, daß sie dem Leichnam irgendeine Mißhandlung zugedacht haben, da vielleicht Scannadio ihnen etwas angetan haben mag. Sie hat mir aufgetragen, keinen Laut von mir zu geben, was immer ich auch hören möchte. Und wenn sie mir die Augen ausstechen oder die Zähne einschlagen oder mir die Hände abhacken oder mir irgendeinen anderen üblen Streich spielen? Was soll ich dann beginnen? Wie könnte ich mich dabei ruhig verhalten? Und wenn ich spreche, können sie mich ebensowohl erkennen als mir auch etwas antun. Selbst wenn sie mir nichts antun, habe ich auch nichts damit gewonnen, denn sie werden mich doch nicht bei ihr lassen. Sie aber wird sagen, ich hätte mich nicht nach ihrem Befehl gerichtet, und wird niemals das tun, was ich so heiß begehre.'

Nach diesen Überlegungen wäre er am liebsten nach Hause zurückgekehrt. Jedoch seine Liebe trieb ihn mit allerlei Gegengründen gewaltsam weiter und führte ihn bis an die Grabstätte. Er öffnete sie, trat ein und nahm, nachdem er Scannadio entkleidet, sich selber in dessen Sachen gehüllt und den Sargdeckel über sich gezogen hatte, Scannadios Platz ein. Dabei fiel ihm wieder ein, wer jener Tote gewesen, und allerlei Schauergeschichten gingen ihm durch den Sinn, die, wie er gehört hatte, nicht nur in den Grüften der Toten, sondern auch an andern Orten geschehen sein sollten. Vor Entsetzen begann sich sein Haar zu sträuben, und ihm war dann und wann, als richte Scannadio sich auf, um ihm sogleich die Kehle durchzuschneiden. Seine heiße Liebe aber half ihm, diese und andre fürchterliche Gedanken zu besiegen. So lag er da, als sei er wirklich tot, und begann zu warten, was nun mit ihm geschehen werde.

Gegen Mitternacht verließ auch Rinuccio sein Haus, um zu tun, was seine Dame von ihm begehrte. Doch kamen ihm unterwegs ebenfalls allerlei Bedenken über das, was ihm vielleicht zustoßen könne, wenn er beispielsweise mit der Leiche Scannadios auf der Schulter in die Hände der Obrigkeit fallen und danach womöglich als Hexenmeister zum Feuertode verurteilt werden sollte; und daß er sich, wenn es bekannt würde, den Haß der Verwandten Scannadios zuziehen würde und ähnliche trübe Erwägungen, die ihn fast von seinem Vorhaben zurückgehalten hätten. Dann aber änderte er seinen Sinn und dachte bei sich: ‚Wie, soll ich etwa die erste Bitte jener edlen Frau, die ich so heiß geliebt habe und noch immer liebe, abschlagen? Zumal ich mir hierdurch ihre Gunst erwerben kann? Selbst wenn es mein sicherer Tod wäre, sollte mich nichts davon abhalten, mein Versprechen zu halten.' Damit ging er weiter und kam an die Grabstätte, die er mit Leichtigkeit öffnete.

Als Alessandro hörte, daß jemand eintrat, verhielt er sich, von großer Furcht erfüllt, mäuschenstill. Rinuccio kam heran, ergriff, im Glauben, die Leiche Scannadios zu packen, Alessandro an den Beinen und zog ihn aus dem Sarge, warf ihn sich über die Schulter und setzte sich mit ihm nach dem Hause der Dame in Bewegung. Während er seines Weges ging, ohne seine Last genau anzusehen, stieß er oftmals bald hier, bald da an die Ecken der Bänke, die seitwärts an der Straße standen, denn die Nacht war so finster und dunkel, daß er nicht imstande war, seinen Weg recht zu erkennen.

Als Rinuccio eben an der Türschwelle der Edeldame angelangt war, die mit ihrer Magd am Fenster stand, um aufzupassen, ob Rinuccio wirklich den Alessandro hierherbrächte, und sich schon gerüstet hatte, beide fortzuschikken, geschah es, daß die Stadtwache, die sich auf der Jagd nach einem Banditen in dieser Gegend versteckt hatte, das Stampfen Rinuccios vernahm und blitzschnell ein Licht hervorzog, um zu sehen, was los sei und was zu geschehen habe. Sie schlugen Schilde und Lanzen aneinander und schrien: „Wer da?"

Rinuccio behielt, als er diesen Anruf vernahm, keine Zeit zu langen Überlegungen. Er ließ Alessandro auf der Stelle fallen und ergriff die Flucht, so schnell seine Beine ihn trugen. Alessandro aber sprang auf und machte sich, obwohl er die überlangen Kleider des Toten noch auf dem Leibe hatte, ebenfalls eiligst davon.

Die Dame hatte bei dem Lichte der Stadtwache wohl erkannt, daß Rinuccio den Alessandro auf der Schulter herbeischleppte, und ebenfalls bemerkt, daß dieser die Totenkleider Scannadios auf dem Leibe trug. Sie war über den Mut ihrer beiden Verehrer nicht wenig erstaunt, mußte aber trotzdem herzlich lachen, als sie sah, wie Alessandro zu Boden geworfen wurde und beide die Flucht ergriffen. Sie war über diesen Abschluß indes sehr erfreut und dankte Gott, daß er sie auf solche Weise von den lästigen Liebhabern befreit hatte. Dann zog sie sich in ihr Zimmer zurück und wurde sich mit ihrer Magd darüber einig, daß zweifellos alle beide sie sehr lieben mußten, da sie allem Anschein nach getreulich ausgeführt hatten, was ihnen aufgetragen worden war. Indessen beklagte und verfluchte Rinuccio sein Pech. Er kehrte nicht nach Hause zurück, sondern ging, nachdem die Stadtwache aus jener Gegend verschwunden war, an jenen Ort zurück, wo er Alessandro hatte fallen lassen. Dort begann er, im Finstern mit den Händen auf der Erde umhertappend, nach jenem zu suchen, um seine Aufgabe bis zu Ende durchzuführen. Da er aber Alessandro nicht wiederfand, nahm er an, die Stadtwache habe jenen mitgenommen, und kehrte schließlich traurig nach Hause zurück. – Auch Alessandro, der nicht wußte, was er beginnen sollte, und nicht einmal jenen, der ihn getragen, erkannt hatte, begab sich tief bekümmert über das Mißgeschick ebenfalls nach Hause.

Am nächsten Morgen aber, als man die Grabstätte Scannadios erbrochen und ihn selber nicht mehr vorfand, da Alessandro ihn ganz in die Tiefe gewälzt hatte, war ganz Pistoia von Gerüchten erfüllt, und die Toren glaubten, der Teufel selbst habe Scannadio geholt.

Jeder der beiden Liebhaber aber berichtete der Dame, was er getan hatte und was geschehen war. Beide entschuldigten sich und baten sie, wenn auch ihr Befehl nicht bis zu Ende durchgeführt worden sei, um ihre Gunst und ihre Liebe. Sie aber stellte sich, als glaube sie ihnen nicht. Mit der entschiedenen Antwort, daß sie ihnen nie und nimmer ihre Gunst schenken wolle, da sie nicht erfüllt hätten, was von ihnen verlangt worden sei, schaffte sie sich beide endgültig vom Halse.

ZWEITE GESCHICHTE

Eine Äbtissin erhebt sich in großer Eile in der Dunkelheit, um eine ihrer Nonnen, die bei ihr verklagt wurde, mit ihrem Liebhaber im Bette zu ertappen. Da sie jedoch selbst einen Priester bei sich hat, legt sie, im Glauben, ihr Kopftuch aufzusetzen, die Hose des Priesters um. Als die Angeklagte diese erblickt und die Äbtissin darauf aufmerksam macht, geht sie straflos aus und darf ihren Liebhaber in aller Ruhe bei sich behalten.

Filomena schwieg, und alle lobten die Dame, die es so klug verstanden hatte, sich ihrer zwei Liebhaber, die sie nicht leiden konnte, zu entledigen. Die übertriebene Kühnheit der beiden jungen Männer dagegen wurde von allen nicht als Liebe, sondern als Torheit bezeichnet. Dann wandte sich die Königin anmutig Elissa zu und sprach: „Elissa, fahre fort!" Diese begann sogleich:

Ihr teuren Mädchen, ganz gewiß verstand Madonna Francesca es vorzüglich, sich von der langweiligen Belästigung zu befreien, wie uns berichtet wurde, doch auch eine junge Nonne brachte es mit Fortunas Hilfe fertig, sich mit ein paar freimütigen Worten aus einer drohenden Gefahr zu retten. Wie ihr wißt, gibt es nicht wenige Menschen, die trotz eigener Verfehlungen sich gern als Lehrer und Zuchtmeister der übrigen aufspielen. Aus meiner Geschichte werdet ihr erkennen, daß das Schicksal solche Menschen zuweilen mit Recht demütigt, wie es auch der Äbtissin geschah, unter deren Gebot die junge Nonne stand, von der ich berichten will.

Ihr müßt wissen, daß einst in der Lombardei ein ob seiner Frömmigkeit und Glaubensstärke berühmtes Kloster bestand, unter dessen Nonnen auch ein junges Mädchen von adeliger Herkunft und bemerkenswerter Schönheit lebte, Isabetta genannt. Als sie eines Tages zu einem ihrer Verwandten an das Sprechgitter kam, verliebte sie sich in einen schönen Jüngling, der jenen begleitete. Und auch dieser entbrannte in Liebe für sie, als er ihre Schönheit sah und das Verlangen in ihren Augen erkannte. Zum großen Leidwesen beider mußten sie diese Liebe lange Zeit ertragen, ohne ihre süße Frucht zu genießen. Da beide nichts anderes begehrten, entdeckte der junge Mann schließlich auch eine Möglichkeit, wie er heimlich zu seiner Nonne gelangen konnte, und da sie mit allem einverstanden war, besuchte er sie nicht nur einmal, sondern viele Male zum beiderseitigen größten Vergnügen. Während sie auf diese Weise fortfuhren, geschah es eines Nachts, unbemerkt von ihr und ihm, daß er von einer Nonne des Klosters gesehen wurde, als er Isabetta verließ und fortging. Die Nonne teilte ihre Entdeckung sogleich mehreren andren mit. Anfangs hatten alle die Absicht, Isabetta bei der Äbtissin zu verklagen, die Madonna Usimbalda hieß und nach Meinung aller Nonnen und eines jeden, der sie kannte, eine ganz besonders ehrbare, fromme Frau war. Dann aber beschlossen die Nonnen, jegliches Leugnen unmöglich zu machen und Isabetta und den Jüngling auf frischer Tat von der Äbtissin überraschen zu lassen. So schwiegen sie und verteilten unter sich Nachtwachen und Aufsicht, um jene zu ertappen. Bald darauf geschah es, daß Isabetta, die sich nichts Böses versah und keine Ahnung von allem hatte, ihren Liebsten eines Nachts wieder zu sich kommen ließ, was sogleich von jenen bemerkt wurde, die sie belauerten. Als bereits ein gutes Stück der Nacht vergangen war und es ihnen an der Zeit schien, teilten die Nonnen sich in zwei Gruppen, deren eine sich als Wache vor der Zelle Isabettas aufstellte, während die andere eilends zur Kammer der Äbtissin lief, an die Tür klopfte und der sogleich Antwortenden zurief: „Auf, Madonna, erhebt Euch schnell! Wir haben festgestellt, daß Isabetta einen jungen Mann in ihrer Zelle hat!"

Nun hatte die Äbtissin just ebenfalls Besuch von einem Priester, den sie oftmals in einer großen Truhe zu sich bringen ließ. Als sie diese Worte hörte, fürchtete sie, die Nonnen möchten in ihrer Hast und Übereifrigkeit so stark an die Tür pochen, daß diese aufspränge. Sie erhob sich daher in größter Eile und kleidete sich im Finstern an, so gut sie es vermochte. Doch griff sie, in der Meinung, das auf besondere Art gefaltete Kopftuch zu nehmen, das die Nonnen tragen und das sie Psalterium nennen, nach den Beinkleidern des Priesters. Und so groß war ihre Eile, daß sie sich, ohne ihren Irrtum gewahr zu werden, an Stelle des Psalteriums die Hose über den Kopf warf und hinauseilte. Schnell die Tür hinter sich schließend, rief sie: „Wo ist diese Gottverfluchte?" und lief zusammen mit den anderen Nonnen – die so brennend und begierig darauf warteten, Isabetta auf frischer Tat zu ertappen, daß sie gar nicht darauf achteten, was die Äbtissin auf dem Kopf trug – bis an die Zellentür Isabettas, die sie mit Hilfe der übrigen gewaltsam aus den Angeln hob und zu Boden warf. Als sie darauf in die Zelle eindrangen, fanden sie die beiden Liebenden in inniger Umarmung im Bette. Von dieser Überraschung völlig überrumpelt, wußten beide nicht, was sie beginnen sollten, und rührten sich nicht. Das Mädchen aber wurde sogleich von den Nonnen ergriffen und auf Befehl der Äbtissin in den Kapitelsaal gebracht. Der Jüngling blieb zurück und begann, nachdem er sich angekleidet hatte, abzuwarten, was für ein Ende diese Angelegenheit nehmen möchte. Dabei faßte er den festen Entschluß, allen Nonnen, deren er habhaft werden könne, übel mitzuspielen, wenn sie irgend etwas gegen seine Geliebte anzetteln sollten, und diese dann mit sich zu nehmen.

Die Äbtissin hatte indessen in Gegenwart der Nonnen ihren Sitz im Kapitel eingenommen, und während alle lediglich die Schuldige ansahen, begann sie dieser die härtesten Schmähungen, die je einer Frau gesagt wurden, entgegenzuschleudern, und rief, daß sie mit ihrem verdammenswerten Betragen die Heiligkeit, die Ehrbarkeit und den guten Ruf des Klosters untergraben habe, wenn je die Kunde davon an die Außenwelt käme, und fügte ihren Anschuldigungen die schrecklichsten Drohungen hinzu.

Das verschämte, eingeschüchterte Mädchen fand in ihrem Schuldbewußtsein keine Erwiderung und gewann sich durch ihr Schweigen das Mitleid der andern. Da aber die Äbtissin ihre Anschuldigungen nun noch vervielfachte, blickte sie schließlich auf und sah, was die Äbtissin auf dem Kopfe hatte und daß die Hosenriemen rechts und links herabhingen. Da sie sogleich erkannte, was dies bedeutete, sagte sie beruhigt: „Madonna, Gott helfe Euch, aber bindet Euch doch erst die Haube zu und sagt mir dann, was Euch genehm ist." Die Äbtissin, die sie nicht recht verstanden hatte, erwiderte: „Was für eine Haube, du ehrloses Frauenzimmer? Besitzt du jetzt noch die Unverschämtheit, hier Witze zu machen? Meinst du etwa, daß nach dem, was du getan hast, hier noch Possen am Platze sind?" Darauf sagte das Mädchen nochmals: „Madonna, ich bitte Euch, bindet Euch die Haube zu und sagt mir hernach, was Euch beliebt!" Nun schauten viele der Nonnen auf das Haupt der Äbtissin, und während sie selber mit den Händen nach der Haube tastete, erkannten alle, warum Isabetta diese Worte gesprochen hatte.

Als die Äbtissin sich des gleichen Vergehens überführt finden mußte und einsah, daß ihr Fehltritt nicht zu verbergen war, da alle ihren seltsamen Kopfputz entdeckt hatten, schlug sie sogleich andere Töne an und begann nun auf ganz veränderte Weise als bislang fortzufahren und kam endlich zu dem Schluß, daß es unmöglich sei, sich gegen die Fleischeslust zu wappnen. Darum, so fügte sie hinzu, solle eine jede sich, wie sie es bisher getan habe, auch weiterhin im geheimen gute Tage gönnen, wenn Gelegenheit dazu vorhanden sei. Dann ließ sie die junge Nonne frei und kehrte zu ihrem Priester ins Bett zurück, während Isabetta zu ihrem Geliebten eilte, den sie zum Ärger derer, die sie um ihn beneideten, noch oftmals zu sich kommen ließ. Doch auch jene, die keinen Liebhaber hatten, verschafften sich heimlich, so gut sie es verstanden, Zerstreuung.

DRITTE GESCHICHTE

Meister Simon macht auf Bitten Brunos, Buffalmaccos und Nellos dem Calandrino weis, daß er schwanger sei. Dieser bändigt den Genannten Kapaune und Geld für eine Medizin aus und wird ohne Entbindung wieder gesund.

Als Elissa ihre Geschichte beendet und alle Gott gedankt hatten, daß er die junge Nonne durch einen glücklichen Ausgang den Krallen der neidischen Gefährtinnen entrissen hatte, befahl die Königin Filostrato fortzufahren. Ohne noch eine weitere Aufforderung abzuwarten, begann dieser:

Meine schönen Freundinnen, der liederliche Richter aus den Grenzlanden, von dem ich euch gestern erzählt habe, machte es mir unmöglich, euch ein Geschichtchen von Calandrino vorzutragen, was eigentlich meine Absicht war. Da jedoch alles, was man von ihm hört, nur unsere Heiterkeit vermehren kann, will ich euch, obwohl schon viel von ihm und seinen Gefährten berichtet wurde, auch noch jenen Streich erzählen, an den ich gestern abend denken mußte.

Ihr alle wißt aus den früheren Erzählungen genau, wer Calandrino und die übrigen Männer waren, von denen ich jetzt berichten will. Ohne noch weitere Worte darüber zu verlieren, sollt ihr nun erfahren, daß einst eine Tante des Calandrino starb und ihm zweihundert Lire in Kleingeld hinterließ. Daraufhin begann er sogleich davon zu reden, daß er sich ein Gütchen kaufen wolle, und trat mit sämtlichen Florentiner Maklern in Unterhandlungen, als sei er mindestens in der Lage, zehntausend Fiorini auszugeben. Allein alle Angebote zerschlugen sich, sowie die Rede auf die für die Güter geforderten Preise kam.

Bruno und Buffalmacco, die sein Vorhaben kannten, hatten ihm schon mehrmals weisgemacht, er täte besser daran, das Geld mit ihnen zusammen zu verjubeln, statt Erde zu kaufen, als sei er gezwungen, Lehmkugeln zu drehen. Doch war es ihnen nicht gelungen, ihn von seinem Plan abzubringen, ja, sie hatten es nicht einmal fertiggebracht, daß er sie auch nur ein einziges Mal zum Essen eingeladen hätte.

Als sie sich eines Tages deswegen beklagten, kam ein ihnen befreundeter Maler, Nello genannt, hinzu, und alle drei beschlossen nun, eine Möglichkeit ausfindig zu machen, sich auf Kosten Calandrinos einmal tüchtig den Bauch vollzuschlagen. Ohne lange zu fackeln, besprachen sie miteinander, was sie anstellen wollten, und legten sich schon am nächsten Morgen auf die Lauer, bis Calandrino sein Haus verließ. Als er eben einige Schritte weg war, trat Nello auf ihn zu und sagte: „Guten Tag, Calandrino." Calandrino erwiderte, daß auch ihm Gott einen guten Tag und ein schönes Jahr schenken möge. Nello schwieg einen Augenblick und sah Calandrino aufmerksam an, so daß jener fragte: „Was schaust du mich denn so an?" Nello erwiderte: „Hast du dich heute nacht nicht gut gefühlt? Du scheinst mir ganz fremd auszusehen." Calandrino, sogleich beunruhigt, rief: „Weh mir! Was sagst du da? Was, meinst du, könnte mir fehlen?" Nello fuhr fort: „Ach, das kann ich nicht sagen. Aber du erscheinst mir ganz verwandelt! Doch es wird wohl nichts sein..." Und damit ließ er ihn gehen.

Voller Besorgnis, obwohl er nicht die leiseste Beschwerde der Welt verspürte, setzte Calandrino seinen Weg fort. Gleich darauf kam ihm Buffalmacco, der nicht weit entfernt gewartet und ihn von Nello hatte fortgehen sehen, entgegen. Er begrüßte ihn und fragte ihn sofort, ob er sich nicht wohl fühle. Calandrino antwortete: „Ich weiß es selbst nicht. Gerade eben sagte mir Nello, ich schiene ihm ganz verändert. Sollte mir wirklich etwas fehlen?" Buffalmacco sagte: „Ha! Natürlich fehlt dir etwas! Allerlei sogar! Aussehen tust du, als seist du schon halb tot!" Calandrino fühlte nun bereits das Fieber in seinem Blute rasen, da kam auch noch Bruno des Weges und rief ihm als erstes entgegen: „Calandrino, was machst du für ein Gesicht? Du siehst aus wie ein Toter. Was ist los mit dir?" Calandrino, der alle drei auf dieselbe Art reden hörte, war nun fest davon überzeugt, krank zu sein. Ganz kleinlaut fragte er die Gefährten: „Was soll ich tun?" Und Bruno riet ihm: „Mir scheint es richtig, daß du sogleich nach Hause und ins Bett gehst. Lasse dich schön warm zudecken und schicke dann dein Wasser zu Meister Simon. Er ist, wie du weißt, ein guter Bekannter von uns. Er wird dir sofort sagen, was du zu tun hast. Wir werden dich begleiten, und wenn es nötig sein sollte, irgend etwas zu besorgen, so werden wir es schon machen." Mit dem noch hinzutretenden Nello kehrten nun alle mit Calandrino in sein Haus zurück. Dieser trat ganz ermattet in die Schlafkammer und sagte zu seiner Frau: „Komm, decke mich recht warm zu, ich fühle mich hundeelend." Nachdem er sich niedergelegt hatte, schickte er sein Wasser durch eine kleine Magd zu Meister Simon, der sich eben in seiner „Apotheke zur Melone" am Mercato Vecchio befand. Bruno sagte indes zu seinen Kumpanen: „Ihr bleibt hier bei ihm. Ich aber will hören, was der Arzt sagt, und werde ihn, wenn es nötig ist, herführen." – „Ja, mein Freund", seufzte Calandrino, „gehe hin und erzähle mir dann, was los ist mit mir. Ich fühle, daß wer weiß was in mir steckt!"

Bruno ging also zu Meister Simon, wo er noch vor der kleinen Magd, die das Wasser brachte, eintraf. So hatte er Gelegenheit, den Doktor über alles aufzuklären, und als danach das Mädchen ankam und der Arzt das Wasser erblickte, sagte er zu ihr: „Gehe schnell zu Calandrino zurück und bestelle ihm, er solle sich gut warm halten. Ich werde sogleich zu ihm kommen und ihm sagen, was ihm fehlt und wie er sich verhalten muß." Das Mädchen lief mit der Nachricht nach Hause, und es dauerte nicht lange, so trafen auch der Arzt und Bruno dort ein. Der Doktor nahm an Calandrinos Seite Platz und begann ihm den Puls zu fühlen. Nach wenigen Augenblicken sagte er in Gegenwart von Calandrinos Frau zu diesem: „Ja, Calandrino, wenn ich als Freund ehrlich zu dir sprechen soll, so fehlt dir nichts anderes, als daß du schwanger bist." Als Calandrino diese Worte hörte, begann er kläglich zu schreien und rief: „Weh mir, Tessa, das hast du mir eingebrockt, weil du immer oben liegen wolltest! Ich habe es dir stets gesagt!"

Seine Frau, eine ehrbare Person, errötete vor Scham, als sie ihren Mann so reden hörte, schlug die Augen nieder und verließ, ohne ein Wort zu sagen, das Zimmer. Calandrino aber setzte seine Klagelieder fort und rief: „Ich Armer! Wehe mir! Was soll ich tun? Wie soll ich dieses Kind zur Welt bringen? Wo soll es hinaus? Ach, ich sehe schon, ich werde diesen tollen Einfall meiner Frau mit dem Leben bezahlen müssen! Gott strafe sie und erlöse mich von dem Übel! Wäre ich so gesund, wie ich es nicht bin, so würde ich aufstehen und sie verprügeln, bis sie windelweich wäre! Ach, es geschieht mir schon recht, warum habe ich sie immer oben liegen lassen! Das aber schwöre ich, wenn ich diese Sache lebend überstehe, so mag sie noch so tolle Spiele treiben, es wird nie wieder geschehen, und wenn sie vor Begier danach sterben sollte!"

Bruno, Buffalmacco und Nello überkam bei seinem Lamento eine so tolle Lachlust, daß sie fast geplatzt wären. Sie unterdrückten jedoch mit Gewalt ihr Gelächter, während Meister Simon so laut aus vollem Halse lachte, daß man ihm bequem alle Zähne hätte ausreißen können. Doch nach geraumer Zeit flehte Calandrino den Arzt um Hilfe an und bat ihn, ihm doch in dieser schrecklichen Angelegenheit mit Rat und Tat beizustehen. Der Doktor erwiderte: „Calandrino, ich möchte nicht, daß du dich ängstigst. Gottlob sind wir der Angelegenheit ja rechtzeitig auf die Spur gekommen, so daß ich dich mit geringen Anstrengungen und in wenigen Tagen von dem Übel befreien kann. Doch mußt du natürlich etwas Geld dafür ausgeben." – „Aber bei Gott, das werde ich, Meister!" sagte Calandrino. „Ich habe hier die zweihundert Lire, für die ich mir ein schönes Gütchen kaufen wollte. Wenn die ganze Summe nötig ist, so nehmt sie. Nur behütet mich vor der Niederkunft, denn ich weiß nicht, wie ich damit zurechtkommen sollte! Ich höre doch immer wieder, was für ein Geschrei die Weiber machen, wenn sie ein Kind zur Welt bringen sollen, obwohl doch bei ihnen jenes ganz hübsch groß ist, wodurch sie es tun. Wenn ich diese Schmerzen erleiden sollte, so bin ich sicher, ich stürbe, bevor ich das Kind zur Welt brächte." – „Mach dir keine Sorgen!" sagte der Doktor. „Ich werde dir ein ganz bestimmtes Getränk destillieren lassen, das sehr gut und angenehm schmeckt und in drei Tagen alles wegbringt. Danach wirst du gesund sein wie ein Fisch im Wasser. Aber sei fortan ein bißchen vorsichtiger und reiße dir nicht noch einmal solche Torheit auf den Hals. Ich brauche für das Getränk drei Paar gute, fette Kapaune. Für verschiedene andre Zutaten gib einem unsrer Freunde hier fünf Lire, damit er die Sachen besorgen und mir in die Apotheke bringen kann. Dann werde ich dir mit Gottes Hilfe morgen jenes destillierte Getränk herschicken, und du wirst sogleich beginnen, es einzunehmen, und zwar jeweils einen tüchtigen Becher voll."

Nach diesen Worten sprach Calandrino: „Es sei, wie Ihr wünscht, teurer Meister!" Dann gab er Bruno fünf Lire und das Geld für drei Paar Kapaune und bat ihn inständig, sich doch ihm zuliebe um die nötigen Dinge zu bemühen. Der Doktor ging nach Hause und ließ ihm ein leichtes Abführmittel anfertigen, welches er ihm übersandte. Bruno aber erstand die Kapaune und die übrigen zu ihrem Essen nötigen guten Dinge und verspeiste alles in Gesellschaft des Doktors und seiner beiden Komplicen.

Calandrino nahm drei Vormittage lang das Abführmittel ein. Dann besuchte der Doktor ihn, zusammen mit den drei Freunden, fühlte ihm den Puls und sprach: „Calandrino, du bist voll und ganz wieder genesen. Du kannst unbesorgt noch heute deinen Geschäften nachgehen und brauchst nicht länger mehr zu Hause zu bleiben."

Calandrino erhob sich alsbald wohlgemut und machte sich an seine gewohnten Beschäftigungen. Wo er nur konnte, lobte er übermäßig die großartige Kur, die der Doktor Simon mit ihm gemacht hatte, da diese ihn in drei Tagen schmerzlos von der Schwangerschaft befreit habe. Bruno, Buffalmacco und Nello aber waren recht zufrieden, daß es ihrer Pfiffigkeit wieder einmal geglückt war, den knauserigen Calandrino tüchtig hereinzulegen. Monna Tessa dagegen schmollte, als sie dahinterkam, noch lange mit ihrem Manne.

VIERTE GESCHICHTE

Cecco di Messer Fortarrigo verspielt zu Buonconvento sein Hab und Gut und dazu noch das Geld des Cecco di Messer Angiulieri. Er läuft diesem im bloßen Hemd nach, behauptet, er habe ihn ausgeraubt, und läßt ihn von einigen Landleuten fangen. Dann zieht er die Kleider des andren an, besteigt dessen Pferd und reitet davon, Angiulieri im Hemde zurücklassend.

Mit großem Gelächter war von der ganzen Gesellschaft gehört worden, wessen Calandrino seine Frau beschuldigte. Als Filostrato schwieg, begann Neifile, wie die Königin es wünschte, zu erzählen:

Ihr edlen Mädchen, wäre es für die Menschen ebenso leicht, andern Verstand und Tugend zu zeigen als Torheit und Laster, würde man sich vergeblich bemühen, der Beredsamkeit seiner Mitmenschen Einhalt zu gebieten. Das hat auch die Torheit Calandrinos deutlich bewiesen, der, ohne daß es nötig war, die Geheimnisse seiner Frau öffentlich preisgab, um von einem Übel abzukommen, an dem er in seiner Beschränktheit zu leiden glaubte. Diese Geschichte hat mir einen Streich ganz anderer Art ins Gedächtnis zurückgerufen, in dem die Bosheit des einen den Verstand des anderen zu Schimpf und Schaden des Überlisteten überwand. Diesen Streich möchte ich euch erzählen:

Vor nicht langer Zeit lebten in Siena zwei Männer reiferen Alters, die beide den Namen Cecco trugen, jedoch hieß der eine Cecco di Messer Angiulieri und der andere Cecco di Messer Fortarrigo. Wenngleich nun diese beiden vor allem hinsichtlich ihrer Sitten schlecht zueinander paßten, so stimmten sie doch darin völlig überein, daß beide ihre Väter von ganzem Herzen haßten. Aus diesem Grunde waren sie schließlich Freunde geworden und verkehrten viel miteinander.

Da nun Angiulieri, ein schöner, wohlerzogener Mann, meinte, daß er mit der Vergütung, die sein Vater ihm zukommen ließ, in Siena nur kümmerlich leben könnte, entschloß er sich, als ein ihm wohlgesinnter Kardinal als Legat des Papstes in die Mark Ancona kam, zu diesem zu gehen, um seine finanzielle Lage zu verbessern. Er trug seine Absicht seinem Vater vor und einigte sich mit ihm dahin, daß jener ihm alles Geld, das er ihm im Laufe von sechs Monaten gegeben hätte, mit einem Male auszahlte, damit er sich einkleiden und für den Ritt standesgemäß ausrüsten könne. Doch suchte er noch jemand, den er als seinen Diener mitnehmen könnte.

Als Fortarrigo von dieser Sache erfuhr, ging er sogleich zu Angiulieri und begann ihn inständig zu bitten, ihn doch mitzunehmen. Er sei bereit, als Diener, Angestellter oder als was Angiulieri es wünsche, mit ihm zu kommen, und verlange außer den Reiseunkosten keinen Lohn.

Angiulieri aber erwiderte, daß er ihn nicht mitnehmen wolle. Wohl sei ihm bekannt, daß Fortarrigo für solche Dienste sehr geeignet sei, doch wisse er auch, daß er spiele und sich obendrein des öfteren zu betrinken pflege. Fortarrigo versicherte ihm darauf hoch und heilig, daß er sich ganz bestimmt sowohl vor dem einen als auch vor dem anderen in acht nehmen wolle. Er bekräftigte seine Aussage mit vielen Schwüren und ließ nicht nach zu bitten, so daß Angiulieri schließlich nachgab und sagte, er sei einverstanden.

So machten eines Tages beide sich auf den Weg und trafen zum Mittagessen in Buonconvento ein. Da die Hitze groß war, ließ Angiulieri sich nach dem Essen im Gasthaus ein Bett herrichten, zog sich mit Fortarrigos Hilfe aus und legte sich schlafen, nachdem er jenem noch aufgetragen hatte, ihn um die Nona zu wecken.

Fortarrigo ging, sowie Angiulieri schlief, in die Schenke und begann, nachdem er verschiedenes getrunken hatte, ein Spielchen mit einigen Männern, die ihm in wenigen Stunden das wenige Geld, welches er besaß, und sämtliche Kleidungsstücke abgewannen. Begierig, alles zurückzugewinnen, lief er im Hemde, wie er war, dorthin, wo Angiulieri schlief, und zog diesem, als er ihn schlafend fand, alles Geld aus der Tasche, das er bei Fortsetzung des Spieles auf die gleiche Weise los wurde wie sein eigenes.

Als Angiulieri erwachte, stand er auf, kleidete sich an und fragte nach Fortarrigo, der nirgends aufzufinden war. Angiulieri vermutete sogleich, daß jener wohl in irgendeinem Winkel seinen Rausch ausschlafe, wie er es zu tun pflegte. Er entschloß sich deshalb, ihn zurückzulassen, befahl, seinem Pferd Sattel und Gepäck aufzulegen, und rüstete sich, mit der Absicht, in Corsignano einen neuen Begleiter zu suchen, zur Abreise. Als er jedoch dem Wirte die Rechnung bezahlen wollte, war sein Geld verschwunden. Darüber machte er großen Lärm, und das ganze Gasthaus geriet in Aufregung, da Angiulieri behauptete, hier im Hause bestohlen worden zu sein, und damit drohte, allesamt nach Siena ins Gefängnis zu bringen.

In diesem Augenblick erschien Fortarrigo im Hemd, mit der Absicht, seinem Herrn ebenso wie das Geld auch noch die Kleider zu rauben. Als er Angiulieri bereits reisefertig antraf, sagte er: „Was soll das heißen, Angiulieri? Wollen wir schon fort? So warte doch einen Augenblick. Es muß sogleich einer kommen, dem ich mein Wams für achtunddreißig Soldi verpfändet habe. Ich bin sicher, daß er es mir für fünfunddreißig zurückgeben wird, wenn ich sofort bezahle." Noch während seiner Rede erschien ein Mann, der Angiulieris Verdacht, Fortarrigo habe das Geld gestohlen, bestätigte, indem er das viele Geld vorwies, das jener verspielt hatte. Auf das höchste erzürnt, überhäufte Angiulieri seinen Begleiter mit harten Schmähungen, und wenn er die Menschen nicht mehr als Gott gefürchtet hätte, so hätte er jenen auf der Stelle totgeschlagen. Mit der Drohung, ihn als Dieb hängen oder ihn unter Androhung des Galgens aus Siena verbannen zu lassen, schwang er sich aufs Pferd. Fortarrigo aber sagte, als seien Angiulieris Worte nicht an ihn, sondern an einen andern gerichtet gewesen: „Ach, Angiulieri, sei so gut und laß dies Gerede, das keinen Pfifferling wert ist. Höre einmal zu: Wir werden das Wams für fünfunddreißig Soldi zurückbekommen, wenn wir es sogleich einlösen; warten wir jedoch bis morgen, wird er wenigstens die achtunddreißig Soldi verlangen, die er mir darauf gegeben hat. Er wird mir dies Entgegenkommen aber wohl erweisen, da ich auf seinen Rat gesetzt habe. Nun? Sollen diese drei Soldi uns nicht zugute kommen?"

Bei diesen Worten packte Angiulieri die Wut, zumal er sah, daß die Leute, die um sie herumstanden, zu glauben schienen, daß nicht Fortarrigo Angiulieris Geld verspielt habe, sondern daß vielmehr dieser das Geld Fortarrigos zurückhalte. Er rief ihm deshalb zu: „Was geht mich dein Wams an! An den Galgen gehörst du! Du hast mir nicht nur mein Geld gestohlen und es verspielt, sondern hast außerdem auch noch meine Reise verzögert und machst dich nun noch lustig über mich!" Fortarrigo erwiderte ungerührt, als gingen diese Worte ihn nichts an: „Warum willst du mich diese drei Soldi nicht verdienen lassen? Glaubst du etwa, ich könnte sie dir nicht wiedergeben? Tue es, wenn dir noch an mir gelegen ist. Warum diese Eile? Wir werden Torrenieri trotzdem heute abend noch zu rechter Zeit erreichen. Los, ziehe deine Börse und bedenke, daß ich ganz Siena absuchen könnte, ohne ein Wams zu finden, das mir so gut steht wie dieses. Und dann zu sagen, ich solle es jenem für achtunddreißig Soldi überlassen! Es ist vierzig und mehr wert, so daß du mich doppelt schädigen würdest."

Mit einer Wut ohnegleichen, daß jener ihn nicht nur beraubt hatte, sondern sich jetzt noch erfrechte, ihn mit dummen Redensarten hinzuhalten, wandte Angiulieri wortlos sein Pferd und schlug den Weg nach Torrenieri ein. Fortarrigo aber, dem eben jetzt eine niederträchtige Bosheit in den Sinn gekommen war, begann im Hemde hinter ihm herzulaufen. Nachdem er Angiulieri gut zwei Meilen lang gefolgt war und ihn ständig um sein Wams gebeten hatte, begann Angiulieri, in der Absicht, seine Ohren von dieser Plage zu befreien, einen scharfen Trab einzuschlagen. Gleichzeitig aber erblickte Fortarrigo auf einem Felde an der Straße in der Nähe Angiulieris eine Anzahl Landarbeiter und rief ihnen laut schreiend zu: „Haltet ihn! Haltet ihn!" Die Leute versperrten alsbald mit Spaten und Hacken die Straße vor Angiulieri, da sie glaubten, er habe jenen, der im Hemde schreiend hinter ihm herlief, beraubt. Sie hielten ihn daher an und ergriffen ihn, und es half ihm gar nichts, daß er ihnen sagte, wer er sei und was sich zugetragen hatte, denn Fortarrigo, der indes herangekommen war, sagte mit niederträchtigem Gesicht zu ihm: „Ich weiß nicht, warum ich dich nicht umlege, du elender Dieb, der mit meinem ganzen Besitz die Flucht ergriffen hat!" Und zu den Landarbeitern gewandt, fügte er hinzu: „Seht, ihr Herren, in welchem Zustand er mich nach seiner heimlichen Flucht im Gasthof zurückgelassen hat, wo er vorher sein Hab und Gut verspielte! Nun kann ich wenigstens sagen, daß ich mit Gottes und eurer Hilfe noch einiges gerettet habe, wofür ich euch immer Dank schulden werde."

Angiulieri erzählte den Leuten nun ebenfalls den Hergang, doch niemand hörte auf seine Worte. Fortarrigo riß ihn vielmehr mit Hilfe der Landleute vom Pferde zu Boden und nahm ihm seine Kleider weg, um sie selber anzuziehen. Dann bestieg er das Pferd Angiulieris, ließ diesen im Hemde und barfuß auf der Straße stehen und kehrte nach Siena zurück, wo er überall erzählte, er habe Roß und Kleider dem Angiulieri im Spiele abgewonnen.

Angiulieri aber, der gehofft hatte, er werde als angesehener Mann zu dem Kardinal in die Mark kommen, kehrte ausgeraubt, im bloßen Hemde nach Buonconvento zurück und wagte es aus Scham nicht, sich in nächster Zeit wieder in Siena zu zeigen. Nachdem er sich Kleider geliehen hatte, bestieg er den Klepper Fortarrigos und ritt zu Verwandten nach Corsignano, wo er so lange blieb, bis sein Vater ihm nochmals seine Hilfe lieh.

So hatte die Bosheit Fortarrigos das vernünftige Vorhaben Angiulieris zum Scheitern gebracht, was dieser freilich, als sich Zeit und Gelegenheit bot, nicht ungerächt ließ.

FÜNFTE GESCHICHTE

Calandrino verliebt sich in ein junges Mädchen. Bruno macht ihm ein Amulett, mit dem er das Mädchen anrührt, worauf sie mit ihm geht. Er wird jedoch von seiner Frau überrascht, mit der er nun einen bösen, erbitterten Streit ausfechten muß.

Als die nicht lange Geschichte Neifiles beendet war und die Gesellschaft ohne viel Gelächter und große Besprechungen darüber hinwegging, wandte sich die Königin an Fiammetta und gebot ihr fortzufahren. Fröhlich erklärte sie sich dazu bereit und begann:

Edle Freundinnen, ihr wißt, wie ich glaube, daß es kein noch so viel besprochenes Thema gibt, welches nicht immer wieder Gefallen erweckte, wenn nur derjenige, der davon sprechen will, Zeit und Ort dafür weise zu wählen weiß. Wenn ich bedenke, daß wir einzig und allein hergekommen sind, um uns frohe Stunden und heitere Tage zu machen und nichts anderes, so meine ich, daß alles, was Freude und Heiterkeit zu bringen vermag, just hier am rechten Platze ist und daß, selbst wenn von einer Sache schon tausendmal gesprochen wäre, es uns doch ergötzen könnte, nochmals davon zu reden. Obwohl wir schon häufig von Calandrinos Abenteuern sprachen, will ich es wagen, in Anbetracht dessen, daß Filostrato sie noch eben recht ergötzlich nannte, zu den schon vorgetragenen Geschichten noch eine hinzuzufügen, die ich allerdings, wenn ich mich von der wahren Begebenheit entfernen wollte, ebensogut mit anderen Namen hätte ausschmücken und erzählen können. Da indes Erzählungen, die von der wahren Begebenheit abweichen, das Ergötzen der Zuhörer meistens schmälern, werde ich euch aus den genannten Gründen meine Geschichte so vorsetzen, wie sie sich zugetragen hat.

Unser Mitbürger Niccolo Cornacchini war ein reicher

Mann und besaß neben vielen anderen Besitzungen auch eine besonders schöne in Camerata. Auf dieser ließ er ein ansehnliches, schönes Haus errichten und traf mit Bruno und Buffalmacco die Vereinbarung, daß sie es ihm ausmalen sollten. Da es hier eine Menge Arbeit gab, holten die beiden noch Nello und Calandrino zu Hilfe und machten sich dann ans Werk. Obgleich erst ein einziges Zimmer des Hauses mit einem Bett und weiteren Möbeln eingerichtet war und nur eine alte Magd sich gewissermaßen als Wächterin draußen aufhielt, sonst aber noch keine Dienerschaft dort war, pflegte Filippo, der junge, unverheiratete Sohn des genannten Niccolo, hin und wieder zu seinem Vergnügen Frauenzimmer mitzubringen, die er zuweilen einen oder zwei Tage dort behielt und dann wieder fortschickte.

Unter anderen brachte er auch ein Mädchen namens Niccolosa mit heraus, die von einem üblen Kerl, welcher allgemein der Vielfraß genannt wurde, zu seinem Vergnügen in einem Hause von Camaldoli unterhalten und vielfach an andere Männer ausgeliehen wurde. Sie war eine hübsche junge Person, gut angezogen und für ihresgleichen recht manierlich und redegewandt. Als sie eines Tages um die Mittagszeit in einem weißen Unterrock, die Haare um den Kopf gewickelt, aus dem Zimmer trat, um sich auf dem Hofe des Hauses in einem Brunnen Gesicht und Hände zu waschen, geschah es, daß gleichzeitig auch Calandrino dorthin kam, um Wasser zu schöpfen, und sie vertraulich begrüßte. Sie dankte für den Gruß und sah ihn an, wahrscheinlich aus keinem andren Grunde, als weil er ihr ein wenig sonderbar und einfältig vorkam. Calandrino schaute sie ebenfalls an, und da er sie sehr schön fand, begann er, sich am Brunnen allerlei zu schaffen zu machen, und kehrte nicht zu seinen Gefährten zurück. Da er das Mädchen nicht kannte, wagte er kein Wort zu ihr zu sagen. Sie aber hatte seine bewundernden Blicke sogleich bemerkt und begann nun, um ihn ein wenig zu necken, ihm schöne Augen zu machen, und stieß ein paar kleine Seufzer aus. Daraufhin verliebte Calandrino sich glühend in sie und verließ den Hof nicht eher, als bis sie von Filippo wieder ins Zimmer zurückgerufen wurde.

Calandrino kehrte an die Arbeit zurück, doch seufzte und stöhnte er dabei in einem fort. Bruno, der ihn ständig beobachtete, da er sich besonders an Calandrinos Einfällen ergötzte, bemerkte es und fragte: „Was, zum Teufel, ist mit dir los, Gevatter Calandrino? Du tust ja nichts anderes als seufzen!" Calandrino erwiderte: „Bruderherz, wenn ich wüßte, wer mir helfen könnte, wäre ich glücklich." – „Was sagst du?" fragte Bruno, und Calandrino erwiderte: „Kein Mensch darf es erfahren. Unten auf dem Hof traf ich ein Mädchen, schöner als eine Nymphe und so verliebt in mich, daß du es nicht glauben würdest! Ich habe es eben bemerkt, als ich dort war, um Wasser zu holen." – „Um Gottes willen!" rief Bruno. „Hüte dich nur, daß du nicht etwa an Filippos Frau gerätst!" Calandrino sprach: „Das ist möglich, denn er rief sie, und sie ging zu ihm ins Zimmer. Doch was will das besagen? Unter diesen Umständen würde ich sie selbst Jesus Christus ausspannen, geschweige denn Filippo. Ich will dir die Wahrheit gestehen, Gevatter: Sie gefällt mir so maßlos, daß ich es dir mit Worten nicht schildern kann." – „Gevatter, ich werde für dich auskundschaften, wer sie ist", sagte Bruno. „Wenn sie wirklich Filippos Frau ist, werde ich mit wenigen Worten deine Sache in Ordnung bringen, denn sie ist sehr vertraut mit mir. Wie können wir aber verhindern, daß Buffalmacco etwas davon erfährt? Ich kann nie mit ihr sprechen, ohne daß er an meiner Seite auftaucht." Calandrino fuhr fort: „Buffalmacco schert mich wenig, aber vor Nello müssen wir auf der Hut sein, denn er ist mit Tessa verwandt und verdürbe uns sofort alles." – „Da hast du recht", gab Bruno zu.

Nun wußte Bruno genau, wer jenes Mädchen war, da er sie ebenfalls gesehen und Filippo es ihm auch gesagt hatte. Als daher Calandrino sich wieder einmal von der Arbeit drückte, um das Mädchen zu treffen, erzählte Bruno die ganze Geschichte Nello und Buffalmacco, und alle drei verabredeten nun in aller Heimlichkeit, wie sie ihn mit seiner Verliebtheit zum besten haben wollten. Als Calandrino zurückkehrte, sagte Bruno leise zu ihm: „Hast du sie gesehen?" Calandrino erwiderte: „Ja, doch weh mir, die Liebe wird mich noch umbringen!" – „Ich will einmal nachsehen", sprach nun Bruno, „ob sie wirklich diejenige ist, für die ich sie halte. Wenn es der Fall sein sollte, dann laß mich nur machen." Damit ging Bruno auf den Hof hinab, wo er Filippo und das Mädchen vorfand. Er erzählte ihnen, wer Calandrino war und was er jenem von ihnen erzählt hatte, und verabredete sogleich, was jeder von ihnen tun und sagen solle, um sich an der Verliebtheit Calandrinos zu ergötzen und zu erheitern. Zu diesem zurückgekehrt, sprach er: „Jawohl, sie ist es wirklich. Wir müssen also schlau zu Werke gehen, damit Filippo von der Sache nichts bemerkt, sonst würde das gesamte Wasser des Arno nicht ausreichen, um uns wieder rein zu waschen. Was also möchtest du, daß ich ihr von dir bestellen soll, wenn ich Gelegenheit dazu haben sollte?" Calandrino erwiderte: „Meiner Treu, so sollst du ihr als erstes bestellen, daß ich ihr tausend Scheffel von dem teuren Gut, das schwängert, wünsche und daß ich ihr ergebener Diener bin. Hast du mich verstanden?" Bruno erwiderte: „Jawohl, laß mich nur machen."

Als es Feierabend war und die Maler ihre Arbeitsstätte verließen, gingen alle in den Hof hinunter, wo Filippo und Niccolosa schon anwesend waren, und machten sich hier Calandrinos wegen ein wenig zu schaffen. Dieser begann sogleich das Mädchen zu begaffen und gebärdete sich auf die sonderbarste Weise, so daß selbst ein Blinder ihm auf die Sprünge gekommen wäre. Jedoch auch sie ihrerseits tat alles, was möglich war, um ihm tüchtig einzuheizen, denn sie amüsierte sich nach allem, was Bruno ihr erzählt hatte, köstlich über Calandrino. Filippo aber unterhielt sich mit Buffalmacco und den übrigen und tat, als bemerke er nichts von allem. Schließlich gingen zum großen Kummer Calandrinos alle nach Hause, und Bruno sagte, als sie bereits in der Nähe von Florenz waren, zu Calandrino: „Nun, ich kann dir verraten, du hast sie zum Zerfließen gebracht wie Eis an der Sonne. Donner und Doria, wenn du deine Zither mitbringst und ihr ein paar von deinen Liebesliedern vorsingst, wirst du sie noch so weit bringen, daß sie aus dem Fenster springt, um zu dir zu gelangen!" Calandrino erwiderte: „Gevatter, glaubst du das wirklich? Meinst du, daß ich meine Zither mitbringen soll?" – „Aber ja", rief Bruno, und Calandrino fuhr fort: „Und als ich es dir erzählte, wolltest du es mir nicht glauben! Ja, ja, Gevatter, ich weiß wahrhaftig besser als jeder andre das zu erreichen, was ich mir vornehme! Wer anders als ich hätte so schnell eine solche Dame wie diese verliebt machen können? Das sollen mir einmal in so kurzer Zeit die jungen Kerle nachmachen, die sich immer mit ihren Erfolgen bei den Frauen brüsten, den ganzen Tag straßauf, straßab laufen und trotzdem in tausend Jahren keine Handvoll Nüsse ergattern! Ich möchte nur, daß du mich einmal mit der Zither hören würdest! Da könntest du merken, was gutes Spiel ist! Ja, versteh mich nur richtig, ich bin noch kein so alter Kerl, wie du geglaubt hast. Sie hat es sofort gemerkt, und sonst werde ich es ihr beweisen, wenn ich sie erst einmal in den Klauen habe! Beim wahrhaftigen Leibe Christi, ich werde ihr aufspielen, daß sie mir nachlaufen soll wie eine, die verrückt ist vor Liebe." – „Oh!" rief Bruno. „Du wirst sie mit deinem Rüssel packen. Ich sehe schon, wie du mit deinen letzten paar Pferdezähnen ihr rotes Mündchen und ihre Rosenwangen zerbeißen und sie danach mit Haut und Haar verschlingen wirst." Bei diesen Worten glaubte Calandrino bereits am Ziel seiner Wünsche zu sein und marschierte ausgelassen mit Gesang und vielen Hopsern weiter, als wisse er sich vor lauter Freude nicht zu lassen.

Am nächsten Tage brachte er tatsächlich seine Zither mit und sang zum Ergötzen der ganzen Gesellschaft eine Anzahl Lieder dazu. Dann aber packte ihn ein so brünstiges Verlangen, das Mädchen zu treffen, daß er bald keinen Pinselstrich mehr arbeitete, sondern nur tausendmal ans Fenster, an die Tür oder in den Hof hinablief, um sie zu sehen. Und sie, schlau nach den Vorschriften Brunos sich richtend, stachelte ihn nach Kräften an. Bruno selbst überbrachte Calandrino die Antworten auf seine Botschaften und richtete ihm auch hin und wieder von ihr eine Bestellung aus. Wenn sie, was meistens zutraf, nicht draußen war, händigte er ihm Briefe von ihr aus, in denen sie ihm große Hoffnungen auf die Erfüllung seiner Wünsche machte, und ließ ihn wissen, daß sie zur Zeit im Hause ihrer Eltern sei, wo er sie nicht besuchen könne.

Auf diese Art ergötzten Bruno und Buffalmacco, die ständig ihre Hände im Spiele hatten, sich königlich an Calandrinos Verliebtheit. Hin und wieder ließen sie sich von ihm, als habe seine Angebetete danach verlangt, einen Kamm aus Elfenbein, eine kleine Börse, ein Taschenmesserchen oder ähnliche Kleinigkeiten aushändigen und brachten ihm dafür als Gegengabe ein paar unechte, wertlose Ringe, über die Calandrino vor Freude ganz aus dem Häuschen geriet. Zum Dank spendierte er ihnen manches gute Frühstück und tat ihnen alle möglichen Ehren an, damit sie sich recht eifrig für ihn verwenden möchten.

Nachdem die beiden Strolche ihn auf solche Art wohl gut zwei Monate hingehalten hatten, ohne daß er einen Schritt weitergekommen wäre, stellte Calandrino fest, daß die Arbeit sich ihrem Ende näherte. Da er nun befürchtete, er werde das Ziel seiner Wünsche nicht erreichen, gelänge es ihm nicht vor Beendigung der Arbeit, begann er Bruno heftig zuzusetzen und zu drängen. Als das Mädchen wieder einmal draußen war, sagte Bruno, der vorher mit Filippo und ihr genau besprochen hatte, was geschehen sollte, zu Calandrino: „Höre, Gevatter, diese Dame hat mir wohl schon tausendmal versprochen, das zu tun, was du begehrst. Trotzdem tut sie es nicht, und ich glaube, sie führt dich nur an der Nase herum. Da sie nicht hält, was sie versprochen hat, werden wir sie eben, ob sie will oder nicht, dazu bringen, wenn du es wünschst."

„Ach ja", rief Calandrino, „und tut es bald um Gottes willen!" Nun fragte Bruno: „Wirst du den Mut haben, sie mit einem Amulett zu berühren, das ich dir beschaffen kann?" Calandrino erwiderte: „Ja, aber sicher!" – „Gut", fuhr Bruno fort, „so bringe mir etwas Haut von einem ungeborenen Tier, eine lebendige Fledermaus, drei Körnchen Weihrauch und eine geweihte Kerze. Das übrige werde ich schon erledigen."

Calandrino verwandte den ganzen folgenden Abend lang alle seine Künste darauf, eine Fledermaus zu erwischen. Als es ihm schließlich gelungen war, brachte er sie, zusammen mit den übrigen Dingen, zu Bruno. Dieser zog sich in ein Zimmer zurück und schrieb auf die Haut allerlei Unsinn und Zauberzeichen. Dann händigte er sie Calandrino aus und sagte: „Höre also zu, Calandrino: Wenn du sie mit dieser Schrift anrührst, wird sie unverzüglich mit dir kommen und alles tun, was du wünschst. Wenn nun Filippo heute einmal fortgeht, nähere dich ihr irgendwie und rühre sie an. Geh dann in die kleine Strohhütte dort drüben. Es ist der geeignetste Ort, der vorhanden ist, weil dort nie eine Menschenseele hinkommt. Du wirst erleben, daß sie dir folgt. Und wenn sie dort ist, wirst du schon selber wissen, was du zu tun hast."

Calandrino war nun der glücklichste Mann der Welt. Er nahm das Schriftstück an sich und sagte: „Gevatter, nun laß mich nur machen!"

Auch Nello, vor dem Calandrino sich wohl in acht nahm, hatte an diesem Theater das gleiche Vergnügen wie die andern und legte mit jenen zusammen Hand an, Calandrino zu foppen. Er machte sich auf Brunos Rat nun auf den Weg nach Florenz, ging zu Calandrinos Frau und sagte zu ihr: „Tessa, du erinnerst dich wohl noch an die Prügel, die Calandrino dir damals ohne Grund verabfolgte, als er mit den Steinen vom Mugnone zurückkehrte. Ich möchte, daß du ihm diese wieder heimzahlst. Wenn du es nicht tust, sind wir Freunde und Verwandte gewesen. Er hat sich jetzt dort draußen in ein Frauenzimmer vergafft, und sie ist so minderwertig, daß sie sich oft mit ihm einschließt. Vor kurzem haben sie sich verabredet, heute wieder zusammenzutreffen. Ich möchte darum, daß du sogleich herauskommst, ihn überraschst und tüchtig dafür verbleust."

Monna Tessa fand die Neuigkeit, die sie da erfuhr, keineswegs spaßig. Sie stand auf und begann zu schelten: „Weh mir, dieser Herumtreiber! Was erlaubt er sich! Beim Kreuze Christi, daraus soll nichts werden! Das will ich ihm versalzen!" Darauf griff sie zu ihrem Mantel, nahm eine Bekannte zur Begleitung mit und ging dann eilends mit Nello nach der Besitzung hinaus. Bruno, der sie schon von weitem kommen sah, sprach zu Filippo: „Sieh, da kommt ja unser Helfershelfer!"

Filippo begab sich alsbald an den Ort, wo Calandrino mit den übrigen bei der Arbeit war, und sagte: „Ihr Herren, ich muß leider nach Florenz, arbeitet indessen recht fleißig weiter!" Darauf ging er fort und versteckte sich an einem Platze, von wo aus er, ohne selbst gesehen zu werden, Calandrino beobachten konnte. Dieser lief, in der Annahme, Filippo habe sich bereits entfernt, in den Hof hinunter, wo er Niccolosa allein antraf. Er begann sogleich eine Unterhaltung, und sie, die ihre Aufgabe genau kannte, näherte sich ihm und gestattete ihm etwas mehr Vertraulichkeit, als sie es sonst zu tun pflegte. Daraufhin rührte Calandrino sie mit seinem Schriftstück an. Nachdem er dies vollbracht hatte, wandte er, ohne ein Wort weiter zu verlieren, seine Schritte zu der Strohhütte, wohin Niccolosa ihm folgte.

Sowie sie eingetreten waren, schloß sie die Tür ab, umarmte Calandrino und warf ihn auf das am Boden liegende Stroh nieder, sprang rittlings auf ihn und stützte die Hände auf seine Schultern. Dann blickte sie ihn, ohne daß er ihrem Gesichte nahe kommen konnte, wie von heißem Verlangen erfüllt an und sprach: „O mein süßer Calandrino, du Herz meines Herzens, meine Seele, mein Liebster, meine Ruhestätte! Wie lange schon habe ich mich danach gesehnt, dich zu besitzen und an meine Brust zu drücken! Du hast mit deiner Unwiderstehlichkeit mir das letzte bißchen Verstand geraubt und mir mit deiner Zither das Herz ganz zermürbt. Ist es denn wirklich wahr, daß ich dich hier in den Armen halte?"

Calandrino, der sich kaum bewegen konnte, erwiderte: „Ach, du mein süßes Seelchen, lasse dich küssen." Niccolosa erwiderte: „Oh, hast du es so eilig? Laß dich vorher ein wenig anschauen, erlaube, daß meine Augen sich an deinem süßen Antlitz satt sehen."

Bruno und Buffalmacco hatten sich indessen zu Filippo geschlichen, und alle drei sahen und hörten genau, was vorging. Und just als Calandrino sich anschickte, Niccolosa zu küssen, traf Nello mit Frau Tessa auf dem Landgut ein. Dort angekommen, sagte er zu ihr: „Ich schwör's bei Gott, sie sind beieinander!" Damit erreichten sie die Tür der Hütte. Die erboste Frau trommelte derart heftig dagegen, daß sie sich öffnete, und erblickte, als sie eintrat, Niccolosa auf Calandrino. Als das Mädchen Frau Tessa gewahr ward, sprang sie auf, ergriff die Flucht und begab sich schnellstens in Filippos Versteck. Frau Tessa aber fuhr ihrem Calandrino, der noch lang am Boden lag, mit den Nägeln ins Gesicht und zerkratzte ihn jämmerlich. Dann packte sie ihn bei den Haaren, schüttelte ihn daran hin und her und schrie: „Du elender, dreckiger Hund, so also betrügst du mich? Du verkalkter Narr, verflucht sei die Liebe, die ich dir je entgegengebracht habe! Du scheinst in deinem Hause nicht genug zu tun zu haben, daß du noch in fremden Häusern auf Liebespfaden wandelst? Sieh einer den stolzen Liebhaber! Du kennst dich wohl selbst nicht, du elender Lump. Nein, du kennst dich selber anscheinend nicht, du Jammerlappen! Selbst mit Gewalt könnte man aus dir nicht so viel Saft herausquetschen, daß es zu einer armseligen Brühe reichen würde. Beim Himmel, diesmal war's nicht die Tessa, die dich schwängerte! Gott strafe dieses Weibsbild, wer sie auch immer sein mag. Traurig genug muß es ja um sie bestellt sein, wenn sie noch auf ein solches Kleinod wie dich Appetit hat!"

Calandrino war, als er seine Frau eintreten sah, vor Schreck fast gestorben und brachte nicht den Mut auf, sich im geringsten zu wehren. Endlich griff er, zerkratzt, zerschunden und zerbeult, wie er war, nach seiner Kappe, stand auf und bat seine Frau ganz kleinlaut, kein Geschrei zu machen, wenn sie nicht wolle, daß es ihm den Kopf koste, da jene Frau, die bei ihm gewesen war, die Ehefrau des Hausherrn sei. Frau Tessa sagte: „Und wennschon! Der Teufel mag sie holen!"

Bruno und Buffalmacco, die sich mit Filippo und Niccolosa an dieser Szene weidlich ergötzt hatten, traten nun, als hätte der Lärm sie herbeigelockt, zu ihnen und gaben, als sie nach endlosem Gerede Frau Tessa endlich versöhnt hatten, Calandrino den Rat, nach Florenz zurückzukehren und sich hier nicht mehr blicken zu lassen, damit nicht etwa Filippo, wenn er doch noch etwas von dieser Sache erführe, ihm ein Leid antäte.

So mußte denn Calandrino betrübt und elend, zerrauft und zerkratzt nach Florenz zurückkehren und fand auch nicht den Mut, noch einmal nach Camerata hinauszugehen, sondern zog schließlich, nachdem seine Frau ihm Tag und Nacht zugesetzt und ihn mit ihren Vorwürfen zermürbt hatte, einen Schlußstrich unter seine heiße Liebe, die seinen Gefährten, Niccolosa und Filippo so manchen Grund zum Lachen gegeben hatte.

SECHSTE GESCHICHTE

Zwei junge Männer übernachten bei einem Wirt. Während einer der beiden mit dessen Tochter schläft, legt sich seine Frau versehentlich zu dem andern. Schließlich steigt der, welcher bei der Tochter war, im Glauben, er begebe sich zu seinem Freunde, zu dem Vater ins Bett und berichtet ihm alles. Als sie darüber in Streit geraten, bemerkt die Frau ihren Irrtum, kriecht zu der Tochter ins Bett und stiftet mit wenigen Worten Frieden.

Calandrino, der schon manches Mal die Gesellschaft belustigt hatte, tat es auch diesmal wieder. Als die Damen sich über sein Abenteuer beruhigt hatten, gebot die Königin Panfilo, seine Geschichte zu erzählen. Er begann also:

Ihr ehrenwerten Damen, der Name des von Calandrino geliebten Mädchens hat mir die Geschichte einer andren Niccolosa ins Gedächtnis zurückgerufen. Ich möchte sie euch erzählen, damit ihr aus dieser Begebenheit erkennen könnt, wie die Geistesgegenwart einer klugen Frau einen großen Skandal zu verhindern wußte.

In der Mugnone-Ebene lebte vor nicht langer Zeit ein wackrer Mann, der Wanderern für Geld zu essen und zu trinken gab. Obwohl er ein armer Schlucker war und nur ein winziges Häuschen sein eigen nannte, behielt er im Notfalle zwar nicht jeden, doch diesen und jenen Bekannten auch zur Nacht dort. Dieser Mann hatte eine nette, ansehnliche Ehefrau und zwei Kinder, und zwar ein hübsches, anmutiges Mädchen von etwa fünfzehn, sechzehn Jahren, das noch keinen Mann hatte, und einen kleinen, etwa einjährigen Knaben, den die Mutter noch nährte.

Auf das Mädchen hatte ein ansehnlicher, artiger junger Edelmann aus unsrer Vaterstadt, der oft in diese Gegend kam, ein Auge geworfen und war lichterloh für sie entbrannt. Sehr geschmeichelt, von einem solchen Mann geliebt zu werden, suchte sie ihn durch besonders freundliches Betragen an sich zu fesseln und verliebte sich dabei ebenfalls in ihn. Schon des öfteren hätte sich eine Gelegenheit geboten, diese Liebe zu ihrer beider Freude zu genießen, wenn nicht Pinuccio – so hieß der Jüngling – stets gefürchtet hätte, daß für ihn und das Mädchen Schande daraus entstehen möchte. Da indes sein Verlangen von Tag zu Tag heftiger wurde, wünschte er schließlich nichts sehnlicher, als doch einmal mit ihr zusammen zu sein. Er verfiel nun auf den Gedanken, bei ihrem Vater zu übernachten, und hoffte, da er das Häuschen gut kannte, bei dieser Gelegenheit ein Zusammensein mit ihr möglich zu machen, ohne daß irgend jemand etwas davon gewahr würde. Was er sich vorgenommen, brachte er, zusammen mit einem vertrauten Gefährten namens Adriano, unverzüglich zur Ausführung. Sie mieteten sich eines Abends zu später Stunde zwei Klepper, bepackten diese mit Mantelsäcken, welche wahrscheinlich nichts anderes als Stroh enthielten, und schlugen, nachdem sie Florenz verlassen hatten, ihren Weg nach der Mugnone-Ebene ein, wo sie erst anlangten, als die Nacht bereits hereingebrochen war. Sie wandten nun ihre Pferde, ritten, als kehrten sie gerade aus der Romagna zurück, auf das Haus des wackren Mannes zu und begannen an die Tür zu pochen, die er ihnen als zwei guten Bekannten bereitwillig öffnete. Pinuccio sprach zu ihm: „Höre, du mußt uns heute nacht beherbergen. Wir glaubten Florenz noch erreichen zu können, doch haben wir es nicht fertiggebracht und sind trotz der späten Stunde, wie du siehst, erst hier angelangt." Der Wirt erwiderte: „Pinuccio, du weißt, wie wenig ich darauf eingerichtet bin, solche Herren wie euch bei mir aufzunehmen. Da euch jedoch die Nacht hier überrascht hat und keine Zeit mehr ist, anderswohin zu reiten, will ich euch, so gut ich kann, gerne beherbergen."

Die beiden Jünglinge sprangen nun von den Gäulen und traten, nachdem sie diese versorgt hatten, in das Häuschen, wo sie ihr mitgebrachtes Abendessen zusammen mit dem Wirte verzehrten. Dieser hatte in seinem Hause nur eine einzige kleine Kammer, in der er, so gut es ging, drei Betten aufgestellt hatte. Da zwei dieser Betten an der einen Seite der Kammer standen und das dritte gegenüber an der andern Seite, blieb zwischen ihnen nur eben so viel Raum, daß man sich gerade hindurchschlängeln konnte. Von diesen drei Betten ließ nun der Wirt das am wenigsten schlechte für die beiden Freunde herrichten und bat sie, sich dort niederzulegen. Bald darauf, als noch keiner der beiden schlief, obwohl beide sich so stellten, befahl der

Wirt seiner Tochter, sich in eins der beiden andern Betten zu legen, und stieg schließlich mit seiner Frau in das dritte. Diese stellte neben ihrem Bett auch noch die Wiege auf, in der ihr kleiner Junge lag.

Nachdem solcherart jeder untergebracht war und als Pinuccio, der alles beobachtet hatte, nach einer Weile glaubte, daß alle schliefen, stand er leise auf, schlich sich an das Lager seiner jungen Geliebten und legte sich bei ihr nieder. Er wurde von ihr zwar in großer Besorgnis, doch auch mit Freude empfangen und blieb bei ihr, alle jene Wonnen genießend, nach denen beide so sehnsüchtig verlangt hatten. Während nun Pinuccio bei seiner Liebsten lag, geschah es, daß eine Katze in der Dunkelheit irgend etwas umstieß. Darüber erwachte die Frau des Wirtes, und da sie befürchtete, es möchte etwas beschädigt sein, stand sie leise auf und tappte, so wie sie war, in der Dunkelheit dorthin, wo sie das Geräusch gehört hatte. Adriano, der hierauf nicht geachtet hatte, erhob sich zufällig gleichzeitig eines körperlichen Bedürfnisses wegen. Als er sich aufmachte, um dieses zu befriedigen, stieß er an die Wiege, welche die Frau in den Weg gestellt hatte. Er hob sie, da er nicht daran vorbei konnte, kurzerhand von ihrem Platze auf und stellte sie neben das Bett, in dem er selber gelegen hatte. Nachdem er dem Bedürfnis, das ihn zum Aufstehen veranlaßt hatte, nachgekommen war, kehrte er zurück und legte sich, ohne weiter an die Wiege zu denken, wieder in sein Bett.

Die Frau, die indessen herumgesucht und festgestellt hatte, daß nicht jenes, dem ihre Besorgnis galt, zerbrochen war, machte sich nicht erst die Mühe, Licht anzuzünden, um nachzusehen, sondern schalt die Katze aus und kehrte sodann in die Schlafkammer zurück. Dort tappte sie auf das Bett zu, in dem ihr Mann schlief. Da sie jedoch die Wiege hier nicht fand, sprach sie zu sich selber: ‚Mein Gott, ich Unglücksweib! Da seht, was ich hier anstelle! Um Himmels willen, bald wäre ich in das Bett unsrer Gäste gekrochen!' – Sie ging also noch ein paar Schritte weiter, fand die Wiege und legte sich in das Bett, neben dem diese stand, zu Adriano – im festen Glauben, ihren Mann neben sich zu haben. Adriano, der noch nicht wieder eingeschlafen war, nahm sie, als er es gewahr wurde, gar fröhlich und freundlich in Empfang und segelte, ohne ein Wort zu verlieren,

697

zum nicht geringen Vergnügen der Frau sogleich mehr als einmal mit ihr scharf gegen den Wind.

Währenddessen begann Pinuccio zu befürchten, daß der Schlaf ihn an der Seite seines Mädchens übermannen möchte, und da er alles, was er begehrte, genossen hatte, erhob er sich, um zum Schlafen wieder in sein Bett zurückzukehren. Dabei stieß er auf die Wiege. Im Glauben, diese stehe neben dem Bette der Wirtin, schlich er noch ein Stückchen weiter und legte sich dann zur Seite des Wirtes nieder, der darüber erwachte. Pinuccio aber wähnte sich bei seinem Freunde Adriano und sagte infolgedessen leise zu ihm: „Ach, ich sage dir, es hat noch nichts Süßeres gegeben als diese Niccolosa! Bei Gott, ich habe bei ihr die höchste Lust genossen, die je einem Manne von einer Frau geschenkt ward. Ich sage dir, ich bin wohl an die sechsmal mit ihr auf die Reise gegangen, seitdem ich dich verließ."

Als der Wirt diese Neuigkeiten, die ihm keineswegs gefielen, vernahm, sagte er zuerst zu sich selbst: ‚Was, zum Teufel, macht denn der hier?' Dann aber rief er zornig und unbedacht: „Pinuccio, das ist eine große Niedertracht von dir! Ich weiß nicht, warum du mir dies angetan hast. Aber, zum Henker, du sollst es mir büßen!" Pinuccio, der nicht eben zu den gescheitesten Köpfen gehörte, suchte, als er seinen Irrtum bemerkte, nicht mehr zu retten, was vielleicht noch zu retten gewesen wäre, sondern erwiderte: „Wofür soll ich dir büßen? Was kannst du mir schon tun?" Die Frau des Wirtes, die bei ihrem Manne zu liegen glaubte, sagte zu Adriano: „Ach herrje, höre nur unsere Gäste! Sie haben wer weiß was für einen Streit miteinander!" Adriano erwiderte lachend: „Lasse sie! Der Kuckuck soll sie holen! Sie haben gestern abend zuviel getrunken." Die Frau, der es schon vorher so vorgekommen war, als höre sie ihren Mann schimpfen, erkannte nun, da sie Adrianos Stimme vernahm, klar, wo und bei wem sie lag. Ohne noch ein Wort zu sagen, stand sie als gewitzte Frau sogleich auf, ergriff die Wiege ihres Sohnes und trug sie, obwohl man in der Kammer nicht die Hand vor Augen sehen konnte, nach Gutdünken an das Bett ihrer Tochter, bei der sie selbst sich niederlegte. Dann rief sie, als sei sie soeben über den Lärm erwacht, nach ihrem Mann und fragte ihn, was er mit Pinuccio zu streiten habe. Ihr Mann erwiderte: „Hast du nicht

gehört, was er heute nacht mit Niccolosa getrieben hat?"
Die Frau erwiderte: „Er lügt aus vollem Halse! Bei Niccolosa war er nicht, denn hier habe ich selbst mich niedergelegt und habe von da an nicht mehr schlafen können. Du bist ein rechter Esel, wenn du ihm glaubst. Ihr sauft am Abend so viel, daß ihr die ganze Nacht träumt, aus und ein lauft, ohne richtig wach zu werden, und schließlich wunder was glaubt. Es ist ein Jammer, daß ihr euch dabei nicht den Hals brecht! Aber was treibt eigentlich dieser Pinuccio dort? Warum liegt er nicht in seinem Bett?"

Adriano bemerkte, daß die Frau auf kluge Weise ihre eigene Schande und die ihrer Tochter zu verdecken suchte, er mischte sich daher ins Gespräch: „Pinuccio, ich habe dir hundertmal gesagt, du sollst nicht immer herumlaufen! Deine schlechte Angewohnheit, im Schlafe umherzuwandern und Räubergeschichten zu erzählen, die du geträumt hast, wird dich wahrlich noch einmal ins Unglück stürzen. Komm sofort hierher zurück, oder Gott soll dir eine böse Nacht schicken!"

Als der Wirt hörte, was seine Frau und Adriano sagten, glaubte er wahrhaftig, daß Pinuccio im Traume spreche. Er packte ihn darum an den Schultern, begann ihn kräftig zu rütteln und zu schütteln und rief ihm zu: „Pinuccio, wach auf! Geh in dein Bett zurück!" Pinuccio, der wohl begriff, was Adriano mit dem Gesagten bezweckte, begann jetzt wie einer, der noch vom Traum befangen ist, allerlei Unsinn zu schwatzen, worüber der Wirt in ein lautes Gelächter ausbrach.

Schließlich, als Pinuccio sich hin und her geschüttelt fühlte, stellte er sich, als erwache er, und fragte Adriano: „Ist es schon Tag, daß du mich wachschüttelst?" Adriano erwiderte: „Ja, komm nur her!" Pinuccio spielte noch ein Weilchen den Verschlafenen, schließlich aber erhob er sich von der Seite des Wirtes und kehrte auf sein Lager bei Adriano zurück.

Als es Tag geworden und der Wirt aufgestanden war, begann er erneut zu lachen und sich über Pinuccio zu belustigen. Darauf nun zäumten die beiden Freunde unter allerlei Scherzreden ihre Gäule, packten ihre Mantelsäcke und stiegen, nachdem sie noch mit dem Wirte getrunken hatten, auf die Klepper. Recht zufrieden über den Verlauf ihres Abenteuers und über den gehabten Erfolg, kehrten sie sodann nach Florenz zurück. Später traf Pinuccio, freilich auf anderen Wegen, noch oft mit seiner Niccolosa zusammen, die ihrer Mutter geschworen hatte, daß er in jener Nacht wirklich nur geträumt hätte. So schien es denn der wackren Frau, die Adrianos Umarmungen nicht vergessen hatte, daß sie allein in jener Nacht gewacht habe.

SIEBENTE GESCHICHTE

Talano d'Imolese träumt, daß ein Wolf das Gesicht und die Kehle seiner Frau zerfleische. Er bittet sie, sich in acht zu nehmen. Sie tut es nicht, und der Traum geht in Erfüllung.

Nachdem Panfilos Geschichte zu Ende und das kluge Verhalten der Frau von allen gelobt worden war, bat die Königin Pampinea, ihre Erzählung vorzutragen, worauf Pampinea begann:

Schon einmal, ihr reizenden Mädchen, haben wir uns über die Wahrheit mancher Träume unterhalten, die von vielen Menschen verlacht wird. Obwohl schon davon gesprochen wurde, will ich es nicht unterlassen, euch in einem kurzen Geschichtchen zu berichten, was vor gar nicht langer Zeit meiner Nachbarin zugestoßen ist, die nicht glauben wollte, was ihr Mann von ihr geträumt hatte.

Ich weiß nicht, ob ihr hier einen achtbaren Mann namens Talano d'Imolese gekannt habt. Dieser hatte ein junges Mädchen, Margherita genannt, zur Frau genommen, die zwar schöner als alle übrigen, dafür aber auch bei weitem halsstarriger, unfreundlicher und ungefälliger war als jede andere, so daß weder sie irgend jemandem etwas zu Gefallen tat, noch ein andrer ihr je etwas zu Dank machen konnte. So wenig erfreulich dies für Talano war, mußte er sich damit abfinden, da er es nicht ändern konnte.

Nun trug es sich zu, daß Talano, als er einst mit Margherita auf seiner Besitzung auf dem Lande weilte, einen seltsamen Traum hatte, in dem er zu sehen glaubte, daß seine Frau in dem schönen Walde spazierenginge, den sie in der Nähe ihres Landhauses besaßen. Während er sie noch dort umhergehen sah, brach plötzlich aus dem Dickicht ein starker, wilder Wolf hervor, der ihr an die Kehle sprang, sie zu Boden riß und dann versuchte, die laut um Hilfe schreiende Frau fortzuschleppen. Als sie schließlich seinem Rachen entkam, schienen ihr Hals und Gesicht entsetzlich zerfleischt zu sein.

Am folgenden Morgen nach dem Aufstehen erzählte Talano diesen Traum seiner Frau und sprach: „Frau, obwohl deine Widerspenstigkeit mir noch keinen guten Tag mit dir vergönnt hat, würde ich doch sehr betrübt sein, wenn dir ein Leid geschähe. Wenn du also auf meinen Rat hören willst, so gehe heute nicht aus dem Hause." Auf ihre Nachfrage erzählte er ihr ausführlich seinen Traum. Die Frau aber schüttelte den Kopf und sprach: „‚Wer dir übelwill, träumt Schlechtes von dir!' Du zeigst dich recht besorgt um mich, doch du hast nur geträumt, was du gerne sehen würdest. Ich werde mich schon heute und alle Tage in acht nehmen und dir weder mit diesem noch mit einem ähnlichen Unglück eine Freude bereiten." Talano erwiderte: „Ich wußte schon, daß du mir eine solche Antwort geben würdest, denn Undank ist der Welt Lohn. Glaube, was du willst! Ich meine es gut mit dir und rate dir darum nochmals, heute im Haus zu bleiben oder dich wenigstens davor zu hüten, heute in unsern Wald zu gehen." Die Frau sagte: „Ich werde mich hüten", dachte aber bei sich: ‚Da sieh einer an, wie arglistig jener mir Furcht davor einjagen möchte, heute in unsern Wald zu gehen! Sicherlich hat er sich irgendein Frauenzimmer dort hinbestellt und will nicht, daß ich ihn überrasche. Nun, das könnte er vielleicht einem Blinden weismachen. Ich wäre schön dumm, wenn ich ihm nicht auf die Schliche käme und ihm glaubte! Sein Plan soll ihm bestimmt nicht gelingen. Ich will auf jeden Fall, und wenn ich den ganzen Tag dort auf der Lauer liegen sollte, sehen, was für einen Handel er heute dort vorhat.' Nach diesen Überlegungen ging sie, nachdem ihr Mann das Haus auf der einen Seite verlassen hatte, auf der andern Seite von Hause fort. So verstohlen wie möglich schlug sie den Weg nach dem Walde ein und versteckte sich dort, wo er am dichtesten war, aufmerksam nach allen Seiten Umschau haltend, ob sie wohl jemanden kommen sähe.

Während sie dort verweilte, ohne auch nur einmal an

einen Wolf zu denken, brach plötzlich ganz in der Nähe aus einem dichten Gestrüpp ein starker, schrecklicher Wolf hervor. Ihr blieb, nachdem sie ihn gesehen, nicht einmal soviel Zeit, ein „Herrgott, hilf mir!" auszustoßen, da hatte das Ungeheuer sie bereits an der Kehle, packte sie und versuchte sie fortzuschleppen, als sei sie ein junges Lämmchen. Sie war nicht imstande zu schreien noch sich irgendwie zu helfen, so fest umklammerte er mit dem Maul ihren Hals. Und sicherlich hätte er sie, während er sie so fortschleppte, erwürgt, wären ihnen nicht zufällig einige Hirten begegnet, die sich mit Geschrei auf den Wolf stürzten und ihn zwangen, die Frau fahrenzulassen. Erbärmlich zugerichtet und elend, wie sie war, wurde sie von den Hirten erkannt und nach Hause getragen. Nach langen Bemühungen gelang es den Ärzten, sie zu heilen, jedoch war ihr ganzer Hals und ein Teil des Gesichtes übel zugerichtet, so daß sie, die einst so schön gewesen, für immer häßlich und entstellt blieb. Sie schämte sich fortan, irgendwo zu erscheinen, wo sie gesehen werden konnte, und beweinte bitterlich ihre Halsstarrigkeit und daß sie dem wahren Traum ihres Mannes keinen Glauben geschenkt hatte, was sie doch nichts gekostet hätte.

ACHTE GESCHICHTE

Biondello prellt Ciacco um ein Mittagessen, wofür dieser sich auf schlaue Weise dadurch rächt, daß er Biondello windelweich prügeln läßt.

Einmütig sagte jetzt die ganze fröhliche Gesellschaft, daß alles, was Talano im Schlafe gesehen habe, kein Traum, sondern vielmehr eine Vorahnung gewesen sein müsse, da alles ganz genau ohne die kleinste Abweichung eingetreten sei. Als schließlich die Unterhaltungen verstummten, gebot die Königin Lauretta fortzufahren. Diese sprach:

Ihr klugen Mädchen, fast alle, die heute vor mir erzählt haben, wurden von einer bereits besprochenen Sache zu ihrer Geschichte angeregt. Ebenso bringt mich die harte Rache des Studenten, von der gestern Pampinea berichtete, auf den Gedanken, euch von einer andren Rache zu erzählen, die freilich dem, der sie über sich ergehen lassen mußte, übel bekam, aber bei weitem nicht so grausam war wie jene.

Ich berichte also:

Einst lebte in Florenz ein Mann, der von allen Ciacco genannt wurde und wohl der größte Feinschmecker aller Zeiten war. Da indes sein Vermögen nicht ausreichte, die Kosten für seine Schlemmereien zu tragen, und er im übrigen ein Mann von guten Manieren und allerlei lustigen, durchtriebenen Einfällen war, machte er sich, nicht etwa als Schmeichler, sondern vielmehr als Lästermaul, an die reichen Leute heran, die es liebten, allerlei Leckerbissen auf der Tafel zu sehen. Bei ihnen stellte er sich zu manchem Mittag- und Abendessen, zuweilen auch ungeladen, ein.

Zur gleichen Zeit lebte in Florenz ein andrer Mann namens Biondello, der – klein von Figur, elegant, geputzt wie eine Fliege, mit einem Mützchen auf dem Kopfe und langer blonder Mähne, von der kein Härchen sich widerspenstig abringelte – demselben Gewerbe huldigte wie Ciacco. Eines Tages in der Fastenzeit begab dieser Biondello sich auf den Platz, wo Fische feilgeboten wurden. Als er eben dabei war, zwei fette Lampreten für Messer Vieri de' Cerchi zu erstehen, erblickte ihn Ciacco, der zu ihm herantrat und sagte: „Was bedeutet denn das hier?" Biondello erwiderte: „Gestern abend wurden drei noch weit bessere als diese nebst einem Riesenstör dem Messer Corso Donati zugesandt. Da er beabsichtigt, heute mit verschiedenen Edelleuten festlich zu speisen, reichen sie nicht aus, darum hat er mich gebeten, zwei weitere dazuzukaufen. Kommst du nicht auch hin?" Ciacco antwortete: „Ganz bestimmt werde ich kommen."

Als es ihm an der Zeit schien, machte sich also Ciacco auf den Weg zum Hause des Messer Corso und traf ihn mit ein paar Nachbarn an, mit denen er sich eben zur Mahlzeit niedersetzen wollte. Auf die Frage, was er denn vorhabe, erwiderte er: „Messere, ich komme, um mit Euch und Eurer Gesellschaft zu speisen." Messer Corso erwiderte: „So sei uns willkommen, und da es gerade soweit ist, laß uns zu Tisch gehen." Darauf setzten sie sich nieder, und als erstes wurde ein Erbsengericht mit Thunfisch aufgetragen, danach gebackene Fische aus dem Arno und weiter nichts. Ciacco sah nun, daß Biondello ihn zum besten gehabt hatte, und beschloß verärgert, ihm diesen Streich heimzuzahlen.

Es dauerte nicht lange, so traf er wieder mit Biondello zusammen, der inzwischen schon viele Leute mit seinem guten Witz erheitert hatte. Als Biondello ihn erblickte, begrüßte er ihn und fragte ihn dann, wie denn die Lampreten bei Messer Corso ihm gemundet hätten. Ciacco erwiderte: „Noch bevor acht Tage herum sind, wirst du es besser wissen als ich selbst." Nachdem er Biondello verlassen hatte, einigte sich Ciacco, der nun seine Rachepläne unverzüglich verwirklichen wollte, mit einem durchtriebenen Gauner über die Bezahlung, drückte ihm eine riesige Weinflasche in die Hand und führte ihn in die Nähe der Loggia de' Cavicciuli. Hier zeigte er ihm einen Kavalier namens Messer Filippo Argenti, der drinnen saß. Dieser, ein großer, sehniger Kraftmensch, galt überall als mißtrauisch und jähzornig und war hitziger als jeder andere. Dann sagte er: „Geh mit dieser Weinflasche in der Hand zu jenem Herrn und bestelle ihm folgendes: ‚Messere, Biondello schickt mich zu Euch und läßt Euch bitten, ihm diese Flasche mit Eurem guten Wein rot zu machen, da er sich mit seinen Jüngelchen ein wenig belustigen möchte.' – Gib aber wohl acht, daß er dich nicht erwischt, denn er würde dir übel mitspielen, und du würdest mir meinen Spaß verderben." Der Kerl fragte: „Und habe ich noch mehr zu bestellen?" – „Nein, geh nur", sagte Ciacco, „und wenn du es ihm ausgerichtet hast, komme mit der Flasche zu mir zurück. Ich werde dir dann deinen Lohn auszahlen."

Jener machte sich also auf den Weg und überbrachte Messer Filippo die Botschaft. Als der Kavalier, den der geringste Anlaß in Wut versetzen konnte, seine Worte vernahm, bekam er sofort einen roten Kopf, da er Biondello kannte und meinte, jener wolle ihn foppen. Er schrie: „Was heißt rot machen, und was für Jüngelchen sind das? Der Henker soll dich und ihn holen!" Damit sprang er auf und langte weit aus, um den Kerl mit der Hand zu packen. Dieser aber war auf der Hut und darum schneller als Messer Filippo. Er suchte eiligst das Weite, kehrte auf einem anderen Wege zu Ciacco zurück, der alles beobachtet hatte, und überbrachte ihm die Antwort des Messer Filippo. Sehr befriedigt zahlte Ciacco ihm seinen Lohn aus und gönnte sich darauf nicht eher Ruhe, als bis er Biondello gefunden hatte. Dann sagte er zu diesem: „Warst du kürzlich mal wieder in der Loggia de' Cavicciuli?" Biondello erwiderte: „Nein, lange nicht. Aber warum fragst du mich danach?" Ciacco fuhr fort: „Weil ich dir sagen wollte, daß Messer Filippo dich suchen läßt. Ich weiß nicht, was er will." – „Gut", sagte Biondello, „ich gehe ohnehin in jene Gegend und werde ihn aufsuchen." Darauf setzte Biondello seinen Weg fort, Ciacco aber folgte ihm heimlich, um zu sehen, wie das Spiel weitergehe.

Messer Filippo, der den Boten nicht hatte erwischen können, war mit einer Stinkwut im Leibe zurückgeblieben und verzehrte sich fast vor Zorn, da er den Worten des Gauners nichts anderes hatte entnehmen können, als daß Biondello – auf wessen Veranlassung es auch immer geschehen sein mochte – ihn zum Narren hatte haben wollen. Während er sich noch darüber wurmte, kam Biondello heran. Sobald Messer Filippo ihn erblickte, sprang er auf ihn zu und versetzte ihm einen derben Faustschlag mitten ins Gesicht. „O weh, Messere", schrie Biondello, „was soll das bedeuten?" Messer Filippo aber packte ihn bei den Haaren und prügelte ihn windelweich, nachdem er ihm die Mütze in Fetzen vom Kopf gerissen und den Mantel auf die Erde geworfen hatte. Dabei schrie er: „Du Hund, du wirst schon wissen, was dies bedeutet! Was schickst du zu mir und läßt mir etwas ausrichten von ‚rot machen' und ‚Jüngelchen'? Scheine ich dir so ein Rotzbengel zu sein, daß du dich über mich lustig machen kannst?" Dabei zerschlug er ihm mit seinen Eisenfäusten das ganze Gesicht und ließ ihm nicht ein Haar auf dem Kopf, welches ihm nicht weh getan hätte. Dann wälzte er ihn durch den Dreck und zerfetzte ihm alle Kleider, die er auf dem Leibe hatte. Ja, er gab sich seiner Rache mit solcher Inbrunst hin, daß Biondello nach seiner ersten Frage kein Wort mehr von sich geben, geschweige denn ihn fragen konnte, warum er ihm dies antue. Wohl hatte er etwas gehört von „rot machen" und „Jüngelchen", doch konnte er sich keinen Vers daraus zusammenreimen.

Schließlich, als Messer Filippo ihn krumm und lahm geschlagen hatte, rissen die zahlreichen Zuschauer, die beide umringten, mit größter Anstrengung Biondello zerschunden und zerfetzt aus den Händen des Kavaliers und sagten ihm endlich, warum Messer Filippo ihm so übel mitgespielt hatte. Gleichzeitig machten sie ihm Vorwürfe, daß er jenen Kerl mit einer Botschaft zu dem Kavalier geschickt habe, obwohl er doch allmählich wissen müsse, daß Messer Filippo kein Mann sei, der sich von ihm verhöhnen lasse. Biondello beteuerte weinend, daß er niemals um Wein zu Messer Filippo geschickt habe.

Später, als er sich wieder ein wenig in Ordnung gebracht hatte, kehrte Biondello betrübt und wehklagend nach Hause zurück und erkannte, daß dies Ciaccos Werk gewesen war. Viele Tage später, als die blauen Stellen wieder aus seinem Gesicht abgezogen waren und er wieder anfing auszugehen, lief ihm Ciacco über den Weg, der ihn lachend fragte: „Biondello, wie hat dir denn der Wein des Messer Filippo gemundet?" Biondello erwiderte: „Wollte Gott, daß dir die Lampreten des Messer Corso ebenso bekommen wären!" Darauf sagte Ciacco: „Nun steht alles bei dir. Wenn du mir nochmals so gut zu essen geben willst, wie du es tatest, werde ich dir bestimmt auch wieder einen so guten Trunk besorgen, wie du ihn erhalten hast." Biondello, der einsah, daß es leichter war, einen dummen Streich gegen Ciacco zu planen als ihn auszuführen, bat Gott um Schutz vor jenem und hütete sich fortan wohlweislich, Ciacco nochmals zu foppen.

NEUNTE GESCHICHTE

Zwei junge Männer bitten Salomo um Rat, der eine, wie er es fertigbringen solle, geliebt zu werden, der andre, wie er seine eigensinnige Frau bessern könne. Jener rät dem ersten, selber zu lieben, und dem zweiten, auf die Gänsebrücke zu gehen.

Sollte das Privileg Dioneos gewahrt werden, so war nun niemand anders mehr mit einer Geschichte übriggeblieben als die Königin. Diese begann, nachdem die Damen weidlich über den armen Biondello gelacht hatten, fröhlich zu erzählen:

Ihr lieben Mädchen, wenn man den Lauf der Welt mit gesundem Menschenverstand betrachtet, kann man mit

Leichtigkeit erkennen, daß die Gesamtheit der Frauen durch Natur, Sitte und Gesetz den Männern untertan ist und sich von ihrem Ermessen leiten und regieren lassen muß. Jede Frau, die in Ruhe, Heiterkeit und Zufriedenheit mit dem Manne, dem sie angehört, leben will, sollte daher demütig, geduldig und folgsam sein und überdies von größter Sittsamkeit, da diese der höchste und teuerste Schatz einer jeden ist. Wenn uns hierzu nicht die Gesetze führen, die in jeder Hinsicht das allgemeine Wohl zu wahren suchen, oder Gewohnheit und Sitte, wie wir es nennen wollen, deren Macht groß und ehrwürdig ist, so lehrt uns die Natur dies in aller Deutlichkeit, da sie uns zarte, hinfällige Körper und eine weiche, furchtsame Seele bescherte, dazu ein sanftes, mitleidiges Gemüt, geringe Körperkraft, eine schmiegsame Stimme und anmutige Bewegungen unsrer Glieder. Alles das sind Dinge, die hinlänglich dafür zeugen, daß wir fremder Lenkung bedürfen. Wer aber Hilfe und Schutz nötig hat, dem sage die Vernunft, daß er seinem Beschützer auch gehorsam, untertan und ergeben sei. Wen aber hätten wir als Lenker und Beschützer, wenn nicht die Männer? Deshalb sollen wir sie ehren und uns ihnen unterwerfen, und die Frau, die sich diesem nicht fügt, sollte meines Erachtens nicht nur ernster Vorwurf, sondern strenge Züchtigung treffen.

Zu dieser Betrachtung, die ich freilich auch schon bei anderen Gelegenheiten angestellt habe, brachte mich vor kurzem nochmals die Geschichte, die Pampinea von der widerspenstigen Frau des Talano erzählte, welcher der Himmel die Strafe schickte, die ihr Mann ihr nicht zu verabfolgen wußte. Darum verdienen, wie ich schon sagte, meiner Meinung nach alle Frauen eine harte, strenge Züchtigung, wenn sie sich weigern, so freundlich und nachgiebig zu sein, wie Natur, Sitte und Gesetz es verlangen.

Aus diesem Grunde will ich euch erzählen, welchen Rat Salomo einst als gute Medizin erteilte, um Frauen, die an jener Krankheit leiden, zu heilen. Doch möge keine Frau, die solches Heilmittel nicht nötig hat, denken, daß dies auch für sie Geltung habe, wenn auch die Männer mit Vorliebe das Sprichwort gebrauchen: „Gute wie schlechte Gäule brauchen die Sporen und gute wie schlechte Weiber den Stock." Wollte jemand diese Worte nur scherzhaft auslegen, würde er leicht die Zustimmung aller Frauen finden; ich aber behaupte außerdem, daß man sie, auch wenn man sie vom sittlichen Standpunkt aus betrachtet, unterschreiben muß. Denn alle Frauen sind von Natur aus schwankend und leicht zu verführen. Darum ist der Stock, der sie züchtigt, nötig, um die Bosheit jener zu bestrafen, die sich zu weit über die ihnen gesteckten Grenzen hinauswagen. Doch auch um die Tugend aller übrigen, die sich nichts zuschulden kommen lassen, aufrechtzuerhalten, ist der Stock nötig, der sie warnt und abschreckt. Jedoch will ich das Predigen beenden und mich der Geschichte zuwenden, die zu erzählen ich vorhabe. So sage ich denn:

Als der Ruhm der erhabenen Weisheit Salomos schon fast die ganze Welt durchlief und man von seiner großzügigen Bezeigung dieser Weisheit gegen alle jene hörte, die persönlich Gewißheit darüber verlangten, strömten aus allen Teilen der Erde die Menschen zu ihm, um in dringenden und schwierigen Angelegenheiten seinen Rat einzuholen.

Unter den vielen, die aus diesem Grunde zu ihm eilten, befand sich auch ein sehr reicher junger Edelmann namens Melissus, der aus der Stadt Lajazzo kam, wo er geboren und ansässig war. Als er eben Antiochia verlassen hatte und auf Jerusalem zuritt, geschah es, daß er eine Zeitlang neben einem andern Mann dahinritt, der Joseph hieß und dasselbe Reiseziel hatte wie er. Bald kam er nach Brauch der Reisenden mit jenem ins Gespräch, und nachdem er bereits Stand und Heimatort Josephs erfahren hatte, fragte er ihn auch, wohin er reise und aus welchem Grunde er unterwegs sei. Joseph erzählte ihm darauf, daß er zu Salomo wolle, um von ihm einen Rat einzuholen, wie er seine Frau behandeln solle, die eigensinniger und boshafter sei als jede andre und sich von ihm weder mit Bitten noch mit Schmeicheleien oder auf sonst irgendeine Weise von ihrer Widerspenstigkeit abbringen lasse. Darauf fragte er auch Melissus, woher er komme, wohin er gehe und welche Veranlassung seine Reise habe. Melissus erwiderte: „Ich bin aus Lajazzo und habe ebenso wie du einen Kummer, wenn auch von andrer Art. Ich bin wohlhabend und gebe meinen Reichtum dafür aus, offene Tafel zu halten und meine Mitbürger zu ehren. Jedoch ist es sonderbar und ganz eigenartig zu denken, daß ich trotz alledem keinen Menschen finden kann, der mir wohlgesonnen wäre. So gehe auch ich dorthin, wohin du gehst, um mir einen Rat zu holen, was ich anfangen soll, um geliebt zu werden."

Hierauf setzten beide ihren Weg zusammen fort. In Jerusalem angekommen, wurden sie von einem der Großen des Hofes bei Salomo eingeführt und zu ihm gebracht. Melissus trug ihm kurz sein Anliegen vor, und Salomo gab ihm zur Antwort: „Liebe." Dann wurde er wieder hinausgeführt, und Joseph gab den Grund seines Kommens an, worauf Salomo nichts weiter sagte als: „Geh zur Gänsebrücke." Nach diesen Worten wurde auch Joseph unverzüglich aus der Umgebung des Königs entfernt und traf wieder mit Melissus zusammen, der auf ihn gewartet hatte. Er teilte ihm mit, welche Antwort er bekommen hatte, und beide dachten nun darüber nach. Da sie aber weder den Sinn derselben verstanden noch einen Nutzen für ihre Nöte darin sahen, fühlten sie sich gewissermaßen verspottet und machten sich gemeinsam auf den Heimweg.

Nachdem sie bereits einige Tage geritten waren, gelangten sie an einen Fluß, über den eine schöne Brücke führte. Da gerade eine große Karawane von beladenen Mauleseln und Pferden über diese Brücke zog, mußten sie warten, bis die Tiere vorüber waren. Als fast die ganze Karawane schon hinübergezogen war, erblickten sie einen Maulesel, der scheute, wie man es zuweilen bei solchen Tieren sehen kann, und auf keine Weise vorwärts gehen wollte. Der Treiber griff daher zu einem Stecken und begann, anfangs mäßig, es zu schlagen, damit es vorwärts gehe. Jedoch der Maulesel sprang bald auf diese, bald auf jene Seite der Straße und auch nach rückwärts, war jedoch durch nichts zum Vorwärtsgehen zu bewegen. Wütend begann jetzt der Treiber mit dem Stecken unbarmherzig auf das Tier loszuschlagen und traf es bald auf den Kopf, bald in die Flanken und bald auf die Kruppe. Jedoch es half alles nichts.

Melissus und Joseph, die dieses Schauspiel mit ansehen mußten, riefen dem Treiber mehrmals zu: „He, du Lump, was soll das? Willst du den Maulesel umbringen? Warum versuchst du nicht, ihn freundlich und langsam über die Brücke zu führen? Er wird dann viel eher hinübergehen, als wenn du so auf ihn einschlägst!" Der Mauleseltreiber aber erwiderte: „Ihr kennt vielleicht eure Pferde, ich aber kenne meinen Esel. Laßt mich in Frieden." Nach diesen Worten begann er aufs neue, das Tier zu schlagen, und verabfolgte ihm bald von der einen, bald von der andren Seite so viel Hiebe, daß der Maulesel schließlich wirklich über die Brücke ging und der Treiber den Kampf gewann.

Bevor die beiden jungen Männer weiterritten, fragte Joseph einen Biedermann, der am Anfang der Brücke saß, wie diese heiße. Der gute Mann antwortete: „Messer, dies ist die Gänsebrücke." Als Joseph diesen Namen hörte, erinnerte er sich an die Worte Salomos und sagte zu Melissus: „Jetzt kann ich dir sagen, Freund, daß der Rat, den Salomo mir gab, ein guter und echter gewesen sein kann. Denn ich sehe jetzt vollkommen ein, daß ich nur nicht verstand, meine Frau rechtzeitig zu verprügeln. Dieser Eseltreiber hat mich gelehrt, was ich zu tun habe."

Als sie nun einige Tage später in Antiochia angekommen waren, behielt Joseph den Melissus noch eine Zeitlang bei sich, damit er sich ausruhe. Er sagte daher zu seiner Frau, die ihn ohne besondere Freude empfangen hatte, sie möchte das Abendessen so herrichten, wie Melissus es ihr angäbe. Als dieser sah, daß Joseph es so wünschte, tat er es mit wenigen Worten. Die Frau aber kümmerte sich nicht um Melissus' Angaben, sondern bereitete, wie sie es gewohnt war, fast das Gegenteil vor. Als Joseph dies bemerkte, rief er zornig: „Hat Melissus dir nicht gesagt, auf welche Weise du heute das Abendessen zubereiten solltest?" Die Frau wandte sich hochfahrend um und sagte: „Was soll das heißen? Warum ißt du nicht, wenn du zu Abend essen willst? Wenn es mir auch anders befohlen wurde, hielt ich es doch für richtig, es so zu machen. Wenn es dir paßt, gut; wenn nicht, laß es stehen!" Verwundert hörte Melissus diese Antwort der Frau und tadelte sie sehr deswegen. Joseph aber sagte, als er dies hörte: „Weib, du bist noch immer dieselbe, die du warst, aber glaube mir, ich werde jetzt einen Weg finden, dich umzuwandeln." Dann fuhr er zu Melissus gewandt fort: „Freund, bald werden wir sehen, was für einen Rat Salomo mir gab. Ich bitte dich, laß es dir nicht leid werden, zuzuschauen, und sieh alles, was ich tue, für ein Spiel an. Und damit du mich nicht zurückhältst, erinnere dich an die Antwort des Eseltreibers, als sein Maulesel uns leid tat." Darauf erwiderte Melissus: „Ich befinde mich in deinem Hause und beabsichtige nicht, mich gegen deinen Willen aufzulehnen."

Joseph suchte sich nun einen schönen glatten Stock von einer jungen Eiche und ging in die Schlafkammer, wohin die Frau, die trotzig vom Tisch aufgestanden, sich mürrisch zurückgezogen hatte. Hier packte er sie bei den Flechten, warf sie vor seinen Füßen zu Boden und begann, sie mit dem Stock hart zu schlagen. Die Frau fing sogleich an zu schreien und dann zu drohen. Als sie aber sah, daß Joseph deshalb nicht nachließ, begann sie, schon gut durchgeprügelt, zu flehen, er möchte sie um Gottes Barmherzigkeit nicht totschlagen, und versprach außerdem, nie mehr seinem Gebote zuwiderzuhandeln. Joseph aber hörte darum nicht auf, sondern geriet im Gegenteil mit jedem Hieb mehr in Wut, schlug sie derb auf die Rippen, auf die Schenkel und oben auf die Schultern und fuhr so lange fort, ihr tüchtig das Fell zu gerben, bis er vor Müdigkeit dazu nicht mehr imstande war. Kurz, es blieb der Frau kein Knochen und kein Fleck am Leibe, den er ihr nicht windelweich geschlagen hätte.

Als er dieses Strafgericht vollzogen hatte, kehrte er zu Melissus zurück und sprach zu ihm: „Morgen werden wir erleben, welchen Erfolg der Rat ‚Geh zur Gänsebrücke!' haben wird." Nachdem er sich ein wenig ausgeruht und die Hände gewaschen hatte, aß er mit Melissus zur Nacht, worauf beide sich zu gegebener Stunde zur Ruhe legten.

Die unglückliche Frau aber stand mit großer Mühe vom Boden auf und warf sich auf ihr Bett, wo sie, so gut es ging, die Nacht verbrachte. Am folgenden Morgen erhob sie sich schon in aller Herrgottsfrühe und ließ Joseph fragen, was er zum Mittagessen zu speisen wünsche. Er teilte es ihr mit und lachte dann noch lange mit Melissus über ihre Bereitwilligkeit. Als beide zur gegebenen Stunde zurückkehrten, fanden sie alles auf die vorzüglichste Weise und genau nach ihren Wünschen vorbereitet und lobten nun aufs höchste den Rat Salomos, den sie anfangs so schlecht verstanden hatten.

Einige Tage danach verließ Melissus Joseph und kehrte nach Hause zurück. Dort erzählte er einem weisen Manne, welchen Rat Salomo ihm gegeben hatte. Dieser sagte zu ihm: „Einen richtigeren und besseren Rat hätte er dir nicht geben können. Du weißt wohl, daß du niemanden liebst. Die Ehren und Aufmerksamkeiten, die du andern antust, erweist du ihnen nicht aus Liebe, sondern nur aus Eitelkeit. Liebe, wie Salomo dir riet, und du wirst ebenfalls geliebt werden." – Auf diese Weise also wurde eine widerspenstige Frau gebessert und Melissus geliebt, nachdem er selber liebte.

ZEHNTE GESCHICHTE

Don Gianni beschwört auf die Bitten des Gevatters Pietro dessen Frau, um sie in eine Stute zu verwandeln. Als er dabei ist, ihr den Schwanz anzuheften, vernichtet der Gevatter Pietro den ganzen Zauber dadurch, daß er sagt, er wünsche keinen Schwanz.

Diese Geschichte der Königin gab den Damen Veranlassung, ein wenig zu lästern, brachte jedoch die jungen Männer zum Lachen. Als alle sich wieder beruhigt hatten, begann Dioneo folgendermaßen:

Ihr reizenden Damen, ein schwarzer Rabe wird die Schönheit einer Schar weißer Tauben mehr hervorheben, als ein lichter Schwan es vermöchte; ebenso wird unter vielen klugen Leuten ein weniger Gescheiter nicht nur den Glanz und die Erhabenheit ihrer Weisheit erhöhen, sondern sogar noch Vergnügen und Kurzweil verbreiten. Da nun ihr alle so klug und verständig seid, möchte denn ich, ein rechter Tor, eure Tugend durch meine Unzulänglichkeit desto heller erstrahlen lassen und denke, daß es euch lieber sein wird, als wollte ich mit allzu großer Kunst die eure in den Schatten stellen. Um mich nun zu zeigen, wie ich wirklich bin, bedarf ich eines weiteren Spielfeldes, und ihr müßt, was ich euch erzählen will, mit mehr Nachsicht ertragen, als es vonnöten wäre, nennte ich mehr Weisheit mein eigen. Ich werde euch ein nicht sehr langes Geschichtchen erzählen, aus dem ihr ersehen sollt, wie sorgsam man alle Vorschriften jener Leute befolgen muß, die durch die Kraft der Zauberei etwas zuwege bringen wollen, und wie schon der kleinste Fehler, den man begeht, das ganze Werk des Zauberers zunichte machen kann.

In Barletta lebte einst der Priester Don Gianni di Barolo. Da seine Pfarre sehr arm war, begann er mit einem Pferde mal hier, mal dort Waren auf die Jahrmärkte Apuliens zu bringen, um durch An- und Verkauf seine Lage zu verbessern. Bei diesen Geschäften schloß er enge Freundschaft mit einem gewissen Pietro aus Tresanti, der dem gleichen Gewerbe mit einem Esel nachging. Nach apulischer Sitte nannte er jenen als Beweis seiner Zuneigung und Freundschaft bald nicht anders als Gevatter Pietro. Sooft Pietro nach Barletta kam, führte er ihn in seine Kirche, behielt ihn über Nacht bei sich und bewirtete ihn, so gut er nur konnte. Doch auch der Gevatter Pietro, ein armer Schlukker, der nur ein winziges Häuschen in Tresanti sein eigen nannte, welches kaum für ihn, seine schöne junge Frau und seinen Esel ausreichte, lud Don Gianni, jedesmal wenn er sich in Tresanti aufhielt, zu sich in sein Häuschen ein, wo er ihn in Anbetracht der ihm selbst widerfahrenen Ehren ebenfalls nach besten Kräften bewirtete. Freilich konnte er ihm hinsichtlich der Übernachtung nicht so dienen, wie er es gewünscht hätte, da er selber nur ein armseliges Bett besaß, in dem er mit seiner hübschen Frau schlief. Doch einigten sie sich so, daß Don Gianni sich in dem Ställchen, in dem auch sein Pferd neben dem Esel Pietros stand, auf einem Strohlager ausstrecken konnte.

Die Frau, die wohl wußte, wieviel Ehre der Priester ihrem Manne stets in Barletta antat, war schon des öfteren drauf und dran gewesen, bei ihrer Nachbarin Carapresa, der Braut des Richters Leo, zu übernachten, damit der Priester zusammen mit ihrem Mann im Bette schlafen könne. Doch hatte Don Gianni, sooft sie diesen Vorschlag machte, niemals seine Zustimmung dazu gegeben und unter anderm auch einmal zu ihr gesagt: „Gevatterin Gemmata, mache dir meinetwegen keine Sorge. Ich fühle mich sehr wohl dort im Stall, denn wenn es mir Spaß macht, verwandle ich meine Stute in ein hübsches Mädchen und treibe so lange meinen Spaß mit ihr, bis ich sie wieder in eine Stute zurückverwandle. Darum möchte ich mich nicht von ihr trennen."

Die junge Einfalt war über seine Rede sehr verwundert, glaubte ihm alles wortwörtlich und erzählte es ihrem Manne wieder, wobei sie noch hinzufügte: „Wenn er ein so guter Freund von dir ist, wie du immer sagst, warum läßt du dir dann nicht dieses Zauberkunststück beibringen? Dann könntest du mich in eine Stute verwandeln und könntest deine Geschäfte fortan mit Esel und Stute erledigen, so daß wir auf diese Weise das Doppelte verdienten. Und wenn wir dann wieder zu Hause wären, würdest du mich wieder in eine Frau zurückverwandeln!"

Gevatter Pietro, der recht einfältig war, glaubte alles und hielt ihren Rat für sehr gut. Er begann deshalb, Don Gianni ununterbrochen zuzusetzen, ihm doch dieses Zauberstück beizubringen. Don Gianni versuchte nach Kräften, ihm diesen törichten Gedanken auszutreiben. Da es ihm jedoch nicht gelang, sagte er schließlich: „Nun wohl, wenn ihr darauf besteht, werden wir morgen früh wie üblich vor Tag aufstehen, und ich werde euch dann zeigen, wie ich es mache. Das schwierigste bei der ganzen Sache ist fürwahr, den Schwanz anzuheften. Du wirst es schon selber sehen."

Gevatter Pietro und Gevatterin Gemmata, die mit großer Ungeduld dies Ereignis erwarteten, taten in der Nacht kaum noch ein Auge zu, standen bereits im ersten Morgengrauen auf und weckten Don Gianni. Dieser erschien, nachdem er sich erhoben hatte, im Hemd in der kleinen Kammer des Gevatters Pietro und sprach: „Ich kenne auf der ganzen Welt niemand außer euch, für den ich dies tun würde. Da ihr es aber gar so gerne möchtet, soll es denn sein. Wollt ihr indes, daß es gelingt, müßt ihr auf jeden Fall alles genau befolgen, was ich euch sagen werde." Beide versicherten, daß sie alles tun wollten, was er verlange. So ergriff denn Don Gianni eine Kerze, drückte sie dem Gevatter Pietro in die Hand und sagte zu ihm: „Gib genau acht, was ich tue, und merke dir genau, was ich sagen werde. Wenn du aber nicht alles gleich wieder verderben willst, hüte dich, auch nur ein Sterbenswörtchen zu sagen, was du auch immer hören oder sehen magst. Und bitte Gott, daß es uns gelingt, den Schwanz gut anzuheften." Gevatter Pietro ergriff das Licht und versprach, alles genau zu befolgen. Darauf gebot Don Gianni der Gevatterin Gemmata, sich so nackt auszuziehen, wie sie auf die Welt gekommen sei, und stellte sie auf Händen und Füßen so auf die Erde, wie die Stuten stehen. Dabei befahl er ihr, ebenfalls kein Wort zu sprechen, was auch geschehen möge. Nun begann er ihr mit den Händen über das Gesicht und den Kopf zu streichen und murmelte dabei: „Dies werde ein schöner Stutenkopf." Dann, ihr Haar berührend: „Dies werde eine schöne Stutenmähne!" Ihre Arme fassend: „Dieses werden schöne Beine und Füße einer Stute!" Als er aber ihre Brüste berührte, die herrlich fest und rund waren, erwachte und erhob sich einer, der nicht gerufen war, während Don Gianni flüsterte: „Dies werde ein schöner Stutenleib!" Ebenso verfuhr er mit Rükken, Bauch und Kreuz, mit Schenkeln und Beinen. Schließlich, als nichts andres mehr geblieben war als der Schwanz, hob er blitzschnell sein Hemd, ergriff den Pflanzstock, mit dem er Menschen zu pflanzen pflegte, und sprach, indem er diesen schnell in die dafür gemachte Furche steckte: „Und dies werde ein schöner Stutenschwanz!"

Gevatter Pietro, der bis dahin alles mit größter Aufmerksamkeit verfolgt hatte, rief, als er dieses letzte sah, das ihm durchaus nicht gefiel: „He! Don Gianni, ich will keinen Schwanz! Ich will keinen Schwanz!" Jedoch war der Wurzelsaft, nach dem alle Pflanzen gedeihen, bereits verströmt, als Don Gianni den Pflanzstock zurückzog und ausrief: „Wehe, Gevatter Pietro, was hast du getan! Habe ich dir nicht gesagt, daß du keinen Laut von dir geben dürftest, was immer du auch sehen möchtest? Die Stute war fast fertig. Du aber hast durch dein Dazwischenreden alles zerstört, denn jetzt gibt es keine Möglichkeit mehr, es je noch einmal zu machen." Gevatter Pietro sagte: „Auch gut; ich wollte eben keinen solchen Schwanz haben. Warum sagtet Ihr nicht zu mir: ‚Mach du ihn!' Außerdem habt Ihr ihn viel zu tief angesetzt!" Don Gianni erwiderte: „Weil du ihn das erstemal nicht so gut anzusetzen gewußt hättest wie ich."

Als die junge Frau diese Worte hörte, stand sie auf und sagte in aller Unschuld zu ihrem Mann: „Ach, du Schafskopf! Warum hast du deinen und meinen Vorteil auf diese Art zerschlagen? Hast du je eine Stute ohne Schwanz gesehen? Gott steh mir bei, du bist wahrlich arm, aber du verdientest, noch viel, viel ärmer zu sein!" Da es jedoch infolge des Dazwischenredens des Gevatters Pietro keine Möglichkeit mehr gab, aus der jungen Frau eine Stute zu machen, zog diese sich betrübt und niedergeschlagen wieder an, und Gevatter Pietro mußte auch weiterhin, wie bisher, allein mit dem Esel seinem alten Gewerbe nachgehen. Zusammen mit Don Gianni zog er auf den Jahrmarkt von Bitonto, doch bat er ihn nie wieder um jenen Dienst.

Wieviel über diese Geschichte gelacht wurde, welche die Damen besser verstanden, als Dioneo wünschte, wird sich jeder ausmalen können, der noch darüber lachen wird. Da sie jedoch beendet war und die Sonne bereits an Kraft verlor, erhob sich die Königin, die das Ende ihrer Herrschaft nahe wußte, nahm die Krone ab und drückte sie Panfilo aufs Haupt, der allein noch mit dieser Würde zu ehren war. Lächelnd sagte sie dabei: „Mein Gebieter, eine schwere Aufgabe ist für dich übriggeblieben. Als letzter hast du meine Fehler und die Fehler aller derer, die vor dir diese Ehre genossen, wiedergutzumachen. Gott schenke dir dazu seinen Beistand, wie er mir die Gnade erwies, dich zum König zu krönen!"

Panfilo nahm die Auszeichnung frohen Herzens entgegen und sagte: „Eure Güte und die meiner übrigen Untertanen werden es bewerkstelligen, daß auch ich, ebenso wie meine Vorgänger, Lob ernten werde." Darauf traf er, getreu den Gepflogenheiten seiner Gefährten, mit dem Seneschall die notwendigen Anordnungen und wandte sich dann den wartenden Damen zu. „Meine verliebten Damen, die Weisheit Emilias, unsrer heutigen Königin, gewährte uns, um unsren Kräften ein wenig Erholung zu gönnen, die Freiheit, nach Willkür zu erzählen, was uns gefiel. Da ihr nun alle wohlausgeruht sein dürftet, halte ich es für das beste, zu den gewohnten Gesetzen zurückzukehren, und wünsche, daß bis morgen ein jeder bei sich überdenke, was er zu erzählen weiß von Menschen, die edel oder wahrhaft großzügig in Liebesangelegenheiten oder andren Dingen verfuhren. Von solchen Taten zu sprechen oder zu hören wird unfehlbar eure geneigten Seelen zu hochherzigen Taten entflammen, damit unser Leben, das in sterblicher Hülle nicht anders als kurz sein kann, fortdauere in ehrenvollem Gedenken. Denn das muß ein jeder, der nicht wie ein Tier nur seinem Bauche lebt, nicht nur wünschen, sondern mit ganzer Kraft durch seine Taten erstreben."

Das Thema gefiel dem frohen Kreise. Mit Erlaubnis des

neuen Königs erhoben sich darauf alle und gingen ihren gewohnten Zerstreuungen nach, mit denen sie die Zeit bis zur Essensstunde verbrachten. Nach dem Mahle, zu dem alle festlich gestimmt erschienen und wie gewohnt aufs sorgfältigste bedient wurden, standen sie zum üblichen Reigen auf. Nach vielen Liedchen, die mehr ihren Worten als ihrer Melodie nach ergötzlich waren, befahl der König Neifile, sie möge nun ihm zu Ehren ein Lied vortragen, worauf diese sogleich mit klarer, melodischer Stimme anmutig zu singen begann:

„Jung bin ich, und in diesen Frühlingsstunden
Ergötz ich singend mich und mit Behagen,
Weil ich die Lieb in tiefer Brust empfunden.

Schreit ich durch diese Frühlingspracht der Auen,
Der tausend Blüten bunten Farbenglanz,
Der Lilie Schnee, die Ros' im Dornenkranz,
So glaub ich, überall nur ihn zu schauen,
Den ich erkor in liebendem Vertrauen.
Sein eigen, weiß ich nichts und will nichts fragen,
Als was den einen freut, dem ich verbunden.

Tut dann, vor andern, wohl der Blumen eine
Willkomm'ne Ähnlichkeit mit ihm mir kund,
So drück ich liebend sie an Herz und Mund
Und sag ihr, was in dem geheimsten Schreine
Des Herzens ich empfinde, denke, meine.
Im Strauß mit andern will ich dann sie tragen,
Von meinem blonden, weichen Haar umwunden.

Und wie dem Auge Blumen Lust gewähren,
Gibt mir dies Ebenbild kaum mindres Glück,
Als stünd er selbst vor meinem trunknen Blick,
Für den der Liebe Flammen mich verzehren.
Doch wie die Düfte dieses Glück noch mehren,
Das könnt ich nimmermehr in Worten sagen;
Nur meine Seufzer sollen wahrhaft es bekunden.

Die Seufzer, welche meiner Brust enteilen,
Sind nicht, wie die der andern, bang und schwer,

Sie schweben froh und liebeswarm einher
Und schweben zu dem Liebsten ohne Weilen.
Vernimmt der sie, muß er die Sehnsucht teilen,
Eilt her zu mir, und all mein banges Klagen
Hat schnell ein End in seinem Arm gefunden!"

Dieses Lied Neifiles wurde von dem König und den Damen sehr gelobt. Da indes die Nacht schon weit vorgeschritten war, gebot der König, daß ein jeder sich bis zum nächsten Tage zur Ruhe niederlege.

Hier endet der neunte Tag des Dekameron.

Es beginnt der zehnte und letzte Tag des Dekameron, an dem unter der Herrschaft Panfilos von Menschen erzählt wird, die edel oder wahrhaft großmütig in Liebesangelegenheiten oder anderen Dingen verfuhren.

Noch standen im Westen vereinzelte Wölkchen in rötlichem Schimmer, und jene im Osten begannen, von der sich nähernden Sonne geküßt, an ihren äußersten Rändern wie Gold zu leuchten, als Panfilo, der bereits aufgestanden war, die Damen und Gefährten wecken ließ. Nachdem alle versammelt waren und er mit ihnen besprochen hatte, wohin sie heute zu ihrem Vergnügen wandern wollten, schritt Panfilo, von Filomena und Fiammetta begleitet, gemächlichen Schrittes voraus, und die übrigen schlossen sich ihnen an. Sie unterhielten sich lange über ihr zukünftiges Leben und gingen unter Fragen und Antworten eine geraume Zeit spazieren. Da indes die Sonne heiß zu brennen begann, kehrten sie nach weitem Rundgang wieder zum Palaste zurück. Rings um den klaren Quell trank, nachdem man die Becher hatte ausschwenken lassen, jeder ein wenig, der Lust hatte, worauf sich alle bis zur Stunde des Mittagessens in der schattigen Kühle des Gartens erquickten. Nach dem Mahle und der Mittagsruhe versammelten sie sich, wie es üblich war, dort, wo es dem König gefiel, und dieser gebot Neifile, mit der ersten Erzählung zu beginnen. Fröhlich hub sie an.

ERSTE GESCHICHTE

Ein Ritter steht im Dienste des Königs von Spanien. Er glaubt, dafür schlecht belohnt zu sein, doch überzeugt ihn der König durch einen sicheren Beweis, daß hieran nicht er, sondern das Mißgeschick des Ritters die Schuld trägt, und beschenkt ihn sodann reich.

Ihr ehrenwerten Damen, ich muß es mir als eine hohe Auszeichnung anrechnen, daß unser König für eine so schöne Aufgabe, wie es eine Erzählung über wahre Großzügigkeit ist, mich zuerst herangezogen hat. Wie die Sonne Schönheit und Schmuck des Himmels ist, so ist die Großherzigkeit Glanz und Stern aller Tugenden. Ich will euch davon ein Geschichtchen erzählen, das meiner Meinung nach recht artig ist. Es wieder in Erinnerung zu bringen kann sicherlich nicht anders als von Nutzen sein.

Ihr müßt also wissen, daß unter vielen edlen Rittern, die einst in unsrer Vaterstadt lebten, Messer Ruggeri de' Figiovanni einer der wackersten, ja vielleicht der allervortrefflichste war. Dieser, ein reicher, hochherziger Mann, bemerkte bald, daß er bei der in der Toscana herrschenden Lebensart und Sitte wenig oder gar keine Gelegenheit finden würde, seinen Mut zu beweisen. Er beschloß daher, für eine Zeit zu König Alfons von Spanien zu gehen, dessen Ruhm in jenen Jahren den jedes andren Ritters verdunkelte. Mit Waffen, Pferden und Gefolge wohlausgerüstet, machte Messer Ruggeri sich auf den Weg nach Spanien und wurde von dem König gar huldvoll aufgenommen. Der Ritter blieb daher bei ihm und ließ durch sein glänzendes Auftreten und seine kühnen Waffentaten bald erkennen, daß er ein Held von hohem Werte war. Nachdem er bereits eine geraume Zeit am Hofe verbracht und die Lebensart des Königs mit Aufmerksamkeit verfolgt hatte, bemerkte er, daß jener ohne viel Überlegung bald diesen, bald jenen mit

Burgen, Schlössern und Grafschaften beschenkte und oftmals Leute bedachte, die dessen unwürdig waren. Da nun er selbst, der sich durchaus für das hielt, was er war, keinerlei Ehrengeschenke erhielt, kam er zu der Ansicht, daß sein Ruhm darunter leiden könne. Er entschloß sich daher abzureisen und bat den König um seinen Abschied. Dieser bewilligte sein Gesuch und schenkte ihm eins der besten und schönsten Maultiere, das je geritten wurde und das für den langen Weg, den Messer Ruggeri vor sich hatte, diesem recht willkommen war. Danach beauftragte der König einen verständigen Gefolgsmann, er möchte auf die bestmögliche Weise versuchen, den ersten Tag mit Messer Ruggeri zusammen fortzureiten, doch auf eine Art, die nicht verrate, daß er vom König geschickt sei. Er solle ferner auf jedes Wort des Messer sorgsam achtgeben, damit er jedes dem König wiederholen könne, und außerdem am folgenden Tage dem Ritter ausrichten, er solle zum König zurückkehren.

Der Gefolgsmann gab gut acht, und als Messer Ruggeri die Stadt verließ, gesellte er sich auf unauffällige Weise zu ihm und gab ihm zu verstehen, daß er ebenfalls nach Italien zu reisen beabsichtige. Messer Ruggeri ritt das Maultier, das ihm der König geschenkt hatte, und als unter Gesprächen über dies und das die Terza herangekommen war, sagte er: „Ich glaube, es wäre gut, die Tiere nun in den Stall zu bringen." Sobald sie eine Stallung erreicht hatten, stallten alle Tiere mit Ausnahme des Maultiers. So ritten sie denn weiter und kamen, während der Gefolgsmann des Königs noch immer aufmerksam den Worten des Ritters lauschte, an einen Fluß, wo sie ihre Tiere trinken ließen. Hier nun entleerte sich das Maultier Ruggeris mitten im Wasser. „He, der Henker soll dich holen, du Vieh!" rief Ruggeri. „Du bist genau wie der Herr, von dem ich dich erhielt." Der königliche Diener merkte sich diese Worte, doch wie viele er sich auch im Laufe des Tages auf dem Ritt noch einprägte, vernahm er weiterhin nur solche, die den König auf das höchste priesen. Als sie am folgenden Tage aufsaßen, um nach der Toscana zu reiten, richtete der Gefolgsmann dem Ritter die Botschaft des Königs aus, worauf Messer Ruggeri unverzüglich den Rückweg antrat.

Nachdem der König Ruggeris Worte über das Maultier

bereits erfahren hatte, ließ er den Ritter zu sich rufen, empfing ihn mit heiterer Miene und fragte ihn, warum er ihn mit dem Maultier verglichen habe oder, richtiger gesagt, jenes mit ihm. Messer Ruggeri erwiderte mit offenem Blick: „Mein Gebieter, ich habe Euch deshalb mit dem Tier verglichen, weil Ihr Geschenke verteilt, wo diese nicht am Platze sind, und andererseits dort, wo es sich ziemen würde, keine Geschenke macht. Ebenso wie das Maultier dort, wo es sollte, nicht stallte, wohl aber dort, wo es nicht am Platze war." Darauf sagte der König: „Messer Ruggeri, daß ich Euch nicht beschenkt habe wie viele andre, die im Vergleich mit Euch ohne Verdienste sind, ist nicht geschehen, weil ich Euch etwa nicht als einen Ritter von hohem Werte erkannt hätte, der eines großen Geschenkes würdig wäre. Nur ein mißlicher Zufall hat es verhindert. Dieser trägt die Schuld daran, nicht ich. Und daß ich die Wahrheit spreche, werde ich Euch sogleich klar beweisen." Messer Ruggeri erwiderte: „Mein Gebieter, ich bin nicht erzürnt, weil ich kein Geschenk von Euch erhielt, denn ich begehrte nichts, um mich zu bereichern. Jedoch kränkte es mich, von Euch keinerlei Anerkennung für meine Tapferkeit zu erhalten. Nichtsdestoweniger halte ich Eure Entschuldigung für gut und ehrenhaft und bin begierig zu sehen, was Euch beliebt, obwohl ich Euch auch ohne Beweis glaube."

Der König führte ihn nun in einen seiner großen Säle, wo, auf seine vorher gegebene Anweisung hin, zwei verschlossene, eisenbeschlagene Truhen aufgestellt waren. In Gegenwart vieler Höflinge sagte der König: „Messer Ruggeri, in einer dieser Truhen befinden sich meine Krone, das königliche Zepter, der Reichsapfel und eine Menge meiner schönsten Gürtel, Schließen, Ringe sowie alle übrigen Kostbarkeiten, die ich besitze. Die andre Truhe ist mit Erde gefüllt. Erwählt Euch eine der beiden, und die auserkorene soll Euch gehören. So werdet Ihr erkennen, wer sich gegen Eure Tugend undankbar erwies: ich oder Euer Schicksal."

Messer Ruggeri sah, daß es des Königs Wunsch war. Er wählte daher eine der Truhen aus, und der König befahl, daß sie geöffnet werde. Dabei stellte sich heraus, daß Ruggeri die mit Erde gefüllte Truhe gewählt hatte. Der König sagte nun lachend: „Ei, jetzt könnt Ihr vortrefflich erkennen, Messer Ruggeri, daß meine Worte über Euer Mißgeschick der Wahrheit entsprachen. Doch Eure Taten verdienen fürwahr, daß ich mich gegen sein Walten auflehne. Ich weiß, daß Ihr nicht den Wunsch habt, Spanier zu werden, und will Euch darum hierzulande weder Schloß noch Stadt schenken, wohl aber jene Truhe, die das Schicksal Euch mißgönnte. Ihm zum Trotze soll sie Euch gehören. Damit Ihr sie mit in Euer Land nehmen und Euch Eurer Tapferkeit mit diesen Beweisen meiner Gnade verdientermaßen vor Euren Landsleuten rühmen könnt." – Messer Ruggeri nahm die Truhe entgegen und kehrte mit ihr, nachdem er dem König für das reiche Geschenk den gebührenden Dank ausgesprochen hatte, fröhlich in die Toscana zurück.

ZWEITE GESCHICHTE

Ghino di Tacco nimmt den Abt von Cluny gefangen, heilt ihn von einem Magenleiden und läßt ihn dann wieder frei. Der Abt kehrt an den römischen Hof zurück, söhnt Ghino wieder mit dem Papst Bonifazius aus, der jenen zum Hospitaliter-Ritter macht.

Nachdem von allen die Großzügigkeit des Königs Alfons von Spanien gegen den Ritter aus Florenz gelobt worden war, gebot der König, dem die Geschichte außerordentlich gefallen hatte, Elissa, sie möge fortfahren. Diese begann unverzüglich:

Meine zarten Freundinnen, wenn ein König großzügig gewesen ist und seine Großmut zudem noch einem gegolten hat, der in seinen Diensten stand, kann dies nicht anders als lobenswert und edel genannt werden. Was aber werden wir sagen, wenn berichtet wird, daß ein Geistlicher bewundernswerte Großmut gegen einen Mann geübt hat, den er, ohne deswegen einen Tadel zu verdienen, gut und gerne als seinen Feind hätte bezeichnen können? Sicherlich nichts andres, als daß die Großmut des Königs Tugend, die des Geistlichen jedoch ein Wunder sei, weil alle Pfaffen knausriger sind als die Weiber und als geschworene Feinde jeglicher Großzügigkeit gelten. Wenn nun auch jeder Mensch natürlicherweise danach dürstet, erlittene Kränkungen zu rächen, so sieht man doch immer wieder, daß die Pfaffen – mögen sie noch so oft Geduld predigen und Vergebung der Beleidigung aufs höchste empfehlen – weit hitziger als andre Menschen ihrer Rache nachlaufen. Aus meiner folgenden Geschichte aber sollt ihr erkennen, daß einst auch ein Geistlicher Großmut bewies.

Ghino di Tacco, ein ob seiner Grausamkeit und seiner Raubüberfälle übel berüchtigter Mann, wiegelte, da er aus Siena vertrieben und ein Feind der Grafen di Santafiore geworden war, den Ort Radicofani gegen die römische Kirche auf, siedelte sich dort an und ließ jeden, der in die Umgebung kam, von seinen Reisigen ausplündern.

Zu Zeiten, als Bonifazius VIII. Papst in Rom war, kam einst auch der Abt von Cluny an den römischen Hof, den man für einen der reichsten Prälaten der Welt hielt. In Rom aber verdarb er sich so sehr den Magen, daß die Ärzte ihm rieten, die Bäder von Siena zu besuchen, die ihm ohne Zweifel Heilung bringen würden. Da der Papst ihn beurlaubte, machte der Abt sich, ohne auf den üblen Ruf des Ghino Rücksicht zu nehmen, mit glanzvollem Geleit, mit Lasttieren, Pferden und Dienerschaft auf den Weg nach Siena.

Ghino di Tacco aber legte, sowie er von der Ankunft des Abtes erfuhr, seine Schlingen aus und umzingelte ohne Verlust eines einzigen Troßjungen den Abt mit seiner gesamten Dienerschaft und all seinem Gepäck in einer Talenge. Darauf sandte er einen der Seinen, und zwar den gescheitesten, in sicherem Geleit zu dem Abt, dem er durch diesen Boten höflich ausrichten ließ, es möge ihm gefallen, bei ihm, Ghino, auf seinem Schlosse abzusteigen.

Als der Abt die Botschaft vernahm, erwiderte er voller Zorn, daß ihm gar nichts gefallen werde, da er mit Ghino nichts abzumachen habe, und daß er vielmehr weiterzureisen wünsche und den sehen möchte, der ihn daran hindern wolle. Hierauf erwiderte der Abgesandte demütig: „Messer, Ihr seid hier in eine Gegend gekommen, wo man, Gottes Allmacht ausgenommen, nichts mehr fürchtet und wo die Exkommunikationen und die Interdikte bereits alle exkommuniziert sind. Laßt es Euch darum zu Eurem eigenen Besten gefallen, Ghinos Wunsch zu erfüllen." Während er diese Worte sprach, war bereits der ganze Platz von Reisigen eingeschlossen worden, so daß der Abt, der sich mit den Seinen gefangen sah, zornentbrannt mit dem Abgesandten den Weg nach dem Schloß einschlug, wohin seine ganze Begleitung mit allem Gepäck ihm folgte. Nachdem er auf Ghinos Wunsch vom Pferde gestiegen war, wurde er allein in ein ziemlich dunkles, ungemütliches Kämmerchen des Palastes geführt, während alle übrigen ihrem Range nach recht erträglich im Schloß untergebracht wurden und Pferde und Gepäck, ohne angerührt zu werden, in sicheren Gewahrsam kamen. Als dies geschehen war, begab Ghino sich zu dem Abt und sagte zu ihm: „Messer, Ghino, dessen Gast Ihr seid, läßt Euch bitten, daß es Euch gefallen möge, ihm zu sagen, wohin Ihr reist und aus welchem Grunde." Der Abt, der ein verständiger Mann war, hatte bereits seinen Hochmut abgelegt und teilte ihm das Ziel und den Grund seiner Reise mit. Darauf verließ ihn Ghino und beschloß, jenen auch ohne Bäder von dem Übel zu kurieren. Er ließ in jenem Zimmerchen ein gewaltiges Feuer anheizen und gut bewachen, kehrte aber selber nicht vor dem nächsten Morgen dorthin zurück. Dann brachte er dem Abt in einem schneeweißen Tafeltuch zwei Scheiben Röstbrot und ein großes Glas Vernaccia da Corniglia aus des Abtes eigenen Weinvorräten und sagte zu ihm: „Messer, in jungen Jahren hat Ghino Medizin studiert. Er sagt, er habe gelernt, daß es für Euer Magenleiden keine bessere Medizin gäbe als eine, die er Euch bereiten wird. Diese Dinge, die ich Euch hier bringe, sind der Anfang jener Medizin. Darum nehmt sie und stärkt Euch."

Der Abt, der mehr Hunger verspürte als Lust zu debattieren, aß, wenngleich nicht eben in guter Laune, das Brot und trank den Wein, fragte danach in hochfahrendem Tone nach vielem und gab in manchen Dingen seinen Rat, begehrte aber vor allem, Ghino zu sehen. Ghino hörte genau zu, ließ einen Teil des Gesagten als eitel durchgehen, beantwortete anderes auf die höflichste Weise und versicherte dem Abt, daß Ghino, sobald er könne, ihn besuchen werde. Nach diesem Gespräch verließ er jenen und kehrte erst am nächsten Tage wieder zu ihm zurück, und zwar mit der gleichen Menge Röstbrot und Wein. Auf diese Weise ließ er einige Tage verstreichen, bis er bemerkte, daß der Abt die getrockneten Bohnen, die er absichtlich, jedoch unbemerkt, mitgebracht und liegengelassen, verspeist hatte. Er fragte ihn daher im Auftrage Ghinos, wie es seiner Ansicht nach jetzt mit seinem Magen stünde. Der Abt erwiderte: „Mir scheint, daß es mir prächtig gehen würde, wenn ich nur seinen Händen entkommen könnte. Außerdem habe ich kein andres Verlangen, als tüchtig zu essen; so vortrefflich hat seine Medizin mich geheilt."

Ghino, der inzwischen einen schönen Raum mit des Abtes eigenen Sachen von dessen Dienerschaft hatte einrichten lassen und ein reiches Gastmahl bestellt hatte, zu dem außer zahlreichen Bewohnern des Schlosses auch das ganze Gefolge des Abtes geladen war, begab sich am folgenden Morgen wieder zu dem Abt und sagte: „Messere, da Ihr nun wieder wohlauf seid, ist es Zeit, das Krankenzimmer zu verlassen", dabei ergriff er die Hand des Abtes und führte ihn in den wohlvorbereiteten Raum, wo er ihn mit den Seinen allein ließ, um indessen seine Anordnungen zu treffen, damit das Gastmahl auf das prächtigste verlaufe. Der Abt unterhielt sich inzwischen mit seinen Leuten und erzählte ihnen, wie es ihm ergangen war, worauf jene ihm versicherten, daß sie, ganz im Gegenteil, von Ghino vorzüglich bewirtet worden wären. Als dann die Stunde des Essens herangekommen war, wurden der Abt und alle übrigen gar aufmerksam mit köstlichen Speisen und den besten Weinen bewirtet, ohne daß sich jedoch Ghino dem Abt zu erkennen gegeben hätte.

Nachdem der Abt einige Tage auf angenehmere Weise verbracht hatte, erschien Ghino – der eben alle Sachen seines Gefangenen in einen Saal hatte bringen und auf einem Hof unterhalb dieses Saales alle seine Pferde bis herab zum elendsten Klepper hatte aufstellen lassen – bei dem Abt und fragte ihn, wie er sich befände und ob er sich stark genug fühle, auszureiten. Der Abt erwiderte, daß er sich durchaus kräftig fühle und von seinem Magenleiden geheilt sei, daß er sich aber, wenn er der Macht Ghinos entkommen könnte, noch weit besser fühlen würde. Ghino führte ihn darauf in den Saal, wo alle seine Sachen aufgestellt waren und seine ganze Dienerschaft sich versammelt hatte, bat ihn, ans Fenster zu treten, so daß er auch alle seine Pferde erblickte, und sagte dann zu ihm: „Messer, Ihr müßt wissen, daß nur die Tatsache, als Edelmann arm aus dem eigenen Hause vertrieben und von vielen mächtigen Feinden bedroht zu sein, Ghino di Tacco – den Ihr hier vor Euch seht – dahin geführt hat, daß er, um sein Leben und sein adeliges Blut zu verteidigen, zum Wegelagerer und Feind der römischen Kirche geworden ist; nicht aber hat ihn die Ruchlosigkeit seines Herzens dazu vermocht. Da Ihr mir ein ehrenwerter Herr zu sein scheint und es mir gelungen ist, Euch von Eurem Magenübel zu befreien, beabsichtige ich nicht, Euch so zu behandeln, wie ich es mit jedem andern getan hätte. Jedem andern, der gleich Euch in meine Hände gefallen wäre, hätte ich so viel von seinem Hab und Gut abgenommen, wie es mir in den Sinn gekommen wäre. Euch aber bitte ich, mir in Anbetracht meiner Lage nach Eurem eigenen Ermessen einen Anteil Eures Eigentums zukommen zu lassen. Alles ist vollzählig hierhergebracht worden, und Ihr könnt von diesem Fenster aus alle Eure Pferde unten im Hofe stehen sehen. Nehmt alles oder einen Teil zurück, wie es Euch gefällt, denn von Stund an mögt Ihr nach Belieben weiterreisen oder hier verweilen." Verwundert hörte der Abt diese großmütigen Worte eines Raubritters, und da sie ihm wohlgefielen, verflogen mit einem Schlage Zorn und Verdruß und verwandelten sich in Wohlwollen. Er eilte daher auf Ghino zu und sagte, während er ihn in die Arme schloß: „Ich schwöre es bei Gott, daß ich, um die Freundschaft eines solchen Mannes, wie du es bist, zu erwerben, weit größere Unannehmlichkeiten in Kauf nehmen würde als jene, die du mir nach meinem Dafürhalten bisher bereitet hast. Verdammt sei das Schicksal, das dich zu einem so schmählichen Gewerbe zwingt!" Hierauf ließ er von seinem reichen Reisegepäck nur das Allernotwendigste auswählen und desgleichen nur die unbedingt nötigen Pferde, übergab alles übrige Ghino und kehrte sodann nach Rom zurück.

Inzwischen hatte auch der Papst von der Gefangenschaft des Abtes gehört, und obwohl ihn dies sehr betrübt hatte, fragte er jenen doch, als er ihn wiedersah, wie ihm denn die Bäder bekommen seien. Der Abt erwiderte lächelnd: „Heiliger Vater, ich traf weit näher, als die Bäder sind, einen klugen Arzt, der mich auf vortreffliche Art völlig geheilt hat." Er berichtete sodann, auf welche Weise dies geschehen war, und der Papst lachte sehr darüber. Der Abt aber setzte seine Erzählung fort und erbat sich schließlich, von großmütigem Herzen dazu bewogen, eine Gnade. In der Meinung, daß jener einen anderen Wunsch habe, versprach ihm der Papst, freimütig zu tun, was er begehre. Darauf sagte der Abt: „Heiliger Vater, was ich von Euch erbitten möchte, ist, daß Ihr Ghino di Tacco, meinen Arzt, in Gnaden wieder aufnehmen möchtet. Unter den zahlreichen tapferen Männern, die ich je kennenlernte, ist er wahrlich einer der wertvollsten. Und an dem üblen Gewerbe, dem er nachgeht, ist meines Erachtens mehr das Geschick als er selber schuldig. Wenn Ihr durch irgend etwas, das ihm ermöglicht, standesgemäß zu leben, seine Lage verändern wolltet, so zweifle ich keinen Augenblick, daß Ihr in kurzer Zeit ebenso denken werdet wie ich." Als der Papst, der selber großmütig war und ehrenwerte Männer schätzte, diese Rede vernahm, versprach er, daß er gerne helfen wolle, wenn alles sich so verhalte, wie der Abt gesagt habe, und bat ihn, Ghino in sicherem Geleit nach Rom kommen zu lassen.

Bald darauf erschien Ghino, wie der Abt es gewünscht hatte, vertrauensvoll am römischen Hofe. Er hatte sich noch nicht sehr lange dort aufgehalten, so erkannte auch der Papst, daß er ein wertvoller Mensch war. Er söhnte sich daher wieder mit ihm aus, verlieh ihm ein großes Hospitaliter-Priorat, nachdem er Ghino zuvor zum Ritter dieses Ordens gemacht hatte. Als Freund und Diener der heiligen Kirche und des Abtes von Cluny behielt Ghino dieses Priorat, solange er lebte.

DRITTE GESCHICHTE

Mithridanes, der neidisch die Wohltätigkeit des Nathan erkennt, beschließt, jenen zu töten. Ohne ihn zu kennen, trifft er mit ihm zusammen und erfährt von ihm selbst, auf welche Art er ihn umbringen kann. Wie besprochen, findet er Nathan in einem kleinen Wald. Als er voller Beschämung den anderen erkennt, wird er sein Freund.

In der Tat schien es allen, die zugehört hatten, ein rechtes Wunder, daß auch ein Priester einmal Großmut bewiesen hatte. Da indes die Gespräche der Damen darüber bald verstummten, befahl der König Filostrato fortzufahren.

Dieser begann unverzüglich:

Ihr edlen Damen, groß war die Freigebigkeit des Königs von Spanien und kaum glaublich die Hochherzigkeit des Abtes von Cluny; doch wird es euch nicht weniger in Erstaunen setzen, zu hören, daß jemand aus Großmut sich mit voller Überlegung dazu entschloß, einem andern, der nach seinem Blut und nach seinem Leben trachtete, beides zu opfern, und es sicher auch getan hätte, wenn jener es zugelassen, wie euch sogleich meine Geschichte beweisen soll.

Wenn man den Worten einiger Genuesen und Reisender Glauben schenken darf, die in jenen Gegenden waren, so lebte einst in den Provinzen von Kathai ein Mann aus edlem Stamme, der über ungewöhnliche Reichtümer verfügte. Sein Name war Nathan. Dieser hatte ein schönes Besitztum nahe an einer großen Heerstraße, die notwendigerweise jeder passieren mußte, der von Westen nach Osten oder auch von Osten nach Westen reisen wollte. Nathan, ein großzügiger und freigebiger Herr, begehrte seine Freigebigkeit durch Taten zu beweisen und ließ in kurzer Zeit von verschiedenen Meistern, an denen es nicht fehlte, einen der schönsten, größten und üppigsten Paläste, die je gebaut wurden, dort errichten und mit allen jenen Dingen, die zum Empfang und zur Bequemlichkeit von Edelleuten nötig waren, auf das beste auszustatten. Da er über eine große, gut geschulte Dienerschaft verfügte, ließ er jeden, der kam und ging, mit Zuvorkommenheit und Aufmerksamkeit empfangen und bewirten. Diese lobenswerte Sitte behielt er so lange bei, bis nicht nur der Osten, sondern auch der Westen ihn dem Rufe nach kannte.

Als er bereits zu Jahren gekommen, doch seiner Gastlichkeit durchaus noch nicht müde geworden war, geschah es, daß sein Ruhm auch einem jungen Manne mit Namen Mithridanes zu Ohren kam, der in einem nicht weit entfernten Lande wohnte. Dieser glaubte, an Reichtum Nathan nicht nachzustehen, und beschloß, voller Neid auf den Ruhm und die Tugenden Nathans, mit noch größerer Freigebigkeit die des anderen zu verdunkeln oder auszulöschen. Nachdem er einen ähnlichen Palast hatte erbauen lassen, begann er jeden, der vorbeikam, mit größerer Gastlichkeit, als sie je von einem anderen Menschen betrieben worden war, zu ehren, und machte sich auf diese Weise ohne Frage auch sehr bald einen Namen.

Nun begab es sich, daß eines Tages, als der junge Mann ganz allein im Hofe seines Schlosses weilte, durch eine der Türen des Palastes ein altes Weib hereintrat, das ihn um ein Almosen bat und dieses auch erhielt. Nachdem sie durch eine zweite Tür nochmals zu ihm herangetreten war, gab er ihr nochmals ein Almosen. Sie aber trieb es wohl ein dutzendmal so weiter. Als sie schließlich noch ein dreizehntes Mal hereinkam, rief Mithridanes aus: „Gute Frau, du bist sehr eifrig mit deinem Bitten", gab ihr aber trotzdem wiederum ein Geschenk.

Als die Alte seine Worte hörte, sagte sie: „O Freigebigkeit Nathans, wie unermeßlich bist du! Durch alle zweiunddreißig Tore, die sein Palast ebenso wie dieser hier hat, bin ich hereingetreten und habe ihn um ein Almosen gebeten, doch wurde ich nie von ihm wiedererkannt, so daß er es hätte merken lassen. Jedesmal erhielt ich eine Gabe. Hier bin ich nicht öfter als dreizehnmal eingetreten und werde wiedererkannt und verspottet!" Mit diesen Worten entfernte sie sich und kam nicht mehr zurück.

Mithridanes aber meinte, nachdem er die Worte der Alten vernommen hatte, daß alles, was er zum Ruhme Nathans hatte sagen hören, seinen eigenen vermindere. Er rief daher, von wütendem Zorn entflammt, aus: „Ich Unglücklicher! Wann werde ich je in großen Dingen die Freigebigkeit Nathans erreichen, geschweige denn diese übertreffen, wie ich es begehre, wenn ich schon unfähig bin, es ihm in den kleinsten gleichzutun? Wahrlich, ich bemühe mich vergebens, solange ich ihn nicht von dieser Erde vertreibe! Das aber werde ich, da das Alter ihn nicht dahinrafft, jetzt mit eigener Hand besorgen!"

Jähzornig sprang er auf, stieg, ohne irgend jemand von seinem Vorhaben in Kenntnis zu setzen, mit kleiner Begleitung zu Pferde und gelangte nach dreitägigem Ritt an den Wohnort Nathans. Nachdem er seinen Begleitern befohlen hatte, sich zu stellen, als ob sie weder zu ihm gehörten noch ihn kannten, und sich irgendwo eine Unterkunft zu suchen, bis sie von ihm neue Befehle erhielten, langte er gegen Abend allein an seinem Ziele an. Nicht lange danach traf er in der Nähe des prächtigen Palastes Nathan ganz allein, der dort in einfacher, prunkloser Gewandung spazierenging. Da Mithridanes ihn nicht kannte, erkundigte er sich bei ihm, ob er ihm nicht Auskunft geben könne, wo Nathan wohne. Nathan erwiderte freundlich: „Mein Sohn, hier in der Gegend könnte dir niemand besser den Weg dahin zeigen als ich. Darum will ich dich, wann es dir beliebt, hinführen." Der Jüngling erklärte, daß er sehr dankbar dafür sein werde, doch wünsche er, wenn dies möglich sei, von Nathan weder gesehen noch erkannt zu werden. Nathan fuhr fort: „Auch das kann geschehen, wenn du es so wünschst." So stieg denn Mithridanes vom Pferd und ging zusammen mit Nathan, der ihn sogleich in angenehme Gespräche verwickelte, zum Palaste. Hier übergab Nathan das Pferd des jungen Mannes einem seiner Diener und flüsterte diesem ins Ohr, er solle sogleich allen im Palaste auftragen, daß niemand dem jungen Mann verraten solle, daß er selbst Nathan sei. Dies geschah.

Als sie nun im Palast angekommen waren, führte Nathan Mithridanes in ein sehr schönes Zimmer, wo ihn außer den Bedienten, die er zu seiner Aufwartung bestimmte, niemand zu Gesicht bekam, ließ ihn hier auf das köstlichste bewirten und leistete ihm selber Gesellschaft. Während Mithridanes auf solche Weise mit ihm umging und ihn bald wie einen Vater verehrte, fragte er ihn eines Tages doch, wer er denn sei, und Nathan erwiderte: „Ich bin nur ein geringer Diener des Nathan und bin von Kind auf mit ihm zusammen älter geworden. Doch wie du siehst, hat er mich nie zu etwas Höherem kommen lassen. Wenn auch alle andren Menschen ihn preisen, kann ich ihn nur wenig loben."

Diese Worte machten Mithridanes ein wenig Mut, mit

mehr Überlegung und desto größerer Sicherheit sein böses Vorhaben auszuführen. Als Nathan nun auch ihn sehr höflich fragte, wer er sei und welches Vorhaben ihn hierhergeführt habe, und ihm Rat und Hilfe versprach, soweit er dazu fähig sei, zögerte Mithridanes zwar anfangs mit der Antwort, entschloß sich aber dann, ihm zu vertrauen. Mit großem Wortschwall bat er ihn um seine Freundschaft und anschließend um Rat und Hilfe und eröffnete ihm sodann weitläufig, wer er war und was ihn hergeführt hatte.

Als Nathan die Erzählung und den grausamen Entschluß des Mithridanes vernahm, verfärbte er sich, doch antwortete er, ohne zu zögern, mit starkem Herzen und ruhiger Miene: „Mithridanes, dein Vater war ein Edelmann, und du wirst ihm nicht nachstehen, da du einen so edlen Entschluß gefaßt hast, gegen jedermann freigebig zu sein. Der Neid, den du auf Nathans Tugend hast, ist lobenswert, und die erbärmliche Welt würde schnell genesen, gäbe es mehr Menschen, die so geartet wären wie du. Dein Vorhaben, das du mir enthüllt hast, muß zweifellos geheim bleiben, doch kann ich dir leider dazu nur mit Rat, nicht aber mit Tat zur Seite stehen. Mein Rat ist folgender: Du kannst von hier aus, in der Entfernung von etwa einer halben Meile, einen kleinen Wald sehen; in ihm pflegt Nathan jeden Morgen ganz allein eine lange Zeit spazierenzugehen. Es wird für dich ein leichtes sein, ihn dort anzutreffen und mit ihm nach deinem Wunsch zu verfahren. Wenn du ihn dann umgebracht hast, kehre, damit du ungehindert nach Hause zurückreiten kannst, nicht auf demselben Weg zurück, auf dem du hergekommen bist. Wähle jenen, den du zur Linken aus dem Wald herausführen siehst, er ist, wenn er auch ein wenig unwirtlich zu sein scheint, der nächste und sicherste für dich."

Nachdem Mithridanes diese Auskunft erhalten und Nathan ihn verlassen hatte, verständigte der junge Mann insgeheim seine Leute, die bald zur Stelle waren, und teilte ihnen mit, wo sie ihn am folgenden Tage erwarten sollten. Als dann der neue Tag gekommen war, begab sich Nathan, der seiner Gewohnheit wegen des Rates, den er Mithridanes gegeben, nicht untreu geworden war, allein in den kleinen Wald, um zu sterben. Mithridanes stieg, sobald er aufgestanden war, da er andre Waffen nicht besaß, mit Bogen und Schwert aufs Pferd und ritt ebenfalls in den Wald. Schon von ferne sah er dort Nathan ganz allein spazierengehen. Entschlossen, ihn noch anzuschauen und sprechen zu hören, bevor er ihn überfiele, sprengte er auf ihn zu, packte den Turban, den jener auf dem Kopf hatte, und rief: „Alter, du bist des Todes!", worauf Nathan nichts andres erwiderte als: „So habe ich es wohl verdient."

Als Mithridanes seine Stimme vernahm und ihm ins Gesicht schaute, erkannte er sogleich jenen wieder, der ihn so gütig aufgenommen, so vertraulich begleitet und so treu beraten hatte. Darauf nun schwand sein Zorn, und seine Wut verwandelte sich in tiefe Beschämung. Er warf das Schwert zu Boden, das er bereits zum tödlichen Streich gezückt hatte, sprang vom Pferd, warf sich weinend zu Nathans Füßen nieder und rief: „Jetzt, o teuerster Vater, erkenne ich mit aller Klarheit Eure Großmut, denn ich sehe, daß Ihr mit dem Entschluß hergekommen seid, mir Euer Leben preiszugeben, nach dem ich mich, ohne Grund dafür zu haben, Euch selbst gegenüber so begierig gezeigt habe. Jedoch Gott, der mehr als ich um meine Pflicht besorgt ist, hat mir, als es am nötigsten war, die Augen des Verstandes aufgetan, die der elende Neid mir verschlossen hatte. Doch je bereitwilliger Ihr Euch erwiesen habt, mir zu willfahren, desto mehr fühle ich mich verpflichtet, meine Verfehlung zu büßen."

Nathan hob Mithridanes auf, umarmte und küßte ihn zärtlich und sagte: „Mein Sohn, für dein Vorhaben, ob du es nun ruchlos oder sonstwie nennen willst, bedarf es weder einer Bitte um Verzeihung noch der Gewährung einer solchen, da du ihm nicht aus Haß nachgegangen bist, sondern nur, um für besser zu gelten. Meinetwegen sollst du in Ruhe leben und überzeugt sein, daß es keinen Menschen auf der Welt gibt, der dich mehr liebt als ich, da ich die Erhabenheit deiner Seele erkannt habe, die nicht danach Verlangen trägt, Geld anzuhäufen – wie erbärmliche Menschen es tun –, sondern beschlossen hat, den angehäuften Reichtum wohl anzuwenden. Schäme dich nicht, daß du, um Ruhm zu ernten, die Absicht hattest, mich zu töten, und glaube nicht, daß ich mich darüber wundere. Die erhabensten Herrscher und die größten Könige verstehen sich fast auf nichts anderes als darauf, zu töten, und zwar nicht einen einzigen Menschen, wie es deine Absicht war, sondern unzählige. Sie verheeren ganze Länder und reißen die Städte nieder, nur um ihr eigenes Reich zu vergrößern und damit auch ihren Ruhm. Wenn du, um deinen Ruhm zu vergrößern, mich allein töten wolltest, so hättest du damit weder etwas Verwunderliches noch etwas Neues getan, sondern nur etwas ganz Alltägliches."

Mithridanes, der sein böses Vorhaben nicht entschuldigte, jedoch die edlen Entschuldigungen lobte, die Nathan dafür gefunden, kam im Gespräch darauf, ihm zu sagen, daß er sich über alle Maßen über den Entschluß Nathans verwundere, zu dem er dann selbst auch noch Anweisung und Rat gegeben habe. Darauf erwiderte Nathan: „Mithridanes, ich möchte nicht, daß du über meinen Rat und Entschluß erstaunt bist, denn seitdem ich einst aus freiem Willen den Vorsatz faßte zu tun, was auch du zu tun beschlossen hast, ist niemand mehr in mein Haus gekommen, dem ich nicht nach Kräften sein Begehren erfüllt hätte. Nun aber kamst du und fordertest mein Leben, und schon während ich dein Begehren vernahm, beschloß ich, es dir zu opfern, damit du nicht als einziger mich verlassen möchtest, ohne daß ich deiner Bitte nachgekommen wäre. Und damit es dir möglich sei, deinen Plan zu verwirklichen, gab ich dir jenen Rat, den ich von Nutzen hielt für dich, weil du so mein Leben nehmen konntest, ohne das deinige einzubüßen. Und darum rate ich dir und bitte dich noch jetzt: Wenn du Verlangen danach hast, nimm es und befriedige dein Begehren. Ich wüßte keine Möglichkeit, es auf erhabenere Art zu beenden. Sieh, ich habe bereits achtzig Jahre zu meinem Vergnügen und meiner Freude gelebt und weiß, daß nach dem Lauf der Welt mein Leben, ebenso wie das der übrigen Menschen und aller Dinge, nur noch kurze Zeit währen wird. So glaube ich, daß es weit besser wäre, es wegzuschenken, wie ich stets meine Schätze verschenkt und weggegeben habe, als es mit Sorgsamkeit zu behüten, bis es mir schließlich doch gegen meinen Willen von der Natur genommen wird. Es ist nur ein kleines Geschenk, hundert Jahre wegzugeben; wieviel geringer aber ist es, die sieben oder acht Jahre, die ich noch zu leben hätte, zu verschenken! Nimm darum mein Leben, wenn du es wünschst, ich bitte dich. Während ich auf Erden bin, hat sich noch kein Mensch gefunden, der Verlangen danach gehabt hätte, und ich glaube auch nicht, daß sich je noch ein anderer findet, wenn du, der es begehrte, es nicht nimmst. Sollte es wirklich der Fall sein, daß ich noch einen fände, so weiß ich doch jetzt, daß sein Wert immer geringer wird, je länger ich es hüte. Darum bitte ich dich, nimm es, ehe es noch wertloser wird."

Mithridanes aber sprach tief beschämt: „Gott verhüte, daß ich ein so teures Gut wie Euer Leben, welches ich begehrte, nehme oder es auch nur weiterhin noch wünschte, wie ich es tat. Gerne würde ich, anstatt seine Jahre zu vermindern, ihm noch die meinen hinzufügen!" Darauf entgegnete Nathan sogleich: „Wenn du es könntest, wolltest du mir wirklich von deinen Jahren einige opfern? So wirst du mich veranlassen, gegen dich zu handeln, wie ich es noch niemals mit einem andern tat, nämlich von dem Deinigen zu nehmen, obwohl ich bisher niemals von fremdem Eigentum nahm." – „Ja", rief Mithridanes schnell. – „Nun wohl", fuhr Nathan fort, „so tue, was ich dir nun sagen werde. So jung wie du bist, wirst du fortan hier in meinem Hause bleiben und den Namen Nathan tragen. Ich aber werde in dein Haus zurückgehen und mich fortan Mithridanes nennen." Darauf entgegnete Mithridanes: „Wenn ich imstande wäre, so weise zu handeln, wie Ihr es tut und immer getan habt, würde ich, ohne zu überlegen, Euren Vorschlag annehmen. Da ich jedoch fürchten muß, daß durch meine Taten der große Name Nathan verdunkelt wird, kann ich Euren Wunsch nicht erfüllen, denn ich beabsichtige nicht, einem andern das zu verderben, was ich selbst nicht fertiggebracht habe."

Diese und viele weitere freundliche Worte wurden zwischen Nathan und Mithridanes gewechselt, während sie, wie es Nathans Absicht war, nach dem Palaste zurückkehrten. Hier bewirtete Nathan Mithridanes noch mehrere Tage auf die zuvorkommendste Weise und beriet ihn nach bestem Wissen und Verstand ausführlich in seinem edlen, großzügigen Vorhaben. Da aber schließlich Mithridanes mit seinem Gefolge nach Hause zurückzukehren wünschte, beurlaubte ihn Nathan, der jenen nun voll und ganz überzeugt hatte, daß er ihn an Großmut niemals übertreffen könnte.

VIERTE GESCHICHTE

Messer Gentil de' Carisendi kehrt aus Modena zurück und zieht eine von ihm geliebte Frau, die als Tote beigesetzt wurde, aus dem Grabe. Nachdem sie wiederhergestellt ist, gibt sie einem Sohn das Leben. Messer Gentile bringt danach die Dame und den Sohn zu ihrem Gatten Niccoluccio Caccianemico zurück.

Daß jemand sogar mit dem eigenen Blute so großzügig verfahren könnte, erschien allen ein Wunder, und jeder versicherte, daß Nathan den König von Spanien und den Abt von Cluny an Großmut weit übertroffen habe. Nachdem noch das eine und das andere darüber gesagt worden war, blickte der König Lauretta an und gab ihr zu verstehen, daß er nun ihre Geschichte zu hören wünsche. Darauf begann Lauretta unverzüglich:

Meine jungen Freundinnen, erhabene und schöne Dinge wußten die Erzählungen zu berichten. Es scheint mir, daß für uns, die wir noch fortfahren müssen, kaum etwas geblieben ist, was wir mit unsren Geschichten erfassen könnten, da jedes Maß von erhabener Großmut schon dargestellt wurde, wollten wir uns nicht jetzt den Taten der Liebe zuwenden, die für jedes Thema einen Überfluß an Unterhaltungsstoff bieten. So will ich euch denn, teils diesetwegen und teils weil es unserem Alter am meisten zusagt, von der hochherzigen Tat eines Liebenden berichten, die, wenn ihr alles genau überlegt, euch nicht geringer erscheinen wird als eine der bisher gezeigten, wenn es auf Wahrheit beruht, daß man Reichtum verschenkt, Feindseligkeiten vergißt und das eigene Leben aufs Spiel setzt und sogar, was noch viel mehr besagen will, Ehre und Ruf tausendfältigen Gefahren aussetzt, nur um den geliebten Gegenstand zu besitzen.

In der bekannten Stadt Bologna in der Lombardei lebte einst ein Ritter, der sowohl seiner Kühnheit als auch seines adeligen Blutes wegen jedermanns Achtung genoß. Es war Messer Gentil de' Carisendi, der sich als Jüngling in eine Edeldame namens Madonna Catalina verliebte, welche die Ehefrau eines gewissen Niccoluccio Caccianemico war. Da jedoch die Liebe zu dieser Dame recht hoffnungslos war, ging er, als man ihn als Podestà nach Modena rief, recht betrübt dorthin.

Nun geschah es, daß die Dame, welche schwanger war und in Abwesenheit Niccoluccios auf einer ihrer etwa drei Meilen von der Stadt entfernten Besitzungen weilte, ganz plötzlich von einem starken Unwohlsein befallen wurde, und zwar so heftig und gewaltsam, daß jegliches Leben in ihr erlosch und sie von irgendeinem Medikus für tot erklärt wurde. Da ihre nächsten Verwandten angaben, sie wüßten von der Dame, ihre Schwangerschaft sei noch nicht so alt, daß das Kind bereits leben könnte, setzte man sie, ohne der Sache genügend nachzuforschen, so wie sie war, unter vielen Tränen in der Grabstätte eines nahen Kirchleins bei.

Von einem seiner Freunde erfuhr Messer Gentile unverzüglich, was sich zugetragen hatte, und obwohl er sich ihrer Gunst nicht hatte rühmen können, schmerzte ihr Tod ihn sehr, und er dachte bei sich: ‚Sieh, Madonna Catalina, nun bist du gestorben. Während du am Leben warst, gönntest du mir niemals auch nur einen Blick, jetzt aber, wo du nicht mehr imstande bist, dich zu wehren, will ich dir ganz bestimmt noch im Tode einige Küsse rauben.' Nach diesem Entschluß gab er Anweisung, seine Abreise geheimzuhalten, stieg noch in derselben Nacht mit einem Diener aufs Pferd und ritt, ohne irgendwo Rast zu machen, nach dem Orte, wo Madonna Catalina beigesetzt war. Nachdem er die Grabstelle geöffnet hatte, trat er vorsichtig ein und legte sich ihr zur Seite nieder. Er legte seine Wange an die Wange der Dame und küßte sie unter Tränen unzählige Male.

Wie wir nun wissen, läßt sich die Begierde der Männer nicht im Zaume halten, sondern verlangt immer mehr und mehr, ganz besonders, wenn sie lieben. So sagte auch Messer Gentile, der bereits den Entschluß gefaßt hatte, nicht länger mehr hier zu verweilen, zu sich selber: ‚Ach, warum sollte ich, wo ich schon einmal hier bin, nicht ein wenig ihre Brust anrühren? Ich werde sie ja niemals wieder anrühren können – nein, niemals wieder!' Und überwältigt von seinem Verlangen, legte er seine Hand auf ihre Brust, als er plötzlich, nachdem er sie eine Weile dort hatte liegenlassen, ein leises Pochen ihres Herzens zu spüren glaubte. Nachdem er das Grauen abgeschüttelt hatte, fühlte er nochmals genau hin und stellte nun fest, daß die Dame mit Sicherheit nicht tot sei, wenngleich die Lebenszeichen nur gering und sehr schwach waren. Er zog sie daraufhin mit Hilfe seines Dieners behutsam aus dem Grabe, hob sie vor sich aufs Pferd und führte sie verstohlen in sein Haus nach Bologna. Hier lebte seine Mutter bei ihm, eine achtbare, kluge Dame, die voller Mitleid, nachdem sie von ihrem Sohne alles ausführlich erfahren hatte, mit viel Wärme und einigen Bädern das entflohene Leben in jenen Körper zurückrief.

Als Madonna Catalina wieder zu sich kam, stieß sie einen tiefen Seufzer aus und sagte: „Herrgott, wo bin ich?" Darauf erwiderte ihr die Edeldame: „Beruhige dich, du bist in guter Obhut." Madonna Catalina fand langsam zu sich zurück und blickte um sich. Da sie jedoch nicht erkennen konnte, wo sie sich befand, und zudem noch Messer Gentile vor sich sah, war ihre Verwunderung groß, und sie bat seine Mutter, ihr doch zu erklären, auf welche Weise sie denn hierhergekommen sei. Messer Gentile gab ihr über alles Vorgefallene genau Auskunft. Sehr betrübt über alles, was sie erfuhr, dankte sie ihm, so herzlich sie es vermochte, und beschwor ihn darauf bei der Liebe, die er stets für sie empfunden habe, und bei seiner Ritterlichkeit, daß ihr in seinem Hause nichts widerfahren möge, was gegen ihre eigene Ehre oder gegen die ihres Gatten sei, und daß er sie, wenn es Tag geworden wäre, wieder in ihr eigenes Haus zurückkehren lassen möchte.

Messer Gentile erwiderte: „Madonna, was für Wünsche ich auch immer in vergangenen Zeiten gehabt haben mag, so beabsichtige ich doch weder jetzt noch in Zukunft Euch anders als eine teure Schwester anzusehen, zumal Gott mir die Gnade erwiesen hat, daß ich Euch vom Tode wieder ins Leben zurückrufen durfte, wozu die Liebe, die ich Euch bislang entgegengebracht habe, die Veranlassung gewesen ist. Doch verdient die Hilfe, die ich Euch heute nacht leisten konnte, wohl eine kleine Belohnung, und ich möchte daher, daß Ihr mir die kleine Gunst, die ich von Euch erbitten will, nicht verweigert." Die Dame erwiderte freundlich, daß sie zu allem bereit sei, was sie vermöchte und was nicht gegen ihre Ehre verstieße. Messer Gentile fuhr nun fort: „Madonna, Eure Verwandten und alle Einwohner Bolognas nehmen fest und sicher an, daß Ihr gestorben seid, daher wird Euch in Eurem Hause niemand erwarten. Ich bitte Euch daher um die Gunst, daß es Euch gefallen möchte, hier in der Obhut meiner Mutter so lange zu verweilen, bis ich von Modena zurückkehre, was sehr bald der Fall sein wird. Der Grund meiner Bitte aber ist kein andrer, als daß ich Euch, in Gegenwart vieler Einwohner dieser Stadt, als ein teures und kostbares Geschenk Eurem Gatten wieder zuführen möchte."

Die Dame, die wohl wußte, wie sehr sie dem Ritter verpflichtet war, fand sein Ansinnen ehrbar und entschloß sich – obwohl sie selber dringend wünschte, ihre Verwandten mit ihrem wiedergewonnenen Leben zu erfreuen – zu tun, was Messer Gentile verlangte, und gab ihm ihr Wort darauf. Kaum aber hatte sie ihm diese Zusicherung gegeben, so fühlte sie, daß der Augenblick ihrer Niederkunft da sei, und gebar unter dem liebevollen Beistand der Mutter Messer Gentiles wenig später einen prächtigen, gesunden Knaben, was nun ihre eigene und auch die Freude des Messer Gentile noch doppelt und dreifach erhöhte. Messer Gentile ordnete an, daß sie mit ganz besonderer Sorgfalt gepflegt und so bedient werden solle, als sei sie seine eigene Frau. Dann aber ging er heimlich wieder nach Modena zurück und befahl, als seine Amtszeit abgelaufen und er wieder nach Bologna zurückkehren konnte, für viele Edelleute aus Bologna, unter denen sich auch Niccoluccio Caccianemico befand, ein köstliches Gastmahl in seinem Hause vorzubereiten. Wieder in Bologna angelangt, stieg er vom Pferd und trat zu seinen Gästen, nachdem er zuvor auch Madonna Catalina aufgesucht hatte, die ihn, schöner und gesünder als je, mit ihrem Söhnchen begrüßte. Mit unbeschreiblicher Freude führte er seine Gäste zu Tisch und ließ sie mit den köstlichsten Speisen bewirten. Als nun das Mahl bereits seinem Ende zuging, begann er, nachdem er der Dame vorher seinen Plan unterbreitet und mit ihr die Art seiner Durchführung vereinbart hatte, zu sprechen: „Meine Herren, ich erinnere mich, daß ich schon wiederholt von einem meiner Ansicht nach sehr lobenswerten Brauch der Perser gehört habe. Dieser Brauch ist folgender: Man lädt einen Freund, den man besonders zu ehren gedenkt, zu sich in sein Haus ein und zeigt ihm, was einem das Teuerste ist: seine Ehefrau, seine Freundin, seine Tochter oder was es auch sein möge, wobei man jenem die Versicherung gibt, daß man, ebenso wie man ihm hier jene zeigt, ihm lieber noch das eigene Herz zeigen möchte. Diesen Brauch nun beabsichtige ich hier in Bologna zu versuchen. Ihr habt mein Gastmahl mit eurem Wohlwollen geehrt, ich will euch dafür auf persische Weise wieder ehren, indem ich euch zeige, was mir auf der Welt das Liebste war und immer sein wird. Bevor ich jedoch damit beginne, bitte ich euch, mir zu sagen, was ihr über einen Zweifel denkt, den ich bei mir hege: Es hat also jemand einen treuen, gewissenhaften Diener in seinem Hause, der plötzlich schwer erkrankt. Jener Mann nun läßt, ohne den Tod des kranken Dieners abzuwarten, diesen mitten auf die Straße tragen und kümmert sich fortan nicht mehr um ihn. Darauf kommt ein Fremder, der, voller Mitleid mit dem Kranken, ihn in sein Haus mitnimmt, wo er ihm mit vieler Mühe und allerlei Kosten wieder zu seiner früheren Gesundheit verhelfen kann. Jetzt möchte ich wissen, ob der erste Herr des Dieners sich wohl mit gutem Recht beklagen oder beschweren könnte über den zweiten, wenn dieser den Diener behielte und in seine Dienste stellte und trotz aller Aufforderung jenen nicht zurückgeben wollte."

Nachdem die Edelleute untereinander die Angelegenheit besprochen hatten und alle zu der gleichen Ansicht gekommen waren, bestimmten sie Niccoluccio Caccianemico, der ein vorzüglicher, gefeierter Redner war, diese Frage zu beantworten.

Niccoluccio lobte als erstes den Brauch der Perser und sagte dann, daß er mit allen Anwesenden der gleichen Meinung sei, nämlich, daß der erste Herr keinerlei Rechte mehr auf den Diener habe, da er jenen nicht nur im Stich gelassen, sondern ihn sogar in solcher Lage auf die Straße geworfen habe. Durch die Wohltaten, die der zweite Herr dem Diener erwiesen, sei dieser mit vollem Recht dessen Eigentum geworden. Daher täte der zweite Herr, wenn er den Diener behalte, dem ersten keinerlei Kränkung, keinerlei Gewalt und keine Ungerechtigkeit an. Alle übrigen Gäste an der Tafel erklärten sich als verständige Männer mit dem, was Niccoluccio gesagt hatte, einverstanden.

Der Ritter, zufrieden mit der von Niccoluccio erhaltenen Antwort, versicherte nun, daß er diese Ansicht mit ihnen teile, und fügte dann hinzu: „Doch nun ist es Zeit, euch auf die versprochene Weise zu ehren."

Er rief darauf zwei seiner Bedienten herbei, sandte sie zu

der Dame, die er aufs schönste hatte kleiden und schmücken lassen, und ließ sie bitten, sie möge doch die Güte haben, die Edelleute mit ihrer Anwesenheit zu erfreuen. Sie erschien sogleich in Begleitung zweier Diener, ihren hübschen kleinen Sohn im Arm, im Festsaal und ließ sich, wie der Ritter es gewünscht hatte, neben einem der Edelleute nieder. Er aber fuhr fort: „Meine Herren, hier seht ihr, was mir das Liebste ist und was ich stets mehr lieben werde als alles andere. Schaut selbst, ob ihr glaubt, daß ich dazu Grund habe."

Die Edelleute sahen die Dame an, lobten und priesen sie sehr und versicherten dem Ritter, daß er sie mit Recht liebe. Nun befanden sich aber verschiedene Männer unter den Gästen, die sie sogleich für jene gehalten hätten, die sie wirklich war, wenn sie nicht von deren Tode überzeugt gewesen wären. Aufmerksamer als alle übrigen sah Niccoluccio sie an, und als der Ritter ein wenig beiseite ging, konnte er das Verlangen, zu erfahren, wer sie sei, nicht mehr länger bezähmen, sondern fragte, ob sie eine Dame aus Bologna oder eine Fremde sei. Die Dame hielt, als sie diese Frage ihres Gatten vernahm, nur mit Mühe ihre Antwort zurück, schwieg aber doch, um die getroffene Verabredung einzuhalten. Einige andere Herren fragten sie nun, ob es ihr eigenes Söhnchen sei, und wieder andre fragten, ob sie am Ende die Gattin des Messer Gentile sei oder eine Verwandte von ihm. Sie aber beantwortete keine dieser Fragen. Als nun Messer Gentile wieder herzutrat, fragte einer seiner Gäste ihn: „Messere, diese Dame hier ist wirklich eine große Schönheit, doch wie es scheint, ist sie stumm. Ist das wirklich der Fall?" – „Meine Herren", sagte nun Messer Gentile, „daß sie hier im Augenblick noch nicht gesprochen hat, ist ein kleiner Beweis ihrer Tugend." – „So sagt denn Ihr uns", fuhr jener fort, „wer sie ist." Der Ritter erwiderte: „Das will ich gerne tun, jedoch nur, wenn ihr mir versprechen wollt, daß, was immer ich auch erzähle, niemand sich von seinem Platz bewegt, bevor ich meine Geschichte beendet habe." Dieses Versprechen gab ihm ein jeder der Anwesenden, und da die Tafel inzwischen aufgehoben worden war, nahm Messer Gentile zu seiten der Dame Platz und sprach: „Meine Herren, diese Dame ist jener ehrliche, treue Diener, um den ich euch vor kurzem befragt habe. Sie wurde von den Ihren so wenig geliebt, daß sie wie ein geringes, wertloses Ding mitten auf die Straße geworfen wurde. Ich sammelte sie dort auf und habe sie durch meine Sorgfalt und Tatkraft den Armen des Todes entrissen. Und Gott, der meine reine Zuneigung zu ihr erkannte, ließ sie aus einem schrecklichen Leichnam für mich zu neuer Schönheit erstehen. Damit ihr aber alle deutlich erkennt, wie dieses mir gelungen ist, will ich es euch kurz erklären." Darauf erzählte er zur größten Verwunderung seiner Zuhörer klar und deutlich, angefangen von seiner Liebe zu ihr, was sich bis zu dieser Stunde zugetragen hatte, und fügte schließlich hinzu: „Aus diesen Gründen gehört – wenn ihr und vor allem Niccoluccio nicht inzwischen eure vor kurzem geäußerte Auffassung geändert habt – diese Frau mit gutem Recht mir, und niemand könnte sie mir mit stichhaltiger Begründung abverlangen." Niemand antwortete auf seine Worte, sondern es wartete im Gegenteil ein jeder auf das, was er weiter sagen würde. Niccoluccio, die übrigen Anwesenden und ebenfalls die Dame weinten vor Rührung, jedoch Messer Gentile stand auf, nahm den kleinen Knaben in seinen Arm, ergriff die Hand der Dame und sagte, auf Niccoluccio zugehend: „Steh auf, Gevatter, ich gebe dir nicht deine Gattin zurück, die von dir und ihren Verwandten achtlos weggeworfen wurde. Ich will dir diese Dame, meine liebe Gevatterin, als Geschenk übergeben, zusammen mit ihrem kleinen Sohn, der mit Sicherheit von dir gezeugt und von mir über die Taufe gehalten und Gentile genannt wurde. Und ich bitte dich, deiner Gattin nicht zu verargen, daß sie bald drei Monate in meinem Hause gelebt hat. Ich schwöre dir bei Gott – der mir vielleicht die Liebe zu ihr schon vor Jahren ins Herz senkte, damit diese einst der Grund für ihre Rettung würde, wie sie es nun wirklich geworden ist –, daß sie niemals, weder bei ihrem Vater noch bei ihrer Mutter, noch bei dir, ehrenhafter gelebt hat, als sie es unter dem Schutze meiner Mutter in meinem Hause tat." Nach diesen Worten wandte er sich an die Dame und sagte: „Madonna, ich entbinde Euch von jedem mir gegebenen Versprechen und lasse Euch frei zu Niccoluccio gehen." Und nachdem er die Dame und das Kind in die Arme Niccoluccios geführt hatte, setzte er sich nieder. Niccoluccio empfing sehnsuchtsvoll seine Frau und den Sohn, um so froher, als er solches nicht mehr zu hoffen gewagt hatte. Er dankte dem Ritter von Herzen, und alle übrigen lobten ihn ebenfalls mit Tränen in den Augen, wie überhaupt ein jeder, der von der Geschichte hörte. Die Dame aber wurde mit grenzenloser Freude in ihrem Hause empfangen und noch lange Zeit danach von allen Bolognesern als eine Wiedererstandene mit Ehrfurcht betrachtet. Messer Gentile aber blieb für immer ein Freund Niccoluccios und aller Angehörigen seines Hauses.

Was aber sagt nun ihr, meine gütigen Freundinnen, zu dieser Geschichte? Seid ihr der Ansicht, daß ein König, der Zepter und Krone verschenkte, daß ein Abt, der ohne eigenes Verdienst einen Übeltäter mit dem Papst aussöhnte, und ein Greis, der bereit war, sein Leben einem Feinde zu opfern, mit dem Messer Gentile zu vergleichen sei? Dieser, jung und voller Liebesglut, glaubte ein gutes Recht auf das zu haben, was er zu seinem eigenen Heile aufgelesen hatte, nachdem die Nachlässigkeit anderer es achtlos beiseite geworfen hatte. Er bezwang jedoch nicht nur auf die edelste Weise sein Verlangen, sondern gab, als es wirklich sein eigen geworden war, zurück, was er jahrelang mit allen Sinnen begehrt und schließlich geraubt hatte. Wahrlich, keine der bisher berichteten großmütigen Taten scheint mir dieser ebenbürtig zu sein.

FÜNFTE GESCHICHTE

Madonna Dianora verlangt von Messer Ansaldo einen Garten, der im Januar so schön blühen soll wie im Mai. Messer Ansaldo verbindet sich mit einem Schwarzkünstler und verschafft ihr einen solchen Garten. Ihr Gatte willigt darauf ein, daß sie Messer Ansaldo zu Willen sei. Als dieser von der Großmut ihres Gatten hört, erläßt er ihr, was sie versprochen hat, worauf auch der Schwarzkünstler, ohne auf eigenen Vorteil zu sehen, auf die Belohnung des Messer Ansaldo verzichtet.

Von jedem Mitglied der fröhlichen Gesellschaft wurde die Tat Messer Gentiles bis in den Himmel gelobt, dann aber gebot der König Emilia, daß sie fortfahren möge. Übermütig, als sei sie bereits begierig zu sprechen, begann diese:

Ihr zarten Mädchen, daß Messer Gentiles Tat nicht großmütig gewesen sei, wird wahrlich niemand sagen können. Wenn jedoch deswegen behauptet werden sollte, daß ein noch größeres Maß von Edelmut nicht aufzubringen sei, so ist es nicht unmöglich, das Gegenteil zu beweisen.

In Friaul, einem zwar kalten, jedoch an schönen Bergen, vielen Flüssen und klaren Quellen reichen Lande, liegt die Stadt Udine, in der vorzeiten eine schöne Edeldame mit Namen Madonna Dianora lebte. Sie war die Gattin eines sehr vermögenden Mannes namens Gilberto, der ein gar angenehmer und gutmütiger Mensch war. Diese Dame verdiente wegen ihrer vortrefflichen Eigenschaften durchaus die grenzenlose Liebe des Messer Ansaldo Gradense, der einer der edelsten und wertvollsten Herren jener Gegend und infolge seines hohen Standes, seiner Waffentaten und seiner Liebenswürdigkeit überall bekannt und berühmt war. Dieser liebte sie grenzenlos und tat alles, was in seinen Kräften stand, um ihre Gegenliebe zu gewinnen. Alle seine Bemühungen blieben jedoch erfolglos, sooft er ihr auch mit Botschaften zusetzte. Da indes die Anstrengungen des Kavaliers der Dame lästig zu werden begannen und sie einsah, daß alle ihre Absagen ihn nicht daran hinderten, sie weiterhin zu lieben und zu umwerben, beschloß sie endlich, ihn sich mit einer neuen, ihrer Meinung nach unerfüllbaren Bitte vom Halse zu schaffen. So sagte sie denn eines Tages zu einer Frau, die in seinem Auftrag oftmals zu ihr kam: „Gute Frau, du hast mir häufig versichert, daß Messer Ansaldo mich über alles liebt, und hast mir in seinem Auftrage die herrlichsten Geschenke angeboten. Ich will jedoch, daß er alles behält, da ich für solche Dinge mich niemals entschließen könnte, ihn zu lieben oder ihm zu Willen zu sein. Wenn ich jedoch glauben könnte, daß er mich wirklich so sehr liebt, wie du sagst, würde ich ohne Frage einwilligen, ihn zu lieben und zu tun, was er begehrt. Wenn er mich mit der Erfüllung dessen, was ich begehre, von seiner Liebe überzeugen kann, werde ich bereit sein, allen seinen Wünschen zu gehorchen." Darauf fragte das Frauenzimmer: „Und was, Madonna, wünscht Ihr von ihm?" Die Edeldame erwiderte: „Was ich verlange, ist folgendes: Ich wünsche mir im demnächst kommenden Monat Januar hier in der Nähe der Stadt einen Garten, mit Kräutern, Blumen und grünen Bäumen, nicht anders, als sei bereits der Mai gekommen. Sollte er nicht imstande sein, mir diesen Wunsch zu erfüllen, soll er mir auch fortan weder dich noch andre Boten mehr senden, weil ich sonst, wenn er mich noch länger belästigt, alles, was ich bisher meinem Manne und meinen Verwandten verheimlicht habe, ihnen klagen werde, um ihn endlich loszuwerden." Der Kavalier vernahm die Bitte und das Versprechen seiner Angebeteten, und wenn es ihm auch eine schwere, fast unmögliche Aufgabe dünkte, beschloß er doch – obwohl er klar erkannte, daß sie ihn aus keinem andren Grunde um dieses Geschenk gebeten hatte, als um ihm jede Hoffnung zu rauben –, jeden nur möglichen Versuch zu machen, ob er ihren Wunsch nicht erfüllen könnte. Er sandte daher Boten in viele Teile der Welt, damit sie sich umsähen, ob jemand ihm Rat oder Hilfe geben könnte. Dabei geriet einer seiner Abgesandten endlich an einen Schwarzkünstler, der gegen gute Bezahlung mit Hilfe seiner magischen Künste den Wunsch zu erfüllen versprach.

Nachdem Messer Ansaldo mit jenem um eine sehr hohe Summe Geldes einig geworden war, erwartete er in froher Hoffnung den angegebenen Zeitpunkt. Als es soweit war, bewirkte der Zauberkünstler mitten in der größten Kälte, als alles mit Schnee und Eis bedeckt war, daß in einem schönen Wald nahe an der Stadt in der ersten Nacht des Januars, als der Morgen heraufzog – nach Aussagen jener Leute, die ihn mit eigenen Augen sahen –, einer der herrlichsten Gärten entstand, die je ein Mensch erblickt hatte, mit Kräutern, Bäumen und Früchten aller Art.

Als Messer Ansaldo dieses Wunder frohen Herzens zur Kenntnis genommen hatte, ließ er sogleich die schönsten Früchte und Blumen, die dort vorhanden waren, pflücken und sie heimlich der geliebten Frau überbringen. Gleichzeitig ließ er sie einladen, den von ihr erbetenen Garten zu besichtigen, damit sie an Hand seiner erkennen könne, wie groß die Liebe des Messer Ansaldo zu ihr sei. Auch erinnerte er sie an das ihm gegebene Versprechen, das sie mit einem Schwur bekräftigt hatte, und bat sie, als ehrlicher Mensch dies Versprechen nun auch zu halten.

Nachdem die Dame die Blumen und Früchte gesehen und auch durch viele Leute von dem wunderbaren Garten

Nachricht bekommen hatte, begann sie ihr Versprechen zu bereuen. Trotz aller Reue aber begab sie sich, begierig, dieses Wunder selbst zu schauen, mit vielen andern Damen der Stadt in den Garten und konnte nicht umhin, ihn voller Verwunderung hochzupreisen. Dann kehrte sie, betrübter als je eine andre Frau, nach Hause zurück und dachte über jenes nach, was sie hierfür versprochen hatte.

Ihr Kummer darüber war so groß, daß sie nicht imstande war, ihn zu verheimlichen. Er war so offensichtlich, daß auch ihr Mann dessen gewahr ward und ganz genau den Grund ihrer Traurigkeit von ihr zu wissen begehrte. Die Dame schwieg voller Scham lange Zeit, schließlich aber sah sie sich gezwungen, offen den ganzen Hergang einzugestehen.

Gilberto erregte sich anfangs sehr, als er hiervon Kenntnis erhielt, dann aber überzeugte er sich von der reinen Absicht seiner Frau, wies alle Eifersucht mit weiser Überlegung von sich und sagte: „Dianora, es gehört sich nicht für eine kluge, anständige Frau, Botschaften dieser Art entgegenzunehmen noch mit irgend jemand unter irgendwelchen Bedingungen Abmachungen über die eigene Keuschheit zu treffen. Die Worte, die durch die Ohren vom Herzen aufgenommen werden, haben oft größere Macht, als mancher bedenkt, und Liebende machen fast alles möglich. Du tatest unrecht daran, ihn erst anzuhören und dann noch einen Pakt mit ihm abzuschließen. Da ich indes von der Reinheit deiner Absichten überzeugt bin, will ich dir erlauben, was so leicht wohl kein andrer Mann erlaubte, damit du dich von den Banden deines Versprechens lösen kannst. Allerdings veranlaßt mich dazu auch die Furcht vor dem Schwarzkünstler, der leicht auf Wunsch des Messer Ansaldo uns ein Leid antun könnte, wenn du den Kavalier enttäuschst. Ich wünsche daher, daß du zu ihm gehst und alles daransetzt, dich deiner Verpflichtung zu entledigen, natürlich, ohne deine Ehre zu beflecken. Sollte es jedoch gar nicht anders gehen, so magst du ihm für einmal deinen Körper, nicht aber dein Herz überlassen."

Als die Dame diesen Beschluß ihres Gatten vernahm, weinte sie heftig und lehnte es ab, diese Großmut von ihm entgegenzunehmen. Gilberto aber beharrte trotz aller Weigerungen seiner Frau auf seinem Willen. So begab sich die

Dame in den frühen Morgenstunden des folgenden Tages ohne jeden Aufwand, mit zweien ihrer Diener vorauf und einer Kammerfrau hinter sich, in das Haus des Messer Ansaldo. Dieser war nicht wenig verwundert, als er vernahm, daß sie gekommen sei. Er stand sofort auf, ließ den Schwarzkünstler rufen und sagte zu ihm: „Ich möchte, daß du selber siehst, welchen Schatz deine Künste mir errungen haben." Dann ging er ihr entgegen, empfing sie, ohne irgendwelchen unritterlichen Gefühlen stattzugeben, mit großer Ehrerbietung und ließ sie mit ihrer Begleitung in ein schönes Zimmer eintreten, in dem ein großes Feuer brannte. Nachdem er sie hatte Platz nehmen lassen, sagte er: „Madonna, wenn die Liebe, die ich so lange Zeit für Euch empfunden habe, eine kleine Belohnung wert ist, so bitte ich Euch, mir ohne Verdruß den wahren Grund zu nennen, der Euch zu dieser Stunde und in solcher Begleitung hergeführt hat." Voller Scham und fast weinend erwiderte die Dame: „Messer, mich hat weder die Liebe zu Euch noch mein gegebenes Versprechen hierhergeführt. Lediglich der Befehl meines Gatten, der mehr Rücksicht auf Eure unziemliche Liebe zu mir als auf seine eigene Ehre und die meine nimmt, hat mich veranlaßt zu kommen. Nur auf seinen Befehl hin bin ich für dieses eine Mal bereit, Eure Wünsche zu erfüllen."

War Messer Ansaldo schon vorher verwundert gewesen, so begann sein Erstaunen, nachdem er die Worte der Dame gehört hatte, noch viel größer zu werden. Gerührt über die Freigebigkeit Gilbertos, verwandelte seine Begierde sich in Mitleid, und er sagte: „Madonna, wenn es sich so verhält, wie Ihr sagt, möge Gott verhüten, daß ich je die Ehre dessen beleidige, der Mitleid mit meiner Liebe hat. Darum soll Euer Aufenthalt hier, wenn es Euch so recht ist, nicht anders verlaufen, als wäret Ihr meine Schwester. Und wenn es Euer Wunsch ist, mögt Ihr frei von hier wieder fortgehen, doch mögt Ihr Eurem Gatten für eine so große Güte, wie er sie hier bezeigt hat, den Dank aussprechen, der Euch angemessen erscheint, und mich für immer als Euren Bruder und Diener betrachten." Als die Dame diese Worte vernahm, war sie überglücklich und sagte: „Im Hinblick auf Euren Edelmut hätte ich niemals zu glauben vermocht, daß Ihr bei meinem Kommen anders handeln würdet, als ich es Euch nun tun sehe. Ich werde Euch dafür ewig Dank wissen." Darauf nahm sie Abschied und berichtete, nachdem sie ehrenvoll geleitet wieder zu Gilberto zurückgekehrt war, diesem alles, was sich ereignet hatte, worauf eine enge und treue Freundschaft zwischen Gilberto und Messer Ansaldo enstand.

Der Zauberkünstler, dem Messer Ansaldo bald darauf die vereinbarte hohe Bezahlung aushändigen wollte, aber sagte, da er die Großmut Gilbertos gegen Messer Ansaldo und ebenso jene Messer Ansaldos gegen die Dame erkannt hatte: "Nachdem ich Gilberto so freigebig mit seiner Ehre habe verfahren sehen und Euch ebenfalls mit der Euren, soll Gott verhüten, daß ich nicht hinsichtlich meiner Bezahlung auf ähnliche Weise Großmut zeige. Das Geld ist bei Euch wohl aufgehoben, und ich wünsche, daß es in Eurem Besitze bleibt." Diese Worte beschämten den Kavalier, und er versuchte nach Kräften, den Künstler zur Annahme der Summe oder wenigstens eines Teils davon zu bewegen. Jedoch bemühte er sich vergebens, und so entließ er ihn mit vielen guten Wünschen, nachdem jener am dritten Tage den Garten wieder hatte verschwinden lassen und den Wunsch äußerte abzureisen. Messer Ansaldo aber brachte die unziemliche Liebe in seinem Herzen zum Schweigen und bezeigte der Dame fortan eine ehrbare Freundschaft.

Was aber, ihr liebreizenden Mädchen, werden wir nun hierzu sagen? Wollen wir die scheintote Dame und die wegen ihrer Hoffnungslosigkeit bereits abgeflaute Liebe dieser Großmut des Messer Ansaldo vorziehen, der seine Dame heißer als jemand liebte, in der Hoffnung auf Erfolg in heißerem Verlangen entbrannt war als je einer und die ersehnte Beute endlich in den Händen hatte? Fürwahr, es scheint mir töricht, zu glauben, daß jene großmütige Tat mit dieser zu vergleichen sei.

SECHSTE GESCHICHTE

*Der siegreiche König Karl der Alte, der sich in ein junges
Mädchen verliebt hat, verheiratet diese und ihre Schwester
in allen Ehren, da er sich seiner törichten Liebe schämt.*

Wer wäre imstande, die verschiedenen Gespräche wiederzugeben, welche die Damen darüber führten, ob Gilberto, Messer Ansaldo oder der Schwarzkünstler in der Geschichte der Madonna Dianora die größte Freigebigkeit bewiesen hätte? Es würde zu ermüdend sein. Als der König dem Wortwechsel eine Weile stattgegeben hatte, sah er Fiammetta an und gebot ihr, die Streitigkeiten mit einer neuen Geschichte zu beenden. Diese begann sogleich:

Ihr reizenden Mädchen, ich war stets der Meinung, man müsse in einer Gesellschaft wie der unsrigen so ausführlich erzählen, daß durch eine zu kurze Wiedergabe der Sinn der vorgetragenen Geschichten niemals Anlaß zu Streitigkeiten bieten kann. Solche geziemen sich weit eher für die Studenten in den Schulen als für uns, die wir kaum für Rocken und Spindel ausreichen. Weil ich nun – vielleicht infolge einiger Zweifel, die in euren Herzen entstanden sind – euch bereits über Gehörtes im Streit sehe, will ich verschiedene Geschichten, die vielleicht weitere Unklarheiten in sich bergen, beiseite lassen und euch eine Begebenheit erzählen, die nicht etwa einen Mann niederer Herkunft, sondern einen erhabenen König betrifft, der durch ritterliche Tat seine Ehre rein hielt.

Jede von euch wird schon häufig Erinnerungen an König Karl den Alten oder den Ersten gehört haben, der durch seinen kühnen Angriff und ruhmvollen Sieg über König Manfred die Gibellinen aus Florenz vertrieb und die Guelfen wieder dorthin zurückführte. Aus diesen Gründen hatte auch der Ritter Messer Neri degli Uberti mit seiner ganzen Familie und einer Menge Geld die Stadt verlassen und beschlossen, nirgends anders als unter dem Schutze König Karls Zuflucht zu suchen. Um nun an einem stillen Ort zu weilen und in Ruhe sein Leben zu beschließen, begab er sich nach Castellammare di Stabia, erwarb hier, gut einen Bogenschuß von anderen Wohnhäusern dieses Ortes entfernt, unter Oliven, Nußbäumen und Kastanien, an denen jene Gegend überreich ist, eine Besitzung, auf der er alsbald ein schönes, ansehnliches Landhaus errichten ließ. Daneben einen wunderschönen Garten, in dessen Mitte er nach unsrer Gepflogenheit, zumal es an Quellen nicht mangelte, einen schönen, klaren Fischteich anlegen und mit vielen verschiedenen Fischen reizvoll besetzen ließ.

Während er nun keinen andern Gedanken hatte, als seinen Garten von Tag zu Tag schöner zu gestalten, geschah es, daß in der heißen Jahreszeit König Karl, der sich ein wenig Erholung gönnen wollte, ebenfalls nach Castellammare kam und, als er von Messer Neris schönem Garten hörte, diesen zu sehen begehrte. Da er aufmerksam gemacht wurde, wem der Garten gehörte, beschloß er, weil der Ritter der ihm feindlichen Partei angehörte, sich desto freundlicher ihm gegenüber zu bezeigen. Er ließ ihm ausrichten, daß er am nächsten Abend in aller Stille mit vier Hofleuten bei ihm in seinem Garten zu speisen wünsche. Messer Neri war über diese Botschaft recht erfreut und empfing den König, nachdem er das Mahl auf das würdigste vorbereitet hatte und mit seiner Familie übereingekommen war, was geschehen sollte, freundlich in seinem schönen Garten. Als der König nun Garten und Haus des Messer Neri besichtigt und sich die Hände gewaschen hatte, nahm er an der zu seiten des Fischteiches aufgestellten Tafel Platz, rief den Grafen Guido di Monforte, einen Herrn seiner Begleitung, an seine Seite und Messer Neri an die andere. Den übrigen Herren, die mitgekommen waren, gebot er, nach den von Messer Neri getroffenen Anordnungen bei Tisch zu servieren. Köstliche Speisen und die besten Weine wurden alsbald in löblicher Weise, ohne Lärm und Störung, aufgetragen, und der König war über alles des Lobes voll. Während er nun in heiterer Stimmung, erfreut über die Ruhe des schönen Platzes, speiste, betraten zwei junge Mädchen von etwa fünfzehn Jahren den Garten. Sie trugen in ihren Locken, die wie feines Goldgespinst schimmerten, zarte Kränze von Immergrün und schienen ihren Gesichtern nach eher Engel als Menschen zu sein, so reizvoll war ihre zarte Schönheit. Auf der bloßen Haut trugen sie Gewänder von hauchdünnem, schneeweißem Linnen, die vom Gürtel aufwärts den Busen eng umschlossen, unterhalb des Gürtels jedoch in weiten Falten bis auf die Füße herniederfielen. Das voranschreitende Mädchen trug auf der

Schulter einige Fischnetze, die sie mit der linken Hand festhielt, während sie in der rechten einen langen Stab trug. Die hinter ihr Schreitende hatte auf der linken Schulter eine Pfanne, unter dem Arm ein Bündel Holz und in der Hand einen Dreifuß, in der andern Hand dagegen eine Flasche Öl und einen brennenden Span. Als der König die beiden erblickte, wartete er voller Verwunderung, was dies bedeuten möchte.

Die jungen Mädchen traten näher, verbeugten sich ehrerbietig und schüchtern vor dem König und begaben sich dann an den Eingang des Fischteiches. Dort setzte die eine ihre Pfanne und die übrigen Dinge nieder, nahm den Stock, den die andere trug, und beide gingen in den Teich, dessen Wasser ihnen bis an die Brust reichte. Einer der Bedienten des Messer Neri entzündete nun eiligst ein Feuer, setzte die Pfanne auf den Dreifuß und wartete auf die von den Mädchen gefangenen Fische. Die eine der beiden stöberte an den Stellen herum, wo, wie sie wußte, die Fische sich versteckten, während die andere die Netze bereithielt. So fingen sie zum großen Vergnügen des Königs, der ihnen aufmerksam zusah, in kurzer Frist eine Menge Fische, die sie dem Diener zuwarfen, der sie sofort, noch lebend, in die Pfanne tat. Darauf nahmen die beiden jungen Mädchen, wie es ihnen vorher aufgetragen war, die allerschönsten Fische aus den Netzen heraus und warfen sie vor dem König, dem Grafen Guido und ihrem Vater auf die Tafel. Die Fische schnellten alsbald auf der Tafel hin und her, worüber der König so ergötzt war, daß er begann, sie wieder zu fangen und den jungen Mädchen wieder zuzuwerfen. Auf diese Weise unterhielten sie sich scherzend so lange, bis der Diener eine Anzahl der ihm übergebenen Fische zubereitet hatte. Alles dies geschah auf Messer Neris Anordnung und war mehr als ein kleines Zwischengericht denn als eine besondere Speise gedacht und dem König dargeboten.

Als die Mädchen sahen, daß die Fische gar waren und sie genug gefischt hatten, kamen sie, obwohl ihnen nun die weißen, leichten Gewänder so fest am Leibe klebten, daß sie keinen Teil ihrer zarten Körper verbargen, wieder aus dem Fischteich heraus, sammelten alsbald alles auf, was sie hergebracht hatten, und kehrten dann, schamhaft am Platze des Königs vorübergehend, ins Haus zurück.

Der König, der Graf und die drei Höflinge, die bei Tisch bedienten, hatten alle miteinander die jungen Mädchen aufmerksam betrachtet, und jeder lobte sie bei sich als schön und wohlgestalt und außerdem als reizend und wohlerzogen. Mehr als allen andern aber hatten sie dem König gefallen, der so in ihren Anblick versunken war, als sie aus dem Wasser kamen, daß, wäre er in diesem Augenblick gestochen worden, er es gar nicht bemerkt hätte. Während er noch über die Mädchen nachdachte, fühlte er, ohne zu wissen, wer sie seien oder wie es geschah, in seinem Herzen das heiße Verlangen, ihnen zu gefallen, und erkannte daran, daß er auf dem besten Wege war, sich zu verlieben, wenn er sich nicht fest im Zaume halte. Doch hätte er nicht zu sagen vermocht, welche von beiden ihm mehr gefallen hatte, so sehr ähnelte von Kopf bis Fuß eine der andern.

Als er einige Zeit solchen Gedanken nachgesonnen hatte, wandte er sich an Messer Neri und fragte, wer die beiden jungen Damen gewesen seien. Messer Neri erwiderte: „Monsignore, es waren meine Zwillingstöchter, sie heißen Ginevra, die Schöne, und Isotta, die Blonde." Der König lobte alle beide sehr und riet sodann Messer Neri, sie zu verheiraten. Messer Neri jedoch entschuldigte sich damit, daß er hierzu nicht mehr in der Lage sei.

In diesem Augenblick, da nichts weiter als das Obst noch zum Nachtisch zu reichen war, erschienen wiederum die beiden jungen Mädchen, jetzt in prächtige Gewänder aus Zendeltaffet gekleidet. Sie trugen zwei riesige, mit den verschiedensten Früchten der Jahreszeit gefüllte silberne Schalen in den Händen und setzten sie vor dem König auf die Tafel nieder. Dann zogen sie sich ein paar Schritte zurück und begannen ein Lied zu singen, das mit den Worten anfängt:

„Wohin du mich geführt hast, Amor,
Kann man mit Worten nicht erklären..."

Sie sangen dieses Lied mit Anmut und Lieblichkeit, daß es dem König, der sie mit Wohlgefallen anschaute und anhörte, schien, als ob die himmlischen Heerscharen der Engel herabgestiegen seien und sängen. Als das Lied beendet war, knieten die jungen Mädchen ehrfürchtig vor dem König nieder und baten, sich entfernen zu dürfen, was dieser, so leid ihm auch ihr Fortgehen tat, mit freundlicher Miene gestattete.

Nach Beendigung des Abendessens stieg der König mit seiner Begleitung wieder aufs Pferd, verließ Messer Neri und kehrte unter mancherlei Gesprächen in sein königliches Quartier zurück. Hier jedoch vermochte er auch über den wichtigsten Staatsgeschäften, die seiner warteten, und obwohl er seine Neigung sorgsam verbarg, nicht die Schönheit und Anmut der schönen Ginevra zu vergessen, derentwegen er auch die ihr so ähnliche Schwester noch liebte; er verstrickte sich vielmehr so fest in die Netze der Liebe, daß er fast an nichts anderes mehr denken konnte.

Unter allerlei Gründen blieb er fortan mit Messer Neri in enger Verbindung und besuchte ihn, um Ginevra zu sehen, oft in seinem schönen Garten.

Als er jedoch glaubte, diesen Zustand nicht mehr länger ertragen zu können, verfiel er, zumal ihm kein andrer Ausweg blieb, auf den Gedanken, dem Vater nicht nur eine, sondern beide Töchter zu entführen, und setzte alsbald den Grafen Guido von seiner Neigung und seinem Vorhaben in Kenntnis. Dieser, ein hochsinniger, edler Mann, sagte darauf zu ihm: „Monsignore, Eure Worte setzen mich in nicht geringe Verwunderung, die bei mir um so größer sein dürfte als bei jedem andern, da ich Eure Gesinnung von Jugend auf bis zum heutigen Tage besser als jeder gekannt habe. Mir scheint, daß Amor in Eurer Jugend, in der man soviel leichter seiner Macht erliegt, es nicht vermocht hat, Euch so zu entflammen wie jetzt an der Schwelle des Alters. Euch um der Liebe willen lieben zu sehen, ist mir so neu und unerwartet, daß es mir wie ein Wunder erscheint. Geziemte es sich für mich, Euch deswegen Vorhaltungen zu machen, so wüßte ich wohl, was ich Euch zu sagen hätte, zumal wenn ich bedenke, daß Ihr noch in den Waffen steht, ein neuerobertes Land im Rücken und dazu ein unbekanntes Volk voller Ränke und Hinterlist. Und daß Ihr, mit wichtigen Angelegenheiten und Staatsgeschäften überlastet, bisher Euch noch nicht einmal einen Wohnsitz habt wählen können. Bei all diesen wichtigen Geschäften wollt Ihr nun der schmeichlerischen Liebe noch Zeit opfern? Das ist eines großen Königs nicht würdig, sondern höchstens eines unbedeutenden Jünglings Weise. Aber ganz abgesehen hiervon sagt Ihr, und das ist das schlimmste, daß Ihr Euch entschlossen habt, dem bedauernswerten Ritter die beiden Töchter zu rauben, nachdem er Euch in seinem Hause die höchsten Ehren erwiesen und Euch sogar die Töchter, um Euch noch mehr zu ehren, fast nackt vorgeführt hat, womit er deutlich bewies, wie sehr er Euch vertraut und wie sicher er glaubte, in Euch einen König und nicht einen reißenden Wolf zu sehen. Ist es so bald Eurem Gedächtnis entfallen, daß die Gewalttaten des Königs Manfred gegen die Frauen Euch erst den Eintritt in dieses Reich ermöglicht haben? Welches Verbrechen ist wohl mehr der ewigen Verdammnis würdig als jenes, einen Edelmann um seine Ehre zu betrügen und ihm sein höchstes Gut, seine Hoffnung und seinen Trost zu rauben? Was würde die Welt sagen, wenn Ihr Euch zu diesem Verbrechen hinreißen ließet? Vielleicht seid Ihr der Meinung, daß es eine Entschuldigung wäre, zu sagen: ‚Ich tat es, weil er ein Gibelline ist.' Aber ist das eines Königs würdig, daß er jene, die in seinen Armen Schutz suchen, wer immer sie auch sein mögen, auf solche Weise behandelt? Ich erinnere Euch daran, o König, daß Ihr zwar mit dem Sieg über Manfred und der Niederlage Curradinos erhabenen Ruhm erlangtet, jedoch ist es noch weit erhabener, sich selber zu besiegen. Darum solltet Ihr, der allen ein Vorbild sein muß, Euch selbst und diese unziemliche Begierde bezwingen, damit Ihr nicht mit solchem Betragen Eure ruhmvollen Verdienste zerstört."

Diese Worte trafen den König hart und betrübten ihn desto tiefer, je mehr er ihre Wahrheit einsehen mußte. Er sagte nach einem tiefen Seufzer: „Graf, mit Sicherheit erkenne ich jetzt, daß jeder erbitterte Feind, wie stark er auch immer sein mag, von dem erfahrenen Krieger viel leichter und einfacher zu besiegen ist als die eigene Begierde. Obwohl es eines eisernen Willens und unbändiger Anstrengungen bedürfen wird, haben mich Eure Worte doch so getroffen, daß ich Euch noch vor Ablauf weniger Tage durch meine Taten beweisen werde, daß ich ebenso wie meine Feinde auch mich selber überwinden kann."

Nach diesem Gespräche vergingen denn auch nur wenige Tage, so entschloß sich der König, der inzwischen nach Neapel zurückgekehrt war, die beiden jungen Mädchen zu verheiraten, als seien sie seine eigenen und nicht die Töchter Messer Neris. Auf diese Weise gedachte er sich selbst eine niedere Handlungsweise zu verbieten und andrerseits dem Ritter für die ihm erwiesenen Ehren zu danken, obwohl es ihm hart ankam, einen anderen Mann zum Besitzer dessen zu machen, was er selbst so heiß begehrte. Zur großen Freude des Messer Neri schenkte er beiden Töchtern eine reiche Mitgift und verheiratete die schöne Ginevra mit Messer Maffeo da Palizzi und die blonde Isotta mit Messer Guglielmo della Magna, zwei edlen Rittern und großen Herren. Nachdem er sie den Herren gegeben hatte, zog er sich in unbeschreiblichem Schmerz nach Apulien zurück. Dort aber überwältigte er in unaufhörlicher Anstrengung seine Begierde so voll und ganz, daß er, nachdem er diese Liebesbande gesprengt hatte, zeit seines Lebens von ähnlicher Leidenschaft verschont blieb.

Es werden nun wohl manche sagen, daß es für einen König nur eine Kleinigkeit sei, zwei junge Mädchen zu verheiraten, und ich muß ihnen hierin beipflichten. Jedoch halte ich es für eine große, ja übergroße Tugend, wenn wir sagen, daß ein König, der verliebt war, jenes Mädchen, das er selber liebte, verheiratete, ohne von seiner Liebe Blatt, Blüte oder Frucht genossen zu haben oder zu genießen. – So handelte ein erhabener König, der einen edlen Ritter fürstlich belohnte, die geliebten Mädchen auf lobenswerte Weise ehrte und sich selbst kraftvoll überwand.

SIEBENTE GESCHICHTE

König Peter hat von der heißen Liebe erfahren, welche ihm von der kranken Lisa entgegengebracht wird. Er tröstet sie und verheiratet sie dann mit einem jungen Edelmann, küßt sie auf die Stirn und nennt sich fortan ihren Ritter.

Fiammetta war am Ende ihrer Geschichte angelangt, und die männliche Großmut König Karls wurde von allen sehr gepriesen, wenn auch einige Damen, die gibellinischer Gesinnung waren, ihn nicht loben wollten. Dann aber begann Pampinea auf Geheiß des Königs zu erzählen:

Ihr achtbaren Mädchen, kein vernünftiger Mensch wird

bestreiten, was ihr von dem guten König Karl behauptet habt, wenn er ihm nicht aus andren Gründen übelwill. Ich jedoch bin durch diese Geschichte an eine andere großmütige Tat erinnert worden, die vielleicht nicht weniger Lob verdient als jene. Sie wurde von einem Gegner König Karls einer jungen Florentinerin erwiesen, und ich möchte sie euch jetzt berichten.

Zu der Zeit, als die Franzosen aus Sizilien verjagt wurden, lebte in Palermo ein schwerreicher Apotheker aus Florenz. Er hieß Bernardo Puccini und besaß von seiner Frau nur eine einzige, sehr schöne Tochter, die schon in heiratsfähigem Alter war. Als nun König Peter von Aragonien Herr der Insel wurde, gab er in Florenz für alle Großen ein prächtiges Fest. Auf diesem Fest, in dessen Verlauf er mit seinen Rittern katalanische Waffenspiele ausfocht, geschah es, daß die Tochter Bernardos, die Lisa hieß, zusammen mit anderen Damen ihn von einem Fenster aus kämpfen sah. Dabei fand sie so überaus großes Gefallen an ihm, daß sie sich, nachdem sie ihn lange angeschaut hatte, glühend in ihn verliebte. Als nun das Fest vorüber und sie wieder im Hause ihres Vaters war, konnte sie an nichts anderes mehr denken als an ihre hochstrebende, kühne Liebe. Was sie hierbei sehr bekümmerte, war die Erkenntnis ihrer niederen Herkunft, die fast keine Hoffnung auf ein frohes Ende zuließ. Trotzdem konnte sie es nicht übers Herz bringen, dem König ihre Liebe zu entziehen, wagte freilich aus Angst vor noch größerem Leide auch nicht, sie zu bekennen. Der König, der keine Ahnung von der Sache hatte, bekümmerte sich natürlich nicht um sie, worüber sie unvorstellbar unglücklich war. Als sich schließlich zu ihrer stetig wachsenden Liebe noch eine tiefe Schwermut hinzugesellte, kam es so weit, daß Lisa den Kummer nicht mehr ertragen konnte, heftig erkrankte und sichtbar, wie Schnee an der Sonne, von Tag zu Tag dahinschwand. Ihr Vater und ihre Mutter versuchten, tiefbekümmert über dieses Unglück, mit fortwährendem Trost, mit Ärzten und Medizinen, soweit sie konnten, ihr beizustehen, jedoch war alles vergeblich, da sie selbst, verzweifelt über ihre aussichtslose Liebe, beschlossen hatte, nicht mehr weiterzuleben.

Nun geschah es, daß einmal, als ihr Vater ihr wiederum alles mögliche versprach, was sie erfreuen könnte, ihr der

Gedanke kam, daß sie, wenn es auf geziemende Weise möglich sei, vor ihrem Tode dem König ihre Liebe und ihren Entschluß, zu sterben, offenbaren wollte. Sie bat darum eines Tages ihren Vater, er möchte doch Minuccio d'Arezzo zu ihr kommen lassen. Minuccio war zu jenen Zeiten als bester Sänger und Musiker berühmt und ein gerne gesehener Gast König Peters. Da nun Bernardo glaubte, Lisa wünsche ihn singen und spielen zu hören, ließ er jenen sogleich zu sich bitten, und Minuccio, ein gefälliger Mann, kam unverzüglich zu ihr. Nachdem er sie mit liebevollen Worten ein wenig getröstet hatte, spielte er auf seiner Viola einige zarte Sonaten und sang anschließend einige Lieder, die freilich für die Liebe des Mädchens Feuer und Flamme waren und nicht Trost, wie er meinte. Als er sie beendet hatte, wünschte Lisa einige Worte mit ihm allein zu sprechen und sagte, nachdem alle übrigen sich entfernt hatten: „Minuccio, ich habe dich zum treuen Hüter meines Geheimnisses auserkoren und hoffe vor allem, daß du zu niemandem, außer dem einen, den ich dir nennen werde, je etwas darüber verlauten lassen, dann aber auch, daß du mir nach Kräften helfen wirst, worum ich dich herzlich bitte. Du mußt wissen, Minuccio, daß am Tage, als unser Gebieter, der König Peter, das große Fest zu Ehren seiner Thronbesteigung gab, er im ritterlichen Waffenspiel einen so tiefen Eindruck auf mich machte, daß mein Herz in heißer Liebe zu ihm entbrannte. Diese Liebe hat mich soweit gebracht, wie du mich hier siehst. Und da ich wohl erkannte, wie ungeziemend es ist, einen König zu lieben, ich aber diese große Liebe nicht verringern, geschweige denn aus meinem Herzen vertreiben, andrerseits aber auch ihre Qualen nicht mehr ertragen kann, habe ich, als das kleinere Leid, den Tod erwählt und will sterben. Doch wahrlich, ich würde untröstlich dahingehen, wenn er nicht vorher alles erführe. Da ich nicht weiß, wie ich ihm auf ehrenvollere Weise als durch dich von meinem Entschluß Kenntnis geben könnte, möchte ich dir diese Aufgabe ans Herz legen und bitte dich, mein Anliegen nicht abzuschlagen. Wenn du alles getan hast, lasse es mich erfahren, damit ich getröstet in den Tod gehen und mich von dieser Qual erlösen kann." Nach diesen Worten brach sie in Tränen aus und schwieg. Minuccio war tief beeindruckt von der Seelengröße des Mädchens und ihrem grausamen

Entschluß, den er sehr bedauerte. Er sann sogleich darüber nach, wie er ihr auf schickliche Weise dienen könne, und sagte zu ihr: „Lisa, ich gelobe dir hiermit Treue, und du kannst sicher sein, daß ich dich niemals verraten werde. Außerdem biete ich dir, deren Liebe zu einem so großen König ich nur preisen kann, meine Hilfe an. Fasse ein wenig Mut! Ich hoffe zu erreichen, daß ich noch vor Anbruch des dritten Tages dir erfreuliche Nachricht bringen kann. Um keine Zeit zu verlieren, will ich sofort gehen und mich ans Werk machen."

Lisa bat ihn noch einmal um seinen Beistand, versprach ihm, Zuversicht zu haben, und entließ ihn dann mit Gott. Minuccio ging fort und suchte Mico aus Siena auf, der zu jenen Zeiten als ein guter Poet galt, und bewog ihn mit allerlei Bitten, die folgende Kanzone zu dichten:

> Geh, Amor, hin und sage meinem Herrn,
> Wie groß die Qualen sind, die ich ertrage;
> Daß sterbend ich verzage,
> Weil ich verbergen muß der Hoffnung Stern.
>
> Ich bitte, Amor, dich mit brünst'gem Flehen,
> Daß du dort hingehst, wo mein Herr verweilt;
> Ihm sagst, wie nur nach ihm die Blicke spähen,
> Der mir das Herz verwundet und doch heilt.
> Wie könnt ich solchen Flammen widerstehen!
> Nur weiß ich nicht, wann mich der Tod ereilt,
> Wann er den Brief der Freiheit mir erteilt,
> Der mich erlöst von Scham und bangem Zagen,
> Die sehnend ich ertragen.
> Sag ihm, was ich erdulde, von ihm fern.
>
> Seit, Amor, ich zuerst für ihn entbrannte,
> Gabst du mir Furcht und nie so viel an Mut,
> Daß ich selbst in Gebärden je bekannte
> Dem, der in mir entzündet diese Glut,
> Wie ich sein eigen bin, nur sein mich nannte,
> Weshalb der Tod – im Sterben – leid mir tut.
> Es stockt vor Schüchternheit mir alles Blut;
> Doch könnt ich schildern ihm die heißen Schmerzen,
> Die brennen mir im Herzen,
> Statt mir zu zürnen, hört' er es wohl gern.

Läßt, Amor, du das Glück mir nimmer werden,
Die Scheu zu bannen, der ich stets erlag,
So daß durch Boten oder durch Gebärden
Mein Herz ihm nie von seiner Liebe sprach,
Dann bitt ich nur um eine Gunst auf Erden:
Geh, Amor, zu ihm, mahn ihn an den Tag,
Wo Lanz' auf Lanz' er im Turniere brach.
Damals erblickt ich ihn mit Liebessehnen;
Seitdem nennt unter Tränen
Mein brechend Herz ihn seinen hohen Herrn.

Diese Verse kleidete Minuccio sogleich in eine sanfte, rührende Weise, wie der Text es verlangte. Dann ging er drei Tage später damit zu Hofe. Da König Peter gerade beim Mahle saß, bat er ihn, zu seiner Viola ein Lied zu singen, und Minuccio fing an, das neue Lied auf so zarte, süße Art vorzutragen, daß alle Gäste, die sich im Saale des Königs aufhielten, vor Verwunderung verstummten und aufmerksam zuhörten, aufmerksamer als alle anderen aber der König selbst.

Als Minuccio seinen Gesang beendet hatte, fragte der König, woher dieses Lied, das er noch niemals gehört habe, stamme. „Monsignore", erwiderte Minuccio, „es ist noch keine drei Tage her, seitdem diese Verse und die Melodie entstanden." Auf die Frage des Königs, wer denn der Urheber sei, entgegnete Minuccio: „Das wage ich niemandem zu entdecken als Euch allein." Begierig, alles zu erfahren, ließ der König, als die Tafel aufgehoben war, Minuccio in sein Zimmer rufen, wo jener ihm ausführlich alles, was er erfahren hatte, berichtete. Die Nachricht erfreute den König, er lobte das Mädchen und sagte, daß man mit einer so ehrenwerten Jungfrau Mitleid fühlen müsse. Minuccio solle daher in seinem Auftrage zu Lisa gehen, ihr Trost zusprechen und ihr bestellen, daß er, der König, sie mit Sicherheit noch an diesem selben Tage um die Vesperzeit besuchen werde.

Hocherfreut, dem Mädchen eine so gute Botschaft übermitteln zu können, eilte Minuccio unverzüglich mit seiner Viola in das Haus Lisas, und da er sie allein sprechen konnte, erzählte er ihr genau alles, was sich zugetragen hatte, und sang ihr dann das Lied zu der Viola vor. Das

Mädchen war hierüber so froh und glücklich, daß sich fast augenblicklich deutliche Anzeichen von Besserung bei ihr bemerkbar machten. Voller Sehnsucht, ohne daß jemand im Hause verstanden oder gewußt hätte, was dies bedeuten mochte, begann Lisa die Vesperzeit zu erwarten, in der sie ihren Gebieter wiedersehen sollte.

Der König, ein großzügiger, wohlwollender Mann, hatte indessen noch über die von Minuccio gehörten Dinge nachgedacht, und da er sich des Mädchens und ihrer Schönheit sehr gut erinnerte, wurde sein Mitleid mit ihr noch größer, als es bereits war. Er stieg daher um die Vesperzeit aufs Pferd, als wolle er zu seiner Erholung ein wenig ausreiten, und begab sich zum Hause des Apothekers. Hier ließ er anfragen, ob er den schönen Garten des Apothekers besichtigen könne, sprang dort vom Pferd und fragte etwas später Bernardo, was es heißen solle, daß seine Tochter noch immer nicht verheiratet sei. Bernardo erwiderte: „Monsignore, sie ist noch nicht verheiratet, weil sie schwer krank war und es noch ist. Allerdings muß ich sagen, daß ihr Zustand sich heute seit der Nona erstaunlich gebessert hat." Der König verstand sogleich, was diese Besserung bedeutete, und sagte: „Meiner Treu, es wäre jammerschade, wenn ein so schönes Mädchen dieser Welt schon geraubt werden sollte. Wir wollen sie doch einmal besuchen."

Nur von zwei Höflingen und Bernardo begleitet, ging er wenig später nach dem Zimmer Lisas, trat ein und nahm neben dem Bette Platz, wo das Mädchen, etwas aufgerichtet, ihn bereits mit Sehnsucht erwartete. Er ergriff ihre Hand und sagte: „Madonna, was soll das heißen? Ihr seid jung und solltet andere Menschen trösten und überlaßt Euch selber der Krankheit? Wir wollen Euch aber bitten, Euch doch uns zuliebe nach Kräften zusammenzunehmen, damit Ihr bald wieder gesund werdet."

Als das Mädchen sich von jenem, den sie mehr als alles auf der Welt liebte, an den Händen gehalten fühlte, erfaßte sie, obwohl sie sich ein wenig schämte, ein solches Glücksgefühl, als sei sie im Paradies. So gut sie konnte, antwortete sie: „Mein Gebieter, daß ich meinen schwachen Kräften eine viel zu schwere Last auferlegen wollte, ist der Grund meiner Krankheit gewesen, doch werdet Ihr mich, dank Eurer Güte, bald von dieser Bürde befreit sehen." Allein der

König verstand die geheime Bedeutung der Worte Lisas und achtete sie nun noch mehr, bei sich selber das Schicksal verwünschend, das sie zur Tochter eines solchen Mannes gemacht hatte. Nachdem er noch eine Weile bei ihr geblieben und sie weiterhin ermutigt hatte, verabschiedete er sich. Diese Freundlichkeit des Königs wurde allgemein sehr gepriesen und dem Apotheker und seiner Tochter zu hoher Ehre angerechnet. Lisa aber war so glücklich und so froh wie kaum eine andre Frau über ihren Geliebten. Von kühnen Hoffnungen gestärkt, genas sie in wenigen Tagen und wurde schöner denn je.

Nachdem sie völlig wiederhergestellt war, stieg der König, der inzwischen zusammen mit der Königin beschlossen hatte, welche Belohnung Lisa für ihre Liebe von ihm erhalten sollte, eines Tages aufs Pferd und begab sich mit vielen Großen seines Hofes zum Hause des Apothekers. Als sie dessen Garten betreten hatten, ließ der König den Apotheker und seine Tochter rufen. In diesem Augenblick traf auch die Königin mit vielen Hofdamen ein und empfing Lisa im Kranze ihrer Damen, worauf alle begannen, dem jungen Mädchen viele Freundlichkeiten zu sagen.

Bald aber riefen der König und die Königin Lisa zu sich, und der König sprach zu ihr: „Edle Jungfrau, die große Liebe, die Ihr uns entgegengebracht habt, soll Euch von uns würdig belohnt werden. Wir wünschen, daß Ihr aus Liebe zu uns Euch mit unserm Vorhaben einverstanden erklärt. Dieses Vorhaben aber ist, daß Ihr, da Ihr im heiratsfähigen Alter seid, den Mann zum Gatten nehmt, den wir Euch bestimmen werden. Daneben beabsichtigen wir, ganz unabhängig davon, uns für immer Euren Ritter zu nennen, ohne mehr dafür von Euch zu begehren als einen einzigen Kuß."

Das Mädchen errötete vor Scham, erklärte den Willen des Königs für ihren eigenen und erwiderte mit leiser Stimme: „Mein Gebieter, wenn meine Liebe zu Euch ruchbar würde, glaube ich mit Sicherheit annehmen zu dürfen, daß die meisten Menschen mich für recht töricht hielten und vielleicht zu der Ansicht kämen, ich sei von Sinnen und dächte weder an meine Herkunft noch an die Eure. Gott aber, der allein die Herzen der Menschen durchschaut und kennt, weiß, daß ich vom ersten Augenblick an, als Ihr mir so wohl gefielet, Euch als den König geachtet habe und mich für nichts anderes als die Tochter des Apothekers Bernardo und daß es mir wohl bewußt war, wie unziemlich das Verlangen des Herzens nach so erhabenem Ziele war. Jedoch verliebt sich niemand – dies wißt Ihr weit besser als ich – nach den Geboten der Pflicht, sondern nur nach Lust und Gefallen. Ich habe mich nach Kräften gewehrt, als ich es jedoch nicht mehr konnte, begann ich Euch zu lieben, liebe Euch noch heute und werde Euch immerdar lieben. Wahr ist, daß ich in dem Augenblick, als ich mich der Liebe zu Euch hingab, den Entschluß faßte, stets und in allen Dingen Euren Wünschen zu folgen. Daher werde ich nicht nur gern heiraten und den Mann liebhaben, den Ihr mir zu geben wünscht, zumal er mir Ehre und Stand schenken wird, sondern würde, wenn Ihr von mir verlangtet, im Feuer auszuhalten, auch dies mit Freuden tun, wenn ich hoffen könnte, Euch damit zu erfreuen. Wie wenig es mir zukommt, Euch, den König, meinen Ritter zu nennen, wißt Ihr, und darum antworte ich hierauf nichts weiter. Auch den einzigen Kuß, den Ihr von meiner Liebe begehrt, kann ich Euch ohne die Einwilligung der Frau Königin nicht gewähren. Nichtsdestoweniger schenke Euch Gott für das Wohlwollen, das Ihr und die hier anwesende Frau Königin mir erweiset, an meiner Statt den Dank und Lohn, den ich Euch nicht zu geben vermag." Damit schwieg sie. Der Königin gefiel die Antwort des Mädchens sehr, und auch sie hielt nun Lisa für so klug und bescheiden, wie der König gesagt hatte.

Dieser ließ alsbald den Vater und die Mutter des Mädchens heranrufen, und als er vernahm, daß beide mit seinem Plan einverstanden waren, schickte er nach einem jungen Edelmann namens Perdicone, der ohne Vermögen war, händigte diesem zwei Ringe aus und verlobte ihn, da er nichts dagegen einzuwenden hatte, mit Lisa. Dazu vermachte er ihm außer vielen Schmuckstücken und Edelsteinen, die er und die Königin dem Mädchen schenkten, Ceffalù und Calatabellotta, zwei Güter mit bestem Boden und großem Obstertrag, und sagte: „Wir schenken dir diese Güter als Mitgift deiner Frau. Was wir aus dir selber zu machen gedenken, wirst du in Zukunft erfahren." Nach diesen Worten wandte er sich Lisa zu und sprach: „Und jetzt wollen wir uns jene Frucht holen, die wir von Eurer Liebe empfangen sollen." Damit umfaßte er mit beiden Händen ihr Haupt und küßte sie auf die Stirn.

Glücklich feierten nun Perdicone, Lisas Vater und Mutter und auch sie selbst ein großes Fest und hielten fröhlich Hochzeit. Und der König hielt, wie viele versichert haben, der jungen Frau getreulich sein Versprechen, nannte sich, solange er lebte, immer ihren Ritter und trug zu keiner Waffentat ein anderes Banner als das, welches sie ihm gesandt hatte.

Durch solche Taten gewinnen Könige die Herzen ihrer Untertanen, geben andern ein gutes Vorbild und erwerben sich unsterblichen Ruhm. Freilich trachten heutigentags nur wenige oder gar keine Herrscher noch danach, da fast alle grausam und tyrannisch geworden sind.

ACHTE GESCHICHTE

Sophronia, welche annimmt, die Frau des Gisippos zu sein, ist in Wirklichkeit die Gattin des Titus Quinctius Fulvus und geht mit ihm nach Rom. Auch Gisippos kommt in erbärmlichem Zustand dorthin. Da er glaubt, von Titus verachtet zu werden, beschuldigt er sich, um zu sterben, einen Mann erschlagen zu haben. Titus aber erkennt ihn wieder und behauptet, um ihn zu retten, er selbst habe jenen Menschen erschlagen. Als der wahre Täter hiervon Kenntnis bekommt, zeigt er sich selber an. Schließlich werden alle drei von Octavianus freigelassen. Titus gibt nun dem Gisippos seine Schwester zur Frau und teilt sein ganzes Vermögen mit ihm.

Nachdem Pampinea aufgehört hatte zu erzählen und alle, ganz besonders die Gibellinen, den König Peter gepriesen hatten, begann Filomena auf Geheiß des Königs:

Ihr vortrefflichen Mädchen, wer wüßte nicht, daß die Könige, wenn sie nur wollen, große Dinge tun können und daß darum auch gerade von ihnen edle Taten erwartet werden? Wer also tut, was er kann und was seine Pflicht ist, handelt wohl recht, doch sollte man ihn darum weder zu sehr bewundern noch ihn mit vielen Lobsprüchen ebenso preisen, wie es vielleicht einem andern zukäme, der dasselbe tut, obwohl man es von ihm seiner geringen Kräfte wegen nicht verlangen kann.

Da ihr nun mit so vielen Worten die Taten der Könige preist und sie euch so edel erscheinen, zweifle ich nicht daran, daß ihr an den Taten eines der Unseren noch weit mehr Gefallen finden und sie loben werdet, zumal dann, wenn sie denen der Könige ebenbürtig oder gar noch überlegen sind. Ich habe mir darum vorgenommen, euch das lobenswerte, erhabene Verhalten von zwei bürgerlichen Freunden in meiner Geschichte darzustellen.

Zu jenen Zeiten, als Octavianus Caesar noch nicht Augustus genannt wurde, sondern im Amt, das man das Triumvirat zu nennen pflegte, das römische Imperium regierte, lebte in Rom ein edler Mann namens Publius Quinctius Fulvus, der einen Sohn besaß, welcher Titus Quinctius Fulvus genannt wurde. Da dieser über einen hervorragenden Verstand verfügte, sandte sein Vater ihn zum Studium der Philosophie nach Athen. Er empfahl ihn nach Kräften einem achtbaren Bürger jener Stadt, der Chremes genannt wurde und ein alter Freund von ihm war. Dieser nahm Titus zur Gesellschaft seines Sohnes Gisippos in seinem eigenen Hause auf und vertraute die beiden Jünglinge dem Philosophen Aristippos zur Ausbildung an. Als die beiden jungen Leute nun miteinander umgingen, stellte sich bald eine so große Übereinstimmung ihrer Gesinnung heraus, daß zwischen ihnen eine Brüderlichkeit und Freundschaft entstand, die für alle Zeiten durch nichts anderes als durch den Tod mehr getrennt werden konnte. Keiner von beiden fand Ruhe noch Rast, wenn er nicht mit dem anderen beisammen war. Sie hatten ihre Studien zusammen begonnen, und da sie beide gleicherweise mit einem ausgezeichneten Verstand begabt waren, erklommen sie auch im gleichen Schritt die ruhmvollen Höhen der Philosophie mit bewundernswerten Erfolgen. Auf diese Weise verbrachten sie zusammen wohl gut drei Jahre zur größten Freude des Chremes, dem einer wie der andre wie ein Sohn war. Nach Ablauf der drei Jahre geschah es – wie es der Lauf der Welt ist –, daß Chremes, der schon ein alter Mann war, aus diesem Leben schied. Darüber trugen beide so tiefes Leid, als sei er ihr gemeinsamer Vater gewesen, und es war für die Freunde und

Verwandten des Chremes nicht festzustellen, welcher der beiden Jünglinge über diesen Trauerfall mehr des Trostes bedürfe.

Einige Monate später ereignete es sich, daß die Freunde und Verwandten des Gisippos mit ihm zusammenkamen, im Verein mit Titus ihm zuredeten, sich eine Frau zu nehmen, und ihm gleichzeitig ein Mädchen von außerordentlicher Schönheit vorschlugen, die aus adeligem Hause stammte und Bürgerin von Athen war. Sie hieß Sophronia und war fünfzehn Jahre alt.

Als der Tag der Hochzeit sich näherte, bat Gisippos eines Tages Titus, doch mit ihm hinzugehen und das Mädchen anzusehen, das er noch nicht kannte. Als sie in ihrem Hause angekommen waren und Sophronia zwischen beiden Platz genommen hatte, begann Titus, gewissermaßen als Gutachter für die Schönheit der Braut seines Freundes, diese aufmerksam zu betrachten. Da ihm alles an ihr über die Maßen wohlgefiel und er sie im geheimen nur loben konnte, begann er, freilich ohne es sich anmerken zu lassen, so lichterloh für sie zu entbrennen wie wohl kaum je ein andrer Liebhaber für seine Dame. Nachdem sie eine Zeitlang bei ihr gewesen waren, nahmen sie Abschied und kehrten nach Hause zurück. Hier aber ging dem Titus, der sich nun in sein Zimmer zurückzog, das reizende Mädchen nicht mehr aus dem Sinn, und je länger seine Gedanken sich mit ihr beschäftigten, desto heißer begann seine Liebe sich zu entzünden. Als er es gewahr wurde, sagte er nach manchem tiefen Seufzer zu sich selbst: „Wehe, welch elendes Leben, Titus! Wohin und auf wen richtest du dein Trachten, deine Liebe und Hoffnung? Weißt du am Ende nicht, daß es sich für dich geziemt – sowohl um all die Ehren, die dir von Chremes und seiner Familie angetan wurden, als auch um der treuen Freundschaft willen, die zwischen dir und Gisippos herrscht, dessen Braut jenes Mädchen ist –, jene nur achtungsvoll wie eine Schwester zu betrachten? Wie kannst du sie lieben? Wohin läßt du dich von gleisnerischer Liebe, von schmeichelhaften Hoffnungen locken? Öffne die Augen der Vernunft und erkenne dich selbst, du Elender. Höre auf den Verstand und überwinde das Verlangen deiner Sinne, mäßige diese ungesunde Begierde und wende deine Gedanken anderen Dingen zu! Widerstehe jetzt im Anfang dem Verlangen, überwinde dich selbst, solange es noch Zeit ist! Was du begehrst, ziemt sich nicht, ist nicht ehrenhaft! Willst du handeln, wie Freundschaft und Pflicht es gebieten, so mußt du ablassen von dem Vorhaben, das zu verfolgen du dich entschlossen hast, auch dann, wenn du sicher wärest, dein Ziel zu erreichen, was nicht der Fall ist. Was also wirst du beginnen, Titus? Du wirst diese unziemliche Liebe fahrenlassen, wenn du tun willst, was sich gehört." Dann aber kehrten seine Gedanken zu Sophronia zurück, seine Stimmung schlug um, und er sagte, den eben gefaßten Entschluß verdammend: „Das Gebot der Liebe ist mächtiger als jedes andere. Es bricht nicht nur die Gesetze der Freundschaft, sondern sogar die des Himmels. Wie oft hat nicht schon ein Vater seine Tochter geliebt, ein Bruder seine Schwester, eine Stiefmutter ihren Stiefsohn! Dinge, die viel unnatürlicher sind, als daß ein Freund die Frau des anderen liebt, sind schon tausendmal vorgekommen. Abgesehen davon bin ich jung, und die Jugend ist den Gesetzen der Liebe untertan. Was also der Liebe gefällt, muß auch mir gefallen. Ehrbare Dinge schicken sich für reife Menschen, ich aber kann nichts andres tun als das, was die Liebe verlangt. Die Schönheit jenes Mädchens verdient, daß sie von jedem Menschen geliebt wird. Wenn nun auch ich, der ich jung bin, sie liebe, wer kann es mir mit Recht verargen? Ich liebe sie nicht, weil sie Gisippos bestimmt ist, nein, ich liebe sie, weil ich sie immer lieben müßte, wem sie auch gehören möchte. Hier fehlte das Geschick, das sie meinem Freunde Gisippos bestimmte anstatt einem andern Manne. Wenn sie es verdient, geliebt zu werden, wie sie es wirklich und mit vollem Recht ihrer Schönheit wegen tut, so sollte Gisippos, wenn er es erfährt, um so mehr erfreut sein, daß ich sie liebe und kein andrer."

Nach diesen Überlegungen kehrte er, sich selbst verspottend, wieder zu entgegengesetzten zurück, schwankte hin und her, von einem Gedanken zum andern und wieder zurück zum ersten und verbrachte so nicht nur den ganzen Tag und die folgende Nacht, sondern noch viele andere, daß er bald alle Lust an Essen und Schlafen verlor und sich schließlich vor Schwäche niederlegen mußte. Gisippos, der ihn tagelang tief in Gedanken versunken und jetzt krank daniederliegen sah, war darüber sehr bekümmert, wich nicht von seiner Seite und versuchte, ihn auf jede Art und Weise zu trösten, und fragte ihn auch oft und inständig nach dem Grunde seines Kummers und seiner Krankheit. Nachdem ihm Titus viele Ausflüchte gemacht hatte, die freilich von Gisippos auch als solche erkannt wurden, sah er sich schließlich gezwungen, die Wahrheit zu gestehen, und antwortete Gisippos mit Tränen in den Augen und unter vielen Seufzern: „Gisippos, wenn es den Göttern gefallen wollte, wäre mir der Tod lieber als das Weiterleben, da ich erkannt habe, daß das Schicksal mich in eine Lage gebracht hat, wo ich meine Tugend hätte erproben können; jedoch in tiefer Beschämung muß ich diese als unterlegen betrachten. Ich erwarte dafür mit Sicherheit nun bald den Lohn, der mir gebührt: den Tod. Er ist mir willkommener als das Leben mit dem Bewußtsein meiner Schande, welche ich dir, da ich dir nichts verheimlichen kann und will, mit heißem Erröten eingestehen will." Damit berichtete er von Anbeginn die Gründe seiner Nachdenklichkeit und die Gewissenskämpfe, die er ausgefochten, und schließlich auch, welcher Entschluß in ihm die Oberhand gewonnen und wie er sich vor Liebe zu Sophronia verzehre. Und er fügte hinzu, daß er wohl die Unziemlichkeit seines Verhaltens einsähe und daher zur Strafe den Entschluß gefaßt habe zu sterben, was er bald zu tun hoffe. Als Gisippos dies alles vernahm und die Tränen des Freundes sah, verharrte er anfänglich eine Weile in Nachdenken, da auch er, wenn auch gemäßigter, von den Reizen des schönen Mädchens gefesselt war. Dann aber erkannte er unverzüglich, daß ihm das Leben des Freundes teurer sei als Sophronia. Durch die Tränen Titus' ebenfalls zu Tränen gerührt, antwortete er ihm weinend: „Titus, wärest du nicht des Trostes so bedürftig, wie du es bist, so beklagte ich mich wohl bei dir über dich als über einen Mann, der unsere Freundschaft verletzt hat, da du mir so lange Zeit deine leidenschaftliche Liebe verheimlicht hast. Wenn dir auch diese Liebe unerlaubt erschien, so soll man doch auch das Unerlaubte vor dem Freunde nicht verbergen. Ein wahrer Freund wird – so wie er sich an allem Erlaubten mit dem Freunde von Herzen freut – keine Mühe scheuen, diesen von allem Unerlaubten zurückzuhalten. Doch will ich im Augenblick davon ganz absehen und zu jenem kommen, was ich jetzt als das Dringendste ansehe. Daß du Sophronia, die mir verlobt ist, liebst, wundert mich nicht. Weit mehr würde es mich in Erstaunen setzen, wenn es nicht der Fall wäre, da ich ihre Schönheit und den Adel deiner Seele kenne, die um so empfänglicher ist für eine Leidenschaft, je vortrefflicher der Gegenstand ihrer Neigung ist. Doch so berechtigt deine Liebe zu Sophronia ist, so unberechtigt sind – auch wenn du sie nicht ausspricht – deine Einwände gegen das Geschick, das sie mir zugeführt hat, da du doch meinst, daß du sie in Ehren hättest lieben können, wenn sie eines andern und nicht meine Braut wäre. Willst du aber verständig überlegen, wie du es zu tun gewohnt bist, so sage mir: Wem hätte das Schicksal sie zuführen sollen, daß du ihm mehr Dank gewußt hättest als für die Tatsache, daß es Sophronia mir zugeführt hat? Welcher andre Mann sie auch immer besessen hätte und wie ehrbar deine Liebe auch gewesen wäre, jeder hätte sie lieber sich selbst gegönnt als dir. Das aber darfst du mir, wenn du mich für einen so guten Freund hältst, wie ich es bin, nicht zutrauen. Und zwar deshalb nicht, weil ich mich nicht entsinnen kann, daß ich, seitdem wir Freunde wurden, je irgend etwas besessen hätte, was dir nicht gleichzeitig ebenso gehört hätte wie mir selbst. Wäre diese Angelegenheit schon so weit gediehen, daß es sich nicht mehr hätte ändern lassen, so hätte ich es auch hiermit gehalten wie mit allem anderen. Noch aber liegt es so, daß ich Sophronia dir allein überlassen kann, was ich auch zu tun beabsichtige. Ich wüßte nicht, was dir an meiner Freundschaft gelegen sein sollte, wenn ich es nicht fertigbrächte, einen meiner Wünsche nach dem deinen zu richten, solange dies auf ehrbare Weise möglich ist. Fürwahr, Sophronia ist meine Verlobte, ich liebte sie sehr und erwartete mit großer Freude die Hochzeit. Da indessen du, der soviel kundiger als ich, mit soviel mehr Glut ein so teures Kleinod wie sie begehrst, kannst du versichert sein, daß sie nicht als meine, sondern als deine Gattin in mein Haus kommen soll. Lasse darum das Grübeln, verjage deinen Trübsinn, rufe deine verlorene Gesundheit, deine Zufriedenheit und Heiterkeit zurück und erwarte von Stund an frohen Herzens den Lohn deiner Liebe, die soviel würdiger ist als die meine."

Als Titus diese Worte des Gisippos vernahm, beschämte ihn – sosehr ihn auch frohe Hoffnung aus des Freundes

Worten belebte – das Bewußtsein seiner Schuld und die Erkenntnis, je gütiger die Großmut Gisippos' sich zeige, desto unziemlicher sei es von ihm, diese auszunutzen. Er erwiderte darum, ohne seine Tränen zurückzuhalten, mit Mühe: „Gisippos, deine großzügige, wahre Freundschaft zeigt mir klar, was meine Pflicht ist. Gott verhüte, daß ich je jenes Mädchen, welches er dir als dem Würdigeren zugedacht hat, als mein Eigentum von dir annehme. Hätte er gefunden, daß jene mir zukäme, so darfst weder du noch irgend jemand anders glauben, daß er sie jemals dir zugeführt hätte. Genieße darum frohen Herzens deine Auserwählung, seinen weisen Ratschluß und sein Geschenk und lasse mich in den Tränen vergehen, die er für mich als einen solchen Geschenkes Unwürdigen bereithält. Entweder ich werde ihrer Herr werden, und das wird dir lieb sein, oder sie werden mich übermannen. Dann werde ich aller Leiden ledig sein." Gisippos aber sprach zu ihm: „Titus, wenn unsere Freundschaft mir ein Recht einräumt, daß ich dich zwinken könnte, meinem Wunsche zu folgen, oder dich veranlassen, es zu tun, so bin ich fest entschlossen, von diesem Recht Gebrauch zu machen. Wenn du meinen Bitten nicht freiwillig nachgibst, so werde ich mit jenem Zwang, den man zum Besten seiner Freunde anzuwenden pflegt, durchsetzen, daß Sophronia dein wird. Ich weiß, wieviel die Gewalt der Liebe vermag, und weiß, daß sie nicht nur einmal, sondern schon unzählige Male den Liebenden ein unseliges Ende bereitet hat. Dich sehe ich diesem Ende so nahe, daß du weder umkehren noch deine Tränen überwinden kannst, sondern, wenn du so fortfährst, besiegt unterliegen mußt, worauf ich dir ohne Zweifel bald nachfolgen würde.

Wenn ich dich also nicht aus andren Gründen liebte, ist mir dein Leben schon um meines eigenen Lebens willen teuer. Sophronia soll dein sein, weil du keine andre finden wirst, die dir wie sie gefällt. Ich aber kann meine Liebe leicht einer andern Frau zuwenden und habe auf diese Weise dich und mich glücklich gemacht. Vielleicht wäre ich in dieser Hinsicht nicht so großzügig gewesen, wenn man auch Frauen so selten und mit soviel Schwierigkeiten fände wie einen guten Freund. Da ich denn auf leichte Weise wohl eine andre Frau, nicht aber einen anderen Freund finden kann, will ich lieber Sophronia – ich will nicht sagen verlieren, denn ich verliere sie ja nicht, wenn ich sie dir gebe, sondern überantworte sie nur meinem zweiten Ich – gegen eine andere vertauschen als dich verlieren. Wenn also meine Bitten etwas bei dir erreichen können, so flehe ich dich an, befreie dich von diesem Kummer. Tröste gleichzeitig dich und mich und entschließe dich, zu leben und mit froher Hoffnung jene Freuden zu genießen, die deine innige Liebe von der geliebten Frau begehrt."

Wenn nun auch Titus sich schämte, Sophronia als seine Gattin entgegenzunehmen, und deswegen noch zögerte, so wurde er doch von seiner Liebe und dem Zureden Gisippos' bald bezwungen und sprach: „Höre, Gisippos, ich weiß nicht, was ich sagen soll und ob ich, wenn ich deinem Verlangen folge und das tue, was – wie du mir sagst – dich erfreuen würde, mehr meine eigenen oder deine Wünsche erfülle. Da deine Großmut so unbeschreiblich ist, daß sie sogar meine Beschämung überwindet, werde ich es tun. Sei aber versichert, daß ich diese Großmut in dem Bewußtsein annehme, von dir nicht allein die geliebte Frau, sondern mit ihr auch mein Leben neu geschenkt zu erhalten. Wenn es sein kann, mögen die Götter mir vergönnen, daß ich mit Ehren und Reichtümern dir noch einmal bezeugen kann, wieviel Dank ich dir weiß für alles, was du, erbarmungsvoller gegen mich als ich selbst, für mich tust."

Nach diesen Worten sagte Gisippos: „Titus, um diese Angelegenheit auf das beste zu regeln, scheint mir der folgende Weg richtig. Du weißt, daß Sophronia erst nach langen Verhandlungen zwischen meinen und ihren Verwandten meine Verlobte wurde. Ginge ich hin und sagte, daß ich sie nicht mehr zur Frau haben wolle, würde daraus ein großer Skandal entstehen. Ich würde ihre wie meine Verwandten erzürnen, woran ich mich freilich wenig kehrte, wenn ich sähe, daß sie trotzdem deine Gattin würde. Ich fürchte jedoch, daß ihre Verwandten, wenn ich solcherart zu Werke ginge, sie sogleich einem andern Mann geben und wahrscheinlich nicht dir. So hättest du nur den Verlust dessen zu beklagen, was ich nicht mehr gewinnen könnte. Darum scheint es mir richtig, wenn du damit einverstanden bist, alles Begonnene fortzusetzen, Sophronia als meine Gattin in mein Haus zu holen und die Hochzeit zu feiern. Dann aber sollst du, auf irgendeine heimliche Weise, die wir noch überlegen werden, die Nacht mit ihr als deiner Frau verbringen. Zu gegebener Stunde und am rechten Ort werden wir später alles bekanntgeben. Wenn es dann jenen recht ist, wird alles in Ordnung sein, wenn nicht, nun, so ist es bereits geschehen und läßt sich nicht mehr rückgängig machen. Sie werden sich dann gezwungenermaßen damit zufriedengeben müssen."

Der Vorschlag fand den Beifall des Titus, und so führte Gisippos, nachdem der Freund wieder genesen und voll und ganz wiederhergestellt war, Sophronia als seine Gattin in sein Haus. Nachdem ein glänzendes Hochzeitsfest gefeiert worden war, brachten die Frauen, als es Nacht wurde, die Neuvermählte in das Bett ihres Gatten und gingen fort. Neben dem Schlafgemach befand sich das Zimmer Titus', und man konnte bequem von einem in das andere gelangen. Gisippos schlich sich daher, als er in seinem Zimmer das Licht gelöscht hatte, heimlich zu Titus und bat ihn, sich an der Seite seiner Frau niederzulegen. Bei dieser Aufforderung übermannte jenen nochmals die Scham, und er begann, von Reue erfüllt, sich zu weigern. Doch gelang es Gisippos, der von ganzem Herzen und mit aller Überredungskunst nichts andres als das Wohl des Freundes begehrte, schließlich nach langem Kampf, Titus zum Gehen zu bewegen. Dieser nahm, sowie er bei Sophronia lag, das Mädchen in die Arme und fragte sie wie im Scherze leise, ob sie seine Frau werden wolle. Sophronia erwiderte, in der Meinung, er sei Gisippos, daß sie dies wolle, worauf Titus ihr einen schönen kostbaren Ring auf den Finger steckte und sagte: „Und ich will dein Gatte sein." Dann vollzog er die Ehe, ergötzte sich lange auf zärtliche Weise mit ihr, ohne daß sie oder irgend jemand bemerkt hätte, daß ein andrer Mann als Gisippos bei ihr war.

Gerade zu dieser Zeit, als die Ehegeschichte Sophronias und Titus' auf diesem Punkte angekommen war, schied dessen Vater Publius von dieser Erde, und Titus erhielt ein Schreiben, daß er unverzüglich nach Rom zurückkehren müsse, um nach seinem Erbe zu sehen. Er beschloß daher mit Gisippos, daß er heimkehren und Sophronia mit sich nehmen solle, was sich freilich auf schickliche Weise nicht bewerkstelligen ließ, ohne ihr zu offenbaren, was geschehen sei. So riefen sie die junge Frau eines Tages ins Schlafgemach und entdeckten ihr, wie die Dinge standen, und Titus bewies ihr durch allerlei kleine Vorfälle, die zwischen ihm und ihr geschehen waren, daß es sich wirklich so verhielt. Sophronia begann, nachdem sie erst einen und dann den andern ein wenig verdutzt angeschaut hatte, kläglich zu weinen und beklagte sich bitter über den Verrat Gisippos'. Ohne im Hause etwas verlauten zu lassen, lief sie heim zu ihrem Vater und erzählte diesem und ihrer Mutter den Betrug, den Gisippos ihr und ihnen allen angetan hatte, und versicherte ihnen, daß sie die Gattin des Titus, nicht aber Gisippos' Frau sei. Hierüber waren ihre Eltern nicht wenig gekränkt. Sie traten mit ihren eigenen und den Verwandten des Gisippos in lange Unterhandlungen, und es gab eine Menge Streitigkeiten und Händel. Gisippos aber hatte sich durch diese Tat sowohl bei seinen als auch bei den Verwandten Sophronias verhaßt gemacht, und jeder erklärte, daß er nicht nur Vorwürfe, sondern eine harte Bestrafung verdiene. Er selbst beteuerte, eine durchaus ehrenhafte Handlung begangen zu haben, für welche die Eltern Sophronias ihm Dank wissen sollten, da er dieser einen weit besseren Gatten besorgt habe, als er selbst es sei.

Auch Titus vernahm jede Einzelheit des Streites und war darüber sehr bekümmert. Da er jedoch die Angewohnheiten der Griechen kannte, so lange mit Lärm und Drohungen sich aufzublasen, bis sie auf einen Gegner stoßen, der ihnen entgegentritt, worauf sie nicht nur bescheiden, sondern sogar unterwürfig werden, beschloß er, ihr Betragen nicht ohne Entgegnung hinzunehmen. Und da er nun römisches Blut und griechische Weisheit in sich vereinte, gelang es ihm denn auch bald, auf geschickte Weise die Verwandten Gisippos' und ebenso jene Sophronias in einem Tempel zu versammeln. Darauf erschien auch er dort, lediglich von Gisippos begleitet, und sagte zu seinen Zuhörern: „Viele Weise glauben, daß alle Taten der Menschen von den unsterblichen Göttern vorbestimmt und angeordnet sind. Deshalb behaupten einige, daß alles, was wir Menschen tun und je tun werden, vorbestimmt ist, wenngleich andere nur das für Vorbestimmung halten, was von selbst geschieht. Aus diesen Überzeugungen, mit einiger Vorsicht betrachtet, ergibt sich deutlich, daß das Schmähen einer Sache, die nicht mehr rückgängig gemacht werden kann, nichts andres besagt, als daß man sich weiser zeigen möchte als die Götter, von denen wir gewißlich annehmen können, daß sie mit allumfassender Vernunft und ohne Fehl über uns und unser Schicksal verfügen und herrschen. Darum ist es denn auch leicht ersichtlich, wie töricht und unverständig es ist, ihr Wollen zu befehlen, und was für Ketten jene verdienen, die sich in ihrem Unmut zu solcher Überheblichkeit hinreißen lassen. Nach meiner Ansicht gehört ihr alle zu dieser Art Menschen, wenn ihr wirklich, wie ich hörte, dagegen gestritten habt und es noch tut, daß Sophronia meine Gattin wurde, obwohl ihr sie dem Gisippos zugesprochen hattet, ungeachtet dessen, daß sie ab aeterno mir und nicht dem Gisippos zur Gattin bestimmt wurde, was jetzt aus der vollendeten Tatsache deutlich ersichtlich ist. Da jedoch Reden über die geheime Vorsehung und das Wollen der Götter von manchen Menschen schwer und schlecht zu begreifen ist, zumal sie glauben, jene kümmerten sich nicht um menschliche Belange, will ich denn herabsteigen zu den Beschlüssen der Menschen. Freilich bin ich gezwungen, auf diese eingehend, zweierlei zu tun, was meinen Gepflogenheiten widerspricht: einmal mich selber zu loben und andrerseits andere zu tadeln und herabzusetzen. Weil ich mich jedoch weder aus dem einen noch aus dem andren Grunde von der Wahrheit entfernen will und der vorliegende Fall es verlangt, werde ich es tun.

Eure Vorwürfe, die mehr dem Zorn als der Überlegung entspringen, euer fortgesetztes Geschrei und Gezänk tadeln, schelten und verdammen Gisippos dafür, daß er mir aus freiem Entschluß Sophronia zur Gattin gab, obwohl ihr nach eurem Willen sie ihm selbst gegeben hattet. Ihr tadelt ihn also gerade dort, wo er meiner Überzeugung nach auf das höchste zu preisen ist, und zwar aus folgenden Gründen: Erstens, weil er getan hat, was er als Freund tun mußte, zum andern, weil er klüger handelte, als ihr selbst es tatet.

Was nach dem heiligen Gesetze der Freundschaft ein Freund für den andern tun soll, beabsichtige ich hier jetzt nicht auszudeuten. Es genügt mir, euch daran erinnert zu haben, daß die Bande der Freundschaft enger sind als die des Blutes oder der Verwandtschaft, denn unsere Freunde erküren wir nach eigener Wahl, die Verwandten dagegen werden uns vom Geschick gegeben. Wenn daher dem Gisippos mein Leben teurer war als euer Wohlwollen, darf sich niemand darüber wundern, denn ich bin sein Freund oder glaube wenigstens, es zu sein.

Kommen wir nun zu dem zweiten Grund, so kann ich euch mit viel größerer Eindringlichkeit beweisen, daß Gisippos viel klüger gewesen ist als ihr, die ihr, nach meiner Überzeugung, nichts von der Vorsehung der Götter gefühlt habt und von den Auswirkungen einer Freundschaft noch weniger versteht. Nach eurem Plan, Ratschlag und Beschluß gabt ihr Sophronia dem Gisippos, einem jungen Gelehrten. Der Entschluß Gisippos' gab sie ebenfalls einem jungen Gelehrten. Euer Beschluß gab sie einem Athener, der des Gisippos einem Römer. Der eure gab sie einem edlen Jüngling, der des Gisippos gab sie einem noch edleren. Der eure gab sie einem reichen Mann, der des Gisippos einem weitaus reicheren. Der eure gab sie einem jungen Mann, der sie nicht nur nicht liebte, sondern sie auch kaum kannte; der des Gisippos gab sie einem jungen Mann, der sie mehr als sein eigenes Glück und sein eigenes Leben liebte.

Ob nun das, was ich sage, wahr und mehr zu loben ist als das, was ihr tatet, laßt uns sogleich Punkt für Punkt überprüfen. Daß ich ebenso wie Gisippos ein Schüler der Philosophie bin, können mein Aussehen und meine Studien ohne lange Erklärungen bezeugen. Ferner sind wir eines Alters und sind Seite an Seite im Studium vorangeschritten. Wahr ist, daß er Athener ist, ich aber Römer bin. Wenn vom Ruhme beider Städte gesprochen werden soll, so behaupte ich, daß ich aus einer freien, er dagegen aus einer tributpflichtigen Vaterstadt stammt, daß ich aus der Stadt stamme, die man die Herrin der Welt nennt, und daß die seine der meinigen untertan ist; daß ich aus einer Stadt komme, die durch ihren Ruhm, ihre Macht und Weisheit in höchster Blüte steht, während er die seine allein wegen ihrer Weisheit wird preisen können.

Ihr müßt absehen davon, daß ihr mich hier als recht bescheidenen Studenten seht; ich stamme nicht aus der Hefe des römischen Volkes. Meine Häuser und die öffentlichen Gebäude der Stadt Rom sind voll von den Statuen meiner erlauchten Ahnen, die Annalen sind angefüllt mit Ruhmestaten, welche die Quinctier auf dem römischen Capitol feierten, und die Glorie unsres Namens ist nicht vor Alter verrostet, sondern strahlt heute heller denn je. Von meinem Besitz will ich bescheiden schweigen, denn es ist mir bewußt, daß die ehrbare Armut eines der ältesten und hervorstechendsten Erbgüter der Edlen Roms war, freilich wird sie vom einfachen Manne verdammt, da dieser nur den Reichtum zu preisen weiß, an dem ich Überfluß besitze, nicht weil ich darauf begierig, sondern weil ich ein Liebling Fortunas bin. Wohl kann ich verstehen, daß es euch lieb war, Gisippos als Verwandten hier zu haben – so sollte und muß es auch sein –, doch dürfte auch ich euch als Verwandter in Rom nicht weniger willkommen sein, wenn ihr bedenkt, daß ihr in mir einen großzügigen Gastgeber finden werdet, einen nützlichen, aufmerksamen und mächtigen Beschützer sowohl in allen öffentlichen als auch in privaten Angelegenheiten. Wer also kann, wenn wir den bösen Willen beiseite setzen und alles mit Überlegung betrachten, euer Vorhaben mehr loben als das meines Gisippos? Sicherlich niemand. So ist denn Sophronia wohl verheiratet an Titus Quinctius Fulvus, einen adeligen reichen Bürger Roms und Freund des Gisippos. Und wer sich darüber betrübt oder beklagt, tut weder, was er soll, noch weiß er, was er tut. Vielleicht werden einige von euch sich nicht darüber beschweren, daß Sophronia die Gattin des Titus geworden ist, sondern nur über die Art und Weise, wie sie es wurde: heimlich, mit List und ohne daß Freunde und Verwandte darum wußten. Doch auch dies ist weder etwas Ungeheuerliches noch etwas nie Dagewesenes. Lassen wir alle jene beiseite, die gegen den Willen ihrer Verwandten einen Ehemann genommen haben; jene, die mit ihren Liebhabern geflohen sind und schon, bevor sie dessen Gattin wurden, seine Geliebte waren; jene, die mit Schwangerschaft oder Geburten von ihrer Ehe früher Kunde gaben als mit Worten und notgedrungen heiraten mußten. Alles das ist Sophronia nicht geschehen. Sie wurde vielmehr in allen Ehren, ordnungsgemäß und nach reiflicher Überlegung von Gisippos dem Titus übergeben. Manche von euch werden nun sagen, dann habe einer sie vermählt, dem es nicht zukam. Doch dies ist dummes weibisches Gezänke und zeugt von wenig Überlegung. Bedient sich nicht oftmals das Schicksal neuer Wege und Werkzeuge, um die Dinge zu ihrem richtigen Ende zu führen? Was kümmert's mich, daß ein Schuster eine meiner Angelegenheiten nach seinem Ermessen, geheim oder öffentlich, schneller erledigt als ein Gelehrter, wenn er sie zu gutem Ende bringt? Wenn dieser Schuster dabei nicht mit Verständnis zu Werke geht, so ist es meine Pflicht, ihm für seine Tat zu danken und danach zu verhüten, daß er fortan nicht weiter so verfahren kann. Wenn Gisippos Sophronia gut vermählt hat, ist es überflüssig, sich über das Wie und über ihn selbst zu beklagen. Habt ihr fortan kein Vertrauen mehr zu seinem Verstande, so sorgt dafür, daß er weiter niemand verheiraten kann, und dankt ihm für dieses eine Mal. Nichtsdestoweniger sollt ihr erfahren, daß ich weder durch List noch durch Täuschung die Ehre und Reinheit eures Blutes in Sophronias Person zu kränken beabsichtigte. Wenngleich ich sie auch im geheimen zu meiner Gattin machte, kam ich doch nicht als Räuber ihrer Unschuld, noch wollte ich als Feind mich ihrer auf unehrenhafte Weise bemächtigen, ohne eure Verwandtschaft anzuerkennen. Vom Zauber ihrer Schönheit und Tugend zu heißer Liebe entflammt, erkannte ich wohl, daß – auch wenn ich sie auf die von euch gewünschte Weise von euch zur Gattin verlangt hätte – ihr die euch so Teure, aus Furcht, ich möchte sie mit mir nach Rom nehmen, mir niemals zur Frau gegeben hättet oder geben würdet. Ich versuchte es darum auf verstohlene Weise, wie ihr jetzt erkennen könnt, und veranlaßte Gisippos, in die Ehe, die er selbst nicht mehr zu schließen gewillt war, in meinem Namen einzuwilligen. Darauf aber, sosehr ich Sophronia auch liebte, suchte ich nicht als Liebhaber, sondern als Ehemann die Vereinigung mit ihr zu vollziehen, und zwar erst, nachdem ich mich, wie sie es bezeugen wird, ihr mit einem Ringe vermählt und sie ausdrücklich befragt hatte, ob sie meine Frau werden wolle, was sie bejahte. Wenn sie nun glaubt, hintergangen worden zu sein, ist mir kein Vorwurf zu machen, sondern höchstens ihr selbst, weil sie mich nicht gefragt hat, wer ich bin. Die ganze Schuld, das ganze Versehen und der ganze Betrug, der von Gisippos, dem Freunde, und mir, dem Liebenden, verübt wurde, besteht darin, daß Sophronia auf geheime Weise die Gattin des Titus Quinctius wurde; und nur darum verleumdet, bedroht und verfolgt ihr ihn. Was könntet ihr noch mehr tun, wenn er sie einem Bauern, einem Räuber oder einem Bedienten gegeben hätte? Welche Fesseln, welcher Kerker und welche Strafe wären euch dann dafür ausreichend erschienen?

Doch lassen wir das. Was ich zu dieser Zeit noch nicht erwartete, ist eingetroffen: Mein Vater ist gestorben, und ich muß nach Rom zurückkehren. Da ich Sophronia mit mir nehmen will, habe ich euch eröffnet, was ich sonst vielleicht noch verschwiegen hätte. Wenn ihr klug seid, solltet ihr es freundlich hinnehmen, denn hätte ich die Absicht gehabt, euch zu betrügen oder zu hintergehen, hätte ich sie mit Leichtigkeit entehrt zurücklassen können. Doch Gott verhüte, daß je in einem römischen Herzen solche Niedrigkeit wohne! So ist also sie, Sophronia, mit Willen der Götter, durch die Kraft der menschlichen Gesetze, durch die erhabene Gesinnung meines Gisippos und meine eigene Liebeslist mein geworden. Ihr, die ihr euch weiser als die Götter und als alle übrigen Menschen dünkt, tadelt dies törichterweise auf doppelte, mir sehr zuwidere Art: einmal, daß ihr Sophronia festhaltet, auf die ihr jetzt nicht mehr Anrecht habt, als es mir paßt, und außerdem, daß ihr Gisippos, dem ihr gerechterweise zu Dank verpflichtet seid, wie einen Feind behandelt. Wie unverständig ihr in beiden Fällen seid, will ich euch jetzt nicht auseinandersetzen, doch rate ich euch als Freund, euren Zorn zu begraben, die Kränkungen beiseite zu setzen und mir Sophronia zurückzugeben, damit ich frohen Herzens als euer Verwandter abreisen und weiterleben kann. Ihr könnt versichert sein, daß ich, ganz gleich, ob ihr einverstanden seid oder nicht, euch, wenn ihr es anders treiben solltet, auch Gisippos entführen werde. Und mit Sicherheit werde ich, in Rom angekommen, auch jene zugesprochen erhalten, die gerechterweise mein Eigentum ist, was ihr auch dagegen vorbringen mögt. Euch aber werde ich dann in immerwährender Feindschaft lehren, was es heißt, den Zorn eines Römers heraufzubeschwören."

Nachdem Titus diese Ansprache gehalten hatte und mit zorniger Miene aufgestanden war, ergriff er Gisippos bei der Hand und verließ mit Kopfschütteln und drohender Gebärde den Tempel, wobei er klar zu verstehen gab, wie wenig er sich aus allen dort Versammelten mache.

Die Zurückbleibenden kamen, teils durch die Worte des Titus zu Verwandtschaft und Freundschaft geneigt, teils durch seine Drohung eingeschüchtert, in Übereinstimmung zu dem Entschluß, es sei das beste, Titus als Verwandten anzuerkennen, da Gisippos hierauf keinen Wert gelegt und man sonst nicht nur diesen als Verwandten verlöre, sondern obendrein noch Titus zum Feinde habe. Sie gingen also dem Titus nach und sagten, als sie ihn gefunden hatten, daß es ihnen recht sei, Sophronia als seine Gattin, ihn selbst als teuren Verwandten und Gisippos als guten Freund anzusehen. Nachdem man dann eine Menge verwandtschaftliche und freundschaftliche Liebenswürdigkeiten ausgetauscht hatte, trennte man sich, und Sophronia wurde unverzüglich zu Titus zurückgebracht. Als verständige Frau machte sie aus der Not eine Tugend, wandte alle Liebe, die sie für Gisippos empfand, nunmehr dem Titus zu und folgte ihm nach Rom, wo sie mit den größten Ehren aufgenommen wurde.

Gisippos blieb in Athen zurück, wurde aber, von allen nur geringgeschätzt, nicht lange danach infolge gewisser bürgerlicher Unruhen zusammen mit seiner ganzen Verwandtschaft für immer aus Athen verbannt und in Armut und Not aus der Stadt verjagt. So machte er sich verarmt, ja zum Bettler herabgesunken, so gut er konnte, auf den Weg nach Rom, um zu versuchen, ob Titus sich seiner noch erinnere. Nachdem er herausgefunden hatte, daß Titus noch am Leben war und bei allen Römern höchstes Ansehen genoß, kundschaftete er seine Wohnung aus, stellte sich vor dem Hause auf und wartete, daß Titus heraustreten sollte. Freilich wagte er seines Elends wegen nicht, sich durch Anreden bemerkbar zu machen, bemühte sich aber, ihm vor Augen zu kommen, damit Titus ihn wiedererkennen und zu sich rufen möge. Titus aber ging achtlos vorbei. Da es nun Gisippos dünkte, daß jener ihn zwar erkannt, jedoch geringschätzig übersehen habe, eilte er, in der Erinnerung an das, was er für den Freund getan hatte, erzürnt und verzweifelt von dannen. Inzwischen war die Nacht hereingebrochen, und da Gisippos noch keinen Bissen zu sich genommen hatte, völlig mittellos war und nicht wußte, wo er bleiben sollte, wünschte er sich nichts andres mehr, als zu sterben. Schließlich geriet er in einen abgelegenen, ziemlich üblen Teil der Stadt, entdeckte hier zufällig eine große Höhle, in die er sich verkroch, um hier die Nacht zu verbringen. Vom vielen Weinen ganz entkräftet, warf er sich in seiner dürftigen Kleidung auf den nackten Boden und schlief ein. Gegen Morgen erschienen in dieser Höhle zwei Diebe, die nachts miteinander auf Raub aus gewesen waren, mit ihrem gesamten Diebesgut. In einem Streit erschlug der Stärkere von beiden hier seinen Begleiter und entfloh. Gisippos, der alles mit angesehen und gehört hatte, meinte nun, dem begehrten Ende nahe zu sein, ohne Hand an sich selber legen zu müssen. Er lief daher nicht fort, sondern blieb so lange in der Höhle, bis die Schergen des Gerichtshofes, der schon von dem Vorfall wußte, anlangten und ihn zornig als Gefangenen abführten. Auf Befragen des Richters gab er zu, daß er den Dieb erschlagen und nicht mehr aus der Höhle habe entkommen können. So verurteilte ihn der Richter Marcus Varro nach damaligem Brauche zum Kreuzestod.

Just um diese Stunde kam durch einen Zufall auch Titus in das Gerichtshaus, erkannte, als er dem elenden Verurteilten ins Gesicht blickte und hörte, was jenem zur Last gelegt wurde, sogleich in ihm Gisippos, obwohl er über dessen heruntergekommenes Aussehen und sein plötzliches Auftauchen hier nicht wenig verwundert war. Da er nun nichts sehnlicher wünschte, als jenem zu helfen, jedoch keinen andern Ausweg, ihn zu retten, sah, als sich selbst des Verbrechens zu bezichtigen, eilte er hinzu und rief: „Marcus Varro, rufe den armen Mann zurück, den du verurteilt hast. Er ist unschuldig. Ich habe die Götter schon genug beleidigt mit dem Vergehen, daß ich jenen erschlug, den deine Schergen heute morgen fanden. Ich will sie nicht noch mehr mit dem Tode eines Unschuldigen erzürnen."

Hierüber wunderte Varro sich nicht wenig, und es bekümmerte ihn sehr, daß der ganze Gerichtshof die Anklage gehört hatte. Da er jedoch seiner Ehre wegen nicht umhinkonnte zu tun, was die Gesetze verlangten, ließ er Gisippos zurückholen und sagte in Gegenwart Titus' zu ihm: „Wie konntest du so närrisch sein, ohne peinlich befragt zu werden, eine Tat zuzugeben, die du nie getan haben kannst und die dir das Leben gekostet hätte? Du behauptetest, jener zu sein, der heute nacht den Mann erschlagen hat, jetzt aber kommt dieser hier und sagt, daß du ihn nicht getötet hast!"

Gisippos blickte auf, sah, daß es Titus war, und da er sehr wohl erkannte, daß jener diese Angabe nur gemacht hatte, um sein Leben zu retten, weil er ihm für den Dienst von einst noch dankbar war, rief er, vor Rührung weinend: „Varro, ich war es wirklich, der jenen erschlug. Das Erbarmen, das Titus mit mir hat, kommt zu spät." Titus andrerseits erklärte: „Prätor, wie du siehst, ist er ein armer Fremdling, der waffenlos an der Seite des Erschlagenen gefunden wurde. Auch kannst du erkennen, daß sein Elend ihn veranlaßte, den Tod herbeizuwünschen. Gib ihn frei und bestrafe mich, der ich es verdient habe."

Das Erstaunen Varros über die Beharrlichkeit der beiden Männer wuchs, und er mutmaßte bereits bei sich, daß wohl keiner von beiden der Schuldige sei. Während er jedoch noch darüber nachdachte, wie er sie beide freisprechen sollte, erschien plötzlich ein junger Mensch namens Publius Ambustus, ein allen Römern als unverbesserlich bekannter Räuber, der diesen Mord begangen hatte. Da er wußte, daß keiner der beiden Männer, die sich hier des Verbrechens bezichtigten, schuldig war, bewegte ein plötzliches Mitleid mit ihrer Unschuld sein Herz, so daß er vor Varro hintrat und sagte: „Prätor, das Schicksal treibt mich, diese beiden vor der harten Bestrafung zu schützen. Ich weiß nicht, welcher Gott in meinem Innern mich dazu veranlaßt und aufstachelt, daß ich dir meine Schuld gestehe! Höre denn, keiner von jenen beiden Männern ist des Verbrechens schuldig, dessen ein jeder sich anklagt. Ich bin in Wahrheit der Täter, der heute im Morgengrauen jenen Menschen erschlug. Diesen Unseligen, der hier gefangen ist, sah ich dort schlafen, während ich die Diebesbeute mit jenem teilte, den ich dann erschlug. Titus zu entschuldigen ist nicht vonnöten, sein guter Ruf bürgt ausreichend dafür, daß er kein Mann ist, der eines solchen Verbrechens fähig wäre. Also befreie ihn und strafe mich, wie die Gesetze es befehlen."

Indessen hatte auch Octavianus von diesem Vorfall gehört. Er ließ alle drei zu sich bringen und begehrte zu wissen, aus welchem Grunde ein jeder von ihnen der Verurteilte sein wollte, worauf alle ihre Erklärung abgaben. Octavian schenkte den beiden Unschuldigen die Freiheit und ließ um ihretwillen auch den dritten laufen.

Titus nahm nun Gisippos mit sich. Er machte ihm anfangs viele Vorwürfe über seine Schüchternheit und sein Mißtrauen, führte ihn aber dann mit inniger Freude in sein

Haus, wo auch Sophronia ihn mit Tränen der Rührung wie einen Bruder empfing. Nachdem er ihn hier einige Zeit hatte pflegen lassen und ihn auf gebührliche Art neu eingekleidet hatte, teilte er als erstes alle seine Schätze und Besitzungen mit ihm und gab ihm schließlich seine Schwester Fulvia zur Gattin. Dann aber sprach er zu ihm: „Gisippos, jetzt steht es bei dir, ob du bei mir verweilen oder mit allem, was ich dir übergeben habe, nach Athen zurückkehren willst." Gisippos jedoch entschloß sich, einmal auf Grund seiner beständigen Verbannung aus Athen und zum andern der großen Zuneigung wegen, die er für Titus' dankbare Freundschaft diesem entgegenbrachte, ein Römer zu werden. Er lebte fortan mit seiner Frau Fulvia und mit Titus und Sophronia zusammen noch viele Jahre glücklich in einem gemeinsamen großen Hause, und ihre Freundschaft wurde mit jedem Tage inniger, wenn das überhaupt noch möglich war.

Ja, etwas Heiliges ist es um die Freundschaft, der nicht nur besondere Achtung gebührt, sondern ein immerwährender Lobgesang. Sie ist die weise Mutter der Erhabenheit und Größe, die Schwester der Dankbarkeit und des Erbarmens und ein Feind jeglichen Hasses und Geizes. Ohne eine Bitte abzuwarten, ist sie stets bereit, zum Heile des Freundes alles zu vollführen, was sie für sich selber begehrt. Daß ihre segensreichen Auswirkungen heutigentags gar selten an zwei Menschen offenbar werden, ist die Schuld der schmählichen, erbärmlichen Habgier der Menschen, die, nur auf eigenen Vorteil bedacht, wahre Freundschaft aus der irdischen Welt in ewige Verdammnis verbannte.

Welche Liebe, welcher Reichtum, welche Verwandtschaft hätten wohl den brennenden Tränen und den Seufzern des Titus im Herzen Gisippos' solchen Widerhall geschenkt, daß er jenem die schöne, edle, geliebte Braut überlassen hätte, wenn nicht die Freundschaft? Welche Gesetze, welche Bedrohung, welche Furcht hätten die jugendlichen Arme des Gisippos davon zurückhalten können, an einsamen Orten, dunklen Plätzen und im eigenen Bett die schöne Braut an sich zu ziehen, die ihn zuweilen selber dazu ermutigte, wenn nicht die Freundschaft? Welcher Zustand, welche Verdienste und Vorteile hätten Gisippos dazu veranlassen können, die Achtung seiner eigenen und der Verwandten Sophronias aufs Spiel zu setzen, den Tadel der öffentlichen

Meinung hinzunehmen und den Spott und Hohn aller Menschen zu verachten um des Freundes willen, wenn nicht die Freundschaft? Und wer hätte andererseits Titus, der sich auf achtbare Weise hätte so stellen können, als habe er nichts gesehen, jäh zu veranlassen vermocht, den eigenen Tod herbeizuführen, um Gisippos vor dem Kreuze zu retten, das nun ihm selber zuteil ward, wenn nicht die Freundschaft? Wer hätte ihn dazu bringen können, unverzüglich in Großmut sein reiches väterliches Erbe mit Gisippos zu teilen, dem das Geschick sein eigenes geraubt hatte, wenn nicht die Freundschaft? Wer hätte Titus ohne jeden Vorbehalt dazu bewegen können, die eigene Schwester dem Gisippos zur Frau zu geben, den er in äußerster Armut, dem Elend preisgegeben, wiederfand, wenn nicht die Freundschaft?

Da wünschen sich die Menschen eine Menge Gefährten, viele Brüder und Kinder und vermehren mit dem Reichtum die Anzahl ihrer Bedienten, ohne zu überlegen, daß ein jeder von diesen bei kleinster persönlicher Bedrohung nur für sich selber fürchtet und nicht daran denkt, daß er verpflichtet ist, die Gefahr von Vater, Bruder und Gebieter abzuwenden, was ein wahrer Freund immer tun wird.

NEUNTE GESCHICHTE

Saladin wird, als Kaufmann verkleidet, von Messer Torello freigebig bewirtet. Der Kreuzzug findet statt. Messer Torello verlangt von seiner Gattin eine Frist, vor deren Ablauf sie sich nicht wieder vermählen soll. Er gerät in Gefangenschaft. Dadurch, daß er Falken abrichtet, hört der Sultan von ihm, der ihn wiedererkennt und ihm, nachdem er sich ebenfalls zu erkennen gegeben hat, die höchsten Ehren antut. Messer Torello erkrankt und wird durch magische Künste im Laufe einer Nacht nach Pavia versetzt, wo eben die Hochzeit seiner Gattin gefeiert wird. Er wird von ihr wiedererkannt und kehrt mit ihr nach Hause zurück.

Filomena hatte ihre Erzählung beendet, und die erhabene Großmut des Titus war von allen gleicherweise gelobt worden, als der König, der Dioneo den letzten Platz überlassen wollte, folgendermaßen begann:

Ihr reizenden Damen, bestimmt hat Filomena in allem recht, was sie über die Freundschaft sagte, und hat mit gutem Grund am Ende ihrer Geschichte darüber geklagt, daß die Freundschaft heutzutage von den Menschen nur wenig geschätzt wird. Wären wir hier versammelt, um die Fehler dieser Welt zu verbessern, oder auch nur, um sie zu tadeln, so könnte ich mit endlosen Berichten die Klage verlängern. Da wir jedoch ein anderes Ziel verfolgen, ist mir eingefallen, euch mit einer langen, aber im ganzen doch recht reizvollen Geschichte von einer großmütigen Tat Saladins zu berichten, damit ihr aus den Begebenheiten dieser Erzählung vernehmt, daß wir, auch wenn wir unsrer Mängel wegen die Freundschaft anderer nicht völlig erwerben können, wenigstens ihnen mit Freuden dienen sollen, denn so können wir hoffen, eines Tages, wann immer es auch sein mag, dafür belohnt zu werden.

Ich berichte euch also, daß nach alten Überlieferungen zu Zeiten des Kaisers Friedrich I. ein großer Kreuzzug der Christenheit zur Eroberung des Heiligen Landes unternommen wurde. Schon eine ganze Zeit vorher kam dies dem mächtigen Saladin, dem damaligen Sultan von Babylon, zu Ohren, und er faßte daher den Entschluß, sich persönlich nach den Vorbereitungen der christlichen Ritter für diesen Kreuzzug umzusehen, um sich desto besser dagegen rüsten zu können. Er brachte seine Amtsgeschäfte in Ägypten in Ordnung und gab sich den Anschein, als wolle er eine Pilgerfahrt antreten. Dann machte er sich, als reisender Kaufmann verkleidet, nur von zwei der weisesten Größen seines Reiches und drei Dienern begleitet, auf den Weg. Nachdem er bereits viele christliche Länder bereist hatte und eines Tages durch die Lombardei ritt, um das Gebirge zu überqueren, traf er, als er um die Vesperstunde von Mailand nach Pavia unterwegs war, auf einen Edelmann namens Messer Torello d'Istria aus Pavia, der mit seinen Dienern, Hunden und Falken eben nach einer seiner schönen Besitzungen an den Ufern des Tessins ritt, um dort zu verweilen. Beim Anblick der Reisenden erkannte Messer Torello sogleich, daß sie fremde Edelleute seien, und verspürte alsbald den Wunsch, sie ehrenvoll zu bewirten. Als darum Saladin einen seiner Diener fragte, wie weit es noch bis Pavia sei und ob man die Stadt noch beizeiten erreichen könne, überließ er die Beantwortung dieser Frage nicht dem Diener, sondern erwiderte selbst: „Ihr Herren werdet nicht mehr so rechtzeitig in Pavia ankommen, daß ihr noch Einlaß in die Stadt findet." – „Nun", fügte Saladin hinzu, „so seid so gut, uns zu sagen, wo wir hier in der Nähe am besten unterkommen können. Wir sind Fremde." Messer Torello erwiderte: „Das will ich gerne tun. Ich überlegte eben gerade, daß ich einen meiner Diener mit einem Auftrag in die Nähe von Pavia schicken wollte. Ich werde euch den Mann mitgeben, und er wird euch an jenen Ort führen, wo ihr am besten übernachten könnt." Dann neigte er sich dem zuverlässigsten seiner Leute zu, trug ihm auf, was geschehen solle, und sandte ihn mit den Fremden fort. Er selbst aber eilte, so schnell er konnte, auf seine Besitzung, ließ ein köstliches Abendessen herrichten und die Tafel im Garten aufstellen. Nachdem dies geschehen war, erwartete er seine Gäste am Tor.

Indessen hatte sein Diener die Reisenden unter verschiedenen Gesprächen auf einigen kleinen Umwegen, ohne daß man dessen gewahr geworden, zum Landhause seines Herrn geführt, der ihnen entgegeneilte, sobald er ihrer ansichtig wurde, und lächelnd sagte: „Herzlich willkommen, ihr Herren!" Der scharfsinnige Saladin erkannte alsbald, daß dieser Ritter – in der Befürchtung, sie möchten seine Einladung abschlagen, wenn er sie bei ihrem Zusammentreffen ausgesprochen hätte – sie nun mit einer kleinen List in sein Haus geholt hatte, damit sie sich nicht weigern könnten, einen Abend bei ihm zu verbringen. Er sagte daher, nachdem er ihm für seinen Gruß gedankt hatte: „Messer, wenn sich der Mensch über die Höflichkeit seines Mitmenschen beklagen könnte, so müßten wir es jetzt über die Eure tun, die uns – lassen wir es beiseite, daß sie unsere Weiterreise um ein geringes verzögert – gewissermaßen zwingt, eine so edle Gastfreundschaft wie die Eure anzunehmen, obwohl wir uns Euer Wohlwollen mit nichts anderem als mit einem einzigen Gruß verdienen konnten." Der Ritter, der ebenfalls klug war und die Worte wohl zu setzen wußte, erwiderte: „Ihr Herren, was ich euch bieten kann, ist, nach eurem Aussehen zu urteilen, nur ein geringer Abglanz dessen, was euch gebührt. Jedoch konntet ihr außerhalb der Mauern Pavias wahrlich keinen Ort finden, wo ihr gut aufgehoben gewesen wäret. Laßt es euch darum nicht leid sein, einen etwas längeren Weg für etwas weniger Unbequemlichkeit auf euch genommen zu haben."

Während dieses Gesprächs hatte die Dienerschaft sie bereits umringt und nahm den Fremden, als sie abgestiegen waren, die Pferde ab. Messer Torello führte die drei edlen Herren sodann in die für sie vorbereiteten Zimmer und ließ ihnen die Reitstiefel ausziehen. Sodann erfrischte er sie mit gutem Wein und unterhielt sie mit anregenden Gesprächen bis zur Stunde der Abendmahlzeit. Da Saladin, seine Begleiter und auch die drei Diener lateinische Sprachkenntnisse hatten, verstanden sie alles und konnten sich auch ihrerseits gut verständlich machen, und bald kam ein jeder von ihnen zu der Überzeugung, daß der Ritter ein angenehmer, wohlgesitteter Mann und der beste Gesellschafter sei, den sie je kennengelernt hätten. Messer Torello seinerseits hatte den Eindruck, daß seine Gäste noch weit erlauchtere und höher gestellte Männer sein müßten, als er anfangs gedacht hatte. Er bedauerte darum im geheimen sehr, daß er sie nicht mit einer großen Gesellschaft und einem erlesenen Gastmahl ehren konnte. Jedoch nahm er sich vor, dies am folgenden Morgen nachzuholen. Er teilte daher einem Diener seine Pläne mit und schickte ihn sodann zu seiner Frau, einer klugen, hochherzigen Dame, nach der nahe gelegenen Stadt Pavia, deren Tore niemals verschlossen wurden. Dann führte er seine edlen Gäste in den Garten und fragte sie auf höfliche Weise, wer sie seien und wohin sie reisen wollten. Saladin erwiderte: „Wir sind zyprische Kaufleute, kommen von Zypern und wollen in geschäftlichen Angelegenheiten nach Paris." Darauf sagte Messer Torello: „Gebe Gott, daß unser Land solche Edelleute hervorbrächte wie Zypern – nach dem, was ich sehe – Kaufleute."

Nach solchen und anderen Gesprächen kam die Zeit des Abendessens heran, wozu Platz zu nehmen sie alsbald gebeten wurden. Dann wurden sie in Anbetracht des unvorhergesehenen Mahles köstlich bewirtet und aufmerksam bedient. Doch blieben sie, nachdem die Tafel aufgehoben war, nicht mehr lange beisammen, da Messer Torello, in der Annahme, daß seine Gäste von der Reise müde seien, diese bald aufforderte, sich in den weichen Betten zur Ruhe niederzulegen, worauf auch er selbst schlafen ging.

Indessen überbrachte der Diener der Gattin Messer Torellos in Pavia die Botschaft ihres Gatten, und diese ließ nicht auf weibliche, sondern auf königliche Weise, nachdem sie in Eile Freunde und Bediente Messer Torellos hatte rufen lassen, alle nötigen Vorkehrungen zu einem glänzenden Gastmahl treffen, ließ im Scheine der Fackeln viele der vornehmsten Bürger dazu einladen, Tücher, Teppiche und Pelze herbeibringen und alles so herrichten, wie ihr Gatte es ihr hatte bestellen lassen.

Als nun der Tag gekommen war, erhoben sich die edlen Reisenden. Zugleich mit ihnen stieg Messer Torello aufs Pferd, der seine Falken kommen ließ und Saladin an ein nahe gelegenes seichtes Flüßchen führte, wo er ihm die Flüge seiner Vögel vorführte. Danach bat Saladin um einen Mann, der ihn nach Pavia und dort in die beste Herberge führen könne. Messer Torello aber sagte: „Das will ich selbst besorgen, weil ich ohnehin dort zu tun habe." Die Fremden glaubten ihm, waren einverstanden und machten sich zusammen mit Messer Torello auf den Weg. Nach Ablauf der Terza erreichten sie die Stadt und langten, in der Annahme, zur besten Herberge geführt zu werden, mit Messer Torello an seinem Hause an, wo bereits etwa fünfzig der angesehensten Bürger der Stadt zusammengekommen waren, um die edlen Gäste zu empfangen, denen sie sogleich die Zügel abnahmen und die Steigbügel hielten. Als Saladin und seine Begleiter es gewahrten, konnten sie sich denken, was das alles bedeutete, und sagten: „Messer Torello, dies haben wir nicht von Euch verlangt. Schon in der letzten Nacht habt Ihr genug für uns getan und weit mehr, als wir verdienten. Ihr konntet uns darum heute unbekümmert unsres Weges ziehen lassen." – „Ihr Herren", erwiderte Messer Torello, „für das, was gestern abend vor sich ging, habe ich weit mehr dem Glücke zu danken als euch, da jenes euch gerade zu einer Stunde mir zuführte, wo ihr mit meinem bescheidenen Landhause vorliebnehmen mußtet. Für das jedoch, was heute morgen geschieht, werde ich euch verpflichtet sein und mit mir auch alle diese edlen Männer, die euch hier umgeben. Erscheint es euch artig, ein gemeinsames Frühstück mit ihnen auszuschlagen, so steht dies bei euch."

Saladin und seine Begleiter sahen sich überwunden, stiegen, von allen Geladenen herzlich begrüßt, vom Pferd und wurden auf ihre Zimmer geführt, die auf das kostbarste für sie hergerichtet waren. Nachdem sie ihre Reisekleider abgelegt und sich ein wenig erfrischt hatten, traten sie in den festlich geschmückten Saal, wo das Wasser zum Händewaschen herumgereicht wurde und man sich zu Tische setzte. Dann wurden sie in wohlerwogener Reihenfolge mit vielen Speisen aufmerksam bedient, so daß, wenn der Kaiser selbst erschienen wäre, man ihm nicht mehr Ehre hätte antun können. Und waren auch Saladin und seine Begleiter große Herren und an glänzende Feste gewöhnt, so waren sie doch über dieses Frühstück höchst erstaunt, und alles schien ihnen um so verwundernswerter, als der Ritter ein Bürger und kein Fürst war.

Als das Essen beendet, die Tafel aufgehoben und die Unterhaltung noch ein Weilchen angedauert hatte, nahm die Hitze zu. Die Edlen der Stadt Pavia gingen deshalb mit Messer Torellos Zustimmung heim, um sich zur Ruhe niederzulegen. Messer Torello, der nun mit seinen drei Gästen allein blieb, begab sich mit ihnen in ein Zimmer und ließ, damit keiner seiner Schätze ungesehen bliebe, seine edle Gattin rufen. Diese, eine sehr schöne, hochgewachsene Dame, erschien, prächtig geschmückt, mit ihren beiden Söhnen, die Engeln zu gleichen schienen. Sie trat zu den Gästen, die sich bei ihrem Anblick erhoben, und begrüßte sie freundlich, worauf diese ehrerbietig ihren Gruß erwiderten. Nachdem die Dame bei ihnen Platz genommen hatte, sagten sie ihr viele Liebenswürdigkeiten über ihre Söhne. Als sie sich eine Zeitlang mit ihnen unterhalten hatte und Messer Torello einen Augenblick den Saal verließ, fragte auch sie die Fremden in höflicher Weise, woher sie kämen und wohin sie gingen. Die Herren gaben ihr die gleiche Antwort wie ihrem Gatten, und die Dame fügte mit heiterer Miene hinzu: „Nun, so sehe ich, daß euch meine weibliche Fürsorge von Nutzen sein könnte. Ich bitte euch, daß ihr mir die besondere Freude macht, die kleinen Gaben, die ich für euch kommen lassen will, nicht zu verweigern und nicht zu verachten, sondern diese – in Erwägung dessen, daß die Frauen mit ihrem kleinen Herzen nur kleine Geschenke machen – anzunehmen und mehr auf den guten Willen der Geberin als auf die Kostbarkeit des Geschenkes zu sehen." Darauf ließ sie für jeden der Herren zwei Gewänder herbeiholen, deren eines mit Tuch, das andere mit Fehpelz gefüttert war, jedoch waren sie nicht nach Mode der Bürger oder der Kaufleute gemacht, sondern nach jener der Herren. Ferner drei Jacken aus Zendeltaffet und Unterwäsche von feinster Leinwand. Dabei sagte sie: „Nehmt diese Kleidungsstücke. Ich habe mit euch zusammen auch meinen Gatten mit gleichen Gewändern versehen. Die übrigen Sachen werden euch in Anbetracht dessen, daß ihr von euren Frauen weit entfernt seid, eine lange Reise bereits hinter euch und eine ebenso lange noch vor euch habt, trotz ihres geringen Wertes willkommen sein, zumal die Kaufleute an Reinlichkeit und Bequemlichkeit gewöhnt sind." Die edlen Gäste verwunderten sich sehr und erkannten in aller Deutlichkeit, daß Messer Torello keine Möglichkeit, sie zu ehren, außer acht lassen wollte. Auch zweifelten sie, als sie die Kostbarkeit der Gewänder gewahrten, die so gar nicht nach Kaufmannsart waren, ob Messer Torello sie nicht erkannt habe. Dann sagte einer von ihnen zu der Dame: „Madonna, diese Gewänder sind kostbare Geschenke, die wir nicht ohne weiteres annehmen würden, wenn Eure Bitten uns nicht dazu bewegten, denen wir nicht zu widerstehen vermögen."

Nachdem dies geschehen und indessen auch Messer Torello zurückgekehrt war, verließ die Dame die Fremden, die sie Gott befahl, um nun auch die Diener der Herren mit standesgemäßen Kleidungsstücken zu versorgen. Messer Torello setzte es mit vielen Bitten durch, daß seine Gäste noch den ganzen Tag über bei ihm blieben. Nachdem sie etwas geruht und ihre Kleider wieder angelegt hatten, ritten sie eine Weile mit Messer Torello durch die Stadt, nahmen dann, als die Stunde des Abendessens da war, in Gesellschaft vieler edler Herren ein erlesenes Mahl zu sich und gingen schließlich zeitig zur Ruhe, um sich schon bei Tagesanbruch wieder zu erheben. An Stelle ihrer abgerittenen Gäule fanden sie nun drei kräftige, gute Reisepferde vor und ebenfalls frische, starke Pferde für ihre Dienerschaft. Saladin gewahrte es und sagte zu seiner Begleitung: „Bei Gott, einen aufmerksameren, höflicheren und vorsorglicheren Menschen als diesen hat es noch nicht gegeben. Wenn die christlichen Könige sich ebenso königlich untereinander betragen wie dieser Ritter, so kann der Sultan von Babylon es nicht wagen, auch nur einen von ihnen zu erwarten, um ihm in den Rücken zu fallen, geschweige denn allen, die wir sich rüsten sehen." Da er bereits eingesehen hatte, daß seine Weigerungen kein Gehör fanden, stiegen alle drei mit höflichen Dankesbezeigungen gegen Messer Torello auf die Pferde. Messer Torello gab ihnen mit einer Anzahl Freunde auch außerhalb der Stadt noch ein Stück Weges das Geleit. Doch wenn auch Saladin der Abschied von Messer Torello, den er sehr ins Herz geschlossen hatte, schwerfiel, bat er ihn schließlich heimzukehren, da die Weiterreise drängte.

Auch Messer Torello kam die Trennung von jenen hart an, er sagte: „Ihr Herren, ich werde umkehren, da ihr es so wünscht. Eines aber möchte ich noch betonen: Ich weiß nicht, wer ihr sein mögt, und verlange auch nicht, mehr darüber zu wissen, als es euch beliebt. Doch wer ihr auch immer seid: davon, daß ihr Kaufleute sein wollt, habt ihr mich diesmal noch nicht überzeugen können. Jetzt aber Gott befohlen!"

Saladin, der bereits von den Gefährten Messer Torellos Abschied genommen hatte, antwortete: „Messere, es könnte geschehen, daß wir Euch dereinst unsere Ware sehen lassen und so Eure Mutmaßung bestätigen. Jetzt aber kehrt heim mit Gott."

So setzte denn Saladin mit seinen Begleitern die Reise fort und faßte den festen Entschluß, wenn sein Leben andauere und der bevorstehende Krieg seinen Plan nicht zunichte mache, auch dereinst Messer Torello nicht weniger Ehre anzutun, als jener sie ihm jetzt erwiesen hatte. Auch sprach er noch lange mit seinen Gefährten von dem Ritter, seiner Gattin, seinen Sachen, seinem Tun und Treiben und wußte für alles nicht genug des Lobes.

Nachdem er, nicht ohne große Mühsal, alle westlichen Länder bereist hatte, kehrte er zu Schiff mit den Seinen wieder nach Alexandria zurück, wo er sich, nun über alles wohlunterrichtet, zur Verteidigung rüstete. – Messer Torello ritt wieder heim nach Pavia, doch obwohl er lange darüber nachdachte, wer seine drei Gäste gewesen sein möchten, kam er auch nicht annähernd auf die rechte Spur.

Als nun die Zeit des Kreuzzuges herannahte und allerorten die größten Vorbereitungen dazu getroffen wurden, beschloß auch Messer Torello trotz Bitten und Tränen seiner Gattin, diesen mitzumachen. Nachdem er alle notwendigen Vorbereitungen getroffen hatte und im Begriff war fortzureiten, sagte er zu seiner Frau, die er von Herzen liebte: „Wie du weißt, Frau, beteilige ich mich an diesem Kreuzzuge ebensosehr aus Gründen der weltlichen Ehren als aus Gründen des ewigen Heils. Ich empfehle daher unser Hab und Gut und unsere Ehre deiner Obhut! Da ich zwar des Fortgehens gewiß bin, jedoch für meine Heimkehr in Anbetracht der tausenderlei Zufälle, die sich ereignen können, nicht mit Sicherheit bürgen kann, bitte ich dich um eine Gunst. Was immer mir auch geschehen möge: wenn du keine sichere Nachricht von meinem Tode erhältst, warte von dem heutigen Tage meiner Abreise an ein Jahr, einen Monat und einen Tag auf mich, ohne dich wieder zu verheiraten." Seine Gattin erwiderte unter heißen Tränen: „Messer Torello, ich weiß nicht, wie ich den Schmerz ertragen soll, dem Ihr mich durch Eure Abreise überantwortet. Wenn jedoch mein Leben stärker ist als er und Euch etwas zustieße, so könnt Ihr sicher sein, daß ich nur als die Gattin Messer Torellos und allein seinem Gedächtnis leben und sterben werde." Darauf entgegnete Messer Torello: „Was dich anbelangt, Teure, so bin ich sicher, daß alles, was du mir versprichst, geschehen wird. Jedoch du bist eine junge und schöne Frau und hast eine einflußreiche Verwandtschaft, und deine Tugend ist groß und weit und breit bekannt. Ich zweifle daher nicht, daß viele reiche Edelleute, wenn sie keine Befürchtungen mehr für meine Rückkehr hegen, bei deinen Brüdern und Verwandten um dich anhalten werden, deren Drängen du, selbst wenn du es wolltest, nicht wirst widerstehen können. Gezwungenermaßen wirst du dich ihrem Wunsche beugen müssen. Dies ist auch der Grund, weshalb ich nur diese und keine längere Frist von dir erbitte." Die Dame erwiderte: „Ich werde tun, was in meinen Kräften steht, in allem, was ich Euch versprochen habe. Sollte ich es aber wirklich nötig haben, anders zu handeln, so werde ich Euch in dem, was Ihr gefordert habt, bestimmt gehorchen. Doch will ich Gott anflehen, daß er in diesem Zeitraum weder Euch noch mir etwas so Schweres auferlegen möge." Nach diesen Worten umarmte die Dame Messer Torello unter Tränen, zog einen Ring vom Finger und sagte, indem sie ihm diesen reichte:

„Wenn es sein sollte, daß ich sterben muß, bevor ich Euch wiedersehe, so erinnert Euch bei seinem Anblick an mich." Messer Torello nahm den Ring, stieg aufs Pferd, verabschiedete sich von allen Zurückbleibenden und machte sich auf die Reise. Als er mit seinen Männern in Genua angekommen war, stieg er mit ihnen auf ein Schiff, ging in See und erreichte in kurzer Zeit Akkon, wo er auf das gesamte Heer der Christenheit stieß. Dieses aber wurde fast sofort auf schreckliche Weise von Krankheiten und Tod heimgesucht, und noch während das Sterben andauerte, nahm Saladin, sei es nun durch List oder durch einen Zufall, beinahe den ganzen von Krankheit und Tod verschont gebliebenen Rest des christlichen Heeres, ohne dabei selbst Gefahr zu laufen, gefangen und verteilte die Gefangenen auf viele Städte. Auch Messer Torello war unter ihnen und wurde in das Gefängnis von Alexandria gebracht. Da er hier nicht bekannt war und auch vermied, sich zu erkennen zu geben, begann er notgedrungen, Falken abzurichten, worauf er sich meisterhaft verstand. Dadurch hörte schließlich auch Saladin von ihm, ließ ihn aus dem Gefängnis holen und behielt ihn als seinen Falkonier bei sich. Doch erkannte Messer Torello, der nicht anders als „der Christ" von Saladin genannt wurde, den Sultan ebensowenig wieder wie dieser ihn. Alle Gedanken des Ritters weilten ständig in Pavia, und er wagte mehr als einen Fluchtversuch, doch mißlangen sie alle. Als nun eines Tages einige Genueser als Abgesandte zu Saladin kamen, um verschiedene ihrer Mitbürger loszukaufen, beschloß Messer Torello, während jene sich zur Heimreise rüsteten, seiner Frau zu schreiben, daß sie ihn erwarten möchte, da er am Leben sei und, sobald er könne, zu ihr zurückkehren werde. Und so tat er und beschwor einen jener Abgesandten, den er kannte, auf das inständigste, alles daranzusetzen, daß sein Schreiben in die Hände des Abtes von San Pietro in Ciel d'Oro käme, der sein Oheim war.

Während nun Messer Torello in dieser Gefangenschaft lebte, geschah es eines Tages, daß er in einer Unterhaltung mit Saladin über die Falken zu lächeln begann und dabei den Mund auf besondere Weise verzog, was Saladin, als er bei ihm in Pavia weilte, oft beobachtet hatte. Auf Grund dieses Lächelns erinnerte sich Saladin sogleich an Messer

Torello, und als er seinen Falkonier aufmerksam betrachtete, schien es ihm, als ob jener Messer Torello sei. Er brach daher das Gespräch ab und sagte: „Sage mir, Christ, aus welcher Gegend des Abendlandes stammst du?" – „Mein Gebieter", erwiderte Messer Torello, „ich bin ein armer Mann niederer Herkunft, ein Lombarde aus Pavia." Diese Worte überzeugten Saladin von dem, was er eben noch bezweifelt hatte, und er dachte bei sich: ‚So hat Gott die Zeit gesandt, daß ich dem Ritter zeigen kann, wie sehr mir seine Gastfreundschaft gefallen hat!'

Ohne noch weitere Worte an Messer Torello zu richten, ließ der Sultan nun alle seine Gewänder in einem Zimmer ausbreiten, führte den Ritter hin und sagte: „Sieh einmal her, Christ, ob unter diesen Gewändern eins ist, welches du schon einmal gesehen hast." Messer Torello begann sich umzuschauen und erblickte auch jene beiden Gewänder, die seine Frau dem Sultan geschenkt hatte. Da er es indes nicht für möglich halten konnte, daß es wirklich die nämlichen seien, antwortete er: „Mein Gebieter, ich kenne keins dieser Gewänder. Freilich gleichen zwei von ihnen jenen, mit denen ich einst, gleichzeitig mit drei Kaufleuten, die in mein Haus kamen, bekleidet wurde."

Nun vermochte Saladin sich nicht mehr zurückzuhalten. Er umarmte den Ritter herzlich und sprach: „Ihr seid Messer Torello d'Istria, und ich bin der eine jener Kaufleute, denen Eure Gattin diese Gewänder schenkte. So ist die Zeit denn gekommen, daß ich Euren Glauben an meine Ware festigen kann, wie ich es Euch beim Abschied versprach." Über diese Worte empfand nun Messer Torello gleichzeitig große Freude und auch Scham – Freude, weil er einen so erhabenen Gast hatte bewirten dürfen, und Scham, weil er glaubte, diesen auf gar zu ärmliche Weise aufgenommen zu haben. Saladin aber sagte zu ihm: „Messer Torello, da Gott Euch zu mir gesandt hat, sollt Ihr wissen, daß fortan nicht mehr ich, sondern Ihr hier der Herrscher seid."

Nachdem sich beide von Herzen über das Wiedersehen gefreut hatten, ließ der Sultan den Ritter königlich einkleiden und führte ihn in den Palast, wo er den Großen seines Reiches viele Dinge zum Lobe des ehrenwerten Ritters sagte. Dann gebot er allen, denen seine Gnade lieb sei, jenen auf die gleiche Weise zu ehren wie ihn selbst, was fortan ein jeder befolgte, und mehr als alle übrigen jene beiden Männer, die als Begleiter des Sultans im Hause Messer Torellos geweilt hatten.

Das unerwartete hohe Ansehen, das Messer Torello plötzlich genoß, lenkte seine Gedanken ein wenig von der Lombardei ab, da er auch mit Sicherheit darauf hoffen zu können glaubte, daß seine Briefe in die Hände seines Onkel gelangen würden. Nun war aber an dem Tage, als das christliche Heer von Saladin gefangengenommen wurde, im Lager ein Ritter von geringem Ruhm aus der Provence gestorben und begraben worden, der den Namen Messer Torel de Dignes trug. Da aber nur Messer Torello d'Istria durch seinen Adel im ganzen Heer bekannt war, glaubte jeder, der hörte: „Messer Torel ist tot", daß Messer Torello d'Istria gemeint sei und nicht Messer Torel de Dignes. Hinzu kam, daß der Umstand seiner Gefangenschaft es verhinderte, den Irrtum aufzuklären. So kehrten viele Italiener mit der Todesbotschaft heim, ja, einige waren sogar so vermessen, zu behaupten, daß sie selbst den toten Ritter gesehen und an seinem Begräbnis teilgenommen hätten. Als auch seine Frau und seine Verwandten die Nachricht erfuhren, brachte diese nicht nur unsägliches Leid über sie, sondern auch über jeden, der den Ritter gekannt hatte. Den Schmerz, die Traurigkeit und die Tränen seiner Gattin zu schildern würde lange Zeit in Anspruch nehmen. Als sie aber einige Monate in beständiger Trauer dahingelebt hatte und diese schließlich ein wenig nachzulassen begann, versuchten ihre Brüder und Verwandten, sie zu einer neuen Ehe zu überreden, da sie von vielen achtbaren Rittern der Lombardei zur Gattin begehrt wurde. Unzählige Male wies sie dieses Ansinnen unter Tränen zurück, sah sich aber schließlich gezwungen, dem Wunsche ihrer Familie nachzugeben, doch nur unter der Bedingung, wenigstens so lange unvermählt zu bleiben, wie Messer Torello es von ihr verlangt hatte.

Während Messer Torellos Gattin sich in Pavia in solcher Lage befand und nur noch acht Tage an der von dem Ritter gesetzten Frist fehlten, geschah es, daß in Alexandria Messer Torello eines Tages einen Mann wiedersah, den er mit den genuesischen Abgesandten zusammen hatte die Galeere besteigen sehen, die nach Genua fuhr. Er ließ ihn zu sich rufen, fragte ihn, was für eine Reise er gehabt und wann er Genua erreicht hätte. Jener erwiderte: „Mein Herr, die Galeere hat eine schlechte Reise gehabt, wie ich in Kreta erfahren habe, wo ich ausgestiegen war. Als sie in die Nähe Siziliens kam, erhob sich ein gefährlicher Nordsturm, der sie auf den Riffen der Berberei zerschellen ließ, so daß niemand mit dem Leben davonkam. Auch zwei meiner Brüder sind mit allen andern zusammen umgekommen."

Messer Torello schenkte den Worten des Mannes, die auf Wahrheit beruhten, Glauben und erinnerte sich nun daran, daß die Frist, die er von seiner Gattin verlangt hatte, in wenigen Tagen verstrichen sei. Da er annahm, daß keine Nachricht über ihn nach Pavia gelangt sei, ward es für ihn Gewißheit, daß die Dame wieder vermählt sein müsse. Hierüber war sein Kummer so groß, daß er jegliche Lust zu leben verlor, sich aufs Krankenlager legte und zu sterben beschloß. Sowie Saladin, der ihm innig zugetan war, hiervon Kenntnis bekam, ging er zu ihm und erfuhr nach langem Drängen die Ursache seines Leides und seiner Krankheit. Er tadelte ihn heftig, daß er ihm hiervon nicht eher etwas gesagt habe. Dann aber hieß er ihn Mut fassen und versprach ihm, wenn er sich ein wenig aufraffen wollte, alles so einzurichten, daß Messer Torello noch zur rechten Zeit wieder in Pavia sei; und er sagte ihm auch, auf welche Weise dies geschehen sollte.

Messer Torello vertraute Saladins Worten, zumal er schon verschiedentlich gehört hatte, daß so etwas möglich und schon zuweilen vorgekommen sei. Er faßte wieder Mut und setzte Saladin eifrig zu, sich zu diesem Wagnis zu entschließen. So beauftragte Saladin einen seiner Magier, dessen Kunst er bereits erprobt hatte, eine Möglichkeit ausfindig zu machen, Messer Torello auf einem Bett im Laufe einer Nacht nach Pavia zu befördern. Der Schwarzkünstler bestätigte, daß dies zu machen sei, daß er jedoch Messer Torello zu seinem eigenen Besten dabei einschläfern müsse. Nachdem alles besprochen war, kehrte Saladin zu Messer Torello zurück und fand ihn zu allem bereit, wenn er nur auf irgendeine Weise zur rechten Zeit in Pavia einträfe. Sollte dies jedoch unmöglich sein, war er fest entschlossen zu sterben.

„Messer Torello", sagte Saladin zu ihm, „wenn Ihr Eure Gattin so innig liebt und besorgt seid, daß sie die Frau eines anderen werde, so kann ich Euch, weiß Gott, deswegen nicht böse sein. Von allen Frauen, die ich je gesehen, verdient sie ihres edlen Anstandes, ihres anmutigen Betragens und ihres vornehmen Geschmackes wegen höchstes Lob und Bewunderung, ganz zu schweigen von ihrer Schönheit, die eine leichtvergängliche Blume ist. Wohl wäre es mir lieb gewesen – zumal Euch das Schicksal einmal hierhergeführt hat –, daß wir die Zeit des Lebens, die Euch und mir noch verbleibt, miteinander verbracht und als gleichberechtigte Herren die Regierung meines Landes übernommen hätten. Da mir dies jedoch von Gott nicht vergönnt ist, der Euch den Entschluß eingab, entweder zu sterben oder zur rechten Zeit nach Pavia zurückzukehren, so hätte ich wenigstens gewünscht, dies so rechtzeitig erfahren zu haben, daß ich Euch mit allen Ehren und Würden und in einem solchen Geleit, wie es Eurem Werte entspräche, nach Hause hätte zurückführen lassen können. Da mir auch diese Gunst nicht zuteil geworden ist, weil Ihr sofort heimzukehren begehrt, so werde ich Euch auf die einzige mir noch mögliche Weise, die ich Euch schon genannt habe, zurückbringen lassen." Messer Torello erwiderte: „Mein Gebieter, auch ohne diese Worte haben Eure Taten mir bereits gezeigt, wie groß Euer Wohlwollen mir gegenüber ist, dessen Übermaß ich niemals verdient habe. Von dem, was Ihr jetzt sagtet, wäre ich auch dann auf Tod und Leben überzeugt gewesen, wenn Ihr es mir nicht nochmals versichert hättet. Da ich nun entschlossen bin abzureisen, bitte ich Euch noch um eins, nämlich, daß Ihr das, was Ihr mir versprochen habt, so schnell wie möglich veranlaßt, da schon morgen der letzte Tag ist, an dem ich erwartet werde." Saladin versprach ihm, daß dies unverzüglich geschehen werde.

Da er den Entschluß gefaßt hatte, den Ritter in der nächsten Nacht auf die Reise zu schicken, ließ der Sultan am Morgen in einem großen Saal ein wunderschönes, kostbares Lager von Matratzen herrichten, die nach dem Brauche des Landes mit Samt und Goldstoffen überzogen waren, ließ darüber eine kostbare Decke legen, deren Muster mit wertvollen Perlen und Edelsteinen gestickt waren – sie galt später hierzulande als ein besonderes Kunstwerk –, und ließ schließlich noch zwei zu solchem Bett passende Kopfkissen darauflegen. Nachdem dies geschehen war, befahl er Messer

Torello, der schon neue Kräfte gesammelt hatte, ein Sarazenengewand anzulegen, welches wohl das reichste und schönste war, das je von Menschenaugen erblickt wurde, und ließ ihm auf Weise seines Volkes einen Turban aus einer langen Schärpe ums Haupt winden. Dann trat Saladin, da es inzwischen spät geworden war, mit vielen seiner Großen in das Zimmer des Messer Torello und nahm an seiner Seite Platz. Fast unter Tränen sagte er zu ihm: „Messer Torello, die Stunde, in der ich Euch Lebewohl sagen muß, nähert sich. Da die Art der Reise, die Ihr machen werdet, nicht gestattet, daß ich Euch begleite oder geleiten lasse, muß ich hier im Zimmer von Euch Abschied nehmen und bin zu diesem Zwecke hergekommen. Doch bevor ich Euch Gottes Schutz anempfehle, bitte ich Euch, um der Liebe und Freundschaft willen, die zwischen uns entstand, meiner stets zu gedenken. Wenn es vor Ablauf unseres Lebens noch angängig ist und Ihr alle Eure Angelegenheiten in der Lombardei geregelt habt, sollt Ihr wenigstens noch einmal zu mir zurückkehren, damit ich dann, wenn ich mich der Freude eines Wiedersehens hingeben kann, auch den Fehler, den ich jetzt Eurer Eile wegen machen muß, wiedergutmache. So lange, bis dies geschieht, mag es Euch nicht leid sein, mich auf brieflichem Wege aufzusuchen und auf solche Weise alles von mir zu verlangen, was Euch erfreuen könnte, da ich für Euch alles tun werde, was in meinen Kräften steht, und lieber als für jeden andren Menschen auf der Welt."

Messer Torello vermochte nicht, seine Tränen noch länger zurückzuhalten, und erwiderte, vom Weinen verhindert, nur mit kurzen Worten, daß es ihm unmöglich sei, je die Erinnerung an die Wohltaten und die hehre Größe Saladins aus seinem Herzen zu vertreiben, und daß er ganz bestimmt tun würde, worum jener ihn bäte, sobald die Zeit es ihm gestatten werde. Darauf umarmte und küßte Saladin ihn zärtlich, sagte unter Tränen zu ihm: „So geht denn mit Gott!" und verließ das Zimmer. Nach ihm verabschiedeten sich alle übrigen Höflinge von Messer Torello, der darauf dem Sultan in jenen Saal folgte, wo Saladin das Bett hatte herrichten lassen.

Da es spät geworden war und der Schwarzkünstler nun auf schnelle Abfahrt drängte, erschien sogleich ein Arzt mit einem Getränk für Messer Torello, das er jenen mit dem

Hinweis, es sei für seine Kräftigung, trinken ließ. Nicht lange danach war der Ritter eingeschlafen. Im festen Schlaf wurde er auf Befehl Saladins auf das Bett gelegt, auf welches der Sultan noch eine erlesen schöne Krone von hohem Werte niederlegte, die er so zeichnete, daß später klar ersichtlich war, sie sei von Saladin für die Gattin Messer Torellos bestimmt. Dann steckte der Sultan dem Ritter einen Ring an den Finger, in dem ein strahlender Karfunkelstein von schier unschätzbarem Wert wie eine brennende Fackel glühte. Darauf ließ er Messer Torello mit einem Schwert umgürten, dessen kostbare Verzierungen ebenfalls nicht abzuschätzen waren, und ihm außerdem eine Spange vorne aufs Gewand heften, die mit herrlichen Perlen und andren Edelsteinen geschmückt war und kaum ihresgleichen hatte. Schließlich ließ er zur Rechten und zur Linken des Ritters zwei große Schalen aus reinem Golde aufstellen, die mit Dublonen hoch beladen waren, und ließ dazu noch viele Netze mit Perlenketten, Ringen, Gürteln und andren Schmuckstücken neben ihm niederlegen, die einzeln aufzuzählen uns zuviel Zeit kosten würde. Nachdem dies geschehen war, küßte Saladin Messer Torello noch einmal und befahl dann dem Schwarzkünstler, sich zu sputen. Darauf wurde unverzüglich in Saladins Gegenwart das Bett mit Messer Torello aufgehoben und durch die Luft davongetragen. Saladin aber blieb mit den Seinen zurück und unterhielt sich noch lange mit ihnen über den Freund.

Dieser war indessen, immer noch schlafend, bereits seit einer Weile mit allen oben genannten Kleinodien und Schmucksachen in der Kirche von San Pietro in Ciel d'Oro zu Pavia, wie dies sein Wunsch gewesen, niedergestellt worden. Als das Morgengeläut vorüber war, betrat der Sakristan mit einem Licht in der Hand die Kirche. Sogleich fiel sein Blick auf das reiche Lager, worauf er, nicht nur vor Erstaunen, sondern von Schrecken erfüllt, eiligst umkehrte, so daß der Abt und die Mönche, die seine überstürzte Rückkehr bemerkten, ihn verwundert nach der Ursache dieser Hast fragten. Der Mönch nannte den Grund. „Oh!", rief der Abt, „du bist doch kein Kind mehr und nicht zum ersten Male in dieser Kirche, daß du dich so leicht erschrecken läßt! Doch jetzt werden wir alle hingehen und nachsehen, was dich so in Angst versetzt hat."

Nachdem verschiedene Lichter angezündet waren, betrat der Abt mit allen seinen Mönchen die Kirche, erblickte das kostbare, reiche Lager und darauf den schlafenden Ritter. Während nun alle furchtsam und schüchtern, ohne sich dem Bette zu nähern, die reichen Kleinodien anschauten, geschah es, daß Messer Torello mit einem tiefen Seufzer erwachte, da die Wirksamkeit des Schlaftrunkes nachließ. Als die Mönche und mit ihnen der Abt dies gewahrten, ergriffen alle mit dem entsetzten Schrei „Herrgott, steh uns bei!" die Flucht.
Messer Torello aber erkannte, als er die Augen geöffnet und sich umgeschaut hatte, mit aller Deutlichkeit, daß er auf jenem Platze angekommen war, den er Saladin genannt hatte, worüber er sehr glücklich war. Er richtete sich zum Sitzen auf und betrachtete der Reihe nach alles, was um ihn lag. Wenngleich er die Freigebigkeit Saladins bereits kennengelernt hatte, sah er nun, daß sie noch weit größer war, und erkannte sie erst jetzt in ihrem ganzen Ausmaß. Als er die Mönche fliehen sah, erriet er schnell die Ursache und rief, ohne seine Stellung zu verändern, den Abt bei Namen und bat ihn, sich nicht zu fürchten, da er Torello, sein Neffe, sei. Auf diese Worte hin erschrak jener noch weit mehr, wußte er seinen Neffen doch seit vielen Monaten tot. Schließlich aber ging er, von allerlei Anzeichen etwas beruhigt, mit dem Zeichen des Kreuzes auf Messer Torello zu, der ihn noch immer rief und dann zu ihm sprach: „Mein Vater, wovor fürchtet Ihr Euch? Ich lebe dank der Gnade Gottes und bin von jenseits des Meeres zurückgekommen." Trotz seines langen Bartes und des türkischen Gewandes, das er trug, erkannte ihn jetzt der Abt nach und nach wieder, nahm ihn beruhigt bei der Hand und sprach: „Mein Sohn, sei willkommen!" und fuhr dann fort: „Du darfst dich über unsre Furcht nicht wundern. Hierzulande gibt es keinen Menschen, der nicht fest von deinem Tode überzeugt ist. Auch muß ich dir sagen, daß deine Gattin, Madonna Adalieta, gezwungen von den Bitten und Drohungen ihrer Familie und gegen ihren eigenen Willen, eine neue Ehe eingegangen ist. Heute morgen muß sie zu ihrem neuen Gatten gehen. Die Hochzeit und alles, was zu einem großen Fest nötig ist, wurde bereits vorbereitet."
Messer Torello sprang nun von seinem reichen Lager auf

und begrüßte den Abt und die Mönche auf das herzlichste, dann aber bat er alle, daß sie zu keinem Menschen über seine Rückkehr reden möchten, bevor er nicht eine notwendige Angelegenheit in Ordnung gebracht habe. Sodann ließ er die reichen Kleinodien unter Verschluß nehmen und berichtete dem Abt alles, was ihm bis zum heutigen Tage widerfahren war. Glücklich über das gute Ende seiner Abenteuer, dankte der Abt zusammen mit Messer Torello Gott. Dann fragte der Ritter, wer denn der neue Gatte seiner Frau sei. Der Abt sagte es ihm, und Messer Torello fuhr fort: „Bevor man meine Heimkehr erfährt, möchte ich sehen, wie meine Frau sich auf dieser Hochzeit betragen wird. Obwohl es nicht den Bräuchen der Geistlichkeit entspricht, auf solche Gastmahle zu gehen, möchte ich, daß Ihr es uns möglich macht, dort zu erscheinen." Der Abt gab hierzu gerne seine Einwilligung, und als der Tag emporgestiegen war, sandte er zu dem neuen Gatten der Madonna Adalieta und ließ ihm sagen, daß er mit einem seiner Gefährten an der Hochzeit teilzunehmen wünsche, worauf der Edelmann ihm antworten ließ, daß er hierüber sehr erfreut sei.

Als nun die Stunde des Hochzeitsmahles gekommen war, begab sich Messer Torello in dem Anzug, in welchem er war, zusammen mit dem Abt zum Hause des neuen Gatten, ward hier von jedem, der ihn erblickte, voller Staunen angeschaut, jedoch von niemand erkannt. Der Abt aber sagte allen, er sei ein türkischer Gesandter des Sultans, der zum König von Frankreich unterwegs sei.

Messer Torello wurde sodann an die Tafel geführt und bekam einen Platz gerade gegenüber seiner Frau angewiesen, die er voller Freude wieder und wieder ansah, zumal es ihm ihrer Miene nach vorkam, als sei sie über diese Hochzeit sehr unglücklich. Auch sie blickte ihn einige Male an; nicht daß sie ihn wiedererkannt hätte – dies verhinderten schon sein großer Bart, das fremdartige Gewand und der Glaube an seinen Tod –, sondern der Eigenart seines Kleides wegen.

Als es nun Messer Torello an der Zeit schien, nachzuprüfen, ob sie seiner noch gedenke, nahm er den Ring in die Hand, den sie ihm beim Abschied gegeben hatte, ließ einen Jüngling, der zur Bedienung hinter ihr stand, herbeirufen und sagte ihm: „Sage der Braut in meinem Auftrage, in meinem Vaterland sei es üblich, daß die Braut einem Fremden, wie ich es hier bin, der am Hochzeitsmahl einer Neuvermählten, wie sie es ist, teilnimmt, zum Zeichen dessen, daß er ihr willkommen, ihren Becher, aus dem sie trinkt, mit Wein sendet. Hat dann der Fremde von dem Wein getrunken, soviel es ihm beliebt, sendet er den Becher zugedeckt zu ihr zurück, und die Braut trinkt den Rest."

Der Jüngling richtete diese Bestellung der Dame aus. Diese, eine feingesittete, verständige Frau, war der Meinung, er sei ein Mann von hohem Rang, und befahl alsbald, um ihm zu zeigen, wie angenehm ihr sein Kommen sei, einen großen goldenen Becher, der vor ihr stand, auszuspülen, mit Wein zu füllen und dem Herrn zu kredenzen. Und so geschah es.

Messer Torello hatte indessen den Ring seiner Gattin in den Mund genommen und ließ ihn beim Trinken in den Becher gleiten, ohne daß irgend jemand es gewahr wurde. Als nur noch ein kleiner Rest Wein im Becher zurückgeblieben war, deckte er diesen wieder zu und sandte ihn der Dame zurück. Diese ergriff ihn, um dem Brauche seines Landes zu entsprechen, öffnete den Deckel und führte den Becher zum Munde. Dabei erblickte sie den Ring und schaute diesen, ohne ein Wort zu verlieren, aufmerksam einen Augenblick an. Als sie erkannte, daß es wirklich der Ring war, den sie selbst Messer Torello bei der Abreise geschenkt hatte, nahm sie ihn an sich und sah nun unverwandt den Mann an, den sie für einen Fremden gehalten hatte, erkannte ihn, sprang jäh auf, als sei sie toll geworden, stieß die Tafel, die vor ihr stand, um und rief: „Es ist mein Gatte! Es ist wahrhaftig Messer Torello!" Damit lief sie an den Tisch, an dem er saß, und ohne auf ihre prächtigen Gewänder oder irgend etwas, das auf der Tafel stand, zu achten, beugte sie sich, so weit sie konnte, hinüber und umarmte ihren Gatten und war durch nichts zu bewegen, die Arme wieder von seinem Halse zu lösen, was auch die Anwesenden sagen und tun mochten, bis schließlich Messer Torello selbst ihr zuredete, sich zu beruhigen, da sie fortan noch Zeit genug finden werde, ihn zu umarmen. Nun erst gab sie ihn wieder frei. Da die Hochzeit auf diese Weise unterbrochen, die Anwesenden aber über die Rückkehr eines solchen Ritters weit fröhlicher noch als zuvor geworden waren, bat Messer

Torello, ihn in Ruhe anzuhören, und erzählte, was ihm von seiner Abreise an bis zum heutigen Tage widerfahren war. Zum Schluß seiner Rede bat er den Edelmann, der ihn für tot gehalten und daher seine Frau zur Gattin genommen hatte, er möge ihm nicht gram sein, wenn er, der noch am Leben, seine Gattin für sich beanspruche. Der neue Ehemann erwiderte, wenn auch mit einiger Enttäuschung, freimütig und im Tone eines Freundes, daß Messer Torello mit seinem Eigentum nach eigenem Gutdünken verfahren möge, wie es ihm lieb sei. Die Dame legte darauf den Ring und das Hochzeitsdiadem, das sie von dem neuen Ehemann erhalten hatte, ab, steckte den im Becher gefundenen Ring auf den Finger und setzte die Krone auf, die ihr der Sultan geschickt hatte. Dann verließen sie das Haus, in dem sie sich befanden, und zogen mit dem ganzen Hochzeitszuge zum Hause des Messer Torello, wo sie alsbald dessen noch immer um ihn trauernde Freunde und Verwandten und viele seiner Mitbürger, die ihn wie ein Wunder betrachteten, zu einem langen, fröhlichen Fest zusammenriefen. Messer Torello schenkte nun dem, der die Kosten für das Hochzeitsfest aufgebracht hatte, dem Abt und noch einigen anderen Männern einen Teil seiner kostbaren Kleinodien und ließ durch mehr als einen Boten Saladin seine glückliche Heimkehr melden, betrachtete sich auch weiterhin als dessen Freund und Untertan und lebte dann noch viele Jahre mit seiner ehrenwerten Gattin, freigebiger als je zuvor.

Das also war das Ende der Leiden des Messer Torello und seiner Gattin und der Lohn für ihre freundliche, stets bereitwillige Gastfreiheit. Viele bemühen sich wohl, solche zu üben, doch, obwohl sie die Mittel dazu besitzen, wissen sie diese Gastfreundschaft nur schlecht zu gewähren, da sie diese stets erst teuer erkaufen lassen, so daß sie keinerlei Wert mehr hat, wenn sie schließlich gewährt wird. So wird ihnen dafür auch keinerlei Lohn, worüber weder sie selbst noch andre sich wundern sollten.

ZEHNTE GESCHICHTE

Von den Bitten seiner Leute gezwungen, eine Frau zu nehmen, heiratet der Marchese di Saluzzo die Tochter eines Bauern, um wenigstens eine Frau nach seinem eigenen Geschmack zu haben. Er hat zwei Kinder mit ihr, macht sie aber glauben, daß diese getötet seien, und sagt ihr dann, daß er, ihrer überdrüssig, eine andere heiraten wolle, läßt die eigene Tochter nach Hause kommen, als sei dies seine neue Gattin, und jagt schließlich seine Frau im bloßen Hemde davon. Als er bemerkt, daß sie alle seine Launen geduldig hinnimmt, holt er sie, zärtlicher denn je, in sein Haus zurück, zeigt ihr ihre erwachsenen Kinder, ehrt sie selbst und läßt ihr auch von allen anderen die einer Marchesa gebührenden Ehren erweisen.

Als die lange Geschichte des Königs, die allem Anschein nach der ganzen Gesellschaft gefallen hatte, beendet war, sagte Dioneo lächelnd: „Der wackre Kerl, der die kommende Nacht abwarten wollte, um den aufgerichteten Schweif des Gespenstes zum Heruntersinken zu veranlassen, hätte keinen Pfifferling für alles Lob, welches ihr dem Messer Torello spendet, gegeben." Dann aber begann er, wohl wissend, daß er allein noch übrig war, zu erzählen:

Meine wohlgeneigten Damen, wie es mir scheint, ist der heutige Tag Königen, Sultanen und ähnlichen Leuten gewidmet. Damit ich mich nicht gar zu weit von euch entferne, will ich euch von einem Marchese erzählen, der zwar keine erhabene Tat, sondern vielmehr eine törichte Roheit vollbrachte, aus der ihm allerdings zum Schluß Gutes erwuchs. Ich möchte aber niemand raten, seinem Beispiel zu folgen, und halte es für recht bedauerlich, daß er so gut davonkam.

Vor langen Zeiten lebte einst als Oberhaupt des Geschlechtes der Edlen di Saluzzo ein junger Marchese namens Gualtieri, der, ohne Weib und Kind, seine Zeit mit nichts anderem verbrachte als mit Jagd und Vogelbeize und gar nicht auf den Gedanken kam, ein Weib heimzuführen und Kinder zu haben, weswegen man ihn eigentlich für einen klugen Mann ansehen müßte. Jedoch gefiel dies seinen Untertanen durchaus nicht, und sie baten ihn darum mehr als einmal, doch eine Gattin zu wählen, damit er dereinst nicht ohne Erben und sie selbst nicht ohne Herren zurückblieben. Auch erboten sie sich, ihm eine Gattin zu suchen, die von so guter Art und aus so hohem Hause stamme, daß man sich darob die besten Hoffnungen machen und ihr Gatte mit ihr zufrieden sein könnte. Gualtieri aber erwiderte ihnen: „Meine Freunde, ihr zwingt mich zu einer Sache, die niemals zu tun ich bereits fest entschlossen war, da ich mir überlegt habe, wie schwer es ist, eine Frau zu finden, die ihren Sitten nach mir willkommen wäre. Wie groß ist dagegen die Anzahl derer, die das Gegenteil davon sind, und das Leben eines Mannes, der sich mit einer Frau, die nicht zu ihm paßt, abmühen muß, ist gar bitter. Töricht ist es von euch, zu glauben, daß ihr nach den Sitten der Eltern auch die Töchter erkennen könntet und daß ihr meint, mir eine aussuchen zu können, die meinen Wünschen entspricht! Ich wüßte nicht, wie ihr die Väter recht erkennen wolltet und noch weniger die Geheimnisse der Mütter. Doch selbst wenn ihr es vermöchtet, unterscheiden sich noch unzählige Male die Töchter sehr von ihren Eltern. Wollt ihr jedoch darauf bestehen, mich in diese Bande zu legen, so will ich euch zufriedenstellen. Damit ich mich indes nicht eines Tages über irgend jemand anders als über mich selbst zu beklagen habe, wenn es ein schlechtes Ende nehmen sollte, will ich selber eine Frau ausfindig machen. Doch gebe ich euch die Versicherung, daß ihr, solltet ihr jene, die ich erwähle, nicht als meine Gattin ehren, zu eurem eigenen Schaden kennenlernen sollt, welche Last es für mich ist, gegen meinen eigenen Wunsch auf eure Bitten hin ein Weib genommen zu haben." Die wackren Leute erklärten sich frohen Herzens mit allem einverstanden, wenn er nur ihrem Wunsch, sich zu verheiraten, nachkäme.

Nun hatte Gualtieri seit geraumer Zeit Gefallen an dem tugendhaften Betragen eines armen Mädchens gefunden, das aus einem seinem Wohnsitz benachbarten Dorfe stammte. Da sie auch ihrer Schönheit wegen seinen Beifall fand, glaubte er, mit ihr ein erträgliches Leben führen zu können, und entschloß sich daher, ohne weiter Umschau zu halten, dieses Mädchen zu heiraten. Nachdem er ihren Vater zu sich befohlen hatte, kam er mit diesem, einem gar armen Schlucker, überein, daß er die Tochter zur Frau nehmen wolle. Danach ließ er seine Freunde von nah und fern zusammenrufen und sprach zu ihnen: „Meine Freunde, es war und ist euer Wunsch, daß ich mich dazu entschließen möchte, eine Frau zu nehmen, und ich habe mich dazu bereit erklärt, mehr euch zu Gefallen als aus eigenem Antrieb. Ihr erinnert euch wohl, daß ihr mir dabei versprochen habt, mit jeder Frau, die ich auch immer erwählen möchte, einverstanden zu sein und diese als meine Gattin zu ehren. Da nun die Zeit gekommen ist, will ich das euch gegebene Versprechen halten und wünsche, daß auch ihr mir euer Wort haltet. Ich habe ein Mädchen nach meinem Herzen gefunden, sogar hier ganz in der Nähe, und beabsichtige, sie zu meiner Frau zu machen und sie in wenigen Tagen hierher in mein Haus zu holen. Überlegt, wie ihr das Hochzeitsfest würdig gestalten und die Braut in allen Ehren empfangen könnt, damit ich mit eurem Versprechen ebenso zufrieden sein kann wie ihr mit dem meinen." Die guten Leute erwiderten frohen Herzens, daß sie darüber sehr erfreut wären und daß sie jene Dame, wer immer sie auch sein möge, in jeder Weise als ihre Herrin zu ehren gedächten. Darauf machten sie sich ans Werk, alles für ein großartiges, schönes Hochzeitsfest herzurichten, und auch Gualtieri traf seine Anordnungen und ließ eine prächtige Feier vorbereiten und dazu alle seine Freunde, Verwandten und sämtliche Edelleute aus der Umgebung einladen. Außerdem ließ er viele schöne, kostbare Gewänder nach den Maßen eines Mädchens zuschneiden und fertigstellen, die ihm an Gestalt seiner zukünftigen Frau zu gleichen schien. Dazu bestellte er Gürtel, Ringe, eine schöne Krone und alles, was sonst noch für eine Neuvermählte nötig ist.

Als nun der Vortag der Hochzeit herangekommen war, stieg Gualtieri aufs Pferd und mit ihm alle übrigen Herren, die gekommen waren, um die junge Gattin zu ehren. Nachdem alles Nötige auf das beste vorbereitet war, sagte Gualtieri: „Meine Herren, es ist an der Zeit, die Braut abzuholen." Damit machte er sich mit seiner ganzen Begleitung auf den Weg, und bald gelangten sie in das kleine Dorf. Vor dem Vaterhause des Mädchens angekommen, traf man diese eben dabei, Wasser vom Brunnen zu holen, um dann mit den übrigen Frauen zusammen fortzugehen und die neue Gattin Gualtieris anzuschauen. Als Gualtieri sie sah, rief er sie mit ihrem Namen, Griselda, und fragte, wo ihr Vater

sei. Schüchtern erwiderte sie: „Er ist im Hause, Herr."
Darauf sprang Gualtieri vom Pferd, befahl allen, ihn hier zu erwarten, und betrat allein das armselige Hüttchen, wo er Griseldas Vater vorfand, der Giannucolo hieß. Er sagte zu diesem: „Ich bin gekommen, um Griselda zu heiraten, doch möchte ich sie zuvor in deiner Gegenwart etwas fragen." Dann fragte er das Mädchen, ob sie immer versuchen wolle, ihn zu erfreuen, wenn er sie zu seiner Frau mache, und sich über nichts, was er auch immer sagen oder tun würde, beklagen wolle. Ob sie ihm stets gehorsam sein wolle und dergleichen mehr. Alle diese Fragen bejahte Griselda. Darauf nahm Gualtieri sie bei der Hand, führte sie hinaus und ließ sie in Gegenwart seiner ganzen Gesellschaft und der Herumstehenden vollständig entkleiden. Darauf ließ er die neuen Kleider, die er hatte machen und herbringen lassen, herbeiholen und sie schnell damit bekleiden und schmücken, ließ ihr die Krone aufs Haar setzen, so zerzaust es eben war, und sagte, nachdem jedermann dies mit Verwunderung angesehen hatte: „Meine Herren, hier seht ihr die Frau, die ich beabsichtige zu meiner Gattin zu machen, wenn sie mich zum Mann nehmen will." Darauf wandte er sich ihr zu, die voller Scham und Ratlosigkeit dastand, und fragte sie: „Griselda, willst du mich zum Manne nehmen?" Sie erwiderte: „Ja, Herr." Und er fuhr fort: „Und ich will dich zur Frau haben."

So verlobte er sich mit ihr in Gegenwart aller, ließ sie sodann auf ein Pferd heben und holte sie, ehrenvoll geleitet, in sein Haus. Hier fand die Hochzeit in Glanz und Pracht statt, und das Fest war nicht geringer, als wenn er die Tochter des Königs von Frankreich erkoren gehabt hätte.

Die junge Frau aber schien mit ihren ärmlichen Kleidern zugleich auch Gesinnung und Betragen geändert zu haben. Wie wir schon bemerkten, war sie von jeher schön von Antlitz und Gestalt, nun aber begann sie in gleichem Maße auch Anmut, Freundlichkeit und gutes Betragen zu zeigen, so daß niemand mehr in ihr die Tochter Giannucolos und eine Schafhirtin zu sehen vermochte, sondern jeder in nicht geringem Erstaunen sie für die Tochter eines Edelmannes halten mußte. Dazu zeigte sie gegen ihren Gatten so viel Ergebenheit und Gehorsam, daß er sich für den glücklichsten und zufriedensten Mann der Welt hielt. Auf ähnliche

Weise gewann sie mit ihrer Tugend und Freundlichkeit die Herzen aller Untertanen des Marchese, so daß es bald keinen mehr gab, der sie nicht mehr als sich selber geliebt und aus eigenem Antrieb geehrt hätte. Alle beteten fortan für ihr Wohl, für ihre Gesundheit und ihr Glück und gaben zu, daß Gualtieri, dem sie anfangs die Wahl dieser Frau als große Unüberlegtheit angerechnet hatten, der klügste und scharfsichtigste Mann der Welt sei, da niemand anders als er je die hohe Tugend, die sich unter dem ärmlichen dörflichen Kleide Griseldas versteckt hatte, erkannt habe. So war es bald so weit, daß nicht nur in ihrem eigenen Bereich, sondern weit und breit von ihrer Tugend und ihren guten Werken rühmend gesprochen wurde, und alles, was vielleicht bei der Heirat gegen ihren Gatten vorgebracht worden war, wurde in das Gegenteil umgewandelt.

Nicht lange nach ihrer Hochzeit mit Gualtieri wurde Griselda schwanger und brachte ein Mädchen zur Welt, was Gualtieri mit großer Freude erfüllte. Bald darauf aber verfiel dieser auf den seltsamen Gedanken, mit langwieriger Prüfung und unglaublichen Wünschen die Geduld seiner Frau auf die Probe zu stellen. Er begann daher, sie mit Worten zu verletzen, zeigte sich böse und aufgebracht und behauptete, daß seine Untertanen nicht mit ihr zufrieden seien, einmal ihrer niederen Herkunft wegen, vor allem aber, weil sie Kinder in die Welt setze. Auch seien jene über die Tochter, die eben jetzt geboren, sehr erbittert und wüßten nichts andres, als dies zu beklagen. Auf diese Vorwürfe erwiderte Griselda, ohne ihr Gesicht oder ihr freundliches Betragen zu verändern: „Herr, verfahre mit mir so, wie du es deiner Ehre und Ruhe schuldig zu sein glaubst. Ich werde mit allem zufrieden sein, da ich wohl anerkenne, daß ich die Geringste von allen bin und daß ich der Ehre nicht würdig bin, die du mir aus Gnade erwiesen hast." Diese Worte gefielen Gualtieri sehr, da er ihnen entnahm, daß seine Gattin trotz aller Ehre, die er und alle anderen ihr erwiesen, nicht hochmütig geworden war. Doch wenig später, nachdem er seine Frau mit allerlei unklaren Andeutungen davon unterrichtet hatte, daß seine Untertanen die von ihr geborene Tochter nicht anerkennen wollten, gab er einem Diener geheime Anweisungen und sandte ihn sodann zu seiner Frau. Dort sagte der Diener mit trostloser Miene zu ihr: „Madonna, wenn ich nicht dem Tode verfallen will, muß ich tun, was der Herr befohlen hat. Er hat mich beauftragt, diese Eure Tochter zu nehmen und zu...", hier verstummte er.

Als die Dame die Worte des Dieners vernahm und sein Gesicht sah, fiel ihr wieder ein, was ihr Mann gesagt hatte, und sie erriet, daß jener den Auftrag hatte, das Kind zu töten. Sie nahm es daher schnell aus der Wiege, küßte und segnete es und legte es dann, sosehr es ihr auch das Herz zerriß, ohne eine Miene zu verziehen, in den Arm des Dieners mit den Worten: „Da, tue, was dein und mein Herr befohlen hat. Doch verhüte, daß die wilden Tiere und die Raubvögel das Kind zum Fraße vorgeworfen bekommen, es sei denn, er habe es ausdrücklich so befohlen."

Der Diener nahm das Kind und überbrachte Gualtieri die Antwort seiner Gattin. Voller Verwunderung über die Standhaftigkeit Griseldas sandte der Marchese den Diener mit dem kleinen Mädchen zu einer Verwandten nach Bologna und ließ diese bitten, das Kind mit aller Sorgfalt zu pflegen und zu erziehen, ohne jemals zu verraten, welcher Herkunft es sei.

Bald darauf fühlte seine Frau sich von neuem schwanger und gebar zur rechten Zeit einen Sohn, was abermals Gualtieri in große Freude versetzte. Doch noch immer schien ihm das, was er getan, nicht zu genügen. Er quälte daher seine Frau mit noch härteren Vorwürfen und sagte eines Tages, anscheinend von heißem Zorn erfüllt, zu ihr: „Frau, nachdem du nun auch noch diesen Sohn geboren hast, kann ich das Leben mit den Meinen nicht mehr ertragen, so heftig sind ihre Klagen, daß ein Enkel Giannucolos nach mir dereinst ihr Herr werden soll. Ich fürchte daher, daß ich, will ich nicht selber von ihnen verjagt werden, wieder werde tun müssen, was ich schon einmal tat, und daß ich schließlich auch dich werde verlassen und eine andere Gattin werde nehmen müssen."

Geduldigen Herzens hörte Griselda ihn an und antwortete nichts anderes als: „Herr, denke an dein Glück und an die Befriedigung deiner Wünsche und mache dir meinetwegen keine Gedanken. Mir ist nichts anderes teuer als das, was dir gefällt."

Wenige Tage später schickte Gualtieri auf ähnliche Weise,

wie er nach dem Töchterchen geschickt hatte, auch um den Sohn, und nachdem er gleichermaßen hatte durchblicken lassen, daß er getötet werden solle, sandte er diesen wie die Tochter ebenfalls nach Bologna, um ihn dort von einer Amme nähren zu lassen. Auch jetzt zeigte die Dame kein anderes Benehmen und ließ, ebenso wie sie es damals bei der Tochter getan hatte, keine Klage hören, worüber Gualtieri wiederum sehr erstaunt war und selber zugab, daß keine andere Frau getan hätte, was die seine tat. Hätte er nicht gesehen, wie zärtlich sie mit den Kindern umging, solange er es zuließ, hätte er angenommen, daß sie sich nichts aus ihnen mache, während er sie jetzt als weise ansehen mußte. Seine Untertanen, die alle glaubten, er hätte die Kinder wirklich umbringen lassen, tadelten ihn deswegen hart und nannten ihn einen grausamen Mann. Mit seiner Frau aber hatten alle tiefes Mitleid. Sie selbst jedoch sagte zu denen, die mit ihr über die auf solche Art ums Leben gekommenen Kinder wehklagen wollten, niemals etwas anderes, als daß sie mit allem zufrieden sei, was dem gefalle, der sie erzeugt.

Als bereits viele Jahre nach der Geburt seiner Tochter verstrichen waren, hielt Gualtieri es für richtig, seine Frau ein letztes Mal auf die Probe zu stellen. Er sagte daher zu vielen der Seinen, daß er es auf keine Weise länger ertragen könne, Griselda zur Frau zu haben, und daß er nun einsähe, wie schlecht und unüberlegt er gehandelt habe, als er sie zu seiner Gattin erkor. Er wolle daher alles, was in seiner Macht stehe, versuchen, um vom Papst einen Ehedispens zu erlangen, damit er Griselda verlassen und eine andere Frau nehmen könne. Für diesen Entschluß wurde er von vielen wackren Männern hart getadelt, doch erwiderte er keinem etwas anderes, als daß er es so zu halten wünsche.

Als Griselda hiervon erfuhr, schien es ihr, daß sie wohl bald würde in das Haus ihres Vaters zurückkehren und vielleicht wieder die Schafe würde hüten müssen, wie sie es einst getan hatte. Auch kränkte und schmerzte es sie tief, daß sie eines Tages den Mann, der ihr alles war, an der Seite einer andren Frau sehen sollte. Doch ebenso, wie sie alle früheren Ungerechtigkeiten des Schicksals ertragen hatte, war sie bereit, mit unbeweglichem Gesicht auch diese hinzunehmen.

Kurze Zeit darauf ließ Gualtieri fingierte Briefe aus Rom kommen und ließ seine Untertanen wissen, der Papst hätte ihn in diesen Briefen ermächtigt, eine andere Gattin zu nehmen und Griselda zu verlassen. Er ließ sie deshalb zu sich rufen und sagte in Gegenwart vieler seiner Vasallen zu ihr: „Frau, auf diese Erlaubnis des Papstes hin darf ich eine andere Gattin erwählen und dich verlassen. Da alle meine Vorfahren vornehme Leute und Herren dieses Landes waren, während die deinen nur Arbeiter waren, beabsichtige ich, dich fortan nicht mehr als meine Frau zu betrachten. Du sollst in das Haus Giannucolos zurückkehren mit der ganzen Mitgift, die du hergebracht hast. Ich aber will dann eine Dame, die mir ebenbürtig ist, heimführen."

Nach diesen Worten hielt Griselda mit größter Anstrengung, die fast die Kräfte einer Frau überstieg, ihre Tränen zurück und erwiderte: „Herr, ich wußte immer, daß meine niedre Herkunft in keiner Weise zu Eurem Adel passen kann. Was ich bisher an Eurer Seite gewesen bin, verdanke ich Gott und Euch, doch habe ich es nie als ein Geschenk angesehen und betrachtet, sondern nur als ein Darlehen. Gefällt es Euch, dieses zurückzuverlangen, so muß und wird es auch mir gefallen, es Euch zurückzugeben. Hier ist der Ring, mit dem Ihr Euch mit mir verlobtet, nehmt ihn zurück. Befehlt Ihr mir, jene Mitgift mit zurückzunehmen, die ich hergebracht habe, so braucht Ihr weder einen Auszahler noch ich einen Beutel oder einen Träger. Ich habe es niemals vergessen, daß Ihr mich nackt mit Euch genommen habt. Haltet Ihr es für schicklich, daß der Leib, der Eure Kinder getragen hat, von allen betrachtet werde, so werde ich nackt fortgehen, doch bitte ich, als Lohn für meine Unberührtheit, die ich Euch mitbrachte und nicht wieder mit heimnehmen kann, ein einziges Hemd über meine Mitgift hinaus behalten zu dürfen." Gualtieri aber stand mit harter Miene da und sagte, obwohl ihm mehr nach Weinen zumute war als nach irgend etwas sonst: „So magst du ein Hemd mitnehmen."

Alle, die um ihn herumstanden, baten ihn nun, seiner Frau doch auch ein Kleid zu lassen, damit man nicht diejenige, die dreizehn Jahre und länger seine Gattin gewesen sei, sein Haus arm und in Schimpf und Schande verlassen sehe und damit sie nicht im bloßen Hemd fortgehen müsse. Doch alle Bitten waren umsonst, und so verließ Griselda barfuß, nur mit einem Hemd bekleidet, ohne Kopfbedeckung das Haus Gualtieris und kehrte, nachdem sie ihn Gott befohlen hatte, unter Tränen und Klagen aller derer, die sie sahen, in das Hüttchen ihres Vaters zurück. Dieser hatte niemals geglaubt, daß Gualtieri seine Tochter wirklich als seine Gattin behalten würde, und hatte von Tag zu Tag ihre Rückkehr erwartet. Er hatte daher ihre Kleider, die ihr an jenem Morgen, als Gualtieri sich mit ihr verlobte, ausgezogen waren, aufgehoben und gab sie ihr nun zurück. Sie zog sie wieder an und tat aufs neue alle jene kleinen Dienste im väterlichen Hause, die sie früher zu tun gewohnt gewesen war, und ertrug mit starkem Herzen auch diesen bittren Schlag des feindlichen Geschickes.

Nachdem Gualtieri diese Tat vollbracht hatte, teilte er den Seinen mit, daß er eine der Töchter des Grafen da Panago zu seiner Gattin erwählt habe. Während bereits alles auf das prächtigste für die neue Hochzeit gerüstet wurde, schickte er nach Griselda, damit sie zu ihm käme. Dann sagte er zu ihr: „Ich beabsichtige die Frau, die ich nunmehr erwählt habe, heimzuführen und wünsche sie bei ihrer Ankunft hier besonders zu ehren. Du weißt, daß ich keine Frauen im Hause habe, die es verstünden, die Zimmer herzurichten, noch sonst allerlei, was zu einem solchen Fest gehört. Aus diesem Grunde sollst du, die besser als jede andere hier im Hause Bescheid weiß, alles Nötige in Ordnung bringen und alle Damen einladen lassen, die dir geeignet erscheinen. Auch sollst du sie so empfangen, als seist du noch die Herrin hier. Dann aber, wenn die Hochzeit vorbei ist, magst du wieder nach Hause zurückkehren."

Wenn nun auch seine Worte, Messern gleich, das Herz Griseldas verwundeten, antwortete sie doch, zumal sie nicht imstande gewesen war, die Liebe, die sie für ihn empfand, fortzujagen, wie das Schicksal sie selbst fortgejagt hatte: „Herr, ich bin bereit und stehe Euch zur Verfügung." Und nachdem sie in ihrem groben Kleid aus ungefärbtem Leinen in das Haus zurückgekehrt war, das sie vor kurzem im bloßen Hemde verlassen hatte, begann sie dort die Zimmer reinigen und in Ordnung bringen zu lassen, ließ in den Sälen Wandteppiche und Decken aufhängen und die Küche herrichten, legte überall, als sei sie nur eine geringe Magd, selbst Hand mit an und ruhte nicht, bis alles so, wie es sich gehörte, gerichtet und angeordnet war. Als dies erledigt und im Namen Gualtieris alle Edeldamen der Gegend eingeladen waren, wartete sie auf den Tag der Hochzeit und empfing, als er gekommen war, zwar in ihrem armseligen Kleid, doch mit der Würde und dem Anstand einer Edeldame mit freundlicher Miene die geladenen Damen.

Gualtieri, der von einer Verwandten in Bologna, die mit einem Grafen aus dem Hause Panago vermählt war, seine Kinder sorgfältig hatte erziehen lassen, hatte nun, als seine Tochter, das schönste Mädchen, das man je gesehen, zwölf Jahre und sein Sohn etwa sechs Jahre alt war, nach Bologna geschickt und seinen Vetter bitten lassen, er möchte doch, wenn es ihm gefiele, mit Tochter und Sohn nach Saluzzo kommen und eine große und vornehme Gesellschaft mitbringen. Auch möchte er allen sagen, daß er jene Tochter Gualtieri als die neue Gattin zuführe, ohne durchblicken zu lassen oder irgend jemand zu verraten, wer sie sei.

Der Edelmann tat, wie ihn der Marchese geheißen hatte, machte sich alsbald auf die Reise und langte nach wenigen Tagen in Begleitung des Mädchens, ihres Bruders und eines großen Gefolges zur Frühstückszeit in Saluzzo an, wo er alle Landleute der engeren und weiteren Umgebung vorfand, welche die neue Gattin Gualtieris erwarteten. Als diese von den Frauen empfangen und in den Saal geführt wurde, wo die Tafel gedeckt war, trat Griselda, so wie sie war, ihr mit heiterer Miene entgegen und sagte: „Seid willkommen, Herrin!"

Die Damen, die Gualtieri inständig, aber vergebens gebeten hatten, er möge entweder Griselda in ihrem Zimmer lassen oder aber ihr eins ihrer früheren Gewänder leihen, damit sie nicht so ärmlich vor seinen Gästen erscheinen müsse, wurden nun zur Tafel geführt, und man begann, sie zu bedienen. Das Mädchen aber wurde von allen Anwesenden genau betrachtet, und alle sagten, daß Gualtieri einen guten Tausch gemacht habe. Mehr noch als jeder andre aber lobte Griselda sie und desgleichen auch den Bruder des Mädchens.

Gualtieri aber meinte, daß er nun wirklich die Geduld seiner Frau ausreichend geprüft habe, und war überzeugt, daß kein noch so seltsames Ereignis sie je zu verändern vermöchte. Freilich hatte er auch erkannt, daß dies nicht der Trägheit ihres Verstandes, sondern vielmehr der Weisheit ihres Herzens entsprach. Er hielt darum die Zeit für gekommen, sie aus der Bitternis zu erlösen, die er hinter ihrer klaren Stirn verborgen glaubte, und ließ sie zu sich rufen. Dann sagte er in Gegenwart aller lächelnd zu ihr: „Nun, wie gefällt dir unsere junge Herrin?" – „Herr", erwiderte Griselda, „sie kann mir nur gut gefallen. Wenn sie so verständig ist wie schön, was ich annehmen möchte, so zweifle ich keinen Augenblick, daß Ihr mit ihr zusammen der glücklichste Mann der Welt sein werdet. Jedoch möchte ich Euch bitten, sosehr ich nur kann, jene Leiden, die Ihr der anderen, die Euch einst gehörte, bereitet habt, nicht auch dieser hier anzutun, weil ich kaum glauben kann, daß sie, die noch so jung ist und so behütet aufwuchs, sie ebenso überstände wie jene, die von Kind auf an Mühen und Leiden gewöhnt war."

Als Gualtieri sah, daß sie fest davon überzeugt war, in jenem Mädchen seine neue Gattin zu sehen, und trotzdem nicht weniger freundlich über sie sprach, ließ er sie an seiner Seite Platz nehmen und sagte: „Griselda, jetzt ist endlich die Zeit gekommen, da du die Früchte ernten sollst für deine immerwährende Geduld und daß jene, die mich für grausam, hart und bestialisch gehalten haben, erkennen, daß alles, was ich tat, auf ein bestimmtes Ziel gerichtet war. Dich wollte ich lehren, eine gute Gattin zu sein, jene aber, eine solche zu nehmen und zu halten, und mir selbst wollte ich inneren Frieden verschaffen, solange ich mit dir zu leben habe. Als ich mich entschloß, eine Frau zu nehmen, hatte ich große Furcht, daß dies mir nicht gelingen möchte. Um mir Sicherheit zu verschaffen, quälte und verletzte ich dich auf so vielfache Art, wie du weißt. Da ich aber niemals bemerkt habe, daß du dich in Wort oder Tat gegen meine Wünsche aufgelehnt hast, und es mir scheint, daß ich in dir jenen Trost, den ich ersehnte, gefunden habe, beabsichtige ich, dir alles, was ich dir in vielen Jahren fortnahm, mit einem Schlage wiederzugeben und mit Vorsicht alle Wunden, die ich dir schlug, zu heilen. So nimm denn frohen Herzens diese hier, die du für meine neue Gattin hieltest, und dazu ihren Bruder als deine und meine Kinder an dein Herz. Es sind jene, von denen du mit vielen andren

Menschen seit langem geglaubt hast, daß ich sie hätte grausam töten lassen. Ich aber bin dein Gatte, der dich mehr als alles andre liebt und glaubt, sich schmeicheln zu dürfen, daß auf Erden kein andrer Mann so sehr mit seiner Frau zufrieden sein kann wie er."

Nach diesen Worten umarmte und küßte er sie, erhob sich dann mit der vor Freude Weinenden und ging mit ihr zu der Tochter hinüber, die höchlichst verwundert alles mit angehört hatte. Sie umarmten und küßten diese und ihren Bruder zärtlich und klärten beide und alle übrigen Anwesenden über die Täuschung auf. Fröhlich erhoben sich nun alle Damen von den Tischen, gingen mit Griselda in das Schlafgemach, zogen ihr mit herzlichen Glückwünschen ihre ärmlichen Kleider ab und kleideten sie wieder in eins ihrer kostbaren Gewänder. Dann führten sie Griselda, die selbst in ihren ärmlichen Lumpen eine Dame geblieben war, als ihre Herrin in den Saal zurück. Hier erfreute sie sich über die Maßen an ihren Kindern, und da jedermann über diesen Ausgang von Herzen froh war, verdoppelte sich die Freude aller, und das Fest zog sich über viele Tage hin. Jeder lobte die Klugheit Gualtieris, obwohl fast alle ihn für zu hart und grausam gegen seine Gattin erachteten. Diese aber wurde ob ihres klugen Verhaltens von allen gepriesen.

Einige Tage später kehrte der Graf da Panago nach Bologna zurück. Gualtieri befreite Giannucolo von seiner armseligen Arbeit und versetzte ihn als seinen Schwiegervater in eine solche Lage, daß er sein Alter wohlversorgt in Zufriedenheit verleben konnte. Er selbst aber tat, nachdem er seine Tochter gut verheiratet hatte, Griselda Gutes, wo er nur konnte, und lebte noch lange mit ihr in Glück und Zufriedenheit.

Was sollen wir nun anderes hierzu sagen, als daß der Himmel selbst in den armseligsten Hütten Menschen von edelster Gesinnung heranwachsen läßt, während andererseits auch in den Schlössern der Könige Menschen geboren werden, die wahrlich besser dazu taugten, Schweine zu hüten als über Menschen zu herrschen? Welche andre Frau außer Griselda hätte es vermocht, mit tränenlosen Augen und heiterer Miene die grausamen Prüfungen zu durchstehen, denen Gualtieri sie aussetzte? Diesem freilich wäre kein großes Unrecht geschehen, wenn er auf eine Frau gestoßen wäre, die, nachdem er sie im bloßen Hemde aus dem Hause gejagt hatte, sich von einem andren Mann das Pelzchen hätte durchschütteln lassen, bis ein prächtiges Gewand für sie daraus entstanden wäre.

Die Geschichte Dioneos war beendet und von den Damen in allen Punkten besprochen worden, wobei die eine dieses tadelte, die andre wieder jenes lobte. Dann schaute der König zum Himmel empor, und da die Sonne sich bereits zur Vesperstunde neigte, sagte er, ohne sich zu erheben: „Wie ich glaube, habt ihr, meine verehrten Freundinnen, erkannt, daß der Verstand der Menschen nicht allein darin besteht, Vergangenes fest im Gedächtnis zu behalten und Gegenwärtiges zu erkennen, sondern auch darin, durch das eine oder durch das andere Zukünftiges zu erkennen. Dies gilt als der Weisheit letzter Schluß.

Wie ihr euch erinnern werdet, sind es morgen vierzehn Tage, seitdem wir Florenz verließen, um ein wenig Kraft für den Fortbestand von Leben und Gesundheit zu schöpfen und der Trauer, den Schmerzen und Ängsten, die seit Beginn der schrecklichen Pestzeit in unserer Vaterstadt herrschen, zu entfliehen.

Wie ich glaube, haben wir dies mit Anstand getan, denn wenn ich recht beobachtet habe, so ist bei all unsren zum Teil recht leichtfertigen und die Sinne erregenden Geschichten weder von eurer Seite noch von der unseren ein Wort gefallen noch eine Tat begangen worden, die Tadel verdient hätte, obwohl bei gutem Essen und Trinken, bei Gesang und Spiel schwache Gemüter oft Anlaß finden, den Anstand zu verletzen. Vielmehr schien mir alles, was ich sah und hörte, nichts anderes als ständige Ehrbarkeit, Eintracht und geschwisterliche Vertraulichkeit anzuzeigen, was mir ohne Zweifel zu unser aller Ehre und Vorteil außerordentlich lieb ist.

Damit jedoch aus langer Gewohnheit nichts entstehe, was uns zum Überdruß gereiche, und niemand unsere Abwesenheit als gar zu lang andauernd anstößig finde, auch weil ein jeder von uns seinen Ehrentag gehabt und die Ehre, die jetzt mir noch zuteil ist, genossen hat, halte ich es für das richtigste – euer Einverständnis vorausgesetzt –, dorthin zurückzukehren, woher wir gekommen sind. Auch könnte, wenn ihr alles überlegt, unsre Gesellschaft, von der schon mehrere andere hier in der Nähe wissen, sich auf eine Weise vermehren, daß wir jeden Gefallen an ihr verlören. Wollt ihr also meinem Ratschlage folgen, so will ich die Krone, die ihr mir reichtet, bis zu unserer Abreise, die morgen früh stattfinden soll, behalten. Solltet ihr jedoch andere Entschlüsse fassen, so wüßte ich bereits, wen ich für den morgigen Tag mit der Krone schmücken soll."

Die Damen und Herren berieten nun untereinander, nahmen aber schließlich den Vorschlag des Königs als gut und nützlich an und beschlossen zu tun, wie er gesagt hatte. So ließ der König den Seneschall rufen und besprach mit ihm alles, was am nächsten Tage geschehen sollte. Danach erhob er sich und beurlaubte die Gesellschaft bis zur Stunde des Mahles. So standen auch die Damen und die übrigen auf, und jeder ging, wie es Brauch war, diesem oder jenem Vergnügen nach. Zur Essenszeit nahmen alle das Mahl in froher Stimmung ein und begannen anschließend zu singen, zu spielen und zu tanzen. Während Lauretta einen Reigen anführte, befahl der König Fiammetta, eine Kanzone zu singen, und sie begann sogleich in anmutiger Weise:

> „Wenn Eifersucht sich von der Liebe Wesen
> Lostrennen ließe, dann
> Wär nie ein Weib so froh wie ich gewesen.
> Wenn heitere Jugendblüte
> Des schönen Lieblings die Geliebte freut,
> Wenn unbefleckte Ehre,
> Wenn Tapferkeit und Güte,
> Wenn edle Sitte, Geist, Beredsamkeit,
> So weiß ich, keine wäre
> Mir gleich an Glück, weil ihn, den ich verehre
> Und der mich liebgewann,
> Zum Wohnsitz jede Tugend hat erlesen.
>
> Doch muß ich mir ja sagen,
> Daß andre Frau'n nicht blinder sind als ich,
> Und zittre drum voll Bangen.
> Was sollten sie's nicht wagen,
> Für den in Liebe zu entflammen sich,
> Der mir mein Herz gefangen?

Drum, was beglückt mein liebendes Verlangen,
Hält mich zugleich im Bann
Und läßt mich nicht von meiner Furcht genesen.

Nie wär ich eifersüchtig,
Hätt ich so fest, als meine Liebe heiß,
Zu meinem Herrn Vertrauen;
Doch Männer lieben flüchtig
Und folgen jeder, die zu locken weiß;
Drum mag ich keinem trauen.
Angst überfällt mich und ein tödlich Grauen,
Blickt eine nur ihn an;
Gleich fürcht ich, zündend sei der Blick gewesen.

So bitt ich denn, daß keine
Durch solchen Eingriff ihr Gewissen sich
Erdreiste zu belasten;
Doch unternimmt es eine,
Durch Schmeichelein, Wink oder Worte mich
In diesem anzutasten,
Und ich erfahr es, nimmer will ich rasten,
Bis Mittel ich ersann,
Daß bitter sie bereut solch töricht Wesen."

Als Fiammetta ihr Lied beendet hatte, sagte Dioneo, der an ihrer Seite saß, lächelnd: „Madonna, es wäre sehr artig, wenn Ihr den Damen seinen Namen anvertrauen wolltet, damit nicht aus Unwissenheit eine von ihnen Euch seinen Besitz streitig macht und so Euren Zorn heraufbeschwört."

Dann wurden noch mehrere Lieder gesungen, schließlich aber, als es bereits auf Mitternacht ging, legte sich auf des Königs Geheiß die ganze Gesellschaft zur Ruhe nieder.

Als der neue Tag heraufstieg, erhoben sich alle und kehrten, nachdem ihr Gepäck vom Seneschall abgeschickt war, unter der Führung ihres umsichtigen Königs nach Florenz zurück. Bei Santa Maria Novella, wo sie sich mit ihnen getroffen hatten, nahmen die drei jungen Männer Abschied von den Damen, um sich anderen Vergnügungen hinzugeben, die Damen aber kehrten zu passender Stunde in ihre Häuser zurück.

SCHLUSSWORT DES VERFASSERS

Edle Damen, zu deren Erheiterung ich mich dieser langwierigen Mühe unterzogen habe, ich glaube, daß ich mit Gottes Beistand, den ich wahrscheinlich mehr euren frommen Gebeten als meinen eigenen Verdiensten verdanke, alles, was ich euch zu Anfang dieses Werkes versprach, voll und ganz erfüllt habe. Ich danke daher an erster Stelle Gott und dann euch und kann nunmehr der Feder und der ermüdeten Hand Ruhe gönnen. Doch ehe ich dieses tue, beabsichtige ich, kurz einige Einwände, die vielleicht einige von euch oder andere Leserinnen stillschweigend erheben könnten, zu beantworten, weil es mir fast sicher erscheint, daß meine Erzählungen keine anderen Vorrechte genießen als alle übrigen. Daß sie dies nicht tun, habe ich, wie ich genau weiß, zu Beginn des vierten Tages bemerkt.

Vielleicht werden einige von euch behaupten, ich hätte bei der Niederschrift dieser Geschichten mir zuviel Freiheiten herausgenommen, indem ich die Damen Dinge sagen und mit anhören ließ, die von tugendsamen Frauen weder gesagt noch angehört werden dürfen. Dies verneine ich durchaus, da nichts so unzüchtig ist, daß es, in ehrbare Worte gekleidet, nicht für jedermann schicklich sei. Solche Worte nun hoffe ich gefunden zu haben.

Doch selbst wenn wir einräumen wollten, daß der Einwand zu Recht bestehe – ich beabsichtige nicht, mit euch zu streiten, da ihr mich doch besiegen würdet –, behaupte ich auf die Frage, warum dies der Fall sei, daß ich hierfür unverzüglich mancherlei Gründe vorbringen kann. Erstens, wenn eine der Geschichten etwas Derartiges enthält, so hat die Art der Begebenheit es erfordert, und wenn diese Dinge von einsichtigen Personen mit klarem Verstand betrachtet werden, so wird es schnell offenbar werden, daß ich, wollte ich jene Novellen ihrer Form nicht völlig berauben, sie nicht anders niederschreiben konnte. Sollte sich wirklich in diesen Geschichten ein freies Geständnis oder ein derbes Wort finden, das wohl einer Betschwester nicht genehm ist, die auf Worte mehr Gewicht legt als auf Taten und sich mehr bemüht, gut zu scheinen als zu sein, so behaupte ich, daß es mir nicht mehr verargt werden kann, diese Dinge niedergeschrieben zu haben, als es allen Männern und Frauen zu verargen ist, den ganzen Tag Worte zu gebrauchen wie „Loch", „Pflock", „Stößel", „Mörser", „Wurst" und dergleichen mehr. Abgesehen davon sollte auch meiner Feder nicht weniger Autorität zugestanden werden als dem Pinsel des Malers, der ohne Anfechtung oder zum mindesten ohne gerechtfertigte Anfechtung bleibt, obwohl er – ganz zu schweigen davon, ob er den Erzengel Michael die Schlange mit dem Schwerte töten läßt oder mit der Lanze nun den heiligen Georg den Drachen erlegen läßt, wo es ihm gefällt – Christus als Mann und Eva als Weib darstellt und dem, der zum Wohle der Menschheit am Kreuze gestorben ist, die Füße bald mit einem, bald mit zwei Nägeln anheftet.

Auch soll man wohl in Erwägung ziehen, daß alle diese Geschichten nicht in der Kirche, von deren Angelegenheiten man mit den reinsten Gedanken und Worten zu sprechen hat – obwohl in ihren Annalen noch ganz andere Geschichten verzeichnet sind als die von mir niedergeschriebenen –, auch nicht in den Schulen der Philosophie, wo Ehrbarkeit nicht weniger als sonstwo anders verlangt wird, vorgetragen wurden, noch sonstwo unter Geistlichen und Philosophen, sondern draußen in den Gärten, auf Plätzen der Erholung und unter Leuten, die zwar noch jung, doch immerhin so reif sind, daß Geschichten sie nicht mehr zu beirren vermögen, und zu einer Zeit, da es für die ehrbarsten Männer nicht als unzüchtig galt, zur Rettung ihres Lebens mit den Hosen auf dem Kopfe herumzulaufen.

Mögen meine Novellen sein, wie sie wollen; ob sie zum Nutzen oder Schaden gereichen, hängt wie bei allen anderen Dingen von der Beschaffenheit des Zuhörers ab. Wer wüßte nicht, daß der Wein zu den köstlichsten Genüssen der Menschen gehört, was Cinciglione, Scolaio und viele andre bestätigt haben, und doch dem Fiebernden Schaden tut? Werden wir, weil der Wein Fieberkranken schädlich ist, sagen, er sei schlecht? Wer wüßte nicht, daß das Feuer höchst nützlich, ja lebensnotwendig ist für alle Sterblichen? Sagen wir etwa, weil es Häuser und Dörfer einäschern kann, daß es schädlich sei? Ähnlich ist es mit den Waffen, die Leben und Gesundheit derer verteidigen, die in Frieden zu leben wünschen. Auch sie vernichten unzählige Male das Leben, nicht wegen ihrer eigenen, sondern wegen der Bösartigkeit jener, die sie führen. Kein verdorbener Sinn versteht je die Worte in ihrer gesunden Bedeutung. Doch so wie jenem anständige Worte nichts fruchten, so werden auch die, die nicht ganz ehrbar sind, den reinen Sinn der Worte nicht beschmutzen, sowenig wie Schmutz die Sonnenstrahlen und irdischer Unrat die Schönheit des Himmels verdunkeln kann.

Welche Bücher, welche Worte und welche Buchstaben sind heiliger, würdiger und ehrbarer als die der Heiligen Schrift? Und doch hat es unzählige Menschen gegeben, die durch eine falsche Auslegung derselben sich und andere ins Verderben stürzten. Jedwedes Ding ist an sich rein, doch kann es, übel angewandt, unendlichen Schaden bringen. Dasselbe sage ich von meinen Novellen. Wer aus ihnen böswillige Ratschläge oder Handlungen herauslesen möchte, dem wird man es nicht verweigern können, falls etwas Derartiges in ihnen enthalten wäre oder sie so lange verdreht und umgekehrt werden, bis es der Fall ist. Wer aber Nutzen und Vorteile daraus sucht, wird beides nicht vergeblich tun. Niemand kann den Geschichten ihre Nützlichkeit absprechen, wenn sie zu passender Zeit von solchen Menschen gelesen werden, für die sie geschrieben wurden. Wer Paternoster herunterzuleiern oder Blutwurst und Kuchen für seinen Beichtvater zuzubereiten hat, der lasse die Finger davon. Meine Erzählungen laufen niemand nach, um gelesen zu werden, und auch Betschwestern erzählen und treiben zuweilen gar seltsame Dinge. – Nun wird es auch noch welche geben, die auf ähnliche Weise behaupten, daß manche Geschichten darunter sind, die besser weggefallen wären. Das gebe ich zu. Doch konnte ich nichts anderes niederschreiben als das, was erzählt wurde. Hätten die Erzähler bessere Geschichten vorgetragen, so hätte auch ich bessere niedergeschrieben. Doch selbst wenn man voraussetzen wollte, daß ich der Erfinder und Schreiber dieser Geschichten sei, was ich nicht bin, so sage ich, daß ich mich auch dann nicht schämen würde, daß nicht alle gut gelungen sind. Gott ausgenommen, hat sich noch kein Meister gefunden, der alles vorzüglich und makellos vollbrachte. Selbst Karl der Große, der erste Schöpfer der Paladine, konnte deren nicht so viele ernennen, daß er aus ihnen allein hätte ein Heer bilden können. Es gilt, aus der Vielzahl den Wert des einzelnen herauszufinden. Kein Feld war je so vortrefflich bebaut, daß sich nicht auch Nesseln, Kletten und Dornen unter den guten Kräutern angefunden hätten. Abgesehen davon, wäre es Torheit gewesen, hätte ich mich für die einfachen Gemüter, die ihr doch in der Mehrzahl habt, lange auf die Suche begeben und mich abgemüht, außerordentliche Geschehnisse zu erfinden, um diese mit Vorsicht und Sorgfalt in zierlichen Worten vorzutragen. Übrigens steht es einem jeden, der diese Geschichten liest, frei, die ihm mißfälligen auszulassen und nur die zu lesen, die ihn erfreuen. Alle tragen, um niemand zu täuschen, an der Stirn verzeichnet, was in ihnen verborgen ist.

Schließlich, so glaube ich, werden auch noch welche dasein, die meinen, daß manche Geschichten zu lang sind. Diesen antworte ich, daß jemand, der andres zu tun hat, närrisch wäre, sie überhaupt zu lesen, auch wenn sie kurz sind. Mag auch eine lange Zeit darüber vergangen sein, seitdem ich zu schreiben begann, so ist mir doch bis zu diesem Augenblick, wo ich mein Werk beende, nie aus dem Sinn gekommen, daß ich meine Erzählungen für die Müßigen, nicht aber für andere geschrieben habe. Wer sie zum Zeitvertreib liest, dem wird keine einzige zu lang erscheinen, wenn sie nur zustande bringt, was er von ihr erwartete. Kurze Dinge eignen sich vornehmlich für die Studenten, welche nicht bemüht sind, die Zeit hinzubringen, sondern diese mit Nutzen anzuwenden; nicht aber für euch Damen, die ihr viele Stunden, welche sich nicht mit den Spielen der Liebe verbringen lassen, zu verkürzen wünscht. Da ohnehin keine von euch nach Athen, Bologna oder Paris geht, um zu studieren, kann man mit euch ausgedehntere Reden führen als mit jenen, die durch das Studium ihren Geist geschärft haben.

Schließlich zweifle ich nicht, daß es auch noch andere gibt, die sagen, die Geschichten enthielten zu viele Streiche und Narrenpossen und es zieme sich nicht für einen gewichtigen, würdigen Mann, solcherlei niederzuschreiben. Ich fühle mich verpflichtet, diesen meinen Dank auszusprechen, und tue es hiermit, da sie, von edlem Eifer bewogen, um meinen guten Ruf zartfühlend bemüht sind. Doch will ich auch ihren Einwurf noch beantworten. Ich bekenne, daß ich gewogen wurde, ja unzählige Male in meinem Leben gewogen worden bin. Wenn ich indes zu jenen spreche, die mich nicht gewogen haben, versichere ich, daß ich nicht schwer, sondern im Gegenteil so leicht bin, daß ich wie eine Blase oben auf dem Wasser schwimme. In Anbetracht dessen, daß heutzutage die Predigten, welche die Mönche den Menschen zur Strafe für ihre Verfehlungen halten, voll sind von Narrheiten, Possen und Spott, glaube ich, daß solche auch in meinen Novellen nicht fehl stehen, da alle niedergeschrieben wurden, um den Frauenzimmern die Grillen zu vertreiben. Und lachen sie wirklich gar zu sehr darüber, so werden die Klagelieder des Jeremias, die Leidensgeschichte des Erlösers und die Bußgesänge Magdalenas sie leicht wieder von ihrer Heiterkeit abbringen.

Endlich werden noch manche besorgt sein, daß sich am Ende welche fänden, die sagen, ich hätte eine böse, giftige Zunge, weil ich an manchen Stellen die Wahrheit über die Mönche schrieb. Nun, diesen Fragestellern soll man verzeihen, da nicht anzunehmen ist, daß andere als löbliche Gründe sie dazu bewegen, sind doch die Mönche gar gute Leute! Sie fliehen das Elend nur zum Preise Gottes, mahlen mit gesammeltem Wasser und sagen nichts weiter! Wäre es nicht so, daß alle miteinander ein wenig Bocksgestank an sich hätten, so wäre es noch erfreulicher, mit ihnen umzugehen.

Nichtsdestoweniger gebe ich zu, daß unter den Dingen dieser Welt keins von Bestand, sondern ein jedes ständiger Veränderung unterworfen ist. Das könnte auch auf meine Zunge zutreffen. Indes vertraue ich dem eigenen Urteil nicht sehr und meide es, besonders in meinen Angelegenheiten, nach Kräften; doch ist es noch nicht lange her, daß eine meiner Nachbarinnen mir versicherte, ich hätte die beste und süßeste Zunge der Welt. Um bei der Wahrheit zu bleiben, waren freilich, als dies geschah, von den vorstehenden Novellen nur noch wenige zu schreiben. Weil aber alle, die solche Einwände machen, voller Voreingenommenheit sind, möchte ich, daß das Gesagte ihnen als Antwort genüge. Mag denn eine jede von ihnen sagen und glauben, was ihr beliebt. Ich halte es nun an der Zeit, meinen Worten ein Ende zu setzen, und danke in Demut Dem, der mich mit seiner Hilfe nach mancherlei Mühen bis an das ersehnte Ziel begleitet hat. Ihr aber, meine reizenden Damen, lebt in Frieden in der Gnade des Herrn und erinnert euch meiner, wenn einer von euch vielleicht einiges, was sie hier gelesen, zum Besten dienen sollte.

Hier schließt der zehnte und letzte Tag des Buches, genannt Dekameron und beigenannt Prinz Galleotto.

NACHWORT

Das 14. Jahrhundert, die Scheide zwischen dem Mittelalter und der Neuzeit, ist die goldene Epoche der italienischen Literatur. Dante, Petrarca und Boccaccio bringen, jeder auf seinem Gebiet, Leistungen hervor, die die Nachkommen bewundern und nachahmen, aber nicht erreichen.

Drei Namen, drei Begriffe. Dante, dem Mittelalter am nächsten, steht noch ganz im Banne der Mystik: Die göttliche Vorsehung regiert die Welt; des Menschen höchstes Gebot ist, dem Herrn zu dienen; sein Ziel, das er erreichen möchte, der Himmel. Weniger orthodox ist Petrarca. Er fühlt bereits die sich nähernde neue Zeit und schwankt zwischen der Jenseitsbezogenheit des Mittelalters und der Lebensbejahung der Renaissance. Er hat ein Auge für die Natur, jedoch verbindet auch er die schönsten Erlebnisse noch immer mit asketischen Betrachtungen. Durch seine innere Zerrissenheit wirkt Petrarca wie ein um Jahrhunderte verfrühter Romantiker. Bei Boccaccio, der im Vergleich zu Dante und Petrarca der Renaissance am nächsten steht, siegt die Hinwendung zur Natur über die Mystik. Sein Hauptwerk, das Dekameron, ist ein einziger Lobgesang auf das Irdische, ein Gegensatz zu den Idealen des Mittelalters. Die irdische Liebe ist nicht nur nicht mehr verboten, sie wird befohlen: Sie ist die Beherrscherin der Natur, sie hebt soziale Unterschiede auf.

Das, was wir in den älteren und oft auch noch in den neueren Literaturgeschichten über Boccaccios Leben lesen, ist eher ein Roman zu nennen als eine Biographie. Daß er in Paris als unehelicher Sohn einer adligen Hofdame geboren wurde; daß er mit zehn Jahren vom Vater nach Neapel geschickt wurde, um sich dem Kaufmannsberuf zu widmen; daß er in Neapel sein großes Liebeserlebnis mit einer ebenfalls unehelichen und adeligen Dame gehabt hat: Das alles kann man wohl als romanhaftes Beiwerk der traditionellen

Boccaccio-Biographien betrachten. Es sind Notizen, die Boccaccios Jugendwerken entnommen wurden, ohne daß dabei berücksichtigt wurde, wieviel darin erfunden ist, wie geschickt Boccaccio das Geschichtliche mit dem Phantastischen zu verbinden wußte und wie stark der Hang Boccaccios und seiner Zeitgenossen war, Lebensbeschreibungen mit den unglaublichsten Begebenheiten auszuschmücken. Was wir heute aus den ersten drei Jahrzehnten dieses Lebens als sicher und historisch annehmen können, ist wenig.

Giovanni Boccaccio wurde 1313 in Florenz oder in Certaldo als unehelicher Sohn des Kaufmanns und Bankiers Boccaccio oder Boccaccino di Chelino aus Certaldo geboren. Dieser hatte sich in Florenz niedergelassen, wo er geschäftlich mit der Bankgesellschaft der Bardi in Verbindung stand. Der Vater schickte den jungen begabten Giovanni nach Neapel, um ihn in einer Zweigstelle der Bardi-Bankgesellschaft zum Kaufmann ausbilden zu lassen. Wie alt Boccaccio war, als er nach Neapel ging, weiß man nicht. Er selbst sagt nur, daß er damals ein Jüngling war.

In Neapel, dieser herrlichen, leichtlebigen Stadt mit ihrem lebenslustigen, prächtigen Hof, sollte sich der Jüngling nach dem Willen des Vaters für den kaufmännischen Beruf vorbereiten. Sechs Jahre lang beschäftigte Giovanni sich in der Tat mit diesen ihm verhaßten Dingen, bevor der Vater einsah, daß dem Sohn jegliche Begabung zum Kaufmann fehlte. Aber auch jetzt wurde es mit dem Dichten, zu dem sich Giovanni so sehr hingezogen fühlte, noch nichts. Der Vater hatte für die Musen keinen Sinn. Etwas Praktischeres und vor allem etwas Aussichtsreicheres sollte sein Sohn betreiben: Er sollte das Kirchenrecht studieren. Doch auch diesmal mußte der väterliche Wille vor der Gewalt der künstlerischen Begabung seines Sohnes nach mehrjährigem Kampf kapitulieren. Boccaccios einziges Begehren war, sich ganz der Poesie zu widmen, zu der er sich berufen fühlte. In seinem Alterswerk „De genealogiis Deorum" schreibt er: „Wie es sich auch bei den anderen verhalten mag, ich war von der Natur schon vom Mutterleib her für dichterische Betrachtungen bestimmt und bin – soweit ich es beurteilen kann – geboren, um mich nur diesen zu widmen." Nichts hat Boccaccio sich sehnlicher gewünscht, als Dichter, ein wahrer Dichter zu werden, aber gerade das, Dichter im engeren Sinne des

Wortes, wurde er nie. Als er einmal Petrarcas Gedichte las, verbrannte er einen großen Teil seiner Verse. Sein großes Werk, das er als reifer Mann schrieb, erscheint ihm später als ein klägliches Machwerk im Vergleich zu wahrhafter Dichtung. Das ganze Leben lang wird er die zwölf Jahre beklagen, die er in Neapel als Kaufmannslehrling und als Studiosus der Rechte verbringen mußte.

In Neapel erlebte Boccaccio seine erste Liebe mit all ihren Wechselfällen, die in seinen Jugendwerken, besonders im „Filocolo", ihren Niederschlag gefunden hat. Wer die Frau, die er unter dem Namen Fiammetta besingt, gewesen ist, wissen wir nicht, und es ist für das Verständnis von Boccaccios Werken bedeutungslos. Unwahrscheinlich scheint es jedoch, daß sich die natürliche Tochter des Königs Robert von Anjou, Maria d'Aquino, die mit einem Edelmann vom Hofe verheiratet war, in den jungen Kaufmannslehrling verliebt haben soll. Boccaccios Aufenthalt in Neapel fand ein trauriges Ende. Die Florentiner Bankgesellschaft der Bardi, bei der sein Vater arbeitete, machte Bankrott, und Giovanni mußte als armer Studiosus 1340 die Stadt seiner Jugend und seiner Träume verlassen. Dem Befehl des Vaters folgend, begab er sich nach Florenz, wo ihn Sorgen um das tägliche Brot erwarteten. Eine seiner ersten Äußerungen über sein Leben in der Heimatstadt ist ein Brief aus dem Jahre 1341 an den Freund Acciaiuoli in Neapel. Boccaccio schreibt: „Über mein Dasein in Florenz schreibe ich Euch trotz Eurem Wunsche nicht, denn darüber müßte man eher mit Tränen als mit Tinte schreiben."

In Florenz beginnt für Boccaccio der Ernst des Lebens. Er ist gezwungen, selber für seinen Unterhalt zu sorgen. Da er für das Kaufmännische nicht viel übrig hat, nimmt er verschiedene kleine Ämter an, mit denen ihn die Florentiner Regierung beauftragt. In der freien Zeit schreibt er und erlebt wahrscheinlich – wie könnte man es bei einem jungen Dichter anders erwarten? – neue Liebesabenteuer. Vermutlich wurde ihm zu dieser Zeit seine Tochter Violante geboren, die schon als Kind starb.

Im Jahre 1350 trifft er zum ersten Male mit Petrarca zusammen, der zum Jubeljahr nach Rom reiste. Ein Jahr später wurde Boccaccio von der Stadt Florenz als Gesandter zu Petrarca nach Padua geschickt, um dem Dichter die Rückerstattung der seinem Vater beschlagnahmten Güter anzubieten und ihn für die Florentiner Universität zu gewinnen. Aus dieser Begegnung mit dem größten lebenden Dichter, den Boccaccio schon viele Jahre verehrt hatte, erwuchs eine Freundschaft für das ganze Leben; sie gab Boccaccio in den schweren Tagen der Armut und seelischen Zerrissenheit eine Stütze, den ruhenden Pol.

Boccaccio war kein Kind des Glückes. Sein Leben war kein Märchen. Die neue Biographie Boccaccios, die die letzten Forschungsergebnisse berücksichtigen muß, wird uns in Boccaccio keinen Abenteurer, keinen Lebemann und Genießer mehr zeigen, keinen Casanova, der sich an den Höfen bewegt, den jungen Damen die Köpfe verdreht und den Ehemännern Hörner aufsetzt. Das alles hört sich in einer romanhaften Lebensbeschreibung sehr hübsch an. Das Leben Boccaccios jedoch war viel alltäglicher und einfacher. Der Zusatz „inimico della fortuna", Stiefkind des Glückes, den Boccaccio einmal in einem Briefe seinem eigenen Namen beifügt, ist keine Phrase. Boccaccio war unglücklich von seiner unehelichen Geburt an bis zu seinem qualvollen Ende. Er war ohne Angehörige; seine Mutter starb früh, und mit dem Vater verstand er sich nicht. Dazu lebte er von Gelegenheitsarbeiten, die ihn weder erfüllten und befriedigten noch ihm den täglichen Unterhalt sicherten. Die Korrespondenz mit Petrarca verrät manches über Boccaccios klägliche finanzielle Lage. Auch den Ruhm, den sich Boccaccio erträumte, erlebte er nicht.

Im Frühling 1362 erschien bei Boccaccio ein Mönch mit einem Auftrage des Klausners Pietro Petroni, der kurz vorher im Rufe der Heiligkeit gestorben war. Dieser ließ Boccaccio den nahen Tod und die ewige Verdammnis ankündigen, wenn er das Dichten und die weltliche Wissenschaft nicht aufgäbe. Der Mönch fügte noch hinzu, daß er eine ähnliche Botschaft für Petrarca habe. Boccaccio wurde von diesem Besuch tief beeindruckt und hätte seine Werke verbrannt, wenn ihn nicht Petrarca mit einem ruhigen und weisen Brief zur Vernunft und zur Mäßigung gebracht hätte. Boccaccio zog sich fortan zurück. Die Einsamkeit des kleinen Certaldo wurde ihm immer lieber, nicht zuletzt deshalb, weil er mit dem Lauf der Dinge in Florenz nicht einverstanden war. Die reich gewordenen Bürger, die in Florenz herrschten und die anmaßender und gewalttätiger wurden als die entmachteten Adeligen, erbitterten ihn so sehr, daß er nichts mehr von Verwaltungsdingen wissen wollte. In seinem berühmten Brief – wahrscheinlich aus dem Jahre 1363 – an Pino de'Rossi, den 1360 die oligarchische Regierung von Florenz wegen einer Verschwörung verbannt hatte, schrieb Boccaccio aus seinem Zufluchtsort Certaldo: „Wenn meine Armut es mir gestattete, ginge ich so weit weg, daß ich ihre Missetaten nicht mehr bloß nicht sehen, sondern auch nie mehr etwas davon hören würde." In der Beschaulichkeit der kleinen Stadt, fern von den Intrigen Florenz', fühlte er sich geborgen. „Meinem Vorsatz gemäß, von dem ich Ihnen schon erzählt habe, bin ich nach Certaldo zurückgekehrt und habe mein Leben mit viel weniger Schwierigkeiten, als ich gedacht hatte, aufzufrischen angefangen. Die groben Kleider und das einfache Essen beginnen mir schon zu gefallen. Nichts von dem Ehrgeiz, den Unannehmlichkeiten und dem Ärger unserer Mitbürger zu sehen gewährt meinem Herzen einen solchen Trost, daß meine Ruhe noch viel größer wäre, wenn ich von alledem auch nichts zu hören brauchte. Statt der dauernden geschäftigen Intrigen der Städter sehe ich die Felder, Hügel und Bäume voll grüner Zweige und bunter Blüten, lauter Dinge, die von der Natur geschaffen wurden, während in den Städten alles gekünstelt ist. Ich höre die Nachtigallen und die anderen Vögel mit um so größerem Genuß singen, als es mir früher zur Qual wurde, den ganzen Tag die Betrügereien und Unaufrichtigkeiten meiner Mitbürger erleben zu müssen. Und mit meinen Büchlein kann ich mich, sooft es mir gefällt, ohne jegliches Hindernis frei unterhalten." Sein geliebtes Certaldo verließ Boccaccio nur noch, um einige wenige Gesandtschaftsreisen im Auftrage der Stadt Florenz zu machen und um sich auf Grund der Einladung eines Freundes nach Neapel zu begeben (1371), von wo er betrogen und verärgert bald nach Certaldo zurückkehrte.

Im Jahr 1373 bekam Boccaccio endlich einen Ruf seiner Vaterstadt Florenz, der ihn, den Schriftsteller und Dichter, ehrte. Zwei Jahre vor seinem Tode wurde ihm der Auftrag erteilt, in der Kirche Santo Stefano della Badia öffentliche Vorlesungen über Dantes „Göttliche Komödie" zu halten. Aber auch dieser erste und letzte ehrenvolle Auftrag stand unter einem ungünstigen Stern. Die Vorlesungen, die Boccaccio im Oktober 1373 mit soviel Freude begonnen hatte, mußten Anfang 1374 beim 17. Gesang der „Hölle" unterbrochen werden, da seine Gegner es für unangebracht hielten, Dantes Werk der breiten Öffentlichkeit näherzubringen.

Boccaccio suchte aufs neue Ruhe und Trost in der Einsamkeit. Niedergeschlagen und krank verließ er Florenz, um nie wieder dorthin zurückzukehren, und zog sich endgültig nach Certaldo zurück. Nierenschmerzen, Milzschwellung, Gallenentzündung, Stickhusten und viele andere Gebrechen plagten ihn in den letzten Jahren seines Lebens. Auch arbeiten konnte er nicht mehr. „Mein größter Trost ist mir genommen", schrieb er dem Freund Mainardo Cavalcanti, „die Musen sind verstummt. Es schweigt mein kleines Zimmer, ich höre das Echo meiner Lieder nicht mehr. Alles verfällt seit kurzem in trostlose Trauer."

In dieser Verfassung erreicht ihn 1374 die Nachricht von Petrarcas Tode. Er schreibt dem Schwiegersohn Petrarcas, Francescuolo di Brossano, einen Beileidsbrief, in dem es heißt: „Hier verfaule ich, halbtot und gequält im Müßiggang. An mir selbst verzweifelnd, erwarte ich von Gott allein, der dem Fieber befehlen kann, die Heilung und die Gnade." Ein Jahr später schlug auch seine Stunde. Am 21. Dezember 1375 wurde Boccaccio von seinen Leiden durch den Tod befreit.

Boccaccio ist *der* italienische Novellist. Mit ihm beginnt die Blütezeit der italienischen Novelle, die bis zum Ende des 16. Jahrhunderts andauert. Boccaccio hat die Kunstform der Novelle ausgeprägt und die italienische Kunstprosa geschaffen. Alle seine italienischen Werke, auch wenn sie der äußeren Form nach Dichtung sind, haben doch den Charakter von Novellen.

Das Meisterwerk Boccaccios ist das Dekameron, das zwischen 1348 und 1353 entstanden ist. Hier fließen sämtliche Erfahrungen des Künstlers als Mensch und als Schriftsteller zum Gelingen des Werkes zusammen. Das Dekameron ist das Werk des reifen Mannes. Während in seinen Jugendwerken, besonders im „Filostrato" und im „Filocolo", das unmittelbare, persönliche Erlebnis Boccaccios in den Vordergrund tritt und den Werken eine zu starke individuelle

Note aufprägt, als daß sie trotz der stilistischen Schönheiten zu den großen Werken gezählt werden können, steht im Dekameron der Autor außer und über dem Erlebten. „Da es aber Ihm, dem Unvergänglichen, der allen weltlichen Dingen das unabänderliche Gesetz der Vergänglichkeit auferlegte, gefiel, so hat auch meine Liebe, die heißer als jede andere glühte und weder durch eigene gute Vorsätze noch durch fremde Ratschläge, weder durch offensichtliche Schande noch durch die daraus möglicherweise entstehenden Gefahren zu brechen noch zu beugen war, im Laufe der Zeit an Macht verloren, so daß in meinem Gemüte allein jener holde Eindruck haftenblieb, den sie in Menschen zu hinterlassen pflegt, die sich nicht zu weit auf ihr dunkles Meer hinausgewagt haben. Und so qualvoll sie einst für mich war, nahm sie jetzt allen Kummer von mir und ließ nur die reizvollsten Erinnerungen zurück."

Das Dekameron ist eine Sammlung von hundert Novellen, die trotz ihrer Vielfältigkeit durch den Rahmen, der sie umfaßt, ein geschlossenes Werk bilden. Es beginnt mit einer großartigen und ergreifenden Beschreibung der Pest des Jahres 1348 in Florenz. In dieser unheilvollen Zeit treffen sich sieben junge Damen und drei junge Männer in der Kirche Santa Maria Novella. Sie fassen den Entschluß, sich vor der Pest in Sicherheit zu bringen, mit ihrer Dienerschaft aufs Land zu ziehen, um dort die Zeit abzuwarten, bis sie ohne Gefahr nach Florenz zurückkehren können, und die Tage mit Gesang, Tanz und Lustwandeln zu verbringen, „ohne die Grenzen des Anstandes zu überschreiten". Am Nachmittag, wenn die Hitze das Wandern verbietet, wollen sie sich im Schatten der grünen Bäume versammeln, um sich Geschichten zu erzählen. Jeden Tag zehn Geschichten, denn ein jeder soll zur allgemeinen Unterhaltung beitragen. Am Abend jedes Tages wird einer der zehn zum König oder zur Königin ernannt. Er übt am folgenden Tag die Herrschaft aus und bestimmt auch das Thema der Geschichten des nächsten Tages. Als Abschluß des Tages wird eine Ballata gesungen.

Am Tage nach dieser Verabredung, an einem Mittwoch, macht sich die fröhliche Gesellschaft auf den Weg und erreicht nach einer gemächlichen Wanderung einen Landsitz nicht weit von Florenz. „Er lag auf einer kleinen Anhöhe, allseits ein wenig von den Landstraßen entfernt, und bot inmitten des feinsten Grüns der Bäume und der Pflanzen einen reizvollen Blick." Hier hält sich die lustige Gesellschaft bis Sonntag früh auf, dann zieht sie, um nicht von Außenstehenden in ihrer Ruhe und Freude gestört zu werden, mit Dienerschaft und Gepäck in einen anderen Palast, der noch reicher und prunkvoller als der erste ist und in einem riesigen, von einer hohen Mauer umgebenen Park liegt, wo die Gesellschaft nach Herzenslust spazierengehen kann. Inmitten des Parkes befindet sich ein wundervoller Rasenplatz. „Er war bedeckt mit feinsten Gräsern, und sein sattes Grün, das fast schwarz erschien, war von tausenderlei Blumen bunt durchwoben. Ringsherum war er von leuchtend grünen, lebhaft wachsenden Zitronen- und Orangenbäumen umstanden, die neben alten und jungen Früchten gleichzeitig Blüten trugen und nicht nur den Augen angenehmen Schatten spendeten, sondern auch durch ihren zarten Duft die Sinne entzückten. Inmitten des Rasenplatzes befand sich in einem weißen, intarsiengeschmückten Marmorbecken ein Springbrunnen, welcher so viel Wasser hoch gegen den Himmel warf, daß man mit weit weniger schon eine Mühle hätte antreiben können." An diesem paradiesischen Fleck halten sie sich noch zehn Tage auf. Dann kehren sie, um keinen Anstoß zu erregen, nach Florenz zurück, wo die kleine Gesellschaft in der Kirche von Santa Maria Novella, in der sie sich getroffen hatte, auseinandergeht. Der Name „Dekameron", den Boccaccio aus dem griechischen „deka" („zehn") und „hemera" („Tag") gebildet hat – etwa mit „Zehntagewerk" zu übersetzen –, bezieht sich nicht auf die vierzehntägige Dauer des Landaufenthaltes, sondern auf die zehn Tage, an denen die Geschichten erzählt werden. Freitags und sonnabends fallen die Plauderstündchen aus. Freitags, weil dies „der Tag ist, an dem unser Heiland für uns in den Tod ging" und „besser mit Gebeten zu Gottes Ehre als mit Erzählungen zu verbringen ist", sonnabends, weil an diesem Tage viele Frauen das Haar zu waschen und den Staub der vergangenen Woche zu entfernen und „außerdem zu Ehren der jungfräulichen Mutter des Gottessohnes zu fasten und sich von jeglicher Arbeit in Anbetracht des folgenden Sonntags auszuruhen" pflegen.

Wenn man vom Dekameron spricht, fällt stets die Bezeichnung „Rahmenerzählung", durch die man eine Sammlung von Novellen, Fabeln, Schwänken und kurzen Erzählungen zusammenfaßt, die inhaltlich nichts Einheitliches aufweisen und nur durch eine andere Erzählung, den „Rahmen", zu einer Einheit werden. Die Gattung der Rahmenerzählung ist uralt und stammt aus dem Orient. Boccaccio brachte die Rahmenerzählung in Europa als erster zu klassischer Vollkommenheit. Bei ihm ist der Rahmen nichts Äußerliches, Überflüssiges, was nach Belieben wegfallen könnte, ohne das Kunstwerk zu zerstören. Dieser Rahmen hat nicht nur einen rein ästhetisch-dekorativen Wert. Er bildet den Hintergrund, vor dem sich die Handlungen der einzelnen Novellen abspielen und vor dem die einzelnen Erzähler mit mehr oder weniger ausgeprägten Charakteren auftreten. So erhält der Dichter die Möglichkeit, die Gesellschaft zu schildern. Doch der Rahmen dient noch einem weiteren Zweck: Er ist der Hauptträger der Landschaft. Boccaccios Landschaftsschilderungen verdienen besonders hervorgehoben zu werden. Sie verraten ein Naturgefühl, das man im 14. Jahrhundert eigentlich noch nicht erwarten konnte. Boccaccio schildert die toscanische Landschaft wie ein echter Realist.

Will man das Dekameron richtig verstehen, so darf man die einzelnen Novellen nicht aus dieser Umfassung herausreißen. Durch die häufige Erwähnung der Orte, der Zeit, der verschiedenen Begebenheiten, die im Rahmen ihren Platz finden, erhalten die Novellen einen höheren realistischen und menschlichen Wert. Dieser innere Zusammenhang der einzelnen Novellen mit dem Rahmen wird durch folgende Worte eines Sonetts, das in einigen Dekameron-Manuskripten als Einführung zum Werk zu lesen ist, schön ausgedrückt: „Ich bin ein goldener Ring, der hundert köstliche Edelsteine umfaßt." Der Rahmen ist nicht als etwas nachträglich Hinzugefügtes aufzufassen. Er entstand organisch mit der Sammlung selbst. Boccaccio läßt durchblicken, daß er nach einem genauen Plan arbeitet. In der Einführung zum vierten Tag, über deren polemischen Charakter noch einiges zu sagen sein wird, stehen die Worte: „Schon jetzt, wo ich noch nicht ein Drittel meines Werkes vollendet habe", wodurch man auf einen festen Plan schließen kann.

Um auf das Thema der Rahmenerzählung zu kommen, brauchte sich Boccaccio bloß in seiner Umgebung umzuschauen und das Leben seiner Mitbürger zu betrachten. Höfische Gesellschaften, die sich irgendwo versammelten, um zu feiern, sich zu amüsieren und lustige Geschichten zu erzählen, waren damals keine Seltenheit. In den Dichtungen Folgores von San Gimignano, der etwas älter war als Boccaccio, finden wir die Stimmung solcher toscanischen Festgesellschaften am echtesten wiedergegeben. Dante beschreibt in einem Sonett einen ähnlichen Ausflug. Auch der Geschichtsschreiber Giovanni Villani berichtet über festliche Gesellschaften, die mit Musik, Tanz, Spielen und üppigen Mahlzeiten ihre Zeit verbrachten. Sogar Gesetze gegen Auswüchse dieses Brauches gab es.

Der Rahmen ist von großer Wichtigkeit für die Beurteilung des Werkes, zeigt er doch die Gesellschaft und die Umgebung, in denen die Novellen erzählt wurden. Wir befinden uns in der Zeit einer furchtbaren Seuche, die die Städte entvölkert und den Menschen jegliche auch nur relative Sicherheit nimmt. Die psychologische Reaktion auf das allgemeine Sterben war eine völlige Anarchie in der Moral und im Zivilleben, der Ausbruch egoistischer und sexueller Instinkte. „Während dieser Zeit des Elends und der Trauer war die ehrwürdige Macht der göttlichen und menschlichen Gesetze in unserer Vaterstadt fast völlig gebrochen und aufgelöst, da ihre Hüter und Vollstrecker gleich den übrigen Menschen entweder tot oder krank oder von ihren Untergebenen im Stich gelassen waren, so daß keiner seinen Dienst mehr versehen konnte und es jedem freistand, zu tun und zu lassen, was ihm gefiel." Man darf sich daher nicht wundern, wenn auch junge Leute der „guten Gesellschaft" derbe Geschichten erzählen „zu einer Zeit, wo es für die ehrbarsten Männer nicht als unzüchtig galt, zur eigenen Rettung mit den Hosen auf dem Kopfe herumzulaufen".

Im Jahre 1573 erschien in Florenz eine neue Auflage des Dekameron mit folgender Überschrift: „Das ‚Dekameron‘ von M. Giovanni Boccaccio, dem Florentiner Bürger, durchgesehen in Rom und verbessert nach dem Befehl des heiligen Tridentinischen Konzils." Das Tridentinische Konzil wurde abgehalten, um der Lutherischen Kirchenreform Einhalt zu gebieten und eine katholische Gegenreformation ins Leben zu rufen, deren Wirkung sich zuerst an den der Kirche geweihten Personen zeigen sollte, die eine Reform auch wirklich nötig hatten. Gerade diese Leute hatte Boccaccio, ein Laie, am heftigsten aufs Korn genommen. Deswegen wurde sein Werk vom Konzil auf den „Index librorum prohibitorum", das Verzeichnis verbotener Bücher, eine von diesem Konzil ins Leben gerufene Einrichtung, gesetzt, jedoch mit der Einschränkung, „bis es gereinigt ist": „Boccatii Decades, sive novellae centum, quandiu expurgatae non prodierint." Auf Grund dieses Verbotes kam nach mühsamen Verhandlungen mit der päpstlichen Kurie und nach dreijähriger Arbeit einer Florentiner Deputation unter dem Vorsitz von Vincenzo Borghini die neue, „entgiftete" Ausgabe des Dekameron heraus, in der die Mönche und Kleriker in Kaufleute, Zauberer und Soldaten, die Nonnen in ledige Mädchen verwandelt worden waren.

Schwer, beinahe unmöglich ist es, die Leitgedanken aufzuzählen, die Boccaccios Welt im Dekameron bewegen und bestimmen. Häufig schon ist versucht worden, sie in verschiedene Gruppen einzureihen. Aber kann man eine so vielseitige Welt, die so reich ist wie das Leben selbst, in Formeln einzwängen? Ich werde hier weder die Formeln anderer wiederholen noch neue Systeme zu entwickeln versuchen, da dies das Verständnis nicht erleichtert und auch nicht den Kontakt mit dem Kunstwerk herstellt. Ich möchte lediglich auf die Kräfte hinweisen, unter deren Wirkung sich die Welt des Dekameron bewegt und deren Beachtung uns zum Verständnis auch der schwierigsten Situationen helfen kann. Die Liebe ist die Haupttriebkraft der Welt des Dekameron, genauso, wie sie es in der Natur selbst ist. Die Elternliebe, die Kindesliebe, die sinnliche Liebe ist hier in allen erdenklichen Erscheinungsformen und Äußerungen vertreten. Für Boccaccio ist sie die Seele des Universums. Sie ist unbeugsam wie ein Naturgesetz und allmächtig. Mann und Frau sind da, um sich zu lieben. In dieser Auffassung liegt der krasse Gegensatz zwischen Boccaccios Idealen und denen des Mittelalters. Die jenseitige Glückseligkeit des Mittelalters wird von Boccaccio ins Diesseits gestellt. Während für Dante das Leben ein dunkler Wald ist, ist es für Boccaccio ein Paradies der Liebe, in dem jeder, der es versteht, genießen kann. Beatrice ist für Dante die Führerin zu Gott, Fiammetta ist für Boccaccio der Ursprung irdischen Glücks. So energisch und mit so begeisterten Worten hat vor

Boccaccio niemand das Mittelalter abgetan. Er setzt die Liebe über die traditionelle Ordnung der Moral. Sie ist das Prinzip der Befreiung von der Sünde, von den Fesseln einer beinahe schon vergangenen Zeit. In diesem Streben nach Befreiung, nach Freiheit sehe ich die zweite Triebkraft der Welt des Dekameron.

Das ganze Werk ist vom Befreiungsgedanken durchdrungen. Boccaccio hat sein Dekameron den liebenden Frauen gewidmet: „Als Hilfe und Zuflucht der Liebenden will ich hundert Geschichten erzählen", weil die Frauen, besonders die liebenden, von ihren Verwandten wie Gefangene gehalten werden. „Darüber hinaus müssen die Frauen, abhängig von den Wünschen, Geboten und Befehlen ihrer Väter und Mütter, Brüder und Gatten, die meiste Zeit in den engen Grenzen ihrer geschlossenen Häuslichkeit verbringen, wo sie, fast ohne Beschäftigung, gleichzeitig wollend und nicht wollend, sich ihren Gefühlen hingeben, die gewiß nicht immer die fröhlichsten sind." Boccaccios Worte lauten wie eine heftige Anklage gegen die ungerechte soziale Stellung der Frau im Mittelalter. Ein direkter Befreiungsruf ist hier zwar nicht enthalten, aber Boccaccio zeigt den Gefangenen an Beispielen, wie sie sich von diesen Fesseln befreien können. Er zeigt gleichzeitig der Gesellschaft selbst, daß die unterdrückte Persönlichkeit der Frau kraft des Lebensinstinktes und der „verborgenen Flammen der Liebe" die Schwelle des Frauengemaches bereits übertreten hatte. Im Dekameron, in dieser Sammlung von „Geschichtchen, die ich nicht nur in Florentiner Mundart in Prosa zusammenhanglos niederschrieb, sondern auch in dem anspruchslosesten Stil und Ton, den man sich denken kann", findet sich eine kritische Gegenüberstellung zwischen alt und neu, zwischen Mittelalter und Neuzeit.

Die gesellschaftskritische Stellung Boccaccios blieb nicht ohne Widerspruch. Die Einführung zum vierten Tag verrät uns, wie die Öffentlichkeit auf das Werk reagierte. Aus dieser Einführung geht hervor, daß Boccaccio die ersten drei Tage oder vielleicht auch nur einige Novellen der Öffentlichkeit schon übergeben hatte, so daß seine Feinde ihn bereits angreifen konnten. Diese Angriffe waren kräftig und verschiedenartig, wie man in der erwähnten Einführung lesen kann. Boccaccio ließ sich von ihnen jedoch nicht einschüchtern, sondern versichert, nun noch mehr als bisher den Frauen und der Liebe dienen zu wollen. „Bemühte ich mich, euch zu gefallen, so bin ich jetzt entschlossener dazu denn je, da ich erkannt habe, daß mir niemand mit Recht einen anderen Vorwurf machen kann, als daß ich – wie alle, die euch lieben – dem Willen der Natur gemäß handle. Ihm, dem Willen der Natur, zu trotzen, bedürfte es ungeheurer Anstrengungen, die oft nicht nur vergeblich, sondern noch zum Schaden dessen sind, der sie versucht."

Man hat dem Dekameron oft nachgesagt, es sei nicht originell, die Idee der Rahmenerzählung sei alt, und man hat für viele Novellen die Quellen, aus denen Boccaccio geschöpft hat, genau nachweisen wollen. Es könnte vielleicht interessant sein, festzustellen, aus welchen Quellen das ideelle Gut strömte, das uns ein großer Denker oder Künstler übermittelt hat, doch darf man nicht durch allzu begeistertes Sezieren die Schöpfung selbst zerstören. Es steht fest, daß durch die Suche nach einzelnen Elementen oft die Seele des Ganzen vernachlässigt und vergessen wird. Außerdem sind die Ergebnisse solcher Nachforschungen oft recht schwach fundiert. Was einer gestern als unwiderlegbar bewies, wird heute von anderen umgestoßen, und den Anhängern der „Forschung um der Forschung willen" wird wieder ein neues Credo dargeboten. Ist es nicht auch mit dem Streit über Boccaccios Pestbeschreibung ebenso gewesen? Hatte sie ihren Ursprung in einer ähnlichen Beschreibung des Griechen Thukydides odes des Lateiners Lukrez, oder war sie eine Schöpfung von Boccaccios Geist? Drei Thesen, drei Gruppen von Verfechtern, bis schließlich jemand auf die einfache Idee kam, Boccaccios Beschreibung mit den Beschreibungen derselben Seuche, die man bei den zeitgenössischen Geschichtsschreibern lesen kann, zu vergleichen, und feststellte, daß Boccaccio eine getreue Schilderung der Pest von 1348 gegeben hat. Warum sollte Boccaccio, der 1348 kein Neuling in der Kunst mehr war, das furchtbare, von ihm persönlich miterlebte Ereignis nach fremden Schablonen wiedergeben? Heute sind es nur noch wenige Novellen des Dekameron, für die man mit Sicherheit die Quellen nachweisen kann, aber auch in diesen Fällen kann man von einer Nachahmung nicht sprechen. Die Quellen haben nur Boccaccios Phantasie angeregt, sie sind lediglich der Anlaß gewesen, das Kunstwerk zu schaffen.

Will man die Verbreitung des Dekameron ins richtige Licht rücken, so muß man bedenken, daß die Humanisten den Werken, die italienisch geschrieben waren, keine Aufmerksamkeit schenkten. So blieb das Dekameron bis 1441 im Schatten, bis die Größe des Werkes in dem sogenannten Certame Coronario, einem Dichterwettstreit in italienischer Sprache zu Florenz, zum ersten Male offiziell anerkannt wurde. Die Humanisten ignorierten das Dekameron, nicht aber das Volk, das den Bänkelsängern zuhörte, wenn sie Boccaccios Novellen auf Märkten und Plätzen deklamierten. Der erste direkte Zeuge für die Verbreitung des Dekameron schon gleich nach der Entstehung der ersten Teile ist Boccaccio selbst, der in der erwähnten Einleitung zum vierten Tage von den zahlreichen Kritiken seines Werkes spricht.

Das Dekameron ist unendlich oft gedruckt worden. Der älteste Druck, den man nach den Schlußworten „Deo-gratias-Druck" nennt und der ohne Angabe des Jahres und des Ortes erschien, ist wahrscheinlich schon 1470 hergestellt worden. Der zweite Druck ist von 1471 (Venedig). Allein in den letzten dreißig Jahren des 15. Jahrhunderts wurden neben den erwähnten weitere elf Ausgaben des Werkes herausgebracht. Auch die Übersetzer haben sich bald ans Werk gewagt. Der erste, der Übersetzungen erwähnt, ist Franco Sacchetti (um 1330 bis um 1400), der in der Einführung zu seiner eigenen Novellensammlung schrieb, daß Giovanni Boccaccios Werk „sogar in Frankreich und in England in die dortigen Sprachen übersetzt wurde". Die erste deutsche Übersetzung kam 1472 in Ulm heraus und wurde von einem gewissen Arigo verfaßt. Der Rahmen wurde bei dieser Übersetzung stark verstümmelt. Von den modernen Übersetzungen möchte ich die von Soltau (Berlin 1803), Karl Witte (3. Auflage Leipzig 1859), Schaum (1. Auflage 1904) und Albert Wesselski (Leipzig 1906) erwähnen.

Die Nachahmer Boccaccios zeugen ebenfalls für die große Verbreitung des Werkes, auch wenn sie von Boccaccio nur die allgemeine Form der Rahmenerzählung übernehmen. Schon im 14. Jahrhundert treten die ersten Nachahmer der Rahmenerzählung auf: Ser Giovanni Fiorentino mit seinem

„Pecorone", dem „Schafskopf", und Sercambi mit seinen Novellen. Auch Sacchetti, der jedoch seiner Novellensammlung keinen Rahmen gab, ist ein Bewunderer und Nachahmer Boccaccios. In der Nachfolge des Dekameron entstehen im 15. und 16. Jahrhundert zahllose Novellensammlungen, von denen manche nicht mehr sind als schlechtere Wiederholungen. Einige Novellisten jedoch, unter ihnen Masuccio aus Salerno und Matteo Bandello, der sich mehrfach auf Boccaccio als seinen unerreichten Meister beruft, führen die Novelle weiter zu Formen, die ihrer Zeit und Gesellschaft entsprechen, und bereichern sie durch neue Stoffe. Das Dekameron wird zugleich die Grundlage der italienischen Prosa überhaupt und die Bibel der ersten Grammatiker der italienischen Sprache.

Die Stoffe des Dekameron und die Kunstform der Novelle in ihren vielfältigen Abwandlungen leben in der gesamten Weltliteratur weiter, es sei nur erinnert an Chaucer, an Margarete von Navarra, Hans Sachs und Cervantes. Die Reihe ließe sich verfolgen bis zu Voltaire und bis zu den Meistern des kritischen Realismus wie Balzac, Dickens oder Guy de Maupassant. Mit Giovanni Verga nimmt die realistische Novelle in Italien einen neuen Aufschwung, im 20. Jahrhundert haben Luigi Pirandello und Alberto Moravia dieser – wie es scheint unsterblichen – Kunstform neue Ausdrucksmittel verliehen.

V. Macchi

ANMERKUNGEN

Alberighi – alte adelige Florentiner Familie.

Algarvien – der nördlichste Teil von Marokko.

Altopascio, der Suppenkessel von Altopascio – In dem kleinen Dorf A. (Provinz Lucca) bestand ein Kloster, in dem zweimal wöchentlich Suppe an die Armen ausgegeben wurde. Der riesige Suppenkessel ist sprichwörtlich geworden.

Bagattino (Mehrzahl: bagattini) – venezianische Münze.

Baronci – Florentiner Adelsgeschlecht, dessen Häßlichkeit sprichwörtlich war.

Berberei – ausgedehntes Gebiet an der afrikanischen Mittelmeerküste. Es umfaßte etwa Marokko, Algerien, Tunis und Tripolis.

Bolognino (Mehrzahl: bolognini) – alte bolognesische Münze.

Bruno – siehe Calandrino.

Buffalmacco – siehe Calandrino.

Calandrino – historische Persönlichkeit; einer der ältesten Maler der Stadt Florenz. Auch Bruno und Buffalmacco, seine beiden Gefährten, waren Florentiner Maler.

Cepparello – historische Persönlichkeit; Steuereinnehmer und Wechsler, 1288–1290 im Dienste des französischen Königs Philipp des Schönen.

Ciacco – bekannter Florentiner Schlemmer. Dante begegnete ihm in der Hölle.

Cinciglione – sagenhafter Trinker.

Cipolla, Bruder Cipolla – Bruder Zwiebel; B. hat ihn wahrscheinlich so genannt, weil Certaldo, der Ort der Handlung, eine Zwiebel in seinem Stadtwappen führt.

Cresci-in-man (it.) – von B. gebildete Wendung, auf deutsch „Schwelle-in-der-Hand".

Della Scala – gibellinische Fürstenfamilie in Verona. Cangrande oder Cane D. S. (1291–1329) war eine der Hauptstützen der gibellinischen Partei in Italien. An seinem Hofe weilte Dante während seiner Verbannung einige Zeit.

Denaio, Denaro – kleine Florentiner Münze.

Diavolo – Teufel; zum Teufel!

Dogana – Zollamt.

Doganiere – Zollbeamter.

Donati – alte Florentiner Familie, Corso D. (gest. 1308) war Anführer der Neri (Schwarzen), einer Gruppierung der Florentiner Guelfen.

Dublone – alte spanische Goldmünze.

Faenza – die Nonnen von Faenza hatten in Florenz ein Kloster.

Fiorino (Mehrzahl: Fiorini) – alte Florentiner Goldmünze.

Galen, Galenos – (131–200), berühmter griechisch-römischer Arzt.

Galleotto – Ritter aus der Tafelrunde des sagenhaften Königs Artus.

Ghino di Tacco – berühmter Straßenräuber, auch von Dante erwähnt.

Gibellinen – Anhänger der Hohenstaufen in Italien, siehe auch Guelfen.

Grosso – italienische Kleinmünze aus Silber.

Guelfen – Anhänger des Papsttums und Gegner der deutschen Kaiser in Italien.

Heliotrop – grüner, rotgeäderter Schmuckstein. Im Altertum und im Mittelalter glaubte man, daß dieser Stein seinen Träger unsichtbar machen könnte.

Hennegau, Rock nach Hennegauer Art – d. h. eng, wie er damals im Hennegau (belgische Provinz) getragen wurde.

Johann Goldmund – Umschreibung für Fiorini, da auf der Rückseite dieser Goldmünzen Johannes der Täufer abgebildet war.

Karl, Karl der Alte – Karl von Anjou, der 1265 nach Italien kam und Neapel und Sizilien eroberte.

Laterina – Ortschaft bei Arezzo. Der Name dieses Ortes eignete sich wegen seiner Ähnlichkeit mit dem italienischen „latrina" (Abort, Latrine) gut zu einem Wortspiel.

Lippo Topo – elender Maler, dessen Name später sprichwörtlich für Schmierfink gebraucht wurde.

Malespini – altes norditalienisches Adelsgeschlecht.

Marchesa – italienischer Adelstitel: Markgräfin.

Marchese – italienischer Adelstitel: Markgraf.

Maremmen – Sumpfgebiete an der westlichen Küste Mittelitaliens. Der Ausdruck „in der ganzen Welt und in den Maremmen", den B. wiederholt gebraucht, ist eine scherzhafte volkstümliche Redensart, in der die Maremmen fast höher als die gesamte übrige Welt gewertet werden.

Mattapan – alte venezianische Münze.

Mercato Vecchio – Alter Markt.

Musciatto Franzesi – Bauer aus Florenz, der zum reichen Händler wurde und in den Dienst des französischen Königs Philipp des Schönen trat, wurde von diesem für seine Dienste mit dem Ritterorden ausgezeichnet.

Nona – siehe Tageseinteilung.

Parentorio – Verballhornung von perentorio; endgültig, ohne Aufschub.

Parione – Straßenname von Florenz. Bruder Cipolla (VI, 10) zitiert in seiner Predigt eine Reihe von Florentiner Straßennamen (Venedig, Griechen-Vorstadt, Parione, Sardinien), in der Absicht, die einfältigen Zuhörer glauben zu machen, daß er weite Reisen durch gleichnamige Länder gemacht habe.

Perikulator – Verballhornung von Prokurator.

Picciolo (Mehrzahl: Piccioli) – Münze von geringem Wert, Kleingeld.

Podestà – Stadtrichter und Bürgermeister in einer Person in den früheren italienischen Stadtrepubliken.

Porcellana – Krankenhaus in Florenz, so genannt nach der Straße, in der es erbaut war.

Popolino (Mehrzahl: Popolini) – alte Silbermünze.

Ravioli – kleine Nudelteigtaschen mit Fleischfüllung.

Saladin – Sultan von Ägypten (1137-1193).

Schirokko – warmer, feuchter Mittelmeerwind.

Seneschall – der älteste Diener des Hauses, Oberhofmeister, der den Tafeldienst beaufsichtigte.

Ser, Sere – Titel für Notare und andere Personen, die freie Berufe ausübten, Messere war eine vornehmere Anrede und wurde für Ritter, Richter, kirchliche Würdenträger und auch für den König gebraucht.

Seste – Sexta, siehe Tageseinteilung.

Signoria – höchste Behörde der italienischen Stadtstaaten im Mittelalter.

Soldo (Mehrz. Soldi) – Kupfermünze von geringem Wert.

Tageseinteilung – Wie bei den Römern wurden auch im Mittelalter die zwölf Tagesstunden vom Sonnenaufgang bis zum Sonnenuntergang gerechnet und in vier Abschnitte von je drei Stunden eingeteilt. Der erste Abschnitt, die Terza (Tertia), endete um 9 Uhr; die Seste (Sexte) um 12 Uhr; die Nona (Nona) um 15 Uhr und Vespro (Vesper) bei Sonnenuntergang um 18 Uhr. Die Stunden wurden, je nach dem Abnehmen oder Zunehmen des Tages, kürzer oder länger; doch fiel die sechste Stunde (Sexta) immer auf Mittag, 12 Uhr.

Terza – Tertia, siehe Tageseinteilung.

Trevisaner Tanz – derber Tanz, der in der Gegend von Treviso (Norditalien) getanzt wurde.

Uberti – einflußreiche Florentiner Familie, die der Partei der Gibellinen angehörte.

Vernaccia – süßer weißer Wein.

Vespro – Vesper, siehe Tageseinteilung.

Vieri de'Cerchi – reicher Florentiner Anführer der Bianchi (Weißen), einer Gruppierung der Florentiner Guelfen; Gegner von Corso Donati.

INHALT

Vorrede 7

ERSTER TAG

Einführung 11

Erste Geschichte

Ser Cepparello betrügt einen frommen Mönch mit einer erlogenen Beichte und stirbt; und obwohl er bei Lebzeiten ein ruchloser Bösewicht gewesen ist, wird er nach seinem Tode für einen Heiligen gehalten und Sankt Ciappelletto genannt. 31

Zweite Geschichte

Auf Anregung von Jeannot de Sevigné begibt sich der Jude Abraham an den päpstlichen Hof nach Rom. Nachdem er die Verworfenheit und Sittenlosigkeit der Geistlichen erkannt hat, kehrt er nach Paris zurück und läßt sich taufen. 44

Dritte Geschichte

Der Jude Melchisedech wendet mit der Geschichte von den drei Ringen eine große Gefahr von sich ab, die ihm von Saladin drohte. 49

Vierte Geschichte

Ein Mönch hat für ein Vergehen eine schwere Bestrafung zu erwarten. Da es ihm jedoch gelingt, seinen Abt der gleichen Sünde auf geschickte Weise zu überführen, befreit er sich von der Strafe. 52

Fünfte Geschichte

Die Marchesa von Monferrato weist die törichte Verliebtheit des Königs von Frankreich mit einem Hühnerfleisch-Gastmahl und einigen freimütigen Worten zurück. 56

Sechste Geschichte

Ein wackrer Mann verspottet mit einem trefflichen Witz die niederträchtige Heuchelei der Mönche. 59

Siebente Geschichte

Mit einer Geschichte von Primasso und dem Abt von Cluny beschämt Bergamino auf feine Weise Messer Cane della Scala wegen einer plötzlichen Anwandlung von Geiz. 62

Achte Geschichte

Guglielmo Borsiere beschämt mit feinem Spott den Geiz des Messer Ermino de' Grimaldi. 67

Neunte Geschichte

Der König von Zypern wird durch das spöttische Wort einer Edeldame aus der Gascogne von einem trägen in einen guten König verwandelt. 70

Zehnte Geschichte

Meister Alberto aus Bologna beschämt auf feine Weise eine Dame, die ihn wegen seiner Liebe zu ihr demütigen wollte. 71

ZWEITER TAG

Einführung 79

Erste Geschichte

Martellino gibt sich als Krüppel aus, stellt sich, als sei er auf dem Leichnam des heiligen Heinrich von seinem Leiden geheilt. Als sein Betrug ans Licht kommt, wird er verprügelt und verhaftet und ist in Gefahr, gehängt zu werden, doch gelingt es ihm, im letzten Augenblick davonzukommen. 80

Zweite Geschichte

Rinaldo aus Asti kommt, nachdem er ausgeraubt worden ist, nach Castell Guglielmo, wo eine verwitwete Dame ihn aufnimmt.

Nachdem er den erlittenen Schaden ersetzt bekommen hat, kehrt er heil und gesund nach Hause zurück. 85

Dritte Geschichte

Drei junge Männer bringen verschwenderisch ihr Vermögen durch und verarmen; einer ihrer Neffen schließt, als er entmutigt nach Hause zurückkehrt, auf der Reise Freundschaft mit einem Abt, in dem er später die Tochter des Königs von England erkennt. Sie nimmt ihn zum Gatten, ersetzt seinen Verwandten alle Verluste und bringt sie wieder in gute Verhältnisse. 92

Vierte Geschichte

Der verarmte Landolfo Rufolo wird Seeräuber. Von Genuesern gefangen, erleidet er Schiffbruch, entgeht aber auf einer Kiste, die mit kostbaren Edelsteinen gefüllt ist, dem Tode, wird in Korfu von einer armen Frau aufgenommen und kehrt als reicher Mann nach Hause zurück. 101

Fünfte Geschichte

Andreuccio aus Perugia, der nach Neapel gekommen ist, um Pferde zu kaufen, wird in einer Nacht von drei schweren Unglücksfällen betroffen. Er entkommt glücklich allen dreien und kehrt mit einem Rubin nach Hause zurück. 107

Sechste Geschichte

Madonna Beritola wird nach dem Verlust ihrer beiden Söhne mit zwei Rehen auf einer Insel aufgefunden und begibt sich nach Lunigiana. Hier tritt einer ihrer Söhne bei ihrem Gönner in Dienst und verführt dessen Tochter, wofür er ins Gefängnis geworfen wird. Nach dem Aufstand Siziliens gegen König Karl heiratet der Sohn, der nun von seiner Mutter wiedererkannt wird, die Tochter seines Gebieters. Nachdem auch der zweite Sohn wieder aufgefunden ist, gewinnen sie ihr hohes Ansehen zurück. 121

Siebente Geschichte

Der Sultan von Babylon schickt eine von seinen Töchtern als Braut zu dem König von Algarvien. Infolge verschiedener Unglücksfälle geht die Prinzessin im Laufe von vier Jahren an verschiedenen Orten durch die Hände von neun Männern. Schließlich

*wird sie ihrem Vater als „Jungfrau" zurückgesandt und begibt sich
jetzt, wie schon einmal, als Braut zu dem König von Algarvien.* . 135

Achte Geschichte

Der Graf von Antwerpen flieht auf Grund verleumderischer Anschuldigungen ins Ausland und läßt seine beiden Kinder an verschiedenen Orten in England zurück. Als er unerkannt aus Irland zurückkehrt, findet er beide in guten Verhältnissen vor. Er zieht als Troßknecht mit dem Heer des Königs von Frankreich und erlangt schließlich, nachdem seine Unschuld erkannt ist, sein altes Ansehen wieder. 158

Neunte Geschichte

Bernabò aus Genua verliert, von Ambrogiuolo betrogen, sein Vermögen und befiehlt, daß seine unschuldige Gattin getötet werden soll. Diese flieht und tritt in Männerkleidern in die Dienste des Sultans. Dann entdeckt sie den Betrüger, ruft Bernabò nach Alexandria, wo der Übeltäter bestraft wird. Nachdem sie wieder Frauenkleider angelegt hat, kehrt sie reich mit ihrem Gatten nach Genua zurück. 175

Zehnte Geschichte

Paganino aus Monaco raubt die Gemahlin des Messer Riccardo di Chinzica. Als dieser erfährt, wo sie sich befindet, sucht er die Freundschaft Paganinos und verlangt seine Gattin von ihm zurück. Paganino verspricht, sie zurückzugeben, wenn sie selber es wünscht. Die Dame aber verspürt keine Lust zurückzukehren und wird nach dem Tode Messer Riccardos die Gattin Paganinos. . 188

DRITTER TAG

Einführung 199

Erste Geschichte

Masetto aus Lamporecchio stellt sich stumm und wird Gärtner in einem Frauenkloster, dessen Nonnen alle um die Wette mit ihm schlafen wollen. 203

Zweite Geschichte

Ein Stallknecht schläft bei der Gemahlin des Königs Agilulf. Der König wird es gewahr, findet den Mann und schneidet ihm die Haare ab. Doch der Geschorene schert darauf auch alle anderen Knechte und entgeht so seinem Verderben. 210

Dritte Geschichte

Unter dem Deckmantel der Beichte und großer Gewissenhaftigkeit verleitet eine in einen Jüngling verliebte Dame einen ehrbaren Mönch dazu, daß er, ohne es gewahr zu werden, eine Gelegenheit herbeiführt, die ihren Wünschen zu vollem Erfolg verhilft. . . . 215

Vierte Geschichte

Don Felice belehrt den Bruder Puccio, wie er durch eine Bußübung der ewigen Seligkeit teilhaftig werden könne, und ergötzt sich, indessen Bruder Puccio dieser Übung nachkommt, mit dessen Frau. 225

Fünfte Geschichte

Zima schenkt Messer Francesco Vergellesi ein schönes Pferd. Messer Francesco erlaubt ihm dafür, mit seiner Frau zu sprechen. Da sie bei dieser Unterredung schweigt, antwortet Zima sich selber an ihrer Statt und erreicht, seinen Antworten entsprechend, das Ziel seiner Wünsche. 231

Sechste Geschichte

Ricciardo Minutolo liebt die Gattin des Filippello Sighinolfo. Da er weiß, daß sie eifersüchtig ist, erreicht er mit der Vorspiegelung, Filippello wolle sich am nächsten Tag mit seiner eigenen Frau in einer Badestube treffen, daß sie dort hinkommt. Als sie glaubt, mit ihrem Gatten zusammen gewesen zu sein, muß sie feststellen, daß sie sich statt dessen mit Ricciardo vergnügt hat. 237

Siebente Geschichte

Tebaldo verläßt Florenz, da er sich mit seiner Geliebten entzweit hat. Er kehrt nach einiger Zeit als Pilger zurück, spricht mit der Dame und macht ihr ihren Irrtum klar, rettet ihren Gatten, der des Mordes an ihm angeklagt, vor dem Tode und söhnt ihn mit seinen Brüdern aus, während er selber mit viel Vorsicht mit seiner Dame die Freuden der Liebe genießt. 246

Achte Geschichte

Ferondo wird als tot begraben, nachdem er ein gewisses Pulver geschluckt hat. Jedoch der Abt, der sich inzwischen mit seiner Gattin ergötzt hat, holt ihn wieder aus dem Grabe heraus und setzt ihn gefangen, wobei er ihm weismacht, er befände sich im Fegefeuer. Nachdem er von den Toten wieder auferweckt worden ist, zieht er einen Sohn, den der Abt mit seiner Frau gezeugt hat, als den seinigen auf. 263

Neunte Geschichte

Gillette de Narbonne kuriert den König von Frankreich von einer Fistel. Dafür verlangt sie Bertrand de Roussillon zum Gatten, der sie gegen seinen Willen heiratet, dann aber aus Mißmut darüber nach Florenz geht. Hier verliebt er sich in ein junges Mädchen, doch an Stelle dieses Mädchens schläft Gillette bei ihm und gebiert ihm danach zwei Söhne. Aus diesem Grund gewinnt er sie lieb und erkennt sie als seine Gemahlin an. 274

Zehnte Geschichte

Alibech wird Einsiedlerin, und der Mönch Rustico bringt ihr bei, wie man den Teufel in die Hölle schickt. Später, als man sie zurückgeholt hat, wird sie die Frau des Neerbal. 284

VIERTER TAG

Einführung 293

Erste Geschichte

Tancredi, der Fürst von Salerno, läßt den Liebhaber seiner Tochter ermorden und schickt ihr in einem goldenen Gefäß sein Herz. Sie gießt vergiftetes Wasser darauf, trinkt es und stirbt. 301

Zweite Geschichte

Bruder Alberto macht einer Frau weis, der Engel Gabriel sei in sie verliebt, und ergötzt sich an Stelle dessen oftmals mit ihr; dann aber springt er aus Furcht vor ihren Verwandten aus dem Fenster und verbirgt sich im Hause eines armen Mannes, der ihn am folgenden Tag in der Verkleidung eines Wilden auf den Markusplatz führt, wo er erkannt, von seinen Klosterbrüdern ergriffen und eingekerkert wird. 312

Dritte Geschichte

Drei Jünglinge lieben drei Schwestern und fliehen mit ihnen nach Kreta. Hier tötet die älteste aus Eifersucht ihren Liebsten. Die zweite rettet die älteste Schwester vor dem Tode, indem sie sich dem Herzog von Kreta hingibt. Dafür wird sie selber von ihrem Geliebten umgebracht, der dann mit der ältesten Schwester flieht. Das dritte Liebespaar wird dieses Mordes beschuldigt, gefangengesetzt und unter der Folter zum Geständnis gezwungen. Aus Angst vor dem Tode bestechen sie die Wachen des Kerkers mit ihrem letzten Geld und fliehen arm nach Rhodos, wo sie in Not und Elend sterben. 323

Vierte Geschichte

Gerbino greift gegen das Versprechen seines Großvaters, des Königs Guglielmo, ein Schiff des Königs von Tunis an, um dessen Tochter zu entführen. Die Prinzessin wird von den Seeleuten getötet, die daraufhin von Gerbino niedergemacht werden. Später wird er selbst wegen dieser Sache enthauptet. 330

Fünfte Geschichte

Lisabettas Brüder töten ihren Liebhaber, der ihr im Traum erscheint und ihr zeigt, wo er verscharrt wurde. Darauf gräbt sie heimlich seinen Kopf wieder aus und begräbt ihn in einem Basilikumtopf, über dem sie jeden Tag lange weint. Als die Brüder ihr den Topf fortnehmen, stirbt sie vor Gram. 336

Sechste Geschichte

Andreuola liebt Gabriotto. Sie erzählt ihm einen Traum, den sie gehabt hat, und er ihr ebenfalls, dann stirbt er unversehens in ihren Armen. Während sie mit ihrem Mädchen die Leiche in Gabriottos Haus bringen will, werden beide von der Stadtwache ergriffen, und sie erzählt, was geschehen ist. Der Stadtrichter versucht, ihr Gewalt anzutun, sie läßt es aber nicht zu. Ihr Vater, der an ihre Unschuld glaubt, befreit sie, doch will sie fortan nicht mehr in der Welt weiterleben und wird Nonne. 340

Siebente Geschichte

Simona liebt Pasquino. Beide gehen zusammen in einen Garten, wo Pasquino, nachdem er sich mit einem Salbeiblatt die Zähne gerieben hat, stirbt. Simona wird verhaftet. Als sie dem Richter zeigen will, wie Pasquino gestorben ist, und sich auf die gleiche Weise mit einem jener Salbeiblätter die Zähne reibt, stirbt sie ebenfalls. 348

Achte Geschichte

Girolamo liebt Salvestra, doch wird er von den Bitten seiner Mutter bewogen, nach Paris zu gehen. Als er zurückkehrt, findet er Salvestra verheiratet vor. Er dringt heimlich in ihr Haus ein und stirbt ihr zur Seite. Nachdem seine Leiche in eine Kirche gebracht worden ist, bricht Salvestra tot an seiner Seite zusammen. 352

Neunte Geschichte

Herr Guilhem de Roussillon gibt seiner Gattin das Herz des von ihm erschlagenen Herrn Guilhem de Cabestanh zu essen, den sie liebte. Als sie es erfährt, stürzt sie sich aus einem hoch gelegenen Fenster und stirbt, worauf sie mit ihrem Geliebten zusammen begraben wird. 358

Zehnte Geschichte

Die Frau eines Arztes legt ihren von einem Schlaftrunk betäubten Geliebten, den sie für tot hält, in eine Lade. Zwei Wucherer schleppen diese mitsamt dem betäubten Mann in ihr Haus, wo der Scheintote wieder zu sich kommt und als Dieb gefangen wird. Die Magd der Dame sagt daraufhin vor Gericht aus, daß sie den Mann in der Lade versteckt habe, die von den beiden Wucherern gestohlen worden sei. So entkommt der junge Mann dem Galgen, die Wucherer jedoch werden wegen ihres Diebstahls zu einer Geldstrafe von zehn Unzen verurteilt. 362

FÜNFTER TAG

Einführung 377

Erste Geschichte

Kimon, durch Liebe zur Vernunft gekommen, entführt seine Geliebte Iphigenia übers Meer. Er wird in Rhodos ins Gefängnis geworfen, jedoch von Lysimarchos wieder befreit. Beide entführen nun gemeinsam Iphigenia und Kassandra von der Hochzeitsfeier und fliehen mit ihnen nach Kreta. Nachdem die Frauen ihre rechtmäßigen Gattinnen geworden sind, werden alle zusammen nach Hause zurückgerufen. 379

Zweite Geschichte

Gostanza liebt Martuccio Gomito. Als sie hört, er sei tot, besteigt sie in der Verzweiflung allein ein Boot, das vom Winde nach Susa getrieben wird. Sie trifft Martuccio lebend in Tunis an und gibt sich ihm zu erkennen, der inzwischen durch manchen klugen Rat die Gunst des Königs gewonnen hat. Martuccio heiratet seine Geliebte und kehrt schließlich als reicher Mann mit ihr nach Lipari zurück. 390

Dritte Geschichte

Pietro Boccamazzo flieht mit Agnolella und wird von Räubern überfallen. Das Mädchen kann in einen Wald entkommen und wird auf ein Schloß gebracht, Pietro aber wird von den Räubern gefangen. Es gelingt ihm jedoch, ihnen wieder zu entkommen, und nach verschiedenen Zwischenfällen langt er ebenfalls in dem Schloß an, in dem sich Agnolella aufhält. Er heiratet sie und kehrt mit ihr nach Rom zurück. 397

Vierte Geschichte

Ricciardo Manardi wird von Messer Lizio di Valbona bei dessen Tochter angetroffen. Er heiratet das Mädchen und lebt fortan mit ihrem Vater in gutem Einvernehmen. 405

Fünfte Geschichte

Guidotto aus Cremona hinterläßt bei seinem Tode dem Giacomino aus Pavia eine Tochter. In Faenza verlieben Giannole di

Severino und Minghino di Mingole sich in das Mädchen und geraten ihretwegen aneinander. Als sich herausstellt, daß sie die Schwester Giannoles ist, erhält Minghino sie zur Frau. 411

Sechste Geschichte

Gianni aus Procida wird bei dem geliebten Mädchen, das dem König Friedrich geschenkt wurde, überrascht. Er wird daraufhin mit ihr zusammen an einen Pfahl gebunden, um verbrannt zu werden. Da erkennt ihn Ruggeri dell'Oria, der ihn rettet und zum Ehemann des Mädchens macht. 417

Siebente Geschichte

Teodoro liebt Violante, die Tochter Messer Amerigos, seines Herrn. Sie wird schwanger, und man verurteilt ihn dafür zum Tode. Während man ihn mit Ruten zum Galgen peitscht, wird er von seinem Vater erkannt und befreit und mit Violante vermählt. 423

Achte Geschichte

Nastagio degli Onesti liebt ein Edelfräulein und vergeudet sein Vermögen für sie, ohne Gegenliebe zu finden. Auf Wunsch seiner Familie geht er nach Chiassi. Hier sieht er einen Ritter, der ein Mädchen jagt, es tötet und seinen Hunden zum Fraß vorwirft. Er lädt nun seine Verwandten und die geliebte Frau zu einem Frühstück ein. Als die Dame sieht, wie dasselbe Mädchen wiederum zerfleischt wird, willigt sie aus Furcht vor einem ähnlichen Schicksal ein, Nastagios Gattin zu werden. 431

Neunte Geschichte

Federigo degli Alberighi liebt und findet keine Gegenliebe. Zu Ehren seiner Dame verschwendet er alle seine Reichtümer und richtet sich zugrunde. Es bleibt ihm nur sein Falke, den er – da er nichts anderes mehr besitzt – der geliebten Frau bei einem unerwarteten Besuch zu Tisch vorsetzt. Als die Dame dies erfährt, ändern sich ihre Gefühle, sie nimmt Federigo zum Gatten und macht ihn wieder zum reichen Mann. 437

Zehnte Geschichte

Pietro di Vinciolo geht zum Abendessen aus; seine Frau läßt deshalb einen Liebhaber zu sich kommen, den sie, als Pietro unver-

mutet heimkehrt, unter einem Hühnerkorb versteckt. Pietro erzählt, daß im Hause Ercolanos, mit dem er speisen wollte, ein Jüngling gefunden worden sei, den Ercolanos Gattin versteckt hätte, worauf sich Pietros Frau über die Gattin Ercolanos sehr entrüstet. Indessen tritt ein Esel unglücklicherweise mit seinem Huf auf die Finger des unter dem Hühnerkorb versteckten Liebhabers, der laut aufschreit. Pietro eilt hinzu, findet den Burschen und erkennt die Falschheit seiner Frau, mit der er aber, seiner eigenen Verderbtheit wegen, zu guter Letzt doch in Eintracht beisammenbleibt. 444

SECHSTER TAG

Einführung 457

Erste Geschichte

Ein Kavalier verspricht Madonna Oretta, ihr mit einer Erzählung die Zeit so zu verkürzen, als säße sie zu Pferde; da er aber schlecht erzählt, bittet sie ihn bald, sie wieder auf die eigenen Füße zu stellen. 460

Zweite Geschichte

Der Bäcker Cisti bringt Messer Geri Spina mit einem einzigen Wort dazu, eine anmaßende Forderung zu bereuen. 462

Dritte Geschichte

Monna Nonna de' Pulci weist mit einer schlagfertigen Antwort die wenig ehrbaren Anspielungen des Bischofs von Florenz ab und bringt ihn zum Schweigen. 466

Vierte Geschichte

Chichibio, der Koch des Currado Gianfigliazzi, verwandelt zu seinem Glück den Zorn seines Herrn mit einer witzigen Antwort in Lachen und rettet sich damit vor der ihm von Currado angedrohten Strafe. 468

Fünfte Geschichte

Messer Forese da Rabatta und Meister Giotto, der Maler, kehren aus Mugello zurück und greifen einander wegen ihres unansehnlichen Aussehens mit spöttischen Witzen an. 471

Sechste Geschichte

Michele Scalza beweist einigen jungen Leuten, daß die Baronci das edelste Geschlecht der ganzen Welt und der Maremmen sind, und gewinnt dadurch eine Abendmahlzeit. 473

Siebente Geschichte

Madonna Filippa wird von ihrem Gatten mit einem Liebhaber angetroffen und vor Gericht gefordert. Durch eine freimütige, kluge Antwort befreit sie sich und erwirkt sogar eine Änderung des Gesetzes. 475

Achte Geschichte

Fresco ermahnt seine Nichte, niemals in den Spiegel zu schauen, wenn ihr, wie sie behauptet, der Anblick widerwärtiger Menschen unangenehm sei. 478

Neunte Geschichte

Guido Cavalcanti sagt einigen Florentinern, die ihn überrumpeln, mit feinem Spott die Wahrheit. 480

Zehnte Geschichte

Bruder Cipolla verspricht einigen Landleuten, ihnen eine Feder des Erzengels Gabriel zu zeigen. Als er an Stelle der Feder Kohlen vorfindet, macht er den Leuten weis, diese Kohlen seien von jenen, auf welchen der heilige Laurentius gebraten worden sei. 482

SIEBENTER TAG

Einführung 499

Erste Geschichte

Gianni Lotteringhi hört, daß in der Nacht an seine Haustür geklopft wird. Er weckt seine Frau, die ihm weismacht, es müsse ein Gespenst sein. Als sie sich daranmachen, das Gespenst mit einem Spruch zu beschwören, unterbleibt das Klopfen. 501

Zweite Geschichte

Peronella versteckt, als ihr Mann nach Hause kommt, ihren Liebhaber in einem Faß, das ihr Mann verkauft hat. Sie sagt, daß auch sie es an jemand verkauft habe, der gerade hineingestiegen sei, um seine Haltbarkeit zu prüfen. Nachdem der Liebhaber wieder herausgestiegen ist, läßt er es von dem Ehemann säubern und zu sich nach Hause tragen. 506

Dritte Geschichte

Bruder Rinaldo schläft mit der Gevatterin. Als ihr Mann ihn bei ihr in der Schlafkammer antrifft, machen sie ihm weis, daß der Bruder die Würmer des kleinen Sohnes bespreche. 510

Vierte Geschichte

Tofano sperrt eines Nachts seine Frau aus. Da er sie trotz ihrer Bitten nicht hereinläßt, tut sie, als stürze sie sich in einen Brunnen, in den sie einen großen Stein hineinwirft. Tofano kommt heraus und läuft zum Brunnen, indes sie schnell ins Haus schlüpft, ihm die Tür vor der Nase zuschließt und ihn mit Scheltworten heruntermacht. 516

Fünfte Geschichte

Ein Eifersüchtiger nimmt, als Priester verkleidet, seiner Frau die Beichte ab, in der sie bekennt, daß sie einen Priester liebe, der jede Nacht zu ihr käme. Während nun der Eifersüchtige von einem Versteck aus das Haus bewacht, läßt die Frau ihren Geliebten über das Dach zu sich kommen und vertreibt sich mit ihm die Zeit. 521

Sechste Geschichte

Madonna Isabella wird von Messer Lambertuccio geliebt und bekommt unvermutet seinen Besuch, während sie Leonetto bei sich hat. Als nun auch ihr Gatte zurückkehrt, schickt sie Messer Lambertuccio mit dem Degen in der Hand aus dem Hause, ihr Gatte aber geleitet Leonetto vorsorglich heim. 529

Siebente Geschichte

Lodovico gesteht Madonna Beatrice die Liebe, die er für sie empfindet. Sie schickt ihren Ehemann Egano, in ihre Gewänder verkleidet, in den Garten und gibt sich Lodovico hin, der – nachdem er sich wieder erhoben hat – Egano im Garten verprügelt. 533

Achte Geschichte

Ein Mann ist eifersüchtig auf seine Frau und stellt fest, daß sie sich nachts einen Faden um die Zehe wickelt, um zu bemerken, wenn ihr Liebhaber sie besuchen will. Während der Mann diesen verfolgt, steckt die Frau für sich selbst eine ihrer Mägde ins Bett, wo der Mann sie verprügelt und ihr die Flechten abschneidet. Dann holt er die Brüder der Frau, die feststellen, daß alles nicht wahr ist, und nun den Mann heftig schelten. 539

Neunte Geschichte

Lydia, die Frau des Nicostratus, liebt Pyrrhus, der – bevor er ihrer Liebe Glauben schenken will – drei Beweise von ihr verlangt, die sie alle drei erbringt; darüber hinaus vergnügt sie sich sogar in Nicostratus' Gegenwart mit Pyrrhus und macht ihrem Mann weis, daß das, was er gesehen hat, gar nicht geschehen ist. 548

Zehnte Geschichte

Zwei Sieneser lieben eine Frau, die Gevatterin des einen ist. Der Gevatter stirbt und erscheint, getreu seinem Versprechen, seinem Gefährten und erzählt ihm, wie es im Jenseits zugeht. 558

ACHTER TAG

Einführung 567

Erste Geschichte

Wolfhart leiht sich von Guasparruolo Geld und vereinbart mit dessen Frau, daß er für diese Summe bei ihr schlafen darf. Er gibt ihr das Geld und erklärt in ihrer Gegenwart Guasparruolo, daß er ihr alles ausgehändigt habe, und sie gibt zu, daß es wahr ist. 568

Zweite Geschichte

Der Pfarrer von Varlungo schläft mit Monna Belcolore. Als Pfand läßt er seinen Überrock bei ihr zurück. Nachdem er sich von ihr einen Mörser geliehen hat, schickt er diesen zurück und läßt um seinen Überrock bitten, den er als Pfand für den Mörser bei ihr gelassen habe. Die Frau schickt ihm mit einer boshaften Bemerkung den Rock zurück. 571

Dritte Geschichte

Calandrino, Bruno und Buffalmacco suchen im Mugnone den Zauberstein Heliotrop. Calandrino glaubt ihn gefunden zu haben und kehrt mit Steinen beladen nach Hause zurück. Seine Frau verhöhnt ihn. Zornig verprügelt er sie und erzählt dann seinen Kumpanen, was sie viel besser wissen als er. 577

Vierte Geschichte

Der Propst von Fiesole liebt eine verwitwete Edelfrau, wird jedoch von ihr nicht wiedergeliebt. Während er glaubt, eine Liebesnacht mit ihr zu verbringen, liegt er in den Armen ihrer Magd, und die Brüder der Dame lassen ihn dabei von seinem Bischof überraschen. 586

Fünfte Geschichte

Drei junge Burschen ziehen einem Richter aus den Grenzlanden, während er in Florenz auf der Gerichtsbühne sitzt und Recht spricht, die Hosen herunter. 591

Sechste Geschichte

Bruno und Buffalmacco stehlen Calandrino ein Schwein. Dann veranlassen sie ihn, mit Ingwerfrüchten und Vernaccia den Versuch zu machen, es wieder herbeizuschaffen. Ihm selber geben sie nacheinander zwei in Aloe-Extrakt getauchte Früchte des Hundsingwers, so daß er in den Verdacht gerät, selbst das Schwein gestohlen zu haben. Schließlich muß er sich noch bei ihnen loskaufen, um zu verhindern, daß sie alles seiner Frau verraten. . . 595

Siebente Geschichte

Ein Student liebt eine junge Witwe, die in einen andern verliebt ist und ihn eine lange Winternacht hindurch wartend im Schnee stehen läßt. Dafür gibt er ihr später einen Rat, dem zufolge sie in der Mitte des Juli einen ganzen Tag auf einem Turme nackt den Fliegen, Wespen und der Sonne ausgesetzt bleibt. 602

Achte Geschichte

Zwei Freunde verkehren zusammen. Der eine schläft mit der Frau des andern. Als dieser es bemerkt, veranlaßt er seine Frau, jenen in eine große Truhe zu sperren, auf der er sich, sobald jener darinnen ist, mit dessen Frau ergötzt. 627

Neunte Geschichte

Meister Simon, der Arzt, wird von Bruno und Buffalmacco, um einer Gesellschaft, die „kapern" geht, eingegliedert zu werden, nachts an einen finstren Ort geführt, dort von Buffalmacco in einen Unratgraben geworfen und im Stich gelassen. 632

Zehnte Geschichte

Eine Sizilianerin nimmt auf geschickte Weise einem Kaufmann alles ab, was er nach Palermo gebracht hat. Er stellt sich darauf, als sei er mit noch mehr Waren als beim erstenmal nach dort zurückgekehrt, borgt sich eine große Summe Geldes von ihr und läßt ihr dafür nichts anderes als Wasser und Werg zurück. . . . 649

NEUNTER TAG

Einführung 665

Erste Geschichte

Madonna Francesca wird von Rinuccio und Alessandro geliebt, ohne einen der beiden wiederzulieben. Indem sie dem einen aufträgt, sich als Toter in ein Grab zu begeben, und dem andern befiehlt, jenen angeblich Toten dort wieder herauszuholen, schafft sie sich listig beide vom Halse, da beide ihren Auftrag nicht auszuführen vermögen. 667

Zweite Geschichte

Eine Äbtissin erhebt sich in großer Eile in der Dunkelheit, um eine ihrer Nonnen, die bei ihr verklagt wurde, mit ihrem Liebhaber im Bette zu ertappen. Da sie jedoch selbst einen Priester bei sich hat, legt sie, im Glauben, ihr Kopftuch aufzusetzen, die Hose des Priesters um. Als die Angeklagte diese erblickt und die Äbtissin darauf aufmerksam macht, geht sie straflos aus und darf ihren Liebhaber in aller Ruhe bei sich behalten. 673

Dritte Geschichte

Meister Simon macht auf Bitten Brunos, Buffalmaccos und Nellos dem Calandrino weis, daß er schwanger sei. Dieser händigt den Genannten Kapaune und Geld für eine Medizin aus und wird ohne Entbindung wieder gesund. 677

Vierte Geschichte

Cecco di Messer Fortarrigo verspielt zu Buonconvento sein Hab und Gut und dazu noch das Geld des Cecco di Messer Angiulieri. Er läuft diesem im bloßen Hemd nach, behauptet, er habe ihn ausgeraubt, und läßt ihn von einigen Landleuten fangen. Dann zieht er die Kleider des andren an, besteigt dessen Pferd und reitet davon, Angiulieri im Hemde zurücklassend. 681

Fünfte Geschichte

Calandrino verliebt sich in ein junges Mädchen. Bruno macht ihm ein Amulett, mit dem er das Mädchen anrührt, worauf sie mit ihm geht. Er wird jedoch von seiner Frau überrascht, mit der er nun einen bösen, erbitterten Streit ausfechten muß. 686

Sechste Geschichte

Zwei junge Männer übernachten bei einem Wirt. Während einer der beiden mit dessen Tochter schläft, legt sich seine Frau versehentlich zu dem andern. Schließlich steigt der, welcher bei der Tochter war, im Glauben, er begebe sich zu seinem Freunde, zu dem Vater ins Bett und berichtet ihm alles. Als sie darüber in Streit geraten, bemerkt die Frau ihren Irrtum, kriecht zu der Tochter ins Bett und stiftet mit wenigen Worten Frieden. . . . 695

Siebente Geschichte

Talano d'Imolese träumt, daß ein Wolf das Gesicht und die Kehle seiner Frau zerfleische. Er bittet sie, sich in acht zu nehmen. Sie tut es nicht, und der Traum geht in Erfüllung. 700

Achte Geschichte

Biondello prellt Ciacco um ein Mittagessen, wofür dieser sich auf schlaue Weise dadurch rächt, daß er Biondello windelweich prügeln läßt. 702

Neunte Geschichte

Zwei junge Männer bitten Salomo um Rat, der eine, wie er es fertigbringen solle, geliebt zu werden, der andre, wie er seine eigensinnige Frau bessern könne. Jener rät dem ersten, selber zu lieben, und dem zweiten, auf die Gänsebrücke zu gehen. . . . 706

Zehnte Geschichte

Don Gianni beschwört auf die Bitten des Gevatters Pietro dessen Frau, um sie in eine Stute zu verwandeln. Als er dabei ist, ihr den Schwanz anzuheften, vernichtet der Gevatter Pietro den ganzen Zauber dadurch, daß er sagt, er wünsche keinen Schwanz. . . . 712

ZEHNTER TAG

Einführung 719

Erste Geschichte

Ein Ritter steht im Dienste des Königs von Spanien. Er glaubt, dafür schlecht belohnt zu sein, doch überzeugt ihn der König durch einen sicheren Beweis, daß hieran nicht er, sondern das Mißgeschick des Ritters die Schuld trägt, und beschenkt ihn sodann reich. 720

Zweite Geschichte

Ghino di Tacco nimmt den Abt von Cluny gefangen, heilt ihn von einem Magenleiden und läßt ihn dann wieder frei. Der Abt kehrt an den römischen Hof zurück, söhnt Ghino wieder mit dem Papst Bonifazius aus, der jenen zum Hospitaliter-Ritter macht. . . . 723

Dritte Geschichte

Mithridanes, der neidisch die Wohltätigkeit des Nathan erkennt, beschließt, jenen zu töten. Ohne ihn zu kennen, trifft er mit ihm zusammen und erfährt von ihm selbst, auf welche Art er ihn umbringen kann. Wie besprochen, findet er Nathan in einem kleinen Wald. Als er voller Beschämung den anderen erkennt, wird er sein Freund. 729

Vierte Geschichte

Messer Gentil de' Carisendi kehrt aus Modena zurück und zieht eine von ihm geliebte Frau, die als Tote beigesetzt wurde, aus dem Grabe. Nachdem sie wiederhergestellt ist, gibt sie einem Sohn das Leben. Messer Gentile bringt danach die Dame und den Sohn zu ihrem Gatten Niccoluccio Caccianemico zurück. . . . 736

Fünfte Geschichte

Madonna Dianora verlangt von Messer Ansaldo einen Garten, der im Januar so schön blühen soll wie im Mai. Messer Ansaldo verbindet sich mit einem Schwarzkünstler und verschafft ihr einen solchen Garten. Ihr Gatte willigt darauf ein, daß sie Messer Ansaldo zu Willen sei. Als dieser von der Großmut ihres Gatten hört, erläßt er ihr, was sie versprochen hat, worauf auch der Schwarzkünstler, ohne auf eigenen Vorteil zu sehen, auf die Belohnung des Messer Ansaldo verzichtet. 743

Sechste Geschichte

Der siegreiche König Karl der Alte, der sich in ein junges Mädchen verliebt hat, verheiratet diese und ihre Schwester in allen Ehren, da er sich seiner törichten Liebe schämt. 749

Siebente Geschichte

König Peter hat von der heißen Liebe erfahren, welche ihm von der kranken Lisa entgegengebracht wird. Er tröstet sie und verheiratet sie dann mit einem jungen Edelmann, küßt sie auf die Stirn und nennt sich fortan ihren Ritter. 755

Achte Geschichte

Sophronia, welche annimmt, die Frau des Gisippos zu sein, ist in Wirklichkeit die Gattin des Titus Quinctius Fulvus und geht mit ihm nach Rom. Auch Gisippos kommt in erbärmlichem Zustand dorthin. Da er glaubt, von Titus verachtet zu werden, beschuldigt er sich, um zu sterben, einen Mann erschlagen zu haben. Titus aber erkennt ihn wieder und behauptet, um ihn zu retten, er selbst habe jenen Menschen erschlagen. Als der wahre Täter hiervon Kenntnis bekommt, zeigt er sich selber an. Schließlich werden alle drei von Octavianus freigelassen. Titus gibt nun dem Gisippos seine Schwester zur Frau und teilt sein ganzes Vermögen mit ihm. 763

Neunte Geschichte

Saladin wird, als Kaufmann verkleidet, von Messer Torello freigebig bewirtet. Der Kreuzzug findet statt. Messer Torello verlangt von seiner Gattin eine Frist, vor deren Ablauf sie sich nicht wieder vermählen soll. Er gerät in Gefangenschaft. Dadurch, daß er Falken abrichtet, hört der Sultan von ihm, der ihn wiedererkennt und ihm, nachdem er sich ebenfalls zu erkennen gegeben hat, die höchsten Ehren antut. Messer Torello erkrankt und wird durch magische Künste im Laufe einer Nacht nach Pavia versetzt, wo eben die Hochzeit seiner Gattin gefeiert wird. Er wird von ihr wiedererkannt und kehrt mit ihr nach Hause zurück. 782

Zehnte Geschichte

Von den Bitten seiner Leute gezwungen, eine Frau zu nehmen, heiratet der Marchese di Saluzzo die Tochter eines Bauern, um wenigstens eine Frau nach seinem eigenen Geschmack zu haben. Er hat zwei Kinder mit ihr, macht sie aber glauben, daß diese getötet seien, und sagt ihr dann, daß er, ihrer überdrüssig, eine andere heiraten wolle, läßt die eigene Tochter nach Hause kommen, als sei dies seine neue Gattin, und jagt schließlich seine Frau im bloßen Hemde davon. Als er bemerkt, daß sie alle seine Launen geduldig hinnimmt, holt er sie, zärtlicher denn je, in sein Haus zurück, zeigt ihr ihre erwachsenen Kinder, ehrt sie selbst und läßt ihr auch von allen anderen die einer Marchesa gebührenden Ehren erweisen. 802

Schlußwort des Verfassers 817

Nachwort 823

Anmerkungen 839